역 주
소학집주 번역소학 소학언해

❹

역 주
소학집주 번역소학 소학언해

4

김진식 역주

한국문화사

역주 소학집주·번역소학·소학언해 4

1판 1쇄 발행 2025년 8월 28일

역 주 자 | 김진식
펴 낸 이 | 김진수
펴 낸 곳 | 한국문화사
등 록 | 제1994-9호
주 소 | 서울시 성동구 아차산로49, 404호(성수동1가, 서울숲코오롱디지털타워3차)
전 화 | 02-464-7708
팩 스 | 02-499-0846
이 메 일 | hkm7708@daum.net
홈페이지 | http://hph.co.kr

ISBN 979-11-6919-335-1 94140
ISBN 979-11-6919-331-3 (세트)

머리말

《소학(小學)》은 주자학(朱子學)의 기초 학습서였다. 주지하다시피, 주자학은 안향(安珦)이 고려 말에 원나라로부터 전래하였다. 안향은 1289년(충렬왕 15년)에 왕을 호종하여 원나라에 들어가 《주자전서(朱子全書)》를 베끼고 공자(孔子)와 주자(朱子)의 화상(畫像)을 그려 다음해에 돌아왔다. 이어 공자 사당인 문묘 설치를 위한 준비와 인재 양성을 위한 재정적 기반으로 섬학전(贍學錢) 설치를 주도했다. 당시 고려 말의 시대 상황은 무신의 장기 집권, 불교의 부패, 무속의 성행, 몽골의 침탈 등으로 국내외적으로 위기가 가중되고 있을 때였다. 안향은 이러한 때에 민족주의, 명분주의, 주지주의적인 수양론(修養論)의 특성을 지닌 주자학을 적극적으로 수용하고자 하였다.

고려 말의 주자학은 성균관을 중심으로 안향 · 백이정(白頤正) · 권부(權溥) · 이색(李穡) · 정몽주(鄭夢周) · 길재(吉再) 등에 의해서 계승되었다. 고려가 망하고 조선이 성립하는 과정에서 사상적 전환의 계기가 된 배불숭유(排佛崇儒) 운동으로 주자학은 더욱 발전하게 되었다. 주자학은 조선시대에 이르러 크게 융성하였고, 그 기초적인 학습서에 《소학》이 있었다.

조선에서는 《소학》을 익히기 위해 두 가지 방안을 강구했다. 하나는 《소학》 이해에 필요한 주석서(註釋書)를 확보하는 일이었고, 다른 하나는 한문으로 된 《소학》을 당시 사람들이 쉽게 이해할 수 있도록 한글 번역서(飜譯書)를 만드는 일이었다. 《소학》의 주석서로는 《소학집성(小學集成)》·《소학집설(小學集說》·《소학집주(小學集註》 등이 주로 읽혔다. 《소학집성》과 《소학집설》은 모두 중국학자가 엮은 책이다. 하사신

(何士信)의 《소학집성》은 《소학》 이해에 어려움을 겪던 조선 조정이 1425년(세종 7년)에, 거금을 들여 중국으로부터 1백 권을 구입해 보급한 책이다. 그리고 정유(程愈)의 《소학집설》은 1491년(성종 22년), 북경 사행길에 김일손(金馹孫)이 저자로부터 편찬 5년만에 직접 구해 보급한 책이다. 특히 《소학집설》은 당시 조선 사회에서 많은 독자를 가졌던 것으로 추정된다. 《소학집설》이 도입된 지 6년 후인 1497년(연산군 3년) 12월에 단성훈도(丹城訓導) 송헌동(宋獻仝)은 상소문을 한 장 올린다. 송헌동은 재변(災變)을 극복하는 방안으로 17가지를 제언하는데, 그 중 제1조로 당시 조선에서 관행적으로 실시되고 있는 과부 재가 금지 규정을 특별한 조건 하에서 완화해야 한다고 주장하였다. 의정부와 육조를 중심으로 이루어진 논의는 소수의 찬성파와 다수의 반대파로 견해가 갈리었다. 이때 반대파인 정석견(鄭錫堅)은 《소학집설》 〈가언(嘉言) 제5〉 제44장을 들어 논리를 폈다. "남편을 잃은 부인이 개가하는 것은 실절(失節)하는 것과 같으며, 실절하지 않는 것이 생명을 지키는 것보다 더 중요하다."는 정이(程頤)의 견해를 주 내용으로 삼고 있었다(《연산군일기》 권28, 3년 12월 기묘). 물론 개가 금지라는 당시 관행이 현대와 맞지 않음은 분명하나, 《소학집설》이 당시 조정에서까지 논의의 준거로 이용될 만큼 그 영향력이 컸음을 알 수 있다. 결국 찬반 논쟁은 반대파의 승리로 끝났다.

중국학자들의 주석서는 또 다른 주석서인 이이(李珥)의 《소학집주》와 중앙정부 주도의 번역서인 《번역소학(飜譯小學)》·《소학언해(小學諺解)》에도 영향을 미쳤다. 1579년(선조 12년) 원고를 완성하고 1612년(광해군 4년)에 출간된 《소학집주》는 기존의 두 주석서가 갖는 문제점을 극복하고, 이들을 뛰어넘는 주석서를 독자적으로 만들겠다는 문제의식에서 출발하였다. 이이는 기존의 주석서를 그대로 활용하거나 변형시키며, 자신의 의견을 덧붙여 주자학에 대한 생각을 뚜렷이 부각시키려 하였다. 따라서 이 책을 읽는 사람들은 이이가 이끄는 방식으로 《소학》의 언어와 논리와 세계에 다다르게 되었다.

한편, 두 주석서를 바탕으로 하는 《소학》 공부는 한문이라는 절대적인 언어 장벽으로 인하여, 주자학의 심오한 내용을 온전히 이해하기에는 어려움이 있었다. 따라서 1518년(중종 13년)에 발간된 《번역소학》과 1588년(선조 21년)에 발간된 《소학언해》는 《소학》과 주자학을 이해하는 데 획기적인 전환점을 제공해 주었다. 이들이 발간됨으로 인하여, 조선의 문화 경계는 확장될 수 있었던 것이다. 그들의 번역 방식이 의역이든 직역이든 주석서보다는 조선에서 《소학》을 수용할 폭이 확장되었으며, 《소학》의 세계가 훨씬 친밀한 언어로 조선의 문화 속으로 들어올 수 있었다.

역주자(譯註者)는 43년여를 교육자로 살아오다가 정년퇴임을 하였다. 재직 중에는 혼자서 한문 전적(典籍)을 보다가, 퇴임 후에 본격적으로 서당 근독재(勤讀齋)에 나가 한문 공부를 하게 되었다. 한학 연구 외길을 걸어오신 석촌(石村) 이두희(李斗熙) 선생님을 모시고 《소미통감(少微通鑑)》, 《소학》, 《대학》, 《중용》 등을 공부하면서, 사서(史書)나 경서(經書)의 해석이 어렵다고 늘 생각하고 있었다. 고립어(孤立語)인 중국어는 교착어(膠着語)인 한국어와 달리, 문법 형태소가 없기 때문에 문장 구조를 정확히 이해하기가 어렵기 때문이었다. 더군다나 《소학》은 중국의 여러 경서·사서·성리서(性理書) 등에서 발췌한 문장으로 되어 있어, 독자들의 접근을 쉽게 허용하지 않는 어려움이 있었다.

역주자는 주석서인 《소학집주》에서 한문으로 대문(大文)과 주석을 보고, 16세기 번역서인 《번역소학》과 《소학언해》에서 중세국어로 된 번역 내용을 대조해 보는 방식으로 《소학》을 공부해 왔다. 이렇게 공부해 보니, 《소학》의 내용을 보다 정확히 이해할 수 있었다. 두 예를 들어본다. 〈명륜(明倫) 제2〉 제75장의 《소학》 대문은 "長者ㅣ與之提攜則兩手로奉長者之手ᄒᆞ고負劒辟僻咡詔之則掩口而對니라."이다. 이는 "어른이 더불어 그를 끌고 가거든 두 손으로 어른의 손을 받들고, 칼 차듯이 하여

입가까지 기울여 그에게 말을 하거든 입을 가리고 대답한다."로 해석할 수 있다. 그러나 그 의미가 무엇인지 분명하지 않다. 이에 대한 《번역소학》 번역문은 "얼운이 내 소ᄂᆞᆯ 자ᄇᆞ시거든 두 소노로 얼우신늬 소ᄂᆞᆯ 받ᄃᆞᄉᆞ오며 얼우니 갈 ᄎᆞᄃᆞ시 겨ᄐᆡ 셰시고 볼을 기우려 말ᄒᆞ시거든 입 ᄀᆞ리오고 ᄃᆡ답홀 디니라."이다. 이는 "어른이 내 손을 잡으시거든 두 손으로 어르신의 손을 받드오며, 어른이 칼 차듯이 곁에 세우시고 볼을 기울여 말하시거든 입을 가리고 대답할 것이니라."로 해석할 수 있다. 《소학》 대문만으로 해석할 때보다 《번역소학》 번역문과 비교하며 해석할 때 의미가 분명해짐을 알 수 있을 것이다. 이는 번역서가 문장의 본의(本義)를 정확히 파악함에 도움을 주는 예이다. 또 〈가언(嘉言) 제5〉 제10장의 《소학》 대문은 "范魯公質이爲宰相이러니從子杲稿ㅣ嘗求奏遷秩이어늘質이作詩曉之ᄒᆞ니라."이다. 이는 "范(범) 魯公(노공) 質(질)이 재상이 되었는데, 조카 고(杲)가 일찍이 벼슬 옮김을 구하여 아뢰거늘, 質(질)이 시를 지어 그를 깨우쳤다."로 해석할 수 있다. 이에 대한 《소학언해》 번역문은 "范범 魯로公공 質질[周쥬ㅅ나라 ᄌᆡ샹으로 宋송 님금 셤겨 魯로公공을 封봉ᄒᆞ니라]이 宰ᄌᆡ相샹이 되엿더니 아ᄎᆞᆫ아ᄃᆞᆯ 杲고ㅣ 일즉 엳ᄌᆞ와 벼슬 올몸을 求구ᄒᆞᆫ대 質질이 글을 지어 알외니라."이다. 이는 "범 노공 질[周나라 재상으로, 宋 임금 섬겨 魯公을 봉하니라.]이 재상이 되었더니, 조카 고(杲)가 일찍 여쭈어 벼슬 옮음[옮김]을 구하니까, 질(質)이 글을 지어 알리니라."로 해석할 수 있다. 그러나 《번역소학》 번역문은 한 단어의 번역에서 차이를 보인다. "范범 魯로公공 質질이 宰ᄌᆡ相샹이 ᄃᆞ외옛거ᄂᆞᆯ 아ᄎᆞᆫ아ᄃᆞᆯ 杲고ㅣ 엳ᄌᆞ와 벼ᄉᆞᆯ 올오ᄆᆞᆯ 求구ᄒᆞᆫ대 質질이 그ᄅᆞᆯ 지ᅀᅥ 알외니라."이다. 이는 "범 노공 질이 재상이 되어 있거늘, 조카 고(杲)가 여쭈어 벼슬 오름을 구하니까, 질이 글을 지어 알리니라."로 해석할 수 있다. 두 번역본에서 문제가 되는 부분은 《소학》 대문의 '遷秩'에 대한 번역이다. '遷'은 보통 '옮길 천'으로, '秩'은 '벼슬 질'로 새긴다. 따라서 《소학언해》는 단어 의미에 충실하여 '벼슬 올몸을'로 번역하였다. '올몸을'은 '옮(어간)+옴(명사형 어미)+을(목적격 조사)'로 분석된다. 여기서 '옮다'는 '어떤 곳에서 다른 곳으로 움직여 자리를 바꾸다.'를 뜻한다. 따라서 '벼슬 올몸을'은 '벼슬 옮음[옮김]을'로 해석된다. 그러나 《번역소학》은 다르다. '遷秩'의 의미를 '벼ᄉᆞᆯ 올오ᄆᆞᆯ'로 번역하였다. '올오ᄆᆞᆯ'은 '올ㅇ(어간)+옴(명사형 어미)+ᄋᆞᆯ(목적격 조사)'이다. 현대국어 '오르다'의 옛말인 '오ᄅᆞ다'는 15세기 문헌에서부터 나타난다. '오ᄅᆞ다'는 자음이나 매개모음으로 시작하는 어미가 결합할 때에는 '오ᄅᆞ거늘', '오ᄅᆞ시고'와 같이 '오ᄅᆞ-'로, 모음으로 시작하는 어미가 결합할 때에는 'ᄋᆞ'가 줄고 대신 'ㄹ'이 앞 음절에 부착되고, 뒤의 음절에는 성문 마찰 유성음 'ㅇ'이 얹힌다. 즉 '올ㅇ+아', '올ㅇ+옴'과 같이 '올ㅇ-'으로 실현되어 '오ᄅᆞ-/올ㅇ-'의 교체를 보인다. 따라서 '벼ᄉᆞᆯ 올오ᄆᆞᆯ'은 '벼슬 오름을'로 해석된다. 《소학》 대문을 볼 때, 조카 범고(范杲)가 숙부인 범질(范質)에게 遷秩을 구한 것은 단지 벼슬을 바꿔가기를 구한 것이 아니라, 승진하기를 구한 것이다. 따라서 이 대목에 관한 한, 《번역소학》의 번역이 보다 정확한 것으로 판단된다. 이는 번역서가 단어의 본의를 정확히 파악함에 도움을 주는 예이다. 예를 들다 보니, 《번역소학》이 《소학》 해석에 도움이 되는 예만 들었다. 그러나 《소학언해》 또한 《소학》의 대문 386장을 해석함에 그 본의를 분명히 드러내는 예들이 상당히 많다.

역주자는 대학에서 오랫동안 국어사(國語史)를 강의하였다. 그러나 국어사를 전공하지 않은 사람들은 16세기 중세국어로 번역된 두 번역서를 옳게 이해하기는 매우 어려울 것이다. 역주자는 이 책에서, 《소학집주》·《번역소학》·《소학언해》 등 《소학》 세 권에서 같은 대목을 나란히 놓고, 주석서의 한문과 번역서의 중세국어를 현대국어로 해석하였다. 해석 과정에서 대문이나 주석에 나오는 어려운 한자나 출처, 관련 인물과 사건 등도 풀이하였다. 물론 중세국어 단어들도 어휘사의 측면에서 현대국어로 자세하게 풀이하였다. 따라서 이 책을 읽는 사람들은 일반인이든 국어사를 전공하는 대학(원)생이든, 모두 자기가 필요한 만큼의 깊이로 공부하고 이해할 수 있을 것이다. 우리는 중세국어 자료 강독 교재에서, 그 책 이름이 무엇이든, 《훈민정음언해》·《두시언해》·《용비어천가》 등과 함께 《번역소학》과 《소학언해》가 빠지지 않고 들어 있음을 알고 있다. 또 중등교사 국어과 임용시험에도 이 두 자료가 상당히 비중 있게 다루어지고 있음도 알고 있다. 이 책은 이런 면에서도 상당한 정도의 도움을 줄 수 있다고 생각한다.

역주자는 3년 전에 이 책 출판에 대한 계획을 세우고, 꾸준히 준비해 왔다. 고희(古稀) 기념으로, 재직 중에 냈던 대학 교재와는 다른, 무게감 있는 책을 한 권 내는 것이 전부터 가져온 바람이었다. 일을 시작하고는 이른 아침부터 밤 1~2시까지 대부분의 시간을 이 작업에 할애하였다. 그 결과 만 일흔 살이 되는 금년 전반기에 2,562쪽에 달하는 원고를 완성하였다. 그리고 그 내용이 많아 편의상 4권으로 나누어 출판하기로 하였다. 긴 세월을 기오재(寄傲齋)에 묻혀, 용잡(宂雜)한 일들을 잊고 살게 해 준 가족들에게 고마움을 표한다.

《소학》은 조선시대 우리 조상들이 가장 많이 보아 왔던 책이고, 현재도 많은 독자층을 가진 책이다. 아무쪼록 이 책이 《소학》에 관심 있는 사람들에게 조금이나마 도움이 되기를 바라면서 말을 줄인다. 집필 과정에서 조언을 아끼지 않으신, 망백(望百)을 한참 전에 넘기신 석촌 선생님께 감사를 드린다. 또한 대한민국미술대전 초대작가이신, 오랜 벗 동우(東愚) 김학길(金學吉) 선생의 제자(題字)에도 고마움을 표한다. 마지막으로 어려운 한자와 16세기 중세국어로 쓰인 원고를 훌륭한 책으로 만들어 주신 한국문화사 김진수 사장님과 한병순 부장님, 강인혜 과장님께도 고마운 인사를 드린다.

歲在 乙巳 螢月 哉生魄 寄傲齋主人 東谷 金眞植 謹書

일러두기

1. 텍스트 선정

본서는 《소학집주(小學集註)》, 《번역소학(飜譯小學)》, 《소학언해(小學諺解)》를 텍스트(text)로 선정하였다. 《소학집주》는 이이(李珥)의 《소학제가집주(小學諸家集註)》를 저본으로, 어제소학서(御製小學序, 肅宗)·소학집주고정(飜譯小學考訂, 金長生)이 첨가된 1694년(숙종 20년)의 《소학집주》를 텍스트로 사용하였다. 1990년 학민문화사(學民文化社)의 을해신간(乙亥新刊) 춘방장판(春坊藏板) 《小學》의 영인 자료를 사용하였다.

《번역소학》은 권3은 국립한글박물관의 디지털자료와 2020년 세종대왕기념사업회의 영인 자료를, 권4는 한국서지학회의 《서지학보》 제24집(2000. 12.)의 영인 자료를, 권6·7은 1984년 홍문각 영인 자료를, 권8, 9, 10은 1984년 홍문관 영인 자료를 사용하였다.

《소학언해》는 1588년(선조 21년)에 간행되어, 한국국학진흥원(韓國國學振興院)에 간직되어 있는 본을 사용하였다. 1985년 대제각(大提閣)의 영인 자료를 사용하였다.

2. 구성

본서는 《소학집주》의 차례를 따르되, 《번역소학》과 《소학언해》에만 있는 내용을 적절한 위치에 집어넣어 구성하였다. 숙종 대 《소학집주》의 차례는 다음과 같다. 〈어제소학서(御製小學序)〉, 〈소학편목(小學篇目)〉, 〈소학집주총목(小學集註總目)〉, 〈소학집주총론(小學集註總論)〉, 〈소학서제(小學書題)〉, 〈소학제사(小學題辭)〉, 〈소학집주고정(小學集註攷訂)〉, 본문[本文, 대문(大文)과 주석(註釋) 6권], 〈소학집주발(小學集註跋, 成渾)〉, 〈소학발(小學跋, 李恒福)〉. 이는 이이의 《소학제가집주》의 구성에 〈어제소학서(肅宗)〉와 〈소학집주고정(金長生)〉이 추가된 것이다.

《번역소학》은 권1이 발견되지 않아 본문[대문(大文)과 번역문(飜譯文)] 앞에 어떤 내용이 들어있는지 알 수가 없다. 다만 권10 뒤에 〈번역소학발(飜譯小學跋, 南袞)〉이 붙어 있음이 확인될 뿐이다.

《소학언해》는 〈소학언해범례(小學諺解凡例)〉, 〈소학서제(小學書題)〉, 〈소학제사(小學題辭)〉, 본문[대문(大文)과 번역문(飜譯文)], 〈소학언해발(小學諺解跋, 李山海)〉로 구성되어 있다.

따라서 본서는 이상 세 권의 《소학》을 〈어제소학서(御製小學序, 肅宗)〉, 〈소학편목(小學篇目)〉, 〈소학집주총목(小學集註總目)〉, 〈소학집주총론(小學集註總論)〉, 〈소학집주고정(小學集註攷訂, 金長生)〉, 〈소학언해범례(小學諺解凡例)〉, 〈소학서제(小學書題)〉, 〈소학제사(小學題辭)〉, 본문[本文, 대문(大文)과 번역문(飜譯文)], 〈소학집주발(小學集註跋, 成渾)〉, 〈소학발(小學跋, 李恒福)〉, 〈번역소학발(飜譯小學跋, 南袞)〉, 〈소학언해발(小學諺解跋, 李山海)〉의 순서로 구성하였다.

3. 대문과 주석

대문(大文)과 주석(註釋)은 《소학집주》의 한문을 대상으로 번역하였다. 또한 《소학집주》에는 대문과 주석에 구결(口訣)이 달려 있지 않으므로, 대문의 구결은 《소학언해》의 옛말 구결을 그대로 이용하였다. 그 이유는 《번역소학》은 권1, 2, 5가 현재 존재하지 않고, 또 의역 방식으로 번역되었다고 비판을 받았던 책이기 때문이다. 다만 주석의 구결은 문의(文意)에 맞추어 현대국어로 달되, 성백효(1996)와 춘방장판(1990, 2002) 《小學》을 참고하였다. 그리고 대문과 주석의 한자에 대해서는 자주 쓰이는 음훈을 복수로 달은 것이 있다. 이때 괄호 속 맨 앞에 제시된 것이 그 문장에 맞는 음훈이다.

4. 존칭 표현

《소학》에는 많은 인물들의 말이 인용되고 있다. 《소학집주》의 대문과 주석에는 '曰/云'이, 《번역소학》과 《소학언해》 번역문에는 'ᄀᆞ로ᄃᆡ/닐오ᄃᆡ'나 'ᄀᆞᄅᆞ샤ᄃᆡ/닐ᄋᆞ샤ᄃᆡ'가 이끌고 있다. 번역문의 'ᄀᆞ로ᄃᆡ/닐오ᄃᆡ'나 'ᄀᆞᄅᆞ샤ᄃᆡ/닐ᄋᆞ샤ᄃᆡ'는 글자 그대로 '말하되'나 '말씀하시되'로 해석하면 되는데, '曰/云'에 대해서는 인물에 따라 '말하되'나 '말씀하시되' 중 어느 표현을 써야 할지 구분이 어렵다. 본서는 공자(孔子) 한 분만 '말씀하시되'로 해석했고, 나머지 인물들은 모두 '말하되'로 해석하였다.

5. ≪소학집주≫·≪번역소학≫·≪소학언해≫ 체재 비교

《소학집주》는 모두 386장 760절의 분구(分句)를 갖추고 있다. 모든 구마다 주석이 붙어 있다. 그러나 《번역소학》과 《소학언해》는 대문 386장으로만 구성되어 있다. 특히 《번역소학》은 현재 권1, 2, 5가 발견되지 않고 있고, 권3·4는 낙장(落張) 부분이 있다. 즉 권3은 〈명륜 제2〉 제40장부터 〈명륜 제2〉 마지막 제108장까지 총 69장이다. 이 중 앞부분 제40장, 제41장, 제42장 제1~3구 대문까지가 낙장이고, 제42장 제3구 번역문부터 제108장까지 보존되어 있다. 권4는 〈경신 제3〉 제1장부터 〈경신 제3〉마지막 제46장까지 총 46장이다. 이 중 뒷부분 제43장 제4구 번역문까지 보존되어 있고, 제43장 제5~6구 대문과 번역문, 제44장, 제45장, 제46장이 낙장이다. 이상 세 권과 본서의 체재를 비교하면 〈표 1〉과 같다.

〈표 1〉 ≪소학집주≫·≪번역소학≫·≪소학언해≫의 체재 비교

<table>
<tr><th colspan="5"></th><th colspan="2">小學集註</th><th colspan="2">飜譯小學</th><th colspan="2">小學諺解</th><th>本書</th></tr>
<tr><td rowspan="10">內篇</td><td>立教
第一
(13章)</td><td>1~13章</td><td>사람을
가르치던
법</td><td rowspan="10">기본강령을 밝힘</td><td>卷一</td><td rowspan="8">第一冊</td><td>(卷一)</td><td></td><td>卷一</td><td rowspan="8">第一冊</td><td rowspan="8">卷一</td></tr>
<tr><td rowspan="7">明倫
第二
(108章)</td><td>明父子之親
1~39章</td><td>父子의
친함</td><td rowspan="7">卷二</td><td>(卷二)</td><td></td><td rowspan="7">卷二</td></tr>
<tr><td>明君臣之義
40~59章</td><td>君臣의
의리</td><td rowspan="6">卷三</td><td rowspan="8">一冊</td></tr>
<tr><td>明夫婦之別
60~68章</td><td>夫婦의
분별</td></tr>
<tr><td>明長幼之序
69~88章</td><td>長幼의
차례</td></tr>
<tr><td>明朋友之交
89~99章</td><td>朋友의
사귐</td></tr>
<tr><td>通論
100~108章</td><td>通論</td></tr>
<tr><td></td><td></td></tr>
<tr><td rowspan="2">敬身
第三
(46章)</td><td>明心術之要
1~12章</td><td>心術의
요점</td><td rowspan="2">卷三</td><td rowspan="2">第二冊</td><td rowspan="2">卷四</td><td rowspan="2">卷三</td><td rowspan="2">第二冊</td><td rowspan="2">卷二</td></tr>
<tr><td>明威儀之則
13~33章</td><td>威儀의
법칙</td></tr>
</table>

		明衣服之制 34~40章	衣服의 제도							
		明飮食之節 41~46章	飮食의 예절							
	稽古 第四 (47章)	立教 1~4章	虞·夏·商·周 聖賢들의 행한 자취를 고찰하여, 입교·명륜·경신의 말을 증명.	卷四		(卷五)		卷四		
		明倫 5~35章								
		敬身 36~44章								
		通論 45~47章								
外篇	嘉言 第五 (91章)	廣立教 1~14章	漢나라 이래 賢者의 훌륭한 말을 기술하여, 입교·명륜·경신을 넓힘.	卷五	第三冊	卷六	一冊	卷五	第三冊	卷三
		廣明倫 15~55章				卷七				
		廣敬身 56~91章				卷八	一冊			
	善行 第六 (81章)	實立教 1~8章	漢나라 이래 賢者의 선행을 기록하여, 입교·명륜·경신을 실증.	卷六	第四冊	卷九	一冊	卷六	第四冊	卷四
		實明倫 9~53章								
		實敬身 54~81章				卷十	一冊			

본서 《역주 소학집주·번역소학·소학언해》는 내용이 방대하여 모두 4권으로 나누어 출간한다. 권1은 〈어제소학서〉로부터 시작하여 〈입교(立教) 제1〉(13장)과 〈명륜(明倫) 제2〉(108장)까지이다. 권2는 〈경신(敬身) 제3〉(46장)과 〈계고(稽古) 제4〉(47장)이다. 권3는 〈가언(嘉言) 제5〉(91장)이다. 권4는 〈선행(善行) 제6〉(81장)이다. 권1과 권2는 내편(內篇)이고, 권3과 권4는 외편(外篇)이다.

6. 장 표시

《소학》은 인용문의 출처에 따라 장(章)이 바뀐다. 각 장이 바뀔 때의 표시 방법에 있어, 《소학집성》은 一, 二, 三…과 같은 일련번호를 붙였고, 《소학집설》은 ○으로 표시하였다. 다만 각 편(編)의 제1장에는 ○표가 생략되어 있다. 굳이 표시하지 않아도 첫 장임을 알 수 있기 때문이다. 《소학집주》, 《번역소학》, 《소학언해》)은 모두 《소학집설》의 방식을 취했다. 《소학》은 모두 6편, 386장으로 되어 있으니, 세 책은 똑같이 ○가 380개 표시되어 있다. 다만 《번역소학》은 6편을 10권으로 나누어 편찬하였기 때문에 편 바뀜과 권 바뀜이 일치하지 않아 새로운 권의 제1장에 ○가 생략되는 것이 통일되어 있지 않다. 권3, 권7, 권8, 권10이 그러하다. 권1, 2는 발견되지 않았고, 권3은 시작 부분이 낙장이어서 확인할 수 없지만, 권1은 〈입교〉에 해당하고, 권2는 〈명륜〉 제1장에서 시작되며, 권3은 명륜 제40장부터 시작되니 추론하기에 어렵지 않다. 역주자는 대문(大文)의 각 장은 《소학집주》의 방식대로 ○로 표시하면서 장 번호도 함께 붙였고, 《번역소학》 내용은 번소로, 《소학언해》 내용은 소언으로 표시하여 참고하기에 편하게 하였다.

7. 공부법

대부분의 사람들이 《소학》을 공부하는 목적은 주희(朱熹)가 쓴 《소학》과 이이(李珥)가 덧붙인 【제가집주(諸家集註)】를 잘 이해함에 있다. 본서를 공부하는 방법도 다르지 않다. 한문으로 되어 있는 《소학》과 【제가집주】를 이해하면 된다. 그러나 그 부분이 혹 모호한 데가 있다면 《번역소학》과 《소학언해》의 현대역(現代譯) 부분을 읽고 비교해 보면 좋다. 이 두 권의 현대역 부분을 이해하기 위해서는, 역주자가 달아 놓은 단어에 대한 국어학적 설명까지 참고하면 좋은데, 이 작업은 굳이 거치지 않아도 된다. 단어에 대한 분석적 설명은 필요한 독자를 위한 참고용으로 정리해 본 것일 따름이다. 본서가 마치 수험 준비서처럼 보여 처음부터 당황할 필요는 없다. 자기가 필요한 부분까지만 공부해 가면 소기의 목적을 달성할 수 있을 것이기 때문이다.

總 目次

卷一

卷四

卷四 目次

小學諸家集註卷之六

飜번飜역小쇼學혹卷권之지九구　外외篇편

《번역소학》 제9권은 《소학》 〈선행(善行) 제6〉 제1장~제53장에, 제10권은 《소학》 〈선행(善行) 제6〉 제54장~제81장[선행 끝]에 해당한다.

小쇼學혹諺언解히卷권之지六륙　外외篇편

善行第六이라　外篇

●어진 행실이니, 차례에 여섯째라. 외편.

번소 녯 사룸의 어딘 힝뎍 니른 여숫재 편이라

현대역 옛 사람의 어진 행적 이른 여섯째 편이라.

소언 어딘 힝실이니 ᄎᆞ례예 여ᄉᆞᆺ재라

현대역 어진 행실이니, 차례에 여섯째라.

【集說】此篇은紀漢以來로賢者所行之善行하여以實立教明倫敬身也라凡八十一章이라

이 편은 한나라 이래로 현자가 행한 바의 착한 행실을 적어, 써 입교·명륜·경신을 실증하였다. 모두 81장이다.

〖一章〗

呂榮公의**名**은**希哲**이오**字**는**原明**이니**申國正獻公之長子**ㅣ라 **正獻公**이**居家**애**簡重寡默**ᄒᆞ야**不以事物**로**經心**ᄒᆞ고**而申國夫人**이**性嚴有法度**ᄒᆞ야**雖甚愛公**ᄒᆞ나**然**이나**敎公**호ᄃᆡ**事事**ᄅᆞᆯ**循蹈規矩**ᄒᆞ더라 《呂氏家傳, 伊洛淵源錄》

● 呂滎公의 이름은 希哲이요, 자는 原明이니, 申國 正獻公의 장자이다. 정헌공이 집에 머묾에, 간소하고 후중하며 과묵하여, 일과 물건으로써 마음을 경영하지 아니하고, 신국부인이 성품이 엄격하고 법도가 있어 비록 매우 공을 사랑하나, 그러나 공을 가르치되 일일을 법도를 좇아 밟았다.

漢字 **滎**(물 이름 형), **循**(좇을 순, 돌 순), **蹈**(밟을 도, 실천할 도), **規**(법도 규), **矩**(법도 구)

1 여공저(呂公著, 1018년~1089년): 수주(壽州) 사람으로, 자는 회숙(晦叔)이다. 북송(北宋)의 대신(大臣)으로 여이간(呂夷簡)의 아들이다. 벼슬은 어사중승(御史中丞), 상서우복야(尙書右仆射), 중서시랑(中書侍郞)을 지냈다. 사마광(司馬光)과 절친한 친구 사이로 서로 협력하여 정치를 했다. 신국공(申國公)으로 봉해졌는데, 부친 역시 신국공(申國公)이라서 '여신공(呂申公)'이라 불렀다. 시호는 정헌(正獻)이다. 저서로 《정헌공집(正獻公集)》 20권이 있다(중국역대인물초상화).

2 여희철(呂希哲, 1039년~1116년): 북송 수주(壽州) 사람이다. 자는 원명(原明)이고, 호는 형양(滎陽)이며, 여공저(呂公著)의 아들이다. 과거시험은 포기하고 오로지 고학(古學)에만 전념했다. 범조우(范祖禹)의 추천을 받아 숭정전(崇政殿) 설서(說書)를 지냈고 우사간(右司諫), 비서소감(秘書少監) 등을 역임했다. 나중에 병부원외랑(兵部員外郞)에 임명되었다. 철종(哲宗) 소성(紹聖) 초에 외직으로 나가 회주지주(懷州知州)가 되었다. 원우당(元祐黨)으로 몰려 화주(和州)에 폄적(貶謫)되어 살았다. 휘종(徽宗)이 즉위하자 단주지주(單州知州)가 되고, 불려 광록소경(光祿少卿)에 올랐다. 얼마 뒤 숭녕당화(崇寧黨禍)를 입어 탈직(奪職)

당하고, 상주(相州)와 형주(邢州)의 지주(知州)가 되었다. 학문은 일가(一家)나 일설(一說)에 얽매이지 않았다. 처음에 초천지(焦千之)에게 배워 구양수(歐陽脩)의 재전제자(再傳弟子)가 되었고, 다시 손복(孫復), 호유(胡援), 석개(石介)에게 배웠으며, 소옹(邵雍), 왕안석(王安石)에게도 배웠다. 나중에 정호(程顥)와 정이(程頤), 장재(張載)와도 교유했다. 저서에 《여씨잡기(呂氏雜記)》와 《영양공설(滎陽公說)》이 있다(중국역대인명사전).

번소 呂려滎영公공의 일훔ᄋᆞᆫ 希희哲텰이오 字ᄌᆞᄂᆞᆫ 原원明명이니 申신國국 正졍獻헌公공의 ᄆᆞᆮ아ᄃᆞᆯ이라 正졍獻헌公공이 집의셔 사ᄅᆞ샤ᄃᆡ 간략ᄒᆞ며 디듕ᄒᆞ며 잡일 아니ᄒᆞ며 잡말 아니ᄒᆞ야 샹해 셰간ᄂᆡ 일로 ᄆᆞ숨애 혜아리디 아니ᄒᆞ더니 申신國국夫부人신이 셩이 엄졍ᄒᆞ고 법다와 비록 심히 呂려滎영公공을 ᄉᆞ랑ᄒᆞ야도 샹해 ᄀᆞᄅᆞ치샤ᄃᆡ 일일마다 법다이 ᄒᆞ게 ᄒᆞ시더라

현대역 여영공의 이름은 희철이오 자는 원명이니, 申國 正獻公의 맏아들이라. 정헌공이 집에서 사시되 간략하며 持重하며 잡일 아니 하며 잡말 아니 하여, 늘 세상의 일로 마음에 헤아리지 아니하더니, 申國夫人이 성품이 엄정하고 법다워, 비록 심히 여영공을 사랑하여도, 늘 가르치시되 일일마다 법대로 하게 하시더라.

1 사ᄅᆞ샤ᄃᆡ: 사시되. '살(어간)+ᄋᆞ샤(주체 높임 선어말어미)+오ᄃᆡ(연결어미)'이다. 주체 높임 선어말어미 'ᄋᆞ샤'는 매개모음 'ᄋᆞ'를 개재시킨 어형이다. '샤'는 '시'가 모음 어미 '오ᄃᆡ' 앞에서 실현된 것이다. 이에 대한 자세한 설명은 본서 제1권 〈소학제사(小學題辭)〉의 '슬허ᄒᆞ샤'를 참고하기 바란다. '-오ᄃᆡ'는 '-샤-' 뒤에서 '오'가 탈락되었는데, 선행 음절의 모음이 'ㆍ, ㅏ, ㅗ, ㅣ, 반모음 ㅣ'인 경우에 붙어, '-(으)되'를 뜻하는 연결어미이다. 置陣이 ᄂᆞᆷ과 다ᄅᆞ샤 아ᅀᆞ보ᄃᆡ 나ᅀᅡ오니 믈러가던덴 목숨 ᄆᆞᄎᆞ리잇가(置陣異他 知亦進當 如其退避 性命奚戕).《용가 51장》, 淨飯이 무러시ᄂᆞᆯ 占者ㅣ 判ᄒᆞᅀᆞ보ᄃᆡ 聖子ㅣ 나샤 正覺 일우시리.《월곡 상:6》

2 디듕ᄒᆞ며: 지중(持重)하며. 몸가짐이 점잖고 무게 있게 하며.

3 세간ᄂᆡ: 세상의. '세간(世間)+ᄂᆡ'이다. 조사 'ᄂᆡ'의 'ㄴ'은 명사 '세간'에 대한 종성 중철 표기이다. '세간'은 '세상 일반'을 뜻한다.

4 혜아리디: 헤아리지. 짐작하여 가늠하거나 미루어 생각하지. 이 사ᄅᆞᄆᆡ ᄉᆞ랑ᄒᆞ며 혜아리며 니르는 마리 다 부텻 法이라.《석상 19:25》, 比度ᄋᆞᆫ 類ᄅᆞᆯ 가ᄌᆞᆯ벼 혜아릴씨라.《월석 9:8》

5 법다와: 법에 맞아. '법다오(어간)+아(연결어미)'이다. '법답다'는 형용사로, 어간 '법답-'이 어미 '-아' 앞에서 '법다오-'로 교체된 것이다. 셋재ᄂᆞᆫ ᄀᆞ론 거동이 법답디 아니호미오.《여씨-화 9》, 老聃과 莊周의 부턍도ᄋᆡᆫ 이른 녯 어딘 님금의 법다온 말이 아니라(老莊浮華 非先王之法言).《번소 10:10》

6 법다이: 법대로(명사). '법(명사, 어근)+다이(부사 파생접사)'이다. '-다이'는 일부 명사 뒤에 붙어, '대로'의 뜻을 더하고 부사를 만드는 접사이다. 後에 니ᄅᆞ샤ᄃᆡ 法다이 持戒ᄒᆞ면 반ᄃᆞ기 ᄆᆞᄉᆞ미 通호ᄆᆞᆯ 得ᄒᆞ리라 ᄒᆞ시니(後言 如法持戒 必得心通).《능엄 7:52》, 네 句ᄅᆞᆯ 次第다이 마초건댄 苦ᄅᆞᆯ 보아 集을 그츠며 道 닷가 滅 證ᄒᆞᆯ 씨라(四句如次配 見苦斷 集修道證滅也)《법화 1:73》

소언 몸려榮영公공의 일홈ᄋᆞᆫ 希희哲텰이오 字ᄌᆞᄂᆞᆫ 原원明명이니 申신國국 正졍獻헌公공[일홈ᄋᆞᆫ 公공著뎌ㅣ니 申신은 봉ᄒᆞᆫ 싸히오 正졍獻헌은 시회니 宋송 적 졍승이라]의 ᄆᆞᆮ아ᄃᆞᆯ이라 正졍獻헌公공이 집의 이실 제 간략ᄒᆞ며 후듕ᄒᆞ며 잡일 아니ᄒᆞ며 잡말 아니ᄒᆞ야 일과 온갓 거스로ᄡᅧ ᄆᆞᄋᆞᆷ애 경영티 아니ᄒᆞ고 申신國국夫부人인이 性셩이 嚴엄ᄒᆞ고 法법度도ㅣ 이셔 비록 심히 公공을 ᄉᆞ랑ᄒᆞ나 그러나 公공을 ᄀᆞᄅᆞ츄ᄃᆡ ᄆᆡᄉᆞᄅᆞᆯ 規규矩구ᄅᆞᆯ 조차 ᄡᆞᆲ드ᄃᆡ게 ᄒᆞ더라

현대역 여영공의 이름은 희철이요 자는 원명이니 신국 정헌공[이름은 公著니, 申은 봉한 땅이요, 정헌은 시호니, 宋 때 정승이라.]의 맏아들이라. 정헌공이 집에 있을 때 간략하며 후중하며 잡일 아니 하며 잡말 아니 하여, 일과 온갖 것으로써 마음에 경영하지 아니하고, 신국부인이 성품이 엄하고 법도가 있어, 비록 심히 공을 사랑하나, 그러나 공을 가르치되, 매사를 規矩를 좇아 밟아 디디게 하더라.

1 ᄀᆞᄅᆞ츄ᄃᆡ: 가르치되. 'ᄀᆞᄅᆞ치(어간)+우ᄃᆡ(연결어미)'이다. '-우ᄃᆡ'는 선행 음절의 모음이 'ㅡ, ㅓ, ㅜ, ㅣ, 반모음 ㅣ'인 경우에 붙어, '-(으)되'를 뜻하는 어미이다. ᄒᆞᆫ 두 句를 더으며 더러ᄇᆞ리며 ᄲᅮᄃᆡ ᄆᆞᅀᆞᆷ 다보ᄆᆞᆯ 닐웛 ᄀᆞ장 ᄀᆡ지ᄒᆞ야.《월석 서:19~20》, 四禪天으롯 우흔 세 災 업수ᄃᆡ 그엣 宮殿과 諸天괘 ᄒᆞᆫᄢᅴ 냇다가 절로 ᄒᆞᆫᄢᅴ 업ᄂᆞ니라.《월석 1:50》

2 규구(規矩): 목수가 쓰는 걸음쇠, 곱자, 수준기, 다림줄을 통틀어 이르는 말. 보통 일상생활에서의 법도를 비유하는 말로 쓰인다.

3 ᄇᆞᆲ드듸게: 밟아 디디게. 'ᄇᆞᆲ디듸(어간)+게(보조적 연결어미)'이다. 'ᄇᆞᆲ디듸다'는 'ᄇᆞᆲ다'와 '디듸다'의 합성어이다. 그러나 중세국어에서 이 두 단어의 합성어는 거의 발견되지 않는다. 현대국어 '밟다'의 옛말인 'ᄇᆞᆲ다'는 15세기 문헌에서부터 나타난다. 18세기에 제1음절의 'ㆍ'가 'ㅏ'로 변함에 따라 'ᄇᆞᆲ다'도 '밟다'가 되었다. 18세기 '밟다'가 나타나기 시작한 이후 19세기까지 'ᄇᆞᆲ다'와 '밟다'가 공존하였으나 둘의 소리는 동일하였을 것으로 추정된다. 이후 '밟다'로 정착하면서 현재에 이르렀다. ᄇᆞᆲ다(15세기~19세기)〉밟다(18세기~현재). 이형태: ᄇᆞᆲ다, 밟다. ᄯᅩ 虛空애 ᄯᅡ히 ᄃᆞ외야 ᄯᅡ홀 ᄇᆞᆯ보ᄃᆡ 믈 ᄇᆞᆲ듯 ᄒᆞ고 므를 ᄇᆞᆯ보ᄃᆡ ᄯᅡ ᄇᆞᆲ듯 ᄒᆞ더니.《1447 석상 6:34ㄱ》, ᄂᆞᄆᆡ 시ᄂᆞᆯ ᄇᆞᆲ디 말며 돗긔 넘ᄶᅥ러 안ᄶᅵ 말며.《1518 번소 4:12ㄴ》, 君子ㅣ ᄇᆞᆲ고 반ᄃᆞ시 슬픈 ᄆᆞᄋᆞᆷ올 두ᄂᆞ니.《1588 소언 2:25ㄱ》. 현대국어 '디디다'의 옛말인 '드듸다'는 15세기 문헌에서부터 나타난다. '드듸다'는 제2음절 모음 'ㅢ'가 'ㅣ'로 변화하고, 제1음절 모음 'ㅡ'가 'ㅣ'로 변화하여 20세기 이후 '디디다'로 나타나 현재에 이르렀다. 16세기의 '드ᄃᆡ다'는 '드듸다'의 제2음절 모음 'ㅢ'가 'ㆎ'로 나타난 것이다. 드듸다(15세기~19세기)〉디디다(20세기~현재). 이형태: 드듸다, 드ᄃᆡ다. 蓮花ㅅ 고지 나거늘 世尊이 드듸샤 四方 向ᄒᆞ샤 周行七步ᄒᆞ시니.《1447 월곡 8ㄱ》, 손이 조차 층을 드ᄃᆡ여 발올 모도와 거름을 니어 ᄡᅧ 올오ᄃᆡ.《1588 소언 2:69ㄱ》.

【集解】正獻公의名은公著요字는晦叔이니相宋하여封申國公이라寡는謂省事요黙은謂愼言也라不以事物經心者는謂凡世俗之事를皆不以經營於心也라夫人은公著之妻니魯參政宗道之女라蹈는踐也라規矩는法度之器니所以爲方圓者也라

정헌공의 이름은 公著요, 자는 晦叔이니, 송나라에서 재상을 하여 申國公에 봉해졌다. 寡는 일 줄임을 이르고, 黙은 말 삼감을 이른다. 不以事物經心[써 일과 물건으로써 마음을 경영하지 아니함]이란 것은 모든 세속의 일을 모두 써 마음에 경영하지 않음을 이른다. 부인은 공저의 아내이니, 魯 參政 宗道의 딸이다. 蹈는 실천함이다. 規矩는 법도의 기구이니. 써 네모와 원을 만드는 바의 것이다.

漢字 晦(어두울 회, 그믐 회), 省(덜 생)

노종도(魯宗道, 966년~1029년): 북송 박주(亳州) 초현(譙縣) 사람으로, 자는 관지(貫之)이다. 진종(眞宗) 함평(咸平) 2년(999년) 진사가 되었다. 천희(天禧) 중에 우정언(右正言)이 되어 옳고 그름을 따져 논의한 것이 많았다. 인종(仁宗)이 즉위하자 호부낭중(戶部郎中)으로 옮기고 내전(內銓)을 맡아 전격(銓格)을 바로 잡으면서 과조(科條)를 제시했다. 우간의대부(右諫議大夫)와 참지정사(參知政事)를 역임했다. 추밀사(樞密使) 사람들이 권력을 믿고 교만하게 전횡하자, 여러 차례 황제 앞에서 이를 따져 귀족이나 권력자들이 모두 꺼려해 어두참정(魚頭參政)이라 불렀다. 두 번 예부시랑(禮部侍郎)으로 옮겼다. 정부에 7년 동안 있으면서 요행으로 권력을 쥐는 사람이 없도록 힘썼고, 재물 때문에 사사롭게 사람을 돕지 않았다. 시호는 숙간(肅簡)이다(중국역대인명사전).

甫十歲예**祁寒暑雨**ㅣ라두**侍立終日**ᄒᆞ야**不命之坐**ㅣ어든**不敢坐也**ᄒᆞ더라**日必冠帶**ᄒᆞ야**以見長者**ᄒᆞ며**平居**애**雖甚熱**ᄒᆞ나**在父母長者之側**ᄒᆞ야**不得去巾襪縛**篆**袴**ᄒᆞ야**衣服唯謹**ᄒᆞ더라

● 겨우 열 살에, 크게 춥고 덥고 비가 오더라도, 모시어 섰기를 종일토록 하여, 앉으라고 명하지 않으면 감히 앉지 않았다. 날마다 반드시 관을 쓰고 띠를 매어 써 어른을 뵈며, 평소 삶에 비록 매우 덥더라도 부모와 어른 곁에 있어, 능히 고깔과 버선과 행전을 벗지 않아, 의복을 오직 삼갔다.

漢字 甫(겨우 보), 祁(클 기), 侍(모실 시), 側(곁 측), 巾(고깔 건, 수건 건, 두건 건), 襪(버선 말), 縛(묶을 박), 篆(전자 전), 袴(바지 고)

박(縛): 《소학집주》 대문(大文)에는 '묶을 박(縛)' 아래에 '전자 전(篆)'이란 독음이 달려 있어, '말 전(縳)'으로 써야 함을 밝히고 있다. 《소학언해》에서도 대문에서는 '縛'을 쓰고, 번역문에서는 '박고(縛袴)'를 '힝뎐'으로 풀이하고 있다.

번소 계오 열 설 머거셔 쇠 치운 저기며 덥고 비오ᄂᆞᆫ 저긔도 뫼ᅀᆞ와 져므도록 셔셔 안ᄌᆞ라 아니ᄒᆞ거시ᄃᆞᆫ 안ᄶᅵ 아니ᄒᆞ시더라 ᄂᆞᆯ마다 모로매 冠관帶ᄃᆡᄒᆞ야 얼우시ᄂᆞᆯ 뫼ᅀᆞ오며 샹해 비록 ᄀᆞ장 더운 저기라도 부모와 얼우신의 겨틔 이셔ᄂᆞᆫ 곳갈와 보션과 힝뎐ᄋᆞᆯ 밧디 아니ᄒᆞ야 衣의服복ᄒᆞ고 조심ᄒᆞ야 겨시더라

현대역 겨우 열 살 먹어서, 몹시 추운 때며 덥고 비오는 때에도, 모셔 저물도록 서서, 앉으라고 아니하시거든 앉지 아니하시더라. 날마다 모름지기 고깔과 허리띠를 매어 어르신을 모시며, 늘 비록 가장 더운 때라도, 부모와 어르신의 곁에 있어서는 고깔과 버선과 행전(行纏)을 벗지 아니하여, 옷을 입고 조심하여 계시더라.

1 설: '살'의 옛말이다. 주로 고유어 수 뒤에 쓰여, 나이를 세는 단위이다. 현대국어 '살'의 옛말인 '설'은 15세기 문헌에서부터 나타난다. 이 단어는 근대국어 시기에 'ㅓ'와 'ㅏ'의 교체가 이루어져 '설'에서 '살'로 변화하였다. 설(15세기~17세기)〉살(19세기~현재). 이형태: 설, ᄉᆞᆯ, 살. 그 아기 닐굽 설 머거 아비 보라 니거지라 ᄒᆞᆫ대.《1459 월석 8:101ㄴ》, 小人은 앗가ᅀᅡ 설흔두 설 큰형님 네 나히 하도다 슈례ᄒᆞ쇼셔.《1510년대 번노 상:64ㄱ》

2 쇠: 몹시. 심히. 쇠 병ᄒᆞᆫ 저기 아니어든(非甚病).《번소 9:104》

3 치운: 추운. '치우(어간)+ㄴ(관형사형 어미)'이다. 현대국어 '춥다'의 옛말인 '칩다'는 15세기 문헌에서부터 나타난다. '칩다'는 자음으로 시작하는 어미가 결합할 때에는 '칩-'으로, 모음이나 매개모음으로 시작하는 어미가 결합할 때에는 '치ᇦ-'으로 나타나 '치ᇦ-, 칩-'의 교체를 보이던 규칙용언이었다. 15세기에 'ㅸ'이 'ㅣ'를 제외한 다른 모음 앞에서 'ㅜ'로 변화하면서 '치ᇦ-'도 '치우-'도 나타나게 되었다. 이로써 15세기에 규칙용언이었던 '칩다'는 '칩-, 치우-'의 교체를 보이는 불규칙 용언이 되었다. 19세기에 모음 'ㅣ'가 음절 말 자음 'ㅂ'의 영향으로 'ㅜ'로 변하여

‘춥다’가 되면서 현재에 이르렀다. 칩다(15세기~19세기)〉춥다(19세기~현재). 이형태: 칩-, 칩-, 치오-, 치우-, 춥-, 추우-. 吳ㅅ 비와 楚ㅅ 비를 百丈으로 잇거 더운 제 셔울 가니 칩도록 도라오디 몯ᄒᆞ얫도다.《1481 두시-초 10:27ㄱ》, 치버 므리 어렛다가 더브면 노가 므리 ᄃᆞ외ᄂᆞ니라.《1459 월석 9:23ㄴ》, 드리혀 ᄇᆞᄅᆞ믈 뫼화 치우미 ᄃᆞ외오 ᄇᆞᄅᆞ미 므를 ᄆᆡ자 어르미 ᄃᆞ왼 젼ᄎᆞ로.《1461 능엄 8:82ㄴ》, 이제ᄂᆞᆫ 경히 섯ᄃᆞ리니 하ᄂᆞᆯ도 칩다.《1510년대 번노 하:35ㄴ》, ᄒᆞᆫ갓 후세예 치우며 주려 주구믈 저허호모로 이 마리 잇ᄂᆞ니.《1518 번소 7:35ㄴ》

4 뫼ᅀᆞ와: 모시어. ‘뫼(어간)+ᅀᆞ오(겸손법 선어말어미)+아(연결어미)’이다. 선어말어미 ‘-ᅀᆞᆸ-’이 모음어미 ‘-아’ 앞에서 ‘-ᅀᆞ오-’로 교체되었다. 현대국어 ‘모시다’의 옛말인 ‘뫼시다’는 15세기 문헌에서부터 나타난다. 16세기에 제1음절의 이중모음 ‘ㅚ’에서 반모음 ‘ㅣ’가 탈락하여 ‘모시다’로 나타나기 시작하면서 19세기까지 ‘뫼시다’와 ‘모시다’가 공존하였다. 이후 ‘모시다’가 정착하면서 현재에 이르렀다. 뫼시다(15세기~19세기)〉모시다(16세기~현재). 이형태: 뫼시다, 모시다. 婇女ㅣ 기베 안ᅀᆞ바 어마님긔 오ᅀᆞᆸ더니 大神ᄃᆞᆯ히 뫼시ᅀᆞᄫᆞ니.《1447 월천 9ㄱ》, 三年이도록 돌아가 뫼시디 아니ᄒᆞᆫ 이 잇거늘 내티니라.《1588 소언 6:7ㄴ》, ᄉᆡ어미 病ᄒᆞ얏거늘 모셔 이셔 藥 더이믈 게을이 아니ᄒᆞ니 ᄆᆞᄉᆞᆯ히 일ᄏᆞᆮ더라.《1514 속삼 열:8ㄱ》

5 져므도록: 저물도록. ‘져므(어간)+도록(연결어미)’이다. 어간 ‘져믈-’의 치조음 ‘ㄹ’이 치조음 어미 ‘ㄷ’ 앞에서 탈락하였다. 현대국어 ‘저물다’의 옛말인 ‘져믈다’는 15세기 문헌에서부터 나타난다. 근대국어 시기에 양순음 ‘ㅁ, ㅂ, ㅍ’ 아래에서 모음 ‘ㅡ’가 ‘ㅜ’로 변하는 원순모음화가 일어났는데, ‘져믈다’도 이러한 변화를 겪어 ‘져물다’가 되었다. 또한 근대국어 시기에 치조음이었던 ‘ㅈ, ㅊ’이 경구개음으로 변하면서 ‘져’와 ‘저’의 발음이 같아져서 ‘져물다〉저물다’로 바뀌어 현재에 이르렀다. 한편 15세기~18세기에는 ‘져믈다〉져물다’와 의미가 동일하고 형태상으로도 관련이 있는 ‘졈글다’ 형태도 존재하였다(예: 거츤 ᄠᅳᆯ헤 히 {졈글오져} ᄒᆞ놋다.《1481 두시-초 3:27ㄴ》, 빗돗 글어 가매 歲月이 {졈그ᄂᆞ니} 어루 春風과 다ᄆᆞᆺ 가리로다.《1481 두시-초 22:42ㄴ》). 져믈다(15세기~19세기)〉져물다(19세기)〉저물다(19세기~현재). 이형태: 져믈다, 져물다, 저물다. 世尊하 내 네브터 오매 나리 져믈오 바미 ᄆᆞᆺᄃᆞ록 ᄆᆡ샹 내 剋責ᄒᆞ다니.《1463 법화 2:7ㄴ》, 先生이 단졍히 안자 블러 더브러 마조 안자셔 져믈며 새도록 이셔도 더브러 말ᄉᆞᆷ믈 아니ᄒᆞ다가.《1518 번소 9:4ㄴ》

6 안ᄌᆞ라: 앉으라. '앉(어간)+ᄋᆞ라(명령형 종결어미)'이다. '-ᄋᆞ라'는 끝음절의 모음이 'ㆍ, ㅏ, ㅗ'이고 받침 있는 동사, 형용사 어간이나 어미 뒤에 붙어, 'ᄒᆞ라' 할 자리에 쓰여, 명령을 나타내는 종결어미이다. 그럴ᄊᆡ ᄒᆞᆫ ᄆᆞᅀᆞᄆᆞ로 뎌 부텨를 ᄉᆞ외 보ᅀᆞᄫᆞ라.《월석 8:22》, 그럴ᄉᆡ 니ᄅᆞ샤ᄃᆡ 비록 萬行ᄋᆞᆯ ᄀᆞ초 닷ᄀᆞ나 오직 念 업소ᄆᆞ로 宗ᄋᆞᆯ 사ᄆᆞ라 ᄒᆞ시니(故云 雖備修萬行 唯以無念爲宗).《목우 25》

7 어루시늘: 어르신을. '어루신(명사)+을(목적격 조사)'이다. 현대국어 '어르신'의 옛말인 '얼우신'은 16세기 문헌에서부터 나타난다. 16세기의 '얼우신'은 동사 '어르-'에 사동접사 '-우-'가 결합한 '얼우-'에 선어말어미 '-시-'와 관형사형 어미 '-ㄴ'이 결합한 것이 명사로 굳어진 것이다. 16세기에 'ㄹ' 뒤에 오는 성문 마찰 유성음 'ㅇ'이 완전히 탈락하게 되었는데 '얼우신'도 이러한 변화를 경험하였다. 17세기의 예는 존재하지 않아 그 양상을 확인할 수 없으나 18세기에 보이는 '어루신'은 '얼우신'에서 성문 마찰 유성음 'ㅇ[ɦ]'이 탈락한 이후 제1음절의 종성이 연철된 것이다. 18세기까지 '얼우신'과 '어루신'이 공존하다가 19세기에 제2음절 모음 'ㅜ'가 'ㅡ'로 바뀌어 현대국어와 같은 '어르신'이 되었다. 얼우신(16세기~18세기)〉어루신(18세기~19세기)〉어르신(20세기~현재). 이형태: 얼우신, 어루신. 얼우신하 허믈 마ᄅᆞ쇼셔.《1510년대 번박 58ㄴ》, 날마다 반ᄃᆞ시 冠帶ᄒᆞ야 뼈 얼우신ᄂᆡᄭᅴ 뵈며.《1737 어내 3:14ㄱ》, 존비귀쳔 승쇽남녀 거ᄉᆞ샤당 노쇼제인 어루신네 ᄌᆞ셰히 혜여 보소.《1776 염불보권문-해인사판-일사본 33ㄱ》

8 겯틔: 곁에. '겯ㅌ(명사)+의(관형격 조사)'이다. 현대국어 '곁'은 15세기 문헌에서부터 '곁'으로 나타나 현재까지 그대로 이어진다. 16세기 이후에 나타나는 '겻ㅌ', '겯ㅌ'은 중철 표기이고, 17세기 이후 나타나는 '겻ㅎ', '겯ㅎ'은 'ㅌ'을 'ㄷ'과 'ㅎ'으로 나누어 표기한 재음소화 표기이다. 곁(15세기~현재). 이형태: 곁, 겯ㅌ, 겻ㅌ, 겻ㅎ, 겯ㅎ. 君命엣 바오리어늘 몰 겨틔 엇마ᄀᆞ시니 九逵 都人이 다 놀라ᅀᆞᄫᆞ니.《1447 용가 44》, 샹해 비록 ᄀᆞ장 더운 저기라도 부모와 얼우신의 겯틔 이셔ᄂᆞᆫ 곳갈와 보션과 힝뎐ᄋᆞᆯ 밧디 아니ᄒᆞ야 衣服ᄒᆞ고.《1518 번소 9:2ㄴ》, 어버이 그 지극ᄒᆞᆫ 精誠을 感激ᄒᆞ야 집 겻틔 別室 지ᅀᅥ 준대 宋氏 ᄉᆡ어미 ᄃᆞ려와 살며 親히 飮食ᄒᆞ야 주더니.《1514 속삼 열:10ㄴ》

9 힝뎐: '행전(行纏)'의 옛말이다. 바지나 고의를 입을 때 정강이에 감아 무릎 아래 매는 물건. 반듯한 헝겊으로 소맷부리처럼 만들고 위쪽에 끈을 두 개 달아서 돌라매게 되어 있다.

소언 계오 열 설에 큰 치위와 덥고 비올 제라두 뫼셔 셧기를 날이 ᄆᆞᆺ도록 ᄒᆞ야 命명ᄒᆞ야 안ᄌᆞ라 아니커든 敢감히 안찌 아니ᄒᆞ더라 날마다 반ᄃᆞ시 冠관帶ᄃᆡᄒᆞ야 ᄡᅧ 얼우신ᄭᅴ 뵈ᄋᆞ오며 샹해 이실 제 비록 심히 더우나 父부母모와 얼우신 겯틔 이셔 시러곰 곳갈와 보션과 힝뎐ᄋᆞᆯ 밧디 아니ᄒᆞ야 衣의服복을 오직 삼가더라

현대역 계우 열 살에, 큰 추위와 덥고 비올 때라도, 모셔 섰기를 날이 마치도록 하여, 명하여 앉으라고 아니하거든 감히 앉지 아니하더라. 날마다 반드시 고깔과 허리띠를 매어 써 어르신께 뵈오며, 늘 있을 때 비록 심히 더우나, 부모와 어르신 곁에 있어 능히 고깔과 버선과 행전을 벗지 아니하여, 의복을 오직 삼가더라.

얼우신ᄭᅴ: 어르신께. '얼우신(명사)+ᄭᅴ(부사성 의존명사)'이다. '긔'는 부사성 의존명사로, 관형격 조사 아래에만 나타난다. 본 예 'ᄭᅴ'는 관형격 조사 'ㅅ'과 함께 쓰여 '께'를 뜻한다. 아바ᄂᆝᇝ긔와 아ᄌᆞ마ᄂᆝᇝ긔와 아자바님내ᄭᅴ 다 安否ᄒᆞᅀᆸ고 ᄯᅩ 耶輸陁羅ᄅᆞᆯ 달애야 恩愛ᄅᆞᆯ 그쳐.《석상 6:1》, 迦毗羅國에 가아 淨飯王ᄭᅴ 安否 ᄉᆞᆲ더니 耶輸ㅣ 부텻 使者왯 다 드르시고.《석상 6:2》

【集解】甫는始也요祁는大也라縛은繞也니縛袴者는卽內則所謂偪이라今人謂之行縢이니束脛至膝하여纏繞袴管이라故로曰縛袴也라熊氏曰大寒大暑엔若可以自便矣로되然이나猶執禮를如常時而不敢怠也라

甫는 '비로소'이고, 祁는 큼이다. 縛은 두름이니, 縛袴라는 것은 곧《내칙》의 이른바 행전이다. 지금 사람들은 그것을 행등(行縢)이라 하니, 정강이를 묶어 무릎에 이르게 하여 바지통을 묶어 두른다. 그러므로 縛袴라 이른다. 웅 씨가 말하였다. "크게 춥고 크게 더움에는, 가히 써 스스로 편할 수 있을 듯한데, 그러나 예를 잡기를 평시와 같이 하여 감히 게을리 하지 않았다."

漢字 繞(두를 요), 偪(행전 핍), 縢(묶을 등, 끈 등), 脛(정강이 경), 膝(무릎 슬), 纏(묶을 전, 감을 전), 管(대롱 관)

行步出入애無得入茶肆酒肆ᄒᆞ며市井里巷之語와鄭衛之音을未嘗一經於耳ᄒᆞ며不正之書와非禮之色을未嘗一接於目ᄒᆞ더라

● 행보하여 나고 듦에 능히 다방과 주막에 들지 않으며. 市井과 마을의 말과 정나라와 위나라의 음악을 일찍이 한 번도 귀에 지나게 하지 않았으며, 바르지 않은 글과 예가 아닌 색을 일찍이 한 번도 눈에 접하지 않았다.

漢字 茶(차 다), 肆(가게 사, 방자할 사), 經(지날 경)

1 행보(行步): 어떤 목적지까지 걸어서 가거나 다녀옴.
2 시정(市井): 인가(人家)가 모인 곳. 중국 상대(上代)에 우물이 있는 곳에 사람이 모여 살았다는 데서 유래한다.
3 정위상간(鄭衛桑間): '정위(鄭衛)'는 춘추시대 주(周)나라의 제후국(諸侯國)인 '정(鄭)나라와 위(衛)나라'를, '상간(桑間)'은 '음란한 음악'을 가리킨다. 따라서 '정위상간'은 '난세의 음악'이란 뜻이다. 유의어: 정위지음(鄭衛之音).

번소 거름 거러 나드리ᄒᆞᆯ 제 차 ᄑᆞᄂᆞᆫ ᄃᆡ와 술 ᄑᆞᄂᆞᆫ ᄃᆡ 드디 아니ᄒᆞ며 져제와 ᄆᆞᄉᆞᆯ힛 말와 鄭뎡과 衛위와 두 나랏 음탕ᄒᆞᆫ 풍륫 소리ᄅᆞᆯ ᄒᆞᆫ 번도 구에 디내디 아니ᄒᆞ며 졍티 아니ᄒᆞᆫ 잡 글월와 녜답디 아니ᄒᆞᆫ 빗ᄎᆞᆯ ᄒᆞᆫ 번도 누네 브티디 아니ᄒᆞ더라

현대역 걸음 걸어 나들이할 때, 차 파는 데와 술파는 데 들어가지 아니하며, 저자와 마을의 (속된) 말과 鄭과 衛와 두 나라의 음탕한 풍류의 소리를 한 번도 귀에 지나게 하지 아니하며, 바르지 아니한 잡 글월과 예답지 아니한 빛을 한 번도 눈에 붙이지 아니하더라.

1 말와: 말과. '말(명사)+과(접속조사)'이다. 명사 '말'의 종성 'ㄹ' 아래에서 조사

'과'의 'ㄱ'이 성문 마찰 유성음 'ㅇ[ɦ]'으로 약화되었다.

2 나랏: 나라의. '나라(명사)+ㅅ(관형격 조사)'이다. ㅅ은 'ㄱ, ㅋ, ㆁ, ㄷ, ㅌ, ㄴ, ㄹ, ㅂ, ㅍ, ㅁ, ㅸ'으로 끝나는 체언류나 받침 없는 체언류 뒤에 붙어, 무정 체언과 존칭 체언류 뒤에 붙어, '의'를 뜻하는 관형격 조사이다. 龍鬼 위ᄒᆞ야 說法ᄒᆞ샤미 부텻 나히 셜흔둘히러시니 穆王 여슷찻 ᄒᆡ 乙酉ㅣ라.《석상 6:1》, 네 迦毗羅國에 가아 아바닚긔와 아ᄌᆞ마닚긔와 아자바님내씌 다 安否ᄒᆞᅀᆞᆸ고.《석상 6:1》

3 구: 귀. '한 번도 구에 지나게 하지 아니하며'는 대문(大文) '未嘗一經於耳'에 대한 번역으로, '구'는 '귀'의 오자인 듯하다.

4 졍티: 정(正)하지. 사리에 맞고 바르지. '졍ᄒᆞ(어간)+디(보조적 연결어미)'에서 'ᄒᆞ'의 'ㆍ'가 탈락하면서 어미 '디'의 'ㄷ'과 자음축약을 일으켰다.

소언 ᄃᆞ녀 거러 나며 들음애 시러곰 차 ᄑᆞᄂᆞᆫ 집과 술ᄑᆞᄂᆞᆫ 집의 드디 아니ᄒᆞ며 져제와 ᄆᆞ올힛 말와 鄭뎡과 衛위ㅅ 소릐[두 나라 일홈이니 음탕ᄒᆞᆫ 풍뉴]라]를 일즉 ᄒᆞᆫ 번 귀예 디내디 아니ᄒᆞ며 正졍티 아니ᄒᆞᆫ 글월와 禮례 아닌 빗츨 일즉 ᄒᆞᆫ 번 눈에 브티디 아니ᄒᆞ더라

현대역 다녀 걸어 나며 듦에, 능히 차 파는 집과 술파는 집에 들지 아니하며, 저자와 마을의 말과 鄭과 衛의 소리[두 나라 이름이니, 음탕한 풍류라.]를 일찍이 한 번 귀에 지나게 하지 아니하며, 바르지 아니란 글월과 예 아닌 빛을 일찍이 한 번 눈에 붙이지 아니하더라.

【增註】鄭衛는二國名이니其音淫이라熊氏曰足不妄行하고耳不妄聽하며目不妄視也라

鄭과 衛는 두 나라의 이름이니, 그 음악이 음란하다. 웅 씨가 말했다. "발은 망령되이 걷지 않고, 귀는 망령되이 듣지 않으며, 눈은 망령되이 보지 않는다."

正獻公이通判潁州예歐陽公이適知州事ㅣ러니焦先生千之

伯强이客文忠公所ᄒᆞ야嚴毅方正이어늘正獻公이招延之ᄒᆞ야使敎諸子ᄒᆞ더니諸生이小有過差ㅣ어든先生이端坐ᄒᆞ야召與相對ᄒᆞ야終日竟夕호ᄃᆡ不與之語ㅣ라가諸生이恐懼畏伏이어사先生이方略降辭色ᄒᆞ더라

● 정헌공이 영주통판일 때에, 歐陽公이 마침 지주사였더니, 焦 先生 千之 伯强이 文忠公[구양공] 처소에 빈객이 되어, 엄하고 굳세며 방정하거늘, 정헌공이 그를 불러 맞이하여 하여금 여러 자식들을 가르치게 했더니, 여러 학생들이 조금이라도 허물과 어긋남이 있거든, 선생이 단정히 앉아, 불러 더불어 서로 대하여 날이 끝나고 저녁이 마치도록 더불어 말하지 않다가, 여러 학생들이 두려워하며 굴복하여야, 선생이 바야흐로 조금 말씀과 낯빛을 폈다.

漢字 潁(물 이름 영), 歐(성 구, 토할 구), 適(마침 적), 焦(태울 초, 그을릴 초), 毅(굳셀 의), 招(부를 초), 延(맞을 연, 이끌 연), 差(어긋날 차), 召(부를 소), 竟(마칠 경, 다할 경), 伏(굴복할 복, 엎드릴 복), 略(조금 략, 대략 략), 降(내릴 강), 辭(말씀 사)

1 구양수(歐陽修, 1007년~1072년): 북송(北宋)시대 인물이다. 자는 영숙(永叔), 호는 취옹(醉翁), 만년에는 육일거사(六一居士)라고도 불렀다. 자세한 설명은 〈가언(嘉言) 제5〉 제13장을 참조하라.

2 초천지(焦千之, 미상~1080년경): 단도(丹徒) 사람으로, 자는 백강(伯強)이다. 북송(北宋) 시기의 관리이자 학자이다. 벼슬은 국자감직강(國子監直講), 무석령(無錫令), 대리시승(大理寺丞) 등을 역임했다. 구양수(歐陽修)의 제자로 경술[經術, 경서(經書)에 관한 학문]에 정통했다(중국역대인물초상화).

번소 正졍獻헌公공이 潁영州쥬ㅣㅅ 고ᄋᆞᆯ 通통判판이랏 벼슬 ᄒᆡ엿거늘 歐구陽양文문忠튱公공이 마초아 그 고ᄋᆞᆯ 知디州쥬ㅣ事ᄉᆞㅣ랏 벼슬 ᄒᆞ엿더니 焦쵸先션生ᄉᆡᆼ의 일훔은 千쳔之지오 字ᄌᆞ는 伯ᄇᆡᆨ强강이랏 사ᄅᆞ미 文문忠튱公공의게 손이 도ᄋᆡ여셔 싁싁고 거여우며

方방正졍ᄒᆞ거늘 正졍獻헌公공이 블러 마자다가 모든 ᄌᆞ식을 ᄀᆞᄅᆞ치라 ᄒᆞ시니 모든 뎨ᄌᆞ돌히 죠고매나 그르ᄒᆞᄂᆞᆫ 이리 잇거든 先션生ᄉᆡᆼ이 단졍히 안자 블러 더브러 마조 안자셔 져믈며 새도록 이셔도 더브러 말ᄉᆞᆷ 아니ᄒᆞ다가 모든 뎨ᄌᆞ돌히 저허 그르ᄒᆞ관다 ᄒᆞ여ᅀᅡ 先션生ᄉᆡᆼ이 그제ᅀᅡ 말ᄉᆞᆷ미며 ᄂᆞᆺ빗츨 잠ᄭᆞᆫ ᄂᆞᄌᆞ기ᄒᆞ더시다

현대역 정헌공이 潁州의 고을 通判이라 하는 벼슬 했거늘, 區陽 文忠公이 맞추어 그 고을 지주사라 하는 벼슬 하였더니, 焦 선생의 이름은 千之요, 자는 伯强이라 하는 사람이 문충공에게 손이 되어서 엄하고 雄健하며 방정하거늘, 정헌공이 불러 맞아다가 모든 자식을 가르치라 하시니, 모든 弟子들이 조그마하게나 그르치는 일이 있거든, 선생이 단정히 앉아 불러 더불어 마주 앉아서, 저물며 새도록 있어도 더불어 말씀을 아니 하다가, 모든 제자들이 두려워 그르쳤구나 하여야, 선생이 그제야 말씀이며 낯빛을 잠깐 나직이하시었다.

1 마초아: 맞추어. '마초(어간)+아(연결어미)'이다. 현대국어 '맞추다'의 옛말인 '마초다'는 15세기 문헌에서부터 나타난다. '마초다'는 동사 '맞-'에 사동접사 '-호-'가 결합한 것이다. 근대국어 문헌에 보이는 '맛초다'는 '마초다'를 중철 표기한 것이다. 19세기에는 모음 'ㅗ'가 'ㅜ'로 바뀐 '마추다' 형태가 등장하였고, 이를 중철 표기한 '맛추다'도 나타난다. 19세기에는 현대국어와 같은 '맞추다'도 등장하였는데, 이는 '맛추다'와 소리는 동일하나 어근인 '맞-'을 의식하여 원형을 밝혀 적은 것이다. 마초다(15세기~19세기)〉마추다(19세기)〉맞추다(19세기~현재). 이형태: 마초다, 맛초다, 마추다, 맛추다, 맞추다. 波塞奇王이 綵色 마초아 손소 ᄒᆞᆫ 像ᄋᆞᆯ 그리ᅀᆞᄫᅡ 내야ᄂᆞᆯ.《1447 석상 24:10ㄴ》, 마ᄋᆞᆫ애 비르소 벼슬ᄒᆞ야 일에 마초와 계교를 내며 ᄉᆞ려를 베펴.《1588 소언 1:6ㄱ》

2 도ᄋᆡ여셔: 되어서. '도ᄋᆡ(어간)+여셔(연결어미)'이다. '-여셔'는 어간이 이중모음 '도ᄋᆡ[toʌj-]'로 발음되는 관계로, '-어'가 '-여'로 교체된 것이다. 현대국어 '되다'의 옛말인 'ᄃᆞᄫᆡ다'는 15세기 문헌에서부터 나타난다. 15세기 중엽 이후 'ㅸ'이 반모음 w로 변화하여 'ᄫᆡ'가 '외'로 변한 'ᄃᆞ외다'가 나타났다. 또한 15세기에는 'ᄃᆞ외다'에서 제1음절 모음 'ㆍ'가 제2음절의 원순모음 'ㅗ'의 영향으로 'ㅗ'로

바뀐 '도외다' 형태가 등장하였다. 'ᄃᆞ이다'는 이것의 이형태이다. 16세기에는 '도외다'의 제1음절과 제2음절이 축약된 '되다' 형태가 등장하여 현재에 이르렀다. ᄃᆞᄫᆡ다(15세기)〉ᄃᆞ외다(15세기～17세기)〉도외다(15세기～17세기)〉되다(16세기～현재). 이형태: ᄃᆞᄫᆡ다, ᄃᆞ외다, 도외다, 되다. 臣下ㅣ 말 아니 드러 正統애 有心ᄒᆞᆯᄊᆡ 山ᄋᆡ 草木이 軍馬ㅣ ᄃᆞᄫᆡ니이다.《1447 용가 98》, ㅇ를 입시울 쏘리 아래 니ᅀᅥ 쓰면 입시울 가ᄇᆡ야ᄫᆞᆫ 소리 ᄃᆞ외ᄂᆞ니라.《1446 훈언 12ㄱ》, 또 勝福ᄋᆞᆯ 어드릴ᄊᆡ 暫持 功德이 도외니.《1463 법화 6:3ㄱ》, 劉時ᄂᆞᆫ 齊闕의 겨지비러니 齊闕이 軍士ㅣ 도외여 싸호매 죽거늘.《1514 속삼 열5ㄱ》

3 방졍ᄒᆞ거늘: 방정하거늘. 말이나 행동이 바르고 점잖거늘. '방졍ᄒᆞ(어간)+거늘(연결어미)'이다. 현대국어 '방정하다'의 옛말인 '방졍ᄒᆞ다'는 16세기 문헌에서부터 나타난다. 이 단어는 한자어 '방졍'과 'ᄒᆞ다'의 결합으로 이루어진 말이다. '방졍'은 'ㆁ'의 음가 소멸로 '방졍'이 되고 근대국어 후기의 단모음화로 '졍'이 '정'으로 바뀌었다. 'ᄒᆞ다'도 현대맞춤법이 확산됨에 따라 '하다'로 바뀌어 현재의 어형으로 정착되었다. 방졍ᄒᆞ다(16세기)〉방졍ᄒᆞ다(17세기～19세기). 이형태: 방졍ᄒᆞ다, 방졍ᄒᆞ다. 버효미 방졍티 아니커든 먹디 아니ᄒᆞ시며.《1518 번소 4:28ㄴ》, 모슈와 조ᄎᆞ니ᄅᆞᆯ 분간티 말고 다 斬ᄒᆞ고 방졍ᄒᆞ야 사ᄅᆞᆷ을 주기니ᄂᆞᆫ 斬호ᄃᆡ.《1658 경민-개 18ㄱ》

4 그르ᄒᆞ관댜: 그르쳤네. 그르친 것이여. 그르친 것이로구나. '그르ᄒᆞ(어간)+과(확인법 선어말어미)+ㄴ(관형사형 어미)+ᄃᆞ(의존명사)+야(감탄 보조사)'이다. 선어말어미 '-과-'는 확인법 선어말어미 '-거-'에 선어말어미 '-오-'가 화합 내지 융합된 것이다. '-과-'가 동사에 붙으면 발화시 직전에 동작이 끝났음을 표시하고, 형용사에 붙으면 사건시와 발화시가 일치하는 현재시제이다. 예컨대, '얻과라'는 '얻었것다'로, '즐겁과라'는 '즐겁것다' 정도로 옮겨진다. '-과-'는 화자 자신의 주관적 앎에 근거하여 사태를 확정적으로 파악하므로 확인법의 테두리에 들어온다(고영근, 2020: 301). 'ㄴ+ᄃᆞ+야'나 'ㄴ+ᄃᆞ+여'는 '-ㄴ댜'나 '-ㄴ뎌'의 형태로, 공시적으로는 어미로 재구조화하였다. 그리고 동사, 형용사 어간 뒤에 붙어, 주로 1인칭 주어와 함께 쓰여, '-구나'를 뜻한다. 슬프다 녯 사ᄅᆞᄆᆡ 마ᄅᆞᆯ 아디 몯ᄒᆞ논뎌(悲哉, 不悟昔人言).《남명 하:30》, ᄒᆞ나 아닌 다ᄅᆞᆫ 敎ᄅᆞᆯ 내시ᄂᆞ니 어긔요ᄃᆡ 다ᄅᆞ디 아니ᄒᆞ닌 오직 聖人ㅅ 마리신뎌(吐不一之殊教 乖而不可異者 其惟聖言乎).《영가 하:36》, 그 어미 닐오ᄃᆡ 아가 아가 긴 劫에 몯 볼까 ᄒᆞ다니 오ᄂᆞᆳ날 地獄門 알ᄑᆡ셔 아기와 서르 보관뎌.《월석 23:87》

소언 正졍獻헌公공이 潁영州쥬[고을 일홈이라]ㅣ예 通통判판[판관 톄엿 벼슬이라] ᄒᆞ여실 제 歐구陽양公공[일홈은 修슈ㅣ니 宋송 적 ᄌᆡ샹이라]이 마초아 州쥬事ᄉᆞ를 知디[ᄀᆞᄋᆞᆷ아단 말이니 목ᄉᆞ 톄엿 벼슬이라] ᄒᆞ엿더니 焦쵸 先션生ᄉᆡᆼ 千쳔之지 伯ᄇᆡᆨ強강[千쳔之지ᄂᆞᆫ 일홈이오 伯ᄇᆡᆨ強강은 ᄌᆞ라]이 文문忠튱公공[歐구陽양公공 시회라] 곧애 손이 되야셔 嚴엄ᄒᆞ고 거여우며 모나고 졍답거늘 正졍獻헌公공이 블러 마자다가 ᄒᆡ여곰 모ᄃᆞᆫ 아ᄃᆞᆯ을 ᄀᆞᄅᆞ치더니 모ᄃᆞᆫ 션ᄇᆡ 죠곰애나 글옴이 잇거든 先션生ᄉᆡᆼ이 단졍히 안자 블러 더블어 서르 對ᄃᆡ ᄒᆞ야 날이 졈을며 나조히 ᄆᆞᆺ초ᄃᆡ 더블어 말ᄉᆞᆷ을 아니ᄒᆞ다가 모ᄃᆞᆫ 션ᄇᆡ 저허 복죄ᄒᆞ여ᅀᅡ 先션生ᄉᆡᆼ이 보야호로 말ᄉᆞᆷ이며 ᄂᆞᆺ빗ᄎᆞᆯ 잠깐 ᄂᆞᄌᆞ기ᄒᆞ더라

현대역 정헌공이 영주[고을 이름이라.]에 통판[판관 따위의 벼슬이라.] 했을 때 歐陽公[이름은 修이니, 宋 때 재상이라.]이 마침 州事를 知[주관하다는 말이니, 목사 따위의 벼슬이라.]했더니, 焦 선생 千之 伯强[천지는 이름이요, 백강은 자라.]이 문충공[구양공 시호라.] 곳[처소]에 손님이 되어서 엄하고 웅건하며 방정하거늘, 정헌공이 불러 맞아다가 하여금 모든 아들을 가르치더니, 모든 선비 조그마치나 틀림이 있거든 선생이 단정히 앉아, 불러 더불어 서로 대하여 날이 저물며 저녁이 마치되 더불어 말씀을 아니 하다가, 모든 선비 두려워 복죄(服罪)하여야 선생이 바야흐로 말씀이며 낯빛을 잠깐 나직이하더라.

1 ᄀᆞᄋᆞᆷ아단: 주관한다는. '가옴아(어간)+단(어미 '다'+ㄴ)'이다. '-단'은 용언의 어간 뒤에 붙어, '-다는'이 줄어든 말이다. 할아버지께서 편찮으시단 소식이 있었다. 꼭 참석하겠단 약속을 못 받았다. 'ᄀᆞᄋᆞᆷ아다'는 기본형이 'ᄀᆞᄋᆞᆷ알다'이다. 'ᄀᆞᄋᆞᆷ알다' 또는 'ᄀᆞᅀᆞᆷ알다'는 '가말다', '주관하다'의 옛말이다. 二禪으롯 우흔 말ᄊᆞ미 업슬ᄊᆡ 大梵天王이 娑婆世界ᄅᆞᆯ ᄀᆞᅀᆞᆷ아ᄂᆞ니라.《석상 13:6》, 后ㅣ 그ᄢᅴ 나히 열히러시니 짒이ᄅᆞᆯ ᄀᆞᅀᆞᆷ아라 ᄒᆞ샤 죵ᄃᆞᆯᄒᆞᆯ 긔걸ᄒᆞ시니(后時年十歲 간理家事 敕制僮御).《내훈 2:38》. 정승 位예 이셔 ᄌᆞ릿 權을 ᄀᆞᄋᆞᆷ아랏더니.《소언 6:114》.

2 톄엿: 따위의. '톄(의존명사)+엿(관형격 조사)'이다. '톄'는 의존명사 '따위'의 옛말이고, '엿'은 조사 '의'의 옛말이다. 판관 톄엿 벼슬이라.《소언 6:3》(현대역: 판관 따위의 벼슬이다.), 빅며 귤 톄엿 거슬 머기미 맛당티 아니ᄒᆞ니.《언두 하:4》(현대역: 배며 귤 따위의 것을 먹이는 것이 마땅하지 않으니.)

3 졍답거늘: 정대(正大)하고 올바르거늘. '졍답(어간)+거늘(연결어미)'이다. '졍답다'는 '정대하고 올바르다'를 뜻한다. 세츠고 질긔우ᄃᆞ며 졍답고 고ᄃᆞ며 말숨 세욤을 반ᄃᆞ시 믿비 ᄒᆞ며(強毅正直 立言必信).《소언 5:107》, 文忠公 곧애 손이 되야셔 嚴ᄒᆞ고 거여우며 모나고 졍답거늘 正獻公이 블러 마자다가 ᄒᆡ여곰 모든 아ᄃᆞᆯ을 ᄀᆞᄅᆞ치더니(客文忠公所 嚴毅方正 正獻公招延之 使教諸子).《소언 6:4》

4 복죄ᄒᆞ여ᅀᅡ: 복죄(服罪)하여야. '복죄ᄒᆞ(어간)+여(연결어미)+ᅀᅡ(보조사)'이다. '복죄ᄒᆞ다'는 '죄를 순순히 인정하다.'이다. 'ᅀᅡ'는 '강조·의무·당연' 등을 뜻하는데, 어미·체언·조사 뒤에 쓰일 때에는 보조사이고, 선어말어미 '-거-' 뒤에 나타날 때에는 '-거-'와 어울려서 어말어미를 이룬다. 본 예는 어미 뒤에 붙어, '야'를 뜻하는 보조사이다. 用兵如神ᄒᆞ샤 가샤ᅀᅡ 이기시릴ᄊᆡ 西예 오나시든 東鄙 ᄇᆞ라ᅀᆞᄫᆞ니(用兵如神 往則莫抗 我西曰來 東鄙竚望).《용가 38장》, 車匿이 蹇特이는 ᄒᆞᆫ날애 나ᅀᆞᄫᆞᆯᄊᆡ 이 둘흘ᅀᅡ 더브르시니.《월곡 상:19》, 過劫에 苦行ᄒᆞ샤 이제ᅀᅡ 일우샨ᄃᆞᆯ 優陀耶ㅣ 솔ᄫᆞ니이다.《월곡 상:42》

【集說】吳氏曰歐陽公의名은脩요字는永叔이요盧陵人이니諡는文忠이라焦先生의名은千之요字는伯强이니時에寓歐陽公家러니正獻延之하여俾敎滎公及諸弟也하니라端은正也요降은猶舒也라

오 씨가 말하였다. "구양공의 이름은 脩요, 자는 永叔이요, 여릉 사람이니, 시호는 문충이다. 초 선생의 이름은 千之요, 자는 伯强이니, 당시 구양공의 집에 머물렀더니, 정헌이 그를 맞이하여 하여금 형공 및 여러 아우들을 가르치게 하였다. 端은 바름이요, 降은 폄과 같다."

漢字 脩(닦을 수), 盧(오두막 려), 寓(머무를 우, 붙어살 우), 俾(하여금 비, 시킬 비)

時예**公**이**方十餘歲**러니**內則正獻公與申國夫人敎訓**이**如此之嚴**ᄒᆞ고**外則焦先生化導**ㅣ**如此之篤**ᄒᆞ니**故**로**公**이**德器成就**ᄒᆞ야**大異衆人**ᄒᆞ니라**公**이**嘗言人生**애**內無賢父兄**ᄒᆞ며**外無嚴師友**ㅣ오**而能成者**ㅣ**少矣**라ᄒᆞ더라

● 때에 공이 바야흐로 십여 세더니, 안으로는 정헌공과 신국부인의 교훈이 이와 같이 엄했고, 밖으로는 초 선생의 교화와 지도가 이와 같이 두터웠으니, 그러므로 공이 덕스런 기량이 성취되어 뭇사람과 크게 달랐다. 공이 일찍이 말하길, "인생이 안으로는 어진 아버지와 형이 없고, 밖으로는 엄한 스승과 벗이 없고서 능히 이룬 자는 적었다." 하였다.

번소 몸녀榮영公공이 그저긔 맛치 열라믄 서를 머겻더니 안희셔ᄂᆞᆫ 正졍獻헌公공과 申신國국夫부人신괘 ᄀᆞᄅᆞ츄미 이러ᄐᆞ시 엄졍ᄒᆞ고 밧긔셔ᄂᆞᆫ 焦쵸 先션生ᄉᆡᆼ이 어딘 일로 혀가미 이러트시 두터우모로 公공의 유덕ᄒᆞᆫ 器긔量량이 이러 샹녯사ᄅᆞᆷ두곤 ᄀᆞ장 다ᄅᆞ더시다 몸녀榮영公공이 일즉 니ᄅᆞ샤ᄃᆡ 사ᄅᆞ미 나셔 안호론 어딘 아비와 형과 업스며 밧고론 싁싁ᄒᆞᆫ 스승과 벋이 업고 ᄅᆞᆼ히 어딜에 도욀 사ᄅᆞᆷ이 젹그니라 ᄒᆞ더시다

현대역 여영공이 그때에 마침 열 남짓 살을 먹었더니, 안에서는 정헌공과 신국부인의 가르침이 이렇듯이 엄정하고, 밖에서는 焦 선생이 어진 일로 끌어감이 이렇듯이 두터우므로, 공의 有德한 기량이 이루어져 보통사람보다 가장 다르시었다. 여영공이 일찍이 이르시되, "사람이 나서 안으로는 어진 아버지와 형과 없으며, 밖으로는 엄격한 스승과 벗이 없고(서야), 능히 어질게 될 사람이 적으니라." 하시었다.

1 그저긔: 그때에. '그저긔'는 '그적긔'의 이형태로, '그때에'를 뜻한다. 곽도경의 네딋 하나비 효도홈ᄆᆞ로 일훔나 ᄆᆞᅀᆞᆯ히셔 효ᄌᆞ ᄉᆞ당을 ᄆᆡᇰᄀᆞ랏더니 그적긔 도ᄌᆞᆨ기 니러나 ᄇᆡᆨ셩이 다 ᄃᆞ라 숨거ᄂᆞᆯ 도경이 아ᅀᆞ 좌경이와 ᄉᆞ당을 디킈오

잇다가.《이륜-옥 23》

2 혀가미: 끌어감이. '혀가(어간)+ㅁ(명사형 어미)+이(주격 조사)'이다. '혀가다'는 '끌어가다'의 옛말로, 합성동사이다. '혀다'는 단독으로, '이끌다', '당기다'의 뜻으로 쓰였다. 引은 혈씨니 經 쁘들 혀낼씨라.《능엄 1:5》(현대역: 인은 이끄는 것이니 경 뜻을 끌어내는 것이다.), 뫼햇 새ᄂᆞᆫ 삿기를 혀 불근 果實을 머기고《두시-초 25:23》(현대역: 산의 새는 새끼를 이끌어 붉은 과실을 먹이고.)

3 젹그니라: 적으니라. '젹ㄱ(어간)+으(매개모음)+니라(평서형 종결어미)'이다. 어간 '젹ㄱ-'은 '젹-'의 중철 표기이다. '젹다'는 '적다', '작다'의 옛말이다. 根源이 ᄂᆞᆯ카바 聰明ᄒᆞ며 便安ᄒᆞ야 病이 젹고 귓거시 精氣 앗디 아니ᄒᆞ리라.《석상 9:26》, 쿰과 져곰괏 아래ᄂᆞᆫ 다 그 모ᄆᆞᆯ 니ᄅᆞ시니(大小已下 皆言其身).《능엄 8:110》

소언 그적의 公공이 보야호로 열남은 설이러니 안흐로ᄂᆞᆫ 正졍獻헌公공과 다뭇 申신國국夫부人인이 ᄀᆞᄅᆞ쵸미 이러ᄐᆞ시 嚴엄ᄒᆞ고 밧ᄭᅳ로ᄂᆞᆫ 焦쵸 先션生ᄉᆡᆼ이 되게 ᄒᆞ야 인도홈이 이러ᄐᆞ시 도타오니 그러모로 公공이 德덕과 그르시 이러키 모ᄃᆞᆫ 사ᄅᆞᆷ에셔 다ᄅᆞ니라 公공이 일즉 닐오ᄃᆡ 人인生ᄉᆡᆼ애 안해 어딘 아비와 兄형이 업스며 밧긔 嚴엄ᄒᆞᆫ 스승과 벋이 업고 能능히 일움이 이시리 젹으니라 ᄒᆞ더라

현대역 그때에 공이 바야흐로 열 남짓 살이러니, 안으로는 정헌공과 더불어 신국부인의 가르침이 이렇듯이 엄하고, 밖으로는 焦 선생이 강하게 하여 인도함이 이렇듯이 도타우니, 그러므로 공이 덕과 그릇이 이렇게 모든 사람보다 다르니라. 공이 일찍이 이르되, "인생에 안에 어진 아버지와 형이 없으며, 밖에 엄한 스승과 벗이 없고 능히 이룸이 있을 이 적으니라." 하더라.

설이러니: 살이러니. '설(명사)+이('이다'의 어간)+러(회상법 선어말어미)+니(연결어미)'이다. 회상법 선어말어미 '-러-'는 서술격 조사 '이다' 아래에서 '-더-'가 교체된 것이다. '-러니'는 '이다', '아니다'의 어간이나 어미 '-으시-', '-더-', '-으리-' 뒤에 붙어, 지금의 사실이 과거의 경험으로 알았던 사실과 다름을 나타내는 어미이다.

【集解】人性本善이나而氣質不同하니苟無父兄教訓於內하고師友導化於外하면則安能有成也哉리오程子曰天下英材不爲少矣로되特以道學不明이라故로不得有所成就也니라

사람의 성품은 본래 선하나 기질이 같지 아니하니, 진실로 아버지와 형이 안에서 가르치고 깨우치며 스승과 벗이 밖에서 지도하고 교화함이 없다면, 어찌 능히 이룸이 있겠는가? 程子가 말하였다. "천하에 영재가 적지 아니하되, 다만 써 도학이 밝지 아니하다. 그러므로 능히 성취하는 바가 있지 아니하다."

〖二章〗

○呂滎公의張夫人ᄂᆞᆫ待制諱昷溫之之幼女也ㅣ라最鍾愛ᄒᆞ나然이나居常애至微細事히教之必有法度ᄒᆞ더니如飮食之類에도飯羹으란許更益ᄒᆞ고魚肉으란不更進也ᄒᆞ니時예張公이已爲待制河北都轉運使矣러라 《童蒙訓》

●여형공의 장부인은 대제 벼슬을 한, 휘 昷之의 幼女였다. (부모들은 그녀에게) 가장 사랑을 모았으나, 평상시에 미세한 일에 이르기까지 그녀에게 가르치기를 반드시 법도가 있었더니, 음식 따위 같음에도 밥과 국은 다시 더함을 허락하고 생선과 고기는 다시 내오지 않았으니, 때에 장공이 이미 대제로서 河北 都轉運使가 되어 있었다.

漢字 諱(죽은 사람 이름 휘, 꺼릴 휘), 昷(어질 온), 鍾(모을 종), 羹(국 갱)

1 장온지(張昷之, 985년~1062년): 송나라 광릉(廣陵) 사람이다. 상주(常州) 무진(武進)에서 살았고, 자는 경산(景山)이다. 장비(張秘)의 아들이다. 진종(眞宗) 대중상부(大中祥符) 8년(1015년) 진사가 되고, 낙청위(樂淸尉)에 올랐다. 부름을 받아 전중승(殿中丞)과 집현교리(集賢校理)를 지냈다. 상주통판(常州通判)으

로 있으면서 관청의 곡식을 내어 주민들이 유망(流亡)하지 않도록 했다. 거듭 승진하여 온주지주(溫州知州)에 올랐고, 천거를 받아 제점회남로형옥(提點淮南路刑獄)에 발탁되어 왕신(王申)의 원옥(冤獄)을 해결했다. 광남동로(廣南東路)와 경서(京西), 하북전운사(河北轉運使) 등을 역임했는데, 선정을 베풀었다. 이어 염철부사(鹽鐵副使)를 거쳐 천장각대제(天章閣待制)와 하북도전운안찰사(河北都轉運按察使)에 발탁되었다. 은익(雲翼)의 병졸들이 석대거(石待擧)를 죽이고 난을 일으키자 이를 평정했지만, 항복한 이를 죽이는 데 참여했다가 탈직(奪職)되어 괵주지주(虢州知州)가 되었다. 또 여러 차례 일 때문에 세 번이나 관직을 박탈당했다. 나중에 양주지주(揚州知州)에 올랐다가 광록경(光祿卿)으로 치사(致仕)하고 비릉(毘陵) 사저로 돌아와 쉬면서 자호를 지행노인(知幸老人)이라 했다. 관리로서의 직분에 충실하여 가는 곳마다 명성을 얻었다. 저서에 《지행시집(知幸詩集)》이 있다(중국역대인명사전).

2 유녀(幼女): 어린 여자아이. 작은딸.

3 거상(居常): 평상시에

번소 呂려榮영公공의 안해 張댱夫부人신ᄂᆞᆫ 待ᄃᆡ制졔 ᄡᅧ슬ᄒᆞ엿ᄂᆞᆫ 일후ᄆᆞᆫ 昷온之지의 아기ᄯᆞ리니 ᄀᆞ장 ᄉᆞ랑ᄒᆞ야도 샹해 ᄀᆞ장 햐ᄀᆞᆫ 이리라도 ᄀᆞᄅᆞ츄믈 반ᄃᆞ시 법되 잇더니 飮음食식 ᄀᆞᄐᆞᆫ 일에도 밥과 ᄀᆡᆼ과란 다시 더 주라 ᄒᆞ고 고기란 다시 더 주디 아니ᄒᆞ더니 그저긔 張댱昷온之지 ᄒᆞ마 待ᄃᆡ制졔 ᄡᅧ슬ᄒᆞ야 河하北븍 都도轉뎐運운使ᄉᆞㅣ ᄃᆞ외엿더니라

현대역 여영공의 아내 장부인은 待制의 벼슬하여 있는, 이름은 昷之의 막내딸이니, (부모가) 가장 사랑하여도 늘 가장 작은 일이라도 가르침을 반드시 법도가 있더니, 음식 같은 일에도 밥과 국은 다시 더 주라 하고, 고기는 다시 더 주지 아니하더니, 그때에 張昷之 이미 대제의 벼슬하여 河北 都轉運使가 되어 있더니라.

1 ᄡᅧ슬ᄒᆞ엿ᄂᆞᆫ: 벼슬하여 있는. ‘ᄡᅧ슬ᄒᆞ(어간)+여(보조적 연결어미)+잇(在, ‘잇다’의 어간)+ᄂᆞ(현재 시제 선어말어미)+ㄴ(관형사형 어미)’이다. 완료상은 보조적 연결

어미 '-아/어/여'와 보조형용사 '잇다[在]'의 결합으로 표현된다. 그런데 '잇-'이 본동사와 한 음절을 이룰 때 이미 15세기에 'ㅣ'가 탈락되어 '여+ㅅ→엿'으로 나타나는 일이 많았다. 內豎는 뫼ᄉᆞ왓ᄂᆞᆫ 혀근 臣下ㅣ라.《내훈 1:39》, 내 바ᄅᆞ 닐오마 길 마갓ᄂᆞᆫ ᄒᆞᆫ 퍼깃 사미 비 오나든 곳 퓌오 ᄇᆞᄅᆞᆷ ᄀᆞ겨든 여름 ᄆᆡᆺᄂᆞᆫ 거셔(我猜着 當路一科麻 下雨開花 刮風結子).《번박 상:40》. '쌔슬'의 어두 'ㅅ'은 'ᄃᆡ젯'의 ㅅ이 연철된 결과이다.

2 햐ᄀᆞᆫ: 작은. '햑(어간)+ᄋᆞᆫ(관형사형 어미)'이다. '-ᄋᆞᆫ'은 끝음절의 모음이 'ㆍ, ㅏ, ㅗ, ㅣ'인 동사, 형용사 어간 뒤나 어미 뒤에 붙어, '-은'을 뜻하는 관형사형 어미이다. 내 아기 위ᄒᆞ야 어더 보고려 婆羅門이 그 말 듣고 고ᄫᆞᆫ ᄯᆞᆯ 얻니노라 ᄒᆞ야 빌머거 摩竭陁國 王舍城의 가니.《석상 6:13》, 明行足ᄋᆞᆫ ᄇᆞᆯᄀᆞᆫ 힝뎌기 ᄀᆞᄌᆞ실씨라.《석상 9:3》. '햑다'는 '작다'의 옛말이다. 큰 저울 셜흔 ᄆᆞᄅᆞ 햐근 저울 열 ᄆᆞᄅᆞ 더 큰 저울 져근 저울돌히 다 구의예셔 ᄆᆡᆼᄀᆞ니오(秤三十連 等子十連 那秤等子都是官做的).《번노 하:69》

3 ᄀᆡᆼ과란: 국이란. 국은. 'ᄀᆡᆼ(羹, 명사)+과(접속조사)+란(보조사)'이다. '란'은 받침 없는 체언 뒤에 붙어, 어떤 대상을 특별히 집어서 화제로 삼을 때에 쓰는 보조사이다. 친구란 어려울 때 도와주는 것이 참다운 친구야. '과'는 접속조사이다. 중세국어에서는 마지막 접속항 뒤에도 접속조사 '과/와'가 쓰이는 집단곡용을 보여준다.

4 ᄃᆞ외엇더니라: 되어 있더니라. 'ᄃᆞ외(어간)+어(보조적 연결어미)+잇(在, '잇다'의 어간)+더(회상법 선어말어미)+니라(평서형 종결어미)'이다. 완료상은 보조적 연결어미 '-아/어/여'와 보조형용사 '잇다[在]'의 결합으로 표현된다. 그런데 '잇-'이 본동사와 한 음절을 이룰 때 이미 15세기에 'ㅣ'가 탈락되어 '어+ㅅ→엇'으로 나타나는 일이 많았다. 이 法이 法位예 住ᄒᆞᆫ 버렷ᄂᆞᆫ 萬像이 다 곧 實相이오(是法住法位者 森羅萬像 皆卽實相也).《법화 1:227》.

소언 呂려滎영公공의 張댱夫부人인ᄂᆞᆫ 待ᄃᆡ制졔[벼슬 일홈이라] 일홈ᄋᆞᆫ 昷온之지의 졈은 ᄯᆞᆯ이라 ᄀᆞ장 ᄉᆞ랑을 모도와시나 그러나 샹해 이실 제 微미細셰ᄒᆞᆫ 일에 닐으히 ᄀᆞᄅᆞ츔을 반ᄃᆞ시 法법度도ㅣ 잇더니 飮음食식 ᄀᆞᆺᄐᆞᆫ 類류에도 밥과 ᄀᆡᆼ으란 다시 더음을 許허ᄒᆞ고 고기란 다시 나오디 아니 ᄒᆞ니 그적의 張댱公공이 이믜 待ᄃᆡ制졔로 河하

北북 都도轉뎐運운使ᄉᆞ[河하北북은 디명이오 都도轉뎐運운使ᄉᆞᄂᆞᆫ 관찰ᄉᆞ 톄엿 벼슬이라]를 ᄒᆞ엿더라

[현대역] 여영공의 장부인은 대제[벼슬 이름이라.], 이름은 온지의 어린 딸이라. 가장 사랑을 모았으나, 그러나 늘 있을 때 미세한 일에 이르도록 가르침을 반드시 법도가 있더니, 음식 같은 類에도 밥과 국은 다시 더함을 허락하고 고기는 다시 나오지 아니 하니, 그때의 장공이 이미 대제로 하북 도전운사[하북은 지명이요, 도전운사는 관찰사 따위의 벼슬이라.]를 하였더라.

1 샹해: 늘. 항상. 평상시에. '샹녜'와 같은 뜻이다. '샹해'는 때로 '샹'은 한자 '常'으로 표기하는 '常해'도 보인다. 내 常해 뼈 확실ᄒᆞᆫ 의론이라 ᄒᆞ노라.《소언 6:46ㄴ》

2 닐으히: 이르도록. 이르기까지. '닐으히'는 '니르히'의 분철 표기이다. 거믄고 노로ᄆᆞᆯ 이제 니르히 帝子ᄅᆞᆯ 슬노니(鼓瑟至今悲帝子).《두시-초 11:7》, 일로브터 九族애 니르히 다 이 세 가짓 친ᄒᆞᆫ ᄃᆡ 믿 드ᄃᆡ엿ᄂᆞ니(自玆以往 至于九族 皆本於三親焉).《번소 7:38》

3 더음: 더함. '더으(어간)+ㅁ(명사형 어미)'이다. '더으다'는 '더하다'의 옛말이다. 五年을 改過 몯ᄒᆞ야 虐政이 날로 더을씨 倒戈之日에 先考ㆆ 뜯 몯 일우시니(五年罔悛 虐政日深 倒戈之日 莫遂考心).《용가 12장》, 열 히 ᄃᆞ욇 ᄀᆞ장 조료ᄆᆞᆯ 減이라 ᄒᆞ고 열 히로셔 도로 더어 가ᄃᆡ 아ᄃᆞ리 아ᄇᆡ 나해셔 곱ᄀᆡ곰 사라 八萬 히 다욇 ᄀᆞ장 더우믈 增이라 ᄒᆞᄂᆞ니.《월석 1:47》

【增註】夫人은榮公之妻라諱는卽名也니生曰名이요死曰諱라鍾은聚也라張公已貴顯矣로되而示女子以儉約이如此하니非特教子者所當法이라亦守官者所當法也니라

부인은 형공의 아내이다. 諱는 곧 이름이니, 살아서는 名이라 하고, 죽어서는 諱라 한다. 鍾은 모음이다. 장공은 이미 귀하게 현달했으되, 딸에게 검약으로써 보임이 이와 같으니, 단지 자식을 가르치는 자가 마땅히 본받을 바일뿐만이 아니라, 또한 벼슬을 맡은 자도 마땅히 본받을 바이다.

[漢字] 顯(현달할 현, 나타날 현)

及夫人이**嫁呂氏**ᄒᆞ야ᄂᆞᆫ**夫人之母**ᄂᆞᆫ**申國夫人姊也**ㅣ라**一日**에 **來視女**ᄒᆞ더니**見舍後**애**有鍋釜之類**ᄒᆞ고**大不樂**洛ᄒᆞ야**謂申國夫人曰豈可使小兒輩**로**私作飮食**ᄒᆞ야**壞家法耶**ㅣ리오ᄒᆞ니**其嚴**이**如此**ᄒᆞ더라

● 부인이 여 씨에게 시집옴에 이르러서는, 부인의 어머니는 신국부인의 언니였다. 하루는 와서 딸을 보더니, 집 뒤에 노구솥과 가마솥 따위가 있음을 보고 크게 즐거워하지 아니하여, 신국부인에게 일러 말하길, "어찌 가히 어린애들로 하여금 사사로이 음식을 만들게 하여, 가법을 무너뜨리는가?" 하였으니, 그 엄함이 이와 같았다.

漢字 嫁(시집갈 가), 姊(손윗누이 자), 鍋(노구솥 과), 釜(가마솥 부), 耶(어조사 야)

노구솥: 사람 한 명이 다른 곳으로 들고 가서 조리할 수 있도록 만든 소형 솥.

번소 夫부人신이 呂려氏시ᄋᆡ 집의 며ᄂᆞ리 되여 오니 夫부人신의 어머님은 申신國국夫부人신의 형님이니 ᄒᆞᄅᆞᆫ 자내 ᄯᆞᄅᆞᆯ 보라 와 방 뒤헤 솓가마 뉴엣 거시 잇거늘 보고 ᄀᆞ장 즐기디 아니ᄒᆞ여 申신國국夫부人신ᄃᆞ려 닐우ᄃᆡ 엇디 져믄 아ᄒᆡ돌ᄒᆞ로 아ᄅᆞᆷ뎌 飮음食식을 ᄆᆞᆫᄃᆞ라 먹게ᄒᆞ야 가문 ᄡᅢᆸ을 허러ᄇᆞ리ᄂᆞ뇨 ᄒᆞ니 그 엄졍ᄒᆞ미 이러ᄒᆞ더라

현대역 부인이 여 씨의 집의 며느리 되어 오니, 부인의 어머님은 신국부인의 형님이니, 하루는 자기 딸을 보러 와, 방 뒤에 솥 가마 類의 것이 있거늘 보고, 가장 즐기지 아니하여 신국부인에 이르되, "어찌 어린 아이들로 사사로이 음식을 만들어 먹게 하여, 가문의 법을 헐어버리느냐?" 하니, 그 엄정함이 이러하더라.

1 ᄒᆞᄅᆞᆫ: 하루는. 'ᄒᆞᄅᆞ(명사)+ᄋᆞᆫ(주격 조사)'이다. 현대국어 '하루'의 옛말인 'ᄒᆞᄅᆞ'는 15세기 문헌에서부터 나타난다. 단독으로 나타날 때나 자음으로 시작하는 조사 앞에서는 'ᄒᆞᄅᆞ', 모음이나 매개모음을 필요로 하는 조사 앞에서는 'ᄒᆞᄅᆞ'로

나타나 'ᄒᆞᄅᆞ/ᄒᆞᆯㄹ'의 이형태 교체를 하였다. 16~18세기 문헌에서는 어중의 'ㄹㄹ'을 'ㄹㄴ'으로 표기하는 경향에 따라 모음으로 시작하는 조사에 결합하는 'ᄒᆞᆯㄹ'을 'ᄒᆞᆯㄴ'으로 표기한 예도 나타난다. 19세기에 들어와 모음으로 시작하는 조사 앞에서도 '하로를'과 같이 나타나면서 'ᄒᆞᄅᆞ/ᄒᆞᆯㄹ'의 이형태 교체가 사라지고 'ᄒᆞᄅᆞ' 형으로 통일되었다. 16세기에 제2음절 이하의 모음 'ㆍ'가 'ㅡ'로 바뀌었지만, 간혹 'ㅗ'로 바뀌기도 하였다. 'ᄒᆞᄅᆞ'의 경우는 제2음절의 'ㆍ'가 'ㅗ'로 바뀌어 17세기부터 'ᄒᆞ로' 형태가 등장하였다. 18세기에는 제1음절의 'ㆍ'가 'ㅏ'로 변하였는데, 17세기의 'ᄒᆞ로'도 이러한 변화를 겪어 '하로'로 나타난 예가 확인된다. 한편 19세기에는 모음 'ㅗ'가 'ㅜ'로 바뀐 'ᄒᆞ루' 형태가 등장하였는데 18세기 'ㆍ'의 변화로 19세기의 'ᄒᆞ루'는 '하루'와 소리가 같았을 것으로 추정된다. 'ᄒᆞ루'가 '하루'로 표기되면서 현재에 이른 것이다. ᄒᆞᄅᆞ(15세기~19세기)〉ᄒᆞ로(17세기~19세기)〉하로(18세기~19세기)/ᄒᆞ루(19세기)〉하루(20세기~현재). 이형태: ᄒᆞᄅᆞ, ᄒᆞᆯㄹ, ᄒᆞᆯㄴ, ᄒᆞ로, 하로, ᄒᆞ루. 世尊이 ᄒᆞᄅᆞ 몃 里ᄅᆞᆯ 녀시ᄂᆞ니잇고.《1447 석상 6:23ㄱ》, 샹녜 블 부듫 ᄌᆞ비ᄅᆞᆯ 시기ᅀᆞᄫᆞᆺ더니 ᄒᆞᆯᄅᆞᆫ 조심 아니ᄒᆞ샤 브를 ᄢᅳ긔 ᄒᆞ야시ᄂᆞᆯ.《1447 석상 11:26ㄱ》, ᄒᆞᄅᆞ 세 번식 저희를 밥 주어 ᄇᆡ브르 머기고《1510년대 번박 상:10ㄱ》, 너를 ᄒᆞ야 ᄒᆞᆯᄅᆞᆯ 내내 슈고ᄒᆞ게 ᄒᆞ과이다.《1510년대 번노 하:35ㄱㄴ》, ᄆᆡ양 집 뒷 댓수헤 가 대ᄅᆞᆯ 안고져 우더니 ᄒᆞᆯᄅᆞᆫ 힌 대 세 퍼기 나.《1514 속삼 열:12ㄱ》

2 자내: 자기. 몸소. 스스로. 내 다ᄆᆞᆫ ᄒᆞᆫ 아ᇫ이 뎌런 모딘 ᄠᅳ들 머그니 아ᄆᆞ례나 고티게 호리라 ᄒᆞ고 자냇긔 풍류ᄒᆞᄂᆞᆫ 각시ᄅᆞᆯ 다 善容ᄋᆡ 그에 가 풍류ᄒᆞ라 ᄒᆞ고.《석상 24:27》, ᄒᆞᆫ 누늘 ᄆᆞᄌᆞ ᄲᅡᅘᅧ 그 使者ᄅᆞᆯ 맛디고 자내 妃子와 서르 븓드러 城 밧긔 거러나니.《석상 24:51》

3 닐우ᄃᆡ: 이르되[謂]. '닐(어간)+우ᄃᆡ(연결어미)'이다. '이르다'의 옛말은 '니르다'로, 모음으로 시작하는 어미 앞에서는 '닐-'로 나타난다. 이런 젼ᄎᆞ로 어린 百姓이 니르고져 홇 배 이셔도.《훈언 2》, 世間 다 ᄉᆞᄅᆞᆯ 마리며 ᄉᆡᆼ계 사ᄅᆞᆯ 일ᄃᆞᆯᄒᆞᆯ 닐어도 다 正ᄒᆞᆫ 法에 順ᄒᆞ며.《석상 19:24》. '-우ᄃᆡ'는 선행 음절의 모음이 'ㅡ, ㅓ, ㅜ, ㅣ, 반모음 ㅣ'인 경우에 붙어, '-(으)되'를 뜻하는 어미이다. ᄒᆞᆫ 두 句ᄅᆞᆯ 더으며 더러ᄇᆞ리며 ᄡᅮᄃᆡ ᄆᆞᅀᆞᆷ 다보ᄆᆞᆯ 닐웛 ᄀᆞ장 ᄀᆡ지ᄒᆞ야.《월석 서:19~20》, 四禪天으롯 우ᄒᆞᆫ 세 災 업수ᄃᆡ 그엣 宮殿과 諸天괘 ᄒᆞᆫᄢᅴ 냇다가 절로 ᄒᆞᆫᄢᅴ 업ᄂᆞ니라.《월석 1:50》

4 아ᄒᆡᄃᆞᆯ호로: 아이들로. '아ᄒᆡᄃᆞᆯㅎ(명사)+오로(조사)'이다. '-ᄃᆞᆯㅎ'은 일부 명사

뒤에 붙어, '-들'을 뜻하는 접사이다. 모음이나 'ㄱ', 'ㄷ' 따위로 시작하는 조사 앞에서는 '-돌ㅎ'으로 나타나며, 그 밖에 자음으로 시작하는 조사 앞에서나 휴지(休止) 앞에서는 '-돌'로 나타난다. 羅睺羅 더브러 노픈 樓 우희 오르시고 門돌홀 다 구디 줌겨 뒷더시니.《석상 6:2》, 六師의 弟子돌토 다 舍利弗의 와 出家ᄒᆞ니라.《석상 6:35》, 憍陳如돌 다ᄉᆞᆺ 사ᄅᆞᆷ돌 濟渡ᄒᆞ시며.《석상 6:18》, 엇디 可히 졈은 아ᄒᆡ돌로 ᄒᆡ여곰 ᄉᆞᄉᆞ로이 飮食을 ᄆᆞᆫᄃᆞ라 家法을 허러 ᄇᆞ리게 ᄒᆞ리오 ᄒᆞ니(曰 豈可使小兒輩 私作飮食 壞家法耶).《소언 6:6》

5 아ᄅᆞᆷ뎟: 사사로이. '아ᄅᆞᆷ뎌'의 이형태이다. 내 이제 아ᄅᆞᆷ뎌 財寶ᄅᆞᆯ 어더 衆牲을 足게 주리라.《월석-중 22:30》, 뎌와 뎌왜 業을 發ᄒᆞ야 各各 아ᄅᆞᆷ뎌 受ᄒᆞ니잇가 ᄒᆞᆯᄊᆡ 이런ᄃᆞ로 이에 牒ᄒᆞ야 對答ᄒᆞ시니라(彼彼發業 各各私受 故此牒答).《능엄 9:38》

6 허러ᄇᆞ리ᄂᆞ뇨: 헐어버리느냐. '헐어ᄇᆞ리(어간)+ᄂᆞ(직설법 선어말어미)+뇨(의문형 종결어미)'이다. '-뇨'는 ᄒᆞ라체 제1·3인칭 의문법 중 설명의문문을 이끄는 종결어미이다. 의문사 '엇디'를 동반하며, '오' 계통 모음으로 되어 있고, 정보를 요구한다. 王이 須達이ᄃᆞ려 닐오ᄃᆡ 네 스스의 弟子ㅣ 엇뎨 아니 오ᄂᆞ뇨.《석상 6:29》, 時節이 바ᄃᆞ라온 제사 世예 업슨 ᄌᆡ조ᄅᆞᆯ 비르소 알리로소니 뉘 엿귀ᄅᆞᆯ 쓰다 니ᄅᆞᄂᆞ뇨 ᄃᆞ로미 나ᅀᅵ ᄀᆞᆮ도다(時危始識不世才 誰謂荼苦甘如薺).《두시-초 8:18》. '-ᄇᆞ리다'는 동사 뒤에서 '-어 버리다' 구성으로 쓰여, 앞말이 나타내는 행동이 이미 끝났음을 나타내는 말이다. 그 행동이 이루어진 결과, 말하는 이가 아쉬운 감정을 갖게 되었거나 또는 반대로 부담을 덜게 되었음을 나타낼 때 쓴다. 현대국어 '버리다'의 옛말인 'ᄇᆞ리다'는 15세기 문헌에서부터 나타난다. 이 단어는 15세기부터 19세기까지 꾸준히 쓰이다가 19세기에 '버리다'가 등장하여 'ᄇᆞ리다'와 '버리다'가 서로 경쟁하며 쓰이다가 'ㆍ'의 음가 소실, 'ㆍ' 표기의 폐지 등의 영향으로 '버리다'가 쓰이게 되었다. ᄇᆞ리다(15세기~19세기)>버리다(19세기~현재). 이형태: ᄇᆞ리다, ᄇᆞᆯ이다, 바리다, 버리다. 世間 ᄇᆞ리시고 城 나마 逃亡ᄒᆞ샤 車匿이 돌아 보내샤 盟誓ᄒᆞ샤ᄃᆡ 道理 일워ᅀᅡ 도라오리라 ᄒᆞ시고.《1447 석상 6:4ㄴ》, 아ᄆᆞ란 일 인ᄒᆞ야 우리 ᄃᆡ긔 오나든 小人을 ᄇᆞ리디 아니커시든 모로매 지부로 오고라.《1510년대 번노 상:44ㄴ》

소언 믿 夫부人인이 몸녀氏시예 셔방마자오나ᄂᆞᆫ 夫부人인 어마님은

申신國국夫부人인의 형이라 ᄒᆞ른 날애 와 ᄯᆞᆯ을 보더니 방샤 뒤헤 솥가마 類류옛 거시 잇거늘 보고 크게 즐기디 아니ᄒᆞ야 申신國국夫부人인ᄃᆞ려 닐어 ᄀᆞᆯ오ᄃᆡ 엇디 可가히 졈은 아ᄒᆡ돌로 ᄒᆡ여곰 ᄉᆞᄉᆞ로이 飮음食식을 ᄆᆡᆫᄃᆞ라 家가法법을 허러ᄇᆞ리게 ᄒᆞ리오 ᄒᆞ니 그 嚴엄홈이 이러ᄐᆞᆺ ᄒᆞ더라

현대역 및 부인이 여 씨에 시집오거든 부인 어머님은 신국부인의 형이라. 하루 날에 와 딸을 보더니 房舍 뒤에 솥 가마 類에의 것이 있거늘 보고, 크게 즐기지 아니하여 신국부인에게 일러 가로되, "어찌 가히 어린 아이들로 하여금 사사로이 음식을 만들어 가법을 헐어버리게 하리오?" 하니, 그 엄함이 이렇듯 하더라.

1 ᄒᆞ른: 하루의. '하ᄅᆞ(명사)+ㄴ(관형격 조사)'이다. '하ᄅᆞ'는 '하루'의 옛말로, '막연히 지칭하는 때의 어떤 날'을 뜻한다. 하루는 점심시간이 막 지난 훤한 대낮에 여자의 집을 습격한 적이 있었다.《박영한, 머나먼 송바강》. 언제 하루 날 잡아서 고향에 다녀와야겠다.

2 방샤: 방사(房舍). '방'을 전문적으로 이르는 말이다.

【集解】張待制와 呂正獻公은 皆魯參政宗道之婿니 張女嫁滎公하니라 熊氏曰 呂氏家法이 固美矣요 而張待制魯參政家其閫範이 又嚴正如此하니 可見當時士大夫家에 禮義成習이니 豈後世之可及乎아

張 待制와 呂 正獻公은 모두 魯 參政 宗道의 사위이니, 장 씨 딸이 형공에게 시집을 간 것이다. 웅 씨가 말하였다. "여 씨의 가법이 진실로 아름답고, 장 대제와 노 참정 가문도 그 규방법이 또 엄정하기가 이와 같았으니, 당시 사대부가에서 예의가 풍습을 이룸을 가히 볼 수 있으니, 어찌 후세에서 가히 미칠 수 있겠는가?"

漢字 閫(규방 곤, 문지방 곤), 範(법 범)

〖三章〗

○唐陽城이爲國子司業ᄒᆞ야引諸生告之曰凡學者ᄂᆞᆫ所以學爲忠與孝也ㅣ니諸生이有久不省親者乎아ᄒᆞ니明日에謁城還養者ㅣ二十輩ㅣ러니有三年不歸侍者ㅣ어늘斥之ᄒᆞ니라 《唐書 卓行列傳》

● 당나라 陽城이 국자사업이 되어, 여러 학생들을 이끌어 고하여 말하길, "무릇 배운다는 것은 써 배우는 바가 충과 효를 위함이니, 여러 학생이 오랫동안 어버이를 살피지 못한 자가 있는가?" 하니, 다음날에 양성에게 아뢰고 돌아가 봉양하겠다는 자가 스무 명이더니, 삼 년 동안 돌아가 모시지 않은 자가 있거늘, 그를 물리쳤다.

漢字 引(끌 인, 인견할 인), 謁(아뢸 알, 뵐 알), 斥(물리칠 척)

1 양성(陽城, 생몰 연대 미상): 북평(北平) 사람으로, 자는 항종(亢宗)이다. 당(唐)나라 때 관리이다. 관료 집안에서 출생했지만 집안이 가난하여 서적을 구할 수 없어서 사서리(寫書吏: 책을 베끼는 관리)가 되어 관부(官府)의 서적을 읽고 공부를 했다. 뒤에 섬괵관찰사(陝虢觀察使) 이필(李泌)의 추천으로 저작랑(著作郎)이 되었다. 덕종(德宗) 때에 간의대부(諫議大夫)로 승진했다(중국역대인물초상화).

2 국자사업(國子司業): 국자학(國子學)의 교수이다. 국자학은 중국 당대(唐代)의 최고학부이다. 당대의 학제는 중앙에 국자감(國子監)을 두고, 이의 감독 하에 국자학을 비롯한 육학(六學, 6개의 학교)을 두었다. 이때 국자학은 최고의 학부로서 그 입학 자격은 3품 이상의 자손, 종 2품 이상의 증손 등이며, 입학 연령은 14세 이상 19세 이하이며 그 정원은 300명이었다. 학과는 대경(大經)·중경(中經)·소경(小經)의 3종으로 대별하였다. 원대(元代)의 학제를 보면 중앙에 교육행정을 관장하는 기관으로 ①국자감, ②몽고국자감, ③회회(回回)국자감이 있었으며, 이들 각각에 예속되는 학교로서 ①국자학, ②몽고국자학 ③회회국자학을 두었다. 명대(明代)에는 중앙의 최고학부를 최초에는 국자학이라고 했으나 후에

국자감이라고 개칭하였다. 그리고 남북 양경에 국자감을 두었다. 청대(淸代)에는 관학으로서 일반학과 특수학을 두고, 다시 일반학에 국학과 직성학(直省學)을 두었다. 국자감은 이 국학에 속하는 것으로 최고학부였다. 여기에서 유의할 점은 중국 당대 이래 원대(元代)까지는 국자감은 국도의 중앙에 위치한 중앙 교육행정을 관장하는 기관이요, 국자학은 최고학부인 대학이라는 점이다. 이러한 점이 중국의 명대 이후와 우리나라 고려 때 국자감과는 그 성격이 다른 점이다(교육학용어사전).

번소 唐당 시절 陽양城셩이 國국子ᄌᆞ司ᄉᆞ業업이란 벼슬ᄒᆞ여셔 모ᄃᆞᆫ 션븨ᄃᆞᆯ홀 블러 닐오ᄃᆡ 믈읫 글 ᄇᆡ호ᄆᆞᆫ 님금ᄭᅴ 튱셩ᄒᆞ며 어버이ᄅᆞᆯ 효도홈ᄆᆞᆯ ᄇᆡ호ᄂᆞᆫ 이리니 모ᄃᆞᆫ 션ᄇᆡᄃᆞᆯ히 오래 어버ᅀᅵᄅᆞᆯ 아니 가 뵈니 잇ᄂᆞ냐 ᄒᆞ여ᄂᆞᆯ 이틋날 陽양城셩 더브러 하딕ᄒᆞ고 도라가 효양ᄒᆞ리 스므나ᄆᆞ니러니 삼년이도록 도라가 어버ᅀᅵᄅᆞᆯ 뫼ᅀᆞ와 잇디 아니ᄒᆞ리 잇거ᄂᆞᆯ 내티니리

현대역 唐 시절 陽城이 國子司業이란 벼슬하여서 모든 선비들을 불러 이르되, "무릇 글 배움은 임금께 충성하며 어버이를 효도함을 배우는 일이니, 모든 선비들이 오래 어버이를 아니 가 뵌 이 있느냐?" 하거늘, 이튿날 양성(과) 더불어 하직하고 돌아가 효양할 이 스물 남짓한 이더니, 삼년이도록 돌아가 어버이를 모셔 있지 아니할 이 있거늘, 내치니라.

1 벼슬ᄒᆞ여셔: 벼슬하여서. '벼슬ᄒᆞ(어간)+여셔(연결어미)'이다. '-여셔'는 'ㅣ'나 'ㅣ' 계열 이중모음으로 끝나는 용언의 어간 뒤나 'ᄒᆞ다'의 어간 뒤에 붙어, '-어서'를 뜻하는 어미이다. 우리 여라믄 형뎨ᄃᆞᆯ히 가도 족ᄒᆞ다 ᄒᆞᆫ 녀긔 다ᄉᆞᆺ식 분ᄒᆞ여셔 ᄡᅩ져 우리 므슴 나기ᄒᆞ료(咱十數箇弟兄們去時勾了 一邊五箇家分着射 咱賭甚麼).《번박 상:54》, 子弟 ᄃᆞ외여셔 灑掃應對ᄅᆞᆯ 편안히 너기디 아니ᄒᆞ고(爲子弟則不能安灑掃應對).《번소 6:3》

2 믈읫: 무릇. 현대국어 '무릇'의 옛말인 '믈읫'은 15세기 문헌에서부터 나타난다. '믈읫'은 15세기에 '믈윗', '믈읏' 등으로도 나타난다. 17세기 이후에는 '므릣', '므릿', '므릇' 등 연철 표기가 더 널리 사용되었다. 또한 'ㅁ' 아래에서 'ㅡ'가

'ㅜ'로 바뀌는 원순모음화에 의하여 17세기 이후 '무릇'으로 나타나면서 현재에 이르렀다. '무릇'은 매우 다양한 이표기를 보였다. 17세기 이후의 '믈읟', '므른', '무른' 등은 음절 말에서 'ㅅ'과 'ㄷ'이 구분되지 않게 되면서 나타난 이표기이다. '므ᄅᆡᆺ', '므릿', '므릇', '므ᄅᆞᆺ' 등은 16세기 이후 제2음절 이하의 'ㆍ'가 'ㅡ'로 바뀌면서 이들이 구분되지 않아 나타난 이표기이다. 이 이외에도 '믈잇', '므롯' 등의 이표기도 존재하였다. 믈읫(15세기~19세기)>므릇(17세기~19세기)>무릇(17세기~현재). 이형태: 믈읫, 믈읟, 믈윗, 믈읏, 믈잇, 므ᄅᆡᆺ, 므릿, 므릇, 므ᄅᆞᆺ, 므롯, 므른, 물읫, 물읏, 무릇, 무ᄅᆞᆺ, 무른, 물읫. 凡은 믈읫 ᄒᆞ논 ᄠᅳ디라.《1446 훈언 13ㄱ》, 이 神呪로 法師ᄅᆞᆯ 擁護ᄒᆞ며 나도 ᄯᅩ 이 經 디닗 사ᄅᆞᄆᆞᆯ 擁護ᄒᆞ야 一百由旬 안ᄒᆞᆯ 믈윗 측ᄒᆞᆫ 일 업게 호리이다.《1447 석상 21:27ㄱ》, 믈읏 ᄇᆡ얌 믈여든 ᄇᆡ야미라 니ᄅᆞ디 아니ᄒᆞ고 다 벌에와 ᄶᅡᄒᆡᆺ 노히라 닐어 제 일후믈 正히 니ᄅᆞ디 말라 《1446 구방 하:73ㄴ》

3 내티니리: 내치니라. '내티(어간)+니라(평서형 종결어미)'이다. 문맥상, 그리고 아래 《소학언해》와 비교해 볼 때, '내티니라'의 오자로 보인다. 현대국어 '내치다'의 옛말인 '내티다'는 15세기 문헌에서부터 확인된다. '내티다'는 '나가다'의 의미인 '나-'와 접사 '-이-'가 결합한 '내다'와 '치다'의 의미인 '티다'가 결합한 것이다. 근대국어 시기에 모음 'ㅣ' 앞에서 자음 'ㅌ'가 'ㅊ'로 변화하는 구개음화가 있었는데, 이 영향으로 18세기에 '내치다'로 나타나서 현재에 이르렀다. 내티다(15세기~19세기)>내치다(18세기~현재). 이형태: 내티다, 내치다. 네 아ᄃᆞ리 孝道ᄒᆞ고 허믈 업스니 어드리 내티료.《1459 월석 2:6ㄱ》, 이 겨집비 사오나와 날 ᄀᆞᄅᆞ쳐 어미 형뎻 ᄉᆞ이ᄅᆞᆯ 측측게 ᄒᆞᄂᆞ니 그 죄ᄂᆞᆫ 내텰 거시이다.《1518 이륜-옥 8ㄱ》

소언 唐당[나라 일홈이라] 적 陽양城셩이 國국子ᄌᆞ[이제 셩균관이라] 司ᄉᆞ業업[벼슬 일홈이라] ᄒᆞ야셔 모ᄃᆞᆫ 션ᄇᆡ를 나오혀 告고ᄒᆞ야 ᄀᆞᆯ오ᄃᆡ 믈읫 學혹ᄒᆞ기ᄂᆞᆫ ᄡᅧ 튱셩과 다ᄆᆞᆺ 효도ᄒᆞ기를 ᄇᆡ호ᄂᆞᆫ 배니 모ᄃᆞᆫ 션ᄇᆡ 오래 어버이를 보디 몯ᄒᆞ엿ᄂᆞᆫ 이 인ᄂᆞ냐 ᄒᆞ니 이튼날 城셩의게 뵈고 돌아가 효양ᄒᆞᆯ 이 스므 물이러니 三삼年년이도록 돌아가 뫼시디 아니ᄒᆞᆫ 이 잇거늘 내티니라 현대역 唐[나라 이름이라.] 때 양성이 국자[이제 성균관이라.] 사업[벼슬 이름이라.] 하여서 모든 선비를 나오게 끌어 고하여 가로되, "무릇 학문하기는 써 충성과 더불어 효도하기를 배우는 바니, 모든 선비 오래 어버이를 보지 못한 이 있느냐?" 하니 이튿날 성에게 보고 돌아가 효양할 이 스물 무리더니, 삼년이도록 돌아가 모시지 아니한 이 있거늘 내치니라.

물이러니: 무리더니. '물(명사)+이('이다'의 어간)+러(회상법 선어말어미)+니(연결어미)'이다. 회상법 선어말어미 '-러-'는 서술격 조사 '이다' 아래에서 '-더-'가 교체된 것이다. 현대국어 '무리'의 옛말인 '물'은 15세기 문헌에서부터 나타난다. 16세기에는 '물'에 접사 '-이'가 결합한 '물이/무리' 형태가 등장하여 현재에 이르게 되었다(15세기 문헌에 나타나는 '무리'는 '물'에 주격 조사 '-이'나 서술격 조사 '-이-'가 결합한 것이다). 한편 18, 19세기 문헌에 나타나는 '므리'는 근대국어 시기에 일어난 원순모음화를 의식한 과도 교정 표기이다. 물(15세기~17세기)〉무리(16세기~현재). 이형태: 물, 무리, 므리, 물이. 舍利弗 目揵連의 물 五百ᄋᆞᆯ 濟渡ᄒᆞ시니 이 사ᄅᆞᆷᄃᆞᆯ히 다 神足이 自在ᄒᆞ야.《1447 석상 6:18ㄴ》, 의론에도 그츰ᄋᆞᆫ 너희 물이의 보ᄂᆞᆫ 배니 요괴롭고 망녕된 일 ᄒᆞ디 말라.《1588 소언 5:56ㄱ》. '-러니'는 '이다', '아니다'의 어간이나 어미 '-으시-', '-더-', '-으리-' 뒤에 붙어, 지금의 사실이 과거의 경험으로 알았던 사실과 다름을 나타내는 연결어미이다.

【集說】吳氏曰城의字는亢宗이니定州人이라謁은告也라斥은擯斥之也라

오 씨가 말하였다. "城은 자가 亢宗이니, 정주 사람이다. 謁은 아룀이다. 斥은 물리침이다."

漢字 亢(목 항, 높을 항), 擯(물리칠 빈)

〖四章〗

○安定先生胡瑗의字ᄂᆞᆫ翼之니患隋唐以來예仕進이尚文辭而遺經業ᄒᆞ야苟趨祿利ᄒᆞ더니及爲蘇湖二州教授ᄒᆞ야ᄂᆞᆫ嚴條約ᄒᆞ야以身先之ᄒᆞ야雖大暑ㅣ라두必公服終日ᄒᆞ야以見諸生ᄒᆞ야嚴師弟子之禮ᄒᆞ며解經애至有要義ᄒᆞ얀懇懇爲諸生ᄒᆞ야言其所以治己而後治乎人者ᄒᆞ더라學徒ㅣ千數ㅣ러니日月刮劘磨ᄒᆞ야爲文章호ᄃᆡ皆傳附經義ᄒᆞ야必以理勝ᄒᆞ며信其師說ᄒᆞ야敦尚行實ᄒᆞ더니後爲太學ᄒᆞ얀四方이歸之ᄒᆞ니庠舍ㅣ不能容ᄒᆞ더라 《宋名臣言行錄》

●安定 先生 胡瑗의 자는 翼之니, 수와 당 이래에 벼슬에 나아감이 문장에 나타난 말을 숭상하고 경학을 버려, 구차하게 녹봉과 이익에 달려감을 근심하더니, 蘇州와 湖州 두 고을의 교수가 됨에 미쳐서는, 條約을 엄격히 하여, 몸으로써 그것을 먼저 하여, 비록 크게 더워도 반드시 公服으로 날을 마쳐, 써 여러 학생들을 보아, 스승과 제자의 예를 엄격히 하며, 경서를 풀이함에 중요한 뜻이 있음에 이르러서는, 간절하게 여러 학생을 위해, 그 써 자기를 다스린 뒤에 남을 다스리는 바의 것을 말하였다. 배우는 무리가 수천 명이더니, 날로 달로 깎고 갈아 문장을 짓되, 모두 경서의 뜻에 따라 반드시 이치로써 뛰어나게 하며, 그 스승의 학설을 믿어, 행실을 두터이 숭상하더니, 후에 太學이 되어서는 사방이 그에게 돌아오니, 학교가 능히 수용할 수 없었다.

漢字 瑗(구슬 원), 翼(날개 익, 도울 익), 遺(버릴 유), 趨(달려갈 추), 懇(간절할 간, 정성 간), 刮(깎을 괄, 갈 괄), 劘(갈 마, 깎을 마), 傅(따를 부, 스승 부), 附(따를 부, 의지할 부, 붙을 부), 勝(뛰어날 승, 이길 승, 나을 승), 庠(학교 상), 舍(집 사)

1 호원(胡瑗, 993년~1059년); 북송(北宋) 태주(泰州) 해릉(海陵, 강소성 泰縣) 사람이다. 여고(如皐) 사람이라고도 한다. 자는 익지(翼之)고, 세칭 안정 선생(安

定先生)으로 불린다. 자세한 내용은 〈가언(嘉言) 제5〉 제43장을 참조하라.

2 문사(文辭): 문장에 나타난 말. 유의어: 문장(文章).

3 경업(經業): 사서오경을 연구하는 학문. 유의어: 경학(經學).

번소 安안定뎡 先션生ᄉᆡᆼ의 일호ᄆᆞᆫ 胡호瑗완이오 字ᄌᆞᄂᆞᆫ 翼익之지니 隋슈나라 唐당나라브터 오모로 벼슬ᄒᆞᆯ 사ᄅᆞᆷ이 글지ᅀᅵ만 슝샹ᄒᆞ고 실혹을 ᄇᆞ려 안ᄌᆞᆨ 祿녹 타 머그며 利니ᄒᆞᆫ 이레 나ᅀᅡ가ᄂᆞᆫ 주를 분별ᄒᆞ더니 蘇소州쥬ㅣ 湖호州쥬ㅣ 두 고ᄋᆞᆯ 敎교授슈ㅅ 벼슬ᄒᆞ여셔ᄂᆞᆫ 法법條됴와 긔약을 엄졍히 ᄒᆞ야 자내 몸으로 몬져 ᄒᆞ야 비록 ᄀᆞ장 더온 제라도 모로매 져므도록 관ᄃᆡᄒᆞ야 모ᄃᆞᆫ 션뷔ᄅᆞᆯ 보와 스승 뎨ᄌᆞ의 례도ᄅᆞᆯ 엄졍히 ᄒᆞ며 그를 사길 제 요광도인 ᄠᅳᆮ 잇ᄂᆞᆫ ᄃᆡ 다ᄃᆞ라ᄂᆞᆫ ᄀᆞᆫ졀히 션비ᄃᆞᆯᄒᆞᆯ 위ᄒᆞ야 내 몸ᄋᆞᆯ 다ᄉᆞ린 후에ᅀᅡ ᄂᆞᆷ 다ᄉᆞ릴 주를 니ᄅᆞ더라 션비ᄃᆞᆯ히 일쳔이나 ᄒᆞ더니 ᄂᆞᆯ마다 ᄃᆞᆯ마다 ᄀᆞ다ᄃᆞ마 文문章장 호ᄃᆡ 다 聖성人신늬 글 ᄠᅳᆮ에 맛게 ᄒᆞ야 모로매 理니 이긔에 ᄒᆞ며 그 스승의 마ᄅᆞᆯ 미더 行ᄒᆡᇰ實실ᄅᆞᆯ 敦돈篤독히 슝샹ᄒᆞ더니 후에 太태學ᄒᆞᆨ館관 벼슬ᄒᆞ여늘 四ᄉᆞ方방잇 션비ᄃᆞᆯ히 모다 가니 館관 지비 뵈여 드디 몯ᄒᆞ더라

현대역 安定 선생의 이름은 호완(胡瑗)이요 자는 翼之니, 隋나라 唐나라부터 옴으로, 벼슬할 사람이 글짓기만 숭상하고 實學을 버려, 아직 祿 타 먹으며 이로운 한 일에 나아가는 줄을 염려하더니, 蘇州와 湖州의 두 고을 교수의 벼슬하여서는, 法條와 期約을 엄정히 하여, 몸소 몸으로 먼저 하여, 비록 가장 더운 때라도 모름지기 저물도록 관대하여, 모든 선비를 보아 스승 제자의 예도를 엄정히 하며, 글을 새길 때 종요로운 뜻 있는 데 다다라서는 간절히 선비들을 위하여 내 몸을 다스린 후에야 남 다스릴 줄을 이르더라. 선비들이 일천이나 하더니, 날마다 달마다 가다듬어 문장을 하되, 다 성인의 글 뜻에 맞게 하여, 모름지기 도리(가) 이기게 하며, 그 스승의 말을 믿어 행실을 돈독히 숭상하더니, 후에 太學館 벼슬하거늘 사방에의 선비들이

모여 가니, 館 집이 비좁아 들어가지 못하더라.

1 胡瑗: 《번역소학》은 대문과 번역문 모두 '호완'으로, 《소학언해》는 모두 '호원'으로 독음하고 있다.

2 글지ᅀᅵ: 글짓기. 현대국어 '글짓기'의 옛말인 '글지ᅀᅵ'는 15세기 문헌에서부터 나타난다. '글지ᅀᅵ'는 명사 '글'과 동사 '짓-'에 명사 파생접사 '-이'가 결합한 것이다. 16세기 이후 치조 마찰 유성음인 'ᅀ[z]'이 소멸함에 따라 16세기부터 '글지이'로 나타나게 되었다. 근대국어에 들어와 접사 '-기' 결합형으로 바뀌어 '글짓기'로 나타나면서 현재에 이르렀다. 글지ᅀᅵ(15세기)〉글지이(16세기~18세기)〉글짓기(18세기~현재), 이형태: 글지ᅀᅵ, 글지이, 글짓기. 소ᄐᆞᆯ 버려 머거셔 門戶ᄅᆞᆯ 밍ᄀᆞ랏고 글지ᅀᅵᄂᆞᆫ 國風을 닛놋다.《1481 두시-초 21:1ㄴ》, 隋와 唐으로 ᄡᅥ 옴애 벼슬ᄒᆞ야 나아가ᄂᆞᆫ 이 글지이만 슝샹ᄒᆞ고 經業을 ᄇᆞ려.《1588 소언 6:8ㄴ》

3 안즉: 아직. 이제 져믄 저그란 안즉 ᄆᆞᅀᆞᆷᄭᆞ장 노다가 ᄌᆞ라면 어루 法을 ᄇᆡ호ᅀᆞᄫᆞ리이다.《석상 6:11》, 안즉 그 일후믈 멀톄 사겨 因果ᄅᆞᆯ 알에 ᄒᆞ노라.《월석 11:119》

4 분별ᄒᆞ더니: 염려하더니. '분별ᄒᆞ다'는 '염려하다'의 옛말이다. 金體 제 나ᄐᆞ리어니 엇뎨 得디 몯호ᄆᆞᆯ 분별ᄒᆞ리오(金體自現 何憂不得).《영가 상:105》, 너희ᄃᆞᆯ히 네 아바니ᄆᆞᆯ 분별ᄒᆞ야 神奇ᄒᆞᆫ 變化ᄅᆞᆯ 뵈야ᅀᅡ ᄒᆞ리라.《석상 21:36》

5 긔약: 기약(期約). 때를 정하여 약속함.

6 요광도인: 종요로운, 없어서는 안 될 정도로 매우 긴요한. '그를 사길 제 요광도인 ᄠᅳᆮ 잇ᄂᆞᆫ ᄃᆡ 다ᄃᆞ라ᄂᆞᆫ'는 원문 '解經 至有要義'에 대한 번역이다. 여기서 '요광도인 ᄠᅳᆮ'은 '要義'에 대응하는 바, '요광도인'의 뜻을 알기가 어렵다. 《소학언해》에서는 '要義'를 '종요로운 ᄠᅳᆮ'으로 번역했으니, 현대역도 '요광도인'을 '종요로운[없어서는 안 될 정도로 매우 긴요한]'으로 풀고자 한다.

7 닐마다: 날마다. '닐마다 ᄃᆞᆯ마다 ᄀᆞ다ᄃᆞ마'의 '닐마다'는 원문 '日月刮劘'에 대한 번역이니, '날마다'의 오기인 듯하다.

8 뵈여: 배어. 비좁아. '뵈(어간)+여(연결어미)'이다. '뵈다'는 '배다[물건의 사이가 비좁거나 촘촘하다]'의 옛말이다. 셔ᄫᅳᆯ 뷘 길헤 軍馬ㅣ 뵈니이다(城中街陌 若塡騎士).《용가 98장》, 四方읫 션ᄇᆡᄃᆞᆯ히 모다 가니 館 지비 뵈여 드디 몯ᄒᆞ더라(四方歸之 庠舍不能容).《번소 9:10》

소언 安안定뎡 先션生ᄉᆡᆼ 胡호瑗원의 字ᄌᆞᄂᆞᆫ 翼익之지니 隋슈와 唐당으로ᄡᅥ 옴애 벼슬ᄒᆞ야 나아가ᄂᆞᆫ 이 글지이만 슝샹ᄒᆞ고 經경業업[실ᄒᆞᆨ을 업 삼ᄋᆞᆷ이라]을 ᄇᆞ려 구챠히 祿녹과 利리예 ᄃᆞ라드ᄂᆞᆫ 줄을 병도이 너기더니 믿 蘇소쥐 湖호쥐 두 고ᄋᆞᆯ 教교授슈ㅣ 되야ᄂᆞᆫ 법도와 약속을 嚴엄히 ᄒᆞ야 몸으로ᄡᅥ 몬져 ᄒᆞ야 비록 큰 더위라도 반ᄃᆞ시 公공服복ᄒᆞ고 날ᄋᆞᆯ 졈글워 ᄡᅥ 모ᄃᆞᆫ 션ᄇᆡᄅᆞᆯ 보와 스승 弟뎨子ᄌᆞ의 禮례ᄅᆞᆯ 嚴엄히 ᄒᆞ며 글 사굠애 죵요로온 ᄠᅳᆮ 인ᄂᆞᆫ ᄃᆡ 니르러ᄂᆞᆫ ᄀᆞᆫ졀히 모ᄃᆞᆫ 션ᄇᆡᄅᆞᆯ 위ᄒᆞ야 그 ᄡᅥ 몸을 다ᄉᆞ린 후에 사ᄅᆞᆷ을 다ᄉᆞ릴 바ᄅᆞᆯ 닐ᄋᆞ더라 ᄇᆡ호ᄂᆞᆫ 물이 千쳔이나 ᄒᆞ더니 날이며 ᄃᆞᆯ로 ᄀᆞ다ᄃᆞ마 文문章쟝을 호ᄃᆡ 다 경셔 ᄠᅳᆮ의 븓터 ᄒᆞ야 반ᄃᆞ시 ᄡᅥ 理리勝승케 ᄒᆞ며 그 스승의 말ᄋᆞᆯ 믿어 行ᄒᆡᆼ實실ᄋᆞᆯ 도타이 슝샹ᄒᆞ더니 후에 太태學ᄒᆞᆨ을 ᄒᆞ야ᄂᆞᆫ 四ᄉᆞ方방이 도라가니 ᄒᆞᆨ집이 能능히 용납디 몯ᄒᆞ더라

현대역 安定 先生 호원(胡瑗)의 자는 翼之니, 수와 당으로써 옴에, 벼슬하여 나아가는 이가 글짓기만 숭상하고 經業[실학을 업 삼음이라.]을 버려, 구차히 祿과 利에 달려드는 줄을 병 되게 여기더니, 및 소주 호주의 두 고을 교수가 되어서는 법도와 약속을 엄히 하여, 몸으로써 먼저 하여, 비록 큰 더위라도 반드시 公服하고 날을 저물게 하여, 써 모든 선비를 보아 스승 제자의 예를 엄히 하며, 글 새김에 종요로운 뜻 있는 데 이르러는, 간절히 모든 선비를 위하여 그 써 몸을 다스린 후에, 사람을 다스릴 바를 말하더라. 배우는 무리가 천이나 하더니, 날이며 달로 가다듬어 문장을 하되, 다 경서 뜻부터 하여 반드시 써 도리가 이기게 하며, 그 스승의 말을 믿어 행실을 도타이 숭상하더니, 후에 太學을 해서는 사방이 돌아가니, 학교집이 능히 용납하지 못하더라.

1 졈글워: 저물게 하여. '졈글(어간)+우(사동접사)+어(연결어미)'이다. '졈글다'는 '저물다'의 옛말이다. 빗돗 글어 가매 歲月이 졈그ᄂᆞ니 어루 春風과 다ᄆᆞᆺ 가리로다(解帆歲云暮 可與春風歸).《두시-초 22:42》, 일로브터 나리 졈글어든 ᄂᆞ외 방ᄋᆡ

나디 아니ᄒᆞ더니(自是日暮則不復出房闥).《내훈 1:26》

2 사굠애: 새김에. '사기(어간)+옴(명사형 어미)+애(부사격 조사)'이다. 현대국어 '새기다'의 옛말인 '사기다'는 15세기 문헌에서부터 나타난다. 18세기에 단모음 'ㆍ, ㅓ, ㅏ'를 지닌 단어는 후행하는 'ㅣ' 모음의 영향으로 각각 'ㆎ, ㅐ, ㅔ'가 되는 'ㅣ' 모음 역행동화를 겪었는데 '사기다' 또한 이러한 변화를 겪어 '새기다'가 되었다. 19세기부터 '새기다'가 나타나면서 현재에 이른 것이다. 19세기 문헌에 나타난 '색이다'는 '새기다'를 과도하게 분철 표기한 것이다. 사기다(15세기~18세기)>새기다(19세기~현재). 이형태: 사기다, 색이다. 이 法華經을 바다 디녀 닑거나 외오거나 사겨 니르거나 쓰거나 ᄒᆞ면.《1447 석상 19:9ㄴ》, 字를 조차셔 사교ᄃᆡ 사겨 통티 몯홀 곧이 잇거든 가ᄅᆞ 주 내여 사기니라.《1588 소언 범:1ㄴ》

3 리숭케: 이승(理勝)하게. '리숭ᄒᆞ(어간)+게(보조적 연결어미)'이다. '리숭ᄒᆞ다'는 '도리가 이기다'를 뜻한다.

【集說】陳氏曰條는教條요約은約束이라以身先之는謂躬行以率之라要義는卽治己治人之道라懇懇은切到之意라治己而後治人은明體適用之學也라刮劘는刮垢劘光也라傳는依也라必以理勝은不尙辭也라信은尊信也라安定이後爲國子直講에四方學者歸之라故로庠舍不能容이라

진 씨가 말하였다. 條는 가르치는 조목이요, 約은 약속이다. 以身先之[몸으로써 그것을 먼저 함]는 몸소 행함으로써 그들을 이끎을 이른다. 要義는 곧 자기를 다스리고 남을 다스리는 도이다. 懇懇은 간절하게 이르는 뜻이다. 治己而後治人[자기를 다스린 뒤에 남을 다스림]은 體[근본]를 밝히고 用[쓰임]을 맞게 하는 학문이다. 刮劘는 때를 갈아내고 빛을 갈아냄이다. 傅는 의함이다. 必以理勝[반드시 이치로써 뛰어나게 함]은 文辭를 숭상하지 않음이다. 信은 높이고 믿음이다. 안정이 후에 국자직강이 됨에 사방에서 배우는 자들이 그에게 돌아왔다. 그러므로 학교가 능히 수용할 수 없었다.

漢字 躬(몸소 궁), 率(이끌 솔), 到(이를 도), 適(알맞을 적, 갈 적), 垢(때 구)

其在湖學애置經義齋治事齋ᄒᆞ니經義齋者ᄂᆞᆫ擇疏通有器局者ᄒᆞ야居之ᄒᆞ고治事齋者ᄂᆞᆫ人各治一事ᄒᆞ며又兼一事ᄒᆞ니如治民治兵水利算數之類ㅣ라其在太學애亦然ᄒᆞ더라

● 그가 湖州의 학교에 있음에 經義齋와 治事齋를 두니, 경의재라는 것은 疏通하고 器局이 있는 자를 가려 거기에 있게 하고, 치사재라는 것은 사람마다 각각 한 가지 일을 다스리게 하며 또 한 가지 일을 겸하게 하였으니, 治民·治兵·水利·算數와 따위와 같음이다. 그가 태학에 있음에 또한 그렇게 하였다.

漢字 疏(=疎 트일 소), 算(셀 산)

1 소통(疏通): 기질이 개명(開明)함.
2 기국(器局): 도량과 재간. 유의어: 기량(器量).
3 수리(水利): 수송 운송의 편리.

번소 그 湖호州쥬ㅅ 햑교애 이셔ᄂᆞᆫ 經경義의 다ᄉᆞ리ᄂᆞᆫ 齋지와 일 다ᄉᆞ리ᄂᆞᆫ 齋지ᄅᆞᆯ 셔립ᄒᆞ니 經경義의齋지예ᄂᆞᆫ 氣긔質질이 ᄀᆡ명ᄒᆞ고 器긔量량이 어위큰 사ᄅᆞᆷ을 ᄀᆞᆯᄒᆞ야 살이고 治티事ᄉᆞ齋지예ᄂᆞᆫ 게 살이ᄂᆞᆫ 사ᄅᆞᆷ미 각각 ᄒᆞᆫ 이ᄅᆞᆯ 다ᄉᆞ리고 ᄯᅩᄒᆞᆫ 이ᄅᆞᆯ 겸ᄒᆞ엿게 ᄒᆞ더니 ᄇᆡᆨ셩 다ᄉᆞ리며 군ᄉᆞ 다ᄉᆞ리며 믈 다ᄉᆞ려 ᄇᆡᆨ셩의게 니케 ᄒᆞᄂᆞᆫ 일이며 산두어 혜아림 ᄒᆞ돗ᄒᆞᆫ 뉴엣 이리라 그 太태學혹館관ᄋᆡ 이실 제도 ᄯᅩ 그리ᄒᆞ더라

현대역 그 湖州의 향교에 있어서는, 經義 다스리는 齋와 일 다스리는 재를 설립하니, 經義齋에는 기질이 開明하고 기량이 넓고 큰 사람을 가리어 살게 하고, 治事齋에는 거기에 살게 하는 사람이 각각 한 일을 다스리고 또 한 일을 겸하게 하더니, 백성 다스리며, 군사 다스리며, 물 다스려, 백성에게 이롭게 하는 일이며, 계산하여 헤아림 하듯 하는 類에의 일이라. 그 태학관에 있을 때도 또 그렇게 하더라.

1 기명ᄒᆞ고: 개명(開明)하고. 지혜가 개발되고 문화가 발달하여 새로운 사상, 문물 따위를 가지게 되고.

2 어위큰: 넓고 큰. '어위크(어간)+ㄴ(관형사형 어미)'이다. '어위크다'는 '넓고 크다'의 옛말이다. 이 ᄀᆞᆮᄒᆞᆫ 사ᄅᆞᄆᆞᆫ 才思ㅣ 어위크니 바ᄅᆞᆳ므리 미러 먼 셔믈 ᄌᆞ맛ᄂᆞᆫ ᄃᆞᆺᄒᆞ도다(若人才思闊 溟漲浸絶島).《두시-초 22:31》, 빗난 使臣의 모미로소니 眞實로 이 德業이 어위크도다(皇皇使臣體 信是德業優).《두시-초 10:22》

3 살이고: 살게 하고. '살(자동사 어간)+이(사동접사)+고(연결어미)'이다. 明帝 佛法을 더욱 恭敬ᄒᆞ샤 城 밧긔 닐굽 뎔 일어 즁 살이시고 城안해 세 뎔 일어 숭 살이시니라.《월석 2:77》, 吳ㅅ周瑜ㅣ 孫策ᄋᆞᆯ 집 주어 살이고.《두시-초 24:27》

4 산두어: 산 놓아. 계산하여. '산두다'는 '산 놓다', '셈하다'의 옛말이다. 筭師ᄂᆞᆫ 산두ᄂᆞᆫ 사ᄅᆞᆷ이라.《남명 상:16》, 打算 산두다.《역해 상:64》

소언 그 湖호州쥐 學혹애 이실 제 經경義의齋ᄌᆡ[經경書셔 다ᄉᆞ리ᄂᆞᆫ 齋ᄌᆡ니 齋ᄌᆡᄂᆞᆫ 션비 잇ᄂᆞᆫ 집 일홈이라]와 治티事ᄉᆞ齋ᄌᆡ[일 다ᄉᆞ리ᄂᆞᆫ 齋ᄌᆡ라]ㅣ를 두니 經경義의齋ᄌᆡ예ᄂᆞᆫ 疎소通통ᄒᆞ고 器긔局국이 잇ᄂᆞᆫ 이를 ᄀᆞᆯᄒᆡ여 살이고 治티事ᄉᆞ齋ᄌᆡ예ᄂᆞᆫ 사ᄅᆞᆷ이 각각 ᄒᆞᆫ 일ᄋᆞᆯ 다ᄉᆞ리며 ᄯᅩ ᄒᆞᆫ 일ᄋᆞᆯ 兼겸ᄒᆞ니 ᄇᆡᆨ셩 다ᄉᆞ리며 군ᄉᆞ 다ᄉᆞ리며 믈의 利리며 算산으로 혜아림 ᄀᆞᄐᆞᆫ 類류ㅣ라 그 太태學혹애 이심애 ᄯᅩ 그리 ᄒᆞ더라

현대역 그 湖州의 학교에 있을 때 經義齋[경서 다스리는 齋니, 재는 선비 있는 집 이름이라.]와 治事齋[일 다스리는 재라.]를 두니, 경의재에는 疏通하고 器局이 있는 이를 가리어 살게 하고, 치사재에는 사람이 각각 한 (가지) 일을 다스리며 또 한 일을 겸하니, 백성 다스리며, 군사 다스리며, 물의 이로움이며, 계산으로 헤아림 같은 類라. 그 태학에 있음에 또 그렇게 하더라.

ᄀᆞᆯᄒᆡ여: 가리어. 'ᄀᆞᆯᄒᆡ(어간)+여(연결어미)'이다. 현대국어 '가리다'의 옛말인 'ᄀᆞᆯᄒᆡ다'는 15세기 문헌에서부터 나타난다. 16세기에 제2음절 이하의 'ㆍ'가 'ㅡ'로 변하였는데, 이중모음 'ㆎ'도 'ㅢ'로 변하였다. 이러한 변화가 'ᄀᆞᆯᄒᆡ다'에서도 일어나 제2음절 'ᄒᆡ'가 '희'로 변했는데 문헌에서 확인되는 것은 17세기부터이

다. 한편 근대국어 후기에 'ㄹ'과 모음 사이에 있는 'ㅎ'이 탈락하고 이중모음 'ㅢ'가 단모음화하여 18세기에 'ᄀᆞᆯ이다'로 나타나게 되었다. 18세기에 'ᄀᆞᆯ이다'와 함께 'ᄀᆞ리다'가 공존하였는데 'ᄀᆞ리다'는 'ㅎ'이 탈락하면서 연철 표기된 것이다. 18세기에 제1음절의 'ㆍ'가 'ㅏ'로 변하는 'ㆍ'의 제2차 소실이 일어났는데 'ᄀᆞ리다'도 이러한 변화를 겪어 '가리다'가 되었다. '가리다'가 문헌에서 확인되는 것은 19세기부터인데 'ᄀᆞᆯᄒᆡ다, ᄀᆞᆯ희다' 등이 19세기까지 공존하였다. 20세기 이후 '가리다'로 정착하면서 현재에 이르렀다. ᄀᆞᆯᄒᆡ다(15세기~19세기)〉ᄀᆞᆯ희다(17세기~19세기)〉ᄀᆞᆯ이다(18세기~19세기)〉ᄀᆞ리다(18세기)〉가리다(19세기~현재). 이형태: ᄀᆞᆯ희다, ᄀᆞᆯ희다, ᄀᆞᆯᄋᆡ다, ᄀᆞᆯ이다, ᄀᆞ리다, 가리다, ᄀᆞᆯ회다, 갈이다, 갈의다. 풍류 잘 홇 伎女 五百ᄋᆞᆯ ᄀᆞᆯᄒᆡ야 서르 ᄀᆞ라 뫼ᅀᆞᄫᆡ게 ᄒᆞ시니.《1447 석상 3:5ㄱ》, 누ᄂᆞᆫ 왼 올ᄒᆞᆫ 일 ᄀᆞᆯᄒᆡ야 보라 주시고 귀ᄂᆞᆫ 왼올ᄒᆞᆫ 일 ᄀᆞᆯᄋᆡ야 드르라 주시고.《1569 칠대 10ㄴ》

【集解】疏通은謂氣質開明이요有器局은謂局量寬廣이라朱子曰胡氏開治事齋는亦非獨只理會此라如所謂頭容直足容重手容恭許多說話가都是本原이라

疏通은 기질이 開明함을 이름이고, 器局이 있음은 局量이 너그럽고 넓음을 이름이다. 주자가 말하였다. "호 씨가 治事齋를 엶은 또한 유독 다만 이것[經義]을 이해할 뿐만이 아니라, 이른바 머리 모양은 곧게 하며, 발 모양은 무겁게 하며, 손 모양은 공손하게 한다는 것과 같은 허다한 말씀이 모두 이 근원이다."

漢字 寬(너그러울 관), 廣(넓을 광), 說(말씀 설), 話(말씀 화)

국량(局量): 남의 잘못을 이해하고 감싸 주며 일을 능히 처리하는 힘. 유의어: 局度(국도).

其弟子ㅣ散在四方에隨其人賢愚ᄒᆞ야皆循循雅飭ᄒᆞ니其言談擧止ㅣ遇之예不問可知爲先生弟子ㅣ오其學者ㅣ相語애

稱先生이어든**不問可知爲胡公也**ㅣ러라

●그 제자들이 사방에 흩어져 있음에, 그 사람됨의 어짊과 어리석음에 따라, 모두 循循하여 바르고 삼가니, 그들의 말과 행동거지를 만나면, 묻지 않아서 가히 선생의 제자임을 알 수 있으며, 그 배우는 자들이 서로 말함에 선생을 칭하거든 묻지 않아도 가히 胡公임을 알 수 있었다.

漢字 **循**(좇을 순, 돌 순), **雅**(바를 아, 우아할 아), **飭**(삼갈 칙, 경계할 칙), **遇**(만날 우)

순순(循循): 순서가 있어 예도를 넘지 않음.

번소 그 弟뎨子ᄌᆞㅣ ᄉᆞ방ᄋᆡ 흐러 이셔 그 사ᄅᆞᆷ이 어딜어나 사오납거나 ᄡᅮᆼ에 다 례도애 자곡자곡이 마자 조코 조심ᄒᆞᆯᄉᆡ 그 말ᄉᆞᆷᄒᆞ며 거동ᄒᆞ요매 사ᄅᆞᆷ이 맛보면 묻디 아니ᄒᆞ여셔 胡호 先션生ᄉᆡᆼ의 弟뎨子ᄌᆞᅵᆫ 주를 알며 그 션ᄇᆡᄃᆞᆯ히 서ᄅᆞ 말ᄒᆞᆯ 제 先션生ᄉᆡᆼ이라 일ᄏᆞᆮ거ᄃᆞᆫ 묻디 아니ᄒᆞ여셔 胡호公공인 주를 알리러라

현대역 그의 제자가 사방에 흩어 있어, 그 사람이 어질거나 나쁘거나 중에, 다 예도에 순서대로 하나하나 맞아 깨끗하고 조심하기 때문에, 그 말씀하며 거동함에 사람이 만나보면, 묻지 아니 하여서 호 선생의 제자인 줄을 알며, 그 선비들이 서로 말할 때 선생이라 일컫거든, 묻지 아니 하여서 胡公인 줄을 알겠더라.

1 흐러: 흩어. '흘(어간)+어(연결어미)'이다. 현대국어 '흩다'는 15세기 문헌에서부터 '흩다'로 나타나 현재까지 이어진다. '흩-'은 16세기까지는 자음으로 시작하는 어미 앞에서 '흗-'으로 나타났다. 17세기 문헌부터는 자음으로 시작하는 어미 앞에서 'ㄷ'이 'ㅅ'으로 표기된 '흣-'이 나타났다. 근대부터는 연철 표기가 많이 나타났다. 17세기에 모음으로 시작하는 어미 앞에서 '흩-'과 함께 '흣ㄷ-'이 나타나기도 했다. 18세기에는 모음으로 시작하는 어미 앞에서 '흩-'과 '흣ㅌ-'이 나타났다. 19세기에는 모음으로 시작하는 어미 앞에서 '흣ㅌ-'과 함께 '흣ㅎ-'이 나타나기도 했다. 20세기 이후에는 자음으로 시작하는 어미와 모음으로 시작하

는 어미 앞에서 모두 '흗-'으로 표기되었다. 흗다(15세기~현재). 이형태: 흗-, 흔-, 흣ㅌ-, 흣ㅎ-, 흣-. 散壞非時電雲은 時節 아닌 젯 번게 구르믈 흐터 ᄒᆞ야ᄇᆞ릴씨라.《1459 월석 10:81ㄱ》, 多寶ㅣ 滅度ᄒᆞ샤ᄃᆡ 온 모미 흗디 아니ᄒᆞ샤 禪定에 드르시ᄃᆞᆺ ᄒᆞ샤.《1459 월석 15:68ㄱ》. 그런데 《번역소학》에서 '흐러'처럼 ㄷ불규칙 용언으로 활용되고 있어, 아래 《소학언해》의 '흗터'처럼 규칙활용을 하는 모습과는 차이가 있다. 《번역소학》의 활용 모습이 오자인 것 같다.

2 자곡자곡이: 차곡차곡. 순서대로 하나하나. 현대국어 '차곡차곡'의 옛말 'ᄌᆞ곡ᄌᆞ고기'는 15세기 문헌에서부터 나타난다. 16세기에는 '자곡자곡이', '자곡자곡기'로 나타났는데 근대의 표기 형태를 보이기 시작하던 시기라 분철, 중철의 표기 형태를 보인 것이다. 'ᄌᆞ곡ᄌᆞ고기'에서 '자곡자곡이'로의 변화는 음운론적으로 쉽게 설명하기 힘들다. 거의 동일한 의미를 가지나 음상이 약간 다른 의태어간의 관계, 혹은 방언 차로 보아야 할 것이다. 19세기에는 '차국차국'이 나타났다. 접미사 '-이' 없이도 부사로 쓰일 수 있었다. 20세기 이후에는 '차곡차곡'이 나타나 현재에 이르렀다. ᄌᆞ곡ᄌᆞ고기(15세기)〉자곡자곡이(16세기)〉차국차국(19세기)〉차곡차곡(20세기~현재). 이형태: ᄌᆞ곡ᄌᆞ고기, 자곡자곡이, 차국차국. 남지늬 갑새 조겡ᄒᆞ야 ᄌᆞ곡ᄌᆞ고기 맛솗다가 머리 니거ᅀᅡ 니ᄅᆞᆫ대.《1460년경 삼강-런던 열:10》, 사ᄅᆞᆷ이 어딜어나 사오납거나 ᄲᅳᆷ에 다 례도애 자곡자곡이 마자 조코 조심홀ᄉᆡ.《1518 번소 9:11ㄴ》, 텬셩 다이 다호매 니르러 자곡자곡기 ᄎᆞ례 잇게 ᄒᆞ더시니《1518 번소 9:19ㄱ》

3 조코: 깨끗하고. '좋(어간)+고(연결어미)'이다. '좋다', '조ᄒᆞ다'는 '깨끗하다'의 옛말이다. 대문 '皆循循雅飭'에서 '雅'에 대한 해석이다. 아래 《소학언해》에서는 '아담ᄒᆞ고'로 해석하였다.

4 맛보면: 만나면. '맛보(어간)+면(연결어미)'이다. '맛보다'는 '만나다'의 옛말이다. 願ᄒᆞᆫᄃᆞᆫ 우리 罪를 쇼ᄒᆞ샤 뎌와 겻구아 맛보게 ᄒᆞ쇼셔.《월석 2:70》, 正히 이 江南애 風景이 됴ᄒᆞ니 곳 디는 時節에 ᄯᅩ 너를 맛보과라(正是江南好風景 落花時節又逢君).《두시-초 16:52》, 이제 여희여 가노니 후에 다시 서르 몯 보리라 ᄒᆞ야 니ᄅᆞ디 말라 뫼토 서ᄅᆞ 맛볼 나리 잇ᄂᆞ니 일록 후에 다시 서르 보면 됴ᄒᆞᆫ 형뎨 아녀 므스거시리오(如今辭別了 休說後頭再不廝見 山也有相逢的日頭 今後再廝見時 不是好弟兄那甚麼).《번노 하:73》

5 아니ᄒᆞ여셔: 아니하여서. '아니ᄒᆞ(어간)+여셔(연결어미)'이다. '-여셔'는 'ㅣ'나 'ㅣ' 계열 이중모음으로 끝나는 용언의 어간 뒤나 'ᄒᆞ다'의 어간 뒤에 붙어,

'-어서'를 뜻하는 어미이다. 우리 여라믄 형뎨ᄃᆞᆯ히 가도 족ᄒᆞ다 ᄒᆞᆫ 녀긔 다ᄉᆞᆺ식 분ᄒᆞ여셔 ᄡᅩ져 우리 므슴 나기ᄒᆞ료(咱十數箇弟兄們去時勾了 一邊五箇家分着射 咱賭甚麼).《번박 상:54》, 子弟 ᄃᆞ외여셔 灑掃應對ᄅᆞᆯ 편안히 너기디 아니ᄒᆞ고 (爲子弟則不能安灑掃應對).《번소 6:3》

6 알리러라: 알겠더라. '알(어간)+리(추측법 선어말어미)+러(회상법 선어말어미)+라(평서형 종결어미)'이다. '-리러라'는 동사, 형용사 어간 뒤에 붙어, '-겠더라'를 뜻하는 어미이다. ᄯᅩ 諸佛法 中에 이 經典을 닐어 功德이 이러 당다이 부텨 ᄃᆞ외리러라.《석상 19:34》, 시혹 仙人이 ᄃᆞ외시며 外道 六師ㅣ ᄃᆞ외시며 婆羅門이 ᄃᆞ외시며 小王이 ᄃᆞ외샤 이러ᄐᆞ시 고텨 ᄃᆞ외샤미 몯 니ᄅᆞ혜리러라.《월석 1:20》

소언 그 弟뎨子ᄌᆞㅣ 四ᄉᆞ方방에 흗터 이숌애 그 사ᄅᆞᆷ이 어딜며 어림을 조차 다 循슌循슌[ᄎᆞ셰 이셔 례예 넘디 아니ᄒᆞᆫ 뎨라]히 아담ᄒᆞ고 조심ᄒᆞ니 그 말ᄉᆞᆷ이며 거동을 만남애 묻디 아니ᄒᆞ여셔 可가히 先션生ᄉᆡᆼ의 弟뎨子ᄌᆡᆫ 줄을 알고 그 ᄇᆡ혼 사ᄅᆞᆷ이 서르 말홈애 先션生ᄉᆡᆼ이라 일ᄏᆞᆮ거ᄃᆞᆫ 묻디 아니ᄒᆞ여셔 可가히 胡호公공인 줄ᄋᆞᆯ 알리러라

현대역 그 제자가 사방에 흩어 있음에, 그 사람이 어질며 어리석음을 좇아 다 循循[次序가 있어 예에 넘지 아니한 따위라.]히 아담하고 조심하니, 그 말씀이며 거동을 만남에, 묻지 아니해서 가히 선생의 제자인 줄을 알고, 그 배운 사람이 서로 말함에 선생이라 일컫거든, 묻지 아니해서 가히 胡公인 줄을 알겠더라.

1 ᄎᆞ셔: 차서(次序). 순서 있게 구분하여 벌여 나가는 관계. 또는 그 구분에 따라 각각에게 돌아오는 기회. 밥그릇으로 차서를 정한다면야 북망에 갈 늙은일 데려다가 머리를 삼지 뭘.《황석영, 장길산》

2 아담ᄒᆞ고: 아담하고, 고상하면서 담백한. 위 《번역소학》에서는 '조쾨'로 해석하였다.

【集解】循循은有次序而不越禮度也요雅飭은雅素而謹飭也라

辭氣異乎常人이라故로不問知其爲先生弟子요四方從學者衆이라故로稱先生이면必知其爲安定也라

循循은 순서가 있어 예도를 넘지 않음이고, 雅飭은 바르고 질박하며 삼감이다. 辭氣가 보통사람과 달랐다. 그러므로 묻지 않아도 선생의 제자임을 알 수 있었고, 사방에서 좇아 배우는 자가 많았다. 그러므로 선생이라 칭하면 반드시 그 安定임을 알 수 있었다.

漢字 素(질박할 소, 흴 소)

사기(辭氣): 말과 얼굴빛. 유의어: 사색(辭色)

【五章】

○明道先生이言於朝曰治天下호되以正風俗得賢才로爲本이니 《二程全書 奏箚》

●明道 선생이 조정에서 말하여 가로되, "천하를 다스리되, 풍속을 바로잡고 賢과 才를 얻음으로써 근본을 삼아야 하니,

명도(明道, 1032년~1085년): 중국 북송(北宋) 중기의 유학자이다. 이름은 정호(程顥)이고, 자는 백순(伯淳)이며, 호는 명도(明道)이고, 시호는 순(純)이다. 허난성[河南省] 뤄양[洛陽] 출생으로, 존칭으로 명도 선생이라 불리고, 동생 정이(程頤: 伊川)와 함께 이정자(二程子)로 알려졌다. 자세한 내용은 〈가언(嘉言) 제5〉 제3장을 참조하라.

번소 明명道도 先션生싱이 朝됴廷뎡에 닐어 ᄀᆞ로ᄃᆡ 天텬下하를 다ᄉᆞ료ᄃᆡ 風풍俗쇽을 졍히 ᄒᆞ며 어딘 사ᄅᆞᆷ 어두모로 웃드믈 사몰 디니

현대역 明道 선생이 조정에서 일러 가로되, "천하를 다스리되, 풍속을 바르게 하며, 어진 사람 얻음으로 으뜸을 삼을 것이니,

1 다ᄉᆞ료ᄃᆡ: 다스리되. '다ᄉᆞ리(어간)+오ᄃᆡ(연결어미)'이다. '-오ᄃᆡ'는 선행 음절의

모음이 'ㆍ, ㅏ, ㅗ, ㅣ, 반모음 ㅣ'인 경우에 붙어, '-(으)되'를 뜻하는 어미이다. 置陣이 놈과 다르샤 아ᄾᆞᄫᅌᅵ 나ᅀᅡ오니 믈러가던덴 목숨 ᄆᆞᄎᆞ리잇가(置陣異他 知亦進當 如其退避 性命奚戕).《용가 51장》, 淨飯이 무러시늘 占者ㅣ 判ᄒᆞᅀᆞᄫᅌᅵ 聖子ㅣ 나샤 正覺 일우시리.《월곡 상:6》. 현대국어 '다스리다'의 옛말인 '다ᄉᆞ리다'는 15세기 문헌에서부터 나타난다. '다ᄉᆞ리다'는 '다스려지다' 또는 '다스리다'의 의미를 지닌 동사 '다ᄉᆞᆯ-'에 사동접사 '-이-'가 결합한 것이다. 16, 18세기 문헌에는 분철 표기된 '다ᄉᆞᆯ이다'의 예도 보인다. 16세기 이후에 제2음절 이하에서 모음 'ㆍ'가 'ㅡ'로 바뀌는 경향에 따라 17세기에는 '다스리다'가 되면서 현재에 이르렀다. 다ᄉᆞ리다(15세기~19세기)〉다스리다(17세기~현재). 이형태: 다ᄉᆞ리다, 다ᄉᆞᆯ이다, 다스리다. 波羅㮈大王이 어디르샤 正法으로 나라ᄒᆞᆯ 다ᄉᆞ리더시니.《1447 석상 11:17ㄴ》, 德으로ᄡᅥ 빅셩을 다ᄉᆞᆯ이ᄂᆞ니.《1588 소언 4:34ㄴ》

2 사몰 디니: 삼을 것이니. 삼을지니. '삼(어간)+오(대상 표시법 선어말어미)+ㄹ(관형사형 어미)+ᄃᆞ(의존명사)+이(서술격 조사 '이다'의 어간)+니(연결어미)'이다. 선어말어미 '-오-'는 종결형과 연결형, 그리고 관형사형에서 형태소의 자격을 얻는다. 그 기능을 파악함에 있어서는 세 활용형에 나타나는 '-오-'를 동질시할 수도 있고[의미·화용론적 접근법, 의도법설], 종결형과 연결형의 '-오-'를 관형사형의 '-오-'와 분리하여 처리함으로써 이질시할 수도 있다[통사론적 접근법, 인칭·대상설]. 종결형과 연결형의 선어말어미 '-오$_1$-'은 일반적으로 주어 명사구가 제1인칭 대명사 '나, 우리' 등 화자일 때 나타난다. 따라서 이를 화자 표시법 선어말어미(고영근, 2020: 363) 또는 1인칭법 선어말어미(허웅, 1958: 124-197)라고 부른다. 그러나 '-오$_1$-'은 주어 명사구가 제3인칭이라고 하더라도 그것이 화자 자신을 가리키는 경우에는 쓰일 수 있다. 이런 점에서 1인칭법 선어말어미보다는 화자 표시법 선어말어미라는 용어가 나아 보인다. 누른 새는 져기 ᄂᆞ로ᄆᆞᆯ 任意로 ᄒᆞ노라.《두시언해 20:10》 여기서 '누른 새'는 두보 자신을 가리킨다고 주(註)에서 말하고 있으므로 화자가 주어로 되어 있는 것이다. 妾은 王ㅅ 義예 죽고 王ㅅ 즐교매 죽디 아니ᄒᆞ노이다.《내훈 2 상:324》. 월희(越嬉)가 왕에게 하는 말인데, 역시 화자 자신을 가리킨다. 화자 표시법 선어말어미 '-오$_1$-'가 쓰일 때에는 존경법의 '-시-'가 원칙적으로 나타나지 못하는데, 이는 화자가 자기 자신을 높일 수 없다는 공대법의 규칙 때문이다. 물론 2인칭과 3인칭 주어와도 함께 쓰일 수 없다. '-오$_1$-'은 부정법[내 ᄒᆞ마 命終호라.], 직설법

[내 이ᄅᆞᆯ 爲ᄒᆞ야 어엿비 너겨 새로 스믈 여듧 字ᄅᆞᆯ ᄆᆡᇰᄀᆞ노니.]뿐만 아니라, 회상법, 추측법, 확인법, 감동법에서도 목격된다. 회상법은 '-더-'에 '-오$_1$-'이 화합되어 '-다-'로[내 롱담ᄒᆞ다라.], 추측법은 '-오리-'로[내 이제 分明히 너ᄃᆞ려 닐오리라.]로, 확인법은 '-거-'에 '-오$_1$-'이 화합되어 '-과-/-가-'로[내 이제 훤히 즐겁과라. ᄒᆞ가니(ᄒᆞ+거+오+니).]로, 감동법은 '-옷-'에 '-오$_1$-'가 붙어 '-옷오-'로[우리도 이 偈ᄅᆞᆯ 좃ᄌᆞᄫᅡ 외오ᄂᆞ소라.] 나타난다. 여기서 '외오ᄂᆞ소라'는 '외오(어간)+ᄂᆞ(직설법 선어말어미)+옷(감동법 선어말어미)+오(화자 표시법 선어말어미)+라(평서형 종결어미)'이다. '-오$_1$-'은 평서형뿐만 아니라, 의문형에 쓰이는 일도 있다. 부텨 니ᄅᆞ시논 해탈을 우리도 득ᄒᆞ야 열반애 다ᄃᆞ론가 ᄒᆞ다소니.《석상 13:43》. 언제 새어든 부텨를 가 보ᅀᆞᄫᆞ려뇨.《석상 13:19》. 현마 칠보로 ᄭᅮ며도 됴타 호리잇가.《월곡 기:121》.

관형사형에 나타나는 선어말어미 '-오$_2$-'는 존경의 선어말어미와 결합될 수 있다는 점과 제1인칭은 물론 제2·3인칭도 주어가 될 수 있다는 점에서 종결형과 연결형에 나타나는 '-오$_1$-'과 문법 범주를 달리한다. 피한정 명사는 관형사형에 대하여 주어도 될 수 있고, 목적어와 부사어도 될 수 있다. 이때 관형사형을 평서형으로 전개할 때 피한정 명사가 목적어나 부사어의 기능을 띠면 선어말어미 '-오$_2$-'가 나타난다. 따라서 이를 대상 표시법 선어말어미로 부른다(고영근, 2020, 372). 須達이 지순 亭舍마다 드르시며.《석상 6:38》. 얻논 藥이 므스것고.《월석 21:215》. 이들은 피한정 명사가 관형사형의 목적어가 되는 예이다. 그림 그륜 ᄇᆞᄅᆞᄆᆞᆯ….《두시언해 6:34》. 옷 ᄉᆡ론 므를 먹고.《석상 11:25》. 이들은 피한정 명사가 관형사형의 부사어가 되는 예이다. '사몰 디니'는 형태소 구성을 그대로 고려하면, '사몰 디니'처럼 띄어 쓰며, '-ㄹ 것이니'로 풀이할 수 있다. 그러나 'ㄹ+ᄃᆞ+이+니'는 '-ㄹ디니'의 형태로, 하나의 연결어미로 재구조화한 것으로 볼 수도 있다. 이때에는 해라할 자리에 쓰여, '사몰디니'처럼 붙여 쓰며 '-ㄹ지니'로 풀이할 수도 있다. '마땅히 그렇게 할 것이니', '마땅히 그러할 것이니'의 뜻을 나타내는 어미이다. 동작이나 상태가 가능한 것이거나 당위적인 것임을 말하면서, 그것이 뒤 절 내용의 근거가 됨을 나타낸다. 物理ᄅᆞᆯ 子細히 推尋ᄒᆞ야 모로매 行樂홀 디니 엇뎨 ᄠᅳᆫ 일후믈 ᄡᅥ 이 모ᄆᆞᆯ ᄆᆡ야 두리오(細推物理須行樂何用浮名絆此身).《두시-초 11:19》, 東녀그로 흘러가ᄂᆞᆫ 므를 묻디 마롤 디니 人生을 곧 ᄇᆞ리디 몯거니ᄯᆞ녀(莫問東流水 生涯未即抛).《두시-초 14:10》

소언 明명道도 先션生ᄉᆡᆼ이 됴뎡에 닐어 ᄀᆞᆯᄋᆞ샤ᄃᆡ 天텬下하 다ᄉᆞ료ᄃᆡ 風풍俗쇽을 正졍히 ᄒᆞ며 어딘 인ᄌᆡ 어ᄃᆞ모로ᄡᅥ 근본을 삼을 디니

현대역 明道 선생이 조정에서 일러 말씀하시되, "천하 다스리되, 풍속을 바르게 하며, 어진 인재 얻음으로써 근본을 삼을 것이니,

【集說】**方氏曰君上所化**를**謂之風**이요**民下所習**을**謂之俗**이라**陳氏曰賢**은**有德者**요**才**는**有能者**라**吳氏曰治天下**는**固以是二者爲本**이라**然**이나**得賢才**면**則可以正風俗**이니**是則得賢才**이**又爲正風俗之本也**니라

방 씨가 말하였다. "임금이 위에서 교화하는 바를 風이라 이르고, 백성이 아래에서 익히는 바를 俗이라 이른다." 진 씨가 말하였다. "賢은 덕이 있는 자이고, 才는 능함이 있는 자이다." 오 씨가 말하였다. "治天下[천하를 다스림]는 진실로 이 두 가지[賢과 才]로써 근본을 삼아야 한다. 그러나 賢과 才를 얻으면 가히 써 풍속을 바로잡을 수 있으니, 이런즉 賢과 才를 얻음이 또한 풍속을 바로잡는 근본이 되는 것이다."

漢字 **固**(진실로 고)

宜先禮命近侍賢儒及百執事ᄒᆞ야**悉心推訪**ᄒᆞ야**有德業充備足爲師表者**ᄒᆞ며**其次**ᄂᆞᆫ**有篤志好學材良行修者**ㅣ어든**延聘敦遣**ᄒᆞ야**萃於京師**ᄒᆞ야**俾朝夕**애**相與講明正學**이니라

●마땅히 먼저, 가까이 모시는 어진 선비와 百執事를 예로써 명하여 마음을 다해 미루어 찾도록 하여, 덕업이 차 갖추어져 족히 師表가 될 만한 자가 있으며, 그 다음으로는 뜻을 두터이 하고 배우기를 좋아하며 재질이 어질고 행실이 닦인 자가 있거든, 이끌어 불러 두터이 보내어 서울에 모이게 하여, 하여금 아침저녁으로 서로 더불어 바른 학문을 강론하여 밝히도록 해야

한다.

漢字 悉(다 실), 推(밀 추), 訪(찾을 방), 充(찰 충), 篤(도타울 독), 延(이끌 연, 인도할 연), 聘(부를 빙), 敦(도타울 돈), 遣(보낼 견), 萃(모일 췌), 京(클 경), 師(많을 사), 俾(하여금 비)

1 俾朝夕: 《소학집주》와 《소학언해》에는 '비조석(俾朝夕)'으로 되어 있으나, 《번역소학》에는 '조석(朝夕)'으로 되어 있다.
2 집사(執事): 벼슬이나 직급이 중간 정도인 사람을 높여 이르는 이인칭 대명사.

번소 맛당이 몬져 님금 갓가이 뫼ᄉᆞ와 잇ᄂᆞᆫ 어딘 션ᄇᆡ옛 관원과 모ᄃᆞᆫ 각ᄉᆞ 관원ᄃᆞᆯ홀 녜로 命명ᄒᆞ야 德덕과 일이 ᄀᆞ자 유여히 ᄂᆞᄆᆡ 스승이 도ᄋᆡᆯ 사ᄅᆞ몰 ᄆᆞᅀᆞᆷᄭᆞ장 무러 츄심ᄒᆞ며 그 버거ᄂᆞᆫ 닙지를 篤독實실히 ᄒᆞ며 學ᄒᆞᆨ問문을 즐기며 ᄌᆡ죄 어딜며 ᄒᆡᆼ뎍이 닷ᄀᆞᆫ 사ᄅᆞᆷ이 잇거ᄃᆞᆫ 사ᄅᆞᆷ 브려 마자오며 그 고올호로 ᄀᆞ장 권ᄒᆞ여 보내라 ᄒᆞ야 셔울로 모도와 아ᄎᆞᆷ나조호로 서ᄅᆞ 正졍ᄒᆞᆫ 學ᄒᆞᆨ業업을 講강論론ᄒᆞ야 ᄇᆞᆯ골 디니라

현대역 마땅히 먼저, 임금 가까이 모시어 있는 어진 선비의 관원과 모든 各司 관원들을 예로 명하여, 덕과 일이 갖추어져 넉넉히 남의 스승이 될 사람을 마음까지 물어 推尋하며, 그 다음으로는 立志를 篤實히 하며 학문을 즐기며 재주가 어질며 행적이 닦은 사람이 있거든, 사람 부려 맞이해 오며, 그 고을로 가장 권하여 보내라 하여 서울로 모아, 아침저녁으로 서로 바른 학업을 강론하여 밝힐 것이니라.

1 잇ᄂᆞᆫ: 있는. '잇(어간)+ᄂᆞ(현재 시제 선어말어미)+ㄴ(관형사형 어미)'이다. '이시다'는 '있다'의 옛말로, 자음으로 시작하는 어미 앞에서는 '잇-'으로 바뀐다. 世尊ㅅ 말 ᄉᆞᆯᄫᅩ리니 千載上ㅅ 말 이시나 귀예 듣논가 너기ᅀᆞᄫᆞ쇼셔.《월곡 상:1》, 셔ᄫᅳᆯ 賊臣이 잇고 ᄒᆞᆫ 부니 天命이실ᄊᆡ ᄢᅥ딘 ᄆᆞᄅᆞᆯ 하ᄂᆞᆯ히 내시니(朝有賊臣 一人有命 墮溺之馬 天使之迸).《용가 37장》
2 각ᄉᆞ: 각사(各司). 서울에 있던 관아를 통틀어 이르는 말.

3 ᄀᆞ자: 갖추어져. 'ᄀᆞᆽ(어간)+아(연결어미)'이다. 'ᄀᆞᆽ다'는 '갖추어져 있다'의 옛말이다. 또 佛子ㅣ 定과 慧왜 ᄀᆞ자 그지업슨 알외요ᄆᆞ로 한 사ᄅᆞᆷ 위ᄒᆞ야 法 講論ᄒᆞ며.《석상 13:21》, 뎌 부텻 妙智眞明이 세 德이 ᄀᆞᄌᆞ실ᄊᆡ 日月燈이시다 ᄒᆞᄂᆞ니라.《월석 11:42》

4 ᄆᆞᅀᆞᆷᄭᆞ장: 마음까지. 'ᄆᆞᅀᆞᆷ(명사)+ᄭᆞ장(조사)'이다. 'ᄭᆞ장'은 조사 '까지'의 옛말이다. 福德 닷고ᄆᆞᆯ 勸ᄒᆞ노니 福ᄋᆞᆯ 닷ᄀᆞ면 제 목숨ᄭᆞ장 사라 受苦ᄅᆞᆯ 아니 디내리라.《석상 9:35》, 火宅앳 아ᄃᆞᄅᆞᆫ 三乘對ᄒᆞ야 니ᄅᆞ실ᄊᆡ 數ㅣ 三十ᄭᆞ장이오 良醫 아ᄃᆞᄅᆞᆫ 衆生ᄋᆞᆯ 對ᄒᆞ야 니ᄅᆞ실ᄊᆡ 百數에 니르니라.《월석 17:16》

5 츄심ᄒᆞ며: 추심(推尋)하며. 찾아내어 가지거나 받아 내며.

6 버거ᄂᆞᆫ: 다음은. 다음으로는. '버거(명사)+ᄂᆞᆫ(보조사)'이다. 버거 너느 梵輔天과《월석 1:39》, 버거 여듧 도라 가ᄆᆞᆯ 브트샤(次由八還)《능엄 1:20》

소언 맛당이 몬져 갓가이 뫼ᄋᆞ왓ᄂᆞᆫ 어딘 션ᄇᆡ과 밋 온갓 관원을 禮례로 命명ᄒᆞ야 ᄆᆞᄋᆞᆷ을 다ᄒᆞ야 츄심ᄒᆞ야 무러 德덕業업이 차 ᄀᆞ자 足죡히 스승이며 表표ㅣ 되염즉ᄒᆞ니 이시며 그 버거ᄂᆞᆫ ᄠᅳᆮ을 도타이 ᄒᆞ야 혹문을 됴히 녀기며 ᄌᆡ죄 어딜며 ᄒᆡᆼ실이 닷ᄀᆞᆫ 이 잇거든 마자 블러오며 권ᄒᆞ야 보내게 ᄒᆞ야 셔울에 모도와 ᄒᆡ여곰 아ᄎᆞᆷ나조ᄒᆡ 서르 더블어 正졍ᄒᆞᆫ 學혹을 강론ᄒᆞ야 ᄇᆞᆰ키게 홀 디니라

현대역 마땅히 먼저, 가까이 모시어있는 어진 선비와 및 온갖 관원을 예로 명하여, 마음을 다하여 추심하여 방문하여, 덕업이 차 갖추어져 족히 스승이며 표(表)가 됨직한 이 있으며, 그 다음으로는 뜻을 도타이 하여 학문을 좋게 여기며 재주가 어질며 행실이 닦은 이 있거든, 맞이하여 불러오며, 권하여 보내게 하여 서울에 모아, 하여금 아침저녁으로 서로 더불어 바른 학업을 강론하여 밝히게 할 것이니라.

1 모도와: 모아. '몯(集, 어간)+오(사동접사)+오[w]+아(연결어미)'이다. 대개는 '모도아'의 형태로 나타나지만, 본 예와 같이 반모음 '오[w]'를 개입시킨 '모도와'도 보인다.

2 홀 디니라: 할 것이니라. 할지니라. 'ᄒᆞ(어간)+오(대상 표시법 선어말어미)+ㄹ(관

형사형 어미)+ᄃᆞ(의존명사)+이(서술격 조사 '이다'의 어간)+니라(평서형 종결어미)'이다. 관형사형에 나타나는 선어말어미 '-오$_2$-'는 존경의 선어말어미와 결합될 수 있다는 점과 제1인칭은 물론 제2·3인칭도 주어가 될 수 있다는 점에서 종결형과 연결형에 나타나는 '-오$_1$-'과 문법 범주를 달리한다. 피한정 명사는 관형사형에 대하여 주어도 될 수 있고, 목적어와 부사어도 될 수 있다. 이때 관형사형을 평서형으로 전개할 때 피한정 명사가 목적어나 부사어의 기능을 띠면 선어말어미 '-오$_2$-'가 나타난다. 따라서 이를 대상 표시법 선어말어미로 부른다(고영근, 2020, 372). 須達이 지ᅀᅳᆫ 亭舍마다 드르시며.《석상 6:38》. 얻논 藥이 므스것고.《월석 21:215》. 이들은 피한정 명사가 관형사형의 목적어가 되는 예이다. 그림 그륜 ᄇᆞᄅᆞᄆᆞᆯ….《두시언해 6:34》. 옷 ᄲᆞ론 므를 먹고.《석상 11:25》. 이들은 피한정 명사가 관형사형의 부사어가 되는 예이다. 'ᄒᆞᆯ 디니라'는 형태소 구성을 그대로 고려하면, 'ᄒᆞᆯ 디니라'처럼 띄어 쓰며, '-ㄹ 것이니라'로 풀이할 수 있다. 이때 의무와 당연의 의미가 포함되어 있으며, 장엄한 어감을 띤다. 그러나 'ㄹ+ᄃᆞ+이+니라'는 '-ㄹ디니라'의 형태로, 하나의 종결어미로 재구조화한 것으로 볼 수도 있다. 이때에는 해라할 자리에 쓰여, 'ᄒᆞᆯ디니라'처럼 붙여 쓰며 '-ㄹ지니라'로 풀이할 수도 있다. 알 리ᄂᆞᆫ 仔細히 ᄒᆞ야 ᄀᆞ초 버류믈 疑心 마롤 디니라(達者審之 勿嫌具列).《원각 상2-1:32》, 願ᄒᆞᆫᄃᆞᆫ 모ᄃᆞᆫ 道 닷ᄀᆞᆯ 사ᄅᆞ미 모ᄃᆡ 밧ᄀᆡ 求티 마롤 디니라(願諸修道之人 切莫外求).《목우 3》

【增註】延聘은謂迎之以禮요敦遣은謂送之以禮라京은大也요師는衆也니天子之都曰京師라

延聘은 맞이함을 예로써 함을 이름이고, 敦遣은 보냄을 예로써 함을 이름이다. 京은 큼이고, 師는 많음이니, 천자의 도읍을 京師라 이른다.

其道는必本於人倫ᄒᆞ야明乎物理ᄒᆞ고其教는自小學灑掃應對以往ᄋᆞ로脩其孝悌忠信ᄒᆞ며周旋禮樂이니其所以誘掖激勵漸摩成就之道ㅣ皆有節序ᄒᆞ니其要ㅣ在於擇善脩身ᄒᆞ야至於化成天下ᄒᆞ며自鄉人而可至於聖人之道ㅣ니라

●그 도는 반드시 인륜에 근본을 두어 사물의 이치에 밝게 하고, 그 가르침은 소학의 물 뿌리고 쓸며 응하고 대함으로부터 써 나아가, 그 효도하고 공경하며 충성하고 믿음을 닦으며, 예악을 周旋하는 것이다. 그 써 이끌어 도우며 격려하고 점차 연마하여 성취하는 바의 도는 모두 절도와 순서가 있으니, 그 요점은 선을 가리고 몸을 닦아, 천하를 化成함에 이르며, 시골사람으로부터 가히 성인의 도에 이름에 있어야 한다.

漢字 誘(꾈 유), 掖(낄 액, 부축할 액, 겨드랑 액), 漸(점점 점), 摩(갈 마, 비빌 마)

1 유액(誘掖): 이끌어 도와 줌.
2 화성(化成): 길러서 자라게 함. 덕화하여 선해짐.

번소 그 道도ᄂᆞᆫ 반ᄃᆞ시 人신倫륜에 믿불휘ᄒᆞ예셔 物믈理리ᄅᆞᆯ ᄇᆞᆰ키고 그 ᄀᆞᄅᆞ치ᄂᆞᆫ 이ᄅᆞᆫ 져머셔 ᄇᆡ호ᄂᆞᆫ ᄡᅳ리고 ᄡᅳᆯ며 ᄃᆡ답호모로브터 효도와 공슌과 졍셩도욤과 유신ᄒᆞ욤과 두루힐훠 거동ᄒᆞ기와 례악ᄋᆞᆯ 닷게 ᄒᆞᄂᆞ니 그 달애며 추들며 닐와ᄃᆞ며 힘싀우며 저지ᄃᆞᆺ ᄒᆞ며 ᄀᆞᄃᆞᆺ ᄒᆞ야 어디리 도ᄋᆡ게 ᄒᆞᄂᆞᆫ 도리 다 졀ᄎᆡ 잇ᄂᆞ니라 그 ᄆᆞᄅᆞᆫ 어딘 이를 ᄀᆞᆯᄒᆡ며 몸ᄋᆞᆯ 닷가셔 天텬下하ᄂᆞᆯ 어딜에 ᄆᆡᆫᄃᆞ로매 인ᄂᆞ니 ᄆᆞᄉᆞᆯ 샹해 사ᄅᆞᆷ으로 브터 가히 聖셩人신 도리예 니를 거시니라

현대역 그 도는 반드시 인륜에 밑뿌리에서 物理를 밝히고, 그 가르치는 일은 어려서 배우는, 뿌리고 쓸며 대답함으로부터 효도와 恭順과 정성됨과 有信함과 휘둘러 거동하기와 禮樂을 닦게 함에 있으니, 그 달래며 추켜들며 일으키며 힘쓰게 하며 적시듯 하며 갈듯하여 어질게 되게 하는 도리는 다 절차가 있느니라. 그 마루는 어진 일을 가리며 몸을 닦아서 천하를 어질게 만듦에 있으니, 마을 보통사람으로부터 가히 성인 도리에 이를 것이니라.

1 믿불휘: 밑뿌리. 밑에 있는 뿌리. 어떤 현상이나 존재의 바탕이나 기초를 비유적으로 이르는 말. 현대국어 '뿌리'의 옛말인 '불휘'는 15세기 문헌에서부터 나타난다. 16세기에 제2음절의 이중모음 'ㅟ'가 'ㅢ'로 바뀌어 '불희'가 되었다. 근대국어

시기에 어두된소리화를 겪어 'ㅂ'이 된소리로 변화하고, 제2음절의 자음 'ㅎ'이 탈락하여 18세기에는 '뿌릐' 형태가 등장하게 되었다. 근대국어 후기에 자음 뒤에서 이중모음 'ㅢ'가 'ㅣ'로 바뀌는 경향에 따라 19세기에는 '뿌리' 형태가 등장하였는데, 현대국어 맞춤법에서는 'ㅂ'의 된소리를 'ㅃ'으로 표기하는 원칙에 따라 현재의 '뿌리'가 되었다. 불휘(15세기~19세기)〉불희(16세기~18세기)〉뿌릐(18세기)〉뿌리(19세기)〉뿌리(20세기~현재). 이형태: 불휘, 불희, 불회, 뿔휘, 뿔희, 뿌릐, 뿌리. 諸根은 여러 불휘니 눈과 귀와 고콰 혀와 몸과 뜯괘라.《1447 석상 6:28ㄴ》, 根 불휘 근.《1527 훈몽 하:2ㄱ》, 根 불희 근.《1575 천자-광 33ㄱ》, 이런 사름은 불회 업슨 남기며 근원 업슨 므리 곧틔여.《1518 정속-이 22ㄱ》

2 믈리: 물리(物理). 모든 사물의 이치.

3 두루힐훠: 마구저어. 휘둘러. '두루힐후(어간)+어(연결어미)'이다. 두루힐훠 虛妄ᄒᆞ야 어루 브툻 ᄃᆡ 업스니라.《능엄 4:43》

4 달애며: 달래며. '달애(어간)+며(연결어미)'이다. 현대국어 '달래다'의 옛말 '달애다'는 15세기 문헌에서부터 나타난다. '다래다'로 연철 표기 되지 않은 것으로 보아 '달애다'의 ㅇ은 성문 마찰 유성음 [ɦ]였는데, 16세기 이후에 성문 마찰 유성음 [ɦ]이 사라지게 되었다. 17세기에 사라진 성문 마찰 유성음 자리에 'ㄹ'이 추가되어 '달래다'가 나타나게 되었다. 18세기까지 '달애다'와 '달래다'가 공존하다가 '달래다'가 정착하면서 현재에 이르렀다. 달애다(15세기~18세기)〉달래다(17세기~현재). 이형태: 달애다, 달래다. 驪山 役徒를 일ᄒᆞ샤 지ᄇᆞ로 도라오싫 제 열희 ᄆᆞᅀᆞᄆᆞᆯ 하ᄂᆞᆯ히 달애시니.《1447 용가 18》, 誘 달앨 유 詸 달앨 튤.《1527 훈몽 하:12ㄴ》

5 추들며: 추켜들며. '추들(어간)+며(연결어미)'이다. '추들다'는 '추켜들다'의 옛말이다. 그 달애며 추들며 닐와ᄃᆞ며 힘ᄡᅳ우며 저지ᄃᆞᆺ ᄒᆞ며 ᄀᆞᄃᆞᆺ ᄒᆞ야 어디리 도ᄋᆡ게 ᄒᆞᄂᆞᆫ 도리 다 졀ᄎᆞ 잇ᄂᆞ니라(其所以誘掖激勵漸摩成就之道 皆有節序).《번소 9:13》, 경츈이ᄂᆞᆫ 더욱 샹궁을 보아도 슬어 뵈고 고개를 추들어 말을 아니코 밧긔 소릐를 내디 아니매 뉘 뎌를 의심ᄒᆞ리오.《계축 상:45》

6 닐와ᄃᆞ며: 일으키며. '닐왇(어간)+ᄋᆞ며(연결어미)'이다, '-ᄋᆞ며'는 끝음절의 모음이 'ㆍ, ㅏ, ㅗ'이고 받침 있는 동사, 형용사 어간이나 어미 뒤에 붙어, '-(으)며'를 뜻하는 어미이다. '닐왇다'는 '니르왇다'의 이형태로, '일으키다'의 옛말이다. '일으키다'의 옛말인 '니르받다', '니르왇다', '니르혀다'는 15세기 문헌에서부터

나타난다. 15세기 국어에서 '일어나다'의 뜻을 가진 '닐-'에 사동접사 '-ᄋᆞ-/-으-'가 결합되어 사동사 '니르-', '니ᄅᆞ-'가 형성된다. 이들에 강세접사 '-받-', '-왇-', '-ᅘᅧ-'가 결합되어 '니르받다/니ᄅᆞ받다', '니르왇다/니ᄅᆞ왇다', '니르ᅘᅧ다/니ᄅᆞᅘᅧ다'가 된 것이다. 17세기 문헌에서부터 보이는 '니르키다', '니ᄅᆞ키다'의 제3음절 '키'는 강세접사 '-ᅘᅧ-'와 관련된 것으로 볼 수 있다. 각자병서 폐지로 'ㆅ'를 쓰지 않게 되었는데 16세기 이후 각자병서가 부활되자 'ㆅ'을 근대국어 시기에 'ᄻ'으로 쓰거나 'ㅋ'으로 쓴 것이다. '니르키다'는 19세기에 'ㅣ' 모음 앞에 'ㄴ'이 올 수 없게 됨에 따라 '니'가 '이'로 바뀌고 제1음절과 제2음절을 재분석하여 분철하는 과정을 거쳐 '일으키다'가 된다. 니르받다/니르왇다/니르ᅘᅧ다(15세기)>니르키다(17세기~19세기)>일으키다(19세기~현재). 이형태: 니르받다, 니르왇다, 니르ᅘᅧ다, 니ᄅᆞ받다, 니ᄅᆞ왇다, 니ᄅᆞᅘᅧ다, 닐왇다, 닐으왇다, 니르혀다, 니ᄅᆞ혀다, 니르티다, 니르키다, 니ᄅᆞ키다 니ᄅᆞ켜다, 닐ᄋᆞ혀다, 니릐혀다, 일으키다. 摩竭王阿闍世왜 다 四兵 니르바다와.《1447 석상 23:53ㄱ》, 아랫 뉘옛 됴ᄒᆞᆫ 根源을 니ᄅᆞ바다 나ᄅᆞᆯ 饒益게 ᄒᆞ고져 ᄒᆞ야.《1447 석상 21:44ㄴ》, 모ᄃᆞᆫ 觸ᄋᆞᆯ 해 니르왇ᄂᆞᆫ 젼ᄎᆞ로.《1461 능엄 8:106ㄱ》, 念이 妄ᄋᆞᆯ 니ᄅᆞ왇고.《1482 금삼 4:55ㄴ》, 그 겨지비 밥 가져다가 머기고 자바 니르ᅘᅧ니.《1459 월석 1:44ㄱ》, 妄本ᄋᆞᆯ 무러 니ᄅᆞᅘᅧ시니라.《1461 능엄 1:45ㄴ》, 이 ᄀᆞᆮᄒᆞᆫ 供공養양雲운을 내야 닐와다 諸졔佛불 겨신 ᄃᆡ. 《1496 진언/시식 56ㄱ》

7 저지ᄃᆞᆺ: 적시듯. '저지(어간)+ᄃᆞᆺ(어미)'이다. 이때의 'ᄃᆞᆺ'은 어간 '저지'에 직접 결합하는 어미이다. 현대국어 '적시다'의 옛말 '저지다'는 15세기 문헌에서부터 나타난다. 17세기 이후에 제2음절의 'ㅈ'자리에 'ㄱㅅ'이 나타난 변화된 형태가 나타났다. 즉 '적시다'가 '저지다'의 자리를 대체하여 현재에 이르렀다. 저지다(15세기~16세기)>적시다(17세기~현재). 이형태: 저지다, 적시다. 모ᄃᆞᆫ 젼ᄎᆞ로 能히 愛水ᄅᆞᆯ 내야 業을 저지며 生ᄋᆞᆯ 저지ᄂᆞ니.《1461 능엄 8:69ㄱ》, 닐와ᄃᆞ며 힘싀우며 저지ᄃᆞᆺ ᄒᆞ며 ᄀᆞᄃᆞᆺᄒᆞ야 어디리 도ᄋᆡ게 《1518 번소 9:14ㄱ》

8 ᄆᆞᆯᄅᆞᆫ: 마루는. 'ᄆᆞᆯㄹ(要, 명사)+ᄋᆞᆫ(보조사)'이다. 현대국어 '마루'의 옛말인 'ᄆᆞᄅᆞ'는 15세기 문헌에서부터 나타난다. 이 단어는 단독으로 쓰이거나 조사 '-와', 자음으로 시작하는 조사와 결합할 때에는 'ᄆᆞᄅᆞ'으로, 그 밖의 모음으로 시작하는 조사와 결합할 때에는 'ᄆᆞᆯㄹ'로 이형태 교체를 하였다. 17세기 이후의 문헌에는 이 단어의 예가 나타나지 않으므로 'ᄆᆞᄅᆞ/ᄆᆞᆯㄹ'의 이형태 교체가 사라진 시기와 'ᄆᆞᄅᆞ>마루'의 변화 과정을 구체적으로 확인하기는 어렵다. 다만 16세기 이래로

제2음절의 모음 '·'가 주로 'ㅡ'로 변화하는 '·'의 제1단계 소실이 일어났는데, 간혹 '·'가 'ㅏ'나 'ㅗ', 'ㅜ'로 변화하는 경우도 있어서 'ᄆᆞᄅᆞ'도 근대국어 시기에 'ᄆᆞᄅᆞ>ᄆᆞ로'로 변화하였을 것으로 추정된다. 또한 근대국어 시기에 제1음절의 모음 '·'가 'ㅏ'로 바뀌는 '·'의 제2단계 소실을 겪어 'ᄆᆞ로>마로'로 변화하고, 근대국어 후기에 제2음절의 양성모음 'ㅗ'가 음성모음 'ㅜ'로 바뀌어 현대국어와 같은 '마루' 형태가 등장하게 된 것으로 추정할 수 있다. ᄆᆞᄅᆞ(15세기~16세기)> 마루(20세기~현재). 이형태: ᄆᆞᄅᆞ, ᄆᆞᆯᄅ. 여스슨 髻珠喩ㅣ니 中道實相이 極果ᄋᆡ ᄆᆞᄅᆞ 사모ᄆᆞᆯ 가ᄌᆞᆯ비시니 安樂行品 中에 ᄇᆞᆯ기샤미 이니《1463 법화 1:6ㄴ》, 그러나 이 ᄆᆞᅀᆞᆷ 發홇 사ᄅᆞᄆᆞᆫ 慈悲心 뮈우ᄆᆞ로 ᄆᆞᆯᄅᆞᆯ 사ᄆᆞᆷ ᄃᆞ니 큰 悲心 發호ᄆᆞᆫ 一切衆生ᄋᆞᆯ 너비 救호려 큰 慈心 發호ᄆᆞᆫ 一切世間ᄋᆞᆯ ᄒᆞᆫ가지로 도ᄫᆞ려 ᄒᆞᆯᄊᆡ니라《1459 월석 9:22ㄱ》.

소언 그 道도ᄂᆞᆫ 반ᄃᆞ시 人인倫륜에 근본ᄒᆞ야 物믈의 理리ᄅᆞᆯ ᄇᆞᆰ키고 그 ᄀᆞᄅᆞ침은 小쇼學혹엣 믈 ᄲᅳᆯ이고 ᄡᅳᆯ며 應응ᄒᆞ며 對ᄃᆡ홈으로브터 ᄡᅥ 감ᄋᆞ로 그 효도ᄒᆞ며 손슌ᄒᆞ며 튱셩ᄒᆞ며 믿븜을 닷그며 禮례며 樂악애 周쥬旋션케 ᄒᆞᄂᆞ니 그 ᄡᅥ 달애며 ᄢᅵ들며 ᄌᆞ아내며 힘ᄡᅳ게 ᄒᆞ며 저지며 ᄀᆞ다ᄃᆞᆷ아 일우ᄂᆞᆫ 밧 도리 다 ᄆᆞᄃᆡ며 ᄎᆞ례 이시니 그 종외 어딘 일을 ᄀᆞᆯᄒᆡ며 몸ᄋᆞᆯ 닷가 天텬下하ᄅᆞᆯ 化화ᄒᆞ야 일움애 니르며 ᄆᆞᄋᆞᆯ 샹사ᄅᆞᆷ으로브터 可가히 聖셩人인의 道도애 니ᄅᆞ매 인ᄂᆞ니라

현대역 그 도는 반드시 인륜에 근본을 두어 사물의 이치를 밝히고, 그 가르침은 小學의 물 뿌리고 쓸며 응하며 대함으로부터 써 감으로, 그 효도하며 손순하며 충성하며 미쁨을 닦으며 예며 음악에 주선하게 하니, 그 써 달래며 끼어들며 자아내며 힘쓰게 하며 적시며 가다듬어 이루는 바의 도리가 다 마디[경위]며 차례 있으니, 그 종요가 어진 일을 택하며 몸을 닦아서 천하를 변화시켜 이룸에 이르며, 마을 보통사람으로부터 가히 성인의 도에 이름에 있느니라.

1 ᄢᅵ들며: 껴들며. 'ᄢᅵ들(어간)+며(연결어미)'이다. 'ᄢᅵ들다'는 '껴들다'의 옛말이다. 그 ᄉᆞ리 듣고 ᄡᅡ해 모미 헐에 디여 ᄂᆞ미 ᄢᅵ드러 오라거ᅀᅡ ᄭᆡ야《월석-중 21:22》,

그 뼈 달애며 ᄢ들며 ᄌᆞ아내며 힘ᄡᅳ게 ᄒᆞ며 저지며 ᄀᆞ다ᄃᆞᆷ아 일우는 밧 도리 다 ᄆᆞᄃᆡ며 ᄎᆞ례 이시니(其所以誘掖激勵漸摩成就之道 皆有節序).《소언 6:12》

2 ᄌᆞ아내며: 자아내며. 어떤 사람의 말을 이끌어 내며. 'ᄌᆞ아내(어간)+며(연결어미)'이다. '자아내다'의 옛말이다. 그 뼈 달애며 ᄢ들며 ᄌᆞ아내며 힘ᄡᅳ게 ᄒᆞ며 저지며 ᄀᆞ다ᄃᆞᆷ아.《소언 6:12》

【集說】吳氏曰物理는事物之理也라灑掃應對로至於周旋禮樂은皆小學之敎也라以言敎引曰誘요以手扶持曰掖이라激은謂激作이요勵는謂勉勵라漸은如水之浸物이요摩는如石之攻玉이라成就는謂成就其材器也라擇善脩身으로至於化成天下는皆大學之敎也라鄕人은鄕里之常人也라

오 씨가 말하였다. "物理는 사물의 이치다. 灑掃應對[물 뿌리고 쓸며 응하고 대함]로부터 周旋禮樂[예악을 주선함]까지는 모두 《소학》의 가르침이다. 말로써 가르쳐 이끎을 誘라 이르고, 손으로써 도와서 지킴을 掖이라 이른다. 激은 격려하여 진작함을 이르고, 勵는 힘써 격려함을 이른다. 漸은 물이 물건에 젖어듦 같음이고, 摩는 돌로 옥을 다스림 같음이다. 成就는 그 재질과 기국를 성취함을 이른다. 擇善修身[선을 가리고 몸을 닦음]으로부터 化成天下[천하를 덕화하여 선하게 함]까지는 모두 《대학》의 가르침이다. 鄕人은 향리의 평범한 사람이다."

漢字 扶(도울 부), 持(지킬지, 가질지), 激(격려할 격), 作(진작할 작), 勵(격려할 려), 浸(젖을 침), 攻(다스릴 공)

其學行이皆中於是者ㅣ爲成德이니取材識明達可進於善者ᄒᆞ야使日受其業ᄒᆞ야擇其學明德尊者ᄒᆞ야爲太學之師ᄒᆞ고次以分敎天下之學이니라

●그 학문과 행실이 모두 이[《소학》과 《대학》]에 맞는 자는 덕을 이룬 것이

니, 재주와 학식이 밝고 통달하여 가히 善에 나아갈 수 있는 자를 취하여, 하여금 날로 그 수업을 받게 하여, 그 학문이 밝고 덕이 높은 자를 가리어, 태학의 스승으로 삼고, 다음은 써 나누어 천하의 학교를 가르치게 해야 한다.

번소 그 ᄇᆡ혼 ᄒᆡᆼ뎍이 다 여긔 마ᄌᆞᆫ 이ᅀᅡ 德덕 이인 사ᄅᆞᆷ이니 그 ᄌᆡ질와 디식이 ᄀᆡ명ᄒᆞ고 통달ᄒᆞ야 어딘 일에 나ᅀᅡ감직ᄒᆞᆫ 사ᄅᆞᆷ을 가져다가 덕 일운 사ᄅᆞ미게 날마다 ᄇᆡ호게 ᄒᆞ여셔 그 듕에 ᄇᆡ혼 이리 ᄇᆞᆯ그며 덕이 노ᄑᆞ니ᄂᆞᆯ ᄀᆞᆯᄒᆡ여 大대學ᄒᆞᆨ관의 스승을 삼고 게셔 버그니란 天텬下하앳 고ᄋᆞᆯ 향교애 ᄂᆞᆫ호아 ᄀᆞᄅᆞ치게 ᄒᆞᆯ 거시니라

현대역 그 배운 행적이 다 여기 맞는 이야 덕 이룬 사람이니, 그 재질과 지식이 개명하고 통달하여 어진 일에 나아감직한 사람을 가져다가, 덕 이룬 사람에게 날마다 배우게 하여서, 그 중에 배운 일이 밝으며 덕이 높은 이를 가리어, 대학관의 스승을 삼고, 거기서 버금된 이는 천하에의 고을 향교에 나누어 가르치게 할 것이니라.

1 게셔: 거기서. ‘게(처소 지시 대명사)+셔(부시격 조사)’이다. 현대국어 ‘게’는 15세기 문헌에서부터 ‘게’로 나타나 현재까지 그대로 이어진다. 게(15세기~현재). 이형태: 게. 生薑과 蘆根과ᄅᆞᆯ 디허 汁을 取ᄒᆞ야 만히 머그면 됴ᄒᆞ니 게毒도 이 藥으로 고티ᄂᆞ니라《1466 구방 하:57ㄱ》, 텽 ᄉᆞ이예 잇다감 댱으로 ᄀᆞ리와 자며 쉴 ᄯᅡ홀 ᄆᆡᆼᄀᆞ라 시시예 게 드러 누워 쉬오 도로 모다 말ᄒᆞ더라《1518 번소 9:75ㄱ》

2 ᄂᆞᆫ호아: 나누어. ‘ᄂᆞᆫ호(어간)+아(연결어미)’이다. 현대국어 ‘나누다’의 옛말인 ‘ᄂᆞᆫ호다’는 15세기 문헌에서부터 나타난다. 근대국어 후기에 모음 ‘ㆍ’가 본래의 소리를 잃고 ‘ㅏ’로 변하면서 18세기 이후 ‘난호다’의 형태가 나타나게 되었다. 19세기 후반 이후 ‘ㄴ’과 모음 사이에서 ‘ㅎ’이 탈락하고 제2음절의 모음 ‘ㅗ’가 ‘ㅜ’로 바뀌어 ‘나누다’가 되면서 현재에 이르렀다. ᄂᆞᆫ호다(15세기~19세기)〉난호다(18세기~19세기)〉나누다(19세기~현재). 이형태: ᄂᆞᆫ호다, ᄂᆞᆫ흐다, ᄂᆞᆫᄒᆞ다, 난호다, 난흐다, 나느다, 나누다. ᄂᆞ미 ᄠᅳ디 漸漸 거츠러 제여곰 바ᄐᆞᆯ ᄂᆞᆫ홀씨 有德ᄒᆞᆫ 사ᄅᆞᄆᆞᆯ 셰여 반 ᄂᆞᆫ호기ᄅᆞᆯ 決게 ᄒᆞ니 이 王 始作이라《1447 석상 9:19ㄴ》,

아비 子息의게 田地 奴妃를 ᄂᆞᆫ호아 주려ᄒᆞᆫ대.《1514 속삼 효:22ㄱ》

소언 그 ᄒᆞᆨ문과 ᄒᆡᆼ실이 다 이에 마ᄌᆞᆫ 이 德덕 인 이 되리니 ᄌᆡ질와 디식이 ᄇᆞᆰ고 ᄉᆞ몯차 可가히 어딘 ᄃᆡ 나아가리ᄅᆞᆯ 取ᄎᆔᄒᆞ야 ᄒᆞ여곰 날마다 그 業업을 받게 ᄒᆞ야 그 學ᄒᆞᆨ이 ᄇᆞᆰ고 德덕이 노ᄑᆞᆫ 이ᄅᆞᆯ ᄀᆞᆯᄒᆡ여 太태學ᄒᆞᆨ의 스승을 삼고 버근 이로ᄡᅥ ᄂᆞᆫ화 天텬下하의 學ᄒᆞᆨ애 ᄀᆞᄅᆞ칠 디니라

현대역 그 학문과 행실이 다 이에 맞는 이가 덕 이룬 이 되리니, 재질과 지식이 밝고 사무쳐 가히 어진 데 나아갈 이를 취하여, 하여금 날마다 그 업을 받게 하여, 그 학문이 밝고 덕이 높은 이를 가리어, 太學의 스승을 삼고, 버금된 이로써 나누어 천하의 學에 가르칠 것이니라.

1 ᄉᆞ몯차: 사무치어. 꿰뚫어. 'ᄉᆞ몯ㅊ(어간)+아(연결어미)'이다. 현대국어 '사무치다'의 옛말인 'ᄉᆞ못치다'는 비교적 늦은 시기인 19세기 문헌에서부터 나타난다. 이 단어는 원래 'ᄉᆞ몿다'에 사동접사 '-이-'가 결합한 것으로 보이는데, 'ᄉᆞ몿다'는 소멸되고 사동접사가 결합한 어형만 남은 것으로 추측된다. 'ᄉᆞ못치다'의 둘째 음절과 셋째 음절 '못치'는 분철 표기로 보이며 발음상으로는 현재의 어형인 '사무치다'와 큰 차이가 없을 것으로 추정된다. 따라서 'ᄉᆞ못치다'와 '사무치다'는 둘째 음절의 모음의 차이가 'ㅗ'와 'ㅜ'인 것만 다른데 이 차이의 원인은 현재로서는 알 수 없다. 첫째 음절 'ᄉᆞ'는 현대맞춤법에 따라 '사'로 바뀌어 현재의 어형인 '사무치다'가 쓰이게 되었다. ᄉᆞ못지다(19세기)/ᄉᆞ못치다(19세기)〉사못치다(19세기)〉사무치다(20세기~현재). 이형태: ᄉᆞ못지다, ᄉᆞ못치다, 사못치다. ᄉᆞᆯ 그릇 셰 너허 ᄉᆞᆯ이 ᄉᆞ못지게 ᄇᆡ거든 평판에 건져 기오려 ᄉᆞᆯ 즙이 ᄲᅡ지.《1869 규합 17ㄴ》, 잘못ᄒᆞᆫ 니를 용셔ᄒᆞ며 널니 음덕을 ᄒᆡᆼᄒᆞ야 우희로 하늘에 ᄉᆞ못치니.《1867 남궁 5ㄴ》, 사못치다 送徹.《1895 국한 161》. 그런데 본 예 'ᄉᆞ몯차'는 'ᄉᆞ몯ㅊ+아'로 분석할 수 있다. 일종의 어간 중철 표기인 셈이다. 그렇다면 사동접사 '-이-'가 결합되기 전의 'ᄉᆞ몿다' 형을 보여주는 것으로 설명할 수 있다.

2 ᄀᆞᄅᆞ칠 디니라: 가르칠 것이니라. 가르칠지니라. 'ᄀᆞᄅᆞ치(어간)+ㄹ(관형사형 어미)+ᄃᆞ(의존명사)+이(서술격조사 '이다'의 어간)+니라(평서형 종결어미)'이다.

【增註】中於是는謂合於小學大學之敎者라以成德者爲師하고取材識之明達者하여受其敎하여上者는使敎國學하고其次는以分敎州縣之學也라

中於是[이에 맞음]는《소학》과《대학》의 가르침에 합함을 이른다. 덕을 이룬 자로써 스승을 삼고, 재주와 학식이 밝고 통달한 사람을 취하여 그 가르침을 받게 하여, 상등인 자는 하여금 국학을 가르치게 하고, 그 다음은 써 나누어 주와 현의 학교를 가르치게 한다.

擇士入學호ᄃᆡ縣이升之州ㅣ어든州ㅣ賓興於太學ᄒᆞ야ᄃᆞᆫ太學이聚而敎之ᄒᆞ야歲論其賢者能者於朝ㅣ니라

● 선비를 가려 학교에 들어가게 하되, 縣이 그를 州로 올리거든, 州는 손으로 대우하여 太學에 천거한다. 태학이 모아서 이들을 가르쳐, 해마다 그 어진 자와 능한 자를 조정에서 의논해야 한다.

漢字 升(오를 승), 賓(손으로 대우할 빈, 손 빈), 興(천거할 흥, 일으킬 흥, 등용할 흥)

번소 士ᄉᆞ를 ᄀᆞᆯᄒᆡ여 學ᄒᆞᆨ애 드료ᄃᆡ 縣현이 州쥬에 올여ᄃᆞᆫ 州쥬ㅣ 손녜로 대ᄒᆞᆨ관늬 올여든 대ᄒᆞᆨ관이 몯토아셔 ᄀᆞᄅᆞ쳐 ᄒᆡ마다 어딜며 릉ᄒᆞᆫ 사ᄅᆞ믈 朝됴廷뎡에 가 의론ᄒᆞ야 ᄡᅳᆯ 거시니라

현대역 선비를 가리어 學에 들이되, 縣이 州에 올리거든. 州가 손님의 예로 대학관에 올리거든. 대학관이 모아서 가르쳐 해마다 어질며 능한 사람을 조정에 가 의론하여 쓸 것이니라.

1 드료ᄃᆡ: 들이되. '들(자동사 어간)+이(사동접사)+오ᄃᆡ(연결어미)'이다. '-오ᄃᆡ'는 선행 음절의 모음이 'ㆍ, ㅏ, ㅗ, ㅣ, 반모음 ㅣ'인 경우에 붙어, '-(으)되'를 뜻하는 어미이다. 置陣이 ᄂᆞᆷ과 다ᄅᆞ샤 아ᅀᆞ보ᄃᆡ 나ᅀᅡ오니 믈러가던덴 목숨 ᄆᆞᄎᆞ리잇가(置陣異他 知亦進當 如其退避 性命奚戕).《용가 51장》, 나ᄂᆞᆫ 어버ᅀᅵ 여희오 ᄂᆞᄆᆡ그에 브터 사로ᄃᆡ 우리 어ᅀᅵ아ᄃᆞ리 외롭고 입게 ᄃᆞ외야 人生 즐거븐 ᄠᅳ디

업고.《석상 6:5》. 현대국어 '들다'는 15세기 문헌에서부터 나타나 현재까지 이어진다. '들다'는 'ㄴ'으로 시작하는 어미와 결합할 때 '드-'로 나타나며, 그 외의 어미와 결합할 때는 '들-'로 나타난다. 18세기부터 'ㄴ'으로 시작하는 어미 외에도 선어말 어미 '-시-'와 결합할 때 '드-'로 나타나게 되어 현재까지 이어진다. 들다(15세기~현재). 이형태: 들-, 드-. 여슷 하ᄂᆞ래 그듸 가 들 찌비 불써 이도다 ᄒᆞ고.《1447 석상 6:35ㄴ》, 太子ㅣ 바믹 王宮에 드르시니 光明이 두루 비취더시니.《1447 석상 3:21ㄱ》, 여드레만의 東萊府에 드시옵ᄂᆡ《1790 인어 1:6ㄱ》

2 올여둔, 올여든: 올리거든. '올이(어간)+어ᄃᆞᆫ(연결어미)', '올이(어간)+어든(연결어미)'이다. '올이-'는 현대국어 '올리다'의 옛말인 '올이다'의 어간으로, '실적이나 능률 따위를 높이다.'를 뜻한다. '오르다'의 사동사. '올이다'는 15세기 문헌에서부터 나타난다. 제2음절의 첫소리인 성문 마찰 유성음 'ㅇ[ɦ]'이 16세기에 탈락하면서 'ㄹ'이 첨가되어 16세기에 '올리다'가 되었다. 19세기까지 '올이다'와 '올리다'가 공존하다가 '올리다'로 정착하면서 현재에 이르렀다. 15세기 사동사 '올이다'는 자동사 '오ᄅᆞ-'에 사동접사 '-ㅣ-'가 결합한 것이다. '오ᄅᆞ-'는 모음으로 시작하는 어미가 결합할 때에는 '올ㅇ-'으로 실현되었기 때문에 사동접사 '-ㅣ-'가 결합한 형태도 '올이-'로 나타난 것이다. 올이다(15세기~19세기)〉올리다(16세기~현재). 이형태: 올이다, 올리다. 石壁에 ᄆᆞᄅᆞᆯ 올이샤 도ᄌᆞᄀᆞᆯ 다 자ᄇᆞ시니 현 번 뛰운ᄃᆞᆯ ᄂᆞ미 오ᄅᆞ리잇가.《1447 용가 48》, 만일 아비ᄉᆡ어든 눈을 둘오듸 ᄂᆞᆺ치 올리디 말며 ᄯᅴ예 ᄂᆞ리오디 말올 디니라.《1587 소언 2:15ㄱ》

소언 션ᄇᆡ를 ᄀᆞᆯᄒᆡ여 學혹애 들요ᄃᆡ 縣현이 州쥬ㅣ예 올여ᄃᆞᆫ 州쥬ㅣ 손녜로 太태學혹의 쳔거ᄒᆞ야든 太태學혹이 모토아 ᄀᆞᄅᆞ쳐 ᄒᆡ마다 그 어딜며 能능ᄒᆞᆫ 이ᄅᆞᆯ 됴뎡에 의론홀 디니라

현대역 선비를 가리어 學에 들이되, 縣이 州에 올리거든. 州가 손님의 예로 太學에 천거하거든. 태학이 모아서 가르쳐 해마다 그 어질며 능한 이를 조정에 의론할 것이니라.

【增註】縣은謂縣學이요州는謂州學이라王制에曰論定然後官之라

●縣은 현의 학교를 이르고, 州는 주의 학교를 이른다. 《예기》 〈왕제〉에 말하였다. "의논하여 결정한 뒤에 그를 벼슬에 임명한다."

凡選士之法은**皆以性行端潔**ᄒᆞ야**居家孝悌**ᄒᆞ며**有廉恥禮讓**ᄒᆞ며**通明學業**ᄒᆞ며**曉達治道者**ㅣ니라

●무릇 선비를 가리는 방법은 모두 성품과 행실이 단정하고 깨끗하여, 집에 있음에 효도하고 공경하며, 염치와 禮讓이 있으며, 학업에 통달하여 밝으며, 다스리는 도리를 밝게 통달한 자로써 해야 한다."

漢字 曉(밝을 효, 새벽 효)

예양(禮讓): 예를 지켜 사양함.

번소 믈읫 士ᄉᆞ롤 ᄀᆞᆯᄒᆡ욜 법은 다 본셩과 ᄒᆡᆼ뎍이 단졍ᄒᆞ고 조하 지븨 이셔 父부母모 효도ᄒᆞ고 형의게 공슌ᄒᆞ며 쳥념이며 붓그류미며 녜졀이며 ᄉᆞ양호미 이시며 ᄇᆡ혼 이리 통달ᄒᆞ고 ᄀᆡ명ᄒᆞ며 나라 다ᄉᆞ릴 道도롤 ᄉᆞᄆᆞᆺ 아ᄂᆞ니를 ᄡᅧ 할 거시라

현대역 무릇 선비를 가리는 법은 다 본성과 행적이 단정하고 깨끗하여, 집에 있어 부모에게 효도하고 형에게 공순하며, 청렴이며 부끄러워함이며 예절이며 사양함이 있으며, 배운 일이 통달하고 개명하며, 나라 다스릴 도를 꿰뚫어 아는 이를 써 할 것이라."

1 붓그류미며: 부끄러워함이며. '붓그리(어간)+움(명사형 어미)+이며(조사)'이다. '부끄리다'는 '부끄러워하다'의 옛말이다. 프른 구루미 니픠 칙칙호ᄆᆞᆯ 붓그리고 ᄒᆡᆫ 누니 고ᄌᆡ 하ᄆᆞᆯ 避ᄒᆞ리로다(靑雲羞葉密 白雲避花繁).《두시-초 15:19》, 田稷子ㅣ 붓그려 나가 그 金 도로 보내오(田稷子慚而出 反其金).《내훈 3:25》. 형용사 '붓그럽다'는 동사 '붓그리다'에 형용사 파생접사 '-업-'이 결합하여 형성된 파생어이다. '부끄럽다'의 옛말인 '붓그럽다'는 15세기 문헌에서부터 나타난다. 15세기의 '붓그럽-'은 매개모음이나 모음으로 시작하는 어미와 결합할 때 '붓그러우-'

로 나타나고 자음으로 시작하는 어미와 결합할 때에는 어간말 자음 'ㅸ'이 'ㅂ'과 중화되어 '붓그럽도다'와 같이 나타나 '붓그러우-/붓그럽-'의 교체를 보였다. 그리고 근대국어 이후 동사인 '붓그리다'는 소멸하고 동사에서 파생된 형용사만 남게 되었다.

2 ᄉᆞᄆᆞᆺ: 꿰뚫어. 투철하게. 光明이 世界ᄅᆞᆯ ᄉᆞᄆᆞᆺ 비취샤 三世옛 이ᄅᆞᆯ 아ᄅᆞ실ᄊᆡ 부톄시다 ᄒᆞᄂᆞ닝다.《석상 6:18》, 두 늘그늬 骨髓ᄅᆞᆯ ᄉᆞᄆᆞᆺ 보닌댄(見徹二老 骨髓者).《몽법 32》

소언 믈읫 션ᄇᆡ ᄲᅩᆯ 法법은 다 性셩과 ᄒᆡᆼ실이 단졍ᄒᆞ고 조하 집의 이셔 효도ᄒᆞ며 손슌ᄒᆞ며 廉렴恥티와 禮례讓양이 이시며 學ᄒᆞᆨ業업을 通통ᄒᆞ야 ᄇᆞᆰ키며 다ᄉᆞ릴 道도ᄅᆞᆯ 아라 ᄉᆞᄆᆞᆺᄎᆞᆫ 이로ᄡᅥ ᄒᆞᆯ 거시니라

현대역 무릇 선비 뽑을 법은 다 성품과 행실이 단정하고 깨끗하여, 집에 있어 효도하며 손순하며, 염치와 禮讓이 있으며, 학업을 통하여 밝히며, 다스릴 도를 알아 사무친 일로써 할 것이니라."

ᄉᆞᄆᆞᆺᄎᆞᆫ: 꿰뚫는. 사무치는. 'ᄉᆞᄆᆞᆺㅊ(어간)+ᄋᆞᆫ(관형사형 어미)'이다. 'ᄉᆞᄆᆞᆺㅊ'은 중철 표기이다. 'ᄉᆞᄆᆞᆾ다'는 '멀리까지 미치거나 깊이 꿰뚫다.'의 뜻이다. 通達ᄋᆞᆫ ᄉᆞᄆᆞᄎᆞᆯ씨라.《석상 13:4》, 參禪ᄋᆞᆫ 모로매 祖師ㅅ 關ᄋᆞᆯ ᄉᆞᄆᆞ차ᅀᅡ ᄒᆞ리며(參禪須透祖師關).《몽법 10》

【集說】**朱子曰明道論學制**이**最爲有本**하니**讀之**에**未嘗不慨然發嘆也**로라

주자가 말하였다. "明道가 학제를 논한 것이 가장 근본이 있음이 되니, 그것을 읽음에 일찍이 慨然하여 讚嘆을 발하지 않을 수 없다."

漢字 **慨**(개탄할 개, 슬플 개, 탄식할 개), **嘆**(탄식할 탄, 찬탄할 탄)

개연(慨然): 본뜻은 '억울하고 원통하여 몹시 분함.'이다. 그러나 여기서의 뜻은 '마음속 깊이 느껴 감탄함.' 정도로 볼 수 있다.

〖六章〗

○伊川先生이看詳學制하시니大槩는以爲學校는禮義相先之地어늘而月使之爭이殊非敎養之道ㅣ니請改試爲課하야有所未至則學官이召而敎之하고更不考定高下하며 《二程全書 附錄》

●伊川 선생이 學制를 보아 자세히 밝히셨으니, 대개는 "써 학교는 예의를 서로 앞세우는 곳이거늘, 달마다 그들로 하여금 경쟁시킴이 자못 가르쳐 기르는 도가 아니니, 청컨대 시험을 고쳐 課로 하여, 이르지 못하는 바가 있으면 學官이 불러 그를 가르치게 하고, 다시는 높고 낮음을 詳考하여 정하지 않아야 하며,

漢字 看(볼 간), 詳(자세히 밝힐 상), 槩(=槪 대개 개, 평미레 개), 殊(자못 수, 특히 수, 유달리 수)

1 이천(伊川, 1033년~1107년): 중국 북송(北宋) 중기의 유학자이다. 이름은 정이(程頤)고, 자는 정숙(正叔)이며, 호는 이천(伊川)이고, 시호는 정공(正公)이다. 허난성[河南省] 뤄양[洛陽] 출생으로, 이천백(伊川伯)에 봉하여졌으므로 이천 선생이라 존칭된다. 형 정호(程顥: 明道)와 함께 주돈이(周敦頤: 濂溪)에게 배웠고, 형과 아울러 '이정자(二程子)'라 불리며 정주학(程朱學)의 창시자로 알려졌다. 철종(哲宗) 초에 사마광(司馬光)·여공저(呂公著) 등의 추천으로 국자감 교수가 되었고, 이어서 비서성 교서랑(校書郞)·숭정전설서(崇政殿說書)로 발탁되었다. 그러나 왕안석(王安石)·소식(蘇軾) 등과 뜻이 맞지 않았고, 당화(黨禍)를 입어 쓰촨성[四川省] 푸저우[涪州]로 귀양 간 일도 있다. 학자로서의 그는 《역경(易經)》에 대한 연구가 특히 깊었고, '이기이원론(理氣二元論)'의 철학을 수립하여 큰 업적을 남겼다. 그의 사상은 "지미(至微: 隱)한 것은 이(理: 本體)요, 지저(至著: 顯)한 것은 상(象: 氣·用)이라 하여 일단 양자를 구별하고, 체(體)와 용(用)은 근원이 같으며, 현(顯)과 미(微)에 사이가 없다."고 상관관계를 설명한 점에 특색이 있다. 그의 철학은 주자(朱子)에게 계승되어, 《태극도설(太極圖說)》과 《태극도설해(太極圖說解)》에 나타나 있다. 학문의 방법도 형은 오직 정좌(靜座)를 주장하였으나, 그는 '경(敬)'을 중히 여겨 '거경궁리(居敬窮理)'에 힘썼다.

이와 같은 일도 주자에 의하여 집대성되었고, 송대(宋代)의 신유학인 정주학의 주축이 되었다. 저서에 《역전(易傳)》 4권이 있으며, 그의 학설은 형의 학설과 함께 서필달(徐必達)의 《이정전서(二程全書)》에 수록되었다. 또 그의 전기는 주자가 지은 《이락연원록(伊落淵源錄)》에 실려 있다(두산백과).

2 개시위과(改試爲課): 시험을 고쳐 과(課)로 함. 즉 시험을 폐지하고 과제물로 대체함.

번소 伊이川쳔 先션生ᄉᆡᆼ이 大대學ᄒᆞᆨ館관 졔도를 보와 ᄌᆞ셰 ᄆᆡᆼᄀᆞᄅᆞ시니 大대槩개ᄂᆞᆫ 學ᄒᆞᆨ校교ㅣ란 거ᄉᆞᆫ 禮례義의로 서르 몬져 ᄒᆞᆯ ᄯᅡ히어늘 ᄃᆞᆯ마다 글 지ᅀᅥ ᄃᆞ토게 ᄒᆞ미 ᄌᆞ모 ᄀᆞᄅᆞ쳐 내ᄂᆞᆫ 길히 아니니 쳥컨된 ᄀᆞᆯᄒᆡ기란 말오 일과만 ᄒᆡ여 몯 미츤 배 잇거든 관ㅅ 관원이 블러 ᄀᆞᄅᆞ치고 다시 노프며 ᄂᆞᆽ가오믈 골와 막키디 마롤 디니라

현대역 이천 선생이 大學館 제도를 보아 자세히 만드시니, 대개는 "학교란 것은 예의로 서로 먼저 할 곳이거늘, 달마다 글 지어 다투게 함이 자못 가르쳐 내는 길이 아니니, 청한즉슨 가리기는 말고 日課만 하게 하여, 못 미친 바가 있거든 관의 관원이 불러 가르치고, 다시는 높으며 낮음을 골라 막히지 말 것이니라.

1 ᄯᅡ히어늘: 곳이거늘. 'ᄯᅡᇂ(명사)+이('이다'의 어간)+어늘(연결어미)'이다. 현대국어 '땅'의 옛말인 'ᄯᅡᇂ'는 15세기 문헌에서부터 나타난다. 'ᄯᅡᇂ'는 모음으로 시작하는 조사나 조사 '-과', '-도'와 결합할 때에는 끝소리인 ㅎ이 나타나지만, 그 밖의 조사와 결합하거나 단독으로 쓰일 때에는 끝소리 ㅎ이 나타나지 않는 ㅎ종성체언으로서 'ᄯᅡᇂ/ᄯᅡ'의 이형태 교체를 보였다. 다른 ㅎ종성체언들이 이르면 15세기부터, 대체로는 근대국어 시기에 끝소리 ㅎ이 완전히 탈락한 형태로 변화한 데 반해, 'ᄯᅡᇂ/ᄯᅡ'의 경우는 끝소리 ㅎ이 사라지는 대신 그 자리를 'ㅇ[ŋ]'이 대신하는 매우 특이한 변화를 보인다. 17세기 문헌에 보이는 'ᄯᅡᆼᇂ'은 기존의 'ᄯᅡᇂ'와 새로운 'ᄯᅡᆼ' 형태가 혼효된 모습을 보여준다. 'ᄯᅡᆼ' 형태가 등장한 이후로도 'ᄯᅡᇂ' 형태는 19세기까지 문헌에 계속 등장하고 있다. 한편 'ᄯᅡᇂ'와 'ᄯᅡᆼ'에서 'ㅼ'은 'ㄷ'의 된소리를 표기한 것이므로 17세기에 등장한 'ᄯᅡᆼ'은

사실 오늘날의 '땅'과 소리가 같다. 다만 된소리의 표기에 있어서 중세국어나 근대국어 시기에는 'ㄲ, ㄸ, ㅃ, ㅆ, ㅉ' 등의 각자병서보다는 'ㅺ, ㅼ, ㅽ, ㅾ' 등의 ㅅ계합용병서가 주로 쓰였기 때문에 표기법상의 차이를 보이는 것이다. 근대국어 문헌에 간혹 보이는 'ᄠᅡᇂ' 역시 된소리 표기에서 ㅅ계합용병서 외에 ㅂ계합용병서가 혼동되어 쓰인 당시 표기법상의 혼란에 기인할 뿐 실제 소리는 'ᄯᅡᇂ'와 동일하다. 'ᄯᅡᇂ'(15세기~19세기)〉ᄯᅡᆼ(17세기~19세기)〉땅(19세기~현재). 이형태: ᄯᅡᇂ, ᄯᅡ,ᄠᅡᇂ, ᄯᅡᆼ, 땅. 이 東山ᄋᆞᆫ 남기 됴ᄒᆞᆯᄊᆡ 노니논 ᄯᅡ히라.《1447 석상 6:24ㄱ》, ᄯᅡ 爲地.《1446 훈해 48》, 鹿野苑ᄋᆞᆫ ᄯᅡᇂ 일후미라.《1459 월석 4:63ㄱ》

2 막키다: 막히다. '막히다'의 옛말인 '마키다'는 15세기 문헌에서부터 나타난다. '마키다'는 '막다'와 피동접사 '-히-'가 결합한 형태를 연철 표기한 것이다. 17세기 이후 '마키다'를 분철 표기한 '막히다'가 나타나서 현재에 이르렀다. 본 예처럼 16세기의 '막키다'는 '마키다'를 중철 표기한 것이다. 마키다(15세기~17세기)〉막히다(17세기~현재). 이형태: 마키다, 막키다, 막히다. 먼 길헤 마켜 쉬오져 ᄒᆞᄂᆞᆫ 사ᄅᆞᄆᆞᆯ 거리쳐 나소아.《1459 월석 13:73ㄱ》, 붇 근티 흐르ᄂᆞᆫ ᄃᆞᆺᄒᆞ야 일즉 막켜 머믈우디 아니ᄒᆞ며.《1587 소언 6:108ㄱ》

3 골와: 골라. '골오(어간)+아(연결어미)'이다. '골오다'는 '고르다[여럿 중에서 가려내거나 뽑다.]'의 옛말이다. 저희 무레 幻術 잘 ᄒᆞᄂᆞᆫ 사ᄅᆞᄆᆞᆯ 골와 夷摩旦羅ㅣ라 ᄒᆞᇙ 귓거싀 양ᄌᆡ ᄃᆞ외니.《석상 24:21》, 밥 머글 제ᄂᆞᆫ 이베 머검즉ᄒᆞ니로 골와 먹더라(喫飯時揀口兒喫).《번노 하:53》

소언 伊이川쳔 先션生ᄉᆡᆼ이 學ᄒᆞᆨ 졔도를 看간詳샹[보ᄉᆞᆯ펴 샹뎡ᄒᆞ단 말이라]ᄒᆞ시니 大대槪개ᄂᆞᆫ ᄡᅧ 호ᄃᆡ 學ᄒᆞᆨ校교ᄂᆞᆫ 禮례義의로 서르 몬져 홀 ᄯᅡ히어ᄂᆞᆯ ᄃᆞᆯ마다 ᄒᆞ여곰 ᄃᆞ토게 홈이[글지이로 결오단 말이라] ᄌᆞ못 ᄀᆞᄅᆞ쳐 치ᄂᆞᆫ 도리 아니니 請쳥컨댄 試시[글지여 고노단 말이라]를 고텨 일과를 ᄒᆞ야 니르디 몯ᄒᆞᆫ 배 잇거든 學ᄒᆞᆨ관원이 블러 ᄀᆞᄅᆞ치고 다시 놉프며 ᄂᆞᆽ가옴을 고노와 막키디 아니ᄒᆞ며

현대역 伊川 선생이 學 제도를 看詳[보살펴 詳定한다는 말이라.]하시니, 대개는 "써 하되 학교는 예의로 서로 먼저 할 곳이거늘, 달마다 하여금 다투게

함이[글짓기로 겨룬다는 말이라.] 자못 가르쳐 기르는 도리가 아니니, 청한즉슨 試[글 지어 겨룬다는 말이라.]를 고쳐 일과를 하여, 이르지 못한 바가 있거든 學 관원이 불러 가르치고, 다시 높으며 낮음을 꿇아 막히지 아니하며,

1 간샹ᄒᆞ시니: 간상(看詳)하시니. 보살펴 상정(詳定)하시니.

2 샹졍ᄒᆞ단: 상정(詳定)한다는. '샹졍ᄒᆞ(어간)+단(어미 '다'+ㄴ)'이다. '-단'은 용언의 어간 뒤에 붙어, '-다는'이 줄어든 말이다. 할아버지께서 편찮으시단 소식이 있었다. 꼭 참석하겠단 약속을 못 받았다. '샹졍ᄒᆞ다'는 '상정하다'의 옛말로, '나라의 제도나 관아에서 쓰는 물건의 값, 세액, 공물액 따위를 심사하고 결정하여 오랫동안 변경하지 못하게 하다.'를 뜻한다.

3 고노와: 꿇아. '고노(어간)+아(연결어미)'이다. '-와'는 '-아'의 오기인 듯하다. '고노다'는 '꿇다[잘잘못을 따져서 평가하다.]'의 옛말이다. 請컨댄 試를 고텨 일과를 ᄒᆞ야 니르디 몯ᄒᆞᆫ 배 잇거든 學관원이 블러 ᄀᆞᄅᆞ치고 다시 놉프며 ᄂᆞᆽ가옴을 고노와 막키디 아니ᄒᆞ며(請改試爲課 有所未至則學官 召而教之 更不考定高下).《소언 6:14~15》, 글 지여 고노단 말이라.《소언 6:14》

【集說】陳氏曰伊川이嘗充崇政殿說書러시니同孫覺等하여看詳國子監條制하시니라月使之爭은謂月有試하여以較其高下니是는使之爭競也라

진 씨가 말하였다. "伊川이 일찍이 崇政殿 說書에 충원되시니, 孫覺 등과 함께 국자감 條制를 보아 자세히 밝히셨다. 月使之爭[달마다 그들로 하여금 경쟁시킴]은 달마다 시험을 두어 써 그 높고 낮음을 비교함을 이름이니, 이는 그들[학생들]로 하여금 경쟁하게 함이다."

漢字 充(채울 충), 同(함께 동), 較(비교할 교, 견줄 교)

손각(孫覺, 1028년~1090년): 북송 고우(高郵) 사람으로, 자는 신로(莘老)이다. 젊어서 호원(胡瑗)을 사사했다. 인종(仁宗) 황우(皇祐) 원년(1049년) 진사가 되었다. 가우(嘉祐) 중에 소문관(昭文館)의 서적을 교정했고, 관각교감(館閣校勘)에 올랐다. 신종(神宗)이 즉위하자 우정언(右正言)과 지간원(知諫院), 동수기

거주(同修起居注), 지심관원(知審官院)을 역임했다. 희녕(熙寧) 중에 청묘법(青苗法)에 반대하여 광덕지군(廣德知軍)으로 쫓겨나고, 호주(湖州)와 여주(廬州) 등지의 지주(知州)로 옮겨 다니다가 불려 태상소경(太常少卿)이 되고, 비서소감(秘書少監)이 되었다. 철종(哲宗)이 즉위하자 어사중승(御史中丞)에 임명되었다. 용도각학사(龍圖閣學士)도 지냈다. 병으로 서주(舒州) 영선관(靈仙觀)을 관리했다. 《주역》을 좋아했고, 《춘추》에 정밀했다. 곡량적(穀梁赤)의 설을 위주로 하면서 좌구명(左丘明)과 공양고(公羊高) 및 한당(漢唐) 제가(諸家)의 설을 참고하여 《춘추경해(春秋經解)》를 저술했다. 그 밖의 저서에 《역전(易傳)》과 《주의(奏議)》 등이 있다(중국역대인명사전).

制尊賢堂ᄒᆞ야**以延天下道德之士**ᄒᆞ며**鐫解額**ᄒᆞ야**以去利誘**ᄒᆞ며**省繁文**ᄒᆞ야**以專委任**ᄒᆞ며**勵行檢**ᄒᆞ야**以厚風敎**ᄒᆞ며**及置待賓吏師齋**ᄒᆞ고**立觀光法**ᄒᆞ니**如是者**ㅣ**亦數十條**ㅣ러라

●尊賢堂을 지어 써 천하의 도덕이 있는 선비들을 불러들이며, 解額을 깎아 써 이익에 꾐을 제거하며, 繁文을 줄여 써 위임하기를 오로지하며, 行檢을 힘써 써 風敎를 두터이 하며, 및 待賓齋와 吏師齋를 두고 觀光法을 세우니, 이와 같은 것이 또한 수십 條였다."

漢字 **延**(불러들일 연, 이끌 연), **鐫**(깎을 전, 새길 전), **解**(관청 해), **額**(머릿수 액, 이마 액), **繁**(번거로울 번, 많을 번)

1 해액(解額): 해(解)는 지방관청에서 향시합격자에게 발급한 예비합격증이고, 액(額)은 인원수이다. 따라서 해액(解額)은 '향시합격자의 정원'을 뜻함.
2 번문(繁文): 번거로운 형식. 즉 교수(敎授)에 대한 추고(推考)나 파직(罷職) 등의 처벌.
3 省繁文 以專委任: 번문(繁文)을 줄여 써 교수에게 가르치는 일을 위임하기를 오로지함.
4 행검(行檢): 점잖고 바른 몸가짐.
5 풍교(風敎): 교육이나 정치의 힘으로 풍습을 잘 교화하는 일. 유의어: 풍화(風化).
6 관광법(觀光法): 지방에서 서울로 올라와 유학하는 자를 처우(處遇)하는 법.

번소 尊존賢현堂당이란 집을 지ᅀᅥ 天텬下하앳 道도德덕이 잇ᄂᆞᆫ 어딘 사ᄅᆞᆷ믈 마자오며 향시 額ᄋᆡᆨ數수를 져기 ᄒᆞ여 니욕애 달애이ᄂᆞᆫ 일을 업게ᄒᆞ며 어즈러온 글월을 젹게 ᄒᆞ야 소임 맛듀믈 젼일히 ᄒᆞ며 ᄒᆡᇰ뎍을 힘스게 ᄒᆞ야 풍쇽 ᄀᆞᄅᆞ치ᄂᆞᆫ 일을 돋갑게 ᄒᆞ며 待ᄃᆡ賓빙齋ᄌᆡ며 吏니師ᄉᆞ齋ᄌᆡ랏 지블 지ᅀᅥ 두며 나랏 빗난 이를 구경ᄒᆞᆯ 법을 셰니 이러ᄐᆞᆺᄒᆞᆫ 이리 ᄯᅩ 스므나ᄆᆞᆫ 됴건이러라

현대역 尊賢堂이란 집을 지어 천하의 도덕이 있는 어진 사람을 맞아오며, 鄕試 額數를 적게 하여 이욕에 달래는[유혹되는] 일을 없게 하며, 어지러운 글월을 적게 하여 소임 맡김을 전일하게 하며, 행적을 노력하게 하여 풍속 가르치는 일을 도탑게 하며, 待賓齋며 吏師齋라 하는 집을 지어 두며, 나라의 빛난 이를 구경할 법을 세우니, 이러한 일이 또 이십여 조건이더라."

1 ᄋᆡᆨ수: 액수(額數). 사람의 수. 수천 액수의 사람이 모였다.

2 져기: 조금. 적게. 현대국어 '적이'의 옛말인 '져기'는 15세기 문헌에서부터 나타난다. '져기'는 '적다'의 옛말인 '젹-'에 부사 파생접사 '-이'가 결합한 것이다. 근대국어 시기에 치조음이었던 'ㅈ, ㅊ'이 경구개음으로 변하면서 '져'와 '저'의 발음이 같아져서 18세기에는 '저기' 형태가 나타나고, 19세기에는 분철 표기된 '적이'로 나타나 현재에 이르렀다. 중세국어의 '져기'는 '조금', '적게'의 의미로 현대국어의 '적이[꽤 어지간한 정도로]'와는 의미 차이가 있었다. 한편 17세기의 중간본 《분류두공부시언해》에 나타난 '뎌기'는 'ㅣ' 모음이나 반모음 'ㅣ'에 선행하는 'ㄷ'이 'ㅈ'으로 변화하는 ㄷ구개음화 현상을 의식한 과도 교정 형태이다(ㄷ구개음화 현상은 17세기에 남부 지역에서 먼저 시작되어 18세기에 중부방언에도 일어났는데, 중간본 《분류두공부시언해》는 남부 방언을 반영하고 있다). 져기(15세기~19세기)〉저기(18세기)〉적이(19세기~현재). 이형태: 져기, 저기, 적이, 뎌기. 바ᄅᆞᆳ ᄀᆞᅀᅢ 잇ᄂᆞᆫ 羯隨라 홇 새 우루미 부텻 목소리 져기 ᄉᆡᆺᄌᆞᆺᄒᆞᅀᆞᄫᆞ니이다.《1447 석상 24:20ㄱ》, ᄆᆡ실 漢兒 션ᄇᆡᄃᆞᆯ콰 ᄒᆞ야 ᄒᆞᆫᄃᆡ셔 글 ᄇᆡ호니 이런 젼ᄎᆞ로 져기 아노라.《1510년대 번노 상:6a~6ㄴ》

3 맛듀믈: 맡김을. '맜(어간)+이(사동접사)+움(명사형 어미)+을(목적격 조사)'이다. 현대국어 '맡기다'의 옛말인 '맛디다'는 15세기 문헌에서부터 나타난다.

'맛디다'는 동사 '맜-'에 사동접사 '-이-'가 결합한 것이다. 근대국어 시기에 'ㄷ, ㅌ'이 'ㅣ'나 'ㅣ' 반모음 앞에서 'ㅈ, ㅊ'으로 변하는 구개음화로 18세기에는 '맛지다' 형태가 나타나게 되었다. 또한 같은 시기에 '맛지다'와 함께 '맛기다' 형태도 등장하였는데, 이는 남부 방언에 보이는 'ㄱ'이 'ㅣ'나 'ㅣ' 반모음 앞에서 'ㅈ'으로 변하는 'ㄱ'구개음화 현상을 의식하여 '기'가 '지'로 변한 것으로 오해하고 과도 교정을 한 것이다. 현대국어의 '맡기다'는 동사 '맡다'와의 연관성을 고려하여 표기한 것으로 '맛기다'와 소리는 동일하다. 맛디다(15세기~18세기)〉맛지다(18세기~19세기)〉맛기다(18세기~19세기)〉맡기다(20세기~현재). 이형태: 맛디다, 맛지다, 맛기다, 맏기다. 羅睺羅ᄋᆡ 소ᄂᆞᆯ 자바 目連일 맛디시고 울며 여희시니라.《1447 석상 6:9ㄱ-ㄴ》, 아비 일즉 은으로ᄡᅥ 사ᄅᆞᆷ을 맛디디 아녀ᄂᆞ니라 ᄒᆞ고.《1588 소언 6:76ㄱ》

4 돋갑게: 도탑게. 서로의 관계에 사랑이나 인정이 많고 깊게. '돋갑+게'이다. 현대국어 '도탑다'와 동일한 형태는 16세기 문헌에서부터 나타났다. 현대국어의 '도탑다'는 '도탑-/도타우-'의 이형태 교체를 보이지만, 이전에는 모음이나 매개모음으로 시작하는 어미와 결합할 때에는 '도타오-'로 이형태 교체를 하였다는 점에서만 차이가 있다. 도탑다. 도탑다(16세기~현재). 이형태: 돋갑다, 돗갑다, 돗탑다, 믿 지븬 돋가온 고지 폣고 블 빗 돗긴 ᄀᆞᄂᆞᆫ 비 오놋다.《1481 두시-초 23:27ㄱ》, 모ᄃᆞᆫ 겨집ᄃᆞᆯ히 듣고 다 머리를 좃고 謝罪ᄒᆞ야 드듸여 다시 도탑고 화동ᄒᆞᆫ 힝실을 ᄒᆞ니라.《1588 소언 6:62ㄴ》, 풍쇽 ᄀᆞᄅᆞ치ᄂᆞᆫ 일을 돋갑게 ᄒᆞ며 待賓齋며 吏師齋랏 지블 지ᅀᅥ 두며.《1518 번소 9:17ㄴ》

5 나ᄆᆞᆫ: 명사 '남짓'과 같은 뜻이다 . 일부 수사 뒤에 붙어, 그 수보다 좀 더 됨을 나타내는 접미사이다. 안시 주그니 셜흔나ᄆᆞᆫ 사ᄅᆞ미러라(顏氏死者, 三十餘人).《삼강-중 충:13》(현대역: 안 씨가 죽으니 서른 남짓한 사람이더라.)

소언 尊존賢현堂당을 지어 ᄡᅥ 天텬下하앳 道도德덕엣 션ᄇᆡ를 마자 오며 향공 익수를 더러 ᄡᅥ 利리로 달애옴을 업시ᄒᆞ며 어즈러온 글월을 젹게 ᄒᆞ야 ᄡᅥ 소임 맛ᄃᆞᆷ을 젼일히 ᄒᆞ며 行ᄒᆡᆼ檢검을 힘ᄡᅳ게 ᄒᆞ야 ᄡᅥ 풍쇽과 교화를 둗겁게 ᄒᆞ고 믿 待ᄃᆡ賓빈지[어딘 사ᄅᆞᆷ을 손으로 ᄃᆡ졉ᄒᆞᄂᆞᆫ 집이라]와 吏리師ᄉᆞ지[다ᄉᆞᆯ임을 아라 관원의 스승될 사ᄅᆞᆷ

을 드리ᄂᆞᆫ 집이라]를 두며 觀관光광[텬하앳 션비ᄃᆞᆯ히 와 나라ᄒᆡ 셩ᄒᆞᆫ 빗ᄎᆞᆯ 봄이라]法법을 셰니 이 ᄀᆞᆮᄐᆞᆫ 이 ᄯᅩ 두어 열 됴건이러라

현대역 尊賢堂을 지어 써 천하의 도덕의 선비를 맞아오며, 鄕貢 액수를 덜어 써 이로움으로 달램[유혹됨]을 없이하며, 어지러운 글월을 적게 하여 써 소임 맡음을 전일하게 하며, 行檢을 힘쓰게 하여 써 풍속과 교화를 두껍게 하고, 및 대빈재[어진 사람을 손님으로 대접하는 집이라.]와 이사재[다스림을 알아 관원의 스승이 될 사람을 들이는 집이라.]를 두며, 觀光[천하의 선비들이 와서 나라의 성한 빛을 봄이라.]법을 세우니, 이 같은 이 또 두어 열 조건이더라."

1 향공: 향공(鄕貢). 고려시대에, 과거(科擧) 삼공(三貢)의 하나. 지방에서 실시한 제1차 시험에 합격한 사람을 이른다.

2 ᄒᆡᆼ검: 행검(行檢). 품행이 점잖고 바름. 또는 그 품행. 한 생원이란 사람은 행검이 있어서 자기 앞도 잘 닦거니와….《홍명희, 임꺽정》

3 다ᄉᆞᆯ임: 다스림. '다ᄉᆞᆯ이(어간)+ㅁ(명사형 어미)'이다. 현대국어 '다스리다'의 옛말인 'ᄃᆞᄉᆞ리다'는 15세기 문헌에서부터 나타난다. 'ᄃᆞᄉᆞ리다'는 '다스려지다' 또는 '다스리다'의 의미를 지닌 동사 '다ᄉᆞᆯ-'에 사동접사 '-이-'가 결합한 것이다. 16, 18세기 문헌에는 분철 표기된 '다ᄉᆞᆯ이다'의 예도 보인다. 16세기 이후에 제2음절 이하에서 모음 'ㆍ'가 'ㅡ'로 바뀌는 경향에 따라 17세기에는 '다스리다'가 되면서 현재에 이르렀다. 다ᄉᆞ리다(15세기~19세기)>다스리다(17세기~현재). 이형태: 다ᄉᆞ리다, 다ᄉᆞᆯ이다, 다스리다. 波羅㮈大王이 어디르샤 正法으로 나라ᄒᆞᆯ 다ᄉᆞ리더시니.《1447 석상 11:17ㄴ》, 德으로ᄡᅥ ᄇᆡᆨ셩을 다ᄉᆞᆯ이ᄂᆞ니.《1588 소언 4:34ㄴ》

4 관광: 관광(觀光). 나라의 큰 덕과 훌륭함을 봄.

5 셩ᄒᆞᆫ: 성한. 기운이나 세력이 한창 왕성한. '셩ᄒᆞ(어간)+ㄴ(관형사형 어미)'이다. 현대국어 '성하다'의 옛말인 '셩ᄒᆞ다'는 16세기 문헌에서부터 나타난다. 이 단어는 한자어 '셩'과 'ᄒᆞ다'의 결합으로 이루어진 말인데 '셩'은 근대국어 후기에 'ㅅ' 뒤에서 이중모음 'ㅑ, ㅕ, ㅛ, ㅠ' 등이 반모음 탈락으로 단모음화하는 현상에 따라 '셩'이 '성'으로 바뀌고 'ᄒᆞ다'도 현대맞춤법이 확산됨에 따라 '하다'로 바뀌어 현재의 어형으로 정착되었다. 셩ᄒᆞ다(16세기~19세기)>셩하다(19세기)>성하다

(20세기~현재). 이형태: 셩ᄒᆞ다, 셩하다. ᄒᆞᆯ기 됴ᄒᆞ면 남기 셩ᄒᆞ고 ᄒᆞᆯ기 마ᄅᆞ면 남기 이우ᄂᆞ니.《1518 정속-이 18ㄴ》, 독긔 ᄀᆞ장 셩ᄒᆞ모로 수이 돋ᄂᆞ니.《1608 언두 상:17ㄱ》

6 빗츨: 빛을. 찬란하게 반짝이는 광채. '빗을'의 중철 표기이다. 현대국어 '빛'의 옛말인 '빛'은 15세기 문헌에서부터 나타나서 현재까지 쓰인다. 이 단어는 단어 규칙에 따라서 받침 'ㅊ'이 'ㅅ'으로 쓰인 이표기가 많다. 빛(15세기~현재). 이형태: 빗, 빛, 빋. 末利ᄂᆞᆫ 누른 비치라 ᄒᆞᆫ ᄠᅳ디라.《1447 석상 3:24ㄴ》, 五欲ᄋᆞᆫ 누네 됴ᄒᆞᆫ 빗 보고져 귀예 됴ᄒᆞᆫ 소리 듣고져.《1447 석상 3:22ㄴ》, 光ᄋᆞᆫ 비치니 ᄆᆞᄉᆞᄆᆞᆯ 니ᄅᆞ니라.《1517 몽산-고 5ㄴ》, 君子ᄂᆞᆫ 너무 프르러 블근 빗 도ᄃᆞᆫ 것과 블근 거ᄉᆞ로 동정을 아니ᄒᆞ시며 《1518 번소 4:24ㄱ》

【集解】制는造也라道明德立之士를制堂以延待之하여使多士之有矜式也라鐫은刻也요解額은謂秋闈鄕試之額也라宋元豐中에國學解額이增至五百人하여來者奔湊라故로欲鐫減其額하여均於外郡하여使士人各安鄕土하여絶奔競也라省繁文末節하여以專委任之道하며勵行誼名檢하여以厚風化之源하고復置齋舍하여以待行能可賓敬과及通治道하여可爲吏之師法者하며至於天下之士하여도有來游學者어든亦立觀光法하여以處之하니凡如是者通數十條라

制는 지음이다. 도가 밝고 덕이 선 선비들을 집을 지어 써 불러들여 그들을 대우하여, 많은 선비들로 하여금 공경하며 본받음이 있게 한다. 鐫은 깎음이고, 解額은 추위(秋闈) 향시합격자의 정원을 이른다. 송나라 元豐[神宗의 연호] 가운데에는 국학의 향시합격자 정원이 늘어나 오백 인에 이르러, 오는 자들이 달려와 모여들었다. 그러므로 그 정원을 깎아 줄여 外地의 郡과 균등하게 하여, 선비들로 하여금 각각 향토에 편안하게 하여, 달려와 경쟁함을 끊고자 하였다. 繁文과 末節을 덜어 써 위임하는 도를 오로지하며, 行誼와 名檢을 힘써 써 風化의 근원을 두터이 하고, 다시 齋舍를 설치

하여 써 행실과 능력이 가히 손님으로 공경 받을 만한 자와 및 다스리는 도리에 통달하여 가히 관리의 師法이 될 만한 자를 대우하며, 천하의 선비에 이르러서도 와서 游學하는 자가 있거든, 또한 관광법을 세워 그를 처우하게 하니, 무릇 이와 같은 것이 통틀어 수십 조였다.

漢字 矜(공경할 긍, 자랑할 긍), 式(본받을 식, 법 식), 闈(과거장 위, 문 위, 대궐 위), 奔(달릴 분), 湊(모일 주), 行(다닐 행), 誼(옳을 의), 檢(단속할 검), 游(헤엄칠 유)

1 추위(秋闈); 《소학집주증해(小學集註增解)》에는 추위(秋闈) 대신 추위(秋圍)로 썼다. "과장(科場) 주위에 병력을 배치하고, 가시나무를 둘러치기 때문에 과장(科場)을 위(圍)라 한다. 그리고 가을에 시험을 보이므로 추위(秋圍)라 한다."라고 설명하고 있다.

2 원풍(元豐): 중국 송나라의 제6대 황제인 신종(神宗) 조욱(趙頊, 재위 1067년~1085년)의 두 번째 연호이다. 1078년부터 1085년까지 8년 동안 사용되었다. 신종은 1078년에 연호를 '희녕(熙寧)'에서 '원풍(元豊)'으로 바꾸고, 그 해를 원년으로 하였다. 원풍 연간에 신종은 대규모 관제(官制)의 개혁의 추진했는데, 이를 '원풍개혁(元豊改革)'이라고 한다. 희녕 연간에 왕안석(王安石)을 중용해 신법(新法)이라고 불린 정치개혁을 추진해서 국가의 재정과 군사력을 안정시킨 신종은 1080년(원풍 3년) 당나라 때의 3성6부제를 근간으로 관제를 정비했다. 원풍 연간에 정비된 관제는 뒷날 원(元)·명(明)·청(清) 시대 관제의 기본적인 틀이 되었다. 한편, 1084년에는 《자치통감(資治通鑑)》 294권의 편찬이 완성되었다. 처음에는 《통지(通志)》라고 하였으나, 신종이 《자치통감》으로 명칭을 바꾸었다고 전한다. 신종은 1085년(원풍 8년) 4월 1일(음력 3월 5일)에 죽었다. 그의 여섯째아들이자 황태자이던 조후(趙煦)가 뒤를 이어 왕위에 올랐는데, 새로 즉위한 철종(哲宗)은 연호를 '원우(元祐)'로 바꾸고, 새 임금이 즉위한 이듬해부터 새 연호를 사용하는 유년칭원법(踰年稱元法)에 따라 이듬해를 원년으로 하였다(두산백과).

3 말절(末節): 맨 끝부분. 지엽적인 일.

4 행의(行誼): 품행과 도의.

5 명검(名檢): 성인의 가르침을 따라 말과 행실을 지키고 조심함.

6 풍화(風化): 교육이나 정치의 힘으로 풍습을 잘 교화하는 일.

7 재사(齋舍): 성균관・사학(四學)・향교의 유생들이 기숙하면서 공부하던 방.
8 사법(師法): 스승으로서 지켜야 할 도리.
9 유학(游學, 遊學): 타향에 가서 공부함.

〖七章〗

○藍田呂氏鄕約애曰凡同約者는德業相勸ᄒᆞ며 《宋史 呂大防列傳》

●《藍田呂氏鄕約》에 말하였다. "무릇 함께 약속한 자는 덕과 업을 서로 권하며,

漢字 藍(쪽 람), 勸(권할 권)

여씨향약(呂氏鄕約): 11세기 초의 중국 북송(北宋) 때 향촌(鄕村)을 교화·선도하기 위해 만들었던 자치적인 규약이다. 산시성[陝西省] 란톈현[藍田縣] 여 씨 문중에서 도학(道學)으로 이름 높던 대충(大忠)·대방(大防)·대균(大鈞)·대림(大臨) 4형제가 문중과 향리를 위해 만든 것이다. 그 주요 내용은 다음과 같다. ①德業相勸[좋은 일을 서로 권장한다.] ②過失相規[잘못을 서로 고쳐준다.] ③禮俗相交[서로 사귐에 있어 예의를 지킨다.] ④患難相恤[환난을 당하면 서로 구제한다.]로 되어 있다. 이 향약은 그 뒤 주자(朱子)에 의해 약간의 수정이 가해져 《주자증손여씨향약(朱子增損呂氏鄕約)》이 만들어졌다. 한국에서는 1517년(중종 12년) 중앙정부의 명령으로 각 지방장관에 의해 《여씨향약》이 인출 광포(廣布)되었고, 이를 토대로 이황(李滉)은 《예안향약(禮安鄕約)》을, 이이(李珥)는 《서원향약(西原鄕約)》을 만들었다(두산백과).

번소 藍남田뎐 따 呂녀氏시 ᄆᆞ술 사ᄅᆞᆷ과 ᄒᆞᆫ 언약애 닐오ᄃᆡ 믈읫 우리 ᄒᆞᆫ 가지로 언약ᄒᆞᆫ 사ᄅᆞᆷ돌ᄒᆞᆫ 어딘 덕기며 ᄒᆞ욜 일로 서르 권ᄒᆞ며

현대역 藍田 땅 여 씨 마을 사람과 한 언약에 이르되, "무릇 우리 한 가지로 언약한 사람들은 어진 덕이며 할 일로 서로 권하며,

ᄒᆞ욜: 할. 'ᄒᆞ(어간)+요(대상 표시법 선어말어미)+ㄹ(관형사형 어마)'이다. '-요-'는 선어말어미 '-오-'의 이형태로, 모음 충돌을 회피하기 위해 반모음 j가 개입된 것이다. 중세국어에서 현대국어 '할'에 해당하는 단어에는 '홀'도 있었다. 이는 'ᄒᆞ+오+ㄹ'에서 모음 충돌을 회피하기 위해 'ㆍ'를 탈락시킨 것이다. 관형사형에 나타나는 선어말어미 '-오₂-'는 존경의 선어말어미와 결합될 수 있다는 점과 제1인칭은 물론 제2·3인칭도 주어가 될 수 있다는 점에서 종결형과 연결형에 나타나는 '-오₁-'과 문법 범주를 달리한다. 피한정 명사는 관형사형에 대하여 주어도 될 수 있고, 목적어와 부사어도 될 수 있다. 이때 관형사형을 평서형으로 전개할 때 피한정 명사가 목적어나 부사어의 기능을 띠면 선어말어미 '-오₂-'가 나타난다. 따라서 이를 대상 표시법 선어말어미로 부른다(고영근, 2020, 372). 須達이 지순 亭舍마다 드르시며.《석상 6:38》. 얻논 藥이 므스것고.《월석 21:215》. 이들은 피한정 명사가 관형사형의 목적어가 되는 예이다. 그림 그륜 ᄇᆞᄅᆞᄆᆞᆯ….《두시언해 6:34》. 옷 색론 므를 먹고.《석상 11:25》. 이들은 피한정 명사가 관형사형의 부사어가 되는 예이다.

소언 藍남田뎐[디명이라]ㅅ呂려氏시[大대忠듕 大대防방 大대鈞균 大대臨림 네 형뎨니 宋송 적 사ᄅᆞᆷ이라] ᄆᆞ올 약속애 ᄀᆞᆯ오ᄃᆡ 믈읫 ᄒᆞᆫ 가지로 약속ᄒᆞᆫ 이ᄂᆞᆫ 德덕이며 ᄒᆞ욜 일로 서르 勸권ᄒᆞ며

현대역 藍田[지명이라.]의 여 씨[大忠·大防·大鈞·大臨 네 형제니, 宋 때 사람이라.] 마을 약속에 가로되, "무릇 한 가지로 약속한 이는 덕이며 할 일로 서로 권하며,

【集解】藍田은縣名이니在今西安府라呂氏는兄弟四人이니長은大忠이요次는大防大鈞大臨이라鄕約은與鄕人約誓也라勸은勉也라本註에德은謂見善必行하고聞過必改하며能治其身하고能治其家하고能事父兄하고能敎子弟하고能御僮僕하고能事長上하고能睦親故하고能擇交游하고能守廉介하고能廣施

惠하고**能受寄託**하고**能救患難**하고**能規過失**하고**能爲人謀**하고**能爲衆集事**하고**能解鬪爭**하고**能決是非**하고**能興利除害**하고**能居官擧職**이라 **業**은 **謂居家則事父兄教子弟待妻妾**하고**在外則事長上接朋友教後生御僮僕**하며**至於讀書治田營家濟物**과**如禮樂射御書數之類**하여도**皆可爲之**라**非此之類**는**皆爲無益**이니라

남전은 고을 이름이니, 지금의 서안부에 있다. 여 씨는 형제가 네 명이니, 맏이는 大忠이고, 다음은 大防·대균(大鈞)·大臨이다. 鄕約은 고을 사람들과 더불어 약속하여 맹세함이다. 勸은 권면함이다. (《여씨향약》) 本註에 "德은 선을 보면 반드시 행하고, 허물을 들으면 반드시 고치고, 능히 그 몸을 다스리고, 능히 그 집안을 다스리고, 능히 부형을 섬기고, 능히 자제를 가르치고, 능히 종들을 다스리고, 능히 어른과 윗사람을 섬기고, 능히 친척과 친구와 화목하고, 능히 交遊를 가리고, 능히 청렴과 지조를 지키고, 능히 은혜를 널리 베풀고, 능히 부탁을 받아주고, 능히 환난을 구제하고, 능히 허물과 실수를 바로잡아 주고, 능히 남을 위하여 도모하고, 능히 대중을 위하여 일을 모으고, 능히 싸움과 다툼을 해결하고, 능히 옳고 그름을 결단해 주고, 능히 이익을 일으키며 해를 제거하고, 능히 벼슬자리에 있으면서 직무를 수행함을 이른다. 業은 집안에 거한즉 부형을 섬기고 자제를 가르치며 처첩을 대우하고, 밖에 있은즉 어른과 윗사람을 섬기고 붕우를 접하며 후생을 가르치고 종들을 다스림을 이르며, 책을 읽고 밭을 다스리며 집안을 경영하고 일을 이룸과 禮·樂·射·御·書·數와 같은 따위에 이르러서도 모두 가히 그것들을 해야 한다. 이러한 따위가 아니면 모두 무익함이 된다." 하였다.

漢字 **鈞**(서른 근 균), **僮**(아이 동, 종 동), **御**(다스릴 어, 어거할 어), **睦**(화목할 목), **廉**(청렴할 렴), **介**(지조 개, 끼일 개), **寄**(맡길 기, 부칠 기), **託**(부탁할 탁), **規**(바로잡을 규, 법 규), **集**(모을 집, 이룰 집), **擧**(행할 거, 들 거), **濟**(이룰 제, 건널 제, 구제할 제)

1 여대균(呂大鈞, 1031년~1082년): 북송 경조(京兆) 남전(藍田, 섬서성) 사람으

로, 자는 화숙(和叔)이고, 여대방(呂大防)의 동생이다. 인종(仁宗) 가우(嘉祐) 2년(1057년) 진사(進士)가 되고, 진주우사리참군(秦州右司理參軍)에 올라 연주(延州)의 업무 추진에 대한 일을 감독하고 삼원지현(三原知縣)으로 옮겼다. 신종(神宗) 희녕(熙寧) 연간에 한강(韓絳)이 섬서(陝西)를 선무(宣撫)할 때 불려 서사기밀문자(書寫機密文字)를 맡았다. 부친상을 당한 뒤 몇 해 동안 집에서 강의했다. 송나라가 서하(西夏)를 공격하자 부연전운사(鄜延轉運使)의 격문(檄文)을 쓰며 종사했다. 연주(延州)의 관사에서 죽었다. 장재(張載)의 문인으로 그의 학문을 전한 중요 인물이다. 학문은 예를 근본으로 삼아 실천과 치용(治用)을 중시했다. 저서에 《사서주(四書注)》와 《성덕집(誠德集)》이 있었지만 대부분 없어지고, 지금은 〈향약(鄕約)〉과 〈향의(鄕儀)〉, 〈조설(弔說)〉 등이 남아 있을 뿐이다(중국역대인명사전).

2 여대림(呂大臨, 1046년~1092년): 북송 경조(京兆) 남전(藍田, 섬서성) 사람으로, 자는 여숙(與叔)이다. 여대균(呂大鈞)의 동생이다. 자세한 내용은 〈가언(嘉言) 제5〉 제13장을 참조하라.

過失相規ᄒᆞ며

● 허물과 과실을 서로 경계하며,

번소 허믈와 그르ᄒᆞᆫ 이를 서르 경계ᄒᆞ며

현대역 허물과 그릇한 일을 서로 경계하며,

그르ᄒᆞᆫ: 그릇한. '그르ᄒᆞ(어간)+ㄴ(관형사형 어미)'이다. '그르ᄒᆞ다'는 '그릇하다[동사. 어떤 일을 사리에 맞지 아니하게 하다.]'의 옛말이다. 비록 그르ᄒᆞ야 지순 이리 이셔도 내 일후믈 드르면 도로 淸淨을 得ᄒᆞ야 모딘 길헤 아니 ᄠᅥ러디게 호리라.《석상 9:6》

소언 허믈와 그른 일올 서르 경계ᄒᆞ며

현대역 허물과 그른 일을 서로 경계하며,

그른: 그른. '그르(어간)+ㄴ(관형사형 어미)'이다. '그르다'는 현대국어 '그르다'는

15세기 문헌에서부터 '그르다'로 나타나 현재까지 그대로 이어진다. 16세기부터 나타나는 '그ᄅᆞ다'는 16세기 후반에 제2음절 이하의 'ㆍ'가 'ㅡ'로 변한 것을 의식하여 '그르다'가 '그ᄅᆞ다'에서 변한 것으로 잘못 이해하여 과도 교정한 것이다. 그르다(15세기~현재), 이형태: 그르다, 그ᄅᆞ다. 法이 그른 ᄃᆡ 업수미 正이오 智 몰 ᄀᆞ즌 ᄃᆡ 업수미 遍이오.《1459 월석 9:10ㄴ》, 그러모로 ᄇᆡ호ᄂᆞᆫ 이 반ᄃᆞ시 이를 말ᄆᆡ아마 ᄇᆡ호면 거의 그 그ᄅᆞ디 아니ᄒᆞ리라.《1588 소언 5:109ㄴ》. '그르다'는 '형용사. 어떤 일이 사리에 맞지 아니한 면이 있다.'를 뜻한다.

【集解】**規**는**猶戒也**라**本註**에**犯義之過六**이니**一曰酗博鬪訟**이요**二曰行止踰違**요**三曰行不恭遜**이요**四曰言不忠信**이요**五曰造言誣毁**요**六曰營私太甚**이라**不脩之過五**니**一曰交非其人**이요**二曰遊戲怠惰**요**三曰動作無儀**요**四曰臨事不恪**이요**五曰用度不節**이라

●規는 경계함과 같다. 본주에, "의리를 범하는 허물이 여섯이니, 첫째는 주정하고 도박하며 싸우고 송사함이요, 둘째는 행동거지가 (예에) 넘고 어김이요, 셋째는 행실이 공손하지 않음이요, 넷째는 말이 충성스럽고 믿음직하지 않음이요, 다섯째는 말을 만들어 속여 헐뜯음이요, 여섯째는 사사로움 경영하기를 너무 심하게 함이다. (몸을) 닦지 않는 허물이 다섯이니, 첫째는 사귐에 그 사람됨이 아님이요, 둘째는 놀고 장난하며 게으름이요, 셋째는 동작이 법도가 없음이요, 넷째는 일에 임하여 삼가지 않음이요, 다섯째는 용도를 절약하지 않음이다."

漢字 **酗**(주정할 후), **博**(노름 박), **踰**(넘을 유), **違**(어길 위), **誣**(속일 무, 무고할 무, 업신여길 무), **毁**(헐뜯을 훼, 헐 훼, 상처 입힐 훼), **戲**(희롱할 희), **恪**(삼갈 각)

교비기인(交非其人): 사귐에 그 사람됨이 아님이다. 즉, 그릇된 사람과 사귐이다.

禮俗相交ᄒᆞ며

● 예다운 풍속으로 서로 사귀며,

번소 녜 다온 풍쇽앳 일로 서르 사괴며

현대역 예다운 풍속의 일로 서로 사귀며,

소언 禮례다온 풍쇽으로 서르 사괴며

현대역 예다운 풍속으로 서로 사귀며,

【集解】本註에謂婚姻喪葬祭祀往還書問慶弔之類라

본주에, "혼인과 초상과 장례와 제사와 往還과 편지 문안과 慶弔 따위를 이른다." 하였다.

왕환(往還): 가고 돌아옴.

患難相恤이니라

● 근심과 어려움을 서로 구휼해야 한다.

漢字 恤(구휼할 휼)

번소 어려온 이레 서르 구홀 디니

현대역 어려운 일에 서로 구할 것이니,

구홀 디니: 구할 것이니, 구할지니. '구ᄒᆞ(어간)+오(대상 표시법 선어말어미)+ㄹ(관형사형 어미)+ᄃᆞ(의존명사)+이(서술격 조사 '이다'의 어간)+니(연결어미)'이다. 대상 표시법 선어말어미 '-오$_2$-'는 관형사형을 평서형으로 전개할 때 피한정 명사가 목적어나 부사어 기능을 띨 때 나타나는 요소이다.

소언 근심과 어려운 ᄃᆡ 서르 구홀 디니라

현대역 근심과 어려운 데 서로 구할 것이니라.

구홀 디니라: 구할 것이니라. 구할지니라. '구ᄒᆞ(어간)+ㄹ(관형사형 어미)+ᄃᆞ(의존명사)+이(서술격조사 '이다'의 어간)+니라(평서형 종결어미)'이다.

【集解】**本註**에 **一曰水火**요 **二曰盜賊**이요 **三曰疾病**이요 **四曰死喪**이요 **五曰孤弱**이요 **六曰誣枉**이요 **七曰貧乏**이라

본주에, "첫째는 수재와 화재요, 둘째는 도적이요, 셋째는 질병이요, 넷째는 죽음이요, 다섯째는 외롭고 약함이요, 여섯째는 속여 누명을 씀이요, 일곱째는 가난함과 결핍이다." 하였다.

漢字 枉(누명쓸 왕, 굽을 왕, 억울 왕), 乏(결핍할 핍, 다할 핍)

有善則書于籍ᄒᆞ고 **有過若違約者**를 **亦書之**ᄒᆞ야 **三犯而行罰**호ᄃᆡ **不悛**銓**者**란 **絶之**니라

● 선함이 있으면 장부에 쓰고, 허물이 있거나 및 향약을 어긴 자를 또한 그들을 써서 세 번 범하면 벌을 행하되, 고치지 않는 자는 그를 끊어낸다."

漢字 籍(장부 적), 悛(고칠 전), 絶(끊을 절, 없앨 절)

번소 어딘 이리 잇거든 글월에 스고 허믈 잇거나 또 언약올 어그릇치ᄒᆞ리룰 또 글월의 서 그르ᄒᆞ욘 이리 세 번이어든 벌ᄒᆞ요ᄃᆡ 고티디 아니ᄒᆞᄂᆞ니란 내틀 디니라

현대역 어진 일이 있거든 글월에 쓰고, 허물 있거나 또 언약을 어긋나게 할 이를 또 글월에 써, 그릇하온 일이 세 번이거든 벌하되, 고치지 아니하는 이는 내쫓을 것이니라."

1 어그릇치: 어긋나게. '어그릇츠(어간)+이(연결어미)'이다. '어그릇츠다'는 '어긔릇츠다'와 같이, '그릇치다'의 옛말이다. 神祇씌 어긔릇츠면《내훈 2:9》. 어간 '어그릇츠-'에 파생접사 '이'가 붙어 부사 '어그릇치'로 파생된 예이다.

2 그르ᄒᆞ욘: 그릇하온. '그르ᄒᆞ(어간)+요(대상 표시법 선어말어미)+ㄴ(관형사형

어미)'이다. '요'는 선어말어미 '오'의 이형태로, 모음 충돌을 회피하기 위해 반모음 j가 개입된 것이다. 대상 표시법 선어말어미 '-오$_2$-'는 관형사형을 평서형으로 전개할 때 피한정 명사가 목적어나 부사어 기능을 띨 때 나타나는 요소이다. '그르ᄒᆞ다'는 '그릇하다[동사. 어떤 일을 사리에 맞지 아니하게 하다.]'의 옛말이다. 비록 그르ᄒᆞ야 지순 이리 이셔도 내 일후믈 드르면 도로 淸淨을 得ᄒᆞ야 모딘 길헤 아니 떠러디게 호리라.《석상 9:6》

3 내튤 디니라: 내쫓을 것이니라. 내쫓을지니라. '내티(어간)+우(대상 표시법 선어말어미)+ㄹ(관형사형 어미)+ᄃᆞ(의존명사)+이(서술격조사 '이다'의 어간)+니라(평서형 종결어미)'이다. 대상 표시법 선어말어미 '-우$_2$-'는 관형사형을 평서형으로 전개할 때 피한정 명사가 목적어나 부사어 기능을 띨 때 나타나는 요소이다. 현대국어 '내치다'의 옛말인 '내티다'는 15세기 문헌에서부터 확인된다. '내티다'는 '나가다'의 의미인 '나-'와 접사 '-이-'가 결합한 '내다'가 '치다'의 의미인 '티다'가 결합한 것이다. 근대국어 시기에 모음 'ㅣ' 앞에서 자음 'ㅌ'이 'ㅊ'으로 변화하는 구개음화가 있었는데, 이 영향으로 18세기에 '내치다'로 나타나서 현재에 이르렀다. 내티다(15세기~19세기)>내치다(18세기~현재). 이형태: 내티다, 내치다. 네 아ᄃᆞ리 孝道ᄒᆞ고 허믈 업스니 어드리 내티료《1459 월석 2:6ㄱ》, 제 어미 劉氏를 내텨 ᄇᆡᆨ셩의 지븨 가 남진 어럿거늘.《1518 번소 9:34ㄱ》

소언 어딘 일이 잇거든 글월에 쓰고 허믈이 이시며 믿 약속을 어그릇ᄂᆞᆫ 이ᄅᆞᆯ 또 써 세 번 犯범ᄒᆞ야든 罰벌ᄋᆞᆯ 行ᄒᆡᆼ호ᄃᆡ 고티디 아니ᄒᆞᄂᆞᆫ 이란 내튤 디니라

현대역 어진 일이 있거든 글월에 쓰고, 허물이 있으며 및 약속을 어기는 이를 또 써, 세 번 범하거든 벌을 행하되, 고치지 아니하는 이는 내쫓을 것이니라."

【集解】若은及也요悛은改也라絶之는使不與約也라

若은 '및'이고, 悛은 고침이다. 絶之는 하여금 향약에 참여하지 못하게 함이다.

〖八章〗

○明道先生이教人ᄒᆞ샤ᄃᆡ自致知로至於知止ᄒᆞ며誠意로至於平天下ᄒᆞ며灑掃應對로至於窮理盡性ᄒᆞ샤循循有序ᄒᆞ더시니

《二程全書 明道行狀》

●明道 선생이 사람을 가르치시되, 앎을 지극히 함[致知]으로부터 그침을 아는 데[知止]에 이르게 하며, 뜻을 성실히 함[誠意]으로부터 천하를 평정함[平天下]에 이르게 하며, 물 뿌리고 쓸며 응하고 대함[灑掃應對]으로부터 이치를 다하고 본성을 다함[窮理盡性]에 이르게 하시어, 차례차례 순서가 있게 하시더니,

漢字 循(차례 있을 순, 돌 순, 좇을 순)

1 치지(致知): 사물의 도리를 알아서 깨닫는 지경에 이름.
2 지지(知止): 자신의 분수에 넘치지 아니하도록 그칠 줄을 앎.

번소 明명道도 先션生ᄉᆡᆼ이 사ᄅᆞᆷ을 ᄀᆞᄅᆞ치샤ᄃᆡ 致티知디로브터 知디止지예 니르며 ᄠᅳ들 셩실히 호모로브터 天텬下하ㅣ 편안케 호매 니르며 灑쇄掃소應응對ᄃᆡ로브터 ᄉᆞ리ᄅᆞᆯ 궁구ᄒᆞ며 텬셩다이 다호매 니르러 자곡자곡기 ᄎᆞ례 잇게 ᄒᆞ더시니

현대역 明道 선생이 사람을 가르치시되, 致知로부터 知止에 이르며, 뜻을 성실히 함으로부터 천하가 편안하게 함에 이르며, 灑掃應對로부터 사리를 궁구하며 천성대로 다함에 이르러, 순서대로 하나하나 차례 있게 하시더니,

1 텬셩다이: 천성(天性)대로. '텬셩(명사)+다이(부사 파생접사)'이다. '-다이'는 일부 명사 뒤에 붙어, '대로'의 뜻을 더하고 부사를 만드는 접사이다. 後에 니ᄅᆞ샤ᄃᆡ 法다이 持戒ᄒᆞ면 반ᄃᆞ기 ᄆᆞᅀᆞ미 通호ᄆᆞᆯ 得ᄒᆞ리라 ᄒᆞ시니(後言 如法持戒 必得心通).《능엄 7:52》, 네 句ᄅᆞᆯ 次第다이 마초건댄 苦ᄅᆞᆯ 보아 集을 그ᄎᆞ며 道 닷가 滅 證ᄒᆞᆯ 씨라(四句如次配 見苦斷 集修道證滅也).《법화 1:73》

2 자곡자곡기: 차곡차곡이. 순서대로 하나하나. '자곡자곡기'는 '자곡자곡이'의 중철 표기이다. 그 弟子ㅣ ᄉᆞ방ᄋᆡ 흐러 이셔 그 사ᄅᆞᆷ이 어딜어나 사오납거나 ᄣᅳᆷ에 다 례도애 자곡자곡이 마자 조코 조심ᄒᆞ더시(其弟子 散在四方 隨其人賢愚 皆循循雅飭).《번소 9:11》(현대역: 그의 제자가 사방에 흩어져 있어 그 사람이 어질거나 나쁘거나 간에 다 예도에 순서대로 하나하나가 맞아 행동이 단아하고 조심하였다.)

소언 明명道도 先션生ᄉᆡᆼ이 사ᄅᆞᆷ을 ᄀᆞᄅᆞ치샤ᄃᆡ 알옴을 닐위옴으로브터 그칠 ᄃᆡ롤 알옴애 니르며 ᄠᅳ들 셩실히 홈으로 天텬下하ᄅᆞᆯ 平평케 홈애 니르며 灑새掃소와 應응對ᄃᆡ로 理리ᄅᆞᆯ 궁구ᄒᆞ며 性셩을 다홈애 니르샤 循슌循슌히 ᄎᆞ셰 잇게 ᄒᆞ더시니

현대역 明道 선생이 사람을 가르치시되, 앎을 이룸으로부터 그칠 데를 앎에 이르며, 뜻을 성실히 함으로 천하를 태평하게 함에 이르며, 灑掃와 應對로 사리를 궁구하며 천성을 다함에 이르시어, 循循히 次序가 있게 하시더니,

1 슌슌히: 순순(循循)히. 순서대로 하나하나.
2 ᄎᆞ셔: 차서(次序). 순서 있게 구분하여 벌여 나가는 관계. 또는 그 구분에 따라 각각에게 돌아오는 기회. 밥그릇으로 차서를 정한다면야 북망에 갈 늙은일 데려다가 머리를 삼지 뭘.《황석영, 장길산》

【集說】朱子曰致知는推極吾之知識하여欲其所知無不盡也요知止云者는物格知至하여而於天下之事에皆有以知其至善之所在니是則吾所當止之地也라誠意者는實其心之所發하여欲其必自慊而無自欺也니意不自欺면則心之本體를物不能動하여而無不正矣요心得其正이면則身之所處不至陷於所偏하여而無不修矣요身無不脩면則推之家國天下에亦擧而措之耳니此는大學之序也라吳氏曰灑掃應對는小學之敎

也요窮理盡性은大學之敎也라窮理는卽致知至於知止之謂요盡性은卽誠意至於平天下之謂라循循은有次序貌니謂先習之於小學而後에進之於大學이요而大學之敎又自有其序也라

주자가 말하였다. "致知는 '나의 지식을 미루어 다하여, 그 아는 바가 다하지 않음이 없게 하고자 함'이고, 知止라고 말하는 것은 '사물이 연구되고 앎이 이루어져, 천하의 일에 모두 써 지극한 선이 존재하는 곳을 아는 것'이니, 이것은 곧 '내가 마땅히 그쳐야 할 바의 지점'이다. 誠意라는 것은 '그 마음이 발하는 바를 성실히 하여, 그 반드시 스스로 만족하고, 스스로 속임이 없고자 함'이니, 뜻을 스스로 속이지 않으면 마음의 본체를 외물이 능히 움직이지 못하여, 바르지 않음이 없을 것이고, 마음이 그 바름을 얻으면 몸이 처하는 바가 편벽된 바에 빠짐에 이르지 않아, 닦여지지 않음이 없을 것이고, 몸이 닦여지지 않음이 없으면, 이것[身脩]을 집과 나라와 천하에 미루어나감에 또한 들어서 실천할 따름이니, 이는 대학의 순서다." 오씨가 말하였다. "灑掃應對는 《소학》의 가르침이고, 窮理盡性은 《대학》의 가르침이다. 窮理는 곧 致知로부터 知止에 이름을 말하고, 盡性은 곧 誠意로부터 平天下에 이름을 말한다. 循循은 차례가 있는 모양이니, 먼저 이것들을 《소학》에서 익힌 뒤에 《대학》에 나아가고, 《대학》의 가르침에도 또한 스스로 그 차례가 있음을 이른다."

漢字 格(연구할 격), 致(이를 치), 至(이를 지), 慊(만족스러울 겸, 흡족할 겸), 措(실천할 조, 둘 조, 놓을 조)

1 격물치지(格物致知): 중국 사서(四書)의 하나인 《대학(大學)》에 나오는 말이다. 격물(格物)·치지(致知)·성의(誠意)·정심(正心)·수신(修身)·제가(齊家)·치국(治國)·평천하(平天下)의 8조목으로 된 내용 중, 처음 두 조목을 가리킨다. 사물을 연구하여[格物] 앎에 이름[致知]이다.

2 물격지지(物格知至): 사물이 연구되고 앎이 이름.

3 亦擧而措之耳: 이 부분은 숙종의 〈어제소학서(御製小學序)〉에도 '特一擧而措之

矣'로 들어 있다.

病世之學者ㅣ捨近而趨遠ᄒᆞ며處下而闚高ㅣ라所以輕自大而卒無得也ㅣ시니라

●(명도 선생은) 세상의 배우는 자가 가까움을 버리고 멂에 나아가며 아래에 있으면서 높음을 엿보아, 써 가벼이 스스로 큰 체하며 마침내 얻음이 없는 바를 병통으로 삼으셨다.

漢字 闚(엿볼 규)

번소 시절의 學ᄒᆞᆫ者쟈 갓가온 일란 ᄇᆞ리고 먼 일에 헤ᄃᆞᆫ니며, ᄂᆞᆺ가온 ᄃᆡ 이셔 놉픈 ᄃᆡ를 엿보모로 ᄒᆞ야 가ᄇᆡ야이 제 몸을 쿠라 ᄒᆞ야 내죵애 어든 거슨 업슨 주를 병도이 너기시더라

현대역 시절의 학자가 가까운 일은 버리고 먼 일에 헤쳐 다니며, 낮은 데 있어 높은 데를 엿봄으로 하여, 가벼이 제 몸을 크다 하여 나중에 얻은 것은 없는 줄을 병이 되게 여기시더라.

1 헤ᄃᆞᆫ니며: 헤쳐 다니며. '헤ᄃᆞᆫ니(어간)+며(연결어미)'이다. '헤ᄃᆞᆫ니다'는 '헤다'와 'ᄃᆞᆮ니다'의 합성어이다. 현대국어 '헤다'는 '사람들을 헤치고 앞으로 나아가다.'의 뜻으로, 15세기 문헌에서부터 '헤다'로 나타나 현재까지 이어진다. 닐웻 길 ᄯᅩ 녀샤 믈 헤여 건나샤 세 닐웨예 바ᄅᆞᆯ애 가시니.《1459 월석 22:6ㄴ》, 幕府에 드니ᄅᆞᆯ 孫楚ㅣ니디 알오 옷가ᄉᆞᄆᆞᆯ 헤여셔 鄭僑ᄅᆞᆯ 얻도다.《1632 두시-중 20:45ㄴ》. 현대국어 '다니다'의 옛말인 'ᄃᆞᆮ니다'는 15세기 문헌에서부터 나타난다. 'ᄃᆞᆮ니다'는 '달리다'의 의미인 'ᄃᆞᆮ-'과 '가다'의 의미인 '니-'가 결합한 합성어이다. 15세기부터 'ᄃᆞᆮ니다'와 함께 'ᄃᆞᆮ-'의 종성 'ㄷ'이 후행하는 '니-'의 초성 'ㄴ'에 동화되어 'ᄃᆞᆫ니다'가 나타난다. 16세기 이후 'ᄃᆞᆫ니다'에서 제1음절 종성 'ㄴ'이 탈락한 'ᄃᆞ니다'로 나타난다. 18세기 이후 제1음절의 'ㆍ'가 'ㅏ'로 변화됨에 따라 19세기 이후 '다니다'로 나타나 현재에 이르렀다. 15세기의 'ᄃᆞᆫ이다'는 'ᄃᆞ니다'를 분철 표기한 것이다. 17세기의 'ᄃᆞᆺ니다'는 종성 'ㄷ'을 'ㅅ'으로 표기하

던 당시의 경향에 따라 나타난 표기이다. 19세기의 '단니다'는 'ᄃᆞᆫ니다'의 제1음절 모음 'ㆍ'가 'ㅏ'로 변화한 것이며, 'ᄃᆡᆫ니다'는 'ᄃᆞᆫ니다'의 제1음절 모음 'ㆍ'가 후행하는 'ㅣ'의 영향으로 'ㆍㅣ'로 나타난 것이다. ᄃᆞᆮ니다(15세기~17세기)〉ᄃᆞᆫ니다(15세기~19세기)〉ᄃᆞ니다(16세기~18세기)〉다니다(19세기~현재). 이형태: ᄃᆞᆮ니다, ᄃᆞᆫ니다, ᄃᆞᆫ이다, ᄃᆞ니다, ᄃᆞᆺ니다, ᄃᆡᆫ니다, 단니다, 다니다. 五百 靑衣ᄅᆞᆯ ᄀᆞᆯᄒᆡ야 졋어미 조차 ᄃᆞᆮ니며.《1447 석상 3:4ㄴ》, 商ᄋᆞᆫ 두루 ᄃᆞᆫ녀 흥졍ᄒᆞᆯ 씨오.《1447 석상 20:25ㄱ》, 牋誄ᄂᆞᆫ 任昉이 ᄃᆞᆫ이ᄂᆞᆫ ᄃᆞᆺᄒᆞ도다.《1481 두시-초 24:43ㄱ》, 率 ᄃᆞᆮ닐 졸.《1575 천자-광 6ㄱ》

2 가ᄇᆡ야이: 가벼이. '가ᄇᆡ야ᄫᅵ'에서 변화된 어형이다. '가ᄇᆡ야ᄫᅵ'는 '가벼이'의 옛말이다. 해 가ᄇᆡ야ᄫᅵ 싣디 말라.《월석 22:39》(현대역: 많이 가벼이 싣지 말라.), 네 미친 마ᄅᆞᆯ 가ᄇᆡ야ᄫᅵ 發ᄒᆞ야 邪正 分揀 아니호미 몯ᄒᆞ리니(汝不得輕發狂言 不分邪正).《목우 9》(현대역: 네가 미친 말을 가벼이 발하여 사정 분간 아니 하지 못하리니.)

3 쿠라: 크다. '크[大]+우(화자 표시법 선어말어미)+라(평서형 종결어미)'이다. '-우-'는 '-오-'의 이형태이다. 종결형과 연결형의 선어말어미 '-오$_1$-'은 일반적으로 주어 명사구가 제1인칭 대명사 '나, 우리' 등 화자일 때 나타난다. 따라서 이를 화자 표시법 선어말어미(고영근, 2020: 363) 또는 1인칭법 선어말어미(허웅, 1958: 124-197)라고 부른다. 그러나 '-오$_1$-'은 주어 명사구가 제3인칭이라고 하더라도 그것이 화자 자신을 가리키는 경우에는 쓰일 수 있다. 이런 점에서 1인칭법 선어말어미보다는 화자 표시법 선어말어미라는 용어가 나아 보인다. 누른 새ᄂᆞᆫ 져기 ᄂᆞ로ᄆᆞᆯ 任意로 ᄒᆞ노라.《두시언해 20:10》 여기서 '누른 새'는 두보 자신을 가리킨다고 주(註)에서 말하고 있으므로 화자가 주어로 되어 있는 것이다. 妾은 王ㅅ 義예 죽고 王ㅅ 즐교매 죽디 아니ᄒᆞ노이다.《내훈 2 상:324》. 월희(越嬉)가 왕에게 하는 말인데, 역시 화자 자신을 가리킨다. 그리고 평서형 종결어미 '-다'는 '-오-/-우-' 뒤에서 '-라'로 변한다.

소언 셰샹의 學ᄒᆞᆨ者쟈ㅣ 갓가온 ᄃᆡ란 ᄇᆞ리고 먼 ᄃᆡ ᄃᆞᄅᆞ며 ᄂᆞᆺ가온 ᄃᆡ 이셔 놉픈 ᄃᆡᄅᆞᆯ 엿보ᄂᆞᆫ 디라 ᄲᅧ 가ᄇᆡ야이 스스로 큰 양ᄒᆞ야 몯ᄎᆞᆷ애 어듬이 업는 바ᄅᆞᆯ 病병도이 너기시니라

현대역 세상의 학자가 가까운 데는 버리고 먼 데 달리며, 낮은 데 있어 높은

데를 엿보기 때문에 써 가벼이 스스로 큰 양하여 마침내 얻음이 없는 바를 병이 되게 여기시니라.

【集解】病은患也라

病은 걱정함이다.

右는實立教ㅣ라

● 이상은 입교를 실증함이다.

번소 이 우흔 ᄀᆞᄅᆞ쵸ᇝ 일 셰유믈 염글우니라

현대역 이 위는 가르칠 일 세움을 여물게 하니라.

염글우니라: 여물게 하니라. '염글(주동사 어간)+우(사동접사)+니라(평서형 종결어미)'이다. '염글다'는 '여물다'의 옛말이다. 일이나 말 따위를 매듭지어 끝마치다. 비 種性에 마자 기러나믈 得ᄒᆞ야 곳과 여름괘 펴디여 염그ᄂᆞ니.《월석 13:46》. 그런데 '여물다'의 옛말에는 '염글다' 외에 '여믈다'도 있었다. '여믈다'는 15세기 문헌에서부터 나타난다. '여믈다'는 근대국어 시기에 'ㅁ' 뒤에서 모음 'ㅡ'가 'ㅜ'로 원순모음화 됨에 따라 20세기 이후 '여물다'로 나타나 현재까지 이어진다. 여믈다(15세기~16세기)〉여물다(20세기~현재). 이형태: 여믈다, 여무다, 여름 ᄃᆞ외리로 여믈에 ᄒᆞ야.《1463 법화 3:12ㄴ》, 實 여믈 실.《1576 신합 상:10ㄱ》, 實了 여무다.《1748 동해 하:1ㄴ》

소언 이 우흔 ᄀᆞᄅᆞ침 셰욤을 實실히우니라

현대역 이 위는 가르침 세움을 실하게 하니라.

실히우니라: 실(實)하게 하니라. '실히(어간)+우(사동접사)+니라(평서형 종결어미)'이다. '실히-'가 '실ᄒᆞ(주동사 어간)+이(사동접사)'로 사동사인데, 다시 사동접사 '우'를 개입시킨 예이다. '실ᄒᆞ다'는 '허실 없이 옹골차다.'를 뜻한다.

【九章】

江革이 **少失父**ᄒᆞ고**獨與母居**ㅣ러니**遭天下亂**ᄒᆞ야**盜賊**이**並起**어늘**革**이**負母逃難**ᄒᆞ야**備經險阻**ᄒᆞ야**常採拾以爲養**ᄒᆞ더니**數**朔**遇賊**ᄒᆞ야**或劫欲將去**ㅣ어든**革**이**輒悌泣求哀**ᄒᆞ야**言有老母**ㅣ라ᄒᆞ야**辭氣愿**願**款**ᄒᆞ야**有足感動人者**ㅣ라**賊**이**以是不忍犯之**ᄒᆞ며**或乃指避兵之方**ᄒᆞ니**遂得俱全於難**ᄒᆞ니라 《後漢書 江革列傳》

● 강혁이 어려서 아버지를 잃고 다만 어머니와 더불어 살더니, 천하의 난리를 만나 도적이 아울러 일어나거늘, 혁이 어머니를 업고 난을 피해서, 두루 험함을 지나서 늘 캐고 주워서 봉양하더니, 자주 도적을 만나, 혹 을러서 장차 데려가고자 하거든, 혁이 번번이 울면서 간구하고 애원하여, 말마다 "늙으신 어머니가 계시다."고 하여, 말 기운이 공손하고 정성스러워, 족히 사람을 감동시킴이 있었다. 도적이 이로써 차마 그를 범하지 못했으며, 혹 이에 병난을 피할 방도를 가리키니, 드디어 능히 (모자가) 난리에서 함께 온전할 수 있었다.

漢字 **獨**(다만 독, 홀로 독), **負**(질 부), **逃**(피할 도, 달아날 도), **備**(두루 미칠 비, 갖출 비, 모두 비), **經**(지날 경, 경영할 경, 겪을 경), **險**(험할 험), **阻**(험할 조), **採**(캘 채), **拾**(주을 습), **數**(자주 삭), **劫**(으를 겁, 위협할 겁), **輒**(번번이 첩, 문득 첩), **涕**(울 체), **泣**(울 읍), **愿**(공손할 원, 삼갈 원), **款**(정성 관), **指**(가리킬 지), **俱**(함께 구)

강혁(江革, 생몰 연도 미상): 후한 제국(齊國) 임치(臨淄) 사람으로, 자는 차옹(次翁)이다. 어릴 때 아버지를 잃고 난리를 만나 늙은 어머니를 업고 피난을 다니면서 온갖 고초를 다 겪었다. 항상 음식을 얻어 어머니를 봉양하다가 고향으로 돌아오니 사람들이 '강거효(江巨孝)'라 불렀다. 명제(明帝) 초에 효렴(孝廉)으로 천거되어 낭(郞)이 되고 초태복(楚太僕)이 되었지만, 스스로 부족하다 하여 물러났다. 장제(章帝) 초에 다시 현량방정(賢良方正)으로 천거를 받아 사공장사(司空長史)에 오르니 황제가 예우를 다했다. 간의대부(諫議大夫)로 옮겼다가 사직하고 귀향했다(중국역대인명사전).

번소 江강革혁이 져머셔 아비를 일코 혼자 어미와 사더니 天텬下하ㅣ 어즈러운 저글 만나 도ᄌᆞᆨ돌히 모다 니러나거늘 江강革혁이 어미를 업고 란늘 피ᄒᆞ야 도망ᄒᆞ여 어려온 ᄃᆡ를 아니 디날 ᄃᆡ 업서 프리며 남긔며 검측ᄒᆞᆫ 거슬 샹녜 ᄏᆡ며 주ᅀᅥ 이받더니 ᄌᆞ조 도ᄌᆞᆨ을 맛나 혹 겁틱ᄒᆞ여 자바 가려ᄒᆞ거든 江강革혁이 믄득 울오 에엿비 너기고라 비러 닐오ᄃᆡ 늘근 어미 이셰라 ᄒᆞ야 말ᄉᆞᆷ과 긔ᄉᆡᆨ이 졍셩되여 유예 사ᄅᆞ믈 감동케 홀ᄉᆡ 도ᄌᆞᆨ돌히 이러호모로 ᄎᆞ마 주기디 몯ᄒᆞ며 혹 도ᄌᆞᆨ 피ᄒᆞ야 수믈 싸홀 ᄀᆞᄅᆞ츄모로 어미와 아ᄃᆞ리 다 어려운 저긔 됴히 디내니라

현대역 江革이 어려서 아버지를 잃고 혼자 어머니와 살더니, 천하가 어지러운 때를 만나, 도적들이 모두 일어나거늘, 강혁이 어미를 업고 난을 피하여 도망하여, 어려운 데를 아니 지날 데 없어, 풀이며 나무며 거친 것을 늘 캐며 주워 봉양하더니, 자주 도적을 만나 혹 위협하여 잡아 가려하거든, 강혁이 문득 울고 가련히 여기어라 빌어 이르되, "늙은 어머니 있도다." 하여, 말씀과 기색이 정성되어 유여히 사람을 감동하게 하므로, 도적들이 이러함으로 차마 죽이지 못하며, 혹 도적 피하여 숨을 곳을 가리킴으로, 어머니와 아들이 다 어려운 때에 좋게 지내니라.

1 남긔며: 나무며. '남긔(명사)+며(접속조사)'이다. '남긔'는 '나무'의 옛말이다. 남긔 예 목 ᄆᆡ여 써《여사서언해 4:20》

2 검측ᄒᆞᆫ: 거친. '프리며 남긔며 검측ᄒᆞᆫ 거슬 샹녜 ᄏᆡ며 주ᅀᅥ 이받더니'는 원문 '常採拾以爲養'을 번역한 것이다. 그러나 '프리며 남긔며 검측ᄒᆞᆫ 거슬'은 원문에는 들어있지 않아, 다분히 《번역소학》의 의역 특징을 보이고 있다. 따라서 '검측ᄒᆞ다'의 정확한 뜻은 알 수 없으나 의미로 보아, '거칠다'와 관련될 것 같다. 현대국어에 음이 비슷한 '검측하다'가 있고, 그 뜻은 '검은 빛을 띠며 어둡고 맑지 않다.'이다.

3 이받더니: 봉양하더니. '이받(어간)+더(회상법 선어말어미)+니(연결어미)'이다. '이받다'는 '대접하다', '봉양하다'의 옛말이다. 주샨 글워ᄅᆞᆯ 父老 더브러 쟈랑ᄒᆞ고 獻壽ᄒᆞᄂᆞᆫ 술로 城隍ᄋᆞᆯ 이바ᄃᆞ리로다(賜書誇父老 壽酒賽城隍).《두시-초 23:25》, 神靈을 請ᄒᆞ고 즁ᄉᆡᆼ 주겨 夜叉羅刹 等을 이바ᄃᆞ며 ᄆᆡ본 사ᄅᆞᄆᆡ 일훔 쓰며 얼구를 ᄆᆡᆼᄀᆞ라 모딘 呪術로 빌며.《석상 9:17》

4 겁틱ᄒᆞ여: 위협하여. '겁틱ᄒᆞ다'는 '위협ᄒᆞ다'의 옛말이다. 도ᄌᆞ긔게 자피여 항ᄒᆞ라 겁틱ᄒᆞ거늘 炎이 ᄀᆞ장 ᄭᅮ짓고.《속삼 충:1》, 도적이 칼로ᄡᅥ 겁틱ᄒᆞ고 븓드러 ᄆᆞᆯ게 올리기ᄅᆞᆯ 두어 번 ᄒᆞ니.《동신 열4:19》

5 너기고라: 여기어라. '너기(어간)+고라(명령법 종결어미)'이다. '-고라'는 주로 동사, 형용사 어간 뒤에 붙어, '-어라'를 뜻한다. 직접 명령법의 반말 등급에 해당한다. 사발 잇거든 ᄒᆞ나 다고라(有椀與一箇).《번노 상:42》, 큰형님 아ᄆᆞ란 일 인ᄒᆞ야 우리 뎌긔 오나든 小人을 ᄇᆞ리디 아니커시든 모로매 지부로 오고라(大哥因事到我那裏 不棄嫌小人時 是必家裏來).《번노 상:44》, 아ᄆᆞ란 브리 업스니 아히 ᄒᆞ야 등잔ᄲᅳᆯ 가져오게 ᄒᆞ고라(沒甚麽火 教小孩兒拿箇燈來).《번노 상:56》. 현대국어 '여기다'의 옛말인 '너기다'는 15세기 문헌에서부터 나타난다. 16세기에는 제1음절에 반모음 'ㅣ[j]'가 첨가되어 모음 'ㅓ'가 'ㅕ'로 바뀐 '녀기다' 형태가 등장하였다. 근대국어 후기에 'ㄴ'의 구개음화로 인해 'ㅣ, ㅑ, ㅕ, ㅛ, ㅠ' 등의 모음 앞에서 'ㄴ'이 탈락하는 현상이 일어났는데, 이에 따라 18세기에는 '녀기다'에서 'ㄴ'이 탈락하여 현대국어와 같은 '여기다'가 나타나게 되었다. 한편 근대국어 문헌에는 '넉이다', '녁이다', '역이다'와 같은 과도한 분철 표기도 등장하고 있다. 너기다(15세기~19세기)〉녀기다(16세기~19세기)〉여기다(18세기~현재). 이형태: 너기다, 넉이다, 녀기다, 녁이다, 여기다, 역이다. 내 이ᄅᆞᆯ 爲ᄒᆞ야 어엿비 너겨.《1446 훈언 2ㄴ》, 제 아비 죄 아닌 이레 주근 주를 셜이 녀겨 벼슬 아니코 살며셔.《1518 번소 9:26ㄴ-27ㄱ》

6 유예: 유여히. 모자라지 않고 넉넉하게. '유예'는 '유여히'의 옛말이다. 말슴과 긔ᄉᆡᆨ이 졍셩되여 유예 사ᄅᆞᄆᆞᆯ 감동케 홀ᄉᆡ(辭氣愿欵 有足感動人者).《번소 9:20》, 그 가온대 이셔 브즈러니 힘ᄡᅥ ᄒᆞ면 유예 옷밥을 쟝만ᄒᆞ야 녀ᄂᆞᆫ 사ᄅᆞᆷ과 ᄀᆞᆮᄐᆞ리니(令子孫勤力其中 足以共衣食 與凡人齊).《번소 9:89》

7 홀ᄉᆡ: 하므로. 'ᄒᆞ(어간)+ㄹᄉᆡ(연결어미)'이다. '-ㄹᄉᆡ'는 동사, 형용사 어간 뒤에 붙어, '-으므로'를 뜻하는 어미이다. ᄒᆞ다가 둘헤 兼홇딘댄 物와 體왜 雜亂ᄒᆞ리니 物이 體의 아로미 아닐ᄉᆡ 펴니 이러 둘히 셔리어니 엇뎨 中이 ᄃᆞ외리오(若兼二者,

物體雜亂, 物非體知, 成敵兩立, 云何爲中).《능엄 1:72》, 프리 기프니 市井을 迷失ᄒᆞ리로다 ᄯᅡ히 幽辟ᄒᆞᆯᄉᆡ 옷 ᄀᆞ외 니부믈 게을이 ᄒᆞ노라(草深迷市井, 地僻嬾衣裳).《두시-초 7:5》

소언 江강革혁[東동漢한 적 사ᄅᆞᆷ이라]이 졈어셔 아비를 일코 혼자 어미와 더브러 사더니 天텬下하ㅣ 어즈러옴을 만나 盜도賊적이 모다 니러나거늘 革혁이 어미를 업고 환난을 도망ᄒᆞ야 어렵살혼 ᄃᆡ를 ᄀᆞ초 디내여 샹녜 ᄏᆡ며 주어 ᄡᅥ 치기를 ᄒᆞ더니 ᄌᆞ조 도적을 만나 或혹 겁틱ᄒᆞ야 잡아 가고쟈 ᄒᆞ거든 革혁이 믄득 울오 에엿비 너기고라 비러 닐오ᄃᆡ 늘근 어미 이셰라 ᄒᆞ야 말ᄉᆞᆷ과 긔ᄉᆡᆨ이 셩실코 관곡ᄒᆞ야 足죡히 사ᄅᆞᆷ을 感감動동홈이 인ᄂᆞᆫ 디라 도적이 일로ᄡᅥ ᄎᆞᆷ아 犯범티 몯ᄒᆞ며 或혹 병난 避피ᄒᆞᆯ ᄯᅡ홀 ᄀᆞᄅᆞ치니 드ᄃᆡ여 시러곰 다 환난에 보젼ᄒᆞ니라

현대역 江革[東漢 때 사람이라.]이 어려서 아버지를 잃고 혼자 어머니와 더불어 살더니, 천하가 어지러움을 만나 도적이 모두 일어나거늘. 혁이 어머니를 업고 환난을 도망하여 매우 어려운 데를 갖추어 지내어, 늘 캐며 주어 써 봉양하기를 하더니, 자주 도적을 만나 혹 위협하여 잡아 가고자 하거든, 혁이 문득 울고 가련히 여기어라 빌어 이르되, "늙은 어머니 있도다." 하여, 말씀과 기색이 성실하고 관곡(款曲)하여, 족히 사람을 감동함이 있는 것이다. 도적이 이로써 차마 범하지 못하며, 혹 兵難 피할 곳을 가리키니, 드디어 능히 다 환난에 보전하느니라.

1 동한(東漢): 서한(西漢)이 신(新)의 왕망(王莽)에 의하여 멸망한 이후 한(漢) 왕조의 일족인 광무제(光武帝) 유수(劉秀)가 부흥시킨 왕조이다. 뤄양(洛陽)에 건도하여 그 위치가 이전의 도읍인 장안(長安)보다 동쪽에 있어 동한(東漢) 또는 후한(後漢)이라고 불리게 되었다. 신(新) 말기 한(漢)의 부흥 운동 과정에서 유수는 곤양의 싸움에서 대활약을 펼치는 등 두각을 나타내면서, 왕망(王莽)과 적미군(赤眉軍)을 연달아 격파하고 제장들의 추대를 받아 제위에 올라 동한을 건국하고

왕조의 기틀을 닦았다. 동한 시대에는, 채륜(蔡倫)이 세계 최초의 종이인 채후지(蔡侯紙) 만들고, 장형(張衡)이 혼천의(渾天儀)와 지동의(地動儀)를 만드는 등 문화가 번창하였고, 반고(班固)가 서역의 여러 국가들과의 교역 길을 열어 실크로드를 다시 개척하였다. 그러나 이후 외척과 환관(宦官)들의 세력 다툼으로 정치는 점점 타락해갔고 사회전반의 침체가 뒤따랐으며 당고지화(黨錮之禍)가 두 차례나 일어나면서 유능한 인물들이 정가에서 축출・제거되어 조정의 자정능력이 현저히 저하되었다. 또한 매관매직과 수탈이 빈번해지면서 백성들의 삶이 피폐해지며 천하가 점차 어지러워지는 틈을 타 장각(張角)에 의한 황건적의 난이 일어났다. 결국 이 난은 정부군과 조정을 지지하는 군벌들에 의하여 제압되기는 하였지만, 그 과정에서 각지의 군벌 세력이 강화되었고 동한 조정의 권위는 더욱 약해졌으며, 군벌들의 세력이 황실을 능가하면서 천하를 둘러싼 영웅들의 대결이 펼쳐지고 삼국시대(三国时代)가 개막되었다. 조조(曹操)는 동한 마지막 황제인 헌제(献帝)를 옹립하는데 성공하고 관도지전(官渡之戰)에서 원소(元紹, 154년~202년)와의 대결에서 승리하며 중원의 대부분을 차지하였고 이후 조조(曹操)의 아들인 조비(曹丕)에게 헌제(献帝)가 제위를 넘겨주며 동한은 멸망하였다. 존속기간은 25년~220년이다(중국시사문화사전).

2 어렵살ᄒᆞᆫ: 매우 어려운. '어렵살ᄒᆞ(어간)+ㄴ(관형사형 어미)'이다. '어렵살ᄒᆞ다'는 '매우 어렵다.'를 뜻한다. 어렵살ᄒᆞ야 몸ᄋᆞᆯ ᄆᆞᄎᆞ니(坎坷終身).《소언 5:53》(현대역: 매우 어려워서 몸을 마치니.)

3 ᄀᆞ초: 갖추어. 'ᄀᆞ초(어간)+ø(연결어미 '아' 생략)'이다. 연결어미 '-아'가 생략되었다. 현대국어 '갖추다'의 옛말인 'ᄀᆞ초다'는 15세기 문헌에서부터 나타난다. 'ᄀᆞ초다'는 '갖추어져 있다', '구비하다'의 의미를 지닌 동사 'ᄀᆞᆽ-'에 사동접사 '-호-'가 결합한 것이다. 중세국어 시기의 'ᄀᆞ초다'는 '갖추다'의 의미와 '감추다'라는 의미를 모두 가지고 있었는데, '감추다'의 의미를 지닌 'ᄀᆞ초다'의 경우 15세기 일부 문헌에서부터 'ᄀᆞᆫ초다'와 같이 'ㄴ'이 첨가된 형태가 나타나 이후에 'ᄀᆞᆷ초다'로 발전하였다. '갖추다'의 의미를 지닌 'ᄀᆞ초다'는 16세기 이후로 중철 표기된 'ᄀᆞᆮ초다', 'ᄀᆞᆺ초다'로도 나타났다. 근대국어 시기에 제1음절에서 모음 'ㆍ'가 'ㅏ'로 바뀌는 경향에 따라 18세기에는 '가초다' 형태와 이를 중철 표기한 '갓초다' 형태가 나타났고, 19세기에는 제2음절의 모음이 'ㅗ'에서 'ㅜ'로 바뀐 '갓추다' 형태가 등장하였다. 현대국어에서는 원형을 밝혀 적는 원칙에 따라 '갖추다'로 표기하게 되었는데, 그 결과 'ᄀᆞᆽ-+-호-'의 구성을 지닌 'ᄀᆞ초다'와는 달리 현대국

어의 '갖추다'는 '갖-+-추-'의 구성으로 재분석되었다. 한편 근대국어 시기에 치조음 'ㅊ'이 경구개음으로 변하면서 '초'와 '쵸'의 발음 구별이 사라져, 19세기에는 'ᄀᆞᆽ쵸다', '갓쵸다' 등의 이표기가 나타나기도 하였다. ᄀᆞ초다(15세기~19세기)〉가초다(18세기~19세기)〉갓추다(19세기)〉갖추다(20세기~현재). 이형태: ᄀᆞ초다, ᄀᆞᆺ초다, ᄀᆞᆽ초다, 가초다, 갓초다, ᄀᆞᆽ쵸다, 갓쵸다, 갓추다. 庫ᄂᆞᆫ 쳔량 ᄀᆞ초아 뒷ᄂᆞᆫ 지비라《1447 석상 9:20ㄱ》, 그 ᄌᆞ식 아홉 아ᄃᆞᆯ와 두 ᄯᆞᆯ로 ᄒᆡ여곰 百官이며 쇼와 羊이며 창젹을 ᄀᆞᆺ초와 써 舜을 받이렁 가온대 가 셤기게 ᄒᆞ시니.《1588 소언 4:8ㄱ》

4 이셰라: 있도다. '이시[有]+에라(감탄형 종결어미)'이다. '-에라'는 동사, 형용사 어간 뒤에 붙어 '-구나', '-는구나', '-도다'를 뜻하는 종결어미이다. 져믄 저긔 직죄 뮈옛ᄂᆞ니 셴 머리예 비치 업세라(青春動才調 白首缺輝光).《두시-초 8:70》, 네 은을 언메나 가져셔 사고져 ᄒᆞᄂᆞ다 내 셜흔 량 은이 이셰라(你拿着多少銀子買我有三十兩銀子).《번박 상:62》

5 관곡ᄒᆞ야: 관곡(款曲)하여. 매우 정답고 친절하여.

6 병난: 병난(兵難). 전쟁으로 입는 재난.

【集說】陳氏曰革의字는次翁이니臨淄人이라備經險阻는謂徧歷道路之艱危요採拾은謂採取草木之可食者라數은頻也라劫欲將去는欲脅革以去也라愿款은誠慤也라俱全은母子皆保全也라

진 씨가 말하였다. "혁의 자는 차옹이니, 임치 사람이다. 備經險阻[두루 험함을 지냄]는 도로의 어렵고 위태로움을 두루 지냄을 이르고, 採拾은 초목의 먹을 수 있는 것을 캐서 취함을 이른다. 數은 '자주'이다. 劫欲將去[을러 장차 데려가고자 함]는 혁을 을러 써 데려가고자 함이다. 愿款은 정성스러움이다. 俱全은 母子가 모두 온전하게 유지됨이다."

漢字 淄(검은빛 치, 강 이름 치), 徧(두루 편), 歷(지낼 력), 艱(어려울 간), 頻(자주 빈), 脅(으를 협, 옆구리 협), 慤(정성스러울 각, 성실할 각)

轉客下邳ᄒᆞ야貧窮裸魯果反跣蘇典反ᄒᆞ야行傭庸以供母호ᄃᆡ便身之物이莫不畢給이러라

● 전전하여 하비(下邳)의 객이 되어, 가난하고 궁하여 옷 벗고 발 벗어, 품팔이 다니면서 써 어머니를 이바지하되, (어머니는) 몸을 편하게 하는 물건이 모두 넉넉하지 않음이 없었다.

漢字 **轉**(구를 전), **邳**(나라이름 비, 클 비), **裸**(옷 벗을 라), **跣**(발 벗을 선, 맨발 선), **傭**(품팔이 용), **供**(이바지할 공), **畢**(마칠 필, 모두 필), **給**(넉넉할 급, 공급할 급)

번소 두루 ᄒᆞ녀 下하邳비랏 ᄯᅡ애 나ᄀᆞ내 ᄃᆞ외여 가난ᄒᆞ여 옷도 바스며 신도 바사 ᄂᆞᄆᆡ 고공 드러 갑 바다 어미를 닙피며 머규ᄃᆡ 어믜 몸애 편안히 너기ᄂᆞᆫ 거시 다 유여ᄒᆞ더라

현대역 빠짐없이 골고루 움직여 하비(下邳)라 하는 땅에 나그네 되어, 가난하여 옷도 벗으며 신도 벗어, 남의 품팔이 들어 품값 받아, 어머니를 입히며 먹이되, 어머니의 몸에 편안히 여기는 것이 다 有餘하더라.

1 두루: 빠짐없이 골고루. 현대국어 '두루'의 옛말인 '두루'와 '두로'는 15세기 문헌에서부터 나타난다. '두루'와 '두로'는 어간 '두르-'에서 부사 '*두르'로 직접 파생된 후 제2음절 모음 'ㅡ'가 제1음절 'ㅜ'의 영향으로 'ㅜ' 혹은 'ㅗ'로 변화되어 '두루' 혹은 '두로'로 나타난 것으로 볼 수도 있다. 일반적으로 접사 '-오'나 '-우'가 결합되어 파생된 부사의 경우 거성으로 끝난다는 점을 고려할 때, '두루'와 '두로'의 성조가 '평평'이라는 점은 이를 뒷받침한다. '두루'와 '두로'는 19세기까지 함께 쓰이다가 20세기 이후 '두루'만이 표준어로 인정되어 현재에 이르렀다. 16세기의 '두ᄅᆞ'는 어간 '두르-'에서 직접 파생된 '*두르'의 제2음절 모음 'ㅡ'가 16세기 후반 이후 제2음절 이하의 'ㆍ'가 'ㅗ'나 'ㅜ'로 변화했던 경향 때문에 나타난 것으로 이해하여 'ㆍ'로 되돌려 표기했을 가능성이 있다. 16세기의 '둘우'는 '두루'를 분철 표기한 것이다. 두루/두로(15세기~19세기)>두루(20세기~현재). 이형태: 두루, 두로, 둘우, 두ᄅᆞ. 부톄 여러 나라해 두루 ᄃᆞᆫ니샤 舍衛國에 오래 아니 왯더시니.《1447 석상 6:44ㄱ》, ᄇᆡᆨ호ᇙ 병이 두로 ᄃᆞᆫ녀 알파 ᄒᆞᆫ고디 아니어든.《1489 구간 1:90ㄱ》, 지게예 들 제 扃을 받ᄃᆞ시 ᄒᆞ며 보기를

둘우 말며.《1587 소언 3:11ㄴ》, 周 두를 쥬.《1575 천자-광 5ㄱ》

2 ᄒᆞ녀: 움직여. ‘ᄒᆞ니(어간)+어(연결어미)’이다. ‘ᄒᆞ니다’는 ‘움직이다’의 옛말이다. 生ᄋᆞᆫ 世界예 나아 사라 ᄒᆞ니ᄂᆞᆫ 것들히라.《월석 석서:1》, 出은 나아 ᄒᆞ닐씨라 處는 나아 ᄒᆞ니디 아니ᄒᆞ야 ᄀᆞ마니 이실씨라.《월석 석서:2》, 어버싀 거상애 나 ᄒᆞ뇨미 맛당티 아니ᄒᆞ니(父母之喪 不當出).《번소 7:21》

3 고공: 고공(雇工). 품삯을 받고 남의 일을 해 주는 일. 또는 그런 사람. 현대국어 ‘고공’의 옛말인 ‘고공’은 16세기 문헌에서부터 나타난다. ‘고공’은 한자 ‘고공(雇工)’에서 온 것으로, ‘머슴’ 혹은 ‘품팔이’의 뜻이다. 16세기에 제2음절의 종성 ‘ㆁ’이 ‘ㅇ’으로 표기되어 ‘고공’이 되면서 현재에 이르렀다. 18세기에는 ‘고공’에 ‘사람’을 가리키는 접사 ‘-이’가 결합하여 ‘고공이’로 나타나기도 한다. 고공(16세기)>고공(16세기~현재). 이형태: 고공, 고공, 고공이. 下邳랏 싸애 나ᄀᆞ내 ᄃᆞ외여 가난ᄒᆞ여 옷도 바스며 신도 바사 ᄂᆞᄆᆡ 고공 드러 갑 바다 어미를 닙피며.《1518 번소 9:21ㄱ》, 下邳 ᄯᅡ히 나그내 되야 가난ᄒᆞ고 궁박ᄒᆞ여 옷 벗고 발 버서 고공 ᄃᆞᆫ녀 뼈 어미를 공양호ᄃᆡ.《1587 소언 6:19ㄱ》

소언 올마 下하邳비 ᄯᅡ히 나그내 되야 가난ᄒᆞ고 궁박ᄒᆞ여 옷 벗고 발 버서 고공 ᄃᆞᆫ녀 뼈 어미를 공양호ᄃᆡ 몸의 편ᄒᆞᆫ 거시 다 죡디 아님이 업더라

현대역 옮겨 하비 땅에 나그네 되어, 가난하고 궁박하여 옷 벗고 발 벗어, 고공 다녀, 써 어미를 공양하되, 몸에 편한 것이 다 넉넉하지 아님이 없더라.

【集說】陳氏曰轉客은猶飄泊이라下邳는郡名이니今邳州라裸는露身이요跣은露足이라行傭은爲雇工也라便身之物은謂母身所便安之物이라畢은猶皆也요給은猶足也라

진 씨가 말하였다. “轉客은 떠돌아다니며 머묾과 같다. 하비(下邳)는 고을 이름이니, 지금의 비주(邳州)다. 裸는 몸을 드러냄이고, 跣은 발을 드러냄이다. 行傭은 품팔이함이다. 便身之物[몸을 편하게 하는 물건]은 어머니의 몸이 편안한 바의 물건을 이른다. 畢은 ‘모두’와 같다. 給은 ‘넉넉함’과

같다.

漢字 飄(떠돌아다닐 표, 회오리바람 표, 나부낄 표), 泊(머물 박, 배댈 박), 雇(품 살 고)

〖十章〗

○薛包ㅣ好學篤行ᄒᆞ더니父ㅣ娶後妻而憎包ᄒᆞ야分出之어늘包ㅣ日夜號泣不能去ㅣ로니至被毆杖ᄒᆞ야ᄂᆞᆫ不得已廬于舍外ᄒᆞ야旦入而灑掃ㅣ어늘父ㅣ怒ᄒᆞ야又逐之ᄒᆞᆫ대乃廬於里門ᄒᆞ야晨昏不廢ᄒᆞ더니積歲餘애父母ㅣ慚而還之ᄒᆞ다後에服喪過哀ᄒᆞ니라 《資治通鑑 東漢安帝記》

●薛包가 배우기를 좋아하고 행실을 두터이 하더니, 아버지가 후처에게 장가를 들어서 포를 미워하여, (집을) 나누어 그를 쫓아냈거늘, 포가 낮밤으로 부르짖어 울어 차마 나가지 못하니, 몽둥이로 매 맞음에 이르러는 부득이 집밖에 오두막을 지어, 아침에 들어와 물 뿌리고 쓸거늘, 아버지가 성내어 또 그를 쫓아내니, 이에 마을 문에 오두막을 지어 昏定晨省을 폐하지 아니하더니, 한 해 나머지를 쌓음[1년 여]에 부모가 부끄러워하여 그를 돌아오게 하였다. 뒤에 상을 입어 지나치게 슬퍼하였다.

漢字 薛(성 설, 맑은대쑥 설), 包(쌀 포), 憎(미워할 증), 號(부르짖을 호), 被(입을 피, 이불 피), 毆(때릴 구, 칠 구), 杖(몽둥이 장, 지팡이 장), 廬(오두막 려, 우거할 려), 逐(쫓을 축), 積(쌓을 적), 慚(부끄러울 참)

1 설포(薛包, 생몰 연대 미상): 후한(後漢) 때 사람으로 알려져 있다. 이를 소재로 한 작자 미상의 《설포선행록(薛包善行錄)》이 있다. 이 책은 1책으로, 국문필사본이다. 권말에는 필사 연대로 보이는 '계미사월상길일(癸未四月上吉日)'·'을히십이월이십구일필셔'라는 기록이 덧붙어 있다. 따라서 이 작품의 제작 연대는 다른 군담소설과 일치한다고 할 수 있으며, 전사된 연대는 19세기말경으로 보인다. 이 작품은 이색적 군담소설(軍談小說)로, 전반은 이복형제들의 갈등담으

로, 후반은 영웅담으로 되어 있다. 후한 안제(安帝) 때 여남(汝南) 땅에 사는 설수(薛壽)는 부인 목 씨(穆氏)와의 사이에서 아들 포(包)를 얻는다. 그러나 목부인이 죽자 설수는 다시 등 씨(鄧氏)를 재취로 맞아 희(熙)를 낳게 된다. 이 모자는 천성이 간악하여 설포를 죽이려고 갖은 음모를 다 꾸민다. 그러나 그럴 때마다 설포의 친구인 황헌(黃憲)의 도움으로 위급을 모면한다. 설포는 유영건의 딸과 혼인하여, 등 씨 모자의 온갖 악행에도 불구하고 효성으로 등 씨를 섬기니 끝내는 등 씨 모자가 개과천선한다. 이에 모든 가솔들이 한 자리에 모여 갈등을 씻고 영화를 누린다. 그때 마침 흉노의 침범을 당하여 설포는 도원수, 황헌은 부원수, 설희는 첨절제사가 되어 왕명을 받고 싸움터에 나아가 적군을 크게 격파한다. 이들은 천자의 보상을 사양하고 금의환향한다. 이복형제들의 갈등을 화해로 처리하고, 이를 다시 나라를 구하는 힘으로 몰아간 작자의 독창적인 구성법이 돋보인다. 설포의 처 유 씨의 고행이나, 유 씨의 시비 반흥(班興), 등 씨의 시비 통흥(通興) 등 보조 인물들의 성격은 개성적으로 묘사되어 있으며, 이는 이 작품의 우수성을 입증해 준다. 또한, 문체면에서 중국 고사를 인용하거나 문어(文語)로 표현하는 것을 가급적 피하고 일상적인 진솔한 구어(口語)를 사용하고 있는 점도 이 작품의 특색으로 지적할 수 있다. 김인구(金麟九)가 소장하고 있다(한국민족문화대백과).

2 旦入而灑掃: 《번역소학》과 《소학언해》에서는 이성계의 바꾼 이름이 이단(李旦)이므로 기휘(忌諱)하여, 단(旦)으로 쓰되 '됴(조)'로 음을 달고 있다.

3 복상(服喪): 상중에 상복을 입음.

번소 薛셜包포ㅣ 글 ᄇᆡ호믈 즐겨ᄒᆞ며 ᄒᆡᇰ뎍을 독실히 ᄒᆞ더니 제 아비 ᄒᆞᆺ겨지블 얻고 薛셜包포ᄅᆞᆯ 믜여 내텨ᄂᆞᆯ 薛셜包포ㅣ 나져 바며 울오 ᄎᆞ마 나가디 몯ᄒᆞ어 매 마조매 니르런 마디몯ᄒᆞ야 집 밧긔 막 ᄆᆡ오 나셔 아ᄎᆞ미어든 드러가 ᄡᅳ설어늘 아비 로ᄒᆞ여 ᄯᅩ 내조차ᄂᆞᆯ 里니門문에 막 ᄆᆡ여 나셔 새배며 어슬메 어버ᅀᅵ게 문안홈을 마디 아니ᄒᆞ더니 ᄒᆞᆫ ᄒᆡ 남아ᄂᆞᆫ 부뫼 븟그려 도로 드러오라 ᄒᆞ다 후에 거상 니버 슬허ᄒᆞ기ᄂᆞᆯ 너모ᄒᆞ더라

현대역 薛包가 글 배움을 즐겨하며 행적을 독실하게 하더니, 제 아버지 후처

를 얻고 설포를 미워하여 내치거늘, 설포가 낮이며 밤이며 울고 차마 나가지 못하여 매 맞음에 이르러서는, 마지못하여 집 밖에 여막을 매고 나서, 아침이거든 들어가 쓰레질하거늘, 아버지가 노하여 또 내쫓거늘, 마을 문에 여막을 매어 나서, 새벽이며 어스름에 어버이에게 문안함을 말지 아니하더니, 한 해 넘어서는 부모가 부끄러워하여 도로 들어오라 하였다. 후에 거상 입어 슬퍼하기를 너무하더라.

1 믜여: 미워하여. '믜(어간)+여(연결어미)'이다. '믜다'는 '미워하다'의 옛말이다. 貪ᄒᆞ며 ᄂᆞᆷ 믜며 새오ᄆᆞ로 됴티 몯ᄒᆞᆫ 根源을 일울ᄊᆡ.《석상 13:56》, 어딘 사ᄅᆞᄆᆞᆯ 믜요ᄃᆡ 寃讐ᄀᆞ티 ᄒᆞ고(疾良善如讎隙).《내훈 1:22》

2 나져 바며: 낮이며 밤이며. '낮(명사)+여(접속조사)', '밤(명사)+여(접속조사) '이다. '여'는 일부 체언류 뒤에 붙어 '이나'나 '이며'를 뜻하는 조사이다. 내 이제 나져 바며 시름ᄒᆞ노니 여러 앗이 各各 다ᄅᆞᆫ ᄯᅡ해 갯도다(我今日夜憂 諸弟各異方).《두시-초 8:29》, 큰 병 ᄒᆞᆫ 후에 나져 바며 ᄆᆞᅀᆞ미 허손ᄒᆞ야 자디 몯ᄒᆞ거든(大病之後 晝夜虛煩 不得睡).《구간 1:114》

3 니르런: 이르러서는. '니를(어간)+언(연결어미)'이다. '-언'은 끝음절의 모음이 'ㆍ, ㅏ, ㅗ'가 아닌 동사, 형용사 어간 뒤에 붙어, '-어서는'을 뜻하는 어미이다. 東北艮이 萬物의 비르솜 일우며 乃終 일우ᄂᆞᆫ ᄯᅡ히니 비르솜과 乃終ㅅ 理物에 이션 成壞 ᄃᆞ외오 사ᄅᆞᄆᆡ게 이션 生死ㅣ ᄃᆞ외ᄂᆞ니 世間ᄋᆡ 두리논 거시라.《월석 14:53》, 알 ᄢᆞ며 젓 머겨 나하 各各 제 ᄀᆞ초아ᅀᅡ 머그며 먹고 ᄒᆞ마 ᄇᆡ 블언 모딘 ᄆᆞᅀᆞ미 더 盛ᄒᆞ야 싸호ᄂᆞᆫ 소리 甚히 어루 저프며(夜叉競來 爭取食之 食之既飽 惡心轉熾 鬪諍之聲 甚可怖畏).《법화 2:116》, '니를다'는 '이르다'의 옛말이다. 이리 혼 因緣으로 成佛호매 니르로니.《석상-중 11:22》, 慧目을 다시 여르샤 나ᄆᆞᆫ 드트를 다시 조케 ᄒᆞ샤매 니를어시ᄂᆞᆯ 이에 니르러 몸과 ᄆᆞᅀᆞᆷ괘 灑落ᄒᆞ며(乃至重開慧目 再淨餘塵 至此 身心灑落).《능엄 2:104》

4 ᄆᆡ오: 매고. 'ᄆᆡ(어간)+오(연결어미)'이다. 어미 '-오'는 '-고'가 어간 이중모음 j 뒤에서 약화된 것으로, 성문 마찰 유성음 'ㅇ[ɦ]'의 음가를 가진 자음이다. 현대국어 '매다'의 옛말인 'ᄆᆡ다'는 15세기 문헌에서부터 나타난다. 18세기에 제1음절의 'ㆍ'가 'ㅏ'로 변화하는 경향에 따라 'ㆎ'가 'ㅐ'로 변화하였는데, 'ᄆᆡ다'는 이보다 이른 시기인 17세기 후반에 '매다'로 나타나서 현재에 이르렀다. 18세기

의 'ᄆᆞ이다'는 'ᄆᆡ다'의 제1음절 모음 '·ㅣ'를 '·'와 'ㅣ'로 구분하여 표기한 것이다. ᄆᆡ다(15세기~19세기)>매다(17세기~현재). 이형태: ᄆᆡ다, ᄆᆞ이다, 매다. 有情이 나랏 法에 자피여 ᄆᆡ여.《1447 석상 9:8ㄴ》, 각각 믈 기를 박 가지고 박우희 ᄒᆞᆫ 오릿 ᄀᆞᄂᆞᆫ 노흘 ᄆᆡ얏ᄂᆞ니.《1510년대 번노 상:36ㄴ》, 판단ᄒᆞ고 공경ᄒᆞ며 게어른 즈음의 흥ᄒᆞ며 망ᄒᆞ미 ᄆᆞ이여ᄂᆞ니.《1764 어조 18ㄴ》

5 ᄡᅳ설어늘: 쓰레질하거늘. 'ᄡᅳ설(어간)+어늘(연결어미)'이다. 'ᄡᅳ설다'나 'ᄡᅳ셜다'는 '쓰레질하다'의 옛말이다. 아ᄎᆞ미어든 드러가 ᄡᅳ설어늘.《소언 6:19》, 五色 ᄂᆞᄆᆞ채 녀허 조ᄒᆞᆫ ᄯᅡ홀 ᄡᅳ셜오.《석상 9:21》

6 내조차ᄂᆞᆯ: 내쫓거늘. '내좇(追, 어간)+아ᄂᆞᆯ(연결어미)'이다. '-아ᄂᆞᆯ'은 끝음절의 모음이 '·, ㅏ, ㅗ'인 어간 뒤에 붙어, 주로 타동사 어간 뒤에 붙어, '-거늘'을 뜻하는 어미이다. 겨지비 하라ᄂᆞᆯ 尼樓ㅣ 나가시니 釋迦氏 일로 나시니.《월곡 상:4》, 青衣 긔별을 ᄉᆞᆯ바ᄂᆞᆯ 아바님 깃그시니 宗親ᄃᆞᆯᄒᆞᆯ ᄃᆞ려 가시니.《월곡 상:9》

7 어ᅀᅳᆯ메: 어스름에. '어ᅀᅳ름(명사)+에(부사격 조사)'이다. 현대국어 '어스름'의 옛말인 '어ᅀᅳ름'은 15세기 문헌에서부터 나타난다. '어ᅀᅳ름'은 '조금 어둡다'의 의미를 지닌 용언 어간 '*어ᅀᅳᆯ-'에 명사 파생접사 '-음'이 결합한 것이다. 용언 '*어ᅀᅳᆯ다'는 문증되지 않지만, 이와 관련된 단어로 현대국어에 '조금 어둡다'의 의미를 지닌 형용사 '어슬하다'가 있다. 16세기 이후 치조 마찰 유성음인 'ㅿ[z]'이 소멸하여 대개 'ㅿ>ㅇ'의 변화가 일어남에 따라 '어ᅀᅳ름'도 '어으름'으로 변화하였다. 그러나 이와는 별도로 근대국어 시기에는 '어ᅀᅳ름'이 '어스름'으로 변화하기도 하였다. 이러한 변화는 방언의 영향을 받은 것으로 추정된다. 중세국어의 강세 보조사 '-ᅀᅡ'가 중부방언에서는 '-야'로 변화하였으나, 남부방언에서는 '-사'로 나타나는 것 등을 참고로 할 수 있다. 한편 16세기~17세기 문헌에는 '어ᅀᅳ름', '어으름'과 동일한 의미를 지닌 명사로, '어ᅀᅳᆯ-'에서 변화한 '어을-'에 '-ㅁ'이 결합한 '어읆'도 나타난다. 어ᅀᅳ름(15세기~16세기)>어스름(19세기~현재). 이형태: 어ᅀᅳ름, 어으름, 어스름. 기픈 글 입고 西軒에 안자셔 밥 머구믈 어ᅀᅳ름과 나죄 그르 ᄒᆞ노라.《1481 두시-초 11:25ㄴ》, 昏 어으름 혼.《1576 신합 상:3ㄴ》, 어스름 初昏 어스름에 初昏.《1880 한불 24》

8 남아ᄂᆞᆫ: 넘어서는. '남(어간)+아ᄂᆞᆫ(연결어미)'이다. '남다'는 '넘다'의 옛말이다. 빗근 남ᄀᆞᆯ ᄂᆞ라 나마시니 石壁에 수멧던 녜뉫 글 아니라도 하ᄂᆞᇙ ᄠᅳ들 뉘 모ᄅᆞᅀᆞᄫᆞ리(于彼橫木 又飛越兮 岩石所匿 古書縱微 維天之意 孰不之知).《용가 86장》, 잇ᄂᆞᆫ 대 ᄒᆞᆫ 이러미 남고(有竹一頃餘).《두시-초 17:3》. '-아ᄂᆞᆫ'는 끝음절의 모음이

'ㆍ, ㅏ, ㅗ'인 동사, 형용사 어간 뒤에 붙어, '-아서는'는 뜻하는 어미이다. 늘거그텟 사괴요ᄆᆞᆯ 가져 나져믄 사ᄅᆞᄆᆡ게 브토니 ᄂᆞᄎᆞᆯ 當ᄒᆞ얀 ᄆᆞᅀᆞᄆᆞᆯ 보내요ᄃᆡ ᄂᆞᄎᆞᆯ 도라ᄂᆞᆫ 웃ᄂᆞ다(晩將末契托年少 當面輸心背面笑).《두시-초 25:52》, 지븨 이셔ᄂᆞᆫ 아비ᄅᆞᆯ 졷고 사ᄅᆞᄆᆡ게 가ᄂᆞᆫ 남진ᄋᆞᆯ 졷고 남진 죽거든 아ᄃᆞᄅᆞᆯ 조차(在家從父 適人從夫 夫死從子).《내훈 1:85》

소언 薛셜包포[東동漢한 적 사ᄅᆞᆷ이라]ㅣ 學ᄒᆞᆨ을 즐겨ᄒᆞ며 ᄒᆡᇰ실을 독실히 ᄒᆞ더니 아비 훋안해를 얻고 包포ᄅᆞᆯ ᄆᆡ여 닫 내여ᄂᆞᆯ 包포ㅣ 낫밤을 블으지져 울오 ᄎᆞᆷ아 가디 몯ᄒᆞ더니 매 마좀애 니르러ᄂᆞᆫ 시러곰 마디몯ᄒᆞ야 집 밧긔 막 ᄆᆡ야 아ᄎᆞᆷ이어든 들어가 ᄡᅳ설거ᄂᆞᆯ 아비 怒노ᄒᆞ야 ᄯᅩ 내ᄧᅩ촌대 里리門문에 막 ᄆᆡ여셔 새배며 어슬믈[문안ᄒᆞ단 말이라] 廢폐티 아니ᄒᆞ더니 오라ᄒᆡ남음애 父부母모ㅣ 붓그려 도라오게 ᄒᆞ다 후에 거상 닙어 슬허ᄒᆞ기ᄅᆞᆯ 넘게 ᄒᆞ니라

현대역 薛包[東漢 때 사람이라.]가 학문을 즐겨하며 행실을 독실하게 하더니, 아버지가 후처를 얻고 설포를 미워하여 따로 내보내거늘, 설포가 낮밤을 부르짖어 울고 차마 가지 못하더니, 매 맞음에 이르러서는, 능히 마지못하여 집 밖에 여막을 만들어, 아침이거든 들어가 쓰레질하거늘, 아버지가 노하여 또 내쫓으니까, 마을 문에 여막을 만들어 새벽이며 어스름을[문안한다는 말이라.] 폐하지 아니하더니, 여러 해 남짓에 부모가 부끄러워하여 돌아오게 하였다. 후에 거상 입어 슬퍼하기를 넘게 하니라.

1 닫: 따로. '닫'은 '따로'의 옛말이다. 믈읫 有情이 ᄂᆞᆷ과 닫 나ᄆᆞᆯ 즐겨 서르 싸화 저와 ᄂᆞᆷ과ᄅᆞᆯ 어즈려 種種앳 모딘 罪業을 길워.《석상 9:16》, 精舍애 도라와 왼녁 피 닫 담고 올ᄒᆞᆫ녁 피 닫 다마 두고 닐오ᄃᆡ.《월석 1:7》

2 내여ᄂᆞᆯ: 내보내거늘. '내(어간)+여ᄂᆞᆯ(연결어미)'이다. '-여ᄂᆞᆯ'은 어간 '내-'가 이중모음 [naj]로 발음되었기에 '-어ᄂᆞᆯ'이 '-여ᄂᆞᆯ'로 교체된 것이다. 현대국어 '내다'의 옛말인 '내다'는 15세기 문헌에서부터 나타난다. '내다'는 '나가다' 혹은 '나오다'의 의미인 '나-'와 사동접사 '-이-'가 결합된 파생어이다. 표기상으로는 15세기부터 현재까지 변화가 없는 것으로 보이지만, 중세국어에서 'ㅐ'는 [aj]로 발음되는

이중모음이었지만 근대국어 이후 [ɛ]로 발음되는 단모음이 되었다. '내-'가 어미 '-아'와 결합할 때, 중세국어에서는 어미 '-아'가 어간의 'ㅣ' 모음 뒤에서 '-야'로 변하는 모습을 보이지만, 근대국어 이후 이러한 변화가 나타나지 않는 '내어'가 나타나는 것은 바로 근대국어 이후 모음 'ㅐ'가 단모음이 되었다는 증거가 된다. 내다(15세기~현재). 이형태: 내다. 사오나ᄫᆞᆫ 사ᄅᆞ미 몰라 소가 貪ᄒᆞᆫ ᄆᆞᅀᆞᆷ ᄅᆞᆯ 내ᄂᆞ니《1447 석상 3:26ㄱ》,ᄒᆞᆫ 사ᄅᆞ미 열닷 량 은을 내더라《1510년대 번박 상:63ㄴ》

3 니르러ᄂᆞᆫ: 이르러서는. '니를(어간)+어ᄂᆞᆫ(연결어미)'이다, '니를-'은 '니를다[至]'의 어간이고, '-어ᄂᆞᆫ'은 위《번역소학》'남아ᄂᆞᆫ'의 '-아ᄂᆞᆫ'과 마찬가지로, '-어서는'을 뜻하는 어미이다.

4 문안ᄒᆞ단: 문안한다는. '문안ᄒᆞ(어간)+단(어미 '다'+ㄴ)'이다. '-단'은 용언 어간 뒤에 붙어. '-다는'이 줄어든 말이다. 할아버지께서 편찮으시단 소식이 있었다. 꼭 참석하겠단 약속을 못 받았다.

5 오라히남음: 여러 해 남짓. 원문 '積歲餘'를 번역한 말이다. '적세(積歲)'는 누년(累年)·누세(累歲)·다년(多年) 등과 유의어로, '여러 해'의 뜻이니, '오라히남음'은 '오래해 남짓', 즉 '여러 해 남짓'의 뜻이다.

【集說】陳氏曰包의字는孟嘗이니汝南人이라不能은猶不忍이라里門은巷門也라不廢는謂不廢定省之禮라

진 씨가 말하였다. "包의 자는 孟嘗이니, 汝南 사람이다. 不能은 不忍[차마 못함]과 같다. 里門은 골목의 문이다. 不廢는 혼정신성의 예를 폐하지 않음을 이른다."

漢字 巷(골목 항, 거리 항)

旣而弟子ㅣ求分財異居ㅣ어늘包ㅣ不能止ᄒᆞ야乃中分其財홀ᄉᆡ奴婢ᄅᆞᆯ引其老者曰與我共事ㅣ久ㅣ라若이不能使也ㅣ라ᄒᆞ며田廬ᄅᆞᆯ取其荒頓者曰吾少時所理ㅣ라意所戀也ㅣ라ᄒᆞ며器物을取其朽敗者曰我ㅣ素所服食이라身口所安也ㅣ라ᄒᆞ더니弟

子ㅣ**數**朔**破其産**ㅣ어ᄂᆞᆯ**輒復賑給**ᄒᆞ더라

●이윽고 아우의 아들이 재산을 나누어 달리 살기를 구하거늘, 포가 그치게 할 수 없어, 이에 그 재산을 가운데로 나눌 때, 노비를 그 늙은 자를 이끌며 말하되, "나와 더불어 같이 일함이 오래다. 네가 능히 부릴 수 없다." 하였으며, 밭과 오두막은 그 거칠고 무너진 것을 취하며 말하되, "내가 젊을 때부터 다스리던 바다. 뜻에 그리워하는 바다." 하였으며, 그릇과 물건은 그 썩고 부서진 것을 취하면서 말하되, "내가 본디 쓰고 먹던 바다. 몸과 입에 편안한 바다." 하였더니, 아우의 아들이 자주 그 재산을 망치거늘, 번번이 다시 구휼하고 대주었다.

漢字 **旣**(이윽고 기, 이미 기), **頓**(무너질 돈, 깨질 돈, 부서질 돈), **戀**(사랑할 련, 사모할 련), **朽**(썩을 후), **敗**(부서질 패, 깨질 패), **素**(본디 소), **服**(쓸 복, 옷 복, 입을 복), **破**(망칠 파, 깨뜨릴 파), **賑**(구휼할 진), **給**(공급할 급)

제자(弟子): 《번역소학》과 《소학언해》에는 각각 '아ᅀᆞ와 동ᄉᆡᆼ', '아ᄋᆞ와 동ᄉᆡᆼ'으로 번역되어 있고, 《언해 소학집주증해》에는 '아의 아ᄃᆞᆯ'로 번역되어 있다.

번소 이슥고 아ᅀᆞ와 동ᄉᆡᆼ의 ᄌᆞ식ᄃᆞᆯ히 셰간 ᄂᆞᆫ화 닫 사라지라 ᄒᆞ거를 包포ㅣ 말이디 몯ᄒᆞ야 셰간ᄂᆞᆯ 골오 ᄂᆞᆫ호아 주ᄃᆡ 노비를 늘그니ᄅᆞᆯ 가지며 닐오ᄃᆡ 날와 ᄒᆞᆫᄃᆡ 일ᄒᆞ연 디 오라니 너희네ᄂᆞᆫ 잘 브리디 몯ᄒᆞ리라 ᄒᆞ며 받과 집과ᄅᆞᆯ 사오나오니와 기우러디니ᄅᆞᆯ 가지며 닐오ᄃᆡ 내 져머실 제브터 슈리ᄒᆞ던 거시라 내 ᄠᅳ데 ᄉᆞ랑호애라 ᄒᆞ며 器긔物믈을 석고 ᄒᆡ여딘 거슬 가지며 닐오ᄃᆡ 내 아래브터 ᄡᅳ며 먹던 거시라 내 몸과 입에 편안ᄒᆞ예라 ᄒᆞ더라 그 후에 아ᅀᆞᄒᆞ미 동ᄉᆡᆼ의 ᄌᆞ식ᄃᆞᆯ히 ᄌᆞ조 셰간을 배아ᄂᆞᆯ 믄득 다시 주어 거느리치더라

현대역 이윽고 아우와 동생의 자식들이 세간 나누어 따로 살고자 한다 하거늘, 설포가 말리지 못하여 세간을 고루 나누어 주되 노비를 늙은이를 가지며 이르되, "나와 함께 일한 지 오래니, 너희들은 잘 부리지 못하리라." 하며,

밭과 집을 나쁜 이[것]와 기울어진 이를 가지며 이르되, “내 어렸을 때부터 修理하던 것이라서, 내 뜻에 사랑하도다.” 하며, 기물을 썩고 닳아 떨어진 것을 가지며 이르되, “내 예전부터 쓰며 먹던 것이라서, 내 몸과 입에 편안하도다.” 하더라. 그 후에 아우와 동생의 자식들이 자주 세간을 망치거늘, 문득 다시 주어 구제하더라.

1 셰간: ‘세간’의 옛말이다. 집안 살림에 쓰는 온갖 물건. ‘셰간’은 16세기 문헌부터 나타난다. 이 말이 근대국어 시기에 ‘ㅅ’ 아래에서 이중모음 ‘ㅕ’의 반모음 ‘ㅣ[j]’가 탈락하여 단모음 ‘ㅓ’가 된 결과에 따라서 19세기의 ‘세간’이 되었고, 이 형태가 현재에도 이어진다. 셰간(16세기~19세기)〉세간(19세기~현재). 이형태: 셰간, 세간. 집 뎐딜 ᄯᅩ 사니 그 아ᅀᆞᆫ 셰간ᄂᆞᆯ 다 배오 잇거ᄂᆞᆯ.《1518 이륜-옥 2ㄱ》, 서ᄅᆞ 여ᄒᆡ고 뎐토와 집 셰간ᄂᆞᆯ 다 ᄂᆞᆫ화 그 지아븨 동ᄉᆡᆼ을 주고.《1617 동신속열6:65ㄴ》

2 사라지라: 살고자 한다. 살고 싶다. ‘살(어간)+아지라(소망 평서형 종결어미)’이다. ‘-지라’는 항상 동사 표지 ‘아/어/야/거’를 요구한다. 비타동사 앞에서는 ‘거’가 붙는다. ‘-아/어/야지라/거지라’는 화자의 소망(바람)을 나타내는 특수한 평서형 종결어미, 즉 소망 평서형 종결어미로 부르기도 한다(고영근, 2020: 325). ‘-아지라’에서 ‘지라’는 과거에 보조 용언으로 처리해 왔다. 그러나 앞의 ‘아’가 보조적 연결어미가 될 수 없고 동사 표지인 이상, 보조 용언으로 볼 수 없다. 따라서 ‘-아지라’ 전체를 하나의 형태소로 보아야 한다. ‘-아지라’는 끝음절 모음이 ‘ㆍ, ㅏ, ㅗ’이거나 ‘ㅣ’ 계열 이중모음이나 ㄹ 받침으로 끝나는 동사, 형용사 어간 뒤에 붙어, 주로 1인칭 주어와 함께 쓰여, ‘ᄒᆞ라’ 할 자리에 쓰여, 의도 ‘-고자 하다’를 나타내는 종결어미이다. 혀근 結을 다 ᄲᅥ러ᄇᆞ려 阿羅漢果ᄅᆞᆯ 證ᄒᆞ고 結集ᄒᆞᄂᆞᆫ 門 밧긔 와 들아지라 ᄒᆞ야ᄂᆞᆯ《석상 24:3》, 이 양ᄋᆞ로 낤 數를 漸漸 조려 닐웻 ᄉᆞᅀᅵᄅᆞᆯ 살아지라 ᄒᆞ야ᄂᆞᆯ 모딘 노미 그리ᄒᆞ라 ᄒᆞ니라.《석상 24:15》

3 너희네: 너희들. ‘너희(대명사)+네(접사)’이다. ‘-네’는 사람을 뜻하는 일부 명사 뒤에 붙어, ‘한 무리’라는 ‘들’의 뜻을 더하는 접미사이다. 아바닚긔와 아ᄌᆞ마닚긔와 아자바님내ᄭᅴ 다 安否ᄒᆞᅀᆞᆸ고 ᄯᅩ 耶輸陁羅ᄅᆞᆯ 달애야 恩愛ᄅᆞᆯ 그쳐.《석상 6:1》, 네 아ᄃᆞ리 各各 어마님내 뫼ᅀᆞᆸ고 누의님내 더브러 즉자히 나가니 力士와 百姓ᄃᆞᆯ히 만히 조차 가니라.《월석 2:6》, 녀느 夫人냇 아ᄃᆞᆯ 네히 照目과 聽目과

調伏象과 尼樓왜 다 어디더니.《월석 2:4~5》, 녯 聖人냇 보라믈 보미 맛당컨뎡 모ᄃᆡ 杜選을 마롤 디니 아란다(宜觀先聖標格 切忌杜撰 會麽).《몽산 20》

4 슈리ᄒᆞ던: 수리(修理)하던. '슈리ᄒᆞ(어간)+더(회상법 선어말어미)+ㄴ(관형사형 어미)'이다. 고장 나거나 허름한 데를 손보아 고치다.

5 ᄉᆞ랑호애라: 사랑하도다. 'ᄉᆞ랑ᄒᆞ(어간)+오(화자 표시법 선어말어미)+애라(감탄형 종결어미)'이다. 종결형과 연결형의 선어말어미 '-오$_1$-'은 일반적으로 주어 명사구가 제1인칭 대명사 '나, 우리' 등 화자일 때 나타난다. 따라서 이를 화자 표시법 선어말어미(고영근, 2020: 363) 또는 1인칭법 선어말어미(허웅, 1958: 124-197)라고 부른다. 그러나 '-오$_1$-'은 주어 명사구가 제3인칭이라고 하더라도 그것이 화자 자신을 가리키는 경우에는 쓰일 수 있다. 이런 점에서 1인칭법 선어말어미보다는 화자 표시법 선어말어미라는 용어가 나아 보인다. 누른 새ᄂᆞᆫ 져기 ᄂᆞ로ᄆᆞᆯ 任意로 ᄒᆞ노라.《두시언해 20:10》 여기서 '누른 새'는 두보 자신을 가리킨다고 주(註)에서 말하고 있으므로 화자가 주어로 되어 있는 것이다. 妾은 王ㅅ 義예 죽고 王ㅅ 즐교매 죽디 아니ᄒᆞ노이다.《내훈 2 상:324》. 월희(越嬉)가 왕에게 하는 말인데, 역시 화자 자신을 가리킨다. '-애라'는 끝음절의 모음이 'ㆍ, ㅏ, ㅗ'인 동사, 형용사 어간 뒤에 붙어, '-구나', '-는구나', '-도다'를 뜻하는 종결어미이다. 그럴ᄊᆡ 거즛말로 듕 알패라 ᄒᆞ샤ᄃᆡ 뵈야ᄒᆞ로 甘露를 펴시며.《석상 23:44》, 獄主ㅣ 目連이ᄃᆞ려 무로ᄃᆡ 어마니ᄆᆞᆯ 아라보리로소니잇가 目連이 닐오ᄃᆡ 몰라보애라.《월석-중 23:86》

6 ᄒᆡ여딘: 해어진. 달아서 떨어진. 'ᄒᆡ여디(어간)+ㄴ(관형사형 어미)'이다. 'ᄒᆡ여디다'는 '해어지다'의 옛말이다. 이스리 ᄃᆞ렛ᄂᆞᆫ 양ᄌᆞ롤 울워러 보니 믈어디디 아니ᄒᆞ며 ᄯᅩ ᄒᆡ여디디 아니ᄒᆞ얫도다(仰看垂露姿 不崩亦不騫).《두시-초 16:28》

7 아래브터: 예전부터. '아래(명사)+브터(조사)'이다. '아래'는 '예전'의 옛말이다. 千百億 變化ㅣ샤 正道ㅣ 노ᄑᆞ신 둘 아래브터 ᄆᆞᅀᆞᆷ애 아ᅀᆞᄫᆞᄃᆡ.《월곡 상:39》, 부텨 ᄃᆞ외야 나라해 도라오샤도 ᄌᆞ올아ᄫᅵ 아니 ᄒᆞ샤 아랫 恩惠를 니저 ᄇᆞ리샤 길 녏 사ᄅᆞᆷ과 ᄀᆞᄐᆡ 너기시니.《석상 6:4~5》

8 편안ᄒᆞ예라: 편안하도다. '편안ᄒᆞ(어간)+예라(감탄형 종결어미)'이다. '-예라'는 동사, 형용사 어간 뒤에 붙어, '-구나', '-는구나', '-도다'를 뜻하는 종결어미이다. 록산의 쟝군 윤ᄌᆞᄀᆡ 쉬양 ᄊᆞ해 와 티거늘 허원이 댱슌의게 시급ᄒᆞ야라 니ᄅᆞ니(許遠告急于張巡, 巡自寧陵引兵入).《삼강 충:14》

9 아ᅀᆞᄒᆞ미: 아우와. 원문 '弟子'에 해당한다. 《소학언해》에서도 '弟子'를 '아ᄋᆞ와

동싱의 ᄌᆞ식돌히'로 번역했으므로, '아ᅀᆞ ᄒᆞ미'를 '아우와'로 번역하고자 한다.

10 배아ᄂᆞᆯ: 망치거늘. '배(어간)+아ᄂᆞᆯ(연결어미)'이다. '-아ᄂᆞᆯ'은 끝음절의 모음이 'ㅣ, ㆍ, ㅏ, ㅗ'인 어간 뒤에 붙어, 주로 타동사 어간 뒤에 붙어, '-거늘'을 뜻하는 어미이다. 어간 '배-'는 중세국어에서는 이중모음 [aj]로 발음되었다. 겨지비 하라ᄂᆞᆯ 尼樓ㅣ 나가시니 釋迦氏 일로 나시니.《월곡 상:4》, 큰 龍ᄋᆞᆯ 지ᅀᅡ 世尊ㅅ 몸애 감아ᄂᆞᆯ 慈悲心ᄋᆞ로 말 아니 ᄒᆞ시니 花鬘ᄋᆞᆯ ᄆᆡᇰᄀᆞ라 尊者ㅅ 머리예 연자ᄂᆞᆯ 神通力으로 모ᄀᆞᆯ 구디 ᄆᆡ니.《월곡 상:28》. '배다'는 '망치다', '없애다'의 옛말이다. 陰을 헐며 魔ᄅᆞᆯ 배야 僧祇ᄅᆞᆯ 디나디 아니ᄒᆞ야 寶王果ᄅᆞᆯ 일우게 ᄒᆞ시논 젼ᄎᆞ라(破陰褫魔 不歷僧祇 成寶王果故也).《능엄 10:92》, 네 내 利益을 앗ᄂᆞ니 내 네 나라ᄒᆞᆯ 배요리라.《월석 7:46》

11 거느리치더라: 구제하더라. '거느리치(어간)+더(회상법 선어말어미)+라(평서형 종결어미)'이다. '거느리치다'는 '구제하다'의 옛말이다. 時世ᄅᆞᆯ 거느리츄멘 英俊ᄒᆞᆫ 사ᄅᆞᄆᆞᆯ 혀 ᄡᅮ미 맛당ᄒᆞ니라(濟世宜引英俊人).《두시-초 19:21》, 궁ᄒᆞᆫ 사ᄅᆞᄆᆞᆯ 거느리치며 업서ᄒᆞᄂᆞᆫ 사ᄅᆞᄆᆞᆯ 에엿비 너기던 주를 보고(觀… 賙窮恤匱).《번소 8:27》. '-더라'는 '이다'의 어간, 용언의 어간 또는 어미 '-으시-', '-었-', '-겠-' 뒤에 붙어, 해라할 자리에 쓰여, 화자가 과거에 직접 경험하여 새로이 알게 된 사실을 그대로 옮겨 와 전달한다는 뜻을 나타내는 종결어미이다. 과거시상 선어말어미 '-더-'와 설명법 어말어미 '-라'가 결합한 말이다. 철수가 노래를 잘 부르더라. 그곳은 경치가 참 좋더라.

소언 이윽고 아ᄋᆞ와 동싱의 ᄌᆞ식돌히 셰간 ᄂᆞᆫ화 닫 사라지라 求구ᄒᆞ거ᄂᆞᆯ 包포ㅣ 能능히 그치누르디 몯ᄒᆞ야 그 ᄌᆡ믈을 고로 ᄂᆞᆫ홀ᄉᆡ 奴노婢비를 그 늘근이ᄅᆞᆯ 잡으며 ᄀᆞᆯ오ᄃᆡ 날와 더블어 일을 ᄒᆞᆫ가지로 ᄒᆞ얀 디 오란디라 네 能능히 ᄇᆞ리디 몯ᄒᆞ리라 ᄒᆞ며 받과 집을 그 거츨고 기우러딘 이ᄅᆞᆯ 가지며 ᄀᆞᆯ오ᄃᆡ 내 졈어실 제 다ᄉᆞ리던 배라 ᄠᅳᆮ에 ᄉᆞ렴ᄒᆞᄂᆞᆫ 배라 ᄒᆞ며 器긔物믈을 그 석고 ᄒᆡ여딘 거ᄉᆞᆯ 가지며 ᄀᆞᆯ오ᄃᆡ 내 본ᄃᆡ ᄡᅳ며 먹던 배라 몸과 입에 편안히 너기ᄂᆞᆫ 배라 ᄒᆞ더니 아ᄋᆞ와 동싱의 ᄌᆞ식돌히 ᄌᆞ조 그 셰간을 배아거ᄂᆞᆯ 믄득 ᄯᅩ 주어 쥬죡게ᄒᆞ더라

현대역 이윽고 아우와 동생의 자식들이 세간 나누어 따로 살고자 한다 구하거늘, 설포가 능히 억제하지 못하여 그 재물을 고루 나누므로 노비를 그 늙은 이를 잡으며 가로되, "나와 더불어 일을 함께 한 지 오랜 것이다. 네가 능히 부리지 못하리라." 하며, 밭과 집을 그 거칠고 기울어진 것을 가지며 가로되, "내가 어렸을 때 다스리던 바이다. 뜻에 사랑하는 바이다." 하며, 기물을 그 썩고 닳아 떨어진 것을 가지며 가로되, "내가 본디 쓰며 먹던 바이다. 몸과 입에 편안히 여기는 바이다." 하더니, 아우와 동생의 자식들이 자주 그 세간을 망치거늘 문득 또 주어 구제하더라.

1 그치누르디: 끊어 누르지. 억제하지. '그치누르(어간)+디(보조적 연결어미)'이다. 止ᄂᆞᆫ 그치누를씨니 一切 煩惱結을 能히 그치눌러 업게 ᄒᆞᆯ씨 일후미 定相이라.《월석 8:66》, 이ᄂᆞᆫ 일후미 그치누르ᄂᆞᆫ 功力이 分에 너무미니(此名抑按功力逾分 暫得如是 非爲聖證).《능엄 9:58》

2 ᄒᆞ얀: 한. 'ᄒᆞ(어간)+얀'이다. '-얀'은 'ᄒᆞ다'의 어간이나 끝음절의 모음이 'ㅣ'인 어간 뒤에 붙어, '-ㄴ'을 뜻하는 관형사형 어미이다. 내 太子ᄅᆞᆯ 셤기ᅀᆞ보ᄃᆡ 하ᄂᆞᆯ 셤기ᅀᆞᆸ듯 ᄒᆞ야 ᄒᆞᆫ 번도 디만ᄒᆞᆫ 일 업수니 妻眷 ᄃᆞ외얀 디 三年이 몯 차 이셔 世間 ᄇᆞ리시고.《석상 6:4》, 世尊하 부톄 니ᄅᆞ샤ᄃᆡ 나도 ᄯᅩ 이ᄀᆞᆮᄒᆞ야 成佛ᄒᆞ얀 디 無量無邊 百千萬億 那由他 阿僧祇劫이니.《월석 17:22》

3 오란 디라: 오랜 것이다. '오라(어간)+ㄴ(관형사형 어미)+ᄃᆞ(의존명사)+이(서술격 조사 '이다'의 어간)+라(평서형 종결어미)'이다. 'ㄴ+ᄃᆞ+이+라'가 'ㄴ디라'로 재구조화하여 '-ㄴ 것이다'를 뜻한다. 性이 니러 相이 ᄃᆞ외욘 디라 境과 智왜 번득ᄒᆞ며 相이 性의 노교ᄆᆞᆯ 得ᄒᆞᆫ 디라(性起爲相 境智歷然 相得性融 身心廓爾).《원각 서:38》, 薰修ᄒᆞ여 나톤 디라.《목우 10》. 그리고 '오라다'는 '오래다'의 옛말이다. 奉天討罪실ᄊᆡ 四方諸侯ㅣ 몯더니 聖化ㅣ 오라샤 西夷 ᄯᅩ 모ᄃᆞ니(奉天討罪 諸侯四合 聖化旣久 西夷亦集).《용가 9장》, 閻浮提예 ᄂᆞ려와 닐오ᄃᆡ 如來 아니 오라 涅槃애 드르시리라.《월석-중 21:200》

4 ᄉᆞ렴ᄒᆞᄂᆞᆫ: 사랑하는. 'ᄉᆞ렴ᄒᆞ다'는 '사랑하다'의 옛말이다. 너ᄅᆞᆯ 逢迎호매 돗 우흿 珍寶ㅣ론 고ᄃᆞᆯ ᄉᆞ렴ᄒᆞ노라(逢迎念席珍).《두시-중 16:23》

5 쥬죡게ᄒᆞ더라: 구제하다. 한자어인지 고유어인지 알 수가 없다. 원문 '賑給'에 대한 번역으로, 《번역소학》에서는 고유어 '거느리치다[구제하다]'로 풀이하고

있다. 따라서 '쥬쬭게ᄒᆞ더라'를 '구제하다'로 풀이하고자 한다.

【集說】陳氏曰若은汝也라荒은謂田畝荒蕪요頓은謂廬舍傾頓이라服은用也라

진 씨가 말하였다. "若은 '너'이다. 荒은 밭이랑이 거침을 이르고, 頓은 오두막집이 기울고 무너짐을 이른다. 服은 씀이다.

漢字 畝[이랑 무(묘)], 蕪(거칠 무)

【十一章】

○王祥이性孝ᄒᆞ더니蚤喪親ᄒᆞ고繼母朱氏ㅣ不慈ᄒᆞ야數朔譖之ᄒᆞ니由是失愛於父ᄒᆞ야每使掃除牛下ㅣ어든祥이愈恭謹ᄒᆞ며父母ㅣ有疾이어든衣不解帶ᄒᆞ며湯藥必親嘗ᄒᆞ더라母ㅣ嘗欲生魚ㅣ러니時예天寒冰凍이어늘祥이解衣ᄒᆞ고將剖冰求之러니冰忽自解ᄒᆞ야雙鯉躍出이어늘持之而歸ᄒᆞ니라母ㅣ又思黃雀炙柘ㅣ러니復有雀數十이飛入其幕이어늘復以供母ᄒᆞ니鄕里驚嘆ᄒᆞ야以爲孝感所致ㅣ라ᄒᆞ더라有丹柰結實이어늘母ㅣ命守之ᄒᆞᆫ대每風雨애祥이輒抱樹而泣ᄒᆞ니其篤孝純至ㅣ如此ᄒᆞ더라 《晉書 王祥列傳》

●王祥이 성품이 효성스럽더니, 일찍이 어머니를 잃고, 계모 주 씨가 자애롭지 않아 자주 그를 참소하니, 이로 말미암아 아버지에게서 사랑을 잃어, 매번 소똥을 쓸어 없애라 시키거든 상이 더욱 공손하고 삼가며, 부모가 질병이 있거든 옷에서 띠를 풀지 아니하며, 약을 끓임에 반드시 친히 맛보았다. 어머니가 일찍이 산 물고기를 먹고자 하더니, 때에 날씨가 춥고 얼음이 얼었거늘, 상이 옷을 풀고 장차 얼음을 쪼개어 그것을 구하고자 하더니, 얼음이

돌연 저절로 풀려 두 마리 잉어가 뛰어 나오거늘, 그것을 가지고 돌아왔다. 어머니가 또 누런 참새구이를 생각하더니, 다시 또 참새 수십이 그 막으로 날아 들어오거늘, 다시 써 어머니에게 공양하니, 마을이 놀라 감탄하여 효도에 감동되어 이른 바라 여겼다. 붉은 능금이 열매를 맺음이 있거늘, 어머니가 명하여 그것을 지키라한대, 매번 바람과 비에 상이 번번이 나무를 안고 우니, 그 두터운 효성의 순수하고 지극함이 이와 같았다.

漢字 祥(상서로울 상), 蚤(일찍 조, 벼룩 조, 손톱 조), 慈(사랑할 자), 譖(=讒 참소할 참), 掃(쓸 소), 愈(더욱 유, 나을 유), 湯(끓일 탕, 국 탕), 剖(쪼갤 부, 가를 부), 忽(돌연 홀, 갑자기 홀), 鯉(잉어 리), 躍(뛸 약), 持(가질 지), 雀(참새 작), 炙[구울 자(적)], 有(또 유), 幕(막 막), 柰(=奈 능금 내, 능금나무 내), 抱(안을 포)

1 왕상(王祥, 184년~268년): 삼국시대 위(魏)나라 말 서진(西晉) 초 낭야(琅邪) 임기(臨沂) 사람으로, 자는 휴징(休徵)이다. 성품이 지효(至孝)하여 계모(繼母)가 한겨울에 생어(生魚)를 원하자 곧 강으로 가서 옷을 벗고 얼음 위에 누워 얼음을 녹여 고기를 잡으려고 하니 두 마리의 잉어(鯉魚)가 뛰어 나와 잡아 드렸다고 한다. 24효(孝)의 한 사람이다. 후한 말에 난리를 피해 여강(廬江)에서 30여 년 동안 은거했다. 서주자사(徐州刺史) 여건(呂虔)이 불러 별가(別駕)에 임명했는데, 치적을 올렸다. 위나라 고귀향공(高貴鄕公)이 즉위하자 사예교위(司隸校尉)에 임명되었고, 사공(司空)을 거쳐 태위(太尉)에 이르렀다. 진나라에 들어 태보(太保)에 오르고 수릉공(睢陵公)에 봉해졌다. 낭야왕씨(琅邪王氏)는 그와 동생 왕람(王覽)에서부터 명문가로 발돋움했다(중국역대인명사전).

2 왕상(王祥)의 이모제(異母弟)인 왕람(王覽, 206년~278년)의 '형에 대한 우애'는 〈선행(善行) 제6〉 제34장에 소개되어 있다.

번소 王왕祥샹이 본셩이 효도로이더니 일 어미를 일코 훗어미 朱쥬氏시 ᄉᆞ랑티 아니ᄒᆞ야 ᄌᆞ조 할와텰ᄉᆡ 이러호모로 아비게 ᄉᆞ랑ᄒᆞ이디 몯ᄒᆞ야 ᄆᆡ양 쇠ᄯᅩᆼ을 츠이거든 王왕祥샹이 더욱 조심ᄒᆞ야 공슌히 ᄒᆞ며 어버ᄉᆡ 병이 잇거든 오슬 ᄆᆡ양 니버 ᄢᅴ 그른 적기 업스며 약을 달혀 친히 맛보더라 다슴어미 ᄉᆡᆼ션을 먹고져 ᄒᆞ더니 그저기 치워 어름미 어렷거늘 王왕祥샹이 옷 바사ᄇᆞ리고 어름 ᄠᅳ고 어두려 ᄒᆞ더니 어름미 믄득 절로 헤여뎌 두 리에 ᄠᅱ여 나거늘 가져 오니라 그 어미 ᄯᅩ ᄎᆞᆷ새 구우니를 먹고져 ᄒᆞ더니 ᄯᅩ 새 스므나ᄆᆞ니 ᄂᆞ라 지븨 들어늘 ᄯᅩ 어미ᄅᆞᆯ 머긴대 ᄆᆞ술 사ᄅᆞ미 놀라 차탄ᄒᆞ야 졍셩의 감동ᄒᆞ인 거시라 ᄒᆞ더라 ᄯᅩ 블근 머지 여름 ᄆᆡ잣거를 어미 디킈여 이시라 ᄒᆞᆫ대 ᄆᆡ양 ᄇᆞᄅᆞᆷ 비 틸 저긔 王왕祥샹이 믄득 남글 안고 우니 그 독실ᄒᆞᆫ 효되 ᄒᆞᆫᄀᆞᆯᄋᆞᆫ티 지극호미 이러터라

현대역 王祥이 본성이 효성스럽더니 일찍 어머니를 잃고, 의붓어머니 주 씨가 사랑하지 아니하여 자주 헐뜯으므로, 이러함으로 아버지에게 사랑받지 못하여 매양 쇠똥을 치우거든, 왕상이 더욱 조심하여 공순히 하며, 어버이 병이 있거든 옷을 매양 입어 띠 끄른 때가 없으며, 약을 달여 친히 맛보더라. 계모 생선을 먹고자 하더니 그때에 추워 얼음이 얼어 있거늘 왕상이 옷 벗어버리고 얼음 끄고[깨고] 얻으려 하더니, 얼음이 문득 저절로 헤어져[풀려] 두 鯉魚[잉어]가 뛰어 나오거늘 가져 오니라. 그 어미 또 참새 구운 것을 먹고자 하더니 또 새 스물 남짓[이십여 마리]이 날아 집에 들거늘, 또 어머니를 먹이니까 마을 사람이 놀라 嗟歎하여, 정성에 감동한 덕이라 하더라. 또 붉은 버찌가 열매 맺었거늘 어머니 지키어 있으라 하니까, 매양 바람 비 칠 때에 왕상이 문득 나무를 안고 우니, 그 독실한 효도가 한결같이 지극함이 이러하더라.

1 효도로이더니: 효성스럽더니. '효도로이(어간)+더(회상법 선어말어미)+니(연결어미)'이다. '효도로이다'는 '효성스럽다'의 옛말이다. 王祥이 본셩이 효도로이더니 일 어미ᄅᆞᆯ 일코(王祥性孝 蚤喪親).《번소 9:24》

2 할와틸ᄉᆡ: 헐뜯으므로. 참소해 대므로. '할와티(어간)+ㄹᄉᆡ(연결어미)'이다. '할와티다'는 '참소해 대다'의 옛말이다. 일 어미ᄅᆞᆯ 일코 ᄒᆞᆺ어미 朱氏 ᄉᆞ랑티 아니ᄒᆞ야 ᄌᆞ조 할와틸ᄉᆡ 이러호모로 아비게 ᄉᆞ랑ᄒᆞ이디 몯ᄒᆞ야 ᄆᆡ양 쇠ᄯᅩᆼ을 ᄎᆞ이거든(蚤喪親 繼母朱氏不慈 數譖之 由是失愛於父 每使掃除牛下).《번소 9:24》. '-ㄹᄉᆡ'는 동사, 형용사 어간 뒤에 붙어, '-(으)므로'를 뜻하는 어미이다. ᄒᆞ다가

둘헤 兼홇딘댄 物와 體왜 雜亂ᄒᆞ리니 物이 體의 아로미 아닐ᄉᆡ 펴니 이러 둘히 셔리어니 엇뎨 中이 ᄃᆞ외리오(若兼二者 物體雜亂 物非體知 成敵兩立 云何爲中).《능엄 1:72》, 프리 기프니 市井을 迷失ᄒᆞ리로다 ᄯᅡ히 幽僻홀ᄉᆡ 옷 ᄀᆞ외 니부믈 게을이 ᄒᆞ노라(草深迷市井 地僻嬾衣裳).《두시-초 7:5》

3 ᄉᆞ랑ᄒᆞ이다: 사랑받지. 'ᄉᆞ랑ᄒᆞ(능동사 어간)+이(피동접사)+디(보조적 연결어미)'이다. '-이-'는 일부 동사 어간 뒤에 붙어, '피동'의 뜻을 더하는 접사이다. 따라서 'ᄉᆞ랑ᄒᆞ이다'는 '사랑받지'로 풀이된다.

4 ᄎᆞ이거든: 치우거든. 'ᄎᆞ(주동사 어간)+이(사동접사)+거든(연결어미)'이다. 'ᄎᆞ다'는 '치다'의 옛말이다. 불필요하게 쌓인 물건을 파내거나 옮기어 깨끗이 하다. 변소를 며칠 치지미조차 ᄯᅩᇰᄋᆞᆯ ᄎᆞ더니.《월석 13:21》, 淘井 우믈 ᄎᆞ다.《역해 상:8》. 반ᄃᆞ기 서르 쇠ᄯᅩᇰᄋᆞᆯ ᄎᆞ이고 네 갑ᄉᆞᆯ 倍히 주리라(當相雇 除諸糞穢 倍與汝價).《법화 2:241》, ᄆᆡ양 쇠ᄯᅩᇰ을 ᄎᆞ이거든(每使掃除牛下).《번소 9:24》

5 그른: 끄른. 맺은 것이나 맨 것을 푼. '그르(어간)+ㄴ(관형사형 어미)'이다. 현대국어 '끄르다'의 옛말인 '그르다'는 15세기 문헌에서부터 나타난다. 15세기 '그르다'는 자음이나 매개모음으로 시작하는 어미가 결합할 때에는 '그르-'로 나타나고 모음으로 시작하는 어미가 결합할 때에는 '글ㅇ-'으로 나타나 '그르-/글ㅇ-'의 교체를 보였다. 16세기에 성문 마찰 유성음 'ㅇ[ɦ]'이 사라지면서 17세기에는 모음으로 시작하는 어미가 결합할 때 '글러'와 같이 '글ㄹ-'로 나타나게 되었다. 이로써 '그르다'는 현대국어와 같이 '르'불규칙 동사의 활용 양상을 갖게 되었다. 19세기에 제1음절 초성 'ㄱ'이 어두 된소리화를 경험하여 'ᄭᅳ르다'가 되었는데, 실제 문헌상으로는 과잉 분철된 'ᄭᅳᆯ으다'의 예만 보인다. 20세기에 들어와 'ㄱ'의 된소리를 'ㄲ'으로 표기하게 되면서 현재의 '끄르다'에 이르렀다. '그르다'는 16세기 이후로 '그ᄅᆞ다'로 나타나기도 하였는데 이는 16세기에 비어두음절의 '·'가 'ㅡ'로 바뀐 변화를 의식한 과도 교정 표기이다. 그르다(15세기~19세기)〉ᄭᅳ르다(19세기)〉끄르다(20세기~현재). 이형태: 그르-, 그ᄅᆞ-, 글ㅇ-, 글ㄹ-, ᄭᅳᆯ으-. 病을 여희에 ᄒᆞ며 能히 一切 生死ㅅ ᄆᆡ요ᄆᆞᆯ 그르게 ᄒᆞᄂᆞ니라.《1459 월석 18:52ㄱ》, 太子ㅣ ᄀᆞᆷᄌᆞᆨ도 아니ᄒᆞ야 보신대 그 각시 도로 글어 밧긔 내야 더디니라.《1447 석상 3:24ㄴ》, 父母ㅣ 병이 잇거든 옷슬 ᄯᅴᄅᆞᆯ 그ᄅᆞ디 아니ᄒᆞ며 藥을 달혀 반ᄃᆞ시 親히 맛보더라.《1588 소언 6:22ㄱ》

6 다슴어미: '다ᄉᆞᆷ어미'의 이형태로, '의붓어미'의 옛말이다. '다ᄉᆞᆷ'은 '인위적으로 맺어진 자식이나 어버이'를 뜻한다. 親ᄒᆞ닐 親히 ᄒᆞ고 다ᄉᆞᆷ으란 기우로 ᄒᆞ면

가히 義라 니ᄅᆞ리여(親其親而偏其假 可謂義乎).《내훈 3:22》(현대역: 친한 사람을 친히 하고 의붓자식은 기울게 하면 가히 의라 이르랴.)

7 어렷거늘: 얼어 있거늘. 얼(어간)+어(보조적 연결어미)+잇(在, '잇다'의 어간)+거늘(연결어미)'이다. 완료상은 보조적 연결어미 '-아/어/여'와 보조형용사 '잇다[在]'의 결합으로 표현된다. 그런데 '잇-'이 본동사와 한 음절을 이룰 때 이미 15세기에 'ㅣ'가 탈락되어 '어+ㅅ→엇'으로 나타나는 일이 많았다. ᄌᆞ로ᄂᆞᆫ 사랏거든 힘ᄀᆞ장 효도ᄒᆞ고 죽거든 못내 그리ᄂᆞ다 ᄒᆞ리로다(由也 可謂生事盡力死事盡思者也).《삼강 효:2》, ᄯᅩ 믄득 中風ᄒᆞ야 人事 모ᄅᆞ고 痰이 마켜써든 生白礬 두돈ᄋᆞᆯ ᄀᆞᄅᆞ ᄆᆡᆼᄀᆞ라.《구방 상:3》. '-거늘'이나 이형태 '-어늘'은 '거/어'가 빠진 '*-늘'도 없고, '거/어'자리에 다른 형태소가 대치된 '*-ᄂᆞ늘, '*-더늘' 등의 어미도 없기 때문에 형태소의 일부분이 된다.

8 ᄢᅳ고: 끄고. 'ᄢᅳ(어간)+고(연결어미)'이다. 현대국어 '끄다'의 옛말인 'ᄢᅳ다'는 16세기 문헌에서부터 나타난다. 근대국어 시기를 거치면서 어두자음군이 사라져 'ㅴ'에서 'ㅂ'이 탈락하고, 'ㄱ'의 된소리 표기가 'ㅺ'에서 'ㄲ'으로 바뀌어 '끄-'로 나타나면서 현재에 이른 것으로 보인다. ᄢᅳ다(16세기)〉끄다(20세기~현재). 이형태: ᄢᅳ다. 王祥이 옷 바사 ᄇᆞ리고 어름 ᄢᅳ고 어두려 ᄒᆞ더니 어름미 믄득 절로 헤여뎌 두 리에 ᄠᅱ여 나거늘.《1518 번소 9:25ㄱ》. 여기서의 '끄다'는 '엉기어 덩어리가 된 물건을 깨어 헤뜨리다.'를 뜻한다. 마른땅에 호미 날이 닿는 대로 흙덩이는 떡 덩이처럼 켜가 진다. 흙덩이를 끄는 대로 뽀얀 먼지가 일어난다.《이기영, 고향》, 밥은 찬밥인 듯, 숟갈로 몇 번 밥덩이를 끄니까 무럭무럭 나던 김이 단박 사그라졌다.《박완서, 미망》

9 헤여뎌: 헤어져. '헤여디(어간)+어(연결어미)'이다. '헤여디다'는 '헤어지다'의 옛말이다. 뭉치거나 붙어 있는 물체가 따로따로 흩어지거나 떨어지다. 더덕과 돌아졸 닉게 ᄉᆞᆯ마 머리 베혀 ᄇᆞ리고 헤여디게 ᄶᅵ허 소곰 섯거 도긔 녀호ᄃᆡ(沙參桔梗 去蘆洗乾 擣末篩過 沉水去毒 緊握去水 入瓮).《구촬 10》(현대역: 더덕과 도라지를 익게 삶아 머리 베어버리고 헤어지게 찧어 수금 섞어 독에 넣되.), 祥이 옷슬 그ᄅᆞ고 쟝ᄎᆞᆺ 어름을 ᄢᅳ고 어드랴 ᄒᆞ더니 어름이 믄득 절로 헤여디여 두리에 ᄠᅱ여 나거늘 가져 도라오니라(祥解衣 將剖冰求之 冰忽自解 雙鯉躍出持之而歸).《소언 6:22》(현대역: 상이 옷을 끄르고 장차 얼음을 깨고 얻으려 하더니 얼음이 문득 저절로 헤어져서 둥글게 튀어 나오거늘 가지고 돌아왔다.)

10 오니라: 오니라. '오(어간)+니라(평서형 종결어미)'이다. '-니라'는 '-다'에 비해

보수적 평서형 종결어미이다. '-니라'는 '이다'의 어간, 받침 없는 형용사 어간, 'ㄹ' 받침인 형용사 어간 또는 어미 '-으시-' 뒤에 붙어, 해라할 자리에 쓰여, 진리나 으레 있는 사실을 일러 줄 때에 예스럽게 쓰이는 종결어미이다. 모든 일을 다 잊어버려라. 잊는 것이 제일이니라.《김동인, 젊은 그들》

11 스므나ᄆᆞ니: 스물 남짓이. '스므나ᄆᆞᆫ(명사)+이(주격 조사)'이다. '-나ᄆᆞᆫ'은 현대국어 의존명사 '남짓'과 비슷한 뜻을 지닌 접사이다. 즉 '일부 수사 뒤에 붙어, 그 수보다 좀 더 됨'을 나타낸다. 자세한 설명은 〈가언(嘉言) 제5〉 제46장 '여라ᄆᆞᆫ'을 참조하라.

12 머긴대: 먹이니까. '먹이(어간)+ㄴ대(연결어미)'이다. '-ㄴ대'는 어간이나 어미 뒤에 붙어, 설명이나 이유를 보이는 '-니까'를 뜻하는 어미이다. 目連이 淨飯王ᄭᅴ 도라가 이 辭緣을 ᄉᆞᆯᄫᆞᆫ대 王이 大愛道ᄅᆞᆯ 블러 니ᄅᆞ샤ᄃᆡ《석상 6:6》, 부톄 比丘 ᄃᆞ리시고 드러 안ᄌᆞ신대 鸚鵡ᄃᆞᆯ히 부텨를 보ᅀᆞᆸ고 깃븐 ᄆᆞᅀᆞᄆᆞᆯ 내야 ᄒᆞᆫ 날 命終ᄒᆞ야 忉利天에 나니라《석상 6:41~42》

13 차탄ᄒᆞ야: 차탄(嗟歎)하여. 탄식하고 한탄하여.

14 머지: 버찌가. '멎(명사)+이(주격 조사)'이다. '멎'은 '버찌'의 옛말이다. 가ᄇᆡ야온 籠애 니근 머지 곳답도다(輕籠熟㮈香).《두시-초 15:23》. '멎'은 대문(大文) '柰'에 대한 번역이다. 그런데 '柰'는 '버찌 내'의 뜻도 있지만, 보통은 '능금 내'로 새긴다. 그렇다면 '닝금'으로 번역되어야 하는데, 《번역소학》에는 '멎'으로, 《소학언해》에는 '먼'으로 번역되어 있다. 현대국어 '능금'의 옛말인 '닝금'은 16세기 문헌에서부터 나타난다. 19세기에 제1음절 모음 'ㅣ'가 'ㅡ'로 변하면서 현대국어의 '능금'이 되었다. 고유어 '닝금'과 함께 한자어 '림금(林檎)'의 한글 표기인 '님금'과 '림금'이 18세기까지 공존하였다. 닝금(16세기)〉능금(19세기~현재). 이형태: 닝금, 님금, 림금, 능금. 檎 닝긊 금.《1527 훈몽 상:6ㄱ》, 檳 큰 림금 빈.《1527 훈몽 상:6ㄴ》, 뎝시에ᄂᆞᆫ 柑子와 石榴와 香水梨와 櫻桃와 ᄉᆞᆯ고와 굴근 님금과 유황ᄉᆞᆯ고와 굴근 외얏이오.《1677 박언 상:4ㄴ》, 능금 林檎 果名.《1895 국한 65》

소언 王왕祥샹[晋진 적 사ᄅᆞᆷ이라]이 性셩이 효도ᄅᆞᆸ더니 일 어미ᄅᆞᆯ 일코 繼계母모 朱쥬氏시 어엿비 녀기디 아니ᄒᆞ야 ᄌᆞ조 하니 일로 말ᄆᆡ암아 아ᄇᆡ게 ᄉᆞ랑을 일허 ᄆᆡ양 ᄒᆡ여곰 쇠ᄯᅩᇰ을 ᄡᅳ설이거ᄃᆞᆫ 祥샹이 더옥 공슌ᄒᆞ고 삼가며 父부母모ㅣ 병이 잇거든 옷슬 씌ᄅᆞᆯ 그ᄅᆞ디 아니ᄒᆞ며 藥약을 달혀 반ᄃᆞ시 親친히 맛보더라 어미 일즉 生ᄉᆡᆼᄒᆞᆫ 고기ᄅᆞᆯ 먹고져 ᄒᆞ더니 그적의 하ᄂᆞᆯ이 차 어ᄅᆞᆷ이 어렷거늘 祥샹이 옷슬 그ᄅᆞ고 쟝ᄎᆞᆺ 어름을 ᄣᅳ고 어드랴 ᄒᆞ더니 어름이 믄득 절로 헤여디여 두 리에 ᄠᅱ여 나거늘 가져 도라 오니라 어미 ᄯᅩ ᄎᆞᆷ새 구은 이를 ᄉᆡᆼ각ᄒᆞ더니 ᄯᅩ 새 두어열히 ᄂᆞ라 그 집의 들거ᄂᆞᆯ ᄯᅩ ᄡᅧ 어미ᄅᆞᆯ 먹이니 ᄆᆞ올히 놀라 차탄ᄒᆞ야 ᄡᅧ 효도의 감동ᄒᆞ야 닐윈 배라 ᄒᆞ더라 블근 멎이 이셔 여름 ᄆᆡ잣거ᄂᆞᆯ 어미 命명ᄒᆞ야 딕희라 ᄒᆞᆫ대 ᄆᆡ양 ᄇᆞᄅᆞᆷ비예 祥샹이 믄득 남글 안고 우니 그 독실ᄒᆞᆫ 효되 슌일코 지극홈이 이ᄀᆞᆮ더라

현대역 王祥[晉 때 사람이라.]이 본성이 효성스럽더니 일찍 어머니를 잃고, 계모 주 씨가 불쌍히 여기지 아니하여 자주 비방하니, 이로 말미암아 아버지에게 사랑을 잃어 매양 하여금 쇠똥을 쓰레질하게 하거든, 상이 더욱 공순하고 삼가며, 부모가 병이 있거든 옷을 띠를 끄르지 아니하며, 약을 달여 반드시 친히 맛보더라. 어머니가 일찍 산고기[생선]를 먹고자 하더니, 그때에 하늘이 차서 얼음이 얼었거늘, 상이 옷을 끄르고 장차 얼음을 끄고[깨고] 얻으려 하더니, 얼음이 문득 절로 헤어지어[풀려] 두 잉어 뛰어 나오거늘, 가져 돌아 오니라. 어머니가 또 참새 구운 것을 생각하더니, 또 새 두어 열[이십여 마리]이 날아 그 집에 들거늘, 또 써 어머니를 먹이니까, 마을이 놀라 차탄하여, 써 효도에 감동하여 일어난 바라 하더라. 붉은 버찌가 있어 열매 맺었거늘 어머니가 명하여 지키라 하니까, 매양 바람과 비에 상이 문득 나무를 안고 우니, 그 독실한 효도가 純一하고 지극함이 이와 같더라.

1 ᄡᅳ설이거ᄃᆞᆫ: 쓰레질하게 하거든. 'ᄡᅳ설(주동사인 자동사 어간)+이(사동접사)+거ᄃᆞᆫ(연결어미)'이다. 'ᄡᅳ설이다'는 'ᄡᅳ설다'의 사동사로, '쓰레질하게 하다'의 옛말이다. '-거ᄃᆞᆫ'은 'ㅣ' 계열 이중모음이나 'ㄹ' 받침으로 끝나지 않는 어간 뒤에 붙어, 주로 동사, 형용사 어간 뒤에 붙어, '-거든'을 뜻하는 어미이다. 귓거싀 ᄂᆞᆾ과 神靈의 머리 ᄂᆞᆾ촐 對ᄒᆞ야 오거ᄃᆞᆫ 이ᄢᅴ 서르 아디 몯ᄒᆞ노라 니ᄅᆞ디 말라(鬼面神頭 對面來 此時 莫道不相識).《금삼 3:27》, 만일 이믜 자셔 겨시거ᄃᆞᆫ 믈러오고

만일 자시디 아녀 겨시거든 얼운을 도와 쟝만홈을 보술필디니라(若已食則退若未食則佐長者視具).《소언 2:4》, 앗가 사룸을 보내오니 브르더라 ᄒᆞ옵ᄂᆡ 그러커든 몬져 가옵소.《첩신-초 1:23~24》

2 그ᄅᆞ디: 끄르지. 맺은 것이나 맨 것을 풀지. '그ᄅᆞ(어간)+디(보조적 연결어미)'이다. 현대국어 '끄르다'의 옛말인 '그르다'는 15세기 문헌에서부터 나타난다. 15세기 '그르다'는 자음이나 매개모음으로 시작하는 어미가 결합할 때에는 '그르-'로 나타나고 모음으로 시작하는 어미가 결합할 때에는 '글ㅇ-'으로 나타나 '그르-/글ㅇ-'의 교체를 보였다. '그르다'는 본 예와 같이, 16세기 이후로 '그ᄅᆞ다'로 나타나기도 하였는데 이는 16세기에 비어두음절의 'ㆍ'가 'ㅡ'로 바뀐 변화를 의식한 과도 교정 표기이다.

3 닐윈: 일어난. '닐위(어간)+ㄴ(관형사형 어미)'이다. '닐위다'는 '이루다'의 옛말이고, 여기에 사동접사 '우'를 더한 '닐위우다'는 '이루게 하다'를 뜻한다. 精ᄒᆞᆫ ᄆᆞᅀᆞ미 섯디 아니ᄒᆞ야 道애 나사가ᄃᆡ 개을이 아니 ᄒᆞᄂᆞ니 아니면 수비 닐위디 몯ᄒᆞ리니.《월석 17:56》, 님그믈 닐위오져 ᄒᆞ나 님그미 듣디 아니ᄒᆞ시놋다(致君君未聽).《두시-초 19:34》. 님그믈 堯舜에 닐위우므란 그듸내게 브티노니(致君堯舜付公等).《두시-초 19:23》

4 슌일코: 순일(純一)하고. '슌일ᄒᆞ(어간)+고(연결어미)'이다. 어간 '슌일ᄒᆞ-'에서 'ㆍ'가 탈락하고, 어미 'ㄱ'과 자음축약을 일으킨 것이다. 다른 것이 섞이지 아니하고 순수하다. 유의어: 증증(蒸蒸/烝烝)하다.

【集說】陳氏曰祥의字는休徵이니琅琊人이라親은母也라失愛於父는不得父之愛也라牛下는牛糞이라柰는果名이라每風雨에抱樹而泣者는恐傷柰實하여有咈親之心也라

진 씨가 말하였다. "祥의 자는 休徵이니, 琅琊 사람이다. 親은 어머니이다. 失愛於父[아버지에게서 사랑을 잃음]는 아버지의 사랑을 얻지 못함이다, 牛下는 소똥이다. 柰는 과일 이름이다. 매번 바람과 비에 나무를 안고 우는 것은 능금의 열매가 상하여 어머니의 마음을 어김이 있을까 두려워해서다."

漢字 徵(부를 징), 琅(옥 이름 랑), 琊(땅 이름 야), 糞(똥 분), 咈(어길 불)

〖十二章〗

○王裒蒲侯反의字는偉元이니父儀ㅣ爲魏安東將軍司馬昭의司馬ㅣ러니東關之敗예昭ㅣ問於衆曰近日之事를誰任其咎오儀ㅣ對曰責任元帥ᄒᆞ니이다昭ㅣ怒曰司馬ㅣ欲委罪於孤耶아ᄒᆞ고遂引出斬之ᄒᆞ다 《晉書 孝友列傳》

● 왕부(王裒)의 자는 偉元이니, 아버지 儀가 魏나라 안동장군 司馬昭의 사마가 되었더니, 東關[吳나라]의 패배에 昭가 여러 사람에게 물어 말하였다. "요사이의 일을 누가 그 허물을 맡아야 하는가?" 儀가 대답하여 말하였다. "책임이 원수에게 있습니다." 소가 노하여 말하였다, "사마는 나에게 죄를 맡기고자 하느냐?" 드디어 끌어내어 그를 베었다.

漢字 裒(모을 부), 昭(밝을 소), 咎(허물 구), 任(맡길 임), 委(맡길 위), 孤(나 고), 斬(벨 참)

1 사마소(司馬昭, 211년~265년): 삼국시대 위(魏)나라 하내(河內) 온현(溫縣) 사람이다. 자는 자상(子上)이고, 사마의(司馬懿)의 아들이다. 자세한 내용은 〈가언(嘉言) 제5〉 제23장을 참조하라.

2 사마(司馬): 군사(軍事)의 일을 맡은 벼슬로, 주(周) 나라 때 육경(六卿)의 하나이다(《서경(書經)》 〈주서목서周書牧誓〉). 한(漢) 나라 때 삼공(三公)의 하나이다(《사물기원(事物起原)》). 조선 때 병조판서(兵曹判書) 별칭이다.

3 왕의(王儀, 미상~252년경): 삼국시대 위(魏)나라 성양(城陽) 영릉(營陵) 사람으로, 왕수(王修)의 아들이다. 사마소(司馬昭)의 사마(司馬)가 되었다. 제왕(齊王)과 조방(曹芳) 가평(嘉平) 중에 사마소가 군대를 통솔해 오(吳)나라를 정벌했을 때 동관(東關)에서 싸우다가 패했다. 사마소가 패배의 책임을 묻자 원수(元帥)에게 책임이 있다고 대답하자 화가 난 사마소가 참수했다(중국역대인명사전).

4 왕부(王裒, 미상~311년경): 서진(西晉) 성양(城陽) 영릉(營陵) 사람으로, 자는

위원(偉元)이다. 어릴 때부터 절조를 숭상했고, 박학다능(博學多能)했다. 나라에서 벼슬을 주려고 불렀지만 아버지 왕의(王儀)가 사마소(司馬昭)에게 억울하게 죽은 것을 슬퍼해 나가지 않고 여막(廬幕)에서 지내며 아침저녁으로 묘소 곁의 측백나무를 붙잡고 울자, 흐르는 눈물에 젖어 나무가 말라죽었다고 한다. 은거하여 학생을 가르쳤는데, 집안이 가난해 손수 농사를 지으면서 살았다. 낙양(洛陽)이 함락되자 친족들이 모두 강남(江南)으로 옮겼지만 무덤을 떠나지 못해 머물다가 비명에 죽었다(중국역대인명사전).

5 고(孤): 높은 사람이 자신에 대한 겸칭이다. '높은 사람이 덕이 없어 고립되었다.'에서 유래한 말이다.

번소 王왕裒부의 字ᄌᆞᄂᆞᆫ 偉위元원이니 裒부의 아비 儀의ㅣ 魏위ㅅ나라 安안東동將쟝軍군 司ᄉᆞ馬마昭쇼의손ᄃᆡ 가 司ᄉᆞ馬마 ᄲᅧ슬ᄒᆞ야 잇더니 東동關관 ᄡᅡ희 사홈 모디긔여셔 昭쇼ㅣ 모ᄃᆞᆫ 사ᄅᆞᆷᄃᆞ려 무러 닐오ᄃᆡ 요조ᅀᆞᆷ 이른 뉘 그 허믈 맛ᄃᆞᆯ고 ᄒᆞ여ᄂᆞᆯ 儀의 ᄃᆡ답ᄒᆞ야 닐오ᄃᆡ 외요미 도원슈ᄭᅴ 인ᄂᆞ니이다 ᄒᆞ여ᄂᆞᆯ 昭쇼ㅣ 로ᄒᆞ여 닐오ᄃᆡ 司ᄉᆞ馬마ᄂᆞᆫ 내게 죄를 다왇고쟈 ᄒᆞᄂᆞ냐 ᄒᆞ고 자바나여 주기다

현대역 王裒의 자는 偉元이니, 裒의 아버지 儀가 魏나라 안동장군 司馬昭에게 가 사마의 벼슬하여 있더니, 東關 땅의 싸움 못 이기어서 소가 모든 사람에게 물어 이르되, "요즈음 일은 누가 그 허물을 맡을까?" 하거늘, 의가 대답하여 이르되, "그릇이 도원수께 있습니다." 하거늘, 소가 노하여 이르되, "사마는 내게 죄를 다그치고자 하느냐?" 하고, 잡아내어 죽이다.

1 ᄉᆞ마쇼의손ᄃᆡ: 사마소에게. 'ᄉᆞ마쇼(명사)+의(관형격 조사)+손ᄃᆡ(부사성 의존명사)'이다. 부사성 의존명사 '손ᄃᆡ'와 'ᄭᅴ'는 관형격 조사 아래에만 나타난다. '의 손ᄃᆡ'는 끝음절의 모음이 'ㅏ, ㅗ'가 아닌 체언류 뒤에 붙어, 동작이 닿는 처소 '에게'를 뜻한다. 王이 ᄀᆞ장 두리여 沙門의손ᄃᆡ 사ᄅᆞᆷ ᄇᆞ려 니ᄅᆞᆫ대.《석상 24:22》, 내 漢兒人의손ᄃᆡ 글 ᄇᆡ호니 이런 젼ᄎᆞ로 져그나 漢語 아노라(我漢兒人上學文書 因此上些少漢兒言語省的).《번노 상:2》

2 맛ᄃᆞᆯ고: 맡을까. '맛ᄃ(어간)+ᄋᆞ(매개모음)+ㄹ(관형사형 어미)+고(의문 보조사)'

이다. '-ㄹ고'는 관형사형과 보조사의 통합으로 구성된, 간접 의문법에서 설명의 문문을 만드는 요소이다. 의문사 '뉘'와 함께 쓰였고, '오' 계통의 모음으로 되어 있다. 巴蜀애 와 病이 하니 荊蠻애 가ᄆᆞᆫ 어느 힐고(巴蜀來多病 荊蠻去幾年).《杜초 7:4》, 어느 ᄢᅴᅀᅡ 노ᄑᆞᆫ 議論이 金門을 미러 드러 各各 蒼生ᄋᆞ로 ᄒᆡ여곰 環堵ᄅᆞᆯ 두게 ᄒᆞᆯ고(幾時高議排金門 各使蒼生有環堵).《두시-초 7:29》

3 ᄒᆞ여ᄂᆞᆯ: 하거늘. 'ᄒᆞ(어간)+여ᄂᆞᆯ(연결어미)'이다. '-여ᄂᆞᆯ'은 'ᄒᆞ다'의 어간이나 끝음절의 모음이 'ㅣ'인 어간 뒤에 붙어, '-거늘'을 뜻하는 어미이다. 西幸이 ᄒᆞ마 오라샤 角端이 말ᄒᆞ야ᄂᆞᆯ 術士ᄅᆞᆯ 從ᄒᆞ시니(西幸既久 角端有語 術士之請 于以許之).《용가 42장》, 虛空애셔 닐오ᄃᆡ 이제 부톄 나아 겨시니라 ᄒᆞ야ᄂᆞᆯ 즉자히 니러 竹園으로 오더니.《석상 6:12》

4 외요미: 그름이. '외(어간)+욤(명사형 어미)+이(주격 조사)'이다. '욤'은 명사형 어미 '오'가 어간의 이중모음 [oj] 뒤에서 교체된 것이다. '외다'는 '그르다'의 옛말이다. ᄯᅩ 義로ᄡᅥ 제 헐리 잇ᄂᆞ니 남진이 비록 ᄉᆞ랑ᄒᆞ나 舅姑ㅣ 외다 ᄒᆞ면 이 닐온 義로 제 허로미라(亦有以義自破者也 夫雖雲愛 舅姑雲非 此所謂以義自破者也).《내훈 2:12》, ᄆᆞᅀᆞᆷ 조ᄒᆞᆯ씨 信이오 왼 일 마로미 戒오.《석상-중 11:43》

5 다왇고쟈: 다그치고자. '다왇(어간)+고쟈(연결어미)'이다. '-고쟈'는 주로 동사, 형용사 어간 뒤에 붙어, '-고자'를 뜻하는 어미이다. ᄆᆞᄋᆞᆷ과 ᄠᅳᆮ과 즐기시던 것과 ᄒᆞ고쟈 ᄒᆞ시던 것슬 ᄆᆞᄋᆞᆷ애 닛디 아니ᄒᆞ시니(心志嗜欲, 不忘乎心).《소언 2:27》, ᄌᆞ조 도적을 만나 或 겁틱ᄒᆞ야 잡아가고쟈 ᄒᆞ거든 革이 믄득 울오(數遇賊或劫欲將去 革輒涕泣求哀 言有老母).《소언 6:18》

6 인ᄂᆞ니이다: 있습니다. '잇(어간)+ᄂᆞ(현재 시제 선어말어미)+니(원칙법 선어말어미)+이(존비법 ᄒᆞ쇼셔체 선어말어미)+다(평서형 종결어미)'이다. 이러모로ᄡᅥ 우콰 아래 能히 서르 굳ᄂᆞ니이다(是以 上下能相固也.).《소언 4:53》, 올ᄉᆞ와이다 島中의셔도 그리 니르ᄋᆞᆸᄂᆞ니이다.《첩신-초 3:13》

소언 王왕裒부의 字ᄌᆞᄂᆞᆫ 偉위元원이니 아비 儀의ㅣ 魏위[나라 일홈이라] 安안東동將쟝軍군 司ᄉᆞ馬마昭쇼의 司ᄉᆞ馬마[벼슬 일홈이라]ㅣ 되얏더니 東동關관[ᄯᅡ 일홈이니 吳오ㅅ나라와 싸호다가 패ᄒᆞ니라]에 敗패홈애 昭쇼ㅣ 모든 사ᄅᆞᆷᄃᆞ려 무러 ᄀᆞᆯ오ᄃᆡ 요조옴 일을 뉘 그 허믈을 맛ᄃᆞ료 儀의 ᄃᆡ답ᄒᆞ야 ᄀᆞᆯ오ᄃᆡ 허믈이 웃듬쟝슈ᄭᅴ 인ᄂᆞ니이다 昭쇼ㅣ 怒노ᄒᆞ야 ᄀᆞ로ᄃᆡ 司ᄉᆞ馬마ㅣ 내게 罪죄를 밀고쟈 ᄒᆞᄂᆞ냐 ᄒᆞ고 드듸여 ᄭᅳ어내여 죽이다

현대역 왕부(王裒)의 자는 偉元이니, 아버지 儀가 魏[나라 이름이라.] 안동장군 司馬昭의 사마[벼슬 이름이다.]가 되었더니, 동관[땅 이름이니, 오나라와 싸우다가 패하니라.]에 패함에 소가 모든 사람에게 물어 가로되, "요즈음 일을 누가 그 허물을 맡으리오." 의가 대답하여 가로되, "허물이 으뜸장수께 있습니다." 소가 노하여 가로되, "사마가 내게 죄를 밀고자 하느냐?" 하고, 드디어 끌어내어 죽이다.

1 맛ᄃᆞ료: 맡으리오. '맛ᄃᆞ(어간)+ᄋᆞ(매개모음)+료(의문형 종결어미)'이다. '-료'는 ᄒᆞ라체 제1·3인칭 의문법 중 정보를 요구하는 설명의문문의 종결어미이다. 의문사 '뉘'를 동반하고 있다. 出家ᄒᆞᆫ 사ᄅᆞᄆᆞᆫ 쇼히 ᄀᆞᆮ디 아니ᄒᆞ니 그에 精舍ㅣ 업거니 어드리 가료《석상 6:22》, 太子ㅣ 우스며 닐오ᄃᆡ 내 ᄆᆞᄉᆞ거시 不足ᄒᆞ료.《석상 6:24》

2 ᄭᅳ어내여: 끌어내어[曳出]. 'ᄭᅳ어내(어간)+여(연결어미)'이다. 'ᄭᅳ어내다'의 앞선 형은 'ᄭᅳ서내다'이다. 바횟 굼긔 수머거늘 ᄭᅳ서내여 모라 ᄧᅩ차 알ᄑᆡ 셰여 가ᄃᆡ(匿巖穴間 曳出之 驅迫以前).《번소 9:66》

【集說】陳氏曰上司馬는覆姓이요下司馬는官名이라東關之敗는魏嘉平四年에吳諸葛恪이敗魏師于東興이是也라元帥는謂昭요孤는昭自稱也라

진 씨가 말하였다. "위의 사마는 覆姓이요, 아래의 사마는 벼슬 이름이다. 동관의 패배는 위나라 嘉平 4년에 오나라 제갈각(諸葛恪)이 위나라 군사를 東興에서 깨뜨림이 이것이다. 元帥는 昭를 이르고, 孤는 스스로를 칭함이다.

漢字 覆(다시 복, 덮을 부), 敗(깨뜨릴 패), 恪(삼갈 각)

1 복성(複姓, 覆姓): 두 자로 된 성.

2 가평(嘉平): 중국 삼국시대 '조위(曹魏)'라고도 불리는 위(魏)의 제3대 황제인

소제(少帝) 조방(曹芳, 재위 239년~254년) 때의 두 번째 연호이다. 249년 음력 4월부터 254년 음력 10월까지 6년 동안 사용되었다. 조방은 249년[정시(正始) 10년] 음력 1월 태위(太尉) 사마의(司馬懿)가 '고평릉의 변[高平陵之變]'이라고 불리는 정변을 일으켜 조상(曹爽)을 죽이고 조정의 실권을 장악하자, 대사면을 실시하며 그를 승상(丞相)으로 삼았다. 그리고 음력 4월에 그 해를 원년으로 연호를 '정시(正始)'에서 '가평(嘉平)'으로 바꾸었다. 가평 연간에 위나라의 권력은 사마의의 일족인 사마씨(司馬氏)에게 완전히 장악되었다. 251년(가평 3년) 사마의가 죽은 뒤에는 그의 맏아들인 사마사(司馬師)가 무군대장군(撫軍大將軍)의 지위에 올라 조정의 실권을 쥐고 전횡을 하였다. 사마사는 252년(가평 4년) 손권(孫權)이 죽자 호준(胡遵)·제갈탄(諸葛誕) 등을 보내 오나라의 동흥(東興)을 침공했으나, 제갈각(諸葛恪)이 이끈 오나라 군대에 패했다. 그러나 이듬해 합비신성(合肥新城)을 공격해온 오나라 군대를 관구검(毌丘儉)·문흠(文欽) 등을 보내 물리쳤다. 사마사가 전횡을 하자 254년(가평 6년) 음력 2월 중서령(中書令) 이풍(李豊)은 황후 장 씨(張氏)의 아버지인 광록대부(光祿大夫) 장집(張緝)과 공모하여 태상(太常) 하후현(夏侯玄)을 대장군으로 삼아 사마씨의 권력을 견제하려 했다. 그러나 사마사는 그러한 움직임을 미리 알아채고 관련된 자들을 모두 죽였으며, 음력 3월에는 황후 장 씨를 쫓아내고 왕 씨(王氏)를 새 황후로 세웠다. 사마사는 254년 음력 9월 황태후 곽 씨(郭氏)를 압박하여 당시 23세이던 조방을 폐위시켜 제왕(齊王)으로 봉했다. 그리고 문제(文帝) 조비(曹丕)의 손자로 당시 12세이던 고귀향공(高貴鄉公) 조모(曹髦)를 새 황제로 세웠다. 음력 10월에 제위에 오른 폐제(廢帝)는 그 해를 원년으로 연호를 '정원(正元)'으로 바꾸었다(두산백과).

3 제갈각(諸葛恪, 203년~253년): 자(字)는 원손(元遜)이며, 낭야군(琅玡郡) 양도(陽都, 지금의 山東省 沂南) 출신이다. 삼국시대 오(吳)나라의 중신 제갈근(諸葛瑾, 諸葛亮의 형)의 장남으로, 촉(蜀)나라의 승상이던 제갈량에게는 조카가 된다. 오나라의 2대 황제인 손량(孫亮)의 섭정이었으나 손준에게 암살되었다. 진수(陳壽)의 《삼국지(三國志)》〈오서(吳書)〉'제갈각전(諸葛恪傳)'에 따르면, 제갈각은 어릴 때부터 재주가 뛰어나 이름이 널리 알려졌으며 손권(孫權)의 총애를 받았다. 222년에 20세의 나이로 기도위(騎都尉)로 임명되어 고담(顧譚)·장휴(張休) 등과 함께 태자인 손등(孫登)에게 도(道)와 예(藝)를 강론했으며, 태자의 빈우(賓友)가 되었다. 그 뒤 중서자(中庶子)와 좌보도위(左輔都尉) 등을

지내며 태자를 섬겼다. 손권은 제갈각의 재주를 시험하려고 군대의 식량을 관장하는 절도(節度)의 직책을 수행하게 했으나, 제갈각은 단양(丹楊)의 관리로 나가기를 청했다. 단양은 산이 험하고 소수민족들인 산월(山越)이 끊임없이 반란을 일으키는 곳이었으나 제갈각은 3년만에 산월을 평정하고 4만의 병사를 얻을 수 있다고 장담하였다. 그러자 손권은 234년 제갈각을 무월장군(撫越將軍)으로 임명하고 단양태수(丹楊太守)를 겸하게 했다. 제갈각은 병사들에게 방어만 충실히 하도록 명령하고, 들판의 곡식을 베어 산에 사는 산월의 식량공급을 차단하는 청야(淸野) 작전을 펼쳤다. 그러자 굶주린 산월 사람들이 점차 투항해왔는데, 제갈각은 그들을 바깥의 현으로 옮겨 살게 하고 의심하여 잡아 가두지 못하게 했다. 구양(臼陽)의 현장(縣長)이던 호항(胡伉)이 투항한 산월 사람인 주유(周遺)를 구금하는 일이 벌어지자 그의 목을 베어 사람들에게 돌려 보이기도 하였다. 그러자 더욱 많은 산월 사람들이 산에서 내려와 투항하였고, 제갈각은 1년만에 4만의 병사를 모을 수 있었다. 손권은 제갈각의 공로를 치하했고, 그를 위북장군(威北將軍)으로 임명하고 도향후(都鄉侯)로 봉했다. 그 뒤 제갈각은 여강군(廬江郡)의 환구(晥口)에 주둔하며 서현(舒縣)을 습격하였고, 위(魏)나라를 침공하기 위해 수춘(壽春)을 공격할 계획을 세웠다. 하지만 손권은 이를 만류하였다. 243년 위나라의 사마의(司馬懿)가 공격해오자 제갈각은 손권의 명령에 따라 시상(柴桑)으로 주둔지를 옮겼다. 그리고 245년 승상인 육손(陸遜)이 죽은 뒤에 대장군(大將軍)으로 임명되었으며 무창(武昌)에 주둔하며 육손을 대신해 형주(荊州)의 일을 담당하였다. 251년, 제갈각은 대장군의 신분으로 태자태부(太子太傅)를 겸하여 8세의 나이로 새로 태자가 된 손량(孫亮)을 보필하였다. 252년, 손권은 죽기 전날에 제갈각을 손홍(孫弘)·등윤(滕胤)·여거(呂據)·손준(孫峻)과 함께 불러 뒷일을 부탁했다. 배송지(裴松之)의 주석에 따르면, 손권은 죽기 전에 관리들에게 조서를 내려 모든 일을 제갈각의 결재를 받아 처리하도록 명령했다고 한다. 하지만 손권이 죽자 평소 제갈각과 사이가 좋지 않았던 손홍은 손권의 죽음을 숨기고 제갈각을 제거하려고 했다. 그러나 손준이 이 사실을 알려 제갈각은 손홍을 죽였다. 손량이 9세의 나이로 오나라의 두 번째 황제의 자리에 오른 뒤에 다시 태부로 임명된 제갈각은 섭정(攝政)으로서 전권을 행사하였다. 그는 관민(官民)을 감시하는 교관(校官) 제도를 없애고, 체납한 부세(賦稅)를 탕감해 주고, 관세(關稅)를 없애는 등의 선정을 펼쳐 백성들의 호응을 얻었다. 그 해 제갈각은 동흥(東興)에 커다란 제방을 쌓았는데, 위나라의 호준(胡遵), 제갈탄(諸葛誕) 등이 7만의 병사를 이끌고 쳐들어와 제방을 무너뜨리려 했다. 제갈각은 유찬(留贊)·여거(呂據)·당자(唐咨)·정봉(丁奉) 등을 보내 위군을 공격해 큰 승리를 거두었다. 그래서 양도후(陽都侯)로 봉해졌으며, 형주(荊州)와 양주(揚州) 2개 주의 주목(州牧), 독중외제군사(督中外諸軍事)를 겸하게 되었다. 동흥 전투의 승리를 배경으로 제갈각은 계속해서 위나라 공략을 추진하였다. 지나치게 잦은 출병으로 백성의 원성이 높아졌지만, 제갈각은 이를 무시하고 253년 봄에 20만의 대군을 이끌고 회남(淮南) 공략에 나섰다. 하지만 합비신성(合肥新城)을 몇 달 동안 포위해 공격하고도 함락시키지 못한 채 퇴각하였다. 건업(建業)으로 돌아온 제갈각은 자신에게 반대하는 사람들을 파면시키고 군대를 정비해 다시 청주(青州)·서주(徐州) 출병을 준비하였다. 제갈각에 대한 원망이 높아지자 정변을 꾀한 손준은 손량과 상의하여 그를 술자리에 불러 살해하였고, 그의 아들들과 친족들도 모두 죽였다. 진수는 제갈각에 대해, "재주와 기질, 재간과 지략은 나라 사람들에게 칭찬받을 만하였으나 교만하고 도량이 좁았다."며, "자기를 자랑하고 다른 사람을 깔보면서 실패하지 않을 수 있겠는가?"라고 평하였다. 그의 아버지인 제갈근도 그에 대해, "우리 집안을 크게 흥하게 못하고, 장차 우리 일족을 크게 죽이게 될 것."이라고 평했다고 한다(두산백과).

裒ㅣ痛父非命ᄒᆞ야於是예隱居敎授ᄒᆞ야三徵七辟壁애皆不就ᄒᆞ고廬于墓側ᄒᆞ야旦夕애常至墓所ᄒᆞ야拜跪ᄒᆞ고攀栢悲號ᄒᆞ야涕淚著直略反樹ᄒᆞ니樹爲之枯ᄒᆞ니라讀詩예至哀哀父母生我劬勞ᄒᆞ야ᄂᆞᆫ未嘗不三復福流涕ᄒᆞ니門人受業者ㅣ並廢蓼六莪之篇ᄒᆞ니라

●부(裒)가 아버지가 제명대로 다 살지 못하고 죽음을 애통해하여, 이에 숨어살며 가르쳐, 조정에서 세 번 부르고 군과 서울에서 일곱 번 부름에 모두 나아가지 아니하고, 묘 옆에 여막을 지어 아침저녁으로 늘 묘소에 이르러, 절하며 꿇어앉고, 잣나무를 붙잡고 슬피 부르짖어, 눈물이 나무에 붙으니 나무가 그 때문에 말랐다. 《시경》을 읽음에 "슬프고 슬프다, 부모님이시

여. 나를 낳으시느라 수고하셨네."에 이르러는, 일찍이 세 번 반복하여 눈물을 흘리지 않은 적이 없었으니, 門人으로 학업을 받는 자가 아울러 〈육아편(蓼莪篇)〉을 폐하였다.

漢字 徵(부를 징), 辟(부를 벽), 跪(꿇어앉을 궤), 攀(붙잡을 반), 涕(눈물 체), 淚(눈물 루), 著(붙을 착, 분명할 저), 枯(마를 고), 劬(수고로울 고), 勞(수고로울 로, 일할 로), 蓼(클 륙), 莪(쑥 아)

1 비명(非命): 제명대로 살지 못하는 목숨.

2 삼징칠벽(三徵七辟): 조정에서 부름을 징(徵)이라 하고, 군이나 서울에서 천거함을 벽(辟)이라 한다.

3 旦夕: 《번역소학》과 《소학언해》에서는, 이성계의 바꾼 이름이 이단(李旦)이므로, 기휘(忌諱)하여, 단(旦)으로 쓰되 '됴(조)'로 음을 달고 있다.

4 구로(劬勞): 자식을 낳아 기르는 수고.

5 육아(蓼莪): 《시경》 〈소아(小雅)〉의 편명이다. 부모님이 돌아가신 뒤 봉양을 제대로 못한 어느 효자의 처절한 슬픈 감정이 담겨 있다.

蓼蓼者莪 匪莪伊蒿/ 무성하게 자라는 쑥인 줄 알았더니, 아름다운 쑥이 아니라 못 먹는 다북쑥이었네.

哀哀父母 生我劬勞/ 슬프고 슬프다. 부모이시여. 나를 낳아 기르시느라 힘쓰고 고생하셨네.

蓼蓼者莪 匪莪伊蔚/ 무성하게 자라는 쑥인 줄 알았더니, 아름다운 쑥이 아니라 못 먹는 다북쑥이었네.

哀哀父母 生我勞瘁/ 슬프고 슬프다. 부모이시여. 나를 낳아 기르시느라 수고롭고 병드셨구나.

甁之罄矣 維罍之恥/ 작은 병이 텅 빔이여, 큰 병의 수치로다.

鮮民之生 不如死之久矣/ 곤궁한 백성의 삶이 죽음만 못한 지 오래 되었네.

無父何怙 無母何恃/ 아버지 없으면 누구를 믿고, 어머니 없으면 누구를 믿을까.

出則銜恤 入則靡至/ 나가면 근심만 생기고, 들어와도 마음 둘 곳이 없네.

父兮生我 母兮鞠我/ 아버지 나를 낳으시고 어머니 나를 기르시니.

拊我畜我 長我育我/ 어루만져 주시고 길러주시고 키워주시고 가르쳐 주셨네.

顧我復我 出入腹我/ 살펴주시고 돌봐주시며 나고 들며 늘 안아주셨네.

欲報之德 昊天罔極/ 이 은혜를 갚으려니 하늘처럼 다함이 없구나.

南山烈烈 飄風發發/ 남산은 크고 우뚝하거늘 회오리바람 빠르게 부는도다.
民莫不穀 我獨何害/ 남들은 즐겁지 않은 이 없거늘 나만 홀로 어찌 괴로운가.
南山律律 飄風弗弗/ 남산은 크고 높거늘 회오리바람 매섭게 부는도다.
民莫不穀 我獨不卒/ 남들은 즐겁지 않은 이 없거늘 나만 홀로 봉양을 마치지 못하는가.

번소 裒부ㅣ 제 아비 죄 아닌 이레 주근 주를 셜이 너겨 벼슬 아니코 살며셔 ᄂᆞᆷ 글 ᄀᆞᄅᆞ치기 ᄒᆞ야 나라히 세 번 브르시며 고올히 닐굽 번 쳔거호매 다 가디 아니ᄒᆞ고 무덤 셔틔 막 ᄆᆡ여 아ᄎᆞᆷ나죄로 ᄆᆡ양 무덤의 가 절ᄒᆞ며 잣남글 잡고 슬피 우러 눈므리 남긔 무든대 남기 글로 이우니라 모시를 닐글 제 蓼륙莪아篇편의 셜울셔 父부母모ㅣ여 날 나호믈 슈고로이 ᄒᆞ샷다 ᄒᆞᄂᆞᆫ ᄃᆡ 니르러ᄂᆞᆫ ᄆᆡ양 다시곰 닑고 눈믈 아니 흘린 적 업시ᄒᆞ니 글 ᄇᆡ홀 뎨ᄌᆞ돌히 다 蓼륙莪아篇편을 닑디 아니ᄒᆞ니리

현대역 부(裒)가 제 아버지 죄 아닌 일에 죽은 줄을 섧게 여겨, 벼슬 아니하고 살면서, 남 글 가르치기 하여, 나라가 세 번 부르시며 고을이 일곱 번 천거함에 다 가지 아니하고, 무덤의 곁에 막 만들어 아침저녁으로 매양 무덤에 가 절하며, 잣나무를 잡고 슬피 울어, 눈물이 나무에 묻으니까 나무가 그것으로 시드니라. 《모시》를 읽을 때 〈육아편(蓼莪篇)〉의 "섧구나, 부모여, 날 낳음을 수고로이 하시도다." 하는 데 이르러는, 매양 다시금 읽고 눈물 아니 흘린 때 없게 하니, 글 배울 제자들이 다 〈육아편〉을 읽지 아니하니라.

1 이우니라: 시드니라. '이울(어간)+니라(평서형 종결어미)'이다. 어간 말 치조음 'ㄹ'이 어미 초 치조음 'ㄴ' 앞에서 탈락한 예이다. '-니라'는 '이다'의 어간, 받침 없는 형용사 어간, 'ㄹ' 받침인 형용사 어간 또는 어미 '-으시-' 뒤에 붙어, 해라할 자리에 쓰여, 진리나 으레 있는 사실을 일러 줄 때에 예스럽게 쓰이는 종결어미이다. 모든 일을 다 잊어버려라. 잊는 것이 제일이니라.《김동인, 젊은 그들》. 현대국어 '이울다'의 옛말 '이블다'는 15세기 문헌에서부터 나타난다.

'ㅸ'은 15세기까지 나타나다가 원순성이 있는 반모음 'w'로 바뀌게 된다. 그 결과 15세기부터 '이븧다'는 '이울다'로 바뀌게 되고 현대국어에 이르게 된다. 이븧다(15세기)>이울다(15세기~현재). 이형태: 이븧다, 이울다. 四面에 블이 니러 갌 길히 이블씨 업더디여 사ᄅᆞ쇼셔 ᄒᆞ니.《1447 월곡 60ㄱ》, 모시 다 여위며 남기 다 이울며.《1459 월석 1:48ㄴ》, 쁘디 히와 다뭇 디나가 이우러 뻗드로미 되어사.《1518 번소 6:17ㄱ》

2 셜울셔: 섧구나. '셜우(어간)+ㄹ셔(감탄형 종결어미)'이다. '섧다'는 '섧다'의 옛말로, 자음 앞에서는 '섧-'으로, 모음이나 ㄹ로 시작하는 어미 앞에서는 '셟-'이나 '셜우-'가 된다. 다ᄆᆞᆫ 法身을 ᄒᆞ야ᄇᆞ릴 ᄲᅮᆫ 아니라 또 識神을 受苦ᄒᆞ야 섧게 호ᄆᆞᆯ 가ᄌᆞᆯ비시니라(不但傷害法身 亦乃苦楚識神也).《법화 2:121》, 셜븐 人生이 어듸던 이 ᄀᆞᄐᆞ니 이시리잇고.《석상 6:5》, 蓼륙莪아篇편의 셜울셔 父부母모ㅣ여 날 나호믈 슈고로이 ᄒᆞ샷다.《번소 본 예》. '-ㄹ셔'는 동사, 형용사 어간 뒤에 붙어, '-구나'를 뜻하는 종결어미이다. 荒淫홀셔 隋ㅅ 님그미여 이를 지ᅀᅥ 이제 믈어뎌 서겟도다(荒哉隋家帝, 製此今頹朽)《두시-초 6:2》, 몸하 ᄒᆞ올로 녈셔 아으 動動 다리《악학 동동》

3 ᄒᆞ샷다: 하시도다. 'ᄒᆞ(어간)+샷다(감탄형 종결어미)'이다 '-샷다'는 '도다'와 같이 감탄형 종결어미이다. 다른 점은 의고성(擬古性)을 띠고 있다는 점이다. 이는 받침 없는 동사, 형용사 어간 뒤에 붙어, '-시도다'를 뜻하는 종결어미이다. 믈 우흿 龍이 江亭을 向ᄒᆞᅀᆞᄫᆞ니 天下ㅣ 定홀 느지르샷다(水上之龍 向彼江亭 迺是天下 始定之徵)《용가 100장》, 됴ᄒᆞ실쎠 摩耶ㅣ 如來를 나ᄊᆞᄫᆞ실쎠 天人世間애 ᄀᆞᆯᄫᆞ리 업스샷다 ᄒᆞ더라《석상 11:24》

4 아니ᄒᆞ니리: '다 蓼륙莪아篇편을 닑디 아니ᄒᆞ니리'에서 '아니ᄒᆞ니리'는 위아래 문장의 종결 방식과 비교해 보면, '아니ᄒᆞ니라'의 오자인 듯하다.

소언 裒부ㅣ 아비 命명 아닌 줄을[天텬命명으로 죽디 아니홈이라] 셜이 녀겨 이예 隱은居거ᄒᆞ야셔 글 ᄀᆞᄅᆞ쳐 세 번 브ᄅᆞ며[나라호로셔 브ᄅᆞ시단 말이라] 닐곱 번 쳔거[고올로셔 쳔거ᄒᆞ단 말이라]홈애 다 나아가디 아니ᄒᆞ고 무덤 곁틔 막 ᄆᆡ야 아춤나조히 ᄆᆡ양 무덤 곧애 니르러 절ᄒᆞ며 꿀고 즉빅을 븥들고 슬피 우러 눈믈이 남긔 무드니 남기 위ᄒᆞ야 이우니라 모시 닐글 제 슬프며 슬프다 父부母모ㅣ 날 나ᄒᆞ심을 슈고로이 ᄒᆞ샷다 ᄒᆞᄂᆞᆫᄃᆡ 니르러ᄂᆞᆫ 일즉 여러 번 고텨 닑고 눈믈 흘리디 아니티 아니ᄒᆞ니 門문人인[뎨ᄌᆡ라] 글 ᄇᆡ호ᄂᆞᆫ 이 다 蓼륙莪아篇편을 ᄇᆞ리니라

[현대역] 부(裒)가 아버지 명 아닌 줄을[천명으로 죽지 아니함이라.] 섧게 여겨, 이에 은거하여서 글 가르쳐, 세 번 부르며[나라로서 부르신다는 말이라.] 일곱 번 천거[고을로서 천거한다는 말이라.]함에 다 나아가지 아니하고, 무덤 곁에 막 만들어 아침저녁에 매양 무덤 곳에 이르러 절하며 꿇고, 잣나무를 붙들고 슬피 울어, 눈물이 나무에 묻으니 나무가 위하여 시드니라. 《모시》 읽을 때 "슬프며, 슬프다. 부모가 날 낳으심을 수고로이 하시도다." 하는데 이르러는, 일찍 여러 번 고쳐 읽고 눈물을 흘리지 아니치 아니하니, 문인[제자라.] 글 배우는 이가 다 〈육아편〉을 버리니라.

1 은거ᄒᆞ야셔: 은거하여서. '은거ᄒᆞ(어간)+야셔(연결어미)'이다. '-야셔'는 'ᄒᆞ다'의 어간이나 끝음절의 모음이 'ㅣ'인 어간 뒤에 붙어, '-여서'나 '-어서'를 뜻하는 어미이다. 어버ᅀᅵ며 아ᅀᆞ미며 버디며 아로리며 두루에 ᄒᆞ야셔 울어든.《석상 9:30》, 또 八相ᄋᆞᆯ 넘디 아니ᄒᆞ야셔 마ᄂᆞ니라.《월석 석서:3》

2 나라호로셔, 고ᄋᆞᆯ로셔: 나라로서, 고을로서. '나라ㅎ(명사)+오로셔(부사격 조사)', '고ᄋᆞᆯ(명사)+로셔(부사격 조사)'이다. '오로셔'와 '로셔'는 '에셔'와 같이 출발점 처소의 부사격 조사이다.

3 브ᄅᆞ시단: 부르신다는. '브ᄅᆞ시(어간)+단('다'ㄴ)'이다, '-단'은 용언 어간 뒤에 붙어, '-다는'이 줄어든 말이다. 할아버지께서 편찮으시단 소식이 있었다. 꼭 참석하겠단 약속을 못 받았다. 현대국어 '부르다'의 옛말인 '브르다'는 15세기 문헌에서부터 나타난다. '브르다'는 자음이나 매개모음으로 시작하는 어미가 결합할 때에는 '브르-', 모음으로 시작하는 어미가 결합할 때에는 '블ㄹ-'로 이형태 교체를 하는 르불규칙 동사였다. 근대국어 시기에 양순음 'ㅂ, ㅁ, ㅍ' 아래에서 모음 'ㅡ'가 'ㅜ'로 변하는 원순모음화가 일어났는데 '브르다'도 이러한 변화를 겪어 17세기에 '부르다' 형태가 나타나게 되었다. 19세기까지 원순모음화를 경험하지 않은 '브르-' 형과 원순모음화를 경험한 '부르-' 형이 공존하다가

20세기 이후 '부르-'로 정착하면서 현재에 이르렀다. 16세기~19세기 문헌에 보이는 '블으다', '불으다' 등은 '브르다', '부르다'를 과잉 분철 표기한 것이다. '브ᄅᆞ다', '부ᄅᆞ다'는 16세기에 비어두음절에서 일어난 '·>ㅡ'의 변화를 의식한 과도 교정 표기이며 17세기 이후 나타나는 '블너', '불너'와 같은 표기는 '블러', '불러'로 나타나야 할 것을 어중의 'ㄹㄹ'을 'ㄹㄴ'으로 표기하는 당시의 경향에 따라 표기한 것이다. 브르다(15세기~18세기)>부르다(17세기~현재). 이형태: 브르-, 블ㄹ-, 부르-, 불ㄹ-, 블르-, 블으-, 불으-, 불ㄴ-, 블ㄴ-, 부ᄅᆞ-, 부루-, 브ᄅᆞ-. 시혹 鬼神王ᄋᆡ 일후미라 그 王ᄋᆞᆯ 브르면 妖怪옛 귓거시 헤ᄃᆞ라 굿블리도 잇ᄂᆞ니,《1447 석상 21:22ㄴ》, 王이 블러다가 太子ㅅ 버들 사ᄆᆞ샤,《1447 석상 3:18ㄴ》, 옥비 지아븨 옷ᄉᆞ매ᄅᆞᆯ 잡고 매ᄅᆞᆯ 드러 크게 브ᄅᆞ니 범이 즉제 ᄇᆞ리고 가니라.《1617 동신속 열2:48ㄴ》

【集說】陳氏曰朝廷召曰徵이요郡國擧曰辟이라哀哀父母生我劬勞는蓼莪詩之辭라三復은謂再三反覆誦之라廢蓼莪篇者는恐其師哀感이라故舍之而不誦也라

진 씨가 말하였다. "조정에서 부름을 徵이라 하고, 郡과 수도에서 천거함을 辟이라 한다. 哀哀父母生我劬勞[슬프고 슬프다, 부모님이시여. 나를 낳으시느라 수고하셨네.]는 蓼莪詩의 말이다. 三復은 두세 번 반복해서 그것을 욈을 말한다. 廢蓼莪篇[육아편을 폐함]이란 것은 그 스승의 슬픈 느낌을 두려워해서이다. 그러므로 그것을 버리고 외지 않았다."

漢字 誦(욀 송)

家貧躬耕ᄒᆞ야計口而田ᄒᆞ며度釋身而蚕ᄒᆞ더니或有密助之者ㅣ어든裒ㅣ皆不聽ᄒᆞ더라及司馬氏簒初患反魏ᄒᆞ얀裒ㅣ終身未嘗西向而坐ᄒᆞ야以示不臣于晉ᄒᆞ더라

● 집이 가난하여 몸소 밭을 갈아, 식구를 계산하여 농사지으며, 몸을 헤아려 누에를 치더니, 혹이 은밀히 그를 도울 자가 있거든 부가 모두 허락하지

않았다. 司馬氏가 위나라를 빼앗음에 미쳐서는, 부가 몸을 마치도록 일찍이 서쪽을 향하여 앉지 아니하여, 써 진나라에 신하되니 않음을 보였다.

漢字 躬(몸소 궁), 耕(밭갈 경), 田(농사지을 전), 度(헤아릴 탁), 蚕(누에칠 잠, 지렁이 천), 密(은밀할 밀), 聽(허락할 청, 들을 청), 簒(빼앗을 찬)

未嘗西向而坐: 왕부(王裒)는 서진(西晉) 성양(城陽) 영릉(營陵) 사람으로, 당시 도성(都城)인 낙양(洛陽)의 동쪽에 있었기 때문에 궁궐이 있는 서쪽을 향해 앉지 않은 것이다.

번소 집비 가난ᄒᆞ야 친히 받 가로ᄃᆡ 머글 사ᄅᆞᆷ을 혜아려 받 갈며 니블 사ᄅᆞᆷ을 혜아려 누에치더니 아뫼나 ᄀᆞ마니 도오리 잇거든 裒부ㅣ 다 듣디 아니ᄒᆞ더라 司ᄉᆞ馬마氏시 魏위를 아ᅀᅡ셔거늘 裒부ㅣ 죽도록 셔녁을 향ᄒᆞ야 안디 아니ᄒᆞ여 晉진나라ᄒᆡ 신하 도이디 아니ᄒᆞᄂᆞᆫ ᄠᅳ들 뵈더라

현대역 집이 가난하여 친히 밭 갈되, 먹을 사람을 헤아려 밭 갈며, 입을 사람을 헤아려 누에치더니, 아무나 가만히 도울 이[도와줄 이] 있거든 부(裒)가 다 듣지 아니하더라. 司馬氏가 魏나라를 빼앗았거늘, 부가 죽도록 서녘을 향하야 앉지 아니하여, 晉나라의 신하 되지 아니하는 뜻을 보이더라.

1 집비: 집이. '집ㅂ(명사)+이(주격 조사)'이다. 명사 '집'이 중철 표기되었다.
2 가로ᄃᆡ: 갈되. '갈(耕, 어간)+오ᄃᆡ(연결어미)'이다. '-오ᄃᆡ'는 선행 음절의 모음이 'ㆍ, ㅏ, ㅗ, ㅣ, 반모음 ㅣ'인 경우에 붙어, '-(으)되'를 뜻하는 어미이다. 置陣이 ᄂᆞᆷ과 다ᄅᆞ샤 아ᅀᆞᄫᆞᄃᆡ 나ᅀᅡ오니 믈러가던덴 목숨 ᄆᆞᄎᆞ리잇가(置陣異他 知亦進當 如其退避 性命奚戕).《용가 51장》, 淨飯이 무러시ᄂᆞᆯ 占者ㅣ 判ᄒᆞᅀᆞᄫᆞᄃᆡ 聖子ㅣ 나샤 正覺 일우시리.《월곡 상:6》. '갈다'는 15세기 문헌에서부터 '갈다'로 나타나서 그대로 현재에 이어진 것이다. 飮食 이쇼ᄆᆞᆫ 받 가라 낟 심고ᄆᆞᆯ 브터ᅀᅡ 목수믈 가졧ᄂᆞ니이다.《1459 월석 22:25ㄴ》, 내 힘을 다ᄒᆞ야 받톨 가라 온공히 ᄌᆞ식의 소임을 ᄒᆞᆯ ᄯᆞᄅᆞᆷ이로니.《1588 소언 4:7ㄴ》
3 아뫼나: 아무나. '아모(대명사)+이나(보조사)'이다. '이나'는 받침 있는 체언이나

부사어 뒤에 붙어, 여러 가지 중에서 어느 것을 막론하고 모두 포함함을 나타내는 보조사이다. 현대국어 '아무'의 옛말인 '아모'는 15세기 문헌에서부터 나타난다. 18세기에는 제2음절의 모음 'ㅗ'가 'ㅜ'로 바뀌어 현대국어와 같은 '아무'가 되었다. 한편 16세기~18세기 문헌에는 모음 'ㅗ'가 'ㅡ'로 바뀐 '아므' 형태도 나타난다. 아모(15세기~19세기)>아무(18세기~현재). 이형태: 아모, 아므, 아무. 그 ᄢᅴ 冊앳 두 字ㅣ ᄒᆞ야디여 아모도 모ᄅᆞ더니.《1447 석상 3:10ㄱ》, 아모 ᄒᆡ 아모 ᄃᆞᆯ 아모 날 글월 ᄆᆡᆼᄀᆞᆫ 사ᄅᆞᆷ 王 아뫼 일홈 두고 ᄌᆞ름 張 아뫼 일홈 두엇다.《1510년대 번노 하:16ㄱ-17ㄴ》, ᄒᆞᆫ 며느리 제 어버싀 지븨 갈 제 아기를 두고 가면 모ᄃᆞᆫ 며느리 모다 졋 머겨 아므 아기 제 ᄌᆞ식긴 줄 모ᄅᆞ며 아기도 아뫼 제 어민 줄 모ᄅᆞ더라.《1518 이륜-옥 32ㄱ》

소언 집이 가난ᄒᆞ야 몸소 받 갈아 입을 혜고 받 갈며 몸을 혜고 누에 치더니 或혹 ᄀᆞ마니 도오리 잇거든 裒부ㅣ 다 듣디 아니ᄒᆞ더라 밋 司ᄉᆞ馬마氏시 魏위ᄅᆞᆯ 아사ᄂᆞᆫ 裒부ㅣ 몸이 ᄆᆞᆺ도록 일즉 西셔ㄴ녁흐로 向향ᄒᆞ야 안ᄶᅵ 아니ᄒᆞ야 ᄡᅧ 晉진[晉진은 司ᄉᆞ馬마氏시의 나라 일홈이니 션녁희 도읍ᄒᆞ엿던이라]에 신하 되디 아닌ᄂᆞᆫ 줄ᄋᆞᆯ 뵈더라

현대역 집이 가난하여 몸소 밭 갈아, 입을 계산하고 밭 갈며, 몸을 계산하고 누에치더니, 혹시 가만히 도울 이가 있거든 부가 다 듣지 아니하더라. 및 사마씨가 위를 빼앗아서는, 부가 몸이 마치도록 일찍 서방의 녘으로 향하여 앉지 아니하여, 써 晉[晉은 司馬氏의 나라 이름이니, 서녘에 도읍하였더니라.]에 신하 되지 아니한 줄을 보이더라.

西셔ㄴ녁흐로: 서방의 녘으로. 'ㄴ'은 받침 없는 단어와 'ㄴ'으로 시작하는 단어 사이에 쓰여, 관형격 조사 '의'의 기능을 수행한다. 예가 《소학언해》에서 유독 발견된다. 元魏ㄴ 나라히라.《소언 6:21》, 崔浩ㅣ 魏ㄴ 님금 조샹 흉을 돌해 사겨 셰여늘 帝ㅣ 노ᄒᆞ야 죽이니라.《소언 6:21》. 그리고 '녁'은 '녘'의 옛말로, '쪽'이나 '편'처럼 방향을 가리키는 말이다. 현대국어 '녘'의 옛말은 '녁'과 '녘'으로, 이들은 15세기 문헌에서부터 나타나는데, 이들의 선후 관계는 알기 어렵다. 그리고 이들 표기는 '녁ㄱ', '녁ㅅ', '녁ㅎ', '녁ㅋ' 등으로 다양하다. 현대국어에서는

'녘'과 '녁' 중에서 유기음을 가진 '녘'을 표준어로 삼고 있다. 녁/녘(15세기~19세기)〉녘(20세기~현재). 이형태: 녁, 녁ㄱ, 녁ㅅ, 녘, 녁ㅎ, 녁ㅋ. 左右 梵志ᄂᆞᆫ 두 녀긔 좃ᄌᆞ바 ᄒᆞ니ᄂᆞᆫ 梵志라.《1447 석상 3:11ㄱ》, 밧긧 獼猴ㅣ 東 녀긔와 猩猩일 블러늘.《1463 법화 2:123ㄴ》, 기우루 올ᄒᆞᆫ 녁ᄉᆞᆯ 메와소ᄆᆞᆫ ᄠᅳᆮ ᄂᆞ리와 法尊호ᄆᆞᆯ 뵈ᅀᆞ오미오.《1463 법화 2:178ㄱ》, 層層인 뫼ᄒᆞᆯ 구비 네 녀크로 도라보니 ᄆᆞᆯᄀᆞᆫ 내콰 묏골왜 여렛도다.《1481 두시-초 3:63ㄴ》, 無常이 ᄲᆞᆯ라 모ᄃᆞᆫ 아ᄎᆞᆷ 이슬 ᄀᆞᆮ고 목수믄 나죗 西ㅅ 녁히 ᄀᆞᆮᄒᆞ니.《1467 목우 43ㄴ》

【增註】逆而奪取之曰簒이라衣食을不求豊裕하고而坐不面闕은皆痛父非命하여不忍故爾라

반역하여 그것을 빼앗아 취함을 簒이라 한다. 옷과 음식을 풍족하고 넉넉하게 구하지 아니하고, 앉되 대궐을 향하지 않음은 모두 아버지가 제명대로 다 살지 못하고 죽음을 아파하여 차마 못한 연고일 뿐이다.

漢字 裕(넉넉할 유), 面(향할 면), 痛(아플 통)

【十三章】

○晉西河人王延이事親色養ᄒᆞ더니夏則扇枕席ᄒᆞ고冬則以身溫被ᄒᆞ며隆冬盛寒애體常無全衣而親極滋味ᄒᆞ더라 《晉書 孝友列傳》

● 晉나라 서하사람 王延이 어버이를 섬김에 (기쁜) 낯빛으로 봉양하더니, 여름인즉 베개와 자리를 부채질하고, 겨울인즉 몸으로써 이불을 따뜻하게 하며, 한겨울 큰 추위에 자신은 늘 온전한 옷이 없으되 어버이에게는 맛있는 맛을 다해드렸다.

漢字 扇(부채 선, 부채질할 선), 枕(베개 침), 被(이불 피), 隆(클 융), 盛(성할 성), 軆(體의 俗字, 자신 체, 몸 체), 滋(맛있을 자), 極(다할 극)

왕연(王延, 미상~318년): 16국 시대 전조(前趙) 서강(西江) 사람으로, 자는

연원(延元)이다. 부모에게 효성이 지극해서, 어머니가 죽자 슬픔을 다해 초상을 치렀고, 계모(繼母) 역시 효성으로 섬겼다. 낮에는 고용살이를 하고 밤에는 공부하면서 경사(經史)에 통달했다. 주군(州郡)에서 불렀지만 나가지 않았다. 나이 예순에 유총(劉聰)에게 벼슬하여 여러 차례 직간(直諫)했고, 상서좌승(尙書左丞)까지 올랐다. 유총이 죽고 근준(靳準)이 난을 일으켜 그를 좌광록대부(左光祿大夫)로 삼으려고 했는데, 크게 꾸짖으며 따르지 않다가 살해당했다(중국역대인명사전).

번소 晉진나라 西셔河하 ᄯᅡ 사ᄅᆞᆷ 王왕延연이 어버ᅀᅵ 셤규ᄃᆡ ᄂᆞᆺ비ᄎᆞᆯ 화히 ᄒᆞ야 효양ᄒᆞ더니 녀름이어든 벼개며 돗글 부체질ᄒᆞ여 ᄎᆞ게 ᄒᆞ고 겨슬이어든 제 몸으로 니블을 덥게 ᄒᆞ며 ᄀᆞ장 치운 겨슬에 제 몸맨 아ᄆᆞᆫ 오시 업수ᄃᆡ 어버ᅀᅴ 음식은 ᄀᆞ장 맛나게 ᄒᆞ더라

현대역 晉나라 西河 땅 사람 王延이 어버이 섬기되, 낮빛을 화하게 하여 효양하더니, 여름이거든 베개며 자리를 부채질하여 차게 하고, 겨울이거든 제 몸으로 이불을 덥게 하며, 가장 추운 겨울에 제 몸엔 완전한 옷이 없되, 어버이의 음식은 가장 맛나게 하더라.

1 몸맨: 몸에는. '몸ㅁ(명사)+애(부사격 조사)+ㄴ(보조사)'이다. '몸ㅁ'은 중철 표기이다. '앤'은 부사격 조사 '애'에 보조사 'ㄴ'이 결합한 형태이다.

2 아ᄆᆞᆫ: 완전한. 《번역소학》의 '아ᄆᆞᆫ'이나 《소학언해》의 '암ᄋᆞᆫ'은 '암ᄆᆞᆯ다'의 관형사형이니, '암ᄆᆞᆫ'이라야 맞다. '암ᄆᆞᆯ다'는 '야물다'나 '완전하다'의 뜻이다. 드나드로매 암ᄆᆞᆫ ᄀᆞ외도 업스니라(出入無完裙).《두시-초 4:8》

소언 晉진 西셔河하[ᄯᅡ 일홈이라] 사ᄅᆞᆷ 王왕延연이 어버이ᄅᆞᆯ 셤교ᄃᆡ 빗ᄎᆞ로 치더니[ᄂᆞᆺ 빗ᄎᆞᆯ 화히 ᄒᆞ단 말이라] 녀름이어든 벼개며 돗글 부체질ᄒᆞ고 겨을이어든 몸으로ᄡᅥ 니블을 덥게 ᄒᆞ며 한겨을 盛셩ᄒᆞᆫ 치위예 몸애 샹녜 암ᄋᆞᆫ 옷시 업소ᄃᆡ 어버이ᄂᆞᆫ 맏난 마슬 極극히 ᄒᆞ더라

현대역 晉 서하[땅 이름이라.] 사람 王延이 어버이를 섬기되, 빛으로 봉양하더니[낯빛을 화하게 한다는 말이라.], 여름이거든 베개며 자리를 부채질하고, 겨울이거든 몸으로써 이불을 덥게 하며, 한겨울 왕성한 추위에 몸에 늘 완전한 옷이 없되, 어버이는 맛난 맛을 지극히 하더라.

업소ᄃᆡ: 없되. '없(어간)+오ᄃᆡ(연결어미)'이다. '-오ᄃᆡ'는 '-(으)되'를 뜻하는 어미이다. 置陣이 ᄂᆞᆷ과 다ᄅᆞ샤 아ᅀᆞ보ᄃᆡ 나ᅀᆞ오니 믈러가던덴 목숨 ᄆᆞᄎᆞ리잇가(置陣異他 知亦進當 如其退避 性命奚戕).《용가 51장》, 나는 어버ᅀᅵ 여희오 ᄂᆞᄆᆡ그에 브터 사로ᄃᆡ 우리 어ᅀᅵ아ᄃᆞ리 외롭고 입게 ᄃᆞ외야 人生 즐거본 ᄠᅳ디 업고《석상 6:5》

【集解】西河는縣名이라延은字延元이라

西河는 고을 이름이다. 延은 자가 延元이다.

【增註】色養은以和悅之顏色而奉養也라全은完也라

色養은 和悅한 낯빛으로써 하여 봉양함이다. 全은 온전함이다.

漢字 悅(기쁠 열)

〖十四章〗

○柳玭이曰崔山南의昆弟子孫之盛이鄕族에罕比러니山南의曾祖王母長孫夫人이年高無齒어늘祖母唐夫人이事姑孝ᄒᆞ야每旦애櫛縰笄ᄒᆞ야拜於階下ᄒᆞ고卽升堂ᄒᆞ야乳其姑ᄒᆞ니長孫夫人이不粒食數年而康寧ᄒᆞ더니 《唐書 柳玭列傳, 柳氏家訓》

● 유변이 말하였다. "崔 山南의 형제와 자손의 번성함은 지방종족에서 견줌이 드물더니, 산남의 증조모 장손부인이 나이가 높아 이가 없거늘, 조모 당부인이 시어머니 섬기기를 효도로써 하여, 매일 아침에 빗질하고 머리싸

개 하며 비녀 꽂아 섬돌 아래에서 절하고, 곧 대청에 올라 그 시어머니에게 젖을 먹이니, 장손부인이 낟알을 먹지 않은 지 수년이되 편안하더니,

漢字 玭[옥 변(빈)], 昆(형 곤), 罕(드물 한, 그물 한), 櫛(빗질할 즐, 빗 즐), 縱(머리싸개 쇄), 笄(비녀 계), 階(섬돌 계), 粒(낟알 립), 康(편안할 강), 寧(편안할 녕)

每旦: 《번역소학》과 《소학언해》에서는 이성계의 고친 이름이 이단(李旦)이므로, 기휘(忌諱)하여 단(旦)으로 쓰되 '됴(조)'로 음을 달고 있다.

번소 柳류玭변이 닐오ᄃᆡ 山산南남 節졀度도使ᄉᆞ ᄒᆞ얫던 崔최琯관의 형뎨와 ᄌᆞ손의 셩호말 그 고올 아ᅀᆞ매 ᄀᆞᄐᆞ니 젹더니 山산南남의 한할마님 長댱孫손夫부人신이 하 늘거 니 업서 음식 몯 먹거늘 山산南남의 할마님 唐당婦부人신이 싀어미 셤교몰 효도로이 ᄒᆞ야 ᄆᆡ일 아ᄎᆞᄆᆡ 머리 비서 ᄆᆡ오 빈혀 고자 섬 아래 가 절ᄒᆞ고 텽의 올아 싀어마니몰 졋 머기더니 長댱孫손夫부人신이 밥 먹디 몯호몰 두ᅀᅥ ᄒᆡ로ᄃᆡ 편안히 잇더니

현대역 유변이 이르되, "山南 節度使 하였던 최관(崔琯)의 형제와 자손의 번성함을 그 고을 친척에 같은 이 적더니, 산남의 증조모 長孫夫人이 많이 늙어 이 없어 음식 못 먹거늘, 산남의 할머님[조모] 唐夫人이 시어머니 섬김을 효성스럽게 하여, 매일 아침에 머리 빗어 매고 비녀 꽂아, 섬돌 아래 가 절하고, 대청에 올라 시어머님을 젖 먹이더니, 장손부인이 밥 먹지 못함을 두어 해로되 편안히 있더니,

1 유변(柳玭)이 글을 지어 자제들을 경계한 내용은 〈가언(嘉言) 제5〉 제9장에 나온 바 있다.

2 아ᅀᆞ매: 친척(親戚)에. '아ᅀᆞᆷ(명사)+애(부사격 조사)'이다. '아ᅀᆞᆷ'은 '친척'의 옛말이다. ᄒᆞ마 주긇 저긔 아ᄃᆞᆯ 命ᄒᆞ며 아ᅀᆞᆷ 뫼호ᄆᆞᆫ 化城品에 니ᄅᆞ샤ᄃᆡ.《월석 13:30》, 아ᅀᆞᆷ과 번괘 將次ㅅ 드므러 져그니 兵戈ᄂᆞᆫ 무여 니ᅀᅥᆺ도다(親故行稀少 兵戈動接聯).《두시-초 20:20》

소언 柳류玭변이 ᄀᆞᆯ오ᄃᆡ 崔최 山산南남[일홈은 琯관이니 山산南남節졀度도使ᄉᆞ 벼슬ᄒᆞ니 唐당 적 사ᄅᆞᆷ이라]의 형뎨와 子ᄌᆞ孫손의 盛셩홈이 ᄆᆞᄋᆞᆯ 겨레 比비ᄒᆞ리 드므더니 山산南남의 한할마님 長댱孫손夫부人인이 나히 만ᄒᆞ야[1] 니 업거늘 할마님 唐당夫부人인이 싀어미 셤굠ᄋᆞᆯ 효도로이 ᄒᆞ야 ᄆᆡ일 아ᄎᆞᆷᄋᆡ 머리 비서 縱쇄ᄒᆞ고 빈혀 고자 섬 아래 가 절ᄒᆞ고 즉재 堂당애 올라 그 싀어마님을 졋 먹이니 長댱孫손夫부人인이 낟[2] 먹디 몯홈ᄋᆞᆯ 두어ᄒᆡ로ᄃᆡ 편안ᄒᆞ더니

현대역 유변이 가로되, "崔 山南[이름은 琯이니, 산남 절도사 벼슬하니, 唐 때 사람이라.]의 형제와 자손의 성함이 마을 친척에 비할 이 드물더니, 산남의 증조모 장손부인이 나이가 많아 이가 없거늘, 조모 당부인이 시어머니 섬김을 효성스럽게 하여, 매일 아침에 머리 빗어 머리싸개하고 비녀 꽂아, 섬돌 아래 가 절하고, 즉시 대청에 올라 그 시어머님을 젖을 먹이니, 장손부인이 곡식 먹지 못함을 두어 해로되 편안하더니,

1 만ᄒᆞ야: 많아. '만ᄒᆞ(어간)+야(연결어미)'이다. 현대국어 '많다'의 옛말인 '만ᄒᆞ다'는 15세기 문헌에서부터 나타난다. '만ᄒᆞ다'는 'ㄱ, ㄷ' 등의 자음으로 시작하는 어미와 결합할 때, 'ᄒᆞ'의 'ㆍ'가 탈락한 후 후행하는 어미의 초성을 유기음화시켜 'ㅋ, ㅌ'으로 나타나기도 하였다. 16세기 후반에 제2음절 이하의 'ㆍ'가 'ㅡ'로 변화하는 경향이 있었는데, 이에 따라 17세기에는 '만흐다'로 나타난다. '만흐다'의 제2음절 모음 'ㅡ'가 탈락하고 제2음절 초성 'ㅎ'이 제1음절의 종성이 되어 19세기에는 '많다'로 나타나 현재에 이르렀다. 만ᄒᆞ다(15세기~19세기)〉만흐다(17세기~19세기)〉많다(19세기~현재). 이형태: 만ᄒᆞ다, 만흐다, 많다. 아랫 세 하ᄂᆞᄅᆞᆫ 煩惱ㅣ 만ᄒᆞ고.《1447 석상 6:35ㄴ》, ᄒᆞ다가 볏딥피면 이 즘ᄉᆡᆼᄃᆞᆯ히 먹디 아니ᄒᆞ리 만ᄒᆞ니라.《1510년대 번노 상:18ㄱ》

2 낟: 곡식의 알. 현대국어 '낟'의 옛말인 '낟'은 15세기 문헌에서부터 나타난다. '곡식'의 뜻인 '낟'은 중세국어에서는 단독으로 쓰이기도 하였으나, 현대국어에서는 주로 '낟알'과 같이 합성어의 일부로 나타난다. 17세기의 '낫'은 근대국어 시기에 종성 'ㄷ'이 'ㅅ'으로도 표기되었던 경향에 따라 나타난 것이다. 낟(15세기~현재). 이형태: 낟, 낫. 或似上聲 如 낟 爲穀.《1446 훈해 50》, 穀 낟 곡.《1527

훈몽 하:2ㄱ》, 믈근 서릿 九月ㅅ 하놀해 ᄉᆞ므시 ᄇᆞ롓ᄂᆞᆫ 낫 이사괄 보ᄂᆞᆫ ᄃᆞᆺᄒᆞ야라. 《1632 두시-중 12:18ㄱ》

【集解】**山南**의 **名**은 **琯**이요 **博陵人**이니 **爲山南西道節度使**라 **故**로 **稱山南**하니라

山南의 이름은 琯이고, 박릉 사람이니, 산남 서도절도사가 되었다. 그리하여 산남으로 불렀다.

漢字 琯(옥 관), 陵(언덕 릉)

【增註】**王**은 **大也**니 **曾祖王母**는 **卽曾祖母也**라 **不粒食而康寧**은 **由飮乳也**라

王은 큼이니, 曾祖王母는 곧 증조모다. 不粒食而康寧[낟알을 먹지 않되 강녕함]은 젖을 마심에 말미암는다.

一日에 **疾病**이어늘 **長幼**ㅣ **咸萃**러니 **宣言無以報新婦恩**이로소니 **願新婦**는 **有子有孫**이 **皆得如新婦**의 **孝敬則崔之門**이 **安得不昌大乎**ㅣ리오ᄒᆞ니라

● 하루는 질병이 심하거늘 어른과 아이들이 모두 모였더니, 말을 베풀기를, '써 신부[당부인]의 은혜를 갚을 수 없으니, 원컨대 신부는 자식을 두고 손자를 둠이 모두 능히 신부의 孝敬만 같으면, 최의 가문이 어찌 능히 번창하고 커지지 않으리오.' 하니라."

漢字 病(심할 병), 咸(다 함), 萃(모일 췌), 宣(베풀 선)

번소 ᄒᆞᄅᆞᆺ 나래 병이 ᄀᆞ장되여 얼운과 아ᄒᆡ 다 모닷거늘 長댱孫손夫부人신이 닐우ᄃᆡ 이 며느리 은혜를 갑디 몯ᄒᆞ리로소니 원ᄒᆞ건ᄃᆡ 이

며느릐 ᄌᆞ식이며 손ᄌᆞᄃᆞᆯ히 다 이 며느릐 효도ᄒᆞ며 공경홈 ᄀᆞᄐᆞ면 최시 가문은 엇디 번셩ᄒᆞ야 크기 도ᄋᆡ디 아니ᄒᆞ리오

현대역 하루의 날에 병이 끝까지 다하여 어른과 아이 다 모여 있거늘, 장손부인이 이르되, '이 며느리의 은혜를 갚지 못할 것이오니, 원하건댄 이 며느리의 자식이며 손자들이 다 이 며느리의 효도하며 공경함 같으면, 최 씨 가문은 어찌 번성하여 크게 되지 아니하리오.'"

1 ᄀᆞ장되여: 끝까지 다하여. 완전하여. 'ᄀᆞ장되(어간)+여(연결어미)'이다. 'ᄀᆞ장되다'는 'ᄀᆞ장ᄃᆞ외다'의 변화형이다. 비르서 이루 일흠을 ᄀᆞ장ᄃᆞ왼 莊嚴이라 홀디니(始可名爲十成莊嚴)《금강경삼가해 2:61》

2 몯ᄒᆞ리로소니: 못할 것이오니. '몯ᄒᆞ(어간)+리(추측법 선어말어미)+롯(감동법 선어말어미)+오니(연결어미)'이다. '-롯-'은 감동법 선어말어미로서, '-돗-'이 추측법 선어말어미 '-리-' 뒤에서 교체된 것이다. '-리로소니'는 동사, 형용사 어간이나 어미 뒤에 붙어, '-ㄹ 것이오니'를 뜻하는 어미이다. 이 世界옌 千佛이 나시리로소니 이 劫 일후므란 賢劫이라 ᄒᆞ져.《월석 1:40》, 네 이런 왼 일ᄃᆞᆯ히 녀느 일훔 사ᄅᆞᆷ 곤호ᄆᆞᆯ 잢간도 몯 보리로소니 오ᄂᆞᆯ브터 後엔 나혼 아ᄃᆞᆯ ᄀᆞ티 호리라 ᄒᆞ고.《월석 13:25》

3 원ᄒᆞ건ᄃᆡᆫ: 원하건댄. 원한즉, 원한즉슨. '원ᄒᆞ(어간)+거(확인법 선어말어미)+ㄴᄃᆡᆫ(연결어미)'이다. '-건ᄃᆡᆫ'은 'ㅣ' 계열 이중모음이나 'ㄹ' 받침으로 끝나지 않는 어간 뒤에 붙어 '-ㄴ건댄', '-(으)ㅁ즉', '-(으)ㄴ즉슨'을 뜻한다. 이들은 앞 절의 일이 뒤 절의 근거나 이유임을 나타내는 어미이다. 夫人ᄃᆞᆯ히 절로셔 嗔心ᄋᆞᆯ ᄒᆞᄂᆞ니 가ᄌᆞᆯ비건댄 사ᄅᆞ미 바ᄆᆡ 녀다가 机ᄅᆞᆯ 보고 도ᄌᆞᆨ긴가 너겨며.《석상 11:34》(현대역: 부인들이 절로써 전심을 하니 비교하건대 사람이 밤에 가다가 궤를 보고 도적인가 여기는 것이며.), 모든 ᄆᆞᅀᆞᄆᆞᆯ 즐기긔 ᄒᆞᄂᆞ니 모도아 니르건댄 無量無邊ᄒᆞᆫ 녜 업던 法을 부톄 다 일웻ᄂᆞ니라 말라.《석상 13:40》(현대역: 모든 마음을 즐기게 하니 모아서 이르건대 무량무변한 옛날에 없던 법을 부처가 다 이루었나니.)

소언 홀ᄅᆞᆫ 병이 듕커ᄂᆞᆯ 얼운과 아ᄒᆡ 다 모닷더니 베퍼 닐오ᄃᆡ 뻐 新신婦부의 은혜ᄅᆞᆯ 갑디 몯ᄒᆞ리로소니 願원컨댄 新신婦부ᄂᆞᆫ ᄌᆞ식이

며 손ᄌᆞ돌히 다 시러곰 新신婦부의 효도ᄒᆞ며 공경홈 ᄀᆞᄐᆞ면 崔최시의 가문이 엇디 시러곰 챵셩ᄒᆞ야 크디 아니ᄒᆞ리오 ᄒᆞ니라

현대역 하루는 병이 중하거늘 어른과 아이를 다 모아 있더니, 베풀어 이르되, '써 新婦[당부인]의 은혜를 갚지 못할 것이오니, 원하건댄 신부는 자식이며 손자들이 다 능히 신부의 효도하며 공경함 같으면, 최 씨의 가문이 어찌 능히 창성하여 크지 아니 하리오.' 하니라."

1 모닷더니: 모아 있더니. '모도(어간)+아(보조적 연결어미)+잇(在, '잇다'의 어간)+더(회상법 선어말어미)+니(연결어미)'이다. 완료상은 보조적 연결어미 '-아/어/여'와 보조형용사 '잇다[在]'의 결합으로 표현된다. 그런데 '잇-'이 본동사와 한 음절을 이룰 때 이미 15세기에 'ㅣ'가 탈락되어 '아+ㅅ→앗'으로 나타나는 일이 많았다. ᄌᆞ로ᄂᆞᆫ 사랏거든 힘ᄀᆞ장 효도ᄒᆞ고 죽거든 못내 그리ᄂᆞ다 ᄒᆞ리로다(由也可謂生事盡力死事盡思者也).《삼강 효:2》, ᄯᅩ ᄆᆞᆫ득 中風ᄒᆞ야 人事 모ᄅᆞ고 痰이 마켜ᄡᅥ든 生白礬 두돈ᄋᆞᆯ ᄀᆞᄅᆞ 밍ᄀᆞ라.《구방 상:3》

2 베퍼: 베풀어. '베프(어간)+어(연결어미)'이다. 현대국어 '베풀다'의 옛말인 '베프다'는 15세기 문헌에서부터 나타난다. 이 단어는 형태 변화 없이 19세기까지 계속 쓰였다. 현대국어 '베풀다'는 '베프다'의 제2음절 '프'가 'ㅍ' 아래에서 ㅡ가 ㅜ로 바뀌는 원순모음화를 겪어 '베푸다'가 된 것으로 보이며, '푸'에 다시 'ㄹ'이 첨가된 것으로 보이는데 'ㄹ'이 첨가된 이유를 알 수는 없다. 베프다(15세기~19세기)〉베풀다(20세기~현재). 이형태: 베프다, 베푸다, 베풀다, 베프다. 時世 거리칠 쐬룰 베프고져 ᄒᆞ나 尙書郞이 블셔 늘고라.1481 두시-초 7:15ㄴ》, 나그내 모미 녯 버들 맛보니 興心 베푸믄 林泉으로브테로다.1481 두시-초 9:22ㄴ》, 이리 이셔도 베플ᄃᆡ 업슬 주를 ᄌᆞ모 모ᄅᆞ놋다.1518 번소 7:22ㄴ》

【集解】疾甚曰病이라萃는聚也라長孫夫人이臨沒에聚長幼하여稱其子婦之孝하고願後子孫이皆克似之하니孝子錫類면其族屬隆盛을可知也라

질병이 심함을 病이라 한다. 萃는 모임이다. 장손부인이 죽음에 임함에 어른과 아이를 모아 그 며느리의 효를 칭송하고, 뒤 자손들이 모두 능히

그를 닮기를 원했으니, 효자가 착함을 준다면 그 족속의 융성함을 가히 알 수 있다.

漢字 聚(모일 취), 沒(죽을 몰, 빠질 몰), 克(능히 극, 이길 극), 錫(줄 석, 주석 석, 나눌 석). 類(착할 류)

〖十五章〗

○南齊庾黔婁ㅣ爲孱陵令ᄒᆞ야到縣未旬애父易異ㅣ在家遘疾이러니黔婁ㅣ忽心驚ᄒᆞ야擧身流汗이어늘卽日棄官歸家ᄒᆞ니家人이悉驚其忽至ᄒᆞ더라 《南史 庾黔婁列傳》

●南齊의 庾黔婁가 잔릉령이 되어 고을에 이른 지 열흘이 안 됨에, 아버지 이(易)가 집에 계심에 질병을 만났더니, 검루가 갑자기 마음이 놀라 온몸에 땀이 흐르거늘, 그 날로 벼슬을 버리고 집으로 돌아오니, 집안사람이 다 그가 갑자기 이름을 놀라워하였다.

漢字 庾(곳집 유), 黔(검을 검), 孱(잔약할 잔, 병약할 잔), 旬(열흘 순), 遘(만날 구), 忽(갑자기 홀, 돌연 홀), 擧(온 거), 汗(땀 한)

1 남제(南齊): 소도성(蕭道成: 427년~482년)이 창건한 중국의 왕조(479년~502년)이다. 소제(蕭齊)라고도 한다. 남조(南朝)시대의 두 번째 왕조로서, 북제(北齊: 550년~577년)와 구별하여 남제라고도 한다. 남조 최초의 군벌왕조인 송(宋: 420년~479년)의 장군 소도성은 전공(戰功)을 쌓아 양주(揚州) 북부의 군사권을 장악하여 형주(荊州: 湖北省)의 심유지(沈攸之)를 쓰러뜨리고, 왕검(王儉) 등 귀족층의 지지를 얻어 479년 송나라 순제(順帝)로부터 양위(讓位)받고 제위에 올라 남제를 창건, 초대 황제 고종(高宗: 재위 479년~482년)이 되었다. 제2대 무제(武帝)의 영명(永明: 483년~493년) 연간에는 호적의 검정(檢定), 세제의 정비 등이 시행되었으며, 또한 문혜태자(文惠太子)·경릉왕자(竟陵王子) 양(良)의 보호 하에 문학·불교가 성행하고, 효문제(孝文帝)의 북위(北魏)와도 수교하여 평화를 구가하였다. 그러나 제5대 명제(明帝)는 방계(傍系) 출신으로 제위를

찬탈하여 즉위하면서 일족 제왕(諸王)을 많이 살해하였기 때문에 고립된 데다, 한인(寒人: 승려·도사·군인 등 낮은 신분)을 중용하고 현관(顯官)을 물리치는 시책으로 귀족층의 지지를 잃었다. 또한 신분을 구분하는 호적은 혼란해지고 중앙 징세관(徵稅官)의 횡포도 극심해, 동혼후(東昏侯: 廢帝)에 이르러서 국정은 더욱 문란해졌다. 무제(武帝) 후의 24년간은 7대나 황제가 교체되고 황족이 살육되었기 때문에 국정은 동요를 되풀이하였다. 500년 동족(同族)이며 무장(武將)인 소연(蕭衍: 464년~549년)이 그 틈을 타서 거병(擧兵)하여, 502년 선양(禪讓)의 형식으로 화제(和帝)로부터 제위를 물려받아 즉위, 남조(南朝) 양(梁)의 초대 황제인 무제(武帝: 재위 502년~549년)가 되었다(두산백과).

2 북제(北齊): 동위(東魏)의 실권자 고양(高洋: 高歡의 아들)이 세운 중국의 왕조(550년~577년)이다, 고제(高齊)라고도 하고, 남제(南齊)와 구별하여 북제라고도 한다. 꼭두각시 황제인 효정제(孝靜帝)를 밀어내고 동위의 영토를 그대로 인수, 국호를 제(齊)라 하고 도읍을 업(鄴)에 정하였다. 그러나 잇단 폭군·암군(暗君)의 군주가 독재를 강화하였고, 사치·난행(亂行)이 속출하였다. 동위 때부터 내려온 무장(武將)을 억압하는 한편, 황제의 비위를 맞추어 세력을 만회하려는 한인(漢人) 귀족이 정치를 좌우하였으며, 황제의 측근에는 아첨배가 득실거리며 권세를 부렸다. 이들 세력 간의 암투로 북제는 내부로부터 붕괴하여, 화북통일(華北統一)의 계기를 북주(北周)에 빼앗겼다. 경쟁국인 서위(西魏)·북주(北周)에 비하여 인재도 많았고 물자도 풍부하였지만, 결국은 북주에게 멸망되었다(두산백과).

3 유검루(庾黔婁, 생몰 연대 미상): 자가 자정(子貞)으로, 남제(南齊) 잔릉령(孱陵令)을 지냈다. 중국의 저명한 효자 24명인 이십사효(二十四孝) 중 한 사람이다. 원(元)나라 곽거경(郭居敬)이 지은 《이십사효(二十四孝)》에 따르면, 24효는 우순(虞舜)·한문제(漢文帝)·증삼(曾參)·민손(閔損)·중유(仲由)·동영(董永)·염자(郯子)·강혁(江革)·육적(陸績)·당부인(唐夫人)·오맹(吳猛)·왕상(王祥)·곽거(郭巨)·양향(楊香)·주수창(朱壽昌)·유검루(庾黔婁)·노래자(老萊子)·채순(蔡順)·황향(黃香)·강시(姜詩)·왕포(王褒)·정난(丁蘭)·맹종(孟宗)·황정견(黃庭堅) 등이다. 또한 상분(嘗糞)이란 말의 주인공으로 알려진 인물이다. 상분은 '똥을 맛본다.'는 뜻으로, 지극한 효성 또는 지나친 아첨을 비유한 말이다. 지나친 아부에 관한 이야기는 《서언고사》에 나온다. 당(唐)나라 때 위원충(魏元忠)을 모시던 곽홍패(郭弘霸)가 있었는데, 그의 벼슬은 시어사(侍御史)였다. 위원충이

와병 중이어서 동료들은 대부분 문병을 갔는데, 그 자리에 곽홍패가 없는 것을 보고 모두 이상하게 생각하였다. 그런데 곽홍패는 혼자 몰래 문병을 갔다. 곽홍패가 위원충에게 변을 보여 달라고 하여 그것을 주었다. 곽홍패는 아무 거리낌 없이 위원충의 변을 손으로 찍어 맛보고 나서 "변의 맛이 달지 않으니, 곧 완쾌하실 것입니다."라고 말하였다. 너무 어처구니가 없는 곽홍패의 아부에 위원충은 조정에 가서 이 사실을 폭로하였다. 상관의 변을 맛볼 정도로 아부하는 곽홍패의 처신을 두고 지나친 아부를 말할 때 상분이라고 하며, 그런 무리들을 상분지도(嘗糞之徒)라고 한다. 극진한 효성에 관한 이야기는 《남사》의 〈유검루전〉에 나온다. 남조(南朝)시대 제(齊)나라에 유명한 효자 유검루(庾黔婁)가 있었다. 그는 여러 차례 관직을 제의받았지만 부모를 봉양하기 위해 번번이 사양하였다. 이런 일도 있었다. 잔릉(孱陵)의 현령으로 재임하고 있을 때 아버지가 갑자기 괴질이 걸리자 관직을 사임하고 낙향하였다. 의원이 아버지의 병세를 알기 위해서는 변을 직접 맛보아야 한다고 하자 유검루는 주저하지 않고 변을 맛보았다. 달고 매끄러운 것으로 보아 며칠 넘기지 못할 상태였다. 그래서 유검루는 하늘에 빌었지만 결국 돌아가셨다. 제나라의 화제(和帝)는 그의 지극한 효성에 감동하여 높은 벼슬을 내렸지만 끝내 사양하였다. 아버지의 변을 손가락으로 직접 맛볼 정도로 효성이 극진한 것을 말할 때 상분이라고 한다(두산백과).

번소 南남齊졔 시졀 庾유黔검婁루ㅣ 孱잔陵능이란 고ᄋᆞᆯ 원 ᄒᆞ여 잇디니 고ᄋᆞᆯ히 간 열흘 몯ᄒᆞ여셔 아비 지븨이서 빙ᄒᆞ이 잇거늘 黔검婁루ㅣ 믄득 ᄆᆞᅀᆞ미 놀라와 몸애 다 ᄯᆞ미 흐를ᄉᆡ 즉재 그 날 고ᄋᆞᆯᄒᆞᆯ ᄇᆞ리고 지븨 오니 집 사ᄅᆞ미 다 과ᄀᆞᆯ이 온 주를 놀라ᄒᆞ더라

현대역 南齊 시절에 庾黔婁가 잔릉(孱陵)이란 고을 원 하여 있더니, 고을에 간 열흘 못하여서 아버지(가) 집에서 병 하여 있거늘, 검루가 문득 마음이 놀라와 몸에 다 땀이 흐르므로, 즉시 그 날 고을을 버리고 집에 오니, 집 사람이 다 갑자기 온 줄을 놀라하더라.

1 잇디니: 있더니. '잇(어간)+더(회상법 선어말어미)+니(연결어미)'이다. '孱잔陵능이란 고ᄋᆞᆯ 원 ᄒᆞ여 잇디니'는 원문 '爲孱陵令'을 번역한 것이다. 여기서 '잇디니'는 '잇더니'가 되어야 한다. '-더니'는 '이다'의 어간, 용언의 어간 또는 어미

'-으시-', '-었-', '-겠-' 뒤에 붙어, 과거의 사태나 행동에 뒤이어 일어난 상황을 이어 주는 어미이다. 주로 앞 절의 내용이 뒤 절의 원인이 된다.

2 빙ᄒᆞ이: 병하여. 병이 나. '아비 지븨이서 빙ᄒᆞ이 잇거늘'은 원문 '父易在家遘疾'을 번역한 것이다. 여기서 '빙ᄒᆞ이'는 '遘疾'을 번역한 것인 바, '병ᄒᆞ여'가 되어야 할 것 같다.

3 즉재: 곧. 즉시. 즉재 겨틧 사ᄅᆞᄆᆞᆯ 보내야 ᄲᆞᆯ리 미조차 가 ᄃᆞ려오라 ᄒᆞ야ᄂᆞᆯ.《월석 13:15》, 비록 無上覺路ᄅᆞᆯ 즉재 ᄇᆞᆯ기디 몯ᄒᆞ나 이 사ᄅᆞᄆᆞᆫ 法에 ᄒᆞ마 決定ᄒᆞᆫ ᄆᆞᅀᆞ미니라(雖未卽明無上覺路 是人於法 已決定心).《능엄 6:104》

4 과ᄀᆞᆯ이: 갑자기. 급하게. 公이 과ᄀᆞᆯ이 色ᄋᆞᆯ 變커늘(玉呼名諷之 公悖然變色 玉曰 便是黑風漂墮).《법화 7:52》, 과ᄀᆞᆯ이 주그니와 中惡ᄒᆞ니와 尸厥ᄒᆞ니ᄅᆞᆯ.《구방 상:25》

소언 南남齊졔[나라 일홈이라] 庾유黔검婁루ㅣ 孱잔陵능[고ᄋᆞᆯ 일홈이라]ㅅ 令령[원이라]이 되야 고ᄋᆞᆯ희 니ᄅᆞ런 디 열흘이 몯ᄒᆞ여실 제 아비 易이ㅣ 집의 이셔 병을 만낫더니 黔검婁루ㅣ 믄득 ᄆᆞᄋᆞᆷ이 놀라 온몸애 ᄯᆞᆷ이 흐ᄅᆞ거ᄂᆞᆯ 그 날 벼ᄉᆞᆯ ᄇᆞ리고 집의 도라오니 집사ᄅᆞᆷ이 다 그 믄득 니ᄅᆞᆫ 줄을 놀라더라

현대역 남제[나라 이름이라.] 유검루가 잔릉[고을 이름이라.]의 令[원이라.]이 되어 고을에 이른 지 열흘이 못하였을 때 아버지 이(易)가 집에 있어 병을 만났더니, 검루가 문득 마음이 놀라 온몸에 땀이 흐르거늘, 그 날 벼슬 버리고 집에 돌아오니, 집 사람이 다 그 문득 이른 줄을 놀라더라.

1 니ᄅᆞ런: 이른. '니ᄅᆞᆯ(至, 어간)+어(확인법 선어말어미)+ㄴ(관형사형 어미)'이다. 선어말어미 '-어-'는 본래 '-거-'인데, 'ㄹ' 아래에서 'ㄱ'이 약화되었다. 忠誠이 이러ᄒᆞ실ᄊᆡ 죽다가 살언 百姓이 아ᄃᆞᆯ님긔 袞服 니피ᅀᆞᄫᆞ니(忠誠若此 其蘇黎民 迺於厥嗣 袞服以御).《용가 25장》

2 니ᄅᆞᆫ: 이른. '니ᄅᆞ(至, 어간)+ㄴ(관형사형 어미)'이다.

【集解】南齊는蕭齊也라黔婁의字는子貞이라孱陵은縣名이라遘는

遇也라父子는一體而分하니父疾에而子心驚汗出은自然之理也라黔婁卽棄官而歸라故로家人이驚其至之速也하니라

南齊는 蕭齊다. 黔婁의 자는 子貞이다. 잔릉은 고을 이름이다. 遘는 만남이다. 아버지와 아들은 한 몸이되 나뉘었으니, 아버지가 병듦에 자식의 마음이 놀라 땀이 남은 자연의 이치다. 검루가 곧 벼슬을 버리고 집으로 돌아왔다. 그러므로 집안사람이 그 돌아옴이 빠름을 놀라워하였다.

漢字 蕭(쑥 소)

時예易疾이始二日이러니醫云欲知差劇인댄但嘗糞甛苦ㅣ라ᄒᆞ야늘易ㅣ泄利어든黔婁ㅣ輒取嘗之ᄒᆞ니味轉甛滑이어늘心愈憂苦ᄒᆞ야至夕에每稽顙北辰ᄒᆞ야求以身代ᄒᆞ더라

● 때에 이(易)의 병이 비로소 이틀이더니, 의원이 말하길, "병이 나아가는지 심한지를 알고자 하면, 단지 똥이 단지 쓴지를 맛볼 뿐입니다." 하거늘, 易가 설사를 하거든 검루가 문득 취하여 그것을 맛을 보니, 맛이 더욱 달고 미끄럽거늘, 마음이 더욱 근심스럽고 괴로워, 저녁에 이름에 매번 북극성에게 이마를 조아려, 자신으로써 대신함을 구하였다.

漢字 差(병 나을 차, 어긋날 차), 劇(병 심할 극), 但(다만 단), 嘗(맛볼 상), 甛(달 첨), 苦(쓸 고, 괴로움 고), 泄(설사 설, 샐 설), 利(=痢 이질 리), 轉(더욱 전, 구를 전), 滑(미끄러울 활), 愈(더욱 유, 나을 유), 稽(조아릴 계, 상고할 계, 머무를 계), 顙(이마 상)

설리(泄利, 泄痢): 설사(泄瀉).

번소 그저긔 아비 병 비르선 디 이트리러니 의원이 닐우ᄃᆡ 위연ᄒᆞ며 되요믈 아로려 홀딘댄 오직 ᄯᅩᆼ을 ᄃᆞᆯ며 ᄡᅮ며 맛볼 거시라 아비 ᄯᅩᆼ을 즈츼여늘 黔검婁루ㅣ 믄득 가져다가 맛보니 마시 ᄃᆞᆯ오 믯믯ᄒᆞ실 ᄆᆞ

ᅀᆞᆷ을 더옥 근심ᄒᆞ야 나죄히어든 ᄆᆡ양 하ᄂᆞᆳ 北븍辰신 향ᄒᆞ야 머리를 조ᅀᆞ 제 몸으로 아븨 주구믈 ᄃᆡ신ᄒᆞ야지라 비더라

현대역 그때에 아버지 병 비롯한 지 이틀이더니, 의원이 이르되, "헐하며 되어짐[심해짐]을 알려 한다면, 오직 똥을 달며 쓰며 맛볼 것이라." 아버지(가) 똥을 설사하거늘 검루가 문득 가져다가 맛보니, 맛이 달고 미끈미끈하므로 마음을 더욱 근심하여, 저녁이거든 매양 하늘의 북신(北辰) 향하여 머리를 조아려, 제 몸으로 아비의 죽음을 대신하고자 한다고 빌더라.

1 위연ᄒᆞ며: 후련하며. 헐하며. '위련ᄒᆞ(어간)+며(연결어미)'이다. '위연ᄒᆞ다'는 '후련하다', '헐하다'의 옛말이다. 손가락 글 그처 뼈 나오니 즉시 위연ᄒᆞ다.(卽愈)《신속 孝三 52》

2 홀딘댄: 할진댄. 한다면. 'ᄒᆞ(어간)+오(대상 표시법 선어말어미)+ㄹ(관형사형어미)+ᄃᆞ(의존명사)+이(서술격 조사 '이다'의 어간)+ㄴ대(연결어미)+ㄴ(보조사)'이다. 'ㄹ+ᄃᆞ+이+ㄴ대+ㄴ'이 '-ㄹ딘댄'으로 재구조화되었다. '-ㄹ딘댄'은 현대국어 '-ㄹ진댄'에 해당한다. '-ㄹ진댄'은 '-ㄹ진대'에 보조사 'ㄴ'이 결합한 말로, '-ㄹ진대'를 강조한다. '-ㄹ진대'는 '이다'의 어간, 받침 없는 용언의 어간, 'ㄹ' 받침인 용언의 어간 또는 어미 '-으시-' 뒤에 붙어, 앞 절의 일을 인정하면서, 그것을 뒤 절 일의 조건이나 이유, 근거로 삼음을 나타내는 연결어미이다. 장중한 어감을 띤다. 論語에 닐오ᄃᆡ 工匠바지ㅣ 이ᄅᆞᆯ 이대코져 홀딘댄 반ᄃᆞ기 몬져 그 그르슬 ᄂᆞᆯ나게 ᄒᆞᄂᆞ니라 ᄒᆞ니라(論語云 工欲善其事 必先利其器).《원각 서:80》, 輪廻ᄅᆞᆯ 免코져 홀딘댄 부텨 求홈 ᄀᆞᆮᄒᆞ니 업스니라 ᄒᆞ다가 부텨 求코져 홀딘댄 부톄 곧 이 ᄆᆞᅀᆞ미니 ᄆᆞᅀᆞᄆᆞᆯ 엇뎨 머리 어ᄃᆞ료(欲免輪廻 莫若求佛 若欲求佛 佛卽是心 心何遠覓).《목우 2》.

3 즈츼여늘: 설사하거늘. '즈츼(어간)+여늘(연결어미)'이다. '즈츼다'는 '설사하다'의 옛말이다. 제 아비 ᄯᅩᇰ 즈츼더니 눈 다마다 머거 보니 漸漸 ᄃᆞᆯ오 ᄆᆡᆺᄆᆡᆺᄒᆞ야 가거늘.《삼강 효:21》, 空心에 둘헤 ᄂᆞᆫ화 머고ᄃᆡ 모딘 피 즈츨 가장 ᄒᆞ라.《구방 하:18》

4 ᄆᆡᆺᄆᆡᆺ홀ᄉᆡ: 미끈미끈하므로. 'ᄆᆡᆺᄆᆡᆺᄒᆞ(어간)+ㄹᄉᆡ(연결어미)'이다. 'ᄆᆡᆺᄆᆡᆺᄒᆞ다'는 '미끈미끈하다'의 옛말이다. '-ㄹᄉᆡ'는 동사, 형용사 어간 뒤에 붙어, '-(으)므로'를 뜻한다. ᄒᆞ다가 둘헤 兼홇딘댄 物와 體왜 雜亂ᄒᆞ리니 物이 體의 아로미 아닐ᄉᆡ

펴니 이러 둘히 셔리어니 엇뎨 中이 ᄃᆞ외리오(若兼二者 物體雜亂 物非體知成敵兩立 云何爲中).《능엄 1:72》, 프리 기프니 市井을 迷失ᄒᆞ리로다 ᄯᅡ히 幽辟호ᄉᆡ 옷 ᄀᆞ외 니부믈 게을이 ᄒᆞ노라(草深迷市井 地僻懶衣裳).《두시-초 7:5》

5 븍신: 북신(北辰). 작은곰자리에서 가장 밝은 별.

6 조ᅀᅡ: 조아려. '좃(어간)+아(연결어미)'이다. '좃다'는 '조아리다'의 옛말이다. 모음으로 시작하는 어미 앞에서는 '좃-'으로 나타난다. 盖天英氣실씨 이바디예 머리를 좃ᄉᆞᄫᆞ니.《용가 95장》, 頂禮ᄂᆞᆫ 머리 조ᅀᅡ 禮數ᄒᆞᆯ 씨라.《석상 21:16주》

7 ᄃᆡ신ᄒᆞ야지라: 대신하고자 한다. 대신하고 싶다. 'ᄃᆡ신ᄒᆞ(어간)+야지라(소망평서형 종결어미)'이다. '-지라'는 항상 동사 표지 '아/어/야/거'를 요구한다. 비타동사 앞에서는 '거'가 붙는다. 따라서 '-아/어/야지라/거지라' 전체를 화자의 소망(바람)을 나타내는 특수한 평서형 종결어미, 즉 소망 평서형 종결어미로 본다(고영근, 2020: 325). 이런 견해와 달리, 과거에는 '-아/어/야지라/거지라'에서 '지라'만 보조 용언으로 처리해 왔다. 그러나 앞의 '아/어/야/거'가 보조적 연결어미가 될 수 없고 동사 표지인 이상, 보조 용언으로 볼 수 없다. '-거지라'는 주로 1인칭 주어와 함께 쓰여, 의도 '-겠다고 한다', '-고 싶다', '-고자 하다'를 뜻하는 종결어미이다. 어딘 앗이 草萊ㅅ 소ᄀᆞ로셔 오니 蒼然히 이를 議論ᄒᆞ야지라 請ᄒᆞ야늘 詔書로 혀 殿에 올이시니 혀를 니르와다 하ᄂᆞᇗ ᄠᅳ들 感動케 ᄒᆞ도다(令弟草中來 蒼然請論事 詔書引上殿 奮舌動天意)《두시-초 22:35》, 炳이 슬허 하ᄂᆞᆯᄭᅴ 비러 제 모모로 代身ᄒᆞ야지라 터라《속삼 효:2》

소언 그적의 易이의 병이 비르소 이틀이러니 의원이 닐오ᄃᆡ 위연ᄒᆞ며 되욤을 알고져 홀딘댄 다믄 ᄯᅩᆼ이 ᄃᆞᆯ며 ᄡᅳᆷ을 맛볼 거시라 ᄒᆞ야늘 易이ㅣ 즈츼여든 黔검婁루ㅣ 믄득 가져다가 맛보니 마시 다함 ᄃᆞᆯ오 믯믯ᄒᆞ거놀 ᄆᆞ음애 더옥 근심ᄒᆞ고 셜워ᄒᆞ야 나조히 니롬애 ᄆᆡ양 北북辰신ᄭᅴ 머리를 조아 몸으로ᄡᅥ 代ᄃᆡᄒᆞ욤을 求구ᄒᆞ더라

현대역 그때에 이(易)의 병이 비로소 이틀이더니, 의원이 이르되, "헐하며 심해짐을 알고자 한다면, 다만 똥이 달며 씀을 맛볼 것이라." 하거늘, 이(易)가 설사하거든 검루가 문득 가져다가 맛보니, 맛이 더욱 달고 미끈미끈하거늘, 마음에 더욱 근심하고 서러워하여, 저녁에 이름에 매양 북신께 머리를 조아

려, 몸으로써 대신함을 구하더라.

다함: 더욱. 望望 다함 ㅂ라는 양이라.《가언 9:35》

【集說】陳氏曰病愈曰差요病甚曰劇이라醫蓋以糞甛則病甚하고糞苦則病愈也라稽顙은叩頭也요北辰은北極也라

진 씨가 말하였다. "병이 나아짐을 差라 하고, 병이 심해짐을 劇이라 한다. 의원이 대개 써 똥이 달면 병이 심해지고, 똥이 쓰면 병이 나아진다고 말한 것이다[以(爲)]. 稽顙은 머리를 두드림이고, 北辰은 북극성이다."

漢字 叩(두드릴 고)

【集解】或問黔婁父病에稽顙北辰하고求以身代하여數日而愈하니果有此應之理否아朱子曰禱是正理면自合有應이니不可謂知其無是而姑爲之也니라愚按禮疾病에行禱五祀라하니蓋臣子切迫之至情이니子朱子所謂禱是正理가是也라孝誠感格에孰謂無其應乎아黔婁之禱北辰하여求以身代는其孝誠이爲如何哉아後世에罔知禮義하고崇信妖巫淫覡하여不務迎醫合藥하고而專禱淫昏之鬼하니正吾夫子所謂陰祀無福이니又安有其應哉아讀者不可不察이니라

혹이 물었다. "검루가 아버지의 병에 북극성에 이마를 조아리고, 자신으로써 대신함 구하여, 수일에 나아졌다 하니, 과연 이러한 응함의 이치가 있습니까, 없습니까?" 주자가 말하였다. "이 바른 이치로 빈다면, 저절로 합해져 응함이 있는 것이니, 가히 그가 이러한 이치[應之理]가 없는 줄을 알면서, 우선 그것을 했다고 말할 수는 없는 것이다." 내가 禮를 살피건대, '질병에 五祀에 빌기를 행한다.' 했으니, 대개 신하와 자식의 절박한 지극한

정이니, 子朱子가 이른바 이 바른 이치로 빈다고 함이 이것이다. 효성이 느껴져 이름에 누구인들 그 응함이 없다고 말하겠는가? 검루가 북극성에 빌어 자신으로써 대신함을 구함은 그 효성이 어떠하였는가? 후세에 예의 뜻을 앎이 없이 요사스런 여자 무당과 음란한 박수를 높이고 믿으면서, 의원을 맞이하고 약을 조합함을 힘쓰지 않고, 오로지 음란하고 어두운 귀신에게 빌기만 하니, 바로 우리 부자가 이른바 '음란한 제사는 복이 없다.'고 한 것이니, 또 어찌 그 감응이 있겠는가? 독자들이 가히 살피지 않으면 안 된다.

漢字 **禱**(빌 도), **合**(맞을 합), **罔**(없을 망, 그물 망), **妖**(요사할 요, 아리따울 요), **覡**(박수 격)

1 오사(五祀): 호(戶, 土神)·조(竈, 竈王神)·중류(中霤, 대청마루, 성주신)·문(門, 門神)·도로(道路, 行神)에 지내는 제사이다.

2 吾夫子所謂陰祀無福: 오부자(吾夫子)는 공자(孔子)이고, 〈곡례(曲禮)〉에 다음과 같은 내용이 보인다. "非其所祭而祭之 名曰 淫祀 無福(제사해야 할 바가 아닌데 제사하는 것을 이름 하여 음사(淫祀)라 하고, (음사에는) 복이 없다)."

〖十六章〗

○海虞令何子平이母喪애去官ᄒᆞ고哀毁踰禮ᄒᆞ야每哭踊애頓絶方蘇ᄒᆞ더라屬竹大明末애東土ㅣ饑荒ᄒᆞ고繼以師旅ᄒᆞ니八年ᄋᆞᆯ不得營葬ᄒᆞ야晝夜號哭호ᄃᆡ常如袒但括之日ᄒᆞ야冬不衣絮ᄒᆞ고夏不就淸凉ᄒᆞ며一日에以米數合으로爲粥ᄒᆞ고不進鹽菜ᄒᆞ더라所居屋敗ᄒᆞ야不蔽風日이어ᄂᆞᆯ兄子伯興이欲爲葺緝理ᄒᆞᆫ대子平이不肯曰我ㅣ情事ᄅᆞᆯ未申ᄒᆞ니天地一罪人耳라屋何宜覆敷救反ㅣ리오 《南史 孝義列傳》

●海虞令 何子平이 어머니상에 벼슬을 버리고, 슬퍼하고 몸을 해침이 예를

넘어, 매번 곡하며 뛰에 갑자기 기절했다가 바야흐로 깨었다. 때마침 大明 말기에 동쪽 땅이 흉년에 주리고 군대로써 이어지니, 8년을 능히 장사를 지내지 못하여 낮밤으로 부르짖어 울되, 늘 (초상 때에) 어깨를 드러내고 머리를 묶는 날과 같이 하여, 겨울에는 솜옷을 입지 않고 여름에는 서늘함에 나가지 않으며, 하루에 쌀 몇 홉으로써 죽을 만들고, 소금과 나물에 나아가지 않았다. 거하는 바의 지붕이 무너져 바람과 해를 가리지 못하거늘, 형의 아들 伯興이 위하여 이어 다스리고자 한대, 자평이 즐겨하지 않고 말하였다. "나는 정에 있는 일을 펴지 못했으니, 천지의 한 죄인일 뿐이다. 지붕을 어찌 마땅히 덮겠는가?"

漢字 虞(헤아릴 우, 근심 우), 毁(몸 해칠 훼, 헐 훼), 踰(넘을 유), 踊(뛸 용), 頓(갑자기 돈), 蘇(깨어날 소), 屬(때마침 촉), 饑(주릴 기), 荒(흉년 황, 거칠 황), 繼(이을 계), 師(군사 사, 스승 사), 旅(군사 려), 營(경영할 영, 장만할 영), 葬(장사지낼 장), 袒(어깨 들어낼 단), 括(묶을 괄, 동여맬 괄), 絮(솜옷 서, 솜 서), 凊(서늘할 청), 凉(서늘할 량), 合(홉 홉), 粥(죽 죽), 鹽(소금 염), 菜(나물 채), 屋(지붕 옥), 敗(무너질 패), 蔽(가릴 폐, 덮을 폐), 葺(지붕 이을 즙), 理(손질할 리), 肯(즐길 긍, 옳게 여길 긍), 申(=伸 펼 신), 宜(마땅할 의), 覆(덮을 부, 다시 복)

1 하자평(何子平, 418년~477년): 남조 유송(劉宋)의 여강(廬江) 첨현(灊縣) 사람이다. 어머니를 지극한 효성으로 섬겼고, 해우령(海虞令)이 되었다. 받은 급여는 오직 어머니를 봉양하는 데 쓸 뿐 처자(妻子)에게 미치지는 않았다. 모상(母喪)을 당하자 사직했는데, 애통해하는 모습이 정도를 넘어섰다. 효문제(孝武帝) 대명(大明) 말에 동토(東土)가 기아(飢餓)로 황폐해지고 전쟁이 이어져서 8년 동안이나 장례를 치르지 못하자 밤낮 통곡하면서 세월을 보냈다. 회계태수(會稽太守) 채흥종(蔡興宗)이 정문(旌門)을 내려 포상하고 어머니의 장례를 치를 수 있도록 했다(중국역대인명사전).

2 유송(劉宋): 중국 남북조(南北朝)시대 남조(南朝) 최초의 왕조(420년~479년)이다. 동진(東晉) 말기의 권신(權臣)이자 무장(武將)인 유유(劉裕: 武帝)가 진(晉)의 공제(恭帝)로부터 선양(禪讓)을 받아 세운 나라이다. 건강(建康: 지금의 南京)에 도읍하였고, 조송(趙宋)과 구별하기 위하여 유송(劉宋)이라고도 부른다. 제3대 문제(文帝)에 이르러 귀족정치를 선용하여 30년에 걸친 '원가(元嘉)의 치(治)'를

실현시켰다. 문학과 불교가 융성하였으며 화폐경제도 부흥하였다. 그러나 그런 시기에 있어서도 귀족정치에 대립하는 부유한 서민들이 풍요한 강남(江南)의 생산력을 배경으로 대두하고 있었다. 원가(元嘉) 말년에는 북위(北魏)의 태무제(太武帝)로부터 침공을 당한데다가, 호적(戶籍)을 속여서 부역(賦役)을 기피하는 서민이 많아지고, 정치적 내분이 생기는 등 국력 쇠퇴가 현저하였다. 제4대 효무제(孝武帝)는 중앙집권책을 취하여 귀족과 서민의 혼란을 방지하였으며, 효무제 말년에 송나라 국세는 90만 호(戶), 인구 468만에 이르렀다. 제6대 명제(明帝) 때에 가서는 종실(宗室)의 왕들 사이에서 분쟁이 일어났고, 측근(側近: 寒人)이 대두하여 정치를 문란하게 하였다. 제7대의 후폐제(後廢帝) 욱(昱)은 어려, 장군 소도성(蕭道成: 南齊의 高帝)이 실권을 장악하였고, 제8대 순제(順帝)에 이르러 마침내 그에게 나라를 빼앗겼다(두산백과).

3 대명(大明): 중국 남북조시대 유송(劉宋)이라고도 불리는 남조(南朝) 송(宋)나라의 제4대 황제인 효무제(孝武帝) 유준(劉駿, 재위 453년~464년) 때의 두 번째 연호이다. 457년 음력 1월부터 464년 음력 12월까지 8년 동안 사용되었다. 효무제는 457년 연호를 효건(孝建)에서 대명(大明)으로 바꾸고, 그 해를 원년으로 하였다. 대명 연간에도 유송의 황족들의 내분이 계속되었다. 459년(대명 3년) 음력 4월 이복동생인 수왕(隨王) 유탄(劉誕)이 반란을 일으키자 효무제는 거기대장군(車騎大將軍) 심경지(沈慶之)를 보내 이를 진압했다. 효무제는 464년(대명 8년) 7월 12일(음력 윤5월 23일)에 35세의 나이로 죽고, 그의 맏아들이자 황태자인 유자업(劉子業)이 뒤를 이어 제위에 올랐다. 새로 즉위한 전폐제(前廢帝)는 새 임금이 즉위한 이듬해부터 새 연호를 사용하는 유년칭원법(踰年稱元法)에 따라 연호를 영광(永光)으로 바꾸고, 465년을 원년으로 하였다(두산백과).

번소 海ᄒᆡ虞우ㅅ 고ᄋᆞᆯ 원 何하子ᄌᆞ平평이 어ᄆᆡ 거상애 벼슬 더디고 슬허 셜워호ᄆᆞᆯ 禮례예 너무 ᄒᆞ야 ᄆᆡ양 울오 ᄂᆞ소소매 믄득 주겟다가 ᄭᆡ더니 마초아 宋송 大대明명 시졀의 동녁 ᄯᅡ히 가난ᄒᆞ고 니수어 군ᄉᆡ 니러날ᄉᆡ 여ᄃᆞᆲ ᄒᆡ도록 영장을 몯ᄒᆞ야 나쟈 바먀 우루ᄃᆡ ᄆᆡ양 ᄀᆞᆺ 거상 맛ᄂᆞᆫ 날ᄀᆞ티 ᄒᆞ야 겨슬에도 소ᄋᆞᆷ 둔 오ᄉᆞᆯ 닙디 아니ᄒᆞ며 녀르메도 서늘ᄒᆞᆫ ᄃᆡ 가디 아니ᄒᆞ며 ᄒᆞᄅᆞᆯ ᄡᆞᆯ 두ᅀᅥ 홉으로 쥭 ᄡᅮ어

먹고 소곰과 ᄎᆡ소도 먹디 아니ᄒᆞ더라 사ᄂᆞᆫ 집이 허러 ᄇᆞᄅᆞᆷ과 벼틀 ᄀᆞ리우디 몯ᄒᆞ거늘 형의 아ᄃᆞᆯ 伯ᄇᆡᆨ興훙이 위ᄒᆞ야 슈리호려 ᄒᆞᆫ대 子ᄌᆞ平평이 즐기디 아니ᄒᆞ여 닐오ᄃᆡ 내 ᄆᆞᅀᆞᆷ애 일를 ᄒᆞ디 몯ᄒᆞ여시니 하ᄂᆞᆯ 싸 ᄉᆞ이예 ᄒᆞᆫ 죄인이어니 집을 니유미 엇디 맛당ᄒᆞ료

현대역 海虞의 고을 원 何子平이 어머니의 거상에 벼슬 던지고, 슬퍼하여 서러워함을 예에 너무 하여, 매양 울고 날숫음에 문득 죽었다가 깨더니, 마침 宋나라 大明 시절에 동녘 땅이 가난하고 잇달아 군사가 일어나므로, 여덟 해도록 永葬을 못하여, (자평이) 낮이며 밤이며 울되, 매양 방금 거상 만나는 날같이 하여, 겨울에도 솜 둔 옷을 입지 아니하며 여름에도 서늘한 데 가지 아니하며, 하루를 쌀 두어 홉으로 죽 쑤어 먹고, 소금과 채소도 먹지 아니하더라. 사는 집이 헐어 바람과 볕을 가리지 못하거늘, 형의 아들 伯興이 위하여 수리하려 한대, 자평이 즐기지 아니하여 이르되, "내가 마음의 일[어버이의 장례를 치르지 못한 일]을 하지 못하였으니, 하늘 땅 사이에 한 죄인이거니, 집을 잇댐이 어찌 마땅하리오."

1 더디고: 던지고. '더디(어간)+고(연결어미)'이다. 현대국어 '던지다'의 옛말인 '더디다'는 15세기 문헌에서부터 나타난다. 17세기부터 'ㄷ, ㅌ' 뒤에 오는 'ㅣ' 모음의 영향으로 'ㄷ, ㅌ'이 'ㅈ, ㅊ'으로 바뀌는 구개음화가 일어났는데 '더디다'도 이러한 변화를 경험하였다. 그리하여 17세기에 '더지다'로 나타나기 시작하면서 19세기까지 '더디다'와 '더지다'가 공존하였다. 이후 19세기에 '더지다'에 'ㄴ'이 첨가되어 '던지다'로 나타나기 시작하면서 현재에 이르렀다. 더디다(15세기~19세기)〉더지다(17세기~19세기)〉던지다(19세기~현재). 이형태: 더디다, 더지다, 던지다. 그 각시 도로 글어 밧긔 내야 더디니라.《1447 석상 3:24ㄴ》, 그 ᄆᆞ리 다ᄆᆞᆫ 콩만 ᄀᆞᆯᄒᆡ여 먹고 딥프란 다 허텨 더디ᄂᆞ니라 《1510년대 번노 상:24ㄱㄴ》, 눉믈 드리우고 뵈야ᄒᆞ로 붇 더지고 時節ᄋᆞᆯ 슬허 곧 기르마ᄅᆞᆯ 브텃도다 《1632 두시-중 23:29ㄴ》

2 슬허: 슬퍼하여. '슳(어간)+어(연결어미)'이다. 현대국어 '슬퍼하다'의 옛말인 '슳다', '슬허하다'는 15세기 문헌에서부터 나타난다. 15세기 국어에서 '슳다'는 형용사인 '슬프다'와 동사인 '슬퍼하다'의 의미를 모두 지니고 있었다. '슬허ᄒᆞ다'

는 '슳-+-어ᄒᆞ-+-다'로 분석된다. '슬퍼ᄒᆞ다'는 '슳-'에 형용사 파생접사 '-브-'가 결합되어 형성된 형용사 '슬프-'에 다시 '-어ᄒᆞ-'가 결합된 것이다. 즉 현대국어의 '슬퍼하다'는 역사적으로 '슳다' 그 자체, '슬허ᄒᆞ다'처럼 한 번의 파생 과정을 거친 형태, '슬퍼ᄒᆞ다', '슯허ᄒᆞ다'와 같이 두 번의 파생을 거친 형태로 나눌 수 있다. 슳다/슬허ᄒᆞ다(15세기)〉슬퍼ᄒᆞ다(16세기~19세기)〉슬퍼하다(20세기~현재). 이형태: 슳다, 슬허ᄒᆞ다, 슬퍼ᄒᆞ다, 슯허ᄒᆞ다. 王과 大愛道와도 슬허우르시며.《1447 석상 3:30ㄴ》, 須達이도 그 말 듣고 슬허ᄒᆞ더라《1447 석상 6:38ㄱ》, 사ᄅᆞᆷ이 다 슬퍼ᄒᆞ더라.《1581 속삼-중 충:5ㄴ》, 우ᄂᆞᆫ 소ᄅᆡ 슯허ᄒᆞ야.《1588 소언 6:93ㄱ》

3 ᄂᆞ소소매: 날솟음에. 'ᄂᆞ솟(어간)+음(명사형 어미)+애(부사격 조사)'이다. 'ᄂᆞ솟다'는 '날솟다'의 옛말이다. 날거나 아주 빨리 위로 솟다. 'ᄂᆞ솟다'는 15세기 문헌에서부터 나타난다. 'ᄂᆞ솟다'는 '날다'의 의미인 'ᄂᆞᆯ다'와 '솟다'가 결합된 것인데, 'ㄹ'이 'ㅅ' 앞에서 탈락되는 현상 때문에 'ᄂᆞ솟다'로 나타난 것이다. 18세기 이후 제1음절의 'ㆍ'가 'ㅏ'로 변화하게 되면서 18세기에는 '나솟다'가 나타난다. 20세기 이후 'ㄹ'이 'ㅅ' 앞에서 탈락되는 현상이 '나솟다'에 적용되지 않고, 원래의 형태를 밝혀 적게 되면서 '날솟다'로 나타나서 현재에 이르렀다. ᄂᆞ솟다(15세기~18세기)〉나솟다(18세기)〉날솟다(20세기~현재). 이형태: ᄂᆞ솟다, 나솟다. 王이 夫人ㅅ 말 드르시고 깃거 ᄂᆞ소사 나라ᄒᆞᆯ 아ᅀᆞ 맛디시고.《1459 월석 8:93ㄴ》, ᄆᆞᄅᆡ 또 ᄂᆞ솟거ᄂᆞᆯ 시톄를 어더 지여 본향의 도라오니라.《1518 이륜-옥 36ㄴ》

4 니ᅀᅮ어: 이어서. '닛(주동사 어간)+우(사동접사)+어(연결어미)'이다. 여기서 '우'는 사동접사로 보아야 하는데, 특별히 사동의 뜻으로 새길 필요가 없다. '잇다'의 옛말인 '닛다'는 15세기 문헌에서부터 나타난다. '닛다'는 자음으로 시작하는 하는 어미 앞에서 '닛-'으로, 모음으로 시작하는 어미 앞에서 '닝-'으로 나타났다. 'ㅿ'이 사라지면서 16세기 후반부터는 모음으로 시작하는 하는 어미 앞에서 '니-'로 나타나기 시작한다. 18세기부터는 어두의 'ㄴ'이 탈락한 '이-'가 나타나 '닛-~니-'와 '잇-~이-'는 19세기까지 공존하게 된다. 새로운 어형인 '잇다'가 20세기 이후 현재에 이르렀다. 닛다(15세기~19세기)〉잇다(18세기~현재). 이형태: 닛-, 닝-, 니-, 잇-, 이-. 아ᄃᆞᆯ 나하ᄃᆞᆫ 나랏 位ᄅᆞᆯ 니ᅀᅳ긔 코져 ᄒᆞ더시니 ᄃᆞ리 ᄎᆞ거늘 産生ᄒᆞ샤ᄃᆡ.《1447 석상 11:30ㄴ》, ᄌᆞ개 너기샤ᄃᆡ 나라 니ᅀᆞᆯ 아ᄃᆞᄅᆞᆯ ᄒᆞ마 ᄇᆡ여 아바닚 願 일우과라.《1447 석상 3:25ㄱ》

5 영장: 영장(永葬). 편안하게 장사 지냄.

소언 海ᄒᆡ虞우ㅅ 令령 何하子ᄌᆞ平평이 엄의 거상애 벼슬 더디고 슬허 샹케 홈을 禮례예 넘게 ᄒᆞ야 ᄆᆡ양 울며 ᄂᆞ소ᄉᆞᆷ애 믄득 긔졀ᄒᆞ엿다가 보야호로 ᄊᆡ더라 마초아 大대明명[宋송孝효武무帝뎨의 년회라] 내죵애 東동녁 ᄯᅡ히 흉황ᄒᆞ고 병난으로ᄡᅥ 니우니 여ᄃᆞᆲ ᄒᆡᄅᆞᆯ 시러곰 ᄆᆡ장을 경영티 몯ᄒᆞ야 나지며 밤의 블으지져 울오ᄃᆡ ᄆᆡ양 袒단括괄[袒단은 메와ᄉᆞᆷ이오 括괄은 머리 ᄆᆡ욤이니 초상 적 례라] ᄒᆞᆫ날ᄀᆞᆮ티 ᄒᆞ야 겨을에 소옴 둔 옷슬 닙디 아니ᄒᆞ고 녀름에 서늘ᄒᆞᆫ ᄃᆡ 나아가디 아니ᄒᆞ며 ᄒᆞᄅᆞ ᄡᆞᆯ 두어 홉으로ᄡᅥ 粥죽을 ᄒᆞ고 소곰과 ᄂᆞᄆᆞᆯ도 먹디 아니ᄒᆞ더라 사ᄂᆞᆫ 밧 집이 허러뎌 ᄇᆞᄅᆞᆷ과 볃틀 ᄀᆞ리우디 몯ᄒᆞ거늘 兄형의 아ᄃᆞᆯ 伯ᄇᆡᆨ興흥이 위ᄒᆞ야 슈리코져 ᄒᆞᆫ대 子ᄌᆞ平평이 즐겨ᄒᆞ디 아니ᄒᆞ여 ᄀᆞᆯ오ᄃᆡ 내 情졍에 일을 펴디 몯ᄒᆞ여시니 天텬地디예 ᄒᆞᆫ 罪죄人인이라 집을 엇디 맛당히 덮프리오

현대역 해우의 令 하자평이 어머니 거상에 벼슬 던지고, 슬퍼하여 상하게 함을 예에 넘게 하여, 매양 울며 날솟음에 문득 기절하였다가 바야흐로 깨더라. 마침 대명[宋 孝武帝의 연호라.] 나중[말]에 동녘 땅이 凶荒하고 兵難으로써 잇대니, 여덟 해를 능히 매장(埋葬)을 經營하지 못하여, 낮이며 밤에 부르짖어 울되, 매양 단괄(袒括)[단(袒)은 어깨를 벗음이요, 괄(括)은 머리 맴이니, 초상 때 예라.]을 한날같이 하여, 겨울에 솜 둔 옷을 입지 아니하고 여름에 서늘한 데 나아가지 아니하며, 하루 쌀 두어 홉으로써 죽을 하고, 소금과 나물도 먹지 아니하더라. 사는 바의 집이 헐어져 바람과 볕을 가리지 못하거늘, 형의 아들 백흥이 위하여 수리하고자 하니까, 자평이 즐겨하지 아니하여 가로되, "내 情의 일을 펴지 못하였으니, 천지에 한 죄인이다. 집을 어찌 마땅히 덮으리오."

1 샹케: 상(傷)하게. 몸이 여위어 축이 나게. '샹ᄒᆞ(어간)+게(보조적 연결어미)'이다.

어간 일부인 'ᄒᆞ'에서 'ㆍ'가 탈락한 후 어미 '-게'의 'ㄱ'과 자음축약을 일으켰다.

2 흉황ᄒᆞ고: 흉황(凶荒)하고. 곡식 농사가 잘 안되어 농사가 결딴나고.

3 니우니: 잇대니. '니우(어간)+니(연결어미)'이다. '니우다'는 '잇대다'의 옛말이다. 詩에 닐오ᄃᆡ 穆穆ᄒᆞ신 文王이여 於緝다 니워 熙ᄒᆞ야 敬ᄒᆞ고 止ᄒᆞ시다 ᄒᆞ니.《大언 7》

4 병난: 병난(兵難). 전쟁으로 입는 재난.

5 경영티: 경영(經營)하지. 궁리하여 일을 마련하여 나가지. '경영ᄒᆞ(어간)+디(보조적 연결어미)'이다.

【集說】陳氏曰海虞는縣名이라子平은會稽人이라蘇는猶醒也요屬은猶會也라大明은劉宋武帝年號也라東土는卽會稽라二千五百人이爲師요五百人이爲旅라營은謀爲也라袒은露臂요括은括髮이니人子初喪之禮也라葺은修補也라情事未申은謂親未葬也라

진 씨가 말하였다. "해우는 고을 이름이다. 자평은 會稽 사람이다. 蘇는 깨어남과 같고, 촉(屬)은 마침과 같다. 大明은 劉宋 武帝의 연호다. 東土는 곧 회계다. 2,500인이 師가 되고, 500인이 旅가 된다. 營은 꾀하여 행함이다. 袒은 팔을 드러냄이고 括은 머리를 묶음이니, 사람의 자식이 초상에 하는 예다. 葺은 고쳐 기움이다. 情事未申[정에 있는 일을 펴지 못함]은 어버이를 장례 치르지 못함을 이른다."

漢字 醒(깨어날 성), 臂(팔 비)

蔡興宗이爲會稽太守ㅣ라甚加矜賞ᄒᆞ야爲營塚壙ᄒᆞ니라

●蔡興宗이 會稽太守가 되었다. 심히 더욱 불쌍히 여기고 가상히 여겨, 위하여 무덤을 장만해 주었다.

漢字 加(더욱 가), 矜(불쌍히 여길 긍), 賞(가상할 상, 기릴 상), 塚(무덤 총), 壙(무덤 광,

구덩이 광)

번소 蔡채興흥宗종이 會회稽계ㅅ 고올 원 ᄒᆞ여셔 심히 에엿비 너기며 과호이 너겨 위ᄒᆞ야 무덤을 ᄆᆡᆫᄃᆞ라 주니라

현대역 蔡興宗이 會稽의 고을 원 하여서, 심히 가련히 여기며 칭찬할 만하게 여겨, 위하여 무덤을 만들어 주니라.

과호이: 칭찬할 만하게(부사). 심히 에엿비 너기며 과호이 너겨 위ᄒᆞ야 무덤을 ᄆᆡᆫᄃᆞ라 주니라(甚加矜賞 爲營塚壙).《번소 9:33》, 샹해 과호이 너겨 ᄉᆞ랑ᄒᆞ노라(嘗愛諸葛孔明).《번소 8:19》

소언 蔡채興흥宗종이 會회稽계ㅅ 太태守슈[원이라]ㅣ 되연ᄂᆞ디라 甚심히 에엿비 너기며 과호이 너김을 더어 위ᄒᆞ야 무덤을 ᄆᆡᆫᄃᆞ니라

현대역 채흥종이 회계의 태수[원이라.]가 된 것이다. 심히 가련히 여기며 가상하게 여김을 더하여, 위하여 무덤을 만드느니라.

ᄆᆡᆫᄃᆞ니라: 만드느니라. 'ᄆᆡᆫᄃᆞᆯ(어간)+니라(평서형 종결어미)'이다. 어간 'ᄆᆡᆫᄃᆞᆯ-'에서 'ㄹ'이 치조음 'ㄴ' 앞에서 탈락하여 'ᄆᆡᆫᄃᆞ-'로 실현된 것이다. 15세기에는 '만들다'의 뜻으로 쓰인 단어가 두 가지였다. 하나는 'ᄆᆞᆫᄃᆞᆯ다'이고, 다른 하나는 'ᄆᆡᇰᄀᆞᆯ다'이다. 그러다가 16세기 이후 《번역소학》과 《소학언해》에서는 이 두 단어의 혼효로 보이는 'ᄆᆡᆫᄃᆞᆯ다'(위ᄒᆞ야 무덤을 {ᄆᆡᆫᄃᆞ라} 주니라.《1518 번소 9:33ㄴ》)와 'ᄆᆡᆼᄃᆞᆯ다'(보육 {ᄆᆡᆼᄃᆞᆯ라}.《1587 소언 6:72ㄱ》)가 단어 목록에 추가된다. 현대국어 '만들다'의 옛말인 'ᄆᆞᆫᄃᆞᆯ다'는 15세기 문헌에서부터 나타났을 것으로 추정된다. 동사로 쓰인 'ᄆᆞᆫᄃᆞᆯ다'의 예는 16세기 문헌에서부터 나타나지만, 'ᄆᆞᆫᄃᆞᆯ-'과 접사 '-이'가 결합한 'ᄆᆞᆫᄃᆞ리'(그 각시 뎌른 {ᄆᆞᆫᄃᆞ리} ᄒᆞ고《1460년경 삼강-런던 열:9》)가 15세기 문헌에서부터 나타나기 때문이다. 'ᄆᆞᆫᄃᆞᆯ다'는 'ㄴ, ㅅ, ㄷ'으로 시작하는 어미 앞에서 'ᄆᆞᆫᄃᆞ-'로, 그 외의 어미 앞에서는 'ᄆᆞᆫᄃᆞᆯ-'로 나타난다. 16세기 후반에 2음절 이하의 'ㆍ'가 'ㅡ'로 변하였는데, 이에 따라 18세기에는 'ᄆᆞᆫ들다'로 나타난다. 18세기에 제1음절의 'ㆍ'가 'ㅏ'로 변화하였는데, 이에 따라 18세기에 '만들다'가 나타나서 현재에 이르렀다. 16세기 후반에

제2음절 이하의 '·'가 'ㅡ'로 변화하는 경향 외에도 '·'는 'ㅗ'로 변화하기도 하였는데, 이에 따라 16세기에 'ᄆᆞᆫ돌다'로 나타나기도 한다. 19세기의 '만돌다'는 18세기에 제1음절에서 일어났던 '·〉ㅏ'의 변화에 따라 'ᄆᆞᆫᄃᆞᆯ다'에서 변화한 것이며, 'ㄴ, ㅅ, ㄷ'으로 시작하는 어미 앞에서는 '만ᄃᆞ-'로 나타났다. 19세기의 '만달다'는 'ᄆᆞᆫᄃᆞᆯ다'의 '·'가 모두 'ㅏ'로 변화한 형태이다. 15세기에 '만들다'의 의미로 쓰였던 단어로는 '뮝ᄀᆞᆯ다'가 있는데(ᄒᆞᆯᄀᆞ로 {뮝ᄀᆞᆯ며}《1482 금삼 4:58ㄴ》), 이 단어는 다양한 음운변화를 거쳐 19세기까지도 나타난다. ᄆᆞᆫᄃᆞᆯ다(15세기～19세기)〉ᄆᆞᆫ들다(18세기～19세기)〉만들다(18세기～현재). 이형태: ᄆᆞᆫᄃᆞᆯ-, ᄆᆞᆫᄃᆞ-, ᄆᆞᆫ들-, ᄆᆞᆫ드-, ᄆᆞᆫ돌-, 만들-, 만드-, 만돌-, 만ᄃᆞ-, 만달-. 져믄 아히ᄃᆞᆯ호로 아ᄅᆞᆷ뎌 飮食을 ᄆᆞᆫᄃᆞ라 먹게 ᄒᆞ야.《1518 번소 9:7ㄱ》, 林宗이 저를 위ᄒᆞ여 ᄆᆞᆫᄃᆞᄂᆞ니라 너겻더니.《1518 번소 10:6ㄴ》, ᄀᆞᄅᆞ ᄆᆞᆫ도라 더온 믈의 타 머기며 더 됴ᄒᆞ니라.《17세기 두경 62ㄴ》

【增註】矜者는憫其苦요賞者는嘉其孝라

矜이라는 것은 그 괴로움을 불쌍히 여김이고, 賞이라는 것은 그 효성을 가상히 여김이다.

漢字 憫(불쌍히 여길 민), 嘉(가상할 가, 아름다울 가)

〖十七章〗

○朱壽昌이生七歲예父ㅣ守雍이러니出其母劉氏ᄒᆞ야嫁民間ᄒᆞ니母子不相知者ㅣ五十年이러니壽昌이行四方ᄒᆞ야求之不已ᄒᆞ야飮食에罕御酒肉ᄒᆞ고與人言에輒流涕ᄒᆞ더라 《宋史 孝義列傳, 東坡集》

●朱壽昌이 태어난 지 일곱 살에 아버지가 雍州의 태수였더니, 그의 어머니 유 씨를 내쫓아 민간에게 시집보내니, 어머니와 아들이 서로 알지 못한 지가 50년이더니, 수창이 사방을 다녀 그녀를 구하기를 그치지 아니하여, 마시고

먹음에 술과 고기 먹기를 드물게 하고, 남과 더불어 말함에 문득 눈물을 흘렸다.

漢字 雍(화할 옹, 막을 옹), 罕(드물 한), 御(먹을 어, 다스릴 어), 輒(문득 첩, 갑자기 첩)

주수창(朱壽昌, 1014년~1083년): 천장(天長) 진란리(秦欄里) 사람으로, 자는 강숙(康叔)이다. 북송(北宋) 시기의 관리이자 효자이다. 부친은 공부시랑(工部侍郎) 주손(朱巽)이었고, 모친 유 씨(劉氏)는 첩(妾)이었다. 주수창이 어렸을 때 모친 유 씨는 집에서 쫓겨나 섬서(陝西) 일대를 떠돌다가 재혼했다. 나중에 이 소식을 전해들은 주수창은 관직을 버리고 모친을 찾아나서 마침내 동주(同州)에서 해우했다. 이 일은 신종(神宗) 황제에게까지 전해졌다. 당시의 소식(蘇軾)과 왕안석(王安石) 등의 문신들도 다투어 그를 칭송하는 시문(詩文)을 지었다고 한다(중국역대인물초상화).

번소 朱쥬壽슈昌챵이 난 닐굽 ᄒᆡ예 아비 雍옹州쥬ㅣ 원ᄒᆞ야셔 제 어미 劉뉴氏시를 내텨 ᄇᆡᆨ셩의 지븨 가 남진어렷거늘 어미와 아ᄃᆞᆯ왜 서르 아디 몯호미 쉰 ᄒᆡ러니 壽슈昌챵이 ᄉᆞ방오로 ᄃᆞᆫ녀 어두믈 그치디 아니ᄒᆞ며 飮음食식에 술 고기를 드므리 머그며 사ᄅᆞᆷ과 말ᄒᆞᆯ 제 믄득 눈믈을 흘리더라

현대역 朱壽昌이 난 일곱 해에 아버지가 雍州의 원을 하여서, 자기의 어머니 유 씨를 내쳐 백성의 집에 가 시집가 있거늘, 어머니와 아들이 서로 알지 못함이 쉰 해더니, 수창이 사방으로 다녀 찾음을 그치지 아니하며, 음식에 술 고기를 드물게 먹으며, 사람과 말할 때 문득 눈물을 흘리더라.

1 남진어렷거늘: 시집가 있거늘. '남진얼(어간)+어(보조적 연결어미)+잇(在, '잇다'의 어간)+거늘(연결어미)'이다. 완료상은 보조적 연결어미 '-아/어/여'와 보조형용사 '잇다[在]'의 결합으로 표현된다. 그런데 '잇-'이 본동사와 한 음절을 이룰 때 이미 15세기에 'ㅣ'가 탈락되어 '어+ㅅ→엇'으로 나타나는 일이 많았다. ᄌᆞ로ᄂᆞᆫ 사랏거든 힘ᄀᆞ장 효도ᄒᆞ고 죽거든 못내 그리ᄂᆞ다 ᄒᆞ리로다(由也 可謂生事盡力死事盡思者也).《삼강 효:2》, ᄯᅩ 믄득 中風ᄒᆞ야 人事 모ᄅᆞ고 痰이 마켜써든

生白礬 두돈ᄋᆞᆯ ᄀᆞᄅᆞ ᄆᆡᇰᄀᆞ라.《구방 상:3》. '남진얼다'는 '시집가다'의 옛말이다. 남진어러 ᄌᆞ식 업더니(嫁未有子).《번소 9:55》

2 남진어르다: '시집가다'의 옛말이다. 그 後에ᅀᅡ 놀애 브르며 춤 ᄎᆞ며 롱담ᄒᆞ야 남진어르기ᄅᆞᆯ ᄒᆞ며.《월석 1:44》

3 남진븓다: '시집가다'의 옛말이다. 연고 잇거든 스믈세힌 ᄒᆡ예 남진브틀디니라(有故 二十三年而嫁).《소언 1:7》

4 남진얼오다: '시집보내다'의 옛말이다. 제 어버이 남진얼오려 ᄒᆞᆫ대 주고모로 ᄆᆡᇰ셰ᄒᆞ고 좃디 아니ᄒᆞ더니(父母欲奪志 矢死不從).《동신속 열:1》

5 남진얼이다: '시집보내다'의 옛말이다. 시혹 三朝滿月에 겨집 남진얼이며 남진 겨집얼이노라.《불정 3》

6 남진어리ᄒᆞ다: '서방질하다'의 옛말이다. 제 그 남진어리ᄒᆞᄂᆞᆫ 겨지비 ᄃᆞᆫ 말와 됴ᄒᆞᆫ 말로 다하 ᄂᆡ일모뢰 가포마 니ᄅᆞ니(他那養漢的老婆 甛言美語的 只說明日後日還我).《번박 상:35》

7 겨집어르다: '장가들다'의 옛말이다. 嫁ᄂᆞᆫ 겨지비 남진어를시오 娶ᄂᆞᆫ 남진이 겨집어를시라.《내훈 1:63》

8 겨집ᄒᆞ다: '장가들다'의 옛말이다. 형뎨 네히 다 ᄒᆞᆫᄃᆡ 이셔 사더니 각각 겨집ᄒᆞ여ᄂᆞᆫ 모ᄃᆞᆫ 겨집ᄃᆞᆯ히 셰간 ᄂᆞᆫ화 닫 살오쟈 ᄒᆞ며(兄弟四人 皆同財業 及各取妻諸婦遂求分異).《번소 9:67》. '겨집ᄒᆞ다'는 '계집질ᄒᆞ다'의 옛말이기도 하다. 형 언운니 겨집ᄒᆞ기 ᄒᆞ며 풍뉴 쟝긔 바독 즐겨 셰간ᄂᆞᆯ 거싀 배아가ᄃᆡ.《이륜-옥 21》

9 겨집얼이다: '장가들이다'의 옛말이다. 시혹 三朝滿月에 겨집 남진얼이며 남진 겨집얼이노라.《불정 3》

10 드므리: 드물게(부사). 希ᄂᆞᆫ 드믈씨오 有는 이실씨니 希有는 드므리 잇다 ᄒᆞᆫ ᄠᅳ디라.《석상 13:15》, 希有ᄂᆞᆫ 드므리 이실씨라.《법화 1:66》. '드므리'는 형용사 '드믈다'의 어간 '드믈-'에 파생접사 '이'가 붙어 부사로 파생된 것이다. 현대국어 '드물다'의 옛말인 '드믈다'는 15세기 문헌에서부터 나타난다. 15세기의 '드믈-'은 'ㄴ, ㄷ, ㅅ'으로 시작하는 어미 앞에서는 '드므-'로, 그 외의 어미 앞에서는 '드믈-'로 나타났다. 근대국어 시기에 'ㅁ' 뒤에서 모음 'ㅡ'가 'ㅜ'로 원순모음화됨에 따라 17세기 이후 '드물-'로 나타나서 현재에 이르렀다. 16세기의 '듬을-'은 드믈-'을 분철 표기한 것이다. 드믈다(15세기~19세기)〉드물다(17세기~현재). 이형태: 드믈-, 드므-, 듬을다, 드물-, 드무-. 希ᄂᆞᆫ 드믈 씨오 有는 이실 씨니.

《1447 석상 13:15ㄱ》, 末世옛 첫 機 能히 다 알리 드므도다.《1461 능엄 1:3ㄱ》

소언 朱쥬壽슈昌챵이 난 닐굽 ᄒᆡ예 아비 雍옹[雍옹州쥬ㅣ란 고을히라]에 원ᄒᆞ엿더니 그 어미 劉류氏시를 내텨 ᄇᆡᆨ셩의 서리예 얼리니 어미와 아ᄃᆞᆯ이 서르 아디 몯홈이 쉰 ᄒᆡ러니 壽슈昌챵이 四ᄉᆞ方방오로 ᄃᆞᆫ녀 어듬을 그치디 아니ᄒᆞ야 飮음食식에 술고기를 드믈이 먹고 사ᄅᆞᆷ 더블어 말홈애 믄득 눈믈을 흘리더라

현대역 주수창이 난 일곱 해에 아버지가 雍[옹주라는 고을이라.]에 원을 하였더니, 그 어머니 유 씨를 내쳐 백성의 서리에 시집가게 하니, 어머니와 아들이 서로 알지 못함이 쉰 해이더니, 수창이 사방으로 다녀 찾음을 그치지 아니하여, 음식에 술 고기를 드물게 먹고, 사람 더불어 말함에 문득 눈물을 흘리더라.

서리예: 서리에. 무엇이 많이 모여 있는 무더기의 가운데에. 현대국어 '서리'는 15세기 문헌에서부터 '서리'로 나타나 현재까지 이어진다. 狄人ㅅ 서리예 가샤 狄人이 골외어늘.《1447 용가 4》, 프른 쥐 녯 디샛 서리예 숨ᄂᆞ다.《1632 두시-중 6:1ㄱ》

【集解】壽昌의字는康叔이니楊州天長縣人이라雍은卽今西安府라壽昌이生七歲에父巽이爲雍州守하여出其生母하여嫁之民間하니라

壽昌의 자는 康叔이니, 양주 천장현 사람이다. 雍는 곧 지금의 서안부다. 수창이 태어난 지 일곱 살에 아버지 손이 옹주태수가 되어 그 생모를 내쫓아 민간에게 시집을 보냈다.

漢字 巽(사양할 손, 손괘 손)

熙寧初애棄官入秦홀식與家人訣호ᄃᆡ誓不見母ᄒᆞ면不復還이

라ᄒᆞ더니行次同州ᄒᆞ야得焉ᄒᆞ니劉氏ㅣ時年七十餘矣러라雍守錢明逸이以事聞ᄒᆞᆫ대詔壽昌還就官ᄒᆞ시니繇由同是로天下ㅣ皆知其孝ᄒᆞ니라

●熙寧 초에 벼슬을 버리고 秦에 들어갔는데, 집안사람들과 더불어 이별하되, "맹세컨대, 어머니를 보지 못하면 다시는 돌아오지 않으리라." 하더니, 다니다가 同州에 머물러 그곳[焉=於之]에서 (어머니를) 얻으니, 유 씨가 때에 나이가 70여 세였다. 옹주태수 전명일이 일로써 (조정에) 알렸는데, 수창을 도로 벼슬에 나아가기를 조서하니, 이로 말미암아 천하가 모두 그 효를 알았다.

漢字 熙(빛날 희), 訣(이별할 결), 次(머물 차), 聞(알릴 문), 詔(알릴 조, 조서할 조, 고할 조), 繇(말미암을 유, 노래 요)

1 희녕(熙寧): 중국 송나라의 제6대 황제인 신종(神宗) 조욱(趙頊, 재위 1067년~1085년) 때의 첫 번째 연호이다. 1068년부터 1077년까지 10년 동안 사용되었다. 신종은 1067년[치평(治平) 4년] 1월 25일(음력 1월 8일)에 아버지 영종(英宗)이 죽자, 그의 뒤를 이어 왕위에 올랐다. 그는 즉위한 뒤에 연호를 치평(治平)에서 희녕(熙寧)으로 바꾸고, 새 임금이 즉위한 이듬해부터 새 연호를 사용하는 유년칭원법(踰年稱元法)에 따라 이듬해를 원년으로 하였다. 희녕 연간에 신종은 왕안석(王安石)을 중용하여 개혁을 추진하였다. 1067년(희녕 2년) 신종은 왕안석을 한림학사(翰林學士)로 발탁해 곁에 두었으며, 1070년에는 재상으로 삼아 그에게 개혁의 전권을 부여하였다. 그러나 중소 농민과 상인들을 보호하려는 왕안석의 개혁은 대지주와 대상인의 반발을 샀고, 조정도 신법파(新法派)와 구법파(舊法派)로 나뉘어 대립하였다. 1074년 하북 지방에 대기근이 발생하자 황태후 고 씨(高氏) 등의 상주로 왕안석이 해임되었다. 그는 이듬해 복직되었으나 1076년에 다시 사임하였다. 신종은 1078년에 연호를 원풍(元豐)으로 바꾸고, 그 해를 원년으로 하였다(두산백과).

2 행차(行次): 웃어른이 길 가는 것을 높이어 일컫는 말.

번소 熙희寧령 시절에 벼슬을 ᄇᆞ리고 秦진ㅅ 짜해 드러갈 제 집 사ᄅᆞᆷ

ᄃᆞ려 여흴 저긔 ᄆᆡᆼ셰호ᄃᆡ 어미읏 보디 몯ᄒᆞ면 다시 도라오디 아니호려 ᄒᆞ더니 가다가 同동州쥬ㅣ 따해 가 어드니 劉뉴氏시 그 시졀의 나히 닐흔나ᄆᆞᆫ이러니 雍옹州쥬ㅣ 원 錢젼明명逸일이 그 일을 나라히 알외ᅀᆞ온대 壽슈昌챵을 제 벼슬을 도로 ᄒᆞ라 ᄒᆞ시니 일로셔 天텬下하앳 사ᄅᆞ미 다 그 효셩을 아니라

현대역 熙寧 시절에 벼슬을 버리고 秦의 땅에 들어갈 때, 집 사람에게 떠날 때에 맹세하되, "어머니곧 보지 못하면 다시 돌아오지 아니하려." 하더니, 가다가 同州의 땅에 가 찾으니, 유 씨 그 시절에 나이가 일흔 남짓[칠십여 세]이더니, 옹주의 원 錢明逸이 그 일을 나라에 말씀드려 알렸사온데, 수창을 자기의 벼슬을 도로 하라 하시니, 이로부터 천하의 사람이 다 그 효성을 아니라.

1 여흴: 떠날. '여희(어간)+ㄹ(관형사형 어미)'이다. '여희다'는 '떠나다'의 옛말이다. 도라올 期約은 엇뎨 오라리오마ᄅᆞᆫ 여희ᄂᆞᆫ ᄠᅳ든 ᄆᆞᄎᆞ매 感激ᄒᆞ노라.《두시-초 8:70》, 一切 諸法이 이 열혜 여희디 몯ᄒᆞᄂᆞ니 ᄯᅩ 각각 이 열히 ᄀᆞᄌᆞ니라.《월석 11:101》

2 어미읏: 어머니곧. 원문 '誓不見母'에서 '母'에 해당하는 말이다, 아래 《소학언해》에서는 '어미옷'으로 나타나는 바, '어미옷'의 오자로 보인다. '옷'은 체언류 뒤에 붙어, 앞말을 강조하는 뜻을 나타내는 보조사로, 현대국어 '곧'에 해당한다. 舍利弗옷 聰明ᄒᆞ고 神足이 ᄀᆞᄌᆞ니 舍利弗이 가ᅀᅡ 일우리라 ᄒᆞ샤.《석상 6:22》, 우리 모다 ᄌᆡ조ᄅᆞᆯ 겻고아 뎌옷 이긔면 짓게 ᄒᆞ고 몯 이긔면 몯 짓게 ᄒᆞ야지이다.《석상 6:26》

3 아니호려: 아니하려. '아니ᄒᆞ(어간)+오려(연결어미)'이다. '-오려'는 동사나 형용사 어간 뒤에 붙어, 동작 주체의 의도 '-려'를 뜻하는 연결어미이다. 六天八部 鬼兵이 波旬의 말 드러와 모딘 ᄠᅳ들 일우오려 터니.《월곡 상:26》, 믈읫 有情이 求ᄒᆞᄂᆞᆫ 이ᄅᆞᆯ 다 得긔 호려 ᄒᆞ시니라.《석상 9:4》

4 닐흔나ᄆᆞᆫ: 일흔 남짓. '닐흔(수사)+나ᄆᆞᆫ(접사)'이다. '나ᄆᆞᆫ'은 일부 수사 뒤에 붙어, 그 수로부터 좀 더 됨을 나타내는 접미사이다. 의미상 의존명사 '남짓'과 통한다. 자세한 설명은 《소언》 〈가언(嘉言) 제5〉 제46장 '여라ᄆᆞᆫ'을 참조하라.

5 알외소온대: 말씀드려 알렸사온대. 말씀드려 알리니까. '알외(어간)+소오(겸손법 선어말어미)+ㄴ대(연결어미)'이다. '-소오-'는 겸손법 선어말어미 '-ᅀᆞᆸ-'이 'ㄴ' 앞에서 반모음 '오[w]'로 약화된 것이다. '-ㄴ대'는 어간이나 어미 뒤에 붙어, '-니까'를 뜻하는 연결어미이다. 目連이 淨飯王ᄭᅴ 도라가 이 辭緣을 ᄉᆞᆯᄫᆞᆫ대 王이 大愛道ᄅᆞᆯ 블러 니ᄅᆞ샤ᄃᆡ.《석상 6:6》, 부톄 比丘 ᄃᆞ리시고 드러 안ᄌᆞ신대 鸚鵡ᄃᆞᆯ히 부텨를 보ᅀᆞᆸ고 깃븐 ᄆᆞᅀᆞᄆᆞᆯ 내야 ᄒᆞᆫ 날 命終ᄒᆞ야 忉利天에 나니라.《석상 6:41~42》. 국어사 자료에서 '아뢰다'에 대한 15세기 형태는 '알외다'이다. '알외다'는 '알(知)+오(선어말 어미)+이(접사)+다(어미)'로 분석하기도 하지만, '아뢰다'가 갖는 '공손', '겸양'의 의미가 나타나지 않는 분석이기 때문에 믿을 만하지 않다. '알외다'는 이후 20세기까지 문헌에 계속 나타나고 있다. 17세기에는 '아뢰다'와 '알뢰다'가 문헌에 등장한다. '아뢰다'는 '알외다'를 연철 표기한 형태로 음가는 '알외다'와 같은 것이다. 그리고 '알뢰다'는 '알외다'의 중철 표기이다. 알외다(15세기~19세기)>아뢰다(17세기~현재). 이형태: 알외다, 아뢰다, 알뢰다, 알위다. 法性을 여러 알외샤.《1465 원각 하3-1:5ㄴ》, 외며 올ᄒᆞᆫ 주를 알외여 니ᄅᆞ고.《1514 속삼 충:4ㄱ》

소언 熙희寧령[宋송 神신宗종 년회라] 처엄에 벼슬을 ᄇᆞ리고 秦진으로 들어갈ᄉᆡ 집사ᄅᆞᆷ 더블어 여희오되 ᄆᆡᆼ셰ᄒᆞ야 어미옷 보디 몯ᄒᆞ면 다시 도라오디 아니호리라 ᄒᆞ더니 가 同동州쥬예 다ᄃᆞ라 어드니 劉류氏시 그 시졀의 나히 닐흔남ᄋᆞᆫ이러라 雍옹쥐 원 錢젼明명逸일이 ᄉᆞ실로ᄡᅧ 들리온대 壽슈昌챵을 詔죠[皇황帝뎨의 命명이라]ᄒᆞ야 도로 벼슬에 나아가라 ᄒᆞ시니 일로 말믜암아 天텬下하ㅣ 다 그 효셩을 아니라

현대역 희녕[宋 神宗 연호라.] 처음에 벼슬을 버리고 진으로 들어가므로, 집 사람과 더불어 떠나되 맹세하여, "어머니곧 보지 못하면 다시 돌아오지 아니하리라." 하더니, 가서 동주에 다다라 찾으니, 유 씨 그 시절에 나이 일흔 남짓[칠십여]이더라. 옹주의 원 전명일이 사실로써 듣게 하니까[알리니까], 수창을 조(詔)[황제의 명이다.]하여 도로 벼슬에 나아가라 하시니, 이로 말미

암아 천하가 다 그 효성을 아니라.

들리온대: 듣게 하니까. '들(주동사 어간)+리(사동접사)+오(화자 표시법 선어말 어미)+ㄴ대(연결어미)'이다. 어간 '들-'은 '듣-'의 교체형이다. '들리다'는 '듣다'의 사동사이다. 아이들에게 재미있는 이야기를 들렸더니 아주 좋아한다.

【集解】熙寧은宋神宗年號라秦은卽古雍州地也라訣은別也라 同州는郡名이라

희녕은 송나라 神宗의 연호이다. 秦은 곧 옛날 옹주 땅이다. 訣은 이별함이다. 同州는 군 이름이다.

壽昌이再爲郡守ㅣ러니至是ᄒᆞ야以母故로通判河中府ᄒᆞ야迎其同母弟妹以歸러니居數歲예母ㅣ卒커늘涕泣幾喪明이러라拊府其弟妹益篤ᄒᆞ야爲買田宅居之ᄒᆞ고其於宗族애尤盡恩意ᄒᆞ야嫁兄弟之孤女二人ᄒᆞ며葬其不能葬者十餘喪ᄒᆞ니盖其天性이如此ᄒᆞ더라

● 수창이 두 번 군수가 되었더니, 이에 이르러 어머니의 연고로써 河中府의 통판을 하여 그 한 어머니의 남동생과 여동생을 맞이하여 써 돌아왔더니, 산 지 몇 해에 어머니가 돌아가시거늘, 울어서 거의 눈을 잃을 뻔하였다. 그 남동생과 여동생 어루만지기를 더욱 두터이 하여, 위하여 밭과 집을 사서 그들을 살게 하고, 그 종족에게 더욱 은혜로운 뜻을 다하여, 형제의 고아가 된 딸 두 사람을 시집보내며, 그 능히 장례 치르지 못한 자 십여 상을 장례를 치러주니, 대개 그 천성이 이와 같았다.

漢字 涕(울 체, 눈물 체), 泣(울 읍, 눈물 읍), 拊(어루만질 부)

번소 壽슈昌챵이 두 번 郡군守슈ᄒᆞ오ᄃᆡ 이제 와 어미 위ᄒᆞ야 河하中듕

府부ㅅ 고ᄋᆞᆯ 通통判판을 ᄒᆞ엿더니 제 어미 ᄒᆞᆫ 가진 아ᅀᆞ며 누의를 더브러 와 사더니 두ᅀᅥ 힛만애 어미 죽거늘 우러 ᄒᆞ마 눈이 멀리러라 제 아ᅀᆞᄒᆞ며 누의를 에엿비 너규믈 더욱 후히 ᄒᆞ야 받과 집을 위ᄒᆞ야 사셔 살이며 그 권당의게 더욱 恩은意의를 곡진히 ᄒᆞ야 주근 형이며 아ᅀᆡ ᄯᆞᆯ 둘흘 남진얼이며 영쟝 몯ᄒᆞᆫ 열아ᄆᆞᆫ 상ᄉᆞᄅᆞᆯ 영장ᄒᆞ니 그 본셩이 이러터라

현대역 수창이 두 번 군수 하되, 이때 와서 어머니 위하여 河中府의 고을 通判을 하였더니, 자기의 '어머니가 한 가지인[한배인] 아우며 누이[동복남동생과 여동생]'를 더불어 와 살더니, 두어 해만에 어머니가 죽거늘, 울어 장차 눈이 멀겠더라. 제 아우며 누이를 가련히 여김을 더욱 후하게 하여, 밭과 집을 위하여 사서 살게 하며, 그 친척에게 더욱 은의를 곡진히 하여, 죽은 형과 아우의 딸 둘을 시집보냈으며, 永葬 못한 열 남짓[십여] 상사를 영장하니, 그 본성이 이렇더라.

1 멀리러라: 멀겠더라. '멀(어간)+리러(추측 회상법 선어말어미)+라(평서형 종결어미)'이다. '-리러'는 추측법과 회상법이 결합된 형태이다. 현대국어의 '겠더'와 큰 차이가 없다. ᄯᅩ 諸佛法 中에 이 經典을 닐어 功德이 이러 당다이 부톄 ᄃᆞ외리러라.《석상 19:34》, 시혹 仙人이 ᄃᆞ외시며 外道 六師ㅣ ᄃᆞ외시며 婆羅門이 ᄃᆞ외시며 小王이 ᄃᆞ외샤 이러트시 고텨 ᄃᆞ외샤미 몯 니ᄅᆞ혜리러라.《월석 1:20》

2 살이며: 살게 하며. '살(주동사 어간)+이(사동접사)+며(연결어미)'이다.

3 열아ᄆᆞᆫ: 여나믄. 열 남짓. '열(수사)+아ᄆᆞᆫ(접사)'이다. '-아ᄆᆞᆫ'은 일부 수사 뒤에 붙어, 그 수로부터 좀 더 됨을 나타내는 접미사이다. 의미상 의존명사 '남짓'과 통한다. 이에 대한 자세한 설명은 〈가언(嘉言) 제5〉 제46장 '여라ᄆᆞᆫ'의 설명을 참조하라.

소언 壽슈昌챵이 두 번 郡군守슈 ᄒᆞ엿더니 이예 니르러 엄의 연고로 뻐 河하中듕府부에 通통判판을 ᄒᆞ야 그 엄이 ᄒᆞᆫ가진 아이며 누의를

마자 ᄡᅧ 도라왓더니 이션 디 두어 ᄒᆡ예 엄이 죽거늘 우러 거ᄋᆡ 눈이 멀리러라 그 아ᄋᆞ와 누의를 에엿비 너굠을 더욱 두터이 ᄒᆞ야 위ᄒᆞ야 받과 집을 사셔 살리고 그 동셩 권당의게 더욱 恩은意의를 곡진히 ᄒᆞ야 兄형弟뎨의 아비 업ᄉᆞᆫ ᄯᆞᆯ 두 사ᄅᆞᆷ을 혼인ᄒᆞ며 그 能능히 영장 몯ᄒᆞᆫ 열 남ᄋᆞᆫ 상ᄉᆞᄅᆞᆯ 영장ᄒᆞ니 그 天텬性셩이 이러ᄐᆞᆺ ᄒᆞ더라

현대역 수창이 두 번 군수 하였더니, 이에 이르러 어머니의 연고로써[어머니 때문에] 하중부의 통판을 하여, 그 '어머니가 한 가지인 아우며 누이'를 맞아 써 돌아왔더니, 있은 지 두어 해에 어머니가 죽거늘, 울어 거의 눈이 멀겠더라. 그 아우와 누이를 가련히 여김을 더욱 두텁게 하여, 위하여 밭과 집을 사서 살리고, 그 동생 친척에게 더욱 은의를 곡진히 하여, 형제의 아버지 없는 딸 두 사람을 혼인시키며, 그 능히 영장 못한 열 넘은 상사를 영장하니, 그 천성이 이러하더라.

이션: 있은. '이시(어간)+언(관형사형 어미)'이다. '-언'은 'ㅣ' 계열 이중모음이나 'ㄹ' 받침으로 끝나는 어간 뒤에 붙어, 주로 자동사, 형용사 어간 뒤나 '이다' 어간 뒤에 붙어, '-(으)ㄴ'을 뜻하는 어미이다. 聖人 버ᅀᅳ로미 더옥 머런 사ᄅᆞ미오 오직 比量으로 브터 아로미 像이니(去聖逾遠 人惟以比量 倣解爲像).《법화 2:41》, 蘊藉ᄒᆞ야 郎官 ᄃᆞ외언 디 오라고 魁梧ᄒᆞ야 明哲호ᄆᆞᆯ 자바 尊ᄒᆞ도다(蘊藉爲郎久 魁梧秉哲尊).《두시-초 8:64》. '이시다'는 '있다'의 옛말로, 자음으로 시작하는 어미 앞에서는 '잇-'으로 바뀐다. 世尊ㅅ 말 ᄉᆞᆯᄫᅩ리니 千載上ㅅ 말 이시나 귀예 듣논가 너기ᅀᆞᄫᆞ쇼셔.《월곡 상:1》, 아ᄒᆡ ᄢᅴ브터 深山애 이셔 사ᄅᆞᄆᆡ 이리 설우르고.《석상 11:28》

【集說】陳氏曰河中府는今蒲州也니近同州하니라壽昌이嘗爲閬州廣德二郡守러니至是에以便於養母之故로乃辭郡守而爲河中府通判也라拊는安慰也라宗族은壽昌의父族也라

진 씨가 말하였다. "하중부는 지금의 蒲州니, 同州에 가깝다. 수창이 일찍이 낭주와 광덕 두 군의 태수가 되었더니, 이에 이르러 어머니를 봉양함

에 편할 연고로써, 이에 군수를 사직하고 하중부 통판이 되었다. 拊는 편안히 위로함이다. 宗族은 수창의 아버지 겨레붙이다"

漢字 蒲(창포 포, 부들 포), 閬(솟을대문 랑, 높을 랑), 慰(위로할 위)

【十八章】

○伊川先生家ㅣ治喪애不用浮屠ᄒᆞ시니在洛애亦有一二人家ㅣ化之ᄒᆞ니라 《二程全書 遺書》

●伊川 선생 집안이 상사를 다스림에 부처[불교]를 쓰지 않으시니, 洛水에 있을 때 또한 한 두 사람 집안이 그에 교화됨이 있었다.

漢字 浮(뜰 부), 屠(죽일 도, 잡을 도), 洛(강 이름 락)

번소 伊이川쳔 先션生ᄉᆡᇰ 지븨 상ᄉᆞ롤 다ᄉᆞ료ᄃᆡ 부텨의 일를 ᄡᅳ디 아니ᄒᆞ더시니 洛락陽양 ᄯᅡ해 잇ᄂᆞᆫ ᄒᆞᆫ두 사ᄅᆞᆷ의 집이 ᄇᆡ화 ᄒᆞ리 잇더라

현대역 이천 선생의 집에서 상사를 다스리되, 부처의 일을 쓰지 아니하시더니, 낙양 땅에 있는 한두 사람의 집이 배워 할 이 있더라.

다ᄉᆞ료ᄃᆡ: 다스리되. '다ᄉᆞ리(어간)+오ᄃᆡ(연결어미)'이다. '-오ᄃᆡ'는 선행 음절의 모음이 'ㆍ, ㅏ, ㅗ, ㅣ, 반모음 ㅣ'인 경우에 붙어, '-(으)되'를 뜻하는 어미이다. 置陣이 ᄂᆞᆷ과 다ᄅᆞ샤 아ᄉᆞ보ᄃᆡ 나ᅀᅡ오니 믈러가던덴 목숨 ᄆᆞᄎᆞ리잇가(置陣異他 知亦進當 如其退避 性命奚戕).《용가 51장》, 淨飯이 무러시ᄂᆞᆯ 占者ㅣ 判ᄒᆞᄉᆞ보ᄃᆡ 聖子ㅣ 나샤 正覺 일우시리.《월곡 상:6》. 현대국어 '다스리다'의 옛말인 '다ᄉᆞ리다'는 15세기 문헌에서부터 나타난다. 'ᄃᆞᄉᆞ리다'는 '다스려지다' 또는 '다스리다'의 의미를 지닌 동사 '다ᄉᆞᆯ-'에 사동접사 '-이-'가 결합한 것이다. 16, 18세기 문헌에는 분철 표기된 '다ᄉᆞᆯ이다'의 예도 보인다. 16세기 이후에 제2음절 이하에서 모음 'ㆍ'가 'ㅡ'로 바뀌는 경향에 따라 17세기에는 '다스리다'가 되면서 현재에 이르렀다. 다ᄉᆞ리다(15세기~19세기)〉다스리다(17세기~현재). 이형태: 다ᄉᆞ리다, 다ᄉᆞᆯ이다, 다스리다. 波羅棕大王이 어디르샤 正法으로

나라흘 다ᄉᆞ리더시니《1447 석상 11:17ㄴ》, 德으로써 ᄇᆡᆨ셩을 다ᄉᆞᆯ이ᄂᆞ니.《1588 소언 4:34ㄴ》, 훈이 집은 다ᄉᆞ리디 아니ᄒᆞ매 쳐ᄌᆞ로써 운의게 의탁ᄒᆞ니.《1617 동신속 효5:13ㄴ》

소언 伊이川천先션生ᄉᆡᆼ 집이 상ᄉᆞᄅᆞᆯ 다ᄉᆞ림애 부텨의 일을 ᄡᅳ디 아니ᄒᆞ시니 락양의 겨실 제 ᄯᅩ ᄒᆞ나 두어 사ᄅᆞᆷ의 집이 化화ᄒᆞ리 잇더니라

현대역 이천 선생 집이 상사를 다스림에, 부처의 일을 쓰지 아니하시니, 낙양에 계실 때 또 한 두 사람의 집이 교화할 이 있더니라.

잇더니라: 있더니라. '잇(어간)+더(회상법 선어말어미)+니라(평서형 종결어미)'이다. '-더니라'는 '이다'의 어간, 용언의 어간 또는 어미 '-으시-', '-었-', '-겠-' 뒤에 붙어, 해라할 자리에 쓰여, 과거에 직접 경험하여 알게 된 사실을 회상하여 일러 주는 뜻을 나타내는 종결어미이다. 예전에는 이 산에 나무가 참 많더니라. 네 5대조 할아버지께서는 참판 벼슬을 지내셨더니라.

【集說】**陳氏曰浮屠**는**佛氏也**라**洛**은**水名**이니**在河南**하니라**或問治喪**에**不用浮屠**라하니**親在而親意欲用之**인댄**不知當如何**오**朱子曰且以委曲開釋爲先**이나**如不可回**면**則又不可咈親意也**니라

진 씨가 말하였다. "浮屠는 佛氏다. 洛은 물 이름이니, 河南에 있다." 혹자가 물었다. "상사를 다스림에 부처를 쓰지 않는다 하니, 어버이가 계시되, 어버이의 뜻이 그것[浮屠]을 쓰고자 한다면, 마땅히 어찌해야 할지 알지 못하겠습니다." 주자가 말하였다. "또 간곡히 열어 풂으로써 우선으로 삼아야 하나, 만약 가히 돌릴 수 없다면, 또 가히 어버이의 뜻을 어기지 말아야 한다."

漢字 **且**(또 차, 우선 차), **委**(맡길 위), **曲**(자세할 곡, 굽을 곡), **釋**(풀 석)

위곡(委曲): 자세하고 소상함. 또는 그 곡절(曲切).

〚十九章〛

○霍光이出入禁闥二十餘年에小心謹愼ᄒᆞ야未嘗有過ᄒᆞ더라爲人이沈靜詳審ᄒᆞ야每出入下殿門에進止有常處ᄒᆞ더니郎僕射夜ㅣ竊識志視之ᄒᆞ니不失尺寸ᄒᆞ더라 《漢書 霍光列傳》

●霍光이 대궐문에 드나든 지 이십여 년에 조심하고 삼가, 일찍이 허물이 있지 않았다. 사람됨이 침착하고 조용하며 자세하게 살펴, 매번 드나들어 대궐문에서 내림에 나아가고 멈춤이 일정한 곳이 있더니, 郞官과 僕射가 몰래 표시하고 그것을 보니, 한 자 한 치도 어긋나지 않았다.

漢字 霍(성 곽, 빠를 곽, 곽란 곽), 禁(대궐 금, 금할 금), 闥(문 달), 沈(가라앉을 침), 靜(고요할 정), 詳(자세할 상), 審(살필 심), 射(벼슬 이름 야, 쏠 사), 竊(몰래 절, 훔칠 절), 識(표시할 지, 알 식, 기록할 지), 失(어긋날 실)

1 곽광(霍光, 미상~기원전 68년경): 전한(前漢, 西漢) 하동(河東) 평양(平陽) 사람으로 자는 자맹(子孟)이다. 한(漢) 무제(武帝) 때의 명장 곽거병(霍去病)의 이복동생이다. 곽광이 전한(前漢)의 제9대 황제 창읍왕(昌邑王) 유하(劉賀)를 음란하고 어둡고 법도가 없다는 이유로, 즉위 27일만 폐위시켜 해혼후(海昏候)로 삼은 내용이 〈가언(嘉言) 제5〉 제23장에 나온다.

2 금달(禁闥): 궁중의 합문(闔門).

3 침정(沈靜): 성정이 차분히 가라앉고 조용함.

4 상심(詳審): 속속들이 자세히 살핌.

번소 霍곽光광이 대궐 안ᄒᆡ 드러 ᄃᆞᆫ뇨ᄆᆞᆯ 스므나ᄆᆞᆫ ᄒᆡ로ᄃᆡ 조심ᄒᆞ고 삼가 그르ᄒᆞᆫ 일이 업더니 그 사ᄅᆞᆷ이 심팀ᄒᆞ고 안졍ᄒᆞ며 이를 ᄌᆞ셰ᄎᆞ려 ᄆᆡ양 드나ᄃᆞ라 殿뎐門문에 ᄂᆞ릴 제 나ᅀᆞ며 그츄믈 일뎡ᄒᆞᆫ ᄯᅡ히 잇더니 郞랑과 僕복射야ㅅ 벼슬ᄒᆞ연ᄂᆞᆫ 사ᄅᆞᆷᄃᆞᆯ히 ᄀᆞ마니 보람ᄒᆞ여셔

보니 ᄒᆞᆫ 자 ᄒᆞᆫ 치 ᄉᆞᅀᅵ도 그르디 아니터라

[현대역] 霍光이 대궐 안에 들어 다님을 스물 남짓[이십여] 해로되, 조심하고 삼가서 그릇한 일이 없더니, 그 사람이 深沈하고 안정하며 일을 자세히 정신 차려, 매양 들며나가 殿門에 내릴 때, 나가며 그침을 일정한 곳이 있더니, 낭(郞)과 복야(僕射)의 벼슬한 사람들이 가만히 표를 해두어 보니, 한 자 한 치 사이도 그르지 아니하더라.

1 스므나ᄆᆞᆫ: 스물 남짓. '스므(수사)+나ᄆᆞᆫ(접사)'이다. '-나ᄆᆞᆫ'은 일부 수사 뒤에 붙어, 그 수로부터 좀 더 됨을 나타내는 접미사이다. 의미상 의존명사 '남짓'과 통한다. 자세한 설명은 《소언》 〈가언(嘉言) 제5〉 제46장의 '여라ᄆᆞᆫ'을 참조하라.
2 그르혼: 그릇한. 어떤 일을 사리에 맞지 아니하게 하는. '그르ᄒᆞ(어간)+오(대상표시법 선어말어미)+ㄴ(관형사형 어미)'이다. '그르ᄒᆞ다'는 '그릇하다'의 옛말이다. 비록 그르ᄒᆞ야 지슨 이리 이셔도 내 일후믈 드르면 도로 淸淨을 得ᄒᆞ야 모딘 길헤 아니 뻐러디게 호리라.《석상 9:6》
3 심팀ᄒᆞ고: 심침(深沈)하고. 깊숙하고 조용하고.
4 ᄌᆞ셰: 자세히. 'ᄌᆞ셰'는 '자세히'의 옛말이다. 올티 몯ᄒᆞᆯ 이리 잇거든 ᄌᆞ셰 혜아려 쳐티ᄒᆞ면 반ᄃᆞ시 맛디 아닌 이리 업스리니(事有不可 當詳處之 必無不中).《번소 7:29》, 네 ᄌᆞ세 드ᄅᆞ라(汝今諦聽 我當爲汝 分別解說).《은중 3》. 현대국어 '자세히'의 옛말에는 15세기부터 'ᄌᆞ셰히'와 'ᄌᆞ셔히'도 쓰였다. 'ᄌᆞ셰히'는 'ᄌᆞ셰ᄒᆞ-'에 부사 파생접사 '-이'가 결합하여 형성된 부사이다. 'ᄌᆞ셰ᄒᆞ-'는 한자어 어근 '자세(仔細)'와 '-ᄒᆞ-'가 결합한 것이다. 'ᄌᆞ셰히'는 15세기부터 19세기까지 'ᄌᆞ셔히'와 공존한다. 16세기 후반부터는 '자셔히'라는 형태가 나타나 17세기까지 이어지는데 그리 많은 예를 보여주지는 않는다. 이 역시 'ㆍ'와 'ㅏ'의 혼란으로 생긴 표기가 좀 이른 시기부터 나타났다고 볼 수 있을 것이다. 19세기 이후에 나타나는 '자세히'는 'ᄌᆞ셰히'의 제1음절 'ㆍ'가 'ㅏ'로 적히고, 제2음절 'ㅖ'가 'ㅔ'로 바뀌는 변화를 거친 것이다. ᄌᆞ셰히(15세기~19세기)/ᄌᆞ셔히(15세기~19세기)〉자셔히(16세기~17세기)〉자세히(19세기~현재). 이형태: ᄌᆞ셰히, ᄌᆞ셔히, 자셔히, 자세히. 내 이 識ᄋᆞᆯ ᄌᆞ셰히 ᄉᆞᆯ폰댄.《1482 금삼 1:7ㄴ》, 志心으로 ᄌᆞ셔히 드르라 내 너 爲ᄒᆞ야.《1496 육조 상:65ㄱ》, 그 아비 아ᄃᆞᆯ의 셩상을 자셔히 아더니 대궐의 나아가.《1581 속삼-중 충:6ㄱ》

5 드나드라: 드나들어. '드나둘(어간)+아(연결어미)'이다. 현대국어 '드나들다'는 15세기 문헌에서부터 나타나서 현재까지 이어진다. '드나들다'는 '들-'에 '나가다'의 의미인 '나-'와 '들-'이 결합한 '나들-'이 결합한 것이다. 중세국어 시기에 'ㄴ' 앞의 종성 'ㄹ'은 탈락하였으므로 '드나들다'로 나타났다. 15세기에 '드나들다'와 유사한 의미를 지니는 단어로 '드나둘다'도 나타나는데, 드나들다'와 '드나둘다'의 선후 관계는 설명하기 쉽지 않다. '드나둘다'의 '둘'이 '달리다'의 의미인 '둗-'과 관련되는 것으로 추정될 수도 있으나 '드나둘다'의 의미를 고려할 때 가능성이 낮은 것으로 보인다. 그 외에 '드나들다'의 제3음절 모음 'ㅡ'가 'ㆍ'로 변화한 것으로 볼 수도 있으나, 이러한 변화 과정은 16세기 후반에 제2음절 이하의 'ㆍ'가 'ㅡ'로 변하는 과정과 반대의 방향으로 나타난 것으로 해석해야 하는 부담이 있다. 어떠한 역사적 변화 방향과 반대의 방향이 나타나는 것은 그러한 변화가 확립된 이후라는 점을 고려할 때, '드나둘다'가 15세기부터 나타나고 있기 때문에 이러한 추정도 가능성이 낮다. 드나들다(15세기~현재). 이형태: 드나둘다, 드나들다. 後에 서르 미더 드나드로믈 어려이 아니호니.《1465 원각서:47ㄴ》, 상녜 물 타아 大闕 門애 드나들며.《1460년경 삼강-런던 충:32》

6 뎐문: 전문(殿門). 대궐문.

7 보람호여셔: 표를 하여서. '보람호(어간)+여셔(연결어미)'이다. '-여셔'는 'ㅣ'나 'ㅣ' 계열 이중모음으로 끝나는 용언의 어간 뒤나 '호다'의 어간 뒤에 붙어, '-어서'를 뜻하는 연결어미이다. 우리 여라믄 형뎨돌히 가도 쪽호다 혼 녀긔 다숫식 분호여셔 쏘져 우리 므슴 나기호료(咱十數箇弟兄們去時勾了 一邊五箇家分着射 咱賭甚麼).《번박 상:54》, 子弟 도외여셔 灑掃應對를 편안히 너기디 아니호고(爲子弟則不能安灑掃應對).《번소 6:3》. '보람호다'는 '표를 하다'이다. 表는 物을 보람호야 나톨씨라.《능엄 1:70》. '보람두다[표 두다]'와 같이 쓰였다.

소언 霍곽光광[漢한 적 대신이라]이 대궐의 나들옴이 스므남은 히예 조심호고 삼가 일즉 허믈이 잇디 아니호더라 사룸이론 디 심팀호고 안졍호며 ᄌ셔호고 솔펴 미양 나들어 殿뎐門문[대궐문이라]에 누릴 제 나오며 그침이 덛덛혼 곧이 잇더니 郎랑과 僕복射야[다 벼술일홈이라]들히 ᄀ마니 보람호여셔 보니 자히며 치도 일티 아니호더라

현대역 霍光[漢 때 대신이라.]이 대궐의 나가고 들어옴이 스물 남짓[이십여] 해에, 조심하고 삼가서 일찍이 허물이 있지 아니하더라. 사람 이룸[사람됨]이 심침하고 安靜하며 자세하고 살펴, 매양 나가고 들어와 전문[대궐문이라.]에 내릴 때, 나가며 그침이 떳떳한[일정한] 곳이 있더니, 낭과 복야[다 벼슬이름이라.]들이 가만히 표를 해두어 보니, (한) 자며 (한) 치도 잃지 아니하더라.

1 사룸이론 디: 사람이룬 것이. 사람 이룸이. 사람됨이. '사룸일오(어간)+ㄴ(관형사형 어미)+디(의존명사 'ᄃᆞ'의 주격)'이다. 의존명사 'ᄃᆞ'는 '것'의 의미를 가진 것인데, 주격은 '디', 목적격은 'ᄃᆞᆯ', 서술격은 '디라'로 실현된다. 본 예는 주격으로 'ᄃᆞ+ㅣ'의 형태이다. 阿難이 ᄉᆞᆯ오ᄃᆡ 世間 衆生ᄋᆞᆫ 일로 갓ᄀᆞ다컨마ᄅᆞᆫ 나ᄂᆞᆫ 뉘 明ᄒᆞᆫ디 뉘 갓ᄀᆞᆫ디 아디 몯ᄒᆞ노이다(阿難言 世間衆生 以此爲倒 而我不知誰正誰倒).《능엄 2:12》(현대역: 아난이 사뢰되 세간의 중생은 이것으로 거꾸로 되었다 하건마는 나는 누가 밝은지 누가 거꾸로 되었는지 알지 못합니다.), 이 相公ᄋᆡ 軍인디 아노니 甲 니븐 ᄆᆞᄅᆞᆫ 구루미 답사혯ᄂᆞᆫ ᄃᆞᆺ도다(知是相公軍 鐵馬雲霧積).《두시-초 7:25》(현대역: 이것이 상공의 군사인지 아는데 갑옷 입은 말은 구름이 층층이 답쌓인 듯 하도다.). 현대국어 '이루다'의 옛말인 '일우다'는 15세기 문헌에서부터 나타난다. '일우다'는 '이루어지다'의 의미를 갖는 동사 '일-'과 사동접사 '-우-'가 결합한 것이다. '일-'의 종성 'ㄹ'이 연철되지 않은 것으로 보아 '일우다'에서 '우'의 초성 'ㅇ'은 성문 마찰 유성음 [ɦ]임을 알 수 있다. 16세기 이후 성문 마찰 유성음 'ㅇ'이 사라지면서 제1음절 종성 'ㄹ'이 연철 표기되어 '이루다'가 되었는데, 문헌상으로는 18세기에 비로소 '이루다'의 예가 나타난다. 한편 동사 '일-'에 사동접사 '-오-'가 결합한 '일오다' 형태도 15세기부터 '일우다'와 공존하였는데, 19세기 이후로는 사라졌다. 일우다(15세기~19세기)〉이루다(18세기~현재). 이형태: 일우다, 일오다, 이루다. 成佛은 부텻 道理ᄅᆞᆯ 일우실 씨라.《1447 석상 3:1ㄱ》, 五白ᄋᆞᆯ 블로니 옷 메와ᄉᆞ며 발 바사도 이긔유믈 일오디 몯ᄒᆞ리로다.《1481 두시-초 11:40ㄱ》

2 안졍ᄒᆞ며: 안정(安靜)하며. 육체적 또는 정신적으로 편안하고 고요하며.

【集解】光의字는子孟이요平陽人이니官至大將軍하니라禁闥은宮

中小門也라沈靜은謂不浮躁也요詳審은謂不麤率也라郎僕射는皆官名이라不失尺寸은言其步履有常而不易也라

光의 자는 子孟이고, 평양 사람이다. 벼슬이 대장군에 이르렀다. 禁闥은 대궐의 작은 문이다. 沈靜은 뜨고 조급하지 않음을 이르고, 詳審은 거칠고 경솔하지 않음을 이른다. 郎과 僕射는 모두 벼슬 이름이다. 不失尺寸[한 자 한 치도 어긋나지 않음]은 그 걷고 밟음에 일정함이 있어 바뀌지 않음을 이른다.

漢字 浮(뜰 부), 躁(조급할 조), 麤(거칠 추), 率(경솔할 솔), 履(밟을 리, 신 리)

〖二十章〗

○汲黯이景帝時에爲太子洗蘇典反馬ᄒᆞ야以嚴見憚이러니武帝ㅣ卽位ᄒᆞ샤召爲主爵都尉ᄒᆞ시니以數朔直諫으로不得久居位ᄒᆞ니라是時예太后弟武安侯田蚡忿이爲丞相이라中二千石이拜謁이어든蚡이弗爲禮ᄒᆞ더니黯은見蚡에未嘗拜ᄒᆞ고揖之ᄒᆞ더라

《漢書 汲黯列傳》

●汲黯이 景帝 때에 太子洗馬가 되어 엄함으로써 꺼림을 얻더니, 武帝가 즉위하시어 불러 主爵都尉를 삼으시니, 자주 바르게 간함으로써 능히 오래 자리에 있지 못했다. 이때 태후의 남동생 武安侯 田蚡이 승상이 되었다. 가득 이천 석들이 절하여 뵈거든 蚡이 예를 하지 않더니, 黯은 蚡을 봄에 일찍이 절하지 않고 그에게 읍만 했다.

漢字 汲(물길을 급), 黯(어두울 암), 洗(씻을 세), 憚(꺼릴 탄, 삼갈 탄), 召(부를 소), 爵(벼슬 작), 蚡(두더지 분), 謁(뵐 알)

1 경제(景帝, 기원전 188년~기원전 141년): 중국 전한(前漢)의 제6대 황제(재위 기원전157년~기원전 141년)이다. 성은 유(劉), 휘(諱)는 계(啓)이다. 문제(文帝)

의 아들로, 어머니는 두황후(竇皇后)이다. 당시 황제의 일족은 각지에 영토를 가지고 왕국을 형성하여, 반(半)독립국가 행세를 하였다. 경제가 즉위하여 어사대부 조조(鼂錯)의 건의에 따라 황제 일족의 이와 같은 영지의 삭감을 시도하였다. 이에 기원전 154년 오(吳)·초(楚) 등 7국이 반란을 일으켰으나, 태위(太尉) 주아부(周亞夫)의 힘으로 이를 진압하였다. 이후 경제는 고조(高祖) 이래의 군국제(郡國制)의 성격을 개정하고, 무제(武帝) 이후의 중앙집권적 군현제도 확립의 기초를 닦았다(두산백과).

2 무제(武帝, 기원전 156년~기원전 87년): 중국 전한(前漢)의 제7대 황제(재위 기원전 141년~기원전 87년)이다. 경제의 열한 번째 아들로, 시호는 세종(世宗)이고, 성명은 유철(劉徹)이다. 즉위 후 먼저 전대의 권신들을 면직시키고 어질고 바르며 효하고 겸손한 선비를 등용하여 관리의 자질을 향상시키고, 오경박사(五經博士)를 두어 유학에 중점을 두고, 기원전 127년부터 제후 왕국을 왕의 여러 아들에게 분봉(分封)하여 중앙 집권의 실적을 올렸다. 후에 전국을 13주(州)로 나누고 주마다 자사(刺史)를 두어 군수를 감독시켰다. 또 운하를 굴착하여 농지의 관개와 운송을 도왔다. 대외적으로는 장건(張騫)을 대월씨국(大月氏國)으로 파견하고 장군 위청(衛青)·곽거병(霍去病)·이광(李廣) 등에게 흉노를 토벌시켜 오르도스 지방을 회복하여 2군을 두고, 기원전 119년에는 위청이 흉노를 외(外) 몽골로 내쫓았다. 하서(河西)에 있던 흉노 혼야왕(混邪王)도 항복했으므로, 그곳에 4군을 두어 중앙아시아와의 교통로를 확보하고, 서역 제국의 입공(入貢)이 계속되었으나, 기원전 104년에는 이광리(李廣利)에게 명해, 파미르고원 북서에 있는 대완국(大宛國; 페르가나)을 정벌하게 했다. 흉노의 방위와 서역 유지를 위해 요지로 한인을 이주시키고 또 둔전(屯田)을 두었다. 남방에서는 지금의 푸젠성[福建省]에 있던 민월(閩越)·동월(東越)의 두 왕국을 합치고, 기원전 111년 번우[番禺: 광동(廣東)]에 도읍하고 있던 남월 왕국을 멸망시켜 9군을 두고, 쓰촨성[四川省] 변경에서 원난[雲南]·꾸이조우[貴州] 방면에 이르는 염방(冉駹)·준(嶲)·작(筰)·야랑(夜郞)·전(滇) 등의 종족을 귀순시켜, 그곳에 6군을 두었다. 동으로는 조선을 공격, 왕검성을 함락시키고 기원전 108년에 낙랑(樂浪) 기타 4군을 두어 군현제를 실시했다. 다만 외정에 성공한 반면, 무제의 생활은 호사(豪奢)를 극하여 궁전과 아궁을 짓고, 불로장생을 믿어 방사(方士)를 모아 태산(泰山)에서 봉선(封禪)하고 각지를 순행했으므로 낭비가 쌓여 군사비를 압박했다. 그래서 증세·신세(新稅)에다 소금(鹽)·철(鐵)을 전매하고

균수(均輸)·평준법(平準法)을 제정하고 무공작(武功爵)을 팔기도 했으나 관리의 부정이 심해지고 국민의 생활도 궁핍해져 국내가 불온해지고 황태자의 반란[무고(巫蠱)의 난(亂)]까지 일어났다. 만년에는 외정을 중지하고 다시 먼 거리에 있는 윤대[輪臺; 신강(新疆) 위구르자치구]의 둔전(屯田)을 폐지, 백성을 다스리기에 힘썼다. 무제 시대의 특색은 안으로는 중앙 집권의 실(實)을 거둔 점, 밖으로는 지역이 확대되고 특히 중앙아시아를 통해 동서 교섭이 왕성해진 점이다(인명사전).

3 급암(汲黯, 미상~기원전 112년): 복양(濮陽, 현 허난성 동북부 푸양) 사람이며, 자는 장유(長孺)이다. 전한(前漢) 시대의 유명한 대신이다. 한 경제(景帝) 때 그의 아버지가 태자세마(太子洗馬)를 지냈기 때문에 무제 초기에 알자(謁者)가 되었다. 그 뒤 동해태수(東海太守), 주작도위(主爵都尉) 등을 지내고, 구경(九卿)의 반열에 오르게 되었다. 급암은 성격이 강직했다. 권신들에게 허리를 굽히지 않았으며 황제의 면전에서도 바른 말을 서슴없이 하기로 이름난 대신이었다. 한 무제는 이런 그를 사직지신(社稷之臣)으로 불렀다. 무제(武帝)는 16세에 황제에 올라 50년 넘게 황제 자리에 있었는데, 성격과 기질이 호탕했던 무제는 민간 복장으로 저자거리에 나가 백성들하고 어울리기를 좋아하다가 동네 깡패들에게 맞아죽을 뻔한 적도 있었다. 이렇게 굉장히 격이 없던 무제는 가수, 무용수, 창녀들과도 관계를 가졌고, 아들이나 처남인 위청(衛靑)을 만날 때는 귀찮다고 모자를 벗고 만났다. 승상인 유학자 공손홍(公孫弘)을 만날 때에도 아예 옷을 다 풀어헤치고 삐딱하게 앉은 채 맞이했다. 그런데 이런 무제도 급암만 나타나면 모자를 쓰고 옷매무새를 고치는 등 의관을 정제한 다음 만났다. 그 정도로 급암을 무서워했다. 한번은 무제가 군의 막장에서 모자를 벗고 옷을 풀어헤친 채 쉬고 있었다. 이때 급암이 들어왔고, 황제는 놀라 커튼 뒤로 숨어 급암의 눈에 안 띄게 의관을 정제한 뒤 급암을 만났다. 권력과 권력자 앞에서도 주눅들지 않고 당당하게 대의를 설파하는 그런 공직자였던 급암은 당시 공직자로서는 최고 자리라 할 수 있는 '구경'의 반열에 올랐으나, 바른 말로 황제와 대신들을 불쾌하게 만들어 몇 차례 직위를 잃기도 했다. 그러나 무제는 급암을 대함에 있어 항상 예를 잃지 않았으며 많은 대신들이 두려워했다. 정치가로서 급암은 차분하고 조용하게 일을 처리했다. 이는 그가 초기 한나라의 통치사상이었던 '억지로 일삼지 않는다.'는 '무위이치(無爲而治)'를 기조로 하는 황로(黃老)사상을 신봉했기 때문이다. 그는 심지어 병으로 자리에 누워서도 동해 지역을 별일

없이 잘 다스렸다는 평가가 있을 정도로 일을 담당 관리에게 맡기면서 효과적으로 처리했다. 따라서 일처리로 엄격한 법 집행을 주장하던 장탕(張湯) 등과는 의견이 맞지 않아 늘 논쟁을 벌였고, 또한 대외적으로는 대흉노 정책에 대해 화친을 주장한 반면 강경 노선을 주장하는 장탕·공손홍 등과 대립할 수밖에 없었다. 흉노 정벌이 계속 성공하고, 장탕과 공손홍의 권세가 커지면서 급암은 점차 조정에서 소외되었고, 결국 흉노 혼야왕(渾邪王)의 투항 문제에서 무제의 노기를 사 관직에서 쫓겨났다. 혼야왕 무리를 수송해 오기 위해 2만대의 수레가 필요했는데 이를 지방 현청에서 해결하지 못하고 백성들에게 빌리려고 하던 중에 한 무제와 의견충돌이 발생했던 것이다. 벼슬을 내놓고 수년 간 시골에 숨어 살던 중에 당시 한나라의 화폐였던 오수전 위조 문제를 처리하기 위해 급암은 회양태수(淮陽太守)로 재임명되었고, 회양을 잘 다스렸으나 부임한 지 7년 후에 죽었다(중국인물사전).

4 전분(田蚡, 생몰 연대 미상): 전한(前漢) 시대 경제(景帝)의 황후(皇后) 전 씨(田氏)의 동생이다. 무제(武帝) 때 승상(丞相)에까지 올랐는데, 자신이 무제의 외숙임을 믿고 권력을 남용하여 온갖 불의를 자행한 외척(外戚)이다. 외척의 등용이 정치를 혼란케 할 수 있다하여 훗날 외척을 경계하는데 인용되는 대표적인 인물이다(한국고전용어사전).

번소 汲급黯암이 景경帝뎨 시졀의 太태子ᄌᆞ洗셰馬마 쌔슬ᄒᆞ야 엄졍호모로 님굼씌 쌔리이더니 武무帝뎨 님굼 셔샤 블러 主쥬爵쟉都도尉위 벼슬ᄒᆞ이신대 ᄌᆞ조 고ᄃᆞᆫ 말ᄒᆞ요모로 그 벼슬에 오래 잇디 몯ᄒᆞ니라 그 시졀의 太태后후의 아ᅀᆞ오라비 武무安안候후 田뎐蚡분이 丞승相샹 쌔슬ᄒᆞ엿더니 中듕二이千쳔石셕 쌔슬 ᄒᆞ엿ᄂᆞᆫ 사ᄅᆞᆷ이 절ᄒᆞ여 뵈여도 蚡분이 례도를 아니ᄒᆞ더니 黯암은 蚡분을 보와 절 아니ᄒᆞ고 읍만 ᄒᆞ더라

현대역 汲黯이 景帝 시절에 太子洗馬의 벼슬하여, 엄정함으로 임금께 꺼림을 받더니, 武帝 임금이 서시어 불러 主爵都尉 벼슬을 시키신대, 자주 곧은 말을 함으로 그 벼슬에 오래 있지 못하니라. 그 시절의 태후의 아우오라비[남동생] 武安候 田蚡이 승상의 벼슬을 하였더니, 중(中, 가득한) 이천석의

벼슬을 하여 있는 사람이 절하여 뵈어도, 분이 예도를 아니하더니, 암은 분을 보아 절 아니하고 읍만 하더라.

1 써리이더니: 꺼림을 받더니. '써리(능동사 어간)+이(피동접사)+더(회상법 선어말어미)+니(연결어미)'이다. 현대국어 '꺼리다'의 옛말인 '써리다'는 15세기 문헌에서부터 나타난다. 19세기에 'ㄱ'의 된소리 표기가 'ㅺ'에서 'ㄲ'으로 바뀌어 '써리-'가 '꺼리-'로 나타나면서 현재에 이르렀다. 16세기에는 '썰이-'로 나타나기도 했는데, '썰이-'는 '써리-'의 과잉 분철 표기이다. 써리다(15세기~19세기)〉꺼리다(19세기~현재). 이형태: 써리다, 썰이다, 꺼리다. 揚子江南ᄋᆞᆯ 써리샤 使者ᄅᆞᆯ 보내신ᄃᆞᆯ 七代之王ᄋᆞᆯ 뉘 마ᄀᆞ리잇가.《1447 용가 15》, 이 은을 므스글 썰이ᄂᆞ다.《1510년대 번노 상:65ㄱ》. '써리다'는 '개운치 않거나 언짢은 데가 있어 마음에 걸리다.'를 뜻한다.

2 벼슬ᄒᆞ이신대: 벼슬을 하게 하신대. 벼슬을 시키신대. '벼슬ᄒᆞ(주동사 어간)+이(사동접사)+시(주체 높임 선어말어미)+ㄴ대(연결어미)'이다. 왕슌니 어디리 너겨 쳔거ᄒᆞ여 듕랑간 태웃 벼슬ᄒᆞ이니라.《이륜-옥 44》(현대역: 왕순[王舜]이 어질게 여겨 천거하여 중랑간 태부의 벼슬 시키더라.). '-ㄴ대'는 어간이나 어미 뒤에 붙어, '-니까'를 뜻하는 어미이다. 目連이 淨飯王ᄭᅴ 도라가 이 辭緣을 ᄉᆞᆲᄫᆞᆫ대 王이 大愛道ᄅᆞᆯ 블러 니ᄅᆞ샤ᄃᆡ.《석상 6:6》, 부톄 比丘 ᄃᆞ리시고 드러 안ᄌᆞ신대 鸚鵡ᄃᆞᆯ히 부텨를 보ᅀᆞᆸ고 깃븐 ᄆᆞᅀᆞᄆᆞᆯ 내야 ᄒᆞᆫ 날 命終ᄒᆞ야 忉利天에 나니라.《석상 6:41~42》

소언 汲급黯암이 景경帝뎨[漢한 적 님금이라] 시졀의 太태子ᄌᆞ洗셰馬마[東동宮궁 벼슬이라]ㅣ 되여셔 嚴엄홈으로ᄡᅥ 써림을 보더니 武무帝뎨[景경帝뎨의 아ᄃᆞᆯ이라] 位위에 나ᄋᆞ샤[님금 셔단 말이라] 블러 主쥬爵쟉都도尉위[벼슬일홈이라]를 ᄒᆞ이시니 ᄌᆞ조 곧게 諫간홈으로ᄡᅥ 시러곰 오래 벼슬에 잇디 몯ᄒᆞ니라 이 시졀의 太태后후의 아ᄋᆞ오라비 武무安안侯후 田뎐蚡분이 丞승相상이 되연ᄂᆞᆫ 디라 中듕二이千쳔石셕[ᄒᆞᆫ ᄒᆡᆺ 녹이 이쳔 셕이니 ᄌᆡ샹품이라]이 절ᄒᆞ여 뵈여든 蚡분이 례도를 아니ᄒᆞ더니 黯암은 蚡분을 봄애 일즉 절을 아니ᄒᆞ

고 揖읍ᄒᆞ더라

<u>현대역</u> 급암이 경제[漢 때 임금이라.] 시절에 태자세마[동궁 벼슬이라.]가 되어서, 엄함으로써 꺼림을 보더니, 무제[경제의 아들이라.]가 자리에 나가시어[임금 선다는 말이라.] 불러 주작도위[벼슬이름이라.]를 하게 하시니, 자주 곧게 간함으로써 능히 오래 벼슬에 있지 못하니라. 이 시절에 태후의 아우오라비 무안후 전분이 승상이 되어 있는 것이라. 중(中) 이천석[한 해의 녹이 이천석이니, 재상 품계라.]이 절하여 뵙거든, 분이 예도를 아니하더니, 암은 분을 봄에 일찍 절을 아니 하고 읍하더라.

1 되연ᄂᆞᆫ: 되어 있는. 되(어간)+여(보조적 연결어미)+잇(在, '잇다'의 어간)+ᄂᆞ(현재 시제 선어말어미)+ㄴ(관형사형 어미)'이다. 완료상은 보조적 연결어미 '-아/어/여'와 보조형용사 '잇다[在]'의 결합으로 표현된다. 그런데 '잇-'이 본동사와 한 음절을 이룰 때 이미 15세기에 'ㅣ'가 탈락되어 '여+ㅅ→엿'으로 나타나는 일이 많았다. 다만 '되연ᄂᆞᆫ'은 '되엿ᄂᆞᆫ'에서 어간 말 자음의 자음동화 현상을 반영한 표기이다. 이 法이 法位예 住ᄒᆞᆫ 버릇ᄂᆞᆫ 萬像이 다 곧 實相이오(是法住法位者 森羅萬像 皆卽實相也).《법화 1:227》.

2 디라: -ㄴ 것이라. -ㄴ지라. 'ᄃᆞ(의존명사)+이(서술격 조사 '이다'의 어간)+라(종결어미)'이다. 의존명사 'ᄃᆞ'는 '것'의 뜻을 가진 것인데, 주격은 '디', 목적격은 'ᄃᆞᆯ', 서술격은 '디라'로 실현된다. 본 예는 서술격으로 'ᄃᆞ+ㅣ라'의 형태이다. 이런 형태소 구성을 그대로 고려하면, '-ㄴ 것이라'로 풀이할 수 있다. 그러나 'ㄴ+ᄃᆞ+이+라'는 '-ㄴ디라'의 형태로, 하나의 종결어미로 재구조화한 것으로 볼 수도 있다. 이때에는 해라할 자리에 쓰여 '-ㄴ지라'로 풀이할 수도 있다. 性이 니러 相이 ᄃᆞ외욘 디라 境과 智왜 번드ᄐᆞ며 相이 性의 노교ᄆᆞᆯ 得ᄒᆞᆫ 디라(性起爲相 境智歷然 相得性融 身心廓爾).《원각 서:38》, 薰修ᄒᆞ여 나톤 디라(所言神通變化 依悟而修 漸熏所現 非謂悟時卽發現也).《목우 10》

【集說】陳氏曰黯의字는長孺니濮陽人이라太子洗馬는官名〔陳氏曰洗之言은先也이니太子出見에前導也라〕이라以嚴見憚은以正直으로爲景帝所敬憚也라主爵都尉는亦官名이라中은滿也니中二

千石은謂九卿之官의歲俸이滿二千石也라蚡이負貴而驕人이어늘黯은獨不爲之屈하고但揖之而已하니라

진 씨가 말하였다. "급암의 자는 長孺니, 濮陽 사람이다. 태자세마는 벼슬이름[진 씨가 말하였다. "洗라는 말은 앞섬이다. 태자가 출현할 때 앞에서 인도한다."]이라. 以嚴見憚[엄함으로써 꺼림을 얻음]은 바르고 곧음으로써 景帝가 공경하고 꺼리는 바가 됨이라. 主爵都尉는 또한 벼슬이름이다. 中은 가득함이니, 中二千石은 九卿의 벼슬로서 歲俸이 이천 석에 가득함을 이른다. 蚡이 귀함을 업고 사람에게 교만했거늘, 黯은 홀로 굽힘을 하지 않고 단지 그에게 읍할 뿐이었다."

漢字 孺(젖먹이 유, 어릴 유), 濮(강 이름 복), 俸(녹봉 봉), 驕(교만할 교), 屈(굽힐 굴)

구경(九卿): 우리나라의 경우, 육조판서(六曹判書)·좌우참찬(左右參贊)·한성판윤(漢城判尹)의 아홉 대신(大臣).

上이方招文學儒者ㅣ러시니上이曰吾欲云云ᄒᆞ노라黯이對曰陛下ㅣ內多欲而外施仁義ᄒᆞ시니奈何欲效唐虞之治乎ㅣ잇고上이怒變色而罷朝ᄒᆞ시니公卿이皆爲黯懼ᄒᆞ더니上이退謂人曰甚矣라汲黯之戇憃也ㅣ여

● 임금이 바야흐로 문학하는 선비를 부르시더니, 임금이 말하셨다. "나는 이러이러하고자한다." 암이 대답하여 말하였다. "폐하께서는 안으로는 욕심이 많으면서, 밖으로는 仁義를 베푼다 하시니, 어찌 唐[陶唐氏]과 虞[有虞氏]의 다스림을 본받고자 하십니까?" 임금이 노하여 낯빛이 변하여 조회를 파하시니, 公卿들이 모두 암을 위하여 두려워하더니, 임금이 물러나 사람에게 일러 말하셨다. "심하구나. 급암의 어리석음이여."

漢字 招(부를 초), 陛(섬돌 폐), 施(베풀 시), 奈(어찌 내), 何(어찌 하), 效(본받을 효), 懼(두려워할 구), 戇(어리석을 당)

1 운운(云云): 글이나 말을 인용 또는 생략할 때에 이러이러함의 뜻으로 하는 말.

2 도당씨(陶唐氏, 생몰 연대 미상): 요(堯) 임금이다. 전설상의 원고(遠古) 시대 제왕이다. 이름은 방훈(放勳)이고, 부계(父系)는 씨족사회 후기 부족의 수령이었다. 처음에 도(陶)에서 살다가 나중에 당(唐)으로 옮겨 살아 도당씨(陶唐氏)로 불리며, 역사에서는 당요(唐堯)라 부른다. 자세한 내용은 〈입교(立教) 제1〉 제5장 '요(堯)'를 참조하라.

3 유우씨(有虞氏, 생몰 연대 미상): 순(舜) 임금이다. 성은 요(姚), 이름 중화(重華), 조상이 우(虞)에서 일어났기에 유우씨(有虞氏)라 한다. 요(堯) 임금의 뒤를 이어 어질게 정치를 해서 이른바 요순시대(堯舜時代)를 이루었고, 포판(蒲阪)에 도읍하였다, 자세한 내용은 〈입교(立教) 제1〉 제6장 '순(舜)'을 참조하라.

번소 샹위 뵈야호로 글ᄒᆞᄂᆞᆫ 션ᄇᆡ를 블러 쓰시더니 샹위 니ᄅᆞ샤ᄃᆡ 내 이러ᄐᆞᆺ 이러ᄐᆞ시 ᄒᆞ고져 ᄒᆞ노라 黯암이 ᄃᆡ답ᄒᆞ여 닐우ᄃᆡ 샹감이 안호론 욕심이 하시고 밧고로 仁인義의ᄅᆞᆯ 베프시ᄂᆞ니 엇뎨 唐당虞우 시절 나라 다ᄉᆞ리던 일를 법받고져 ᄒᆞ시ᄂᆞ니잇고 샹위 로ᄒᆞ샤 ᄂᆞᆺ비ᄎᆞᆯ 달이 ᄒᆞ시고 됴회를 파ᄒᆞ시니 ᄌᆡ샹돌히 다 黯암을 위ᄒᆞ여 두려ᄒᆞ더니 샹위 믈러와 사ᄅᆞᆷᄃᆞ려 니르샤ᄃᆡ 심ᄒᆞᆯ셔 汲급黯암의 어림이여

현대역 임금이 바야흐로 글하는 선비를 불러 쓰시더니, 임금이 이르시되, "내 이렇듯 이렇듯이 하고자 하노라." 암이 대답하여 이르되, "상감이 안으로는 욕심이 많으시고, 밖으로 인의를 베푸시나니, 어찌 唐虞 시절 나라 다스리던 일을 본받고자 하십니까?" 임금이 노하시어 낯빛을 달리 하시고 조회를 파하시니, 재상들이 다 암을 위하여 두려워하더니, 임금이 물러와 사람에게 이르시되, "심하구나, 급암의 어리석음이여!"

1 샹위: 임금의 높임말. 원문 '上'에 대한 번역이다. 《소학언해》는 '임금'으로 번역하였다. 따라서 '상위' 전체를 그냥 '상(上, 임금)'으로 풀이한다.

2 당우: '당우(唐虞)'의 옛말이다. 중국 고대의 임금인 도당씨(陶唐氏) 요(堯)와 유우씨(有虞氏) 순(舜)을 아울러 이르는 말로, 중국 역사에서 이상적인 태평시대

로 꼽힌다. '요(堯)'에 대한 자세한 내용은 〈입교(立教) 제1〉 제5장 '요(堯)'를, '순(舜)'에 대한 자세한 내용은 〈입교(立教) 제1〉 제6장 '순(舜)'을 참조하라.

3 ᄒᆞ시ᄂᆞ니잇고: 하십니까. 'ᄒᆞ(어간)+시(주체 높임 선어말어미)+ᄂᆞ(직설법 선어말어미)+니(의문형 어미)+잇(존비법 ᄒᆞ쇼셔체 선어말어미)+고(의문형 종결어미)'이다. 의문형 어미 '니…고' 사이에 '-잇-'이 삽입된 것이다. '-니잇고'는 의문사 '엇뎨'를 동반하여 ᄒᆞ쇼셔체 설명의문문을 만들고 있다. 舜이 받ᄐᆡ 가샤 하ᄂᆞᆯᄭᅴ 블으지져 우르시니 엇뎨 그 블으지져 우르시니잇고(舜往于田 號泣于旻天 何爲其號泣也).《소언 4:7》, 王은 ᄯᅩᄒᆞᆫ 仁義를 닐ᄋᆞ실 ᄯᆞᄅᆞᆷ이니 엇디 반ᄃᆞ시 利ᄅᆞᆯ 니ᄅᆞ시ᄂᆞ니잇고(王亦曰仁義而已矣 何必曰利).《맹언 1:3》

4 심ᄒᆞᆯ셔: 심하구나. '심ᄒᆞ(어간)+ㄹ셔(감탄형 종결어미)'이다. '-ㄹ셔'는 동사, 형용사 어간 뒤에 붙어, '-구나'를 뜻하는 어미이다. 우리 부톄 이ᄅᆞᆯ 證ᄒᆞ샤 物의 몰로ᄆᆞᆯ 어엿비 너기샤 奇異ᄒᆞᆯ셔 다시 嗟嘆ᄒᆞ시며(我佛證此 愍物迷之 再嘆奇哉).《원각 서:41》, 荒淫ᄒᆞᆯ셔 隋ㅅ 님그미여 이ᄅᆞᆯ 지ᅀᅥ 이제 믈어뎌 서겟도다(荒哉隋家帝 製此今頹朽).《두시-초 6:2》

소언 上샹[님금을 닐옴이라]이 뵈야흐로 글 ᄒᆞᄂᆞᆫ 션비를 블으더시니 上샹이 ᄀᆞᆯᄋᆞ샤ᄃᆡ 내 이리이리 ᄒᆞ고져 ᄒᆞ노라 黯암이 ᄃᆡ답ᄒᆞ여 ᄀᆞᆯ오ᄃᆡ 陛폐下하[皇황帝뎨를 지향ᄒᆞᆫ 말이라]ㅣ 안호론 욕심이 하시고 밧고로 仁인義의ᄅᆞᆯ 베프시니 엇디 唐당虞우 적 다ᄉᆞ림을 법받고져 ᄒᆞ시ᄂᆞ니잇고 上샹이 怒노ᄒᆞ샤 色ᄉᆡᆨ을 變변ᄒᆞ시고 됴회를 罷파ᄒᆞ시니 公공卿경[ᄌᆡ샹이라]둘히 다 黯암을 위ᄒᆞ여 두려ᄒᆞ더니 上샹이 믈러와 사ᄅᆞᆷᄃᆞ려 닐러 ᄀᆞᆯᄋᆞ샤ᄃᆡ 甚심ᄒᆞ다 汲급黯암의 어림이여

현대역 上[임금을 이름이라.]이 바야흐로 글 하는 선비를 부르시더니, 상이 말씀하시되, "내가 이리이리 하고자 하노라." 암이 대답하여 가로되, "陛下[황제를 指向한 말이라.]가 안으로는 욕심이 많으시고 밖으로 인의를 베푸시니, 어찌 당우 때 다스림을 본받고자 하십니까?" 상이 노하시어 얼굴빛을 변하시고 조회를 파하시니, 공경[재상이라.]들이 다 암을 위하여 두려워하더니, 상이 물러나와 사람에게 일러 말씀하시되, "심하다, 급암의 어리석음이여!"

지향혼: 지향(指向)한. '지향ᄒᆞ(어간)+ㄴ(관형사형 어미)'이다. 작정하거나 지정한 방향으로 나아가는.

【集解】云云은猶言如此如此也라戇은愚也라黯直言에公卿이皆恐獲罪러니帝不之罪而止以爲愚하니然則武帝之賢을豈當時公卿所能知哉아

云云은 이러이러하다[如此如此]고 말함과 같다. 戇은 어리석음이다. 黯의 直言에 공경이 모두 죄를 얻을까 두려워하더니, 황제가 그에게 죄를 주지 않고 다만 어리석다고만 말하였으니, 그런즉 무제의 어짊을 어찌 당시의 공경들이 능히 알 바이겠는가?

漢字 獲(얻을 획), 止(다만 지)

群臣이或數黯ᄒᆞᆫ대黯曰天子ㅣ置公卿輔弼之臣은寧令從諛承意ᄒᆞ야陷主於不義乎ㅣ리오且已在其位ᄒᆞ니縱愛身이나奈辱朝廷애何오

● 여러 신하들이 혹자가 黯을 책망하니, 암이 말하였다. "천자께서 公卿과 보필하는 신하를 둠은 어찌 하여금 순종하고 아첨하고 뜻을 받들어, 임금을 의롭지 않음에 빠뜨리게 함이겠는가? 또 이미 (내가) 그 자리에 있으니, 비록 자신을 아낄지라도 조정을 욕되게 함에 어찌하겠는가?"

漢字 數(책망할 수, 꾸짖을 수), 輔(도울 보), 弼(도울 필, 바로잡을 필), 寧(어찌 녕), 從(좇을 종), 諛(아첨할 유), 承(받들 승), 陷(빠질 함), 縱(비록 종)

번소 모든 신하ᄃᆞᆯ히 혹 黯암을 외다ᄒᆞᆫ대 黯암이 닐우ᄃᆡ 天텬子ᄌᆞㅣ 지샹ᄒᆞ며 도올 신하ᄅᆞᆯ 두샤ᄆᆞᆫ 엇디 아당ᄒᆞ여 ᄠᅳᆮ을 받조아 님굼을 왼 일에 ᄲᅡ디게 ᄒᆞ신 이리료 ᄯᅩ ᄒᆞ마 그 벼슬에 이시니 비록 내 몸을

앗긴돌 朝됴廷뎡을 더러유맨 엇더뇨

[현대역] 모든 신하들이 혹 암을 그르다 하니까, 암이 이르되, "천자가 재상하며 도울 신하를 두심은, 어찌 아첨하여 뜻을 받들어, 임금을 그릇된 일에 꺼지게 하는 일이리오. 또 이미 그 벼슬에 있으니, 비록 내 몸을 아낀들[아끼나], 조정을 더럽힘에는 어찌하겠느냐?"

1 빠디게 ᄒᆞ신: 꺼지게 하는. 예문에서 '빠디게'의 주체는 임금이고, 'ᄒᆞ신'의 주체는 신하인데, 신하를 높이는 'ᄒᆞ신'으로 표현되어 있다. 현대국어에서는 '-시-'가 언제나 존경의 대상이 되는 인물과 직·간접으로 관련되는 주어 명사구에 일치하여 쓰이는데 비해, 중세국어에서는 그런 제약을 받지 않고 쓰이는 일이 있었다. 본 예의 경우처럼, 이런 경우에는 비존경 선어말어미에 해당한다.

2 앗긴돌: 아낀들. '앗기(어간)+ㄴ돌(연결어미)'이다. '-ㄴ돌'은 어간이나 어미 뒤에 붙어, '-은들'을 뜻하는 어미이다. 城 밧긔 브리 비취여 十八子ㅣ 救ᄒᆞ시려니 가라 ᄒᆞᆫ돌 가시리잇가(火照城外 十八子救 縱命往近 噬肯往就)《용가 69장》, 長生인 不肖ᄒᆞᆯ씨 ᄂᆞᆷ이 나아간돌 百姓돌히 ᄂᆞᆷᄋᆞᆯ 다 조ᄎᆞ니《월곡 상:41》

3 엇더뇨: 어찌하겠느냐? '엇더(부사)+뇨(의문형 종결어미)'이다. '-뇨'는 의문사 '엇더'와 함께 쓰여 ᄒᆞ라체 설명의문문을 만들고 있다. 여러 가짓 ᄃᆞᆫ 차바ᄂᆞ로 몬져 어마니ᄆᆞᆯ 供養호ᄃᆡ 어마닚 양ᄌᆞ 엇뎌 그리ᄃᆞ록 여위시니잇고《월석 23:87》.

4 더러유맨: 더럽힘에는. '더러이(어간)+움(명사형 어미)+애(부사격 조사)+ㄴ(보조사)'이다. 현대국어 '더럽히다'의 옛말인 '더러ᄫᅵ다'는 15세기 문헌에서부터 나타난다. '더러ᄫᅵ다'는 '더럽-'에 사동접사 '-이-'가 결합한 것이다. '더럽다'가 모음으로 시작하는 어미와 결합할 때는 '더렇-'으로, 자음으로 시작하는 어미와 결합할 때는 '더럽-'으로 나타나는 불규칙 용언이기 때문에 '더러ᄫᅵ다'로 나타났다. 15세기 말 이후 'ㅸ'이 소멸됨에 따라 15세기부터 '더러이다'로 나타난다. 18세기에는 '더럽-'에 사동접사 '-히-'가 결합한 '더러히다'가 나타난다. 20세기 이후 분철 표기된 '더럽히다'로 나타나 현재에 이르렀다. 더러ᄫᅵ다(15세기)〉더러이다(15세기~19세기)〉더러히다(18세기~19세기)〉더럽히다(20세기~현재). 이형태: 더러ᄫᅵ다, 더러이다, 더러히다. 煩惱 惑 業이 ᄆᆞᅀᆞᄆᆞᆯ 더러ᄫᅧᆺ거든 二乘이 여러 가짓 觀ᄋᆞᆯ 지ᅀᅥ 더ᄂᆞ니.《1459 월석 13:21ㄱ》, 오직 사ᄅᆞ미 거츤 ᄃᆞ트릐 더러이며 無明의 두푸미 ᄃᆞ외야.《1459 월석 11:112ㄱ》

소언 모든 신하돌히 或혹 黯암을 외다호대 黯암이 골오디 天텬子ᄌᆞㅣ 公공卿경이며 도올 신하롤 두샴은 엇디 히여곰 븓조차 아당ᄒᆞ며 ᄠᅳᆮ을 바다 님금을 올티 아닌 ᄃᆡ 빠디게 홈이리오 또 이믜 그 벼슬에 이시니 비록 몸을 앗기나 朝됴廷뎡을 슈욕홈애 엇디료

현대역 모든 신하들이 혹 黯을 그르다하니까, 암이 가로되, "천자가 공경이며 도울 신하를 두심은, 어찌 하여금 추종하여 아첨하며 뜻을 받들어, 임금을 옳지 않은 데 꺼지게 함이리오. 또 이미 그 벼슬에 있으니, 비록 몸을 아끼나, 조정을 受辱함에 어찌하겠느냐."

1 슈욕홈애: 수욕(受辱)함에. 남에게 모욕을 당함에. '슈욕ᄒᆞ(어간)+옴(명사형 어미)+애(부사격 조사)'이다.

2 엇디료: 어찌하겠느냐. '엇디(부사)+료(의문형 종결어미)'이다. '-료'는 의문사 '엇더'와 함께 쓰여 ᄒᆞ라체 설명의문문을 만들고 있다. 네 獼猴ᄃᆞᆯ히 내 나라ᄒᆞᆯ 다 ᄒᆞ야ᄇᆞ리ᄂᆞ니 네 엇디 암ᄒᆞᆯ 내야 주디 아니ᄒᆞᄂᆞ다.《월석 7:17》, 姬ㅣ 殿에 ᄂᆞ려 마자 ᄉᆞᆯ오샤ᄃᆡ 엇디 늣거ᅀᅡ 罷ᄒᆞ시니잇고(姬下殿迎曰 何罷晏也).《내훈 2:19》. '-료'는 동사, 형용사 어간이나 부사 뒤에 붙어, '-리오', '-겠느냐'를 뜻하는 어미이다. 出家ᄒᆞᆫ 사ᄅᆞᄆᆞᆫ 쇼히 ᄀᆞᆮ디 아니ᄒᆞ니 그에 精舍ㅣ 업거니 어드리 가료.《석상 6:22》, 太子ㅣ 우스며 닐오ᄃᆡ 내 ᄆᆞᅀᆞ거시 不足ᄒᆞ료.《석상 6:24》

【集說】陳氏曰數는責也라輔弼은輔德而弼違也라從諛承意는順從阿諛하여以奉承上意也라已는旣也라

● 진 씨가 말하였다. "數는 꾸짖음이다. 輔弼은 덕을 돕고 어긋남을 바로잡음이다. 從諛承意[순종하고 아첨하고 뜻을 받듦]는 순종하고 아첨하여 써 임금의 뜻을 받듦이다. 已는 '이미'이다.

漢字 阿(언덕 아, 아첨할 아)

黯이多病ᄒᆞ야病且滿三月이어늘上이常賜告者ㅣ數朔호ᄃᆡ終不

瘉愈ㅣ러니最後에嚴助ㅣ爲請告ᄒᆞᆫ대上이曰汲黯은何如人也오 曰使黯오로任職居官ᄒᆞ면亡無以瘉愈人이어니와然이나至其輔 少主守成ᄒᆞ얀雖自謂賁奔育이라도弗能奪也ㅣ리이다上이曰然 ᄒᆞ다古有社稷之臣이러니至如汲黯ᄒᆞ얀近之矣로다

●黯이 병이 많아, 병들어 또 석 달을 채우거늘, 임금이 일찍이 말미를 준 것이 자주로되, 마침내 낫지 않더니, 마지막에 嚴助가 위하여 말미를 청한대, 임금이 말하였다. “급암은 어떤 사람인가?” 말하였다. “암으로 하여금 직책을 맡아 벼슬에 있게 하면 써 다른 사람보다 나음이 없거니와, 그러나 그 어린 임금을 도와 이룸[이룬 왕업]을 지킴에 이르러서는, 비록 스스로 맹분(孟賁)과 하육(夏育)이라 이를지라도 능히 (그의 큰 절개를) 빼앗지 못할 것입니다.” 임금이 말하였다, “그렇다. ‘옛날에 社稷의 신하가 있다.’ 하더니, 급암 같음에 이르면 그와 가깝다.”

漢字 且(또 차), 常(=嘗 일찍이 상), 賜(줄 사), 告(말미 고), 瘉(=癒, 愈 병 나을 유, 남보다 나을 유), 賁(클 분), 奪(빼앗을 탈)

1 엄조(嚴助, 미상~기원전 122년): 전한(前漢) 회계(會稽) 오현(吳縣, 지금의 江蘇에 속함) 사람이다. 원래 성은 장(莊)씨였지만 나중에 후한 명제(明帝)의 이름인 유장(劉莊)을 피해 엄(嚴)으로 바꾸었다. 엄기(嚴忌)의 아들로, 일설에는 족자(族子)라고도 한다. 현량대책(賢良對策)에 천거되었는데 무제(武帝)가 중대부(中大夫)로 발탁했다. 일찍이 대신들과 논변을 벌였는데, 여러 차례 굴복시켰다. 건원(建元) 3년(기원전 138년) 민월(閩越)이 병사를 일으켜 동구(東甌)를 포위하자 동구에서 변고를 알려왔다. 무제가 그의 의견에 따라 회계에서 병사를 파견해 구원했다. 건원 중에 회계태수(會稽太守)가 되었다. 주매신(朱買臣), 사마상여(司馬相如), 오구수왕(吾丘壽王), 동방삭(東方朔) 등과 함께 무제를 측근에서 모셨다. 나중에 회남왕(淮南王) 유안(劉安)과 가깝게 사귀었는데, 유안이 반란을 일으키자 연좌되어 죽임을 당했다(중국역대인명사전).

2 맹분(孟賁, 생몰 연대 미상): 전국시대 위(衛)나라 사람이다. 제(齊)나라 사람이라고도 한다. 용력지사(勇力之士)로, 하육(夏育)과 이름을 나란히 했다. 대단한

완력과 용기를 지닌 인물로, 소의 생뿔을 잡아 뽑아낼 수 있었다. 땅에서는 맹수와 마주쳐도 두려워하지 않는 용기를 지녔고, 물속에서는 교룡(蛟龍)과의 싸움도 피하지 않았다고 한다. 화가 났을 때는 두 눈이 옆으로 찢어져 기세가 사람을 질리게 만들었다. 길을 가거나 물을 건널 때 아무도 그와 선두를 다투지 못했다. 맹열(孟說)이라고도 한다. 진무왕(秦武王)의 사랑을 받던 역사(力士)라고도 한다(중국역대인명사전).

3 하육(夏育, 생몰 연대 미상): 주(周)나라 때 위(衛)나라 사람이다. 맹사(猛士)로, 용력(勇力)이 대단해서 천균(千鈞)의 무게를 들고 살아있는 소의 꼬리를 뽑았다고 한다. 소리를 지르면 삼군(三軍)이 모두 놀랐다. 전박(田搏)에게 살해당했다. 맹분(孟賁)과 함께 불려 '분육(賁育)'으로 일컬어진다. 나중에 용사(勇士)의 범칭이 되었다(중국역대인명사전).

번소 黯암이 병이 하 병 ᄒᆞ연 디 석 ᄃᆞᆯ이 ᄎᆞ더니 샹위 샹해 말미주믈 ᄌᆞ조 ᄒᆞ샤ᄃᆡ 내죵내 병이 됴티 아니ᄒᆞ거늘 ᄆᆞᆺ 후에 嚴엄助조ㅣ 위ᄒᆞ여 말미를 쳥ᄒᆞᆫ대 샹위 니ᄅᆞ샤ᄃᆡ 汲급黯암은 엇던 사ᄅᆞᆷ고 닐오ᄃᆡ 黯암오로 소임 맛다 구읫일 호매ᄂᆞᆫ ᄂᆞ미게셔 더으디 아니ᄒᆞ거니와 져믄 님굼 도아 인 그릇 맛다슈믄 비록 賁분育육ᄀᆞᆮ티 힘세유라 ᄒᆞ여도 잘 앗디 몯ᄒᆞ리이다 샹위 니ᄅᆞ샤ᄃᆡ 올타 녜 社샤稷직을 편안히 ᄒᆞᆯ 신해 잇더니 汲급黯암 ᄀᆞᄐᆞ닌 ᄡᅢ즉ᄒᆞ도다

현대역 암이 병이 많아, 병 한 지 석 달이 차더니, 임금이 늘 말미 줌을 자주 하시되, 끝끝내 병이 좋지 아니하거늘, 맨 뒤에 嚴助가 (급암을) 위하여 말미를 청했는데, 임금이 이르시되, "급암은 어떤 사람인가?" 이르되, "암으로 소임 맡아 관청일 함에는, 남보다 더하지[낫지] 아니하거니와, 어린 임금 도와 이룬 그릇 맡았음은, 비록 맹분(孟賁)과 하육(夏育) 같이 힘세다 하여도 잘 빼앗지 못할 것입니다." 임금이 이르시되, "옳다. '옛적 사직을 편안히 할 신하가 있다.' 하더니, 급암 같은 이는 비슷하도다."

1 ᄆᆞᆺ: 맨. 가장. 왼녀긔 ᄒᆞᆫ 點을 더으면 ᄆᆞᆺ 노ᄑᆞᆫ 소리오.《훈언 13》, 美音은 풍륫 소릿 中에 ᄆᆞᆺ 됴ᄒᆞᆯ 씨라.《석상 13:9》

2 ᄉᆞ람고: 사람인가. 'ᄉᆞ람(명사)+고(의문 보조사)'이다. '-고'는 '체언+의문 보조사'의 형태로 제1·3인칭 의문법 중 ᄒᆞ라체 설명의문문을 만들고 있다. 셜흔 잀 中에 離別이 甚ᄒᆞ니 어ᄉᆡ 아ᄃᆞᆯ 離別이 엇던고《월곡 상:52》, 六師ᄋᆡ 무리 閻浮提예 ᄀᆞᄃᆞᆨᄒᆞ야도 내 바랫 ᄒᆞᆫ 터리를 몯 무으리니 므슷 이를 겻고오려 ᄒᆞᄂᆞᆫ고《석상 6:27》. 그러나 본 예는 용언이 아니라, 명사에 붙어 쓰였다. 그렇더라도 '사람인고'나 '사람일고'처럼 관형사형 어미와 함께 쓰임이 일반적인 용법이다. 다음 예가 그러하다. 巴蜀애 와 病이 하니 荊蠻애 가ᄆᆞᆫ 어느 ᄒᆡᆯ고(巴蜀來多病 荊蠻去幾年).《두시-초 7:4》(현대역: 파촉에 와서 병이 많은데 형만에 가는 것은 어느 해일까.)

3 그릇: 어떤 일을 해 나갈 만한 능력이나 도량 또는 그런 능력이나 도량을 가진 사람을 비유적으로 이르는 말. 여기서 말하는 '인 그릇'은 성업(成業, 이룩한 왕업)을 말한다.

4 힘세유라: 힘세다. '힘세(어간)+유(화자 표시법 선어말어미)+라(평서형 종결어미)'이다. '-유-'는 어간이 j로 끝나기 때문에 '-우-'에서 교체된 선어말어미이다. 그리고 평서형 종결어미 '-라'는 선어말어미 '-유-' 뒤에서 '-다'가 교체된 것이다. 집 아래 어루 받이럼 ᄆᆡᆼ글릴ᄉᆡ 아ᄒᆡ 블러 마조셔 비루수 經營ᄒᆡ유라(堂下可以畦呼童對經始).《두시-초 16:66》

5 ᄲᅥ즉ᄒᆞ도다: 비슷하도다. 'ᄲᅥ즉ᄒᆞ(어간)+도다(감탄형 종결어미)'이다. 'ᄲᅥ즉ᄒᆞ다'는 '비슷하다'의 옛말이다. 녜 社稷을 편안히 ᄒᆞᆯ 신해 잇더니 汲黯 ᄀᆞᄐᆞ닌 ᄲᅥ즉ᄒᆞ도다(古有社稷之臣 至如汲黯近之矣).《번소 9:41》, 오좀ᄯᅩᆼ 곳 업스면 ᄲᅥ즉ᄒᆞᆫ 머검직ᄒᆞᆫ 거시.《칠대 2》

소언 黯암이 病병이 하 病병ᄒᆞ연 디 거의 석 ᄃᆞᆯ이 ᄎᆞ거늘 上샹이 샹해 말믜 주심이 ᄌᆞ조ᄃᆡ 내죵내 됴티 몯ᄒᆞ엿더니 ᄆᆞᆫ 후에 嚴엄助조ㅣ 위ᄒᆞ여 말믜를 請쳥ᄒᆞᆫ대 上샹이 ᄀᆞᆯᄋᆞ샤ᄃᆡ 汲급黯암은 엇던 사ᄅᆞᆷ고 ᄀᆞᆯ오ᄃᆡ 黯암으로 ᄒᆡ여곰 벼슬을 맛ᄃᆞ며 구의예 이시면 뼈 사ᄅᆞᆷ의게 넘디 몯ᄒᆞ려니와 그러나 그 졈은 님금 도와 인 것 딕킈옴애 니ᄅᆞ러ᄂᆞᆫ 비록 스스로 닐오ᄃᆡ 賁분育육[孟ᄆᆡᆼ賁분과 夏하育육이니 다 힘센 사ᄅᆞᆷ이라]이로라 ᄒᆞ여도 能능히 앗디 몯ᄒᆞ리이다 上샹이 ᄀᆞᆯᄋᆞ샤ᄃᆡ 그러ᄒᆞ다 녜 社사稷직엣 신해 잇더니 汲급黯암 ᄀᆞᄐᆞᆫ 이예 니르러는

갓갑도다

현대역 黯이 병이 많아, 병 한 지 거의 석 달이 차거늘, 임금이 늘 말미 주심이 자주로되, 끝내 좋지 못하였더니, 맨 뒤에 엄조가 (급암을) 위하여 말미를 청하니까, 임금이 말씀하시되, "급암은 어떤 사람인가?" 가로되, "암으로 하여금 벼슬을 맡으며 관청에 있으면, 써 사람보다 넘지 못하려니와, 그러나 그 어린 임금을 도와 이룬 것 지킴에 이르러서는, 비록 스스로 이르되 분육[맹분과 하육이니, 다 힘센 사람이라.]이로라 하여도 능히 빼앗지 못할 것입니다." 임금이 말씀하시되, "그러하다. '옛날 사직의 신하가 있다.' 하더니, 급암 같은 이에 이르러는 가깝도다."

1 분육이로라: 맹분과 하육이노라. '분육(고유명사)+이('이다'의 어간)+로(화자 표시법 선어말어미)+라(평서형 종결어미)'이다. 서술격 조사 '이다' 뒤에서는 화자 표시법 선어말어미 '-오/우-'가 '-로-'로 교체되고, 화자 표시법 선어말어미 '-오/우-' 뒤에서는 평서형 종결어미 '-다'도 '-라'로 교체된다. 종결형과 연결형의 선어말어미 '-오$_1$-'은 일반적으로 주어 명사구가 제1인칭 대명사 '나, 우리' 등 화자일 때 나타난다. 따라서 이를 화자 표시법 선어말어미(고영근, 2020: 363) 또는 1인칭법 선어말어미(허웅, 1958: 124-197)라고 부른다. 그러나 '-오$_1$-'은 주어 명사구가 제3인칭이라고 하더라도 그것이 화자 자신을 가리키는 경우에는 쓰일 수 있다. 이런 점에서 1인칭법 선어말어미보다는 화자 표시법 선어말어미라는 용어가 나아 보인다. 누른 새는 져기 ᄂᆞ로ᄆᆞᆯ 任意로 ᄒᆞ노라.《두시언해 20:10》 여기서 '누른 새'는 두보 자신을 가리킨다고 주(註)에서 말하고 있으므로 화자가 주어로 되어 있는 것이다. 妾은 王ㅅ 義예 죽고 王ㅅ 즐교매 죽디 아니ᄒᆞ노이다.《내훈 2 상:324》. 월희(越嬉)가 왕에게 하는 말인데, 역시 화자 자신을 가리킨다.

2 몯ᄒᆞ리이다: 못할 것입니다. '몯ᄒᆞ(어간)+리(추측법 선어말어미)+이(존비법 ᄒᆞ쇼셔체 선어말어미)+다(평서형 종결어미)'이다. '-리이다'는 동사, 형용사 어간이나 어미 뒤에 붙어, '-ㄹ 것입니다'를 뜻하는 어미이다. 孟子ㅣ 對ᄒᆞ야 ᄀᆞᆯᄋᆞ샤ᄃᆡ 王이 戰을 好ᄒᆞ실ᄉᆡ 請컨댄 戰으로 ᄡᅧ 喩호리이다(孟子對曰 王好戰 請以戰喩).《맹언 1:7》, 이러ᄐᆞ시 ᄒᆞᄂᆞᆫ 바로ᄡᅧ 慾ᄒᆞᄂᆞᆫ 바ᄅᆞᆯ 求ᄒᆞ면 心力을 盡ᄒᆞ야 ᄒᆞ여도 後에 반ᄃᆞ시 災ㅣ 이시리이다(以若所爲求若所欲 盡心力而爲之 後必有災).《맹

언 1:30》

【集說】陳氏曰漢法에病滿三月이면當免官하니라告는休假(暇)也라瘉는通作愈하니病瘳也라嚴助는人姓名이니時爲侍中하니라瘉는當作愈하니過也라孟賁夏育은皆古之有力者라言黯之正直은若託之擁輔幼君하여以保守成業이면雖自謂有賁育之勇者라도亦不能奪其大節也라然은是其言也라社稷臣은能安社稷者也라

진 씨가 말하였다. "漢나라 법에, 병들어 석 달을 채우면 마땅히 벼슬을 벗어야 한다. 告는 휴가다. 瘉는 愈와 통해 쓰니, 병이 나음이다. 嚴助는 사람의 성명이니, 때에 侍中이 되었다. 瘉는 마땅히 愈로 써야 하니, 지남이다. 맹분과 하육은 모두 옛날 힘이 있던 자들이다. 암의 正直은 만약 어린 임금을 끼고 도와 써 이룩한 왕업을 지키도록 부탁한다면, 비록 스스로 맹분과 하육의 용맹이 있다고 이르는 자라도 또한 능히 그 큰 절개를 빼앗을 수 없음을 말함이다. 然은 그 말을 옳게 여김이다. 社稷臣은 능히 사직을 편안하게 하는 자이다."

漢字 免(벗을 면, 면할 면), 假(거짓 가), 暇(겨를 가), 瘳(나을 추), 託(부탁할 탁), 擁(낄 옹, 안을 옹), 保(지킬 보), 守(지킬 수)

大將軍靑이侍中에上이踞厠視之ᄒᆞ시고丞相弘이宴見現이어든上이或時不冠ᄒᆞ샤ᄃᆡ至如見黯ᄒᆞ샤ᄂᆞᆫ不冠不見也ㅣ러시다上이嘗坐武帳이어시ᄂᆞᆯ黯이前奏事ㅣ러니上이不冠이라가望見黯ᄒᆞ시고避帷中ᄒᆞ야使人可其奏ᄒᆞ시니其見敬禮ㅣ如此ᄒᆞ더라

● 대장군 靑이 모시는 가운데 임금이 가장자리에 걸터앉아 그를 보시고, 승상 弘이 편안히 알현하면 임금이 혹 때때로 관을 쓰지 않으시되, 급암을

봄과 같음에 이르러서는 관을 쓰지 않고는 보지 않으셨다. 임금이 일찍이 군막에 앉아 계시거늘, 암이 앞에서 일을 아뢰려 하니, 임금이 관을 쓰고 있지 않다가, 암을 바라보고 휘장 가운데로 피하여, 사람을 시켜 그 아룀을 가하다 하시니, 그[汲黯]가 공경과 예우를 받음이 이와 같았다.

漢字 **侍**(모실 시), **踞**(걸터앉을 거), **厠**(가장자리 측, 뒷간 측). **宴**(편안할 연, 사사로울 연, 잔치 연), **見**(알현할 현), **帳**(군막 장, 휘장 장), **帷**(휘장 유)

1 위청(衛青, 미상~기원전 106년): 전한 하동(河東) 평양(平陽) 사람이다. 자는 중경(仲卿)이고, 시호는 열(烈)이다. 본성은 정(鄭) 씨이다. 아버지 정계(鄭季)가 평양후(平陽侯)의 가첩(家妾) 위온(衛媼)과 정을 통해 그를 낳았는데, 어머니의 성을 따랐다. 처음에 평양공주(平陽公主)의 가노(家奴)로 있었는데, 누이 위자부(衛子夫, 衛皇后)가 무제의 총희(寵姬)여서 관직에 진출해 태중대부(太中大夫)가 되었다. 원광(元光) 6년(기원전 129년) 거기장군(車騎將軍)으로 군대를 거느리고 흉노(匈奴)를 격파하고 관내후(關內侯)에 올랐다. 원삭(元朔) 2년(기원전 127년) 다시 병사를 운중(雲中)으로 출병하여 하투(河套) 지구를 수복하고 장평후(長平侯)에 봉해졌다. 원수(元狩) 4년(기원전 119년) 대장군(大將軍)으로 곽거병(霍去病)과 함께 대군을 이끌고 막북(漠北)으로 나가 흉노의 주력을 궤멸시켰다. 이후 7차례에 걸쳐 흉노를 정벌하여 더 이상 한나라의 위협이 되지 못하도록 했다. 곽거병과 함께 대사마(大司馬)가 되었다(중국역대인명사전).

2 공손홍(公孫弘, 기원전 200년~기원전 121년): 전한 치천(菑川) 설현(薛縣) 사람으로, 자는 계(季) 또는 차경(次卿)이다. 젊었을 때 옥리(獄吏)로 있었는데, 죄를 져 쫓겨났다. 집안이 가난해 바닷가에서 돼지를 치며 살았다. 마흔 살쯤 호무생(胡毋生)에게 《춘추공양전(春秋公羊傳)》을 익혔다. 무제(武帝) 건원(建元) 원년(기원전 140년) 현량(賢良)에 추천되어 박사(博士)에 올랐다가 흉노(匈奴)의 일 때문에 관직에서 물러났다. 원광(元光) 5년(기원전 130년) 현량대책(賢良對策)에 제일(第一)로 뽑혀 박사가 되고, 내사(內史)와 어사대부(御史大夫)를 역임했다. 강력하게 간언(諫言)하기보다는 무제의 뜻을 살펴 의사를 표현했고, 문자 수식을 적절하게 활용해 관료의 길을 걸으면서 유술(儒術)을 알맞게 응용하여 무제의 신임을 받았다. 원삭(元朔) 5년(기원전 124년) 승상이 되고 평진후(平津侯)에 봉해졌다. 최초의 승상봉후(丞相封侯)였을 뿐만 아니라, 포의(布衣)에서

승상으로 봉작까지 받은 사람은 그가 처음이었다. 검소하게 살아 집안에 재산을 남겨두지 않았다. 성격이 겉으로는 관대했지만 속으로는 시기가 많아 틈이 벌어진 사람이 있으면 겉으로는 친하게 지내면서 몰래 보복을 했다. 나이 여든 살에 승상의 자리에서 물러났다. 공손홍은 평소에 베로 이불잇을 만들고, 식사 때에는 두 가지 육류를 겹쳐 먹지 않았다. 계모가 죽자 3년 상을 치렀다. 당시 주작도위(主爵都尉)로 근무하던 급암(汲黯)은, 공손홍이 삼공(三公)의 지위에 있어 봉록이 많음에도 불구하고, 포의를 입고 다니는 것은 거짓된 행동이라고 비난하곤 하였다. 저서에 《옥함산방집일서(玉函山房輯佚書)》에 수록된 《공손홍서(公孫弘書)》가 있다(중국역대인명사전).

번소 大대將장軍군 衛위靑청이 대궐 안해 뫼셔 이실 제 샹위 평상 ᄉᆞᆺᅀᅢ 걸안자셔도 보시며 丞승相샹 公공孫손弘홍이 샹해 겨신 ᄶᅡ해 뵈ᅀᆞ아ᄃᆞᆫ 혹 잇다감 관ᄃᆡ 아니 ᄒᆞ더시니 黯암을 보실 저긔ᄂᆞᆫ 곳갈 스디 아니 ᄒᆞ여셔ᄂᆞᆫ 보디 아니ᄒᆞ시더라 샹위 일즛 武무帳댱 안해 안자 겨시거늘 黯암이 나ᅀᅡ가 공ᄉᆞᄅᆞᆯ 엳ᄌᆞ오려 ᄒᆞ더니 샹위 곳갈 아니 서 겨시더니 黯암을 ᄇᆞ라보시고 댱 안해 피ᄒᆞ야 드러 사ᄅᆞᆷ 브려 그 엳ᄂᆞᆫ 공ᄉᆞᄅᆞᆯ 올타 ᄒᆞ시니 그 고마ᄒᆞ야 례도ᄒᆞ샤미 이러ᄒᆞ더라

현대역 대장군 衛靑이 대궐 안에 모시어 있을 때, 임금이 평상 가에 걸터앉아서도 보시며, 승상 公孫弘이 늘 계신 곳에 뵙거든, 혹 가끔 관대 아니 하시더니, 암을 보실 때에는 고깔 쓰지 아니하여서는 보지 아니하시더라. 임금이 일찍이 武帳 안에 앉아 계시거늘, 암이 나아가 공사를 여쭈려 하더니, 임금이 고깔 아니 쓰고 계시더니, 암을 바라보시고 휘장 안에 피하여 들어, 사람 부려 그 여쭙는 공사를 옳다 하시니, 그 공경하여 예도로 대하심이 이러하더라.

1 뵈ᅀᆞ아ᄃᆞᆫ: 뵙거든. '뵈ᅀᆞ(어간)+아ᄃᆞᆫ(연결어미)'이다. '-아ᄃᆞᆫ'은 끝음절 모음이 'ㅏ, ㅗ'인 어간 뒤에 붙어, 주로 타동사 어간이나 어미 뒤에 붙어, '-거든'을 뜻하는 어미이다. 王舍城으로 가며 길헤 艱難ᄒᆞᆫ 사ᄅᆞᆷ 보아ᄃᆞᆫ 다 布施ᄒᆞ더라《석상 6:15》, 阿脩羅ㅣ 소ᄂᆞ로 ᄒᆡᄅᆞᆯ ᄀᆞ리와ᄃᆞᆫ 日蝕ᄒᆞᄂᆞ니라《석상 13:10》. '뵈다'는 '웃어른을 대하여 보다'를 뜻하는데, '뵙다'는 '뵈다'보다 더 겸양의 뜻을 나타낸다.

현대국어 '뵈다'와 '뵙다'는 '뵈다'의 경우 15세기부터 쓰여 형태의 변화 없이 계속 쓰였으며, '뵙다'의 경우 '뵈ᄉᆞᆸ다'의 '-ᄉᆞᆸ-'이 '-ᄋᆞᆸ-'으로 변한 다음, 다시 '-ㅂ-'으로 변하여 형성된 말이다. 중세국어에서 현대국어에 이르기까지 '-ᄉᆞᆸ-'은 형태와 출현 위치가 다양하게 변화하는데 16세기에 나타나는 '뵈ᄉᆞ오다'나 18세기에 나타나는 '뵈옵다', '뵈압다' 등은 모두 '-ᄉᆞᆸ-'의 변화에 기인한다. 뵈다(15세기~현재), 뵈ᄉᆞᆸ다〉뵈ᄋᆞᆸ다(16세기~19세기)〉뵙다(20세기~현재). 이형태: 뵈ᄉᆞᆸ다, 뵈ᄉᆞᇦ다, 뵈ᄉᆞ오다, 뵈다, 뵈ᄋᆞᆸ다, 뵈옵다, 뵈압다. 婇女ᄃᆞᆯ히 太子ᄭᅴ 드ᄉᆞᄫᅡ 온 가짓 呈才ᄒᆞ야 웃이ᄉᆞᄫᆞ며 갓갓 고ᄫᆞᆫ 양ᄒᆞ야 뵈ᄉᆞᆸ거늘.《1447 석상 3:24ㄱ》, 즉자히 ᄂᆞ려와 世尊ᄭᅴ 뵈ᄉᆞᄫᅡ 머리 조ᅀᆞᆸ고.《1447 석상 6:45ㄴ》, 뎌 如來ㅅ 本願威力으로 알ᄑᆡ 뵈샤.《1447 석상 9:15ㄱ》, 하딕ᄒᆞ며 도라와 뵈ᄉᆞ오며 깃븐 일 잇거든 가 하례ᄒᆞ며.《1518 여씨-존 19ㄱ》, ᄆᆡ양 닷쇗만의 모욕 말ᄆᆡ홀 제 도라와 뵈ᄋᆞᆸ고 親히 겯방의 들어가.《1587 소언 6:79ㄱ》

2 아니ᄒᆞ시디라: 아니하시더라. '곳갈 스디 아니 ᄒᆞ여셔ᄂᆞᆫ 보디 아니ᄒᆞ시디라'에서 '아니ᄒᆞ시디라'는 '아니ᄒᆞ시더라'의 오자인 듯하다.

3 무댱: 무장(武帳). 군대에서 쓰는 장막.

4 엳ᄌᆞ오려: 여쭈려. 웃어른에게 말씀을 올리려. '엳(어간)+ᄌᆞ오(겸손법 선어말어미)+려(연결어미)'이다. 현대국어 '여쭙다'의 옛말인 '엳ᄌᆞᆸ다'는 15세기 문헌에서부터 나타난다. '엳ᄌᆞᆸ다'는 '말하다', '알리다', '보고하다'의 의미를 지닌 동사 '엳-'과 객체높임법 선어말어미 '-ᄌᆞᆸ-'이 결합한 것이다. 현대국어의 '여쭙다'가 '웃어른에게 말씀을 올리다'라는 의미를 갖는 것은 객체가 존대의 대상일 때 결합하던 선어말어미 '-ᄌᆞᆸ-'이 결합한 어휘이기 때문이다. 이 단어는 자음으로 시작하는 어미가 결합할 때에는 '엳ᄌᆞᆸ-'으로, 매개모음이나 모음으로 시작하는 어미가 결합할 때에는 '엳ᄌᆞᇦ-'으로 나타났다. 15세기 중엽 이후 'ㅸ'이 반모음 w로 변화하여 '엳ᄌᆞᇦ-'이 '엳ᄌᆞ오-'로 변화하면서 '엳ᄌᆞᆸ-/엳ᄌᆞ오-'로 이형태 교체를 하는 ㅂ불규칙 용언이 되었다. 16세기에 종성 위치에서 'ㅅ'이 'ㄷ'과 소리가 같아지면서 표기의 혼동이 일어나 16세기~19세기 문헌에는 '엿ᄌᆞᆸ-/엿ᄌᆞ오-'로 표기된 예도 나타났다. 19세기에는 '엿ᄌᆞᆸ다'의 제2음절 모음 'ㆍ'가 'ㅜ'로 바뀐 '엿줍다'의 예가 등장하였는데, 현대국어에서는 제2음절의 초성을 된소리로 표기한 '여쭙다'로 나타나게 되었다. 엳ᄌᆞᆸ다(15세기)〉엿ᄌᆞᆸ다(16세기~19세기)〉엿줍다(19세기)〉여쭙다(20세기~현재). 이형태: 엳ᄌᆞᆸ-, 엳ᄌᆞᇦ-, 엳ᄌᆞ오-, 엿ᄌᆞᆸ-, 엿ᄌᆞ오-, 엿조오-, 엿줍-. 말ᄆᆡ 엳ᄌᆞᆸ고 쳔량 만히 시러 王舍城으로 가며.《1447

석상 6:15ㄴ》, 世尊하 내 이제 諸佛 니ᄅᆞ시논 陁羅尼句를 연ᄌᆞ바 請ᄒᆞᅀᆞᆸ노니.《1459 월석 10:84ㄱ》, 雲이 도라 와 이 이ᄅᆞᆯ 연ᄌᆞ온대 帝ㅣ 무덤을 ᄑᆡ이니.《1482 남명 상:52ㄱ》

5 연ᄂᆞᆫ: 여쭙는. 말하는. '엳(어간)+ᄂᆞ(현재시제 선어말어미)+ㄴ(관형사형 어미)'이다. '엳다'는 '말하다', '알리다', '보고하다'의 옛말이다. 어간 '엳-'이 어미 'ㄴ' 앞에서 비음화가 일어났고, 이를 표기에 반영하였다.

6 고마ᄒᆞ야: 공경하여. '고마ᄒᆞ(어간)+야(연결어미)'이다. '고마ᄒᆞ다'는 '공경하다'의 옛말이다. 부톄 마조 나아 마ᄌᆞ샤 서르 고마ᄒᆞ야 드르샤 說法ᄒᆞ시니.《석상 6:12》, 그 位ᄅᆞᆯ ᄇᆞᆯ오며 그 禮ᄅᆞᆯ 行ᄒᆞ며 그 音樂을 奏ᄒᆞ며 그 고마ᄒᆞ시던 바ᄅᆞᆯ 恭敬ᄒᆞ며(踐其位 行其禮 奏其樂 敬其所尊).《내훈 1:37~38》

7 례도ᄒᆞ샤미: 예도(禮度)하심이. '례도ᄒᆞ(어간)+샤(주체 높임 선어말어미)+ㅁ(명사형 어미)+이(주격조사)'이다. '례도'는 '예도(禮度)'의 옛말로, '예의와 예절로 지켜야 할 법도'를 뜻한다.

소언 大대將쟝軍군[벼슬일홈이라] 靑쳥[셩은 衛위니 쟝슈엣 신해라]이 안해 뫼셔 이실 제 上샹이 평상 ᄉᆞ애 걸안자셔 보시고 丞승相샹 弘홍[셩은 公공孫손이라]이 샹해 뵈ᅀᆞᆸ거든 上샹이 或혹 잇다감 冠관 쓰디 아니ᄒᆞ샤ᄃᆡ 黯암을 보심애 니르러ᄂᆞᆫ 冠관 쓰디 아니ᄒᆞ여셔ᄂᆞᆫ 보디 아니ᄒᆞ더시다 上샹이 일즉 武무帳댱[병잠기 인ᄂᆞᆫ ᄃᆡ라]에 안자 겨시거늘 黯암이 나아가 공ᄉᆞᄅᆞᆯ 엳ᄌᆞ오려 ᄒᆞ더니 上샹이 冠관 쓰디 아녀 겨시다가 黯암을 ᄇᆞ라보시고 댱 안해 避피ᄒᆞ야 사ᄅᆞᆷ으로 ᄒᆡ여곰 그 엳틈을 可가타 ᄒᆞ시니 그 고마ᄒᆞ야 례도홈을 봄이 이러ᄐᆞᆺ ᄒᆞ더라

현대역 대장군[벼슬이름이라.] 靑[성은 衛니, 장수의 신하라.]이 안에 모시어 있을 때, 임금이 평상 가에 걸터앉아서 보시고, 승상 弘[성은 公孫이라.]이 늘 뵈옵거든, 임금이 혹 이따금 관을 쓰지 아니하시되, 암을 보심에 이르러는 관을 쓰지 아니하여서는 보지 아니하시더라. 임금이 일찍이 武帳[병잠기 있는 데라.]에 앉아 계시거늘, 암이 나아가 공사를 여쭈려 하더니, 임금이

관을 쓰지 아니하여 계시다가, 암을 바라보시고 장 안에 피하여, 사람으로 하여금 그 여쭘을 가하다 하시니, 그 공경하여 禮度로 대하심을 봄이 이러하더라.

1 병잠기: '병장기(兵仗器)'의 옛말이다. 병사들이 쓰던 온갖 무기. 현대국어 '병장기'는 16세기 문헌에는 '병잠기'로 보인다. 그러다가 18세기 문헌에서부터 '병장기'로 나타나 현재까지 쓰인다. 19세기 문헌에 보이는 '병쟝기'는 근대국어 후기에 단모음화 현상이 광범위하게 퍼지자 이를 의도적으로 막으려는 표기이다. 병잠기(16세기)〉병장기(18세기~현재). 이형태: 병잠기, 병쟝기, 병장기. 上샹이 일즉 武무帳댱[병잠기 인ᄂᆞᆫ ᄃᆡ라]에 안자 겨시거늘.《1587 소언 6:20》, 사ᄅᆞᆷ 죽인 쟈ᄂᆞᆫ 이ᄂᆞᆫ 병장기ᄅᆞᆯ 밧고와 서로 죽기ᄂᆞᆫ 거시오.《1796 경신 6ㄴ》

2 아녀: 아니하여. '아니(어간)+어(연결어미)'이다. 머므디 아녀 누어 구을오(不住的臥倒打滾).《두시-초 上 42》, 자시디 아녀 겨시거든.《소언 2:4》 지금도 제주방언에서는 보조동사 '아니하다'를 '아녀다'로 쓰고 있다.

3 엳ᄐᆞᆷ을: 여쭘을. '엳ᄐᆞ(어간)+음(명사형 어미)+을(목적격 조사)'이다. 어간 '엳-'이 중철 표기되었다.

【集說】陳氏曰青은衛青이라侍中은侍於禁中也라踞는蹲坐也라厠은牀邊側이라弘은公孫弘이라宴見은宴閑時進見也라嘗은曾也라武帳은帳中에置兵衛者라可는猶是也니從其奏하면稱制曰可라

진 씨가 말하였다. "青은 衛青이다. 侍中은 궁중에서 모심이다. 踞는 걸터앉음이다. 厠은 평상의 가장자리다. 弘은 公孫弘이다. 연현(宴見)은 편안하고 한가할 때 나아가 알현함이다. 嘗은 '일찍이'다. 武帳은 휘장 가운데 衛兵을 설치한 곳이다. 可는 옳음과 같으니, 그 아룀을 따르면 '制曰可(가하다고 지어라.)'라 칭한다."

漢字 蹲(걸터앉을 준), 牀(평상 상), 閑(한가할 한), 衛(지킬 위)

【二十一章】

○初애魏遼東公翟黑子ㅣ有寵於太武ᄒᆞ더니奉使幷州ᄒᆞ야受布千疋이러니事覺이어늘黑子ㅣ謀於著作郎高允曰主上이問我ㅣ어시든當以實告아爲當諱之아允이曰公은帷幄寵臣이니有罪首實이면庶或見原이어니와不可重爲欺罔也ㅣ니라中書侍郎崔鑑과公孫質이曰若首實이면罪不可測이니不如姑諱之니라黑子ㅣ怨允曰君은奈何로誘人就死地오ᄒᆞ고入見帝ᄒᆞ야不以實對ᄒᆞᆫ대帝ㅣ怒ᄒᆞ야殺之ᄒᆞ시다 《北史 高允列傳》

●처음에 魏나라 요동공 翟黑子가 太武에게 사랑이 있더니, 幷州에 받들어 사신으로 가서 베 천 필을 받았더니, 일이 들어났거늘 黑子가 저작랑 高允에게 꾀하여 말하였다. "주상께서 나에게 물으시거든, 마땅히 사실로써 고할까? 마땅히 그것을 숨김을 할까?" 允이 말하였다. "공은 휘장의 사랑받는 신하니, 죄가 있어도 사실을 자백하면 행여 혹 용서를 얻을 것이거니와, 가히 거듭 속임을 해서는 안 됩니다." 중서시랑 崔鑑과 公孫質이 말하였다. "만약에 사실을 자백한다면, 죄를 가히 헤아릴 수 없으니, 우선 그것을 숨김만 같지 못합니다." 黑子가 允에게 원망하여 말하였다. "그대는 어찌하여 사람을 꾀여 사지에 나아가게 하는가?" 하고, 들어가 황제를 뵈어, 사실로써 대답하지 아니한대, 황제가 노하여 그를 죽였다.

漢字 遼(멀 료), 翟(꿩 적), 寵(사랑할 총), 疋(필 필), 覺(들어날 각), 謨(꾀할 모), 諱(숨길 휘), 幄(휘장 악), 首(자백할 수, 자수할 수), 庶(거의 서, 행여 서), 原(용서할 원, 놓아줄 원), 欺(속일 기), 罔(속일 망, 그물 망), 鑑(=鑒 거울 감), 測(헤아릴 측)

1 원위(元魏): 선비족(鮮卑族)의 탁발규(拓跋珪)가 중국 화북지역에 세운 북조(北朝) 최초의 왕조(386년~534년)이다. 북위(北魏)·후위(後魏)라고도 한다. 원위는 황족인 탁발씨를 원 씨(元氏)로 개성(改姓)하여 붙은 이름이다. 3세기 중엽 탁발부는 내몽골의 바옌타라[巴彦塔拉] 지방에서 세력을 넓혔으나, 4세기 초

이들의 세력을 이용하여 북변의 보위(保衛)를 도모하려는 서진(西晉)으로부터 산시성[山西省] 북부의 땅을 얻음으로써, 그곳에서 세력을 신장하였다. 315년 군장(君長)인 탁발의로(拓跋猗盧)는 서진의 관작을 받고 대왕(代王)으로 봉해졌다. 탁발십익건(拓跋什翼犍) 때 전진(前秦)의 부견(符堅)과의 싸움에 패하여 정권이 와해되었지만, 부견이 비수(淝水)전투에서 패한 기회를 이용하여 탁발규(拓跋珪: 후의 道武帝)는 나라를 재건하고 스스로 황제라 칭하고 국호를 위(魏)라고 하였다(386년). 이어 내몽골 여러 부족을 평정하고 후연(後燕)을 격파, 화베이[華北] 평야에 진출하여 국도를 평성(平城), 즉 지금의 산시성[山西省] 다퉁[大同]에 정하였다(398년). 위는 중국 고래의 전통에 의한 국가 체제를 채용하기로 정하고, 화북지방을 평정하기 위하여 몽골에서 데려온 여러 유목 부족을 해산시켜 부민(部民)을 군현(郡縣)의 호적에 편입하게 하였다. 그리고 훈공이 있는 부족 중의 유력자에게는 관작을 수여하고 한족(漢族)의 명문(名門)과 똑같이 고급관리로 채용하여 귀족제의 기초를 이룩하였다. 명원제(明元帝) 때 남조(南朝)의 송(宋)을 공략하여 허난[河南]지방의 땅을 빼앗았고, 태무제(太武帝) 때 하(夏)·북연(北燕)·북량(北凉)을 멸망시킴으로써 5호 16국(五胡十六國)의 난을 종식시켜, 439년 마침내 북위는 강북지역 통일을 완성하였다. 그 뒤 선비족의 한화(漢化)가 촉진되었는데, 특히 효문제(孝文帝)가 즉위하자 국도를 뤄양[洛陽]으로 옮겨(494년), 호복(胡服)·호어(胡語)를 금하고 호성(胡姓)을 한인(漢人)처럼 단성(單姓)으로 고치게 하였으며, 황족인 탁발씨도 원 씨(元氏)로 개성(改姓)하였다. 효문제는 한화정책과 함께 봉록제(俸祿制)·삼장제(三長制)·균전법(均田法) 등을 창시하여 북위의 국력과 문화가 크게 발전하였다. 그러나 한편으로는 북방민족 고유의 소박상무(素朴尙武)의 기풍이 쇠퇴하고, 사치스럽고 문약(文弱)한 경향이 일어났다. 그리고 나이 어린 효명제(孝明帝)를 섭정한 영태후(靈太后)가 지나치게 불교를 존숭하여, 사탑(寺塔) 건축에 국비(國費)를 낭비함으로써 국정을 어지럽게 하였다. 따라서 도둑이 들끓고, 524년에는 북진(北鎭) 병사의 반란이 일어났다. 이 난을 진압할 때 큰 공을 세운 북방 민족의 무장(武將) 세력이 강력해져, 마침내 그들의 수령 이주영(爾朱榮)이 정권을 전단(專斷)하게 되었다. 그러나 얼마 안 가서 이주씨(爾朱氏) 일당은 그의 부장(部將)인 고환(高歡)에게 격멸되었다. 그로부터 우문태(宇文泰)와 고환의 대립이 격심해졌으며, 따라서 양자는 각각 북위의 종실을 천자로 옹립하였다. 534년 우문태는 고환의 전횡(專橫)을 증오하여 우문태에게 의지한 효무제(孝武帝)를 살해하고, 이듬해

문제(文帝)를 옹립하여 즉위하게 하였다. 이처럼 북위는 서위(西魏)와 동위(東魏)로 분열되었는데, 동위는 550년 고환의 아들 양(洋)에게 빼앗겨 북제(北齊)가 되었으며, 서위는 556년 우문태의 아들 우문각(宇文覺)에게 빼앗겨 북주(北周)가 되었다(두산백과).

2 태무제(太武帝, 408년~452년): 북위(北魏)의 제3대 황제이다. 성은 탁발(拓跋)이고 이름은 도(燾)이다. 묘호는 세조(世祖)이며, 시호는 태무제(太武帝)이다. 선비족(鮮卑族)이고, 자는 불리(佛釐) 또는 불리(佛貍)며, 명원제(明元帝)의 맏아들이다. 재위 기간 중에 최호(崔浩) 등 한족인사(漢族人士)들을 기용했다. 아울러 선비기병(鮮卑騎兵)에 의존하여 대외적으로 해마다 전쟁을 벌였다. 유연(柔然)을 공격해 격파하고 하(夏)와 북연(北燕), 북량(北涼)을 멸망시켰다. 포판(蒲坂)을 함락하고 장안(長安)에 입성했으며, 진(秦)과 옹저강(雍氐羌) 등이 항복했다. 토곡혼(吐谷渾)으로 진격하여 그 땅을 차지했다. 선업왕(鄯業王)을 항복시켜 서역(西域)과도 교통했다. 또 송나라의 호뢰(虎牢)와 위대(滑臺) 등지를 차지해 북방을 통일했다. 태평진군(太平眞君) 11년(450년) 송나라와 대전을 벌여 처음에는 승패를 주고받았다. 황제가 직접 원군을 이끌고 강을 건너 남하했지만 송나라 장수 왕현모(王玄謨)가 패하고 마침내 위나라 군대가 현호(懸瓠)와 항성(項城)을 점령하여, 병사가 과보(瓜步)까지 이르자 건강(建康)이 크게 흔들렸다. 유송(劉宋)의 군민들이 맹렬하게 저항하고 위나라 군대에 질병이 퍼지자 마침내 북쪽으로 철수했다. 재위할 때 불교를 엄금하고 도교를 숭상했다. 나중에 환관 종애(宗愛)에게 살해당했다. 28년 동안 재위했다(중국역대인명사전).

3 고윤(高允, 390년~488년): 북위(北魏) 발해(渤海) 수현(蓨縣) 사람으로, 자는 백공(伯恭)이고, 고호(高湖)의 조카다. 어려서 아버지를 잃고, 10살 때는 할아버지까지 잃음으로써 어린 시절을 불우하게 보냈다. 승려가 되었는데, 법명은 법부(法浮)였다. 얼마 뒤 환속했다. 문학을 좋아했고, 경사(經史) 외에 천문과 술수(術數)에도 정통했다. 처음에 군공조(郡功曹)가 되었다. 태무제(太武帝) 신가(태무제의 두 번째 연호) 4년(431년) 중서박사(中書博士)가 되고, 시랑(侍郎)으로 옮겨 최호(崔浩) 등과 함께 국기(國記)를 편찬했다. 황명으로 태자를 가르쳤다. 태평진군(太平眞君) 10년(449년) 최호 등이 편찬한 국사에서 국악(國惡)을 폭로했다는 죄명으로 최호가 극형을 당할 때 태자의 변호로 살아남았다. 그 이유는 남다른 청렴결백과 처세술 때문이었다. 문성제(文成帝)가 즉위하자 중서령(中書令)에 오르고, 항상 궁중에 들어가 종일 자문에 응했는데, 황제가 그를 영공(令公)

이라 부르며 이름을 부르지 않았다. 헌문제(獻文帝) 때 풍태후(馮太后)의 인정을 받아 대정(大政)에 참여했다. 율령(律令)을 제정하고 학교를 일으켰으며, 군국(軍國)의 중요한 문서들이 그의 손에서 나왔다. 효문제(孝文帝)가 즉위하자 함양공(咸陽公)에 올랐다. 태화(太和) 2년(478년) 질병으로 사직하고 귀향했는데, 나중에 진동대장군(鎭東大將軍)이 되어 중서감(中書監)을 이끌었다. 예언대로 100세를 눈앞에 둔 98세의 나이로 죽었다. 시호는 문(文)이다(중국역대인명사전).

4 최감(崔鑒, 생몰 연대 미상): 북위(北魏) 청하(淸河) 동무(東武) 사람으로, 최호(崔浩)의 아우이다. 《위서(魏書)》 〈본전(本傳)〉과 《자치통감(資治通鑑)》에는 최람(崔覽)으로 표기되어 있다. 중서시랑(中書侍郎)을 지냈다. 형과 함께 북위(北魏) 국사편찬에 참여하여 국사필화사건(國史筆禍事件)으로 화를 입었다.

번소 처엄의 魏위ㅅ 나라 遼료東동公공 翟뎍黑흑子ᄌᆞㅣ 太태武무ㅣ란 님굼씌 괴이더니 幷병州쥬 ᄀᆞ올ᄒᆡ 브리신 일 맏조와 가셔 뵈 일쳔 필 받고 그 일이 나거늘 黑흑子ᄌᆞㅣ 著뎌作작郎랑 高고允윤 더브러 의론ᄒᆞᄃᆡ 샹위 날ᄃᆞ려 무러시ᄃᆞᆫ 올ᄒᆞᆫ대로 엳ᄌᆞ와ᅀᅡ ᄒᆞ려 그셔ᅀᅡ ᄒᆞ려 允윤이 닐오ᄃᆡ 그ᄃᆡᄂᆞᆫ 님금 겨신 댱 안해 ᄃᆞ니며 괴이ᄂᆞᆫ 신해니 죄 잇거든 몬져 올ᄒᆞᆫ 대로 엳ᄌᆞ오면 힝혀 죄ᄅᆞᆯ 아니 주시려니와 ᄯᅩ 다시곰 소기ᅀᆞᆸ디 몯ᄒᆞᆯ 거시라 ᄒᆞ고 中듕書셔侍시郎랑 崔최鑒감과 公공孫손質질은 닐오ᄃᆡ 만일에 몬져 올ᄒᆞᆫ 대로 ᄉᆞᆯ오면 죄ᄅᆞᆯ 측량티 몯ᄒᆞ리니 안즉 긔욤만 ᄀᆞᆮ디 몯ᄒᆞ니라 ᄒᆞ여ᄂᆞᆯ 黑흑子ᄌᆞㅣ 高고允윤이를 원ᄒᆞ야 닐오ᄃᆡ 그ᄃᆡᄂᆞᆫ 엇디 사ᄅᆞᆷ을 달애여 주글 ᄯᅡ해 나ᅀᅡ가게 ᄒᆞᄂᆞ뇨 ᄒᆞ고 드러가 님굼씌 뵈ᅀᆞ아 올ᄒᆞᆫ대로 ᄃᆡ답 아니ᄒᆞᆫ대 님굼이 로ᄒᆞ샤 주기시다

현대역 처음에 魏나라 遼東公 적흑자(翟黑子)가 太武란 임금께 사랑을 받더니, 幷州의 고을에 부리신[사신] 일 맡아 가서, 베 일 천 필 받고 그 일이 드러나거늘, 흑자가 著作郎 高允과 더불어 의론하되, "임금이 나에게 물으시거든 옳은 대로 여쭈어야 하랴, 기이어야[속여야] 하랴." 윤이 이르되, "그

대는 임금 계신 揮帳 안에 다니며 사랑받는 신하니, 죄 있거든 먼저 옳은 대로 여쭈면 행여 죄를 아니 주시려니와, 또 다시금 속이지 못할 것이라." 하고, 中書侍郎 최감(崔鑒)과 公孫質은 이르되, "만일에 먼저 옳은 대로 여쭈면 죄를 測量하지 못하리니, 아직 속임만 같지 못하니라." 하거늘, 黑子가 高允이를 원망하여 이르되, "그대는 어찌 사람을 달래어 죽을 곳에 나아가게 하느냐?" 하고, 들어가 임금께 뵈어 옳은 대로 대답 아니 하니까, 임금이 노하시어 죽이시다.

1 괴이더니: 사랑을 받더니. '괴(능동사 어간)+이(피동접사)+더(회상법 선어말어미)+니(연결어미)'이다. '괴다'는 '특별히 귀여워하고 사랑하다'를 뜻하는 말이다. 임금이 모름지기 먼저 그 조짐을 살피어 난이 생기지 않도록 해야 할 것이니, 적서의 구분이 분명하고 괴는 궁녀에게 빠지지 않았다면 어찌 이런 일이 생겼습니까?《번역 중종실록》

2 맏조와: 맡아. '맏ᄌᆞ(어간)+오(화자 표시법 선어말어미)+아(연결어미)'이다. 대문(大文) '奉使幷州'에서 '奉'을 《번역소학》은 '맏조와 가셔'로, 《소학언해》는 '맛다 가셔'로 번역하였다. 따라서 '맏조와'는 '맛다', 즉 '맡아'에 해당한다. 그렇다면, 본 예의 어간 '맏ᄌᆞ-'은 16세기 국어 '맛ᄃᆞ-'의 이형태로 보아야 한다. 현대국어 '맡다'의 옛말인 '마ᇨ다'는 15세기 문헌에서부터 나타난다. '마ᇨ다'는 자음으로 시작하는 어미 앞에서는 '맛-', 모음으로 시작하는 어미 앞에서는 '마ᇨ-'으로 어간이 교체되었는데, 실제 문헌상으로는 17세기까지 모음 어미와 결합한 예가 주로 나타난다. 17세기에는 어간말 'ᇨ'이 'ㅅㅌ'으로 바뀐 '맛ᇀ다' 형태가 등장하였고, 여기에서 'ㅅ'이 탈락하여 현대국어의 '맡다' 형태가 등장하게 되었다. 마ᇨ다(15세기~18세기)〉맛ᇀ다(17세기~19세기)〉맡다(20세기~현재). 이형태: 마ᇨ다, 맛ᇀ다, 맛다. 商德이 衰ᄒᆞ거든 天下ᄅᆞᆯ 맛ᄃᆞ시릴ᄊᆡ 西水ㅅ ᄀᆞᅀᅵ 져재 ᄀᆞᆮᄒᆞ니.《1447 용가 6》, 大闕ㅅ 東山디기 果實ᄋᆞᆯ 맛다셔 새 놀이길 잇비 너기더니.《1459 월석 22:14ㄱ》, 내 벼스를 맛다셔 ᄂᆞᄆᆡ 벼슬엣 이를 아니ᄒᆞ며.《1518 번소 8:26》

3 ᄒᆞ려: 하랴. 'ᄒᆞ(어간)+려(의문형 종결어미)'이다. '-려'는 제1·3인칭 의문법 중 ᄒᆞ라체 판정의문문을 나타내는 종결어미이다. 아바ᇝ 病이 기프시니 엇뎨ᄒᆞ려 臣下ㅣ 닐오ᄃᆡ 됴ᄒᆞᆫ 藥ᄋᆞᆯ 몯 어들ᄊᆡ 命이 아니 오라시리이다《석상 11:18》,

아모 사ᄅᆞ미나 이 良醫의 虛妄ᄒᆞᆫ 罪ᄅᆞᆯ 能히 니ᄅᆞ려 몯 니ᄅᆞ려 몯 니ᄅᆞ리이다.《월석 17:22》

4 그여ᅀᅡ: 기이어야. 속여야. '그ᅀᅵ(어간)+어ᅀᅡ(연결어미)'이다. '-어ᅀᅡ'는 'ㅣ'나 'ㄹ' 받침으로 끝나는 동사, 형용사 어간 뒤나 '이다'간 뒤에 붙어, '-어야'를 뜻하는 어미이다. 믈읫 字ㅣ 모로매 어우러ᅀᅡ 소리 이ᄂᆞ니.《훈언 13》, 눌 더브러 무러ᅀᅡ ᄒᆞ리며 뉘ᅀᅡ 能히 對答ᄒᆞ려뇨 ᄒᆞ시고.《석상 13:15》. '그ᅀᅵ다'는 '어떤 일을 숨기고 바른대로 말하지 않다'로, '기이다'의 옛말이다. '그ᅀᅵ다'는 15세기 문헌에서부터 나타난다. '그ᅀᅵ다'는 16세기 이후 유성 마찰음인 'ㅿ'[z]이 소멸함에 따라 '그이다'로 변했다. 같은 시기에 나타나는 '긔이다'는 '그이다'의 제1음절 모음과 제2음절 모음이 충돌하는 것을 피하기 위해 반모음 'ㅣ[j]'가 삽입된 것으로 보인다. 한편 자음 뒤에서 이중모음 'ㅢ'가 단모음 'ㅣ'로 변하여 19세기에 '기이다'가 되면서 현재에 이르렀다. 17세기 문헌에서 '기이다'가 나타나기도 하였는데, 이는 자음 뒤에서 이중모음이 나타나지 않는 경상도 방언형일 가능성이 높다. 15세기의 '긋이다'는 '그ᅀᅵ다'를 분철 표기한 것이다. 그ᅀᅵ다(15세기)>그이다(16세기~17세기)>긔이다(16세기~19세기)>기이다(19세기~현재). 이형태: 그ᅀᅵ다, 긋이다, 긔ᅀᅵ다, 그이다, 긔이다, 기이다, ᄉᆡ이다. 覆藏은 두플씨니 제 罪ᄅᆞᆯ 그ᅀᅵᆯ 씨라.《1459 월석 20:97ㄴ》, 善男善女로ᄡᅥ 닐오ᄆᆞᆫ 자내 아로ᄆᆞᆯ 긋이도다.《1482 금삼 2:4ㄴ》, 覇業엣 샹녯 體니 宗臣의 아쳐러 긔유미 災害니라.《1481 두시-초 3:10ㄴ》

5 댱: 장(帳). 휘장(揮帳). 천을 여러 폭으로 이어서 빙 둘러치는 장막.

6 힝혀: 행여. '올ᄒᆞᆫ 대로 엳ᄌᆞ오면 힝혀 죄ᄅᆞᆯ 아니 주시려니와'에서 '힝혀'는 대문(大文)의 '庶或見原'의 '庶'에 해당하므로, '힝혀'의 오자인 듯하다.

7 측량티: 측량(測量)하지. 생각하여 헤아리지. '측량ᄒᆞ(어간)+디(보조적 연결어미)'이다. 'ᄒᆞ'의 'ㆍ'가 생략되면서 자음축약을 일으켰다.

8 긔윰: 속임. '긔이(어간)+움(명사형 어미)'이다.

9 ᄒᆞᄂᆞ뇨: 하느냐. 'ᄒᆞ(어간)+ᄂᆞ(직설법 선어말어미)+뇨(의문형 종결어미)'이다. '-뇨'는 의문사 '엇디'와 함께 쓰여, ᄒᆞ라체 제1·3인칭 의문법 중 설명의문문을 만드는 종결어미이다. 王이 須達이ᄃᆞ려 닐오ᄃᆡ 네 스스의 弟子ㅣ 엇뎨 아니 오ᄂᆞ뇨《석상 6:29》, 時節이 바ᄃᆞ라온 제ᅀᅡ 世예 업슨 ᄌᆡ조ᄅᆞᆯ 비르소 알리로소니 뉘 엿귀ᄅᆞᆯ ᄡᅳ다 니ᄅᆞᄂᆞ뇨 ᄃᆞ로미 나ᅀᅵ ᄀᆞᆮ도다(時危始識不世才 誰謂荼苦甘如薺).《두시-초 8:18》

10 아니ᄒᆞᆫ대: 아니하니까. '아니ᄒᆞ(어간)+ㄴ대(연결어미)'이다. '-ㄴ대'는 어간이나 어미 뒤에 붙어, '-니까'를 뜻하는 어미이다. 目連이 淨飯王ᄭᅴ 도라가 이 辭緣을 ᄉᆞᆯᄫᆞᆫ대 王이 大愛道ᄅᆞᆯ 블러 니ᄅᆞ샤ᄃᆡ《석상 6:6》, 부톄 比丘 ᄃᆞ리시고 드러 안ᄌᆞ신대 鸚鵡ᄃᆞᆯ히 부텨를 보ᅀᆞᆸ고 깃븐 ᄆᆞᅀᆞᄆᆞᆯ 내야 ᄒᆞᆫ 날 命終ᄒᆞ야 忉利天에 나니라《석상 6:41~42》

소언 처엄의 魏위[元원魏위ㄴ 나라히라] 遼료東동公공[벼슬일홈이라] 翟뎍黑흑子ᄌᆞㅣ 太태武무[魏위ㅅ 님금이라]의게 고임이 잇더니 并병州쥬[고ᄋᆞᆯ일홈이라]예 브림을 맛다 가셔 뵈 일쳔 疋필을 바닷더니 일이 ᄉᆡ텨ᄂᆞᆯ 黑흑子ᄌᆞㅣ 著뎌作작郎랑[벼슬일홈이라] 高고允윤의게 의론ᄒᆞ야 ᄀᆞᆯ오ᄃᆡ 님금이 날ᄃᆞ려 무러시든 맛당히 實실로ᄡᅧ 告고ᄒᆞ랴 위ᄒᆞ야 맛당히 긔이랴 允윤이 ᄀᆞᆯ오ᄃᆡ 그ᄃᆡᄂᆞᆫ 댱 안해 괴이ᄂᆞᆫ 신해니 罪죄 잇거든 올ᄒᆞᆫ대로 엳ᄌᆞ오면 거의 或혹 노힘을 보려니와 可가히 다시곰 소기기를 ᄒᆞ디 몯ᄒᆞᆯ 거시니라 中듕書셔侍시郎랑[벼슬일홈이라] 崔최鑑감과 公공孫손質질이 ᄀᆞᆯ오ᄃᆡ 만일 올ᄒᆞᆫ대로 엳ᄌᆞ오면 罪죄ᄅᆞᆯ 可가히 측량티 몯ᄒᆞ리니 안즉 긔윰만 ᄀᆞᆮ디 몯ᄒᆞ니라 黑흑子ᄌᆞㅣ 允윤을 怨원ᄒᆞ야 ᄀᆞᆯ오ᄃᆡ 그ᄃᆡᄂᆞᆫ 엇디홈으로 사ᄅᆞᆷ을 달애여 죽을 ᄯᅡ해 나아가게 ᄒᆞᄂᆞ뇨 ᄒᆞ고 들어가 帝뎨[황뎨라]ᄭᅴ 뵈오아 實실로ᄡᅧ ᄃᆡ답디 아니ᄒᆞᆫ대 帝뎨ㅣ 怒노ᄒᆞ야 죽이시다

현대역 처음에 魏[元魏의 나라이라.] 遼東公[벼슬이름이라.] 적흑자가 태무[위의 임금이라.]에게 사랑이 있더니, 병주[고을이름이라.]에 부림을 맡아 가서, 베 일천 필을 받았더니 일이 발각되거늘, 흑자가 저작랑[벼슬이름이라.] 고윤에게 의론하여 가로되, "임금이 나에게 물으시거든 마땅히 사실로써 고하랴, 위하여 마땅히 기이랴[속이랴]?" 윤이 가로되, "그대는 휘장 안에 사랑받는 신하니, 죄 있거든 옳은 대로 여쭈면 거의 혹 놓임[용서받음]을 보려니와, 가히 다시금 속이기를 하지 못할 것이니라." 중서시랑[벼슬이름이라.] 최감과 공손질이 가로되, "만일 옳은 대로 여쭈면 죄를 가히 측량하지

못하리니, 아직 속임만 같지 못하니라." 흑자가 윤을 원망하여 가로되, "그대는 어찌함으로 사람을 달래어 죽을 곳에 나아가게 하느냐?" 하고, 들어가 帝[황제라.]께 뵈어 사실로써 대답하지 아니하니까, 제가 노하여 죽이시다.

1 원위ㄴ: 원위의. '원위ㄴ 나라히라'에서, 'ㄴ'은 받침 없는 단어와 'ㄴ'으로 시작하는 단어 사이에 쓰여, 관형격 조사 '의'의 기능을 수행한다. 예가 《소학언해》에서 유독 발견된다. 裒ㅣ 몸이 맛도록 일즉 西ㄴ 녁흐로 向ᄒᆞ야 안씨 아니ᄒᆞ야 뻐 晉에 신하 되디 아닌ᄂᆞᆫ 줄올 뵈더라(裒終身未嘗西向而坐 以示不臣于晉).《소언 6:25》, 崔浩ㅣ 魏ㄴ 님금 조샹 흉을 돌해 사겨 셰여늘 帝ㅣ 노ᄒᆞ야 죽이니라.《소언 6:40》.

2 ᄭᅵ텨ᄂᆞᆯ: 발각되거늘. 'ᄭᅵ티+어ᄂᆞᆯ'이다. 'ᄭᅵ티다'는 '발각되다'의 옛말이다. 일이 ᄭᅵ텨ᄂᆞᆯ(事覺).《소언 6:39》

3 고ᄒᆞ랴. ᄀᆡ이랴: 고하랴. 속이랴. '고ᄒᆞ(어간)+랴(의문형 종결어미)', 'ᄀᆡ이(어간)+랴(의문형 종결어미)'이다. '-랴'는 제1·3인칭 의문법 중 ᄒᆞ라체 판정의문문을 만드는 종결어미이다. 의문사 없이 쓰이며, 가부(可否) 대답을 요구한다.

【集說】陳氏曰魏는元魏요太武는魏帝라幷州는今太原府라允은字伯恭이라宥罪曰原이라重은再也니言已受賄하고若更隱諱면是는再造欺罔之罪也라

진 씨가 말하였다. "魏는 元魏고, 太武는 魏나라 황제이다. 幷州는 지금의 太原府다. 允은 자가 伯恭이다. 죄를 용서함을 原이라 한다. 重은 '거듭'이니, 이미 뇌물을 받고 만약 다시 숨기면, 이는 거듭 속이는 죄를 만듦을 말한다."

漢字 宥(용서할 유), 賄(뇌물 회)

帝ㅣ使允으로授太子經ᄒᆞ더니及崔浩ㅣ以史事被收ᄒᆞ얀太子ㅣ謂允曰入見至尊ᄒᆞ야吾自導卿호리니脫至尊이有問이어시든但

依吾語ᄒᆞ라

● 황제가 允으로 하여금 태자에게 글을 가르치게 했더니, 崔浩가 역사의 일로써 잡힘에 미쳐, 태자가 允에게 일러 말하였다. "들어가 지존을 뵈어 내가 스스로 경을 인도하리니, 만일 지존께서 물음이 있으시거든 단지 내 말만 따르시오."

漢字 授(가르칠 수, 줄 수), 被(당할 피), 收(잡을 수, 거둘 수), 脫(만일 탈, 벗을 탈), 依(따를 의, 의지할 의)

1 최호(崔浩, 381년~450년): 북위(北魏) 청하(淸河) 동무(東武) 사람이다. 자는 백연(伯淵)이고, 어릴 때 이름은 도간(桃簡)이다. 최굉(崔宏)의 아들이다. 젊어서 학문을 좋아했고, 경사백가(經史百家)에 두루 통달했으며, 천문과 역학(曆學)에 조예가 깊었다. 약관의 나이에 직랑(直郞)으로 임명되었고, 도무제(道武帝)가 글에 능하다 하여 항상 곁에 두었다. 원명제(元明帝) 초에 박사좨주(博士祭酒)가 되어 황제에게 경서를 가르치면서 군국대사(軍國大事)에 참여했다. 태무제(太武帝) 시광(始光) 중에 동군공(東郡公)에 올라 태상경(太常卿)으로 《오인원력(五寅元曆)》을 제정하고, 도사(道士) 구겸지(寇謙之)를 천거하여 도가를 숭상하고 불교를 억제했다. 황제가 혁련창(赫連昌)을 공격해 궤멸하고 유연(柔然)을 물리치면서 북경(北京)을 차지할 때 대개의 전략이 그의 손에서 나왔다. 그 공으로 시중(侍中)에 오르고 무군대장군(撫軍大將軍)을 거쳐 사도(司徒)에 임명됨으로써 관료생활의 극점을 이루었다. 군국(軍國)의 중요한 안건은 모두 그의 자문을 구한 다음에 시행되었다. 그는 본래 북방의 사족대성(士族大姓)으로 성족문제(姓族門第)를 구별할 것을 주장하면서 오등봉작(五等封爵)의 회복을 기도하여 사족 세력을 발전시키려고 했는데, 이것이 북위 선비족(鮮卑族) 귀족들과 충돌을 야기했다. 태평진군(太平眞君) 10년(449년) 사직(史職)에 임명되어 국사편찬의 총책임을 맡았을 때 국사(國史)에 북위 조상들의 불명예스러운 사실인 국악(國惡)을 폭로하고, 이를 비석에 새겨 세움으로써 선비족의 분노를 샀다. 그 결과 그를 비롯한 최 씨 일족은 물론 인척관계에 있던 범양(范陽) 노 씨, 태원(太原) 곽 씨, 하동(河東) 유 씨 등 화북의 명문귀족 128명이 태무제에 의해 주살(誅殺)되었다. 태종의 명으로 《효경》과 《논어》·《시경》·《상서》·《춘추》·《예기》·《주역》을 주해(註解)했고, 동생 최람(崔覽) 등과 《국어(國書)》를 지었다. 또 한고조

(漢高祖) 이래의 역법(曆法)은 모두 천도(天道)의 올바름을 얻지 못했다고 주장하면서 《오인원력》을 제정했다(중국역대인명사전).

2 국사필화사건(國史筆禍事件): 중국 북위(北魏)의 세조(世祖) 태무제(太武帝) 때인 450년 6월에 국사편찬 과정에서 일어난 사건이다. 북위시대 호한(胡漢) 관계 전개 과정에서 가장 주목할 만한 사건이었다. 최호(崔浩), 고윤(高允) 등 한인 관료들이 연루되어 최호를 비롯한 북위 최고 한인 문벌 사족들이 주살되었던 이 사건은 국사 편찬 과정에서 빚어진 것이었지만, 이 사건의 이면에는 호족과 한족 관료 사이의 종족적 대립, 불교와 도교의 투쟁, 통치계급 내부의 권력투쟁 등이 깔려 있었다. 북위에서 일시 중단된 국사 편찬을 본격적으로 시작한 것은 429년이었다. 처음 국사편찬에 참가한 한인관료는 최호·최람·등영·조계·범향·황보 등이었으며, 이보다 조금 늦게 고윤·장위 등이 참여하고, 마지막으로 단승근·종흠·음중달 등이 참가하였다. 국사 편찬에는 최호의 총재하에 당시 북위의 한인 문필지사(文筆之士)들이 총망라된 셈이었다. 완성된 국서 30권은 그 형식상 편년체(編年體)에다 춘추필법(春秋筆法)을 따랐다. 그리고 최호는 국사를 완성한 뒤 이것을 돌에 새겨 세웠다. 그런데 최호 등은 국사를 편찬하면서 북위 창업 과정에서부터 당시까지의 내용을 숨김없이 표현하였다. 물론 최호 등이 기술한 내용 중에는 북위인들이 숨기고 싶은 사실도 포함되어 있었다. 특히 내용 중에는 북위 지배층들이 도저히 받아들이기조차 어려운 사실도 있었다. 이런 이유로 최호 일문뿐만 아니라 범양노씨·태원곽씨·하동유씨 등 최호의 친척이 모두 죽고, 최호 이하 동리 이상 128명의 5족이 모두 죽음을 당했다. 이와 함께 사관 제도 자체도 없어졌다. 이 사건은 사관 제도가 다시 고종(高宗) 문성제(文成帝) 때인 460년에 가서야 다시 복원됨으로써 일단락되었다(두산백과).

번소 님굼이 高고允윤으로 ᄒᆡ여 太태子ᄌᆞᄅᆞᆯ 글 ᄀᆞᄅᆞ치라 ᄒᆞ더니 崔최浩호ㅣ 史ᄉᆞ記긔 일로 가텨ᄂᆞᆯ 太태子ᄌᆞㅣ 高고允윤 더브러 닐오ᄃᆡ 드러가 님금씌 뵈ᅀᆞ아 내 그ᄃᆡ를 ᄀᆞᄅᆞ츄리니 만일에 님금이 무르시거든 안즉 내 닐온대로 ᄒᆞ라

현대역 임금이 高允으로 시켜 태자를 글 가르치라 하더니, 崔浩가 史記 일로 갇히거늘, 태자가 고윤과 더불어 이르되, "들어가 임금께 뵈어, 내 그대를

가르칠 것이니, 만일에 임금이 물으시거든 아직 내 이른 대로 하라."

1 ᄒᆡ여: 시키어. 'ᄒᆡ(어간)+여(연결어미)'이다. 'ᄒᆡ다'는 '하게 하다', '시키다'의 옛말이다. 아뫼나 이 經을 디녀 닐거 외오며 ᄂᆞᆷ ᄃᆞ려 물어 닐어 여러 뵈어나 제 쓰거나 ᄂᆞᆷ ᄒᆡ여 쓰거나 ᄒᆞ고 恭敬ᄒᆞ며 尊重히 너겨.《석상 9:21》, 고을희셔 쥬붓 벼스를 ᄒᆡ여ᄂᆞᆯ 구틔여 형의게 ᄉᆞ양ᄒᆞ고 ᄯᅩ 조샹앳 바ᄐᆞᆯ ᄉᆞ양ᄒᆞ여 륙촌 아ᅀᆞᆯ 주니.《이륜-옥 16》

2 가텨ᄂᆞᆯ: 갇히거늘. '가티(어간)+어ᄂᆞᆯ(연결어미)'이다. 현대국어 '갇히다'의 옛말인 '가티다'는 15세기 문헌에서부터 나타났다. '가티다'는 '걷다', '거두다'의 의미를 지닌 동사 '갇-'에 피동접사 '-히-'가 결합한 것이다. 18세기에 중부방언에까지 ㄷ구개음화 현상이 널리 퍼지면서 '가티다'는 '가치다'로 변화하여 오늘에 이르렀다. 현대국어의 경우는 어근을 밝혀 적도록 한 한글맞춤법 원칙에 따라 '갇히다'로 적고 있으나 소리는 '가치다'와 동일하다. 한편 17세기~19세기 문헌에 보이는 '갓티다'는 '가티다'를 중철 표기한 것이고, 18~19세기 문헌에 보이는 '갓치다'는 '가치다'를 중철 표기한 것이다. 19세기에는 '가치다'에 피동접사 '-이-'를 더한 '가치이다', '갓치이다' 형태도 보인다. 가티다(15세기~19세기)〉가치다(18세기~19세기)〉갇히다(20세기~현재). 이형태: 가티다, 갓티다, 가치다, 갓치다, 가치이다, 갓치이다. 二乘은 三界로 獄ᄋᆞᆯ 사ᄆᆞᆯ씨 罪 업시 가티노라 ᄒᆞ니라.《1469 월석 13:17ㄱ》, 덕쟝이 본ᄃᆡ 강ᄃᆡᆨᄒᆞ여 ᄂᆞᄆᆡ게 할여 주글 죄로 가티게 ᄒᆞ엿거ᄂᆞᆯ.《1518 이륜-옥 22ㄱ》

3 ᄀᆞᄅᆞ츄리니: 가르칠 것이니. 'ᄀᆞᄅᆞ치(어간)+우(화자 표시법 선어말어미)+리(추측법 선어말어미)+니(연결어미)'이다. '-우-'는 '-오-'의 이형태이다. 종결형과 연결형의 선어말어미 '-오$_1$-'은 일반적으로 주어 명사구가 제1인칭 대명사 '나, 우리' 등 화자일 때 나타난다. 따라서 이를 화자 표시법 선어말어미(고영근, 2020: 363) 또는 1인칭법 선어말어미(허웅, 1958: 124-197)라고 부른다. 그러나 '-오$_1$-'은 주어 명사구가 제3인칭이라고 하더라도 그것이 화자 자신을 가리키는 경우에는 쓰일 수 있다. 이런 점에서 1인칭법 선어말어미보다는 화자 표시법 선어말어미라는 용어가 나아 보인다. 누른 새ᄂᆞᆫ 져기 ᄂᆞ로ᄆᆞᆯ 任意로 ᄒᆞ노라.《두시언해 20:10》 여기서 '누른 새'는 두보 자신을 가리킨다고 주(註)에서 말하고 있으므로 화자가 주어로 되어 있는 것이다. 妾은 王ㅅ 義예 죽고 王ㅅ 즐교매 죽디 아니ᄒᆞ노이다.《내훈 2 상:324》. 월희(越嬉)가 왕에게 하는 말인데, 역시

화자 자신을 가리킨다.

소언 帝뎨ㅣ 允윤으로 ᄒᆡ여곰 太태子ᄌᆞ를 글 ᄀᆞᄅᆞ치더니 믿 崔최浩호ㅣ ᄉᆞ긔일로[崔최浩호ㅣ 魏위ㄴ 님금 조샹 흉을 돌해 사겨 셰여늘 帝뎨ㅣ 노ᄒᆞ야 죽이니라] 뻐 잡피몰 닙어ᄂᆞᆫ 太태子ᄌᆞㅣ 允윤ᄃᆞ려 닐러 ᄀᆞᆯ오ᄃᆡ 들어가 至지尊존[지극히 놉프이니 님금을 닐옴이라]ᄭᅴ 뵈ᄋᆞ와 내 스스로 그ᄃᆡ를 인도호리니 만일 至지尊존이 무르심이 잇거든 다믄 내 말을 의지ᄒᆞ야 ᄒᆞ라

현대역 帝가 윤으로 하여금 태자를 글 가르치더니, 및 최호가 史記 일로[최호가 魏의 임금 조상 흉을 돌에 새겨 세우거늘, 제가 노하여 죽이니라.] 써 잡힘을 입어서는, 태자가 윤에게 일러 가로되. "들어가 지존[지극히 높음이니, 임금을 말함이라.]께 뵈어, 내 스스로 그대를 인도하리니, 만일 지존이 물으심이 있거든, 다만 내 말을 의지하여 하라."

1 ㄴ: 의. '魏위ㄴ 님금'에서, 'ㄴ'은 받침 없는 단어와 'ㄴ'으로 시작하는 단어 사이에 쓰여, 관형격조사 '의'의 기능을 수행한다. 예가 《소학언해》에서 유독 발견된다. 裒ㅣ 몸이 뭇도록 일즉 西ㄴ 녁흐로 向ᄒᆞ야 안ᄶᅵ 아니ᄒᆞ야 뻐 晉에 신하 되디 아닌ᄂᆞᆫ 줄ᄋᆞᆯ 뵈더라(裒終身未嘗西向而坐 以示不臣于晉).《소언 6:25》, 元魏ㄴ 나라히라.《소언 6:39》

2 닙어ᄂᆞᆫ: 입어서는. '닙(어간)+어ᄂᆞᆫ(연결어미)'이다. '-어ᄂᆞᆫ'은 '-아ᄂᆞᆫ'과 마찬가지로, 동사, 형용사 어간 뒤에 붙어, '-아서는'을 뜻하는 어미이다. '-아ᄂᆞᆫ'의 사용 예는 다음과 같다. 늘거 그텟 사괴요ᄆᆞᆯ 가져 나져믄 사ᄅᆞᄆᆡ게 브토니 ᄂᆞᆾ 當ᄒᆞ얀 ᄆᆞᅀᆞᄆᆞᆯ 보내요ᄃᆡ ᄂᆞᆾ 도라ᄂᆞᆫ 웃ᄂᆞ다(晩將末契托年少 當面輸心背面笑).《두시-초 25:52》, 堀에 드러 모ᄆᆞᆯ 갈마ᄂᆞᆫ ᄒᆞ오사 妙ᄅᆞᆯ 得ᄒᆞ니 녜브터 오매 象王ᄋᆡ 아로ᄆᆞᆯ 許티 아니ᄒᆞᄂᆞ니라(入窟藏身 獨得妙 從來不許象王知).《남명 하:36》

【集解】**太子**는**太武**의**長子晃也**라**崔浩**는**位司徒**하여**與允等**으로

脩國書刻石하여以彰直筆한대太武怒其暴揚國惡하여收浩誅之하니將及於允이라故로太子敎允하고入對하여欲指導其生路也라脫은儻也라○按此段은太子欲欺君而脫高允하니允必諫止로되而無一言은恐史氏記錄之誤也라

태자는 太武의 장자 晃이다. 崔浩는 司徒에 자리하여 允 등과 더불어 國書를 닦아, 돌에 새겨 써 直筆을 드러냈는데, 태무는 그[崔浩]가 나라의 나쁜 점을 드러냄에 노하여 浩를 잡아 그를 죽이니, 장차 允에게도 미치게 되었다. 그러므로 태자가 윤에게 알리고, 들어가 대답하여 그 사는 길을 가리켜 이끌고자 함이다. 脫은 '만일'이다. ○이 단락을 살펴보건대, 태자가 임금을 속여 高允을 벗어나게 하고자 했으니, 允은 반드시 간하여 그치게 했을 것인데, 한 마디 말이 없음은 아마도 사관의 기록이 잘못된 듯하다.

漢字 晃(밝을 황), 彰(드러낼 창), 暴(드러낼 폭, 사나울 폭), 揚(드러낼 양, 날릴 양), 惡(나쁠 악), 收(잡을 수), 誅(벨 주), 敎(하여금 교), 儻(만일 당), 止(그칠 지), 恐(아마도 공)

1 탁발황(拓跋晃, 428년~451년): 북위(北魏) 태무제(太武帝)의 맏아들로, 선비족(鮮卑族) 이름은 천진(天眞)이다. 태무제(太武帝) 연화(延和) 원년(432년) 황태자가 되었다. 경사대의(經史大義)에 통했다. 황제가 서쪽으로 양주(凉州)를 정벌할 때 그를 감국(監國)으로 삼았는데, 농상(農桑)을 권하고 음주(飮酒)와 잡희, 근본을 버리고 술을 팔거나 사는 것을 금지했고, 전답을 개간하여 식량을 증산했다. 나중에 황제를 따라 하서(河西)를 정벌하고 유연(柔然)을 토벌했는데, 군국(軍國)의 대사를 말하면 많이 수용되었다. 일찍 죽었다. 아들 탁발준(拓跋濬, 북위 제5대 황제 文成帝)이 즉위하자 경목황제(景穆皇帝)로 추존했는데, 묘호는 공종(恭宗)이다(중국역대인명사전).

2 국서(國書): 한 나라의 역사와 문장 등에 관한 책.

3 직필(直筆): 어떤 사실을 무엇에 구애됨이 없이 있는 그대로 적은 사필(史筆).

4 太子敎允: 【集解】에 나오는 부분이다. 이 부분은 대문(大文)의 '太子謂允曰'에 대한 주석(註釋)이다. 대문에서 이 부분은 "태자가 允에게 일러 말하였다."로 해석한다. 즉 태자 탁발황(拓跋晃)이 고윤(高允)을 살리기 위해 세조(世祖) 태무

제(太武帝)에게 들어가면서, 서로 말을 맞출 의도로, "들어가 지존을 뵈어 내가 스스로 경을 인도하리니, (내가 말한 다음에) 만일 지존께서 물음이 있으시거든 단지 내 말만 따르시오."라는 말을 일러 말한 것이다. 이 말을 마치고 태무제에게 들어간 사람은 고윤이 아니라 태자이다(이는 그 다음 문장 '太子ㅣ見帝言호ᄃᆡ'를 보아도 자명하다). 따라서 【集解】 부분도 이 내용을 주석으로 설명한 곳이니, 같게 해석해야 한다. 대부분 《소학》 교재들은 '太子敎允'에서 '敎'를 '하여금'으로 보아, "태자가 고윤으로 하여금"으로 풀어, 그 이하 문장도 "들어가 대답하게 하여 사는 길을 가리켜 이끌고자 함이다."로 해석한다. 대문과 정반대이다. 들어간 사람이 대문에서는 태자인데 【集解】에서는 고윤이 된다. 따라서 '敎'를 본래대로 '알리다'로 보고, '太子敎允하고'라는 토를 달아 "태자가 고윤에게 알리고"로 풀어, 그 이하 문장도 "(태자가) 들어가 대답하여 그 사는 길을 가리켜 이끌고자 함이다."로 해석해야 한다. 이렇게 풀면 대문과 【集解】가 같은 의미가 될 수 있다.

太子ㅣ見帝言호ᄃᆡ高允은小心愼密ᄒᆞ고且微賤이라制由崔浩ᄒᆞ니請赦其死ᄒᆞ쇼셔帝ㅣ召允ᄒᆞ야問曰國書ㅣ皆浩所爲乎아對曰臣與浩ㅣ共爲之호니然浩ᄂᆞᆫ所領事多ㅣ라總裁而已어니와至於著述ᄒᆞ얀臣多於浩호이다帝ㅣ怒曰允罪ㅣ甚於浩ㅣ로소니何以得生이리오太子ㅣ懼曰天威嚴重ᄒᆞ시니允ᄂᆞᆫ小臣이라迷亂失次耳로소이다臣이嚮問호니皆云浩所爲라ᄒᆞ더이다帝ㅣ問允호ᄃᆡ信如東宮所言乎아對曰臣이罪當滅族이라不敢虛妄이니이다殿下ㅣ以臣이侍講日久ㅣ라哀臣ᄒᆞ샤欲丐蓋其生耳언뎡實不問臣ᄒᆞ시며臣亦無此言호니不敢迷亂이로이다

● 태자가 황제를 뵙고 말씀드렸다. "高允은 소심하고 삼가며 꼼꼼하고 또 (직책이) 미천합니다. (국서를) 지음이 최호로부터 말미암았으니, 청컨대 그의 죽음을 용서해 주소서." 황제가 允을 불러 물어 말씀하셨다. "국서가 모두 浩가 한 바인가?" 대답하여 말하였다. "신이 浩와 더불어 그것을 함께

했습니다. 그러나 浩는 통솔하는 바의 일이 많아서 모아서 결재하였을 뿐이거니와, 저술에 이르러서는 신이 浩보다 많았습니다." 황제가 노하여 말하였다. "允의 죄가 浩보다 심하니, 어찌 써 능히 살겠는가?" 태자가 두려워 말하였다. "천자의 위엄이 엄중하시니, 允은 작은 신하라서 미혹하고 어지러워서 순서를 잃었을 뿐입니다. 신이 앞서 물으니, 모두 浩가 한 바라고 말했습니다." 황제가 允에게 물으셨다. "진실로 동궁이 말한 바와 같으냐?" 대답하여 말하였다. "신은 죄가 마땅히 겨레붙이를 멸할 만하니, 감히 헛되고 망령될 수 없습니다. 전하[태자]께서는 써 신이 모시고 講한 날이 오래라서, 신을 불쌍히 여기시어 그 살기를 빌고자 할 따름일지언정, 사실은 신에게 묻지 아니하셨으며 신 또한 이러한 말이 없었으니, 감히 미혹하고 어지러울 수 없습니다."

漢字 密(꼼꼼할 밀), 微(작을 미), 制(지을 제), 赦(용서할 사), 領(통솔할 령, 거느릴 령), 總(모을 총, 거느릴 총), 裁(결재할 재, 마름질할 재), 迷(미혹할 미), 鄕(앞서 향, 지난번 향), 虛(헛될 허, 빌 허), 妄(망령될 망), 丐(빌 개)

1 소심(小心): 대담하지 못하고 조심성이 지나치게 많음.

2 미천(微賤): 하찮고 천함.

번소 太태子ᄌᆞㅣ 님금ᄭᅴ 보ᅀᆞ와 ᄉᆞᆲ오ᄃᆡ 高고允윤은 조심ᄒᆞ야 삼가며 ᄯᅩ 벼슬이 ᄂᆞᆽ가오니 ᄉᆞ긔 ᄆᆡᆼᄀᆞ로문 崔최浩호의게 잇기인 거시니 高고允윤의 주글죄란 노ᄒᆞ쇼셔 님금이 高고允윤을 블러 무ᄅᆞ샤ᄃᆡ 나랏 글월이 다 崔최浩호의 ᄒᆞᆫ 것가 ᄃᆡ답ᄒᆞ야 닐오ᄃᆡ 내 崔최浩호와로 ᄒᆞᆫ가지로 ᄒᆞᅀᆞ오니 그려도 浩호ᄂᆞᆫ 웃듬으로 보아 ᄒᆞᄂᆞᆫ 일이 만ᄒᆞᆫ디라 대개를 모도자바셔 곧틸만ᄒᆞ여니와 글 지수매 다ᄃᆞ라ᄂᆞᆫ 내 崔최浩호두곤 만히 호이다 님금이 로ᄒᆞ샤 니ᄅᆞ샤ᄃᆡ 高고允윤의 죄 崔최浩호두곤 더으도소니 엇디 살리오 太태子ᄌᆞㅣ 두려 닐오ᄃᆡ 샹위위엄이 듕ᄒᆞ실ᄉᆡ 高고允윤은 ᄂᆞᆽ가온 신해라 두리ᅀᅩ와 말ᄉᆞᆷ 자ᄎᆞ를 그ᄅᆞᄒᆞ여이다 내 고젓긔 묻조오이 다 浩호의 ᄒᆞ욘 이리라 ᄒᆞ여 니ᄅᆞ더이다 님금이 高고允윤ᄃᆞ려 무르샤ᄃᆡ 진실로 太태子ᄌᆞ의 니르논 말와 ᄀᆞᆮᄒᆞ냐 ᄃᆡ답ᄒᆞ야 닐오ᄃᆡ 내 죄ᄂᆞᆫ 가문을 다 주기샤도 맛당ᄒᆞ니 구틔여 거즛일로 소기ᅀᆞᆸ디 몯ᄒᆡ여이다 太태子ᄌᆞㅣ 내 뫼ᅀᆞ아 글 엳자오미 오라모로 나ᄅᆞᆯ 에엿비 너기샤 내 사로믈 비ᅀᆞᆸ고져 ᄒᆞ실 ᄲᅮᆫ이언뎡 진실로 날ᄃᆞ려 묻도 아니ᄒᆞ시며 나도 이 말ᄉᆞᆷ 닐온 줄 업소니 두리ᅀᆞ와 그르 엳조ᄋᆞᆫ 주리 아니이다

현대역 태자가 임금께 뵈어 사뢰되, "고윤은 조심하여 삼가며 또 벼슬이 낮으니, 사기 만듦은 최호에게 이끌린 것이니, 고윤의 죽을죄는 놓으소서." 임금이 고윤을 불러 물으시되, "나라의 글월이 다 최호가 한 것인가?" 대답하여 이르되, "제가 최호와 더불어 함께 하니, 그래도 호는 으뜸으로 보아 하는 일이 많기 때문에 대개를 모아가져서 고칠만하거니와, 글 지음에 다다라는 제가 최호보다 많이 하오이다." 임금이 노하시어 이르시되, "고윤의 죄 최호보다 더하니 어찌 살리오." 태자가 두려워하여 이르되. "임금이 위엄이 중하기 때문에, 고윤은 낮은 신하라 두려워하여 말씀 차례를 잘못하였습니다. 제가 그저께 물으니 다 호의 한 일이라 하여 이르더이다." 임금이 고윤에게 물으시되. "진실로 태자의 이르는 말과 같으냐?" 대답하여 이르되, "제 죄는 가문을 다 죽이셔도 마땅하니, 구태여 거짓 일로 속이지 못하겠습니다. 태자가, 제가 모시어 글 여쭘이 오래이므로, 나를 가련히 여기시어, 내 삶을 빌고자 하실 뿐일지언정, 진실로 나에게 묻지도 아니하시며, 나도 이 말씀 이른 줄 없으니, 두려워하여 잘못 여쭌 줄이 아닙니다."

1 ᄂᆞᆽ가오니: 낮으니. 'ᄂᆞᆽ가오(어간)+니(연결어미)'이다. 현대국어 '낮다'의 옛말은 'ᄂᆞᆽ갑다'로, 자음으로 시작하는 어미 앞에서는 'ᄂᆞᆽ갑-'으로, 모음으로 시작하는 어미 앞에서는 'ᄂᆞᆽ가ᇦ-'이나 'ᄂᆞᆽ가오-'로 나타난다. 上聲은 처ᅀᅥ미 ᄂᆞᆽ갑고 乃終이 노ᄑᆞᆫ 소리라.《훈언 13》, 시혹 사ᄅᆞ미 ᄃᆞ외오도 ᄂᆞᆽ가ᄫᆞᆫ ᄂᆞᄆᆡ 죠ᇰ이 ᄃᆞ외야 ᄂᆞᄆᆡ 브룐 일 ᄃᆞᆫ녀.《석상 9:16》, 노ᄑᆞ며 ᄂᆞᆽ가온 峯頂에 막대 ᄒᆞᄂᆞ러 샹녜 놀며(高低峯頂 振錫常游 石室巖龕 拂乎宴坐).《영가 하:105》

2 잇기인: 이끌린. '잇기이(어간)+ㄴ(관형사형 어미)'이다. '잇기이다'는 '이끌리다'의 옛말이다. 므렛 荇이 ᄇᆞᄅᆞ매 잇기이니 프른 ᄯᅴ 긴 ᄃᆞᆺᄒᆞ도다(水荇牽風翠帶長).《두시-초 11:21》, ᄂᆞ실 아ᄎᆞᄆᆡ 世務에 잇기여 눉믈 ᄲᅳ리고 제여곰 西東ᄋᆞ로 가리라(明朝牽世務 揮淚各西東).《두시-초 21:31》

3 노ᄒᆞ쇼셔: 놓으소서. '노ᄒᆞ(어간)+쇼셔(명령형 종결어미)'이다. '-쇼셔'는 동사 어간이나 어미 뒤에 붙어, 'ᄒᆞ쇼셔' 할 자리에 쓰여, 명령 '-소서'를 나타내는 종결어미이다. 世尊ㅅ일 ᄉᆞᆯᄫᅩ리니 萬里外 일이시나 눈에 보논가 너기ᅀᆞᄫᆞ쇼셔《월곡 상:1》, 滿朝히 두쇼셔 커늘 正臣을 올타 ᄒᆞ시니 十萬僧徒ᄅᆞᆯ 一擧에 罷ᄒᆞ시니(滿朝請置 正臣是許 十萬僧徒 一擧去之)《용가 107장》

4 것가: 것인가. '것(의존명사)+가(의문 보조사)'이다. '가'는 '체언+의문 보조사'의 형태로, 제1·3인칭 의문법 중 ᄒᆞ라체 판정의문문을 만든다. 따라서 의문사를 동반하지 않고, 가부(可否) 대답을 요구한다. 現前엣 六根ᄋᆞᆫ ᄒᆞ나카 여슷가(現前六根 爲一爲六).《능엄 4:104》(현대역: 눈앞의 육근은 하나인가 여섯인가?), 이ᄂᆞᆫ 賞가 罰아(是賞耶 罰耶).《몽법 53》(현대역: 이는 상인가 벌인가?), 나랏 글이 다 浩의 ᄒᆡ온 바가(國書, 皆浩所爲乎).《소언 6:41》(현대역: 나라의 글이 다 호의 시킨 바인가?)

5 최호(崔浩)와로: 최호(崔浩)와 더불어. '최호(崔浩, 고유명사)+와로(조사)'이다. '와로'는 'ㄹ' 받침으로 끝나는 체언류 뒤나 받침 없는 체언류 뒤에 붙어, '와 더불어'나 '와 함께'를 뜻하는 조사이다. 中國에 달아 文字와로 서르 ᄉᆞᄆᆞᆺ디 아니ᄒᆞᆯᄊᆡ《훈언 1》, 구리어나 鑞이어나 鐵이어나 남기어나 ᄒᆞᆯ기어나 갓블와 옷과 뵈와로 佛像ᄋᆞᆯ ᄆᆡᇰᄀᆞ미ᅀᆞᄫᅡ도《석상 13:52》

6 ᄒᆞᅀᆞ오니: 하니. 'ᄒᆞ(어간)+ᅀᆞ오(겸손법 선어말어미)+니(연결어미)'이다. '-ᅀᆞ오-'겸손법 선어말어미 '-습-'의 이형태로, 받침 없는 어간 뒤나 'ㄴ, ㄹ, ㅁ' 받침으로 끝나는 어간 뒤에 붙는다. 내 過去 諸佛ᄭᅴ 아ᄅᆡ 이 瑞ᄅᆞᆯ 보ᅀᆞ오니 이 光明을 펴시면 즉재 큰 法을 니ᄅᆞ시더니(我於過去諸佛 曾見此瑞 放斯光已 卽說大法).《법화 1:90》, 世世예 ᄒᆞ마 부텨를 좃ᄌᆞ와 敎化ᄅᆞᆯ 受ᄒᆞᅀᆞ오니 이 ᄀᆞᄐᆞᆫ 사ᄅᆞᆷᄃᆞᆯ히 반ᄃᆞ기 能히 恭敬ᄒᆞᅀᆞ와 信ᄒᆞᅀᆞ와(世世已曾從佛受化 如此人等 必能敬信).《법화 1:168》

7 그려도: 그래도. 오히려. '그려도'는 '그래도'의 옛말이다. 네 밧긔 그려도 버디 잇ᄂᆞ녀(你外頭還有火伴麽).《번노 상:42》, 샹네 다른 사ᄅᆞᆷᄆᆞᆯ 친히 너겨 형뎨라와 더ᄒᆞ리 잇ᄂᆞ니 그려도 처엄믜 사괴다가 내죵애 아니ᄒᆞ리 하거니와.《정속-이 4》

8 모도자바셔: 모아가져서. '모도잡아(어간)+셔(연결어미)'이다. '모도잡다'는 '모아 잡거나 포괄하다'의 옛말이다. 總持ᄂᆞᆫ 모도잡다 ᄒᆞᆫ 마리니.《월석 12:31》, 내 ᄀᆞᆯᄒᆡ욤 업서 六根을 모도자바 조ᄒᆞᆫ 念이 서르 니ᅀᅥ(我無選擇 都攝六根 淨念相繼).《능엄 5:86》

9 호이다: 하오이다. 'ᄒᆞ(어간)+오이다(평서형 종결어미)'이다. '-오이다'는 받침 없는 어간, 'ㄹ' 받침인 용언의 어간 또는 어미 '-으시-' 뒤에 붙어, '하십시오' 할 자리에 쓰여, 동작이나 상태의 서술을 나타내는 종결어미이다. 현대국어에서는 상대에 대한 공손의 뜻이 '-오-'보다는 더하나, '-옵니다'보다는 덜한 느낌을 준다. 참으로 오랜만이오이다. 어머니께서 부르오이다.

10 더으도소니: 더하니. '더으(어간)+돗(감동법 선어말어미)+오니(연결어미)'이다. 제 너교ᄃᆡ 바ᄆᆡ 가다가 귓것과 모딘 즁ᄉᆡᆼ이 므ᅀᅴ엽도소니 므스므라 바ᄆᆡ 나오나뇨 ᄒᆞ야.《석상 6:19》, 世界 다 受苦ᄅᆞᄫᆡ야 즐거ᄫᅳᆫ 거시 업도소니 父母ㅣ 이제 우리ᄅᆞᆯ 出家ᄒᆞ게 ᄒᆞ쇼셔.《석상 11:37》. '더으다'는 '더하다'의 옛말이다. 五年을 改過 몯ᄒᆞ야 虐政이 날로 더을ᄊᆡ 倒戈之日에 先考ㆆ ᄠᅳᆮ 몯 일우시니(五年罔悛 虐政日深 倒戈之日 莫遂考心).《용가 12장》, 열 ᄒᆡ ᄃᆞ욇 ᄀᆞ장 조료ᄆᆞᆯ 減이라 ᄒᆞ고 열 ᄒᆡ로셔 도로 더어 가ᄃᆡ 아ᄃᆞ리 아ᄇᆡ 나해셔 곱ᄀᆞ곰 사라 八萬 ᄒᆡ 다욇 ᄀᆞ장 더우믈 增이라 ᄒᆞᄂᆞ니.《월석 1:47》.

11 두려: 두려워하여. '두리(어간)+어(연결어미)'이다. '두리다'는 '두려워하다'의 옛말이다. 龍王이 두리ᅀᆞᄫᅡ 七寶平床座 노ᅀᆞᆸ고 부텨하 救ᄒᆞ쇼셔 ᄒᆞ니.《월곡 상:70》, 六師ㅣ 王ᄭᅴ ᄉᆞᆯᄫᅩᄃᆡ 瞿曇ᄋᆡ 弟子ㅣ 두리여 몯 오ᄂᆞ이다.《석상 6:29》

12 고젓긔: 그저께. 어제의 전날. 내 고젓긔 묻조오이 다 浩의 ᄒᆞ욘 이리라 ᄒᆞ며 니ᄅᆞ더이다.《번소 9:46》

13 두리ᅀᆞ와: 두려워하여. '두리(어간)+ᅀᆞ오(겸손법 선어말어미)+아(연결어미)'이다. '두리다'는 '두려워하다'의 옛말이다. 龍王이 두리ᅀᆞᄫᅡ 七寶平床座 노ᅀᆞᆸ고 부텨하 救ᄒᆞ쇼셔 ᄒᆞ니.《월곡 상:70》, 六師ㅣ 王ᄭᅴ ᄉᆞᆯᄫᅩᄃᆡ 瞿曇ᄋᆡ 弟子ㅣ 두리여 몯 오ᄂᆞ이다.《석상 6:29》

소언 太태子ᄌᆞㅣ 帝뎨ᄭᅴ 뵈ᄋᆞ와 ᄉᆞᆯ오ᄃᆡ 高고允윤은 조심ᄒᆞ며 삼가며 딘밀ᄒᆞ고 ᄯᅩ 微미賤쳔ᄒᆞᆫ디라 ᄆᆡᆼ그롬이 崔최浩호로 말ᄆᆡ암으니 請쳥컨댄 그 죽음을 赦샤ᄒᆞ쇼셔 帝뎨ㅣ 允윤을 블러 무러 ᄀᆞᆯᄋᆞ샤ᄃᆡ

나랏글이 다 浩호의 ᄒᆡ온 바가 ᄃᆡ답ᄒᆞ야 ᄀᆞᆯ오ᄃᆡ 臣신과 다ᄆᆞᆺ 浩호ㅣ ᄒᆞᆫ가지로 ᄒᆞᄋᆞ오니 그러나 浩호ᄂᆞᆫ 거늘인 밧 일이 한 디라 모도 잡아 ᄌᆡ단ᄒᆞᆯ ᄯᆞ ᄅᆞᆷ이어니와 글 지음애 닐으러ᄂᆞᆫ 臣신이 浩호의게셔 하옹이다 帝뎨ㅣ 怒노ᄒᆞ야 ᄀᆞᆯᄋᆞ샤ᄃᆡ 允윤의 罪죄ㅣ 浩호의게셔 甚심ᄒᆞ도소니 엇디 ᄡᅧ 시러곰 살리오 太태子ᄌᆞㅣ 저허 ᄀᆞᆯ오ᄃᆡ 하ᄂᆞᆯ 위엄이 嚴엄ᄒᆞ고 重듕ᄒᆞ시니 允윤은 젹은 신해라 아ᄃᆞᆨᄒᆞ고 어즐ᄒᆞ야 ᄎᆞ례를 일토송이다 臣신이 고젓긔 묻조오니 다 닐오ᄃᆡ 浩호의 ᄒᆞᆫ 배라 ᄒᆞ뎡이다 帝뎨ㅣ 允윤ᄃᆞ려 무ᄅᆞ샤ᄃᆡ 진실로 東동宮궁의 닐으ᄂᆞᆫ 바 ᄀᆞᆮᄐᆞ냐 ᄃᆡ답ᄒᆞ야 ᄀᆞᆯ오ᄃᆡ 臣신이 罪죄ㅣ 맛당히 결에를 滅멸ᄒᆞᆯ디라 敢감히 거즛되며 망녕되이 몯ᄒᆞ영이다 殿뎐下하[太태子ᄌᆞ를 일ᄏᆞᆮᄂᆞᆫ 말이라]ㅣ ᄡᅧ 臣신이 뫼ᄋᆞ와 글 엳ᄌᆞ옴이 날이 오란 디라 臣신을 에엿비 너기샤 그 사ᄅᆞᆷ을 비옵고져 ᄒᆞ실 ᄲᅮᆫ이언뎡 진실로 臣신ᄃᆞ려 묻도 아니ᄒᆞ시며 臣신도 ᄯᅩ 이 말ᄉᆞᆷ이 업소오니 敢감히 아ᄃᆞᆨᄒᆞ고 어즐ᄒᆞᆷ이 아니롱이다

현대역 태자가 帝께 뵈어 사뢰되, "고윤은 조심하며 삼가며 진밀(縝密)하고 또 미천한 것입니다. 만듦이 최호로 말미암으니, 청한즉슨 그 죽음을 赦하소서." 帝가 윤을 불러 물어 말씀하시되, "나라의 글이 다 호가 하게 한 바인가?" 대답하여 가로되, "신과 더불어 호가 함께 하니, 그러나 호는 거느린 바의 일이 많기 때문에, 모두 잡아 裁斷할 따름이거니와, 글 지음에 이르러는 신이 호에게서 많습니다." 帝가 노하여 말씀하시되, "윤의 죄가 호에게서 심하니 어찌 써 능히 살리오." 태자가 두려워 가로되, "하늘 위엄이 엄하고 중하시니, 윤은 작은 신하라 아득하고 어지러워 차례를 잃습니다. 신이 그저께 묻자오니 다 이르되, 호가 한 바라 했습니다." 帝가 윤에게 물으시되, "진실로 동궁이 말하는 바와 같으냐?" 대답하여 가로되, "신이 죄가 마땅히 친척을 멸할 것이라서 감히 거짓되며 망령되이 못했습니다. 전하[태자를 일컫는 말이다.]가 써 신이 모시어 글 여쭘이 날이 오래기 때문에 신을 가련히

여기시어, 그 삶을 빌고자 하실 뿐일지언정, 진실로 신에게 묻지도 아니하셨으며, 신도 또 이 말씀이 없었으니, 감히 아득하고 어지러움이 아니옵니다."

1 딘밀ᄒᆞ고: 진밀(縝密)하고. 곱고 세밀하고.

2 청컨댄: 청한즉슨. '청ᄏᆞ(어간)+ㄴ댄(연결어미)'이다. '-ㄴ댄'은 어간이나 어미 뒤에 붙어, '-은즉슨'이나 '-으면'을 나타내는 어미이다. 阿難아 ᄒᆞ다가 네 봃 時節에 이 네라 나 아닌댄 見性이 周遍커니 너 아니라 뉘리오(阿難 若汝見時是汝非我 見性周徧 非汝而誰).《능엄 2:38》

3 샤ᄒᆞ쇼셔: 사(赦)하소서. '샤ᄒᆞ(어간)+쇼셔(명령형 종결어미)'이다. '-쇼셔'는 동사 어간이나 어미 뒤에 붙어, 'ᄒᆞ쇼셔' 할 자리에 쓰여, 명령 '-소서'를 나타내는 종결어미이다. 世尊ㅅ일 ᄉᆞᆯ보리니 萬里外 일이시나 눈에 보논가 너기ᅀᆞᄫᆞ쇼셔.《월곡 상:1》, 摩竭陀ㅅ甁沙ㅣ 世尊ㅅ긔 ᄉᆞᆯᄫᅩᄃᆡ 道ᄅᆞᆯ 일우샤 날 救ᄒᆞ쇼셔 ᄒᆞ니.《월곡 상:36》.

4 히온: 하게 한. '히(어간)+온(관형사형 어미)'이다. '히다'는 '하게 하다', '시키다'의 옛말이다. '-온'은 용언 어간이나 어미 뒤에 붙어, '-은'을 뜻하는 어미이다. 주로 피수식어가 행동의 대상임을 나타낸다. 네 디나건 녜뉫 時節에 盟誓 發願혼 이ᄅᆞᆯ 혜ᄂᆞᆫ다 모ᄅᆞᄂᆞᆫ다.《석상 6:8》, 내 뒷논 福業 이젯 뉘와 디나건 뉘와 ᄯᅩ 부터 보ᅀᆞ온 功德으로 다 佛道애 廻向ᄒᆞᅀᆞᆸ노이다(我所有福業今世若過世 及見佛功德 盡廻向佛道).《법화 2:49》, 이 두 龍이 兄弟니 目連의 降服히온 龍이라.《석상 13:7》

5 바가: 바인가? '바(의존명사)+가(조사)'이다. '가'는 모음 'ㅣ'나 'ㄹ' 받침으로 끝나지 않는 체언류 뒤에 붙어, 의문사가 없는 의문문에 쓰여, '인가'를 뜻하는 조사이다.

6 직단홀: 재단(裁斷)할. 옳고 그름을 가려 결정할.

7 하옹이다: 많습니다. '하(어간)+오(화자 표시법 선어말어미)+이(존비법 ᄒᆞ쇼셔체 선어말어미)+다(평서형 종결어미)'와 같은 표현이다. '이다'의 'ㆁ'은 [ŋ] 음가를 가지고 있으니, '하옹이다'나 '하오이다'는 모두 [haoŋida]로 발음되는 것이다. 여기서 '-이다'는 '-ㅂ니다'의 뜻을 가진 어미이다. '-오이다'는 끝음절 모음이 'ㆍ, ㅏ, ㅗ'인 동사, 형용사 어간이나 어미 뒤에 붙어, 주로 '나, 우리' 등 화자 주어 명사구와 함께 쓰여, '-이다'와 같이 '-ㅂ니다'를 뜻한다. 손소 죽디 몯ᄒᆞ야 셟고 애완븐 ᄠᅳ들 머거 갓가ᄉᆞ로 사니노니 비록 사ᄅᆞ미 무레 사니고도 즁ᄉᆡᆼ마도

몯호이다.《석 6:5》, 그쁴 ᄆᆞᅀᆞ매 내 너교ᄃᆡ 滅度애 시러 니를와라 타니 오ᄂᆞᆯᅀᅡ 이 眞實ㅅ 滅度 아닌 ᄃᆞᆯ 내 아로이다(爾時心自謂 得至於滅度 而今乃自覺 非是實滅度).《法화 2:23》

8 일토송이다: 잃습디다. '일토소이다'와 같은 표현이고, 이는 '잃(어간)+돗(감동법 선어말어미)+오(화자 표시법 선어말어미)+이(존비법 ᄒᆞ쇼셔체 선어말어미)+다(평서형 종결어미)'이다. '-도소이다'는 동사, 형용사 어간 뒤에 붙어, '-습디다'를 뜻하는 어미이다. 大臣이 닐오ᄃᆡ 太子ㅣ 그런 사ᄅᆞ미시면 이 이리 어렵도소이다 天下애 앗가ᄫᆞᆫ 거시 몸 ᄀᆞᄐᆞ니 업스니이다.《석상 11:19》, 어마닚긔 ᄉᆞᆯ보ᄃᆡ 우리ᄃᆞᆯ히 法王ㅅ 아ᄃᆞ리로ᄃᆡ 이 邪曲ᄒᆞᆫ 지븨 나도소이다.《석상 21:36》. '-ㅂ디다'는 '이다'의 어간, 받침 없는 용언의 어간, 'ㄹ' 받침인 용언의 어간 또는 어미 '-으시-' 뒤에 붙어, 하오할 자리에 쓰여, 보거나 듣거나 겪은 사실을 전달하여 알림을 나타내는 종결어미이다.

9 ᄒᆞ덩이다: 했습니다. 'ᄒᆞ더이다'와 같은 표현이다. 'ᄒᆞ(어간)+더(회상법 선어말어미)+이(존비법 ᄒᆞ쇼셔체 선어말어미)+다(평서형 종결어미)'이다. '-더이다'는 동사, 형용사 어간 뒤에 붙어, '-었습니다'를 뜻하는 어미이다. ᄒᆞᆫ ᄉᆞ랑ᄒᆞᄂᆞᆫ 아기아ᄃᆞ리 양ᄌᆞ며 ᄌᆡ죄ᄒᆞᆫ 그티니 그딋 ᄯᆞᄅᆞᆯ 맛고져 ᄒᆞ더이다.《석상 6:15》, 즉자히 王ᄭᅴ 가 ᄉᆞᆯ보ᄃᆡ 六師ㅣ 겻구오려 ᄒᆞ거든 제 ᄒᆞᆯ 양ᄋᆞ로 ᄒᆞ라 ᄒᆞ더이다.《석상 6:27》

10 몯ᄒᆞ영이다: 못했습니다. '몯ᄒᆞ여이다'와 같은 표현이다. '몯ᄒᆞ(어간)+여(연결어미)+이(존비법 ᄒᆞ쇼셔체 선어말어미)+다(평서형 종결어미)'이다. '-여이다'나 '-야이다'는 'ᄒᆞ다'의 어간이나 끝음절의 모음이 'ㅣ'인 어간 뒤에 붙어, '-였습니다'를 뜻하는 어미이다. 王이 닐오ᄃᆡ 이 어늬 作用인고 내 이제 보디 몯ᄒᆞ야이다(王曰 是何作用 我今不見).《목우 6》

11 아니롱이다: 아니옵니다. '아니로이다'와 같은 표현이다. '아니(어간)+로(선어말어미)+이(존비법 ᄒᆞ쇼셔체 선어말어미)+다(평서형 종결어미)'이다. 선어말어미 '-로-'는 '-오-'가 서술격 조사 '이다'나 '아니다'의 어간 뒤에서 교체된 어형이다. 따라서 '-로이다'는 주로 '나, 우리' 등 화자 주어 명사구와 함께 쓰여, '-옵니다'를 뜻하는 어미이다. 이럴ᄊᆡ 迦葉이 領悟ᄒᆞᆫ 後에 닐오ᄃᆡ 우리ᄃᆞᆯ히 오ᄂᆞᆯ애ᅀᅡ 眞實ㅅ 聲聞이며 眞實 阿羅漢이로이다 ᄒᆞ니라(是以迦葉領悟之後 乃云我等今者 眞是聲聞眞阿羅漢).《법화 1:191》

【集說】陳氏曰微賤은言其職之卑라制는著述也라總裁는謂總其大綱而裁正之라紀事曰著요纂言曰述이라失次는謂所對失其次序라曏은猶昔也라東宮은太子之宮이라

진 씨가 말하였다. "微賤은 그 직책이 낮음을 말한다. 制는 글을 지어 책을 만듦이다. 總裁는 그 대강을 모아 그것을 재단하여 바로잡음을 이른다. 일을 기록함을 著335라 이르고, 말을 모음을 述이라 이른다. 失次는 대답한 바가 그 차례를 잃음을 이른다. 曏은 '지난번'과 같다. 東宮은 태자의 궁이다."

漢字 著(지을 저), 述(지을 술), 纂(모을 찬, 편찬할 찬)

帝ㅣ顧謂太子曰直哉라此ㅣ人情所難이어ᄂᆞᆯ而允이能爲之ᄒᆞ니臨死不易辭는信也ㅣ오爲臣不欺君은貞也ㅣ니宜特除其罪ᄒᆞ야以旌之라ᄒᆞ시고遂赦之ᄒᆞ시다

● 황제가 태자를 돌아보며 일러 말하길, "곧도다. 이것은 인정이 어려운 바이거늘 允이 능히 그것을 했으니, 죽음에 임하여 말을 바꾸지 않음은 믿음이고, 신하가 되어 임금을 속이지 않음은 곧음이니, 마땅히 특별히 그 죄를 면제하여 써 그것을 표시하라." 하시고, 드디어 그를 용서하였다.

漢字 除(면제할 제, 덜 제), 旌(표시할 정, 기 정)

번소 님금이 太태子ᄌᆞ를 도라보시고 니ᄅᆞ샤ᄃᆡ 고ᄃᆞᆯ셔 이 人신情졍의 어려운 이리어ᄂᆞᆯ 高고允윤이 릉히 ᄒᆞ니 주구매 다ᄃᆞ라셔 말ᄉᆞᆷ을 곧티디 아니호ᄆᆞᆫ 믿브고 신해 되여셔 님금을 소기디 아니호ᄆᆞᆫ 貞뎡졀 ᄒᆞ니 그 죄를 특별이 ᄇᆞ려 어딘 줄을 나토아내요미 맛당ᄒᆞ도다 ᄒᆞ시고 노ᄒᆞ시다

현대역 임금이 태자를 돌아보시고 이르시되, "곧구나. 이는 인정의 어려운 일이거늘, 고윤이 능히 하니, 죽음에 다다라서 말씀을 고치지 아니함은 미쁨

이고, 신하가 되어서 임금을 속이지 아니함은 貞節을 지킴이니, 그 죄를 특별이 버려 어진 줄을 나타냄이 마땅하도다." 하시고 놓으시다.

1 고ᄃᆞᆯ셔: 곧구나. '곧(어간)+ᄋᆞ(매개모음)+ㄹ셔(감탄형 종결어미)'이다. 'ᄋᆞ'는 매개모음이다. 현대국어 '곧다'는 15세기 문헌에서부터 '곧다'로 나타나 현재까지 그대로 이어진다. 17세기 이후에 나타난 '곳-'은 근대국어에 종성의 'ㄷ'을 'ㅅ'을 표기하는 경향에 의한 것이다. 곧다(15세기~현재). 이형태: 곧다, 곳다. 이에 나ᅀᅡ가 미러 보면 알ᄑᆡ 잇ᄂᆞᆫ 種種앳 소리 곧고 가ᄉᆡ 곱고 鵠이 ᄒᆡ오.《1459 월석 11:101ㄱ》, ᄂᆡᆼ으로 알ᄂᆞᆫ 쟈ᄂᆞᆫ 그 알홈이 다ᄉᆞᆺ 가지 이시니 소리롤 곳게 ᄒᆞ고 힝ᄒᆞ면 대댱을 알코.《17세기 마경 상:105ㄴ》

2 뎡졀: 정절(貞節). 굳은 마음과 변하지 않는 절개.

소언 帝뎨ㅣ 太태子ᄌᆞ를 도라 닐러 ᄀᆞᆯᄋᆞ샤ᄃᆡ 直직ᄒᆞ다 이 人인情졍의 어려운 배어ᄂᆞᆯ 允윤이 能능히 ᄒᆞ니 죽음애 다ᄃᆞ라셔 말ᄉᆞᆷ을 밧고디 아니홈ᄋᆞᆫ 믿븜이오 신해 되여셔 님금을 소기디 아니홈ᄋᆞᆫ 뎡졍홈이니 맛당히 특별이 그 罪죄를 더러 ᄡᅥ 졍표홀 거시라 ᄒᆞ시고 드듸여 赦샤ᄒᆞ시다

현대역 帝가 태자를 돌아 일러 말씀하시되, "곧다. 이는 인정의 어려운 바이거늘, 윤이 능히 하니, 죽음에 다다라서 말씀을 바꾸지 아니함은 미쁨이요, 신하가 되어서 임금을 속이지 아니함은 貞正함이니, 마땅히 특별히 그 죄를 덜어 써 旌表할 것이라." 하시고 드디어 赦하시다.

1 뎡졍홈: 정정(貞正)함. 절조(節操)가 있고 마음이 바름. '뎡졍ᄒᆞ+옴'이다.

2 졍표홀: 정표(旌表)할. 착한 행실을 세상에 드러내어 널리 알릴.

【增註】直哉는贊其直也요旌之는表其善也라

● 直哉는 그의 곧음을 칭찬함이고, 旌之는 그의 착함을 표시함이다.

他日에太子ㅣ讓允曰吾欲爲卿脫死ㅣ어늘而卿이不從은何也

오允이曰臣이與崔浩로實同史事호니死生榮辱애義無獨殊ㅣ니誠荷殿下再造之慈ㅣ어니와違心苟免은非臣所願也ㅣ니이다太子ㅣ動容稱嘆흐더라

● 다른 날에 태자가 允을 꾸짖어 말하였다. "내가 경을 위하여 죽음을 벗기고자 했거늘, 경이 따르지 않음은 어째서요?" 允이 말하였다. "신이 崔浩와 더불어 실로 역사의 일을 함께 했으니, 죽거나 살거나 영광스럽거나 욕됨에 의리상 홀로 다를 수 없으니, 진실로 전하의 다시 살리는 사랑을 메었거니와, 마음을 어기고 구차히 면함은 신이 원하는 바가 아닙니다." 태자가 얼굴을 변하며 칭찬하고 탄식하였다.

漢字 讓(꾸짖을 양, 사양할 양), 殊(다를 수), 荷(멜 하, 짊어질 하), 慈(사랑 자, 자비 자), 嘆(탄식할 탄)

재조(再造): 다시 만듦.

번소 다룬 나래 太태子ᄌᆞㅣ 高고允윤을 외다ᄒᆞ여 닐오ᄃᆡ 내 그ᄃᆡ를 위ᄒᆞ여 주글죄를 벗규려 ᄒᆞ거늘 그ᄃᆡᄂᆞᆫ 좃디 아니호ᄆᆞᆫ 엇뎨오 高고允윤이 닐오ᄃᆡ 내 崔최浩호와 ᄉᆞ긔 이를 진실로 ᄒᆞᆫ가지로 호니 주그며 살며 영화로ᄋᆡ며 욕도요매 혼자 달오미 몯홀 거시니 진실로 殿뎐下하의 다시 사ᄅᆞ신 은혜를 닙ᄉᆞ왓거니와 내 ᄆᆞᅀᆞᆷ과 달이ᄒᆞ야 죄롤 안즉 면호믄 내 ᄒᆞ고져 호미 아니이다 太태子ᄌᆞㅣ 양ᄌᆞ롤 고텨 가지시고 어디다 일ᄏᆞᄅᆞ시더라

현대역 다른 날에 태자가 고윤을 그르다하여 이르되, "내 그대를 위하여 죽을 죄를 벗기려 하거늘, 그대는 좇지 아니함은 어째서요?" 고윤이 이르되, "내 최호와 史記 일을 진실로 함께 하니, 죽으며 살며 영화로우며 욕됨에, 혼자 다름이 못할 것이니, 진실로 전하가 다시 살리신 은혜를 입었거니와, 내 마음과 달리하여 죄를 아직 면함은, 내 하고자 함이 아닙니다." 태자가 모양을 고쳐 가지시고, 어질다 일컬으시더라.

달오미: 다름이. '달ㅇ(talɦ, 어간)+옴(명사형 어미)+이(주격 조사)'이다. 어간 '달ㅇ-'은 '다ᄅᆞ-'가 모음 어미 앞에서 이형태로 교체한 것이다. 현대국어 '다르다'의 옛말인 '다ᄅᆞ다'는 15세기 문헌에서부터 나타났다. 중세국어 시기에 '다ᄅᆞ다'는 자음으로 시작하는 어미 앞에서는 '다ᄅᆞ-', 모음으로 시작하는 어미 앞에서는 '달ㅇ-'으로 이형태 교체를 하였다. 16세기 이래로 성문 마찰 유성음 'ㅇ[ɦ]'이 사라지면서 '달ㅇ-'은 '흐르-/흘ㄹ-'과 같은 이형태 교체를 보이는 용언 활용에 유추되어 '달ㄹ-'로 바뀌었다. 그러나 18세기까지는 '달ㅇ-'의 예도 여전히 나타난다. 16세기 이래로 두 번째 음절 이하에서 모음 'ㆍ'가 'ㅡ'로 변화하는 음운 변화가 광범위하게 일어남에 따라 '다ᄅᆞ다>다르다'로 변화하였다. 그러나 '다르다'가 등장한 이후로도 19세기까지는 '다ᄅᆞ다' 형태 역시 나타나고 있다. 한편 중세국어 시기에 '다ᄅᆞ다>다르다'는 '-이 -에 다ᄅᆞ다'와 같이 비교 대상에 부사격 조사 '-에/애/예/ᄋᆡ/의'가 결합한 예도 나타났다는 점이 특징적이다. 다ᄅᆞ다(15세기~19세기)>다르다(16세기~현재). 이형태: 다ᄅᆞ-, 달ㅇ-, 다르-, 달ㄹ-. 置陣이 ᄂᆞᆷ과 다ᄅᆞ샤 아ᅀᆞᄫᆞᄃᆡ 나ᅀᅡ오니 믈러가던덴 목숨 ᄆᆞᄎᆞ리잇가.《1447 용가 52》, 나랏 말ᄊᆞ미 中國애 달아 文字와로 서르 ᄉᆞᄆᆞᆺ디 아니ᄒᆞᆯᄊᆡ.《1447 훈언》, 관이 신색이 다르디 아니ᄒᆞ야 날회여 닐러 ᄀᆞᆯ오ᄃᆡ.《1586 소언 6:102ㄴ》, 나ᄂᆞᆫ 이에 달라 可홈도 업ᄉᆞ며 可티 아니홈도 업소라.《1590 논언 4:53ㄱ》

소언 다ᄅᆞᆫ 날애 太태子ᄌᆞㅣ 允윤을 외다 ᄒᆞ여 ᄀᆞᆯ오ᄃᆡ 내 그ᄃᆡᄅᆞᆯ 위ᄒᆞ여 죽음을 벗기고져 ᄒᆞ거늘 그ᄃᆡ 졷디 아니홈ᄋᆞᆫ 엇뎨오 允윤이 ᄀᆞᆯ오ᄃᆡ 臣신이 崔최浩호로 더블어 진실로 ᄉᆞᄀᆡ 일을 ᄒᆞᆫ가지로 호니 죽으며 살며 영화로으며 辱욕도욈애 의리예 혼자 달리홈이 업ᄉᆞᆯ 거시니 진실로 殿뎐下하의 다시 살오신 어엿비 녀기심을 닙소왓거니와 ᄆᆞᄋᆞᆷ을 어글우쳐 구챠히 免면홈은 臣신의 願원ᄒᆞᄂᆞᆫ 배 아니닝이다 太태子ᄌᆞㅣ 용모ᄅᆞᆯ 고텨 일ᄏᆞ라 차탄ᄒᆞ더라

현대역 다른 날에 태자가 윤을 그르다 하여 가로되, "내 그대를 위하여 죽음을 벗기고자 하거늘, 그대 좇지 아니함은 어째서요?" 윤이 가로되, "신이 최호로 더불어 진실로 史記 일을 함께 하니, 죽으며 살며 영화로우며 욕됨에, 의리에 혼자 달리함이 없을 것이니, 진실로 전하가 다시 살리신, 불쌍히

여기심을 입었거니와, 마음을 그르쳐 구차히 면함은 신이 원하는 바가 아닙니다." 태자가 용모를 고쳐 일컬어 嗟歎하더라.

1 달리홈이: 달리함이. '달리ᄒᆞ(어간)+옴(명사형 어미)+이(주격조사)'이다. 현대국어 '달리하다'의 옛말인 '달이ᄒᆞ다'는 15세기 문헌에서부터 나타난다. '달이ᄒᆞ다'는 '다르다'의 의미인 '다ᄅᆞ-'와 접미사 '-이'의 결합인 '달이'에 접미사 '-ᄒᆞ-'가 결합한 것이다. 16세기에 성문 마찰 유성음 'ㅇ[ɦ]'이 소멸하면서 '달이'가 '달리'로 변화하여 16세기부터 '달리ᄒᆞ다'로 나타난다. 20세기 이후 'ᄒᆞ'를 '하'로 표기하게 되면서 '달리하다'로 나타나 현재에 이르렀다. 18세기 이후 나타나는 '달니ᄒᆞ다'는 근대국어 시기에 어중의 'ㄹㄹ'을 'ㄹㄴ'으로 표기하였던 경향에 따라 나타난 것이다. 달이ᄒᆞ다(15세기~17세기)〉달리ᄒᆞ다(16세기~19세기)〉달리하다(20세기~현재). 이형태: 달이ᄒᆞ다, 달리ᄒᆞ다, 달니ᄒᆞ다. 고ᄅᆞᆫ ᄆᆞᅀᆞᄆᆞ로 各各 주디ᄫᅵ 달이호미 몯ᄒᆞ리라.《1459 월석 12:32ㄴ》, ᄉᆞ나ᄒᆡ와 겨집이 길흘 달리ᄒᆞ고.《1588 소언 4:39ㄴ》

2 아니닝이다: 어닙니다. '아니니이다'와 같은 표현이다. '아니(어간)+니(원칙법 선어말어미)+이(존비법 ᄒᆞ쇼셔체 선어말어미)+다(평서형 종결어미)'이다. '-니이다'는 동사, 형용사 어간이나 어미 뒤에 붙어, '-ㅂ니다'를 뜻하는 어미이다. 世子ᄅᆞᆯ 하ᄂᆞᆯ히 ᄀᆞᆯᄒᆡ샤 帝命이 ᄂᆞ리시어늘 聖子ᄅᆞᆯ 내시니이다(維我世子 維天簡兮 帝命旣降 聖子誕兮).《용가 8장》, 諸佛 니르시논 마ᄅᆞᆫ 乃終내 달옳 주리 업스시니이다.《석상 9:27》

3 차탄ᄒᆞ더라: 차탄(嗟歎)하더라. 탄식하고 한탄하더라.

【集說】陳氏曰言當與浩同之라再造는猶言再生이라

● 진 씨가 말하였다. "마땅히 浩와 더불어 (죽음을) 그와 함께 함을 말함이다. 再造는 다시 삶이란 말과 같다."

允이退謂人曰我ㅣ不奉東宮指導者는恐負翟黑子故也ㅣ니라

● 允이 물러나와 사람들에게 일러 말하였다. "내가 동궁의 지도를 받들지 않은 것은 翟黑子의 연고를 저버릴까 두려워해서다."

漢字 負(빚질 부, 저버릴 부)

번소 高고允윤이 믈러와 사롬ᄃᆞ려 닐오ᄃᆡ 내 太태子ᄌᆞ ᄀᆞᄅᆞ치샤믈 받ᄌᆞ와 ᄒᆞ디 아니호믄 翟뎍黑흑子ᄌᆞ를 지여ᄇᆞ릴가 제헤니라

현대역 고윤이 물러와 사람에게 이르되, "내 태자 가르치심을 받자와 하지 아니함은, 적흑자를 저버릴까 두려워해서다."

1 지여ᄇᆞ릴가: 저버릴까. '저버리다'는 '마땅히 지켜야 할 도리나 의리를 잊거나 어기다'를 뜻한다. '지여ᄇᆞ리(어간)+ㄹ(관형사형 어미)+가(의문 보조사)'이다. '-ㄹ가'는 '관형사형+의문 보조사'의 형태로, 간접 의문문 중 판정의문문을 만든다. '두려워하다'와 같은 동사 앞에 안겨 화자의 상념(想念)을 표시한다. 현대국어 '저버리다'의 옛말인 '지여ᄇᆞ리다'는 15세기 문헌에서부터 나타난다. '지여ᄇᆞ리다'는 동사 '지다'와 연결어미 '-어', 동사 'ᄇᆞ리다'가 결합한 합성어이다. '지여ᄇᆞ리다'에서 제1음절과 제2음절이 축약된 '져ᄇᆞ리다' 형태도 15세기부터 나타났다. 근대국어 시기에 동사 'ᄇᆞ리다'가 '버리다'로 바뀌면서 18세기에는 '져ᄇᆞ리다'도 '져버리다'로 바뀌었다. 또한 치조음이었던 'ㅈ, ㅊ'이 근대국어 시기에 경구개음으로 바뀌면서 '져'와 '저'가 발음이 같아져 '져버리다'는 현대국어에서 '저버리다'로 나타나게 되었다. 지여ᄇᆞ리다(15세기)〉져ᄇᆞ리다(15세기~19세기)〉져버리다(18세기)〉저버리다(20세기~현재). 이형태: 지여ᄇᆞ리다, 져ᄇᆞ리다, 져버리다. 妙喜론 엇데 無著ᄋᆡ 무루믈 容納ᄒᆞ며 溫和론 엇뎨 絶流機를 지여ᄇᆞ리리오 ᄒᆞ니라.《1482 금삼 1:26ㄴ》, 滄溟에 늘구메 와 ᄃᆞᆫ니노니 朱紱로 平生ᄋᆞᆯ 져ᄇᆞ리과라.《1481 두시-초 3:45ㄱ》

2 제헤니라: 두려워해서다. '저허ᄒᆞ(어간)+어(연결어미)+이('이다'의 어간)+니라(평서형 종결어미)'이다. 현대국어 '저어하다'의 옛말 '저허ᄒᆞ다'는 15세기 문헌에서부터 나타난다. '저허ᄒᆞ다'는 중세국어 동사 '젛-'에 '-어ᄒᆞ다'가 결합한 것이다. '젛-'과 '저허ᄒᆞ-'모두 '두려워하다'라는 뜻의 동사로 쓰였는데 현대국어로 오면서 '젛-'은 사라지게 되었다. '저허ᄒᆞ다'는 19세기까지 많은 용례를 보인다. '저허ᄒᆞ다'는 19세기에 어중의 'ㅎ'이 탈락한 '저어ᄒᆞ다'로도 나타난다. 20세기 이후에는 'ᄒᆞ다'가 '하다'로 표기되는 '저어하다'로 나타나기 시작하여 현재에 이르렀다. 저허ᄒᆞ다(15세기~19세기)〉저어ᄒᆞ다(19세기)〉저어하다(20세기~

현재). 이형태: 저허ᄒᆞ다, 저어ᄒᆞ다. 녁시 갈 길홀 기리 迷失홀가 저허ᄒᆞ노라.《1481 두시-초 3:34ㄱ》, 어딘 이리어든 縣令의게 가디 아닐가 저허ᄒᆞ야 이러ᄐᆞᆫ 정셩도윈 ᄠᅳ디 하면.《1518 번소 7:25ㄴ》

소언 允윤이 믈러와 사ᄅᆞᆷᄃᆞ려 닐러 ᄀᆞᆯ오ᄃᆡ 내 東동宮궁의 ᄀᆞᄅᆞ쳐 인도홈을 받ᄌᆞᆸ디 아니홈은 翟뎍黑흑子ᄌᆞ를 져ᄇᆞ릴가 저헨 연괴니라

현대역 윤이 물러와 사람에게 일러 가로되, "내가 동궁이 가르쳐 인도함을 받잡지 아니함은 적흑자를 저버릴까 두려워한 연고니라."

【正誤】**致堂胡氏曰高允**은**不欺之君子也**라**與崔浩**로**同爲國史**러니**浩旣被罪**에**允義不可苟免**일새**自陳於君父之前**하여**內不欺其心**하고**外不欺其友**하고**上不欺其君**하니**若高允**은**可謂仁矣**로다

●致堂胡氏가 말하였다. "高允은 속이지 않는 군자다. 崔浩와 더불어 함께 國史를 짓더니, 浩가 이미 죄를 입음에, 允은 의리상 가히 구차히 면할 수 없어, 스스로 君父[임금]의 앞에서 말하여, 안으로는 그 마음을 속이지 아니하고, 밖으로는 그 벗[崔浩]을 속이지 아니하고, 위로는 그 임금을 속이지 아니하니, 高允 같은 이가 가히 어질다 이를 만하다."

漢字 陳(말할 진, 베풀 진, 늘어놓을 진)

치당호씨(致堂胡氏, 1098년~1156년): 호인(胡寅)을 말한다. 송나라 건녕(建寧) 숭안(崇安) 사람으로, 자는 명중(明仲)이고, 학자들은 치당 선생(致堂先生)이라 불렀다. 호안국(胡安國)의 조카다. 휘종(徽宗) 선화(宣和) 3년(1121년) 진사(進士)가 되었다. 흠종(欽宗) 정강(靖康) 초에 불려 교서랑(校書郞)이 되고, 좨주(祭酒) 양시(楊時)에게 공부했다. 고종(高宗) 건염(建炎) 연간에 장준(張浚)의 천거로 기거랑(起居郞)에 발탁되었다. 상서하여 금나라에 대항할 대책을 진술하고 구차하게 화의하는 것에 반대했는데, 어조가 간절하고 강직했다. 소흥(紹興) 연간에 중서사인(中書舍人)이 되어 금나라에 사신 보내는 것을 극력 저지하다가

엄주(嚴州)와 영주(永州)의 지주(知州)로 나갔다. 관직은 예부시랑겸직학사원(禮部侍郎兼直學士院)까지 올랐다. 진회(秦檜)가 정권을 잡자 몹시 꺼려하여 조정을 비방하고 폄하했다는 이유로 파직되어 신주(新州)에 안치되었다. 진회가 죽은 뒤 복직했다. 시호는 문충(文忠)이다. 저서에 《논어상설(論語詳說)》·《독사관견(讀史管見)》·《비연집(斐然集)》이 있다(중국역대인명사전).

〖二十二章〗

○李君行先生의名은潛이니虔州人이라入京師홀식至泗州ᄒᆞ야留止러니其子弟ㅣ請先往이어늘君行이問其故ᄒᆞᆫ대曰科場이近ᄒᆞ니欲先至京師ᄒᆞ야貫開封戶籍ᄒᆞ야取應ᄒᆞ노이다君行이不許曰汝ㅣ虔州人而貫開封戶籍ᄒᆞ면欲求事君而先欺君이니可乎아寧遲緩數年이언뎡不可行也ㅣ니라 《童蒙訓》

●李君行 선생의 이름은 潛이니, 건주(虔州) 사람이다. 서울에 들어갈 때 泗州에 이르러 머물렀더니, 그 아들이 먼저 가기를 청하거늘 군행이 그 연고를 물으니, 말하였다. "科場[과거시험]이 가까우니, 먼저 서울에 이르러 개봉부 호적에 올려서 취하여 응하고자 합니다." 군행이 허락하지 아니하고 말하였다. "너는 건주 사람이면서 개봉부 호적에 올리면 임금 섬기기를 구하고자 하면서 먼저 임금을 속임이니, 가한가? 차라리 몇 년 늦을지언정 가히 갈 수 없다."

漢字 潛(잠길 잠), 虔(정성 건, 공경할 건), 泗(물 이름 사), 貫(이름 올릴 관, 꿸 관, 통과할 관, 이룰 관), 遲(늦을 지), 緩(늦을 완)

1 이군행(李君行, 1040년경~1101년): 북송 건주(虔州) 흥국(興國) 사람으로, 이름은 이잠(李潛)이고, 자는 군행(君行)이다. 행실을 돈독히 해 명사와 교제하지 않았다. 영종(英宗) 치평(治平) 연간에 진사(進士)가 되어 교서랑(校書郞)과 태학박사(太學博士) 등을 지냈다. 철종(哲宗) 소성(紹聖) 연간에 기주지주(蘄州知州)를 지내고, 연로함을 이유로 치사(致仕)했다. 유사정(劉師正)을 사사하여 《춘추》

를 배웠고, 《논어》와 《맹자》 및 경서를 모든 사상과 학설의 표준으로 삼았다(중국역대인명사전).

2 경사(京師): 서울. 한 나라의 중앙정부가 있는 곳.

번소 李니君군行ᄒᆡᆼ이라 ᄒᆞᆫ 先션生ᄉᆡᆼ의 일후ᄆᆞᆫ 潛ᄌᆞᆷ이니 虔건州쥬ㅣ ᄀᆞ올 사ᄅᆞᆷ이라 셔울 드러올 제 泗ᄉᆞ州쥬ㅣ ᄯᅡ해 와 묵더니 그 ᄌᆞ뎨 몬져 니거지라 ᄒᆞ여ᄂᆞᆯ 君군行ᄒᆡᆼ이 그 연고ᄅᆞᆯ 무른대 닐오ᄃᆡ 동당이 갓가오니 몬져 셔욿 가 開ᄀᆡ封봉府부ㅣ랏 마ᅀᆞᆯ 戶호籍젹의 일훔 올여 동당 보고져 ᄒᆞ노이다 君군行ᄒᆡᆼ이 듣디 아녀 닐오ᄃᆡ 너ᄂᆞᆫ 虔건州쥬ㅣ 사ᄅᆞᆷ으로 開ᄀᆡ封봉 戶호籍젹의 일훔 올유려 ᄒᆞ니 님금을 셤기고져 호ᄃᆡ 몬져 님금 소규미 올ᄒᆞ냐 출하리 두ᅀᅥ ᄒᆡᄅᆞᆯ 므늘 ᄲᅮ니언뎡 가디 몯홀 거시라

현대역 李君行이라 하는 선생의 이름은 潛이니, 虔州 고을 사람이라. 서울 들어올 때 泗州의 땅에 와 묵더니, 그 자제 먼저 가겠다고 하거늘, 군행이 그 연고를 물으니, 이르되 "東堂이 가까우니, 먼저 서울 가 開封府라는 마을 호적에 이름 올려, 동당 보고자 합니다." 군행이 듣지 아니하여 이르되, "너는 건주 사람으로, 개봉 호적에 이름 올리려하니 임금을 섬기고자 하되, 먼저 임금 속임이 옳으냐? 차라리 두어 해를 늦출 뿐일지언정 가지 못할 것이라."

1 니거지라: 가겠다고 한다. 가고 싶다. 가고자 한다. '니(어간)+거지라(소망 평서형 종결어미)'이다. '-지라'는 항상 동사 표지 '아/어/야/거'를 요구한다. 비타동사 앞에서는 '거'가 붙는다. 따라서 '-아/어/야지라/거지라' 전체를 화자의 소망(바람)을 나타내는 특수한 평서형 종결어미, 즉 소망 평서형 종결어미로 본다(고영근, 2020: 325). 이런 견해와 달리, 과거에는 '-아/어/야지라/거지라'에서 '지라'만 보조 용언으로 처리해 왔다. 그러나 앞의 '아/어/야/거'가 보조적 연결어미가 될 수 없고 동사 표지인 이상, 보조 용언으로 볼 수 없다. '-거지라'는 주로 1인칭 주어와 함께 쓰여, 의도 '-겠다고 한다', '-고 싶다', '-고자 하다'를 뜻하는

종결어미이다. 그 아기 닐굽 설 머거 아비 보라 니거지라 ᄒᆞᆫ대 그 어미 어엿비 너겨 노하 보내여늘《월석 8:101》, 새도록 자디 아니코 大便을 맛보며 향 퓌오고 하늘씌 비로ᄃᆡ 갑새 죽거지라 ᄒᆞ더라《속삼 효:29》

2 무른대: 물으니. '물(어간)+은대(연결어미)'이다. '-은대'는 끝음절의 모음이 '으, 어, 우'이면서 받침으로 끝나는 어간이나 다른 어미 뒤에 붙어, '-으니'를 뜻하는 어미이다. 이틋나래 舍利弗이 보고 무른대 須達이 그 ᄠᅳ들 닐어늘 舍利弗이 닐오ᄃᆡ 분별 말라《석상 6:27》. '묻다'는 15세기 문헌에서부터 보이며 현재까지 쓰이고 있다. 다만 어간이 자음 어미 앞에서는 '묻-'으로, 모음 어미 앞에서는 '물-'로 교체되는 ㄷ불규칙동사이다. 묻다(15세기~현재). 이형태: 묻다. 王이 太子씌 묻ᄌᆞᆸ보샤ᄃᆡ ᄌᆡ조ᄅᆞᆯ 어루ᄒᆞᇙ다.《1447 석상 3:12ㄱ》, 다 일즉 묻디 아니ᄒᆞ야 잇더니 셩이 므스것고.《1510년대 번노 상:15ㄴ》

3 동당: 동당(東堂). 식년마다 보이던 과거를 통틀어 이르던 말. 이에는 문과, 무과, 생원 진사과, 역과, 의과, 음양과, 율과 따위가 있었다.

4 을여: 올려. '올여'의 오자로 보인다. 본 장의 '올유려ᄒᆞ니'가 방증한다. '올이(어간)+어(어미)'이다. 현대국어 '올리다'의 옛말인 '올이다'는 15세기 문헌에서부터 나타난다. 제2음절의 첫소리인 성문 마찰 유성음 'ㅇ[ɦ]'이 16세기에 탈락하면서 'ㄹ'이 첨가되어 16세기에 '올리다'가 되었다. 19세기까지 '올이다'와 '올리다'가 공존하다가 '올리다'로 정착하면서 현재에 이르렀다. 15세기 '올이다'는 동사 '오ᄅᆞ-'에 사동접사 '-ㅣ-'가 결합한 것이다. '오ᄅᆞ-'는 모음으로 시작하는 어미가 결합할 때에는 '올ㅇ-'으로 실현되었기 때문에 사동접사 '-ㅣ-'가 결합한 형태도 '올이-'로 나타난 것이다. 올이다(15세기~19세기)>올리다(16세기~현재). 이형태: 올이다, 올리다. 石壁에 ᄆᆞᄅᆞᆯ 올이샤 도ᄌᆞᄀᆞᆯ 다 자ᄇᆞ시니 현 번 ᄢᅱ운ᄃᆞᆯ ᄂᆞ미 오ᄅᆞ리잇가.《1447 용가 48》, 만일 아비ㅅ씌어든 눈을 둘오ᄃᆡ ᄂᆞᆾ치 올리디 말며 ᄯᅴ예 ᄂᆞ리오디 말올 디니라.《1588 소언 2:15ㄱ》

5 ᄒᆞ노이다: 합니다. 'ᄒᆞ(어간)+ᄂᆞ(직설법 선어말어미)+오(화자 표시법 선어말어미)+이(존비법 ᄒᆞ쇼셔체 선어말어니)+다(평서형 종결어미)'이다. '-노이다'는 어간 뒤에 붙어, 일반적으로 주어 명사구가 제1인칭 대명사 '나, 우리' 등 화자와 함께 쓰여, '-나이다[-ㅂ니다]'를 나타내는 어미이다. ᄆᆞᅀᆞᆷ 됴ᄒᆞ신 원판 형님하 어듸 가시ᄂᆞᆫ고 쇼ᅀᅵᆫ이 례부에 가노이다 므슴 이리 잇ᄂᆞᆫ고(好院判哥 到那裏 小人到禮部裏 有甚麼句當)《번박 상:7》, 괴시란ᄃᆡ 우러곰 좃니노이다《악장 서경별곡》

6 올유려: 올리려. '올이(어간)+우려(연결어미)'이다. '-우려'는 끝음절의 모음이 'ㆍ, ㅏ, ㅗ'가 아닌 동사, 형용사 어간 뒤에 붙어, 주로 일인칭 주어와 함께 쓰여, 동작 주체의 의도인 '-려'를 나타내는 어미이다. ᄂᆞᆷ 주규려 커늘 天地之量이실ᄊᆡ 다시 사ᄅᆞ샤 爵祿ᄋᆞᆯ 주시니(人欲誅矣 天地量廓 迺復生之 爵祿是錫).《용가 77장》, ᄆᆞ리 病이 기펴 山脊에 몯 오ᄅᆞ거늘 君子ᄅᆞᆯ 그리샤 金罍ᄅᆞ 브수려 ᄒᆞ시니(我馬孔瘏 于岡靡陟 言念君子 金罍欲酌).《용가 109장》

7 므늘: 늦출. '므느(어간)+ㄹ(관형사형 어미)'이다. '므느다'는 '뒤로 물리거나 늦추다'의 옛말이다. 退 므늘 퇴.《천자-광 16》, 깃거 믈러가 목숨 일ᄇᆡᆨ 마ᄋᆞᆫ 닐굽 ᄒᆡ을 므느ᄂᆞᆫ 후애 ᄒᆞᆫᄃᆡ 극락국의 나다(歡喜而退 ᄒᆞ야 辿壽一白四十歲後).《권념 12》

8 ᄲᅮᆫ니언뎡: 뿐일지언정. 'ᄲᅮᆫ(의존명사)+이('이다'의 어간)+언뎡(연결어미)'이다. '-언뎡'은 끝음절의 모음이 'ㆍ, ㅏ, ㅗ'가 아닌 동사, 형용사 어간 뒤에 붙어, '-ㄹ지언정'을 뜻하는 어미이다. 太子ㅣ 닐오ᄃᆡ 그듸냇 말 곧디 아니호니 오직 아바닚 病이 됴ᄒᆞ실시언뎡 모ᄆᆞᆯ 百千 디위 ᄇᆞ려도 어렵디 아니ᄒᆞ니.《월석-중 21:216》, 이 ᄠᅳ드로 보건댄 알ᄑᆡᆺ 드트리 제 어드울 ᄲᅮᆫ니언뎡 보미ᅀᅡ 엇뎨 덜리오(以是義觀 前塵自暗 見何虧損).《능엄 1:100》

소언 李리君군行힝[君군行힝ᄋᆞᆫ ᄌᆡ니 宋송 적 사ᄅᆞᆷ이라] 先션生ᄉᆡᆼ의 일홈은 潛즘이니 虔건州쥬[고을일홈이라]ㅅ 사ᄅᆞᆷ이라 셔울 드러올 ᄉᆡ 泗ᄉᆞ州쥬[고을일홈이라]예 니르러셔 머믈어 잇더니 그 子ᄌᆞ弟뎨 몬져 감을 請쳥ᄒᆞ거ᄂᆞᆯ 君군行힝이 그 연고ᄅᆞᆯ 무ᄅᆞᆫ대 ᄀᆞᆯ오ᄃᆡ 과거 시댱이 갓가오니 몬져 셔울 니르러셔 開ᄀᆡ封봉[이제 漢한城셩府부 ᄀᆞᄐᆞᆫ 마을이라] 戶호籍젹[댱 호젹이라]에 드려 과거 보기를 ᄒᆞ고져 ᄒᆞ노이다 君군行힝이 許허티 아녀 ᄀᆞᆯ오ᄃᆡ 네 虔건州쥬ㅅ 사ᄅᆞᆷ으로셔 開ᄀᆡ封봉戶호籍젹에 드리면 님금 셤김을 求구코져 ᄒᆞ며셔 몬져 님금을 소김이니 可가ᄒᆞ냐 출하리 두어 ᄒᆡᄅᆞᆯ 더딀 ᄲᅮᆫ이언뎡 可가히 가디 몯ᄒᆞᆯ 거시니라

현대역 이군행[군행은 자니, 宋 때 사람이라.] 선생의 이름은 잠이니, 건주[고

을이름이라.] 사람이라. 서울 들어오므로 사주[고을이름이다.]에 이르러서 머물러 있더니, 그 자제가 먼저 감을 청하거늘, 군행이 그 연고를 물으니, 가로되, "과거 試場이 가까우니, 먼저 서울 이르러서, 개봉[이제 한성부 같은 마을이다.] 호적[場 호적이라.]에 들여, 과거 보기를 하고자 합니다." 군행이 허락하지 아녀 가로되, "너는 건주 사람으로서 개봉 호적에 들이면, 임금 섬김을 구하고자 하면서 먼저 임금을 속임이니, 옳으냐? 차라리 두어 해를 더딜 뿐일지언정, 가히 가지 못할 것이니라."

더딀: 더딜. '더듸(어간)+ㄹ(관형사형 어미)'이다. 현대국어 '더디다'의 옛말인 '더듸다'는 15세기 문헌에서부터 나타난다. 근대국어 후기에 자음 뒤에서 모음 'ㅢ'가 'ㅣ'로 바뀌어 현대국어의 '더디다'가 되었다. 문헌상으로는 19세기까지도 '더디다' 형태는 보이지 않고 '더듸다' 형태만 나타난다. 더듸다(15세기~19세기)>더디다(20세기~현재). 이형태: 더듸다. 첫 ᄆᆞᅀᆞ매 三昧예 드롫뎬 더듸며 ᄲᆞᆯ로미 類 ᄒᆞᆫ 가지 아니이다.《1461 능엄 6:54ㄱ》, 초당의 봄 조름이 족ᄒᆞ니 창 밧게 날이 더듸고 더듸다 ᄒᆞ니.《1883 명성 19ㄱ》

【集說】陳氏曰君行은字라虔州는今贛州府라泗는郡名이라宋之京師는在開封府하니라貫은猶係也니冒籍以應擧는是欺君矣라

진 씨가 말하였다. "君行은 자이다. 건주는 지금의 공주부(贛州府)다. 泗는 군 이름이다. 송나라의 서울은 開封府에 있었다. 貫은 기록함과 같다. 호적을 거짓으로 대어 써 과거에 응함은 임금을 속임이다."

漢字 贛(강 이름 공, 줄 공), 係(기록할 계, 맬 계, 이을 계), 冒(거짓으로 댈 모, 무릅쓸 모)

〖二十三章〗

○崔玄暐偉의母盧氏ㅣ嘗誡玄暐曰吾見姨兄屯田郞中辛玄馭호니曰兒子從宦者를有人이來云貧乏不能存이라ᄒᆞ면此는

是好消息이어니와若聞貲咨貨ㅣ充足ᄒᆞ며衣馬ㅣ輕肥라ᄒᆞ면此ᄂᆞᆫ惡消息이라ᄒᆞ니吾ㅣ嘗以爲確論이라ᄒᆞ노라 《唐書 崔玄暐列傳》

● 최현위의 어머니 노 씨가 일찍이 현위에게 훈계하여 말하였다. “내가 이종오빠인 둔전낭중 신현어를 만나보니, 말씀하기를, ‘아들로서 벼슬에 종사하는 자를 어떤 사람이 와서 가난하고 궁핍하여 생존할 수 없다고 말하면 이는 좋은 소식이거니와, 만약에 재물이 충족하며 옷과 말이 가볍고 살졌다고 들으면 이는 나쁜 소식이다.’라 하니, 나는 일찍이 확실한 견해라 생각한다.

漢字 暐(햇빛 위, 밝을 위), 誡(훈계할 계), 姨(이모 이), 屯(진칠 둔), 馭(말 부릴 어), 宦(벼슬 환), 有(어떤 유), 貲(재물 자), 貨(재물 화), 肥(살질 비), 確(굳을 확)

1 최현위(崔玄暐, 638년~706년): 당나라 측천무후(則天武后) 때 관리로, 호소현령(胡蘇縣令)을 지냈던 최신(崔愼)의 아들이다. 본명은 최엽(崔曄)으로, 측천무후의 할아버지인 무화(武華)의 휘가 이름에 포함되어 있어서 자를 사용하였다. 704년, 당나라의 측천무후는 쇠약해져 병석에 들자, 측천을 보좌하던 장역지(張易之), 장창종(張昌宗) 형제가 측천을 믿고 전횡을 하게 되었다. 최현위(崔玄暐)는 장간지(張柬之), 요숭(姚崇)과 함께 측천무후에게 장 씨 형제를 처벌할 것, 당 중종(中宗, 재위 683년~684년)을 복원 할 것을 요구하였지만 측천은 거부하였다. 당시 당나라 태자 이현(李顯)과 다른 무 씨 제후들도 장 씨 형제의 전횡을 반대하고 있었으므로, 최현위(崔玄暐), 장간지(張柬之)를 비롯한 환언범(桓彦範), 경휘(敬暉), 원서기(袁恕己) 등은 정변을 계획을 수립한다. 최현위, 장간지는 당시 궁궐의 방어를 맡은 군장 이다조(李多祚)의 도움으로 경휘(敬暉), 환언범(桓彦範), 양원염(楊元琰)을 우림군 장군으로 임명하여 황궁의 북문(北門)을 장악하였다. 705년 2월에 이다조(李多祚)의 군대 500여 명을 대동하여, 황궁에서 장역지(張易之), 장창종(張昌宗) 형제를 죽였다. 또한 측천무후(則天武后)를 압박하여 당 중종을 복위시켰다. 최현위는 장 씨 형제를 제거한 공으로 하북성의 제후로 봉해졌으며, 그의 동료 장간지, 환언범, 경휘, 원서기도 모두 지방 제후로 봉해져 오왕(五王)으로 불리게 되었다. 그러나 측천 이후에 실권을 장악한 위황후(韋皇后)는 오왕(五王)이 위협적이라고 판단하여 잠시 벼슬을 박탈하기도 하였으나, 후에 다시 복원시켜 주었다. 최현위(崔玄暐)의 청하(淸河) 최씨는 하북성의

제후 가문을 유지하였고, 그의 어린 동생 최승(崔陞)은 락오닝의 제후겸 병마사가 되었다(위키백과).

2 아자(兒子): 어린 사람. '아들'의 낮춤말.

번소 崔최玄현暐위의 어머님 盧로氏시 샹해 玄현暐위를 경계ᄒᆞ야 닐오ᄃᆡ 내 ᄉᆞ촌 오라비 屯둔田뎐郞랑中듕 벼슬ᄒᆞᆫ 辛신玄현馭어를 보니 닐오ᄃᆡ ᄌᆞ식이 벼슬ᄒᆞ여 ᄃᆞ니거ᄃᆞᆫ 사ᄅᆞᆷ이 와 닐오ᄃᆡ 가난ᄒᆞ야 사디 몯ᄒᆞ더라 ᄒᆞ면 이ᄂᆞᆫ 됴ᄒᆞᆫ 긔별이어니와 또 쳔량이 만히 잇고 오시 됴ᄒᆞ며 ᄆᆞ리 ᄉᆞᆯ지다 ᄒᆞ야 드르면 이ᄂᆞᆫ 사오나온 긔별이라 ᄒᆞ니 내 그 마를 ᄀᆞ장 구든 의론ㅣ라 ᄒᆞ노라

현대역 崔玄暐의 어머님 노 씨가 늘 현위를 경계하여 이르되, "나의 사촌 오라버니 屯田郞中 벼슬한 신현어(辛玄馭)를 보니, 이르되 '자식이 벼슬하여 다니거든 사람이 와 이르되, 가난하여 살지 못하더라 하면, 이는 좋은 기별이거니와, 또 재물이 많이 있고 옷이 좋으며 말이 살찐다 하여 들으면, 이는 나쁜 기별이라.' 하니, 내 그 말을 가장 굳은 議論이라 하노라.

소언 崔최玄현暐위[玄현暐위ᄂᆞᆫ 字ᄌᆞㅣ오 일홈ᄋᆞᆫ 曄녑이니 唐당 적 사ᄅᆞᆷ이라]의 어미 盧로氏시ㅣ 일즉 玄현暐위를 경계ᄒᆞ야 ᄀᆞᆯ오ᄃᆡ 내 姨이兄형[엄의 겨집 동ᄉᆡᆼ에 난 ᄆᆞᆮ오라비라] 屯둔田뎐郞랑中듕[벼슬 일홈이라] 辛신玄현馭어를 보니 ᄀᆞᆯ오ᄃᆡ ᄌᆞ식이 벼슬ᄒᆞ여 ᄃᆞ니ᄂᆞᆫ 이를 사ᄅᆞᆷ이 이셔 와 닐오ᄃᆡ 가난ᄒᆞ야 군핍ᄒᆞ야 能능히 잇디 몯ᄒᆞ더라 ᄒᆞ면 이ᄂᆞᆫ 이 됴ᄒᆞᆫ 긔별이어니와 만일 ᄌᆡ믈이 차 足죡ᄒᆞ며 옷과 ᄆᆞᆯ이 가ᄇᆡ얍고 ᄉᆞᆯ지다 홈을 드르면 이ᄂᆞᆫ 사오나온 긔별이라 ᄒᆞ니 내 常샹해 ᄡᅥ 확실ᄒᆞᆫ 의론이라 ᄒᆞ노라

현대역 최현위[현위는 자요, 이름은 엽이니, 唐 때 사람이라.]의 어머니 노 씨가 일찍이 현위를 경계하여 가로되, "나의 이형(姨兄)[어머니의 여자 동생에서 난 맏오빠이라.] 둔전랑중[벼슬이름이라.] 신현어를 보니. 가로되, '자식

이 벼슬하여 다니는 이를 사람이 있어 와 이르되, 가난하여 군핍(窘乏)하여 능히 있지[생존하지] 못하더라 하면, 이는 이 좋은 기별이거니와, 만일 재물이 차 풍족하며 옷과 말이 가볍고 살쪘다 함을 들으면 이는 나쁜 기별이라.' 하니, 내가 늘 써 확실한 의론이라 하노라.

1 군핍ᄒᆞ야: 군핍(窘乏)하여. 필요한 것이 없거나 모자라 군색하고 아쉬워.

2 가ᄫᅵ얍고: 가볍고. '가ᄫᅵ얍(어간)+고(연결어미)'이다. 현대국어 '가볍다'의 옛말인 '가ᄫᅵ얍다'는 15세기 문헌에서부터 나타난다. '가ᄫᅵ얍다'는 모음으로 시작하는 어미와 결합할 때에는 어간이 '가ᄫᅵ야ᄫ-'으로 교체되었는데, 15세기 중엽 이후 'ㅸ'이 반모음 [w]로 변화하면서 '가ᄫᅵ야ᄫ-'은 '가ᄫᅵ야오-'로 변화하였다. 16세기 이후에 제2음절 이하의 모음 'ㆍ'가 'ㅡ'로 변화하는 경향에 따라 16세기에는 '가븨얍다' 형태가 등장하였다. 한편 16세기에는 세 번째 음절의 양성모음 'ㅑ'가 음성모음 'ㅕ'로 바뀐 '가븨엽다'도 공존하였다. '가븨엽다'는 모음 어미와 결합할 때 어간이 '가븨여우-'로 교체되었다. 현대국어의 '가볍다'는 '가븨엽다'에서 모음 탈락과 축약을 거쳐 나타나게 된 것으로 추정된다. 가ᄫᅵ얍다(15세기~19세기)〉가븨얍다(16세기)〉가븨엽다(16세기~19세기)〉가볍다(20세기~현재). 이형태: 가ᄫᅵ얍-, 가ᄫᅵ야ᄫ-, 가ᄫᅵ야오-, 가ᄫᅵ압-, 가븨야오-, 가븨엽-, 가븨여우-, 갑븨야오-. 有情ᄃᆞᆯ히 病을 어더 비록 그 病이 가ᄫᅵ얍고도,《1447 석상 9:35ㄴ》, 輕은 가ᄫᅵ야ᄫᆞᆯ 씨라 ㅇ를 입시울쏘리 아래 니ᅀᅥ 쓰면 입시울 가ᄫᅵ야ᄫᆞᆫ 소리 ᄃᆞ외ᄂᆞ니라.《1446 훈언 12ㄱ》, 몸과 ᄠᅳᆮ괘 가ᄫᅵ야오며 便安ᄒᆞ야.《1461 능엄 4:75ㄴ》

【集說】陳氏曰玄暐의名은曄이요博陵人이니仕至宰相하니라姨兄은姨之子姨는乃父之姨이니卽從母也라長於我者也라貧必廉이라故로曰好消息이요富必貪이라故로曰惡消息이라

진 씨가 말하였다. "현위의 이름은 엽이고, 박릉 사람이니, 벼슬이 재상에 이르렀다. 姨兄은 이모의 아들로서 나보다 나이가 많은 자다[姨는 곧 아버지의 처 자매니, 곧 從母다.]. 가난하다면 반드시 청렴하다. 그러므로 좋은 소식이라 이르고, 부유하다면 반드시 탐욕스럽다. 그러므로 나쁜 소식이라

이른다."

漢字 曄(빛날 엽), 姨(처 자매 이)

比見親表中에仕宦者ㅣ將錢物ᄒᆞ야上其父母ㅣ어든父母ㅣ但知喜悅ᄒᆞ고竟不問此物이從何而來ᄒᆞᄂᆞ니必是祿俸餘資ㄴ댄誠亦善事ㅣ어니와如其非理所得이면此ㅣ與盜賊何別이리오縱無大咎ㅣ나獨不內愧於心가ᄒᆞᆫ대玄暐ㅣ遵奉敎誡ᄒᆞ야以淸謹으로見稱ᄒᆞ니라

근래에 보니, 親族과 外戚 중에 벼슬하는 자가 돈과 물건을 가져다가 그 부모에게 올리거든, 부모가 단지 기뻐함만 알고 마침내 이 물건이 어디로부터 왔는지를 묻지 않으니, 반드시 이것이 녹봉의 남은 재물일진대 진실로 또한 좋은 일이거니와, 만일 그것이 그릇된 이치로 얻은 바면 이것은 도적과 더불어 무엇이 다르겠는가? 비록 큰 허물이 없으나 홀로 안으로 마음에 부끄럽지 않겠는가?" 현위가 가르침과 훈계를 좇아 받들어 청렴과 삼감으로써 칭찬을 얻었다.

漢字 比(근래 비, 가까울 비, 견줄 비), 將(가질 장), 竟(마침내 경, 끝내 경), 祿(녹 록), 俸(녹 봉), 資(재물 자), 盜(훔칠 도), 賊(도둑 적), 縱(비록 종), 咎(허물 구), 愧(부끄러울 괴), 遵(좇을 준)

친표(親表): 동성(同姓)과 외성(外姓).

번소 요ᄉᆞᅀᅵ예 보니 권당 동셩 이셩 쥼에 벼슬ᄒᆞ옛ᄂᆞᆫ 사ᄅᆞᆷ돌히 쳔량 읫 거슬 가져다가 父부母모ㅅ긔 올여든 父부母모ㅣ 다믄 깃븐 줄만 알오 내죵내 이거시 어드러셔 온 것고 ᄒᆞ야 묻디 아니ᄒᆞ니 반ᄃᆞ시 이 록 ᄐᆞᆫ 나ᄆᆞᆫ 거시면 진실로 됴ᄒᆞᆫ 일이어니와 힝혀 왼 일로 어든 거시면 이 도ᄌᆞᆨ과 엇디 다ᄅᆞ리오 비록 큰 죄 업스나 혼자 안ᄒᆞ로

ᄆᆞᅀᆞᆷ애 붓그러온 주리 업스랴 ᄒᆞ야ᄂᆞᆯ 玄현暐위 ᄀᆞᄅᆞ치신 일를 받ᄌᆞ와 쳥렴ᄒᆞ며 조심ᄒᆞᆫ다 호모로 사ᄅᆞᄆᆡ게 일ᄏᆞᆯ이더라

현대역 요사이에 보니, 친척 同姓 異姓 중에 벼슬한 사람들이 재물의 것을 가져다가 부모께 올리거든, 부모가 다만 기쁜 줄만 알고 끝끝내 이것이 어디에서 온 것인가 하여 묻지 아니하니, 반드시 이것이 俸祿 탄 남은 것이면 진실로 좋은 일이거니와, 행여 그릇된 일로 얻은 것이면 이것이 도적과 어찌 다르리오. 비록 큰 죄는 없으나 혼자 안으로 마음에 부끄러운 줄이 없으랴?" 하거늘, 현위가 가르치신 일을 받자와, 청렴하며 조심한다 함으로 사람에게 일컬리더라.

1 벼슬ᄒᆞ옌ᄂᆞᆫ: 벼슬하여 있는. '벼슬ᄒᆞ+여(보조적 연결어미)+잇(在, '잇다'의 어간)+ᄂᆞ(현재시제 선어말어미)+ㄴ(관형사형 어미)'이다. 완료상은 보조적 연결어미 '-아/어/여'와 보조형용사 '잇다[在]'의 결합으로 표현된다. 즉 '여+잇→옛'이 완료상을 나타내고 있다. 다만 본 예는 '옛'이 뒤의 'ㄴ'의 영향으로 자음동화하여 표기에 반영되었다. 寶階ᄂᆞᆫ 보ᄇᆡ옛 ᄃᆞ리니 우희 닐엣ᄂᆞᆫ 세 줈 ᄃᆞ리라.《석상 11:12》, 城郭ᄋᆞᆯ 졋ᄂᆞᆫ 지비 일어ᄂᆞᆯ 힌 뗘로 니유니 ᄀᆞᄅᆞᆷ 버므렛ᄂᆞᆫ 길히 니그니 프른 ᄆᆡᇂ 디렛도다(背郭堂成蔭白茅 緣江路熟俯青郊).《두시-초 7:1》

2 일ᄏᆞᆯ이더라: 일컬리더라. 우러러 칭찬 받거나 기리어 말해지더라. '일ᄏᆞᆯ이(어간)+더(회상법 선어말어미)+라(평서형 종결어미)'이다. '-더라'는 '이다'의 어간, 용언의 어간 또는 어미 '-으시-', '-었-', '-겠-' 뒤에 붙어, 해라할 자리에 쓰여, 화자가 과거에 직접 경험하여 새로이 알게 된 사실을 그대로 옮겨 와 전달한다는 뜻을 나타내는 어미이다. 철수가 노래를 잘 부르더라. 그곳은 경치가 참 좋더라. '일ᄏᆞᆯ이다'는 '일컬리다['일컫다'의 피동사]'의 옛말이다. 玄暐ㅣ 警戒ᄅᆞᆯ 바다 淸白ᄒᆞ며 조심호ᄆᆞ로 일ᄏᆞᆯ이니라(玄暐遵奉教誠 以清謹見稱).《내훈 3:27》, 后妃 다 富ᄒᆞ고 能히 儉朴ᄒᆞ며 貴ᄒᆞ고 能히 브ᄌᆞ런호ᄆᆞ로 글와래 일ᄏᆞᆯ이다 호니(吾聞古之后妃 皆以富而能儉 貴而能勤 見稱於載籍).《내훈 2:102》

소언 요ᄉᆞ이 보니 親친[동셩 권당이라] 表표[이셩 권당이라] ᄊᆞᆼ에 벼슬ᄒᆞᆫ 이 쳔량읫 거슬 가져다가 그 父부母모ㅅ끠 올려든 父부母모

ㅣ 다ᄆᆞᆫ 깃거ᄒᆞᆯ 줄만 알오 내죵내 이거시 어드러조차 오뇨 묻디 아니ᄒᆞᄂᆞ니 반드시 이 祿녹俸봉에 남은 ᄌᆡ믈인댄 진실로 ᄯᅩ 됴ᄒᆞᆫ 일이어니와 만일 그 非비理리예 어든 배면 이 盜도賊적으로 더블어 엇디 ᄀᆞᆯᄒᆡ리오 비록 큰 허믈이 업ᄉᆞ나 홀로 안호로 ᄆᆞᅀᆞᆷ애 붓그럽디 아니ᄒᆞ랴 ᄒᆞᆫ대 玄현暐위ㅣ ᄀᆞᄅᆞ쳐 경계홈을 조차 받ᄌᆞ와 쳥렴ᄒᆞ고 삼감으로ᄡᅥ 일ᄏᆞ롬을 보니라

현대역 요사이 보니, 親[동성 친척이라.] 表[이성 친척이라.] 중에 벼슬한 이가 재물의 것을 가져다가 그 부모께 올리거든, 부모가 다만 기뻐할 줄만 알고 끝끝내 이것이 어디로 따라 오는가 묻지 아니하니, 반드시 이것이 녹봉에 남은 재물이면 진실로 또 좋은 일이거니와, 만일 그것이 비리에 얻은 바이면 이것이 도적과 더불어 어찌 가리리오. 비록 큰 허물이 없으나 홀로 안으로 마음에 부끄럽지 아니하랴." 하니까, 현위가 가르쳐 경계함을 좇아 받자와, 청렴하고 삼감으로써 일컬음을 보니라.

내죵내: 끝끝내. 甚히 아디 몯ᄒᆞᆯᄊᆡ 이런ᄃᆞ로 曾이라 니ᄅᆞ시고 내죵내 아디 몯ᄒᆞᆯᄊᆡ 이런ᄃᆞ로 다시 元이라 니ᄅᆞ시니라(甚不知 故言曾 終不知 故復言元也).《능엄 3:82》, ᄌᆞ조 튜ᄃᆡ 내죵내 고티디 아니커든 아ᄃᆞᄅᆞᆯ 내티며 며느릴 내틀디니(屢笞而終不改 子放婦出).《내훈 3:4》

【集說】陳氏曰比는近也라親은同姓이요表는外姓이라非理所得은如竊官物剝民財皆是라咎는罪也니言罪雖幸免이나心實有愧矣라

진 씨가 말하였다. "比는 '근래'다. 親은 아버지편의 姓이고, 表는 어머니편의 姓이다. 非理所得[그릇된 이치로 얻은 바]은 관청의 물건을 훔치고 백성의 재물을 빼앗음 같음이 모두 이것이다. 咎는 죄니, 죄는 비록 다행히 면했으나 마음에는 실로 부끄러움이 있음을 말함이다."

漢字 竊(훔칠 절), 剝(빼앗을 박, 벗길 박)

〖二十四章〗

○劉器之待制ㅣ初登科ᄒᆞ야與二同年으로謁張觀參政이러니三人이同起身ᄒᆞ야請敎ᄒᆞᆫ대張이曰某ㅣ自守官以來로常持四字ᄒᆞ노니勤謹和緩이니라中間一後生이應聲曰勤謹和ᄂᆞᆫ旣聞命矣어니와緩之一字ᄂᆞᆫ某所未聞이로소이다張이正色作氣曰何嘗敎賢緩不及事ㅣ리오且道世間甚事ㅣ不因忙後錯了오

《宋名臣言行錄, 呂氏雜錄》

●劉器之 待制가 처음 과거에 급제하여 두 同年과 더불어 張觀 參政을 뵙더니, 세 사람이 함께 몸을 일으켜 가르침을 청했는데, 張이 말하였다. "내가 벼슬을 지킨 이래로부터 늘 네 글자를 가졌으니, 勤[부지런함]·謹[삼감]·和[화합함]·緩[천천히 함]이다." 중간에 한 後生이 소리[張觀의 말]에 응하여 말하였다. "勤·謹·和는 이미 가르침을 들었거니와, 緩이란 한 자는 제가 듣지 못한 바입니다." 張이 낯빛을 바르게 하고 기운을 지어 말하였다. "어찌 일찍이 자네들로 하여금 더디게 하여 일에 미치지 못하게 하겠는가? 또 세상에 어떤 일이 바쁜 뒤로 인하여 어긋나지 않는다고 말하겠는가?"

漢字 謁(뵐 알), 敎(가르칠 교, 하여금 교), 賢(자네 현), 甚[어떤 심, 무슨 심=何(하)], 忙(바쁠 망), 錯(어긋날 착, 섞일 착), 了(어조사 료)

1 유기지(劉器之, 1048년~1125년): 북송 대명(大名, 하북성) 사람으로, 이름은 유안세(劉安世)이고, 자는 기지(器之)며, 호는 원성(元城)이다. 유항(劉航)의 아들이다. 신종(神宗) 희녕(熙寧) 6년(1073년) 진사가 되었다. 관료로 나가지 않고 사마광(司馬光)에게 수학했다. 사마광이 재상이 되자 추천을 받아 비서성정자(秘書省正字)에 올랐다. 또 여공저(呂公著)의 추천으로 우정언(右正言)이 되었다. 일을 논하는 것이 강직해서 연이어 장돈(章惇)·채확(蔡確)·범순인(范純仁)을 탄핵했다. 거듭 승진해서 좌간의대부(左諫議大夫)와 추밀도승지(樞密都承旨) 등을 역임했다. 장돈이 집권하자 영주(英州)로 폄적되어 안치되었다가, 해주(海

州)로 옮겨졌다. 마침 휘종(徽宗)이 즉위해 사면을 받고, 형주(衡州)·정주(鼎州)·운주(鄆州)·진정부(眞定府)의 지주(知州)를 지냈다. 채경(蔡京)이 재상이 되자 연이어 유배를 당해, 섬주(陜州)에서 구속당해 있었다. 상수학(象數學)과 의리학(義理學)을 겸하여 《주역》을 연구해야 한다고 주장했다. 저서에 《원성어록(元城語錄)》·《진언집(盡言集)》·《행록(行錄)》 등이 있다. 청렴했으며, 충효정직(忠孝正直)했다(중국역대인명사전).

2 동년(同年): 같은 때에 과거에 급제하여 방목(榜目)에 함께 적히던 일. 또는 그런 사람. 유의어: 동방(同榜)

3 참정(參政): 참지정사(參智政事)의 준말이다. 송대(宋代)에 재상(宰相) 다음 가는 벼슬이다. 장관(張觀)은 참지정사를 지내지는 않았고, 그보다 낮은 벼슬인 추밀원사(樞密院使)에 그쳤다. 따라서 윗글은 장관의 벼슬이 잘못된 듯하다.

번소 劉류器긔之지 待ᄃᆡ制졔ㅅ 벼슬ᄒᆞ엿더니 처엄 급뎨ᄒᆞ야 두 동년과 參참政졍ㅅ 벼슬ᄒᆞ엿ᄂᆞᆫ 張댱觀관이를 뵈더니 세 사ᄅᆞᆷ이 ᄒᆞᆷ씌 니러 ᄀᆞᄅᆞ칠 말을 쳥ᄒᆞᆫ대 張댱觀관이 닐오ᄃᆡ 내 벼슬ᄒᆞ욤브터 오모로 ᄆᆡ양 네 ᄌᆞᄅᆞᆯ 가져 잇노니 브즈런홈과 삼감과 온화홈과 날회여 홈괘라 ᄒᆞ여늘 그 듕에 ᄒᆞᆫ 손이 즉제 ᄃᆡ답ᄒᆞ여 닐오ᄃᆡ 브즈런홈과 삼감과 온화홈과ᄂᆞᆫ ᄒᆞ마 듣ᄌᆞ왓거니와 날회여 ᄒᆞᆫ다 ᄒᆞᄂᆞᆫ ᄒᆞᆫ ᄌᆞᄂᆞᆫ 내 듣디 몯ᄒᆞ엿당이다 張댱觀관이 졍식ᄒᆞ고 긔운ᄋᆞᆯ 닐와다 닐우ᄃᆡ 엇디 어딘 사ᄅᆞᆷᄃᆞ려 느즈웨ᄒᆞ여 이레 몯 미ᄎᆞᆯ 일을 ᄀᆞᄅᆞ치료 ᄯᅩ 니르건댄 셰간ᄋᆡ 므스 일이 밧비 ᄒᆞ다가 그르 아니ᄒᆞᄂᆞ뇨

현대역 劉器之가 待制의 벼슬 하였더니, 처음 급제하여 두 同年과 參政의 벼슬한 張觀이를 뵈더니, 세 사람이 함께 일어나 가르칠 말을 청했는데, 장관이 이르되, "내 벼슬함부터 옴으로 매양 네 자를 가져 있나니, 부지런함과 삼감과 온화함과 느리게 함이라." 하거늘, 그 중에 한 손이 즉시 대답하여 이르되, "부지런함과 삼감과 온화함은 이미 들었거니와, 느리게 한다 하는 한 자는 내 듣지 못하여 있었습니다." 장관이 정색하고 기운을 일으키어 이르되, "어찌 어진 사람에게 천천히 하여 일에 못 미칠 일을 가르치리오."

또 이른즉슨, "세간의 무슨 일이[어떤 일이든] 바삐 하다가[하면] 잘못 아니 하느냐[잘못되지 않는가]?"

1 잇노니: 있나니. '잇(어간)+ᄂᆞ(직설법 선어말어미)+오(화자 표시법 선어말어미)+니(연결어미)'이다. '-노니'는 동사, 형용사 어간이나 어미 뒤에 붙어, 일반적으로 주어 명사구 제1인칭 대명사 '나, 우리' 등 화자와 함께 쓰여, '-나니'를 뜻하는 옛말이다. 우리 어ᅀᅵ 아ᄃᆞ리 외롭고 입게 ᄃᆞ외야 人生 즐거ᄫᅳᆫ ᄠᅳ디 업고 주구믈 기드리노니 목수미 므거ᄫᅳᆫ 거실ᄊᆡ 손소 죽디 몯ᄒᆞ야 셟고 애왇ᄇᆞᆫ ᄠᅳ들 머거 갓가ᄉᆞ로 사니노니.《석상 6:5》, 내 盟誓를 ᄒᆞ노니 像法 轉홇 時節에 種種 方便으로 淨信ᄒᆞᆫ 善男子 善女人ᄃᆞᆯ히 이 藥師瑠璃光如來ㅅ 일후믈 듣ᄌᆞᆸ긔 ᄒᆞ며.《석상 9:20》

2 날회여: 느리게 하여. '날회(어간)+여(연결어미)'이다. '날회다'는 '느리게 하다'의 옛말이다. 키 날회야 호미 외니 날회야 ᄒᆞ면 話頭를 니저 昏沈과 雜念괘 들리라(不可大緩 緩則忘却話頭 入昏沈掉擧去也).《몽법 23》, 네 안직 날회라 내 마ᅀᆞ래가 공좌부에 쳐 두고 즉재 오마(你且停一停 我到衙門押了公座便來).《번박 상:75》

3 홈괘라: 함이라. 'ᄒᆞ(어간)+옴(명사형 어미)+과(접속조사)+이라(서술격 조사)'이다. 중세국어에서는 명사나 명사상당 어구를 접속할 때에 마지막 접속항 뒤에도 접속조사 '와/과'를 쓰는 집단곡용의 특징을 보여 준다.

4 몯ᄒᆞ엿당이다: 못하여 있었습니다. '몯ᄒᆞ엿당이다'는 '몯ᄒᆞ엿다이다'와 같은 표현이다. '몯ᄒᆞ(어간)+여(보조적 연결어미)+잇(在, '잇다'의 어간)+다(선어말어미)+이(존비법 ᄒᆞ쇼셔체 선어말어미)+다(평서형 종결어미)'이다. 선어말어미 '-다-'는 회상법 선어말어미 '-더-'와 선어말어미 '-오-'가 화합 내지 융합된 예이다. 완료상은 보조적 연결어미 '-아/어/여'와 보조형용사 '잇다[在]'의 결합으로 표현된다. 그런데 '잇-'이 본동사와 한 음절을 이룰 때 이미 15세기에 'ㅣ'가 탈락되어 '여+ㅅ→엿'으로 나타나는 일이 많았다. '-다이다'는 동사, 형용사 어간 뒤에 붙어, 주로 주어 명사구가 제1인칭 대명사 '나, 우리' 등 화자와 함께 쓰여, '-었습니다'를 뜻하는 어미이다. 녜 如來 五百 阿羅漢 ᄃᆞ리시고 王舍城의 겨샤 安居ᄒᆞ실쩨도 내 그 中에 잇다이다.《석상 24:44》, 부톄 더브러 精舍애 도라오샤 무르샤ᄃᆡ 네 겨집 그려 가던다 對答ᄒᆞᅀᆞ보ᄃᆡ 實엔 그리ᄒᆞ야 가다이다.《월석 7:10~11》

5 니르건댄: 이른즉슨. '니르(어간)+거(확인법 선어말어미)+ㄴ댄(연결어미)'이다. '-건댄'은 'ㅣ' 계열 이중모음이나 'ㄹ' 받침으로 끝나지 않는 어간 뒤에 붙어, 주로 동사, 형용사 어간이나 어미 뒤에 붙어, '-은즉슨'을 뜻하는 어미이다. 夫人ᄃᆞᆯ히 절로셔 嗔心ᄋᆞᆯ ᄒᆞᄂᆞ니 가ᄌᆞᆯ비건댄 사ᄅᆞ미 바ᄆᆡ 녀다가 杌ᄅᆞᆯ 보고 도ᄌᆞ긴가 너겨며《석상 11:34》, 難陁ㅣ ᄉᆞᆯ보ᄃᆡ 天女를 보건댄 내 겨지비ᅀᅡ 눈먼 獼猴 ᄀᆞᆮ도소이다《월석 7:12》

소언 劉류器긔之지[器긔之지ᄂᆞᆫ 字ᄌᆞㅣ오 일홈은 安안世셰니 宋송적 사ᄅᆞᆷ이라] 待ᄃᆡ制졔ㅣ 처엄 급뎨ᄒᆞ야 두 동년으로 더블어 張댱觀관參참政졍[이샹 ᄀᆞᄐᆞᆫ 벼슬이라]씌 뵈더니 세 사ᄅᆞᆷ이 ᄒᆞᆫ가지로 몸을 니ᄅᆞ혀 ᄀᆞᄅᆞ침을 請쳥ᄒᆞᆫ대 張댱이 ᄀᆞᆯ오ᄃᆡ 내 벼슬 딕킈욤으로브터 ᄡᅧ 옴으로 샹녜 네 ᄌᆞᄅᆞᆯ 자받노니 브즈런홈과 삼감과 和화홈과 날회여 홈이니라 中듕間간의 ᄒᆞᆫ 졈은이 소ᄅᆡᄅᆞᆯ 應응ᄒᆞ여 ᄀᆞᆯ오ᄃᆡ 브즈런홈과 삼감과 和화홈ᄋᆞᆫ 이믜 命명을 듣ᄌᆞ왓거니와 날호예라 ᄒᆞᄂᆞᆫ ᄒᆞᆫ ᄌᆞᄂᆞᆫ 내 듣디 몯ᄒᆞ엿던 배로소이다 張댱이 正졍色ᄉᆡᆨᄒᆞ고 긔운ᄋᆞᆯ 지어 ᄀᆞᆯ오ᄃᆡ 엇디 일즉 그ᄃᆡ로 ᄒᆡ여곰 느저 일에 밋디 몯ᄒᆞ라 ᄒᆞ리오 ᄯᅩ 니ᄅᆞ라 世셰間간에 므스 일이 밧븐 後후를 因인ᄒᆞ야셔 그르디 아니ᄒᆞᄂᆞ뇨

현대역 유기지[기지는 자요, 아름은 안세니, 宋 때 사람이라.] 대제가 처음 급제하여 두 동년으로 더불어 張觀 참정[이상 같은 벼슬이라.]께 뵈더니, 세 사람이 함께 몸을 일으켜 가르침을 청하니까, 張이 가로되, "내가 벼슬지킴으로부터 써 옴으로 늘 네 자를 잡았나니, 부지런함과 삼감과 화함과 느리게 함이니라." 중간에 한 젊은이 소리를 응하여 가로되, "부지런함과 삼감과 화함은 이미 명을 들었거니와, '느리게 하도다.' 하는 한 자는 내가 듣지 못하였던 바입니다." 張이 정색하고 기운을 지어 가로되, "어찌 일찍이 그대로 하여금 늦어 일에 미치지 못하라 하리오." 또 일러, "세간에 무슨 일이 바쁜 후를 인하여서 그릇되지 아니하느냐?"

1 자반노니: 잡았나니. '자받(어간)+ᄂᆞ(직설법 선어말어미)+오(화자 표시법 선어말어미)+니(연결어미)'이다. '-노니'는 동사, 형용사 어간이나 어미 뒤에 붙어, 주로 주어 명사구가 제1인칭 대명사 '나, 우리' 등 화자와 함께 쓰여, '-나니'를 뜻하는 옛말이다. 우리 어ᅀᅵ 아ᄃᆞ리 외롭고 입게 ᄃᆞ외야 人生 즐거ᄫᅳᆫ ᄠᅳ디 업고 주구믈 기드리노니 목수미 므거ᄫᅳᆫ 거실ᄊᆡ 손소 죽디 몯ᄒᆞ야 셟고 애왇ᄫᅳᆫ ᄠᅳ들 머거 갓가ᄉᆞ로 사니노니.《석상 6:5》, 내 盟誓ᄅᆞᆯ ᄒᆞ노니 像法 轉홇 時節에 種種 方便으로 淨信ᄒᆞᆫ 善男子 善女人ᄃᆞᆯ히 이 藥師瑠璃光如來ㅅ 일후믈 듣ᄌᆞᆸ긔 ᄒᆞ며.《석상 9:20》

2 날호예라: 천천히 하도다. '날호(어간)+예라(감탄형 종결어미)'이다. '-예라'는 동사, 형용사 어간 뒤에 붙어, '-도다'를 뜻하는 어미이다. 록산의 쟝군 윤ᄌᆞ긔 쉬양 ᄡᅡ해 와 티거늘 허원이 댱슌의게 시급ᄒᆞ야라 니ᄅᆞ니(許遠告急于張巡, 巡自寧陵引兵入).《삼강 충:14》

3 배로소이다: 바입니다. '바(의존명사)+이('이다'의 어간)+롯(감동법 선어말어미)+ᄋᆞ(매개모음)+이(존비법 ᄒᆞ쇼셔체 선어말어미)+다(평서형 종결어미)'이다. '-롯-'은 감동법 선어말어미 '-돗-'의 이형태로, '이다'의 어간 '이-' 뒤에서 교체된 것이다. 그리고 매개모음 'ᄋᆞ'가 순행동화에 의해 '오'로 실현된 것이다. '-돗-'은 매개모음을 취하는 어미 앞에서 실현되고, 이형태 '-도-'는 'ᄒᆞ도다'와 같이 자음 어미 앞에서 실현된다. 또 目錄을 보니 어와어와 여러 가지 이걷뎌걷 慇懃히 ᄒᆞ신 양이 御禮예 너믄 양이로소이다.《첩신-초 7:3》, 이 二三日 안히는 江戶에 브트실 써시니 御對面ᄒᆞ셔야 ᄌᆞ셔히 ᄉᆞᆲ오려 ᄒᆞᆫ 일이로소이다.《첩신-초 7:14》

4 몯ᄒᆞ라: 못하라. '몯ᄒᆞ(어간)+라(명령형 종결어미)'이다. '-라'는 받침 없는 동사 어간, 'ㄹ' 받침인 동사 어간 또는 어미 '-으시-' 뒤에 붙어, 간접인용절에 쓰여, 해라할 자리에 쓰여, 명령의 뜻을 나타내는 종결어미이다. 김 선생이 나와 할 말이 있다고 자네보고 먼저 가라 했네. 선생님은 반 아이들에게 숙제 안 해 온 사람은 손을 들라 하셨다.

5 아니ᄒᆞᄂᆞ뇨: 아니하느냐[않는다고 말하겠는가]? '아니ᄒᆞ(어간)+ᄂᆞ(현재 시제 선어말어미)+뇨(의문형 종결어미)'이다. '-뇨'는 제1·3인칭 의문법 ᄒᆞ라체 설명 의문문을 만드는 종결어미로, 의문사 '므스 일'을 동반하고 있다. 王이 須達이ᄃᆞ려 닐오ᄃᆡ 네 스스의 弟子ㅣ 엇데 아니 오ᄂᆞ뇨《석상 6:29》, 時節이 바ᄃᆞ라온 제사 世예 업슨 ᄌᆡ조ᄅᆞᆯ 비르소 알리로소니 뉘 엿귀ᄅᆞᆯ ᄡᅳ다 니ᄅᆞᄂᆞ뇨 ᄃᆞ로미

나ᄾᅵ 곧도다(時危始識不世才, 誰謂荼苦甘如薺).《두시-초 8:18》

【集解】器之의名은安世요大名府人이니世稱元城先生하니라勤은謂勤於從政이요謹은謂謹於持身이요和는謂和以待人이요緩은謂緩以處事라然이나緩은非迂緩이요蓋欲遇事에從容而詳審也라

器之의 이름은 安世이고, 大名府 사람이니, 세상에서 元城 선생이라 불렀다. 勤은 정사에 종사함에 부지런함을 이르고, 謹은 몸가짐에 삼감을 이르고, 和는 화합하여 써 사람을 대우함을 이르고, 緩은 천천히 하여 써 일을 처리함을 이른다. 그러나 緩은 에돌아 느림이 아니고, 대개 일을 만남에 조용하고 자세히 살피고자 함이다.

漢字 迂(에돌 우, 멀 우)

에돌다: 말이나 글을 곧바로 하지 아니하고 돌려 하다.

〖二十五章〗

○伊川先生이曰安定之門人이往往애知稽古愛民矣니則於爲政也애何有ㅣ리오 《二程全書 遺書, 近思錄》

●伊川 선생이 말하였다. "安定[胡瑗]의 문하생들이 이따금 옛날을 상고하고 백성을 사랑할 줄 알았으니, 정사를 행함에 무슨 어려움이 있겠는가?"

漢字 往(이따금 왕, 갈 왕), 稽(상고할 계)

호원(胡瑗, 993년~1059년): 북송(北宋) 태주(泰州) 해릉(海陵, 강소성 泰縣) 사람이다. 여고(如皐) 사람이라고도 한다. 자는 익지(翼之)고, 세칭 안정(安定) 선생으로 불린다. 자세한 내용은 〈가언(嘉言) 제5〉 제43장을 참조하라.

번소 伊이川쳔 先션生ᄉᆡᆼ이 니ᄅᆞ샤ᄃᆡ 安안定뎡 션ᄉᆡᆼ의 뎨ᄌᆞᄃᆞᆯ히 더더러 녯 일을 샹고ᄒᆞ며 ᄇᆡᆨ셩 어엿비 너규믈 알어니 졍ᄉᆞᄒᆞ요매 므스거시 어려우료

현대역 이천 선생이 이르시되, "安定 선생의 제자들이 이따금 옛 일을 상고하며 백성을 불쌍히 여김을 알거니와, 政事함에 무엇이 어려우리오."

더더러: 더러더러. 이따금. 安定 션ᄉᆡᆼ의 뎨ᄌᆞᄃᆞᆯ히 더더러 녯일을 샹고ᄒᆞ며 ᄇᆡᆨ셩 어엿비 너규믈 알어니 졍ᄉᆞᄒᆞ요매 므스거시 어려우료(安定之門人 往往知稽古愛民矣 則於爲政也何有).《번소 9:53》

소언 伊이川쳔 先션生ᄉᆡᆼ이 ᄀᆞᆯᄋᆞ샤ᄃᆡ 安안定뎡[안뎡 션ᄉᆡᆼ이라]의 門문人인이 잇다감 녜 일을 샹고ᄒᆞ며 ᄇᆡᆨ셩 ᄉᆞ랑홈을 아ᄂᆞ니 곧 졍ᄉᆞᄒᆞ욤애 므스 거시 어려우료

현대역 이천 선생이 말씀하시되, "安定[안정 선생이라.]의 문인이 이따금 옛 일을 詳考하며 백성 사랑함을 아니, 곧 정사함에 무슨 것이 어려우리오."

샹고ᄒᆞ며: 상고(詳考)하며. 꼼꼼하게 따져서 검토하거나 참고하며.

【增註】門人은如劉彝錢藻孫覺范純仁錢公輔가是也라何有는言不難也라

門人은 유이·전조·손각·범순인·전공보 같은 이가 그들이다. 何有는 어렵지 않음을 말한다.

漢字 彝(떳떳할 이), 藻(마름 조), 范(풀이름 범, 벌 범), 輔(도울 보)

1 유이(劉彝, 1017년~1086년): 북송 복주(福州) 민현(閩縣) 사람으로, 자는 집중(執中)이다. 인종(仁宗) 경력(經曆) 6년(1046년) 진사(進士)가 되었다. 구산령(朐山令)이 되어 혜정을 베풀었다. 신종(神宗) 때 소무위(邵武尉)와 도수승(都水丞) 등을 지냈다. 건주지주(虔州知州)에 올라 《정속방(正俗方)》을 지어 의학(醫學)

으로 무속을 대신하게 했다. 직사관(直史館)에서 계주지주(桂州知州)가 되었다. 교지(交阯) 사람들이 서로 교역하는 것을 금지했다가 흠주(欽州)와 염주(廉州), 옹주(邕州) 세 주(州)를 잃고 폄적(貶謫)되어 평민이 되었다. 철종(哲宗) 원우(元祐) 초에 소환되었지만 오는 도중에 죽었다. 호원(胡瑗)에게 수학했다. 저서에 《칠경중의(七經中義)》·《수경주(水經注)》·《명선집(明善集)》·《거양집(居陽集)》·《홍범해(洪範解)》·《고례경전(古禮經傳)》·《속통해(續通解)》 등이 있다(중국역대인명사전).

2 전조(錢藻, 생몰 연대 미상): 북송의 관리이다. 호원(胡瑗)에게 수학했다.

3 손각(孫覺, 1028년~1090년): 북송 고우(高郵) 사람으로, 자는 신로(莘老)다. 젊어서 호원(胡瑗)을 사사했다. 인종(仁宗) 황우(皇祐) 원년(1049년) 진사가 되었다. 자세한 내용은 〈선행(善行) 제6〉 제6장을 참조하라.

4 범순인(范純仁, 1027년~1101년): 북송 소주(蘇州) 오현(吳縣, 강소성 蘇州市) 사람으로, 자는 요부(堯夫)고, 범중엄(范仲淹)의 둘째 아들이다. 자세한 내용은 〈가언(嘉言) 제5〉 제71장을 참조하라.

5 전공보(錢公輔, 생몰 연대 미상): 송나라 상주(常州) 무진(武進) 사람으로, 자는 군의(君倚)고, 전야(錢冶)의 아들이다. 인종(仁宗) 황우(皇祐) 원년(1046년) 진사가 되고, 명주지주(明州知州)와 지제고(知制誥)를 역임했다. 영종(英宗)이 즉위하자 《치평십의(治平十議)》를 올렸다. 유배를 가 저주단련사(滁州團練使)가 되었다. 신종(神宗) 때 간원(諫院)을 맡았다가 왕안석(王安石)의 뜻을 거슬러 강녕지부(江寧知府)로 나가고, 양주(揚州)로 옮겼다. 다시 제거숭복관(提擧崇福觀)이 되었다. 52살로 죽었다. 의전(義田)에 관해 기록한 《의전기(義田記)》를 남겼다(중국역대인명사전).

〖二十六章〗

○呂滎公이自少로官守處에未嘗干人擧薦ᄒᆞ더니其子舜從이守官會稽예人이或譏其不求知者ㅣ어늘舜從이對曰勤於職事ᄒᆞ고其他를不敢不愼ᄒᆞ노니乃所以求知也ㅣ니라 《童蒙訓, 伊洛淵源錄》

●여형공이 젊을 때로부터 벼슬 지키는 곳에, 일찍이 남에게 천거해 주기를 간구하지 않았더니, 그 아들 순종이 회계에서 벼슬을 지킴에, 사람들이 혹 그가 알아주기를 구하지 않는 것을 비웃거늘, 순종이 대답하여 말하였다. "직책과 일에 부지런하고, 그 나머지를 감히 삼가지 않음이 없으니, 이것이 써 알아주기를 구하는 바이다."

漢字 滎(물 이름 형), 薦(천거할 천), 譏(비웃을 기, 나무랄 기)

번소 몸려滎영公공이 져믄 제브터 벼슬ᄒᆞ여 잇ᄂᆞᆫ ᄃᆡ셔 사ᄅᆞᆷᄃᆞ려 거쳔ᄒᆞ고라 구ᄒᆞ디 아니터니 그 아ᄃᆞᆯ 舜순從죵이 會회稽계ㅅ ᄀᆞ을히 벼슬ᄒᆞ엿거ᄂᆞᆯ 사ᄅᆞᆷ이 긔롱호ᄃᆡ ᄂᆞ미 날 아로믈 구티 아니ᄒᆞᆫ다 ᄒᆞ거ᄂᆞᆯ 舜순從죵이 ᄃᆡ답ᄒᆞ야 닐오ᄃᆡ 소임엣 이를 브즈러니 ᄒᆞ고 녀ᄂᆞ 일도 조심 아니티 몯ᄒᆞ노니 이 ᄂᆞ미 날 아로ᄆᆞᆯ 구ᄒᆞ논 디니라

현대역 여영공이 젊은 때부터 벼슬하여 있는 데서 사람에게 천거해라 구하지 아니하더니, 그 아들 舜從이 會稽의 고을에 벼슬하였거늘, 사람이 譏弄하되, 남이 날 앎을 구하지 아니한다 하거늘, 순종이 대답하여 이르되, "소임의 일을 부지런히 하고, 다른 일도 조심 아니하지 못하노니, 이것이 남이 나를 앎을 구하는 것이니라."

1 긔롱호ᄃᆡ: 기롱(譏弄)하되. 실없는 말로 놀리되.

2 녀ᄂᆞ: 여느. '녀느'의 이형태이다. 녀느 龍이 네 가짓 熱惱ㅣ 잇거늘 이 龍ᄋᆞᆫ 업스니라.《석상 13:7》, 難陁ㅣ 獄卒ᄃᆞ려 무로ᄃᆡ 녀느 가마ᄂᆞᆫ 다 罪人ᄋᆞᆯ 글효ᄃᆡ 이 가마ᄂᆞᆫ 엇데 뷔옛ᄂᆞ뇨.《월석 7:13》

3 구ᄒᆞ논 디니라: 구하는 것이니라. 구하는지라. '구ᄒᆞ(어간)+ᄂᆞ(현재 시제 선어말어미)+오(대상 표시법 선어말어미)+ㄴ(관형사형 어미)+ᄃᆞ(의존명사)+이(서술격 조사 '이다'의 어간)+니라(평서형 종결어미)'이다. 이런 형태소 구성을 고려하면, '구ᄒᆞ논 디니라'처럼 띄어 쓰며, '구하는 것이니라'로 풀이할 수 있다. 이때 의무와 당연의 의미가 포함되어 있으며, 장엄한 어감을 띤다. 그러나 'ㄴ+ᄃᆞ+이+니라'는 '-ㄴ디니라'의 형태로, 하나의 종결어미로 재구조화한 것으로 볼 수도

있다. 이때에는 해라할 자리에 쓰여, '구ᄒᆞ논디니라'처럼 붙여 쓰며 '구하는지라'로 풀이할 수도 있다. 알 리ᄂᆞᆫ 仔細히 ᄒᆞ야 ᄀᆞ초 버류믈 疑心 마롤 디니라(達者審之 勿嫌具列).《원각 상2-1:32》, 願ᄒᆞᆫᄃᆞᆫ 모ᄃᆞᆫ 道 닷ᄀᆞᆯ 사ᄅᆞ미 모ᄃᆡ 밧ᄀᆡ 求티 마롤 디니라(願諸修道之人 切莫外求).《목우 3》

소언 呂려滎형公공이 졈은 제브터 벼슬 디킨 고대 일즉 사ᄅᆞᆷ의게 擧거薦쳔홈을 간구티 아니ᄒᆞ더니 그 아ᄃᆞᆯ 舜슌從죵[舜슌從죵은 ᄌᆞ ㅣ니 일홈은 疑의問문이라]이 會회稽계[고을 일홈이라]예 벼슬을 딕킈여실 제 사ᄅᆞᆷ이 或혹 그 알옴을 求구티 아니ᄒᆞᄂᆞᆫ 줄을 긔롱ᄒᆞ거늘 舜슌從죵이 ᄃᆡ답ᄒᆞ야 ᄀᆞᆯ오ᄃᆡ 소임엣 일을 브즈러니 ᄒᆞ고 그 다ᄅᆞᆫ 일을 敢감히 삼가디 아니티 아니ᄒᆞ노니 ᄡᅧ 알옴을 求구ᄒᆞᄂᆞᆫ 배니라

현대역 여형공이 젊은 때부터 벼슬 지킨 곳에 일찍이 사람에게 擧薦함을 간구하지 아니하더니, 그 아들 순종[순종은 자니, 이름은 疑問이라.]이 회계[고을 이름이라.]에 벼슬을 지켰을 때, 사람이 혹 그 앎을 구하지 아니하는 줄을 기롱하거늘, 순종이 대답하여 가로되, "소임의 일을 부지런히 하고, 그 다른 일을 감히 삼가지 아니하지 아니하노니, 써 앎을 구하는 바이니라."

거쳔홈을: 거천함을. '거쳔ᄒᆞ(어간)+옴(명사형 어미)+을(목적격 조사)'이다. '거천ᄒᆞ다'는 '거천하다'의 옛말이다. 어떤 일을 맡아 할 수 있는 사람을 그 자리에 쓰도록 소개하거나 추천하다.

【集解】舜從은滎公의第二子니名은疑問이요舜從은字也라滎公이生平에未嘗求擧於人이라故로舜從이克紹父志하여嘗曰職事를不敢不勤하고他事를不敢不愼하노니此雖不求知나而人必自知也라하니라孔子曰不患莫己知요求爲可知也라하시니舜從이似之로다

순종은 형공의 둘째아들이니, 이름이 疑問이고, 순종은 자이다. 형공이

평생에 일찍이 사람에게 천거해 주기를 구하지 않았다. 그러므로 순종이 능히 아버지의 뜻을 이어 일찍이 말하였다. "직책과 일을 감히 부지런히 하지 않음이 없고, 다른 일을 감히 삼가지 않음이 없으니, 이것이 비록 알아주기를 구하지 아니하나 사람들이 반드시 저절로 알아주는 것이다." 공자가 말씀하셨다. "자기를 알아주지 않음을 근심하지 말고, 가히 알려지게 됨을 구하라," 하셨으니, 순종이 그와 비슷하다.

漢字 克(능히 극), 紹(이을 소)

1 舜從 滎公 第二子 名 疑問 舜從字也: 純從의 名은 疑問이 아니라, 切問으로 되어 있는 데도 있다[단국대학교 부설 동양학연구소(2007), 2: 1285]. 그대로 인용하면 다음과 같다. 【呂切問 여절문】 송(宋)나라 사람. 호문(好問)의 아우. 자는 순종(舜從). 벼슬은 회계태수(會稽太守). 《宋元學案 19·23》

2 孔子曰 以下: 《논어(論語)》 〈이인(里仁)〉 제14장에 나오는 구절이다. "子曰 不患無位 患所以立 不患莫己知 求爲可知也(孔子께서 말씀하셨다. '지위가 없음을 걱정하지 말고 지위에 설 수 있는 까닭을 걱정하며, 자신을 알아주는 이가 없음을 걱정하지 말고 알려질 만한 사람이 되기를 구해야 한다.')"

【二十七章】

○漢陳孝婦ㅣ年이十六而嫁ᄒᆞ야未有子ㅣ러니其夫ㅣ當行戍ᄒᆞ야且行時예屬孝婦曰我生死를未可知니幸有老母ㅣ오無他兄弟備養ᄒᆞ니吾ㅣ不還이라도汝ㅣ肯養吾母乎아婦ㅣ應曰諾다

《後漢書 列女傳》

● 한나라 陳州의 효부가 나이 열여섯에 시집와서 자식이 있지 않더니, 그 남편이 수자리에 감을 당하여, 장차 갈 때에 효부에게 부탁하여 말하였다. "나의 生死를 가히 알 수 없으니, 행여 늙은 어머니가 계시고, 다른 형제가 갖추어 봉양할 이가 없으니, 내가 돌아오지 않더라도, 당신은 즐겨 내 어머

니를 봉양하겠소?" 부인이 응하여 대답하였다. "그리 하리다."

漢字 戍(수자리 수, 지킬 수), 戌(열한째 지지 술), 且(장차 차), 屬(부탁할 촉), 幸(행여 행), 肯(즐길 긍, 수긍할 긍), 諾(대답할 락, 허락할 락)

행유노모(幸有老母): '행(幸)'은 아래 《번역소학》과 《소학언해》 모두 '힝혀'로 번역되어 있다. 따라서 '다행히'가 아니라, '힝혀'로 새겨야 한다. 부사 '힝혀'는 '행여'의 옛말로, '어쩌다가 혹시'를 뜻한다.

번소 漢한 시졀 陳딘州쥬 짜히 ᄒᆞᆫ 효도로온 며느리 나히 열 여스신 제 남진어러 ᄌᆞ식 업더니 그 남진이 부방 가게 ᄒᆞ여 길 나갈 제 孝효婦부ᄃᆞ려 븓티며 닐오ᄃᆡ 내의 살며 주구믄 아디 몯홀 거시니 힝혀 늘근 어미 잇고 녀ᄂᆞᆫ 동ᄉᆡᆼ이 효양ᄒᆞ리 업스니 내 몯 도라와도 네 내 어미를 효양홀다 孝효婦부ㅣ ᄃᆡ답호ᄃᆡ 그리 호리라

현대역 漢 시절 陳州 땅에, 한 효성스러운 며느리가 나이 열여섯인 때 시집와서 자식 없더니, 그 남편이 부방(赴防) 가게 하여 길 나갈 때, 효부에게 의지하며 이르되, "내가 살며 죽음은 알지 못할 것이니, 행여 늙은 어머니 있고 다른 동생이 효양할 이 없으니, 내가 못 돌아와도 너는 나의 어머니를 孝養하겠느냐?" 효부가 대답하되, "그렇게 하리라."

1 남진어러: 시집가서. '남진어르(어간)+어(연결어미)'이다. 어미 '-어'와 결합될 때, 어간에서 'ㅡ'가 탈락하였다. '남진어르다'는 '시집가다'의 옛말이다. 그 後에ᅀᅡ 놀애 브르며 춤 츠며 롱담ᄒᆞ야 남진어르기를 ᄒᆞ며.《월석 1:44》, 겨지븐 남진의 지블 제 집 사ᄆᆞᆯᄉᆡ 남진어루믈 도라가다 ᄒᆞᄂᆞ니라.《내훈 2:3》

2 부방: 부방(赴防). 변방에 파견되어 수자리 살던 일.

3 효양홀다: 효양하겠느냐. '효양ᄒᆞ(어간)+ㄹ(관형사형 어미)+다(의문 보조사)'이다. '-ㄹ다'는 '관형사형+의문 보조사'의 형태로 ᄒᆞ라체 제2인칭 의문법을 만든다. 주어는 제2인칭 '네'이다. 그리고 이 경우에는 판정의문문과 설명의문문의 구별이 없다. 어느 제 太夫人ㅅ 堂 우희 아ᅀᆞᆷ돌ᄒᆞᆯ 뫼홀다(何時太夫人 堂上會親戚)《두시-초 8:20》, 올히ᄂᆞᆫ 키 社祭ᄅᆞᆯ 호리니 拾遺ᄂᆞᆫ 能히 머믈다 말다(今年大作社

拾遺能住否).《두시-초 15:42》. '효양ᄒᆞ다'는 '효양(孝養)하다'의 옛말이다. 어버이를 효성으로 봉양하다.

소언 漢한 적 陳딘 짜 孝효婦부ㅣ 나히 열여스신 제 셔방마자 ᄌᆞ식이 잇디 몯ᄒᆞ엿더니 그 남진이 부방 가게 當당ᄒᆞ야 쟝ᄎᆞᆺ 갈 적의 孝효婦부의게 맛뎌 ᄀᆞᆯ오ᄃᆡ 내의 살며 죽음을 미가히 아디 몯홀 거시니 힝혀 늘근 어미 잇고 녀ᄂᆞᆫ 兄형弟뎨 효양을 ᄀᆞ초리 업스니 내 도라오디 몯홀디라도 네 즐겨 내 어미를 효양홀다 婦부ㅣ ᄃᆡ답ᄒᆞ야 ᄀᆞᆯ오ᄃᆡ 그리 호마

현대역 漢 때 陳 땅 효부가 나이 열여섯인 때 시집와 자식이 있지 못하였더니, 그 남편이 부방 가게 당하여 장차 갈 때에, 효부에게 맡기어 가로되, "내가 살며 죽음을 가히 알지 못할 것이니, 행여 늙은 어머니 있고 다른 형제 효양을 갖출 이 없으니, 내가 돌아오지 못할지라도, 네가 즐겨 나의 어머니를 효양하겠느냐?" 효부가 대답하여 가로되, "그리 하마."

호마: 하마. 'ᄒᆞ(어간)+오(화자 표시법 선어말어미)+마(평서형 종결어미)'이다. '-오$_1$-'는 주어 명사구가 1인칭 대명사 '나, 우리' 등 화자일 때 쓰인다. 이를 화자 표시법 선어말어미(고영근, 2020: 363) 또는 1인칭법 선어말어미(허웅, 1958: 124-197)라고 부른다. '-마'는 받침 없는 동사 어간이나 'ㄹ' 받침인 동사 어간 뒤에 붙어, 해라할 자리에 쓰여, 상대편에게 약속하는 뜻을 나타내는 종결어미이다. 오후에 가마. 내가 뒤에서 밀마.

【集解】孝婦는後漢時人이라守邊曰戍라屬은付託也라

효부는 후한 때의 사람이다. 변방을 지킴을 戍라 한다. 屬은 부탁함이다.

효부후한시인(孝婦後漢時人): 출전인 《列女傳》에는 효부(孝婦)를 전한(前漢) 문제(文帝) 때 사람이라 쓰고 있다.

夫ㅣ果死不還이어늘婦ㅣ養姑不衰ᄒᆞ야慈愛愈固ᄒᆞ야紡績織

紝ᄒᆞ야以爲家業ᄒᆞ고終無嫁意ᄒᆞ더라

●남편이 과연 죽어서 돌아오지 못했거늘, 며느리가 시어머니 봉양함이 쇠하지 아니하여 자애로움과 사랑함이 더욱 굳어, 실 잣고 길쌈하며 베 짜고 명주 짜서 써 가업으로 삼고 끝내 시집갈 뜻이 없었다.

漢字 紡(실 자을 방), 績(길쌈할 적), 織(베 짤 직), 紝(명주 짤 임)

번소 남진이 과연 주거 도라오디 몯ᄒᆞ여늘 孝효婦부ㅣ 싀어미 효양호ᄆᆞᆯ 데ᄒᆞ디 아니ᄒᆞ야 어미 며ᄂᆞ리 에엿비 너굠과 며ᄂᆞ릐 싀어미 ᄉᆞ랑호미 더욱 구더 질삼ᄒᆞ며 뵈 ᄧᆞ 사롤 이를 ᄒᆞ고 내죵내 다른 남진어를 ᄠᅳ디 업더라

현대역 남편이 과연 죽어 돌아오지 못하거늘, 효부가 시어머니 효양함을 덜하지 아니하여, 어머니가 며느리를 가엾이 여김과 며느리가 시어머니를 사랑함이 더욱 굳어, 길쌈하며 베 짜 살 일[생계]을 하고, 끝끝내 다른 시집갈 뜻이 없더라.

데ᄒᆞ디: 제(除)하지. 덜어내거나 빼지. '데ᄒᆞ(어간)+디(보조적 연결어미)'이다. '데ᄒᆞ다'는 '제하다'의 옛말이다. 한 이십 명쯤 되리라고 어림했던 것과는 달라서, 실제로 헤아려 보니, 노룻골 산언덕에 배치하여 둔 셋을 제하고 모두 여덟뿐이었다.《한승원, 해일》

소언 남진이 과연 죽어 도라오디 몯ᄒᆞ야놀 婦부ㅣ 싀어미 효양홈을 衰쇠티 아니ᄒᆞ야 어엿비 녀기며 ᄉᆞ랑홈이 더욱 구더 질삼ᄒᆞ며 뵈 ᄧᆞ ᄡᅧ 집 살올 일 ᄒᆞ고 내죵내 남진어를 ᄠᅳᆺ이 업더라

현대역 남편이 과연 죽어 돌아오지 못하거늘, 며느리가 시어머니 효양함을 쇠하지 아니하여, (시어머니가 며느리를) 가엾이 여기며 (며느리가 시어머니를) 사랑함이 더욱 굳어, 길쌈하며 베 짜 써 집 살 일을 하고, 끝끝내 시집갈 뜻이 없더라.

【集解】慈愛愈固는謂姑慈婦愛愈牢固也라紡績織紝은謂治絲枲而織布帛也라

慈愛愈固[자애로움과 사랑함이 더욱 굳음]는 시어머니의 자애와 며느리의 사랑이 더욱 굳음을 이른다. 紡績織紝은 생사와 모시를 다스리고 삼베와 비단을 짬을 이른다.

漢字 牢(굳을 뢰, 우리 뢰), 枲(모시 시), 帛(비단 백)

居喪三年ᄒᆞ야늘其父母ㅣ哀其少無子而早寡也ᄒᆞ야將取嫁之ᄒᆞ더니孝婦ㅣ曰夫ㅣ去時예屬妾以供養老母ㅣ어늘妾이旣許諾之호니夫養人老母而不能卒ᄒᆞ며許人以諾而不能信ᄒᆞ면將何以立於世리오ᄒᆞ고欲自殺ᄒᆞᆫ대其父母ㅣ懼而不敢嫁也ᄒᆞ야遂使養其姑ᄒᆞ니二十八年에姑ㅣ八十餘ㅣ라以天年으로終커늘盡賣其田宅財物ᄒᆞ야以葬之ᄒᆞ고終奉祭祀ᄒᆞ니라

●(남편) 상사 3년을 거했거늘, 그 (친정) 부모가 그녀가 젊고 자식이 없으면서 일찍 과부가 됨을 슬피 여겨, 장차 취하여[데려와] 그녀를 시집보내려 하였더니, 효부가 말하였다. "남편이 (수자리) 갈 때 첩에게 노모를 봉양함으로써 부탁했거늘, 첩이 이미 그것을 허락했으니, 무릇 그이의 노모를 봉양하면서 능히 마치지 못하며, 그이에게 '그리 하마.' 함으로써 허락하고 능히 미덥게 하지 못하면, 장차 어찌 써 세상에 서겠습니까?" 하고, 스스로 죽고자 한대, 그 부모가 두려워 감히 시집보내지 못하여, 드디어 하여금 그 시어머니를 봉양하게 하니, (봉양한 지) 28년에 시어머니가 80여 세였다. 天年으로 돌아가시거늘 그 밭과 집과 재물을 모두 팔아 써 그를 장례 치르고 끝까지 제사를 받들었다.

漢字 寡(과부 과, 적을 과)

천년(天年): 타고난 수명. 유의어: 천명(天命). 천수(天壽).

번소 삼년을 거상 니버ᄂᆞᆯ 그 어버ᅀᅵ 졈고 ᄌᆞ식 업시 일 홀어미 도ᄋᆡᆫ 주를 에엿비 너겨 쟝ᄎᆞᆺ ᄃᆞ려다가 다ᄅᆞᆫ 남진얼유려 ᄒᆞ더니 孝효婦부ㅣ 닐오ᄃᆡ 남진이 갈 저긔 늘근 어미를 공양ᄒᆞ고라 ᄒᆞ야 내게 브텨ᄂᆞᆯ 내 그리호마 호니 사ᄅᆞ믜 늘근 어미ᄅᆞᆯ 치다가 내죵내 아니ᄒᆞ며 사ᄅᆞᆷ ᄃᆞ려 그리호마 하고 믿비 아니ᄒᆞ면 엇디 셰샹의 사라 이시료 ᄒᆞ고 제 손으로 주구려 ᄒᆞ여ᄂᆞᆯ 그 어버ᅀᅵ 저허 구틔여 얼이디 아니ᄒᆞ야 인ᄒᆞ야 ᄉᆡ어미를 효양케 ᄒᆞ니 스믈 여ᄃᆞᆲ 힛만해 ᄉᆡ어미 여ᄃᆞᆫ 나마 삼긴 나호로 죽거ᄂᆞᆯ 그 받티며 집이며 쳘량을 다 ᄑᆞ라 영장ᄒᆞ고 졔ᄉᆞᄅᆞᆯ 내죵내 ᄒᆞ니라

현대역 삼년을 거상 입거늘, 그[친정] 어버이 젊고 자식 없이 일찍 홀어미 된 줄을 가엾이 여겨, 장차 데려다가 다른 시집보내려 하더니, 효부가 이르되, "남편이 갈 때에, '늙은 어머니를 공양해라.' 하여 내게 의지했거늘, 내가 '그렇게 하마.' 하니, 사람[남편]의 늙은 어머니를 봉양하다가 끝끝내 아니하며, 사람[남편]에게 '그렇게 하마.' 하고 미쁘게 아니하면, 어찌 세상에 살아 있으리오." 하고, 제 손으로 죽으려 하거늘, 그 어버이 두려워 구태여 시집보내지 아니하여, 인하여 시어머니를 효양하게 하니, 스물여덟 해만에 시어머니 여든 넘어, 생긴 나이로 죽거늘, 그 밭이며 집이며 재물을 다 팔아 永葬하고 제사를 끝끝내 하니라.

1 남진얼유려: 시집보내려. '남진어르(주동사 어간)+이(사동접사)+우려(연결어미)'이다. 어간이 사동접사 '이'와 결합되는 과정에서 'ㅡ'가 생략되었다. '-우려'는 끝음절의 모음이 'ㆍ, ㅏ, ㅗ'가 아닌 동사, 형용사 어간 뒤에 붙어, 주로 1인칭 주어와 함께 쓰여, 동작 주체의 의도를 나타내는 '-려'를 뜻한다. ᄂᆞ믄 주규려 커늘 天地之量이실ᄊᆡ 다시 사ᄅᆞ샤 爵祿ᄋᆞᆯ 주시니(人欲誅矣 天地量廓 迺復生之 爵祿是錫).《용가 77장》, ᄆᆞ리 病이 기퍼 山脊에 몯 오ᄅᆞ거늘 君子ᄅᆞᆯ 그리샤 金罍ㄹ 브수려 ᄒᆞ시니(我馬孔瘏 于岡靡陟 言念君子 金罍欲酌).《용가 109장》

2 공양ᄒᆞ고라: 공양해라. '공양ᄒᆞ(어간)+고라(명령법 종결어미)'이다. '-고라'는 주로 동사, 형용사 어간 뒤에 붙어, '-어라'를 뜻하는 어미이다. 주어는 문맥으로 보아, '그듸'가 틀림없어 보인다. 의미는 반말이라는 점과 관련시키면 우회적 지시로 파악된다. 사발 잇거든 ᄒᆞ나 다고라(有椀與一箇).《번노 상:42》, 큰형님 아ᄆᆞ란 일 인ᄒᆞ야 우리 뎌긔 오나든 小人을 ᄇᆞ리디 아니커시든 모로매 지부로 오고라(大哥因事到我那裏 不棄嫌小人時 是必家裏來).《번노 상:44》

3 삼긴 나호로: 생긴 나이로, 즉 천년(天年) 또는 천수(天壽)로. '나호로'는 '나ㅎ+오로'이다. 현대국어 '나이'의 옛말인 '나ㅎ'은 15세기 문헌에서부터 나타난다. '나ㅎ'은 자음으로 시작하는 조사가 결합하거나 단독으로 실현될 때에는 '나'로, 모음으로 시작하는 조사가 결합할 때에는 '나ㅎ'으로 나타나 '나/나ㅎ'으로 교체하였다. 주격 조사 '이'가 결합한 '나히'가 하나의 단어로 굳어지면서 19세기에 단독으로 실현될 때에도 '나히'로 나타나게 되었다. 같은 시기 모음 사이에서 'ㅎ'이 탈락하여 '나이'로 나타나면서 현재에 이르렀다. 나ㅎ(15세기~18세기)〉나히(19세기)〉나이(19세기~현재). 이형태: 나ㅎ, 나히, 나이. 그저긔 阿私陁이 나히 一百 스믈히러니라.《1447 석상 3:2ㄱ》, (나ㅎ) 그 아비는 올히 나히 열 아호비오.《1510년대 번박 상:46ㄴ》

소언 三삼年년 居거喪상 닙어늘 그 어버이 그 졈어셔 ᄌᆞ식 업고 일 홀어미 된 줄을 슬피 녀겨 쟝ᄎᆞᆺ ᄃᆞ려다가 남진얼리려 ᄒᆞ더니 孝효婦부ㅣ 골오ᄃᆡ 남진이 갈 적의 내게 늘근 어미 供공養양ᄒᆞ기로뻐 맛뎌놀 내 이믜 許허諾락호니 사ᄅᆞᆷ의 늘근 어미를 치다가 能능히 ᄆᆞᆺ디 몯ᄒᆞ며 사ᄅᆞᆷ을 그리 호마 홈으로뻐 許허ᄒᆞ고 能능히 믿비 몯ᄒᆞ면 쟝ᄎᆞᆺ 엇디 뻐 셰샹의 셔시리오 ᄒᆞ고 스스로 죽고져 ᄒᆞᆫ대 그 어버이 저허 구틔여 얼리디 아니ᄒᆞ야 드듸여 ᄒᆡ여곰 그 싀어미를 치게 ᄒᆞ니 스므여듧 ᄒᆡᆺ만애 싀어미 여ᄃᆞ남은이라 하ᄂᆞᆯ 삼긴 나호로뻐 죽거늘 그 받티며 집이며 財ᄌᆡ物믈을 다 ᄑᆞ라 뻐 영장ᄒᆞ고 ᄆᆞᄎᆞᆷ내 祭졔祀ᄉᆞ를 바다 ᄒᆞ니라

현대역 삼년 거상을 입거늘, 그 어버이가 그 젊어서 자식 없고 일찍 홀어미

된 줄을 슬프게 여겨, 장차 데려다가 시집보내려 하더니, 효부가 가로되. "남편이 갈 때에 나에게 늙은 어머니 공양하기로써 맡겼거늘 내가 이미 허락하니, 사람이 늙은 어머니를 봉양하다가 능히 마치지 못하며, 사람을 '그렇게 하마.' 함으로써 허락하고 능히 미쁘게 못하면, 장차 어찌 써 세상에 서리오?" 하고, 스스로 죽고자 하니까, 그 어버이 두려워 구태여 시집보내지 아니하여, 드디어 하여금 그 시어머니를 봉양하게 하니, 스물여덟 해만에 시어머니 여든 넘은[팔십여] 살이다. 하늘 생긴 나이로써 죽거늘, 그 밭이며 집이며 재물을 다 팔아 써 영장하고 마침내 제사를 받들어 하니라.

셔시리오: 서리오. '셔(어간)+시(주체 높임 선어말어미)+리(추측법 선어말어미)+오(의문형 종결어미)'이다. '-오'는 제1·3인칭 의문법 중 ᄒᆞ라체 설명의문문을 만든다. 의문사 '엇디'를 동반하며 일정한 정보를 요구한다. '-시-'는 현대국어에서는 언제나 존경의 대상이 되는 인물과 직·간접으로 관련되는 주어 명사구와 일치하여 쓰이는데 중세국어에서는 그런 제약을 받지 않고 쓰이는 일이 있었다. 이 경우 '-시-'는 존경 표시가 아니라는 견해가 있다. 엇데 오시리오 阿難이 對答ᄒᆞᆫ대 아니 오시면 내 이쇼리라.《월곡 상:48》, 法華 ᄆᆞᆺ 後ᄉ 마리 ᄯᅩ 엇뎨 ᄒᆞᆫ갓 ᄒᆞ시리오 일로 보건댄 眞實로 思量分別의 아디 몯ᄒᆞᇙ 거시 그 ᄉᆞᅀᅵ예 잇ᄂᆞ니 말로 펴디 몯ᄒᆞ리라 호미 거즛말 아니라.《월석 11:94》. 현대국어 '서다'의 옛말인 '셔다'는 15세기 문헌에서부터 나타난다. 근대국어 후기에 'ㅅ' 뒤에서 이중모음 'ㅑ, ㅕ, ㅛ, ㅠ' 등이 반모음 'ㅣ[j]' 탈락으로 단모음화하는 현상에 따라 '셔'가 '서'로 바뀌었다. 이로써 19세기에 현대국어와 같은 '서다' 형태가 등장하게 되었다. 셔다(15세기~19세기)>서다(19세기~현재). 이형태: 셔다, 서다. 아바ᇝ 뒤헤 셔샤 赴京ᄒᆞᇙ 소ᄂᆡ 마리 三韓 今日에 엇더ᄒᆞ니잇고.《1447 용가 28》, ᄯᅩ 뎜에 가 보니 店主人과 세 나그내 셔셔 ᄆᆞᆯ 보더니.《1510년대 번노 하:7ㄴ-8ㄱ》

【增註】卒은終也라夫死不嫁는節也요養姑而生事葬祭를必盡力은孝也니라

卒은 마침이다. 남편이 죽었으되 시집가지 않음은 절개고, 시어머니를

봉양하여 살아서는 섬기고 (죽어서는) 장례와 제사를 반드시 힘을 다함은 효도이다.

淮陽太守ㅣ以聞ᄒᆞᆫ대使使者ᄒᆞ야賜黃金四十斤ᄒᆞ시고復之ᄒᆞ야終身無所與ᄒᆞ니號曰孝婦ㅣ라ᄒᆞ니라

● 회양태수가 써 알렸는데, 使者를 부려 황금 40근을 하사하시고, 그를 부역을 면제하여 종신토록 참예하는 바가 없게 하니, 부르기를 효부라 일렀다.

漢字 淮(강 이름 회), 聞(아뢸 문), 復(부역 면제할 복)

1 使者: 《번역소학》과 《소학언해》 대문(大文)에서는 '使者'를 '시쟈'로 음을 달고 있다. 그러나 현대국어에서는 '시자(侍者)'와 '사자(使者)'가 뜻과 한자가 차이가 있다. '시자(侍者)'는 '귀한 사람을 모시고 시중드는 사람'을, '사자(使者)'는 '명령이나 부탁을 받고 심부름하는 사람'을 뜻한다.

2 終身無所與: 《번역소학》과 《소학언해》 대문(大文)에서는 '與'를 '예'로 음을 달아, '참예(參預)하다'로 풀고 있다.

번소 淮회陽양 ᄭᅩ올 원이 나라해 알외ᅀᆞ온대 ᄉᆞ쟈를 브려 황금 마ᅀᆞᆫ 근을 주시고 복호ᄒᆞ야 죽도록 구실 아니케 ᄒᆞ니 일훔을 孝효婦부ㅣ라 ᄒᆞ니라

현대역 淮陽의 고을 원이 나라에 알리니까, 사자를 부려 황금 마흔 근을 주시고, 복호(復戶)하여 죽도록 歲役 아니 하게 하니, 이름을 효부라 하니라.

1 알외ᅀᆞ온대: 알리니까. '알외(어간)+ᅀᆞ오(겸손법 선어말어미)+ㄴ대(연결어미)'이다. '-ㄴ대'는 어간이나 어미 뒤에 붙어, '-니까'를 뜻하는 어미이다.

2 복호ᄒᆞ야: 복호(復戶)하여. 충신, 효자, 군인 등 특정한 대상자에게 부역이나 조세를 면제하여.

3 구실: 해마다 일정하게 실시되는 부역(賦役). 유의어: 세역(歲役). 현대국어 '구실'의 옛말인 '그위실'은 15세기 문헌에서부터 나타난다. '그위실'은 '관직'을 의미하는 '그위'에 '실'이 결합한 것이다. 15세기부터 '그위실' 이외에 '구위실', '구의실',

'그우실', '구우실', '구실' 등 여러 형태가 공존하였다. '그위실'에서 제1음절 'ㅡ'가 제2음절 'ㅜ'의 영향으로 'ㅜ'가 된 것이 '구위실'이고, 여기에서 제2음절 'ㅟ'가 'ㅢ'로 바뀐 것이 '구의실'이다[즉, 그위+실〉 구위실(ㅡ〉ㅜ)〉구의실(ㅟ〉ㅢ)]. 한편 '그위실'에서 제2음절 반모음 ㅣ[j]가 탈락한 것이 '그우실'이고, 여기에서 제1음절 'ㅡ'가 제2음절 'ㅜ'의 영향으로 'ㅜ'로 바뀐 것이 '구우실'이며, 여기에서 동음 'ㅜ'가 탈락한 것이 '구실'이다[즉, 그위+실〉그우실(j탈락)〉구우실(ㅡ〉ㅜ)〉구실(ㅜ탈락)]. 그리고 16세기에 보이기 시작하는 '귀실[kujsil]'은 15세기 어형 '구위실[kuujsil]'에서 제2음절 u탈락 후 제1음절 u와 제2음절 j가 축약된 어형이다. 그위실(15세기)〉그우실(15세기)〉구우실(15세기~18세기)〉구실(15세기~현재). 이형태: 그위실, 그우실, 구위실, 구의실, 구우실, 귀실, 구실. 네 百姓은 그위실 ᄒᆞ리와 녀름 지ᅀᅳ리와 셩냥바지와 흥졍바지왜라.《1461 능엄 3:88ㄱ》, 구위실 마로미 ᄯᅩ 사ᄅᆞᄆᆞ로브테어늘 므슷 일로 얼구릐 브류메 걸위옛가니오.《1481 두시-초 10:29ㄱ》, 浣花 시내 안해셔 고지 해 웃ᄂᆞ니 내익 구의실 호ᄃᆡ 隱居를 兼ᄒᆞᆫ 일후믈 어느 알리오.《1481 두시-초 6:16ㄴ》, 그우실 졋 머기며 飮食 머겨 길어 漸漸 ᄌᆞ라 出身ᄒᆞ며 그우실 홈 ᄀᆞᆮᄒᆞ니.《1465 원각 상1-1:112ㄱ》, 구우실 ᄒᆞ논 ᄠᅳ데 다시 뭀ᄀᆞᇫ 머루믈 아노니 늘거셔 ᄒᆞᆫ갓 옷 뻐러 나가디 몯호믈 슬노라.《1481 두시-초 11:20ㄴ》, 喧雜ᄒᆞ며 寂靜호미 科等이 ᄀᆞᆮ디 아니ᄒᆞ니 나 구실 ᄒᆞ며 隱處호미 제여곰 天機니라.《1481 두시-초 15:5ㄱ》, 받 갈 사ᄅᆞᄆᆡ 조셰와 님자히 귀시리 정ᄉᆞ애 관계호미 이러니.《1518 정속-이 23ㄱ》

소언 淮회陽양[陳딘 ᄯᅡ 고을히라] 太태守슈ㅣ ᄡᅧ 들리온대 使시者쟈를 블여 黃황金금 마ᄂᆞᆫ 근을 주시고 복호ᄒᆞ야 몸이 ᄆᆞᆺ도록 참예홀 배 업게 ᄒᆞ니[구실에 참예티 아니홈이라] 일홈 지어 골오ᄃᆡ 효도로온 며ᄂᆞ리라 ᄒᆞ니라

현대역 회양[陳 땅 고을이라.] 태수가 써 들리게 하니까 시자(使者)를 부려 황금 마흔 근을 주시고, 복호하여 몸이 마치도록 참예(參預)할 바가 없게 하니[구실에 참예하지 아니함이라.] 이름 지어 가로되, 효성스런 며느리라 하니라.

참예티: 참예(參預)하지. '참예ᄒᆞ(어간)+디(보조적 연결어미)'이다. 어떤 일에 끼어들어 관계하다. 유의어: 참여(參與)하다.

【集解】淮陽은卽今陳州라太守以孝婦로聞之於朝한대因遣使賜金하고且復除其家之戶役하여終孝婦之身토록無所干與하니號曰孝婦云이라

회양은 곧 지금의 陳州다. 태수가 효부로써 그녀를 조정에 알렸는데, 인하여 사자를 보내어 금을 하사하고 또 그 집의 戶役을 면제하여, 효부의 몸이 마치도록 간여하는 바가 없게 하니, 부르기를 효부라 일렀다.

1 복제(復除): 병자·노인·군인·학자 등을 위하여 부역이나 조세를 면제하던 일.
2 호역(戶役): 집집이 부과되는 부역.

〖二十八章〗

○漢鮑宣의妻桓氏의字ᄂᆞᆫ少君이라宣이嘗就少君父學ᄒᆞ더니父ㅣ奇其清苦ᄒᆞ야故로以女妻之ᄒᆞ니裝送資賄ㅣ甚盛이어늘宣이不悅ᄒᆞ야謂妻曰少君이生富驕ᄒᆞ야習美飾ᄒᆞ니而吾ㅣ實貧賤이라不敢當禮로다妻ㅣ曰大人이以先生이修德守約故로使賤妾으로侍執巾櫛ᄒᆞ시니旣奉承君子ㅣ란ᄃᆡ惟命是從호리이다宣이笑曰能如是면是吾志也ㅣ로다妻ㅣ乃悉歸侍御服飾ᄒᆞ고更著短布裳ᄒᆞ야與宣으로共挽鹿車ᄒᆞ야歸鄉里ᄒᆞ야拜姑禮畢ᄒᆞ고提甕出汲ᄒᆞ야修行婦道ᄒᆞ니鄉邦이稱之ᄒᆞ더라 《漢書 列女傳》

● 한나라 鮑宣의 아내 환 씨의 자는 소군이다. 宣이 일찍이 소군의 아버지에게 나아가 배우더니, 아버지는 그가 맑고 애씀을 기특하게 여겨, 그리하여 딸을 그에게 시집보내니 꾸며 보내는 재물이 매우 많거늘, 선이 기뻐하지

아니하여 부인에게 말하였다. “소군은 부유하고 교만한 데서 나서 아름답게 꾸밈을 익혔으니, 나는 실로 가난하고 천하다. 감히 예를 감당할 수 없다.” 아내가 말하였다. “大人께서 써 선생이 덕을 닦고 검약을 지키는 연고로, 천첩으로 하여금 모시어 수건과 빗을 잡게 하시니, 이미 君子를 받들어 이어받게 되었을진대, 오직 명을 따를 뿐입니다.” 선이 웃으며 말하였다. “능히 이와 같다면, 이것은 내 뜻입니다.” 아내는 이에 모시는 하인들과 의복과 장식을 다 돌려보내고 짧은 삼베치마를 바꾸어 입고, 선과 더불어 작은 수레를 함께 당겨 고향 마을로 돌아와, 시어머니께 절하는 예를 마치고 항아리를 들고 나가 물을 길어 아내의 도를 닦아 행하니, 시골과 고을에서 그녀를 기렸다.

漢字 鮑(절인 어물 포), 桓(굳셀 환), 奇(기특할 기, 기이할 기), 苦(애쓸 고), 裝(꾸밀 장), 賄(재물 회, 예물 회, 뇌물 회), 侍(모실 시), 櫛(빗 즐, 빗질할 즐), 歸(돌려보낼 귀), 飾(장식 식), 更(바꿀 경, 고칠 경), 著(입을 착), 裳(치마 상), 挽(당길 만), 鹿(사슴 록), 提(들 제, 끌 제), 甕(=瓮 항아리 옹, 독 옹), 汲(물길을 급)

1 시어(侍御): 모시는 하인.
2 녹거(鹿車): 작은 수레.

번소 漢한 시졀 鮑표宣션의 겨집 桓환氏시의 字ᄌᆞᄂᆞᆫ 少쇼君군이니 宣션이 일즉 少쇼君군의 아ᄇᆡ게 가 글 ᄇᆡ호더니 아비 그 ᄆᆞᅀᆞᆷ 조코 勤근苦고ᄒᆞᆫ 주를 긔이히 너겨 그 ᄯᆞᆯ을 얼일 제 티장ᄒᆞ야 주어 보내ᄂᆞᆫ 거시 ᄀᆞ장 만ᄒᆞ더니 宣션이 깃디 아니ᄒᆞ야 겨집ᄃᆞ려 닐오ᄃᆡ 少쇼君군이 가스면 지븨셔 기러나 됴히 비수믈 ᄇᆡ화 잇거늘 나ᄂᆞᆫ 진실로 가난ᄒᆞ고 쳔호니 그녜ᄅᆞᆯ 지당티 몯ᄒᆞ리로다 겨집이 닐오ᄃᆡ 우리 아비 先션生ᄉᆡᆼ이 德덕을 닷고 검약을 가졋다 ᄒᆞ야 날로 ᄒᆞ여곰 뫼ᅀᆞ와셔 슈건이며 빗슬 맛다시라 ᄒᆞ시니 ᄒᆞ마 君군子ᄌᆞ를 뫼ᅀᆞ와시니 니ᄅᆞ시ᄂᆞᆫ대로조차 호리이다 宣션이 웃고 닐오ᄃᆡ 능히 이리옷 ᄒᆞ면 이 내 ᄠᅳ디로다 ᄒᆞ여늘 겨집이 ᄃᆞ려간 사ᄅᆞᆷᄒᆞ며 결속ᄒᆞᆫ 것돌ᄒᆞᆯ 다 도로 보내오 댜ᄅᆞᆫ 뵈우틔를 ᄀᆞ라 닙고 宣션과 쟈근 술의를 ᄀᆞᆯ와 ᄭᅳᅀᅥ 본향의 가 싀엄이 뵈ᄂᆞᆫ 녜도ᄅᆞᆯ 맛고 독을 드러 나 믈 기러 며늘의 도ᄅᆞᆯ 닷ᄀᆞᆫ대 ᄆᆞᅀᆞᆯ히며 나라히 일ᄏᆞᆮ더라

현대역 漢 시절 표선(鮑宣)의 아내 桓氏의 자는 少君이니, 선이 일찍이 소군의 아버지에게 가 글 배우더니, 아버지가 그 마음 깨끗하고 勤苦한 줄을 기이하게 여겨, 그 딸을 시집보낼 때, 치장하여 주어 보내는 것이 자못 많았더니, 선이 기뻐하지 아니하여 아내에게 이르되, "소군이 부한 집에서 길러나서 좋게 꾸밈을 배워 있거늘, 나는 진실로 가난하고 천하니, 그 예를 至當하지 못하리로다." 아내가 이르되, "우리 아버지가 선생이 덕을 닦고 검약을 가졌다 하여, 나로 하여금 모시어서 수건이며 빗을 맡으라 하시니, 이미 군자를 모시었으니 이르시는 대로 좇아 하리이다." 선이 웃고 이르되, "능히 이리만 하면 이는 내 뜻이로다." 하거늘, 아내가 데려간 사람하며 資裝한 것들을 다 도로 보내고, 짧은 베치마를 갈아입고, 선과 작은 수레를 함께 끌어 본향에 가, 시어머니 뵈는 예도를 마치고, 독을 들어 나가 물 길어, 며느리의 도를 닦으니까, 마을이며 나라가 칭송하더라.

1 표선(鮑宣, 미상~3년): 인명 '鮑宣'이 《번역소학》과 《소학언해》에서, 원문이나 번역문 모두 '포선'이 아닌 '표선'으로 달려 있다. '鮑'는 '절인어물 포', '전복 포'에서처럼 '포'로 읽히며, 인명 '포숙아(鮑叔牙)' 또한 마찬가지이다. 표선은 전한 발해(渤海) 고성(高城) 사람으로, 자는 자도(子都)다. 학문을 좋아했고, 경전에 밝았다. 효렴(孝廉)으로 천거되어 애제(哀帝) 때 두 차례 간대부(諫大夫)를 지냈다. 당시 외척 척정(戚丁)과 부다(傅多)가 총애를 받고 동현(董賢)이 신임을 받자 상서하여 절실하게 간언하는 한편 시정(時政)을 비판했다. 나중에 사례(司隸)에 임명되었다. 승상 공광(孔光)에게 죄를 져 사형에서 한 등급 감형을 받고 삭발된 채 형구에 묶여 상당(上黨)으로 옮겨졌다. 평제(平帝) 때 왕망(王莽)이 정권을 잡자 모함을 받아 투옥되자 자살했다. 평당(平當)에게 상서구양씨학(尚書歐陽氏學)을 배웠고, 아들 포영(鮑永)과 손자 포욱(鮑昱)이 계승하여 가학으로 이어졌다(중국역대인명사전).

2 근고ᄒᆞᆫ: 근고(勤苦)한. 마음과 몸을 다하며 애쓰는.

3 가스면: 부유한. 재산이나 자원 따위가 넉넉하고 많은. '가스멸(어간)+ㄴ(관형사형 어미)'이다. '가스멸다'는 '가ᄉᆞ멸다'의 이형태이고. '가ᄉᆞ멸다'는 '가멸다'의 옛말이다. 그 城 안해 ᄒᆞᆫ 大臣 護彌라 호리 가ᄉᆞ멸오 發心ᄒᆞ더니.《석상 6:14》, 李氏女戒예 닐오ᄃᆡ 가난ᄒᆞ닌 가난호ᄆᆞᆯ 便安히 너기고 가ᄉᆞ며닌 가ᄉᆞ며로ᄆᆞᆯ 警戒홀디니(李氏女戒曰 貧不自安者 恥貧而廣求).《내훈 1:27》

4 지당티: 지당(至當)하지. 이치에 맞고 지극히 당연하지. '지당ᄒᆞ(어간)+디(보조적 연결어미)'이다.

5 맛다시라: 맡아 있으라. '맜(어간)+아(명령형 종결어미)+시(주체 높임 선어말어미)+라(명령형 종결어미)'이다. '-아시라'는 주체 높임 선어말어미 '-시-'가 명령형 종결어미 '-아라'의 가운데에 삽입된 예이다. 중세국어에서는 이런 예가 흔하다. '-거시늘', '-먹어시늘', '-가ᄂᆞ닛가', '-가ᄂᆞ니잇가' 등에서 '-시-'가 한 형태소 '-거늘', '-어날' 중간에 삽입되었고, ㅅ은 존비법 중 ᄒᆞ야쎠체 표지인데, 의문형 어미 '니…가' 사이에 삽입되었다. 고려가요의 다음 예도 이에 속한다. ᄃᆞᆯ하 노피곰 도ᄃᆞ샤 머리곰 비취오시라.《악장가사, 정읍사》, 혀고시라 밀오시라 정소년하.《악장가사, 한림별곡》. '-아시라 '는 끝음절의 모음이 'ㆍ, ㅏ, ㅗ'인 동사, 형용사 어간 뒤에 붙어, '-아 있으라'를 뜻하는 어미이다. ᄃᆞᄉᆞᆫ 오조매 ᄃᆞᆷ가시라(溫小便【오좀】漬之).《구간 6:27》(현대역: 따듯한 오줌에 담가 두라.). 현대국어 '맡다'의 옛말인 '맜다'는 15세기 문헌에서부터 나타난다. '맜다'는 자음으로 시작하는 어미 앞에서는 '맛-', 모음으로 시작하는 어미 앞에서는 '맜-'으로 어간이 교체되었는데, 실제 문헌상으로는 17세기까지 모음 어미와 결합한 예가 주로 나타난다. 17세기에는 어간말 'ㅅㄷ'이 'ㅅㅌ'으로 바뀐 '맡다' 형태가 등장하였고, 여기에서 'ㅅ'이 탈락하여 현대국어의 '맡다' 형태가 등장하게 되었다. 맜다(15세기~18세기)〉맡다(17세기~19세기)〉맡다(20세기~현재). 이형태: 맜다, 맡다, 맛다. 商德이 衰ᄒᆞ거든 天下ᄅᆞᆯ 맛ᄃᆞ시릴ᄊᆡ 西水ㅅ ᄀᆞᅀᅵ 져재 ᄀᆞᆮᄒᆞ니.《1447 용가 6》, 옷 고의 감토 훠ᄃᆞᆯᄒᆞ란 다 이 궤 안해 노하 두워 탕ᄌᆞ 맛ᄃᆞᆫ 사ᄅᆞᆷ 맛뎌 보라 ᄒᆞ고.《1510년대 번박 상:52ㄴ》

6 이리옷: 이리만. '옷'은 '곳'의 이형태로서, 단독의 뜻인 '만'을 나타내는 보조사이다. '옷'은 모음이나 'ㄹ'로 끝나는 체언 아래 선택된다. 중세국어에는 현대국어의 단독의 보조사 '만'은 극히 드물게 나타나고 대신 '곳', '옷'이 나타난다. 舍利弗옷 聰明ᄒᆞ고 神足이 ᄀᆞᄌᆞ니 舍利弗이 가ᅀᅡ 일우리라 ᄒᆞ샤.《석상 6:22》, 하ᄂᆞᆯ히 현마 즐겁고도 福이 다아 衰ᄒᆞ면 受苦ᄅᆞᄫᆡ요미 地獄두고 더으니 부텨옷 죽사릴

여희샤 娑婆世界 밧긔 버서나시니라.《월석 1:21》

7 결속호: 결속(結束)한. '결속ᄒᆞ다'는 '자장(資裝)하다', '혼수품을 장만하다'의 옛말이다. 지금도 북한에서는 '자장하다'를 '시집갈 때 화려하게 갖추어서 잘 차리다.'란 뜻으로 쓰고 있다.

8 닷ᄀᆞᆫ대: 닦으니까. '닷ᄀᆞ(어간)+ㄴ대(연결어미)'이다. '-ㄴ대'는 어간이나 어미 뒤에 붙어, '-니까'를 뜻하는 어미이다. 현대국어 '닦다'의 옛말인 '닭다'는 15세기 문헌에서부터 나타난다. '닭다'는 자음으로 시작하는 어미 앞에서는 '닷-'으로, 그 외의 어미 앞에서는 '닭-'으로 나타난다. 종성의 'ㅅㄱ'이 'ㄲ'으로 바뀐 '닦다'는 17세기에 처음 등장하였는데, 문헌상으로는 자음 어미 앞에서 '닥-'으로 표기된 예만 보인다. 19세기까지 '닭다'와 '닦다'가 공존하다가 20세기에 'ㅅㄱ' 표기가 폐지되면서 모두 '닦다'로 통일되었다. 닭다(15세기~19세기)〉닦다(17세기~현재). 이형태: 닭-, 닥-, 닥ㄱ-. 아ᄃᆞᆯ와 眷屬ᄃᆞᆯ콰로 佛法 中에 出家ᄒᆞ야 道理 닷더라.《1447 석상 21:43ㄴ》, 제 道 닷디 아니ᄒᆞ고 ᄒᆞᆫ갓 淨土 ᄇᆞ라ᄂᆞᆫ 사ᄅᆞ미 錯인 ᄃᆞᆯ 아리로다.《1569 선가 44ㄱ》

소언 漢한 鮑표宣션의 안해 桓환氏시의 字ᄌᆞᄂᆞᆫ 少쇼君군이라 宣션이 일즉 少쇼君군의 아븨게 나아가 ᄇᆡ호더니 아비 그 ᄆᆞᆰ고 고로오믈 긔특이 녀겨 그러모로 ᄯᆞᆯ로ᄡᅥ 안해 삼으니 결속ᄒᆞ야 보내ᄂᆞᆫ ᄌᆡ믈이 ᄀᆞ장 盛셩ᄒᆞ거ᄂᆞᆯ 宣션이 깃거 아니ᄒᆞ야 안해ᄃᆞ려 닐러 ᄀᆞᆯ오ᄃᆡ 少쇼君군이 가옴열어 교죵ᄒᆞᆫ ᄃᆡ 나셔 아ᄅᆞᆷ다온 단장을 니겨시니 내 진실로 가난코 미쳔ᄒᆞᆫ 디라 敢감히 례도를 감당티 몯ᄒᆞ리로다 안해 ᄀᆞᆯ오ᄃᆡ 아비 ᄡᅥ 先션生ᄉᆡᇰ이 德덕을 닷가 검약을 딕킈연는 연고로 賤쳔ᄒᆞᆫ 妾쳡으로 ᄒᆡ여곰 뫼ᄋᆞ와셔 슈건과 비슬 잡게 ᄒᆞ시니 이믜 君군子ᄌᆞ를 받ᄌᆞ와시란ᄃᆡ 오직 命명ᄒᆞ신대로 이 졷ᄌᆞ오리이다 宣션이 웃고 ᄀᆞᆯ오ᄃᆡ 能능히 이러ᄐᆞ시 ᄒᆞ면 이 내 ᄠᅳᆮ이로다 안해 뫼신 사ᄅᆞᆷ과 의장 읫 거슬 다 도라보내고 고텨 댜ᄅᆞᆫ 뵈치마를 ᄆᆡ야 宣션으로 더블어 ᄒᆞᆫ가지로 젹은 술위를 ᄭᅳ어 본향 ᄆᆞ올ᄒᆡ 도라가 싀어미ᄭᅴ 뵈ᄋᆞᆸᄂᆞᆫ 례도를 ᄆᆞᆺ고 항을 가져 나가 믈 기러 며ᄂᆞ리 도리를 닷가 行ᄒᆡᇰᄒᆞ니

ᄆᆞ올히며 고을히 일ᄏᆞᆮ더라

[현대역] 漢 표선의 아내 환 씨의 자는 소군이라. 선이 일찍 소군의 아버지에게 나아가 배우더니, 아버지가 그 맑고 괴로움을 기특히 여겨, 그러므로 딸로써 아내 삼게 하니, 資裝하여 보내는 재물이 가장 성하거늘, 선이 기뻐 아니하여 아내에게 일러 가로되, "소군이 富하여 驕縱한 데 나서 아름다운 단장을 익혔으니, 내가 진실로 가난하고 미천하기 때문에 감히 예도를 감당하지 못하리로다." 아내가 가로되, "아버지가 써 선생이 덕을 닦아 검약을 지킨 연고로, 천한 첩으로 하여금 모시어 수건과 빗을 잡게 하시니, 이미 군자를 받자오실진대, 오직 명하신 대로 이 좇자올 것입니다." 선이 웃고 가로되, "능히 이렇듯이 하면 이 나의 뜻이로다." 아내가 (자기를) 모신 사람과 衣裝의 것을 다 돌려보내고, 고쳐 짧은 베치마를 매어, 선으로 더불어 함께 작은 수레를 끌어 본향 마을에 돌아가, 시어머니께 뵙는 예도를 마치고, 항아리를 가지고 나가 물 길어, 며느리 도리를 닦아 행하니, 마을이며 고을이 칭송하더라.

1 교죵ᄒᆞᆫ: 교종(驕縱)한. 교만하고 방자한. '교종'은 잘 쓰이지 않는, 희귀한 단어이다.

2 받ᄌᆞ와시란ᄃᆡ: 받자오실진대. '받ᄌᆞ와(어간)+시(주체 높임 선어말어미)+란ᄃᆡ(연결어미)'이다. '-란ᄃᆡ'는 동사, 형용사 어간이나 어미 뒤에 붙어, 조건이나 가정 '-ㄹ진대', '-ㄹ 것 같으면', '-니'를 뜻하는 어미이다. 내 如來 니ᄅᆞ샨 經에 疑心ᄋᆞᆯ 아니 ᄒᆞᅀᆞᆸ노니 엇데어뇨 ᄒᆞ란ᄃᆡ 一切 如來ㅅ 몸과 말ᄊᆞᆷ과 ᄠᅳ뎃 業이 다 淸淨ᄒᆞ시니.《석상 9:26》, 匡山ㅅ 글 닑던 ᄯᅡ해 머리 셰란ᄃᆡ 됴히 도라올디니라(匡山讀書處 頭白好歸來).《두시-초 21:42》. 현대국어 '받잡다['받다'높임말]'의 옛말인 '받ᄌᆞᆸ다'는 15세기 문헌에서부터 나타난다. 이 단어는 17세기에 팔종성 받침규칙에 의해 'ㄷ' 받침이 'ㅅ'으로 쓰이게 되었으며, 'ㆍ'의 음가 소실로 'ᄌᆞᆸ'이 '잡'으로 바뀌게 됨에 따라 18세기에는 '밧잡다'가 쓰이게 되었다. 20세기 초 현대맞춤법이 확산되면서 현재의 어형으로 정착되었다. 받ᄌᆞᆸ다(15세기)〉밧잡다(18세기)〉받잡다(20세기~현재). 이형태: 받ᄌᆞᆸ다, 밧ᄌᆞᆸ다, 밧잡다. 몬져 菩薩ᄭᅴ 받ᄌᆞᄫᆞ라.《1447 석상 3:40ㄴ》, 내 東宮의 ᄀᆞᄅᆞ쳐 인도홈을 받ᄌᆞᆸ디 아니홈ᄋᆞᆫ.《1587 소언 6:44ㄴ》

3 존ᄌᆞ오리이다: 좇자올 것입니다['좇을 것입니다'의 높임말]. '존ᄌᆞ오(어간)+리(추측법 선어말어미)+이(존비법 ᄒᆞ쇼셔체 선어말어미)+다(평서형 종결어미)'이다. '-리이다'는 동사, 형용사 어간이나 어미 뒤에 붙어, '-ㄹ 것입니다'를 뜻하는 어미이다. 孟子ㅣ 對ᄒᆞ야 ᄀᆞᆯᄋᆞ샤ᄃᆡ 王이 戰을 好ᄒᆞ실ᄉᆡ 請컨댄 戰으로 ᄡᅧ 喩호리이다(孟子對曰 王好戰 請以戰喩).《맹언 1:7》, 大折의 御意오니 예셔 죽ᄉᆞ와도 먹ᄉᆞ오리이다.《첩신-초 2:7》

4 의장읫: 의장(衣裝)의. 옷과 장신구(裝身具)의. '의장(명사)+의(관형격 조사)+ㅅ(관형격 조사)'이다.

【集說】陳氏曰宣의字는子都니渤海人이라吳氏曰大人은稱其父요先生은稱其夫라約은儉約也라

진 씨가 말하였다. "선의 자는 子都니, 발해 사람이다." 오 씨가 말하였다. "大人은 그 아버지를 칭하고, 先生은 그 남편을 칭한다. 約은 검약이다."

漢字 渤(바다이름 발)

【增註】引車曰挽이라鹿車는小車니可容一鹿者라

수레를 이끎을 挽이라 한다. 鹿車는 작은 수레이니, 가히 한 마리의 사슴을 수용할 만한 것이다.

【二十九章】

○曹爽의從弟文叔의妻는譙郡夏侯文寧之女ㅣ니名은令女ㅣ라文叔이蚤死커늘服闋ᄒᆞ고自以年少無子ᄒᆞ니恐家ㅣ必嫁己ᄒᆞ야乃斷髮爲信이러니其後에家ㅣ果欲嫁之어늘令女ㅣ聞ᄒᆞ고卽復扶又反以刀로截兩耳ᄒᆞ고居止를常依爽ᄒᆞ더니及爽이被誅ᄒᆞ야曹氏盡死커늘令女叔父ㅣ上書ᄒᆞ야與曹氏絶婚ᄒᆞ고彊迎令女

歸ᄒᆞ니라 《三國志 魏志 曹爽列傳註, 資治通鑑 魏邵陵厲公紀》

● 曹爽의 사촌동생인 文叔의 아내는 초군 땅 하후문녕의 딸이니, 이름은 令女다. 문숙이 일찍 죽었거늘 복 입기를 마치고, 스스로 나이가 젊고 자식이 없으니 아마도 집에서 반드시 자기를 시집보내리라 여겨[以(爲)], 이에 머리를 잘라 신표를 삼았더니, 그 후에 집이 과연 그녀를 시집보내고자 하거늘, 영녀가 듣고 곧 다시 칼로써 두 귀를 자르고, 거처를 늘 爽에게 의지하더니, 爽이 죽임을 당함에 미쳐서 조 씨가 모두 죽었거늘, 영녀의 숙부가 글을 올려 조 씨와 더불어 혼인을 끊고, 억지로 영녀를 맞이하여 돌아갔다.

漢字 爽(시원할 상, 상쾌할 상), 譙(꾸짖을 초), 蚤(일찍 조, 벼룩 조), 服(복 입을 복), 闋(마칠 결, 문 닫을 결), 截(끊을 절), 誅(죽일 주, 벨 주), 彊(억지 강, 굳셀 강)

1 조상(曹爽, 미상~249년): 삼국시대 위(魏)나라 패국(沛國) 초현(譙縣) 사람으로, 자는 소백(昭伯)이고, 조진(曹眞)의 아들이다. 위(魏)나라 제2대 명제(明帝, 曹叡) 때 산기시랑(散騎侍郞)이 되고, 거듭 승진하여 성문교위(城門校尉)에 올랐다. 산기상시(散騎常侍)에 더해지고, 무위장군(武衛將軍)으로 옮겼다. 명제(明帝)의 탁고(託孤, 어린 왕에 대한 보호 부탁)로 제3대 제왕(齊王) 조방(曹芳)이 등극하자 사마의(司馬懿)와 함께 정치를 보좌했다. 대장군에 오르고 절월(節鉞)을 받아 중외의 제군사(諸軍事)를 감독했다. 무안후(武安侯)에 봉해지고 시중(侍中)이 더해졌다. 하안(何晏)과 등양(鄧颺)을 심복으로 삼아 조정을 장악했다. 정시(正始) 5년(244년) 하후현(夏侯玄)과 함께 대거 촉(蜀)을 침공했지만 촉나라 군대의 강력한 저항에 물려 많은 군사를 잃고 말았다. 아버지의 명성을 등에 업고 조정을 안정적으로 유지하려고 했지만 사마의를 지나치게 견제했다. 가평(嘉平) 초에 조방과 함께 고평릉(高平陵, 조예의 능)에서 제사를 지내고 돌아오는 도중 사마의가 틈을 노려 정변을 일으켰을 때 멸족당하고 말았다. 이후부터 사마씨(司馬氏)가 정권을 장악하게 되었다(중국역대인명사전).

2 조문숙(曹文叔, 생몰 연도 미상): 삼국시대 위(魏)나라의 인물로, 예주 패국 초현 사람이다. 조상의 종제(從弟, 사촌동생)로 하후문녕(夏候文寧)의 딸인 하후영녀(夏候令女)와 결혼했지만 일찍 죽었다. 결혼한 지 얼마 안돼서 일찍 죽었기에 본인의 행적은 남아있지 않지만 그 아내인 하후영녀가 황보밀(皇甫謐, 西晉, 215년~282년)의 《열녀전(列女傳)》에 실려 있기에 이름 정도만은 남게 되었다

(나무위키).

3 하후영녀(夏候令女, 생물 연대 미상): 중국 삼국시대 위(魏)나라의 여성이다. 하후문녕의 딸로, 조상의 종제인 조문숙의 아내이다. 예주 패국 초현 사람이다. 남편 조문숙이 죽고 주변에서 재혼을 권유하자 머리카락을 자르고 아버지가 재혼을 권하자 귀를 자르고 조상 일족이 멸족 당한 후 다시 재혼을 권하자 코를 잘라서 거부했다. 이에 사마의가 그 정절에 감동하여 양자를 들여 후계를 잇는 것을 허락하였다(나무위키).

4 하후문녕(夏候文寧, 생몰 연대 미상): 삼국시대 위(魏)나라의 인물이다. 하후영녀(夏候令女)의 아버지로, 예주 패국 초현 사람이다. 딸인 하후영녀가 일찍이 조문숙(曹文淑)과 결혼했다가 자식도 없이 조문숙이 일찍 죽었는데, 이로 인해 친정에서 개가시키려던 것을 딸이 반대하고 지조를 지켰다. 하후문녕은 양주의 관리로 있었다(나무위키).

번소 曺죠爽상의 ᄉᆞ촌 아ᄋᆞ 文문叔슉의 겨집은 譙쵸郡군 짜 夏하候후文문寧령의 ᄯᆞ리니 일후믄 슈령女녀ㅣ라 文문叔슉이 일 죽거늘 거상 밧고 제 나히 졈고 ᄌᆞ식이 업스니 제 집의셔 저를 남진 얼일가 저허 머리터리를 버혀 ᄆᆡᆼ셔ᄅᆞᆯ 삼더니 그 후에 제 집이 과연 얼이고져 ᄒᆞᆫ대 슈령女녀ㅣ 듣고 즉재 다시 갈호로 두 귀를 버히고 샹해 曺조爽상의게 의거ᄒᆞ여 사더니 曺조爽상이 죄 니버 주거 曺조氏시ㅅ 가문이 다 죽거ᄂᆞᆯ 슈령女녀의 아자비 샹언ᄒᆞ여 曺조氏시와 혼인을 거졀ᄒᆞ고 구틔여 슈령女녀를 ᄃᆞ려 가니라

현대역 曺爽의 사촌 아우 文叔의 아내는 초군(譙郡) 땅 夏候文寧의 딸이니, 이름은 令女라. 문숙이 일찍 죽거늘 거상 벗고 자기의 나이가 젊고 자식이 없으니, 자기의 집에서 자기를 시집보낼까 두려워 머리털을 베어 맹세를 삼더니, 그 후에 자기의 집이 과연 시집보내고자 하니까 영녀가 듣고, 곧 다시 칼로 두 귀를 베고 늘 조상에게 의거하여 살더니, 조상이 죄 입어 죽어 조 씨의 가문이 다 죽거늘, 영녀의 숙부가 上言하여 조 씨와 혼인을 거절하고 구태여 영녀를 데려 가니라.

1 머리터리를: 더리털을. '머리터리(명사)+를(목적격 조사)'이다. 현대국어 '머리털'의 옛말인 '머리터리'는 15세기 문헌에서부터 나타난다. '머리터리'는 '머리'와 '털'의 의미인 '터리'가 결합한 것이다. 16세기 이후 '터리'의 제2음절 모음 'ㅣ'가 탈락하여 1음절 '털'로 나타나서 '머리털'로 나타나서 현재에 이르렀다. '터리'와 같은 의미를 지니는 단어로 '터럭'도 15세기 이래로 많이 쓰였기 때문에 '머리터리'와 같은 의미로 쓰인 '머리터럭'이 15세기 문헌에서부터 나타난다(髮은 {머리터러기라} 《1459 월석 10:104ㄴ》). 15세기 문헌에서부터 '머리'와 같은 의미를 지니는 단어로 '마리'가 나타나기 때문에 '마리털'도 18세기에 나타난다({마리털} 족지고 《1765 박신 1:43ㄴ》). 머리터리(15세기~17세기)〉머리털(16세기~현재). 이형태: 머리터리, 머리털. 머리터리 다 우흐로 쁘렛ᄒᆞ샤ᄃᆡ 올ᄒᆞᆫ 녀그로 몽ᄀᆞ시며.《1459 월석 2:40ㄴ》, 머리털 버히고 盟誓호ᄃᆡ 다시 남진 아니 호리라 ᄒᆞ고.《1514 속삼 열:14ㄱ》

2 샹언ᄒᆞ여: 상언(上言)하여. 신하가 사사로운 일로 임금에게 글을 올려.

소언 曹조爽상[魏위 ᄧᅥᆨ 종실이라]의 사촌아ᄋᆞ 文문叔슉의 안해ᄂᆞᆫ 譙쵸郡군[ᄯᅡ일홈이니 文문寧령의 본향이라] 夏하侯후文문寧령[夏하侯후ᄂᆞᆫ 셩이오 文문寧령은 일홈이라]의 ᄯᆞᆯ이니 일홈은 令령女녀ㅣ라 文문叔슉이 일 죽거늘 거상 ᄆᆞᆺ고 스스로 ᄡᅧ 나히 졈고 ᄌᆞ식이 업스니 집이 반ᄃᆞ시 저를 남진얼릴가 저허 머리털을 버혀 ᄆᆡᆼ셰ᄒᆞ엿더니 그 후에 집이 과연 얼리고져 ᄒᆞ거늘 令령女녀ㅣ 듣고 즉제 다시 갈로ᄡᅥ 두 귀를 버히고 살기를 샹녜 爽상의게 의지ᄒᆞ얏더니 믿 爽상이 버히믈 닙어 曹조氏시 다 죽거늘 令령女녀의 아자비 글월을 올려 曹조氏시로 더블어 혼인을 긋고 구틔여 令령女녀를 마자 도라오니라

현대역 曹爽[魏 때 종실이라.]의 사촌아우 문숙의 아내는 초군[땅이름이니, 문녕의 본향이라.] 하후문녕[하후는 성이요, 문녕은 이름이라.]의 딸이니, 이름은 영녀이다. 문숙이 일찍 죽거늘 거상 마치고 스스로 써 나이 젊고 자식이 없으니, 집이 반드시 자기를 시집보낼까 두려워 머리털을 베어 맹세하였더니, 그 후에 집이 과연 시집보내고자 하거늘 영녀가 듣고, 즉시 다시

칼로써 두 귀를 베고 살기를 늘 조상에게 의지하였더니, 및 조상이 벰을 입어 曹氏가 다 죽거늘, 영녀의 작은아버지 글월을 올려 조 씨로 더불어 혼인을 끊고 구태여 영녀를 맞아 돌아오니라.

도라오니라: 돌아오니라. '도라오(어간)+니라(평서형 종결어미)'이다. '-니라'는 '이다'의 어간, 받침 없는 형용사 어간, 'ㄹ' 받침인 형용사 어간 또는 어미 '-으시-' 뒤에 붙어, 해라할 자리에 쓰여, 진리나 으레 있는 사실을 일러 줄 때에 예스럽게 쓰이는 종결어미이다. 모든 일을 다 잊어버려라. 잊는 것이 제일이니라.《김동인, 젊은 그들》

【集說】吳氏曰曹爽은魏宗室이라從弟는同祖之弟라譙郡은今亳縣이라夏侯는覆姓이요文寧은名也라

오 씨가 말하였다. "曹爽은 위나라 종실이다. 從弟는 할아버지가 같은 동생이다. 초군은 지금의 박현이다. 하후는 복성이고, 문녕은 이름이다."

漢字 亳(땅이름 박)

時예文寧이爲梁相一作州이러니憐其少執義ᄒᆞ고又曹氏無遺類ㅣ라冀其意阻(沮)ᄒᆞ야乃微使人風之ᄒᆞᆫ대令女ㅣ嘆且泣曰吾亦惟之호니許之是也ㅣ라ᄒᆞ야늘家ㅣ以爲信ᄒᆞ야防之少懈ᄒᆞᆫ대令女ㅣ於是예竊入寢室ᄒᆞ야以刀斷鼻ᄒᆞ고蒙被而臥ᄒᆞ야其母ㅣ呼與語호ᄃᆡ不應이어늘發被視之ᄒᆞ니血流滿床席이어늘擧家ㅣ驚惶ᄒᆞ야往視之ᄒᆞ고莫不酸鼻ᄒᆞ더라

● 때에 문녕이 양나라 재상이 되었더니[一本에는 相이 州로 되어 있다.], 그녀가 젊어 義를 잡음을 불쌍히 여기고, 또 조 씨가 남은 무리가 없어, 그녀의 뜻이 그치기를 바라서, 이에 몰래 사람으로 하여금 그녀를 諷諫하게 하였는데, 영녀가 탄식하고 또 울며 말하였다. "내가 또한 그것[시집감]을

생각해 보니, 그것을 허락함이 옳겠다.” 하거늘, 집안이 그로써 믿음을 삼아 그녀를 대비하기를 조금 게을리 하였는데, 영녀가 이에 몰래 침실에 들어가 칼로써 코를 자르고 이불을 덮어쓰고 누워, 그 어머니가 불러 더불어 말하되 응하지 않거늘, 이불을 들추고 그녀를 보니, 피가 흘러 침상과 자리에 가득하거늘, 온 집안이 놀라 두려워하여, 가서 그녀를 보고는 코가 시큰거리지 않음이 없었다.

漢字 憐(불쌍히 여길 련), 冀(바랄 기), 阻(험할 조), 沮(그칠 저), 微(몰래 미), 風(풍간할 풍), 惟(생각할 유), 防(대비할 방), 懈(게으를 해), 竊(몰래 절), 蒙(덮어쓸 몽), 發(들출 발), 床(상 상), 惶(두려울 황), 酸(시큰거릴 산, 초 산)

1 冀其意阻: 대문과 【集說】에 모두 조(阻)로 되어 있다. 그러나 한문대계본(漢文大系本)에는 저(沮)로 되어 있다. 또한 고정(攷訂)에 ‘조(阻)는 타본(他本)에 저(沮)로 되어 있다.’ 하였다. 따라서 역주자(譯註者)도 저(沮)로 보아 번역한다.

2 풍간(諷諫): 완곡한 표현으로 잘못을 고치도록 말함.

번소 이적의 文문寧령이 梁량나랏 ᄌᆡ샹이 되엿더니 슈령女녀의 졈어슈ᄃᆡ 졀의를 가졋ᄂᆞᆫ 줄을 에엿비 너기며 ᄯᅩ 曹조氏시 권당이 기트니 업슬ᄉᆡ 뎌 향ᄒᆞᆫ ᄠᅳ디 그츨가 너겨 ᄀᆞ마니 사ᄅᆞᆷ 브려 ᄠᅳᆮ을 알외니 슈령女녀ㅣ 슬허 울오 닐오ᄃᆡ 나도 ᄉᆡᆼ각호니 그리 ᄒᆞ샴이 올ᄒᆞ샷다 ᄒᆞ여ᄂᆞᆯ 집 사ᄅᆞᆷ이 미더 막ᄌᆞᆯ오ᄆᆞᆯ 져기 게을이 ᄒᆞ여ᄂᆞᆯ 슈령女녀ㅣ ᄀᆞ마니 자ᄂᆞᆫ 방의 드러가 갈호로 고ᄒᆞᆯ 버히고 니블에 ᄡᅧ여 누엇거ᄂᆞᆯ 그 어미 블러 말ᄒᆞ니 ᄃᆡ답디 아니ᄒᆞᆯᄉᆡ 니블을 헤혀 보니 피 흘려 평상이며 돗긔 ᄀᆞ독ᄒᆞ엿거늘 집읫 사ᄅᆞᆷ이 다 놀라 가보고 슬허 아니ᄒᆞ리 업더라

현대역 이때에 문녕이 梁나라의 재상이 되었더니, 영녀가 젊었으되 절의를 가지고 있는 줄을 가련히 여기며, 또 조 씨 친척이 남은이 없으므로, 저 향한[절의를 가진] 뜻이 그칠까 여겨, 가만히 사람 부리어 뜻을 알리니, 영녀가 슬퍼하여 울고 이르되, “나도 생각하니, 그렇게 하심이 옳으시구나.” 하거

늘, 집 사람이 믿어 막아 끊음을 적이 게을리 하거늘, 영녀가 가만히 자는 방에 들어가, 칼로 코를 베고 이불에 싸여 누었거늘, 그 어머니가 불러 말하니 대답하지 아니하므로, 이불을 헤치어 보니, 피 흘려 평상이며 자리에 가득하였거늘, 집의 사람이 다 놀라 가보고 슬퍼 아니할 이 없더라.

1 이적의: 이때에. '이적(명사)+의(조사)'이다. '의'는 특수 처소 부사격 조사이다. 대개 신체 지칭어, 방위 지칭어, 시간 지칭어 등의 어휘가 '애, 에, 예' 대신 이러한 부사격 조사를 취한다.

2 가젯는: 가지고 있는. '가지(어간)+어(보조적 연결어미)+잇(在, '잇다'의 어간)+ᄂᆞ(현재시제 선어말어미)+ㄴ(관형사형 어미)'이다. 완료상은 보조적 연결어미 '-아/어/여'와 보조형용사 '잇다[在]'의 결합으로 표현된다. 그런데 '잇-'이 본동사와 한 음절을 이룰 때 이미 15세기에 'ㅣ'가 탈락되어 '어+ㅅ→엇'으로 나타나는 일이 많았다. 內竪ᄂᆞᆫ 뫼ᅀᆞ왓ᄂᆞᆫ 혀근 臣下ㅣ라.《내훈 1:39》, 내 바ᄅᆞ 닐오마 길 마갓ᄂᆞᆫ ᄒᆞᆫ 퍼깃 사미 비 오나든 곳 퓌오 ᄇᆞᄅᆞᆷ 골겨든 여름 ᄆᆡᆺᄂᆞᆫ 거셔(我猜着當路一科麻 下雨開花 刮風結子).《번박 상:40》.

3 올ᄒᆞ샷다: 옳으시구나. '올ᄒᆞ(어간)+샷다(감탄형 종결어미)'이다. '-샷다'는 '-도다'와 같이 감탄형 종결어미로 쓰이는데, 차이점은 의고성(擬古性)을 띠고 있다는 것이다. 이는 받침 없는 동사, 형용사 어간 뒤에 붙어, '-시도다', '-시구나'를 뜻하는 어미이다. 믈 우흿 龍이 江亭을 向ᄒᆞᅀᆞᄫᆞ니 天下ㅣ 定ᄒᆞᇙ 느지르샷다(水上之龍 向彼江亭 迺是天下 始定之徵).《용가 100장》, 됴ᄒᆞ실쎠 摩耶ㅣ 如來ᄅᆞᆯ 나ᄊᆞᄫᆞ실쎠 天人世間애 골ᄫᆞ리 업스샷다 ᄒᆞ더라.《석상 11:24》

4 막ᄌᆞᆯ오ᄆᆞᆯ: 잘라 막음을. '막ᄌᆞᆯ(어간)+옴(명사형 어미)+ᄋᆞᆯ(목적격 조사)'이다. '막ᄌᆞᄅᆞ다'는 '잘라 막다'의 옛말이다. 모음으로 시작하는 어미 앞에서는 '막ᄌᆞᆯ-'로 나타난다. 太子ㅅ 손 자ᄇᆞ샤 두 눉믈 디샤 門ᄋᆞᆯ 자펴 막ᄌᆞᄅᆞ시니.《월곡 상:16》, 사오나온 風俗ᄋᆞᆯ 사ᄅᆞᄆᆡ ᄂᆞᆾ ᄆᆞᆯ 막ᄌᆞᄅᆞ고 몸 올에 호ᄆᆞ란 ᄆᆞᆯ 바ᄅᆞᆯ ᄇᆡ호노라(薄俗防人面, 全身學馬蹄).《두시-초 15:17》

소언 이적의 文문寧령이 梁량[졔후 나라히라] 相샹[벼슬일홈이라]이 도얏더니 그 졈고 절의를 자반는 줄을 에엿비 녀기고 또 曹조氏시 기틘 類류ㅣ 업슨 디라 그 쁟이 그층을 ᄇᆞ라 ᄀᆞ마니 사ᄅᆞᆷ으로 ᄒᆡ여곰 알왼대 슈령女녀ㅣ 탄식ᄒᆞ고 ᄯᅩ 울어 ᄀᆞᆯ오ᄃᆡ 내 ᄯᅩ ᄉᆡᇰ각호니 許허ᄒᆞ심이 올타 ᄒᆞ야늘 집이 ᄡᅥ 믿비 녀겨 막ᄌᆞᆯ옴을 젹이 게을이 ᄒᆞᆫ대 슈령女녀ㅣ 이예 ᄀᆞ마니 자는 방의 들어가 갈흐로ᄡᅥ 고ᄒᆞᆯ 버히고 니블 무롭고 누어셔 그 어미 블러 더블어 말호ᄃᆡ ᄃᆡ답 아니커늘 니블을 헤혀 보니 피 흘러 평상과 돗긔 ᄀᆞ독ᄒᆞ얏거늘 온 집이 놀라 두려 가보고 고ᄒᆞᆯ 싀여 아니리 업더라

현대역 이때에 문녕이 梁[제후 나라이라.] 상[벼슬이름이라.]이 되었더니, 그가 젊고 절의를 잡은 줄을 가련히 여기고, 또 조 씨 남긴 부류가 없기 때문에, 그 뜻이 그침을 바라, 가만히 사람으로 하여금 알리니까, 영녀가 탄식하고 또 울어 가로되, "내가 또 생각하니, (부모님이 개가를) 허락하심이 옳다." 하거늘, 집이 써 미쁘게 여겨 잘라 막음을 적게 게을리 하니까, 영녀가 이에 가만히 자는 방에 들어가, 칼로써 코를 베고 이불 입고 누어서, 그 어머니가 불러 더불어 말하되, 대답 아니 하거늘, 이불을 헤치어 보니, 피 흘려 평상과 자리에 가득하였거늘, 온 집이 놀라 두려워 가보고 코를 시큰하지 아니할 이 없더라.

1 자반는: 잡아 있는. '잡(어간)+아(보조적 연결어미)+잇(在, '잇다'의 어간)+ᄂᆞ(현재 시제 선어말어미)+ㄴ(관형사형 어미)'이다. 완료상은 보조적 연결어미 '-아/어/여'와 보조형용사 '잇다[在]'의 결합으로 표현된다. 그런데 '잇-'이 본동사와 한 음절을 이룰 때 이미 15세기에 'ㅣ'가 탈락되어 '아+ㅅ→앗'으로 나타나는 일이 많았다. 다만, 본 예는 어간 '자밧-'이 어미 'ㄴ' 앞에서 비음화된 것을 표기에 반영하였다. 內豎ᄂᆞᆫ 뫼ᅀᆞᆸᄂᆞᆫ 혀근 臣下ㅣ라.《내훈 1:39》, 내 바ᄅᆞ 닐오마 길 마갓ᄂᆞᆫ ᄒᆞᆫ 퍼깃 사미 비 오나든 곳 퓌오 ᄇᆞᄅᆞᆷ ᄀᆞᆯ겨든 여름 ᄆᆡᆺᄂᆞᆫ 거셔(我猜着 當路一科麻 下雨開花 刮風結子).《번박 상:40》.

2 싀여: 시큰하여. '싀(어간)+여(연결어미)'이다. '싀다'는 '시큰하다'의 옛말이다. 코, 이 따위가 시큰하다. 禽獸ㅣ 울며 고히 싀며 입시우리 저즈며 다ᄅᆞᆫ 얼굴와 다ᄅᆞᆫ ᄠᅳ디 實相 아니니 업스며 妙法 아니니 업서(禽獸嗚呼 醎鼻沾唇 殊形異意 無非實相 無非妙法).《법화 6:68》, 겨틧 사ᄅᆞ미 고ᄒᆞᆯ 싀여 ᄒᆞ며 ᄂᆞᆫ므를 슷디 아니ᄒᆞ리 업스며(哀動傍人 莫不爲酸鼻揮涕.).《내훈 3:35》

【集說】陳氏曰無遺類는盡死也라冀其意阻(沮)는幸其阻(沮)守義之意而改適也라風은謂以言動之라惟之는思之也라

진 씨가 말하였다. "無遺類[남은 무리가 없음]는 모두가 죽음이다. 冀其意阻[그녀의 뜻이 그치기를 바람]는 그녀가 절의를 지키려는 뜻을 그쳐, 고쳐 시집가기를 바람이다. 風은 말로써 그녀를 움직임을 이른다. 惟之는 생각함이다."

漢字 幸(바랄 행), 適(시집갈 적)

或이謂之曰人生世間이如輕塵棲弱草耳니何辛苦乃爾오且夫家ㅣ夷滅已盡ᄒᆞ니守此欲誰爲哉오令女ㅣ曰聞仁者는不以盛衰로改節ᄒᆞ고義者는不以存亡으로易心ᄒᆞᄂᆞ니曹氏全盛之時라두尚欲保終이어든況今衰亡ᄒᆞ니何忍棄之리오禽獸之行을吾豈爲乎ㅣ리오

● 혹자가 그녀에게 일러 말하였다. "사람이 세상을 살아감은 가벼운 티끌이 약한 풀에 깃듦과 같을 따름이니, 어찌하여 辛苦하기를 이에 이와 같은가? 또 남편의 가문이 삼족이 멸하여 이미 없어졌으니, 이것[義]을 지킴은 누구를 위하고자 함인가?" 영녀가 말하였다. "들으니, 어진 자는 盛衰로써 절개를 고치지 아니하고, 의로운 자는 存亡으로써 마음을 바꾸지 않는다 하니, 조 씨가 한창 왕성했을 때라도 오히려 끝까지 보존하고자 했거든, 하물며 지금 쇠망하니 어찌 차마 그것을 버리겠는가? 금수의 행동을 내가 어찌 하겠는가?"

漢字 棲(깃들 서), 辛(매울 신), 苦(쓸 고), 爾(이와 같을 이), 夷(멸할 이), 尚(오히려 상)

1 신고(辛苦): 어려운 일을 당하여 몹시 애씀. 또는 그런 고생.
2 이멸(夷滅): 멸망시킴. 삼족을 멸함.
3 전성(全盛): 형세나 세력 따위가 한창 왕성함.

번소 或혹이 닐오ᄃᆡ 사ᄅᆞᆷ이 셰샹의 나슈미 가ᄇᆡ야온 듣틀이 보ᄃᆞ라온 플에 블터슘 ᄀᆞᄐᆞ니 엇디 슈고호믈 그리ᄒᆞᄂᆞ뇨 ᄯᅩ 남진의 가문이 죄 니버 주거 다 업스니 이 ᄠᅳᆮ 가져슈믄 누를 위ᄒᆞ여 ᄒᆞᄂᆞ뇨 令령女녀ㅣ 닐오ᄃᆡ 드로니 仁인홀 사ᄅᆞᆷ은 가문이 셩ᄒᆞ며 쇠호모로 졀개를 곧티디 아니ᄒᆞ고 義의ᄒᆞᄂᆞᆫ 사ᄅᆞᆷ은 사라시며 주구모로 ᄆᆞᅀᆞᆷ을 곧티디 아니ᄒᆞᄂᆞ니 曹조氏시 알픠 셩ᄒᆞ여 이실 제도 내죵내 디녀 사로려 ᄒᆞ더니 ᄒᆞ믈며 이제 쇠망ᄒᆞ엿거니 엇디 ᄎᆞ마 ᄇᆞ리리오 즘승의 ᄒᆡᆼ뎍을 내 엇디 ᄒᆞ리오

현대역 혹자가 이르되. "사람이 세상에 태어남이 가벼운 티끌이 부드러운 풀에 붙어 있음 같으니, 어찌 수고함을 그렇게 하느냐? 또 남편의 가문이 죄 입어 죽어 다 없으니, 이 뜻 가졌음은 누구를 위하여 하느냐?" 영녀가 이르되, "들으니, 어진 사람은 가문이 성하며 쇠함으로 절개를 고치지 아니하고, 의로운 사람은 살았으며 죽음으로 마음을 고치지 아니하니, (나는) 조 씨가 앞에 성하여 있을 때도 끝끝내 지녀 살려 했더니, 하물며 이제 쇠망하였거니 어찌 차마 버리리오. 짐승의 행적을 내 어찌 하리오."

1 듣틀이: 티끌이. '듣틀(명사)+이(주격 조사)'이다. 현대국어 '티끌'의 옛말인 '듣글'과 '드틀'은 15세기 문헌에서부터 나타난다. '듣글'과 '드틀'은 통사, 의미상의 차이가 없고 어형이 비슷한 쌍형어로 볼 수 있다. '듣글' 또는 '드틀'은 17세기 이후 '틧글'로 바뀌는데, 이것은 '듣글'과 '드틀'의 혼효에 의한 것으로 추정된다. 한편 17세기에는 다양한 이표기가 나타나는데, '듯글'은 16세기 이후 음절 말에서 'ㅅ'이 'ㄷ'과 같아져 나타난 표기이다. '틧글'은 '틔ㅅ글', '틔ᄢᅳᆯ', '틔ᄭᅳᆯ' 등으로도 나타났는데, 이것은 제2음절의 된소리를 표기한 것이다. 오늘날과 같은 '티끌'은 근대국어 시기에 자음 뒤에서 'ㅢ'가 'ㅣ'로 변하고, 'ㄱ'의 된소리를 'ㄲ'으로 표기하게 되면서 나타나게 되었다. 듣글(15세기~18세기)/드틀(15세기~17세기)〉틧글(17세기~19세기)〉티끌(19세기~현재). 이형태: 듣글, 드틀, 듯글, 틔글, 틧글, 틔ㅅ글, 틔ᄢᅳᆯ, 틔ᄭᅳᆯ, 틔끌, 티끌. ᄯᅩ 地藏아 未來世 中에 善男子 善女人이 佛法 中에 죠고맛 善根ᄋᆞᆯ 터럭만 듣글만 심거도 受ᄒᆞᆫ 福利ᄅᆞᆯ 가ᄌᆞᆯ비디 몯ᄒᆞ리라.《1459 월석 21:144ㄴ》, 六塵ᄋᆞᆫ 여슷 가짓 드트리니 여슷 가짓 불휘예

셔 니러나아 眞實ㅅ 智慧를 드틀 무팀씨 드트리라 ᄒᆞ니라.《1447 석상 13:38ㄴ》

2 븓터슘: 붙어 있음. '븥(어간)+어(보조적 연결어미)+잇(在, '잇다'의 어간)+움(명사형 어미)'이다. 완료상은 보조적 연결어미 '-아/어/여'와 보조형용사 '잇다[在]'의 결합으로 표현된다. 그런데 '잇-'이 본동사와 한 음절을 이룰 때 이미 15세기에 'ㅣ'가 탈락되어 '어+ㅅ→엇'으로 나타나는 일이 많았다. 內堅는 뫼ᄉᆞ왓는 혀근 臣下ㅣ라.《내훈 1:39》, 내 바ᄅᆞ 닐오마 길 마갓는 ᄒᆞᆫ 퍼깃 사미 비 오나든 곳 퓌오 ᄇᆞᄅᆞᆷ 굴겨든 여름 및는 거셔(我猜着 當路一科麻 下雨開花 刮風結子).《번박 상:40》. 현대국어 '붙다'의 옛말인 '븥다'는 15세기 문헌에서부터 나타난다. 이 단어는 'ㅂ' 뒤에서 모음 'ㅡ'가 'ㅜ'로 바뀌는 원순모음화 현상에 따라 '븥'이 '붙'으로 바뀌었다. '븥다'는 받침 규칙에 따라 자음 어미가 오면 '븓고'와 같이 '븓-'의 형태로 쓰였고, 16세기 문헌에는 '븥다'의 분철 표기인 '븟트니' 등이 쓰이기 시작하였다. 근대국어 시기에 원순모음화를 경험하여 모음 'ㅡ'가 'ㅜ'로 바뀌었어도 받침의 표기는 여전히 다양하였는데 '붓다'의 형태로도 나타나기도 하며, '붙다'의 분철 표기인 '붓ㅌ-'도 나타나기도 한다. 븥다(15세기~18세기)〉붙다(20세기~현재). 이형태: 븥다, 븓다, 브티ᄃᆞᆼ기다, 븟ㅌ다, 붓다, 붓ㅌ다. 어버ᅀᅵ 여희ᅀᆞᆸ고 ᄂᆞᄆᆞᆯ 브터 이쇼ᄃᆡ 어ᅀᅵ 아ᄃᆞᆯ이 입게 사노이다.《1447 월곡 52ㄱ》, 머리 우희 블 븓고 누니 핏무적 ᄀᆞᆮ고《1447 석상 6:33ㄱ》, 着ᄋᆞᆫ 브티ᄃᆞᆼ길씨라.《1447 석상 13:23ㄴ》, 거말이 두어히 손ᄶᆞ락애 붓터 나거늘.《1581 속삼-중 효:5ㄱ》

3 아니ᄒᆞᄂᆞ니: 아니하니. '아니ᄒᆞ(어간)+ᄂᆞ(직설법 선어말어미)+니(연결어미)'이다. '-ᄂᆞ니'는 동사, 형용사 어간 뒤에 붙어, '-(으)니'를 뜻하는 어미이다. 金輪王 아ᄃᆞ리 出家ᄒᆞ라 가ᄂᆞ니 그듸내 各各 ᄒᆞᆫ 아ᄃᆞᆯ옴 내야 내 孫子 조차가게 ᄒᆞ라 ᄒᆞ시니.《석상 6:9》, 네 이제 사ᄅᆞᄆᆡ 모ᄆᆞᆯ 得ᄒᆞ고 부텨를 맛나 잇ᄂᆞ니 엇데 게을어 法을 아니 듣ᄂᆞ다.《석상 6:11》

소언 惑혹이 닐어 ᄀᆞᆯ오ᄃᆡ 사ᄅᆞᆷ이 世셰間간의 사라심이 가ᄇᆡ야온 드틀이 弱약ᄒᆞᆫ 플에 븓터슘 ᄀᆞᄐᆞ니 엇디 辛신苦고홈을 이리ᄒᆞᄂᆞ뇨 ᄯᅩ 남진의 가문이 ᄡᅳ러 죽어 이믜 盡진ᄒᆞ여시니 이를 디킈여셔 눌을 위코져 ᄒᆞᄂᆞ뇨 슈령女녀ㅣ ᄀᆞᆯ오ᄃᆡ 들오니 仁인ᄒᆞᆫ 이ᄂᆞᆫ 盛셩ᄒᆞ며 衰쇠홈으로ᄡᅥ 졀개를 고티디 아니ᄒᆞ고 義의ᄒᆞᆫ 이ᄂᆞᆫ 이시며 업ᄉᆞ모로뻐 ᄆᆞᄋᆞᆷ을 밧고디 아니ᄒᆞᄂᆞ니 曹조氏시 알ᄑᆡ 盛셩ᄒᆞᆫ 시절의도 오히려 내죵을 보젼코져 ᄒᆞ거든 ᄒᆞ믈며 이제 衰쇠亡망ᄒᆞ야시니 엇디 ᄎᆞ마 ᄇᆞ리리오 즘ᄉᆡᆼ의 ᄒᆡᆼ실을 내 엇디 ᄒᆞ리오

현대역 혹자가 일러 가로되, "사람이 세간의 삶이 가벼운 티끌이 약한 풀에 붙었음 같으니, 어찌 辛苦함을 이렇게 하느냐? 또 남편의 가문이 쓰러져 죽어 이미 없어졌으니, 이를 지켜서 누구를 위하고자 하느냐?" 영녀가 가로되, "들으니, 어진 이는 성하며 쇠함으로써 절개를 고치지 아니하고, 의로운 이는 있으며 없음으로써 마음을 바꾸지 아니하니, (나는) 조 씨가 앞에 성한 시절에도 오히려 나중을 보전하고자 했거든, 하물며 이제 쇠망하였으니 어찌 차마 버리리오. 짐승의 행실을 내가 어찌 하리오."

신고홈: 신고(辛苦)함. 어려운 일을 당하여 몹시 애씀. '신고ᄒᆞ(어간)+옴(명사형 어미)'이다.

【集說】熊氏曰輕塵은易散하고弱草는難依하니非有纏固也라吳氏曰人之所以異於禽獸者는以其有仁義也니若以盛衰存亡而改節易心이면則不仁不義禽獸之行也니令女之所以不爲者는其有見於此也니라夫魏晉之際에廉恥道喪하여背君父而事仇讎者가比肩接跡하니聞令女之言하고觀令女之行하면寧不愧乎아後司馬懿가聞而嘉之하여聽令女養子하여爲曹氏後하니라

웅 씨가 말하였다. "가벼운 티끌은 흩어지기 쉽고 약한 풀은 의지하기 어려우니, 단단히 얽어놓음이 있지 아니하다." 오 씨가 말하였다. "사람이 금수와 다른 까닭인 것은 그 인의가 있기 때문이니, 만약에 성쇠와 존망으로써 하여 절개를 고치고 마음을 바꾸면, 어질지 못하고 의롭지 못한 금수의 행실이니, 영녀가 하지 않은 까닭인 것은 그 이것을 봄이 있어서다.

무릇 魏와 晉의 즈음에, 염치의 도가 없어져 君父를 배반하고 원수를 섬기는 자들이 어깨를 나란히 하고 자취를 이으니, 영녀의 말을 듣고 영녀의 행실을 보면, 어찌 부끄럽지 않겠는가? 후에 사마의가 그 소식을 듣고 아름답게 여겨 영녀가 자식을 기르게 하여[養子하여] 조 씨의 후손으로 삼도록 허락하였다."

漢字 **纏**(얽힐 전, 묶을 전), **仇**(원수 구), **讎**(=讐 원수 수), **比**(나란히 할 비, 견줄 비), **肩**(어깨 견), **接**(이을 접), **跡**(자취 적), **嘉**(아름다울 가), **聽**(허락할 청, 들어줄 청)

사마의(司馬懿, 179년~251년): 자(字)는 중달(仲達)이며, 하내군(河內郡) 온현(溫縣) 효경리(孝敬里, 지금의 河南省 溫縣 招賢鎭) 출신으로, 경조윤(京兆尹)을 지낸 사마방(司馬防)의 둘째아들로 태어났다. 중국 삼국시대에 위(魏) 나라의 조조(曹操, 155년~220년, 武帝로 추존), 조비(曹丕, 제1대 文帝, 재위 220년~226년), 조예(曹叡, 제2대 明帝, 재위 226년~239년), 조방(曹芳, 제3대 哀帝, 재위 239년~254년, 齊王이라고도 함) 등 4대를 보필하며 공을 세워 무양후(舞陽侯)에 봉해졌다. 손자인 사마염(司馬炎, 236년~290년)이 서진(西晉)을 세운 뒤에는 선제(宣帝)로 추존(追尊)되었고, 묘호(廟號)를 고조(高祖)라 하였다. 사마의는 어려서부터 총명하고 유학에 조예가 깊었으며, 유학(儒學)의 가르침을 늘 깊이 간직하고 따랐다고 전해진다. 형인 사마랑(司馬朗)을 포함해 가문의 8형제가 모두 총명해 이른바 '사마팔달(司馬八達)'이라고 불렸으며, 그 가운데에서도 사마의는 가장 뛰어나다는 평가를 받았다. 조조가 이를 듣고 등용하려 했지만 병이 들었음을 내세워 거절했다. 하지만 208년(建安 13년) 승상(丞相)이 된 조조는 사마의를 압박해 문학연(文学掾)으로 삼았고, 그 뒤 그는 황문시랑(黃門侍郞) 등의 벼슬을 지냈다. 조조가 위왕(魏王)으로 봉해진 뒤에는 태자중서자(太子中庶子)가 되어 조비를 보좌했다. 당시 사마의의 건의로 둔전제(屯田制)가 실시되었는데, 이는 위(魏)의 국방을 강화하고, 농업생산력을 안정시키는 데 크게 기여하였다. 220년 조조가 죽고, 조비가 왕위에 오르자 중용되었으며, 224년에는 상서(尙書)로 임명되었다. 226년 조비가 죽자, 조진(曹眞)·진군(陳群)·조휴(曹休) 등과 함께 보정대신(輔政大臣)으로 명제(明帝) 조예를 보좌하였다. 231년 조진이 죽은 뒤에는 대장군(大將軍)의 지위를 이어받아 제갈량(諸葛亮, 181년~234년)이 이끄는 촉군(蜀軍)의 공격을 물리치는 공을 세웠다. 238년에는 요동(遼東)의 공손연(公孫淵)이 반란을 일으키자 관구검(毌丘儉)·호준(胡遵) 등과 함께 이를 정벌하여 요동 지역을 위에 병합하였다. 239년 명제가 임종할 때 조진의 아들인 조상(曹爽, 미상~249년)과 함께 애제 조방의 보좌를 부탁받았다. 조상은 사마의를 태부(太傅)로 전임시키며 군권을 빼앗으려 하였으나, 그는 오(吳)의 공격을 물리치며 기병(騎兵) 중심의 군사력을 유지하였다. 그 뒤 병이 든 것처럼 꾸미며 은인자중(隱忍自重)하였으나, 249년(正始 10년) 조상이 애제와 함께 고평릉(高平陵)을 방문한 틈을 타서 정변(政變)을 일으켜 조상을 살해하고, 위의 권력을 장악하였다. 이때 오직 조상의 종제(從弟)인 문숙(文淑)의 아내만이 살아남아 양자를 두어 조 씨의 대통을 잇게 하였다. 사마의는 그 뒤 안평군공(安平郡公)에 봉해졌으나, 251년(嘉平 3년)에 병으로 죽었다(두산백과).

〖三十章〗

○唐鄭義宗의妻盧氏ㅣ略涉書史ᄒᆞ고事舅姑호ᄃᆡ甚得婦道ᄒᆞ더니嘗夜애有强盜數十이持杖鼓譟ᄒᆞ야踰垣而入ᄒᆞ니家人悉奔竄ᄒᆞ고唯有姑ㅣ自在室이어늘盧ㅣ冒白刃ᄒᆞ야往至姑側ᄒᆞ야爲賊捶擊ᄒᆞ야幾死ㅣ러라 《唐書 列女列傳》

● 당나라 정의종의 아내 노 씨가 대략 글과 역사책을 섭렵하고, 시부모를 섬기되 심히 며느리의 도를 얻더니, 일찍이 밤에 어떤 강도 수십 명이 몽둥이를 가지고 북치고 떠들썩하여 담을 넘어 들어오니, 집사람들이 다 달아나 숨고, 오직 시어머니가 스스로 방에 남아 있거늘, 노 씨가 흰 칼날을 무릅쓰고 시어머니 곁에 가서 이르러, 도적에게 매 맞아 거의 죽게 되었다.

漢字 涉(섭렵할 섭, 건널 섭), 得(적합할 득). 有(어떤 유), 持(가질 지), 杖(몽둥이 장), 鼓(북칠 고, 북 고), 譟(=噪 떠들썩할 조), 踰(넘을 유), 垣(담 원), 奔(달아날 분), 竄(숨을 찬), 冒(무릅쓸 모), 刃(칼날 인), 捶(칠 추), 擊(칠 격), 幾(거의 기, 가까울 기)

번소 唐당 시졀 鄭뎡義의宗종의 겨집 盧로氏시 녯 글ᄃᆞᆯ홀 잠싼 아라 싀어버ᅀᅵ를 셤규ᄃᆡ ᄀᆞ장 며느릐 도ᄅᆞᆯ 올히 ᄒᆞ더니 일즉 바ᄆᆡ 強강盜도 스므나ᄆᆞ니 막대 들오 ᄂᆞᆲ드며 소리 디ᄅᆞ고 담 너머 들어ᄂᆞᆯ 집 사ᄅᆞᆷ이 다 ᄃᆞ라나 숨고 다ᄆᆞᆫ 싀엄이 웃방의 잇더니 盧로氏시 갈잠갯 ᄂᆞᆯ홀 저티 아녀 다와다 싀엄의 겨ᄐᆡ 가 도ᄌᆞᆨ의게 티여 ᄒᆞ마 주그리러라

현대역 唐 시절 鄭義宗의 아내 노 씨가 옛 글들을 잠깐 알아 시부모를 섬기되, 매우 며느리의 도를 옳게 하더니, 일찍이 밤에 강도 스물 남짓한[이십여]이가 막대 들고 날뛰며 소리 지르고 담 넘어 들거늘, 집 사람이 다 달아나 숨고, 다만 시어머니가 웃방에 있더니, 노 씨 칼의 날을 두려워 아니하여 다그쳐, 시어머니의 곁에 가 도적에게 치어 하마터면 죽겠더라.

1 ᄀᆞ장: 가장. 매우. 한껏. 三界 便安케 호리라 發願이 기프실ᄊᆡ 大千世界 ᄀᆞ장 블ᄀᆞ니.《월곡 상:8》, 旋嵐 風ᄋᆞᆫ ᄀᆞ장 ᄆᆡᄫᆞᆫ ᄇᆞᄅᆞ미라.《석상 6:30》

2 ᄂᆞᆲ드며: 날뛰며. ‘ᄂᆞᆲ드(어간)+며(연결어미)’이다. ‘ᄂᆞᆲ드다’는 ‘날뛰다’의 옛말이다. 왜적 모라 내친 긔별 니ᄅᆞ오시니 우리 다 ᄂᆞᆲ드며.《계축 상:19》, 주검을 어ᄅᆞ문지고 울며 ᄂᆞᆲ드며 닐오ᄃᆡ 내 남진니 블셔 주그니 혼자 사라 므슴ᄒᆞ리오.《동신 열8:71》

3 갈잠갯: 칼의. ‘갈잠개(명사)+ㅅ(관형격 조사)’이다. ‘갈잠개’는 ‘칼’의 옛말이다. 다시 쇠 갈 메오고 갈잠개 자바 에ᄒᆞ야 내야다가 目連일 뵈니라.《월석 23:86》, 또 귓거시 믄득 티며 갈잠개예 허러.《구방 상:17》

4 다와다: 다그쳐. ‘다왇(어간)+아(연결어미)’이다. ‘다왇다’는 ‘다그치다’의 옛말이다. ᄒᆞ다가 겨지비 겨지븨 온가짓 어려ᄫᅳᆫ 이리 다와다 ᄀᆞ장 싀틋ᄒᆞ야 겨지븨 모ᄆᆞᆯ ᄇᆞ리고져 ᄒᆞ거든.《석상 9:7》, 命終ᄒᆞᇙ 저긔 地獄앳 한 브리 ᄒᆞᆫᄢᅴ 다와다 잇거든.《월석 8:72》

5 ᄒᆞ마: 하마터면. ‘ᄒᆞ마’는 ‘하마터면’의 옛말이다. ᄒᆞᆫ쌔 셩으로 가ᄇᆡ야이 보와 큰일을 ᄒᆞ마 그릇ᄒᆞᆯ랏다 ᄒᆞ고.《삼역 3:17》(현대역: 한때의 성냄으로 가볍게 보아 큰일을 하마터면 그릇하겠구나 하고.)

6 주그리러라: 죽겠더라. ‘죽(어간)+으(매개모음)+리러(추측 회상법 선어말어미)+라(평서형 종결어미)’이다. ‘-리-’는 추측법 선어말어미이고, ‘-러-’는 회상법

선어말어미이다. 추측 회상법으로, 의미상 현대국어의 '-겠더-'와 큰 차이가 없다. 네 손조 ᄆᆞᆯ 졔제 골ᄒᆡ여 사라 가ᄃᆡ여 져제 됴ᄒᆞᆫ ᄆᆞᆯ 몯 어드리러라(你自馬市裏揀着買 去市裏尋不着好馬).《번박 상:63》

소언 唐당 鄭뎡義의宗종의 안해 盧로氏시 녯 글돌ᄒᆞᆯ 잠싼 ᄉᆞᆺ치고 싀어버이를 셤교ᄃᆡ ᄀᆞ장 며늘의 道도롤 어덧더니 일즉 밤의 强강盜도 두어 열히 막대 가지고 놀ᄠᅳ며 들췌여 담 넘어 드니 집 사ᄅᆞᆷ이 다 ᄃᆞ라나 숨고 오직 싀어미 스스로 방의 잇거늘 盧로氏시 허연 놀홀 다와다가 싀어미 겨틔 니르러 도적의게 티임을 닙어 거의 죽을이러라

현대역 唐 정의종의 아내 노 씨가 옛 글들을 잠깐 스치고 시부모를 섬기되, 매우 며느리의 도를 얻었더니, 일찍이 밤에 강도 두어 열[이십 명쯤]이 막대를 가지고 날뛰며 담 넘어 들어오니 사람이 다 달아나 숨고, 오직 시어머니가 스스로 방에 있거늘, 노 씨가 허연 칼날을 다그쳐[무릅쓰고], 시어머니 곁에 이르러 도적에게 침[맞음]을 입어 거의 죽겠더라.

1 두어: 둘쯤. '두어 열히'에서 '두어'는 일부 단위를 나타내는 말 앞에 쓰여, 그 수량이 '둘쯤'임을 나타내는 관형사이다. 현대국어 수관형사 '두어'의 옛말인 '두ᅀᅥ'는 15세기 문헌에서부터 나타났다. '두ᅀᅥ'는 수관형사 '두'와 '서'가 결합한 합성어 '두서'에서 모음 사이의 ㅅ이 ㅿ으로 변화한 것이다. 16세기에 유성 마찰음 ㅿ이 사라지면서 '두ᅀᅥ'는 '두어'로 변화하였는데, '두어'는 17세기 문헌에서부터 나타난다. 한편 근대국어 문헌에는 '두서'의 예도 보이는데, 이는 합성어 내부에서 'ㅅ>ㅿ'의 변화를 겪지 않은 방언 형태로 보인다. 두ᅀᅥ(15세기~16세기)>두어(17세기~현재). 이형태: 두ᅀᅥ, 두어, 두서. 耶輸ᅵ 가아 種種 方便으로 두ᅀᅥ 번 니르시니.《1447 석상 6:6ㄴ》, 잣 안햇 十萬 戶ㅣ 어니와 이 짜햇 두어 지비로다.《1632 두시-중 7:7ㄴ》

2 허연: 다소 탁하고 흐릿하게 흰.

3 죽을이러라: 죽겠더라. '죽(어간)+으리러(추측 회상법 선어말어미)+라(평서형 종결어미)'이다.

【集解】鼓譟는鼓舞呼譟也요奔竄은奔走竄匿也라姑老하여不能出避하니盧冒白刃而往者는義欲救姑하여不顧其身也라幾는近也라

鼓譟는 북치고 춤추며 부르고 떠들썩함이다. 奔竄은 달아나 숨음이다. 시어머니가 늙어 능히 나가서 피하지 못하니, 노 씨가 흰 칼날을 무릅쓰고 간 것은 의로써 시어머니를 구하고자 하여 그 몸을 돌아보지 않음이다. 幾는 '가깝다'이다.

漢字 呼(부를 호), 匿(숨을 닉)

賊去後에家人이問何獨不懼오盧氏曰人所以異於禽獸者는以其有仁義也ㅣ니隣里有急이라두尙相赴救ㅣ온況在於姑而可委棄乎아若萬一危禍ㅣ면豈宜獨生이리오

● 도적 간 뒤에 집사람들이 물었다. "어찌 홀로 두렵지 않았는가?" 노 씨가 말하였다. "사람이 금수와 다른 까닭인 것은 그 仁義가 있기 때문이니, 이웃과 마을에 급함이 있더라도 오히려 서로 달려가 구하는데, 하물며 시어머니에 있어서 가히 버리겠는가? 만약 만에 하나라도 위태롭거나 화를 당하면, 어찌 마땅히 혼자서 살겠는가?"

漢字 隣(이웃 린), 赴(달려갈 부, 나아갈 부), 委(버릴 위), 棄(버릴 기)

번소 도적이 나간 후에 집 사름이 무로ᄃᆡ 엇디 혼자 저티 아니ᄒᆞ더뇨 盧로氏시 닐오ᄃᆡ 사름이 즘승에 달온 주른 仁인과 義의와 이실ᄉᆡ니 ᄆᆞ을히 급ᄒᆞᆫ 일이 이셔도 오히려 서르 가 구홀 거시니 ᄒᆞ믈며 싀엄의게 잇거든 엇디 ᄇᆞ릴것고 ᄒᆞ다가 만일에 바ᄃᆞ라온 활란이 이시면 엇디 혼자 사라 이시료

현대역 도적이 나간 후에 집 사람이 묻되, "어찌 혼자 두려워하지 아니하더

냐?" 노 씨가 이르되. "사람이 짐승에 다른 줄은 인과 의가 있기 때문이니, 마을이 급한 일이 있어도 오히려 서로 가 구할 것이니, 하물며 시어머니에게 있거든 어찌 버릴 것인가? 만약 만일에 위태로운 患難이 있으면 어찌 혼자 살아 있으리오."

1 아니ᄒᆞ더뇨: 아니하더냐. '아니ᄒᆞ(어간)+더(회상법 선어말어미)+뇨(의문형 종결어미)'이다. '-뇨'는 제1·3인칭 의문법 중 ᄒᆞ라체 설명의문문을 만드는 종결어미이다. 의문사 '엇디'를 동반하며, 일정한 정보를 요구한다. 현대국어에 있어 '더뇨'는 '-더냐'에 비해 예스러운 느낌을 주며, 시와 같은 문학 작품 등에 주로 쓰인다. 설악의 단풍은 왜 그다지도 붉더뇨? 그 부인이 얼마나 아름다우시더뇨?

2 ᄒᆞ다가: '만약'의 옛말이다. 이에 이셔 넌듸 옮디 아니호리니 ᄒᆞ다가 내 ᄯᅳ리 뒤도라 날 ᄇᆞ라다가 보디 몯ᄒᆞ면 시름ᄒᆞ야 ᄎᆞ기 너기리라 ᄒᆞ야《석상-중 11:29》, 네 ᄆᆞᅀᆞ미 ᄒᆞ다가 琉璃로 마촘 ᄀᆞᇂ돈댄 山河 보매 當ᄒᆞ야 엇뎨 누늘 보디 몯ᄒᆞᄂᆞ뇨(汝心若同琉璃合者 當見山河 何不見眼).《능엄 1:58》

3 바ᄃᆞ라온: 위태로운. '바ᄃᆞ라오(어간)+ㄴ(관형사형 어미)'이다. '바ᄃᆞ랍다'는 '바드럽다', '위태롭다'의 옛말이다. 모음으로 시작하는 어미 앞에서는 '바ᄃᆞ랗-'이나 '바ᄃᆞ라오-'로 나타난다. 겨신 ᄯᅡ히 便安ᄒᆞ야 바ᄃᆞ랍디 아니ᄒᆞ시며.《월석 2:56》, 世尊하 내 이젯 이 모미 ᄆᆞᄎᆞ매 變ᄒᆞ야 업수믈 조ᄎᆞ리이다 世間ᄋᆞᆫ 實로 바ᄃᆞ라오며 보ᄃᆞ라와 구드니 업스니라(世實危脆, 無牢强者).《능엄 2:4》

소언 도적이 간 후에 집 사ᄅᆞᆷ이 무로ᄃᆡ 엇디 혼자 저티 아니ᄒᆞ더뇨 盧로氏시 ᄀᆞ오ᄃᆡ 사ᄅᆞᆷ이 ᄡᅥ 즘승의게 다ᄅᆞᆫ 바ᄂᆞᆫ 그 仁인과 義의 이시모로ᄡᅦ니 ᄆᆞ올히 急급홈이 이셔도 오히려 서르 ᄃᆞ라가 救구홀 거시온 ᄒᆞ믈며 싀엄의게 잇거든 可가히 ᄇᆞ릴 것가 ᄒᆞ다가 萬만一일 위틔ᄒᆞᆫ 禍화ㅣ 이시면 엇디 맛당히 혼자 사라시리오

현대역 도적이 간 후에 집 사람이 묻되. "어찌 혼자 두려워하지 아니하더냐?" 노 씨가 가로되, "사람이 써 짐승에게 다른 바는 그 인과 의가 있음으로 해서이니, 마을이 급함이 있어도 오히려 서로 달려가 구할 것인데, 하물며 시어머니에게 있거든 가히 버릴 것인가? 만약 만일에 위태로운 화가 있으면

어찌 마땅히 혼자 살아 있으리오."

1 이시모로뻬니: 있음으로 해서이니. '이시(在, 어간)+ㅁ(명사형 어미)+오로뻐(조사)+이(서술격 조사 어간)+니(연결어미)'이다. '이시다'는 '있다'의 옛말로, 자음으로 시작하는 어미 앞에서는 '잇-'으로 바뀐다. 世尊ㅅ 말 숣보리니 千載上ㅅ 말 이시나 귀에 듣논가 너기ᅀᆞᄫᆞ쇼셔.《월곡 상:1》, 아히 삐브터 深山애 이셔 사ᄅᆞᄆᆡ 이리 설우르고.《석상 11:28》. '오로뻐'는 '으로써'의 옛말로, 주로 '-ㅁ/음' 뒤에 붙어, 어떤 일의 이유를 나타내는 격조사이다. 감금죄는 다른 사람의 신체적 활동의 자유를 제한함으로써 성립하는 범죄이다. '-니'는 '이다'의 어간, 받침 없는 용언의 어간, 'ㄹ' 받침인 용언의 어간 또는 어미 '-으시-', '-오-', '-더-' 뒤에 붙어, 앞말이 뒷말의 원인이나 근거, 전제 따위가 됨을 나타내는 연결어미이다.

2 거시온: 것인데. '것(의존명사)+이('이다'의 어간)+온(연결어미)'이다. '-온'은 '이다'의 어간, 'ㅣ'나 'ㄹ' 받침으로 끝나는 동사나 형용사 어간 뒤에 붙어, '-ㄴ데'를 뜻하는 어미이다. 모미 내 이숌 아니온 ᄒᆞ믈며 머리ᄯᆞ녀.《남명 상:53》, 너 舍利弗도 오히려 이 經에 信으로 시러 들온 ᄒᆞ믈며 녀나ᄆᆞᆫ 聲聞이ᄯᆞ녀(汝舍利弗 尙於此經 以信得入 況餘聲聞).《법화 2:158》

【集解】仁義者는人性之所固有니其所以異乎禽獸者는此也라 盧氏惟其知之明하고見之審이라於是에捐生以赴而不顧其身하니誦其言하면千載之下에도凜然猶有生氣라嗚呼라天理民彝之在人心하여終古而不泯滅者를於此에可見矣니라

仁義라는 것은 사람 성품에 진실로 있는 바니, 그 금수와 다른 까닭인 것은 이것[仁義]이다. 노 씨는 오직 그 이것[仁義] 알기를 분명히 하고, 이것 보기를 자세히 하였다. 이에 살기를 버리고 써 달려가 그 몸을 돌아보지 않았으니, 그녀의 말을 외우면 천 년 뒤에도 늠름하게 오히려 생기가 있으리라. 아, 하늘의 이치와 백성의 떳떳함이 사람의 마음에 있어, 영원토록 없어지지 않는 것을 이에서 가히 볼 것이다.

漢字 惟(=唯 오직 유), 捐(버릴 연), 誦(욀 송), 凜(늠름할 름), 泯(없어질 민), 滅(없어질 멸)

종고(終古): 영원(永遠)

〖三十一章〗

○唐奉天竇氏二女ㅣ生長草野호ᄃᆡ幼有志操ㅣ러니永泰中애群盜數千人이剽掠其村落혼대二女ㅣ皆有容色ᄒᆞ야長者ᄂᆞᆫ年十九ㅣ오幼者ᄂᆞᆫ年十六이러니匿巖穴間이어늘曳出之ᄒᆞ야驅迫以前홀ᄉᆡ臨壑谷深數百尺ᄒᆞ야其姊ㅣ先曰吾寧就死ㅣ언뎡義不受辱이라ᄒᆞ고卽投崖下而死커늘盜方驚駭ᄒᆞ더니其妹ㅣ繼之自投ᄒᆞ야折足破面流血이어늘群盜ㅣ乃捨之而去ᄒᆞ니라 《唐書列女列傳》

●당나라 奉天 땅에 두 씨의 두 딸은 草野에서 나고 자랐으되, 어려서부터 지조가 있더니, 永泰 중에 도적떼 수천 명이 그 마을을 겁박하여 노략질하였는데, 두 딸이 모두 용모와 안색이 있어 맏이는 나이 열아홉이고, 어린 자는 나이 열여섯이더니, (이들은) 바위 구멍 사이에 숨었거늘, (도둑들이) 그들을 끌어내어 몰고 다그쳐 써 앞장을 세우므로, 골짜기가 깊이 수백 척에 임하여 그 언니가 먼저 말하였다. "나는 차라리 죽음에 나갈지언정, 의리상 욕됨을 받을 수 없다." 하고, 곧 벼랑 아래에 던져 죽었거늘, 도적이 바야흐로 놀랐더니, 그 동생이 그녀를 이어 스스로 던져 발이 꺾이고 얼굴이 깨져 피가 흐르거늘, 도둑떼들이 이에 그들을 버리고 갔다.

漢字 竇(구멍 두), 操(지조 조, 잡을 조), 剽(겁박할 표, 빼앗을 표), 掠(노략질할 략), 穴(구멍 혈), 曳(끌 예), 驅(몰 구), 迫(다그칠 박, 핍박할 박), 壑(골짜기 학), 投(던질 투), 崖(벼랑 애), 驚(놀랄 경), 駭(놀랄 해), 折(꺾일 절), 破(깨질 파), 捨(버릴 사)

영태(永泰): 중국 당나라 제11대 황제인 대종(代宗) 이예(李豫, 재위 762년~779년)의 세 번째 연호이다. 765년부터 766년 음력 11월까지 2년 동안 사용되었다. 대종은 765년 음력 1월에 그 해를 원년으로 연호를 광덕(廣德)에서 영태(永泰)로 바꾸었다. 영태 연간인 765년(영태 1년) 음력 10월 곽자의(郭子儀)가 이끈 당나라 군대는 지금의 간쑤성[甘肅省]의 링타이[靈臺] 일대에서 토번(吐番)의 군대에 큰 승리를 거두었다. 그러나 당항족(黨項族), 강족(羌族) 등이 동주(同州)와 봉천현(奉天縣) 일대를 침공해서 장안(長安)을 위협했다. 대종은 766년(영태 2년) 음력 11월에 대사면을 행하며 그 해를 원년으로 연호를 대력(大曆)으로 바꾸었다(두산백과).

번소 唐당 시졀 奉봉天텬 짜 竇두氏시의 두 ᄯᆞ리 ᄉᆞ굴셔 기러나ᄃᆡ 져머셔브터 어딘 ᄠᅳᆮ과 ᄒᆡᆼ뎍이 잇더니 永영泰태 시졀의 모ᄃᆞᆫ 도ᄌᆞᆨ 일쳔이나ᄒᆞᆫ 사ᄅᆞᆷ이 그 ᄆᆞᄉᆞᆯᄒᆞᆯ 티고 앗거ᄂᆞᆯ 두 ᄯᆞᆯ이 다 양ᄌᆞ 됴터니 ᄆᆞᄃᆞᆫ 나히 열 아홉이오 아ᄋᆞᆫ 나히 열여스시러라 바횟 굼긔 수멋거ᄂᆞᆯ ᄭᅳ어내여 모라 ᄧᅩ차 알ᄑᆡ 셰여가ᄃᆡ 굴헝 기푸미 이삼ᄇᆡᆨ 자히나ᄒᆞᆫ ᄯᅡᄒᆡ 디러셔 그 ᄆᆞᆮ이 몬져 닐오ᄃᆡ 내 ᄎᆞᆯ하리 죽을 ᄲᅮᆫ이언뎡 義의옌 슈욕디 몯ᄒᆞᆯ 거시라 ᄒᆞ고 즉재 빙애 아래 ᄠᅥ디여 죽거ᄂᆞᆯ 도ᄌᆞ기 뵈야호로 ᄂᆞᆯ라 ᄒᆞ더니 그 아ᅀᆞ 미조차 ᄠᅥ뎌 바리 것거디고 ᄂᆞᆺ치 ᄒᆡ여디여 피 흐르기ᄂᆞᆯ 모ᄃᆞᆫ 도ᄌᆞᆨ이 ᄇᆞ리고 가니라

현대역 唐 시절 奉天 땅 두 씨의 두 딸이 시골에서 길러나되, 어려서부터 어진 뜻과 행적이 있더니, 永泰 시절에 모든 도적 일천이나 하는 사람이 그 마을을 치고 빼앗거늘, 두 딸이 다 얼굴 모양이 좋더니, 맏이는 나이 열아홉이고, 아우는 나이 열여섯이더라. 바위의 구멍에 숨었거늘 끌어내어 몰아 쫓아 앞에 세워가되, 구렁 깊음이 이삼백 자나 하는 땅에 다다라 그 맏이가 먼저 이르되, "내 차라리 죽을 뿐일지언정, 의에는 受辱하지 못할 것이라." 하고, 즉시 벼랑 아래 떨어져 죽거늘, 도적이 바야흐로 놀라 하더니, 그 아우가 뒤쫓아 떨어져 발이 꺾어지고 낯이 달아 떨어져 피 흐르거늘, 모든 도적이 버리고 가니라.

1 양ᄌᆡ: 양자(樣子)가. 얼굴 모양이. '양ᄌᆞ(명사)+이(주격 조사)'이다. '양ᄌᆞ'는 '얼굴 모양'의 옛말이다. 罪苦 衆生애 니르리 네 일훔 드르니와 네 양ᄌᆞ 보니와.《월석-중 21:158》, 내 다봇 지븨 살 양ᄌᆞ로 외오 金門엣 籍을 通호라(顧我蓬屋姿謬通金門籍).《두시-초 8:20》

2 ᄆᆞ든: 맏이는. 'ᄆᆞᆮ(명사)+ᄋᆞᆫ(보조사)'이다. 'ᄆᆞᆮ'은 '맏이'의 옛말이다. 長ᄋᆞᆫ ᄆᆞ디오.《월석 서:14》, 太姒ㅣ 열 아ᄃᆞᆯ 나ᄒᆞ시니 ᄆᆞ든 伯邑考ㅣ오 버건 武王發이오(太姒生十男 長伯邑考 次武王發).《내훈 3:11》 'ᄋᆞᆫ'끝음절의 모음이 'ㆍ, ㅏ, ㅗ'이고 받침 있는 체언류 뒤에 붙어, '은'을 뜻하는 조사이다. 불휘 기픈 남ᄀᆞᆫ ᄇᆞᄅᆞ매 아니 뮐ᄊᆡ 곶 됴코 여름 하ᄂᆞ니(根深之木 風亦不扤 有灼其華 有蕡其實).《용가 2장》, 아ᄌᆞ마니ᄆᆞᆫ 大愛道ᄅᆞᆯ 니르시니 大愛道ㅣ 摩耶夫人ㅅ 兄니미시니.《석상 6:1》

3 아ᅀᆞᆫ: 아우는. '아ᅀᆞ(명사)+ㄴ(보조사)'이다. 'ㄴ'은 받침 없는 체언 뒤에 붙어, 문장 속에서 어떤 대상이 화제임을 나타내는 보조사이다. '는'보다 더 구어적이다. 난 학생이다. 저 앤 또 왜 저래? 현대국어 '아우'의 옛말인 '아ᅀᆞ'는 15세기 문헌에서부터 나타난다. '아ᅀᆞ'는 단독으로 쓰이거나 조사 '-와', 자음으로 시작하는 조사와 결합할 때에는 '아ᅀᆞ'로, 모음으로 시작하는 조사와 결합할 때에는 '아ᇫㅇ, 앗ㅇ'으로 이형태 교체를 하였다. 그런데 이미 16세기 문헌에 '아ᄋᆞᄂᆞᆫ'과 같이 기존에 '아ᇫㅇ, 앗ㅇ'이 쓰이던 환경에서 '아ᅀᆞ>아ᄋᆞ'가 쓰인 예가 나타나 이 무렵부터 '아ᄋᆞ' 형태로 단일화가 시작함을 알 수 있다(아래 《소학언해》의 예). 한편 16세기에 'ㅿ'이 소멸하면서 '아ᅀᆞ'가 '아ᄋᆞ'로 나타나고, 제2음절 이하에서 모음 'ㆍ'가 'ㅡ'로 바뀌는 'ㆍ'의 제1단계 소실에 따라 17세기에는 '아으' 형태가 등장하였다. 이후 19세기에 와서 제2음절 모음이 'ㅜ'로 바뀐 '아우'가 나타나 오늘날에 이르렀다. 아ᅀᆞ(15세기~17세기)>아ᄋᆞ(16세기~19세기)>아우(19세기~현재). 이형태: 아ᅀᆞ, 아ᇫㅇ, 앗ㅇ, 아ᄋᆞ, 아으, 아오, 아우. 阿育王ᄋᆡ 아ᅀᆞ 善容이 뫼해 山行 갯다가 보니.《1447 석상 24:25ㄴ》, 岳秀ㅣ 닐오ᄃᆡ 兄이 죽거든 아ᇫ이 어듸 가리잇고 ᄒᆞᆫᄃᆡ.《1460년대 삼강-런던 충:23》, 내 풍류ᄒᆞᄂᆞᆫ 사ᄅᆞᄆᆞᆯ ᄃᆞ려다가 뒷ᄂᆞ니 너희 이 앗ᄋᆞᆯ 더브러다가 주기라.《1447 석상 24:27ㄴ》

4 디러셔: 다다라. '딜(어간)+어셔(연결어미)'이다. '딜다'는 '임하다', '다다르다'의 옛말이다. 곧 이 니ᄅᆞ논 노ᄑᆞᆫ ᄃᆡ 디러 봃 想心이 能히 네 形으로 眞實로 싀자료ᄆᆞᆯ 受케 ᄒᆞᄂᆞ니(卽此所說臨高想心 能令汝形 眞受酸澀).《능엄 10:80》, 四大 本來 뷔니 머리 가져 힌 ᄂᆞᆯ해 디루미 春風 버흄 ᄀᆞᆮ다 ᄒᆞ니.《남명 상:55-56》

5 슈욕디: 수욕(受辱)하지. 남에게 모욕을 당하지.

6 빙애: 벼랑. 노픈 빙애 잇디 아니ᄒᆞ며 쉰 거시 오디 아니커늘(懸崖不有 酢物未來). 《능엄 10:79》, 믈어 디ᄂᆞᆫ 빙에ᄂᆞᆫ 平床ᄋᆞᆯ 지즐 ᄃᆞᆺᄒᆞ도다(崩崖欲壓床).《두시-초 16:44》

7 흐르기ᄂᆞᆯ: 흐르거늘. '바리 것거디고 ᄂᆞᆾ치 ᄒᆡ여디여 피 흐르기ᄂᆞᆯ'은 원문 '折足破面流血'에 해당한다. 뒤에 붙은 토가 《번역소학》에는 '이어를'로, 《소학언해》에는 '이어늘'로 달려 있다. 이들을 종합해 보면, '흐르기ᄂᆞᆯ'은 '흐르거ᄂᆞᆯ'의 오자인 듯하다.

소언 唐당 奉봉天텬[ᄯᅡ일홈이라] 竇두氏시의 두 ᄯᆞᆯ이 ᄉᆡ골셔 나 ᄌᆞ라되 졈은 제브터 ᄠᅳᆮ과 졀죄 잇더니 永영泰태[代ᄃᆡ宗종의 년회라] 가온대 모ᄃᆞᆫ 도적 두어 千쳔이나ᄒᆞᆫ 사ᄅᆞᆷ이 그 ᄆᆞ올ᄒᆞᆯ 텨 후린대 두 ᄯᆞᆯ이 다 ᄌᆞᄉᆡᆨ이 이셔 ᄆᆞᄃᆞᆫ 나히 열아홉이오 아ᄋᆞᆫ 나히 열여스시러니 바횟 구무 ᄉᆞ이예 숨엇거늘 ᄭᅳ어내야 모라 ᄶᅩ차 ᄡᅧ 알프로 갈ᄉᆡ 굴헝이 깁픠 두어 百ᄇᆡᆨ 자히나ᄒᆞᆫ ᄃᆡ를 디늘어셔 그 ᄆᆞᆮ이 몬져 ᄀᆞᆯ오ᄃᆡ 내 ᄎᆞᆯ하리 죽음애 나아갈 ᄲᅮᆫ이언뎡 義의예 辱욕을 받디 몯ᄒᆞᆯ 거시라 ᄒᆞ고 즉제 빙애 아래 ᄠᅥ러뎌 죽거늘 도적이 ᄇᆡ야호로 놀라더니 그 아이 니어 스스로 ᄠᅥ러뎌 발이 것고 ᄂᆞᆾ치 ᄒᆡ야뎌 피 흘으거늘 모ᄃᆞᆫ 도적이 ᄇᆞ리고 가니라

현대역 唐 봉천[땅이름이라.] 두 씨의 두 딸이 시골에서 나, 자라되 어릴 때부터 뜻과 絶才가 있더니, 영태[代宗의 연호라.] 가운데 모든 도적 두어 천이나 하는 사람이 그 마을을 쳐서 빼앗으니까, 두 딸이 다 姿色이 있어, 맏이는 나이가 열아홉이요 아우는 나이가 열여섯이더니, 바위의 구멍 사이에 숨었거늘 끌어내어 몰아 쫓아 써 앞으로 가므로, 구렁이 깊어 두어 백 재[이백 자쯤]나 하는 데를 임해서 그 맏이 먼저 가로되, "내 차라리 죽음에 나아갈 뿐일지언정, 의에 욕을 받지 못할 것이라." 하고, 즉시 벼랑 아래 떨어져 죽거늘, 도적이 바야흐로 놀라더니, 그 아우가 이어 스스로 떨어져 발이 꺾이고 낯이 달아 떨어져 피 흐르거늘, 모든 도적이 버리고 가니라.

1 절죄: 절재(絶才). 아주 뛰어난 재주. 또는 그 재주를 가진 사람.

2 후린대: 빼앗으니까. '후리(어간)+ㄴ대(연결어미)'이다. '-ㄴ대'는 어간이나 어미 뒤에 붙어, '-니까'를 나타내는 어미이다. 目連이 淨飯王씌 도라가 이 辭緣을 솔ᄫᆞᆫ대 王이 大愛道ᄅᆞᆯ 블러 니ᄅᆞ샤ᄃᆡ.《석상 6:6》, 부톄 比丘 ᄃᆞ리시고 드러 안ᄌᆞ신대 鸚鵡ᄃᆞᆯ히 부텨를 보ᅀᆞᆸ고 깃븐 ᄆᆞᅀᆞᄆᆞᆯ 내야 ᄒᆞᆫ 날 命終ᄒᆞ야 忉利天에 나니라.《석상 6:41~42》. '후리다'는 '남의 것을 갑자기 빼앗거나 슬쩍 가지다.'를 뜻한다.

3 ᄌᆞᄉᆡᆨ: 자색(姿色). 여자의 고운 얼굴이나 모습.

4 디늘어셔: 임하여. '디늘(어간)+어셔(연결어미)'이다. '디늘다'는 '임하다'의 옛말이다. 놉픈 ᄃᆡ 오ᄅᆞ디 아니ᄒᆞ며 깁픈 ᄃᆡ 디ᄂᆞ디 아니ᄒᆞ며 구챠히 헐ᄲᅳ리디 아니ᄒᆞ며 구챠히 웃디 아니ᄒᆞᄂᆞ니라(不登高 不臨深 不苟訾 不苟笑).《소언 2:10》, 모시예 ᄀᆞᆯ오ᄃᆡ 저허ᄒᆞ며 조심ᄒᆞ야 깁흔 모ᄉᆞᆯ 디늘어심 ᄀᆞᆮ티 ᄒᆞ며 열운 어름을 ᄇᆞᆯ옴 ᄀᆞᆮ티 ᄒᆞ라 ᄒᆞ니(詩云 戰戰兢兢 如臨深淵 如履薄冰.).《소언 4:24》

【集解】奉天은縣名이라永泰는代宗年號라

奉天은 고을 이름이다. 永泰는 代宗의 연호이다.

京兆尹第五琦ㅣ嘉其貞烈ᄒᆞ야奏之ᄒᆞᆫ대詔旌表其門閭ᄒᆞ시고永蠲其家丁役ᄒᆞ시다

● 경조윤 第五琦가 그 정렬을 가상히 여겨 그것을 아뢰었는데, (임금은) 조서를 내려 그 門閭에 旌表하시고, 그 집안의 丁役을 영원히 덜어주었다.

漢字 兆(조짐 조), 琦(옥 이름 기), 奏(아뢸 주), 詔(조서 조, 고할 조), 旌(표시할 정, 기정), 閭(마을 문 려), 蠲(덜 견, 면제할 견, 밝을 견)

1 제오기(第五琦, 729년~799년): 당나라 경조(京兆) 장안(長安) 사람으로, 재정가이다. 성이 제오(第五)고, 이름이 기(琦)며, 자는 우규(禹珪)다. 젊어서 이재(吏才)가 있어 관직에 나갔다. 숙종(肅宗) 때 감찰어사(監察御史)로 강회조용사(江淮租庸使)와 제도탁지사(諸道度支使), 염철주전사(鹽鐵鑄錢使)를 겸했다. 염법(鹽法)을 만들어 사염(私鹽)을 금지하고 관부(官府)에서 전매하게 했다. 건원(乾元)

중에 건원중보전(乾元重寶錢)을 주조해 1전으로 10전을 감당하게 했고, 동중서문하평장사(同中書門下平章事)에 올랐다. 다시 중륜건원전(重輪乾元錢)을 주조했다. 이것은 1전에 50전으로 감당했다. 나중에 곡물 가격이 치솟자 사전(私錢)이 여기저기서 몰래 주조되었는데, 이 일로 이주(夷州)로 쫓겨났다. 대종(代宗) 보응(寶應) 초에 낭주자사(朗州刺史)로 재기해 혜정을 베풀었다. 입조하여 태자빈객(太子賓客)이 되고, 경조윤(京兆尹)으로 옮겼다가 호부시랑(戶部侍郎)에 발탁되었다. 나중에 어떤 일에 연좌되어 괄주자사(括州刺史)로 나갔다가 요주(饒州)와 호주(湖州)로 옮긴 뒤 다시 태자빈객과 동도유수(東都留守)가 되었다. 덕종(德宗)이 그 재주를 듣고 다시 기용하기 위해 불렀는데, 마침 죽었다. 안사(安史)의 난 때는 산동(山東) 지방의 반란군을 무찌르고 실지를 회복해 황제의 신임을 얻었고, 재정의 요직을 맡았다. 강남(江南)의 포백(布帛)과 식량을 도성에 효과적으로 운반하면서 소금의 전매와 고액화폐 주조 등 새로운 정책을 추진했다(중국역대인명사전).

2 정표(旌表): 착한 행실을 칭송하고 이를 세상에 드러내어 널리 알림.

3 문려(門閭): 동네 어귀에 세운 문.

4 정역(丁役): 중국 고대에, 여러 나라로부터 정남(丁男)·정녀(丁女)가 경도(京都)에 와서 여러 가지 일에 복역(服役)하던 일.

번소 京경兆됴尹윤 쌔슬ᄒᆞ엿ᄂᆞᆫ 第뎨五오琦긔 그 뎡졀을 아ᄅᆞᆷ다이 녀겨 나라희 엿ᄌᆞ온대 그 문의 졍표ᄒᆞ고 그 집 구실을 영히 덜라 ᄒᆞ시니라

현대역 京兆尹의 벼슬한 第五琦가 그 정절을 아름답게 여겨 나라에 여쭈니까, 그 문에 정표하고 그 집 歲役을 영원히 덜라 하시니라.

졍표ᄒᆞ고: 정표(旌表)하고. 착한 행실을 칭송하고 이를 세상에 드러내어 널리 알리고.

소언 京경兆됴尹윤[이제 漢한城셩判판尹윤 ᄀᆞᄐᆞᆫ 벼슬이라] 第뎨五오琦긔[第뎨五오ᄂᆞᆫ 셩이오 琦긔ᄂᆞᆫ 일홈이라] ㅣ 그 뎡졀을 아ᄅᆞᆷ다이

녀겨 엳ᄌᆞ온대 詔죠ᄒᆞ샤 그 門문과 ᄆᆞ올홀 旌졍表표[이제 홍문 셰기 톄엿 일이라] ᄒᆞ시고 영영히 그 집 ᄉᆞ나히구실을 더르시다

현대역 경조윤[이제 한성판윤 같은 벼슬이라.] 제오기[제오는 성이요, 기는 이름이라.]가 그 정절을 아름답게 여겨 여쭈니까, 詔書를 내리시어 그 문과 마을을 정표[이제 홍문 세우기 따위의 일이라.] 하시고, 영원히 그 집 사내구실을 더시다.

1 죠ᄒᆞ샤: 조서(詔書)를 내리시어. '죠ᄒᆞ(어간)+시(주체 높임 선어말어미)+아(연결어미)'이다. '조서'는 '임금의 명령을 일반에게 알릴 목적으로 적은 문서'를 말한다.

2 홍문: 홍문(紅門). 충신, 효자, 열녀 들을 표창하기 위하여 그 집 앞에 세우던 붉은 문. 유의어: 작설(綽楔), 정려문(旌閭門), 정문(旌門)

3 ᄉᆞ나히구실: '정역(丁役)'을 직역한 말이다.

【集解】京兆는郡名이니今西安府라尹은官也라第五는覆姓이요琦는名이라蠲은除也라

京兆는 군 이름이니, 지금의 서안부이다. 允은 벼슬이다. 第五는 복성이고, 琦는 이름이다. 蠲은 면제함이다.

〖三十二章〗

○繆穆彤容이少孤ᄒᆞ야兄弟四人이皆同財業ᄒᆞ더니及各取娶妻ᄒᆞ얀諸婦ㅣ遂求分異ᄒᆞ고又數朔有鬪爭之言이어늘彤이深懷忿嘆ᄒᆞ야乃掩戶自撾曰繆彤아汝ㅣ修身謹行ᄒᆞ야學聖人之法은將以齊整風俗이니奈何로不能正其家乎오ᄒᆞᆫ대弟及諸婦ㅣ聞之ᄒᆞ고悉叩頭謝罪ᄒᆞ야遂更爲敦睦之行ᄒᆞ니라 《後漢書 獨行列傳》

● 목융이 어려서 孤가 되어[아버지를 여의어], 형제 네 명이 모두 재산과 가업을 함께 하더니, 각각 아내를 취함에 미쳐서는, 여러 아내들이 드디어 나누어 달리함을 구하고, 또 자주 다투는 말이 있거늘, 肜이 깊이 성냄과 탄식함을 품어, 이에 문을 닫고 스스로 종아리를 치며 말하였다. “목융아, 네가 몸을 닦고 행실을 삼가 성인의 법을 배움은 장차 써 풍속을 가지런히 하려 함이니, 어찌하여 능히 그 집안을 바로하지 못하는가?” 하니, 아우 및 여러 아내들이 그것을 듣고 다 머리를 두드리고 죄를 빌어, 드디어 고쳐서 돈독하고 화목한 행실을 하였다.

漢字 繆(화할 목, 소목 목, 얽을 무), 肜(제사이름 융), 孤(아버지 없을 고), 懷(품을 회), 忿(성낼 분), 嘆(탄식할 탄), 掩(문 닫을 엄, 가릴 엄), 戶(문 호), 撾(종아리 칠 과, 채찍질할 과, 채찍 과), 叩(두드릴 고), 謝(용서 빌 사), 遂(마침 수), 更(고칠 경), 敦(도타울 돈), 睦(화목할 목)

번소 繆목肜용이 졈어셔 어버ᅀᅵ 죽거늘 형뎨 네히 다 ᄒᆞᆫᄃᆡ 이셔 사더니 각각 겨집ᄒᆞ여ᄂᆞᆫ 모ᄃᆞᆫ 겨집ᄃᆞᆯ히 셰간 ᄂᆞᆫ화 닫 살오쟈 ᄒᆞ며 ᄯᅩ ᄌᆞ조 삽지지멧마ᄅᆞᆯ ᄒᆞ거ᄂᆞᆯ 肜용이 ᄀᆞ장 애ᄃᆞ라 문 닫고 제 저늘 티며 닐오ᄃᆡ 繆목肜용아 네 몸을 닷고 힝뎍을 삼가 셩신의 법을 ᄇᆡ화 쟝ᄎᆞᆺ 풍쇽을 졍제호려 ᄒᆞᄂᆞᆫ 거시니 엇디 네 집도 졍케 몯ᄒᆞᄂᆞ뇨 ᄒᆞ거ᄂᆞᆯ 아ᅀᆞ돌콰 모ᄃᆞᆫ 겨집ᄃᆞᆯ히 듣고 다 머리ᄅᆞᆯ ᄡᅡ해 두드리고 그르호라 샤죄ᄒᆞ야 다시 화동ᄒᆞᆫ 힝뎍을 ᄒᆞ니라

현대역 繆肜이 어려서 어버이 죽거늘, 형제 넷이 다 함께 있어 살더니, 각각 장가들어서는 모든 아내들이 세간 나누어 따로 살고자 하며, 또 자주 다투며 떠드는 말을 하거늘, 융이 자못 애달아 문 닫고 제가 저를 치며 이르되, “목융아, 네 몸을 닦고 행적을 삼가 성인의 법을 배워 장차 풍속을 정제하려 하는 것이니, 어찌 네 집도 정제 못하느냐?” 하거늘, 아우들과 모든 아내들이 듣고, 다 머리를 땅에 두드리고 그르다 사죄하여, 다시 和同한 행적을 하니라.

1 삽지지멧마ᄅᆞᆯ: 다투며 떠드는 말을. '삽지지(어간)+ㅁ(명사형 어미)+에(조사)+ㅅ(조가)+말(言, 명사)+ᄋᆞᆯ(목적격 조사)'이다. '삽지지다'는 '다투며 떠들다'의 옛말이다. 모ᄃᆞᆫ 며느리들히 논화 닫티 사쟈 ᄒᆞ고 ᄌᆞ조 삽지지ᄂᆞᆫ 마리 잇거ᄂᆞᆯ.《이륜-옥 7》(현대역: 모든 며느리들이 나누어 따로 살자 하고 자주 다투며 떠드는 말이 있거늘.), 모ᄃᆞᆫ 겨집ᄃᆞᆯ히 셰간 ᄂᆞᆫ화 ᄃᆞᆫ 살오쟈 ᄒᆞ며 ᄯᅩ ᄌᆞ조 삽지지멧 마ᄅᆞᆯ ᄒᆞ거ᄂᆞᆯ(諸婦遂求分異 又數有鬪爭之言).《번소 9:67》(현대역: 모든 아내들이 세간을 나누어 따로 살고자 하며, 또 자주 다투며 떠드는 말을 하거늘.)

2 애ᄃᆞᆯ아: 애달아. 마음이 쓰여 속이 달아오르는 듯하게 되어. '애ᄃᆞᆯ다'는 15세기 문헌에서부터 나타난다. '애ᄃᆞᆯ다'는 어미 '-ᄂᆞ-', '-니-', '-디'나 '-ㄴ', '-ㄹ' 앞에서는 ㄹ이 탈락하여 '애ᄃᆞ-'로 나타난다. 근대국어 후기에 모음 '·'가 'ㅏ'로 변하여 소리의 구별이 사라지면서 현대국어와 같은 '애달다' 형태가 등장하게 되었다. '애ᄃᆞᆯ다'는 '창자'를 의미하는 명사 '애'에 동사 'ᄃᆞᆯ다'가 결합한 합성어이다. 여기에 결합된 동사 'ᄃᆞᆯ다'는 '(얼어) 부르트다'의 의미를 지닌 'ᄃᆞᆯ다'와 관련되는 것으로 추정된다. 중세국어에서 '열로 인해 뜨거워지다', 혹은 '열을 가하여 물이 졸아들다'의 의미를 지닌 동사는 '달다'로, '애ᄃᆞᆯ다'의 'ᄃᆞᆯ다'와는 다르다. 애ᄃᆞᆯ다(15세기~18세기)>애달다(20세기~현재). 이형태: 애ᄃᆞᆯ다. 그 ᄡᆞ니미 몯 보ᄃᆞ록 가ᄃᆡ 乃終내 도라보디 아니ᄒᆞ야시ᄂᆞᆯ 그 아비 애ᄃᆞ라 닐오ᄃᆡ 畜生ᄋᆡ 나혼 거실ᄊᆡ 그러ᄒᆞ도다.《1447 석상 11:29ㄴ》, 어버ᅀᅵ 효양코져 ᄒᆞ나 어버ᅀᅵ 겨시디 아니ᄒᆞ며 네 어미도 ᄯᅩ 일 주그니 내 ᄀᆞ장 애ᄃᆞ라 ᄒᆞᄂᆞᆫ 이리라.《1518 번소 7:48ㄱ》

3 저늘: 저를. '문 닫고 제 저늘 티며'는 원문 '乃掩戶自撾'를 번역한 것으로, '저늘'은 '저를'의 오자인 듯하다.

4 그르호라: 그르다. '그르ᄒᆞ(어간)+오(화자 표시법 선어말어미)+라(평서형 종결어미)'이다. '-오$_1$-'는 일반적으로 주어 명사구가 제1인칭 대명사 '나, 우리' 등 화자일 때 나타난다. 비록 주어 명사구가 제3인칭이라 하더라도 그것이 화자 자신을 가리키는 경우에는 '-오$_1$-' 활용형을 취한다. 따라서 이를 화자 표시법이라 부른다. '-라'는 부정(不定) 평서형 종결어미가 된다. 右手 左手로 天地 ᄀᆞᄅᆞ치샤 ᄒᆞ오ᅀᅡ 내 尊호라 ᄒᆞ시니.《월곡 상:8》, ᄀᆞ장 시르미 나그내를 번호ᄆᆞᆯ 더으ᄂᆞ니 ᄯᅩ 늘구미 사ᄅᆞᆷ 조차오ᄆᆞᆯ 아로라(轉添愁伴客, 更覺老隨人).《두시-초 10:2》

5 화동ᄒᆞᆫ: 화동(和同)한. 두 사람 사이가 멀어졌다가 다시 뜻이 잘 맞게 된.

소언 繆목彤융[漢한 적 사ᄅᆞᆷ이라]이 졈어셔 孤고ᄒᆞ야[아비 업단 말이라] 兄형弟뎨 네 사ᄅᆞᆷ이 다 셰간을 ᄒᆞᆫ가지로 ᄒᆞ더니 믿 각각 안해 어더ᄂᆞᆫ 모ᄃᆞᆫ 겨집ᄃᆞᆯ히 드듸여 ᄂᆞᆫ화 닷 살기를 求구ᄒᆞ고 ᄯᅩ ᄌᆞ조 싸화 ᄃᆞ토ᄂᆞᆫ 말이 잇거늘 肜용이 노ᄒᆞ야 애ᄃᆞ롬ᄋᆞᆯ 깁피 품어 문 닫고 스스로 티며 ᄀᆞᆯ오ᄃᆡ 繆목肜용아 네 몸을 닷고 힝실을 삼가 聖셩人인의 法법을 ᄇᆡ홈은 쟝ᄎᆞᆺ ᄡᅥ 風풍俗쇽을 졍졔호려 홈이니 엇디홈으로 能능히 그 집을 正졍케 몯ᄒᆞᄂᆞ뇨 ᄒᆞᆫ대 아ᄋᆞ와 믿 모ᄃᆞᆫ 겨집ᄃᆞᆯ히 듣고 다 머리ᄅᆞᆯ 좃고 謝사罪죄ᄒᆞ야 드듸여 다시 도탑고 화동ᄒᆞᆫ 힝실을 ᄒᆞ니라

현대역 목용[漢 때 사람이라.]이 어려서 孤하여[아버지 없다는 말이라.] 형제 네 사람이 다 세간을 함께 하더니, 및 각각 아내 얻어서는 모든 아내들이 드디어 나누어 따로 살기를 구하고, 또 자주 싸워 다투는 말이 있거늘, 용이 노하여 애달음을 깊이 품어 문 닫고 스스로 치며 가로되, "목용아, 네 몸을 닦고 행실을 삼가 성인의 법을 배움은 장차 써 풍속을 정제하려 함이니, 어찌함으로 능히 그 집을 바르게 못하느냐?" 하니까, 아우와 및 모든 아내들이 듣고, 다 머리를 조아리고 사죄하여 드디어 다시 도탑고 和同한 행실을 하니라.

1 고ᄒᆞ야: 고(孤)하여. 고자(孤子)가 되어. '고자'는 '아버지의 상중(喪中)에 있는 사람이 자기를 이르던 1인칭 대명사'이고, '애자(哀子)'는 '어머니의 상중에 있는 사람이 자기를 이르던 1인칭 대명사'이며, '고애자(孤哀子)'는 '어버이를 모두 여읜 사람이 상중(喪中)에 자기를 이르는 1인칭 대명사'이다.

2 어더ᄂᆞᆫ: 얻어서는. '얻(어간)+어ᄂᆞᆫ(연결어미)'이다. '-어ᄂᆞᆫ'은 끝음절의 모음이 음성모음인 동사, 형용사 어간 뒤에 붙어, '-어서는'을 뜻하는 어미이다. 반면에 '-아ᄂᆞᆫ'은 끝음절 모음이 'ㆍ, ㅏ, ㅗ' 등 양성모음 뒤에 붙는다. 늘거 그텟 사괴요ᄆᆞᆯ 가져 나져믄 사ᄅᆞᄆᆡ게 브토니 ᄂᆞᄎᆞᆯ 當ᄒᆞ얀 ᄆᆞᅀᆞᄆᆞᆯ 보내요ᄃᆡ ᄂᆞᄎᆞᆯ 도라ᄂᆞᆫ 웃ᄂᆞ다(晩將末契托年少 當面輸心背面笑).《두시-초 25:52》, 堀에 드러 모ᄆᆞᆯ 갈마ᄂᆞᆫ ᄒᆞ오ᅀᅡ 妙ᄅᆞᆯ 得ᄒᆞ니 녜브터 오매 象王ᄋᆡ 아로ᄆᆞᆯ 許티 아니ᄒᆞᄂᆞ니라(入窟藏身獨得妙 從來不許象王知).《남명 하:36》

【集說】吳氏曰漢繆肜의字는豫公이라幼而無父曰孤라撾는擊也라肜怒諸弟求分財異居하여乃閉戶自責하니於是에諸弟諸婦聞之하고悉俯地擊首以謝하고遂改爲敦睦之行하니嗚呼라肜之德이固有以感動諸弟요而諸弟亦可謂善改過者矣로다

오 씨가 말하였다. "한나라 목융의 자는 豫公이다. 어려서 아버지가 없음을 孤라 한다. 撾는 침이다. 肜은 여러 아우들이 재산을 나누어 따로 살기를 구함에 화가 나서, 이에 지게문을 닫고 스스로 꾸짖으니, 이에 여러 아우와 여러 아내들이 그것을 듣고 다 땅에 구부리어 머리를 침으로써 용서를 빌고, 드디어 고치어 도탑고 화목한 행실을 하였으니, 아, 肜의 덕이 진실로 써 여러 아우들을 감동시킴이 있었고, 여러 아우들 또한 가히 허물을 잘 고친 자라고 이를 만하다.

漢字 俯(구부릴 부)

〖三十三章〗

○蘇瓊이除南淸河太守ᄒᆞ니有百姓乙普明兄弟ㅣ爭田ᄒᆞ야積年不斷ᄒᆞ야各相援據ᄒᆞ니乃至百人이러니瓊이召普明兄弟ᄒᆞ야諭之曰天下애難得者ᄂᆞᆫ兄弟오易求者ᄂᆞᆫ田地니假令得田地라두失兄弟心ᄒᆞ면如何오ᄒᆞ고因而下淚ᄒᆞᆫ대諸證人이莫不灑泣ᄒᆞ더니普明兄弟ㅣ叩頭ᄒᆞ야乞外更思ᄒᆞ야分異十年애遂還同住ᄒᆞ니라 《北齊書 循吏列傳》

● 소경(蘇瓊)이 南淸河 태수에 제수되니, 백성 乙普明 형제가 있어 밭을 다투어, 해가 쌓이되 판결되지 않아, 각각 서로 증인을 당기니 이에 백 명에

이르더니, 경이 보명 형제를 불러 그들을 깨우쳐 말하였다. "천하에 얻기 어려운 것은 형제고, 구하기 쉬운 것은 田地니, 가령 田地를 얻더라도 형제의 마음을 잃으면 어찌하겠는가?" 하고, 인하여 눈물을 흘렸는데, 모든 증인들이 눈물을 뿌리지 않음이 없더니, 보명 형제가 머리를 두드려, 밖에서 다시 생각하기를 빌어, 나누어 따로 산 지 10년에 드디어 돌아와 함께 살았다.

漢字 瓊(옥 경), 除(제수할 제, 벼슬 줄 제), 斷(판결할 단), 援(당길 원), 據(증인 거, 근거 거), 諭(깨우칠 유), 灑(뿌릴 쇄), 泣(눈물 읍, 울 읍), 乞(빌 걸), 更(다시 갱)

을보명(乙普明, 생몰 연대 미상): 북제(北齊) 청하(淸河) 사람이다. 형제가 밭을 두고 다퉈 서로 증거를 들이밀며 싸웠는데 몇 년이 지나도 끝나지 않았다. 태수 소경리(蘇瓊莅)가 형제를 불러 "天下難得者兄弟 易求者田地 得地而失兄弟心 如何(천하에 얻기 어려운 것은 형제고 구하기 쉬운 것은 밭인데, 밭은 얻고 형제의 마음을 잃는다면 무슨 소용이겠는가?)"고 설득하자 그제야 크게 깨우치고 소송을 취하했다. 10년 동안 갈라 살다가 다시 모여 함께 살았다(중국역대인명사전).

번소 蘇소瓊경이 南남淸쳥河하 ᄀᆞ올 원ᄒᆞ엿더니 ᄇᆡᆨ셩 乙을普보明명 형뎨 받톨 ᄃᆞ토아 여러 ᄒᆡ롤 결티 몯ᄒᆞ야 서르 본증을 혀니 일ᄇᆡᆨ이나 ᄒᆞ더니 瓊경이 普보明명 형뎨롤 블러 알오여 닐오ᄃᆡ 天텬下하애 얻디 어려온 거슨 형뎨오 쉬이 구ᄒᆞᆯ 거슨 뎐디라 假가슈령 뎐디를 어더도 형뎨 ᄉᆞ잇 ᄆᆞᅀᆞᆷ곳 일흐면 엇더ᄒᆞ뇨 ᄒᆞ고 인ᄒᆞ야 눈믈을 흘린대 모ᄃᆞᆫ 본즁엣 사ᄅᆞᆷ돌히 아니 울 리 업더라 普보明명 兄형弟뎨 머리롤 싸해 두드리고 밧긔 가 다시 ᄉᆡᆼ각ᄒᆞ여지라 빌오 닫 나건 디 열힛 만애 도로 ᄒᆞᆫᄃᆡ 사니라

현대역 소경(蘇瓊)이 南淸河의 고을 원을 하였더니, 백성 乙普明 형제가 밭을 다투어 여러 해를 결정하지 못하여, 서로 本證을 끌어들인 이가 일백이나 하더니, 경이 보명 형제를 불러 알리어 이르되, "천하에 얻기 어려운 것은 형제요, 쉽게 구할 것은 田地라. 가령 전지를 얻어도 형제 사이의 마음곧

잃으면 어쩌겠느냐?" 하고, 인하여 눈물을 흘리니까, 모든 본증의 사람들이 아니 울 이 없더라. 보명 형제 머리를 땅에 두드리고, "밖에 가, 다시 생각하고자 한다." 빌고, 따로 나간 지 열 해 만에 도로 함께 사니라.

1 결티: 결정(決定)하지. '결ᄒᆞ(어간)+디(보조적 연결어미)'이다.
2 본증: 본증(本證). 재판에서, 입증 책임을 지는 당사자가 그 사실을 증명하기 위하여 제출하는 증거.
3 혀니: 끌어들인 이. '혀(어간)+ㄴ(관형사형 어미)+이(의존명사)'이다. '혀다'는 '이끌다', '당기다'의 옛말이다. 引ᄋᆞᆫ 혈씨니 經 ᄠᅳ들 ᄢᅧ낼씨라.《능엄 1:5》, 뫼햇 새ᄂᆞᆫ 삿기ᄅᆞᆯ 혀 불근 果實ᄋᆞᆯ 머기고.《두시-초 25:23》
4 뎐디: 전지(田地). 논과 밭을 아울러 이르는 말. 유의어: 논밭, 식근(食根), 전답(田畓), 전업(田業), 전토(田土), 토전(土田).
5 생각ᄒᆞ여지라: 생각하고자 한다. 생각하고 싶다. '생각ᄒᆞ(어간)+여지라(소망 평서형 종결어미)'이다. '-지라'는 항상 동사 표지 '아/어/야/여/거'를 요구한다. '-아/어/야/여지라/거지라'는 화자의 소망(바람)을 나타내는 특수한 평서형 종결어미, 즉 소망 평서형 종결어미로 부르기도 한다(고영근, 2020: 325). '-여지라'에서 '지라'는 과거에 보조용언으로 처리해 왔다. 그러나 앞의 '여'가 보조적 연결어미가 될 수 없고 동사 표지인 이상, 보조용언으로 볼 수 없다. 따라서 '-여지라' 전체를 하나의 형태소로 보아야 한다. '-여지라'는 'ᄒᆞ다'의 어간 뒤나 끝음절의 모음이 'ㅣ'인 동사, 형용사 어간 뒤에 붙어, 주로 1인칭 주어와 함께 쓰여, 'ᄒᆞ라' 할 자리에 쓰여, 의도 '-고자 하다', '-고 하고 싶다'를 뜻하는 종결어미이다. 어딘 앗이 草萊ㅅ 소ᄀᆞ로셔 오니 蒼然히 이ᄅᆞᆯ 議論ᄒᆞ야지라 請ᄒᆞ야ᄂᆞᆯ 詔書로 혀 殿에 올이시니 혀ᄅᆞᆯ 니르와다 하ᄂᆞᆳ ᄠᅳ들 感動케 ᄒᆞ도다(令弟草中來 蒼然請論事 詔書引上殿 奮舌動天意)《두시-초 22:35》, 炳이 슬허 하ᄂᆞᆯᄭᅴ 비러 제 모모로 代身ᄒᆞ야지라 터라《속삼 효:2》

소언 蘇소瓊경[北븍齊제 사ᄅᆞᆷ이라]이 南남淸쳥河하[고을일홈이라] 太태守슈ᄅᆞᆯ ᄒᆞ니 百ᄇᆡᆨ姓셩 乙을普보明명의 兄형弟뎨 받톨 ᄃᆞ토아 여러 ᄒᆡᄅᆞᆯ 결티 몯ᄒᆞ야 각각 서르 혀 증거ᄒᆞ니 일ᄇᆡᆨ 사ᄅᆞᆷ에 니르렀더니 瓊경이 普보明명의 兄형弟뎨ᄅᆞᆯ 블러 알외여 ᄀᆞᆯ오ᄃᆡ 天텬下하애 얻디 어려온 거슨 兄형弟뎨오 求구키 쉬운 거슨 田뎐地디니 가셜 ᄒᆡ여곰 田뎐地디를 어더도 兄형弟뎨의 ᄆᆞᄋᆞᆷ을 일흐면 엇더ᄒᆞ료 ᄒᆞ고 因인ᄒᆞ야 눈믈을 딘대 모ᄃᆞᆫ 본증엣 사ᄅᆞᆷ돌히 눈믈 ᄲᅳ리디 아니리 업더니 普보明명의 兄형弟뎨 머리ᄅᆞᆯ 두드려 밧긔 가 다시 ᄉᆡᆼ각ᄒᆞ여 지라 빌어 ᄂᆞᆫ화 닫 난 디 열 ᄒᆡᆺ만애 드듸여 도로 ᄒᆞᆫᄃᆡ 사니라

현대역 소경[北齊 사람이라.]이 남청하[고을이름이라.] 태수를 하니, 백성 을보명의 형제가 밭을 다투어 여러 해를 결정하지 못하여 각각 서로 끌어들여 증거한 이 일백 사람에 이르렀더니, 경이 보명의 형제를 불러 알리어 가로되, "천하에 얻기 어려운 것은 형제요, 구하기 쉬운 것은 전지니, 가령 하여금 전지를 얻어도 형제의 마음을 잃으면 어찌겠느냐?" 하고, 인하여 눈물을 떨어뜨리니까, 모든 본증에의 사람들이 눈물 뿌리지 아니할 이 없더니, 보명의 형제 머리를 두드리어, "밖에 가, 다시 생각하고자 한다." 빌어, 나누어 따로 나간 지 열 해만에 드디어 도로 함께 사니라.

【集說】陳氏曰瓊의字는珍之니北朝人北齊人이라南清河는郡名이라乙은姓이요普明은名也라援據는攀援他人하여爲證據也라諭는曉也라太守下淚에而諸證人灑泣하고普明兄弟悔過하니可以見人心之天矣로다

진 씨가 말하였다. "경(瓊)의 자는 珍之니, 北朝人[北齊人]이다. 南清河는 군 이름이다. 乙은 성이고, 普明은 이름이다. 援據는 다른 사람을 끌어당겨 증거로 삼음이다. 諭는 깨우침이다. 태수가 눈물을 흘림에, 여러 증인들이 눈물을 뿌리고 보명 형제가 허물을 뉘우치니, 가히 써 사람 마음의 천성을 볼 수 있다."

漢字 攀(끌어당길 반), 曉(깨우칠 효, 새벽 효)

1 북조(北朝): 4세기 말~6세기 말 양쯔강[揚子江] 유역[강남지역]의 남조(南朝)와

대립하여 화북(華北)지역을 영유한 북위(北魏)·북제(北齊)·북주(北周)의 3왕조에 대한 총칭이다. 당나라 이연수(李延壽)가 저술한 《북사(北史)》에서는 남북조를 통일한 수(隋)나라까지 합쳐서 북조라고 하고, 탁발규(拓跋珪: 北魏의 초대 황제)를 북조의 기점(起點)으로 하였다(두산백과).

2 북제(北齊): 동위(東魏)의 실권자 고양(高洋: 高歡의 아들)이 세운 중국의 왕조(550년~577년)이다. 남제(南齊)와 구별하여 북제 또는 고제(高齊)라고 한다. 자세한 내용은 〈선행(善行) 제6〉 제15장을 참조하라.

〖三十四章〗

○王祥의弟覽의母朱氏ㅣ遇祥無道ㅣ러니覽이年數歲예見祥의被楚撻ᄒᆞ고輒涕泣抱持ᄒᆞ더니至于成童ᄒᆞ야每諫其母ᄒᆞ니其母ㅣ少止凶虐ᄒᆞ니라朱ㅣ屢以非理로使祥이어든覽이與祥俱ᄒᆞ고又虐使祥妻ㅣ어든覽妻ㅣ亦趨而共之ᄒᆞ니朱ㅣ患之ᄒᆞ야乃止ᄒᆞ니라 《晉書 王祥列傳》

●王祥의 아우 覽의 어머니 朱氏가 祥을 대우함에 도리가 없더니, 覽이 나이 몇 살[열 살 이전]에 祥이 회초리로 종아리 맞음을 보고, 번번이 울면서 안아 붙잡더니, 열다섯 소년에 이르러 매번 그 어머니에게 간하니, 그 어머니가 凶虐함을 조금 그쳤다. 朱가 자주 그릇된 도리로써 祥을 부리거든, 覽이 祥과 더불어 함께 하고, 또 祥의 아내를 학대하여 부리거든, 覽의 아내가 또한 달려들어 그와 함께 하니, 朱가 그것을 근심하여 이에 그쳤다.

漢字 覽(볼 람), 楚(회초리 초, 가시나무), 撻(종아리 칠 달, 매질할 달), 輒(번번이 첩, 문득 첩), 屢(자주 루), 凶(흉할 흉), 虐(사나울 학), 俱(함께 구), 趨(달릴 추)

1 왕상(王祥)의 '계모 주 씨(朱氏)에 대한 효'는 〈선행(善行) 제6〉 제11장에 소개된 바 있다. 본 제34장은 왕상의 이모제(異母弟)인 왕람(王覽)의 '형에 대한 우애'과 관련된 내용이다. 왕상(王祥, 184년~268년)에 대해서는 〈선행(善行) 제6〉 제11장을 참조하라.

2 왕람(王覽, 206년~278년): 서진(西晉) 낭야(瑯邪) 임기(臨沂) 사람으로, 자는 현통(玄通)이고, 왕상(王祥)의 이모제(異母弟)다. 효성과 우애를 갖추었고, 공손하면서 조심스러운 성격이었다. 어머니 주 씨(朱氏)가 형 왕상을 모질게 대해 매질을 하는 것을 보고는 눈물을 흘리며 이를 말렸다. 왕상이 성장해 명성을 얻자 주 씨가 질투하여 몰래 짐독(鴆毒)을 먹여 죽이려고 했다. 그가 알고 주 씨가 왕상에게 주려는 음식이 있으면 빼앗아 먼저 맛보았다. 주 씨가 혹시 그가 죽을까 걱정해서 그만두었다. 본부(本部)의 부름에 응해 사도서조연(司徒西曹掾)으로 옮기고, 청하태수(淸河太守)를 지냈으며, 즉구자(卽丘子)에 봉해졌다. 무제(武帝) 태시(泰始) 말에 태중대부(太中大夫)를 지냈다(중국역대인명사전).

3 초달(楚撻): 회초리로 종아리를 때림.

번소 王왕祥샹의 아ᅀᆞ 覽남의 어미 朱쥬氏시 祥샹을 ᄃᆡ졉호ᄃᆡ 무도히 ᄒᆞ더니 覽남의 나히 두서 설에 祥샹이 맛거든 보고 믄득 울오 브티안더니 ᄌᆞ라매 니르러 ᄆᆡ양 어밋씌 간ᄒᆞ여늘 그 어미 모디리 보채유믈 져기 그치더라 朱쥬氏시 ᄌᆞ조 올티 아니ᄒᆞᆫ 일로 祥샹을 시기거든 覽남이 祥샹과 ᄒᆞᆫ가지로 ᄒᆞ며 ᄯᅩ 祥샹의 겨집을 보채여 브리거늘 覽남의 겨집도 ᄯᅩ ᄃᆞᆫ건녀 ᄒᆞᆫ가지로 ᄒᆞ거늘 朱쥬氏시 어려이 너겨 마니라

현대역 王祥의 아우 覽의 어머니 주 씨가 왕상을 대접하되 무도하게 하더니, 覽의 나이 두어 살에 상이 맞거든, 보고 문득 울고 붙안더니, 자람에 이르러 매양 어머니께 간하거늘, 그 어머니 모질게 보챔을 좀 그치더라. 주 씨 자주 옳지 아니한 일로 상을 시키거든, 覽이 상과 함께 하며, 또 상의 아내를 보채여 부리거늘, 覽의 아내도 또 뛰어다니어 함께 하거늘, 주 씨 어렵게 여겨 마니라.

ᄃᆞᆫ건녀: 뛰어다니어. 'ᄃᆞᆫ건니(어간)+어(연결어미)'이다. 'ᄃᆞᆫ건니다'는 '뛰어다니다'의 옛말이다. ᄯᅩ 祥의 겨집을 보채여 브리거늘 覽의 겨집도 ᄯᅩ ᄃᆞᆫ건녀 ᄒᆞᆫ가지로 ᄒᆞ거늘(又虐使祥妻 覽妻亦趨而共之).《번소 9:70》

소언 王왕祥샹의 아ᄋᆞ 覽람의 어미 朱쥬氏시ㅣ 祥샹 ᄃᆡ졉홈을 無무道도히 ᄒᆞ더니 覽람의 나히 두어 설의 祥샹의 매 맛기 닙음을 보고 믄득 울고 안아 븓드더니 아ᄒᆡ 일옴애[열다ᄉᆞᆺ 적이라] 닐으러 ᄆᆡ양 그 어미를 諫간ᄒᆞ니 그 어미 흉히 보채옴을 져이 그치니라 朱쥬ㅣ ᄌᆞ조 非비理리로뻐 祥샹을 블이거든 覽람이 祥샹으로 더블어 홈ᄭᅴ ᄒᆞ고 ᄯᅩ 祥샹의 안해를 보채여 블이거든 覽람의 안해 ᄯᅩ ᄃᆞᆮ건녀 ᄒᆞᆫ가지로 ᄒᆞ니 朱쥬ㅣ 어려이 녀겨 그치니라

현대역 왕상의 아우 覽의 어머니 주 씨가 祥 대접함을 무도하게 하더니, 覽의 나이 두어 살에 상의 매 맞기 입음을 보고, 문득 울고 안아 붙들더니, 아이 이룸에[열다섯 때이라.] 이르러 매양 그 어머니를 간하니, 그 어머니 흉하게 보챔을 좀 그치니라. 朱가 자주 비리로써 상을 부리거든, 覽이 상으로 더불어 함께 하고, 또 상의 아내를 보채여 부리거든, 覽의 아내 또 뛰어다니어 함께 하니 朱가 어렵게 여겨 그치니라.

아ᄒᆡ 일옴: 아이 이룸. '성동(成童)'에 대한 직역이다. '성동(成童)'은 '열다섯 살 된 사내아이'를 뜻한다. '일옴'은 '일오(어간)+ㅁ(명사형 어미)'이다. 현대국어 '이루다'의 옛말인 '일우다'는 15세기 문헌에서부터 나타난다. '일우다'는 '이루어지다'의 의미를 갖는 동사 '일-'과 사동접사 '-우-'가 결합한 것이다. '일-'의 종성 'ㄹ'이 연철되지 않은 것으로 보아 '일우다'에서 '우'의 초성 'ㅇ'은 성문 마찰 유성음 [ɦ]임을 알 수 있다. 16세기 이후 성문 마찰 유성음 'ㅇ'이 사라지면서 제1음절 종성 'ㄹ'이 연철 표기되어 '이루다'가 되었는데, 문헌상으로는 18세기에 비로소 '이루다'의 예가 나타난다. 한편 동사 '일-'에 사동접사 '-오-'가 결합한 '일오다' 형태도 15세기부터 '일우다'와 공존하였는데, 19세기 이후로는 사라졌다. 일우다(15세기~19세기)〉이루다(18세기~현재). 이형태: 일우다, 일오다, 이루다. 成佛은 부텻 道理ᄅᆞᆯ 일우실 씨라.《1447 석상 3:1ㄱ》, 五白ᄋᆞᆯ 블로니 옷 메와ᄉᆞ며 발 바사도 이긔유믈 일오디 몯ᄒᆞ리로다.《1481 두시-초 11:40ㄱ》

【集解】王覽의字는玄通이라覽年幼에見兄被楚撻하고抱持泣諫

하니其友愛出於天性이요至於祥妻受虐이면覽妻亦趨共之하여는則非得於觀感之深者면其能然乎아由是로其母亦止凶虐也하니라

王覽의 자는 玄通이다. 覽의 나이 어림에 형이 회초리로 종아리 맞음을 보고 안아 붙잡고 울며 간하니 그 우애가 천성에서 나왔고, 祥의 아내가 학대 받음에 이르면 覽의 아내 또한 달려들어 그와 함께 하거든, 보고 느낌에 얻음이 깊은 자가 아니면 그 능히 그렇게 할 수 있겠는가? 이로 말미암아 그 어머니 또한 흉학함을 그쳤다.

【三十五章】

○晉右僕射夜鄧攸ㅣ永嘉末애沒于石勒ᄒᆞ야過泗水ᄒᆞᆯ시攸ㅣ以牛馬로負妻子而逃ᄒᆞ다가又遇賊ᄒᆞ야掠其牛馬ᄒᆞ고步走ᄒᆞ야擔其兒及其弟子綏ㅣ러니度鐸不能兩全ᄒᆞ고乃謂其妻曰吾弟蚤亡ᄒᆞ고唯有一息ᄒᆞ니理不可絕이라止應自棄我兒耳로다幸而得存ᄒᆞ면我ᄂᆞᆫ後當有子어닛ᄯᆞ녀妻ㅣ泣而從之어늘乃棄其子而去之러니卒以無嗣ᄒᆞ니라 《晉書 良吏列傳》

●진나라 우복야 등유(鄧攸)가 永嘉 말엽에 石勒에게 패망하여 泗水를 지날 때, 유가 소와 말로써 처자를 태우고 달아나다가, 또 도적을 만나 그 소와 말을 빼앗기고 걸어서 달아나, 그의 아이와 그 아우의 아들 유(綏)를 업고 가더니, 능히 둘을 보전할 수 없다고 헤아리고, 이에 그 아내에게 일러 말하였다. "내 아우가 일찍 죽었고, 오직 한 자식이 있으니, 도리에 가히 (후사를) 끊을 수 없소. 다만 응당 스스로 우리 아이를 버릴 따름이오. 다행히 능히 산다면, 우리는 뒤에 마땅히 자식이 있을 것이오." 아내가 울면서 그 말을 따랐거늘, 이에 그 자식을 버리고 갔더니, 마침내 써 후사가 없었다.

漢字 鄧(나라이름 등), 攸(바 유, 곳 유), 沒(패망할 몰, 빠질 몰), 勒(재갈 륵, 굴레 륵), 泗(물 이름 사), 負(질 부), 逃(달아날 도), 掠(빼앗을 략, 노략질할 략), 擔(멜 담, 떠안을 담), 綏(깃장식 유, 편안할 수), 度(헤아릴 탁, 생각할 탁), 息(자식 식), 全(온전할 전), 嗣(후사 사, 이을 사)

1 등유(鄧攸, 미상~326년): 동진(東晉) 평양(平陽) 양릉(襄陵) 사람으로, 자는 백도(伯道)다. 어려서 아버지를 잃었다. 처음에 오왕문학(吳王文學)이 되었다. 서진(西晉) 회제(懷帝) 영가(永嘉) 말에 석륵(石勒)에게 포로가 되어 참군(參軍)이 되었다. 나중에 달아나 강동(江東)에 이르렀는데, 진원제(晉元帝)가 태자중서자(太子中庶子)로 삼았다. 얼마 뒤 오군태수(吳郡太守)로 옮겼다. 당시 기근이 크게 들었는데, 창고를 열어 기민(饑民)을 구제했다. 청렴하고 분명하게 다스려 민심을 크게 얻었다. 거듭 승진하여 상서우복야(尙書右僕射)가 되었다. 남쪽으로 달아났을 때 아들과 조카 등유(鄧綏)를 업고 가다가 위기가 닥쳐 두 아이를 모두 보전하기 어렵게 되자 자기 아들을 버리고 조카만 보전했다. 그러나 끝내 다시 아들을 얻지 못했다. 당시 등유는 아들을 나무에 묶어 놓고 갔는데, 이는 인정상 차마 못할 일이라 하여 주자도 뒤에 이 부분을 빼어버리고 싶다 했으며, 우리나라 선비들도 모두 옳지 못하다고 비판하였다. 당시 사람들이 이를 안타깝게 여겨 "天道無知 使伯道無子(하늘도 무심하여 백도에게 자식이 없게 했네.)"라 노래했다(중국역대인명사전).

2 영가(永嘉): 중국 위진남북조시대 서진(西晉)의 제3대 황제인 회제(懷帝) 사마치(司馬熾, 재위 307년~311년) 때의 연호이다. 307년 음력 1월부터 313년 음력 4월까지 7년 동안 사용되었다. 회제는 307년 1월 8일(광희 1년 음력 11월 18일)에 형인 혜제(惠帝) 사마충(司馬衷)이 죽자 뒤를 이어 제위에 올랐다. 그는 307년 음력 1월에 연호를 광희(光熙)에서 영가(永嘉)로 바꾸고, 그 해를 원년으로 하였다. 영가 연간인 311년(영가 5년)에 서진은 수도인 낙양(洛陽, 지금의 허난성 뤄양)이 전조(前趙)의 유요(劉曜)에게 함락되고, 회제도 전조의 수도인 평양(平陽, 지금의 산시성 린펀)으로 붙잡혀 가면서 실질적으로 멸망했다. 이를 영가의 난[永嘉之亂]이라고 부른다. 307년(영가 1년) 음력 1월 회제는 동해왕(東海王) 사마월(司馬越)을 보정(輔政)으로 삼았다. 사마월은 각지에서 일어나는 반란을 진압하기 위해 그 해 음력 3월 허창(許昌, 지금의 허난성 쉬창)으로 출병하고, 고밀왕(高密王) 사마간(司馬簡)은 형주(荊州) 도독으로 삼아 양양(襄陽, 지금의 후베이성 샹양)에 주둔시키고, 신채왕(新蔡王) 사마등(司

馬騰)은 사주(司州) · 기주(冀州) 도독으로 삼아 업성(鄴城, 지금의 허베이성 린장)을 지키게 했다. 아울러 남양왕(南陽王) 사마모(司馬模)는 진주(秦州) · 옹주(雍州) · 양주(梁州) · 익주(益州) 도독으로 삼아 장안(長安, 지금의 산시성 시안)을 지키게 했다. 하지만 그해 음력 5월 급상(汲桑)이 북방 마목장(馬牧場)의 목인(牧人)들을 이끌고 업성을 함락시켜 사마등을 죽였다. 아울러 308년(영가 2년)에는 흉노(匈奴) 도각부(屠各部) 출신의 유연(劉淵)이 갈족(羯族)의 석륵(石勒)과 민란 지도자인 왕미(王彌) 등을 복속시키며 세력을 확대해 급군(汲郡) 등의 지역을 잇달아 침공했다. 그 해 음력 7월 평양(平陽)을 점령한 유연은 음력 10월에는 황제의 칭호를 사용했다. 유연은 309년(영가 3년)부터 유총(劉聰)과 유요(劉曜), 석륵 등을 보내 서진의 수도인 낙양을 잇달아 공격해왔다. 이런 상황에서 동해왕 사마월의 전횡에 불만을 품은 회제는 311년(영가 5년) 음력 3월 구희(苟晞)를 대장군으로 토벌군을 구성하고, 각지의 장수들에게 사마월 토벌을 명하는 조서를 전했다. 그러나 그 해 음력 5월 유요와 유찬(劉粲) 등이 이끈 전조의 군대에 낙양이 함락되자 회제는 장안으로 탈출하려 했으나 붙잡혀 평양으로 압송되었다. 서진의 잔존 세력은 312년(영가 6년) 음력 9월 장안에서 회제의 조카인 진왕(秦王) 사마업(司馬鄴)을 황태자로 세웠다. 그리고 313년(영가 7년) 3월 14일(음력 2월 1일)에 회제가 살해되자, 그 해 음력 4월에 사마업을 서진의 새 황제로 세웠다. 새로 즉위한 민제(愍帝)는 그 해를 원년으로 연호를 건흥(建興)으로 바꾸었다(두산백과).

3 석륵(石勒, 274년~333년): 중국 오호십육국(五胡十六國)의 하나인 후조(後趙)의 제1대 황제(재위 319년~333년)이다. 자는 세룡(世龍)이고, 시호는 명제(明帝)이며, 묘호는 고조(高祖)이다. 산시성[山西省] 우샹현[武鄕縣] 지방에 들어와 살고 있던 흉노족(匈奴族) 갈종(羯種)의 추장 아들로 태어났다. 20세경 동진(東晉) 병사에게 잡혀 산둥[山東]에 노예로 팔렸으나, 그 후 군도(群盜)의 수령이 되었다. 흉노의 유연(劉淵)이 한국(漢國)을 세우자 장군으로 임명되어, 산둥·허난[河南]의 경영을 맡았다(307년). 진(晉)의 장군 왕준(王浚)을 멸하여 왕위에 올라, 국호를 조(趙)라 하고, 양국(襄國: 邢臺)을 도읍으로 삼았다. 328년 전조(前趙)의 유요(劉曜)를 뤄양[洛陽]에서 무찌르고, 329년 전조를 멸한 뒤 세력이 화북 일대에 미쳤다. 석륵은 일국의 통치자로서도 유능하였고, 귀복(歸服)한 한인(漢人)의 통어(統御)에 뛰어난 수완을 보였다. 학교도 세우고, 학자도 중용하였으며 관리 등용에도 능하였다. 불승 불도징(佛圖澄)에 귀의하였다(두산백과).

4 鄧綏: 등유(鄧攸)의 조카 이름이다. 綏는 훈과 음이 '깃장식 유', '편안할 수'인데, 《번역소학》과 《소학언해》의 대문과 번역문에 모두 '유'로 독음을 달고 있다.

번소 晉진 시졀 右우僕복射야 벼슬 ᄒᆞ엿ᄂᆞᆫ 鄧등攸유ㅣ 永영嘉가 시졀 내죵애 石셕勒늑의게 후리여 泗ᄉᆞ水슈를 디나갈 제 攸유ㅣ 쇠며 ᄆᆞᆯ로 쳐ᄌᆞ를 싣고 도망ᄒᆞ야 가다가 ᄯᅩ 도ᄌᆞᄀᆞᆯ 맛나 쇠며 ᄆᆞᆯ을 아이고 거러 ᄃᆞᆯ롤 제 제 ᄌᆞ식과 아ᅀᆞ아ᄃᆞᆯ 綏유를 메오 가더니 제 힘이 둘흘 다 보젼티 몯홀 주를 혜여보고 제 겨집ᄃᆞ려 닐오ᄃᆡ 내 아ᅀᆞ 일 죽고 다문 ᄒᆞᆫ ᄌᆞ식이 이시니 리예 졀ᄉᆞ케 몯홀 거시니 오직 당당이 내 ᄌᆞ식을 ᄇᆞ릴 거시로다 힝혀 사라 이시면 나ᄂᆞᆫ 후에 ᄌᆞ식이 이시려니ᄯᆞ나 겨집이 울오 졷차 제 아ᄃᆞᆯ을 ᄇᆞ리고 가니 내죵애 ᄌᆞ식이 업스니라

현대역 晉 시절 우복야(右僕射)의 벼슬 한 등유(鄧攸)가 永嘉 시절 나중에, 石勒에게 빼앗겨 泗水를 지나갈 때, 등유가 소며 말로 처자를 싣고 도망하여 가다가, 또 도적을 만나 소며 말을 빼앗기고 걸어 달아날 때, 자기의 자식과 아우의 아들 유(綏)를 메고 가더니, 자기의 힘이 둘을 다 보전하지 못할 줄을 헤아려보고, 자기의 아내에게 이르되, "내 아우가 일찍 죽고 다만 한 자식이 있으니, 도리에 絶嗣하게 못할 것이니, 오직 마땅히 내 자식을 버릴 것이로다. 행여 살아 있으면, 나는 후에 자식이 있을 것이로다." 아내가 울고 좇아, 자기의 아들을 버리고 가니, 나중에 자식이 없느니라.

1 졀ᄉᆞ케: 절사(絶嗣)하게. 자손이 없어 대가 끊어지게. '졀ᄉᆞᄒᆞ(어간)+게(보조적 연결어미)'이다.

2 당당이: 반드시. 마땅히. '당다이', '당당ᄒᆞ게'와 함께 쓰이던 말이다. 내 두 ᄇᆞᆯ홀 ᄇᆞ료ᄆᆞ로 당다이 부텨 金色 모ᄆᆞᆯ 得호리니.《석상 20:19》, ᄇᆞᄅᆞᆷ 거스려 홰 자봄 ᄀᆞᆮᄒᆞ야 노하ᄇᆞ리디 아니ᄒᆞ면 당다이 제 모미 데오 뒷가ᄂᆡ 난 곳 ᄀᆞᆮᄒᆞ야 고ᄫᅵ 너기면 당다이 제 모미 더러ᄫᅳ며.《월석 7:18》. '당당ᄒᆞ다'는 '마땅하다'의 옛말이다. 黃金을 揮散ᄒᆞ요미 당당ᄒᆞ나 物理 그러ᄒᆞ니 玉ᄋᆞᆯ ᄀᆞᆺ우믄 엇데 내 모매

ᄒᆞᆯ 이리리오(揮金應物理 拖玉豈吾身).《두시-초 15:25》

3 이시려니ᄯᆞ나: 있을 것이로다. '이시(어간)+려니(연결어미)+ᄯᆞ나(보조 조사)'이다. '이시-'는 '이시다'의 어간으로, 자음으로 시작하는 어미 앞에서는 '잇-'으로 교체된다. 世尊ㅅ 말 ᄉᆞᆯᄫᅩ리니 千載上ㅅ 말 이시나 귀예 듣논가 너기ᅀᆞᄫᆞ쇼셔.《월곡 상:1》, 이 轉相이 비록 能緣이 이시나 境界微細ᄒᆞᆯᄊᆡ 오히려 ᄀᆞᆯᄒᆡ디 몯ᄒᆞ리니.《월석 11:79》. '-려니'는 '이다'의 어간, 받침 없는 용언의 어간, 'ㄹ' 받침인 용언의 어간 또는 어미 '-으시-' 뒤에 붙어, 마음속으로 추측하는 뜻을 나타내는 연결어미이다. '-을 것이니'에 가까운 뜻을 나타낸다. ᄒᆞᆫ 甁의 ᄀᆞᄃᆞᆨ거든 ᄒᆞᆫ 甁이 ᄢᅵ곰 ᄒᆞ야 ᄒᆞᆫ ᄢᅢ 계도록 긷다가 몯ᄒᆞ야 너교ᄃᆡ 比丘ᄃᆞᆯ히 제 와 기르려니 지븨 두고 가리라 ᄒᆞ야.《월석 7:9》, ᄒᆞ다가 通ᄋᆞᆯ 브터 옳딘댄 마ᄀᆞ면 마토미 업스려니 엇뎨 마고ᄆᆞᆯ 알며(若從通來 塞則聞滅 云何知塞).《능엄 3:8》. 'ᄯᆞ나'나 'ᄯᆞ녀'는 '이다'의 어간 뒤에 붙어, '뿐이랴'를 뜻하는 보조 조사(도움 토씨)이다. 그를 고티면 곧 그제어니ᄯᆞ나 네 그리도록 ᄎᆞᆫᄎᆞᆫᄒᆞᆫ 양을 혜언든 ᄆᆞᄅᆞᆯ 사디 몯ᄒᆞ로다(醫他時便是 料着你那細詳時 是買不得馬).《번박 상:64》, 머리며 누니며 손바리며 모맷 고기라도 비ᄂᆞᆫ 사ᄅᆞᄆᆞᆯ 주리어니 ᄒᆞᄆᆞᆯ며 녀나ᄆᆞᆫ 쳔랴ᇰ이ᄯᆞ녀.《석상 9:13》. 'ᄯᆞ나'나 'ᄯᆞ녀'는 본래 강조의 뜻을 지닌 보조 조사인 'ᄯᆞᆫ[-야]'에서 파생된 조사로, 허웅(1989: 118)에서는 과거와 달리 'ᄯᆞ녀'를 'ᄯᆞᆫ'과 '-이여'로 나누어 보지 않고, 녹아붙은 한 토씨로 보고 있다. 결론적으로 말해, '-려니ᄯᆞᆫ', '-려니ᄯᆞ나', '-려니ᄯᆞ녀'는 모두 동사, 형용사 어간 뒤에 붙어, '-ㄹ 것이로다'로 풀이할 수 있다.

소언 晉진右우僕복射야[벼슬일홈이라] 鄧등攸유ㅣ 永영嘉가[懷회帝뎨의 년회라] 내죵애 石셕勒늑의게 ᄡᅡ디여 泗ᄉᆞ水슈를 디나갈ᄉᆡ 攸유ㅣ 쇼와 ᄆᆞᆯ로ᄡᅥ 妻쳐子ᄌᆞ를 싣고 도망ᄒᆞ다가 ᄯᅩ 도적을 만나 그 쇼와 ᄆᆞᆯ을 후리이고 거러 ᄃᆞᄅᆞ며셔 제 ᄌᆞ식과 믿 그 아ᄋᆡ 아ᄃᆞᆯ 綏유를 메오 가더니 能능히 다 보젼티 몯ᄒᆞᆯ 줄을 혜여보고 그 안해ᄃᆞ려 닐어 ᄀᆞᆯ오ᄃᆡ 내 아이 일 죽고 다ᄆᆞᆫ ᄒᆞᆫ ᄌᆞ식이 이시니 理리예 可가히 긋디 몯ᄒᆞᆯ 거시라 오직 응당히 스스로 내 ᄌᆞ식을 ᄇᆞ릴 거시로다 힝혀 시러곰 이시면 나는 후에 맛당히 ᄌᆞ식이 이시려니ᄯᆞ녀 안해

울오 조차늘 그 아ᄃᆞᆯ을 ᄇᆞ리고 갓더니 ᄆᆞᄎᆞᆷ내 ᄡᅥ ᄌᆞ식이 업스니라

현대역 晉 우복야[벼슬이름이라.] 등유가 永嘉[懷帝의 연호라.] 나중에, 석륵에게 빠지어 사수를 지나가므로, 유가 소와 말로써 처자를 싣고 도망하다가, 또 도적을 만나 그 소와 말을 빼앗기고 걸어 달아나면서, 자기의 자식과 및 그 아우의 아들 유를 메고 가더니, 능히 다 보전하지 못할 줄을 헤아려보고, 그 아내에게 일어 가로되, "내 아우가 일찍 죽고 다만 한 자식이 있으니, 도리에 가히 끊지 못할 것이라. 오직 응당히 스스로 내 자식을 버릴 것이로다. 행여 능히 있으면, 나는 후에 마땅히 자식이 있을 것이로다." 아내 울고 좇거늘, 그 아들을 버리고 갔더니, 마침내 써 자식이 없으니라.

1 ᄃᆞᄅᆞ며서: 달아나면서. 'ᄃᆞᄅᆞ(어간)+며서(연결어미)'이다. '-며서'는 동사, 형용사 어간 뒤에 붙어, '-면서'를 뜻하는 어미이다. ᄒᆞᆫ나그내 깃ᄀᆞ샛 나모 미틔 이셔 서늘ᄒᆞᆫ ᄃᆡ 쉬며셔 자더니 ᄒᆞᆫ 도ᄌᆞ글 맛나 게 와 보고(有一個客人...在路傍樹底下歇凉睡 被一箇賊到那裏見了).《번노 상:27》, 뎌 三絃子 ᄩᆞ고 거ᄌᆞ말 ᄒᆞᄂᆞᆫ 놈ᄃᆞᆯ홀 ᄒᆞ야 ᄒᆞ놀이며셔 거즛 여러 적 브르지죠ᄃᆡ(教那彈絃子的謊廝們捉弄着 假意兒叫幾聲).《번노 하:54》

2 긋디: 끊지. '긋(어간)+디(보조적 연결어미)'이다. 현대국어 '끊다'의 옛말인 '긏다'는 15세기 문헌에서부터 나타난다. '긏-'은 자음으로 시작하는 어미가 결합할 때에는 '긋-'으로, 모음으로 시작하는 어미가 결합할 때에는 '긏-'으로 나타나 '긋-/긏-'으로 교체되었다. 17세기에 끝소리 'ㅊ' 앞에 'ㄴ'이 첨가되어 '근ᆾ-'으로 나타나게 되었다. 같은 시기에 어두의 첫소리 'ㄱ'이 된소리가 되는 어두된소리화를 겪고, 끝소리 'ㄴㅊ'이 'ㄶ'으로 변하여 'ᄭᅳᆭ-'으로 나타나게 되었다. 종성이 'ㄶ'으로 변한 것은 다음과 같은 과정을 거친 것이다. '근ᆾ-'의 어간 말음 'ㅊ'을 'ㅈ+ㅎ'으로 재분석하면, '근ᆾ-'의 종성은 'ㄴ+ㅈ+ㅎ'이라는 세 개의 자음이 되는데, 국어에서는 이러한 자음 연속을 허용하지 않기 때문에 이 중에서 하나의 자음을 탈락시켜야 한다. 그 결과 'ㅈ'이 탈락하여 'ᄭᅳᆭ-'이 된 것으로 추정된다. 이후 19세기에 'ㄱ'의 된소리 표기가 'ㅺ'에서 'ㄲ'으로 변하여 '끊-'으로 나타나게 되면서 현재에 이르렀다. 긏다(15세기~19세기)〉근ᆾ다(17세기)〉ᄭᅳᆭ다(17세기~19세기)〉끊다(19세기~현재). 이형태: 긏-, 긋-, 긋ㅊ-, 근ㅊ-, ᄭᅳᆭ-, ᄭᅳᆫㅊ-, 끊-. 太子ㅣ 부톄 ᄃᆞ외시면 聖王ㄱ 子孫이 그츠시리이다.《1447 석상 3:10ㄴ》, 戒取

를 論홇뎬 苦와 道와롤 迷ᄒᆞ니 어린 사ᄅᆞ미 ᄒᆞᆫ갓 精勤苦行이 能히 生死롤 긋ᄂᆞ니라.《1459 월석 11:120ㄴ》, 뎡시 석골셔 긔별듯고 울으믈 긋치디 아니ᄒᆞ니 눈물이 진ᄒᆞ야 피나더라.《1581 속삼-중 열:27ㄱ》

3 응당히: 응당(應當)히. 그렇게 하거나 되는 것이 이치로 보아 옳게. 유의어: 응당(應當)

4 조차늘: 좇거늘. '좇(어간)+아늘(연결어미)'이다. '-아늘'은 끝음절의 모음이 'ㆍ, ㅏ, ㅗ'인 어간 뒤에 붙어, 주로 타동사 어간 뒤나 어미 뒤에 붙어, '-거늘'을 뜻하는 어미이다. 남지늬 거상 ᄆᆞ차늘 어버이 다른 남진 얼요려 ᄒᆞ더니.《속삼 열:22》

【集解】僕射는官名이라攸의字는伯道니平陽人이라永嘉는懷帝年號라石勒은胡人이니僭據自立하여爲後趙하니라泗水는在淮北하니라熊氏曰旣不能兩全이면則寧棄己之兒언정毋絶亡弟之後한대卒以無子는命也라

복야(僕射)는 벼슬이름이다. 攸의 자는 伯道니, 평양 사람이다, 永嘉는 懷帝의 연호다. 石勒은 오랑캐 사람이니, 분에 넘치게 웅거하여 스스로 서서 後趙라 하였다. 泗水는 淮水 북쪽에 있다. 웅 씨가 말하였다. "이미 능히 둘을 보전할 수 없으면, 차라리 자기의 아이를 버릴지언정 죽은 아우의 뒤를 끊지 않았는데, 마침내 써 자식이 없었음은 운명이다."

漢字 僭(분에 넘칠 참, 참람할 참, 범할 참), 淮(강 이름 회)

후조(後趙): 중국 오호십육국(五胡十六國)의 하나(319년~351년)이다. 조(趙)라고도 한다. 흉노(匈奴)의 별종(別種) 갈(羯) 출신인 석륵(石勒)은 전조(前趙) 유총(劉聰)의 부장으로 활약하다가, 319년 전조로부터 자립하여 대선우조왕(大單于趙王: 高祖, 明帝)이 되어 양국(襄國: 河北省)을 근거지로 하여 화북(華北)의 일대를 지배하였다. 329년 전조를 멸하고 그 연고지를 합병하였다. 석륵이 죽은 뒤 334년 석호(石虎: 太祖, 武帝)가 그 유업을 이어 업(鄴)에 천도하여 외정(外征)과 토목사업을 대대적으로 벌였다. 349년 석호가 죽자 정변이 잇달아

일어나 한인(漢人) 염민(冉閔)에게 제위를 빼앗겼다. 그 뒤 양국에서 즉위한 석지(石祗)도 피살되어 멸망하였다. 최대 판도는 양쯔강[揚子江] 이북의 대부분이고 서쪽은 간쑤[甘肅] 동부에 이르렀다. 석륵·석호 모두 자신이 불교를 독신하였고, 특히 승려 불도징(佛圖澄)이 정교(政敎) 양면에서 신임을 받았던 일은 유명하다(두산백과).

時人이義而哀之ᄒᆞ야爲之語曰天道ㅣ無知ᄒᆞ야使鄧伯道로無兒ㅣ로다弟子綏ㅣ服攸喪三年ᄒᆞ니라

● 당시 사람들이 의롭게 여기고 그를 슬퍼하여, 그를 위하여 말하여 일렀다. "천도가 앎이 없어 등백도로 하여금 아이가 없게 했다." 아우의 아들 유(綏)가 유(攸)의 喪事 삼년을 입었다.

번소 그 시졀 사ᄅᆞᆷ이 어디리 너겨 슬허 닐오ᄃᆡ 天텬道도ㅣ 무디ᄒᆞ야 鄧등伯ᄇᆡᆨ道도로 ᄌᆞ식이 업게 ᄒᆞ도다 ᄒᆞ더라 아ᅀᆞ아ᄃᆞᆯ 綏유ㅣ 鄧등攸유의 거상을 삼년을 니브니라

현대역 그 시절 사람이 어질게 여겨 슬퍼하여 이르되, "천도가 無知하여 등백도(鄧伯道)로 자식 없게 하도다." 하더라. 아우아들 유(綏)가 등유의 거상을 삼년을 입으니라.

어디리: 어질게. '어딜(어근)+이(부사 파생접사)'이다. 현대국어 '어질다'의 옛말인 '어딜다'는 15세기 문헌에서부터 나타난다. '어딜다'는 '-더-, -도-, -디, -다', '-ㄴ, -ㄹ'과 같은 어미 앞에서는 '어디-'로 나타난다. 근대국어 시기에 'ㄷ, ㅌ'이 'ㅣ'나 'ㅣ' 반모음의 영향으로 'ㅈ, ㅊ'으로 변하는 ㄷ구개음화 현상의 영향으로 17세기부터 '어질다' 형태가 등장하였다. 18세기까지 '어딜다'와 '어질다'가 공존하다가 '어질다'가 정착하면서 현재에 이르렀다. 어딜다(15세기~18세기))〉어질다(17세기~현재). 이형태: 어딜다, 어질다. 法化ᄂᆞᆫ 부텻 큰 法으로 衆生ᄋᆞᆯ 濟渡ᄒᆞ샤 사오나ᄫᆞᆫ 사ᄅᆞ미 어딜에 ᄃᆞ욀 씨라.《1447 석상 3:2ㄱ》, 聽目과 調伏象과 尼樓왜 다 어디더니.《1459 월석 2:5ㄱ》

소언 시절 사룸이 어디리 녀겨 슬허 위ᄒᆞ야 닐어 골오ᄃᆡ 天텬道도ㅣ 無무知디ᄒᆞ야 鄧등伯ᄇᆡᆨ道도로 ᄒᆡ여곰 ᄌᆞ식이 업게 ᄒᆞ도다 아의 아ᄃᆞᆯ 綏유ㅣ 攸유의 거상을 三삼年년을 닙으니라

현대역 시절 사람이 어질게 여겨 슬퍼하여 위하여 일어 가로되, “천도가 무지하여 등백도로 하여금 자식이 없게 하도다.” 아우의 아들 유(綏)가 유(攸)의 거상을 삼년을 입으니라.

【增註】義者는義其能存姪也라服喪三年은如喪父也라

의라는 것은 그가 능히 조카를 보존함을 의롭게 여김이다. 服喪三年[상사 삼년을 입음]은 아버지의 喪과 같음이다.

〖三十六章〗

○晉咸寧中애大疫이러니庾袞의二兄이俱亡ᄒᆞ고次兄毗ㅣ復扶又反下同危殆ᄒᆞ야癘氣ㅣ方熾어늘父母諸弟ㅣ皆出次于外호ᄃᆡ袞이獨留不去ㅣ어늘諸父兄이強之ᄒᆞᆫ대乃曰袞이性不畏病이라ᄒᆞ고遂親自扶持ᄒᆞ야晝夜不眠ᄒᆞ며其間澗애復撫柩ᄒᆞ야哀臨不輟ᄒᆞ더니如此十有餘旬에疫勢ㅣ旣歇이어늘家人이乃反ᄒᆞ니毗病이得差ᄒᆞ고袞亦無恙ᄒᆞ니라 《晉書 孝友列傳》

●진나라 咸寧 중에 전염병이 크더니, 유곤(庾袞)의 두 형이 함께 죽고 다음 형인 비(毗)가 다시 위태하여, 전염병 기운이 바야흐로 성하거늘, 부모와 여러 아우들이 모두 밖으로 나가 머물되, 袞이 홀로 머물러 나가지 않거늘, 여러 부형이 그에게 강요한대, 이에 말하였다. “袞은 성질이 병을 두려워하지 않습니다.” 하고, 드디어 친히 스스로 (毗를) 도와 받쳐주어 낮밤으로 잠자지 아니하며, 그 사이에 다시 널을 어루만져 슬피 울기를 그치지 않더니,

이와 같이 하기를 십여 旬[백여 일]에 전염병의 세력이 이미 시들어, 집사람들이 이에 돌아오니, 毗의 병이 능히 차도가 있고, 袞 또한 병이 없었다.

漢字 疫(전염병 역, 염병 역), 庾(곳집 유), 袞(곤룡포 곤), 俱(함께 구), 毗(도울 비), 危(위태할 위), 殆(위태할 태), 癘(전염병 려, 창질 려), 熾(성할 치), 次(머무를 차), 留(머무를 류), 强(강요할 강, 굳셀 강), 扶(도울 부), 持(받쳐줄지, 가질 지), 眠(잠잘 면), 撫(어루만질 무), 柩(널 구), 臨(울 림), 輟(그칠 철), 歇(시들 헐, 쉴 헐, 헐할 헐), 差(차도 있을 차, 어긋날 차), 恙(병 양, 근심 양)

1 유곤(庾袞, 생몰 연도 미상): 중국 위진남북조시대 서진(西晉) 때 사람이다. 어릴 적부터 근검하면서 공부를 좋아했으며, 효성이 있어 어버이를 섬긴다는 칭찬이 있었다. 함녕(咸寧) 연간에 큰 역병으로 두 형이 죽고 다음 형인 유비(庾毗)도 위독해 방치하고 가족들은 모두 밖으로 나갔는데, 유곤은 홀로 떠나지 않았다. 유곤은 타고난 성품이 병이 두렵지 않다면서 끝까지 유비를 돌보고 자지 않았으며, 그러면서도 세상을 뜬 두 형의 널을 어루만지면서 슬퍼했다. 100여일 만에 전염병의 기세가 없어져 가족들이 돌아오자 유비의 병이 나았고 유곤도 병이 없었다. 부로(父老)들이, "특이하도다. 이 사람이여. 남이 지킬 수 없는 것을 지키며, 남이 행할 수 없는 것을 행했으니, 한겨울이 된 뒤에야 소나무와 잣나무가 늦게 시듦을 아는 것이니, 이제 비로소 전염병도 감염시틸 수 없음을 알겠구나." 하였다. 유곤은 아버지처럼 친히 농사를 지어 공양한 것을 나누는 데 정성을 다했다. 어떤 이가 속세와 떨어진 곳에 있으면서 공손함이 지나치다고 말하자, 사람의 눈에 띄지 않는다고 해서 절조를 바꾸는 것은 군자의 뜻이라 할 수 없다고 했으며, 아버지가 사망하고도 스스로 노동을 하고 직물을 짜거나 광주리를 만들어 팔아서 모친을 부양했다. 어머니가 힘들게 일하는 것을 보고 간소하게 먹어도 된다고 하자 유곤은 잘 드시지 못하면 어찌 안심할 수 있겠냐고 말해 어머니는 따를 수밖에 없었다. 그의 전처인 순 씨, 후처 낙 씨는 귀족 출신으로 부귀한 삶을 살았지만 유곤에게 시집와서는 부유한 재산을 포기하고 남편과 함께 고생하면서 서로를 존경했으며, 유곤은 술을 마셔 취했다가 후회해 아버지의 묘소 앞에서 스스로 곤장 30대를 때렸다. 일가친척 중에서 여러 고아들을 길러 형의 아들인 유갱, 유흡, 형의 딸인 유방, 외조카인 곽수 등을 돌보았으며, 외조카인 곽수를 매우 잘 대하면서 옷을 입혀주고 먹여주는 것에 늘 곽수를 우선했다. 유방이 출가할 때가 되자 혼사로 많은 옷가지 등을 준비하면서 특히

싸리나무를 잘라 직접 삼태기 빗자루를 만들어서 주고 훈계했는데, “시어머니를 모시면서 집안을 쓸고 닦는 일을 하지 않으면 안 되니, 온순하고 겸손한 좋은 며느리가 되어라.” 하였다. 형의 아들 유갱, 유흡은 이전에 살던 집에서 함께 살았는데, 갑자기 유흡이 성인이 되기 전에 죽어 널을 만지면서 이름을 부르짖고 슬퍼했다. 주군의 부름을 받고 효렴, 수재에 천거되었지만 나아가지 않았으며, 원강(元康, 서진 제2대 惠帝의 연호) 말에 영천태수의 부름으로 공조에 임명되자 걸어가다가 태수가 잘 꾸민 수레로 맞이하려 하자 사퇴했다. 낙양에서 사마경(司馬冏)이 술판을 벌이고 1년 동안 황제를 알현하지 않다는 것을 듣고 장차 화란이 일어날 것이라 탄식하면서 처자를 거느려 임려산 속으로 도망갔다(나무위키).

2 함녕(咸寧): 중국 위진남북조시대 서진(西晉)의 제1대 황제인 무제(武帝) 사마염(司馬炎, 재위 266년~290년)의 두 번째 연호이다. 275년 음력 1월부터 280년 음력 3월까지 6년 동안 사용되었다. 무제는 275년 음력 1월 대사면을 실시하며 그 해를 원년으로 연호를 태시(泰始)에서 함녕(咸寧)으로 바꾸었다. 함녕 연간인 279년(함녕 5년) 음력 11월 무제는 태위(太尉) 가충(賈充)을 대도독(大都督)으로 삼아 대규모로 오나라 원정을 시작했다. 280년(함녕 6년) 음력 2월에 강릉(江陵, 지금의 후베이성 장링)을 점령했으며, 음력 3월에는 오나라의 수도 건업(建鄴, 지금의 장쑤성 난징)을 공격해, 오나라 황제 손호(孫皓)의 항복을 받아냈다. 오나라를 멸망시키고 중국을 다시 통일한 무제는 280년(함녕 6년) 음력 3월 대사면을 실시하며, 그 해를 원년으로 연호를 태강(太康)으로 바꾸었다(두산백과).

번소 晉진나라 咸함寧령 시졀의 시긧병이 하더니 庾유袞곤의 두 형이 다 죽고 버근 형 毗비 ᄯᅩ 바ᄃᆞ라와 병 씌운이 뵈야호로 셩ᄒᆞᆯᄉᆡ 父부母모와 모ᄃᆞᆫ 아ᅀᅵ 다 밧긔 나 의졉ᄒᆞ엿거늘 袞곤이 ᄒᆞᆫ자 머므러 나가디 아니ᄒᆞ거늘 모ᄃᆞᆫ 父부兄형이 구틔여 나가라 ᄒᆞᆫ대 닐오ᄃᆡ 내 셩이 병을 저티 아니ᄒᆞ노라 ᄒᆞ고 병ᄒᆞᆫ 형을 친히 븓티 자바 밤야 나쟈 조디 아니ᄒᆞ며 ᄉᆞ이 잇거든 ᄯᅩ 주ᄀᆞᆫ 형의 곽을 문지며 슬허우루믈 그치디 아니ᄒᆞ더라 이리 ᄒᆞᆷ을 서너ᄃᆞᆯ만해 병셰 헐ᄒᆞ거ᄂᆞᆯ 집 사ᄅᆞᆷ이 도라오니 毗비의 병도 위연ᄒᆞ며 袞곤도 ᄯᅩ 병 아니ᄒᆞ니라 현대역 晉나라 咸寧 시절에 유행병이 많더니, 유곤(庾袞)의 두 형이 다 죽고 다음 형 비(毗) 또 위태로워, 병의 기운이 바야흐로 성하므로, 부모와 모든 아우가 다 밖에 나가 머물러 있거늘, 곤(袞)이 혼자 머물러 나가지 아니하거늘, 모든 부형이 구태여 나가라 하니까 이르되, "내 본성이 병을 두려워하지 아니하노라." 하고, 병한 형을 친히 붙어 잡아 밤이며 낮이며 졸지 아니하며, 사이 있거든 또 죽은 형의 곽(槨)을 만지며, 슬퍼하며 울음을 그치지 아니하더라. 이렇게 함을 서너 달만에 병세 헐하거늘, 집 사람이 돌아오니 비(毗)의 병도 후련하며 곤(袞)도 또 병 아니하니라.

1 시긧병: '시환(時患)'의 옛말이다. '시긔(時氣. 명사)+ㅅ(관형사형 어미)+병(명사)'으로 이루어진 명사이다. '시긔'는 '시기[때에 따라 유행하는 상한병(傷寒病)이나 전염성 질환]'의 옛말이다. 그 병이 시긔와 덥듯훈 병과로 훈가지니.《분문 1》, 밧그로 든 시긔로 ᄒᆞ여 다 쏨쐬를 조차 나 허여디면 힝역이 돋기를 드믈고 젹ᄂᆞ니라.《언두 상:13》. '시환'은 '때에 따라 유행하는 상한병(傷寒病)이나 전염성 질환'이다. 晉나라 咸寧 시절의 시긧병이 하더니(晉咸寧中 大疫).《번소 9:72》, 시긧병 ᄒᆞ여 머리 알ᄒᆞ며 치운 긔운이 더으며 ᄀᆞ장 덥다는 증을 고티ᄂᆞ니라.《벽신 2》

2 뵈야호로: 바야흐로. 현대국어 '바야흐로'의 옛말인 '뵈야ᄒᆞ로/보야ᄒᆞ로'는 15세기 문헌에서부터 나타난다. '뵈야ᄒᆞ로'와 '보야ᄒᆞ로'는 반모음 'ㅣ[j]'를 포함한 음절 경계를 표기하는 데서 차이를 보일 뿐 실제 소리는 동일하였다. 17세기에는 제1음절의 모음 'ㅗ'가 'ㆍ'로 바뀐 'ᄇᆡ야ᄒᆞ로/ᄇᆞ야ᄒᆞ로' 형태가 등장하였는데, 이러한 변화의 이유는 설명하기 어렵다. 한편 16세기~18세기 문헌에는 '뵈야호로', '보야호로', 'ᄇᆡ야호로'의 예도 보이는데, 이는 '-로'의 모음 'ㅗ'에 영향을 받아 앞 음절의 모음 'ㆍ'가 'ㅗ'로 원순모음화한 예이다. 17세기에는 'ᄇᆞ야흐로' 형태도 나타났는데, 이는 16세기 이후로 제2음절 이하에서 'ㆍ'가 'ㅡ'로 바뀌는 경향에 따른 것이다. 근대국어 후기에 제1음절에서 모음 'ㆍ'가 'ㅏ'로 바뀌는 경향에 따라 18세기에는 현대국어와 같은 '바야흐로' 형태가 등장하게 되었다. 뵈야ᄒᆞ로(15세기~18세기)/보야ᄒᆞ로(15세기~18세기)〉ᄇᆡ야ᄒᆞ로(17세기~18세기)/ᄇᆞ야ᄒᆞ로(17세기~18세기)〉ᄇᆞ야흐로(17세기~19세기)〉바야흐로(18세기~현재). 이형태: 뵈야ᄒᆞ로, 보야ᄒᆞ로, 뵈야호로, 보야호로, ᄇᆡ야ᄒᆞ로, ᄇᆡ야호로, ᄇᆞ야ᄒᆞ로, ᄇᆞ야흐로, 바야흐로. 그럴씨 거즛말로 둥 알패라 ᄒᆞ샤ᄃᆡ

뵈야ᄒᆞ로 甘露ᄅᆞᆯ 펴시며 거즛 일로 올ᄒᆞᆫ 녀브로 누버 겨시다가 또 光明을 펴시니.《1447 석상 23:44ㄱ-ㄴ》, 般若 後에 慧學이 보야ᄒᆞ로 盛ᄒᆞ고 定力이 오디 몯ᄒᆞ야 사ᄅᆞ미 시혹 해 드로매 ᄲᅡ디여 正受ᄅᆞᆯ 일흘ᄊᆡ.《1461 능엄 1:20ㄱ》, 公이 보야호로 효도로ᄡᅥ 天下ᄅᆞᆯ 다ᄉᆞ료ᄃᆡ.《1588 소언 5:46ㄱ》

3 의겹ᄒᆞ엿거늘: 머물러 있거늘. 의겹ᄒᆞ(어간)+여(보조적 연결어미)+잇(在, '잇다'의 어간)+거늘(연결어미)'이다. 완료상은 보조적 연결어미 '-아/어/여'와 보조형용사 '잇다[在]'의 결합으로 표현된다. 그런데 '잇-'이 본동사와 한 음절을 이룰 때 이미 15세기에 'ㅣ'가 탈락되어 '여+ㅅ→엿'으로 나타나는 일이 많았다. 內竪ᄂᆞᆫ 뫼ᅀᆞ왓ᄂᆞᆫ 혀근 臣下ㅣ라.《내훈 1:39》, 내 바ᄅᆞ 닐오마 길 마갓ᄂᆞᆫ ᄒᆞᆫ 퍼깃 사미 비 오나든 곳 퓌오 ᄇᆞᄅᆞᆷ 굴겨든 여름 ᄆᆡᆺᄂᆞᆫ 거셔(我猜着 當路一科麻 下雨開花 刮風結子).《번박 상:40》. '의겹ᄒᆞ다'는 사전에 잡혀 있지 않은 단어이다. '父부母모와 모든 아ᅀᆞ 다 밧긔 나 의겹ᄒᆞ엿거늘'은 원문 '父母諸弟皆出次于外'를 번역한 것이다. 여기서 '의겹ᄒᆞ엿거늘'은 '次'에 해당하는데, 중세국어에서 또 다른 예를 찾아보기 어렵다. 따라서 '次'에 맞추어 '머무르다'로 풀고자 한다.

4 밤야 나자: 밤이며 낮이며. '밤(명사)+야(접속조사), 낮(명사)+아(접속조사)'이다. '야'는 '여'와 마찬가지로, 일부 체언류 뒤에 붙어 '이나'나 '이며'를 뜻하는 조사이다.

5 곽: 관곽(棺槨). 시체를 넣는 속 널이 관(棺)이고, 겉 널[관을 담는 궤]이 곽(槨)이다.

소언 晋진咸함寧령[武무帝뎨의 년회라] 가온대 큰 려역이러니 庾유袞곤의 두 兄형이 홈ᄭᅴ 죽고 버근 兄형 毗비 또 危위殆틱ᄒᆞ야 병긔 뵈야호로 셩ᄒᆞ거늘 父부母모와 모든 아ᄋᆞ돌히 다 나가 밧ᄭᅴ 이쇼ᄃᆡ 袞곤이 혼자 머믈어 나가디 아니ᄒᆞ거늘 모든 父부兄형이 우긴대 ᄀᆞᆯ오ᄃᆡ 내 性셩이 病병을 저티 아니ᄒᆞ노라 ᄒᆞ고 드듸여 친히 스스로 븓들어 낫밤을 조으디 아니ᄒᆞ며 그 ᄉᆞ이예 또 관을 무지며셔 슬피 울기를 그치디 아니ᄒᆞ더니 이러ᄐᆞ시 ᄒᆞ기를 열남은 旬슌[열흘식 ᄒᆞ야 열히니 서너 돌이란 말이라]에 病병셰 이믜 헐ᄒᆞ거늘 집사ᄅᆞᆷ이 도라오니 毗비의 病병이 시러곰 됴코 袞곤도 또 병이 업스니라

현대역 晋 咸寧[武帝의 연호라.] 가운데, 큰 여역(癘疫)이더니, 유곤(庾袞)의

두 형이 함께 죽고 다음 형 비(毗) 또 위태하여, 病氣 바야흐로 성하거늘, 부모와 모든 아우들이 다 나가 밖에 있되, 곤(袞)이 혼자 머물러 나가지 아니하거늘, 모든 부형이 고집하니까, 가로되. "내 본성이 병을 두려워 아니 하노라." 하고, 드디어 친히 스스로 붙들어 낮밤을 졸지 아니하며, 그 사이에 또 棺을 만지면서, 슬피 울기를 그치지 아니하더니, 이렇듯이 하기를 열남은 旬[열흘씩 하여 열이니, 서너 달이라는 말이라.]에 병세 이미 헐하거늘, 집 사람이 돌아오니 비(毗)의 병이 능히 좋고 곤(袞)도 또 병이 없느니라.

1 려역: 여역(癘疫). 전염성 열병을 통틀어 이르는 말. 유의어: 여질(癘疾), 역려(疫癘), 온역(溫疫)
2 병긔: 병기(病氣). 병의 기운. 유의어: 병색(病色).
3 열남은: 여남은. 열이 조금 넘는 수의. 이에 대한 자세한 설명은 〈가언(嘉言) 제5〉 제46장 '여라믄'을 참조하라.
4 순: 순(旬). 한 달을 셋으로 나눈 열흘 동안.

【集解】咸寧은武帝年號라袞의字는叔褒라毗는次兄名이라次는舍也라間은空隙也라

咸寧은 무제의 연호다. 袞의 자는 숙포(叔褒)다. 비(毗)는 다음형의 이름이다, 次는 머묾이다. 間은 '겨를'이다.

漢字 褒(기릴 포), 舍(머물 사, 집 사), 空(빌 공), 隙(틈 극)

父老ㅣ咸曰異哉라此子여守人所不能守ᄒᆞ며行人所不能行ᄒᆞ니歲寒然後에사知松柏之後凋ㅣ니始知疫癘之不能相染也ㅣ와라

●父老가 모두 말하였다. "특이하구나. 이 사람이여. 남이 능히 지킬 수 없는 바를 지키며, 남이 능히 행할 수 없는 바를 행하니, 세월이 추워진 뒤에야 소나무와 잣나무가 늦게 시듦을 아니, 비로소 전염병도 능히 서로

감염시킬 수 없음을 알겠구나.”

漢字 咸(모두 함), 歲(세월 세, 해 세), 凋(시들 조)

1 부로(父老): 한 동네에서 나이가 많은 남자 어른.
2 歲寒然後 知松柏之後凋: 《논어(論語)》 〈자한(子罕)〉 제28장에서 인용되었다. “子曰 歲寒然後 知松栢之後凋也(공자가 말했다. ‘날씨가 추워진 뒤에야 소나무와 잣나무가 시들지 않음을 알게 된다.’)”

번소 ᄆᆞᅀᆳ 늘그니ᄃᆞᆯ히 모다 닐오ᄃᆡ 긔이ᄒᆞᆯ셔 이 사ᄅᆞᆷ여 ᄂᆞ미 몯 가지ᄂᆞᆫ ᄆᆞᅀᆞᆷ을 가져 이시며 ᄂᆞ미 몯 ᄒᆡᇰᄒᆞᄂᆞᆫ 이를 ᄒᆡᇰᄒᆞ니 치운 후에ᅀᅡ 솔와 잣 니피 후에 디ᄂᆞᆫ 주를 아ᄂᆞ니 모딘 병도 뎐염티 몯ᄒᆞᄂᆞᆫ 주ᄅᆞᆯ 알와라

현대역 마을의 늙은이들이 모두 이르되, “기이하구나. 이 사람이여. 남이 못 가지는 마음을 가져 있으며, 남이 못 행하는 일을 행하니, 추운 후에야 솔과 잣 잎이 후에 지는 줄을 아느니, 모진 병도 전염하지 못하는 줄을 알도다.”

1 긔이ᄒᆞᆯ셔: 기이(奇異)하구나. ‘긔이ᄒᆞ(어간)+ㄹ셔(감탄형 종결어미)’이다. ‘-ㄹ셔’는 동사, 형용사 어간 뒤에 붙어, ‘-구나’를 뜻하는 어미이다. 우리 부톄 이ᄅᆞᆯ 證ᄒᆞ샤 物의 몰로ᄆᆞᆯ 어엿비 너기샤 奇異ᄒᆞᆯ셔 다시 嗟嘆ᄒᆞ시며(我佛證此愍物迷之 再嘆奇哉)《원각 서:41》, 荒淫ᄒᆞᆯ셔 隋ㅅ 님그미여 이ᄅᆞᆯ 지ᅀᅥ 이제 믈어뎌 서겟도다(荒哉隋家帝, 製此今頹朽)《두시-초 6:2》
2 알와라: 알도다. ‘알(어간)+와라(감탄형 종결어미)’이다. ‘-와라’는 ‘ㄹ’ 받침으로 끝나는 동사, 형용사 어간 뒤에 붙어, ‘-도다’를 뜻하는 어미이다. 賢ᄒᆞᆫ 主人이 이ᄅᆞᆯ 주어 시르믈 보내에 호ᄆᆞᆯ 비루수 알와라(始知賢主人 贈此遣愁寂).《두시-초 7:23》, 君子의 ᄆᆞᅀᆞᄆᆞᆫ ᄌᆡ조ᄅᆞᆯ 文章ㅅ ᄀᆞᅀᅵ ᄡᅮ믈 알와라(乃知君子心 用才文章境).《두시-초 24:42》

소언 늘근이ᄃᆞᆯ히 모다 ᄀᆞᆯ오ᄃᆡ 긔이ᄒᆞ다 이 손이여 사ᄅᆞᆷ의 能능히 딕킈디 몯ᄒᆞᄂᆞᆫ 바ᄅᆞᆯ 딕킈며 사ᄅᆞᆷ의 能능히 行ᄒᆡᇰᄒᆞ디 몯ᄒᆞᄂᆞᆫ 바ᄅᆞᆯ

行힝ᄒᆞ니 ᄒᆡ 치운 후에ᅀᅡ 솔과 즉ᄇᆡᆨ의 후에 디ᄂᆞᆫ 줄을 아ᄂᆞ니 비르소 녀역의 能능히 서르 뎐염티 몯ᄒᆞᄂᆞᆫ 줄을 알와라

현대역 늙은이들이 모두 가로되, "기이하다, 이 손이여. 사람이 능히 지키지 못하는 바를 지키며, 사람이 능히 행하지 못하는 바를 행하니, 해가 치운 후에야 솔과 측백(側柏)이 후에 지는 줄을 아느니, 비로소 여역(癘疫)이 능히 서로 전염하지 못하는 줄을 알도다."

1 손: 사람. 대문(大文) '子'에 해당하는 말이다. 손아랫사람을 '사람'보다는 낮추고 '자'보다는 좀 대접하여 이르는 말이다. 지방에 따라서는 한집안에서 손아랫사람의 택호 아래에 쓰기도 한다. 그 손. 젊은 손. 청주 손이 왔다.

2 즉ᄇᆡᆨ: 측백(側柏). 栢 즉ᄇᆡᆨ ᄇᆡᆨ 俗呼匾松.《훈몽 상:5》, 또 즉ᄇᆡᆨ 동향ᄒᆞᆫ 닙플 ᄏᆡ야 ᄆᆞᆯ외야.《분문 9》, 栢 즉ᄇᆡᆨ ᄇᆡᆨ.《신합 상:8》

【增註】父老ᄂᆞᆫ鄉之高年者라異哉ᄂᆞᆫ稱其所守所行이異於人也라後凋ᄂᆞᆫ謂後於衆木之凋라

父老는 고향의 나이 높은 자다. 異哉[특이하도다]는 그 지킨 바와 행한 바가 남과 다름을 칭송함이다. 後凋는 여러 나무의 시듦보다 나중에 함을 이른다.

〖三十七章〗

○楊播의家世純厚ᄒᆞ야並敦義讓ᄒᆞ야昆季相事호ᄃᆡ有如父子ᄒᆞ더니椿津이恭謙ᄒᆞ야兄弟ㅣ旦則聚於廳堂ᄒᆞ야終日相對ᄒᆞ야未嘗入內ᄒᆞ며有一美味어든不集不食ᄒᆞ더라廳堂間애往往애幃幔隔障ᄒᆞ야爲寢息之所ᄒᆞ야時就休偃ᄒᆞ고還共談笑ᄒᆞ더라

《北史 楊播列傳》

●楊播의 가문이 대대로 순수하고 두터워 모두 의리와 겸양을 두터이 하여,

형제가 서로 섬기되 또한 부모 자식과 같음이 있더니, 양춘과 양진이 공손하고 겸손하여, 형제가 아침이면 대청마루에 모여 날이 마치도록 서로 대하여, 일찍이 안에 들어가지 아니하며, 한 가지 아름다운 맛이 있거든, (형제가) 모이지 않고서는 먹지 아니하였다. 대청마루 사이에 때때로 휘장으로 막아 가려, 자고 쉬는 곳을 만들어 때때로 나아가 쉬고 누우며, 돌아와 함께 담소하였다.

漢字 楊(버들 양), 播(뿌릴 파), 純(순수할 순), 昆(형 곤, 맏 곤), 季(끝 계, 막내 계), 椿(참죽나무 춘), 津(나루 진), 幃(휘장 위), 幔(휘장 만), 隔(막을 격, 뜰 격, 칠 격), 障(가릴 장), 偃(누울 언)

旦則聚於廳堂: 《번역소학》과 《소학언해》에서는 이성계의 바꾼 이름이 이단(李旦)이므로 기휘(忌諱)하여, 단(旦)으로 쓰되 '됴(조)'로 음을 달고 있다.

번소 楊양播파의 가문이 셰셰로 슌후ᄒᆞ야 다 올ᄒᆞᆫ 일로 ᄉᆞ양홈을 두터이 ᄒᆞ야 형뎨 서르 셤규믈 아비 ᄌᆞ식 ᄉᆞ이 ᄀᆞ티 ᄒᆞ더니 椿츈과 津진괘 온공ᄒᆞ고 겸손ᄒᆞ야 형뎨 이ᄎᆞᆷ이어든 텽에 모다 졈그도록 서르 마조 안자 안ᄒᆡ 드디 아니ᄒᆞ며 ᄒᆞᆫ 맛난 거시 나어더든 몯디 아니ᄒᆞ어서ᄂᆞᆫ 먹디 아니ᄒᆞ더라 텽 ᄉᆞ이예 잇다감 댱으로 ᄀᆞ리와 자며 쉴 싸홀 ᄆᆡᆼᄀᆞ라 시시예 게 드러누워 쉬오 도로 모다 말ᄒᆞ더라

현대역 楊播의 가문이 세세로 純厚하여, 다 옳은 일로 사양함을 두터이 하여, 형제 서로 섬김을 아버지 자식 사이 같이 하더니, 椿과 津이 溫恭하고 겸손하여, 형제 아침이거든 대청에 모여 저물도록 서로 마주 앉아 안에 들지 아니하며, 한(한 가지의) 맛난 것이 나거든 모이지 아니하여서는 먹지 아니하더라. 대청 사이에 이따금 휘장으로 가려, 자며 쉴 곳을 만들어, 때때로 거기에 드러누워 쉬고, 되돌아 모이어 말하더라.

1 슌후ᄒᆞ야: 순후(淳厚, 醇厚)하여. 온순하고 인정이 두터워.

2 춘(椿): '椿(참죽나무 순)'은 《번역소학》은 원문이나 번역문 모두 '츈'으로 독음을

달고 있고, 《소학언해》는 원문이나 번역문 모두 '튱'으로 독음을 달고 있다.

3 이춤이어든: 아침이거든. '형뎨 이춤이어든 텽에 모다'는 원문 '兄弟旦則聚於廳堂'을 번역한 말이다. 따라서 '이춤이어든'은 '旦'에 해당하므로 '아춤이어든'이라야 맞다.

4 온공ᄒᆞ고: 온공(溫恭)하고. 성격, 태도 따위가 온화하고 공손하고.

소언 楊양播파[元원魏위 적 사ᄅᆞᆷ이라]의 가문이 셰셰로 純슌厚후ᄒᆞ야 다 올ᄒᆞᆫ 일로 ᄉᆞ양홈을 두터이 ᄒᆞ야 형뎨 서르 셤규ᄃᆡ 아비 ᄌᆞ식 ᄀᆞᆮ티 ᄒᆞ더니 椿튱과 津진이 온공ᄒᆞ고 겸손ᄒᆞ야 兄형弟뎨 아춤이어든 廳텽과 堂당에 모다 날이 ᄆᆞᆺ도록 서르 마조 안자 일즉 안해 드디 아니ᄒᆞ며 ᄒᆞᆫ 됴ᄒᆞᆫ 마시나 잇거든 몯디 아니ᄒᆞ여셔ᄂᆞᆫ 먹디 아니ᄒᆞ더라 廳텽堂당 ᄉᆞ이예 잇다감 댱으로 ᄀᆞ리 막아 자며 쉴 쳐소를 ᄆᆡᆼᄀᆞ라 시시예 나아가 쉬여 히즐이고 도로 와 ᄒᆞᆫ가지로 말ᄒᆞ며 웃더라

현대역 양파[元魏 때 사람이라.]의 가문이 세세로 순후하여, 다 옳은 일로 사양함을 두터이 하여, 형제 서로 섬기되, 아버지 자식 같이 하더니, 충(椿)과 진이 온공하고 겸손하여, 형제 아침이거든 廳과 堂에 모이어 날이 마치도록 서로 마주 앉아 일찍 안에 들지 아니하며, 한 좋은 맛이나 있거든 모이지 아니하여서는 먹지 아니하더라. 廳堂 사이에 가끔 휘장으로 가리어 막아 자며, 쉴 처소를 만들어 때때로 나아가 쉬어 드러눕고, 되돌아 와 함께 말하며 웃더라.

텽당: 청당(廳堂). 청(廳)과 당(堂)은 모두 한옥에서, 몸채의 방과 방 사이에 있는 큰 마루이다. 유의어: 대청(大廳), 대청(大廳)마루.

【集說】陳氏曰播의字는延慶이니北朝人이라昆季는兄弟也라椿은字延壽요津은字羅漢이라偃은猶臥也라

진 씨가 말하였다. "播의 자는 延慶이니, 북조 사람이다. 昆季는 형제다. 椿은 자가 延壽다. 津은 자가 羅漢이다. 偃은 臥[누움]와 같다"

漢字 楊(버들 양)

椿이**年老**ᄒᆞ야**曾他處醉歸**어늘**津**이**扶持還室**ᄒᆞ야**假寢閤前**ᄒᆞ야**承候安否**ᄒᆞ더라

● 椿이 나이가 늙어 일찍이 다른 곳에서 취하여 돌아오거늘, 津이 도와 받쳐주어 방으로 돌아와 문 앞에서 임시로 자서 안부를 받들어 살폈다.

漢字 假(임시 가, 거짓 가), 閤(문 합), 承(받들 승), 候(살필 후)

승후(承候): 웃어른에게 문안드림.

번소 椿츈이 늘거셔 일즉 다른 ᄃᆡ 가 술 취ᄒᆞ여 도라오나ᄂᆞᆯ 津진이 븓드러 방의 드리고 방문 밧긔 옷밧디 아니ᄒᆞ고 자며셔 안부를 묻더라

현대역 춘(椿)이 늙어서 일찍 다른 데 가 술 취하여 돌아오거늘, 진이 붙들어 방에 들이고, 방문 밖에 옷 벗지 아니하고 자면서 안부를 묻더라.

도라오나ᄂᆞᆯ: 돌아오거늘. '도라오(어간)+나ᄂᆞᆯ(연결어미)'이다. '-나ᄂᆞᆯ'은 '오다'의 어간 뒤에 붙어, '-거늘'을 뜻하는 어미이다. ᄆᆞ리 사ᄅᆞᆯ 마자 馬廐에 드러오나ᄂᆞᆯ 聖宗ᄋᆞᆯ 뫼셔 九泉에 가려 ᄒᆞ시니(我馬孔瘏 于岡靡陟 言念君子 金罍欲酌).《용사 109장》, 그 ᄯᆞ리 드러 니ᄅᆞᆫ대 護彌長者ㅣ 나아오나ᄂᆞᆯ 婆羅門이 安否 묻고 닐오ᄃᆡ.《석상 6:14》

소언 椿튱이 나히 늘거셔 일즉 다ᄅᆞᆫ 곧애 가 醉취ᄒᆞ야 도라오거늘 津진이 븓잡아 방의 도라와 지게 알ᄑᆡ셔 ᄆᆡ무서자며셔 안부를 숣피더라

현대역 충(椿)이 나이 늙어서 일찍 다른 곳에 가 취하여 돌아오거늘, 진이 붙잡아 방에 돌아와, 지게문 앞에서 입은 채로 자면서 안부를 살피더라.

1 지게: 옛날식 가옥에서, 마루와 방 사이의 문이나 부엌의 바깥문. 흔히 돌쩌귀를 달아 여닫는 문으로 안팎을 두꺼운 종이로 싸서 바른다. 유의어: 지게문.

2 믹무서자며서: 입은 채로 자면서. 가침(假寢)하면서. '매뭇어자(어간)+며서(연결어미)'이다. '믹뭇어자다'는 '믹뭇다'와 '자다'의 합성동사이다. '믹뭇다'는 '매무시하다'나 '여미다'의 뜻으로, 자음으로 시작하는 어미 앞에서는 '믹뭇'으로, 모음으로 시작하는 어미 앞에서는 '믹뭇-'으로 나타난다. 모든 앗보치들히 믹뭇고 줄 혀 좟녀 듕집븨 셧다가 ᄎ례로 올아가 절ᄒ고.《이륜 옥 31》, 믹무ᄉ 사ᄅ미 紅粉이 하니 歡娛호매 셴머리를 슬노라(結束多紅粉 歡娛恨白頭).《두시-초 15:31》

【增註】假寢은不脫衣冠而寢也라閤은謂室之門也라

假寢은 옷과 고깔을 벗지 않고 잠이다. 閤은 방의 문을 일컫는다.

椿津이年過六十ᄒ야並登台鼎而津이常旦莫暮參問이어든子姪이羅列階下ㅣ러니椿이不命坐ㅣ어든津이不敢坐ᄒ더라

●椿과 津이 나이가 예순이 넘어 나란히 三公에 올랐는데, 津이 늘 아침저녁으로 뵙고 문안하였거든, 아들과 조카들이 섬돌 아래 나열하더니, 椿이 '앉으라.' 명하지 않거든 津이 감히 앉지 아니하였다.

漢字 台(별 태), 鼎(솥 정), 參(뵐 참, 간여할 참), 羅(벌릴 라), 列(벌릴 렬)

1 태정(台鼎): 삼공(三公), 곧 삼정승을 뜻한다. 삼공은 주대(周代)의 관명(官名)으로서, 《주례(周禮)》의 태사(太師)·태부(太傅)·태보(太保)에서 연유했다. 고려시대에는 태위(太尉)·사도(司徒)·사공(司空)을 가리켰고, 조선시대에는 영의정·좌의정·우의정을 뜻했다.

2 常旦莫參問: 《번역소학》과 《소학언해》에서는 이성계의 바꾼 이름이 이단(李旦)이므로 기휘(忌諱)하여, 단(旦)으로 쓰되 '됴(조)'로 음을 달고 있다.

번소 椿츈과 津진이 나히 여슌이나마 벼슬이 다 三삼公공애 올아슈

ᄃᆡ 津진이 샹해 아ᄎᆞᆷ나조호로 가 문안ᄒᆞ거든 아ᄃᆞᆯ와 아ᄎᆞᆫ아ᄃᆞᆯᄃᆞᆯ히 섬 아래 버러 셔더니 椿츈이 안ᄌᆞ라 아니ᄒᆞ여ᄃᆞᆫ 津진이 감히 안ᄶᅵ 몯ᄒᆞ더라

현대역 춘(椿)과 진이 나이 예순이 넘어 벼슬이 다 삼공에 올랐으되, 진이 늘 아침저녁으로 가 문안하거든, 아들과 조카들이 섬 아래 벌려 섰더니, 춘이 '앉아라.' 아니하거든 진이 감히 앉지 못하더라.

소언 椿튱과 津진이 나히 여슌이 넘어 ᄀᆞᆯ와 台ᄐᆡ鼎뎡[台ᄐᆡᄂᆞᆫ 三삼台ᄐᆡ星셩이오 鼎뎡은 솓발이 세히니 三삼公공을 샹ᄒᆞᆫ 말이라]의 올라시되 津진이 샹해 아ᄎᆞᆷ나죄로 뵈ᄋᆞ와 문안ᄒᆞ거든 아ᄃᆞᆯ와 아ᄎᆞᆫ아ᄃᆞᆯᄃᆞᆯ히 섬 아래 버러 셧더니 椿튱이 안ᄌᆞᆷ을 命명티 아니커든 津진이 敢감히 안ᄶᅵ 아니ᄒᆞ더라

현대역 충(椿)과 진이 나이 예순이 넘어 함께 台鼎[台는 三台星이요, 鼎은 솥발이 셋이니, 三公을 그린 말이라.]에 올랐으되, 진이 늘 아침저녁으로 뵈어 문안하거든, 아들과 조카들이 섬 아래 벌려 섰더니, 충이 앉음을 명하지 아니하거든 진이 감히 앉지 아니하더라.

1 삼ᄐᆡ셩: 삼태성(三台星). 큰곰자리에 있는 자미성(紫微星)을 지키는 별이다. 각각 두 개의 별로 된 상태성(上台星)·중태성(中台星)·하태성(下台星)으로 이루어져 있다. 삼태성(三台星)의 생성에 관한 설화가 전해진다. 밤하늘에 동에서 서로 흘러가는 삼형제별을 삼태성이라 부른다. 옛날 흑룡담 늪가에 유복자로 태어난 삼태자가 있었는데, 어머니에 의해 각각 스승을 찾아 십 년 동안 학문과 재주를 배우고 돌아왔다. 그러던 어느 날 갑자기 광풍이 불고 비가 퍼붓더니 해가 사라졌다. 사흘이 지나자 어머니가 해를 찾아오라며 삼태자를 떠나보냈다. 삼태자가 맏이의 스승에게 연유를 알아보니, 흑룡담의 암수 흑룡(黑龍) 두 마리가 하늘에서 행패를 부리다 암놈이 해를 삼키고 하늘 끝으로 올라가자 수놈도 따라갔다는 것이다. 삼태자가 두 흑룡과 대결하여 마침내 암놈이 해를 토하게 했다. 그리하여 인간 세상에 다시 밝은 날이 돌아왔다. 삼태자가 한 마리는

죽였으나, 다른 한 마리는 흑룡담으로 도망갔다. 도망간 흑룡이 다시 해를 삼키지 못하도록 삼태자가 하늘에 올라 해를 지키는 삼태성이 되었다(한국민속문학사전).

2 섬: 집채의 앞뒤에 오르내릴 수 있게 놓은 돌층계. 유의어: 댓돌(臺돌), 디딤돌, 보석(步石), 석계(石階), 석단(石段), 석제(石梯), 섬돌, 승강석(陞降石).

【增註】台鼎은三公之稱이니如星之有三台鼎之有三足也라椿爲司徒하고津爲司空이라故로曰並登台鼎이라

台鼎은 삼공의 칭호이니, 별에 三台星이 있고, 솥에 세 발이 있음과 같다. 椿이 사도가 되고 津이 사공이 되었다. 그러므로 나란히 台鼎에 올랐다고 말함이다.

1 사도(司徒): ①중국의 고대 주대(周代)의 관제에서 교화를 담당하였다는 관직. ②중국 한(漢)·당(唐)시대 관제에서 삼공(三公: 태위·사도·사공)의 하나로 법을 맡은 관직. ③고려시대 삼공의 하나. 정1품. 충렬왕(忠烈王) 때에 없애고 공민왕(恭愍王) 5년(1356) 다시 설치하였다가 동왕 11년(1362) 다시 없앰. ④조선시대 호조 판서(戶曹判書)를 가리켜 이르는 말.(한국고전용어사전)

2 사공(司空): ①고려시대 태위(太尉)·사도(司徒)와 함께 삼공(三公) 중의 하나로 정1품의 최고 관직. 그러나 실무에 종사하지 않는 대우직이자 명예직이었고, 이에 적합한 인물이 없으면 비워 두었음. 언제부터 두었는지는 알 수 없으나 문종은 삼사(三師), 삼공을 각각 한 사람씩으로 하여 모두 정1품으로 정하였음. 충렬왕 때 폐지되었고 공민왕 5년에 다시 두었으나 동왕 11년에 또다시 폐지되었음. 종친(宗親) 중 나이 어린 사람에게도 주어졌음. ②조선시대 종친에게 주어진 관직.(한국고전용어사전)

椿이每近出ᄒᆞ야或日斜不至어든津이不先飯ᄒᆞ야椿이還然後에共食ᄒᆞ더니食則津이親授匙時箸ᄒᆞ며味皆先嘗ᄒᆞ고椿이命食然後에食ᄒᆞ더라津이爲肆州예椿이在京宅이러니每有四時嘉味어

든**輒因使次**ᄒᆞ야**附之**ᄒᆞ고**若或未寄**면**不先入口**ᄒᆞ더라**一家之內**예**男女**ㅣ**百口**ㅣ러니**緦服**이**同爨**取亂反호ᄃᆡ**庭無間言**ᄒᆞ더라

●椿이 매번 가까이 외출하여 혹 해가 기울어도 이르지 않거든, 진이 먼저 밥을 먹지 않아, 춘이 돌아온 뒤에 함께 먹더니, 먹게 된즉 진이 친히 숟가락과 젓가락을 드리며, 맛을 다 미리 맛보고, 춘이 먹으라고 명한 뒤에야 먹었다. 진이 肆州를 다스림에, 춘이 서울 집에 있더니, 매번 사시에 아름다운 맛이 있거든, 번번이 부릴 때로 인하여 그것을 부치고, 만약 혹 부치지 못했으면 먼저 입에 넣지 않았다. 한 가문 안에 남녀가 백 명이더니, 시마복까지 함께 밥 지어 먹되 가정에서 이간하는 말이 없었다.

漢字 **斜**(기울 사), **飯**(밥 먹을 반, 밥 반), **匙**(숟가락 시), **箸**(젓가락 저), **肆**(방자할 사), **次**(때 차), **附**(붙을 부), **寄**(부칠 기), **緦**(시마복 시, 가는 베 시), **服**(옷 복), **爨**(밥 지을 찬, 불 땔 찬, 부뚜막 찬, 아궁이 찬)

시마(緦麻): 상례(喪禮) 중 복제(服制)를 규정한 5복제도(五服制度)의 하나로, 시복(緦服)이라고도 한다. 죽은 사람에 대한 친소원근(親疎遠近) 관계와 사회적 신분에 따른 등급 차이의 표시인 5복은 크게 참최(斬衰)·재최(齋衰, 자최라고도 함)의 최복(衰服)과 그 아래 대공(大功)·소공(小功)·시마로 나뉜다. 이는 삼베의 질로 구분하여 가까운 관계일수록 질이 나쁜 옷을 입었는데, 상제들은 죄인이라는 관념에서 비롯된 것이다. 시마는 5복 중 가장 낮은 등급이고, 복상 기간은 3개월이다. 종증조(從曾組)·삼종형제(三從兄弟)·중증손(衆曾孫)·중현손(衆玄孫)의 상사(喪事)에 입는 복(服)이다.

번소 椿츈이 ᄆᆡ양 갓가이 나가 혹 ᄒᆡ 기우도록 오디 아니ᄒᆞ엿거든 津진이 몬져 밥을 먹디 아니ᄒᆞ고 椿츈이 도라온 후에ᅀᅡ ᄒᆞᆷᄭᅴ 먹더니 밥 머글 저기어든 津진이 술와 져와ᄅᆞᆯ 친히 자바 주며 음식을 다 몬져 맛보며 椿츈이 머그라 니ᄅᆞᆫ 후에ᅀᅡ 먹더라 津진이 肆ᄉᆞ州쥬ㅣㅅ 원 ᄒᆞ엿거ᄅᆞᆯ 椿츈이 셔울 집의 잇더니 ᄆᆡ양 ᄉᆞ졀에 맛됴ᄒᆞᆫ 음식이 잇거든 믄득 갈 사ᄅᆞᆷ ᄒᆞ여 브텨 보내더니 ᄒᆡᆼ혀 보ᄂᆡ디 몯ᄒᆞᆫ 저기어든

몬져 입에 녀티 아니ᄒᆞ더라 ᄒᆞᆫ 집안해 남진 겨집 아오라 일ᄇᆡᆨ이나 ᄒᆞᆫ 緦싀麻마ㅅ 복졔홀 권당ᄃᆞᆯ히 ᄒᆞᄃᆡ 밥 지ᅀᅥ 머고ᄃᆡ 집안ᄒᆡ ᄉᆞ싓말이 업더라

현대역 춘(椿)이 매양 가까이 나가 혹 해 기울도록 오지 아니하였거든, 진이 먼저 밥을 먹지 아니하고, 춘이 돌아온 후에야 함께 먹더니, 밥 먹을 때거든 진이 숟가락과 젓가락을 친히 잡아 주며, 음식을 다 먼저 맛보며, 춘이 '먹어라.' 이른 후에야 먹더라. 진이 肆州의 員 하였거늘, 춘이 서울 집에 있더니, 매양 四節에 맛좋은 음식이 있거든, 문득 갈 사람 하여금 부쳐 보내더니, 행여 보내지 못한 때이거든, 먼저 입에 넣지 아니하더라. 한 집안에 남자 여자 아울러 일백이나 하는 시마(緦麻)의 服制할 친척들이 함께 밥 지어 먹되, 집안에 간언(間言)이 없더라.

1 ᄉᆞ졀: 사절(四節). 사철과 같은 말로, 봄·여름·가을·겨울의 네 철.

2 아오라: 아울러. '아올(어간)+아(연결어미)'이다. 현대국어 '아우르다'의 옛말인 '아올다'는 15세기 문헌에서부터 나타난다. '아올다'는 모음으로 시작하는 어미와 결합할 때에는 '아올-'로, '-디, -다' 등이나 '-ㄹ' 등의 어미와 결합할 때에는 '아오-'로 나타나 '아올-/아오-'의 교체를 보였다. 18세기에는 어간 말에 모음 'ㅗ'가 첨가된 '아오로다' 형태가 등장하였다. 또한 18세기 문헌에 보이는 '아올랏도다'와 같은 예에서 '아올ㄹ-' 형태를 확인할 수 있는데, 이를 통해 이 시기에 '아오르다' 형태도 등장하였음을 알 수 있다. '아올나'도 '아올ㄹ-' 형태를 보여주는 예인데, 근대국어 표기법의 특징인 어중에 연속되어 나타나는 'ㄹㄹ'을 'ㄹㄴ'로 표기하는 경향에 따라 '아올라'가 아닌 '아올나'로 표기된 것이다. 이는 19세기 문헌에 보이는 '아울너'의 경우도 마찬가지이다. 19세기에 '아울너'의 예에서 '아울ㄹ-' 형태가 확인되므로 '아오르다'에서 제2음절의 모음 'ㅗ'가 'ㅜ'로 바뀐 '아우르다' 형태가 등장하였음을 알 수 있다. 한편 중세국어에는 '아올다'와 모음 대립에 따른 의미 차이를 보이는 '어울다'도 존재하였다. 아올다(15세기~18세기)〉아오로다(18세기~19세기)/아오르다(18세기~19세기)〉아우르다(19세기~현재). 이형태: 아올다, 아오로다, 아오르다, 아우르다. 兼은 아올 씨라.《1459 월석 1서:18ㄱ》, 幷 아올 병.《1575 천자-광 26ㄴ》, 혹 죠ᄒᆡ 심지를 기름 무텨 고자 두어 다시 아오디 아니케 ᄒᆞ라.《1608 언태 69ㄴ》, 믈읫 뵈

ᄡᅳ믈 아오라 열 자 네 치라.《1632 가언 6:9ㄱ》

3 복졔ᄒᆞᆯ: 복제(服制)할. 상복을 입을.

4 ᄉᆞ싯말: 간언(間言). 남을 이간하는 말. 권당들히 ᄒᆞᆫᄃᆡ 밥 지ᅀᅥ 머고ᄃᆡ 집안ᄒᆡ ᄉᆞ싯말이 업더라(同爨 庭無間言).《번소 9:77》

소언 椿튱이 ᄆᆡ양 갓가이 나가 或혹 ᄒᆡ 기우도록 닐으디 아니커든 津진이 몬져 밥 먹디 아니ᄒᆞ야 椿튱이 도라온 후에 ᄒᆞᆷᄭᅴ 먹더니 밥 먹을 적이면 津진이 술와 져롤 친히 받ᄌᆞ오며 맛가슬 다 몬져 맛보고 椿튱이 먹음을 命명ᄒᆞᆫ 후에 먹더라 津진이 肆ᄉᆞ州쥬[고을히라]ㅅ 원ᄒᆞ여실 제 椿튱이 셔울 집의 잇더니 ᄆᆡ양 ᄉᆞ졀에 아름다온 마샛거시 잇거든 ᄆᆞᆫ득 갈 사ᄅᆞᆷ을 因인ᄒᆞ야 ᄇᆞ텨 보내고 만일 或혹 보내디 몯ᄒᆞ야시면 몬져 입에 들이디 아니ᄒᆞ더라 ᄒᆞᆫ 집안해 ᄉᆞ나ᄒᆡ와 간나ᄒᆡ 일ᄇᆡᆨ이러니 緦싀服복[八팔寸촌형뎨 복이라]이 ᄒᆞᆫᄃᆡ셔 밥 지오ᄃᆡ 집안ᄒᆡ ᄉᆞ잇말이 업더라

현대역 충(椿)이 매양 가까이 나가 혹 해 기울도록 이르지 아니하거든, 진이 먼저 밥 먹지 아니하여, 충이 돌아온 후에 함께 먹더니, 밥 먹을 때면 진이 숟가락과 젓가락을 친히 바치며, 맛을 다 먼저 맛보고, 충이 먹음을 명한 후에 먹더라. 진이 사주[고을이라.]의 원 하였을 때 충이 서울 집에 있더니, 매양 사절(四節)에 아름다운 맛의 것이 있거든, 문득 갈 사람을 인하여 부쳐 보내고, 만일 혹 보내지 못하였으면, 먼저 입에 들이지 아니하더라. 한 집안에 사내와 여자 일백이더니 시복(緦服)[팔촌형제 服이라.]이 함께 밥 짓되, 집안에 간언이 없더라.

복: 복(服). 상중에 있는 상제나 복인이 입는 예복. 삼베로 만드는데, 바느질을 곱게 하지 않는다. 유의어: 상복(喪服), 효복(孝服), 흉복(凶服).

【增註】京宅은宅在京也라嘉味는美味也니未寄于兄이면則不

先食이라緦麻之服이同炊爨은四世不分異也라

京宅은 집이 서울에 있음이다. 嘉味는 아름다운 맛이니, 형에게 부치지 못하면 먼저 먹지 않았다. 緦麻의 복이 함께 밥 지어 먹음은 4대가 나뉘어 따로 살지 않음이다.

漢字 炊(불 땔 취, 밥 지을 취)

〚三十八章〛

○隋吏部尙書牛弘의弟弼이好酒而酗ᄒᆞ더니嘗醉ᄒᆞ야射殺弘의駕車牛ᄒᆞᆫ대弘이還宅이어늘其妻ㅣ迎謂弘曰叔이射殺牛ㅣ라ᄒᆞ야늘弘이聞ᄒᆞ고無所怪問이오直答曰作脯ᄒᆞ라坐定커늘其妻ㅣ又曰叔이射殺牛ᄒᆞ니大是異事ㅣ로다弘이曰已知라ᄒᆞ고顔色이自若ᄒᆞ야讀書不輟ᄒᆞ더라 《隋書 牛弘列傳》

●隋나라 이부상서 牛弘의 아우 弼이 술을 좋아하여 주정하더니, 일찍이 취하여 弘의 수레에 멍에 맨 소를 쏘아 죽였는데, 弘이 집에 돌아왔거늘 그 아내가 맞이하여 弘에게 일러 말하였다. “시숙이 소를 쏘아 죽였어요.” 하거늘, 弘이 듣고 괴이하게 여겨 묻는 바가 없었고, 다만 답하여 말하였다. “포를 만드세요.” 하고 앉거늘, 그 아내가 또 말하였다. “시숙이 소를 쏘아 죽였으니, 크게 이상한 일입니다.” 弘이 말하였다. “이미 알고 있소,” 하고, 얼굴빛이 태연하여 글 읽기를 그치지 않았다.

漢字 弼(도울 필), 酗(주정할 후), 醉(취할 취), 射(쏘아 맞힐 석), 駕(멍에 맬 가, 멍에 가), 直(다만 직, 곧 직, 즉시 직), 脯(포 포), 若(같을 약), 輟(그칠 철)

1 射殺: 射를 《번역소학》은 ‘샤’로, 《소학언해》는 ‘셕’으로 음을 달고 있다. 전자는 ‘쏠 사’로, 후자는 ‘쏘아 맞힐 석’으로 본 것이다.

2 이부상서(吏部尙書): 고려시대의 경우, 이부의 장관으로 품계는 정3품이다.

상서 위에 종1품의 판사가 있었으나, 상서가 실제적인 판사의 임무를 모두 맡아 보았다. 장관의 명칭인 상서는 충렬왕 원년에는 판서로, 충렬왕 24년(1298)에는 다시 상서로 되는 등 수차례의 변화를 겪었다. 이부상서는 좌·우복야(僕射)와 더불어 팔좌(八座)라 일컫는 고관이었지만, 2품 이상의 재상과는 현격한 차이가 있었으며 조선시대 이조판서의 전신이라 할 수 있다.

3 우홍(牛弘, 546년~611년): 수나라 안정(安定) 순고(鶉觚) 사람이다. 자는 이인(里仁)이고, 선대의 본래 성은 요(遼)다. 아버지 윤(允)이 서위(西魏)에서 벼슬하여 우성(牛姓)을 하사받았다. 성격이 관대하고 후덕했으며 배우기를 좋아해 박문(博聞)했다. 수나라에 들어 비서감(秘書監)이 되었다. 일찍이 상서(上書)를 올릴 길을 열라고 간청했다. 황명으로 오례(五禮)를 편수했다. 새로운 음악을 정하고 명당(明堂)을 세우면서 그 득실을 논했다. 이부상서(吏部尙書)에 올랐고, 기장군공(奇章郡公)에 봉해졌다. 수양제의 명령으로 《대업률(大業律)》 18편을 편찬했다. 강도(江都)로 따라 행행(行幸)했다가 대업(大業) 6년 12월 죽었다. 시호는 헌(憲)이다(중국역대인명사전).

4 좌정(坐定): '앉음'의 공대말.

5 자약(自若): 큰일을 당하여도 아무렇지 않고 침착함. 태연함.

번소 隋슈 시절 吏리部부尙샹書셔 牛우弘홍의 아ᅀᆞ 弼필이 술 즐기며 쥬졍ᄒᆞ더니 일즉 취ᄒᆞ야 弘홍의 술위 메ᄂᆞᆫ 쇼ᄅᆞᆯ 뽀아 주겻더니 弘홍이 집의 도라오나ᄂᆞᆯ 그 겨집이 마조 내ᄃᆞ라 弘홍 더브러 닐우ᄃᆡ 아자비 이 쇼ᄅᆞᆯ 뽀와 주계라 ᄒᆞᆫ대 弘홍이 듣고 괴이히 너겨 묻ᄂᆞᆫ 주리 업고 오직 ᄃᆡ답ᄒᆞ야 닐오ᄃᆡ 포육 ᄆᆡᆫᄃᆞᆯ라 ᄒᆞ고 안쟈ᄂᆞᆯ 그 겨집이 ᄯᅩ 닐오ᄃᆡ 아자비 쇼ᄅᆞᆯ 뽀아 주기니 큰 괴이ᄒᆞᆫ 이리로다 弘홍이 닐오ᄃᆡ ᄒᆞ마 알와라 ᄒᆞ고 ᄂᆞᆾ빗ᄎᆞᆯ ᄌᆞ연히 ᄒᆞ여셔 글 닐기를 그치디 아니ᄒᆞ더라

현대역 隋 시절 이부상서 牛弘의 아우 弼이 술 즐기며 주정하더니, 일찍 취하여 홍의 수레 메우는 소를 쏘아 죽였더니, 홍이 집에 돌아오거늘, 그 아내가 마주 내달아 홍(과) 더불어 이르되, "시동생이 이 소를 쏘아 죽이도다." 하니

까, 홍이 듣고 괴이히 여겨 묻는 줄이 없고, 오직 대답하여 이르되, "脯肉 만들라." 하고 앉거늘, 그 아내가 또 이르되, "시동생이 소를 쏘아 죽이니, 큰 괴이한 일이로다." 홍이 이르되, "이미 알도다." 하고, 낯빛을 자연스럽게 하여서 글 읽기를 그치지 아니하더라.

1 메ᄂᆞᆫ: 메우는. 말이나 소의 목에 멍에를 얹어서 매는. '메(어간)+ᄂᆞ(현재시제 선어말어미)+ㄴ(관형사형 어미)'으로, '메다'는 '메우다'의 준말이다. 현대국어 '메우다'는 15세기 문헌에서부터 나타나 현재까지 이어진다. '메우다'는 '메-'와 사동접사 '-우-'가 결합한 것이다. 15세기 이래로 '메우다'와 같은 의미로 '메-'와 사동접사 '-오-'가 결합한 '메오다'가(다시 쇠 갈 {메오고}《1459 월석 23:86ㄱ -86ㄴ》) 쓰이기도 했다. 블근 벼개ᄅᆞᆯ 이대 노코 힌 쇼ᄅᆞᆯ 메우니.《1459 월석 12:30ㄱ》, 블근 벼개ᄅᆞᆯ 이대 노코 힌 쇼ᄅᆞᆯ 메우니《1459 월석 12:30ㄱ》, 나귀 노새 메우ᄂᆞᆫ 큰 술위 ᄐᆞᄂᆞᆫ 술위 다 됴히 지븨 드려 노하 두고.《1510년대 번노 하:36ㄴ》

2 도라오나ᄂᆞᆯ: 돌아오거늘. '돌아오(어간)+나ᄂᆞᆯ(연결어미)'이다. '-나ᄂᆞᆯ'은 '오다'의 어간 뒤에 붙어, '-거늘'을 뜻하는 어미이다. ᄆᆞ리 사ᄅᆞᆯ 마자 馬廐에 드러오나ᄂᆞᆯ 聖宗ᄋᆞᆯ 뫼셔 九泉에 가려 ᄒᆞ시니(我馬孔瘏 于岡靡陟 言念君子 金罍欲酌).《용가 109장》, 我馬孔瘏 于岡靡陟 言念君子 金罍欲酌그 ᄯᅢ리 드러 니ᄅᆞᆫ대 護彌長者ㅣ 나아오나ᄂᆞᆯ 婆羅門이 安否 묻고 닐오ᄃᆡ.《석상 6:14》

3 주계라: 죽이었도다. '죽이(어간)+에라(감탄형 종결어미)'이다. '-에라'는 동사, 형용사 어간 뒤에 붙어, '-도다'를 뜻하는 어미이다. 본 예는 동사에 붙은 것이다. 져믄 저긔 직죄 뮈옛ᄂᆞ니 셴 머리예 비치 업세라(青春動才調, 白首缺輝光)《두시-초 8:70》, 네 은을 언메나 가져셔 사고져 ᄒᆞᄂᆞ다 내 셜흔 량 은이 이셰라(你拿着多少銀子買 我有三十兩銀子)《번박 상:62》

4 ᄒᆞᆫ대: 하니까. 'ᄒᆞ(어간)+ㄴ대(연결어미)'이다. '-ㄴ대'는 어간이나 어미 뒤에 붙어, '-니까'를 뜻하는 어미이다. 目連이 淨飯王ᄭᅴ 도라가 이 辭緣을 ᄉᆞᆯᄫᆞᆫ대 王이 大愛道ᄅᆞᆯ 블러 니ᄅᆞ샤ᄃᆡ《석상 6:6》, 부톄 比丘 ᄃᆞ리시고 드러 안ᄌᆞ신대 鸚鵡ᄃᆞᆯ히 부텨를 보ᅀᆞᆸ고 깃븐 ᄆᆞᅀᆞᄆᆞᆯ 내야 ᄒᆞᆫ 날 命終ᄒᆞ야 忉利天에 나니라《석상 6:41~42》

5 포육(脯肉): 얇게 저미어서 양념을 하여 말린 고기.

6 알와라: 알도다. '알(어간)+와라(감탄형 종결어미)'이다. '-와라'는 'ㄹ' 받침으로

끝나는 동사, 형용사 어간 뒤에 붙어, '-도다'를 뜻하는 어미이다. 賢ᄒᆞᆫ 主人이 이를 주어 시르믈 보내에 ᄒᆞ믈 비루수 알와라(始知賢主人 贈此遣愁寂)《두시-초 7:23》, 네 ᄂᆡ일 날 ᄃᆞ려가 은젼 메워 섭화씌 ᄒᆞ나 ᄆᆡᆼᄀᆞᆯ여지라 내 알와라 너 ᄃᆞ려가마(你明日領我去做一條銀廂花帶 我知道 領你去)《번박 상:19》

소언 隨슈吏리部부[마을이라] 尙샹書셔[벼슬이라] 牛우弘홍의 아ᄋᆞ 弼필이 술 즐기고 쥬졍ᄒᆞ더니 일즉 醉취ᄒᆞ야셔 弘홍의 술위 메ᄂᆞᆫ 쇼ᄅᆞᆯ 쏘와 죽인대 弘홍이 집의 도라오나ᄂᆞᆯ 그 안해 마조 弘홍ᄃᆞ려 닐어 ᄀᆞᆯ오ᄃᆡ 아자비 쇼ᄅᆞᆯ 쏘와 죽이다 ᄒᆞ야ᄂᆞᆯ 弘홍이 듣고 괴이히 너겨 믇ᄂᆞᆫ 배 업고 담은 ᄃᆡ답ᄒᆞ야 ᄀᆞᆯ오ᄃᆡ 보육 ᄆᆡᆼ돌라 안좀을 定뎡커ᄂᆞᆯ 그 안해 쏘 ᄀᆞᆯ오ᄃᆡ 아자비 쇼ᄅᆞᆯ 쏘와 죽이니 큰 이 고이ᄒᆞᆫ 일이로다 弘홍이 ᄀᆞᆯ오ᄃᆡ 이믜 알와라 ᄒᆞ고 ᄂᆞᆾ빗치 ᄌᆞ연ᄒᆞ야 글 닑기를 그치디 아니ᄒᆞ더라

현대역 隨 吏部[관청이라.] 尙書[벼슬이라.] 우홍의 아우 필이 술 즐기고 주정하더니, 일찍 취하여서 홍의 수레 메우는 소를 쏘아 죽이니까, 홍이 집에 돌아오거늘 그 아내 마주 弘에게 일러 가로되, "시동생이 소를 쏘아 죽였습니다." 하거늘, 홍이 듣고 괴이히 여겨 묻는 바가 없고, 다만 대답하여 가로되, "포육 만들라." (하고) 앉음을 정하거늘, 그 아내 또 가로되, "시동생이 소를 쏘아 죽이니, 크게 이것이 괴이한 일이로다." 홍이 가로되, "이미 알도다." 하고, 낯빛이 자연스럽게 하여 글 읽기를 그치지 아니하더라.

【集說】陳氏曰弘의字는里仁이니安定人이라以酒爲凶曰酗라直은猶但也라

진 씨가 말하였다. "弘의 자는 里仁이니, 안정 사람이다. 술로써 흉하게 됨을 후(酗)라 한다. 直은 '다만'과 같다."

〖三十九章〗

○唐英公李勣迹이貴爲僕射夜ㅣ로ᄃᆡ其姊ㅣ病이어든必親爲然火煮粥ᄒᆞ더니火焚其鬚ㅣ어늘姊ㅣ曰僕妾이多矣니何爲自若如此오勣이曰豈爲無人耶ㅣ리오顧今에姊ㅣ年老ᄒᆞ고勣이亦老ᄒᆞ니雖欲數朔爲姊煮粥인ᄃᆞᆯ復可得乎아 《唐書 李勣列傳》

●당나라 영공 李勣이 귀함이 복야가 되었으되, 그의 누님이 병이 나면 반드시 친히 위하여 불을 피워 죽을 끓이더니, 불이 그의 수염을 불사르거늘, 누님이 말하였다. "종과 첩이 많으니, 어찌하여 스스로 괴롭기를 이와 같이 하는가?" 적이 말하였다. "어찌 사람이 없어서겠습니까? 생각건대, 지금 누님 연세가 늙으셨고 적이 또한 늙었으니, 비록 자주 누님을 위하여 죽을 끓이고자 한들, 다시 가히 얻겠습니까?"

漢字 勣(공적 적), 然(=燃 불 탈 연), 煮(끓일 자, 삶을 자), 粥(죽 죽), 焚(불사를 분), 鬚(수염 수), 顧(생각건대 고, 돌아볼 고)

이적(李勣, 미상~669년): 당나라 고조·태조 때의 무장이다. 본성은 서(徐)이고, 이름은 세적(世勣)인데, 이(李) 씨 성을 하사받아 이세적(李世勣)이 되었다. 그러나 당 태종 이세민(李世民)의 휘(諱)를 피하여 세(世)자를 빼어 이적(李勣)이 되었다. 자는 무공(懋功)이며, 시호는 정무(貞武)로, 허베이[[河北] 리후[離弧] 사람이다. 일찍이 수나라 말년의 영웅 이밀(李密)의 밑에 있다가 620년경 몰래 당나라에 귀순하여 당 고종의 신임을 얻어 여주총관(黎州總管)에 임명, 영국공(英國公)에 피봉, 이(李) 씨 성을 받았다. 진왕(秦王) 이세민(당태종)을 따라 627년부터 630년 사이에 병주도독(幷州都督)으로 돌궐(突厥)을 정복하고, 645년(당 정관 19년, 고구려 보장왕 4년) 랴오둥도[遼東道] 행군대총관(行軍大總管)으로서 고구려에 쳐들어왔다. 후에 당도한 당 태종의 친솔군과 합세하여 랴오둥성[遼東城: 료양(遼陽)]을 함락하고 안시성(安市城)을 칠 때 가열한 공방전이 2, 3개월 계속되었으나 함락하지 못하고 드디어 회군했다. 650년 당 고종이 즉위하자 상서좌복야(尙書左僕射)·사공(司空) 등을 지내고 666년(당 건봉 1년,

고려 보장왕 25년) 랴오둥도 행군 대총관이 되어 재차 고구려를 원정하여 이듬해 드디어 신라군과 연합으로 평양성(平壤城)을 포위, 함락하여 드디어 고구려를 멸망시켰다. 사후 태위(太尉) 벼슬이 추증되고 시호가 내렸으며, 이정(李靖)과 함께 당 태종 때 무장의 쌍벽이라 불려진다(인명사전).

번소 唐당 시졀 英영公공 李니勣젹이 귀히 되여 僕복射야ㅅ 벼슬ᄒᆞ여슈ᄃᆡ 그 ᄆᆞᆮ누의 병 ᄒᆞ엿거ᄃᆞᆫ 반ᄃᆞ시 친히 블 디더 쥭을 글히더니 브레 날오지 븓거ᄂᆞᆯ 누의 닐오ᄃᆡ 겨집죵ᄃᆞᆯ히 하거시니 엇디 스싀로 슈고ᄅᆞᆯ 이리 ᄒᆞᄂᆞ뇨 勣젹이 닐오ᄃᆡ 엇디 사ᄅᆞᆷ이ᅀᅡ 업스리오마ᄂᆞᆫ 이제 누의 나히 늙고 나도 늙그니 비록 ᄌᆞ조 누의 위ᄒᆞ야 쥭을 글히고져 ᄒᆞᆫᄃᆞᆯ 다시 시러곰 ᄒᆞ려

현대역 唐 시절 英公 李勣이 귀하게 되어 복야(僕射)의 벼슬하였으되, 그 맏누이 병 하였거든 반드시 친히 불 때어 죽을 끓이더니, 불에 나룻이 붙거늘, 누이 이르되. "계집종들이 많으니 어찌 스스로 수고를 이렇게 하느냐?" 적이 이르되, "어찌 사람이야 없으랴마는 이제 누이 나이 늙고 나도 늙으니, 비록 자주 누이 위하여 죽을 끓이고자 한들, 다시 능히 하랴."

1 ᄆᆞᆮ누의: '맏누이'의 옛말이다. '맏누이'는 둘 이상의 누이 가운데 맏이가 되는 누이를 이르는 말이다. 'ᄆᆞᆮ누의'는 15세기 문헌에서부터 나타난다. 'ᄆᆞᆮ누의'는 '맏이'의 의미인 'ᄆᆞᆮ'과 '누이'의 의미인 '누의'가 결합한 것이다. 'ᄆᆞᆮ누의'는 'ᄆᆞᆮ누의>*맏누의>맏누이'의 과정을 겪었을 것으로 추정된다. '*맏누의'는 18세기에 제1음절의 'ㆍ'가 'ㅏ'로 변화함에 따라 나타났을 것이다. '*맏누의'는 문헌에서 확인되지 않지만, 18세기에 '맛누의'가 나타나는 것으로 보아, 존재했을 것으로 추정된다. 근대국어 시기에는 종성 'ㄷ'을 'ㅅ'으로 표기하는 경향이 있었고, 이에 따라 '*맏누의'의 종성 'ㄷ'을 'ㅅ'으로 표기한 '맛누의'가 나타났을 것이기 때문이다. 이후 '*맏누의'의 제3음절 모음 'ㅢ'가 'ㅣ'로 변화함에 따라 20세기 이후 '맏누이'로 나타나서 현재에 이르렀다. 17세기의 'ᄆᆞᆺ누의'는 종성 'ㄷ'을 'ㅅ'으로 표기하던 당시의 경향에 따라 나타난 것이다. 'ᄆᆞᆮ누위'는 'ᄆᆞᆮ누의'의 제3음절 모음 'ㅢ'가 'ㅟ'로 나타난 것이다. ᄆᆞᆮ누의(15세기~18세기)>맏누이(20

세기~현재). 이형태: 몯누의, 묻누의, 몯누위, 맛누의. 姉는 몯누의오 妹는 아ᄋᆞ누의라.《1459 월석 21:162ㄱ》, 長兄은 門左의 셔고 묻누의는 門右의 셔셔.《1632 가언 2:18ㄴ》, 어미와 ᄯᅩ 몯누위와 아ᄋᆞ누위왜 ᄒᆞᆫ가지로 졍토을 비더니.《1637 권념 18ㄴ》

2 디더: 때어. '딛(어간)+어(연결어미)'이다. '딛다'는 '때다'의 옛말이다. 블게 수플 가온딧 서플 딛고 어드운 ᄃᆡ 돌 미틧 우믌 므를 깃노라(明燃林中薪 暗汲石底井).《두시-중 9:14》, 굴 닐굽 나ᄎᆞ로 독 안해 블 디더 주근 사ᄅᆞᄆᆡ ᄆᆞᅀᆞᆷ쁙 아래 맛게 ᄒᆞ야(七枚於瓮中 當死人心下).《구간 1:73》

3 날오지: 나룻이. '날옺(명사)+이(주격 조사)'이다. 현대국어 '나룻'의 옛말인 '날옺'은 16세기 문헌에서부터 나타난다. '날옺'은 모음으로 시작하는 조사가 결합할 때에는 '날옺'으로, 자음으로 시작하는 조사가 결합하거나 단독으로 실현될 때에는 '날옷'으로 교체되었다. 18세기에 들어와 모음으로 시작하는 조사가 결합할 때에도 'ㅅ' 말음을 갖는 '나롯'으로 나타났다. 19세기에 제2음절의 모음 'ㅗ'가 'ㅜ'로 바뀌어 '나룻'으로 나타나면서 현재에 이르렀다. 날옺(16세기)〉나롯(18세기~19세기)〉나룻(20세기~현재). 이형태: 날옺, 날옷, 나롯, 날곧, 날은, 나롣. 반ᄃᆞ시 친히 블 디뎌 쥭을 글히더니 브레 날오지 븓거늘.《1518 번소 9:79ㄱ》, 髥 날옷 염.《1576 신합 상:21ㄱ》. 대문에는 '髥(구레나룻 염)'이 아니라, '鬚(수염 수)'로 나온다.

4 하거시니: 많으(시)니. '하(어간)+거(확인법 선어말어미)+시(주체 높임 선어말어미)+니(연결어미)'이다. '-거시니'는 주체 높임 선어말어미 '-시-'가 '-거-'와 '-니'의 사이에 나타난 예이다. '거시니'는 'ㅣ' 계열 이중모음이나 'ㄹ' 받침으로 끝나지 않는 어간 뒤에 붙어, 주로 동사, 형용사 어간 뒤에 붙어, '-으시니'를 뜻하는 어미이다. 현대국어에서는 '-시-'가 언제나 존경의 대상이 되는 인물과 직·간접으로 관련되는 주어 명사구에 일치하여 쓰이는데, 중세국어에서는 그런 제약을 받지 않고 쓰이는 일이 있었다. 본 예의 경우처럼, 이런 경우에는 비존경 선어말어미에 해당된다 하겠다. 구믈구믈ᄒᆞᄂᆞᆫ 衆生이 다 佛性이 잇거시니 趙州ᄂᆞᆫ 어듸를 因ᄒᆞ야 업다 니ᄅᆞ뇨(蠢動含靈 皆有佛性 趙州因甚 道無).《몽법 13》, 故園엣 버드리 이제 이어 ᄢᅥ러디거시니 엇뎨 시러곰 시름 가온ᄃᆡ 도로 다 나ᄂᆞ니오(故園楊柳今搖落 何得愁中却盡生)《두시-초 16:51》

5 업스리오마ᄂᆞᆫ: 없으리오마는. 없으랴마는. '없(어간)+으(매개모음)+리(추측법 선어말어미)+오(의문형 종결어미)+마ᄂᆞᆫ(보조사)'으로 분석된다. '없-'은 '없다

[無]'의 어간이고, '-으-'는 매개모음이며, '-오'는 제1·3인칭 의문법 중 ᄒᆞ라체 설명의문문을 만드는 의문형 종결어미이다. 의문사 '엇디'를 동반하여 일정한 정보를 요구한다. '마ᄂᆞᆫ'은 15세기에는 '마ᄅᆞᆫ'으로 나타나 드물게 보이다가, 16세기 국어에는 거의 다 '마ᄂᆞᆫ'으로 보인다. '마ᄂᆞᆫ'은 현대국어의 종결 보조사 '마는'의 직접적 소급형인데, 문장 끝에만 쓰여, 다른 조사들이 단어에 붙는 것과 달리, 두 문장을 연결시키는 구실을 한다. '마ᄂᆞᆫ'은 종결어미 '-다', '-냐', '-랴', '-지', '-리오' 따위의 뒤에 붙어, 앞의 사실을 인정을 하면서도 그에 대한 의문이나 그와 어긋나는 상황 따위를 나타내는 보조사이다. 엇디 아니 조차 겨시리오마ᄂᆞᆫ《閑中 108》, 부녀의 ᄆᆞ음이 엇지 안녇ᄒᆞ리오마ᄂᆞᆫ《閑中 146》

6 ᄒᆞ려: 하랴. 'ᄒᆞ(어간)+리(추측법 선어말어미)+녀(의문형 종결어미)'이다. 의문형 종결어미 '-녀'가 선어말어미 '-리-'와 결합되면 "ᄒᆞ리녀'가 되지 않고 'ᄒᆞ려'가 된다. 여기서 '-녀'는 제1·3인칭 의문법 중 판정의문문을 만드는 종결어미이다. 의문사 없이 쓰이며, 가부(可否) 대답을 요구한다. 아바닚 病이 기프시니 엇뎨ᄒᆞ려 臣下ㅣ 닐오ᄃᆡ 됴ᄒᆞᆫ 藥ᄋᆞᆯ 몯 어들씨 命이 아니 오라시리이다.《석상 11:18》, 아모 사ᄅᆞ미나 이 良醫의 虛妄ᄒᆞᆫ 罪ᄅᆞᆯ 能히 니ᄅᆞ려 몯 니ᄅᆞ려 몯 니ᄅᆞ리이다.《월석 17:22》

소언 唐당英영公공[英영은 봉ᄒᆞᆫ 짜히라] 李리勣젹이 貴귀ᄒᆞ야 僕복射야ㅣ 되여시되 그 ᄆᆞᆫ누의 病병 ᄒᆞ엿거든 반ᄃᆞ시 친히 위ᄒᆞ야 블디더 粥쥭을 글히더니 블이 그 날오재 븓거늘 누의 ᄀᆞᆯ오ᄃᆡ 겨집죵이 하니 엇디 스스로 슈고ᄅᆞᆯ 이러ᄐᆞ시 ᄒᆞᄂᆞ뇨 勣젹이 ᄀᆞᆯ오ᄃᆡ 엇디 사ᄅᆞᆷ 업슴을 위ᄒᆞ예리오 도라보건댄 이제 누의 나히 늙고 勣젹이 ᄯᅩ 늘그니 비록 ᄌᆞ조 누의를 위ᄒᆞ야 粥쥭을 글히고져 ᄒᆞᆫ돌 다시 可가히 어드랴

현대역 唐 英公[英은 봉한 땅이라.] 李勣이 귀하여 복야가 되었으되, 그 맏누이 병 하였거든 반드시 친히 위하여 불 때어 죽을 끓이더니, 불이 그 나룻에 붙거늘, 누이 가로되, "계집종이 많으니 어찌 스스로 수고를 이렇듯이 하느냐?" 적이 가로되, "어찌 사람 없음을 위하여 하리오? 돌아본즉슨 이제 누이 나이 늙고 적이 또 늙으니, 비록 자주 누이를 위하여 죽을 끓이고자 한들, 다시 가히 얻으랴?"

【集說】**吳氏曰勣**의**本姓**은**徐**니**爲唐相**하여**封英公**하고**賜姓李**하여**字懋功**이요**曹州人**이라**顧**는**猶念也**라

오 씨가 말하였다. "勣의 본성은 徐니, 당나라 정승이 되어 英公에 봉해지고, 이 씨 성을 하사 받아, 자가 무공(懋功)이고. 曹州 사람이다. 顧는 念[생각함]과 같다"

漢字 賜(줄 사), 懋(힘쓸 무, 성할 무)

【四十章】

○ **司馬溫公**이**與其兄伯康**으로**友愛尤篤**이러니**伯康**이**年將八十**이라**公**이**奉之如嚴父**ᄒᆞ며**保之如嬰兒**ᄒᆞ야**每食少頃則問曰得無饑乎**아ᄒᆞ며**天**이**少冷則拊其背曰衣**ㅣ**得無薄乎**아ᄒᆞ더라

《宋名臣言行錄, 范太史文集》

●사마온공이 그 형 伯康과 더불어 우애가 더욱 돈독하더니, 백강이 나이가 장차 여든이 되려 했다. 공이 그를 받들기를 엄한 아버지처럼 했으며, 그를 보호하기를 갓난아이처럼 해서, 매번 밥 먹고 잠간 동안인즉 물어 말하였다. "능히 배고픔이 없습니까?" 하며, 날씨가 조금 찬즉 그의 등을 어루만지며 말하였다. "능히 (옷이) 얇지 않습니까?"

漢字 伯(맏 백), 篤(도타울 독), 康(편안할 강), 尤(더욱 우), 嬰(갓난아이 영), 少(적을 소), 頃(이랑 경), 饑(주릴 기), 拊(어루만질 부), 薄(엷을 박)

소경(少頃): 잠깐 동안. 잠시 지나간 동안.

번소 司ᄉᆞ馬마溫온公공이 그 형 伯빅康강으로 ᄉᆞ랑호믈 지극이 ᄒᆞ더니 伯빅康강의 나히 거싀 여ᄃᆞᆫ이어늘 公공이 위와도믈 아비ᄀᆞ티 ᄒᆞ며 간슈호믈 아히ᄀᆞ티 ᄒᆞ야 ᄆᆡ양 밥 먹고 이슥거든 무러 닐오ᄃᆡ

아니 ᄇᆡ골ᄑᆞᆫ가 ᄒᆞ며 나리 져그나 칩거든 등을 ᄆᆞᆫ져 닐오ᄃᆡ 오시 아니 열운가 ᄒᆞ더라

현대역 사마온공이 그 형 伯康으로 사랑함을 지극히 하더니, 백강의 나이 거의 여든이거늘, 공이 떠받듦을 아버지같이 하며, 보호함을 아이같이 하여, 항상 밥을 먹고 때가 좀 지난 듯하거든 물어 이르되, "아니 배고픈가?" 하며, 날이 적으나마 춥거든 등을 만져 이르되, "옷이 아니 엷은가?" 하더라.

1 위와도ᄆᆞᆯ: 떠받듦을. '위왇(어간)+옴(명사형 어미)+ᄋᆞᆯ(목적격 조사)'이다. '위왇다'는 '떠받들다'의 옛말이다. 나히 쟝ᄎᆞ 여드니어ᄂᆞᆯ 公이 위와도ᄃᆡ 아바님 ᄀᆞ티 ᄒᆞ고 安保호ᄃᆡ 져믄 아ᄒᆡᄀᆞ티 ᄒᆞ야(伯康年將八十 公奉之如嚴父 保之如嬰兒).《내훈 3:41》, 큰 道理ᄂᆞᆫ 하ᄂᆞᆯ훗 몬져 나니 녜브터 다 위와ᄃᆞ며 님금마다 고티디 몯ᄒᆞ시ᄂᆞ니.《월석 2:70》

2 간슈호ᄆᆞᆯ: 간수함을. 보호함을. '간슈ᄒᆞ(어간)+옴(명사형 어미)+ᄋᆞᆯ(목적격 조사)'이다. '간슈ᄒᆞ다'는 '간수하다'의 옛말이다. 醫와 藥과 病 간슈ᄒᆞ리 업거나.《석상 9:36》, 버리 ᄢᅮᆯ를 간슈홀ᄉᆡ 一切ㅅ 사ᄅᆞᆷ과 즁ᄉᆡᆼᄋᆞᆯ 瞋心ᄒᆞ야 소ᄂᆞ니(蜂喩瞋者 評曰蜂護蜜故 瞋螫一切人畜等也).《원각 상1-2:178》

3 이슥거든: '이슥(어간)+거든(연결어미)'이다. '이슥다'는 '이슥다'는 '때가 좀 지난 듯하다'의 옛말이다. 간슈호ᄆᆞᆯ 아ᄒᆡᄀᆞ티 ᄒᆞ야 ᄆᆡ양 밥 먹고 이슥거든 무러 닐오ᄃᆡ(保之如嬰兒 每食少頃則問曰).《번소 9:79》

4 골ᄑᆞᆫ가, 열운가: 고픈가, 엷은가. '골ᄑᆞ(어간)+ㄴ(관형사형 어미)+가(의문 보조사)', '열우(어간)+ㄴ(관형사형 어미)+가(의문 보조사)'이다. 의문 보조사 '가'는 관형사형과 결합하여 제2인칭 의문법 중 간접의문문을 만든다. 의문사 없이 쓰여 판정의문문에 해당한다. 상대방의 대답을 전제하지 않은 독백조의 말씨에 쓰인다. 安ᄋᆞᆫ 便安홀씨오 否ᄂᆞᆫ 便安티 아니홀씨니 安否ᄂᆞᆫ 便安ᄒᆞ신가 아니ᄒᆞ신가 ᄒᆞ논 마리라.《석상 11:4》, 다ᄅᆞᆫ 사ᄅᆞᄆᆞᆯ 갑새 보내니 太子ㅣ 아바닚 勅書ㅣ신가 너겨 깃ᄉᆞᄫᅡ ᄒᆞᆫ 눈 ᄲᅡᅘᅧ ᄉᆞᆺ바다애 연자두고 오래 보니.《석상 24:51》. '골ᄑᆞ다'는 '고프다'의 옛말이다. '골ᄑᆞ다'는 15세기 문헌에서부터 나타난다. 16세기 이래로 제2음절 이하의 모음 'ㆍ'가 'ㅡ'로 바뀜에 따라 '골프다' 형태가 나타났다. 그리고 '골ᄑᆞ다'의 제1음절에서 'ㄹ'이 탈락한 '고ᄑᆞ다' 형태도 16세기부터 나타났는데, '골프다'에서 제1음절의 종성 ㄹ이 탈락한 '고프다' 형태는 17세기 문헌에서

부터 확인된다. 한편 이 어휘는 다양한 이표기를 보이고 있는데, '곲프다', '곱프다'와 같은 중철 표기의 예나, '곲흐다', '곱흐다'와 같이 제2음절의 'ㅍ'을 'ㅂ'과 'ㅎ'으로 재음소화한 표기, '골푸다, 곱푸다'와 같이 양순음 'ㅍ' 뒤에 오는 'ㅡ'가 'ㅜ'로 원순모음화한 것을 반영한 표기 등이 보인다. 골ᄑᆞ다(15세기~18세기)>골프다(16세기~19세기)>고프다(17세기~현재). 이형태: 골ᄑᆞ다, 골프다, 골푸다, 곲프다, 곲흐다, 고ᄑᆞ다, 고프다, 곱프다, 곱푸다, 곱흐다. 往生偈ㄹ 외오시면 헌 오시 암ᄀᆞᆯ며 골ᄑᆞᆫ ᄇᆡ도 브르리이다.《1459 월석 8:83ㄱ》, 쥭 쑤워 아ᄆᆞ라나 마나 골픈 ᄃᆡ 머그라.《1510년대 번노 상:54ㄱ》. '열우다'는 '엷다'의 옛말로, '두께가 적다'를 뜻한다. 현대국어 '엷다'는 15세기 문헌에서부터 '엷-'으로 나타나 현재까지 이어진다. 다만 중세국어의 '엷다'는 모음으로 시작하는 어미 앞에서 'ㅂ'이 '오' 또는 '우'로 바뀌었던 불규칙용언이었는데, 현대국어로 오면서 '엷다'는 '엷고, 엷은, 엷어'와 같이 활용하는 규칙용언으로 바뀌게 되었다. 엷다(15세기~현재). 이형태: 엷-, 열오-, 열우-. 믈읫 아치 얻븐 야이 업스며 고히 平코 엷디 아니ᄒᆞ며 뷔트디.《1447 석상 19:7ㄱ》, ᄒᆞ다가 煩惱ㅣ 열워 몸과 ᄆᆞᅀᆞᆷ괘 가ᄇᆡ얍고 便安ᄒᆞ야.《1467 목우 36ㄴ》, 福 지소ᄆᆞᆯ 아디 몯ᄒᆞ면 果ㅣ 羅漢ᄋᆡ 供養應호미 열오ᄆᆞᆯ 어드리니.《1482 금삼 4:30ㄴ》

소언 司ᄉᆞ馬마溫온公공이 그 兄형 伯ᄇᆡᆨ康강으로 더블어 ᄉᆞ랑홈을 더옥 도타이 ᄒᆞ더니 伯ᄇᆡᆨ康강이 나히 쟝ᄎᆞᆺ 여ᄃᆞᆫ이라 公공이 위와돔을 嚴엄ᄒᆞᆫ 아비ᄀᆞᆮ티 ᄒᆞ며 간슈홈을 ᄌᆞᆫ아기 ᄀᆞᆮ티 ᄒᆞ야 ᄆᆡ양 밥 먹고 이윽ᄒᆞ면 무러 ᄀᆞᆯ오ᄃᆡ 아니 ᄇᆡ 골ᄑᆞᆫ가 ᄒᆞ며 날이 져기 ᄎᆞ면 그 등을 ᄆᆞᆫ져 ᄀᆞᆯ오ᄃᆡ 오시 아니 열운가 ᄒᆞ더라

현대역 사마온공이 그 형 백강으로 더불어 사랑함을 더욱 도탑게 하더니, 백강이 나이 장차 여든이라, 공이 떠받듦을 엄한 아버지같이 하며, 보호함을 어린애 같이 하여 매양 밥 먹고 한참 있거든 물어 가로되, "아니 배 고픈가?" 하며, 날이 좀 차면 그 등을 만져 가로되, "옷이 아니 엷은가?" 하더라.

【集解】公兄의名은旦이요字는伯康이라奉之如嚴父는敬之至也

요保之如嬰兒는愛之至也라老人은腸胃弱하여易飽易饑하고氣體虛하여易寒易熱이라故로公撫問之勤이如此하니라

공의 형의 이름은 단(旦)이고, 자는 백강이다. 奉之如嚴父[그를 받들기를 엄한 아버지처럼 함]는 그를 공경함이 지극함이고, 保之如嬰兒[그를 보호하기를 갓난아이처럼 함]는 그를 사랑함이 지극함이다. 노인은 장과 위가 약하여 쉽게 배부르며 쉽게 허기지고, 기운과 몸이 허하여 쉽게 춥고 쉽게 덥다. 그러므로 공이 어루만지고 물음의 부지런함이 이와 같았다.

漢字 撫(어루만질 무)

旦: 단(旦)은 《번역소학》과 《소학언해》의 대문(大文)에서는 늘, 이성계의 바꾼 이름이 이단(李旦)이므로 기휘(忌諱)하여, 단(旦)으로 쓰되 '됴(조)'로 음을 달고 있다. 위 【集解】의 글은 대문이 아니라서 위 두 책에는 들어있지 않지만, 대문에 준하여 '조'로 독음하고자 한다.

〖四十一章〗

○近世故家ㅣ惟晁氏ㅣ因以道의申戒子弟ᄒᆞ야皆有法度ᄒᆞ니群居相呼애外姓尊長으란必曰某姓第幾叔若兄이라ᄒᆞ며諸姑尊姑之夫란必曰某姓姑夫某姓尊姑夫ㅣ라ᄒᆞ고未嘗敢呼字也ᄒᆞ며其言父黨交游애必曰某姓幾丈이라ᄒᆞ고亦未嘗敢呼字也ᄒᆞ니當時故家舊族이皆不能若是ᄒᆞ더라 《童蒙訓》

●근세에 故家에 오직 晁氏인 以道의 거듭 자제를 경계함으로 인하여 다 법도가 있더니, 무리가 거하여 서로 부름에, 외갓집 姓의 尊者와 長者는 반드시 '아무개성 제 몇째 아저씨, 및 (몇째) 형'이라 하며, 여러 고모와 대고모의 남편은 반드시 '아무개성 고모부, 아무개성 대고모부'라 하고, 일찍이 감히 字를 부르지 아니하며, 아버지무리의 친구를 말함에 반드시 '아무개성

몇째 어르신'이라 하고, 또한 일찍이 감히 字를 부르지 아니하니, 당시 故家 舊族이 다 능히 이와 같지는 않았다.

[漢字] 晁(아침 조), 申(거듭 신), 群(모일 중), 幾(몇 기, 거의 기), 若(및 약), 姑(고모 고, 시어미 고)

1 조이도(晁以道, 1059년~1129년): 북송 제주(濟州) 거야(巨野) 사람이다. 이름은 조열지(晁說之)고, 자는 이도(以道) 또는 백이(伯以)고, 자호는 경우생(景迂生)이다. 조단언(晁端彦)의 아들이다. 신종(神宗) 원풍(元豊) 5년(1082년) 진사가 되었다. 문장이 전려(典麗)하여 소식(蘇軾)의 칭찬을 받았다. 철종(哲宗) 원부(元符) 3년(1100년) 무극지현(無極知縣)이 되어 글을 올려 왕안석(王安石)을 배척하고 여러 신하들의 잘못을 질타했다. 고종(高宗)이 즉위하자 불러 휘유각대제(徽猷閣待制) 겸 시독(侍讀)에 올랐지만 병으로 나가지 못했다. 성주지주(成州知州)와 비서소감(秘書少監) 등을 역임했다. 사마광(司馬光)에게 《태현경(太玄經)》을 전수받았고, 소옹(邵雍)의 제자 양현보(楊賢寶)에게 역학(易學)을 배웠다. 육경(六經)에 불가, 도가, 법가의 학설들이 섞여 있어 순전(純全)하지 않다는 견해를 가지고 있었는데, 이에 근거하여 육경을 연구할 때는 회의적 관점을 바탕으로 한 문헌비평이 필요하다고 주장했다. 만년에는 불교를 믿었다. 시를 잘 지었고, 산수화도 잘 그렸다. 저서에 《시서론(詩序論)》과 《중용전(中庸傳)》, 《유언(儒言)》, 《조씨객어(晁氏客語)》, 《경우생집(景迂生集)》 등이 있다(중국역대인명사전).

2 고가(故家): 여러 대를 두고 행세하며 잘 살아온 집안.

3 외성(外姓): 어머니 편의 성(姓). 외척(外戚)을 이름.

4 존장(尊長): 일가친척이 아닌 사람으로서, 자기보다 나이가 많음. 또는 그런 사람. 웃어른.

5 교유(交遊): 서로 사귀어 왕래함.

6 구족(舊族): 예로부터 내려오는 지체 높은 집안.

[번소] 요ᄉᆞᅀᅵ 오란 가문이 오직 晁됴氏시옷 以이道도ㅣ란 소노로 인ᄒᆞ야 다시곰 ᄌᆞ뎨ᄅᆞᆯ 경계ᄒᆞ야 다 법되 잇게 홈으로 모다 살며 서르 블로매 外외姓셩 얼운으란 반드시 닐오ᄃᆡ 아모 셩 현잿 아자비며

형이라 ᄒᆞ고 아ᄌᆞᆷ이며 넛할ᄆᆡ 남진으란 반드시 닐오ᄃᆡ 아모 셩 아ᄌᆞᆷ의 남진이며 아모 셩 할ᄆᆡ 남진이라 ᄒᆞ야 잠깐도 ᄌᆞ롤 브를 적이 업스며 아븨 무레 사괴여 노ᄂᆞᆫ 사ᄅᆞᆷ을 니를 저긔ᄂᆞᆫ 반드시 닐오ᄃᆡ 아모 셩 현잿 얼운이라 ᄒᆞ고 일즉 잠깐도 ᄌᆞ롤 브르디 아니ᄒᆞ더니 그 시절 오란 가문ᄃᆞᆯ히 다 이리 몯ᄒᆞ더라

현대역 요사이 오랜 가문이 오직 조 씨(晁氏)만, 以道라는 孫으로 인하여, 다시금 자제를 경계하여, 다 법도가 있게 함으로, 모여 살며 서로 부름에, 외가 성 어른은 반드시 이르되, '아무 성 몇째 아저씨며 형'이라 하고, 아주머니[고모]며 대고모 남편은 반드시 이르되, '아무 성 아주머니[고모]의 남편이며 아무 성 할머니[대고모]의 남편'이라 하여, 잠깐도 字를 부를 때가 없으며, 아버지의 무리에 사귀어 노는 사람을 이를 때에는 반드시 이르되, '아무 성 몇째 어른'이라 하고, 일찍 잠깐도 자를 부르지 아니하더니, 그 시절 오랜 가문들이 다 이렇게 못하더라.

1 됴시옷: 조 씨만. '됴시(명사)+옷(조사)'이다. '옷'은 '곳'의 이형태로서, 단독의 뜻인 '만'을 나타내는 보조사이다. '옷'은 모음이나 'ㄹ'로 끝나는 체언 아래 선택된다. 중세국어에는 현대국어의 단독의 보조사 '만'은 극히 드물게 나타나고 대신 '곳', '옷'이 나타난다. 舍利弗옷 聰明ᄒᆞ고 神足이 ᄀᆞᄌᆞ니 舍利弗이 가ᅀᅡ 일우리라 ᄒᆞ샤.《석상 6:22》, 하ᄂᆞᆯ히 현마 즐겁고도 福이 다아 衰ᄒᆞ면 受苦ᄅᆞᄫᆡ요미 地獄두고 더으니 부텨옷 죽사릴 여희샤 娑婆世界 밧긔 버서나시니라.《월석 1:21》

2 얼운으란: 어른은. '얼운(명사)+으란(보조사)'이다. '으란'은 끝음절의 모음이 '으, 어, 우'인 체언 뒤에 붙어, 'ㄹ' 이외의 받침으로 끝나는 체언 뒤에 붙어, '은/는'을 뜻하는 조사이다. 두 分에 ᄂᆞᆫ호아 ᄒᆞᆫ 分으란 釋迦牟尼佛ᄭᅴ 받ᄌᆞᄫᆞ시고 ᄒᆞᆫ 分으란 多寶佛塔애 받ᄌᆞᄫᆞ시니라《석상 21:18》, 臣下란 忠貞을 勸ᄒᆞ시고 子息으란 孝道ᄅᆞᆯ 勸ᄒᆞ시고 나라ᄒᆞ란 大平을 勸ᄒᆞ시고《월석 8:29》

3 현잿: 몇째의. '현재(명사)+ㅅ(관형격 조사)'이다. '현재'는 '몇째'의 옛말이다. 서르 블로매 外姓 얼운으란 반ᄃᆞ시 닐오ᄃᆡ 아모 셩 현잿 아자비며 형이라 ᄒᆞ고(羣居相呼 外姓尊長 必曰某姓第幾叔若兄).《번소 9:80》

4 넛할ᄆᆡ: 넛할머니의. '넛할미(명사)+ᄋᆡ(관형격 조사)'이다. '넛할미'는 '넛할머니'

의 옛말이다. '넛할미'는 본래 '아버지의 외숙모'를 가리킨다. 그러나 여기서는 문맥상 '아비지의 고모', 즉 '대고모(大姑母)'로 풀이한다. 현대국어 '넛할머니'의 옛말인 '넛할미'는 16세기 문헌에서부터 나타난다. '넛할미'는 '넛'과 '할머니'의 의미인 '할미'가 결합한 것이다. 20세기 이후 '할미' 대신 '할머니'가 결합한 형태인 '넛할머니'가 나타나서 현재에 이르렀다. 넛할미(16세기)>넛할머니(20세기~현재). 이형태: 넛할미. 아ᄌᆞᆷ이며 넛할ᄆᆡ 남진으란 반드시 닐오ᄃᆡ 아모 셩 아ᄌᆞᆷ의 남진이며 아모 셩 할ᄆᆡ 남진이라 ᄒᆞ야.《1518 번소 9:80ㄴ-81ㄱ》, 모ᄃᆞᆫ 아ᄌᆞ미며 넛할ᄆᆡ 남편으란 반ᄃᆞ시 ᄀᆞᆯ오ᄃᆡ 아모 姓 아ᄌᆞᆷ의 남편이며 아모 姓 넛할믜 남편이라 ᄒᆞ고.《1588 소언 6:74ㄴ-75ㄱ》

소언 요ᄉᆞ이 녯 가문이 오직 晁됴氏시ㅣ 以이道도[일홈은 說열之지니 宋송 적 사ᄅᆞᆷ이라]의 子ᄌᆞ弟뎨를 다시곰 경계홈을 因인ᄒᆞ야셔 다 法법道도 이시니 모다 살며 서르 블롬애 外외姓셩 얼운으란 반ᄃᆞ시 ᄀᆞᆯ오ᄃᆡ 아모 姓셩 현잿 아자비며 및 兄형이라 ᄒᆞ며 모ᄃᆞᆫ 아ᄌᆞ미며 넛할ᄆᆡ 남편으란 반ᄃᆞ시 ᄀᆞᆯ오ᄃᆡ 아모 姓셩 아ᄌᆞᆷ의 남편이며 아모 姓셩 넛할믜 남편이라 ᄒᆞ고 일즉 敢감히 字ᄌᆞ를 브르디 아니ᄒᆞ며 그 아븨 물에 사괴여 ᄃᆞᆫ니ᄂᆞᆫ 이ᄅᆞᆯ 니를 제 반ᄃᆞ시 ᄀᆞᆯ오ᄃᆡ 아모 姓셩 현잿 얼운이라 ᄒᆞ고 ᄯᅩ 일즉 敢감히 字ᄌᆞ를 브르디 아니ᄒᆞ니 그 시절 녯 가문과 오란 겨레들히 다 能능히 이ᄀᆞᆮ디 몯ᄒᆞ더라

현대역 요사이 옛 가문이 오직 조 씨(晁氏)가, 以道[이름은 說之니, 宋 때 사람이라.]가 자제를 다시금 경계함을 인하여서, 다 법도 있으니, 모여 살며 서로 부름에, 외가 성 어른은 반드시 가로되, '아무 성 몇째 아저씨며 및 형'이라 하며, 모든 아주머니[고모]며 대고모 남편은 반드시 가로되, '아무 성 아주머니[고모]의 남편이며 아무 성 대고모의 남편'이라 하고, 일찍 감히 字를 부르지 아니하며, 그 아버지의 무리에 사귀어 다나는 이를 말할 때 반드시 가로되, '아무 성 몇째 어른'이라 하고, 또 일찍 감히 자를 부르지 아니하니, 그 시절 옛 가문과 오랜 겨레들이 다 능히 이와 같이 못하더라.

【集說】陳氏曰故家는舊家라惟는獨也라以道는名說之니澶淵人이라若은及也라尊者曰某姓第幾叔이요長者曰某姓弟幾兄이라姑는父之姊妹也요尊姑는祖之姊妹也요父黨交游는父之友也라稱姓稱行稱位而不呼字는皆謙厚之道라

진 씨가 말하였다. "故家는 舊家다. 惟는 '유독'이다. 以道는 이름이 說之니, 전연(澶淵) 사람이다. 若은 '및'이다. 尊者에게는 '아무개성 제 몇째 아저씨'라 하고, 長者에게는 '아무개성 제 몇째 형'이라 한다. 姑는 아버지의 자매이고, 尊姑는 할아버지의 자매이고, 父黨交遊[아버지무리의 친구]는 아버지의 친구이다. 성을 일컫고 항렬을 일컬으며 지위를 일컬으면서, 字를 부르지 않음은 모두 겸손하고 두터운 도리이다.

漢字 澶(물 이름 전), 行(줄 항)

구가(舊家): 여러 대를 이어 온 집안.

〖四十二章〗

○包孝肅公이尹京時에民有自言호딕以白金百兩으로寄我者ㅣ死矣어늘予與下同其子호니不肯受ᄒᆞᄂᆞ니願召其子ᄒᆞ야予之ᄒᆞ쇼셔尹이召其子ᄒᆞᆫ대辭曰亡父ㅣ未嘗以白金委人也ㅣ라ᄒᆞ고兩人이相讓久之ᄒᆞ더라 《童蒙訓》

●包孝肅公이 서울을 다스릴 때, 백성이 또 스스로 말하였다. "백금 백 냥으로써 저에게 맡긴 사람이 죽었거늘, 그 아들에게 주니, 즐겨 받지 않으니, 원컨대 그 아들을 불러 그것을 주소서." 尹이 그 아들을 불렀는데, 사양하여 말하였다. "돌아가신 아버지께서 일찍이 백금으로써 남에게 맡기지 않았습니다." 하고, 두 사람이 서로 사양하기를 오랫동안 하였다.

漢字 **尹**(다스릴 윤), **有**(또 유, 혹 유, 어떤 유), **寄**(맡길 기), **予**(줄 여), **肯**(즐길 긍, 수긍할 긍)

포증(包拯, 999년~1062년): 북송시대 여주(廬州) 합비(合肥, 지금의 안후이성 허페이) 사람이다. 다른 이름은 포문정(包文正)이고, 자는 희인(希仁)이며, 이름은 증(拯)이다. 별칭으로는 포룡도(包龍圖), 포흑자(包黑子), 포흑탄(包黑炭)이 있으며, 중국에서는 보통 포공(包公), 포청천(包淸天) 등으로 불린다. 진종(眞宗) 함평(咸平) 2년 4월 11일에 포원외(鮑員外)의 셋째 아들로 태어났다. 위로 20여 세 연상인 친형 2명이 이미 출가해 있었던 터라 어머니는 며느리들과 비슷한 때 임신한 것을 부끄러워하여 그를 지우려 하였으나, 태몽을 꾸고 그만두었다고 한다. 얼굴이 검었다고 하며, 드라마에서는 양미간 사이에 초승달이 있는 것처럼 묘사되었으나 실제로는 초승달이 없었다. 어려서 포가촌의 일가, 하인의 자제들과도 스스럼없이 어울렸다고 하며 아버지 포원외가 들인 독선생을 모시고 수학했다. 인종(仁宗) 천성(天聖) 5년(1027년) 진사에 급제해 랴오닝성 젠창현(建昌縣)의 현령이 되었으나 연로한 부모를 봉양하기 위하여 사임하였다. 부모가 돌아가시고 3년상을 마친 뒤 1037년에 다시 관직에 복귀하여 안후이성 천장현(天長縣) 현령, 단주[端州, 지금의 광둥(廣東)성 자오칭(肇慶) 돤저우] 지사(知使)를 거쳐 감찰어사에 발탁되었다. 그는 병사를 키우고 장수를 선발하여 변방의 경비를 철저히 할 것을 건의했다. 거란에 사신으로 다녀온 뒤 삼사호조판관(三司戶曹判官), 허베이로(河北路) 전운사 등을 지내고, 장쑤성 양저우(揚州)와 여주(廬州), 강녕(江寧, 지금의 장쑤성 난징시 장닝구), 개봉(開封, 지금의 허난성 카이펑) 등지의 지부(知府, 행정수장)를 역임한 뒤 우사낭중(右司郎中)으로 옮겼다. 그는 조정에서 늘 강직하고 올곧아 귀척(貴戚, 임금의 인척)과 환관들이 감히 함부로 하지 못했다. 송사를 처결할 때도 명민하고 정직하여 정문을 열어놓고 억울한 사람이 직접 찾아와 시비곡직을 따지도록 하여 간교한 아전들의 개입을 차단했다. 어사중승(御史中丞)으로 있다가 삼사사(三司使, 재정장관)로 옮기고, 1061년 추밀부사(樞密副使)에 임명되었다. 재임 기간 동안 청렴결백해서 소신대로 일을 처결하기로 명성이 높아 중국에서 청백리의 대명사로 불린다. 1062년 5월 24일에 개봉에서 병으로 사망했다. 당시 향년 63세였으며, 항간에는 독살당했다는 설이 돌기도 하였다. 인종은 그에게 동해군개국후(東海郡開國侯)에 추봉하고 예부(禮部)상서에 추증했다가 다시 이부(吏部)상서로 가증(加贈)하였다. 시호는 효숙(孝肅)이다. 저서로 《포효숙주의(包孝肅奏議)》·《포증집(包拯集)》·《포효숙공주상의(包孝肅公奏商議)》 등이 남아 있다. 남송(南宋)과 금(金)나라 때부터 그를 주인공으로 한 문학작품이 등장하였고, 명나라 때는 수백 권으로 된 소설화본 《포공안(包公案)》·《포룡도판백가공안(包龍圖判百家公案)》 등이, 청나라 때는 《용도공안(龍圖公案)》·《삼협오의(三俠五義)》·《칠협오의(七俠五義)》 등의 장편소설이 있다. 원나라 잡극(雜劇)에도 자주 등장한다. 뿐만 아니라 사후에는 중국 무속에서 신으로도 숭배되며, 사후 지옥 중 5번째 지옥을 주관하는 심판관이 되었다는 전설도 있다. 1879년에 작가 석옥곤이 《포공안》·《용도공안》을 참고하여 120회본으로 축약한 《삼협오의》는 혼탁한 청나라 말기의 정세에 유행하면서 대중화되었는데, 쉬운 문자에 책 중간 중간 그림을 삽입하는 등의 기법을 활용하여 일반 시민들이 쉽게 알아볼 수 있었다고 한다. 1900년대부터는 청나라, 중화민국의 라디오와 텔레비전 드라마로 방영되기 시작하여 이후 여러 번 드라마, 영화, 연극화 되었다. 한국에는 1993년작 드라마 〈판관 포청천〉이 소개됨으로써 널리 알려지게 되었다. 포청천의 일생에 관해서는 《송사》 〈포승열전〉에 잘 기록되어 있다. 영화나 TV를 통해서 본 포청천은 하얀 이빨에 검은 얼굴을 하고 있는데, 이는 사실과 다르다. 《포서원기(包書院記)》라는 기록을 보면, "남아 있는 초상화를 보면 점잖고 단정한 모습으로 보통 사람과 다를 바가 없었다."라고 되어 있다. 포청천의 신상에 관해서도 이견이 있다. 족보에 따르면 그는 72세까지 살았는데, 《송사》에는 64세로 기록되어 있다. 또 족보에는 28세로 요절한 숙덕(淑德) 부인으로 불린 이 씨를 아내로 맞이했다고 되어 있는 반면, 《송사》에는 동(董) 씨를 부인으로 맞이했다고 되어 있다. 먼저 이 씨와 혼인한 후 이 씨가 일찍 세상을 뜨자 다시 동 씨와 재혼한 것으로 판단한다. 포억(包繶)이라는 아들이 하나 있었는데 동 씨 소생이다. 포억은 담주(潭州, 지금의 후난성 상탄(湘潭)시)에서 통판(通判) 벼슬을 하기도 했는데 20대에 역시 요절했다. 포억도 아내와 아들 하나를 남겼는데, 이 아들 역시 요절하자, 포청천이 며느리에게 늘 재혼하라고 권유했다고 한다. 그때마다 며느리 최 씨는 "아버님께서는 천하가 다 아는 명공이신데, 제가 어찌 가문을 욕되게 하겠습니까? 살아서는 포 씨 집안의 며느리로, 죽어서는 포 씨 집안의 귀신이 될 것입니다."라고 대답했다고 한다. 이런저런 사료로 보아 오늘날 포 씨 집안은 포청천의 직계 후손이 아니라 친척일 것으로 본다(중국인물사전).

번소 孝효肅슉公공 包포拯증이 京경尹윤ㅅ 벼슬ᄒᆞ여신 제 ᄇᆡᆨ셩이 제 닐오ᄃᆡ 은 일ᄇᆡᆨ 량으로 내게 브텨뒷던 사ᄅᆞᆷ이 죽거놀 제 아ᄃᆞ를 주니 즐겨 받디 아니ᄒᆞᄂᆞ니 원컨댄 그 아ᄃᆞ롤 블러 주쇼셔 尹윤이 그 아ᄃᆞ를 블러 놀마다 ᄒᆞ야 닐오ᄃᆡ 내 주근 아비 일즉 은오로 사ᄅᆞᆷ 맛던 저기 업스니라 ᄒᆞ아 둘히 서르 ᄉᆞ양ᄒᆞ기롤 오래 ᄒᆞ더니

현대역 孝肅公 포증(包拯)이 경윤의 벼슬했을 때 백성이 스스로 이르되, "은 일백 량으로 내게 붙어두었던[맡겼던] 사람이 죽거늘, 그 아들을 주니 즐겨 받지 아니하니, 원컨대 그 아들을 불러, 주소서." 尹이 그 아들을 불러, (그 아들은) 날마다 하여 이르되, "나의 죽은 아버지 일찍 은으로 사람 맡긴 때가 없는 것이다." 하여, 둘이 서로 사양하기를 오래 하더니,

업스니라: 없는 것이다. '없(어간)+으(매개모음)+니라(평서형 종결어미)'이다. '-으니라'는 'ㄹ'을 제외한 받침 있는 동사, 형용사 어간이나 어미 뒤에 붙어, '-은 것이다'를 뜻하는 어미이다. 偈 지서 讚嘆ᄒᆞᅀᆞᆸ고 즉자히 도로 수므니라.《석상 6:45》, 고ᄌᆞᆨᄒᆞᆫ ᄆᆞᅀᆞᄆᆞ로 바다 디녀 疑心 아니ᄒᆞ면 惡趣예 ᄠᅥ러듫 주리 업스니라.《석상 9:27~28》

소언 包포孝효肅슉公공[일홈은 拯증이니 孝효肅슉은 시회라 宋송적 지샹이라]이 셔울 尹윤[漢한城셩判판尹윤 ᄀᆞᄐᆞᆫ 벼슬이라] ᄒᆞ여실 제 ᄇᆡᆨ셩이 스스로 니ᄅᆞ리 이쇼ᄃᆡ 은 일ᄇᆡᆨ 량으로ᄡᅥ 내게 브틴이 죽거늘 그 아ᄃᆞᆯ을 주니 즐겨 받디 아니ᄒᆞᄂᆞ니 願원컨댄 그 아ᄃᆞᆯ을 블러 주쇼셔 尹윤이 그 아ᄃᆞᆯ을 브른대 ᄉᆞ양ᄒᆞ야 ᄀᆞᆯ오ᄃᆡ 죽은 아비 일즉 은으로ᄡᅥ 사ᄅᆞᆷ을 맛디디 아녀ᄂᆞ니라 ᄒᆞ고 두 사ᄅᆞᆷ이 설으 ᄉᆞ양ᄒᆞ기롤 오래ᄒᆞ더라

현대역 包孝肅公[이름은 증(拯)이니, 孝肅은 시호라. 宋 때 재상이라.]이 서울 尹[한성판윤 같은 벼슬이라.] 했을 때 백성이 스스로 말할 이 있되, "은 일백 량으로써 내게 붙인 이 죽거늘, 그 아들을 주니 즐겨 받지 아니하니, 원한즉

슨 그 아들을 불러, 주소서." 윤이 그 아들을 부르니까, 사양하여 가로되, "죽은 아버지는 일찍 은으로써 사람에게 맡기지 아니어 있느니라." 하고, 두 사람이 서로 사양하기를 오래하더라.

아년ᄂᆞ니라: 아니어 있느니라. '아니(어간)+어(보조적 연결어미)+잇(在, '잇다'의 어간)+ᄂᆞ(현재시제 선어말어미)+니라(평서형 종결어미)'이다. 완료상은 보조적 연결어미 '-아/어/여'와 보조형용사 '잇다[在]'의 결합으로 표현된다. 그런데 '잇-'이 본동사와 한 음절을 이룰 때 이미 15세기에 'ㅣ'가 탈락되어 '어+ㅅ→엇'으로 나타나는 일이 많았다. 본 예는 자음동화 결과를 표기에 반영하였다. 몃 분 몃 량이 드럿ᄂᆞ뇨 닷 량 금으로 메웟ᄂᆞ니라(多少分兩 五兩金子廂的).《번박 상:18~19》(현대역: "몇 푼 몇 냥이 들었는가?", "금 닷 냥으로 끼웠느니라.")

【集說】吳氏曰公의名은拯이요字는希仁이며孝肅은諡也니廬州人이라尹京時는爲京尹之時也라委人은委寄於人也라

오 씨가 말하였다. "공의 이름은 증(拯)이고, 자는 希仁이며, 孝肅은 시호다. 여주 사람이다. 尹京時[서울을 다스릴 때]는 京尹이 되었을 때다. 委人은 남에게 맡김이다."

漢字 拯(건질 증, 구조할 증, 구원할 증), 廬(오두막 려)

呂滎公이聞之ᄒᆞ고曰世人이喜言無好人三字者는可謂自賊者矣로다古人이言人皆可以爲堯舜이라ᄒᆞ니蓋觀於此而知之로다

● 여형공이 그것을 듣고 말하였다. "세상 사람들이 無好人[좋은 사람이 없음] 세 자를 즐겨 말하는 자는 가히 스스로 해치는 자라고 말할 만하다. 옛 사람이 '사람은 모두 가히 써 요순이 될 수 있다.' 말했으니, 대개 여기에서 보면 그것을 알 것이다."

漢字 賊(해칠 적, 도둑 적)

人皆可以爲堯舜: 《맹자(孟子)》〈고자하(告子下)〉 제2장에 나오는 말이다. "曹交問曰 人皆可以爲堯舜 有諸 孟子曰 然(조교가 물었다. '사람은 다 요순이 될 수 있다 하니, 그러한 것이 있습니까?' 맹자가 말하였다. '그러하다.')" 그러나 맹자는 선(善)을 하고 악(惡)을 함이 모두 자신에게 달려 있을 뿐임도 말하고 있다. 이 내용은 〈가언(嘉言) 제5〉 제75장에서 이미 설명하였다.

번소 呂려榮영公공이 듣고 닐오ᄃᆡ 시절 사ᄅᆞᆷ이 어딘 사ᄅᆞᆷ 업다ᄒᆞᄂᆞᆫ 세 ᄌᆞᄅᆞᆯ 즐겨 니ᄅᆞᄂᆞ니ᄂᆞᆫ 제 몸을 제해 ᄒᆞᆫ다 니ᄅᆞᆯ 거시로다 녯 사ᄅᆞᆷ이 닐오ᄃᆡ 사ᄅᆞᆷ마다 가히 다 堯요舜순이 도욀 거시라 니ᄅᆞ니 이런 ᄃᆡ 보아 알 거시로다

현대역 여영공이 듣고 이르되, 시절 사람이 '어진 사람 없다[無好人].' 하는 세 글자를 즐겨 이르는 이는 제 몸을 스스로 해한다고 이를 것이로다. 옛 사람이 이르되, '사람마다 가히 다 요순이 될 것이라.' 이르니, 이런 데 보아 알 것이로다."

소언 呂려榮영公공이 듣고 ᄀᆞᆯ오ᄃᆡ 셰샹 사ᄅᆞᆷ이 됴ᄒᆞᆫ 사ᄅᆞᆷ 업다 ᄒᆞᄂᆞᆫ 세 字ᄌᆞᄅᆞᆯ 즐겨 닐으ᄂᆞᆫ 이ᄂᆞᆫ 可가히 스스로 해ᄒᆞᄂᆞᆫ 이라 닐으리로다 녯 사ᄅᆞᆷ이 닐오ᄃᆡ 사ᄅᆞᆷ이 다 可가히 ᄡᅥ 堯요舜순이 되리라 ᄒᆞ니 이예 보아 알리로다

현대역 여형공이 듣고 가로되, "세상 사람이 '좋은 사람 없다.' 하는 세 자를 즐겨 이르는 이는 가히 스스로 해하는 이라 말하리로다. 옛 사람이 이르되, '사람이 다 가히 써 요순이 되리라.' 하니, 이에 보아 알리로다."

닐으리로다. 알리로다: 말하리로다. 알리로다. '니르(어간)+리(추측법 선어말어미)+로다(감탄형 종결어미)'와 '알(어간)+리(추측법 선어말어미)+로다(감탄형 종결어미)'이다. '-로다'는 '-도다'가 서술격 조사 '이-'나 추측법 선어말어미 '리' 뒤에서 형태론적으로 조건 지어진 이형태이다. 즉 '-리로다'는 해라할 자리에 쓰여, 상황에 대한 화자의 추측을 감탄형으로 나타내는 어미이다. '-리라'보다

장엄한 느낌을 나타낸다.

【集解】賊은害也라

賊은 해침이다.

【四十三章】

○萬石君石奮이歸老于家ᄒᆞ더니過宮門闕ᄒᆞᆯ식必下車趨ᄒᆞ며見路馬ᄒᆞ고必軾焉ᄒᆞ더라子孫이爲小吏라來歸謁이어든萬石君이必朝服見之ᄒᆞ고不名ᄒᆞ더라子孫이有過失이어든不誚讓ᄒᆞ고爲便坐ᄒᆞ야對案不食이어든然後에ᅀᅡ諸子ㅣ相責ᄒᆞ야因長老ᄒᆞ야肉袒ᄒᆞ고固謝罪改之ᄒᆞ여ᅀᅣ乃許ᄒᆞ더라 《漢書 萬石君列傳》

●萬石君 석분(石奮)이 벼슬을 그만두고 집에서 늙더니, 궁궐 문을 지날 때 반드시 수레에서 내려 종종걸음으로 걸었으며, 路馬를 보고 반드시 軾하였다. 자손이 작은 벼슬아치가 되어 돌아와 뵙거든, 만석군이 반드시 朝服으로 그를 보고 이름을 부르지 않았다. 자손이 허물이 있거든 꾸짖지 아니하고, 치우친 앉음을 하여 밥상을 대해도 먹지 아니하거든, (이런) 뒤에야 여러 자식들이 서로 꾸짖어, 長老로 인하여 한쪽 팔을 벗어 살을 드러내고 진실로 사죄하여 그것을 고쳐야, 이에 허락하였다.

漢字 奮(떨칠 분), 闕(대궐 궐), 趨(종종걸음 칠 추, 달릴 추, 달아날 추), 軾(수레앞턱가로나무 식, 또 그 나무를 잡고 굽히어 절할 식), 謁(뵐 알), 誚(꾸짖을 초), 讓(꾸짖을 양), 便(치우칠 편). 肉(살 드러낼 육), 袒(웃통 벗을 단)

1 석분(石奮, 미상~기원전 124년): 전한 하내(河內) 온현(溫縣) 사람으로, 고조(高祖)와 경제(景帝) 때 대부(大夫)를 지냈다. 학식은 없었지만 공근(恭謹)하기 이를 데 없었다. 처음에 소리(小吏)가 되어 고조를 모셨다. 고조가 그의 공경(恭敬)한 자세가 마음에 들어 누이를 불러 미인(美人)으로 삼고, 중연(中涓)으로 삼았다.

문제(文帝) 때 태중대부(太中大夫)에 올랐다. 경제가 즉위하자 구경(九卿)의 반열에 이르러, 2천 석(石)에 올랐다. 그와 네 아들이 모두 현달(顯達)하여 받는 녹이 1만 석에 이르렀기 때문에 만석군(萬石君)으로 불렸다. 경제 말에 상대부(上大夫)의 녹을 받고 연로하여 귀가했다(중국역대인명사전).

2 귀로(歸老): 벼슬을 그만두고 고향으로 돌아가 노후를 보냄.

3 노마(路馬): 임금의 수레를 끌던 말. 임금이 타는 말.

4 장로(長老): 나이가 많고 덕이 많은 사람의 존칭(尊稱).

5 육단(肉袒): 웃통을 벗어 상체를 드러내는 일. 복종(服從)·항복(降伏)·사죄(謝罪) 등의 뜻을 나타냄.

번소 萬만石셕君군 石셕奮분이 늘거 벼슬 말오 집의 와 사더니 대궐문을 디날 제 술위ᄅᆞᆯ ᄂᆞ려 ᄲᆞᆯ리 디나가며 님금 술위 메ᄂᆞᆫ ᄆᆞᄅᆞᆯ 보와ᄃᆞᆫ 반ᄃᆞ시 술위 우희셔 구버 디내더라 ᄌᆞ손이 효ᄀᆞᆫ 벼슬 ᄒᆞ여시와 뵈여ᄃᆞᆫ 萬만石셕君군이 朝됴服복 닙고 보고 일훔 브르디 아니ᄒᆞ며 ᄌᆞ손이 왼일 잇거든 구짓디 아니ᄒᆞ고 ᄒᆞᆫᄀᆞᅀᅢ 안자셔 반상을 바다도 먹디 아니ᄒᆞ더니 그린 후에ᅀᅡ 모ᄃᆞᆫ ᄌᆞ식ᄃᆞᆯ히 서르 외요라 ᄒᆞ야 얼운 권당을 인ᄒᆞ야 오ᄉᆞᆯ 메왓고 ᄀᆞ장 샤죄ᄒᆞ야 고텨지라 ᄒᆞ여ᄃᆞᆫᅀᅡ 허ᄒᆞ야 밥 먹더라

현대역 만석군 석분(石奮)이 늙어, 벼슬 말고 집에 와 살더니, 대궐문을 지날 때 수레를 내려 빨리 지나가며, 임금 수레 메는 말을 보거든 반드시 수레 위에서 굽어 지나더라. 자손이 작은 벼슬 하와 뵈거든, 만석군이 조복 입고서 보고 이름 부르지 아니하며, 자손이 비행 있거든 꾸짖지 아니하고, 한쪽가에 앉아서 飯床을 받아도 먹지 아니하더니, 그렇게 한 후에야 모든 자식들이 서로 그르다 하여, 어른 친척을 인하여 옷을 한쪽 어깨를 벗고 가장 사죄하여, 고치겠다고 한다 하거든 해야 허락하여 밥 먹더라.

1 보와ᄃᆞᆫ: 보거든. '보오(어간)+아ᄃᆞᆫ(연결어미)'이다. '-아ᄃᆞᆫ'은 끝음절의 모음이 'ㅏ, ㅗ'인 어간 뒤에 붙어, 주로 타동사 어간이나 어미 뒤에 붙어, '-거든'을

뜻하는 어미이다. 王舍城으로 가며 길헤 艱難ᄒᆞᆫ 사ᄅᆞᆷ 보아든 다 布施ᄒᆞ더라.《석상 6:15》, 네 이 經 受持ᄒᆞᇙ 사ᄅᆞᆷ 보아든 靑蓮花애 末香ᄋᆞᆯ ᄀᆞᄃᆞ기 다마 그 우희 비허 供養ᄒᆞ고.《석상 20:31》

2 ᄒᆞ여시와: 하와. 'ᄒᆞ(어간)+여(연결어미)+시(주체 높임 선어말어미)+오(선어말어미)+아(연결어미)'이다. '-시-'는 주체 높임 선어말어미이다. 현대국어에서는 '-시-'가 언제나 존경의 대상이 되는 인물과 직·간접으로 관련되는 주어 명사구에 일치하여 쓰이는데, 중세국어에서는 그런 제약을 받지 않고 쓰이는 일이 있었다. 본 예의 경우처럼, 이런 경우에는 비존경 선어말어미에 해당된다 하겠다. '-와'는 받침 없는 용언의 어간, 'ㄹ' 받침인 용언의 어간 또는 어미 '-으시-' 뒤에 붙어, 공손함을 나타내는 어미이다. '-오-'에 어미 '-아'가 결합한 말이다. 미안하와 어떡하지요? 너무 감사하와 무슨 말씀을 드려야 할지 모르겠사옵니다.

3 반상: 반상(飯床). 격식을 갖추어 밥상 하나를 차리도록 만든 한 벌의 그릇. 사기나 놋쇠 따위로 만들며, 주발・대접・쟁반・탕기・조칫보・보시기・종지 따위를 기본으로 하고, 쟁첩의 수에 따라 3첩・5첩・7첩・9첩 등으로 구별하고, 대접과 쟁반 외에는 모두 뚜껑이 있다.

4 외요라: 그르다. '외(어간)+요(화자 표시법 선어말어미)+라(평서형 종결어미)'이다. '-요-'는 '-오-'의 이형태로, 'ㅣ'나 'ㅣ' 계열 이중모음으로 끝나는 어간이나 'ᄒᆞ다'의 어간 뒤에서 교체된다. '-라'는 '-다'가 '-요-' 뒤에서 교체된 것이다. 따라서 '-요라'는 주어 명사구가 제1인칭 대명사 '나, 우리' 등이거나 제3인칭이라 하더라도 그것이 화자 자신을 가리키는 경우에 쓰이는 '-다'에 해당하는 어미이다. 가짓 ᄉᆞᅀᅵ예셔 깃거 ᄂᆞ라가디 아니ᄒᆞᄂᆞ니 두듥 우희 急難ᄋᆞᆯ 일즉 디내요라(枝間喜不去 原上急曾經).《두시-초 8:39》

5 고텨지라: 고치겠다고 한다. 고치고 싶다. '고티(어간)+어지라(소망 평서형 종결어미)'이다. '-지라'는 항상 동사 표지 '아/어/야/거'를 요구한다. '-아/어/야지라/거지라'는 화자의 소망(바람)을 나타내는 특수한 평서형 종결어미, 즉 소망 평서형 종결어미로 부르기도 한다(고영근, 2020: 325). '-어지라'에서 '지라'는 과거에 보조 용언으로 처리해 왔다. 그러나 앞의 '어'가 보조적 연결어미가 될 수 없고 동사 표지인 이상, 보조 용언으로 볼 수 없다. 따라서 '-어지라' 전체를 하나의 형태소로 보아야 한다. '-어지라'는 '-겠다고 한다', '-고 싶다'를 나타내는 종결어미이다.

6 ᄒᆞ여든ᅀᅡ: 하거든 해야. 'ᄒᆞ(어간)+여든(연결어미)+ᅀᅡ(보조사)'이다. 'ᅀᅡ'는 '강

조·의무·당연' 등을 뜻하는데, 어미·체언·조사 뒤에 쓰일 때에는 보조사이고, 선어말어미 '-거-' 뒤에 나타날 때에는 '-거-'와 어울려서 어말어미를 이룬다. '-여ᄃᆞᆫ사/-거든사'는 주로 동사, 형용사 어간 뒤에 붙어, '-거든'을 강조한다. 내 病이 당다이 몯 됴ᄒᆞ리로소니 고마ᄋᆡ 나혼 子息을 네 이대 길어 ᄌᆞ라거든사 네 다ᄅᆞᆫ 남진 어르라.(我病必不起 前妾所生子 汝善保護之 待此子稍長 卽從汝自嫁矣)《삼강 열:26》

소언 萬만石셕君군[당신과 아ᄃᆞᆯ 네희 녹이 각각 이쳔 셕식이모로 만셕군이라 ᄒᆞ니라] 石셕奮분[漢한 적 臣신해라]이 도라와 집의셔 늙더니 대궐문을 디날시 반ᄃᆞ시 술위예 ᄂᆞ려 ᄃᆞᆮ으며 路로馬마[님금 ᄐᆞ시ᄂᆞᆫ 路로車거 메ᄂᆞᆫ ᄆᆞᆯ이라]ᄅᆞᆯ 보고 반ᄃᆞ시 軾식ᄒᆞ더라 子ᄌᆞ孫손이 효근 벼슬 ᄒᆞ연ᄂᆞᆫ 디라 와 뵈여ᄃᆞᆫ 萬만石셕君군이 반ᄃᆞ시 朝됴服복 닙어 보고 일홈 브르디 아니ᄒᆞ며 子ᄌᆞ孫손이 過과失실이 잇거든 ᄭᅮ짓디 아니ᄒᆞ고 위ᄒᆞ야 ᄒᆞᆫ ᄀᆞ애 안자 반상을 對ᄃᆡᄒᆞ여셔 먹디 아니ᄒᆞ거든 그런 후에사 모ᄃᆞᆫ ᄌᆞ식ᄃᆞᆯ히 서르 責칙ᄒᆞ야 얼운을 因인ᄒᆞ야 ᄉᆞᆯ나게 메왓고 ᄀᆞ장 謝샤罪죄ᄒᆞ야 고텨지라 ᄒᆞ여사 許허ᄒᆞ더라

현대역 만석군[당신과 아들 넷의 녹이 각각 이천 석씩이므로 만석군이라 하니라.] 석분(石奮)[漢 때 신하라.]이 돌아와 집에서 늙더니, 대궐문을 지나므로 반드시 수레에 내려 달리며, 路馬[임금 타시는 路車 메는 말이라.]를 보고 반드시 軾하더라. 자손이 작은 벼슬한 것이다. 와 뵈거든 만석군이 반드시 조복 입어, 보고 이름 부르지 아니하며, 자손이 과실이 있거든 꾸짖지 아니하고, 위하여 한 가에 앉아 반상을 대하여서 먹지 아니하거든, 그런 후에야 모든 자식들이 서로 꾸짖어, 어른을 인하여 살이 보이게 어깨를 벗고 가장 사죄하여, 고치고자 한다 하여야 허락하더라.

【集解】漢石奮은四子니長建次甲次乙次慶이라奮與四子로皆官至二千石이라故로號萬石君이라歸老는致仕也라路馬는駕

路車之馬也니下君門式路馬는敬之至也라子孫歸謁에必朝服以見은禮以接下也라誚는以言責之也라便坐는謂坐於便側之處也요對案不食은謂飮食設於案하여對之而不食也라長老는族之高年者라肉袒은袒衣露肉也라固는再三也라

한나라 石奮은 아들이 넷이니, 맏이는 建, 다음은 甲, 다음은 乙, 다음은 慶이다. 분은 네 아들과 더불어 모두 벼슬이 이천 석에 이르렀다. 그러므로 만석군이라 불렀다. 歸老는 벼슬을 도로드림이다. 路馬는 路車에 멍에한 말이니, 궁궐 문에서 내리고 노마에게 式함은 공경의 지극함이다. 자손이 돌아와 뵘에 반드시 조복으로써 봄은 예로써 아랫사람을 접함이다. 誚는 말로써 그를 꾸짖음이다. 便坐는 한쪽의 장소에 앉음을 이르고, 對案不食[밥상을 대해도 먹지 아니함]은 음식을 밥상에 베풀어, 그것을 대하되 먹지 않음을 이른다. 長老는 겨레붙이 중 나이가 높은 자다. 肉袒[한쪽 팔을 벗어 살을 드러냄]은 옷을 벗어 살을 드러냄이다. 固는 두 번 세 번이다.

漢字 致(도로드릴 치, 보낼 치), 仕(벼슬 사)

1 치사(致仕): 나이가 많아 벼슬을 사양하고 물러남.
2 노거(路車): 제후(諸侯)가 타고 다니던 수레.
3 편측(便側, 片側): 한쪽.

子孫勝升冠者ㅣ在側이어든雖燕이라두必冠ᄒᆞ야申申如也ᄒᆞ며僮僕앤訢訢銀如也호ᄃᆡ唯謹ᄒᆞ더라

● 자손으로서 관을 쓴 자가 곁에 있거든, 비록 편안할 때라도 반드시 관을 써서 和順한 듯했으며, 종들에게는 和悅한듯 하되 오직 삼갔다.

漢字 勝(쓸 승, 감당할 승, 일 승), 燕(편안할 연), 僮(하인 동, 아이 동), 僕(종 복), 訢(화평할 은)

번소 ᄌᆞ손애 ᄌᆞ라 관ᄃᆡᄒᆞ니 겯틔 잇거든 비록 혼자 이신 제라도 반ᄃᆞ시 관ᄃᆡᄒᆞ야 유화로이 ᄒᆞ며 죵돌히게ᄂᆞᆫ 화열히 호ᄃᆡ 삼가ᄒᆞ더라

현대역 자손에 자라 冠帶한 이 곁에 있거든, 비록 혼자 있을 때라도 반드시 관대하여 유화(宥和)로이 하며, 종들에게는 和悅히 하되 삼가더라.

1 유화로이: 유화(宥和)로이. 상대편을 너그럽게 용서하고 사이좋게 지내게.
2 화열히: 화열(和悅)히. 마음이 화평하여 기쁘게.

소언 子ᄌᆞ孫손이 冠과 쓴 이 겯틔 잇거든 비록 혼자 이신 제라두 반ᄃᆞ시 冠과 써 申신申신톳 ᄒᆞ며 죵돌히게ᄂᆞᆫ 訢흔訢흔[화열ᄒᆞᆫ 양이라] 톳 호ᄃᆡ 오직 삼가ᄒᆞ더라

현대역 자손이 관 쓴 이 곁에 있거든, 비록 혼자 있는 때라도 반드시 관 써 申申하듯 하며, 종들에게는 흔흔(訢訢)[화열한 모양이라.]하듯 하되 오직 삼가더라.

1 과: 관(冠) 《소학언해》는 '冠'의 음을 원문에서는 두 번 모두 '관'으로 달고, 번역문에서는 두 번 모두 '과'로 달고 있다.
2 신신톳: 신신(申申)하듯. 여러 번 다짐하듯.
3 흔흔톳: 흔흔(訢訢, 欣欣)하듯. 매우 기쁘고 만족스러운 듯.

【增註】勝冠은謂年及冠者라燕은謂燕居也라申申은和順也요訢訢은和悅也라

勝冠은 나이가 관례에 미친 자를 이른다. 燕은 편안히 있음을 이른다. 申申은 화하고 순함이고, 은은(訢訢)은 화하고 기쁨이다.

漢字 悅(기쁠 열)

上이時賜食於家ㅣ어시든必稽啓首俯伏而食ᄒᆞ야如在上前ᄒᆞ며

其執喪애**哀戚**이**甚**ᄒᆞ니**子孫**이**遵教**ᄒᆞ야**亦如之**ᄒᆞ더라**萬石君家**ㅣ**以孝謹**으로**聞乎郡國**이라**雖齊魯諸儒**ㅣ라두**質行**은**皆自以爲不及也**ㅣ라ᄒᆞ더라

●임금이 때로 집에 음식을 하사하시거든, 반드시 머리를 조아리고 엎드려 먹어 임금이 앞에 계신 듯하며, 그 喪을 잡음에 슬퍼함이 심하니, 자손이 가르침을 따라서 또한 그와 같이 하였다. 만석군 집이 효성과 삼감으로써 고을과 나라에 소문이 났다. 비록 齊나 魯 지방의 여러 선비라도 질박한 행실은 모두 스스로 써 (만석군에) 미치지 못한다고 여겼다 하였다.

漢字 稽(조아릴 계), 俯(엎드릴 부), 伏(엎드릴 복), 戚(=慽 슬플 척), 遵(좇을 준)

번소 샹위 잇다감 음식을 집의 주어시ᄃᆞᆫ 반드시 머리를 ᄡᅡ해 두드리고 업더여셔 머구믈 샹위 알ᄑᆡ 이숌ᄀᆞ티 ᄒᆞ며 그 거상ᄒᆞ욤애 슬허ᄒᆞ기를 심히 ᄒᆞ더니 ᄌᆞ손이 그 ᄀᆞᄅᆞ츄믈 조차 ᄯᅩ ᄀᆞ티 ᄒᆞ더라 萬만石셕君군의 가문이 효도ᄒᆞ며 조심ᄒᆞᆫ다 ᄒᆞ여 고ᄋᆞᆯ히며 나라해 소ᄅᆡ 나 비록 齊졔며 魯로나랏 션ᄇᆡᄃᆞᆯ히라도 질실ᄒᆞᆫ 힝뎍을 다 밋디 몯ᄒᆞ리로다 ᄒᆞ더라

현대역 임금이 이따금 음식을 집에 주시거든, 반드시 머리를 땅에 두드리고 엎드려서 먹음을 임금이 앞에 있음같이 하며, 그 거상함에 슬퍼하기를 심히 하더니, 자손이 그 가르침을 좇아 또 같이 하더라. 만석군의 가문이 효도하며 조심한다 하여 고을이며 나라에 소리가 나, 비록 齊며 魯나라의 선비들이라도 質實한 행적을 다 미치지 못하리라 하더라.

1 소ᄅᆡ: 소리. 현대국어 '소리'는 15세기 문헌에서부터 '소리'로 나타나 현재까지 이어진다. 15세기 문헌에는 '소리'와 함께 '소ᄅᆡ'도 존재하였다. 이 '소ᄅᆡ'는 15세기 문헌에서 여섯 예가 발견되고 대부분 '소리'가 나타났다. 그런데 16세기 들어 '소ᄅᆡ'가 '소리'보다 더 빈번하게 나타난다. 이렇게 '소리'보다 '소ᄅᆡ'가 문헌에 훨씬 많이 나타나는 양상은 19세기까지 이어진다. 'ᄉᆞᄅᆡ'는 16세기 이후 '·'의

음가 소실로 인해 '소릐'로도 표기되어 나타나고 이 '소릐'와 '소릐'가 '솔이', '솔의'로 과잉 분철되기도 한다. 소리(15세기~현재). 이형태: 소리, 소릐, 소릐, 솔이, 솔의, 솔이. ᄀ는 엄쏘리니 君군ᄃ 字ᄍᆞᆼ 처ᅀᅥᆷ 펴아 나는 소리 ᄀᆞᄐᆞ니.《1447 훈언 4ᄀ》, 부텻 知見을 열며 샹녯 귀로 소릐롤 드러.《1459 월석 17:57ᄀ》, 天子ㅣ 일홈과 소릐를 듣디 몯ᄒᆞ신디라.《1588 소언 6:91ᄂ》

2 질실ᄒᆞᆫ: 질실(質實)한. 꾸밈이 없고 진실한.

소언 上샹이 시시로 음식을 집의 주어시든 반ᄃᆞ시 머리를 좃고 업더여셔 먹어 上샹의 앏픠 이숌 ᄀᆞᆮ티 ᄒᆞ며 그 거상 닙어실 제 슬허 셜워홈이 甚심ᄒᆞ니 子ᄌᆞ孫숀이 ᄀᆞᄅᆞ쵸믈 조차 ᄯᅩ ᄀᆞᆮ티 ᄒᆞ더라 萬만石셕君군의 집이 효도ᄒᆞ며 조심홈으로 고을히며 나라해 들리ᄂᆞᆫ 디라 비록 齊졔와 魯로ㅅ닷 모ᄃᆞᆫ 션비돌히라두 실ᄒᆞᆫ 힝실은 다 ᄉᆞᄉᆞ로 ᄡᅥ 밋디 몯ᄒᆞ리로다 ᄒᆞ더라

현대역 임금이 때때로 음식을 집에 주시거든, 반드시 머리를 조아리고 엎드려서 먹어 임금이 앞에 있음 같이 하며, 그 거상 입었을 때 슬퍼 서러워함이 심하니, 자손이 가르침을 좇아 또 같이 하더라. 만석군의 집이 효도하며 조심함으로 고을이며 나라에 들리는 것이다. 비록 제와 노의 다른 모든 선비들이라도 質實한 행실은 다 스스로 써 미치지 못하리라 하더라.

시시로: 시시時時)로. 경우에 따라서 가끔. 그는 시시로 뒷산에 올라 하늘과 강물과 숲과 들판을, 철 따라 다양하게 변모하는 자연을 볼 수 있었고….《박경리, 토지》

【集解】質行은質朴行實也라

質行은 질박한 행실이다.

長子建은爲郎中令이오少子慶은爲內史ㅣ러니建이老白首호ᄃᆡ萬石君이尙無恙ᄒᆞ더라每五日洗沐애歸謁ᄒᆞ고親入子舍ᄒᆞ야

竊問侍者ᄒᆞ야取親中裙厠牏投ᄒᆞ야身自浣滌ᄒᆞ야復與侍者호ᄃᆡ不敢令萬石君知之ᄒᆞ야以爲常ᄒᆞ더라

● 맏아들 建은 낭중령이 되고, 작은아들 慶은 내사가 되었더니, 건이 늙어 머리가 희되, 만석군이 아직 병이 없었다. 매번 오 일마다 몸 씻고 머리감음에 돌아와 뵙고, 친히 子舍[작은 방]에 들어가 모시는 자에게 몰래 물어 어버이의 속옷과 속적삼을 취하여 몸소 스스로 빨고 씻어 다시 모시는 자에게 주되, 감히 만석군으로 하여금 그것을 알게 하지 아니하여, 써 일상으로 삼았다.

漢字 恙(병 양), 沐(머리감을 목), 竊(몰래 절, 슬그머니 절, 훔칠 절), 裙(속옷 군, 치마 군), 厠(뒷간 측), 牏(변기 투, 땀받이 투), 浣(빨 완), 滌(씻을 척), 與(줄 여)

번소 ᄆᆞᆮ아ᄃᆞᆯ 建건ᄋᆞᆫ 郞랑中듕슈령 벼슬ᄒᆞ얏고 아ᅀᆞ아ᄃᆞᆯ 慶경은 內ᄂᆡ史ᄉᆞᄉ 벼슬ᄒᆞ얏더니 建건이 늘거 머리 셰요ᄃᆡ 萬만石셕君군이 오히려 병이 업더니 ᄆᆡ양 닷샛만의 모욕 말ᄆᆡᄒᆞ여 와 뵈오 친히 자ᄂᆞᆫ 겯방의 드러 뫼셔 잇ᄂᆞᆫ 사ᄅᆞᆷᄃᆞ려 ᄀᆞ마니 무러 어버싀 솝우틔ᄅᆞᆯ 가져다가 친히 제 ᄲᆞ라 도로 뫼셔 잇ᄂᆞᆫ 사ᄅᆞᄆᆞᆯ 맛듀ᄃᆡ 萬만石셕君군으로 아디 몯게 호ᄆᆞᆯ ᄆᆡ양 그리ᄒᆞ더라

현대역 맏아들 建은 郎中令 벼슬했고, 작은아들 慶은 內史의 벼슬하여 있더니, 건이 늙어 머리 세되, 만석군이 오히려 병이 없더니, (건은) 매양 닷새만에 목욕 말미암아 와 뵙고, 친히 자는 곁방에 들어, 모시어 있는 사람에게 가만히 물어, 어버이의 속옷을 가져다가 친히 스스로 빨아, 도로 모시어 있는 사람을 맡기되, 만석군으로 알지 못하게 함을 매양 그렇게 하더라.

솝우틔; 속옷. 현대국어 '속'의 옛말인 '솝'은 15세기 문헌에서부터 나타난다. '부엌'을 뜻하는 '부섭'이 '부억'이 되는 등 국어사에서는 'ㅂ'과 'ㄱ'이 바뀌는 현상이 종종 보이는데 '솝'도 이러한 변화를 겪어 15세기에 '속'으로 나타나기 시작하였다. 17세기까지 '솝'과 '속'이 공존하다가 18세기 이후 '속'으로만 나타나

면서 현재에 이르렀다. 솝(15세기~17세기)〉속(15세기~현재). 이형태: 솝, 속. 涅槃僧은 솝오시라.《1461 능엄 5:19ㄱ》, 너를 依藉ᄒᆞ야 져근 울헤 ᄀᆞᄅᆞ디르고 속 뷘 대로 반ᄃᆞ개 지여 ᄆᆡ요리라 《1481 두시-초 25:2ㄴ》

소언 ᄆᆞᆮ아ᄃᆞᆯ 建건은 郎랑中듕슝령[벼슬이라]이 되얏고 졈은아ᄃᆞᆯ 慶경은 內ᄂᆡ史ᄉᆞ[벼슬이라]ㅣ 되얏더니 建건이 늘거 머리 셰요ᄃᆡ 萬만石셕君군이 오히려 병이 업더라 ᄆᆡ양 닷쇗만의 모욕 말미ᄒᆞᆯ 제 도라와 뵈ᄋᆞᆸ고 親친히 겯방의 들어가 뫼셔ᄂᆞᆫ 이ᄃᆞ려 ᄀᆞ만이 무러 어버의 속우틔ᄅᆞᆯ 가져다가 몸소 스스로 ᄲᆞᆯ아 도로 뫼신 이ᄅᆞᆯ 주ᄃᆡ 敢감히 萬만石셕君군으로 ᄒᆡ여곰 알에 아니ᄒᆞ야 뻐 샹ᄉᆞ를 삼더라

현대역 맏아들 건은 낭중령[벼슬이라.]이 되어 있고, 어린 아들 경은 내사[벼슬이라.]가 되어 있더니, 건이 늙어 머리 세되, 만석군이 오히려 병이 없더라. 매양 닷새만에 목욕 말미할[휴가할] 때 돌아와 뵙고, 친히 곁방에 들어가, 모시는 이에게 가만히 물어 어버이의 속옷을 가져다가 몸소 스스로 빨아, 도로 모신 이를 주되, 감히 만석군으로 하여금 알게 아니하여 써 보통일을 삼더라.

【集解】郎中令內史는皆官名이라恙은病也라漢法에在官五日이면則休假一日하여以洗身沐首하니라子舍는寢室邊小房也라躬自洗濯而不欲親知者는盡己之心이요而又欲親心安也니라

낭중령과 내사는 모두 벼슬 이름이다. 恙은 병이다. 한나라 법에 벼슬에 있은 지 오 일이면 하루를 휴가로 하여 써 몸을 씻고 머리를 감았다. 子舍는 침실 옆의 작은 방이다. 몸소 스스로 세탁하되 어버이가 알게 하고자 아니한 것은 자기의 마음을 다하고 또 어버이의 마음을 편안하게 하고자 함이다.

漢字 濯(씻을 탁)

【集成】中裙은今中衣也요厠牏者는近身之小衫이니若今汗衫也니라

중군(中裙)은 지금의 中衣이고, 측투(厠牏)라는 것은 몸 가까이 하는 작은 적삼이니, 지금의 汗衫과 같다.

漢字 衫(적삼 삼), 汗(땀 한)

1 중의(中衣): 고의. 남자의 여름 홑바지.
2 한삼(汗衫): 속적삼.

內史慶이醉歸ᄒᆞ야入外門ᄒᆞ야不下車ᄒᆞᆫ대萬石君이聞之ᄒᆞ고不食이어늘慶이恐ᄒᆞ야肉袒謝罪ᄒᆞᆫ대不許ㅣ어늘擧宗及兄建이肉袒ᄒᆞᆫ대萬石君이讓曰內史는貴人이라入閭里어든里中長老ㅣ皆走匿이어늘而內史ㅣ坐車中自如ᄒᆞ니固當이로다ᄒᆞ고乃謝罷慶ᄒᆞ니慶及諸子ㅣ入里門ᄒᆞ야趨至家ᄒᆞ더라

● 내사인 慶이 취하여 돌아와 바깥문에 들어와 수레에서 내리지 아니하므로, 만석군이 그것을 듣고 먹지 아니하거늘, 慶이 두려워 한쪽 팔을 벗어 살을 드러내고 사죄하였는데 허락하지 아니하거늘, 온 종족 및 형 建이 한쪽 팔을 벗어 살을 드러내므로 만석군이 꾸짖어 말하였다. "내사는 귀한 사람이다. 마을에 들어오거든 마을 가운데 長老들이 모두 달아나 숨거늘, 내사가 수레 가운데에 앉아 그대로 있으니, 진실로 마땅하도다." 하고, 이에 慶을 꾸짖어 물리치니, 慶 및 여러 아들이 마을 문에 들어와 종종걸음으로 집에 이르렀다.

漢字 辭(꾸짖을 사, 타이를 사), 罷(물리칠 파)

자여(自如): 자약(自若). 큰일을 당하여도 아무렇지 않고 침착함. 태연함.

번소 內ᄂᆡ史ᄉᆞ慶경이 취ᄒᆞ여 와 밧문늬 드러 술위ᄅᆞᆯ 브리디 아니ᄒᆞᆫ대 萬만石셕君군이 듣고 음식 먹디 아니커늘 慶경이 저허 옷 메왓고 샤죄ᄒᆞᆫ대 듣디 아니ᄒᆞᆯᄉᆡ 모ᄃᆞᆫ 권당과 제 형 建건괘 옷 메와ᄉᆞᆫ대 萬만石셕君군이 외다ᄒᆞ여 닐오ᄃᆡ 內ᄂᆡ史ᄉᆞᄂᆞᆫ 귀ᄒᆞᆫ 사ᄅᆞ미라 ᄆᆞᄉᆞᆯᄒᆡ 드러오거ᄃᆞᆫ ᄆᆞᄉᆞᆯ 늘그니ᄃᆞᆯ히 다 ᄃᆞ라 드러 숨거ᄃᆞᆫ 內ᄂᆡ史ᄉᆞㅣ 술위예 안자시ᄆᆞᆯ ᄌᆞ득히 호미 진실로 맛당ᄒᆞ도다 ᄒᆞ고 慶경을 나가라 ᄒᆞ여ᄂᆞᆯ 慶경과 모ᄃᆞᆫ 아ᄃᆞᆯ이 里리門문의 드러ᄂᆞᆫ ᄌᆞ조 거러 지븨 오더라

현대역 내사 慶이 취하여 와 밖 문에 들어, 수레를 내리지 아니하니까, 만석군이 듣고 음식 먹지 아니하거늘, 경이 두려워 옷 한쪽 어깨를 벗고 사죄하니까 듣지 아니하므로, 모든 친척과 자기의 형 건이 옷 한쪽 어깨를 벗으니, 만석군이 그르다 하여 이르되, "내사는 귀한 사람이라서, 마을에 들어오거든 마을 늙은이들이 모두 달아 들어가 숨거든, 내사가 수레에 앉았음을 自得하게 함이 진실로 마땅하도다." 하고, 경을 나가라 하거늘, 경과 모든 아들이 里門에 들어서는 재게 걸어 집에 오더라.

1 메와ᄉᆞᆫ대: 어깨를 벗어 메니. '메왓(어간)+ᄋᆞᆫ대(연결어미)'이다. '-ᄋᆞᆫ대'는 끝음절의 모음이 'ㆍ, ㅏ, ㅗ'이고 받침 있는 동사, 형용사 어간이나 어미 뒤에 붙어, '-(으)니'를 뜻하는 어미이다. 目連이 淨飯王ᄭᅴ 도라가 이 辭緣을 ᄉᆞᆯᄫᆞᆫ대 王이 大愛道ᄅᆞᆯ 블러 니ᄅᆞ샤ᄃᆡ.《석상 6:6》, 그ᄢᅴ 大臣이 이 藥 ᄆᆡᆼᄀᆞ라 大王ᄭᅴ 받ᄌᆞᄫᆞᆫ대 王이 좌시고 病이 됴ᄒᆞ샤.《석상 11:21》, '메왓다'는 '메밧다'의 변화형으로, '공경의 뜻으로 한쪽 어깨를 벗어 메다.'를 뜻한다. 그ᄢᅴ 藥王菩薩이 座로셔 니르샤 올ᄒᆞᆫ 엇게 메바ᄉᆞ시고 合掌ᄒᆞ야 부텨 向ᄒᆞᅀᆞ바 ᄉᆞᆯᄫᆞ샤ᄃᆡ.《석상 21:21》, 그저긔 一切 龍王ᄃᆞᆯ히 坐로셔 니러 各各 옷 고티고 올ᄒᆞᆫ녁 메밧고 올ᄒᆞᆫ 무룹 ᄭᅮ러 合掌ᄒᆞ야.《월석 10:44》

2 ᄃᆞ라: 달아. 빨리 뛰어가. 'ᄃᆞᆮ(어간)+아(연결어미)'이다. 현대국어 '닫다'의 옛말인 'ᄃᆞᆮ다'는 15세기 문헌에서부터 나타난다. 중세국어의 'ᄃᆞᆮ-'은 자음으로 시작하는 어미와 결합할 때는 'ᄃᆞᆮ-', 모음으로 시작하는 어미와 결합할 때는 'ᄃᆞᆯ-'로 나타나는 ㄷ불규칙 용언이다. 18세기 이후 제1음절의 'ㆍ'가 'ㅏ'로 변화하는 경향에 따라 '닷다'가 나타나는데, '닷다'는 종성 'ㄷ'을 'ㅅ'으로 표기하기도 하였던 당시의

표기 경향을 따른 것이다. 20세기 이후 종성 'ㅅ'을 다시 'ㄷ'으로 표기하게 됨에 따라 '닫다'로 나타나서 현재에 이르렀다. 17세기의 'ᄃᆞᆺ다'는 'ᄃᆞᆮ다'의 종성 'ㄷ'을 'ㅅ'으로 표기한 것이다. ᄃᆞᆮ다(15세기~17세기)〉닷다(18세기~19세기)〉닫다(20세기~현재), 이형태: ᄃᆞᆮ다, ᄃᆞᆯ다, ᄃᆞᆺ다, 닷다, 달다. 安樂國이 바미 逃亡ᄒᆞ야 ᄃᆞᆮ다가 그짓 쐴 뵗 죠ᄋᆞᆯ 맛나니.《1459 월석 8:98ㄴ》, ᄃᆞ토와 모다 ᄃᆞ라 火宅애 ᄃᆞ토와 나니라.《1463 법화 2:69ㄱ》

3 ᄌᆞ득히: 자득(自得)하게. 스스로 만족하게 여겨 뽐내며 우쭐거리게. '술위예 안자시믈 ᄌᆞ득히 호미 진실로 맛당ᄒᆞ도다.'는 말을 반대로 하여 꾸짖은 것이다.

4 리문: 이문(里門). 동네 어귀에 세운 문.

5 드러ᄂᆞᆫ: 들어서는. '들(어간)+어ᄂᆞᆫ(연결어미)'이다 '-어ᄂᆞᆫ'은 '-아ᄂᆞᆫ'과 마찬가지로, 동사, 형용사 어간 뒤에 붙어, '-아서는'을 뜻하는 어미이다. 늘거 그텟 사괴요ᄆᆞᆯ 가져 나져믄 사ᄅᆞᆷ게 브토니 ᄂᆞᄎᆞᆯ 當ᄒᆞ얀 ᄆᆞᅀᆞᄆᆞᆯ 보내요ᄃᆡ ᄂᆞᄎᆞᆯ 도라ᄂᆞᆫ 웃ᄂᆞ다(晩將末契托年少 當面輸心背面笑).《두시-초 25:52》, 堀에 드러 모ᄆᆞᆯ 갈마ᄂᆞᆫ ᄒᆞ오ᅀᅡ 妙를 得ᄒᆞ니 녜브터 오매 象王ᄋᆡ 아로ᄆᆞᆯ 許티 아니ᄒᆞᄂᆞ니라(入窟藏身 獨得妙 從來不許象王知).《남명 하:36》

6 ᄌᆞ조: 재게. 자주. 五衰相ᄋᆞᆫ…뎡바기옛 光明이 업스며 누늘 ᄌᆞ조 ᄀᆞᆷᄌᆞ기며 座ᄅᆞᆯ 즐기디 아니ᄒᆞᆯ씨라.《월석 2:13》.

소언 內ᄂᆡ史ᄉᆞ 慶경이 醉취ᄒᆞ야 도라와 밧門문의 들어 술위ᄅᆞᆯ ᄇᆞ리디 아니ᄒᆞᆫ대 萬만石셕君군이 듣고 음식 먹디 아니커늘 慶경이 두려 ᄉᆞᆯ라게 메왓고 謝샤罪죄ᄒᆞᆫ대 許허티 아니ᄒᆞ거늘 온 권당과 밋 兄형 建건이 ᄉᆞᆯ 라게 메와ᄉᆞᆫ대 萬만石셕君군이 ᄭᅮ죵ᄒᆞ여 ᄀᆞᆯ오ᄃᆡ 內ᄂᆡ史ᄉᆞᄂᆞᆫ 貴귀ᄒᆞᆫ 사ᄅᆞᆷ이라 ᄆᆞ을히 들거든 ᄆᆞ을 ᄊᆞ온대 늘근이들히 다 ᄃᆞ라 들어 숨거늘 內ᄂᆡ史ᄉᆞㅣ 술위 ᄊᆞ온대 안자심을 ᄌᆞ약히 ᄒᆞ니 진실로 맛당ᄒᆞ도다 ᄒᆞ고 慶경을 나가라 ᄒᆞ니 慶경과 밋 모ᄃᆞᆫ 아ᄃᆞᆯ이 里리門문의 들어 ᄌᆞ조 걸어 집의 닐으더라

현대역 내사 경이 취하여 돌아와 밖 문에 들어, 수레를 내리지 아니하니까, 만석군이 듣고 음식 먹지 아니하거늘, 경이 두려워 살 나오게 어깨를 벗고 사죄하니까 허락하지 아니하거늘, 온 친척과 및 형 건이 살 나오게 어깨를

벗으니까, 만석군이 꾸중하여 가로되, "내사는 귀한 사람이다. 마을에 들어 오거든 마을의 가운데 늙은이들이 모두 달아 들어가 숨거늘, 내사가 수레의 가운데 앉음을 자득하게 하니 진실로 마땅하도다." 하고, 경을 나가라 하니 경과 및 모든 아들이 里門에 들어 재게 걸어 집에 이르더라.

【集說】陳氏曰外門은家之外門이라擧宗은猶言闔族이라讓은責也라固當者는反辭以深責之也라謝罷는顔師古曰告令去也라里門은卽巷門이니言自是以後로入巷門則下車也라

진 씨가 말하였다. "外門은 집의 바깥문이다. 擧宗은 온 겨레붙이라 말함과 같다. 讓은 꾸짖음이다. 固當者[진실로 마땅함이란 것]는 반대로 말함으로써, 그를 깊이 꾸짖음이다. 辭罷[꾸짖어 물리침]는 顔師古가 말하였다. '하여금 가라고 고함이다.' 里門은 곧 마을의 문이니, 이로부터 이후로 마을 문에 들어온즉, 수레에서 내렸음을 말함이다."

漢字 闔(온통 합, 문짝 합), 辭(말씀 사)

안사고(顔師古, 581년~645년): 당나라 초기 경조(京兆) 만년(萬年) 사람이다. 《안씨가훈(顔氏家訓)》의 저자 안지추(顔之推)의 손자고, 고훈(古訓)에 뛰어났던 안사로(顔思魯)의 아들이다. 이름은 주(籀)이고, 자(字)는 사고(師古) 또는 사고(思古)이다. 주로 자로 행세했다. 학자 집안에 태어나 고전의 학습에 힘썼고 특히 문장에 뛰어났다. 고조(高祖) 무덕(武德) 연간에 중서사인(中書舍人)에 발탁되어 기밀(機密)을 전담해 처리해 조령(詔令)이 모두 그의 손에서 나왔다. 태종이 즉위하자 중서사인이 되었지만 얼마 뒤 일에 연좌되어 면직되었다. 일찍이 황명을 받아 비서성(秘書省)에서 오경(五經)의 문자(文字)를 고정(考定)하여 《오경정본(五經定本)》을 편찬했고, 공영달(孔穎達) 등과 《오경정의(五經正義)》를 찬정했다. 정관(貞觀) 7년(633년) 비서소감(秘書少監)으로 옮겨 출판물에 있는 기서난자(奇書難字)를 교정하는 일을 전담하여 그 근원을 곡진하게 캐냈다. 비서감(秘書監)을 거쳐 홍문관학사(弘文館學士)까지 올랐다. 《대당의례(大唐儀禮)》의 수찬에 참여하고, 그 후 《한서(漢書)》에 주석을 가함으로써

이전의 여러 주석을 집대성했다. 《한서》의 주석은 그의 문자학과 역사학의 온축으로, 오늘날도 《한서》 해석의 중요한 근거가 된다. 저서에 《모시국풍정본(毛詩國風定本)》과 《자양(字樣)》, 《오례(五禮)》, 《광류정속(匡謬正俗)》, 《수서(隋書)》 등이 있다(중국역대인명사전).

【四十四章】

○疏廣이爲太子太傅ㅣ러니上疏乞骸諧骨ᄒᆞᆫ대加賜黃金二十斤ᄒᆞ시고太子ㅣ贈五十斤어어시늘歸鄕里ᄒᆞ야日令家로供具設酒食ᄒᆞ야請族人故舊賓客ᄒᆞ야相與娛樂洛ᄒᆞ며數朔問其家호ᄃᆡ金餘ㅣ尙有幾斤고趣促賣以共供具ᄒᆞ라ᄒᆞ더라 《漢書 疏廣列傳》

●소광이 태자태부가 되었더니, 글을 올려 骸骨[은퇴]을 구했는데, (임금이) 황금 스무 근을 더 하사하시고 태자가 쉰 근을 주시거늘, 고향마을로 돌아와 날마다 집으로 하여금 이바지를 갖추어 술과 음식을 베풀어, 겨레붙이와 친구와 손님을 청하여 서로 더불어 즐기며, 자주 그 집에 물었다. "금 나머지가 아직 몇 근이나 있는가? 재촉해 팔아 써 이바지를 갖추어라."

漢字 疏(=疏 글 소, 상소할 소, 트일 소), 骸(뼈 해), 供(=共 이바지할 공), 具(갖출 구), 設(베풀 설), 娛(즐거워할 오), 趣(재촉할 촉), 共(=供 이바지할 공)

1 소광(疏廣, 생몰 연대 미상): 중국 한(漢)나라 때 학자이다. 자는 중옹(仲翁)으로, 동해군(東海郡) 난릉현(蘭陵縣) 사람이다. 춘추(春秋)에 정통하여 선제(宣帝) 때 박사(博士)에 등용되었고, 뒤이어 태부(太傅)가 되었다. 벼슬로 이름을 얻는 것을 후회하여 벼슬을 그만 둔 것을 많은 사람들이 칭찬하였다. 고사성어 '이소산금(二疏散金)'의 주인공이다. 이소산금은 '두 소 씨가 황금을 흩뿌리다.'라는 뜻으로, 나라로부터 하사받은 재물을 자신을 위하여 쓰지 않고 다른 사람들과 함께 썼다는 말이다. 이소는 소광(疏廣)과 그의 조카 소수(疏受)를 이른다. 소광은 선제(宣帝) 때 태자태부(太子太傅)를 지냈고, 조카인 소수 역시 태자소부(太子少傅)가 되어 삼촌과 조카가 모두 태자의 스승이 되는 영예를 누렸다. 얼마 뒤에

소광은 소수에게, "만족할 줄 알면 욕된 일을 당하지 않고, 그칠 줄 알면 위태롭지 않다(知足不辱 知止不殆)."라고 하며, 이제 그만 벼슬에서 물러나자고 말하였다. 소수도 그 말을 따라, 두 사람은 선제에게 주청하여 관직에서 물러났다. 소광과 소수는 고향으로 돌아온 뒤에 황제로부터 하사받은 황금으로 매일 주연을 베풀고 친지들을 청하여 함께 즐겼다. 이에 어떤 사람이 그렇게 돈을 다 써버릴 것이 아니라 자손들을 생각하여 전답을 사두라고 권하였다. 그러자 소광은 이렇게 말하였다. "나라고 자손들의 훗날을 생각하지 않겠는가? 다만 우리 집안에 대대로 물려받은 전답이 있으니, 자손들이 힘써 경작한다면 보통의 생활수준은 누릴 수 있을 것이다. 이제 거기에 재물을 더하면 자손들에게 게으름을 가르치는 결과가 될 것이다. 현명한 사람이 재물을 많이 가지면 그 뜻이 손상되고, 어리석은 사람이 재물을 많이 가지면 그 과오가 더욱 많아지기 마련이다. 하물며 부자는 뭇사람들의 원한의 대상이 되기 마련이니 나는 자손들의 죄를 더하고 원한을 사게 하는 일을 하고 싶지 않다. 또 이 황금은 황제께서 늙은 신하를 은혜로 돌보셔서 하사한 것이니 고향의 종족과 함께 즐기며 내 여생을 다하는 것이 또한 옳은 일이 아닌가?" 이 고사는 《한서(漢書)》 〈소광전(疏廣傳)〉에 실려 있으며, 소광의 말은 자녀 교육의 교훈으로 지금도 인용된다. 지금의 아산진(峨山鎭) 나등촌(蘿藤村)은 옛날에 이소성(二疏城)으로 불렸으며, 마을 어귀에는 산금대(散金臺)가 있는데 바로 소광과 소수의 유적지이다(두산백과).

2 걸해골(乞骸骨): '해골을 빈다.'는 뜻으로, 재상이 나이가 들어 조정에 나오지 못하게 되었을 때 주군에게 모든 관직에서 물러나기를 주청(奏請)하는 말이다. 심신(心身)은 주군에게 바친 것이지만 뼈만은 돌려달라는 즉, 자신의 몸을 해치지 말고 돌아가게 해달라는 뜻이다. 《사기(史記)》 〈평진후전(平津侯傳)〉에서 유래한다. 진(秦)나라가 멸망하자 천하를 다투었던 크고 작은 군웅(群雄) 중에서 차츰 초(楚)나라의 패왕(霸王) 항우(項羽)와 한(漢)나라의 유방(劉邦)이 두각을 나타내기 시작하였다. 항우와 유방이 천하통일을 놓고 건곤일척(乾坤一擲)을 벌일 때 유방이 항우에게 쫓겨 고전(苦戰)하고 있었다. 유방은 지난해(기원전 203년) 항우가 반란을 일으킨 팽월(彭越)·전영(田榮)·진여(陳餘) 등을 치기 위해 출병한 사이에 관중(關中)을 합병하고, 의제(義帝) 시해(弑害)에 대한 징벌을 명분으로 삼아 대군을 이끌고 초나라의 도읍인 팽성(彭城)을 공략하였다가 항우의 반격을 받고 겨우 형양(滎陽)으로 도망쳤다. 그로부터 수개월 후 유방은 군량 수송로가 끊겨 더 이상 지탱하기가 어렵게 되어 항우에게 휴전을 제의하였

다. 그러면서 형량을 국경으로 삼기로 하였다. 항우도 오랜 싸움으로 지쳐 있었으므로 이 제의에 응하려고 하였다. 이때 범증(范增)이 유방의 사정이 절박함을 알아차리고 오히려 형양을 포위할 것을 건의하였고 항우도 이에 따르기로 하였다. 유방의 참모 진평(陳平)은 이 난국을 타개하기 위해 단순하고 성급한 항우의 성격을 이용하여 군신(君臣) 이간책(離間策)을 쓰기로 하고, 황금을 뿌려 많은 첩자를 초나라 진영으로 보내어 '범증이 유방과 내통하고 있다.'는 소문을 퍼뜨렸다. 이 소문은 항우의 귀에까지 들어가 범증을 의심하게 되고 항우는 유방과 강화하기 위해 은밀히 유방에게 사신을 보냈다. 진평은 대신들과 함께 음식을 푸짐하게 준비하여 항우의 사신들을 정중히 맞이하였다. 진평은 사신에게 "아부(亞父: 범증을 지칭함)께서는 안녕하십니까?" 하고 물었다. 항우의 사신은 불쾌한 말투로 "나는 초패왕의 사신으로 온 사람이오."라고 대답하였다. 진평은 짐짓 놀란 체하며 "나는 아부의 사신인 줄 알았소." 하고는 잘 차린 음식을 형편없는 음식으로 바꿔 차려오게 하고는 방을 나가버렸다. 사신은 돌아오자마자 항우에게 이 사실을 알렸고, 항우는 범증이 유방과 내통하고 있다고 확신하고는 그를 믿지 않게 되었다. 범증이 아무리 유방을 급습하라고 권해도 못 들은 체하였다. 결국 범증은 항우의 의심을 받고 있다는 것을 알게 되자 노여워하며 말하였다. "천하의 대세는 이미 결정되었습니다. 이제는 전하 스스로 알아서 처리하십시오. 원컨대 신의 해골을 내려주시면 초야로 돌아가겠습니다." 이렇게 하여 항우는 어리석게도 진평의 책략에 걸려 유일한 모신(謀臣) 범증을 잃고 말았다. 범증은 팽성으로 돌아가던 중에 화병으로 인하여 등창병이 터져 75세의 나이로 죽었다. 항우는 해하(垓下)에서 유방군에 포위되어 대패하였으며, 겨우 오강(烏江)으로 빠져나갔다가 스스로 목숨을 끊었다. 《사기(史記)》〈평진후전(平津侯傳)〉과 《한서(漢書)》〈조충국전(趙忠國傳)〉 등에는 '걸해골(乞骸骨)'이라 되어 있는데, 《사기(史記)》〈항우본전(項羽本傳)〉과 〈진승상세가(陳丞相世家)〉 등에는 '원사해골(願賜骸骨)'이라고 되어 있다. 학자에 따라서는 '걸해골'을 줄여서 '걸해(乞骸)' 또는 '걸신(乞身)'이라고 하는 사례가 있다. 유방과 항우의 흥망을 건 싸움은 인간 관리의 싸움이라 할 수 있다. 유방이 모신과 용장(勇將)들을 잘 통솔한 반면, 항우는 적(敵)의 간계(奸計)로 단 한 사람의 모신인 범증마저 잃고 말았다. 고려·조선시대의 재신(宰臣)들도 임금에게 벼슬을 사퇴할 것을 청할 때 이 말로 표현했다고 한다(두산백과).

번소 踈소廣광이 太태子ᄌᆞ太태傅부ㅣ 되엿더니 上샹踈소ᄒᆞ야 몸을 비러 벼슬 말오 니거지라 ᄒᆞᆫ대 황금 스므그늘 더 주시고 太태子ᄌᆞᄂᆞᆫ 쉰 그늘 주어시ᄂᆞᆯ 스골 가셔 나날 집 사ᄅᆞᆷ으로 ᄒᆞ여 음식 차반을 ᄀᆞ초와 권당과 녯 벋과 손ᄃᆞᆯᄒᆞᆯ 쳥ᄒᆞ야 서르 즐기며 ᄌᆞ조 집사ᄅᆞᆷᄃᆞ려 무로ᄃᆡ 금 나ᄆᆞ니 몃 근이나 잇ᄂᆞ뇨 ᄲᆞᆯ리 ᄑᆞ라 차반을 ᄀᆞ초라 ᄒᆞ더라

현대역 踈廣이 太子太傅가 되었더니, 상소하여 몸을 빌어 벼슬 말고 가고 싶다 하니까, 황금 스무 근을 더 주시고, 태자는 쉰 근을 주시거늘, 시골 가서 나날이 집 사람으로 하여금 음식 차반을 갖추어, 친척과 옛 벗과 손들을 청하여, 서로 즐기며 자주 집 사람에게 묻되, "금 남은 것이 몇 근이나 있느냐? 빨리 팔아 차반을 갖추라." 하더라.

1 비러: 빌어. 생각한 대로 이루어지길 바라. '빌(어간)+어(연결어미)'이다. 현대국어 '빌다'는 15세기 문헌에서부터 '빌다'로 나타나 현재까지 이어진다. 빌다(15세기~현재). 王이 後에 神靈씌 盟誓ᄒᆞ야 비니 太子ㅅ 누니 다시 나거늘.《1447 석상 24:52ㄴ》, 이러면 내 빌라 가마.《1510년대 번노 상:19ㄱ》

2 차반: 맛있게 차린 음식.

3 니거지라: 가겠다고 한다. 가고 싶다. '니(어간)+거지라(소망 평서형 종결어미)'이다. '-지라'는 항상 동사 표지 '아/어/야/거'를 요구한다. 비타동사 앞에서는 '거'가 붙는다. '-아/어/야지라/거지라'는 화자의 소망(바람)을 나타내는 특수한 평서형 종결어미, 즉 소망 평서형 종결어미로 부르기도 한다(고영근, 2020: 325). '-거지라'에서 '지라'는 과거에 보조 용언으로 처리해 왔다. 그러나 앞의 '거'가 보조적 연결어미가 될 수 없고 동사 표지인 이상, 보조 용언으로 볼 수 없다. 따라서 '-거지라' 전체를 하나의 형태소로 보아야 한다. '-거지라'는 'ㅣ' 계열 이중모음이나 'ㄹ' 받침으로 끝나지 않는 어간 뒤에 붙어, 주로 동사, 형용사 어간 뒤에 붙어, 'ᄒᆞ라' 할 자리에 쓰여, 의도 '-겠다고 한다', '-고 싶다'를 나타내는 종결어미이다. 그 아기 닐굽 설 머거 아비 보라 니거지라 ᄒᆞᆫ대 그 어미 어엿비 너겨 노하 보내여늘《월석 8:101》, 새도록 자디 아니코 大便을 맛보며 향 퓌오고 하ᄂᆞᆯ씌 비로ᄃᆡ 갑새 죽거지라 ᄒᆞ더라《속삼 효:29》

4 나날: 나날이. 果實와 飮食과 甁엣 므를 나날 모로매 새로 호ᄃᆡ.《월석 10:120》,

샹례 사ᄅᆞᄆᆡ ᄆᆞᅀᆞ미 잠깐이나 노하 ᄇᆞ리면 나날 허탕호매 나ᅀᅡ가고 스스로 ᄆᆞᅀᆞ믈 가도혀 ᄒᆞ면 나날 법다오매 나ᅀᅡ가ᄂᆞ니라(盖常人之情 纔放肆則日就曠蕩 自檢束則日就規矩).《번소 8:6》

소언 疏소廣광[漢한 적 사ᄅᆞᆷ이라]이 太태子ᄌᆞ太태傅부[太태子ᄌᆞ 글 ᄀᆞᆯ으치ᄂᆞᆫ 벼슬이라]ㅣ 되엿더니 上샹疏소ᄒᆞ야 骸ᄒᆡ骨골을 빈대 [몸을 비롬이니 벼슬 마라지란 말이라] 黃황金금 스므 근을 더 주시고 太태子ᄌᆞㅣ 쉰 근을 주어시늘 싀골 도라가 날로 집으로 ᄒᆡ여곰 긔구를 ᄀᆞ초와 술 음식을 쟝만ᄒᆞ야 권당읫 사ᄅᆞᆷ과 故고舊구와 손ᄃᆞᆯᄒᆞᆯ 請쳥ᄒᆞ야 설으 더블어 즐기며 ᄌᆞ조 그 집의 무로ᄃᆡ 金금 나믄이 오히려 몃 근이나 인ᄂᆞᆫ고 ᄲᆞᆯ리 ᄑᆞ라 ᄡᅥ 긔구를 ᄀᆞ초라 ᄒᆞ더라

현대역 소광[漢 때 사람이라.]이 태자태부[태자 글 가르치는 벼슬이라.]가 되었더니, 상소하여 骸骨을 비니까[몸을 빎이니, 벼슬 말고 싶다 한다는 말이라.], 황금 스무 근을 더 주시고, 태자가 쉰 근을 주시거늘, 시골 돌아가 날마다 집으로 하여금 기구를 갖추어, 술 음식을 장만하여 친척의 사람과 옛 벗과 손들을 청하여, 서로 더불어 즐기며 자주 그 집에 묻되, "금 남은 것이 오히려 몇 근이나 있는가? 빨리 팔아 써 기구를 갖추라." 하더라.

1 해골을 빈대: 해골(骸骨)을 비니까. 자세한 내용은 바로 위 '걸해골(乞骸骨)'을 참조하라.

2 마라지란: 말겠다 한다는. 말고 싶다 한다는. '말(어간)+아지란(소망 평서형 종결어미 '아지라'+ㄴ)'이다. '-지라'는 항상 동사 표지 '아/어/야/거'를 요구한다. '-아/어/야지라/거지라'는 화자의 소망(바람)을 나타내는 특수한 평서형 종결어미, 즉 소망 평서형 종결어미로 부르기도 한다(고영근, 2020: 325). 현대국어 '-겠다고 한다', '-고 싶다' 등 의도를 나타내는 종결어미이다. 혀근 結을 다 뻐러ᄇᆞ려 阿羅漢果ᄅᆞᆯ 證ᄒᆞ고 結集ᄒᆞᄂᆞᆫ 門 밧긔 와 들아지라 ᄒᆞ야ᄂᆞᆯ.《석상 24:3》, 이 양ᄋᆞ로 낤 數를 漸漸 조려 닐웻 ᄉᆞᅀᅵᄅᆞᆯ 살아지라 ᄒᆞ야ᄂᆞᆯ 모딘 노미 그리ᄒᆞ라 ᄒᆞ니라.《석상 24:15》. '-아지란'은 '-아지라' 뒤에 'ㄴ'이 붙어, '-아지라 하는'을 뜻한다. 할아버지께서 편찮으시단 소식이 있었다. 꼭 참석하겠단 약속을

못 받았다. 꼭 참석하겠단 약속을 못 받았다.

3 긔구: 기구(器具). 졔슨ᄒᆞ는 긔구를 아사다가 새 사ᄅᆞᆷ을 주려 ᄒᆞ거늘.《태평 1:16》

【集說】陳氏曰廣의字는仲翁이니東海蘭陵人이라太傅는官名이라上疏乞骸骨은猶今之告老也라娛는歡也라趣은與促으로同하고共은與供으로同하니言促賣餘金하여以供酒食之具也니라

진 씨가 말하였다. "광의 자는 중옹이니, 동해 난릉 사람이다. 태부는 벼슬 이름이다. 上疏乞骸骨[글을 올려 骸骨을 구함]은 지금의 告老와 같다. 娛는 기뻐함이다. 촉(趣)은 促과 같고 共은 供과 같으니 남은 금을 팔아 써 술과 음식 갖춤에 이바지하라고 재촉함을 말함이다."

漢字 促(재촉할 촉)

고로(告老): 벼슬하던 사람이 늙어서 벼슬을 그만두기를 청함. 벼슬하던 사람이 늙어서 벼슬을 그만둠.

居歲餘예廣의子孫이竊謂其昆弟老人廣所信愛者ᄒᆞ야曰子孫이冀及君時ᄒᆞ야頗立產業基址ᄒᆞ더니今日에飮食費且盡ᄒᆞ니宜從丈人所ᄒᆞ야勸說稅君ᄒᆞ야置田宅ᄒᆞ라老人이卽以閒暇時로爲廣言此計ᄒᆞᆫ대

●거한 지 한 해 남짓에 廣의 자손이 몰래 그[疏廣] 형제 중 노인으로서 광이 신임하고 사랑하는 바의 사람에게 일러 말하였다. "자손이 아버지 때에 미쳐서 자못 산업의 터를 세움을 바랐더니, 오늘에 마시고 먹는 비용으로 장차 다하려하니, 마땅히 노인께서 처리하는 바로 말미암아서, 아버지를 힘써 달래서 밭과 집을 두게 해주세요." 노인이 곧 한가한 때로써, 위하여 이런 계획을 광에게 말했는데,

漢字 **冀**(바랄 기), **頗**(자못 파), **基**(터 기), **址**(터 지), **且**(장차 차), **從**(말미암을 종), **勸**(힘쓸 권, 권할 권), **說**(달랠 세), **計**(계획 계, 꾀 계)

1 세여(歲餘): 일 년 남짓한 동안. 유의어: 해포.
2 장인(丈人): 늙은이.

번소 ᄒᆞᆫ ᄒᆡ 남즉ᄒᆞ여셔 廣광의 ᄌᆞ손이 그 형뎨 ᄯᅮᆼ에 늘근 사ᄅᆞᆷ과 廣광의 ᄉᆞ랑ᄒᆞᄂᆞᆫ 사ᄅᆞᆷᄃᆞ려 ᄀᆞ마니 닐오ᄃᆡ ᄌᆞ손은 어버ᅀᅵ 시절을 미처 ᄉᆡᆼ계ᄒᆞᆯ 터ᄒᆞᆯ 셰오져 ᄒᆞ다니 이제 음식 ᄀᆞ초매 금이 업서가니 얼우신네ᄅᆞᆯ 인ᄒᆞ야 어버ᅀᅵᄭᅴ 권ᄒᆞ여 田뎐宅ᄐᆡᆨ을 두게 ᄒᆞ고라 그 늘근 사ᄅᆞᆷ이 한가ᄒᆞᆫ 저긔 廣광ᄃᆞ려 이 계교ᄅᆞᆯ 니ᄅᆞᆫ대

현대역 한 해 남짓하여서, 廣의 자손이 그[광] 형제 중에 늙은 사람과 광이 사랑하는 사람에게 가만히 이르되. "자손은 어버이 시절[계실 때]을 미쳐서 생계 삼을 터를 세우고자 하다니. 이제 음식 갖춤에 금이 없어져가니, 어르신네를 인하여 어버이에게 권하여 田宅을 두게 하구려." 그 늙은 사람이 한가한 때에 광에게 이 계교를 이르니까,

1 ᄒᆞ다니: 하다니. 'ᄒᆞ(어간)+다(선어말어미)+니(연결어미)'이다. '-다-'는 회상법 선어말어미 '-더-'와 선어말어미 '-오-'가 화합 내지 융합된 예이다. '-다니'는 용언의 어간 또는 어미 '-으시-', '-었-', '-겠-' 뒤에 붙어, 해라할 자리나 혼잣말에 쓰여, 주어진 어떤 사실을 깨달으면서 놀람, 감탄, 분개 따위의 감정을 나타내는 어미이다. 뒤에는 그에 대한 평가를 나타내는 문장이 올 때가 많다. 서울이 이렇게 번화하다니. 참 대단하구나. 최후의 승리를 눈앞에 두고 돌아가시다니!
2 뎐ᄐᆡᆨ: 전택(田宅). 논밭과 집을 아울러 이르는 말.
3 ᄒᆞ고라: 하구려. 하라. 'ᄒᆞ(어간)+고라(명령형 종결어미)'이다. '-고라'는 주로 동사, 형용사 어간 뒤에 붙어, '-구려'나 '-아/어라'를 뜻하는 어미이다. 出家ᄒᆞ야 現ᄒᆞᆫ 뉘예 一切 智慧ᄅᆞᆯ 得ᄒᆞ고라 ᄒᆞ시니라.《석상 11:39》, 願ᄒᆞᆫᄃᆞᆫ 조차가고라.《월석 22:35》

소언 이션 디 ᄒᆡ 남으매 廣광의 子ᄌᆞ孫손이 그 형뎨예 늘근 사ᄅᆞᆷ

廣광의 믿고 ᄉᆞ랑ᄒᆞᄂᆞᆫ 바ᄃᆞ려 ᄀᆞ만이 닐러 ᄀᆞᆯ오ᄃᆡ 子ᄌᆞ孫손이 어버이 시절을 미처 ᄌᆞ뭇 ᄉᆡᆼ계ᄒᆞᆯ 터ᄒᆞᆯ 셸가 ᄇᆞᆯ아더니 오ᄂᆞᆯ날애 飮음食식ᄒᆞᄂᆞᆫ 허비예 ᄯᅩ 盡진ᄒᆞ야 가니 맛당히 얼우신 고ᄃᆞᆯ 조차셔 어버잇긔 勸권ᄒᆞ야 달아여 田뎐宅ᄐᆡᆨ을 두게 ᄒᆞ라 늘근 사ᄅᆞᆷ이 즉제 閒한暇가ᄒᆞᆫ 시절로ᄡᅥ 廣광을 위ᄒᆞ야 이 계교를 닐은대

현대역 있은 지 해 넘으매, 광의 자손이 그[광] 형제에 늙은 사람, 광이 믿고 사랑하는 바에게 가만히 일러 가로되, "자손이 어버이 시절을 미쳐 자못 생계할 터를 세울까 바랐더니, 오늘날에 음식 하는 허비에 또 다하여 가니, 마땅히 어르신 곳을 좇아서[어르신께서 하시는 말로 해서] 어버이에게 권하여 달래어 전택을 두게 하라." 늙은 사람이 곧 한가한 시절로써 광을 위하여 이 계교를 이르니까,

남으매: 넘으매. '남(어간)+으매(연결어미)'이다. '남다'는 '넘다'의 옛말이다. 빗근 남ᄀᆞᆯ ᄂᆞ라 나마시니 石壁에 수멧던 녜뉫 글 아니라도 하ᄂᆞᇙ ᄠᅳ들 뉘 모ᄅᆞᅀᆞᄫᆞ리(于彼橫木 又飛越兮 岩石所匿 古書縱微 維天之意 孰不之知).《용가 86장》(현대역: 비스듬한 나무를 날아 넘으시니. 석벽에 숨어 있던 옛 세상의 글이 아니라도 하늘의 뜻을 누가 모르겠습니까.), 나히 여ᄃᆞ니 남도록 죠고매도 게을이 아니터니(年過八十 未嘗小懈).《동신 속효:32》(현대역: 나이 여든이 넘도록 조금도 게을리 아니하더니.) '-으매'는 'ㄹ'을 제외한 받침 있는 용언의 어간이나 어미 '-었-', '-겠-' 뒤에 붙어, 어떤 일에 대한 원인이나 근거를 나타내는 연결어미이다. 이때 '-으-'는 매개모음이다. 내가 해 준 요리를 그가 맛있게 먹으매 마음이 흡족했다. 강이 깊으매 큰 고기가 살고 덕이 넓으매 인물이 모여드니라.

【增註】冀는欲也라丈人은卽廣所愛信之高年兄弟也라

冀는 하고자함이다. 丈人은 곧 廣이 사랑하고 신임하는 바의 나이가 높은 형제다.

【集解】君은謂疏廣이라所는處也요說는誘也라

君은 소광이다. 所는 곳이고, 세(說)는 달램이다.

廣이**曰吾豈老悖**ᄒᆞ야**不念子孫哉**리오**顧自有舊田廬**ᄒᆞ니**令子孫勤力其中**이면**足以共**供**衣食**ᄒᆞ야**與凡人齊**ᄒᆞ리니**今復**扶又反**增益之**ᄒᆞ야**以爲贏餘**ㅣ면**但教子孫怠惰耳**니라

● 廣이 말하였다. "내가 어찌 늙고 어그러져서 자손을 생각하지 않겠습니까? 돌아보건대, 옛날 밭과 집이 그대로 있으니, 자손으로 하여금 그 속에서 부지런히 힘쓰게 하면, 족히 써 옷과 밥을 이바지하여 보통사람들과 더불어 같으리니, 이제 다시 그것에 더하여 써 남게 하면, 단지 자손들에게 게으름만 가르칠 뿐입니다.

漢字 **悖**(어그러질 패, 어지러울 패), **勤**(부지런할 근), **齊**(같을 제, 가지런할 제), **增**(더할 증), **益**(더할 익), **贏**(남을 영)

번소 廣광이 닐오ᄃᆡ 내 엇디 늙고 망녕도ᄋᆡ여 ᄌᆞ손을 혜아리디 아니ᄒᆞ리오 내 녯 받티며 집이 이시니 ᄌᆞ손으로 ᄒᆡ여곰 그 가온대 이셔 브즈러니 힘뼈 ᄒᆞ면 유예 옷밥을 쟝만ᄒᆞ야 녀ᄂᆞ 사ᄅᆞᆷ과 ᄀᆞᄐᆞ리니 이제 다시 예셔 더으게 ᄒᆞ야 만히 남게 ᄒᆞ면 오직 ᄌᆞ손을 게을우믈 ᄀᆞᄅᆞ칠 ᄯᆞᄅᆞ미니라

현대역 廣이 이르되, "내 어찌 늙고 망령되어 자손을 헤아리지 아니하리오. 내 옛 밭이며 집이 있으니, 자손으로 하여금 그 가운데 있어 부지런히 힘써 하면, 유여(裕餘)히 옷과 밥을 장만하여 다른 사람과 같으리니, 이제 다시 여기서 더하게 하여 많이 남게 하면, 오직 자손을 게으름을 가르칠 따름이니라.

유예: 유여(裕餘)히. 모자라지 않고 넉넉하게. 말ᄉᆞᆷ과 긔쉭이 정셩되여 유예 사ᄅᆞᄆᆞᆯ 감동케 홀식(辭氣愿款 有足感動人者).《번소 9:20》, 믈읫 이 일돌해 干犯ᄒᆞ리 이시면 유예 ᄠᅳᆮ 머고믈 어디디 아니호ᄆᆞᆯ 볼 거시니(凡此數事 有犯之者 足以見用意之不肖).《번소 8:23》

소언 廣광이 ᄀᆞᆯ오ᄃᆡ 내 엇디 늙고 망패ᄒᆞ야 子ᄌᆞ孫손을 렴려티 아니ᄒᆞ리오 도라보건댄 스스로 녯 받과 집이 이시니 子ᄌᆞ孫손으로 ᄒᆡ여곰 그 가온대셔 브즈런이 힘뻐 ᄒᆞ면 足죡히 뻐 옷밥을 쟝만ᄒᆞ야 녀느 사ᄅᆞᆷ으로 더블어 ᄀᆞᆮᄐᆞ리니 이제 다시 더으게 ᄒᆞ야 뻐 남을 거슬 ᄒᆞ면 다ᄆᆞᆫ 子ᄌᆞ孫숀을 게을옴을 ᄀᆞᄅᆞ침이니라

현대역 광이 가로되, "내 어찌 늙고 망패(妄悖)하여 자손을 염려하지 아니하리오. 돌아본즉슨 스스로 옛 밭과 집이 있으니, 자손으로 하여금 그 가운데에서 부지런히 힘써 하면, 족히 써 옷과 밥을 장만하여 여느 사람으로 더불어 같으리니, 이제 다시 더하게 하여 써 남을 것을 하면 다만 자손을 게으름을 가르침이니라.

망패ᄒᆞ야: 망패(妄悖)하여. 말이나 행동이 도리에 어긋나 주책없고 막되어.

【集解】老悖는年老而乖悖也라嬴은亦餘也라衣食有餘면則子孫倚之而怠惰矣니라

老悖는 나이가 늙어 어그러짐이다. 嬴은 또한 남음이다. 옷과 밥이 남음이 있으면 자손이 그것에 기대어 게을러진다.

漢字 乖(어그러질 괴), 倚(기댈 의, 의지할 의, 기이할 기)

賢而多財則損其志ᄒᆞ고愚而多財則益其過ᄒᆞᄂᆞ니且夫富者는衆之怨也ㅣ니吾ㅣ旣無以敎化子孫이라不欲益其過而生怨ᄒᆞ노라又此金者는聖主所以惠養老臣也ㅣ니故로樂洛與鄕黨宗族으로共享其賜ᄒᆞ야以盡吾餘日ᄒᆞ노니不亦可乎아

● 어질면서 재물이 많으면 그 뜻을 덜고, 어리석으면서 재물이 많으면 그 허물을 더합니다. 또한 무릇 부자는 무리가 원망합니다. 내가 이미 써 자손들을 가르쳐 인도하지 못했으니, 그 허물을 더하여 원망을 낳지 않게 하고자

합니다. 또 이 금이란 것은 성스런 임금께서 써 노신을 은혜롭게 기르신 바니, 그러므로 鄕黨의 겨레붙이와 더불어 즐겨, 함께 그 恩賜를 누려, 써 나의 남은 날을 다하려하니, 또한 옳지 않겠습니까?"

漢字 損(덜 손, 손상할 손), 衆(무리 중), 享(누릴 향)

향당(鄕黨): 자기가 났거나 사는 시골의 마을. 또는 그곳에서 사는 사람들.

번소 어딜오 쳔량이 하면 그 ᄠᅳ들 해케ᄒᆞ고 어리고 쳔량이 하면 그 허므를 더ᄋᆞᄂᆞ니 ᄯᅩ 가ᅀᆞ며로ᄆᆞᆫ 모ᄃᆞᆫ 사ᄅᆞᆷ의 원망ᄒᆞᄂᆞᆫ 거시니 내 ᄒᆞ마 ᄌᆞ손을 ᄀᆞᄅᆞ쳐 어딜에 되오디 몯ᄒᆞᆫ 디라 그 허므를 더 원망이 나디 아니케 ᄒᆞ고져 ᄒᆞ노라 ᄯᅩ 이 금은 님금의 늘근 신하를 惠혜養양ᄒᆞ신 거시니 이런ᄃᆞ로 즐겨 ᄆᆞᅀᆞᆯ 사ᄅᆞᆷ 권당과로 그 주신 거슬 어우러 머거 내 나ᄆᆞᆫ 나ᄅᆞᆯ 다ᄋᆞ게 호미 올티 아니ᄒᆞ냐

현대역 어질고 재물이 많으면 그 뜻을 해하게 하고, 어리석고 재물이 많으면 그 허물을 더하니, 또 부유함은 모든 사람의 원망하는 것이니, 내 이미 자손을 가르쳐 어질게 되지 못한 것이라. 그 허물을 더 원망이 나지 아니하게 하고자 하노라. 또 이 금은 임금이 늙은 신하를 惠養하신 것이니, 이러한 까닭으로 즐겨 마을 사람 친척과로 그 주신 것을 어울려 먹어, 나의 남은 날을 다되게 함이 옳지 아니하나?"

1 몯ᄒᆞᆫ 디라: 못한 것이라. 못한지라. '몯ᄒᆞ(어간)+ㄴ(관형사형 어미)+ᄃᆞ(의존명사)+이(서술격 조사 '이다'의 어간)+라(종결어미)'이다. 의존명사 'ᄃᆞ'는 '것'의 뜻으로, 주격은 '디', 목적격은 'ᄃᆞᆯ', 서술격은 '디라'로 실현된다. 본 예는 서술격으로 'ᄃᆞ+ㅣ라'의 형태이다. 이런 형태소 구성을 그대로 고려하면, '몯ᄒᆞᆫ 디라'는 '못한 것이라'로 풀이할 수 있다. 그러나 'ㄴ+ᄃᆞ+이+라'는 '-ㄴ디라'의 형태로, 하나의 종결어미로 재구조화한 것으로 볼 수도 있다. 이때에는 해라할 자리에 쓰여 '못한지라'로 풀이할 수도 있다. 性이 니러 相이 ᄃᆞ외욘 디라 境과 智왜 번득ᄒᆞ며 相이 性의 노교ᄆᆞᆯ 得ᄒᆞᆫ 디라(性起爲相 境智歷然 相得性融 身心廓爾). 《원각 서:38》, 薰修ᄒᆞ여 나톤 디라(所言神通變化 依悟而修 漸熏所現 非謂悟時

卽發現也).《목우 10》

2 혜양ᄒᆞ신: 혜양(惠養)하신. 은혜를 베풀어 기르신. '혜양ᄒᆞ(어간)+시(주체 높임 선어말어미)+ㄴ(관형사형 어미)'이다.

소언 어딜오 ᄌᆡ믈이 하면 그 ᄠᅳᆮ을 해ᄒᆞ고 어리고 ᄌᆡ믈이 하면 그 허믈을 더ᄋᆞᄂᆞ니 ᄯᅩ 가ᄋᆞ멸옴은 모ᄃᆞᆫ의 원망이니 내 이믜 ᄡᅥ 子ᄌᆞ孫손을 ᄀᆞᆯ으쳐 되게 ᄒᆞᆷ이 업ᄉᆞᆫ 디라 그 허믈을 더어 원망이 나디 아니케 ᄒᆞ고져 ᄒᆞ노라 ᄯᅩ 이 金금은 님금의 ᄡᅥ 늘근 신하를 주어 치신 배니 그러모로 즐겨 ᄆᆞ올과 권당들로 더블어 그 주신 거슬 ᄒᆞᆫ가지로 안향ᄒᆞ야 ᄡᅥ 내 나ᄆᆞᆫ 날을 다ᄋᆞ려 ᄒᆞ노니 ᄯᅩ 可가티 아니ᄒᆞ냐

현대역 어질고 재물이 많으면 그 뜻을 해하고, 어리석고 재물이 많으면 그 허물을 더하니, 또 부유함은 모든 이의 원망이니, 내 이미 써 자손을 가르쳐 되게 함이 없는 것이라. 그 허물을 더하여 원망이 나지 아니하게 하고자 하노라. 또 이 금은 임금이 써 늙은 신하를 주어 기르신 바이니, 그러므로 즐겨 마을과 친척들로 더불어 그 주신 것을 함께 안향(安享)하여, 써 나의 남은 날을 다하려 하노니 또 가하지 아니하냐?"

1 업ᄉᆞᆫ: 없는. '없(어간)+ᄋᆞ(매개모음)+ㄴ(관형사형 어미)'이다. '없다'가 형용사이기 때문에 '-ᄂᆞ-'가 들어가지 않았다.

2 안향ᄒᆞ야: 안향(安享)하여. 하늘이 준 복을 평안하게 누리어.

【集解】熊氏曰世之人이但知營私較計하여增益田宅하여以貽子孫하고而不知敎之德義하여以爲長世之道하니則其多貲는徒以重其淫侈하고長其愚騃니所謂田宅貲財者를卒亦不可保也라疏廣此言이豈非爲人父祖之鑑乎아

웅 씨가 말하였다. "세상 사람들은 다만 사사로움을 경영하고 견주며 셈하여, 밭과 집을 더하여 써 자손에게 남겨줄 줄만 알고, 그들에게 德義를

가르쳐 써 세대를 기르는 도가 됨을 알지 못하니, 그 재물이 많음은 한갓 써 그 음란하고 사치함을 중히 하고 그 어리석음을 기를 뿐이니, 이른바 밭과 집과 재물이란 것도 마침내 또한 가히 보전하지 못한다. 소광의 이 말이 어찌 사람의 아버지 할아버지 된 자의 거울이 아니겠는가?"

漢字 較(견줄 교), 貽(남길 이), 貲(재물 자), 徒(한갓 도), 侈(사치할 치), 騃(어리석을 애), 鑑(거울 감)

〖四十五章〗

○龐公이未嘗入城府ᄒᆞ고夫妻ㅣ相敬如賓ᄒᆞ더니劉表ㅣ候之ᄒᆞ니龐公이釋耕於壟上이어늘而妻子ㅣ耘於前ᄒᆞ더라表ㅣ指而問曰先生이苦居畎畝而不肯官祿ᄒᆞᄂᆞ니後世예何以遺子孫乎오龐公이曰世人은皆遺之以危어늘今獨遺之以安ᄒᆞ노니雖所遺ㅣ不同ᄒᆞ나未爲無所遺也ㅣ라ᄒᆞᆫ대表ㅣ嘆息而去ᄒᆞ다 《後漢書逸民列傳》

●방공이 일찍이 城府에 들어가지 아니하고, 夫妻가 서로 공경하기를 손님같이 하더니, 유표가 그를 방문하니 방공이 밭두둑 위에서 밭 갈기를 멈추었거늘, 아내와 자식은 앞에서 김매었다. 表가 (그의 처자를) 가리키며 물어 말하였다. "선생이 밭고랑과 밭이랑에서 힘들게 살면서 벼슬과 녹봉을 즐기지 아니하니, 뒷날 무엇으로써 자손들에게 남기겠습니까?" 방공이 말하였다. "세상 사람들은 모두 그들에게 위태로움으로써 남기거늘, 이제 홀로 그들에게 편안함으로써 남기니, 비록 남기는 바가 같지는 않으나, 남기는 바가 없게 됨은 아닙니다." 하니, 표가 탄식하고 갔다.

漢字 龐(클 방, 성 방), 候(방문할 후, 물을 후), 釋(풀 석), 壟(밭두둑 롱, 언덕 롱), 耘(김맬 운), 畎(밭고랑 견), 畝[이랑 무(묘)], 遺(남길 유)

1 성부(城府): 성이 있는 시가. 유의어: 성시(城市).

2 방공(龐公, 생몰 연대 미상): 후한 말기 은사(隱士)이다. 자는 덕공(德公)으로, 관청이 있는 성부(城府)에는 한 번도 들어가지 않고 양양(襄陽)에 들어가서 농사를 짓고 살았다. 뒤에 형주자사 유표의 간청도 뿌리치고 가족을 데리고 녹문산(鹿文山)에 들어가서 약초를 캐며 일생을 마쳤다.

3 유표(劉表, 142년~208년): 후한 말기 산음(山陰) 고평(高平) 사람으로, 자는 경승(景升)이다. 노공왕(魯恭王)의 후손이다. 헌제(獻帝) 초평(初平) 원년(190년)에 형주자사(荊州刺史)가 되었다. 형주 호족의 지지를 얻어 호북(湖北)과 호남(湖南) 지방을 장악했다. 이각(李傕)과 곽사(郭汜)가 장안(長安)에 들어왔을 때 그를 진남장군(鎭南將軍)과 형주목(荊州牧)에 임명하고 성무후(成武侯)에 봉했다. 조조(曹操)와 원소(袁紹)가 관도(官渡)에서 대치하고 있을 때 원소가 그에게 구원을 청했지만, 어느 쪽도 도와주지 않았다. 혼전에 가담하지 않고 주민을 돌보면서 조용히 자신을 지켰다. 조조가 원소를 물리치고 정벌하러 왔지만 도착하기 전에 병으로 죽었다. 아들 유종(劉琮)이 조조에게 항복했다. 저서에 《역주(易注)》·《역장구(易章句)》·《후정상복(后定喪服)》 등이 있다. 우유부단(優柔不斷)했다고 평가되지만, 다만 천하 대세(大勢)에 대한 욕심이 없었을 뿐이었다(중국역대인명사전).

번소 龐방公공이 일즛 셩 안히며 마ᅀᆞᆯ애 드러가디 아니ᄒᆞ고 夫부妻쳐ㅣ 서르 공경호ᄆᆞᆯ 손ᄀᆞ티 ᄒᆞ더니 劉류表표ㅣ 가보니 龐방公공이 받가리를 그치고 두던 우희 잇거를 겨집과 ᄌᆞ식은 앏픠셔 기음ᄆᆡ더니 表표ㅣ ᄀᆞᄅᆞ치고 무러 닐오ᄃᆡ 先션生ᄉᆡᆼ이 슈고로이 받 가온대 살오 벼슬ᄒᆞ며 녹 ᄐᆞ기를 즐겨 아니ᄒᆞᄂᆞ니 주근 후에 므스거스로 ᄌᆞ손을 주리오 龐방公공이 닐오ᄃᆡ 시절 사ᄅᆞᆷ은 다 바ᄃᆞ라온 일로 주거늘 이제 나ᄂᆞᆫ 혼자 편안호모로 주노니 비록 주논 배 ᄀᆞᆮ디 아니ᄒᆞ나 주ᄂᆞᆫ 배 업다 몯ᄒᆞᆯ 거시라 ᄒᆞᆫ대 表표ㅣ ᄀᆞ장 항복ᄒᆞ여 가니라

현대역 방공(龐公)이 일찍 성 안이며 마을에 들어가지 아니하고, 夫妻가 서로 공경함을 손님같이 하더니, 劉表가 가보니, 방공이 밭갈이를 그치고 둔덕 위에 있거늘, 아내와 자식은 앞에서 김매더니, 표가 (처자들을) 가리키고

물어 이르되, "선생이 수고로이 밭 가운데 살고, 벼슬하며 녹 타기를 즐겨 아니하니, 죽은 후에 무엇으로 자손을 주리오." 방공이 이르되, "시절 사람은 다 위태로운 일로 주거늘, 이제 나는 혼자 편안함으로 주노니, 비록 주는 바가 같지 아니하나, 주는 바가 없다 못할 것이라." 하니까, 유표가 가장 降伏하여 가니라.

1 두던: 두둑. 언덕. 두둥. 더 두던ㅅ 가온ᄃᆡ 잇도다(在彼中阿).《내훈 2:122》, 므레 주근 사ᄅᆞ미 잇거든 살오ᄃᆡ 두던에 올이고 쇼 ᄒᆞᆫ나ᄒᆞᆯ 가져다가 그 주근 사ᄅᆞᄆᆡ ᄇᆡ를 쇠 ᄃᆞᆼ의 서르 다혀 걸티고(凡有人溺水者 救上岸 即將牛一頭 却令溺水之人 將肚橫覆相抵).《구간 1:71》

2 기ᅀᅳᆷᄆᆡ더니: 김매더니. '기ᅀᅳᆷᄆᆡ(어간)+더(회상법 선어말어미)+니(연결어미)'이다. 현대국어 '김매다'의 옛말인 '기ᅀᅳᆷᄆᆡ다'는 15세기 문헌에서부터 나타난다. '기ᅀᅳᆷᄆᆡ다'는 '김'을 뜻하는 명사 '기ᅀᅳᆷ'과 '매다'를 뜻하는 동사 'ᄆᆡ-'가 결합한 것이다. 16세기 이후 치조 마찰 유성음인 'ᅀ'[z]이 소멸함에 따라 '기ᅀᅳᆷ'이 '기음'이 되면서 '기음ᄆᆡ-'가 되었다. 19세기까지 '기음ᄆᆡ-'로 나타나다가 19세기에 '기음'이 축약되어 '김'으로 나타나면서 '김ᄆᆡ-'로 나타나기 시작하였다. 18세기에 제1음절의 'ㆍ'가 'ㅏ'로 변하고 이중모음 'ㆎ' 또한 이중모음 'ㅐ[aj]'로 변하였다. 이후 이중모음 'ㅐ[aj]'가 다시 단모음 'ㅐ[ε]'로 변하였는데, '기음ᄆᆡ-'에 결합한 'ᄆᆡ-' 또한 이러한 변화를 겪어 '매-'가 되었다. '기음'과 'ᄆᆡ-'가 이러한 변화를 겪어 19세기에 '김매-'로 나타나면서 현재에 이르렀다. 기ᅀᅳᆷᄆᆡ다(15세기~16세기)>기음ᄆᆡ다(16세기~19세기)>김ᄆᆡ다(19세기)>김매다(19세기~현재). 이형태: 기ᄉᆞᆷᄆᆡ다, 기음ᄆᆡ다, 기ᄋᆞᆷᄆᆡ다, 김ᄆᆡ다. 菜圃ㅅ 이러미 새 비예 저즈니 그듸의 기ᅀᅳᆷᄆᆡ기 廢ᄒᆞ고 오ᄆᆞᆯ 붓그리노라.《1481 두시-초 12:38ㄴ_7》, 耘 기음ᄆᆡᆯ 운《1576 신합 하:7ㄴ》

3 므스거스로: 무엇으로. '므스것(대명사)+으로(부사격 조사)'이다. 현대국어 '무엇'의 옛말인 '므스것'은 15세기 문헌에서부터 나타난다. '므스것'은 근원적으로 '무엇'을 의미하는 '므스'와 명사 '것'이 결합한 것이다. 16세기에는 '므스것'에서 제2음절의 모음 'ㅡ'와 제3음절의 초성 'ㄱ'이 탈락한 후 축약된 '므섯' 형태가 나타났고, 여기에서 다시 모음 사이의 'ㅅ'이 약화되어 탈락한 '므엇' 형태가 나타났다. 또한 양순음 'ㅁ, ㅂ, ㅍ' 아래에서 모음 'ㅡ'가 'ㅜ'로 변하는 원순모음화에 따라 16세기에는 '므엇>무엇'으로 변화한 예도 나타나는데, 대체로 원순모음

화가 17세기 이후에 일어난 것에 비해 이 경우는 다소 빠른 시기에 변화가 일어난 것이다. 18세기까지는 '무섯'과 '무엇'이 공존하다가 19세기 이후로 '무엇' 만 남아 현재에 이르렀다. 한편 중세국어에는 '무엇'을 의미하는 단어로 '므스것〉므섯〉므엇'과 함께 '므슥', '므슴'도 존재하였는데(예: 보도 몯ᄒᆞ며 듣도 몯거니 므스기 快樂ᄒᆞᄫᆞ리잇고.《1447 석상 24:28》, 世間ㅅ 드틀을 므슴만 너기시리《1447 월곡 45ㄴ》), '므슴'은 '무슨'의 의미를 지닌 관형사로도 쓰였다는 점에서 차이가 있다. 므스것(15세기~18세기)〉므섯(16세기~18세기)〉므엇(16세기~18세기)〉무엇(18세기~현재). 이형태: 므스것, 므섯, 므엇, 무엇, 무섯. 太子ㅣ 우스며 닐오ᄃᆡ 내 므스거시 不足ᄒᆞ료.《1447 석상 6:24ㄱ》, ᄀᆞᄅᆞ치디 아니ᄒᆞ야셔 어디롬이 聖人 아니오 므서시며 ᄀᆞᄅᆞ친 後에 어디롬이 賢人 아니오 므서시며 ᄀᆞᄅᆞ쳐도 ᄯᅩ 어디디 몯홈이 어린 이 아니오 므섯고.《1588 소언 5:27ㄱ》, 남진이 죽고 ᄌᆞ식이 엄ᄉᆞ니 혼자 사라셔 므엇 ᄒᆞ료.《1581 속삼-중 열:8ㄱ》, 계집이 ᄒᆞ나ᄒᆞᆯ 좇차 죵신ᄒᆞᆯ 거시니 아니 죽어셔 무엇 ᄒᆞ료.《1581 속삼-중 열:28ㄱ》

4 항복ᄒᆞ여: 항복(降伏)하여. 적이나 상대편의 힘에 눌리어 굴복하여.

소언 龐방公공[ᄌᆞᄂᆞᆫ 德덕公공이니 漢한 적 은ᄉᆞ라]이 일즉 자안히며 마올애 들어가디 아니ᄒᆞ고 夫부妻쳐ㅣ 설으 공경홈을 손 ᄀᆞᆮ티 ᄒᆞ더니 劉류表표[漢한 宗종室실이니 형쥬 원 ᄒᆞ얏더니라]ㅣ ᄎᆞᄌᆞ니 龐방公공이 두던 우희 가 받 가던 거ᄉᆞᆯ 그치고 妻쳐子ᄌᆞㅣ 앏픠셔 기음ᄆᆡ더니 表표ㅣ ᄀᆞᄅᆞ치고 무러 ᄀᆞᆯ오ᄃᆡ 先션生ᄉᆡᆼ이 슈고로이 받이렁의셔 살오 벼슬 祿녹을 즐겨 아니ᄒᆞᄂᆞ니 훗ᄃᆡ예 므서스로 ᄡᅧ 子ᄌᆞ孫손을 기티리오 龐방公공이 ᄀᆞᆯ오ᄃᆡ 셰샹 사ᄅᆞᆷ은 다 위틔ᄒᆞᆫ 거ᄉᆞ로ᄡᅧ 기티거늘 이제 혼자 편안ᄒᆞᆫ 거ᄉᆞ로ᄡᅧ 기티노니 비록 기티ᄂᆞᆫ 배 ᄀᆞᆮ디 아니ᄒᆞ나 기티ᄂᆞᆫ 배 업ᄉᆞ미 아니라 ᄒᆞᆫ대 表표ㅣ 嘆탄息식ᄒᆞ고 가다

현대역 방공[자는 德公이니, 漢 때 隱士라.]이 일찍 성안이며 마을에 들어가지 아니하고, 夫妻가 서로 공경함을 손 같이 하더니, 유표[漢 종실이니, 형주 원 하였더니라.]가 찾으니, 방공이 둔덕 위에 가 밭 갈던 것을 그치고, 아내와 자식이 앞에서 김매더니, 표가 가리키고 물어 가로되, "선생이 수고로이

밭이랑에서 살고, 벼슬 祿을 즐겨 아니하니, 나중에 무엇으로 써 자손을 남기리오." 방공이 가로되, "세상 사람은 다 위태로운 것으로써 남기거늘, 이제 혼자 편안한 것으로써 남기노니, 비록 남기는 바가 같지 아니하나, 남기는 바가 없음이 아니라." 하니까, 표가 嘆息하고 가다.

기티리오: 끼치리오. 남기리오. '기티(어간)+리(추측법 선어말어미)+오(의문형 종결어미)'이다. 현대국어 '끼치다'의 옛말인 '기티다'는 15세기 문헌에서부터 나타난다. 근대국어 시기에 'ㄷ, ㅌ'이 'ㅣ'나 'ㅣ' 반모음 앞에서 'ㅈ, ㅊ'으로 변하는 구개음화를 겪어 18세기에 '기티-'가 '기치-'가 되었다. 또한 비슷한 시기에 어두의 첫소리 'ㄱ'이 된소리가 되는 어두된소리화를 겪어 '씨치-'로 나타나게 되었다. 이후 19세기에 'ㄱ'의 된소리 표기가 'ㅺ'에서 'ㄲ'으로 변하여 '끼치-'로 나타나면서 현재에 이르렀다. 기티다(15세기~18세기)〉기치다(18세기~19세기)〉씨치다(18세기~19세기)〉끼치다(19세기~현재). 이형태: 기티다, 깃티다, 깃치다, 기치다, 씨치다, 끼치다. 이 뭇 後ㅅ 부텻 기티논 긔걸이니 모로매 모다 삼가라.《1447 석상 23:13ㄱ》, 大學은 孔氏의 기티신 글월이라.《1588 소언 5:109ㄴ》)

【集解】龐公의字는德公이니襄陽人이라劉表는漢宗室이니爲荊州刺史하니라遺之以危는謂富貴多危機也요遺之以安은謂自食其力而無後患也라

방공의 자는 덕공이니, 양양 사람이다. 유표는 한나라 종실이니, 형주자사가 되었다. 遺之以危[그들에게 위태로움으로써 남김]는 부귀가 위험한 계기가 많음을 이르고, 遺之以安[그들에게 편안함으로써 남김]은 그 힘으로 스스로 먹어서 뒤에 근심이 없음을 이른다.

漢字 襄(오를 양), 荊(가시나무 형), 刺(찌를 자)

【增註】候는猶訪也라壟은田間高處也요畎은田間水道也라

候는 방문함과 같다. 壟은 밭 사이의 높은 곳이고, 畎은 밭 사이의 물길이다.

〖四十六章〗

○陶淵明이爲彭澤令ᄒᆞ야不以家累로自隨ㅣ러니送一力ᄒᆞ야給其子ᄒᆞ고書曰汝ㅣ旦夕之費예自給이爲難홀시今遣此力ᄒᆞ야助汝薪水之勞ᄒᆞ노니此亦人子也ㅣ니可善遇之니라 《晉書 逸民列傳》

●도연명이 팽택령이 되어 아내와 자식으로써 스스로 따르게 하지 않더니, 한 하인을 보내어 그 아들에게 주고 써서 말하였다. "네가 아침저녁의 씀에 스스로 공급함이 어려울 것이므로, 이제 이 하인을 보내어 네가 땔나무하고 물 긷는 수고로움을 돕게 하니, 이 또한 사람의 자식이니 가히 그를 잘 대우하라."

漢字 **陶**(질그릇 도), **彭**(땅이름 팽), **累**(권속 루, 묶을 루), **隨**(따를 수), **力**(하인 력), **給**(줄 급, 넉넉할 급), **費**(쓸 비, 소비할 비), **薪**(땔나무 신)

1 도연명(陶淵明, 365년~427년): 중국 동진(東晋) 말기부터 남조(南朝)의 송대(宋代) 초기에 걸쳐 생존한 중국의 대표적 시인이다. 자(字)는 연명 또는 원량(元亮)이고, 이름은 잠(潛)이다. 문 앞에 버드나무 5 그루를 심어 놓고 스스로 오류(五柳) 선생이라 칭하기도 하였다. 장시성[江西省] 주장현[九江縣]의 남서 시상(柴桑) 출생이다. 그의 증조부는 서진(西晋)의 명장 도간(陶侃)이며, 외조부는 당시의 명사 맹가(孟嘉)였다고 전한다. 이와 같은 가문에서 태어났지만 생활이 그렇게 풍족하지 못한 소지주 정도의 가정에서 자랐다. 29세 때에 벼슬길에 올라 주(州)의 좨주(祭酒)가 되었지만, 얼마 안 가서 사임하였다. 그 후 군벌항쟁의 세파에 밀리면서 생활을 위하여 하는 수 없이 진군참군(鎭軍參軍)·건위참군(建衛參軍) 등의 관직을 역임하였다. 그러나 항상 전원생활에 대한 사모의 정을 달래지 못한 그는 41세 때에 누이의 죽음을 구실삼아 펑쩌현[彭澤縣]의 현령(縣令)을 사임한 후 재차 관계에 나가지 않았다. 이때의 퇴관성명서라고도 할 수 있는 것이 유명한 《귀거래사(歸去來辭)》이다. 사전(史傳)에는 상관의 순시 때에 출영(出迎)을 거절하고, "나는 5두미(五斗米)를 위하여 향리의 소인(小人)에게 허리를

굽힐 수 없다."라고 개탄하였다고 적혀 있다. 향리의 전원에 퇴거하여 스스로 괭이를 들고 농경생활을 영위하여 가난과 병의 괴로움을 당하면서도 62세에 깨달음의 경지에 도달한 것처럼 그 생애를 마쳤다. 후에 그의 시호를 정절선생(靖節先生)이라 칭하였다. 그의 시는 4언체(四言體) 9편과 그때에 유행하던 5언체(五言體) 47편이 전해지고 있지만, 기교를 그다지 부리지 않고, 평담(平淡)한 시풍이었기 때문에 당시의 사람들로부터는 경시를 받았지만, 당대 이후는 6조(六朝) 최고의 시인으로서 그 이름이 높아졌다. 그는 평생의 거의 대부분을 민간인으로 보냈기 때문에, 그의 시는 생활로부터 스며나온 마음의 부르짖음이었으며, 당시 유행하던 귀족적 생활에서 풍겨나온 여유 있는 유희문학(遊戲文學)이 아니라 민간생활 그 자체를 노래한 문학이었다. 따라서 그의 시는 따스한 인간미가 있으며, 고담(枯淡)의 풍이 서려 있다. 형식면으로는 대구적 기교(對句的技巧)나 전거(典據) 있는 표현은 별로 쓰지 않았으므로, 같은 시대 시인인 사영운(謝靈運)과는 매우 대조적이었다. 양(梁)나라의 종영(鍾嶸)의 《시품(詩品)》에서는 '고금 은일시인(隱逸詩人)의 종(宗)'이라 평가하였으며, 후세에도 똑같이 평가되고 있다. 그의 시풍은 당대(唐代)의 맹호연(孟浩然)·왕유(王維)·저광희(儲光羲)·위응물(韋應物)·유종원(柳宗元) 등을 비롯하여 많은 시인들에게 영향을 끼쳐, 문학사상으로 남긴 업적은 매우 크다. 그리고 양(梁)나라의 소명태자(昭明太子)는 《문선(文選)》에다 9편을 수록하여 전집을 편집하였다. 이후 판본(版本) 및 주석서가 나왔다. 시 외에 《오류선생전(五柳先生傳)》, 《도화원기(桃花源記)》 등 산문에도 뛰어났으며, 또 지괴소설집(志怪小說集) 《수신후기(搜神後記)》의 작자로도 알려져 있다(두산백과).

2 가루(家累): 한집에 거느리고 사는 식구. 처자(妻子).

3 旦夕: 《번역소학》과 《소학언해》에서는 이성계의 바꾼 이름이 이단(李旦)이므로 기휘(忌諱)하여, 단(旦)으로 쓰되 '됴(조)'로 음을 달고 있다.

번소 陶도淵연明명이 彭핑澤퇵 ᄀᆞ올 원이 되여셔 쳐ᄌᆞ식을 조쳐 ᄃᆞ리디 아녓더니 ᄒᆞᆫ 죠ᇰ을 보내여 제 아ᄃᆞ를 주고 유무ᄒᆞ여 닐오ᄃᆡ 네 아ᄎᆞᆷ나죄 머굴 이레 몸소 ᄃᆞᆫ뉴미 어려올ᄉᆡ 이제 이 죠ᇰ을 보내여 네 나모ᄒᆞ며 믈 기로매 잇부믈 돕노니 이도 ᄯᅩ 사ᄅᆞᆷ의 ᄌᆞ식이니 됴히 ᄃᆡ졉호미 맛당ᄒᆞ니라 현대역 도연명이 彭澤 고을 원이 되어서 처자식을 좇아 거느리지 아니했더니, 한 종을 보내어 제 아들을 주고 편지하여 이르되, "네가 아침저녁 먹을 일에 몸소 다님이 어려우므로, 이제 이 종을 보내어 네 나무하며 물 길음에 고단함을 돕노니, 이도 또 사람의 자식이니 좋게 대접함이 마땅하니라."

1 유무ᄒᆞ여: 편지하여. '유무ᄒᆞ다'는 '소식을 전하다', '편지하다'의 옛말이다. 目連일 보내샤 耶輸ㅅ긔 유무ᄒᆞ샤 羅雲이ᄅᆞᆯ 모ᄃᆡ 보내라.《월곡 상:50》, 바고니예 ᄀᆞᄃᆞᆨᄒᆞᆫ 이슬 마존 염규를 유무ᄒᆞ야 求호ᄆᆞᆯ 기들오디 아니ᄒᆞ리로다(盈筐承路薤不待致書求).《두시-초 16:72》

2 ᄃᆞᆫ뉴미: 다님이. 'ᄃᆞᆫ니(어간)+움(명사형 어미)+이(주격 조사)'이다. 현대국어 '다니다'의 옛말인 'ᄃᆞᆮ니다'는 15세기 문헌에서부터 나타난다. 'ᄃᆞᆮ니다'는 '달리다'의 의미인 'ᄃᆞᆮ-'과 '가다'의 의미인 '니-'가 결합한 합성어이다. 15세기부터 'ᄃᆞᆮ니다'와 함께 'ᄃᆞᆮ-'의 종성 'ㄷ'이 후행하는 '니-'의 초성 'ㄴ'에 동화되어 'ᄃᆞᆫ니다'가 나타난다. 16세기 이후 'ᄃᆞᆫ니다'에서 제1음절 종성 'ㄴ'이 탈락한 'ᄃᆞ니다'로 나타난다. 18세기 이후 제1음절의 'ㆍ'가 'ㅏ'로 변화됨에 따라 19세기 이후 '다니다'로 나타나 현재에 이르렀다. 15세기의 'ᄃᆞᆫ이다'는 'ᄃᆞ니다'를 분철 표기한 것이다. 17세기의 'ᄃᆞᆺ니다'는 종성 'ㄷ'을 'ㅅ'으로 표기하던 당시의 경향에 따라 나타난 표기이다. 19세기의 '단니다'는 'ᄃᆞᆫ니다'의 제1음절 모음 'ㆍ'가 'ㅏ'로 변화한 것이며, 'ᄃᆡᆫ니다'는 'ᄃᆞᆫ니다'의 제1음절 모음 'ㆍ'가 후행하는 'ㅣ'의 영향으로 'ㆎ'로 나타난 것이다. ᄃᆞᆮ니다(15세기~17세기)〉ᄃᆞᆫ니다(15세기~19세기)〉ᄃᆞ니다(16세기~18세기)〉다니다(19세기~현재). 이형태: ᄃᆞᆮ니다, ᄃᆞᆫ니다, ᄃᆞᆫ이다, ᄃᆞ니다, ᄃᆞᆺ니다, ᄃᆡᆫ니다, 단니다, 다니다. 五百 靑衣ᄅᆞᆯ ᄀᆞᆯᄒᆡ야 졋어미 조차 ᄃᆞᆮ니며.《1447 석상 3:4ㄴ》, 商ᄋᆞᆫ 두루 ᄃᆞᆫ녀 흥졍ᄒᆞᆯ 씨오.《1447 석상 20:25ㄱ》, 牋誄ᄂᆞᆫ 任昉이 ᄃᆞᆫ이ᄂᆞᆫ ᄃᆞᆺᄒᆞ도다.《1481 두시-초 24:43ㄱ》

3 어려올ᄉᆡ: 어려우므로. '어려오(어간)+ㄹᄉᆡ(연결어미)'이다. '-ㄹᄉᆡ'는 동사, 형용사 어간 뒤에 붙어, '-(으)므로'를 뜻하는 연결어미이다. ᄒᆞ다가 둘헤 兼ᄒᆞᆯ딘댄 物와 體왜 雜亂ᄒᆞ리니 物이 體의 아로미 아닐ᄉᆡ 펴니 이러 둘히 셔리어니 엇뎨 中이 ᄃᆞ외리오(若兼二者 物體雜亂 物非體知 成敵兩立 云何爲中),《능엄 1:72》, ᄑᆞ리 기프니 市井을 迷失ᄒᆞ리로다 ᄯᅡ히 幽僻ᄒᆞᆯᄉᆡ 옷 ᄀᆞ외 니부믈 게을이ᄒᆞ노라(草深迷市井 地僻嬾衣裳).《두시-초 7:5》

4 잇부믈: 고단함을. '잇부(어간)+ㅁ(명사형 어미)+을(목적격 조사)'이다. '잇부다'

는 '잇브다'의 이형태이다. '잇브다'는 '고단하다'의 옛말이다. 가줄비건댄 사ᄅᆞ미 혀로 입시우를 할하 니기 할하 잇브게 ᄒᆞ면(譬如有人 以舌舐吻 熟舐令勞).《능엄 3:9》, 幽州 燕州예 盛히 武事를 ᄡᅳ시니 軍이 바도미 ᄯᅩ 잇브더라(幽燕盛用武供給亦勞哉.).《두시-초 21:36》

소언 陶도淵연明명[일홈은 潛ᄌᆞᆷ이니 晉진 적 은ᄉᆡ라]이 彭ᄑᆡᆼ澤ᄐᆡᆨ令령을 ᄒᆞ야 가쇽으로ᄡᅥ 스스로 졷디 아녓더니 ᄒᆞᆫ 죵을 보내여 그 아ᄃᆞᆯ을 주고 유무ᄒᆞ여 ᄀᆞᆯ오ᄃᆡ 네 아ᄎᆞᆷ나죄 ᄡᅳᆯ 거ᄉᆡ 스스로 쟝만홈이 어려올ᄉᆡ 이제 이 죵을 보내여 네 나모ᄒᆞ며 믈 길이예 ᄀᆞᆺ부ᄆᆞᆯ 돕노니 이도 ᄯᅩ 사ᄅᆞᆷ의 ᄌᆞ식이니 可가히 됴히 ᄃᆡ졉홀 디니라

현대역 도연명[이름은 潛이니, 晉 때 은사라.]이 彭澤令을 하여 家屬으로써 스스로 좇지 아니하였더니, 한 종을 보내어 그 아들을 주고 편지하여 가로되, "네가 아침저녁 쓸 것에 스스로 장만함이 어려우므로, 이제 이 종을 보내어 네가 나무하며 물 길음에 힘겨움을 돕노니, 이도 또 사람의 자식이니 가히 좋게 대접할 것이니라."

1 가쇽: 가속(家屬). 한집안에 딸린 구성원.

2 ᄀᆞᆺ부ᄆᆞᆯ: 가쁨을. 힘겨움을. 'ᄀᆞᆺ부(어간)+ㅁ(명사형 어미)+ᄋᆞᆯ(목적격 조사)'이다. 'ᄀᆞᆺ부다' 또는 'ᄀᆞᄇᆞ다'는 '가쁘다'의 옛말이다. 현대국어 '가쁘다'는 '힘겹다'를 뜻한다. 현대국어 '가쁘다'의 옛말인 'ᄀᆞᆺᄇᆞ다'는 15세기 문헌에서부터 나타난다. 'ᄀᆞᆺᄇᆞ다'는 '애쓰다', '힘들이다'의 의미를 갖는 동사 'ᄀᆞᆺ다'에 형용사 파생접사 -ᄇᆞ-'가 결합하여 파생된 것으로 추정된다. 16세기 이후 제2음절 이하의 'ㆍ'는 'ㅡ'로 변하는데, 'ᄀᆞᆺᄇᆞ다'의 경우는 15세기에서부터 'ᄀᆞᆺ브다'와 같이 'ㅡ'로 변한 어형이 나타난다. 17세기 이후에는 'ㅂ' 아래에서 'ㅡ'가 'ㅜ'로 변하는 원순모음화에 의하여 'ᄀᆞᆺ부다'와 같은 어형이 나타난다. 근대국어 시기에는 제1음절에서 모음 'ㆍ'가 음가를 잃고 'ㅏ'로 바뀌는 경향에 따라 19세기에 '갓부다'가 등장하였고, 20세기 이후 '가쁘다'와 같이 표기되어 오늘날에 이른다. ᄀᆞᆺᄇᆞ다(15세기~18세기)〉ᄀᆞᆺ브다(15세기~18세기)〉ᄀᆞᆺ부다(17세기~18세기)갓부다(19세기)〉가쁘다(20세기~현재). 이형태: ᄀᆞᆺᄇᆞ다, ᄀᆞᆺ브다, ᄀᆞᆺ부다, 갓부다. 耶輸는 前生애

어마님과 ᄒᆞᆫ듸 가시다가 길 머러 ᄀᆞᆺᄇᆞ실씨 몰보기 틀ᄒᆞ야 자내 지믈 어마님 맛디시고 부러 뻐디여 여ᄉᆞᆺ 里ᄅᆞᆯ 가시니.《1447 석상 3:37ㄴ》, 四十里예 뎌 叢林에 다ᄃᆞ라 모미 져기 ᄀᆞᆺ브거늘 쉬다니 樹神이 모ᄆᆞᆯ 現ᄒᆞ야 내게 닐오ᄃᆡ.《1459 월석 25:41ㄴ》

3 ᄃᆡ졉홀 디니라: 대접할 것이니라. 대접할지니라. 'ᄃᆡ졉ᄒᆞ(어간)+ㄹ(관형사형 어미)+ᄃᆞ(의존명사)+이(서술격조사 '이다'의 어간)+니라(평서형 종결어미)'이다. 이런 형태소 구성을 고려하면, 'ᄃᆡ졉홀 디니라'처럼 띄어 쓰며, '대접할 것이니라'로 풀이할 수 있다. 이때 의무와 당연의 의미가 포함되어 있으며, 장엄한 어감을 띤다. 그러나 'ㄹ+ᄃᆞ+이+니라'는 '-ㄹ디니라'의 형태로, 하나의 종결어미로 재구조화한 것으로 볼 수도 있다. 이때에는 해라할 자리에 쓰여, 'ᄃᆡ졉홀디니라'처럼 붙여 쓰며 '대접할지니라'로 풀이할 수도 있다. 알 리ᄂᆞᆫ 仔細히 ᄒᆞ야 ᄀᆞ초 버류믈 疑心 마롤 디니라(達者審之 勿嫌具列).《원각 상2-1:32》, 願ᄒᆞᆫᄃᆞᆫ 모ᄃᆞᆫ 道 닷ᄀᆞᆯ 사ᄅᆞ미 모ᄃᆡ 밧ᄀᆡ 求티 마롤 디니라(願諸修道之人 切莫外求).《목우 3》

【集解】淵明의字는元亮이라家累는妻子也라力은僕也라

● 연명의 자는 원량이다. 가루(家累)는 아내와 자식이다. 力은 종이다.

漢字 亮(밝을 량, 클 량, 진실할 량)

〖四十七章〗

○崔孝芬兄弟ㅣ孝義慈厚ᄒᆞ더니弟孝暐等이奉孝芬호ᄃᆡ盡恭順之禮ᄒᆞ야坐食進退예孝芬이不命則不敢也ᄒᆞ며鷄鳴而起ᄒᆞ야且溫顔色ᄒᆞ며一錢尺帛을不入私房ᄒᆞ고吉凶有須애聚對分給ᄒᆞ더니諸婦ㅣ亦相親愛ᄒᆞ야有無를共之ᄒᆞ더라 《北史 崔挺列傳》

●崔孝芬 형제가 효성스럽고 의로우며 인자하고 두텁더니, 아우 효위 등이 효분을 받들되, 공손하고 순한 예를 다하여, 앉고 먹으며 나아가고 물러남에 효분이 명하지 않으면 감히 아니 하며, 닭이 울면 일어나 우선 낯빛을 따스

하게 하며, 한 푼의 돈이나 한 자의 비단을 사사로운 방에 들이지 아니하고, 길흉으로 씀이 있음에 모여 대하여 나누어 주었더니, 여러 아내들도 또한 서로 친밀하고 사랑하여 있고 없음을 함께 하였다.

漢字 芬(향기로울 분), 暐(햇빛 위), 須(쓸 수, 모름지기 수)

번소 崔최孝효芬분의 형뎨 효도롭고 어딜오 인ᄌᆞ롭고 인후ᄒᆞ더니 아ᅀᆞ 孝효暐위돌히 孝효芬분을 위와도ᄃᆡ 공슌ᄒᆞᆫ 녜도ᄅᆞᆯ 곡진히 ᄒᆞ야 안ᄌᆞ며 음식 머그며 나ᅀᆞ며 믈로매 孝효芬분이 니ᄅᆞ디 아녀셔ᄂᆞᆫ 잠싼도 몯ᄒᆞ며 ᄃᆞᆰ 울어ᄃᆞᆫ 니러 ᄂᆞᆺ빗ᄎᆞᆯ 온화히 ᄒᆞ며 ᄒᆞᆫ낫 돈이며 ᄒᆞᆫ 잣 뵈ᄅᆞᆯ 아ᄅᆞᆷ뎟방의 드리디 아니ᄒᆞ며 됴ᄒᆞᆫ 이리며 구즌 이레 ᄡᅳᆯ 이리 잇거든 모다 마조 안자셔 ᄂᆞᆫ화 주더니 모ᄃᆞᆫ 며ᄂᆞ리 ᄯᅩ 서ᄅᆞ 친히 너기고 ᄉᆞ랑ᄒᆞ야 이신 거시며 업ᄉᆞᆫ 거ᄉᆞᆯ ᄒᆞᆫ가지로 ᄒᆞ더라

현대역 崔孝芬의 형제 효성스럽고 어질고 인자롭고 仁厚하더니, 아우 孝暐 등이 효분을 떠받들되, 공순한 예도를 곡진히 하여, 앉으며 음식 먹으며 나아가며 물러남에, 효분이 이르지 아니어서는 잠깐도 못하며, 닭 울거든 일어나, 낯빛을 온화하게 하며, 하나의 돈이며 한 자의 베를 사사로운 방에 들이지 아니하며, 좋은 일이며 궂은일에 쓸 일이 있거든, 모여 마주 앉아서 나눠 주더니, 모든 며느리 또 서로 친하게 여기고 사랑하여, 있는 것이며 없는 것을 함께 하더라.

1 인후ᄒᆞ더니: 인후(仁厚)하더니. 어질고 후덕하더니. '인후ᄒᆞ(어간)+더(회상법 선어말어미)+니(연결어미)'이다.

2 위와도ᄃᆡ: 떠받들되. '위완(어간)+오ᄃᆡ(연결어미)'이다. '-오ᄃᆡ'는 선행 음절의 모음이 'ㆍ, ㅏ, ㅗ, ㅣ, 반모음 ㅣ'인 경우에 붙어, '-(으)되'를 뜻하는 어미이다. 置陣이 ᄂᆞᆷ과 다ᄅᆞ샤 아ᅀᆞ보ᄃᆡ 나ᅀᅡ오니 믈러가던덴 목숨 ᄆᆞᄎᆞ리잇가(置陣異他 知亦進當 如其退避 性命奚戕).《용가 51장》, 淨飯이 무러시ᄂᆞᆯ 占者ㅣ 判ᄒᆞᅀᆞ보ᄃᆡ 聖子ㅣ 나샤 正覺 일우시리.《월곡 상:6》. '위완다'는 '떠받들다'의 옛말이다. 나히 쟝ᄎᆞ 여드니어ᄂᆞᆯ 公이 위와도ᄃᆡ 아바님 ᄀᆞ티 ᄒᆞ고 安保호ᄃᆡ 져믄 아ᄒᆡᄀᆞ티

ᄒᆞ야(伯康年將八十 公奉之如嚴父 保之如嬰兒).《내훈 3:41》, 큰 道理ᄂᆞᆫ 하ᄂᆞᆯ콰 몬져 나니 녜브터 다 위와ᄃᆞ며 님금마다 고티디 몯ᄒᆞ시ᄂᆞ니.《월석 2:70》

3 아녀셔ᄂᆞᆫ: 아니어서는. '아니(어간)+어(연결어미)+시('시다[在]'의 어간)+어(연결어미)+ᄂᆞᆫ(보조사)'이다. '어+시+어'가 하나의 연결어미 '-어셔'로 재구조화되었다. '-어셔'는 끝음절의 모음이 'ㆍ, ㅏ, ㅗ'가 아닌 동사, 형용사 어간 뒤에 붙어, '-어서'를 뜻하는 어미이다. 衛護ᄂᆞᆫ 둘어 더브러셔 護持홀씨라.《석상 9:40》, 阿育王이 塔ᄋᆞᆯ ᄒᆞ마 이르ᅀᆞᆸ고 幡을 몯 ᄃᆞ라셔 病ᄒᆞ야 누벼셔 虛空애 비로ᄃᆡ 부톄 靈ᄒᆞ거시든 애 情誠을 ᄉᆞᆯ피쇼셔 ᄒᆞ니.《석상 24:32》

4 ᄒᆞᆫ낫: 하나의. 'ᄒᆞᆫ나(수사)+ㅅ(관형격 조사)'이다. 현대국어 '하나'의 옛말인 'ᄒᆞ나ㅎ'은 15세기 문헌에서부터 나타난다. 'ᄒᆞ나ㅎ/ᄒᆞ나'는 모음으로 시작하는 조사나 조사 '-과', '-도, -곰' 등과 결합할 때에는 끝소리인 ㅎ이 나타나고, 그 밖의 조사와 결합하거나 단독으로 쓰일 때에는 끝소리 ㅎ이 나타나지 않는 ㅎ종성체언이었다. 이러한 ㅎ의 흔적은 현대국어 구어의 '하나토 없다'와 같은 발음에 남아있다. 18세기에 끝소리 ㅎ이 탈락한 'ᄒᆞ나'의 예가 나타나기 시작하나, 'ᄒᆞ나ㅎ' 형태 역시 19세기까지 나타난다. 18세기 이후 제1음절에서 모음 'ㆍ'가 'ㅏ'로 변함에 따라 19세기에는 현대국어와 같은 '하나' 형태가 나타나기 시작하였다. 한편 15세기~19세기에는 제2음절의 초성 ㄴ의 영향으로 제1음절에 종성 ㄴ이 첨가된 'ᄒᆞᆫ나ㅎ', 'ᄒᆞᆫ나', '한나ㅎ', '한나'의 예도 나타났는데, 'ᄒᆞᆫ나ㅎ/ᄒᆞᆫ나'의 경우는 이미 16세기부터 끝소리 ㅎ이 완전히 탈락한 예도 보인다는 점이 특기할 만하다. ᄒᆞ나ㅎ(15세기~19세기)〉ᄒᆞ나(18세기~19세기)〉하나(18세기~현재). 이형태: ᄒᆞ나ㅎ, ᄒᆞ나, 하나ㅎ, 하나, ᄒᆞᆫ나ㅎ, ᄒᆞᆫ나, 한나ㅎ, 한나. 一은 ᄒᆞ나히라.《1446 훈언 13ㄴ》, 無量 比丘의 그에ᅀᅡ ᄒᆞ나 둘만 正受를 ᄉᆞ랑ᄒᆞ며.《1447 석상 23:34ㄴ》, 傑出ᄒᆞᆫ 사ᄅᆞᄆᆞᆫ 엇뎨 몸 아ᄂᆞᆫ ᄒᆞᆫ나홀 기들우리오.《1481 두시-초 16:50ㄱ》, 네 ᄒᆞᆫ나 묻거든 ᄒᆞᆫ나 對答ᄒᆞ고.《1496 육조 하:51ㄴ》

5 아ᄅᆞᆷ뎟방: 사사로운 방. '아ᄅᆞᆷ뎌(명사)+ㅅ(관형격 조사)+방(명사)'이다. '아ᄅᆞᆷ뎌'는 '사사로이'의 옛말이다. 여기서는 '아ᄅᆞᆷ뎌'가 명사 '사사(私私)'로 쓰였다. 내 이제 아ᄅᆞᆷ뎌 財寶ᄅᆞᆯ 어더 衆生을 足게 주리라.《월석-중 22:30》, 뎌와 뎌왜 業을 發ᄒᆞ야 各各 아ᄅᆞᆷ뎌 受ᄒᆞ니잇가 홀씨 이런ᄃᆞ로 이에 牒ᄒᆞ야 對答ᄒᆞ시니라(彼彼發業 各各私受 故此牒答).《능엄 9:38》

소언 崔최孝효芬분[元원魏위 적 사ᄅᆞᆷ이라]의 兄형弟뎨 효도로오며 올흐며 ᄌᆞ샹ᄒᆞ며 슌후ᄒᆞ더니 아ᄋᆞ 孝효暐위 等등이 孝효芬분을 위와도ᄃᆡ 恭공順슌ᄒᆞᆫ 례도ᄅᆞᆯ 다ᄒᆞ야 안ᄌᆞ며 음식 먹으며 나ᄋᆞ며 믈롬애 孝효芬분이 命명티 아니ᄒᆞ면 敢감히 아니ᄒᆞ며 ᄃᆞᆰ 울어든 니러 ᄯᅩ ᄂᆞᆾ빗촐 온화히 ᄒᆞ며 ᄒᆞᆫ 돈이며 잣 깁을 ᄉᆞᄉᆞᆺ 房방의 들이디 아니ᄒᆞ고 吉길ᄒᆞ며 凶흉ᄒᆞᆫ ᄃᆡ ᄡᅳᆯ 거시 이심애 모다 마조 안자 ᄂᆞᆫ화 주더니 모ᄃᆞᆫ 며ᄂᆞ리 ᄯᅩ 서ᄅᆞ 親친ᄒᆞ며 ᄉᆞ랑ᄒᆞ야 이시며 업솜을 ᄒᆞᆫ가지로 ᄒᆞ더라

현대역 최효분[元魏 때 사람이라.]의 형제 효성스러우며 옳으며 자상하며 淳厚(醇厚)하더니, 아우 효위 등이 효분을 떠받들되, 恭順한 예도를 다하여, 앉으며 음식 먹으며 나아가며 물러남에, 효분이 명하지 아니하면 감히 아니하며, 닭 울거든 일어나 또 낯빛을 온화하게 하며, 한 돈이며 (한) 자의 비단을 사사로운 방에 들이지 아니하고 길하며 흉한 데 쓸 것이 있음에, 모여 마주 앉아 나누어 주더니, 모든 며느리 또 서로 친하며 사랑하여, 있으며 없음을 함께 하더라.

1 슌후ᄒᆞ더니: 순후(淳厚/醇厚)하더니. 온순하고 인정이 두텁더니.

2 공슌ᄒᆞᆫ: 공순(恭順)한. 공손하고 온순한.

【集說】陳氏曰孝芬은北朝博陵人孝芬元魏時人이라

진 씨가 말하였다. "효분은 북조 박릉 사람이다.[효분은 원위 때 사람이다.]"

孝芬의叔振이旣亡後에孝芬等이承奉叔母李氏ᄒᆞ되若事所生ᄒᆞ야旦夕溫凊七正反ᄒᆞ며出入啓覲ᄒᆞ며家事巨細를一以咨決ᄒᆞ며每兄弟出行애有獲則尺寸以上을皆入李之庫ᄒᆞ고四時分賚를李氏自裁之ᄒᆞ더니如此ㅣ二十餘歲러라

● 효분의 숙부 振이 이미 돌아가신 뒤에, 효분 등이 숙모 이 씨를 이어 받들되, 마치 낳으신 바[어머니]를 섬기듯이 하여, 아침저녁으로 따뜻하고 서늘히 하며, 나고 듦에 아뢰고 뵈며, 집일의 크고 작음을 한결같이 써 물어 결정하며, 매번 형제가 나감에 얻음이 있은즉 한 자 한 치 이상을 모두 이 씨의 창고에 들이고, 사계절에 나누어 줌을 이 씨가 스스로 그것을 결정하게 하더니, 이와 같음이 이십여 년이었다.

漢字 凊(서늘할 청), 啓(아뢸 계, 열 계), 覲(뵐 근), 咨(물을 자), 賚(줄 뢰), 裁(결정할 재, 마름질할 재)

旦夕: 《번역소학》과 《소학언해》에서는 이성계의 바꾼 이름이 이단(李旦)이므로 기휘(忌諱)하여, 단(旦)으로 쓰되 '됴(조)'로 음을 달고 있다.

번소 孝효芬분의 아자비 振진이 주근 후에 孝효芬분이ᄃᆞᆯ히 아ᄌᆞᆷ이 李니氏시ᄅᆞᆯ 위와도ᄃᆡ 나혼 어버ᅀᅵ 셤굠ᄀᆞ티 ᄒᆞ야 아ᄎᆞᆷ나죄로 뵈며 겨슬이어든 ᄃᆞᄉᆞ게 ᄒᆞ며 녀름이어든 서를케 ᄒᆞ며 나갈 제 니ᄅᆞ고 가며 드러와 뵈며 집의 크며 져근 이를 다 무러 결ᄒᆞ며 ᄆᆡ양 형뎨 나ᄒᆞ니다가 어든 거시 잇거든 ᄒᆞᆫ 자만커나 ᄒᆞᆫ 치만ᄒᆞᆫ 거슬 다 李니氏시의 고애 드리며 ᄉᆞ졀의 ᄂᆞᆫ화주믈 李니氏시 ᄀᆞ숨아라 ᄒᆞ더니 이리 호미 스므나ᄆᆞᆫ ᄒᆡ러라

현대역 효분의 숙부 振이 죽은 후에, 효분이 등이 숙모 이 씨를 떠받들되, 낳은 어버이 섬김같이 하여, 아침저녁으로 뵈며, 겨울이거든 따스하게 하며 여름이거든 서늘하게 하며, 나갈 때 이르고 가며 들어와 뵈며, 집의 크며 적은 일을 다 물어 결정하며, 매양 형제 나다니다가 얻은 것이 있거든, 한 자만하거나 한 치만한 것을 다 이 씨의 창고에 들이며, 사절의 나눠줌을 이 씨 주관하더니, 이렇게 함이 스물 남짓한[이십여] 해더라.

스므나ᄆᆞᆫ: 스물 남짓. '스므(수사)+나ᄆᆞᆫ(접사)'이다. '나ᄆᆞᆫ'은 '일부 수사 뒤에 붙어, 그 수보다 좀 더 됨을 나타내는 접사'이다. 의미상 의존명사 '남짓'과

통한다. 자세한 설명은 《소언》 〈가언(嘉言) 제5〉 제46장의 '여라ᄆᆞᆫ'을 참조하라.

소언 孝효芬분의 아자비 振진이 이믜 죽은 後후에 孝효芬분等등이 아ᄌᆞᆷ이 李리氏시ᄅᆞᆯ 위와도ᄃᆡ 나ᄒᆞᆫ 바ᄅᆞᆯ 셤굠 ᄀᆞᆮ티 ᄒᆞ야 아ᄎᆞᆷ나조ᄒᆡ ᄃᆞᄉᆞ며 서늘케 ᄒᆞ며 나며들옴애 ᄉᆞᆲ고 뵈며 집일이 크며 젹은 이ᄅᆞᆯ ᄒᆞᆫᄀᆞᆯᄀᆞᆮ티 ᄡᅥ 무러 決결ᄒᆞ며 ᄆᆡ양 兄형弟뎨 나ᄃᆞᆫ닐 제 어든 거시 잇거든 재며 치로ᄡᅥ 우흿 거슬 다 李리氏시의 庫고애 들이고 ᄉᆞ졀의 ᄂᆞᆫ화줌을 李리氏시 스스로 ᄀᆞ옴알아 ᄒᆞ더니 이ᄀᆞᆮ티 홈이 스므 남은 ᄒᆡ러라

현대역 효분의 숙부 진이 이미 죽은 후에, 효분 등이 숙모 이 씨를 떠받들되, 낳은 바를 섬김 같이 하여, 아침저녁으로, 따뜻하며 서늘하게 하며, 나며듦에 사뢰고 뵈며, 집일이 크며 작은 것을 한결같이 써 물어 결정하며, 매양 형제 나다닐 때 얻은 것이 있거든, 자며 치로써 위[한 자 한 치 이상]의 것을 다 이 씨의 창고에 들이고, 사절의 나눠줌을 이 씨 스스로 주관하여 하더니, 이같이 함이 스물 남짓한 해더라.

나ᄃᆞᆫ닐: 나다닐. '나ᄃᆞᆫ니(어간)+ㄹ(관형사형 어미)'이다. 현대국어 '나다니다'의 옛말인 '나ᄃᆞᆮ니다'는 15세기 문헌에서부터 나타난다. '나ᄃᆞᆫ니-'는 동사 '나-'와 'ᄃᆞᆮ니-'가 결합한 것이다. 'ᄃᆞᆮ니-'가 'ᄃᆞᆫ니-' 등을 거쳐 '다니-'로 변함에 따라 '나ᄃᆞᆮ니-'도 이러한 변화를 겪어 '나다니-'로 나타나면서 현재에 이른 것으로 보인다. 나ᄃᆞᆮ니다(15세기~17세기)〉나ᄃᆞᆫ니다(16세기~18세기)〉나다니다(20세기~현재). 이형태: 나ᄃᆞᆮ니다, 나ᄃᆞᆫ니다, 나ᄃᆡᆼ기다, 나단니다. 늘근 아비ᄂᆞᆫ 나ᄃᆞᆫ니디 아니ᄒᆞ야셔 다봇과 ᄡᅮᆨ괘 기렛거늘.《1481 두시-초 12:16ㄴ_3》, 겨집이 열 ᄒᆡ어든 나ᄃᆞᆫ니디 아니ᄒᆞ며 스승 어믜 ᄀᆞᄅᆞ치믈 유슌히 드러 조ᄎᆞ며.《1588 소언 1:7ㄱ》

【增註】溫은 謂冬溫이요 凊은 謂夏凊이라 賫는 與也라

溫은 겨울에 따뜻히 함을 이르고, 凊은 여름에 서늘히 함을 이른다. 賫는

줌이다.

【集解】啓는謂出必告이요覲은謂反必面이라

啓는 나감에 반드시 아룀을 이르고, 覲은 돌아옴에 반드시 뵘을 이른다.

漢字 面(대면할 면)

〖四十八章〗

○王凝이常居애慄栗如也ᄒᆞ더니子弟ㅣ非公服이어든不見ᄒᆞ야閨門之內ㅣ若朝廷焉ᄒᆞ더라 《文中子 關朗篇》

●王凝이 평소 거처함에 근엄한 듯하더니, 子弟가 公服이 아니거든 뵙지 못하여 안방의 안이 조정 같았다.

漢字 凝(엉길 응), 慄(엄할 률, 두려워할 률), 見(뵐 현), 閨(안방 규, 도장방 규)

번소 王왕凝응이 샹해 이슈매 엄경ᄒᆞ더니 ᄌᆞ손이 관딕 아니ᄒᆞ야ᄂᆞᆫ 뵈디 몯ᄒᆞ야 제 집안히 朝됴廷뎡 ᄀᆞᆮ더라

현대역 王凝이 늘 있음에 엄정하더니, 자손이 冠帶 아니하여서는 뵈지 못하여, 제 집 안이 조정과 같더라.

아니ᄒᆞ야ᄂᆞᆫ: 아니하여서는. '아니ᄒᆞ(어간)+야ᄂᆞᆫ(연결어미)'이다. '-야ᄂᆞᆫ'은 특히 'ᄒᆞ다'의 어간이나 끝음절의 모음이 'ㅣ'인 어간 뒤에 붙어, '-어서는'을 뜻하는 어미이다. 내 져믄 ᄢᅴ브터 길어 사ᄅᆞᆷ ᄃᆞ외야 王ᄋᆡ ᄉᆞ랑ᄒᆞ샤미 ᄃᆞ외야ᄂᆞᆫ 도ᄅᆞᅘᅧ 나ᄅᆞᆯ ᄇᆞ리ᄂᆞ다 ᄒᆞ고.《석상 11:30》

소언 王왕凝응[唐당 적 사ᄅᆞᆷ이라]이 샹해 이쇼매 싁싁ᄒᆞ더니 子ᄌᆞ弟뎨 公공服복 아녀거든 보디 아니ᄒᆞ야 방문 안히 朝됴廷뎡 ᄀᆞᆮ더라

현대역 왕응[唐 때 사람이라.]이 늘 있음에 엄하더니, 자제가 공복 아니하여

있거든 보지 아니하여, 방문 안이 조정 같더라.

【集解】凝의字는叔恬이니文中子之弟라慄은嚴謹貌라子弟非公服이어든不敢見하여處閨門을如處朝廷하니其嚴謹을可知矣라

凝의 자는 숙염이니, 文中子의 아우다. 慄은 엄하고 삼가는 모양이다. 자제가 공복이 아니거든 감히 뵙지 못하여, 집안에 처함을 조정에 처함과 같이 하니, 그 엄하고 삼감을 가히 알 수 있다.

漢字 恬(편안할 념)

문중자(文中子, 580년~617년): 하동군(河東郡) 용문현(龍門縣) 통화진(通化鎭) 사람으로, 이름은 왕통(王通)이다. 자는 중엄(仲淹)이고, 호는 문중자(文中子)이다. 수(隋)나라의 교육가, 사상가이다. 자세한 설명은 〈가언(嘉言) 제5〉 제40장 '왕통(王通)'을 참조하라.

御家以四教ᄒᆞ니勤儉恭恕ㅣ오正家以四禮ᄒᆞ니冠昏喪祭러라

● 집을 다스림에 네 가지 가르침으로써 하니, 부지런하고 검소하며 공손하고 용서함이고, 집을 바르게 함에 네 가지 예로써 하니, 관례와 혼례와 상례와 제례다.

漢字 御(다스릴 어), 恕(용서할 서)

번소 집을 다ᄉᆞ류ᄃᆡ 네 일로 ᄀᆞᄅᆞ치더니 브즈런ᄒᆞ며 검박ᄒᆞ며 온공ᄒᆞ며 내 ᄆᆞᄉᆞᆷ 져버 ᄂᆞᄆᆡ ᄆᆞᄉᆞᆷ 혜아림으로 ᄒᆞ더라 집을 졍호ᄃᆡ 네 가짓 례도로 ᄒᆞ니 첫 곳갈스기며 혼인ᄒᆞ기며 상ᄉᆞ며 졔ᄉᆞ러라

현대역 집을 다스리되 네 가지 일로 가르치더니, 부지런하며 儉朴하며 온공하며 내 마음 參酌하여 남의 마음 헤아림으로 하더라. 집을 바로 하되 네 가지의 예도로 하니, 첫 고깔쓰기며 혼인하기며 喪事며 제사더라.

1 져버: 접어. '졉(어간)+어(연결어미)'이다. '졉다'는 '용서하다', '참작하다'의 옛말이다. 恕는 내 모ᄆᆞ로 ᄂᆞᆷ 져버 볼씨라.《능엄 3:82》, 제 몸 졉는 ᄆᆞᅀᆞᄆᆞ로 ᄂᆞᄆᆞᆯ 져브면 聖賢ㅅ 地位예 니르디 몯홀갓 分別이 업스리라(恕己之心恕人 不患不到聖賢地位也).《내훈 1:31》

2 검박ᄒᆞ며: 검박(儉朴)하며. 검소하고 소박하며.

소언 집 다ᄉᆞᆯ요ᄆᆞᆯ 네 가짓 ᄀᆞᄅᆞ침오로ᄡᅧ ᄒᆞ니 브즈런ᄒᆞ며 검박ᄒᆞ며 공슌ᄒᆞ며 ᄂᆞᄆᆡ ᄆᆞᄋᆞᆷ 졉어봄이오 집 正졍ᄒᆞ욤올 네 가짓 禮례로ᄡᅧ ᄒᆞ니 가관ᄒᆞ기며 혼인ᄒᆞ기며 상ᄉᆞ며 졔ᄉᆞ러라

현대역 집 다스림을 네 가지의 가르침으로써 하니, 부지런하며 검박하며 공순하며 남의 마음 참작함이요, 집 바로 함을 네 가지의 예로써 하니, 加冠하기며 혼인하기며 상사며 제사더라.

다ᄉᆞᆯ요ᄆᆞᆯ: 다스림을. '다ᄉᆞ리(어간)+옴(명사형 어미)+ᄋᆞᆯ(목적격 조사)'이다. 현대국어 '다스리다'의 옛말인 'ᄃᆞᄉᆞ리다'는 15세기 문헌에서부터 나타난다. 'ᄃᆞᄉᆞ리다'는 '다스려지다' 또는 '다스리다'의 의미를 지닌 동사 '다ᄉᆞᆯ-'에 사동접사 '-이-'가 결합한 것이다. 16, 18세기 문헌에는 분철 표기된 '다ᄉᆞᆯ이다'의 예도 보인다. 16세기 이후에 제2음절 이하에서 모음 'ㆍ'가 'ㅡ'로 바뀌는 경향에 따라 17세기에는 '다스리다'가 되면서 현재에 이르렀다. 다ᄉᆞ리다(15세기~19세기)〉다스리다(17세기~현재). 이형태: 다ᄉᆞ리다, 다ᄉᆞᆯ이다, 다스리다. 波羅㮈大王이 어디르샤 正法으로 나라ᄒᆞᆯ 다ᄉᆞ리더시니.《1447 석상 11:17ㄴ》, 德으로ᄡᅧ 빅셩을 다ᄉᆞᆯ이ᄂᆞ니.《1588 소언 4:34ㄴ》

【增註】御는治也라

御는 다스림이다.

聖人之書와及公服禮器를不假ᄒᆞ며垣屋什物을必堅朴ᄒᆞ야曰無苟費也ㅣ라ᄒᆞ며門巷果木을必方列ᄒᆞ야曰無苟亂也ㅣ라ᄒᆞ더라

●성인의 책 및 공복과 예식용 기물을 빌리지 아니하며, 담과 지붕과 세간물건을 반드시 견고하고 질박하게 하여 말하였다. "구차하게 허비함이 없어야 한다." 문과 골목과 과일나무를 반드시 반듯하게 나열하여 말하였다. "구차하게 어지럽힘이 없어야 한다."

漢字 垣(담 원), 屋(지붕 옥), 什(세간 집, 열 십, 열사람 십), 堅(굳을 견), 巷(골목 항, 거리 항)

집물(什物): 집안이나 사무실에서 쓰는 온갖 기구. 유의어: 집기(什器). 《번역소학》과 《소학언해》는 '습물'로 독음을 달고 있다.

번소 聖셩人신ᄂᆡ 글월와 공복과 졔긔ᄅᆞᆯ 서르 비디 아니ᄒᆞ며 다미며 지비며 ᄡᅳᄂᆞᆫ 그릇ᄉᆞᆯ 반ᄃᆞ시 굳고 검박게 ᄒᆞ고 닐오ᄃᆡ 구챠히 허비티 아닐 거시라 ᄒᆞ며 문 오래며 과실남ᄀᆞᆯ 반ᄃᆞ시 방졍히 줄혀게 ᄒᆞ고 닐오ᄃᆡ 구챠히 어즈럽게 아닐 거시라 ᄒᆞ더라

현대역 성인의 글월과 公服과 祭器를 서로 빌리지 아니하며, 담이며 집이며 쓰는 그릇을 반드시 굳고 검박하게 하고, 이르되, "구차히 허비하지 아니할 것이라." 하며, 문과 대문이며 과실나무를 반드시 方正히 줄짓게 하고, 이르되, "구차히 어지럽게 아니할 것이라." 하더라.

1 오래: 대문(大門). 門 오래 문.《천자-광 27》, 門 오래 문.《백련-동 10》, 오래 ᄌᆞᆷ가 너허시나 궁듕의 긔특 거륵ᄒᆞᆫ 샹셔의 일이 만ᄒᆞ니.《계축 하:47》(현대역: 대문을 잠가 넣었으나 궁중에 기이하고 거룩하며 상서로운 일이 많으니.)
2 방히: '방정(方正)히'의 옛말이다. 모양이 네모지고 반듯하게.

소언 聖셩人인의 글월과 믿 公공服복과 졔긔ᄅᆞᆯ 비디 아니ᄒᆞ며 담이며 집이며 온갓 긔믈을 반ᄃᆞ시 굳고 검박게 ᄒᆞ야 ᄀᆞᆯ오ᄃᆡ 구챠히 허비티 아닐 거시라 ᄒᆞ며 문 오래며 과실남글 반ᄃᆞ시 방졍히 버릇게 ᄒᆞ야 ᄀᆞᆯ오ᄃᆡ 구챠히 어즐업게 아닐 거시라 ᄒᆞ더라

현대역 성인의 글월과 및 공복과 제기를 빌리지 아니하며, 담이며 집이며 온갖 기물을 반드시 굳고 검박하게 하여, 가로되, "구차하게 허비하지 아닐 것이라." 하며, 문과 대문이며 과실나무를 반드시 방정히 벌려있게 하여 가로되, "구차히 어지럽게 아니할 것이라." 하더라.

【增註】假는借也니不假는阮氏曰皆自足也라營築垣屋하고造設什物을必渾堅朴素하며經畫門巷하고種植果木을必方整成列하니蓋其爲人不苟라故로每事亦不苟如此하니라

假는 빌림이니, 不假[빌리지 않음]는 완 씨(阮氏)가 말하길, "다 스스로 족함이다." 담과 지붕을 경영하여 쌓고, 세간물건을 만들어 베풀기를 반드시 온전하고 견고하며 소박하게 하며, 문과 골목을 그어 구획하고 과일나무 심기를 반드시 방정하게 줄을 이루었으니, 대개 그 사람됨이 구차하지 않았다. 그러므로 매사에 또한 구차하지 않음이 이와 같았다.

漢字 阮(나라 이름 완, 관문 이름 원), 築(쌓을 축), 渾(온전할 혼), 素(소박할 소), 經(그을 경), 畫(구획할 획), 種(씨 뿌릴 종)

〖四十九章〗

○張公藝ㅣ九世同居ᄒᆞ더니北齊隋唐이皆旌表其門ᄒᆞ니라麟德中애高宗이封泰山ᄒᆞ시고幸其宅ᄒᆞ샤召見公藝ᄒᆞ야問其所以能睦族之道ᄒᆞ신대公藝ㅣ請紙筆以對호ᄃᆡ乃書忍字百餘ᄒᆞ야以進ᄒᆞ니其意ㅣ以爲宗族所以不協은由尊長衣食이或有不均ᄒᆞ며卑幼禮節이或有不備어든更相責望ᄒᆞ야遂爲乖争ᄒᆞᄂᆞ니苟能相與忍之則家道ㅣ雍睦矣라ᄒᆞ니라 《舊唐書 孝友列傳, 溫公家範》

●장공예는 아홉 대가 함께 살더니, 북제·수·당이 다 그의 門에 旌表하였다. 麟德 가운데 高宗이 태산에 封하고 그 집에 행차하시어 공예를 불러 보아, 그 써 능히 겨레붙이를 화목할 수 있는 바의 도를 물으셨는데, 공예가 종이와 붓으로써 대하기를 청하되, 이에 忍자 백여 자를 써서 올리니, 그 뜻은 '겨레붙이가 화합하지 못하는 바는 존장으로부터 옷과 밥이 혹 고르지 못함이 있으며, 낮은 자와 어린 자의 예절이 혹 갖추어지지 않음이 있거든, 번갈아 서로 責望하여 마침내 어그러지고 다툼이 되니, 진실로 능히 서로 더불어 그것을 참으면 家道가 온화해지고 화목하게 된다.' 함이다.

漢字 封(봉할 봉, 쌓을 봉), 幸(행차할 행, 거둥할 행), 睦(화목할 목), 協(화합할 협), 均(고를 균), 更(번갈아 경, 고칠 경), 雍(온화해질 옹, 누그러질 옹)

1 장공예(張公藝, 578년~676년): 운주(鄆州) 수장(壽張, 지금의 허난(河南)성 푸양(濮陽)시 타이첸(臺前)현) 출신이다. 어렸을 때부터 덕(德)으로 명망이 있었던 그는 바른 덕으로 수신에 힘쓰며 예(禮)로 집안을 다스리고 의(義)로 화합했으며, 규칙을 정해 자식과 조카들을 교육하였다. 또한 부모로서 자식에게 자애롭고, 형제간의 우애가 있었고, 부부간의 정과 고부간의 이해가 넘쳤다고 한다. 북제(北齊), 북주(北周), 수나라, 당나라 4왕조에 걸쳐 99세까지 장수했다. 한 집에서 9대가 화목하게 같이 살았는데 가족이 약 900명에 달했다. 매일 북을 울려 식사를 했으며, 기르는 개만 해도 100마리가 넘었다. 모두 함께 살며 끼니를 거르는 이가 없었다. 《백인전서(百忍全書)》를 만들어 세상에 선행을 권장하고 가족의 화목을 강조했다. 맏아들 중인(仲人)은 과거에서 장원 급제하고, 차남 중의(仲義)는 차석으로 급제했다. 당 고종(高宗)이 태산(泰山)에서 봉선(封禪)을 행하고 돌아가는 중에 운주에 들르게 되었는데, 장공예의 집을 방문하여 구세(九世)가 같이 살 수 있는 비법을 물었다. 그러자 공예는 참을 인(忍) 자 100여 자를 쓴 것을 보여주며 답했다고 한다. 고종이 이에 감격하여 비단을 하사하였다." 여기서 '인지위덕(忍之爲德)'이라는 말이 나왔다(중국인물사전).

2 인덕(麟德): 중국 당(唐)나라의 제3대 황제인 고종(高宗) 이치(李治, 재위 649년~683년) 때의 네 번째 연호이다. 664년에서 666년 음력 1월까지 3년 동안 사용되었다. 고종은 663년(용삭 3년) 음력 12월에 연호를 용삭(龍朔)에서 인덕(麟德)으로 바꾸고, 이듬해인 664년을 원년으로 하였다. 인덕 원년에 고종은

운중도호부(雲中都護府)를 선우대도호부(單于大都護府)로 바꾸었다. 그리고 측천무후와의 사이에서 낳은 여덟째아들 은왕(殷王) 이단(李旦)을 선우대도호로 임명했다. 고종의 병세가 깊어지자 측천무후는 665년(인덕 2년) 음력 10월에 봉선의식(封禪儀式)을 행할 것을 청했다. 고종은 666년(인덕 3년) 음력 1월에 태산(泰山)에서 봉선의식을 행한 뒤에 연호를 건봉(乾封)으로 바꾸고 그 해를 원년으로 하였다(두산백과).

3 고종(高宗, 628년~683년, 재위 649년~683년): 중국 당(唐)나라의 제3대 황제이다. 태종의 9번째 아들로, 4세 때 진왕(晉王)으로 봉해졌으며, 16세 때 장자 승건태자(承乾太子)가 반역죄로 폐위되자, 외척(外戚) 장손(長孫) 무기(無忌)의 후원과 인효(仁孝)가 높다는 평판을 받아 형들을 제치고 황태자가 되었다. 즉위하여 651년 영휘율령(永徽律令), 653년 율소(律疏)를 찬정(撰定)하고, 《오경정의(五經正義)》를 반포 발행하여, 당나라 초기의 전장(典章)제도를 모두 마무리 지었다. 655년 새로 측천무후(則天武后)를 황후로 맞아들인 뒤부터는, 여걸 무후가 점차 권력을 잡았다. 장손 무기가 살해되고 황족들도 차례로 실권을 빼앗겼으며, 33세 때 병세가 심해진 뒤로는 정사(政事)가 무후에게 맡겨졌다. 한때 태산에서 봉선을 행하고, 태종이 실패한 고구려 정복을 실현시키는 등 국세를 떨쳤지만, 그 자신의 지도성은 찾아볼 수 없다. 능은 건릉(乾陵)이다(두산백과).

번소 張댱公공藝예ㅣ 아홉 ᄃᆡ롤 ᄒᆞᄃᆡ 사더니 北븍齊졔와 隋슈와 唐당 시저리 다 그 무ᄂᆡ 旌졍表표ᄒᆞ니라 麟린德덕 시절에 高고宗종이 泰태山산의 가 졔ᄒᆞ시고 그 집의 가샤 公공藝예를 블러 보샤 잘 권당 화동ᄒᆞᄂᆞᆫ 도리롤 무른대 公공藝예 죠ᄒᆡ와 붇과 주슈셔 ᄒᆞ야 ᄃᆡ답호ᄃᆡ ᄎᆞ몰 인ᄌᆞ를 일ᄇᆡᆨ나마 서 드리ᅀᆞ오니 제 ᄠᅳ덴 호ᄃᆡ 권당이 화동티 몯호믄 얼우니 옷 바블 골오 아니 ᄒᆞᄂᆞᆫ 주리 이시며 져믄 사ᄅᆞᆷ이 례졀이 ᄀᆞᆺ디 아니ᄒᆞ니 잇거ᄃᆞᆫ 서ᄅᆞ 외다 ᄒᆞ야 인ᄒᆞ여 거슯저 ᄃᆞ토게 도ᄋᆡ니 진실로 서르 ᄎᆞᄆᆞ면 집안이 화동ᄒᆞ리라

현대역 張公藝가 아홉 대를 함께 살더니, 北齊와 隋와 唐 시절이 다 그 문에 旌表하니라. 麟德 시절에 高宗이 泰山에 가 祭하시고, 그 집에 가시어 공예를

불러 보시어, 잘 친척 和同하는 도리를 물으니까, 공예(가) "종이와 붓을 주소서." 하여 대답하되, 참을 忍자를 일백 남짓 써 드리오니, '제 뜻에는 하되, 친척이 화동하지 못함은, 어른이 옷과 밥을 고루 아니 하는 줄이 있으며, 어린 사람이 예절이 갖춰져 있지 아니한 이 있거든, 서로 그르다 하여 인하여, 거슬려 다투게 되니, 진실로 서로 참으면 집안이 화동하리라.' (함이다.)

1 경표ᄒᆞ니라: 정표(旌表)하니라. '경표ᄒᆞ(어간)+니라(평서형 종결어미)'이다. '정표ᄒᆞ다'는 '착한 행실을 세상에 드러내어 널리 알리다.'를 뜻한다.

2 화동ᄒᆞᄂᆞᆫ: 화동(和同)하는. '화동ᄒᆞ(어간)+ᄂᆞᆫ(관형사형 어미)'이다. '화동ᄒᆞ다'는 '두 사람 사이가 멀어졌다가 다시 뜻이 잘 맞게 되다.'를 뜻한다.

3 ᄀᆞᆺ디: 갖춰져 있지. 'ᄀᆞᆺ(어간)+디(보조적 연결어미)'이다. 'ᄀᆞᆺ다'는 'ᄀᆞᆽ다'를 팔종성법에 따라 표기한 것이다. 'ᄀᆞᆽ다'는 '갖춰져 있다'의 옛말이다. ᄯᅩ 佛子ㅣ 定과 慧왜 ᄀᆞ자 그지업슨 알외요ᄆᆞ로 한 사ᄅᆞᆷ 위ᄒᆞ야 法 講論ᄒᆞ며.《석상 13:21》, 뎌 부텻 妙智眞明이 세 德이 ᄀᆞᄌᆞ실ᄊᆡ 日月燈이시다 ᄒᆞ니라.《월석 11:42》

소언 張댱公공藝예ㅣ 아홉 ᄃᆡᄅᆞᆯ ᄒᆞᆫᄃᆡ 사더니 北븍齊졔와 隋슈와 唐당이 다 그 門문에 旌졍表표ᄒᆞ니라 麟린德덕[唐당高고宗종의 년회라] 가온대 高고宗종이 泰태山산을 봉션ᄒᆞ시고 그 집의 가샤 公공藝예를 블러 보아 그 ᄡᅥ 能능히 권당 화동ᄒᆞᄂᆞᆫ 밧 도리ᄅᆞᆯ 무ᄅᆞ신대 公공藝예 죠ᄒᆡ와 븓을 請쳥ᄒᆞ야 ᄡᅥ ᄃᆡ답호ᄃᆡ ᄎᆞᄆᆞᆯ 忍인字ᄌᆞ 일ᄇᆡᆨ남은 이를 써 ᄡᅥ 들이오니 그 ᄠᅳᆮ이 ᄡᅥ 호ᄃᆡ 권당이 ᄡᅥ 화티 몯ᄒᆞᄂᆞᆫ 바ᄂᆞᆫ 얼운의 옷과 밥을 홈이 或혹 고로 아니 홈이 이시며 ᄂᆞ존 이며 졈은의 禮례節졀이 或혹 ᄀᆞᆺ디 안임이 잇거ᄃᆞᆫ 다시곰 설으 외다 ᄒᆞ야 원망홈을 말믜삼아 드듸여 어긔여 ᄃᆞᆮ톰이 되ᄂᆞ니 진실로 能능히 설으 더블어 ᄎᆞᄆᆞ면 家가道도ㅣ 화목ᄒᆞ리라

현대역 장공예가 아홉 대를 함께 살더니, 북제와 수와 당이 다 그 문에 정표하니라. 인덕[당 고종의 연호라.] 가운데 고종이 태산을 封禪하시고, 그 집에 가시어 공예를 불러 보아 그 써 능히 친척 화동하는 바의 도리를 물으시니까,

공예가 종이와 붓을 청하여 써 대답하되, 참을 忍자 일백 남짓 것을 써 드리오니, 그 뜻이 써 하되, '친척이 써 화동하지 못하는 바는 어른이 옷과 밥을 함이 혹 고루 아니 함이 있으며, 낮은 이며 어린이가 예절이 혹 갖춰지지 않음이 있거든, 다시금 서로 그르다 하여 원망함을 말미암아, 드디어 어기어 다툼이 되니, 진실로 능히 서로 더불어 참으면 家道가 화목하리라.' (함이다.)

봉션ᄒᆞ시고: 봉선(封禪)하시고. '봉션ᄒᆞ(어간)+시(주체 높임 선어말어미)+고(연결어미)'이다. '봉션ᄒᆞ다'는 '옛날 중국에서, 천자(天子)가 흙으로 단(壇)을 만들어 하늘에 제사 지내고 땅을 정(淨)하게 하여 산천에 제사 지내다.'를 뜻한다.

【集說】陳氏曰公藝는東平人이라北齊는北朝高齊也라

진 씨가 말하였다. "공예는 동평 사람이다. 북제는 북조인 高齊다."

북조(北朝), 북제(北齊): 〈효행(孝行) 제6〉 제33장 남청하(南清河) 태수 소경(蘇瓊)과 백성 을보명(乙普明) 형제와 관련된 내용에서 소개한 바 있다.

【增註】封은謂封土爲壇以祭也라泰山은山名이라天子所至曰幸이라忍은耐也요協은和也라卑幼는責望尊長之不均하고尊長은責望卑幼之不備면是는更相責望也라乖는戾也요雍은和也라

●封은 흙을 쌓아 단을 만들어 제사함을 이른다. 태산은 산 이름이다. 천자가 이른 바를 幸이라 말한다. 忍은 참음이고, 協은 화함이다. 卑幼가 존장의 (衣食이) 고르지 못함을 책망하고 존장은 卑幼의 (예절을) 갖추지 못함을 책망하면, 이는 번갈아 서로 책망함이다. 乖는 어긋남이고, 雍은 화함이다.

漢字 耐(참을 내, 견딜 내), 戾(어긋날 려)

【五十章】

○韓文公이作董生行曰淮水ㅣ出桐栢山ᄒᆞ야東馳遙遙ᄒᆞ야千里不能休ㅣ어든淝水ㅣ出其側ᄒᆞ야不能千里ᄒᆞ야百里入淮流ㅣ로다壽州屬縣有安豊ᄒᆞ니唐貞元年時예縣人董生召南이隱居行義於其中이로다刺史ㅣ不能薦ᄒᆞ니天子ㅣ不聞名聲이라爵祿不及門ㅣ오門外예惟有吏ㅣ日來徵租更索色錢이로다

《昌黎集》

● 한문공이 〈동생행〉을 지어 말하였다. "회수가 동백산에서 나와 동쪽으로 멀리 달려 천리를 능히 쉬지 않거든, 비수는 그 옆에서 나와 능히 천리를 못가, 백리에서 회수에 들어 흐르도다. 수주의 속한 고을에 안풍이 있으니, 당나라 貞元 연간에 고을 사람 董生 召南이 그 가운데 숨어 살며 의를 행하도다. 자사가 능히 천거하지 않으니, 천자가 명성을 듣지 못하였다. 벼슬과 녹봉이 문에 미치지 못하고, 문밖에 오직 어떤 아전이 날마다 와서 세금을 거둬들이고 다시 돈을 요구한다.

漢字 董(바로잡을 동, 성 동), 桐(오동나무 동), 栢(=柏의 俗字 측백 백, 잣 백), 馳(달릴 치), 遙(멀 요, 아득할 요), 淝(강 이름 비), 刺(찌를 자), 爵(벼슬 작), 祿(녹봉 록), 徵(거둬들일 장, 부를 징), 租(세금 조), 索(요구할 색, 찾을 색)

1 한문공(韓文公, 768년~824년): 중국 당나라 때의 정치가·사상가·시인·문장가다. 이름은 한유(韓愈)고, 자는 퇴지(退之)며, 하양[河陽, 하내군(河內郡) 남양(南陽), 지금의 허난성 난양] 출신이다. 그의 선조가 창려[昌黎, 지금의 랴오닝성 진저우(錦州)]에 살았으므로 세인들은 그를 한창려(韓昌黎)라고 부르기도 했다. 한유는 태어난 지 얼마 안 되어 어머니를 잃었고, 3세에 아버지를, 14세에 형 한회(韓會)를 잃고 형수 정 부인(鄭夫人) 밑에서 자랐다. 7세 때부터 독서를 시작한 한유는 13세에 이미 문장에 재능을 보였다. 덕종(德宗) 정원(貞元) 2년(786년)부터 장안(지금의 산시성 시안)에서 과거에 응시했으나, 이렇다 할 문벌

도 배경도 없었던 그는 세 번이나 낙방하고서 정원 8년(798년)에 31세의 나이로 진사과에 합격했다. 다시 이부시(吏部試)에 응시하였을 때에도 다시 세 번 낙방한 그는 정원 11년(795년) 세 번이나 재상에게 글을 올리고서야 가까스로 천거된다. 정원 12년(796년) 변주[汴州, 지금의 허난성 카이펑(開封)] 선무군(宣武軍)에서 난이 일어나자, 절도사 동진(董晉)을 따라 부임하여 관찰추관(觀察推官)을 맡아 지내는 동안에 시인 맹교와 교분을 맺었고, 이고(李翺), 장적(張籍)이 그 문하에 들었다. 동진이 죽은 뒤에는 무령[武寧, 지금의 장시성(江西省) 주장(九江) 우닝현] 절도사 장건봉(張建封) 휘하로 옮겨 절도추관(節度推官)이 되었다가, 장건봉이 죽은 뒤 낙읍(洛邑, 지금의 허난성 뤄양의 뤄이 지역)으로 옮겨 살았다. 36세(803년) 때에는 감찰어사가 되어 경조윤(京兆尹, 수도를 지키고 다스리던 관직) 이실(李實)의 폭정을 공격하였다가 도리어 연주[連州, 지금의 광둥(廣東)성 칭위안(淸遠) 롄저우시] 양산현(陽山縣)의 현령으로 좌천되었다. 헌종(憲宗) 원화(元和) 6년(811년)에 국자감 사문박사(四門博士)가 되어 《진학해(進學解)》를 지었다. 당시의 재상 배도(裴度)는 이에 대한 치하로서 그를 예부낭중(禮部郎中)으로 삼았으며, 원화 10년(815년)에는 배도를 따라 회서(淮西, 지금의 안후이성 북부) 절도사 오원제(吳元濟) 토벌에 공을 세워 형부시랑(刑部侍郎)이 되었으며, 이때 〈평회서비(平淮西碑)〉의 글을 짓는다. 819년 독실한 불교신자였던 헌종이 불골(佛骨, 부처의 유골이나 사리)을 궁중으로 맞아들이려고 하였을 때, 반불주의자인 그는 〈불골을 논하는 표(諫迎佛骨表)〉를 올려 그것을 막으려 했다. 한유의 상주서를 보고 대노한 헌종은 당장 재상 배도를 불러 감히 조정을 비난하고 있는 한유를 반드시 죽여야겠다고 했다. "짐이 불교를 너무 믿는다고 했다면 그래도 용서할 수 있지만 불교를 믿는 황제는 모두 오래가지 못한다고 했으니 이건 짐을 저주하는 것이 아니고 무엇인가? 이 한 가지만으로도 한유를 용서할 수 없단 말이오." 이에 대해 재상 배도와 최군이 한유를 변호해 주어 사형만을 모면한 채 조주[潮州, 지금의 광둥(廣東)성 차오저우] 자사로 좌천당했다. 이듬해 헌종이 죽고 목종(穆宗)이 즉위하자 복권되어 국자감(國子監) 좨주(우두머리)가 되어 점차 관계에 세력을 넓혀간 그는 이후 관리의 임면을 관장하는 이부시랑(吏部侍郎)에까지 올랐다. 그는 57세에 병으로 죽었다. 사후에 예부상서(禮部尙書)에 추증되었고, 송 신종(神宗) 원풍(元豐) 연간에 창려백(昌黎伯)으로 추증되었다. 시호는 문(文)이다. 사상가로서 한유의 사상적 특색은 불교를 반대한 것이다. 그는 당시 불교 승려의 특권에 반대하고 봉건적인 일상윤리와 사회질서를 중시하였다. 대표적인 산문인 〈원도(原道)〉에서 그는 도가의 무정부적인 원시생활의 동경이라든가, 불교의 출세간(出世間, 속세와 연을 끊음)적인 태도를 다 같이 봉건적 사회질서를 파괴하는 것이라고 비판했다. 그는 또한 불교의 법통(法統)에 대항하여 요·순·우·탕·문왕·무왕·주공·공자·맹자로 이어지는 유가의 도통론(道統論)을 내세웠고, 스스로 맹자의 계승자임을 자처하여 인의도덕(仁義道德)을 바탕으로 유학 부흥의 기치를 높이 들었다. 이는 당시의 중국 사상이 위진·남북조·수·당에 이르는 약 7백년간 노(도교)·불(불교)의 세력하에 있었다는 점을 감안한다면, 이후 당말부터 5대·북송·남송·원에 거쳐 명말까지 이르는 약 8백년간의 이른바 '신유학' 혹은 '송명이학(宋明理學)'의 시대를 여는 선구자적 역할이라 할 수 있겠다. 문장가로서 한유의 최대 업적은 산문 문체의 개혁이다. 그는 대구(對句)와 음조(音調)를 중시한 화려한 형식의 변려체를 배격하고 고문(古文), 즉 한대(漢代) 이전의 자유스러운 형식을 표본으로 하는 의고체를 제창하여, 유가 사상을 기초로 한 문이재도(文以載道)를 주창하였다. 그는 고문운동(古文運動)의 제창자로 유종원·소순·소식·소철·왕안석·구양수·증공과 더불어 당송팔대가(唐宋八大家)로 불린다. 유명한 산문으로 〈제십이랑문(祭十二郎文)〉·〈사설(師說)〉·〈장중승전후서(張中丞傳後序)〉 등이 있다. 시문집으로 그가 남긴 글을 문인 이한(李漢)이 편집하여 만든 《한창려선생집(韓昌黎先生集)》이 있다(중국인물사전).

2 정원(貞元): 중국 당나라 제12대 황제인 덕종(德宗) 이괄(李适, 재위 779년~805년)의 세 번째 연호이다. 제13대 황제인 순종(順宗) 이송(李誦, 재위 805년 2월~8월)이 즉위한 뒤에도 이어서 사용되어 785년 음력 1월부터 805년 음력 8월까지 21년 동안 사용되었다. 덕종은 785년 음력 1월에 연호를 흥원(興元)에서 정원(貞元)으로 바꾸고, 그 해를 원년으로 하였다. 정원(貞元)은 당나라가 융성하던 시기의 연호인 태종 때의 정관(貞觀)과 현종 때의 개원(開元)의 글자를 합한 것이다. 정원 연간에 덕종은 병란(兵亂)을 방비하기 위해 환관을 금군(禁軍)의 지휘관으로 삼고, 각 부대에 감군(監軍)으로 보내 군대의 장수들을 감시하게 했다. 덕종은 805년(정원 21년) 2월 25일(음력 1월 23일)에 60세의 나이로 죽었다. 맏아들인 순종(順宗)이 뒤를 이어 제위에 올랐으나, 순종은 황태자로 있던 804년(정원 20년)에 뇌졸중으로 쓰러져 말과 거동을 제대로 할 수 없는 상태였다. 그래서 순종은 음력 8월에 아들인 헌종(憲宗)에게 양위를 하였고, 이때 연호도 그 해를 원년으로 영정(永貞)으로 바꾸었다(두산백과).

3 동소남(董邵南, 생몰 연대 미상): 당대(唐代)의 인물이다. 일찍이 진사(進士)가 되었으나 뜻을 이루지 못하자, 은둔하여 살면서 주경야독(晝耕夜讀)하며 어머니를 정성껏 모셨다고 한다. 이에 한유(韓愈)가 〈동생행(董生行)〉이란 글을 지어 보냈다고 한다. 〈동생행〉은 한유(韓愈)가 지은 글로, 《소학》 〈선행(善行) 제6〉에 실려 있다. 그 내용은 '당나라 덕종(德宗) 때 동소남(董召南)이 안풍현(安豐縣)에서 주경야독하면서 부모에게 효도하고 처자에게 자애하였으므로, 집안의 가축들까지도 그의 덕화를 입어 서로 보호해주었다.'는 고사를 인용하여, 동소남이 은거하면서 의(義)를 행한 사실이 세상에 짝할 사람이 없음을 찬미하고 당시의 풍속이 퇴폐함을 개탄한 내용이다. [용례] 上誦三經四書初大文 小學篇題 董生行 諸儒臣輪講蓼莪杕杜等章 教曰 名雖書講 今日之擧 意在追慕(임금이 삼경과 사서의 첫 대문 및 《소학》의 편제와 〈동생행〉을 외우고, 유신들은 육아·체두 등의 장을 번갈아 강하였다. 하교하기를, "명목은 주강이지만 오늘의 일은 추모하는 데에 그 의도가 있다.") 하였다. [영조실록 권제110, 6장 뒤쪽, 영조 44년 1월 21일(경술)](한국고전용어사전).

번소 韓한文문公공이 董동生싱行힝이란 그를 지ᅀᅥ 닐오ᄃᆡ 淮회水슈ㅅ 므리 桐동栢뵉山산의셔 나 동녁고로 아ᅀᆞ라히 흘러가 千쳔里리예 릉히 쉬디 몯ᄒᆞ거든 淝비水슈ㅅ 므리 그 겨틔셔 나 千쳔里리를 몯ᄒᆞ여셔 百뵉里리에 淮회水슈 흘러가ᄂᆞᆫ ᄃᆡ로 드ᄂᆞ니라 壽슈州쥬ㅣ ᄀᆞ올의 쇽ᄒᆞᆫ 安안豐풍이란 縣현이 이시니 唐당 貞뎡元원 시절의 縣현 사ᄅᆞᆷ 董동召쇼南남이란 소니 벼슬 아니코 이셔 어딘 이ᄅᆞᆯ 그 가온대셔 ᄒᆞ더니 원이 릉히 쳔거티 몯ᄒᆞᆯᄉᆡ 天텬子ᄌᆞㅣ 일후믈 듣디 몯ᄒᆞ신 디라 벼슬와 록괘 문의 미처 오디 몯ᄒᆞ고 문밧긔 오직 구읫 치ᄉᆡ 나날 와 곡식을 물이며 ᄯᅩ 돈을 내라 ᄒᆞᄂᆞ다

현대역 韓文公이 〈董生行〉이란 글을 지어 이르되, "淮水의 물이 桐栢山에서 나서, 동녘으로 아스라이 흘러가, 천리에 능히 쉬지 못하거든, 비수(淝水)의 물이 그 곁에서 나서 천리를 못하여서, 백리에서 회수로 흘러가는 데로 드느니라. 壽州의 고을에 속한 安豐이란 현이 있으니, 唐 貞元 시절에 현 사람

董召南이란 손이 벼슬 아니 하고 있어, 어진 일을 그 가운데서 하더니, 원이 능히 천거하지 못하므로, 천자가 이름을 듣지 못 하신 것이라. 벼슬과 녹이 문에 미치어 오지 못하고, 문밖에 오직 관청의 差使가 날마다 와서 곡식을 물리며, 또 돈을 내라 하는구나.

1 디라: -ㄴ 것이라. -ㄴ지라. 'ᄃᆞ(의존명사)+이(서술격 조사 '이다'의 어간)+라(종결어미)'이다. 의존명사 'ᄃᆞ'는 '것'의 뜻을 가진 것인데, 주격은 '디', 목적격은 'ᄃᆞᆯ', 서술격은 '디라'로 실현된다. 본 예는 서술격으로 'ᄃᆞ+ㅣ라'의 형태이다. 이런 형태소 구성을 그대로 고려하면, '-ㄴ 것이라'로 풀이할 수 있다. 그러나 'ㄴ+ᄃᆞ+이+라'는 '-ㄴ디라'의 형태로, 하나의 종결어미로 재구조화한 것으로 볼 수도 있다. 이때에는 해라할 자리에 쓰여 '-ㄴ지라'로 풀이할 수도 있다. 性이 니러 相이 ᄃᆞ외욘 디라 境과 智왜 번득ᄒᆞ며 相이 性의 노교ᄆᆞᆯ 得혼 디라(性起爲相 境智歷然 相得性融 身心廓爾).《원각 서:38》, 薰修ᄒᆞ여 나톤 디라(所言神通變化 依悟而修 漸熏所現 非謂悟時卽發現也).《목우 10》

2 ᄎᆡᄉᆡ: 차사(差使)가. 'ᄎᆡᄉᆞ+이'이다. 'ᄎᆡᄉᆞ'는 '임금이 중요한 임무를 위하여 파견하던 임시 벼슬. 또는 그런 벼슬아치.'를 말한다.

3 물이며: 물리며. 갚아야 할 것을 치르게 하며. '물이다'는 16세기 문헌에서부터 나타난다. 이 단어는 '(돈을) 물다'의 뜻인 'ᄆᆞᆯ다'에 사동접사 '이'가 결합되어 형성된 동사이다. 'ᄆᆞᆯ이다'의 'ᄆᆞᆯ'은 'ㅁ' 아래의 'ㅡ'가 'ㅜ'로 바뀌는 원순모음화에 따라 '물이다'로 바뀔 수 있고, 또 'ㄹ'로 끝나는 어근 뒤의 사동접사 '이'가 '리'로 바뀌는 현상에 따라 'ᄆᆞᆯ리다'로도 바뀔 수 있으며, 위 두 가지 변화가 다 일어나 '물리다'로 나타날 수 있는 것이다. 16세기에 벌써 《번역소학》에 '물이다'의 예가, 《소학언해》에 '물리다'의 예가 나타난다. 그리고 17세기부터 19세기까지 'ᄆᆞᆯ리다'의 예가 광범위하게 나타나고, 현대국어에 와서 다시 《소학언해》에 나타난 '물리다'가 고정되어 쓰이고 있다. 물이다(16세기), 물리다(16세기). ᄆᆞᆯ리다(16세기~19세기)>물리다(20세기~현재). 이형태: 물이다, ᄆᆞᆯ리다, 물리다. 구읫 ᄎᆡᄉᆡ 나날 와 곡식을 물이며 ᄯᅩ 돈을 내라 ᄒᆞᄂᆞ다 《1518 번소 9:50》, 아젼이 날로 와 곡식을 물리며 ᄯᅩ 돈을 내라 ᄒᆞᄂᆞ다 《1587 소언 6:50》

소언 韓한文문公공[일홈은 愈유ㅣ오 字ᄌᆞ는 退퇴之지니 唐당 적 큰 션ᄇᆡ라]이 董동生ᄉᆡᆼ[董동은 셩이오 生ᄉᆡᆼ은 션ᄇᆡ를 닐옴이라] 行ᄒᆡᆼ[글 일홈이라]을 지어 골오ᄃᆡ 淮회水슈ㅣ 桐동栢ᄇᆡᆨ山산의 나셔 동녁크로 ᄃᆞᆯ리기를 아ᄋᆞ라이 ᄒᆞ야 千쳔里리예 能능히 쉬디 아니ᄒᆞ거든 淝비水슈ㅣ 그 겨틔셔 나 能능히 千쳔里리를 몯ᄒᆞ야 百ᄇᆡᆨ里리예 淮회슈로 드러 흐르놋다 壽슈州쥬ㅣ 屬쇽ᄒᆞᆫ 고올히 安안豊풍이란 ᄃᆡ 이시니 唐당 貞뎡元원[德덕宗종 년회라] 시절의 懸현 사ᄅᆞᆷ 董동生ᄉᆡᆼ 召쇼南남[일홈이라]이 그 가온대 숨어 살며 어딘 이ᄅᆞᆯ 行ᄒᆡᆼᄒᆞ놋다 刺ᄌᆞ史ᄉᆞ[목ᄉᆡ라]ㅣ 能능히 쳔거티 몯ᄒᆞ니 天텬子ᄌᆞㅣ 일홈과 소릐를 듣디 몯ᄒᆞ신 디라 벼슬와 祿록이 門문의 밋디 몯ᄒᆞ고 門문밧긔 오직 아젼이 날로 와 곡식을 믈리며 ᄯᅩ 돈을 내라 ᄒᆞ놋다

현대역 韓文公[이름은 愈요, 자는 退之니, 唐 때 큰 선비라.]이 董生[董은 성이요, 生은 선비를 이름이라.] 行[글 이름이라.]을 지어 가로되, "淮水가 桐栢山에서 나서, 동녘으로 달리기를 아스라이 하여, 천리에 능히 쉬지 아니하거든, 비수(淝水)가 그 곁에서 나서 능히 천리를 못하여, 백리에 회수로 들어 흐르는구나. 壽州에 속한 고을이 安豊이란 데 있으니, 唐 貞元[德宗 연호라.] 시절의 현 사람 董生 召南[이름이라.]이 그 가운데 숨어 살며, 어진 일을 행하는구나. 자사(刺史)[목사라.]가 능히 천거하지 못하니, 천자가 이름과 소리를 듣지 못하신 것이다. 벼슬과 녹이 문에 미치지 못하고, 문밖에 오직 아전이 날마다 와서 곡식을 물리며, 또 돈을 내라 하는구나.

【集說】陳氏曰公의名은愈요字는退之요諡는文이니昌黎人이라董生의名은召南이라行은歌類라桐栢山은在唐縣하고淝水는在合肥縣하니라安豊은縣名이라貞元은德宗年號라董生이隱居行義於淮淝之間하니時之人이不能與儔일새韓子爲作此詩하니

蓋賦而興也라

진 씨가 말하였다. "공의 이름은 유이고, 자는 퇴지이며, 시호는 문이니, 창려 사람이다. 董生의 이름은 소남이다. 行은 노래 종류이다. 동백산은 唐縣에 있고, 비수는 合淝縣에 있다. 안풍은 고을 이름이다. 貞元은 덕종의 연호다. 董生이 회수와 비수 사이에 숨어살며 의를 행하니, 당시 사람들이 능히 더불어 짝을 할 수 없으므로 韓子가 위하여 이 시를 지으니, 대개 賦이면서 興이다."

漢字 愈(나을 유), 黎(검을 려), 儔(짝 주)

부((賦)), 비(比), 흥(興): 중국 고대의 시론(詩論)으로서, 육의(六義)중 세 가지 문체를 일컫는다. 부, 비, 흥의 작법은 단독 또는 혼합하여 사용할 수 있다(역사 따라 배우는 중국문학사).

①부(賦)는 부(敷) 또는 포(炼)의 뜻으로, 직접적인 묘사 방법, 즉 어떤 일을 직접적으로 서술하고 비유 방법을 사용하지 않는 것을 말한다.

②비(比)의 작법은 상징적인 기교를 중요시한다. 비유 혹은 상징법이라고 말할 수 있다. 즉 작가가 A를 말하고자 하면 B를 인용하여 묘사하는 것이다. 메뚜기 떼를 빌려 왕실 자손의 번창함을 비유하고 있는 「주남(周南) 종사(螽斯)」를 예로 든다.

螽斯羽 詵詵兮/ 메뚜기 수없이 많네.
宜爾子孫 振振兮/ 당연히 네 자손도 대대로 번성하리라.
螽斯羽 薨薨兮/ 메뚜기 표롱표롱 날고.
宜爾子孫 繩繩兮/ 당연히 네 자손 끝없이 이어지리라.
螽斯羽 揖揖兮/ 메뚜기 모여드네.
宜爾子孫 蟄蟄兮/ 당연히 네 자손도 사이좋게.

③흥(興)의 작법은 거듭 암시함에 있다. 바로 암시법으로 어떤 사물을 의탁하여 흥을 일으키는 것이다. '흥은 먼저 다른 사물을 말하고, 읊고자 하는 말을 이끌어 낸다.'라고 하였듯이, 먼저 경물을 묘사하고 다음에 정감, 사물을 말하는 것이다. 「도요(桃夭)」를 예로 든다. 이 시는 붉은 복사꽃을 이끌어 내면서 시집가는 색시의 젊고 아름다운 모습을 암시하고 있다. 경(景)과 정(情)이 연관 작용을 하여 시가의 내용과 시취를 더욱 북돋는다. 경 가운데 정이 있고, 정 가운데

경이 있는 '정경교융(情景交融)'의 경지를 나타내고 있다

桃之夭夭 灼灼其華/ 복숭아나무 어린 가지에 복사꽃이 활짝 피었네.
之子于歸 宜其室家/ 시집가는 저 아가씨 그 집안의 복덩이.
桃之夭夭 有蕡其實/ 복숭아나무 어린 가지에 복숭아가 주렁주렁 열렸네.
之子于歸 宜其家室/ 시집가는 저 아가씨 그 집안의 복덩이.
逃之夭夭 其葉蓁蓁/ 복숭아나무 어린 가지에 푸른 잎사귀 무성하네.
之子于歸 宜其家人/ 시집가는 저 아가씨 그 집안의 복덩이.

嗟哉董生이여**朝出耕**ᄒᆞ고**夜歸讀古人書**ㅣ로다**盡日不得息**ᄒᆞ야**或山而樵**ᄒᆞ며**或水而漁**ㅣ도다**入廚具甘旨**ᄒᆞ고**上堂問起居**ᄒᆞ니**父母**ㅣ**不慼慼**ᄒᆞ며**妻子**ㅣ**不咨咨**ㅣ로다

● 아, 董生이여. 아침에 나가 밭 갈고 밤에 돌아와 옛 사람의 글을 읽도다. 종일토록 능히 쉬지 않아, 혹 산에 가서 나무하며, 혹 물에 가서 고기 잡도다. 부엌에 들어가 맛있는 음식을 갖추고, 마루에 올라 일어나고 거함[안부]을 물으니, 부모는 근심하지 아니하며 아내와 자식은 원망하지 않도다.

漢字 **嗟**(발어사 차, 탄식할 차), **樵**(나무할 초, 땔나무 초), **廚**(부엌 주), **旨**(맛있는 음식 지), **慼**(근심할 척), **咨**(원망할 자, 물을 자, 탄식할 자)

기거(起居): 일정한 곳에서 먹고 자고 하는 따위의 일상적인 생활을 함. 또는 그 생활.

번소 슯프다 董동生ᄉᆡᆼ이여 아ᄎᆞ믜 나 받 갈오 밤의 도라와 녯 사ᄅᆞ믜 글월을 닐그며 나리 다ᄋᆞ도록 쉬ᄃᆞᆯ 몯ᄒᆞ야 혹 뫼헤 가 나모 뷔며 혹 므레 가 고기 자바 브세 드러 차반을 맛나게 ᄆᆞᆫᄃᆞᆯ오 텽의 올아 부모ᄭᅴ 문안ᄒᆞ니 부뫼 시름 아니ᄒᆞ며 쳐ᄌᆞ식이 원탄티 아니ᄒᆞᄂᆞ다

현대역 슬프다, 董生이여. 아침에 나가 밭 갈고, 밤에 돌아와 옛 사람의 글월을 읽으며, 날이 다하도록 쉬지 못하여, 혹 산에 가 나무 베며, 혹 물에 가 고기 잡아, 부엌에 들어 차반을 맛나게 만들고, 대청에 올라 부모께 문안하

니, 부모가 근심 아니 하며, 처자식이 원탄(怨歎, 怨嘆)하지 아니하는구나.

1 쉬돌: 쉬지. '쉬(어간)+돌(보조적 연결어미)'이다. '돌'은 '-디'와 수의적으로 교체되는 형태로, 본용언과 보조용언 '아니ᄒᆞ다', '몯ᄒᆞ다'를 이어주는 보조적 연결어미이다. 본용언과 보조용언과 합쳐 부정(否定)의 뜻을 나타낸다. 夫人이 니ᄅᆞ샤ᄃᆡ 나는 난 後로 ᄂᆞᆷ 더브러 ᄃᆞ토돌 아니ᄒᆞ노이다.《석상 11:34》, 오히려 蜀앳 늘그니돌히 舜을 닛돌 몯ᄒᆞ야 놀애 브르ᄂᆞ다 듣노라(猶聞蜀父老 不忘舜謳歌).《두시-초 7:9》

2 브세: 부엌에. '븟(명사)+에(부사격 조사)'이다. '븟'은 '부엌'의 옛말이다. 혹 므레 가 고기 자바 브세 드러 차반을 맛나게 ᄆᆞᆫ돌오(或水而漁 入厨具甘旨).《번소 9:99》, 或 믈에 고기 잡놋다 브세 들어 돌고 만난 거술 ᄀᆞ초고(或水而漁 入厨具甘旨).《소언 6:92》

3 차반: 맛있게 잘 차린 음식.

4 원탄티: 원탄(怨歎/怨嘆)하지. '원탄ᄒᆞ(어간)+디(보조적 연결어미)'이다. '원탄ᄒᆞ다'는 '원통하거나 뉘우치는 일이 있을 때 한숨을 쉬며 탄식하다.'를 뜻한다.

소언 슮프다 董동生싱이여 아ᄎᆞᆷ의 나가 받 갈고 밤의 도라와 녯 사ᄅᆞᆷ의 글을 닑놋다 날이 다ᄋᆞ도록 시러곰 쉬디 몯ᄒᆞ야 或혹 뫼헤 남오ᄒᆞ며 或혹 믈에 고기 잡놋다 브세 들어 돌고 만난 거술 ᄀᆞ초고 텽의 올라 안부를 묻ᄌᆞ오니 父부母모ㅣ 시름 안이 ᄒᆞ며 妻쳐子ᄌᆞㅣ 원탄 안이ᄒᆞ놋다

현대역 슬프다, 董生이여. 아침에 나가 밭 갈고, 밤에 돌아와 옛 사람의 글을 읽는구나. 날이 다하도록 능히 쉬지 못하여, 혹 산에 나무 하며, 혹 물에 고기 잡는구나. 부엌에 들어 달고 맛난 것을 갖추고, 대청에 올라 안부를 묻자오니, 부모가 근심 아니 하며 처자가 원탄(怨歎/怨嘆) 아니 하는구나.

【集解】朝耕暮讀하고山樵水漁는言其固窮守道하여以養父母而育妻子也라慼慼은憂愁也요咨咨는嗟怨也라父母安其孝

라故로不憂하고妻子樂其慈라故로不怨하니라

아침에 밭 갈며 저녁에 읽고, 산에서 나무하며 물에서 고기 잡음은 그가 곤궁을 굳게 하고 도를 지켜, 써 부모를 봉양하고 아내와 자식을 기름을 말함이다. 慼慼은 근심함이고, 咨咨는 탄식하고 원망함이다. 부모가 그 효도에 편안한지라 고로 근심하지 아니하였고, 아내와 자식이 그 자애를 즐거워한지라 고로 원망하지 않았다.

嗟哉董生이여孝且慈를人不識ᄒᆞ고唯有天翁知ᄒᆞ야生祥下瑞無時期로다家有狗乳出求食이어늘雞來哺其兒호ᄃᆡ啄啄庭中拾蟲蟻ᄒᆞ야哺之不食鳴聲悲ᄒᆞ야彷徨躑躅久不去ᄒᆞ야以翼來覆敷求反**待狗歸로다**

● 아, 董生이여. 효도하고 또 자애로움을 남들이 알지 못하고 오직 하느님만이 앎이 있어, 상서로움을 낳고 길함을 내림이 때가 없도다. 집에 개가 새끼를 낳아 나가서 먹이를 구함이 있거늘, 닭이 와서 그 새끼를 먹이되, 뜰 가운데에서 쪼아 벌레와 개미를 주어서 그들에게 먹이되 먹지 아니하고 소리 내어 슬피 울어, (닭이) 방황하고 머뭇거려 오랫동안 떠나지 않아 날개로써 와서 덮어주며 개가 돌아오기를 기다리도다.

漢字 **瑞**(상서로울 서, 길조 서), **乳**(낳을 유, 젖 유), **哺**(먹일 포), **啄**(쫄 탁), **拾**(주을 습), **蟲**(벌레 충), **蟻**(개미 의), **彷**(거닐 방), **徨**(노닐 황), **躑**(머뭇거릴 척), **躅**(머뭇거릴 촉), **覆**(덮을 부)

번소 슬프다 董동生ᄉᆡᆼ이여 효도롭고 인ᄌᆞ로오믈 사ᄅᆞᆷᄋᆞᆫ 아디 몯ᄒᆞ고 오직 하ᄂᆞᆯ히 아라 뎡샹ᄃᆞ윈 일 내요ᄆᆞᆯ 그칠 적 업시 ᄒᆞᄂᆞ다 집의 가히 삿기 나코 밥 어더먹으라 나갓거ᄂᆞᆯ ᄃᆞᆯ기 와 그 개삿기ᄅᆞᆯ 머규ᄃᆡ ᄠᅳᆯ흘 딕조사 벌에며 개야미를 주ᅀᅥ 머기니 먹디 아니ᄒᆞ고 우ᄂᆞᆫ 소ᄅᆡ 슬프거ᄂᆞᆯ 그 ᄃᆞᆯ기 두루 거르며 오래 ᄠᅥ나디 아니ᄒᆞ고 ᄂᆞᆯ개로 와 두퍼

셔 가히 도라오ᄆᆞᆯ 기들오더라

[현대역] 슬프다, 董生이여. 효성스럽고 인자로움을 사람은 알지 못하고 오직 하늘이 알아, 정상(禎祥)된 일 냄을 그칠 때 없이 하는구나. 집의 개가 새끼 낳고 밥 얻어먹으러 나갔거늘, 닭이 와서 그 개새끼를 먹이되, 뜰을 찍어 쪼아 벌레며 개미를 주어 먹이니, 먹지 아니하고 우는 소리 슬프거늘, 그 닭이 두루 걸으며 오래 떠나지 아니하고, 날개로 와서 덮어서 개가 돌아옴을 기다리더라.

1 뎡샹ᄃᆞ왼: 정상(禎祥)된. '뎡샹(어근)+ᄃᆞ외('ᄃᆞ외다'의 어간, 형용사 파생접사)+ㄴ(관형사형 어미)'이다. '뎡샹'은 '경사롭고 복스러운 징조'를 뜻한다. 'ᄃᆞ외'는 'ᄃᆞ외다'의 어간으로, 몇몇 명사, 어근, 부사 뒤에 붙어, 형용사를 만드는 접사이다. '-ㄴ'은 관형사형 어미이다. 현대국어 '되다'의 옛말인 'ᄃᆞᄫᅵ다'는 15세기 문헌에서부터 나타난다. 15세기 중엽 이후 'ᄫ'이 반모음 w로 변화하여 'ᄫᅵ'가 '외'로 변한 'ᄃᆞ외다'가 나타났다. 또한 15세기에는 'ᄃᆞ외다'에서 제1음절 모음 'ㆍ'가 제2음절의 원순모음 'ㅗ'의 영향으로 'ㅗ'로 바뀐 '도외다' 형태가 등장하였다. 16세기에는 '도외다'의 제1음절과 제2음절이 축약된 '되다' 형태가 등장하여 현재에 이르렀다. ᄃᆞᄫᅵ다(15세기)>ᄃᆞ외다(15세기~17세기)>도외다(15세기~17세기)>되다(16세기~현재). 이형태: ᄃᆞᄫᅵ다, ᄃᆞ외다, 도외다, 되다. 臣下ㅣ 말 아니 드러 正統애 宥心ᄒᆞᆯᄊᆡ 山ᄋᆡ 草木이 軍馬ㅣ ᄃᆞᄫᅵ니이다.《1447 용가 98》, ㅇ를 입시울쏘리 아래 니ᅀᅥ 쓰면 입시울 가ᄇᆡ야ᄫᆞᆫ 소리 ᄃᆞ외ᄂᆞ니라.《1446 훈언 12ㄱ》, 또 勝福ᄋᆞᆯ 어드릴ᄊᆡ 暫持 功德이 도외니.《1463 법화 6:3ㄱ》

2 딕조ᅀᅡ: 찍어 쪼아. '딕좃(어간)+아(연결어미)'이다. '딕좃다'는 '딕다'와 '좃다'의 합성동사이다. '딕다'는 '찍다'의 옛말이다. 이 사ᄅᆞᄆᆡ 디나간 國土애 點 딕거나 點 아니 딕거나 ᄇᆞᅀᅡ 드틀 ᄆᆡᇰᄀᆞ라 ᄒᆞᆫ 드트레 ᄒᆞᆫ 劫곰 혜여도.《월석 14:8》, 먹이 다ᄋᆞ거든 먹 아니 디근 國土조쳐 ᄇᆞᇫ아 듣그를 ᄆᆡᇰᄀᆞ라.《능엄 1:5》. '좃다'는 '쪼다'의 옛말이다. 모음으로 시작하는 어미 앞에서는 '조ᇫ-'으로 나타난다. 廉이 므레 가 울오 어르믈 좃고 어든대.《속삼 효:5》, 시혹 집게로 ᄲᅡ혀내며 시혹 ᄡᆞᆯ로 조ᅀᅡ 낸 後에.《구방 하:32》

3 기들오더라: 기다리더라. '기들오(어간)+더(회상법 선어말어미)+라(평서형 종결어미)'이다. '기들오-'는 '기들오다[待]'의 어간이고, '-더라'는 '이다'의 어간,

용언의 어간 또는 어미, '-으시-', '-었-', '-겠-' 뒤에 붙어, 해라할 자리에 쓰여, 화자가 과거에 직접 경험하여 새로이 알게 된 사실을 그대로 옮겨와 전달한다는 뜻을 나타내는 종결어미이다. 어미 '-더-'와 어미 '-라'가 결합한 말이다.

소언 슯프다 董동生ᄉᆡᆼ이여 효도롭고 ᄯᅩ 인ᄌᆞ로옴을 사ᄅᆞᆷ은 아디 몯ᄒᆞ고 오직 하ᄂᆞᆯ히 아라셔 뎡샹을 내며 샹셔를 ᄂᆞ리옴을 시격이 업시 ᄒᆞ놋다 집의 개 이셔 삿기 나코 나가 머굼을 求구ᄒᆞ거ᄂᆞᆯ ᄃᆞᆰ이 와 그 삿기ᄅᆞᆯ 머규ᄃᆡ ᄠᅳᆯ 가온대 딕쥬어려 벌에며 개얌이를 주어 머기니 먹디 아니커ᄂᆞᆯ 우ᄂᆞᆫ 소ᄅᆡ 슯허ᄒᆞ야 두루 건니며 ᄠᅱ놀아 오래 ᄠᅥ나디 아니ᄒᆞ고 ᄂᆞᆯ개로ᄡᅥ 와 덥퍼셔 개 도라옴을 기들오놋다

현대역 슬프다, 董生이여. 효성스럽고 또 인자로움을 사람은 알지 못하고 오직 하늘이 알아서, 정상(禎祥)을 내며 祥瑞를 내림을 時刻이 없이 하는구나. 집에 개 있어 새끼 낳고 나가 먹음을 구하거늘, 닭이 와 그 새끼를 먹이되, 뜰 가운데 조아려 찍어 벌레며 개미를 주어 먹이니, 먹지 아니하거늘 우는 소리 슬프게 하여, 두루 거닐며 뛰놀아 오래 떠나지 아니하고, 날개로써 와 덮어서 개 돌아옴을 기다리는구나.

1 시격: '시각(時刻)'의 옛말이다. 짧은 시간.

2 딕쥬어려: 조아려 찍어. 거듭거듭 쪼아. '딕쥬어리(어간)+어(연결어미)'이다. '딕쥬어리다'는 '딕주리다'와 같이, '조아려 찍다'. '거듭거듭 쪼다'의 옛말이다. 우르적시ᄂᆞᆫ 黃雀이 딕주리ᄂᆞ니 서ᄂᆞᆯᄒᆞᆫ 다보ᄌᆡ ᄃᆞ로ᄆᆞᆯ 기우려 보놋다(啾啾黃雀啅側見寒蓬走).《두시-초 18:18》(현대역: 울부짖는 황작이 거듭거듭 쪼니 서늘한 다북쑥이 도는 것을 기울여 보는구나.)

【集解】乳는生子也라此는言董生孝慈之行을人雖不知나而天知之라故로祥端見於異類如此라

乳는 새끼를 낳음이다, 이는 董生의 효성스럽고 자애로운 행실을 남들이 비록 알지 못하나 하늘이 그것을 알았는지라, 고로 상서가 이와 같이 다른

종류에 나타남이 이와 같음을 말함이다.

嗟哉董生이여**誰將與儔**오**時之人**은**夫妻相虐**ᄒᆞ며**兄弟爲讎**ᄒᆞ야**食君之祿而令父母愁**ᄒᆞᄂᆞ니**亦獨何心**고**嗟哉董生**이여**無與儔**ㅣ로다

●아, 董生이여. 누가 장차 더불어 짝하리오. 당시 사람은 夫妻가 서로 사납게 하며 형제가 원수가 되어, 임금의 녹을 먹으면서 부모로 하여금 근심하게 하니, 또한 홀로 무슨 마음에서인가? 아, 董生이여. 더불어 짝할 이가 없도다."

漢字 虐(사나울 학, 해칠 학), 讎(=讐 원수 수)

번소 슯프다 董동生ᄉᆡᆼ이여 쟝ᄎᆞᆺ 뉘 빠기 ᄃᆞ욀고 이젯 사ᄅᆞᆷ이 부쳬 서르 모디리 ᄒᆞ며 형뎨 원슈되여 님금 녹을 먹고 부모로 ᄒᆡ여곰 시름케 ᄒᆞᄂᆞ니 ᄯᅩ 홀로 엇던 ᄆᆞᅀᆞᆷ고 슯프다 董동生ᄉᆡᆼ이여 다ᄆᆞᆺ 빠기 업도다

현대역 슬프다, 董生이여. 장차 누가 짝이 될꼬? 이제의 사람이 夫妻가 서로 모질게 하며, 형제가 원수 되어, 임금 녹을 먹고 부모로 하여금 근심하게 하니, 또 홀로 어떤 마음인고? 슬프다, 동생이여. 더불어 짝이 없도다."

소언 슯프다 董동生ᄉᆡᆼ이여 뉘 쟝ᄎᆞᆺ 더블어 빡ᄒᆞ리오 시졀 사ᄅᆞᆷ은 夫부妻쳐ㅣ 설으 보채며 兄형弟뎨ㅣ 원슈 되여 님금 祿록을 먹오ᄃᆡ 父부母모로 ᄒᆡ여곰 시름케 ᄒᆞᄂᆞ니 ᄯᅩ 홀로 엇던 ᄆᆞ음고 슯프다 董동生ᄉᆡᆼ이여 더블어 빡ᄒᆞ리 업도다

현대역 슬프다, 董生이여. 누가 장차 더불어 짝하리오. 시절 사람은 夫妻가 서로 보채며, 형제가 원수 되어, 임금 녹을 먹되 부모로 하여금 근심하게 하니, 또 홀로 어떤 마음인고? 슬프다, 동생이여. 더불어 짝할 이 없도다."

보채며: 보채며. 현대국어 '보채다'의 옛말인 '보차다'는 15세기 문헌에서부터 나타난다. 또한 '보차-'에 반모음 'ㅣ[j]'가 첨가된 '보채다[potʃʰajda]' 역시 15세기 문헌에서부터 나타난다. 표기상으로는 드러나지 않지만, 근대국어 후기에 이중모음 'ㅐ'[aj]가 [ɛ]로 단모음화하면서 현대국어와 같은 '보채다[potʃʰɛda]' 형태가 나타나게 되었다. 중세국어와 근대국어에서 '보차다', '보채다'는 '괴롭히다' 정도의 의미로 쓰였다. 한편 18, 19세기 문헌에 나타난 '보ᄎᆡ다'는 이 시기 모음 'ㆍ'가 'ㅏ'와 소리의 구별이 사라졌기 때문에 표기에서 혼동이 일어난 것이고, '봇채다, 봇ᄎᆡ다'는 중철표기된 것이다. 보차다(15세기~16세기)〉보채다(15세기~현재). 이형태: 보차다, 보채다, 봇채다, 보ᄎᆡ다, 봇ᄎᆡ다. 다른 나라히 보차ᄂᆞᆫ 難이어나 ᄌᆞ갸 나라해셔 거슬ᄠᅳᆫ 양ᄒᆞᄂᆞᆫ 難이어나 星宿ㅅ 變怪難이어나.《1447 석상 9:33ㄱ》, 像法 轉홇 時節에 믈읫 衆生이 種種 분벼릐 보채요미 ᄃᆞ외야 長常 病ᄒᆞ야 시드러 음담 몯ᄒᆞ고.《1447 석상 9:29ㄴ》

【集說】陳氏曰儔는匹也라朱子曰上句誰將與儔는疑而問之之辭也요下句無與儔는答而決之之辭也니라

진 씨가 말하였다. "儔는 짝이다." 주자가 말하였다. "위 구절 誰將與儔[누가 장차 더불어 짝하리오.]는 의심하여 그것을 묻는 말이고, 아래 구절 無與儔[더불어 짝할 이가 없도다.]는 답하여 그것을 결정한 말이다."

漢字 匹(짝 필)

〖五十一章〗

○唐河東節度使柳公綽尺約反이在公卿間ᄒᆞ야最名有家法ᄒᆞ더라 《溫公家範》

●당나라 하동절도사 柳公綽은 公卿 사이에 있어 가법이 있기로 가장 이름이 났다.

漢字 綽(너그러울 작), 名(이름 날 명)

1 유공작(柳公綽, 763년~832년): 경조(京兆) 화원(華原) 사람으로, 자는 자관(子寬), 기지(起之)이다. 당(唐)나라 때 관리이자 서법가, 장서가이다. 유공권(柳公權)의 형으로 성격이 장중(莊重)하고 빈틈이 없었으며 호걸과 사귀기를 좋아했다. 벼슬은 시어사(侍御史), 이부낭중(吏部郎中), 어사승(御史丞), 악악관찰사(鄂嶽觀察史), 경조윤(京兆尹), 하동절도사(河東節度使), 호부상서(戶部尚書), 병부상서(兵部尚書), 검교조복야(檢校左僕射) 등을 역임했다. 사후에 태자태보(太子太保)로 추증되었고, 시호는 원(元)이다. 대표 작품으로 〈화무상금루원월득농자(和武相錦樓玩月得濃字)〉, 〈제신주우두사(題梓州牛頭寺)〉, 〈증모선옹(贈毛仙翁)〉 등이 있다(중국역대인물초상화).

2 유공작이 외번(外藩)에 있을 때의 일화가 〈선행(善行) 제6〉 제62장에 소개되어 있다.

번소 唐당 시절 河하東동節절度도使ᄉᆞ 柳류公공綽쟉이 지샹 ᄉᆞ이예 이셔 ᄀᆞ장 家가法법이 잇다 ᄒᆞ야 소리 나더니

현대역 唐 시절 하동절도사 柳公綽이 재상 사이에 있어, 가장 가법이 있다 하여 소리가 나더니,

소언 唐당 河하東동節절度도使ᄉᆞ 柳류公공綽쟉이 公공卿경 ᄊᆞ이예 이셔 ᄀᆞ장 家가法법이 잇다 일홈나더라

현대역 唐 하동절도사 柳公綽이 公卿의 사이에 있어 가장 가법이 있다 이름나더라.

【集解】公綽의字는子寬이라

공작의 자는 자관이다.

漢字 寬(너그러울 관)

中門東애有小齋러니自非朝謁之日이면每平旦애輒出至小

齋어든諸子仲郢穎이皆束帶ᄒᆞ야晨省於中門之北ᄒᆞ더라公綽이決私事ᄒᆞ며接賓客ᄒᆞ고與弟公權及群從弟로再會食ᄒᆞ야自旦至莫暮히不離小齋ᄒᆞ고燭至則命一人子弟ᄒᆞ야執經史ᄒᆞ야躬讀一過訖ᄒᆞ고乃講議居官治家之法ᄒᆞ며或論文ᄒᆞ며或聽琴ᄒᆞ다가至人定鍾然後에歸寢이어든諸子ㅣ復昏定於中門之北ᄒᆞ더니凡二十餘年애未嘗一日變易ᄒᆞ더라

● 중문 동쪽에 작은 집이 있더니, 스스로 조회에서 아뢰는 날이 아니면, 매번 平旦에 문득 나가 작은 집에 이르거든, 여러 아들들과 중영은 모두 띠를 묶어 중문 북쪽에서 晨省을 하였다. 공작이 사사로운 일을 결단하며 손님을 접하고 아우 공권 및 여러 사촌동생들과 더불어 두 번 모여 식사하여, 아침부터 저물 때까지 작은 집에서 떠나지 아니하고, 촛불이 이르면 한 사람 자제에게 명하여 경서와 사서를 잡게 하여 몸소 읽어 한 번 지나가 마치고, 이에 관직에 거하고 집을 다스리는 법을 강론하고 의논하며, 혹 문장을 논하며, 혹 거문고를 듣다가, 人定 종이 이른 뒤에 돌아가 자거든, 여러 아들이 중문 북쪽에서 다시 昏定하였더니, 무릇 이십여 년에 일찍이 하루도 변하여 바꾸지 아니하였다.

漢字 謁(아뢸 알, 뵐 알), 郢(땅이름 영), 訖(마칠 흘)

1 每平旦, 自旦至莫: 《번역소학》과 과 《소학언해》에서는 이성계(李成桂)의 고친 이름이 이단(李旦)이므로 기휘(忌諱)하여, 旦으로 쓰되 '됴(조)'로 음을 달고 있다.

2 평단(平旦): 이른 새벽.

3 신성(晨省): 새벽문안.

4 혼정(昏定): 저녁문안.

5 유공권(柳公權, 778년~865년): 중국 당나라의 정치가이자 서예가이다. 유공작의 아우로, 자는 성현(誠懸)이다. 왕희지(王羲之)의 서체를 익혀 기초를 닦은 다음, 여러 명필의 서체를 연구하여 각체(各體)에 모두 능하였다. 안진경(顏眞卿,

709년~785년)의 뒤를 이어 당의 해서(楷書)를 집대성하였다. 유공권체는 안진경체의 두툼한 멋보다는 힘찬 필력(筆力)이 더 강조되고, 점과 획이 강건하여 날카로운 느낌이 든다(두산백과).

6 인정(人定): 밤에 통행을 금지하기 위하여 종을 치던 일. 조선시대에는 매일 1경3점(一更三點)에 28번의 종을 쳐서 성문(城門)을 닫았다. 한편 새벽 5경3점(五更三點)에는 33번의 종을 쳐서 통행금지 해제를 알렸는데, 이를 파루(罷漏)라고 하였다. 인정 때 28번, 파루 때 33번의 종을 울리는 것은 불교의 교리와 관계가 있다. 인정은 우주의 일월성신 28수(宿)에 고하기 위하여, 파루는 제석천(帝釋天)이 이끄는 하늘의 33천(天)에 고하여 그날의 국태민안을 기원하기 위하여 치는 것이다. 인정과 파루를 알리는 제도가 삼국시대나 통일신라시대에 시행되었는지는 알 수 없다. 그러나 《고려사(高麗史)》 권7에, "충혜왕 3년 정월부터 종루의 종을 쳐도 울지 않는다."라고 한 것으로 미루어, 고려 때에도 이와 같은 제도가 있었던 것으로 추정된다. 다만 확실하지 않기 때문에, 인정과 파루제도는 우리나라의 경우, 조선시대에 비롯한 것으로 보아야 할 것이다(한국민족문화대백과).

번소 듕문 동녀긔 져근 별실이 이시니 됴회 아닌 나리어ᄃᆞᆫ ᄆᆡ일 아ᄎᆞᆷ마다 ᄆᆞᆫ득 별실에 가더니 아ᄃᆞᆯ 仲듕郢녕ᄃᆞᆯ히 다 씌 쓰여 새배 듕문 뒤희 가 문안ᄒᆞ더라 公공綽쟉이 지븨 일 분간ᄒᆞ며 손 ᄃᆡ졉ᄒᆞ고 아ᅀᆞ 公공權권과 모ᄃᆞᆫ ᄉᆞ촌 아ᅀᆞᄃᆞᆯ ᄃᆞ려 다시 모다 음식 머거 아ᄎᆞᆷ브터 나죄 니ᄅᆞ히 그 별실의 ᄠᅥ나디 아니ᄒᆞ더니 블 혀 오나ᄃᆞᆫ ᄒᆞᆫ ᄌᆞ뎨ᄅᆞᆯ 시겨 ᄎᆡᆨ을 잡펴 친히 ᄒᆞᆫ 번 내 닑고 공ᄉᆞ홀 일와 집 다ᄉᆞ릴 법을 의론ᄒᆞ며 혹 글 의론ᄒᆞ며 혹 거믄고 듣다가 인뎡 붑 틴 후에ᅀᅡ 잘 ᄃᆡ 니거ᄃᆞᆫ 모ᄃᆞᆫ 아ᄃᆞᆯᄃᆞᆯ히 ᄯᅩ 듕문 뒤희 가 자실 이를 올히 ᄒᆞ야 편난히 자시게 ᄒᆞ더니 믈읫 그리 호믈 스므나믄 ᄒᆡ로ᄃᆡ ᄒᆞᄅᆞ도 고티디 아니ᄒᆞ더라

현대역 중문 동녘에 작은 별실이 있으니, 조회 아닌 날이거든 매일 아침마다 문득 별실에 가더니, 아들과 중영(仲郢) 등이 다 띠 띠어 새벽 중문 뒤에

가 문안하더라. 공작(公綽)이 집의 일 분간(分揀)하며 손 대접하고, 아우 公權과 모든 사촌 아우들에게 다시 모여 음식 먹어, 아침부터 저녁에 이르게 그 별실에 떠나지 아니하더니, 불 켜 오거든 한 자제를 시켜 책을 잡혀 친히 한 번 몸소 읽고, 公事할 일과 집 다스릴 법을 의론하며, 혹 글 의론하며, 혹 거문고 듣다가, 人定 북 친 후에야 잘 데 가거든, 모든 아들들이 또 중문 뒤에 가, 자실 일을 옳게 하여 편안히 자시게 하더니, 무릇 그렇게 함을 스물 남짓 해로되, 하루도 고치지 아니하더라.

1 나리어든: 날이거든. '날(명사)+이('이다'의 어간)+어든(연결어미)'이다. '-어든'은 'ㅣ' 계열 이중모음이나 'ㄹ' 받침으로 끝나는 어간 뒤에 붙어, (주로 자동사나 형용사 어간 뒤, '이다' 어간 뒤에 붙어, '-거든'을 뜻하는 어미이다. 野樹의 걸렷다가 비 오고 ᄇᆞ람 분 날이어든 自然 消滅ᄒᆞ여라.《교시조 2184-송성》

2 분간ᄒᆞ며: 분간(分揀)하며. '분간ᄒᆞ다'는 '사물이나 사람의 옳고 그름, 좋고 나쁨 따위와 그 정체를 구별하거나 가려서 알다.'를 뜻한다.

3 오나든: 오거든. '오(어간)+나든(연결어미)'이다. '-나든'은 '오다'의 어간 뒤에 붙어, '-거든'을 뜻하는 어미이다. 須達이 ᄯᅩ 무로ᄃᆡ 婚姻 위ᄒᆞ야 아ᅀᆞ미 오나든 이바도려 ᄒᆞ노닛가.《석상 6:16》

4 붑: 북. 현대국어 '북'의 옛말인 '붚'은 15세기 문헌에서부터 나타난다. '붚'은 팔종성법에 따라 자음으로 시작하는 조사가 결합하거나 단독으로 실현될 때에는 '붑'으로 나타났다. 17세기에는 '붑을'과 같은 예에서 볼 수 있듯이 어간 말 자음이 'ㅍ>ㅂ'으로 바뀐 '붑'이 등장하였고, 다시 어간 말 자음이 'ㄱ'으로 바뀐 '북' 형태가 등장하였다. '붚'은 첫소리와 끝소리가 모두 양순음이고 모음도 'ㅜ'로 원순성을 가진 것이어서 동일한 성질의 소리가 연속되므로 끝소리를 원순성이 없는 'ㄱ'으로 교체하는 이화현상을 겪게 된 것이다. '북' 형태가 등장한 이후에도 18세기까지는 '붑' 형태도 공존하였다. 한편 18세기에 나타난 '븍', '븝'은 17세기에 일어난 원순모음화를 의식한 과도 교정 표기이다. 붚(15세기~18세기)>붑(17세기~19세기)>북(17세기~현재). 이형태: 붚, 붑, 북, 븍, 븝. 제 간ᄋᆞᆯ 더리 모ᄅᆞᆯᄊᆡ 둘희 쏜 살이 세 낱 붚ᄲᅮᆫ ᄢᅦ여디니.《1447 월곡 15ㄱ》, 그 나랏 法에 붑 텨 사ᄅᆞᄆᆞᆯ 모도오ᄃᆡ 툥 부플 티면 十二億 사ᄅᆞ미 몯고 銀 부플 티면 什四億 사ᄅᆞ미 몯고.《1447 석상 6:28ㄱ》

소언 中듕門문 東동녁킈 쟈근 집이 잇더니 스스로 됴회 ᄒᆞᄂᆞᆫ 날이 아니면 ᄆᆡ양 ᄀᆞᆫ볼기예 믄득 쟈근 집의 니ᄅᆞ거든 모ᄃᆞᆫ 아ᄃᆞᆯ 仲듕郢녕돌히 다 ᄯᅴ ᄯᅴ여 中듕門문 뒤희 가 새바긔 省셩ᄒᆞ더라 公공綽쟉이 ᄉᆞᄉᆞ일 결단ᄒᆞ며 손 ᄃᆡ졉ᄒᆞ고 아ᄋᆞ 公공權권과 밋 모ᄃᆞᆫ ᄉᆞ촌 아ᄋᆞᄃᆞᆯ로 더블어 두 번 모다 음식 먹어 아ᄎᆞᆷ브터 나죄 닐으히 쟈근 집의 ᄠᅥ나디 아니ᄒᆞ고 블 혀 오나ᄃᆞᆫ 子ᄌᆞ弟뎨 ᄒᆞᆫ 사ᄅᆞᆷ을 命명ᄒᆞ야 경뎐이나 ᄉᆞ긔나 잡혀셔 몸소 닑어 ᄒᆞᆫ 번 디냄을 ᄆᆞᆺ고 벼ᄉᆞᆯ에 이시며 집 다ᄉᆞ릴 法법을 의론ᄒᆞ며 或혹 글 의론ᄒᆞ며 或혹 거믄고 듣다가 人인定뎡 붑 다ᄃᆞᆯ은 후에 자ᄂᆞᆫ ᄃᆡ 니거ᄃᆞᆫ 모ᄃᆞᆫ 아ᄃᆞᆯᄃᆞᆯ히 ᄯᅩ 中듕門문 뒤희 가 어을ᄆᆡ 定뎡ᄒᆞ더니 ᄆᆞᆯ읫 스므남은 ᄒᆡ예 일즉 ᄒᆞᄅᆞ도 고티디 아니ᄒᆞ더라

현대역 중문 동녘에 작은 집이 있더니, 스스로 조회 하는 날이 아니면 매양 새벽에 문득 작은 집에 이르거든, 모든 아들과 중영(仲郢) 등이 다 띠를 띠어 중문 뒤에 가 새벽에 살피더라. 公綽이 사삿일 決斷하며 손 대접하고, 아우 공권과 및 모든 사촌 아우들로 더불어 두 번 모여 음식 먹어, 아침부터 저녁에 이르게 작은 집에 떠나지 아니하고 불 켜 오거든 자제 한 사람을 명하여 경전이나 사기나 잡혀서 몸소 읽어 한 번 지냄을 마치고, 벼슬에 있으며 집 다스릴 법을 의론하며, 혹 글 의론하며, 혹 거문고 듣다가, 인정 북 다다른 후에 자는 데 가거든, 모든 아들들이 또 중문 뒤에 가, 어스름에 昏定하더니, 무릇 스물 남짓 해에, 일찍 하루도 고치지 아니하더라.

1 ᄀᆞᆫ볼기: 새벽. 동틀 무렵. 원문 '평단(平旦)'에 해당하는 단어이다. 'ᄀᆞᆫ'은 '갓'이고, '볼기'는 '밝기'이니, 'ᄀᆞᆫ볼기'는 '새벽'이나 '동틀 무렵'을 뜻한다. '평단(平旦)' 또한 '새벽'이나 '동틀 무렵'을 뜻한다.

2 결단ᄒᆞ며: 결단(決斷)하며. '결단ᄒᆞ다'는 '결정적인 판단을 하거나 단정을 내리다.'를 뜻한다. '결단ᄒᆞ다'는 16세기 문헌에서부터 나타난다. '결단ᄒᆞ다'는 '결단'과 '-ᄒᆞ-'가 결합한 것으로, '결단'은 한자어 '決斷'에서 온 것이다. '결단ᄒᆞ-'는 16세기부터 나타나지만, '결단'이 한자로 표기된 '決斷ᄒᆞ-'는 '了義ᄂᆞᆫ 決斷ᄒᆞ야

ᄉᆞᄆᆞᄎᆞᆫ ᄠᅳ디니 大乘教ᄅᆞᆯ 니ᄅᆞ니라《1459 월 1:月釋序15ㄴ》'와 같은 예에서 볼 수 있는 것처럼 15세기 문헌에서도 이미 확인된다. 19세기에 '-ᄒᆞ-'가 '-하-'로 표기되어 '결단하다'로 나타나면서 현재에 이르렀다. '결단ᄒᆞ다'는 일반적으로 '결정적인 판단을 하거나 단정을 내리다.'의 의미로 쓰였는데, 17세기 《『동국신속삼강행실도》의 '민시 그 말을 패복ᄒᆞ야 샹해 져근 칼홀 자바 스스로 {결단ᄒᆞ기로ᄡᅥ} ᄆᆡᆼ셰ᄒᆞ더니 《1617 동신속 열5:33ㄴ》'와 같은 예에서는 '자결하다'의 의미로 쓰이기도 하였다. 결단ᄒᆞ다(16세기~19세기)〉결단하다(19세기~현재). 이형태: 결단ᄒᆞ다. 경계ᄒᆞᄂᆞ니ᄂᆞᆫ 버듸 소심이니 내 ᄠᅳ데 결단ᄒᆞ야 가ᄆᆞᆫ 모로매 내 히믈 ᄡᅥ 홀 거시라.《1518 번소 8:36ㄱ》, 니샹이 ᄀᆞᆯ오ᄃᆡ 아바님이 임의 죽기ᄅᆞᆯ 결단ᄒᆞ시니 ᄌᆞ식들히 ᄎᆞᆷ아 살아시리잇가 ᄒᆞ고 ᄒᆞᆫ가지로 주그니라.《1617 동신속 효8:22ㄴ》

3 어을ᄆᆡ: 어스름에. '어읆(명사)+에(부사격 조사)'이다. 현대국어 '어스름'의 옛말인 '어ᅀᅳ름'은 15세기 문헌에서부터 나타난다. '어ᅀᅳ름'은 '조금 어둡다'의 의미를 지닌 용언 어간 '*어ᅀᅳᆯ-'에 명사 파생접사 '-음'이 결합한 것이다. 용언 '*어ᅀᅳᆯ다'는 문증되지 않지만 이와 관련된 단어로 현대국어에 '조금 어둡다'의 의미를 지닌 형용사 '어슬하다'가 있다. 16세기 이후 치조 마찰 유성음인 'ㅿ[z]'이 소멸하여 대개 'ㅿ〉ㅇ'의 변화가 일어남에 따라 '어ᅀᅳ름'도 '어으름'으로 변화하였다. 그러나 이와는 별도로 근대국어 시기에는 '어ᅀᅳ름'이 '어스름'으로 변화하기도 하였다. 이러한 변화는 방언의 영향을 받은 것으로 추정된다. 중세국어의 강세보조사 '-ᅀᅡ'가 중부방언에서는 '-야'로 변화하였으나, 남부방언에서는 '-사'로 나타나는 것 등을 참고로 할 수 있다. 한편 16세기~17세기 문헌에는 '어ᅀᅳ름', '어으름'과 동일한 의미를 지닌 명사로, '어ᅀᅳᆯ-'에서 변화한 '어을-'에 '-ㅁ'이 결합한 '어읆'도 나타난다. 어ᅀᅳ름(15세기~16세기)〉어스름(19세기~현재). 이형태: 어ᅀᅳ름, 어으름, 어스름. 기피 글 입고 西軒에 안자셔 밥 머구믈 어ᅀᅳ름과 나ᄌᆞᆯ 그르ᄒᆞ노라.《1481 두시-초 11:25ㄴ》, 昏 어ᅀᅳ름 혼.《1527 훈몽 상:1ㄱ》, 昏 어으름 혼.《1576 신합 상:3ㄴ》

【集說】陳氏曰仲郢은節度之子니字諭蒙이요公權은節度之弟니字誠懸이라

진 씨가 말하였다. "중영은 절도사의 아들이니, 자가 유몽이고, 공권은

절도사의 아우니, 자가 성현이다.

漢字 諭(깨우칠 유), 蒙(입을 몽), 懸(매달 현)

共遇飢歲則諸子ㅣ皆蔬食似ᄒᆞ더니**曰昔吾兄弟ㅣ侍先君爲丹州刺史**애**以學業未成**으로**不聽食肉**ᄒᆞ더시니**吾**ㅣ**不敢忘也**ᄒᆞ노라

●그 주린 해[흉년]를 만나면 여러 자식들이 모두 나물밥을 먹었더니, (유공작이) 말하였다. "옛날 내 형제들은 돌아가신 아버지께서 단주자사가 되어 모심에, 학업을 이루지 못함으로써 고기 먹음을 허락하지 않으시더니, 내가 감히 잊지 못한다."

漢字 飢(주릴 기), 蔬(채소 소), 聽(허락할 청)

번소 가난ᄒᆞᆫ ᄒᆡ를 만나셔ᄂᆞᆫ 모ᄃᆞᆫ ᄌᆞ식이 다 ᄂᆞᄆᆞ새 ᄒᆞ여 음식을 먹더니 公공綽쟉이 닐우ᄃᆡ 녜 우리 형뎨 업스신 아비 丹단州쥬ㅣㅅ ᄀᆞ올 원 가 겨시거늘 뫼ᅀᆞ와실 제 글ᄒᆞ기ᄅᆞᆯ 닐우디 몯호모로 고기 몯 먹게 ᄒᆞ더시니 내 닛디 몯ᄒᆞ노라

현대역 가난한 해를 만나서는, 모든 자식이 다 채소 하여 음식을 먹더니, 公綽이 이르되, "옛적 우리 형제는 돌아가신 아버지께서 丹州의 고을 원 가 계시거늘 모실 때, 글하기를 이루지 못함으로 고기 못 먹게 하시더니, 내 잊지 못하노라."

ᄂᆞᄆᆞ새: 남새. '남새'는 '밭에서 기르는 농작물. 주로 그 잎이나 줄기, 열매 따위를 식용한다. 보리나 밀 따위의 곡류는 제외한다.'를 뜻한다. 가난ᄒᆞᆫ ᄒᆡᄅᆞᆯ 만나셔ᄂᆞᆫ 모ᄃᆞᆫ ᄌᆞ식이 다 ᄂᆞᄆᆞ새 ᄒᆞ여 음식을 먹더니(其遇饑歲則諸子皆蔬食).《번소 9:103》, 므슴 됴ᄒᆞᆫ ᄂᆞᄆᆞ새 잇거든 져기 가져오라(有甚麼好菜蔬拿些箇來).《번노 상:63》

소언 그 가난ᄒᆞᆫ ᄒᆡ를 만나면 모ᄃᆞᆫ ᄌᆞ식이 다 ᄂᆞᄆᆞᆯ 음식을 ᄒᆞ더니 ᄀᆞᆯ오ᄃᆡ 녜 우리 兄형弟뎨ㅣ 先션君군이[션군은 죽은 아비를 닐옴이라] 丹단쌔쥬ㅅ 원ᄒᆞ야 겨시거늘 뫼ᄋᆞ와 실제 ᄇᆡ호ᄂᆞᆫ 業업이 이디 몯ᄒᆞ여시모로ᄡᅥ 고기 먹음을 허티 아니ᄒᆞ더시니 내 敢감히 닛디 몯ᄒᆞ노라

현대역 그 가난한 해를 만나면 모든 자식이 다 나물 음식을 하더니, 가로되, "옛날 우리 형제가 先君이[선군은 죽은 아버지를 이름이라.] 단주의 원을 하여 계시거늘 모시어, 실제 배우는 業이 이루어지지 못하였음으로써 고기 먹음을 허락하지 아니하시더니, 내가 감히 잊지 못하노라."

【增註】曰은節度言也라聽은猶許也라

曰은 절도사의 말이다. 聽은 허락함과 같다.

姑姊妹姪이有孤嫠離者ㅣ어든雖踈遠이라두必爲擇婿嫁之호ᄃᆡ皆用刻木粧奩廉ᄒᆞ며纈胡結反文絹으로爲資裝ᄒᆞ더니常言必待資粧豐備론何如嫁不失時오ᄒᆞ더라

● 고모와 누이와 여동생과 조카가 고아나 과부된 자가 있거든, 비록 소원하더라도 반드시 위하여 사윗감을 가려서 그녀들을 시집보내되, 모두 나무에 새긴 화장대를 쓰며 홀치기염색 무늬의 비단으로 혼수를 삼았더니, 항상 말하였다. "반드시 혼수가 풍족하게 갖추어지기를 기다리기 보다는, 어찌 시집감에 때를 잃지 않음만 같겠는가?"

漢字 嫠(과부 리), 粧(화장할 장), 奩(경대 렴), 纈(홀치기염색 힐), 文(무늬 문), 絹(명주 견), 資(갖출 자, 재물 자), 裝(갖출 장, 꾸밀 장)

1 纈(홀치기염색 힐): 물들일 천을 물감에 담그기 전에 어떤 부분을 홀치거나 묶어서 그 부분은 물감이 배어들지 못하게 하여 물들이는 방법.

2 何如嫁不失時: 어찌 시집감에 때를 잃지 않음만 같겠는가. 즉 시집감에 때를

잃지 않음이 낫지 않겠는가.

번소 아ᄌᆞ미며 ᄆᆞᆮ누의며 아ᅀᆞ누의며 아ᄎᆞᆫᄯᆞ리 아비 엄스니왜 남진 엄스니 잇거ᄃᆞᆫ 비록 먼 권당이라도 반ᄃᆞ시 위ᄒᆞ샤 사회ᄅᆞᆯ 골와 얼요ᄃᆡ 다 남그로 사긴 거우로집과 사오나이 믈들 깁으로 결속ᄒᆞ더니 샹해 닐오ᄃᆡ 구틔여 결속을 됴히 장만호믈 기ᄃᆞᆯ오모론 혼인호ᄆᆞᆯ 시졀 일티 아니홈과 엇더뇨 ᄒᆞ더라

현대역 아주머니[고모]며 맏누이며 누이동생이며 조카딸이 아버지 없는 이와 남편 없는 이 있거든, 비록 먼 친척이라도 반드시 위하시어 사위를 골라 시집보내되, 다 나무로 새긴 鏡臺와 나쁘게 물들인 비단으로 혼수를 장만하더니, 늘 이르되, "구태여 혼수를 좋게 장만함을 기다림으로는[기다림보다는], 혼인함을 시절 잃지 아니함과 어떠하냐?" 하더라.

1 결속ᄒᆞ더니: 혼수를 장만하더니. 대문(大文) '위자장(爲資裝)'에 해당하는 단어이다. '자장(資裝)'은 '시집갈 때 가지고 가는 혼수(婚需)'를 뜻한다.

2 기ᄃᆞᆯ오모론: 기다림으로는. '기ᄃᆞᆯ오(어간)+ㅁ(명사형 어미)+오로(조사)+ㄴ(조사)'이다. 여기서 '기ᄃᆞᆯ오-'는 '기ᄃᆞᆯ오다[待]'의 어간이고, '-ㅁ'은 명사형 어미이며, '오론'은 '으로는'을 뜻하는 조사이다. ᄒᆞ녀고론 깃그시고 ᄒᆞ녀고론 두리여.《월석 2:44》

소언 아ᄌᆞ미며 ᄆᆞᆮ누의며 아ᄋᆞ누의며 아ᄎᆞᆫᄯᆞᆯ이 아비 업슨 이와 남진 업슨 이 잇거ᄃᆞᆫ 비록 疎소ᄒᆞ고 먼 이라도 반ᄃᆞ시 위ᄒᆞ야 사회ᄅᆞᆯ ᄀᆞᆯᄒᆡ야 혼인호ᄃᆡ 다 남그로 사긴 셩뎍 그ᄅᆞ슬 ᄡᅳ며 ᄆᆡ자 문 노흔 깁으로 결속ᄒᆞ더니 샹해 닐오ᄃᆡ 반ᄃᆞ시 결속을 豐풍備비홈을 기ᄃᆞᆯ오모론 혼인호ᄆᆞᆯ ᄢᅢ를 일티 아니홈과 엇더뇨 ᄒᆞ더라

현대역 아주머니며 맏누이며 누이동생이며 조카딸이 아버지 없는 이와 남편 없는 이 있거든, 비록 소원하고 먼 이라도 반드시 위하여 사위를 가리어 혼인시키되, 다 나무로 새긴 화장 그릇을 쓰며 매듭 무늬 놓은 비단으로

혼수를 장만하더니, 늘 이르되, "반드시 혼수를 豊備함을 기다림으로는[기다림보다는], 혼인함을 때를 잃지 아니함과 어떠하냐?" 하더라.

1 셩뎍: 성적(成赤). 화장(化粧). '성적'은 '혼인날 신부가 얼굴에 분을 바르고 연지를 찍는 일'을 가리킨다. 다 남그로 사긴 셩뎍 그ᄅᆞ슬 ᄡᅳ며 ᄆᆡ자 문 노흔 깁으로 결속ᄒᆞ더니(皆用刻木粧奩 纈文絹爲資裝).《소언 6:96》

2 ᄆᆡᄌᆞ: 'ᄆᆡᄌᆞᆸ'의 이형태로, '매듭'의 옛말이다. 流蘇 ᄆᆡᄌᆞᆸ.《사해 상:40》, 네 ᄡᅳᆯ의 流蘇 ᄆᆡᄌᆞᆸ을 드리올 ᄠᆞᄅᆞ미라(四角垂流蘇而已).《가언 7:31》

3 문: 문(紋). 무늬. 물건의 거죽에 어룽져 나타난 어떤 모양. 유의어: 무늬, 문양(文樣).

4 풍비홈: 풍비(豐備)함. '풍비ᄒᆞ(어간)+옴(명사형 어미)'이다. '풍비ᄒᆞ다'는 '풍부하게 갖추다'를 뜻한다.

【集說】陳氏曰姪은謂兄弟之女라孤는無父者요嫠는無夫者라奩은鏡臺也요纈文絹은繫絹染爲文者라

진 씨가 말하였다. "姪은 형제의 딸을 이름이다. 孤는 아버지가 없는 자다. 嫠는 남편이 없는 자다. 奩은 鏡臺고, 纈文絹[홀치기염색 무늬의 비단]은 비단을 매어 물들여 무늬를 만든 것이다."

漢字 繫(맬 계)

及公綽이卒ᄒᆞ야는仲郢이一遵其法ᄒᆞ야事公權호ᄃᆡ如事公綽ᄒᆞ야非甚病이어든見公權애未嘗不束帶ᄒᆞ더라爲京兆尹鹽鐵使ᄒᆞ야出遇公權於通衢애必下馬端笏立ᄒᆞ야候公權過ᄒᆞ야乃上馬ᄒᆞ며公權이莫暮歸어든必束帶迎候於馬首ᄒᆞ더니公權이屢以爲言호ᄃᆡ仲郢이終不以官達로有小改ᄒᆞ더라

● 공작이 죽음에 미쳐, 중영이 한결같이 그[유공작]의 법을 좇아 공권을 섬기되, 공작을 섬기는 듯하여, 심한 병이 아니거든 공권을 뵘[현]에 일찍이

띠를 묶지 않음이 없었다. 경조윤과 염철사가 되어 외출하여 공권을 통한 네거리에서 우연히 만남에, 반드시 말에서 내려 홀을 단정히 하고 서서, 공권이 지나기를 기다려 이에 말에 오르며, 공권이 저물어 돌아오거든, 반드시 띠를 묶고 말머리에서 맞아 기다리더니, 공권이 자주 써 말하되, 중영이 마침내 벼슬이 현달함으로써 조금도 고침이 있지 아니하였다.

漢字 遵(좇을 준), 見(뵐 현), 京(서울 경), 兆(조짐 조), 尹(다스릴 윤), 鹽(소금 염), 通(통할 통), 衢(네거리 구), 笏(홀 홀), 候(기다릴 후), 迎(맞이할 영), 屢(자주 루)

1 경조윤(京兆尹): 조선시대 한성부(漢城府)의 으뜸 벼슬. 품계는 정이품(正二品). 유의어: 한성부판윤(漢城府判尹)

2 염철사(鹽鐵使): 소금을 굽고 철을 제련하는 일을 살피며 감독하기 위하여 지방에 파견하는 임시 벼슬. 또는 그 벼슬아치.

3 통구(通衢): 통행하는 길. 왕래가 빈번한 큰 거리. 사방으로 통하여 교통이 편리한 길.

4 유중영(柳仲郢)이 절도사(節度使)로 있을 때의 선행이 〈선행(善行) 제6〉 제63장에 소개되어 있다.

번소 公공綽쟉이 죽거ᄂᆞᆯ 仲듕郢녕이 ᄒᆞᆫ골ᄋᆞ티 그 버블 조차 公공權권을 셤규ᄃᆡ 公공綽쟉 셤기ᄃᆞᆺᄒᆞ야 쇠 병ᄒᆞᆫ 저기 아니어든 公공權권을 뵈요ᄃᆡ ᄯᅴ 아니 ᄯᅴᆫ 저기 업더라 京경兆됴尹윤 塩염鐵텰使ᄉᆞㅣ란 벼슬ᄒᆞ야셔 나가다가 公공權권ᄂᆞᆯ 한길희 맛보아 ᄆᆞᆯ 부려 홀 받고 셔셔 公공權권이 디나거ᅀᅡ ᄆᆞᆯ ᄐᆞ며 公공權권이 나죄 도라올 제어든 반ᄃᆞ시 ᄯᅴ ᄯᅳ여 ᄆᆞᆯ 머리예 마조 기ᄃᆞ우더니 公공權권이 ᄌᆞ조 그리 말라 닐어도 仲듕郢녕이 내죵내 벼슬 노포라 ᄒᆞ야 죠고매도 고티디 아니ᄒᆞ니라

현대역 公綽이 죽거늘, 중영(仲郢)이 한결같이 그 법을 좇아 公權을 섬기되, 공작 섬기듯 하여 몹시 병을 앓는 때가 아니거든, 공권을 뵙되 띠 아니 띤 때가 없더라. 京兆尹과 塩鐵使란 벼슬하여서 나가다가, 공권을 한길에서

만나보아[만나보면], 말 내려 홀 받들고 서서, 공권이 지나가야 말 타며, 공권이 저녁에 돌아올 때이거든 반드시 띠 띠어 말 머리에 맞아 기다리더니, 공권이 자주 그렇게 말라 일러도, 중영이 끝끝내 벼슬 높다 하여 조금도 고치지 아니하니라.

1 쇠: 몹시. 심히. 계오 열 설 머거셔 쇠 치운 저기며(甫十歲 祁寒暑雨).《번소 9:2》, 쇠 병ᄒᆞᆫ 저기 아니어든(非甚病).《번소 9:104》

2 노포라: 높다. '높(어간)+오(화자 표시 선어말어미)+라(평서형 종결어미)'이다. 선어말어미 '-오$_1$-'나 이형태 '-우$_1$-'는 주어 명사구가 제1인칭 '나, 우리' 등이나 제3인칭이라도 화자 자신을 가리키는 경우에 나타난다. 이를 화자 표시법 선어말어미(고영근, 2020: 363) 또는 1인칭법 선어말어미(허웅, 1958: 124-197)라고도 부른다. 그리고 평서형 종결어미 '-다'는 '-오-/-우-' 뒤에서 '-라'로 변한다. '-오라/-우라'는 동사나 형용사 어간에 붙어, '-다', '-ㄴ다', '-ㅆ/았/었/였다'를 뜻한다. 右手 左手로 天地 ᄀᆞᄅᆞ치샤 ᄒᆞ오ᅀᅡ 내 尊호라 ᄒᆞ시니.《월곡 상:8》, ᄀᆞ장 시르미 나그내를 번호ᄆᆞᆯ 더으ᄂᆞ니 ᄯᅩ 늘구미 사ᄅᆞᆷ 조차오ᄆᆞᆯ 아로라(轉添愁伴客 更覺老隨人).《두시-초 10:2》

3 죠고매도: 조금도. '죠고매(부사)+도(보조사)'이다. 近年 소病에 죠고매 머구믈 여렛노니(比年病酒開涓滴).《두시-초 8:42》, 조협 ᄀᆞᄅᆞᆯ 죠고매 고해 부러 ᄌᆞ치욤 ᄒᆞ게 ᄒᆞ면(皂莢末少許 吹鼻中 使得嚏鯁出).《구간 6:1》

소언 公공綽쟉이 죽음애 미처는 仲듕郢녕이 ᄒᆞᆫᄀᆞᆯᄋᆞ티 그 法법을 조차 公공權권을 셤규ᄃᆡ 公공綽쟉 셤굠ᄀᆞᆮ티 ᄒᆞ야 甚심히 病병ᄒᆞᆫ 저기 아니어든 公공權권을 볼 제 일즉 띄 띄디 아니티 아니ᄒᆞ더라 京경兆됴尹윤 塩염鐵텰使ᄉᆞ[노ᄑᆞᆫ 벼슬이라]ㅣ 되야셔 나가 公공權권을 通통ᄒᆞᆫ 거리예 만나매 반ᄃᆞ시 ᄆᆞᆯ 브려 笏홀 받고 셔셔 公공權권이 디남을 기들워 ᄆᆞᆯ ᄐᆞ며 公공權권이 나죄 도라올 제어든 반ᄃᆞ시 띄 띄고 ᄆᆞᆯ 머리예 마조 기돌우더니 公공權권이 ᄌᆞ조 ᄡᅥ 닐오ᄃᆡ 仲듕郢녕이 내죵내 벼슬이 현달호모로ᄡᅥ 죠고매도 고티미 잇디 아니ᄒᆞ더라 현대역 공작이 죽음에 미쳐서는, 중영이 한결같이 그 법을 좇아 공권을 섬기되, 공작 섬김같이 하여 심히 병을 앓을 때가 아니거든, 공권을 볼 때 일찍 띠 띠지 아니하지 아니하더라. 경조윤·염철사[높은 벼슬이라.]가 되어서 나가, 공권을 通한 거리에서 만나매, 반드시 말 내려 笏 받들고 서서, 공권이 지남을 기다려 말 타며, 공권이 저녁에 돌아올 때이거든 반드시 띠 띠고 말 머리에 맞아 기다리더니, 공권이 자주 써 이르되, 중영이 끝끝내 벼슬이 顯達함으로써 조금도 고침이 있지 아니하더라.

1 만나매: 만나매. '만나(어간)+매(연결어미)'이다. '-매'는 '이다'의 어간, 받침 없는 용언의 어간, 'ㄹ' 받침인 용언의 어간 또는 어미 '-으시-' 뒤에 붙어, 어떤 일에 대한 원인이나 근거를 나타내는 연결어미이다. 부왕의 환후가 차차 중하여 가매 본시 효성 많은 왕은 침식을 잊고 부왕의 간호를 하였다.《김동인, 대수양》, 어둑한 비탈길을 말을 채 쳐 달리매 주만은 훨훨 날 듯이 몸이 가뜬해짐을 느끼었다.《현진건, 무영탑》

2 현달호모로ᄡᅥ: 현달(顯達)함으로써. '현달ᄒᆞ(어간)+옴(명사형 어미)+오로(조사)+ᄡᅥ('쓰다'의 활용형)'이다. '오로'는 'ᄋᆞ로'의 'ᄋᆞ'가 '오'로 바뀐 것인데, 이런 현상은 15세기에도 나타난다. '오로ᄡᅥ'는 조사 '오로'에 '쓰다'의 활용형 'ᄡᅥ'가 연결된 것으로, 도구 부사격 조사에 해당한다. 그 뜻은 '오로'와 같다. '현달ᄒᆞ다'는 '벼슬, 명성, 덕망이 높아서 이름이 세상에 드러나다.'를 뜻한다. 장차 현달하실 기상은 하늘에 닿았으나 아직 직임을 받지 못하였습니다.《김주영, 객주》

【增註】其는指節度也라已上은言家法之在外者라

其는 절도사를 가리킨다. 이상은 가법이 밖[男子]에 있음을 말함이다.

已上: 以上과 같은 뜻이다.

公綽의妻韓氏는相國休之曾孫이니家法이嚴肅儉約ᄒᆞ야爲搢紳家楷口駭反範이러니歸柳氏三年에無少長히未嘗見其啓齒ᄒᆞ며常衣絹素ᄒᆞ고不用綾羅錦繡ᄒᆞ며每歸覲에不乘金碧輿ᄒᆞ

고祇支乘竹兜子ᄒᆞ야二青衣ㅣ步屣以隨ᄒᆞ더라常命粉苦蔘黃連熊膽ᄒᆞ야和爲丸ᄒᆞ야賜諸子ᄒᆞ야每永夜習學애含之ᄒᆞ야以資勤苦ᄒᆞ더라

● 공작의 아내 한 씨는 相國 韓休의 증손이니, 가법이 엄숙하고 검약하여 진신가(搢紳家)의 바른 모범이 되었더니, 유 씨에게 시집간 지 3년에, 젊은 이와 어른 할 것 없이 일찍이 그녀의 啓齒를 보지 못했으며, 늘 흰 깁을 입고 능라(綾羅)와 錦繡를 사용하지 않았으며, 매번 친정에 돌아가 뵘에 金碧輿를 타지 않고, 단지 죽두자(竹兜子)를 타서, 두 명의 青衣를 신발을 신고 걸어 따르게 했다. 늘 고삼과 황련과 웅담을 가루 내어 합쳐 환을 만들기를 명하여, 여러 자식에게 주어 매번 긴 밤에 배움을 익힘에 그것을 머금게 해서 써 근고함을 돕게 하였다.

漢字 搢(=縉 꽂을 진), 紳(큰 띠 신, 띠 드리울 신), 楷(바를 해. 본보기 해, 나무이름 해), 歸(시집갈 귀), 啓(열 계), 綾(무늬 있는 비단 릉), 羅(비단 라), 錦(비단 금), 繡(수놓을 수), 覲(뵐 근), 碧(푸를 벽), 輿[=轝(여) 수레 여], 祇(다만 지, 공경할 지), 兜(투구 두), 屣(신 사), 粉(가루 분), 膽(쓸개 담), 和(합칠 화), 丸(약 환), 含(머금을 함), 資(도울 자)

1 한휴(韓休, 673년~740년): 당나라 경조(京兆) 장안(長安) 사람으로, 자는 양사(良士)다. 머리가 뾰족해 필두공(筆頭公)으로 불렸다. 한대민(韓大敏)의 조카이다. 문사(文辭)에 뛰어났고, 현량방정과(賢良方正科)로 천거되었다. 현종(玄宗)이 동궁(東宮)에 있을 때 직접 국정에 대해 문의했는데, 대책(對策)을 올려 조동희(趙冬曦)와 함께 을과(乙科)에 급제했다. 좌보궐(左補闕)과 예부시랑(禮部侍郎), 지제고(知制誥), 상서우승(尙書右丞)을 역임했다. 개원(開元) 21년(733년) 황문시랑(黃門侍郎)과 동중서문하평장사(同中書門下平章事)를 역임했으며, 매우 강직했다. 정치의 득실에 대해서는 그 말을 아낀 적이 없어 송경(宋璟)이 탄식하며 인자(仁者)의 용(勇)이라 말했다. 현종이 궁중에서 연회를 베풀거나 후원(後苑)에서 사냥을 할 때, 조금이라도 지나친 점이 있으면 좌우를 돌아보면서 "한휴가 아는가?"고 물었는데, 말을 마치자마자 바로 그가 간쟁(諫爭)하는 상소가 올라오곤 했다. 이 때문에 현종은 기분이 우울해져 몸이 수척해질 정도였다고

한다. 그러나 현종은 "한휴가 힘써 간쟁하고 물러가면 내 잠자리가 편하다. 내가 한휴를 기용한 것은 사직을 위해서지 나 자신을 위해서가 아니다."고 말했다고 한다. 나중에 공부상서(工部尙書)로 좌천되었다가 태자소사(太子少師)로 옮겼다. 시호는 문충(文忠)이다(중국역대인명사전).

2 상국(相國): 영의정, 좌의정, 우의정을 통틀어 이르는 말.

3 진신가(搢紳家): 홀 꽂고 띠 드리우는 가문. 즉 벼슬아치[朝官, 朝臣, 朝士] 가문.

4 해범(楷範): 법식(法式). 즉 법도와 양식.

5 계치(啓齒): 이를 엶. 즉 웃음.

6 금벽여(金碧輿): 황금(黃金)과 벽옥(碧玉)으로 꾸민 가마.

7 죽두자(竹兜子): 대나무로 만든 교자(轎子).

8 청의(靑衣): 하녀. 예전에는 하녀들은 푸른 옷을 입었음.

9 보사(步屣): 신발을 신고 걷다.

10 근고(勤苦): 마음과 힘을 다해 애씀.

번소 公공綽쟉의 안해 韓한氏시ᄂᆞᆫ 相샹國국 韓한休휴의 曾증孫손이니 가문 녜법이 엄졍ᄒᆞ고 싁싁ᄒᆞ며 검박ᄒᆞ고 간략ᄒᆞ야 됴ᄉᆞ의 가무ᄂᆡ 법이 도엿더니 柳류氏시 지븨 간 삼년ᄋᆡ 아ᄒᆡ며 얼운ᄃᆞᆯ히 니 내여 웃거ᄂᆞᆯ 보니 업스며 샹해 흰 기블 닙고 고뢰며 솔기며 금슈ᄅᆞᆯ 쓰디 아니ᄒᆞ며 ᄆᆡ양 부뫼 뵈ᄉᆞ오라 갈 제 ᄎᆡ식ᄒᆞᆫ 술위ᄅᆞᆯ ᄐᆞ디 아니ᄒᆞ고 오직 대로 ᄒᆞᆫ 교ᄌᆞ를 타 프른 옷 니븐 죵 둘히 거러미 조차가더라 샹해 긔결ᄒᆞ야 苦고參ᄉᆞᆷ과 黃황連련과 熊웅膽담과ᄅᆞᆯ ᄀᆞ리 섯거 환지ᅀᅥ 아ᄃᆞᆯᄃᆞᆯ홀 주어 ᄆᆡ양 긴 바ᄆᆡ 글 ᄇᆡ홀 제 머구므라 ᄒᆞ야 브즈런코 슈고로요ᄆᆞᆯ 돕더라

현대역 公綽의 아내 한 씨는 相國 韓休의 증손이니, 가문 예법이 엄정하고 엄하며 검박하고 간략하여, 朝士의 가문의 법이 되었더니, 유 씨 집에 간 삼년에 아이며 어른들이 이 내어 웃거늘[웃는 것을] 본 이 없으며, 늘 흰 비단을 입고, 고로며 솔기며 금수(錦繡)를 쓰지 아니하며, 매양 부모를 뵈러

갈 때 채색한 수레를 타지 아니하고, 오직 대나무로 한 교자를 타, 푸른 옷 입은 종 둘이 걸음이 쫓아가더라. 늘 명령하여 苦蔘과 黃連과 熊膽을 가루로 섞어 환 지어, 아들들을 주어 매양 긴 밤에 글 배울 때 머금으라 하여, 부지런하고 수고로움을 돕더라.

1 웃거늘: 웃거늘. '웃(어간)+거늘(연결어미)'이다. '-거늘'은 'ㅣ' 계열 이중모음이나 'ㄹ' 받침으로 끝나지 않는 어간 뒤에 붙어, 주로 동사, 형용사 어간 뒤에 붙어, '-거늘'을 뜻하는 어미이다. 드렛다가 나아 虛空ᄋᆞᆯ 므지거늘 ᄂᆞ미 무로ᄃᆡ 므스글 얻ᄂᆞ다.《월석 1:36》, 鴛鴦夫人이 말 듣ᄀᆞ 金바리예 힌ᄡᆞᆯ ᄀᆞᄃᆞ기 다마 比丘ㅅ 알ᄑᆡ 나ᅀᅡ니거늘.《월석 8:90》

2 고로: 비단의 한 종류인 능(綾).

3 솔기: 비단의 한 종류인 나(羅).

4 금수(錦繡): 수를 놓은 비단.

5 거러미: 걸음이. '걸엄(명사)+이(주격 조사)'이다. '걸엄'은 '걸음'의 이형태이다. 현대국어 '걸음'의 옛말인 '거름'은 15세기 문헌에서부터 나타난다. '거름'은 '걷-'에 명사 파생접사 '-음'이 결합한 것이다. 17세기에 분철 표기되어 '걸음'으로 나타나면서 현재에 이르렀다. 거름(15세기~19세기)〉걸음(17세기~현재). 이형태: 거름, 걸음, 거롬. 걸엄. 四天下애 ᄀᆞᄃᆞᆨᄒᆞᆫ 보ᄇᆡ를 어더도 부텨 向ᄒᆞᅀᆞᄫᅡ ᄒᆞᆫ 거름 나소 거룸만 몯ᄒᆞ니라.《1447 석상 6:20ㄱ》, 步 거롬 보《1576 신합 하:5ㄴ》

소언 公공綽쟉의 안해 韓한氏시ᄂᆞᆫ 相샹國국 休휴[休휴ᄂᆞᆫ 일홈이니 唐당 적 어딘 지ᄉᆡᆼ이라]의 曾증孫손이니 家가法법이 엄졍ᄒᆞ고 싁싁ᄒᆞ며 검박ᄒᆞ고 간약ᄒᆞ야 搢진紳신[홀 곳고 ᄯᅴ ᄯᅴ단 말이니 됴관을 닐은 말이라]의 집 법이 되엿더니 柳류氏시의게 간 三삼年년에 아ᄒᆡ 어룬 업시 일즉 그 니 드러낼 적을 보디 몯ᄒᆞ며 샹해 깁을 닙고 솔기며 고뢰며 금의와 슈치롤 ᄡᅳ디 아니ᄒᆞ며 ᄆᆡ양 도라가 근친홀 제 금이며 프른 걷 ᄒᆞᆫ 수릐롤 ᄐᆞ디 아니ᄒᆞ고 오직 대 교ᄌᆞ를 타 두 프른 옷 닙은 이 거러 ᄲᅧ 좃더라 샹해 ᄀᆡ걸ᄒᆞ야 苦고參숨과 黃황連련과

熊웅膽담[다 쁜 약이라]을 ᄀᆞ라 섯거 丸환 ᄆᆡᆼᄀᆞ라 모ᄃᆞᆫ 아ᄃᆞᆯ올 주어 ᄆᆡ양 긴 밤의 ᄇᆡ혼 것 니길 제 머굼어 ᄡᅧ 브즈런코 고로옴올 돕게 ᄒᆞ더라

[현대역] 공작의 아내 한 씨는 相國 休[휴는 이름이니, 唐 때 어진 재상이라.]의 증손이니, 가법이 엄정하고 엄하며 검박하고 간략하여, 진신(搢紳)[홀 꽂고 띠 띤단 말이니, 朝官을 이른 말이라.]의 집의 법이 되었더니, 유 씨에게 간 삼 년에 아이 어른 없이 일찍 그 이 드러낼 때를 보지 못하며, 늘 비단을 입고, 솔기며 고로며 錦衣와 수의(繡衣)를 쓰지 아니하며, 매양 돌아가 근친(覲親)할 때 금이며 푸른 것 한 수레를 타지 아니하고, 오직 대나무 교자를 타, 두 푸른 옷 입은 이 걸어 써 좇더라. 늘 명령하여 고삼과 황련과 웅담[다 쓴 약이라.]을 갈아 섞어 환 만들어, 모든 아들을 주어 매양 긴 밤에 배운 것 익힐 때 머금어, 써 부지런하고 괴로움을 돕게 하더라.

1 됴관: 조관(朝官). 조정에서 벼슬살이를 하고 있는 신하. 유의어: 조사(朝士), 조신(朝臣).
2 금의(錦衣): 비단으로 지은 옷. 유의어 깁옷, 비단(緋緞)옷.
3 슈치: '수의(繡衣)'의 옛말이다. 수를 놓은 옷.
4 근친홀: 근친(覲親)할. '근친ᄒᆞ다'는 '시집간 딸이 친정에 가서 부모를 뵈다.'를 뜻한다. 유의어: 귀녕(歸寧)하다.

【集說】陳氏曰搢紳은搢笏垂紳也라楷範은猶言法式이라婦人謂嫁曰歸라啓齒는笑也라歸覲은歸寧父母也라金碧輿는唐時命婦所乘者요竹兜子는竹轎也라資는助也라此는言家法之在內者라

진 씨가 말하였다. "搢紳은 홀을 꽂고 큰 띠를 드리움이다. 楷範은 법식이라 말함과 같다. 부인이 시집감을 일러 歸라 말한다. 啓齒는 웃음이다. 歸覲은 돌아가 친정부모께 문안드림이다. 金碧輿는 당나라 때 命婦들이

타는 바의 것이다. 竹兜子는 대나무 가마이다. 資는 도움이다. 이는 가법이 안[女子]에 있음을 말함이다.”

漢字 垂(드리울 수), 寧(문안할 녕)

1 婦人謂嫁曰歸: 이 문장은 대문(大文) ‘歸柳氏三年[유 씨에게 시집간 지 3년]’의 歸를 설명하는 내용이다. 《대학장구(大學章句)》 제9장 제6절에도 주자가 《시경》 〈주남(周南) 도요(桃夭)〉의 ‘桃之夭夭 其葉蓁蓁 之子于歸 宜其家人’을 설명하는 중에 이 문장을 들고 있다.

2 명부(命婦): 국가로부터 작위를 받은 부인들을 통틀어 일컫는 말. 여관(女官)으로서 품계를 가진 자. 종친의 딸과 아내, 문·무관의 아내들에게 벼슬을 주는데, 왕궁과 세자궁에 딸린 내명부(內命婦)와 종실 및 문·무관의 아내인 외명부(外名婦)의 구별이 있었다.

〖五十二章〗

○江州陳氏ㅣ宗族이七百口ㅣ러니每食애設廣席ᄒᆞ고長幼ㅣ以次坐而共食之ᄒᆞ더라有畜許六反犬百餘호ᄃᆡ共一牢食ᄒᆞ더니一犬이不至면諸犬이爲之不食ᄒᆞ더라 《五代史 南唐世家》

●강주의 진 씨는 겨레붙이가 칠백 명이더니, 매번 먹음에 넓은 자리를 펴고, 어른 아이가 차례로써 앉아 함께 그것을 먹었다. 기르는 개가 백여 마리가 있되, 함께 한 우리에서 먹더니, 한 마리 개라도 이르지 않으면, 여러 개들이 그를 위하여 먹지 않았다.

漢字 畜(기를 휵), 牢(우리 뢰)

번소 江강州쥬ᄊᆞ 陳딘氏시 권당이 칠빅기러니 ᄆᆡ양 밥 머글 제 너븐 돗 ᄭᆞᆯ오 얼운과 아ᄒᆡ ᄎᆞ례로 안자 홈ᄢᅴ 먹더라 치ᄂᆞᆫ 가히 일빅이 나ᄆᆞᄃᆡ ᄒᆞᆫ 그르ᄉᆡ 모다 먹더니 ᄒᆞᆫ 가히 오디 아니ᄒᆞ여ᄃᆞᆫ 모ᄃᆞᆫ 가히

위ᄒᆞ여 먹디 아니ᄒᆞ더라

현대역 江州 땅 진 씨 친척이 칠백이러니, 매양 밥 먹을 때 넓은 자리 깔고, 어른과 아이가 차례로 앉아 함께 먹더라. 기르는 개가 일백이 넘은데, 한 그릇에 모여 먹더니, 한 개가 오지 아니하거든, 모든 개가 위하여 먹지 아니하더라.

소언 江강州쥬 陳딘氏시[일홈은 褒부ㅣ니 南남唐당 적 사ᄅᆞᆷ이라] 권당이 七칠百ᄇᆡᆨ 사ᄅᆞᆷ이러니 ᄆᆡ양 밥 머글 제 너븐 ᄃᆞᆺ ᄭᆞᆯ고 얼운과 아ᄒᆡ ᄎᆞ례로 ᄡᅧ 안자 ᄒᆞᆫ가지로 먹더라 치ᄂᆞᆫ 개 일ᄇᆡᆨ남은이 이쇼ᄃᆡ ᄒᆞᆫ 그르세 ᄒᆞᆫ가지로 먹더니 ᄒᆞᆫ 개 닐으디 아니ᄒᆞ면 모ᄃᆞᆫ 개 위ᄒᆞ여 먹디 아니ᄒᆞ더라

현대역 강주 진씨[이름은 부(褒)니, 南唐 때 사람이라.] 친척이 칠백 사람이더니 매양 밥 먹을 때 넓은 자리 깔고 어른과 아이가 차례로 써 앉아 함께 먹더라. 기르는 개 일백 남짓이 있되, 한 그릇에 함께 먹더니, 한 개 이르지 아니하면, 모든 개가 위하여 먹지 아니하더라.

【集說】**陳氏曰江州**는**今九江府**라**陳氏**의**名**은**褒**요**南唐人**이니**十世同居**하니라**犬知愛其類**는**和順之所感也**라

진 씨가 말하였다. "강주는 지금의 구강부다. 진 씨의 이름은 부(褒)고, 남당 사람이니, 십대가 함께 살았다. 개가 그 무리를 사랑할 줄 앎은 和順함에 감동한 바다."

漢字 褒(모을 부, 기릴 포)

남당(南唐): 중국 오대십국(五代十國) 때 세운 나라(937년~975년)다. 오대 오(吳)나라의 태조인 양행밀(楊行密)의 부장 서온(徐溫)의 양자 서지고(徐知誥)가 오를 찬탈하고 세운 나라다. 서지고는 스스로 당 종실의 후예라며 나라 이름도 당(唐)이라고 하여, 이를 남당이라고 부른다. 남당은 오의 옛 땅을 점유하

고 금릉(金陵)에 도읍을 두었다. 서지고는 본명이 이변[李昪, 또는 이승(李昇)]으로 어려서 양행밀의 양자가 되었다가, 그 아들들과 관계가 좋지 않았다. 이에 양행밀은 그를 서온의 양자로 보냈다. 한편, 오의 정권을 장악하고 있던 서온은 그의 장자 서지훈(徐知訓)을 양주에 있도록 하고, 양자인 이변을 윤주[潤州, 지금의 진강(鎭江)] 단련사로 삼아 군정 대권을 장악하였다. 그런데 서지훈이 양행밀의 장군인 주근(朱瑾)에게 살해되자, 이변은 양자강을 건너 양주로 들어가 오국의 정권을 통제하였다. 그리고 서온이 죽자 오의 정권을 장악하였던 것이다. 3대 후인 후주(後主) 이욱(李煜) 때 송에게 39년만에 멸망되었다. 그런데 5대 10국 가운데 남당의 문화가 제일 발달하여 문장가와 예술가들이 많이 나왔다. 이욱은 유명한 시(詩)와 사(詞)를 남겼고, 5대의 대표적인 화가 고굉중(顧閎中)과 조간(趙幹)도 남당의 궁정화가였다(중국사).

〖五十三章〗

○溫公이曰國朝公卿이能守先法ᄒᆞ야久而不衰者ᄂᆞᆫ唯故李相家ㅣ니子孫이數世예至二百餘口ㅣ로ᄃᆡ猶同居共爨ᄒᆞ야田園邸底舍所收와及有官者俸祿을皆聚之一庫ᄒᆞ야計口日給餉ᄒᆞ며婚姻喪葬所費ㅣ皆有常數ᄒᆞ야分命子弟ᄒᆞ야掌其事ᄒᆞ니其規模ㅣ大抵出於翰林學士宗諤所制也ㅣ니라 《溫公集》

●온공이 말하였다. "本朝의 공경 중에 능히 옛 법을 지켜 오래도록 쇠하지 않은 자는 오직 돌아가신 李相의 가문이니, 자손이 여러 대에 이백여 식구에 이르되, 오히려 함께 살며 함께 밥 지어, 田園과 객점에서 거두는 바와 및 벼슬 있는 자의 봉록을 다 그것을 한 창고에 모아, 식구를 셈하여 날마다 먹을 것을 주며, 혼인과 초상과 장례에 쓰이는 바가 다 일정한 액수를 두어, 자제들을 나누어 명하여 그 일을 맡기니, 그 규모는 대체로 한림학사 종악이 만든 바에서 나왔다."

漢字 爨(밥 지을 찬, 부뚜막 찬, 불 땔 찬), 邸(주막 저, 집 저, 묵을 저), 餉(건량 향, 군량

향, 먹일 향, 배급할 향), 掌(맡길 장, 주관할 장, 손바닥 장), 諤(곧은 말 할 악)

1 국조(國朝): 자기 나라의 조정. 유의어: 본조(本朝).

2 전원(田園): 논밭과 동산.

3 저사(邸舍): 일정한 돈을 받고 손님을 묵게 하는 집. 시중의 상점. 유의어: 객점(客店).

4 건량(乾糧): 가지고 다니기 쉽게 만든 음식.

5 한림학사(翰林學士): 고려시대 한림원(翰林院: 藝文館)의 정4품 관직으로, 정원은 2인이었다. 문한 관서(文翰官署)로는 한림원·사관(史館: 春秋館)·비서성(秘書省)·보문각(寶文閣)·동문원(同文院)·유원(留院: 御書院) 등이었는데, 그 중에서도 한림원이 으뜸이었다. 따라서 한림학사 또한 무한한 영광으로 여겼으니, 이규보(李奎報)는 《동국이상국집(東國李相國集)》에서 '한림원은 지밀(至密)한 위치이고 학사는 높은 벼슬', '학사는 내한(內翰)의 왕을 가까이 모시는 벼슬', '학사는 내상(內相)의 높은 자리' 등으로 표현하고 있다. 왕명을 받들어 외교문서를 작성하고 과거를 관장하며 서적을 편찬하고, 서연관(書筵官)으로서 왕에게 강의하고 시종관(侍從官)으로서 왕의 거둥에 시종하는 등의 임무를 맡았다. 관원 중 정예 가운데 정예였으므로, 한림학사를 역임한 자 중 약 7할이 재추(宰樞)에 올랐다. 1298년(충렬왕 24년) 충선왕이 사림원으로 개칭하면서 정3품으로 올렸으며, 다시 문한서(文翰署)로 개칭할 때 학사를 고쳐 사학(司學)이라고 하였다(한국민족문화대백과).

번소 溫온公공이 닐오ᄃᆡ 우리나랏 ᄌᆡ샹이 릉히 조샹 가법을 가져셔 오라ᄃᆡ ᄂᆞᆯᄋᆡ디 아니ᄒᆞᄂᆞ닌 오직 주근 李니昉방이란 ᄌᆡ샹 가문 ᄌᆞ소니 두서 ᄃᆡ예 일빅이 나모ᄃᆡ ᄒᆞᆫᄃᆡ 살며 음식글 ᄒᆞᆫ가지로 ᄒᆞ야 뎐디며 지븨 뫼화 드리ᄂᆞᆫ 것과 벼슬ᄒᆞᆫ 사ᄅᆞᆷᄆᆡ 노글 다 ᄒᆞᆫ 고애 뫼화 사ᄅᆞᄆᆞᆯ 혀여 나날이 바ᄃᆞᆯ 거슬 주며 혼인이며 상ᄉᆞ 영장의 ᄡᅳᆯ 거시 다 일뎡ᄒᆞᆫ 쉬 이시며 ᄌᆞ뎨ᄅᆞᆯ ᄂᆞᆫ화 시겨 그 이를 ᄀᆞ숨알에 ᄒᆞ니 그 법은 대뎌ᄒᆞᆫ디 翰한林림 學ᄒᆞᆨ士ᄉᆞ 벼슬ᄒᆞ엿던 宗종諤악의 ᄆᆡᆫᄃᆞ론 ᄃᆡ셔 나니라

현대역 溫公이 이르되, "우리나라의 재상이 능히 조상 가법을 가져서, 오래도

록 쇠하지 아니한 이는 오직 죽은 李昉이란 재상 가문(이다). 자손이 두세 대에 일백이 넘되, 함께 살며 음식을 함께 하여, 田地며 집에 모아 들이는 것과 벼슬한 사람의 녹을 다 한 창고에 모아, 사람을 헤아려 나날이 받을 것을 주며, 혼인이며 喪事 永葬에 쓸 것이 다 일정한 수가 있으며, 자제를 나누어 시켜 그 일을 주관하게 하니, 그 법은 대저 한림학사 벼슬한 宗諤[이방의 아들]이 만든 데서 나니라."

1 늘의디: 쇠하지. '늘의(어간)+디(보조적 연결어미)'이다. '늘의다'는 '이울거나 쇠하다'의 옛말이다. 오라ᄃᆡ 늘의디 아니ᄒᆞᄂᆞ닌(久而不衰者).《번소 9:108》(현대역: 오래도록 쇠하지 않은 것은)

2 영장: 영장(永葬). 편안하게 장사지냄. 유의어: 안장(安葬).

소언 溫온公공이 ᄀᆞᆯ오ᄃᆡ 우리나랏 公공卿경이 能능히 션셰예 法법을 딕킈여 오라ᄃᆡ 衰쇠티 아니ᄒᆞᄂᆞᆫ 이ᄂᆞᆫ 오직 녯 李리相샹[李리昉방이란 졍승이니 宋송 적 사ᄅᆞᆷ이라] 집이니 子ᄌᆞ孫손이 두어 ᄃᆡ예 二이百ᄇᆡᆨ 남은 사ᄅᆞᆷ에 닐으러시되 오히려 ᄒᆞᆫᄃᆡ 살며 ᄒᆞᆫ가지로 밥 지어 뎐디며 집셰 거둔 바와 ᄆᆡᆮ 벼슬 둔는 이의 월봉과 祿록을 다 ᄒᆞᆫ 庫고애 뫼화 사ᄅᆞᆷ올 혀여 날로 먹일 거ᄉᆞᆯ 供공給급ᄒᆞ며 婚혼姻인이며 상ᄉᆞ ᄆᆡ장의 ᄡᅳᆯ 배 다 뎓뎓ᄒᆞᆫ 數수ㅣ 잇게 ᄒᆞ야 ᄂᆞᆫ화 子ᄌᆞ弟뎨ᄅᆞᆯ 긔걸ᄒᆞ야 그 일을 ᄀᆞ옴알에 ᄒᆞ니 그 법이 大대抵뎌ᄒᆞᆫ디 翰한林림學ᄒᆞᆨ士ᄉᆞ 宗종諤악의 ᄆᆡᆫᄃᆞᆫ 바에 난이라

현대역 온공이 가로되, "우리나라의 公卿이 능히 先世의 법을 지키어, 오래되 쇠하지 아니하는 이는 오직 옛날의 李相[李昉이란 정승이니, 宋 때 사람이라.] 집이니, 자손이 두어 대에 이백 넘은 사람에 이르렀으되, 오히려 함께 살며 함께 밥 지어, 전지며 집세 거둔 바와 및 벼슬 둔 이의 月俸과 녹을 다 한 창고에 모아, 사람을 헤아려 날마다 먹일 것을 공급하며, 혼인이며 상사 매장의 쓸 바가 다 떳떳한 수가 있게 하여, 나누어 자제를 명령하여 그 일을 주관하게 하니, 그 법이 대저 한림학사 宗諤이 만든 바에서 나니라."

1 월봉(月俸): 한 달을 단위로 하여 지급하는 급료. 또는 그런 방식. 유의어 삭료(朔料), 월급(月給), 월료(月料).

2 던던흔: 떳떳한. 후기중세국어(15~16세기)와 근대국어(17~19세기)의 '던던ᄒᆞ다>덧덧ᄒᆞ다>떳떳ᄒᆞ다'는 '늘 그러하다', '변함없이 같다'의 의미를 지녀서 현대국어(20세기 이후) '떳떳하다'의 의미인 '굽힐 것이 없이 당당하다'와는 차이가 있었다. 현대국어 '떳떳하다'의 옛말인 '던던ᄒᆞ다'는 15세기 문헌에서부터 나타난다. '던던ᄒᆞ다'는 어근 '던던'과 접미사 '-ᄒᆞ-'가 결합한 것이다. 16세기 이후로 음절 말 위치에서 'ㅅ'이 'ㄷ'과 소리가 같아지면서 표기의 혼란이 생겨 17세기에는 종성이 'ㅅ'으로 적힌 '덧덧ᄒᆞ다'가 나타났다. 18세기에는 '덧덧'이 된소리로 바뀐 '떤떤ᄒᆞ다'와 '떳떳ᄒᆞ다'가 등장하였다. 근대국어 후기에 모음 'ㆍ'가 'ㅏ'와 소리가 같아지고, 현대국어에서는 'ㄷ'의 된소리를 'ㄸ'으로 표기하는 원칙에 따라 '떳떳하다'가 등장하게 되었다. 던던ᄒᆞ다(15세기~18세기)>덧덧ᄒᆞ다(17세기~19세기)>떳떳ᄒᆞ다(18세기~19세기)>떳떳하다(19세기~현재). 이형태: 던던ᄒᆞ다, 덧덧ᄒᆞ다, 떤떤ᄒᆞ다, 떳떳ᄒᆞ다, 떠떳하다. 世尊하 우리돌히 이제 二障애 ᄆᆡ왓ᄃᆞᆫ 괴외ᄒᆞ며 던던ᄒᆞᆫ 心性 아디 몯호ᄆᆞᆯ 브테니.《1461 능엄 1:94ㄴ》, (던던ᄒᆞ다) 처ᅀᅥᄆᆡ ᄀᆞ장 ᄉᆡᇰ각ᄒᆞ며 말ᄒᆞ기를 모로매 힝실를 도라보아 ᄒᆞ며 던던ᄒᆞᆫ 덕글 모로매 구디 자브며.《1518 번소 8:17ㄱ》

【集說】陳氏曰國朝는溫公自謂當朝也라李相은名昉이요字明遠이니滁州人이니爲宰相이라故로稱李相이라邸舍는客店也라宗諤은李相之子니字昌武라

진 씨가 말하였다. "國朝는 온공이 당시 조정을 스스로 이름이다. 이상은 이름이 방이고, 자는 명원이니, 제주 사람이니, 재상이 되었다. 그러므로 이상이라 불렀다. 邸舍는 객점이다. 종악은 이상의 아들이니, 자가 창무이다.

漢字 昉(때마침 방), 滁(물 이름 제)

이방(李昉, 925년~996년): 중국 송조(宋朝) 초기의 문인·정치가로, 자는 명원(明遠)이다. 심주(深州) 요양(饒陽) 출생이다. 후한(後漢) 건우년간(乾祐年間)에 진사(進士)가 되고, 그 후 후한(後漢)·후주(後周)의 벼슬을 하다가 송으로 돌아

와서 세 번이나 한림원(翰林院)에 들어갔고, 태종(太宗) 때 평장사(平章事)가 되었다. 단공초년(端拱初年, 988년) 변방이 위급하여 군신들로 하여금 책(策)을 올리도록 했을 때 한(漢)의 당고사(唐故事)를 인용한 《굴기(屈己)》·《수호(修好)》·《미병(弭兵)》·《식민(息民)》 등을 올려 당시 사람들이 모두 칭찬하였다. 문집 50권이 있다(인명사전).

右는 **實明倫**이라

● 이상은 明倫을 실증함이다.

번소 이 우흔 人신倫륜 볼규믈 염글우니라

현대역 이 위는 人倫 밝힘을 여물게 하니라

염글우니라: 여물게 하니라. 옹골차고 야무지게 하니라. '염글우(어간)+니라(평서형 종결어미)'이다. '-니라'는 '이다'의 어간, 받침 없는 형용사 어간, 'ㄹ' 받침인 형용사 어간 또는 어미 '-으시-' 뒤에 붙어, 해라할 자리에 쓰여, 진리나 으레 있는 사실을 일러 줄 때에 예스럽게 쓰이는 종결어미이다. '염글우다'는 '염글다'의 사동형이다. '염글다'는 '여물다'의 옛말로, '옹골차고 야무지다'를 뜻한다. '염글다'는 15세기부터 보이다가, 20세기에 들어 1음절의 'ㅁ'이 2음절의 'ㄱ'의 영향으로 연구개음화 현상을 입어 '영글다'로 바뀌어 굳어졌다. 염글다(15세기~19세기)>영글다(20세기~현재). 이형태: 염글다, 영글다. 엇게와 목과 손과 발왜 두루 염그러 됴ᄒᆞ시며.《1459 월석 2:41》, 도ᄐᆡ 엄 ᄀᆞ튼 조각 숤지고 염글오 좀 아니 머그니 네 나출 거믄 거플 앗고 ᄀᆞᄂᆞ리 ᄀᆞ라 고르게 ᄒᆞ야(猪牙皂角【四箇肥實 并不曾蛀者 去黑皮】細末硏勻).《1489 구간 1:5》. 현대국어 '여물다'의 직접적인 옛말인 '여믈다'는 15세기 문헌에서부터 나타난다. '여믈다'는 근대국어 시기에 'ㅁ' 뒤에서 모음 'ㅡ'가 'ㅜ'로 원순모음화 됨에 따라 20세기 이후 '여물다'로 나타나 현재까지 이어진다. 여믈다(15세기~16세기)>여물다(20세기~현재). 이형태: 여믈다, 여무다. 여름 ᄃᆞ외리로 여믈에 ᄒᆞ야.《1463 법화 3:12ㄴ》, 實 여믈 실.《1576 신합 상:10ㄱ》

소언 이 우흔 인륜 ᄇᆞᆰ키믈 實실히우니라

현대역 이 위는 인륜 밝힘을 실하게 하니라.

실희우니라: 실하게 하니라. '실희우(어간)+니라(평서형 종결어미)'이다. 기본형 '실희우다'는 '실ᄒᆞ다'의 사동형이다. 따라서 '실희우다'는 '실하게 하다'를 뜻한다. '실하다'는 '허실 없이 옹골차다'의 뜻이다. '-니라'는 '이다'의 어간, 받침 없는 형용사 어간, 'ㄹ' 받침인 형용사 어간 또는 어미 '-으시-' 뒤에 붙어, 해라할 자리에 쓰여, 진리나 으레 있는 사실을 일러 줄 때에 예스럽게 쓰이는 종결어미이다.

이상 《소학》 〈선행(善行) 제6〉의 제1장~제53장이 《번역소학》 제9권이다.

飜번譯역小쇼學혹卷권之지十십 外외篇편

〖五十四章〗

或이問第五倫曰公이有私乎아對曰昔애人이有與吾千里馬者ㅣ어늘吾雖不受ᄒᆞ니每三公이有所選擧애心不能忘호ᄃᆡ而亦終不用也ᄒᆞ며吾兄子ㅣ嘗病이어늘一夜十往호ᄃᆡ退而安寢ᄒᆞ고吾子有疾이어늘雖不省視ᄒᆞ나而竟夕不眠호니若是者ㅣ豈可謂無私乎ㅣ리오 《後漢書 第五倫列傳》

●혹자가 第五倫에게 물어 말하였다. "공께서도 사사로움이 있습니까?" 대답하여 말하였다. "옛날에 사람이 나에게 천리마를 준 자가 있었거늘, 내가 비록 받지는 않았으니, 매번 삼공이 가려 천거하는 바가 있음에 마음에 능히 잊지 못하되, 또한 마침내 쓰지 않았으며, 내 형님의 아들이 일찍이 병이 났거늘 하룻밤에 열 번 가되, 물러나서는 편안히 잠을 자고, 내 아들이 병이 있거늘 비록 살펴보지는 않았으나 저녁이 다하도록 잠을 못 이루니, 이와

같은 것이 어찌 가히 사사로움이 없다고 이르겠습니까?”

漢字 **選**(가릴 선), **擧**(들 거), **竟**(다할 경, 끝낼 경), **眠**(잠잘 면)

1 《번역소학》 제10권은 《소학》 〈선행(善行) 제6〉 제54장~제81장에 해당한다.
2 제오륜(第五倫, 생몰 연대 미상): 후한(後漢) 경조(京兆) 장릉(長陵) 사람으로, 자는 백어(伯魚)다. 젊어서부터 성격이 분명해 의행(義行)이 있었고, 광무(光武) 건무(建武) 29년(53년) 효렴(孝廉)으로 천거되어 나중에 회계태수(會稽太守)가 되었다. 재직하면서 무축(巫祝)을 검사해 금지하고 밭갈이 하는 소를 도살하는 것을 막아 백성들이 편안하게 생업에 종사할 수 있었다. 장제(章帝)가 즉위하자 사공(司空)에 발탁되었는데, 글을 올려 외척들의 발호를 억제할 것을 건의했다. 공무를 받들고 절조를 지켜 관료로서 정백(貞白)하다는 칭송을 들었다. 나중에 늙고 병들었다는 이유로 사직하고 귀향했다(중국역대인명사전).
3 선거(選擧): 많은 사람 가운데서 투표 등에 의하여 뽑아 냄.

번소 或혹이 第뎨五오倫륜ᄃᆞ려 무ᄅᆞᄃᆡ 公공도 아ᄅᆞᆷ뎟 ᄆᆞᅀᆞ미 잇ᄂᆞᆫ가 ᄃᆡ답호ᄃᆡ 아래 나ᄅᆞᆯ 됴ᄒᆞᆫ ᄆᆞᄅᆞᆯ 줄 사ᄅᆞ미 잇거ᄂᆞᆯ 내 비록 받디 아니ᄒᆞ야도 ᄆᆡ양 三삼公공이 사ᄅᆞᆷ 거쳔ᄒᆞ야 ᄡᅳᆯ 저기어든 ᄆᆞᅀᆞ매 닛디 몯호ᄃᆡ 내죵내 ᄡᅳ디ᄂᆞᆫ 아니호라 내 형의 아ᄃᆞ리 병ᄒᆞ엿거늘 ᄒᆞᄅᆞ ᄡᅢᄆᆡ 열번곰 가보ᄃᆡ 믈러와ᄂᆞᆫ ᄌᆞᄆᆞᆯ 편히 자고 내 아ᄃᆞ리 병ᄒᆞ엿거늘 비록 가보디 아니ᄒᆞ나 새도록 자디 몯호니 이러ᄐᆞᆺᄒᆞᆫ 이리 엇디 아ᄅᆞᆷ뎟 ᄆᆞᅀᆞ미 업다 니ᄅᆞ리오

현대역 혹자가 第五倫에게 묻되, “공도 사사로운 마음이 있는가?” 대답하되, “예전에 나에게 좋은 말[馬]을 줄 사람이 있거늘, 내가 비록 받지 아니하여도, 매양 三公이 사람을 천거하여 쓸 때거든 마음에 잊지 못하되, 끝끝내 쓰지는 아니하였다. 내 형의 아들이 병 하였거늘 하룻밤에 열 번씩 가보되 물러와서는 잠을 편히 자고, 내 아들이 병 하였거늘 비록 가보지 아니하나 새도록 자지 못하니, 이러한 일이 어찌 사사로운 마음이 없다 이르리오.”

아니호라: 아니하였다. ‘아니ᄒᆞ(어간)+오(화자 표시법 선어말어미)+라(평서형

종결어미)'이다. '-오$_1$-'나 이형태 '-우$_1$-'는 주어 명사구가 제1인칭 대명사 '나, 우리' 등 화자이거나 제3인칭이라 하더라도 화자 자신을 가리키는 경우에 쓰인다. 이를 화자 표시법 선어말어미(고영근, 2020: 363) 또는 1인칭법 선어말어미(허웅, 1958: 124-197)라고도 부른다. 그리고 평서형 종결어미 '-다'는 '-오-/-우-' 뒤에서 '-라'로 변한다. '-오라/-우라'는 동사나 형용사 어간에 붙어, '-다', '-ㄴ다', '-ㅆ/았/었/였다'를 뜻하는 어미이다. 右手 左手로 天地 ᄀᆞᄅᆞ치샤 ᄒᆞ오ᅀᅡ 내 尊호라 ᄒᆞ시니.《월곡 상:8》, ᄀᆞ장 시르미 나그내를 번호ᄆᆞᆯ 더으ᄂᆞ니 ᄯᅩ 늘구미 사ᄅᆞᆷ 조차오ᄆᆞᆯ 아로라(轉添愁伴客 更覺老隨人).《두시-초 10:2》

소언 或혹이 第뎨五오倫륜[東동漢한 적 사ᄅᆞᆷ이라]ᄃᆞ려 무러 ᄀᆞᆯ오ᄃᆡ 公공이 ᄉᆞᄉᆞ로옴이 인ᄂᆞ냐 ᄃᆡ답ᄒᆞ야 ᄀᆞᆯ오ᄃᆡ 녜 사ᄅᆞᆷ이 나ᄅᆞᆯ 千쳔里리馬마 주리 잇거ᄂᆞᆯ 내 비록 받디 아니ᄒᆞ나 ᄆᆡ양 三삼公공이 ᄲᅢ 쳔거ᄒᆞᄂᆞᆫ 배 이실 제 ᄆᆞ옴애 能능히 닛디 몯호ᄃᆡ ᄯᅩ ᄆᆞᄎᆞᆷ내 ᄡᅳ디 아니ᄒᆞ며 내 형의 아ᄃᆞᆯ이 일즉 病병 ᄒᆞ엿거늘 ᄒᆞᄅᆞᄡᆞᆷᄋᆡ 열 번 가되 믈러와 편히 자고 내 아ᄃᆞᆯ이 병이 잇거ᄂᆞᆯ 비록 ᄉᆞᆯ펴보디 아니ᄒᆞ나 밤이 ᄆᆞᆺ도록 자디 몯호니 이러ᄐᆞᆺ 홈이 엇디 可가히 ᄉᆞᄉᆡ 업다 니ᄅᆞ리오

현대역 혹자가 제오륜[東漢 때 사람이라.]에게 물어 가로되, "공이 사사로움이 있느냐?" 대답하여 가로되, "옛적에 사람이 나에게 천리마 줄 이 있거늘, 내 비록 받지 아니했으나, 매양 삼공이 가려 천거하는 바가 있을 때 마음에 능히 잊지 못하되, 또 마침내 쓰지 아니하며, 내 형의 아들이 일찍 병 하였거늘 하룻밤에 열 번 가되 물러와 편히 자고, 내 아들이 병이 있거늘 비록 살펴보지 아니하나 밤이 마치도록 자지 못하니, 이렇듯이 함이 어찌 가히 사사로움이 없다 이르리오."

ᄲᅢ: 빼어. 뽑아. 가려. 'ᄲᅢ다'는 '빼다'의 옛말이다. ᄲᆡᆯ 간: 揀. ᄲᆡᆯ 선: 選《新字典》. 그러나 현대국어 '빼다'의 직접적인 옛말 형태는 'ᄲᅢᅘᅧ다/ᄲᅢᅘᅧ다'로, 이들은 15세기 문헌에서부터 나타난다. 'ᅘ'이 15세기에 곧바로 소멸되자 'ᄲᅢ히다/ᄲᅢ히다'로 나타났을 것으로 보이나 문헌에는 16세기에 'ᄲᅢ히다'만 보인다. 'ᄲᅢ히다'는 둘째 음절의 'ㅎ'이 탈락하고, 첫음절의 'ᄲᅢ'이 'ㅃ'으로 표기되면서 '빼이다'로

쓰였으며, ‘빼이다’의 둘째 음절 ‘이’가 탈락되면서 ‘빼다’가 형성되었다. ‘히’나 ‘이’가 완전히 탈락한 ‘쌔다’는 17세기부터 보이기 시작하나 활발하게 쓰인 것은 19세기일 것으로 생각되며 이 어형이 현대맞춤법에 따라 ‘빼다’가 되었다. 15세기의 ‘쌔혀다/쌔혀다’는 현대국어의 ‘빼다’로 정착되기까지 많은 이표기를 보이는데 먼저 15세기부터 ‘쌔혀다’와 ‘쌔혀다’가 공존하였으며 첫음절의 ‘쌔’와 ‘쌔’의 관계는 어형에 따라 차이가 있으나 대체로 19세기까지 공존하였던 것으로 보인다. ‘쌔히다/쌔히다’의 둘째 음절 ‘히’는 ‘ㅎ’이 탈락한 ‘이’로 쓰였는데 문헌에서는 ‘쌔이다’는 보이지 않고 ‘쌔이다’만 보인다. ‘쌔티다’는 ‘쌔히다’의 ‘히’ 대신에 ‘티’가 쓰였을 가능성도 있으나 ‘쌔-’에 강세접사 ‘-티-’가 붙은 것일 수도 있다. 쌔혀다/쌔혀다(15세기)〉쌔히다(16세기~18세기)〉빼이다(17세기)〉빼다(19세기). 이형태: 쌔혀다, 쌔히다, 쌔히다, 쌔티다, 쌔이다, 쌔다, 쎄다. 天帝釋이 그 사리를 쌔혀 忉利天에 가아 塔 일어 供養ᄒᆞᅀᆞᆸ더라.《1447 석상 3:14ㄱ》, 그 나못 불휘를 쌔혀 그우리 부러 가지 것 비쳐.《1447 석상 6:30ㄴ》, 拔 쌔틸 발.《1576 신합 하:11ㄱ》, 도적이 노ᄒᆞ야 칼을 쌔야 옷슬 버ᄉᆞ라 ᄌᆞ지즌대.《1581 속삼-중 충:1ㄱ》

【集說】**陳氏曰第五**는**姓**이요**倫**은**名**이요**字**는**伯魚**니**京兆人**이라**爲司空**하여**以公正稱**하니라**周**는**以太師太傅太保**로**爲三公**하고**東漢**은**以太尉司徒司空**으로**爲三公**하니라**朱子曰不遷自是好**나**然於心終不忘**은**便是喫他取擧意思不過**니**這便是私意**니라**又曰如十起與不起**가**便是私**니**這便是避嫌**이라**只是他見得這意思**는**已是大段做工夫**요**大段會省察也**니라

진 씨가 말하였다. “第五는 성이고, 倫은 이름이며, 자는 伯魚니, 경조 사람이다. 사공이 되어 공정함으로써 칭찬을 받았다. 주나라는 태사·태부·태보로써 삼공을 삼았고, 동한은 태위·사도·사공으로써 삼공을 삼았다.” 주자가 말하였다. “천거하지 않음은 스스로 좋으나, 그러나 마음에 마침내 잊지 못함은 곧 그를 천거할 의사를 취함을 먹음에 지나지 않으니, 이것이 곧 사사로운 뜻이다.” 또 말하였다. “(조카에게) 열 번 일어남과 및 (아들에

게) 일어나지 않음 같음도 곧 사사로움이니, 이것이 곧 의심받음을 피함이다. 단지 그가 이러한 의사를 얻어 봄은 이미 대단히 공부를 지음이고, 대단히 성찰함을 깨달음이다.”

漢字 便(곧 변), 喫(먹을 끽, 마실 끽), 他(그 타), 這(이 저), 與(및 여), 嫌(의심할 혐, 싫어할 혐), 會(깨달을 회)

〖五十五章〗

○劉寬이雖居倉卒倉沒反ᄒᆞ나未嘗疾言遽色ᄒᆞ더니夫人이欲試寬令恚ᄒᆞ야伺似當朝潮會ᄒᆞ야裝嚴已訖이어ᄂᆞᆯ使侍婢로奉肉羹ᄒᆞ야翻汚朝服ᄒᆞ고婢ㅣ遽收之러니寬이神色不異ᄒᆞ야乃徐言曰羹爛汝手乎아其性度ㅣ如此ᄒᆞ더라 《後漢書 劉寬列傳》

●劉寬은 비록 倉卒間에 거하나, 일찍이 말을 빨리 하고 급한 낯빛이 없더니, 부인이 관을 시험하여 하여금 성내게 하고자, 조회를 당함을 엿보아 꾸며 차림이 이미 마쳤거늘, 시중드는 여종을 시켜 고깃국을 받들어, 조복에 뒤집어 더럽히게 하고, 여종이 급히 그것을 거두게 했더니, 관이 신색이 다르지 아니하여 이에 천천히 말하여 일렀다. “국에 네 손을 데었느냐?” 하니, 그 성품과 도량이 이와 같았다.

漢字 倉(갑자기 창), 卒(갑자기 졸), 疾(빠를 질), 遽(급히 거, 갑자기 거), 恚(성낼 에), 伺(엿볼 사), 裝(꾸밀 장), 嚴(차릴 엄), 訖(마칠 흘), 羹(국 갱), 翻(뒤집을 번, 날 번), 汚(더러울 오), 爛(불에 델 란)

1 유관(劉寬, 120년~185년): 후한(後漢) 홍농(弘農) 화음(華陰) 사람으로, 자는 문요(文饒)이고, 시호는 소열(昭烈)이다. 젊어서 금문경(今文經)을 공부해 통유(通儒)로 불렸다. 환제(桓帝) 때 동해상(東海相)을 지냈고, 연희(延熹, 환제의 연호) 8년(165년) 상서령(尙書令)에 오른 뒤 남양태수(南陽太守)로 옮겼다. 관용과 인의를 우선으로 정치를 하여 백성이나 관리에게 과오가 있으면 부들채찍[포

편(蒲鞭)]으로 처벌했다. 영제(靈帝) 초에 태중대부시강화광전(太中大夫侍講華光殿)에 임명되었다. 황건적 반란의 음모를 미리 알고 상부에 보고했다. 태위(太尉)까지 지냈고, 녹향후(逯鄕侯)에 봉해졌다. 젊어서 상서구양씨학(尙書歐陽氏學)과 경씨역학(京氏易學)을 배웠으며, 특히 《한시외전(韓詩外傳)》에 뛰어났다(중국역대인명사전).

2 창졸(倉卒): 미처 어찌할 사이 없이 매우 급작스러움.

3 질언거색(疾言遽色): 빠른 말소리와 급히 서두르는 얼굴빛. 즉 당황하는 말투나 태도.

4 번오조복(翻汚朝服): 《소학집주》는 ‘조복(朝服)’으로, 《번역소학》과 《소학언해》은 ‘조의(朝衣)’로 되어 있다.

5 신색(神色): 몸의 표면에 나타나는 빛깔. 유의어: 몸빛, 체색(體色).

번소 劉류寬관이 샹해 비록 밧분 저기라도 말ᄉᆞ몰 ᄲᆞᆯ리 아니ᄒᆞ며 과ᄀᆞᄅᆞᆫ ᄂᆞᆺ곳ᄎᆞᆯ 아니 ᄒᆞ더니 夫부人ᅀᅵᆫ이 寬관을 ᄒᆞ여곰 로커든 보리라 ᄒᆞ야 朝됴會회ᄒᆞᆯ 저글 기들워 관ᄃᆡ ᄆᆡᆫ무수믈 다ᄒᆞ여 잇거늘 뫼션ᄂᆞᆫ 겨집죵으로 ᄒᆡ여 고깃羹ᄀᆡᆼ을 드러 가다가 관ᄃᆡᆺ 옷새 업텨 더러이고 믄득 담거늘 寬관이 ᄂᆞᆺ고ᄎᆞᆯ 달이 아니ᄒᆞ야 날외여 닐오ᄃᆡ 羹ᄀᆡᆼ애 네 소니 데어냐 ᄒᆞ니 그 性셩과 도량이 이러ᄐᆞᆺ ᄒᆞ더라

현대역 劉寬이 늘 비록 바쁜 때라도 말씀을 빨리 아니하며 급한 낯빛을 아니 하더니, 부인이 관을 하여금 노하거든 보리라 하여, 조회할 때를 기다려 관대 매무시함을 다하여 있거늘, 모시는 계집종으로 하여금 고깃국을 받들고 가다가 冠帶의 옷에 엎치어 더럽히고 문득 담거늘, 관이 낯빛을 달리 아니하여, 천천히 이르되, “국에 네 손이 데었느냐?” 하니, 그 성품과 도량이 이렇듯 하더라.

1 과ᄀᆞᄅᆞᆫ: 급한. ‘과ᄀᆞᄅᆞ(어간)+ㄴ(관형사형 어미)’이다. ‘과ᄀᆞᄅᆞ다’는 ‘갑작스럽다’, ‘급하다’의 옛말이다. 이레 能히 ᄉᆞᆯ펴 호미 과ᄀᆞᄅᆞ디 아니ᄒᆞ며(於事能審 而所施不暴).《법화 5:8》, 과ᄀᆞᄅᆞᆫ ᄇᆞᄅᆞᆷ과 ᄲᆞᄅᆞᆫ 비와.《분문 1》

2 ᄂᆞᆺ곳ᄎᆞᆯ: 낯빛을. ‘ᄂᆞᆺ곶ㅊ(명사)+ᄋᆞᆯ(목적격 조사)’이다. 명사를 중철 표기한 것이

다. 'ᄂᆞᆾ곳' 또는 'ᄂᆞᆾ곶'은 '낯빛'의 옛말이다. 舍利弗이 측ᄒᆞᆫ ᄂᆞᆾ고지 잇거늘.《석상 6:36》, ᄂᆞᆾ고ᄌᆞᆯ 溫和히 ᄒᆞ야 말ᄊᆞᆷ호ᄃᆡ.《월석-중 22:24》, 날 향ᄒᆞ야 호매 그딋 眞實ㅅ ᄂᆞᆾ고ᄌᆞᆯ 보노라(於我見子眞顏色).《두시-초 16:61》

3 ᄆᆡᆫ무ᅀᅮ믈: 매무시함을. 'ᄆᆡᆫ무ᇫ(어간)+움(명사형 어미)+을(목적격 조사)'이다. 'ᄆᆡᆫ무ᇫ다'는 'ᄆᆡᆫ뭇다'의 이형태로, '매무시하다'의 옛말이다. 朝됴會회ᄒᆞᆯ 저글 기들워 관ᄃᆡ ᄆᆡᆫ무ᅀᅮ믈 다ᄒᆞ여 잇거늘.《번소 10:2》

4 데어냐: 데었느냐. '데(어간)+어(확인법 선어말어미)+냐(의문형 종결어미)'이다. '-어-'는 '-거-'의 이형태이다. 의문형 종결어미 '-냐'는 확인법 선어말어미 '-어-'와 함께 제1·3인칭 의문법 중 ᄒᆞ라체 판정의문문을 만든다. 의문사 없이 쓰이며, 가부(可否) 대답을 요구한다. 아래 《소학언해》에서는 '-거냐'로 나타난다.

소언 劉류寬관[東동漢한 적 사ᄅᆞᆷ이라]이 비록 밧븐 제 이셔도 일즉 ᄲᅧᄅᆞᆫ 말이며 과ᄀᆞᄅᆞᆫ ᄂᆞᆾ곳ᄎᆞᆯ 아니ᄒᆞ더니 夫부人인이 寬관을 시험ᄒᆞ야 ᄒᆡ여곰 노케 ᄒᆞ고쟈 ᄒᆞ야 朝됴會회예 다ᄃᆞᄅᆞᆫ 적을 기들워 ᄆᆡᆫ무ᅀᅮᆷ을 이믜 다 ᄒᆞ엿거늘 뫼신 ᄌᆞᆼ으로 ᄒᆡ여곰 고깃국을 받드러 업텨 됴복애 더러이고 ᄌᆞᆼ이 믄득 거두더니 寬관이 神신色ᄉᆡᆨ이 다ᄅᆞ디 아니ᄒᆞ야 날회여 닐러 ᄀᆞᆯ오ᄃᆡ 국이 네 손ᄋᆞᆯ 데거냐 ᄒᆞ니 그 性셩度도ㅣ 이러ᄐᆞᆺ ᄒᆞ더라

현대역 유관[東漢 때 사람이라.]이 비록 바쁜 때 있어도 일찍이 빠른 말이며 급한 낯빛을 아니하더니, 부인이 관을 시험하여 하여금 노하게 하고자 하여, 조회에 다다른 때를 기다려 매무시함을 이미 다 하였거늘, 모신 종으로 하여금 고깃국을 받들어 엎치어 조복에 더럽히고 종이 문득 거두더니, 관이 神色이 다르지 아니하여, 천천히 일러 가로되, "국이 네 손을 데었느냐?" 하니, 그 性度가 이렇듯 하더라.

1 날회여: 천천히. '날회(어간)+여(연결어미)'이다. '날회다'는 '천천히 하다', '느리게 하다'의 옛말이다. 키 날회야 호미 외니 날회야 ᄒᆞ면 話頭ᄅᆞᆯ 니저 昏沈과 雜念괘 들리라(不可大緩 緩則忘却話頭 入昏沈掉擧去也).《몽법 23》, 네 안직 날회라 내 마ᅀᆞ래 가 공좌부에 쳐 두고 즉재 오마(你且停一停 我到衙門押了公座

便來).《번박 상:75》, 나히는 사름이 날회여 아귀 발을 미러 흔 겨트로 바르 티완고.《언태 23》

2 데거냐: 데었느냐. '데(어간)+거(확인법 선어말어미)+냐(의문형 종결어미)'이다. '-거냐'는 'ㅣ' 계열 이중모음이나 'ㄹ' 받침으로 끝나지 않는 어간 뒤에 붙어, 주로 동사, 형용사 어간 뒤에 붙어, 의문사가 없는 의문문에 쓰여, 주로 1인칭이 아닌 주어와 함께 쓰여, '흐라' 할 자리에 쓰여, 물음 '-었느냐'를 나타내는 어미이다. 이틋날 太醫ㅣ 와 무로딕 네 져그나 됴커냐(明日太醫來問 你好些箇麽).《노언 하:37》, 靑石嶺 지나거냐 草河口ㅣ 어듸미오.《교시조 2875-2》

3 셩도: 성도(性度). 성품(性品)과 도량(度量)을 아울러 이르는 말.

【集解】寬의字는文饒니弘農人이라恚는怒也라裝嚴은猶言裝飾也라

관의 자는 문요니, 홍농 사람이다. 恚는 성냄이다. 裝嚴은 장식이라 말함과 같다.

漢字 饒(넉넉할 요)

〖五十六章〗

○張湛이矜嚴好禮ᄒᆞ야動止有則ᄒᆞ야居處幽室호ᄃᆡ必自修整ᄒᆞ며雖遇妻子ㅣ라도若嚴君焉ᄒᆞ더니及在鄕黨ᄒᆞ야詳言正色ᄒᆞ니三輔ㅣ以爲儀表ᄒᆞ더라 《後漢書 張湛列傳》

●張湛이 삼가고 엄숙하며 예를 좋아하여 행동거지에 법칙이 있어, 어두운 방에 거처하되 반드시 스스로 닦고 정제하였으며, 비록 아내와 자식을 만나더라도 엄한 임금과 같이 하더니, 및 鄕黨에 있어서는 말을 상세히 하고 낯빛을 바르게 하니, 三輔가 써 儀表로 삼았다.

漢字 湛(즐길 담), 矜(삼갈 긍), 幽(어두울 유, 그윽할 유), 輔(도울 보, 재상 보)

1 향당(鄕黨): 향당(鄕黨). 자기가 태어났거나 사는 시골 마을. 또는 그 마을 사람들. 예전에는 500집이 '당'이 되고 1만 2,500집이 '향'이 되었다.

2 삼보(三輔): 중국 전한(前漢)의 무제(武帝) 때에, 장안(長安) 부근에 둔 세 행정구역. 또는 그곳의 장관(長官). 장안 및 그 동부를 경조윤(京兆尹), 북부를 좌풍익(左馮翊), 서부를 우부풍(右扶風)이라 하고, 장관(長官)은 모두 장안의 성(城) 안에 있었다.

번소 張댱湛담이 엄졍ᄒᆞ고 례도ᄅᆞᆯ ᄎᆞ려 거동이 법다와 기픈 지븨 이실 제도 반ᄃᆞ시 스싀로 모믈 닷가 졍졔히 ᄒᆞ며 비록 쳐ᄌᆞ ㅣ라도 ᄃᆡ졉호믈 존엄ᄒᆞᆫ 얼운ᄀᆞ티 ᄒᆞ더라 ᄆᆞᅀᆞᆯ히 이실 제도 말ᄉᆞ미 ᄌᆞ셔ᄒᆞ고 양ᄌᆞᄅᆞᆯ 졍다이 ᄒᆞ니 三삼輔보ㅅ 닷 사ᄅᆞᆷ돌히 버블 삼더라

현대역 張湛이 엄정하고 예도를 차려 거동이 법다워, 깊은 집에 있을 때도 반드시 스스로 몸을 닦아 정제히 하며, 비록 처자라도 대접함을 존엄한 어른같이 하더라. 마을 있을 때도 말씀이 자세하고 모습을 정당하게 하니, 三輔의 다른 사람들이 법을 삼더라.

정졔히: 정제(整齊)히. 정돈하여 가지런히.

소언 張댱湛담[東동漢한 적 사ᄅᆞᆷ이라]이 긍장ᄒᆞ며 엄졍ᄒᆞ고 禮례를 됴히 너겨 움즉이며 그침애 법이 이셔 그윽ᄒᆞᆫ 집의 이쇼ᄃᆡ 반ᄃᆞ시 스스로 닷가 졍졔히 ᄒᆞ며 비록 妻쳐子ᄌᆞ ᄃᆡ졉ᄒᆞ기라도 존엄ᄒᆞᆫ 얼운 ᄀᆞᆮ티 ᄒᆞ더니 ᄆᆞᆯ 鄕향黨당의 이셔 말ᄉᆞᆷ을 ᄌᆞ셔히 ᄒᆞ고 ᄂᆞᆾ비ᄎᆞᆯ 졍다이 ᄒᆞ니 三삼輔보[京경兆됴와 馮풍翊익과 扶부風풍 세 ᄯᅡ히라] ㅣ ᄡᅧ 법ᄒᆞ야 表표ᄒᆞ리를 삼더라

현대역 장담[東漢 때 사람이라.]이 矜莊하며 엄정하고 예를 좋게 여겨 움직이며 그침에 법이 있어, 그윽한 집에 있되 반드시 스스로 닦아 정제히 하며, 비록 妻子 대접하기라도 존엄한 어른같이 하더니, 및 鄕黨에 있어 말씀을 자세히 하고 낯빛을 정당하게 하니, 三輔[京兆와 풍익(馮翊)과 扶風 세 땅이

라.]가 써 본받아 儀表할 이를 삼더라.

1 궁장ᄒᆞ며: 궁장(矜莊)하며. 조심스럽고 엄숙하며.
2 쳐ᄌᆞ: 처자(妻子). 아내와 자식을 아울러 이르는 말.

【集說】陳氏曰湛의字는子孝니平陵人이라矜嚴은矜莊而嚴厲也라嚴君은卽易所謂家人有嚴君焉이니朱子曰所尊嚴之君長也라漢以京兆尹左馮翊右扶風으로爲三輔하여共治長安城中하니라儀는範也요表는率也라

진 씨가 말하였다. "담의 자는 자효니, 평릉 사람이다. 矜嚴은 삼가고 장엄하며 엄숙함이다. 嚴君은 곧 《주역》에 '집안사람에게 嚴君이 있다.'고 이르는 바니, 주자는 '존엄한 바의 君長이다.'라 말하였다. 한나라는 경조윤·좌풍익·우부풍으로 三輔를 삼아, 함께 장안의 성 가운데를 다스리게 하였다. 儀는 모범이고, 表는 표본이다."

漢字 湛(즐길 담), 矜(삼갈 긍), 厲(엄숙할 려, 갈 려), 馮(성 풍, 말 탈 빙), 翊(도울 익), 扶(도울 부), 率(표본 솔)

1 긍장(矜莊): 삼가고 장엄함.
2 엄려(嚴厲): 엄숙함.

建武初애爲左馮翊이러니告歸平陵ᄒᆞ야望寺門而步ᄒᆞᆫ대主薄ㅣ進曰明府ᄂᆞᆫ位尊德重ᄒᆞ니不宜自輕이니이다湛이曰禮예下公門ᄒᆞ며軾路馬ᄒᆞ고孔子ㅣ於鄕黨애恂恂如也ᄒᆞ시니父母之國앤所宜盡禮니何爲輕哉오

● 건무 초에 좌풍익이 되었더니, 말미로 (고향인) 평릉에 돌아와 관청 문을 바라보며 걸었는데, 主簿가 나아와 말하였다. "明府는 지위가 높고 덕이 중하시니, 스스로 가벼이 하심은 마땅하지 않습니다." 담이 말하였다. "禮에

'公門에서 내리며, 路馬에 식한다.' 하였고, 공자께서는 향당에서는 정성스러운 듯하셨으니, 부모의 고향에는 마땅히 예를 다할 바이니, 어찌 가볍다고 하겠는가?"

漢字 告(말미 고), 寺(관청 시), 簿(장부 부), 恂(정성 순), 國(고향 국)

1 건무(建武): 중국 후한(後漢)의 제1대 황제인 광무제(光武帝) 유수(劉秀, 재위 25년~57년)의 연호이다. 25년 음력 6월부터 56년 음력 4월까지 32년 동안 사용되었다. 22년 신(新)나라 왕망(王莽)의 지배에 맞서 형인 유연(劉縯)과 함께 민란에 참여한 광무제 유수는 25년 8월 5일(음력 6월 22일)에 지금의 허베이성[河北省] 가오이[高邑]인 호성(鄗城)에서 제위에 올라 후한 정권을 세웠다. 그리고 그 해를 '건무(建武)'원년으로 하였다. 건무 연간에 광무제는 각지에 할거하던 세력을 평정하였으며, 36년(건무 12년) 청두[成都]를 함락시켜 쓰촨[四川] 지역을 지배하던 공손술(公孫述)의 성가(成家) 정권을 멸망시키고 중국을 다시 통일했다. 광무제는 56년(건무 32년) 음력 4월 동쪽 순행을 마치고 환궁한 뒤에 대사면을 실시하며, 그 해를 원년으로 연호를 '건무중원(建武中元)'으로 바꾸었다. 그러나 《후한서(後漢書)》의 〈광무제기(光武帝紀)〉와 《자치통감(資治通鑑)》 등에는 '중원(中元)' 원년으로 연호를 바꾸었다고 기록되어 있다(두산백과).

2 주부(主簿): 조선시대 각 아문(衙門)의 문서(文書)와 부적(簿籍)을 주관하던 종육품(從六品) 벼슬.

번소 建건武무 시졀레 左좌馮풍翊익이란 벼슬ᄒᆞ여 잇더니 말믜ᄒᆞ야 본향 平평陵릉이랏 ᄯᅡ히 가셔 구읫 문을 ᄇᆞ라보고 걷거늘 主쥬簿부ㅣ 낫ᄃᆞ라 닐오ᄃᆡ 明명府부ᄂᆞᆫ 벼스리 놉고 덕이 듕ᄒᆞ시니 모몰 가ᄇᆡ여이 몯ᄒᆞ실 거시이다 ᄒᆞ여ᄂᆞᆯ 湛담이 닐오ᄃᆡ 禮례예 구읫 문의 디나갈 제 ᄂᆞ리며 님금 ᄆᆞᄅᆞᆯ 보고 구버 디내라 ᄒᆞ엿고 孔공子ᄌᆞㅣ ᄆᆞ술히 겨셔 고디식고 온공히 ᄒᆞ더시니 父부母모 사ᄅᆞ시던 나라히ᄂᆞᆫ 례도ᄅᆞᆯ ᄀᆞ장호미 맛당ᄒᆞ니 엇디 가ᄇᆡ여이 ᄒᆞᆫ다 니ᄅᆞᄂᆞ뇨

현대역 建武 시절에 좌풍익(左馮翊)이라는 벼슬을 하여 있더니, 여가를 내어

本鄕 平陵이라는 땅에 가서 관청의 문을 바라보고 걷거늘, 主簿가 나아가달려 이르되, "明府는 벼슬이 높고 덕이 중하시니, 몸을 가벼이 못하실 것입니다." 하거늘, 湛이 이르되, " '예에 관청의 문에 지나갈 때 내리며, 임금 말을 보고 굽어 지나가라.' 하였고, 공자가 마을에 계셔서는 진실하고 溫恭히 하시더니, 부모 사시던 나라에는 예도를 극진히 함이 마땅하니, 어찌 가벼이 한다고 이르느냐?"

1 말믜ᄒᆞ야: 말미하여. 여가를 내어. 현대국어 '말미'의 옛말인 '말ᄆᆡ'는 15세기 문헌에서부터 나타난다. 16세기 이후로 제2음절 이하에서 모음 'ㆍ'가 'ㅡ'로 변화하여 16세기~17세기에는 '말ᄆᆡ'와 함께 '말믜'도 나타나게 되었다. 그리고 말믜는 19세기까지 쓰이다가, 현대국어에 와서 모음 'ㅢ'가 단모음 'ㅣ'로 변함에 따라 '말미'로 쓰였다. 한편 중세국어에 '말ᄆᆡ'는 다의어로, '까닭'이나 '연유'라는 의미와 '겨를'이란 의미를 모두 지니고 있었는데, 근대국어 이후로는 '겨를'의 의미로만 쓰이게 되었다. 말ᄆᆡ 엳ᄌᆞᆸ고 쳔량 만히 시러 王舍城으로 가며.《1447 석상 6:15ㄴ》, 建武 시져레 左馮翊이란 벼슬ᄒᆞ여 잇더니 말믜ᄒᆞ야 본향 平陵이랏 ᄯᅡ히 가셔.《1518 번소 10:3ㄱ》, 緣 말믜 연.《1575 천자광 10ㄴ》

2 본향: 본향(本鄕). 본디의 고향.

3 명부: 명부(明府). '명부군(明府君)'의 약칭으로, 수령(守令)을 높여 부르는 말이다.

4 가ᄇᆡ여이: 가벼이. 현대국어 '가벼이'의 옛말인 '가ᄇᆡ야ᄫᅵ'는 15세기 문헌에서부터 나타난다. '가ᄇᆡ야ᄫᅵ'는 형용사 어간 '가ᄇᆡ얗-'에 접사 '-이'가 결합한 파생부사이다. 15세기 중엽 이후 'ㅸ'이 반모음 [w]로 변화하였는데 접사 '-이' 앞에서는 'ㅇ'으로 변하였다. 이러한 변화에 따라 '가ᄇᆡ야ᄫᅵ'도 '가ᄇᆡ야이'가 된 것이다. 16세기 이후로 제2음절 이하의 모음 'ㆍ'가 'ㅡ'로 변화하는 경향에 따라 16세기에는 '가븨야이' 형태가 등장하였다. 또한 이 시기에는 양성모음 'ㅑ'가 음성모음 'ㅕ'로 바뀐 '가ᄇᆡ여이' 형태도 나타난다. 현대국어의 '가벼이'는 중세국어의 '가븨야이'가 근대국어 시기에 '*가븨여이'로 바뀌고, 여기에서 다시 모음 탈락과 축약을 거쳐 등장하게 된 것으로 추정된다. 그러나 실제 근대국어 문헌에서는 '*가븨여이'의 예가 보이지 않고, 19세기까지도 '가ᄇᆡ야이'나 '가븨야이' 등의 예만이 나타나고 있다. 가ᄇᆡ야ᄫᅵ(15세기)〉가ᄇᆡ야이(15세기~19세기)〉가븨야이(16세기~18세기)/가ᄇᆡ여이(16세기)〉가벼이(20세기~현재). 이형태: 가ᄇᆡ

야비, 가ᄇᆡ야이, 가ᄇᆡ아이, 가ᄇᆡ야이, 가ᄇᆡ아이, 가ᄇᆡ여이. 해 므거비 싣디 말라 ᄇᆡ ᄌᆞᄆᆞ리라 해 가ᄇᆡ야비 싣디 말라 먼 길 ᄀᆞᆺ보매 몯 마ᄌᆞ리라.《1459 월석 22:38ㄴ-39ㄱ》, 녯 사ᄅᆞᄆᆡ 어딘 의를 귀히 너기고 쳔량을 가ᄇᆡ야이 너기며.《1518 번소 8:27ㄴ》, 벼슬이 놉고 德이 重ᄒᆞ니 스스로 가ᄇᆡ야이 홈이 맛당티 아니ᄒᆞ니이다.《1588 소언 6:104ㄱ》, 明府ᄂᆞᆫ 벼스리 놉고 덕이 듕ᄒᆞ시니 모몰 가ᄇᆡ여이 몯ᄒᆞ실 거시이다.《1518 번소 10:4ㄱ》

5 고디식고: 진실하고. '고디식(어간)+고(연결어미)'이다. '고디식다'는 '진실하다'의 옛말이다. 淳은 고디시글씨라.《월석 14:62》, 모든 功德 닷가 부드러이 和코 고디시그닌 다 내 모미 예 이셔 說法거든 보ᄂᆞ니(諸有修功德 柔和質直者 則皆見我身 在此而說法).《법화 5:166》

6 온공히: 온공(溫恭)히. 성격, 태도 따위가 온화하고 공손하게.

소언 建건武무[漢한 光광武무 년회라] 처어믜 左좌馮풍翊익이 되엿더니 말믜ᄒᆞ야 平평陵릉[본향 짜히라]의 가 구읫門문을 ᄇᆞ라보고 거른대 主쥬簿부[낭텽 뎨엿 관원이라] ㅣ 나아 ᄀᆞᆯ오ᄃᆡ 明명府부[관원을 존칭ᄒᆞᄂᆞᆫ 말솜이라]ᄂᆞᆫ 벼슬이 놉고 德덕이 重듕ᄒᆞ니 스스로 가ᄇᆡ야이 홈이 맛당티 아니ᄒᆞ니이다 湛담이 ᄀᆞᆯ오ᄃᆡ 禮례예 구읫門문을 ᄂᆞ리며 님금 술윗 몰을 軾식ᄒᆞ고 孔공子ᄌᆞㅣ 鄕향黨당에셔 恂슌恂슌[믿ᄇᆞ고 실ᄒᆞᆫ 양이라]틋 ᄒᆞ시니 父부母모의 나라ᄒᆡᄂᆞᆫ 맛당이 禮례를 다ᄒᆞᆯ 배니 엇디 가ᄇᆡ야이 ᄒᆞᆫ다 니ᄅᆞᄂᆞ뇨

현대역 建武[漢 光武 연호라.] 처음에 좌풍익이 되었더니, 여가를 내어 평릉[본향 땅이라.]에 가 관청 문을 바라보고 걸으니까, 主簿[郎廳 부류의 관원이라.]가 나와 가로되, "明府[관원을 존칭하는 말씀이라.]는 벼슬이 높고 덕이 중하니, 스스로 가벼이 함이 마땅하지 않습니다." 담이 가로되, "예에 '관청 문에서는 내리며, 임금 수레에는 가벼이 軾한다.' 하고, 공자가 향당에서 恂恂[미쁘고 실한 모양이라.]하듯 하시니, 부모의 나라에는 마땅히 예를 다할 바니, 어찌 가벼이 한다고 이르느냐?"

1 낭텽: 낭청(郎廳). 조선시대에, 정오품 통덕랑 이하의 당하관을 통틀어 이르던 말. 유의어: 낭관(郎官), 낭료(郎僚).

2 아니ᄒᆞ니이다: 않습니다. '아니ᄒᆞ(어간)+니(원칙법 선어말어미)+이(존비법 ᄒᆞ쇼셔체 선어말어미)+다(평서형 종결어미)'이다. '-니이다'는 동사, 형용사 어간 뒤에 붙어, '-ㅂ니다'를 뜻하는 어미이다. 義ᄒᆞ고 그 君을 後ᄒᆞᆯ 者ㅣ 잇디 아니ᄒᆞ니이다(未有義而後其君者也).《맹언 1:3》, 녯 사ᄅᆞᆷ이 民으로 더블어 ᄒᆞᆷᄭᅴ 樂ᄒᆞᆫ 故로 能히 樂ᄒᆞ니이다(古之人 與民偕樂 故能樂也).《맹언 1:5》

3 식(軾): 수레 앞턱 가로 댄 나무. 또는 그 나무를 잡고 굽혀 절하다.

4 슌슌틧: 순순(恂恂)하듯. 믿음직하고 거짓이 없듯.

【集解】建武는光武年號라寺는官吏所止之處니蓋湛鄕郡官府之居라主簿는湛屬吏也라

建武는 광무의 연호이다. 시(寺)는 관리가 머무는 바의 곳이니, 아마도 담의 고향 고을의 官府가 있는 곳이리라. 主簿는 담에게 속한 관리이다.

漢字 盖(아마도 개)

【增註】恂恂은實之貌라

恂恂은 성실한 모양이다.

〖五十七章〗

○楊震의所擧荊州茂才王密이爲昌邑令이라謁見ᄒᆞᆯ식懷金十斤ᄒᆞ야以遺震ᄒᆞᆫ대震이曰故人은知君이어늘君不知故人ᄂᆞᆫ何也오密이曰莫暮夜ㅣ라無知者ㅣ니라震이曰天知神知我知子知니何謂無知오密이愧而去ᄒᆞ니라 《後漢書 楊震列傳》

●楊震이 천거한 바인 형주의 茂才인 王密이 昌邑令이 되었다. (양진을)

알현할 때 금 열 근을 품어 써 진에게 주었는데, 진이 말하였다. "나는 그대를 알거늘, 그대는 나를 알지 못함은 어째서인가?" 밀이 말하였다. "저문 밤이라 아는 자가 없습니다." 진이 말하였다. "하늘이 알고, 귀신이 알며, 내가 알고, 그대가 아니, 어찌 아는 자가 없다고 이르는가?" 밀이 부끄러워하며 갔다.

漢字 震(떨릴 진, 벼락 진), 茂(우거질 무), 遺(줄 유)

1 양진(楊震, 50년경~124년): 후한 홍농(弘農) 화음(華陰) 사람으로, 자는 백기(伯起)이다. 환영(桓榮)에게 상서구양지학(尙書歐陽氏學)을 익혔고, 경전에 밝고 박람해서 당시 '관서공자양백기(關西孔子楊伯起)'라 불렸다. 나이 쉰에 비로소 무재(茂才)로 천거되어 형주자사(荊州刺史)와 동래태수(東萊太守)를 지냈다. 전에 그에 의해 형주(荊州) 무재(茂才)로 천거를 받은 왕밀(王密)이 창읍령(昌邑令)이 되었는데, 밤에 몰래 찾아와 금 10근을 주면서 늦은 밤이라 아무도 모른다고 말했다. 그러자 양진이, "하늘이 알고, 귀신이 알며, 내가 알고, 그대가 안다(天知 神知 我知 子知)."고 대답하면서 거절했다. 이를 사지(四知)라 한다. 안제(安帝) 원초(元初) 4년(117년) 태복(太僕)이 된 뒤 태상(太常)를 거쳐 연광(延光) 2년(123년) 태위(太尉)에 올랐다. 당시 황제의 유모 왕성(王聖)이 환관 번풍(樊豊) 등과 탐욕을 부리며 교만과 사치를 저지르자 글을 올려 강력하게 간언했는데, 번풍의 모함을 받아 면관(免官)되자 자살했다(중국역대인명사전).

2 왕밀(王密, 생몰 연대 미상): 한(漢) 나라 때 창읍령(昌邑令)이다. 자기를 추천해 준 양진(楊震)이 동래태수(東萊太守)로 부임하는 길에 창읍을 지나니, 밤에 황금 10근을 주다가 양진이 사지(四知)를 말하고, "나는 그대를 알거늘, 그대는 나를 알지 못함은 어째서인가?" 하며 받지 않았다 한다.

3 무재(茂才): 중국 후한(後漢) 때, '수재(秀才)'를 달리 이르던 말이다. 후한의 광무제(光武帝) 유수(劉秀)의 이름을 피하기 위해서 고친 것이다. 수재는 원래 재능이 빼어난 사람을 가리키는 말이었으나, 한나라 이래로 인재를 추천하는 항목 중 하나가 되었다. 당나라 때는 과거 시험의 한 과목이었다가 곧 폐지되었고, 이후로는 과거에 응시하는 사람을 모두 수재라고 불렀다. 명·청 시대에 수재는 공식적으로 부(府)·주(州)·현(縣)의 학교에 들어간 생원(生員)을 일컫는 말이었으나, 원나라 때부터 일반적인 서생(書生)이나 글공부 하는 사람을 가리키는 일반적인 호칭으로도 쓰였다.

번소 楊양震진이 거쳔ᄒᆞᆫ 荊형州쥬 ᄯᅡ 어디다 ᄒᆞᄂᆞᆫ 王왕密밀이 昌챵邑읍이란 고ᄋᆞᆯ 슈령 ᄡᆡ슬 ᄒᆞ엿더니 뵐 제 금 열 근을 푸머 震진을 주어ᄂᆞᆯ 震진이 닐오ᄃᆡ 나ᄂᆞᆫ 그ᄃᆡᄅᆞᆯ 알어늘 그ᄃᆡᄂᆞᆫ 나ᄅᆞᆯ 몰로ᄆᆞᆫ 엇디오 密밀이 닐오ᄃᆡ 바미라 알리 업스니라 ᄒᆞ여ᄂᆞᆯ 震진이 닐오ᄃᆡ 하ᄂᆞᆯ히 알오 귀신이 알오 내 알오 그ᄃᆡ 알어니 엇디 알리 업다 니ᄅᆞ료 ᄒᆞ여ᄂᆞᆯ 密밀이 븟그려 가니라

현대역 楊震이 천거한, 荊州 땅의 어질다 하는 王密이 昌邑이란 고을 슈의 벼슬 하였더니, (왕밀이 양진을) 뵐 때 금 열 근을 품어 진을 주거늘, 진이 이르되, "나는 그대를 알거늘, 그대는 나를 모름은 어째서요?" 밀이 이르되, "밤이라 알 이 없느니라." 하거늘, 진이 이르되, "하늘이 알고 귀신이 알고 내가 알고 그대가 알거니, 어찌 알 이 없다 이르리오." 하거늘, 밀이 부끄러워 하여 가니라.

1 알어늘: 알거늘. '알(어간)+어늘(연결어미)'이다. '-어늘'은 'ㅣ' 계열 이중모음이나 'ㄹ' 받침으로 끝나는 어간 뒤에 붙어, 주로 자동사나 형용사 어간 뒤, '이다' 어간 뒤, 또는 어미 '-으리-' 뒤에 붙어, '-거늘'을 뜻하는 어미이다. 狄人ᄉ 서리예 가샤 狄人이 ᄀᆞᆯ외어늘 岐山 올ᄆᆞ샴도 하ᄂᆞᇙ ᄠᅳ디시니(狄人與處 狄人于侵 岐山之遷 實維天心).《용가 4장》, 西征에 功이 일어늘 所獲ᄋᆞᆯ 다 도로 주샤 人義之兵을 遼左ㅣ 깃ᄉᆞᄫᆞ니(西征建功 盡還所獲 仁義之兵 遼左悅服).《용가 41장》

2 엇디오: 어째서이오? '엇디(부사)+오(의문형 종결어미)'이다. '-오'는 제1·3인칭 의문법 중 ᄒᆞ라체 설명의문문을 만드는 어말어미이다. 의문사 '엇디'와 함께 사용되었으며, 일정한 정보를 요구한다. '엇디'는 '어찌'의 옛말이다. 네 獼猴ᄃᆞᆯ히 내 나라ᄒᆞᆯ 다 ᄒᆞ야ᄇᆞ리ᄂᆞ니 네 엇디 암ᄒᆞᆯ 내야 주디 아니ᄒᆞᄂᆞᆫ다.《월석 7:17》, 姬ㅣ 殿에 ᄂᆞ려 마자 ᄉᆞᆯ오샤ᄃᆡ 엇디 늣거ᅀᅡ 罷ᄒᆞ시니잇고(姬下殿迎曰 何罷晏也).《내훈 2:19》.

3 알어니: 알거니. '알(어간)+어니(연결어미)'이다. '-어니'는 'ㅣ' 계열 이중모음이나 'ㄹ' 받침으로 끝나는 어간 뒤에 붙어, 주로 자동사나 형용사 어간 뒤, '이다' 어간 뒤, 또는 어미 '-으리-' 뒤에 붙어, '-거니'를 뜻하는 어미이다. 多助之至실ᄊᆡ

野人도 一誠이어니 國人 ᄠᅳ들 어느 다 ᄉᆞᆯᄫᆞ리(維其多助至 野人亦入侍 何論國人意).《용가 118장》, 너희ᄃᆞᆯ히 法華 일홈 바다 디닗 사ᄅᆞᄆᆞᆯ 擁護ᄒᆞᆯ 만ᄒᆞ야도 福이 그지 업스리어니.《석상 21:32》

소언 揚양震진[東동漢한 적 사ᄅᆞᆷ이라] 의 거쳔ᄒᆞᆫ 밧 荊형州쥬[고ᄋᆞᆯ 일홈이라] 茂무才ᄌᆡ[ᄌᆡ죄 만탄 말이니 션ᄇᆡ 쳔거ᄒᆞᄂᆞᆫ 뎨목이라] 王왕密밀이 昌챵邑읍슈령을 ᄒᆞ연ᄂᆞᆫ 디라 쳥ᄒᆞ야 뵐ᄉᆡ 金금 열 근을 품어 ᄡᅧ 震진을 준대 震진이 ᄀᆞᆯ오ᄃᆡ 故근人인은 그ᄃᆡ롤 알어늘 그ᄃᆡᄂᆞᆫ 故고人인을 아디 몯홈은 엇디오 密밀이 ᄀᆞᆯ오ᄃᆡ 밤이라 알 리 업스니라 震진이 ᄀᆞᆯ오ᄃᆡ 하ᄂᆞᆯ히 알오 귀신이 알오 내 알오 그ᄃᆡ 아니 엇디 알 리 업다 니ᄅᆞ료 密밀이 붓그려 가니라

현대역 양진[東漢 때 사람이라.]이 擧薦한 바의 형주[고을이름이라.] 茂才[재주가 많다는 말이니, 선비 천거하는 題目이라.] 왕밀이 창읍령을 하여 있는 것이다. 청하여 뵈므로 금 열 근을 품어 써 진을 주니까, 진이 가로되, "故人은 그대를 알거늘 그대는 고인을 알지 못함은 어째서요?" 밀이 가로되, "밤이라 알 일 없느니라." 진이 가로되, "하늘이 알고 귀신이 알고 내가 알고 그대가 아니, 어찌 알 이 없다 이르리오." 밀이 부끄러워하여 가니라.

1 ᄒᆞ엿ᄂᆞᆫ: 하여 있는. 'ᄒᆞ(어간)+여(보조적 연결어미)+잇(在, '잇다'의 어간)+ᄂᆞ(현재 시제 선어말어미)+ㄴ(관형사형 어미)'이다. 완료상은 보조적 연결어미 '-아/어/여'와 보조형용사 '잇다[在]'의 결합으로 표현된다. 그런데 '잇-'이 본동사와 한 음절을 이룰 때 이미 15세기에 'ㅣ'가 탈락되어 '여+ㅅ→엿'으로 나타나는 일이 많았다. 內竪ᄂᆞᆫ 뫼ᅀᆞ왓ᄂᆞᆫ 혀근 臣下ㅣ라.《내훈 1:39》, 내 바ᄅᆞ 닐오마 길 마갓ᄂᆞᆫ ᄒᆞᆫ 퍼깃 사미 비 오나든 곳 퓌오 ᄇᆞᄅᆞᆷ 골겨든 여름 ᄆᆡᆺᄂᆞᆫ 거셔(我猜着當路一科麻 下雨開花 刮風結子).《번박 상:40》.

2 디라: -ㄴ 것이라. -ㄴ지라. 'ᄃᆞ(의존명사)+이(서술격 조사 '이다'의 어간)+라(종결어미)'이다. 의존명사 'ᄃᆞ'는 '것'의 뜻을 가진 것인데, 주격은 '디', 목적격은 'ᄃᆞᆯ', 서술격은 '디라'로 실현된다. 본 예는 서술격으로 'ᄃᆞ+ㅣ라'의 형태이다. 이런 형태소 구성을 그대로 고려하면, '-ㄴ 것이라'로 풀이할 수 있다. 그러나

'ㄴ+ᄃᆞ+이+라'는 '-ㄴ디라'의 형태로, 하나의 종결어미로 재구조화한 것으로 볼 수도 있다. 이때에는 해라할 자리에 쓰여 '-ㄴ지라'로 풀이할 수도 있다. 性이 니러 相이 ᄃᆞ외욘 디라 境과 智왜 번득ᄒᆞ며 相이 性의 노교ᄆᆞᆯ 得혼 디라(性起爲相 境智歷然 相得性融 身心廓爾).《원각 서:38》, 薰修ᄒᆞ여 나톤 디라(所言神通變化 依悟而修 漸熏所現 非謂悟時卽發現也).《목우 10》

3 고인(故人): 《소학언해》 원문 및 번역문에 '고인'으로 음이 달려 있는데, 유독 번역문 중 한 곳만 '근인'으로 달려 있다. 오자로 보인다. 고인(故人)은 '오래전부터 사귀어 온 친구'를 말한다. 유의어: 고교(故交), 고구(故舊), 고우(故友), 구붕(舊朋), 구우(舊友), 숙집(宿執), 지구(知舊).

【集說】陳氏曰震의字는伯起요弘農人이니嘗爲荊州刺史하니라故人은震自謂요君은謂密也라熊氏曰君子는明不欺天하고幽不欺神하고內不欺心하고外不欺人하나니라

진 씨가 말하였다. "진의 자는 백기이고, 홍농 사람이다. 일찍이 형주자사가 되었다. 故人은 진이 스스로 이름이고, 君은 밀을 이름이다." 웅 씨가 말하였다. "군자는 밝음에 하늘을 속이지 아니하고, 어두움에 귀신을 속이지 아니하며, 안으로는 마음을 속이지 아니하고, 밖으로는 사람을 속이지 아니한다."

〖五十八章〗

○茅容이與等輩로避雨樹下홀시衆皆夷本作踑踞據相對호ᄃᆡ容이獨危坐愈恭이어늘郭林宗이行見之而奇其異ᄒᆞ야遂與共言ᄒᆞ고因請寓宿ᄒᆞ더니旦日애容이殺鷄爲饌이어늘林宗이謂爲己設이러니旣而以供其母ᄒᆞ고自以草蔬로與客同飯ᄒᆞᆫ대林宗이起拜之曰卿이賢乎哉ㄴ뎌ᄒᆞ고因勸令學ᄒᆞ야卒以成德ᄒᆞ니라

《後漢書 郭泰列傳》

●茅容이 무리들과 더불어 나무 아래에서 비를 피할 때, 무리가 다 걸터앉아 서로 대하되, 용이 홀로 꿇어앉아 더욱 공손하거늘, 郭林宗이 지나다가 그를 보고 그 다름을 기특하게 여겨, 드디어 더불어 함께 말하고 인하여 묵기를 청했더니, 아침 날에 용이 닭을 잡아 반찬을 만들거늘, 임종이 자기를 위해 베푼다고 생각했더니, 이윽고 써 그 어머니를 이바지하고 스스로 나물로써 객과 더불어 함께 밥을 먹었는데, 임종이 일어나 절하면서 말하였다. "그대는 어질도다." 하고, 인하여 하여금 배움을 권하여 마침내 써 덕을 이루었다.

漢字 茅(띠 모), 等(무리 등), 輩(무리 배), 夷(=跠(이) 걸터앉을 이, 웅크릴 이), 踞(걸터앉을 거, 웅크릴 거), 危(꿇어앉을 위=跪, 바를 위), 愈(더욱 유, 나을 유), 奇(기이할 기), 寓(묵을 우, 머무를 우, 붙을 우), 宿(묵을 숙, 머무를 숙), 饌(반찬 찬, 음식 찬), 謂(생각할 위), 旣(이윽고 기, 이미 기, 끝낼 기), 蔬(푸성귀 소), 飯(밥 먹을 반, 밥 반)

1 기이(旣而): 이윽고.

2 모용(茅容, 생몰 연대 미상): 중국 후한(後漢) 진류(陳留) 사람으로, 자는 계위(季偉)이다. 40여 살 때 들에서 밭을 갈다가 동료들과 함께 나무 아래서 비를 피하느라고 모두 느긋하게 앉아 있었는데, 그만 홀로 꼿꼿한 자세로 앉아 더욱 공손했다. 곽태[郭泰(太)]가 보고 남다르다 여겼고, 그의 집에서 유숙할 것을 청했다. 다음날 아침 모용은 닭을 잡아 어머님을 봉양하고 자신과 객은 채소로 함께 밥을 먹었다. 곽태가 현명하다고 여겨 배우기를 권하니 마침내 덕을 이루었다(중국역대인명사전).

3 곽임종[郭林宗, 128년~169년]: 중국 후한의 사상가로, 이름은 곽태[郭泰(太)]이고, 자는 임종(林宗)이다. 산시성[山西省] 타이위안[太原] 출생이다. 높은 학문과 덕으로 일세의 숭앙을 받았다. 굴백언(屈伯彦)에게 사사하여 전적(典籍)에 통달하고 뤄양[洛陽]에 가서 당시 하남윤(河南尹: 뤄양 지방 장관) 이응(李膺)과 깊이 교제하며 명성을 떨쳤다. 향리에 은거하여 제자를 가르쳤는데, 그 수가 수천 명에 달하였다. 외척과 환관이 전횡(專橫)하는 세상에서도 절조를 굽히지 않았으나, 언행이 신중하여 당고(黨錮)의 화를 면할 수 있었다. 《문선(文選)》에 곽옹(郭邕)이 만든 곽태의 묘지명(墓誌銘) 《곽유도비문(郭有道碑文)》이 나와

있다(두산백과).

4 旦日: 《번역소학》과 《소학언해》에서는 이성계의 바꾼 이름이 이단(李旦)이므로 기휘(忌諱)하여, 단(旦)으로 쓰되 '됴(조)'로 독음을 달고 있다.

번소 茅모容용이 동뉴엣 사ᄅᆞᆷ과 비ᄅᆞᆯ 피ᄒᆞ야 나못 아래 드럿더니 모ᄃᆞᆫ 사ᄅᆞ미 다 ᄌᆞᆺ구려 서르 마조 안자 잇거늘 容용이ᄂᆞᆫ 혼자 ᄭᅮ러안자 더옥 조심ᄒᆞ더니 郭곽林림宗종이 디나가다가 보고 ᄂᆞᄆᆡ게셔 다ᄅᆞᆫ 주ᄂᆞᆯ 긔이히 너겨 더브러 말ᄒᆞ여 보고 인ᄒᆞ여 제 지븨 자리 비러 자더니 이튼날 아ᄎᆞᄆᆡ 容용이 ᄃᆞᆯᄀᆞᆯ 자바 차반ᄂᆞᆯ ᄆᆞᆫᄃᆞᆯ어ᄂᆞᆯ 林림宗종이 저를 위ᄒᆞ여 ᄆᆞᆫᄃᆞᄂᆞ니라 너겻더니 이슥고 제 어미ᄅᆞᆯ 머기고 저ᄂᆞᆫ ᄎᆡ소로 손과 ᄒᆞᆷᄭᅴ 밥 먹거늘 林림宗종이 니러 절ᄒᆞ고 닐오ᄃᆡ 그ᄃᆡ 어딘뎌 ᄒᆞ고 인ᄒᆞ야 글 ᄇᆡ호라 권ᄒᆞ니 내죵애 어딘 사ᄅᆞ미 되니라

현대역 茅容이 同類의 사람과 비를 피하여 나무의 아래 들었더니, 모든 사람은 다 쭈그려 서로 마주 앉아 있거늘, 용이는 혼자 꿇어앉아 더욱 조심하더니, 郭林宗이 지나가다가 보고, 남에게서 다른 줄을 기이하게 여겨 더불어 말하여 보고, 인하여 자기의 집에 자리 빌려 자더니, 이튿날 아침에 용이 닭을 잡아 차반을 만들거늘, 임종이 저를 위하여 만든다고 여겼더니, 이윽고 제 어머니를 먹이고 저는 채소로 손과 함께 밥 먹거늘, 임종이 일어나 절하고 이르되, "그대 어질도다." 하고, 인하여 글 배우라 권하니, 나중에 어진 사람이 되니라.

1 동뉴엣: 동류(同類)의. 같은 종류나 부류의. 같은 무리의. '동뉴(명사)+에(부사격조사)+ㅅ(관형격 조사)'이다.

2 ᄂᆞᄆᆡ게셔: 남에게서. 'ᄂᆞᆷ(명사)+ᄋᆡ게셔(조사)'이다. 'ᄋᆡ게셔'는 현대국어 '에게서'로, 사람이나 동물 따위의 체언 뒤에 붙어, 어떤 행동의 출발점이나 행동이 비롯되는 대상임을 나타내는 격조사이다.

3 차반: 맛있게 잘 차린 음식.

4 ᄆᆞᆫᄃᆞᄂᆞ니라: 만든다. 'ᄆᆞᆫᄃᆞ(어간)+ᄂᆞ(현재 시제 선어말어미)+니라(평서형 종결

어미)'이다. '-ᄂᆞ니라'는 동사, 형용사 어간 뒤에 붙어, '-ㄴ다', '-는다'를 뜻하는 어미이다. 眷屬ᄋᆞᆫ 가시며 子息이며 죵이며 집안 사ᄅᆞᆷᄋᆞᆯ 다 眷屬이라 ᄒᆞᄂᆞ니라.《석상 6:5》, 댱가들며 셔방마조ᄆᆞᆯ 다 婚姻ᄒᆞ다 ᄒᆞᄂᆞ니라.《석상 6:16》

5 어딘뎌: 어질도다. '어딜(어간)+ㄴ뎌(감탄형 종결어미)'이다. '어딜-'의 'ㄹ'이 같은 치조음 'ㄴ' 앞에서 탈락하여 '어디-'로 실현된 것이다. '-ㄴ뎌'는 어간이나 선어말어미 뒤에 붙어. '-구나'나 '-도다'를 뜻하는 어미이다. 본 예는 선어말어미 없이 어간에 직접 '-ㄴ뎌'가 붙어 있다. 슬프다 녯 사ᄅᆞᄆᆡ 마ᄅᆞᆯ 아디 몯ᄒᆞ논뎌(悲哉不悟昔人言).《남명 하:30》, ᄒᆞ나 아닌 다ᄅᆞᆫ 敎ᄅᆞᆯ 내시ᄂᆞ니 어긔요ᄃᆡ 다ᄅᆞ디 아니ᄒᆞ닌 오직 聖人ㅅ 마리신뎌(吐不一之殊教 乖而不可異者 其惟聖言乎).《영가 하:36》

소언 茅모容용[東동漢한 적 사ᄅᆞᆷ이라]이 동류로 더브러 비를 나모 아래셔 避피홀ᄉᆡ 모다 다 ᄌᆞᆺ그리 걸안자 서ᄅᆞ 對ᄃᆡᄒᆞ여쇼ᄃᆡ 容용이 홀로 ᄭᅮᆯ어안자 더옥 공슌ᄒᆞ거ᄂᆞᆯ 郭곽林림宗종[일홈ᄋᆞᆫ 泰태니 어딘 사ᄅᆞᆷ이라]이 가다가 보고 그 다ᄅᆞᆫ 줄을 긔특이 너겨 드듸여 더브러 ᄒᆞᆫ가지로 말ᄒᆞ고 因인ᄒᆞ야 請쳥ᄒᆞ야 자리 브터 자더니 ᄇᆞᆰᄂᆞᆫ 날애 容용이 ᄃᆞᆰ을 주겨 차반을 ᄆᆡᆼ돌어ᄂᆞᆯ 林림宗종이 너기되 저를 위ᄒᆞ야 쟝만ᄒᆞᄂᆞ니라 ᄒᆞ더니 이윽고 그 어미ᄅᆞᆯ 이받고 스ᄉᆞ로 ᄎᆡ소로ᄡᅧ 손과 더브러 ᄒᆞᆫ가지로 밥 먹은대 林림宗종이 니러 절ᄒᆞ고 ᄀᆞᆯ오ᄃᆡ 그듸 어딘뎌 ᄒᆞ고 因인ᄒᆞ야 勸권ᄒᆞ야 ᄒᆡ여곰 글 ᄇᆡ호라 ᄒᆞ야 ᄆᆞᄎᆞᆷ내 ᄡᅥ 德덕을 일우니라

현대역 모용[東漢 때 사람이라.]이 동류로 더불어 비를 나무 아래서 피하므로, 모두 다 쭈그려 걸터앉아 서로 대하였으되, 용이 홀로 꿇어앉아 더욱 공순하거늘, 곽임종[이름은 泰니, 어진 사람이라.]이 가다가 보고, 그 다른 줄을 기특하게 여겨 드디어 더불어 함께 말하고, 인하여 청하여 자리 붙어 자더니, 밝는 날에 용이 닭을 죽여 차반을 만들거늘, 임종이 여기되 자기를 위하여 장만한다고 하더니, 이윽고 그 어머니를 봉양하고 스스로 채소로써 손과 더불어 함께 밥 먹으니까, 임종이 일어나 절하고 가로되, "그대 어질도다."

하고, 인하여 권하여 하여금 글 배우라 하여 마침내 써 덕을 이루니라.

1 걸안자: 걸터앉아. '걸앉(어간)+아(연결어미)'이다. '걸앉다'는 '걸터앉다'의 옛말이다. 涅槃ㅅ ㄱ새 걸안잔 桂輪이 퍼런 하늘해 ᄒᆞ오사 블ᄀᆞ니(踞涅槃岸 桂輪孤朗於碧天).《원각 서:29》, 나모 아래셔 避호ᇙ시 모다 ᄌᆞᆺ그리 걸안자 서르 對ᄒᆞ여쇼ᄃᆡ(避雨樹下 衆皆夷踞相對).《소언 6:106》

2 브터: 붙어. '븥(어간)+어(연결어미)'이다. 현대국어 '붙다'의 옛말인 '븥다'는 15세기 문헌에서부터 나타난다. 이 단어는 'ㅂ' 뒤에서 모음 'ㅡ'가 'ㅜ'로 바뀌는 원순모음화 되는 현상에 따라 '븥'이 '붙'으로 바뀌었다. '븥다'는 받침규칙에 따라 자음 어미가 오면 '븓고'와 같이 '븓-'의 형태로 쓰였고, 16세기 문헌에는 '븥다'의 분철 표기인 '븟트니' 등이 쓰이기 시작하였다. 근대국어 시기에 원순모음화를 경험하여 모음 'ㅡ'가 'ㅜ'로 바뀌었어도 받침의 표기는 여전히 다양하였는데 '붓다'의 형태로도 나타나기도 하며, '붙다'의 분철 표기인 '붓ㅌ-'도 나타나기도 한다. 븥다(15세기~18세기)>붙다(20세기~현재). 이형태: 븥다, 븓다, 브티둥기다, 븟ㅌ다, 붓다, 붓ㅌ다. 어버ᅀᅵ 여희ᅀᆞᆸ고 ᄂᆞᄆᆞᆯ 브터 이쇼ᄃᆡ 어ᅀᅵ 아ᄃᆞᆯ이 입게 사노이다.《1447 월곡 52ㄱ》, 머리 우희 블 븓고 누니 펏무적 ᄀᆞᆮ고.《1447 석상 6:33ㄱ》, 着ᄋᆞᆫ 브티둥길 씨라.《1447 석상 13:23ㄴ》, 거말이 두어히 손까락애 븟터 나거늘.《1581 속삼-중 효:5ㄱ》

【集解】容의 字는 季偉니 陳留人이라 夷踞는 蹲踞也요 危坐는 以尻苦高反著蹠隻而坐也라 林宗은 名泰니 太原人이라

容의 자는 季偉니, 진류 사람이다. 夷踞는 걸터앉음이고, 危坐는 꽁무니로써 발바닥에 붙이고 앉음이다. 임종은 이름이 泰이니, 태원 사람이다.

漢字 季(끝 계), 偉(클 위), 蹲(걸터앉을 준, 쭈그릴 준), 尻(꽁무니 고), 著(붙을 착, 나타날 저), 蹠(발바닥 척, 밟을 척)

【增註】異는 謂異於衆이라

異는 무리와 다름을 말한다.

〖五十九章〗

○陶侃이爲廣州刺史ᄒᆞ야在州無事ㅣ어든輒朝運百甓闢於齋外ᄒᆞ고莫暮運於齋內ᄒᆞ더니人이問其故ᄒᆞᆫ대答曰吾ㅣ方致力中原ᄒᆞ노니過爾優逸이면恐不堪事ㅣ라ᄒᆞ니其勵志勤力이皆此類也ㅣ러라 《晉書 陶侃列傳》

●陶侃이 광주자사가 되어서 고을에 있음에 일이 없거든, 문득 아침이면 백 개의 벽돌을 집밖으로 옮기고 저물면 집안으로 옮기더니, 사람들이 그 연고를 물으니 답하여 말하였다. "내가 바야흐로 힘을 중원에 이르려 하니, 지나치게 넉넉히 편안하면 일을 견디지 못할까 두렵다." 하니, 그가 뜻을 힘쓰고 힘을 부지런히 함이 다 이런 부류였다.

漢字 陶(질그릇 도), 侃(강직할 간), 輒(문득 첩, 번번이 첩), 運(옮길 운), 甓(벽돌 벽), 爾(어조사 이, 너 이), 優(넉넉할 우), 逸(편안할 일), 勘(견딜 감), 勵(힘쓸 려), 勤(부지런할 근)

도간(陶侃, 257년~332년): 자는 사행(士行)으로, 장시성[江西省] 포양[鄱陽] 출생이다. 도연명(陶淵明)의 증조부이다. 서진(西晉)의 혜제(惠帝) 때 강하태수(江夏太守)가 되고, 영가(永嘉)의 난(307년~312년) 때 무창(武昌)을 지켜 공을 세웠다. 명제(明帝) 때는 정남대장군(征南大將軍)으로서 왕돈(王敦)의 반란과 소준(蘇峻)의 변을 평정하는 등 통군(統軍) 40여 년 동안 많은 공을 세워 진나라 왕실을 위하여 충성하였다. 벼슬이 시중태위(侍中太尉)에 이르렀고, 창사군공[長沙郡公]에 봉해졌다(두산백과).

번소 陶도侃간이 廣광州쥬ㅅ 고올 刺ᄌᆞ史ᄉᆞㅣ란 벼슬 ᄒᆞ엿더니 골ᄒᆡ 이셔 일 업슨 저기어든 믄득 아ᄎᆞᄆᆡ 벽 일ᄇᆡᆨ을 손소 드러 집밧긔 옮기고 나조ᄒᆡ 도로 드려 집안해 옴기더니 사ᄅᆞ미 그리ᄒᆞᄂᆞᆫ 주를 무러ᄂᆞᆯ ᄃᆡ답호ᄃᆡ 내 보야호로 中듕原원 ᄡᅡ홀 히믈 드려 도로 앗고져

ᄒᆞ노니 너모 편안히 놀면 이를 이긔여 ᄒᆞ디 몯ᄒᆞᆯ가 저허ᄒᆞ노라 ᄒᆞ니 그 ᄆᆞᅀᆞᆷ 닐와다 힘 뻐 브즈런호미 다 이ᄀᆞᆮ더라

현대역 陶侃이 廣州의 고을 刺史란 벼슬 하였더니, 고을에 있어 일 없는 때거든, 문득 아침에 벽돌 일백을 손수 들어 집밖에 옮기고, 저녁에 도로 들여 집안에 옮기더니, 사람이 그리하는 줄을 묻거늘 대답하되, "내 바야흐로 中原 땅을 힘을 들여 도로 빼앗고자 하노니, 너무 편안히 놀면 일을 이기어 하지 못할까 두려워하노라." 하니, 그 마음 일으키어 힘써 부지런함이 다 이와 같더라.

1 드려: 들여. 물건을 안으로 가져와. '드리(어간)+어(연결어미)'이다. 현대국어 '들이다'의 옛말인 '드리다'는 15세기 문헌에서부터 나타난다. '드리다'는 '들어가다' 혹은 '들어오다'의 의미인 '들-'과 사동접사 '-이-'가 결합한 것이다. 15세기에서부터 '드리다'를 분철 표기 한 '들이다'로 나타나서 현재에 이르렀다. 드리다(15세기~19세기))들이다(15세기~현재). 이형태: 드리다, 들이다. 내 옷 니피고 내 冠 쓰이고 내 宮의 드려.《1447 석상 24:27ㄴ》, ᄒᆞ마 命終ᄒᆞᇙ 사ᄅᆞᄆᆡ 耳根애 들이거나 시혹 本識에 들이면.《1459 월석 21:103ㄴ》, 진니 븓드러 집븨 드리고 방 알픠셔 수흐즘 자며 안부를 아더라.《1518 이륜-옥 15ㄱ》, 만일 或 보내디 몯ᄒᆞ야시면 몬져 입에 들이디 아니ᄒᆞ더라.《1588 소언 6:71ㄱ》

2 닐와다: 일으키어. '닐왇(어간)+아(연결어미)'이다. '닐왇다'는 '일으키다'의 옛말이다. 그 ᄆᆞᅀᆞᆷ 닐와다 힘뻐 브즈런호미 다 이 ᄀᆞᆮ더라(其勵志勤力 皆此類也).《번소 10:7》, 됴ᄒᆞᆫ 일란 닐왇고 해ᄅᆞ온 일란 업게 호ᄆᆞᆯ 잘ᄒᆞ며.《여씨-화 4》, 墾 반 닐와ᄃᆞᆯ ᄀᆞᆫ.《신합 하:41》

소언 陶도侃간[晉진 적 사ᄅᆞᆷ이라]이 廣광州쥬刺ᄌᆞ史ᄉᆞㅣ 되여셔 고을ᄒᆡ 이셔 일이 업거든 믄득 아ᄎᆞᆷ의 일ᄇᆡᆨ 甓벽을 집밧긔 옴기고 나조ᄒᆡ 집안해 옴기더니 사ᄅᆞᆷ이 그 연고를 무른대 ᄃᆡ답ᄒᆞ야 ᄀᆞᆯ오ᄃᆡ 내 보야호로 中듕原원에 힘을 닐위려 ᄒᆞ노니 너모 눅노라 편안ᄒᆞ면 일을 이긔디 몯ᄒᆞᆯ가 저허ᄒᆞ노라 ᄒᆞ니 그 ᄠᅳᆮ을 면려ᄒᆞ야 힘을 브즈런이 홈이 다 이 類류ㅣ러라

현대역 도간[晋 때 사람이라.]이 광주자사가 되어서, 고을에 있어 일이 없거든, 문득 아침에 일백 벽돌을 집밖에 옮기고 저녁에 집안에 옮기더니, 사람이 그 연고를 물으니까 대답하여 가로되, "내가 바야흐로 중원에 힘을 이루려 하노니, 너무 눅는다 편안하면 일을 이기지 못할까 두려워하노라." 하니, 그 뜻을 勉勵하여 힘을 부지런히 함이 다 이 따위이더라.

1 닐위려: 이루려. '닐위(어간)+려(연결어미)'이다. '닐위다'는 '이루어지게 하다', '일어나게 하다'를 뜻한다. 精혼 ᄆᆞᅀᆞ미 섯디 아니ᄒᆞ야 道애 나ᅀᅡ가ᄃᆡ 개을이 아니 ᄒᆞᄂᆞ니 아니면 수ᄫᅵ 닐위디 몯ᄒᆞ리니.《월석 17:56》, 便安커시든 孝養ᄋᆞᆯ 닐위여 그 ᄇᆡ 골ᄒᆞ실가 저코 病커시든 시르믈 닐위여 옷과 ᄯᅴ와ᄅᆞᆯ 밧디 말라(安則致養 唯恐其餒 病則致憂 衣不解帶).《내훈 1:43~44》

2 눅노라: 눅는다. '눅(어간)+ᄂᆞ(직설법 선어말어미)+오(화자 표시법 선어말어미)+라(평서형 종결어미)'이다. '-오$_1$-'는 주어 명사구가 제1인칭 대명사 '나, 우리' 등이거나 제3인칭이라 하더라도 그가 화자 자신을 가리킬 때 나타난다. 이를 화자 표시법 선어말어미(고영근, 2020: 363) 또는 1인칭법 선어말어미(허웅, 1958: 124-197)라고도 부른다. 그리고 평서형 종결어미 '-다'는 '-오-' 뒤에서 '-라'로 변한다. 각시 ᄢᅬ노라 곶 고ᄫᅵ 빗여 드라 末利花鬘ᄋᆞᆯ 몸애 ᄆᆡᅀᆞᄫᆞ나.《월곡 상:18》, 그 後로 夫妻라 혼 일후미 나니 그ᅄᅦ ᄆᆡᇰᄀᆞ노라 집지ᅀᅵᄅᆞᆯ 처엄 ᄒᆞ니 그제ᅀᅡ 아기나히ᄅᆞᆯ 始作ᄒᆞ니라.《월석 1:44》. '눅다'는 분위기나 기세 따위가 부드러워지다. 현대국어 '눅다'는 15세기 문헌에서부터 나타나서 현재까지 이어진다. 눅다(15세기~현재). 이형태: 눅다. 깁씌로 ᄉᆞ외 ᄆᆡ야 눅디 아니케 ᄒᆞ면 피 즉재 그츠며.《1466 구방 하:35ㄴ》, 너모 눅노라 편안ᄒᆞ면 일을 이긔디 몯홀가 저허ᄒᆞ노라.《1587 소언 6:59》

3 면려ᄒᆞ야: 면려(勉勵)하여. '면려ᄒᆞ다'는 '스스로 애써 노력하거나 힘쓰다.'를 뜻한다. 유의어: 근로역작(勤勞力作)하다, 쉬려(淬礪)하다, 쉬면(淬勉)하다

【集說】陳氏曰侃의字는士行이니鄱陽人으로仕至太尉하니라甓은甎也라時에中原之地爲劉石所據하니侃欲致力興復이라故로朝夕運甓하여以習勞也라

진 씨가 말하였다. "侃의 자는 士行이니, 파양 사람으로, 벼슬이 태위에 이르렀다. 甓은 벽돌이다. 때에 중원의 땅은 유요와 석륵이 점거한 바가 되니, 간이 힘을 다하여 일으켜 회복하고자 하였다. 그러므로 아침저녁으로 벽돌을 옮겨 써 수고로움을 익혔다."

漢字 鄱(고을 이름 파), 甎(벽돌 전), 據(점거할 거), 興(일 흥), 復(회복할 복)

1 유요(劉曜, 재위 318년~329년): 중국의 5호(五胡) 16국(十六國) 시대 전조(前趙)의 제5대 황제이다. 흉노족(匈奴族) 출신으로, 아버지는 전조의 제1대 황제 광문제(光文帝) 유연(劉淵)의 사촌인 유록(劉綠)이며, 생모는 호 씨(胡氏)이다. 어렸을 때 아버지를 잃었으므로 유연에게 양육되었다. 독서를 좋아하고 문장과 글씨가 뛰어났으며, '신사(神射)'라고 불릴 정도로 활솜씨도 뛰어났다고 한다. 304년 유연이 전조를 세우자 유요는 건무장군(建武將軍)으로 임명되어 병주(幷州) 공략에 나섰다. 308년 유연이 스스로 황제의 지위에 오른 뒤에는 용양대장군(龍驤大將軍)으로 임명되었고, 시안왕(始安王)으로 봉해졌다. 309년 유연의 아들인 유총(劉聰)과 함께 서진(西晉)의 도읍이던 낙양을 공격했으며, 310년에는 정토대도독(征討大都督)으로 임명되었다. 그해에 유연이 죽고 유총이 즉위하자 유요는 유총의 둘째아들인 유찬(劉粲)과 함께 다시 낙양 공격에 나서 이듬해인 311년 7월에 낙양을 함락시켰고, 서진의 왕족과 대신들을 살해했다. 그리고 유총에게 낙양으로 천도할 것을 건의했으나 받아들여지지 않자 낙양의 궁전들을 불태우고 파괴했다. 그리고 뒤이어 서진의 장안(長安, 지금의 시안)을 점령해 거기대장군(車騎大將軍)·옹주목(雍州牧)으로 임명되고 중산왕(中山王)으로 봉해졌다. 하지만 이듬해 서진 부흥세력의 공격을 받아 장안을 빼앗기고 도성인 평양(平陽, 지금의 산시성 린펀)으로 돌아왔다. 312년 유요는 유찬과 함께 서진의 진양(晉陽, 지금의 산시성 타이위안)을 점령했다. 그러나 유곤이 선비(鮮卑) 탁발부(拓跋部)의 탁발의로(拓跋猗盧)와 연합해 다시 공격해오자 퇴각했다. 315년 병주를 공격해 승리를 거둔 유요는 다시 장안 공격에 나서 316년 11월에 장안을 점령하고 서진을 멸망시켰다. 그 공으로 유요는 대도독(大都督)과 태재(太宰)로 임명되었으며, 진왕(秦王)으로 봉해졌다. 318년에 근준(靳準)이 정변을 일으켜 유찬을 죽이고 스스로 제위에 오르자 유요는 석륵(石勒)과 함께 토벌군을 일으켰다. 군대를 이끌고 평양으로 진군하던 유요는 음력 10월에 적벽(赤壁)에서

호연안(呼延晏) 등의 추대를 받아 제위에 올랐다. 그리고 음력 12월에 근준의 난을 평정하고 근 씨(靳氏) 일족을 모두 죽였다. 319년 장안으로 돌아온 유요는 장안으로의 천도를 선포했으며, 나라 이름도 '한(漢)'에서 '조(趙)'로 바꾸었다. 하지만 이 해에 석륵도 스스로 조왕(趙王)을 자처하며 독립했으므로, 흉노족이 세운 한(漢)나라는 유요의 전조(前趙)와 석륵의 후조(後趙)로 나뉘어 대립하게 되었다. 유요는 재위 기간에 서융(西戎)과 구지(仇池), 전량(前涼) 등의 세력을 복속시켰다. 그리고 태학(太學)과 소학(小學)을 설립하는 등 한학(漢學)의 교육에도 힘을 기울였다. 그러나 각지에서 반란이 일어나는 등 불안정이 계속되었고, 324년 후조의 석생(石生)이 침공해오면서 전조와 후조의 대립도 본격화했다. 328년 후조의 석호(石虎)가 4만의 병력을 이끌고 하동(河東) 지역을 공격해오자 유요는 직접 군대를 이끌고 나서 대승을 거두었다. 유요는 석생이 주둔하고 있던 금용성(金鏞城)을 공격하고, 낙양을 점령했다. 하지만 석륵의 군대에 낙양이 함락되면서, 유요는 포로로 붙잡혔다. 유요는 후조의 도성인 양국(襄國)으로 압송되었고 투항을 권유받았으나 받아들이지 않자, 329년 1월에 살해되었다. 장안에 남아 있던 태자 유희는 진주(秦州)의 상규(上邽)로 피신해 전조의 남은 세력을 모아 후조에 맞섰다. 하지만 329년 음력 8월에 석호가 이끈 군대에 상규가 함락되면서 전조는 건국된 지 26년 만에 완전히 멸망했다(두산백과).

2 석륵(石勒, 274년~333년): 중국 오호십육국(五胡十六國)의 하나인 후조(後趙)의 제1대 황제(재위 319년~333년)이다. 자는 세룡(世龍)이고, 시호는 명제(明帝)이며, 묘호는 고조(高祖)이다. 자세한 내용은 〈선행(善行) 제6〉 제35장을 참조하라.

後爲荊州刺史ᄒᆞ니侃性이聰敏ᄒᆞ야勤於吏職ᄒᆞ며恭而近禮ᄒᆞ며愛好人倫ᄒᆞ더라終日斂膝危坐ᄒᆞ야閫苦本反外多事ㅣ千諸萬端이로ᄃᆡ罔有遺漏ᄒᆞ며遠近書疏를莫不手答호ᄃᆡ筆翰如流ᄒᆞ야未嘗壅滯ᄒᆞ며引接疏遠호ᄃᆡ門無停客ᄒᆞ더라

● 뒤에 (도간이) 형주자사가 되었으니, 간의 성품이 총명하고 민첩해서 관리의 직분에 부지런하며, 공손하고 예에 가까우며 인륜을 사랑하고 좋아하였다. 종일토록 무릎을 모으고 바르게 앉아, 성문 밖에 일이 많아 천 갈래

만 갈래로되, 빠뜨림이 있지 않으며, 멀고 가까운 글을 손수 답하지 않음이 없되, 붓과 글이 물 흐름과 같아서 일찍이 막히지 않으며, 소원한 자들을 끌어 접하되 문에 머무는 손님이 없었다.

漢字 **聰**(귀 밝을 총), **敏**(빠를 민), **斂**(모을 렴, 거둘 렴), **膝**(무릎 슬), **危**(바를 위), **閫**(성문 곤, 문지방 곤), **緖**(실마리 서), **端**(끝 단), **罔**(없을 망, 그물 망), **遺**(잃을 류, 끼칠 류), **漏**(샐 루), **疎**(글 소, 트일 소, 소통할 소), **翰**(글 한), **壅**(막을 옹), **滯**(막힐 체), **停**(머무를 정)

1 위좌(危坐): 바르게 앉음. 유의어: 정좌(正坐).
2 곤외(閫外): 문지방의 밖. 왕성(王城)의 밖.
3 서소(書疏): 안부, 소식, 용무 따위를 적어 보내는 글. 유의어: 편지(便紙).
4 필한(筆翰): '붓'을 달리 이르는 말. 문자나 문장을 쓰는 일.
5 필한여류(筆翰如流): 붓이 흐르는 물과 같다. 문장을 거침없이 써 내려가는 모양. 운필(運筆)이 물 흐르듯이 빠름을 이르는 말.
6 소원(疏遠): 지내는 사이가 두텁지 아니하고 거리가 있어서 서먹서먹함.

번소 후에 荊형州쥬ㅅ 고올 刺ᄌᆞ史ᄉᆞ롤 ᄒᆞ니 侃간의 본셩이 총명ᄒᆞ고 민달ᄒᆞ야 소심을 브즈러니 ᄒᆞ며 온공호ᄃᆡ 례법에 마자 人신倫륜엣 이를 앗겨 즐겨 ᄒᆞ더라 져므도록 무루플 뎝수겨 ᄭᅮ러안자셔 군문에 하나한 쳔만 가짓 이를 遺유漏루티 아니ᄒᆞ며 이러뎌려셔 온 글워를 다 손소 ᄃᆡ답호ᄃᆡ 붇근티 흐르ᄂᆞᆫᄃᆞ시 ᄒᆞ야 머믈우디 아니ᄒᆞ며 먼ᄃᆡ셔 온 사ᄅᆞ믈 즉재 ᄃᆡ졉ᄒᆞ야 믄늬 머므런ᄂᆞᆫ 소니 업더라

현대역 후에 荊州의 고을 刺史를 하니, 侃의 본성이 총명하고 敏達하여 소임을 부지런히 하며, 溫恭하되 예법에 맞아 인륜의 일을 아껴 즐겨 하더라. 저물도록 무릎을 접어 숙여 꿇어앉아서, 軍門에 많은 천만 가지의 일을 遺漏하게 하지 아니하며, 이리저리서 온 글월을 다 손수 대답하되, 붓끝이 흐르는 듯이 하여 머무르게 하지 아니하며, 먼데서 온 사람을 즉시 대접하여, 문에 머물러 있는 손이 없더라.

1 민달ᄒᆞ야: 민달(敏達)하여. 눈치가 빠르고 민첩하여 모든 일에 환하게 통달하여.

2 온공호되: 온공(溫恭)하되. '온공ᄒᆞ(어간)+오되(연결어미)'이다. '온공ᄒᆞ다'는 '성격, 태도 따위가 온화하고 공손하다.'를 뜻한다.

3 뎝수겨: 접어 숙여. '뎝수기(어간)+어(연결어미)'이다. '뎝수기다'는 '접어 숙이다'의 옛말이다. 져므도록 무루플 뎝수겨 ᄭᅮ러안자셔 군문에 하나한 쳔만 가짓 이를 遺漏티 아니ᄒᆞ며(終日斂膝危坐 闔外多事 千緒萬端 罔有遺漏).《번소 10:8》

4 유루티: 유루(遺漏)하지. '유루ᄒᆞ다'는 '빠져나가거나 새어 나가다.'를 뜻한다.

5 이러뎌러서: 이리저리서. 이쪽저쪽으로. '이러뎌러(부사)+서(조사)'이다. '이러뎌러'는 '이리저리'의 옛말이다. 고기 먹고쟈 커늘 炳이 이러뎌러 가 얻디 몯ᄒᆞ야.《속삼 효:2》, 이러뎌러셔 온 글워를 다 손소 ᄃᆡ답호ᄃᆡ(遠近書疏, 莫不手答).《번소 10:8》

소언 後후에 荊형州쥬刺ᄌᆞ史ᄉᆞ를 ᄒᆞ니 侃간의 性셩이 총명ᄒᆞ고 민쳡ᄒᆞ야 관원의 소임에 브즈런ᄒᆞ며 온공ᄒᆞ야 禮례예 갓가오며 人인倫륜을 앗겨 됴히 너기더라 날이 ᄆᆞᆺ도록 무루플 가다 ᄭᅮᆯ어안자 閫곤外외[쟝슈 ᄆᆞᆺ단ᄂᆞᆫ ᄃᆡ를 닐옴이라]예 일이 만홈이 일쳔 귿티마 일만 귿티로ᄃᆡ 遺유漏루홈이 잇디 아니ᄒᆞ며 멀먀 갓가온ᄃᆡ 유무 글월을 손조 ᄃᆡ답디 아니티 아니호ᄃᆡ 붇귿티 흐르ᄂᆞᆫ ᄃᆞᆺᄒᆞ야 일즉 막켜 머믈우디 아니ᄒᆞ며 소ᄒᆞ고 머니라도 나오혀 ᄃᆡ졉호ᄃᆡ 門문의 머므런ᄂᆞᆫ 손이 업더라

현대역 후에 형주자사를 하니, 侃의 본성이 총명하고 민첩하여 관원의 소임에 부지런하며, 온공하여 예에 가까우며 인륜을 아껴 좋게 여기더라. 날이 마치도록 무릎을 걷어[모아] 꿇어앉아 閫外[장수 마주 닿는 데를 이름이라.]에 일이 많음이 일천 끝이며 일만 끝이로되 遺漏함이 있지 아니하며, 멀며 가까운 데 편지 글월을 손수 대답하지 아니하지 아니하되, 붓끝이 흐르는듯 하여 일찍 막혀 머무르게 하지 아니하며, 소원하고 먼 이라도 나오게 이끌어 대접하되, 문에 머물러 있는 손이 없더라.

1 가다: 걷어. 모아. '무루플 가다 ᄭᅮᆯ어안자'에서 '가다'는 '갇다'의 부사형이다. '갇다'는 현대국어 '걷다[收]'의 옛말이고, 현대국어 '걷다'는 '거두다'의 준말이니, '흩어져 있는 물건 따위를 한데 모으다.'를 뜻한다. 김종직의 문집을 모조리 거두어다가 대궐 안에서 불살라 버리게 하오.《박종화, 금삼의 피》

2 곤외(閫外): 문지방 밖. 여기서는 '왕성의 밖. 즉 변방(邊方)'을 뜻한다.

3 귿티먀, 멀먀: 끝이며, 멀며. '귿티(어간)+먀(연결어미)', '멀(어간)+먀(연결어미)'이다. '-먀'는 받침 없는 어간이나 'ㄹ' 받침으로 끝나는 어간 뒤에 붙어, '-며'를 뜻하는 어미이다. 날이 ᄆᆞᆺ도록 무루플 가다 ᄭᅮᆯ어 안자 閫外예 일이 만ᄒᆞᆷ이 일쳔 귿티먀 일만 귿티로ᄃᆡ 遺漏홈이 잇디 아니ᄒᆞ며 멀먀 갓가온 ᄃᆡ 유무글월을 손조 ᄃᆡ답디 아니티 아니호ᄃᆡ(終日斂膝危坐 閫外多事 千緒萬端 罔有遺漏 遠近書疏 莫不手答).《소언 6:59》, 비록 글ᄌᆡ죄 이시나 부경ᄒᆞ고 조급ᄒᆞ고 연가와 드러나니 엇디 벼슬이먀 祿을 누릴 그르시리오(雖有文才而浮躁淺露 豈享爵祿之器耶).《소언 6:60》

4 나오혀: 나오게 이끌어. '나오혀(어간)+어(연결어미)'이다. '나오혀다'는 '나오다'와 '혀다'의 합성어이다. '혀다'는 '이끌다', '당기다'의 옛말이다. 引은 혈씨니 經 ᄠᅳ들 ᅘᅧ낼씨라.《능엄 1:5》, 뫼햇 새ᄂᆞᆫ 삿기롤 혀 블근 果實ᄋᆞᆯ 머기고《두시-초 25:23》

【增註】愛好人倫은尚名教也라

愛好人倫[인륜을 사랑하고 좋아함]는 名教를 숭상함이다.

명교(名教): 지켜야 할 인륜의 명분을 가르침. 또는 그런 가르침. 유교(儒教)를 달리 일컫는 말.

【集解】閫은門限也라古者에人君命將之辭曰閫以外는將軍制之라하니時에侃都督荊州라故로曰閫外也라

閫은 문지방이다. 옛날에 임금이 장수에게 명령하는 말에 가로되, "성문 밖은 장군이 그곳을 통제하라," 했으니, 때에 간이 형주의 도독인지라, 그러므로 閫外라 하였다.

常語人曰大禹는聖人이샤듸乃惜寸陰ᄒᆞ시니至於衆人ᄒᆞ야는當惜分陰이니豈可逸遊荒醉ᄒᆞ야生無益於時ᄒᆞ며死無聞於後ㅣ리오是自棄也ㅣ니라諸參佐ㅣ或以談戲廢事者ㅣ어든乃命取其酒器蒱蒲博之具ᄒᆞ야悉投之于江ᄒᆞ며吏將則加鞭扑ᄒᆞ고曰樗蒱者는牧猪奴戲耳오老莊浮華는非先王之法言이니不可行也ㅣ라君子는當正其衣冠ᄒᆞ며攝其威儀니何有亂頭養望ᄒᆞ야自謂弘達耶ㅣ리오

● 항상 사람에게 말하여 일렀다. "大禹께서는 성인이시되, 이에 寸陰을 아끼셨으니, 일반사람에 이르러서는 마땅히 分陰을 아낄 것이니, 어찌 가히 편안히 놀고 거칠게 취하여 살아서는 당시에 보탬이 없고, 죽어서는 뒤에 들림이 없겠는가? 이는 스스로 버림이다." 여러 參佐들이 혹 잡담과 희롱으로써 일을 폐하는 자이거든, 이에 그 술그릇과 노름도구를 가져다가 모두 그것을 강에 던지라고 명했으며, 아전과 장수인즉 채찍 치기를 더하고 말하였다. "저포라고 하는 것은 돼지를 치는 종들의 놀이일 뿐이요, 노자와 장자의 뜨고 화려함은 선왕의 법다운 말이 아니니, 가히 행하지 마라. 군자는 마땅히 그 의관을 바로 하며, 그 威儀를 가져야 하니, 어찌 머리를 어지럽히고 허망함을 기름이 있어, 스스로 크게 통달했다 말하리오."

漢字 荒(거칠 황), 參(참여할 참), 佐(도울 좌), 談(이야기 담, 말씀 담), 戲(희롱할 희, 놀 희), 蒲(노름 포, 부들 포), 博(노름 박, 넓을 박), 鞭(채찍 편), 扑(매질할 복), 樗(저포 저, 가죽나무 저), 蒱(도박 포), 牧(칠 목), 猪(돼지 저), 浮(뜰 부), 華(빛날 화), 攝(가질 섭, 다스릴 섭), 弘(클 홍)

1 대우(大禹): 우(禹) 임금을 높여 부르는 말이다. 우임금은 중국에서 가장 오래된 왕조인 하(夏) 나라의 시조라고 전해지는 전설상의 인물로, 그는 홍수를 다스려 나라를 구하였다고 한다. 그 공으로 우는 순(舜) 임금으로 왕위를 물려받아 국호를 하(夏)라 정하고 중국 전역을 9주(州)로 나누어 공부(貢賦)를 정하였다(한국고전용어사전).

2 촌음(寸陰): 썩 짧은 시간.

3 분음(分陰): 몹시 짧은 시간.

4 참좌(參佐): 장관을 보좌하는 벼슬. 또는 그 벼슬아치.

5 저포(樗蒲. 樗蒱): 나무로 만든 주사위를 던져서 그 사위로 승부를 다투는 민속놀이이다. 저(樗: 가죽나무)와 포(蒲: 부들)의 열매로 주사위를 만든 데에서 이름이 유래하였다. 《오잡조(五雜組)》 권 6에 저포는 삼대(夏·殷·周)에도 있었다 하고, 《태평어람(太平御覽)》 권 726에 저포는 노자가 서융(西戎)에 가서 만든 것이라 하였다. 《당국사보(唐國史補)》에 놀이방법이 기록되어 있는데, 놀이판은 360자(子)로 되어 있으며, 말[馬]은 놀이하는 사람마다 여섯 개씩 갖는다. 주사위는 위는 검고 아래는 흰데, 다섯 대(五木)를 던져 그 사위를 본다. 그 중에서 다섯 개가 모두 검게 나오는 노(盧)가 가장 좋으며, 그 다음으로 치(雉)·독(犢)·백(白)이 좋다. 이러한 좋은 사위(貴采)가 나오면 주사위를 계속하여 던질 수 있으며, 남의 말을 잡거나 관문(關門)을 지날 수도 있다. 그러나 개(開)·새(塞)·탑(塔)·독(禿)·궐(撅)·효(梟)와 같은 나쁜 사위(雜木)가 나오면 그렇게 하지 못한다. 《저포경구화(樗蒲經舊畫)》에 의하면, 원래는 주사위가 네 개(四木)였다고 한다. 이 놀이는 중국에서 도박의 하나로 성행함으로써, 도박희(賭博戱) 또는 박희(博戱)로 불리기도 하였다. 그런데 이 놀이가 우리나라에 언제 들어와서 언제까지 행해졌는지는 정확히 알 수 없다. 왜냐하면, 이 놀이 방법이 우리나라의 윷놀이 노는 방법과 비슷하였으므로, 우리나라에서는 윷놀이를 나타내는 이름인 유(杻·忸·流·由), 윷[遊齒]·사희(柶戱) 등과 저포가 혼용되었기 때문이다. 즉 고려 말 이색(李穡)의 《목은집시고(牧隱集詩藁)》 권 35에 있는 「저포시(摴蒲詩)」는 윷놀이를 읊은 것이요, 16세기 최세진(崔世珍)의 《훈몽자회》에서도 저포를 '윳'으로 풀었던 것이다. 그리고 현재 경상북도 안동지방에서 정초에 윷놀이를 하면서 부르는 노래 이름도 저포송(摴蒲頌)이다. 그렇기 때문에 《북사(北史)》 〈동이전(東夷傳)〉 백제국지부(百濟國之部)에 백제에서 저포를 놀았다고 한 기록도 중국식 저포를 일컬은 것인지, 윷놀이를 말한 것인지 알 수 없다. 또한 15세기에 김시습(金時習)이 쓴 《금오신화(金鰲新話)》 중 〈만복사저포기(萬福寺樗蒲記)〉에서 양생(梁生)이 부처님과 저포놀이를 하였다는 것도 무엇을 말한 것인지 알 수 없다. 따라서 저포가 우리나라에서 실제로 얼마나 오랫동안 행해졌는가는 알 수 없다. 다만 윷놀이 방법이 저포놀이 방법과 비슷한 점으로 보아 그 영향 관계가 있었으리라고 짐작된다(한국민족문화대백과).

번소 샹해 사ᄅᆞᆷᄃᆞ려 닐오ᄃᆡ 大대禹우ᄂᆞᆫ 聖셩人신이샤ᄃᆡ ᄒᆡ ᄒᆞᆫ 치만 디나갈 저글 앗겨 노디 아니ᄒᆞ시니 샹햇 사ᄅᆞ믄 ᄒᆡ ᄒᆞᆫ쁜만 디날 ᄉᆞ이도 앗길 거시니 엇디 편안히 놀며 간대로 술 취ᄒᆞ야 사라이셔도 시절의 더은 일 업스며 주근 후에도 일ᄏᆞᄅᆞ리 업게 ᄒᆞ리오 이ᄂᆞᆫ 제 모믈 제 ᄇᆞ리논 디라 ᄒᆞ고 모ᄃᆞᆫ 아랫 관원이 부ᄉᆞᄒᆞ야 놀오 일 아니ᄒᆞ거든 제의 술 먹던 그릇과 저희 두던 상뉵 쟝긔돌ᄒᆞᆯ 아ᅀᅡ 므레 드리티며 아젼과 군ᄉᆞ돌히 그리 ᄒᆞ더니란 티고 닐오ᄃᆡ 상뉵 쟝긔란 거슨 돋치ᄂᆞᆫ 노ᄆᆡ 노ᄅᆞ샛 이리라 老로聃담과 莊장周쥬의 부탕도ᄋᆡᆫ 이른 녯 어딘 님금의 법다온 말이 아니라 ᄒᆞ디 아니홀 거시니 君군子ᄌᆞᄂᆞᆫ 衣의冠관을 졍히 ᄒᆞ며 威위儀의를 ᄎᆞ려 홀 거시니 엇디 머리롤 헌틀오고 어디다ᄒᆞ요믈 길워셔 어위크고 통달호라 ᄒᆞ리오

현대역 늘 사람에게 이르되, "大禹는 성인이시되, 해 한 치만 지나갈 때를 아껴, 놀지 아니하시니, 일반사람은 해 한 푼만 지날 사이도 아낄 것이니, 어찌 편안히 놀며 되는대로 술 취하여, 살아있어도 시절에 더한 일 없으며, 죽은 후에도 칭송할 이 없게 하리오. 이는 자기 몸을 자기가 버리는 것이라." 하고, 모든 아래의 관원이 戲弄하여 놀고 일 아니하거든, 자기들의 술 먹던 그릇과 자기들의 두던 쌍륙 장기들을 빼앗아 물에 들이치며, 아전과 군사들이 그렇게 하던 이는 치고 이르되, "쌍륙 장기라는 것은 돼지 기르는 놈의 노릇의 일이다. 노담(老聃)과 장주(莊周)의 浮誕된 일은 옛 어진 임금의 법다운 말이 아니라서 하지 아니할 것이니, 군자는 의관을 바르게 하며 위의를 차려 할 것이니, 어찌 머리를 흐트러뜨리고 어질다함을 길러서, 넓고 크고 통달했다 하리오."

1 부ᄉᆞᄒᆞ야: 희롱(戲弄)하여. '부ᄉᆞ하다'는 '말이나 행동으로 실없이 놀리다.'를 뜻한다.

2 부탕도ᄋᆡᆫ: 부탄(浮誕)된. 말이나 행동이 들뜨고 허황된. '부탕(어근)+도ᄋᆡ(형용사 파생접사)+ㄴ(관형사형 어미)'이다. '-되다'는 몇몇 명사, 어근, 부사 뒤에 붙어,

형용사를 만드는 접미사이다. 현대국어 '되다'의 옛말인 'ᄃᆞᄫᆡ다'는 15세기 문헌에서부터 나타난다. 15세기 중엽 이후 'ᄫ'이 반모음 w로 변화하여 'ᄫᆡ'가 '외'로 변한 'ᄃᆞ외다'가 나타났다. 또한 15세기에는 'ᄃᆞ외다'에서 제1음절 모음 'ㆍ'가 제2음절의 원순모음 'ㅗ'의 영향으로 'ㅗ'로 바뀐 '도외다' 형태가 등장하였다. 16세기에는 '도외다'의 제1음절과 제2음절이 축약된 '되다' 형태가 등장하여 현재에 이르렀다. ᄃᆞᄫᆡ다(15세기)〉ᄃᆞ외다(15세기~17세기)〉도외다(15세기~17세기)〉되다(16세기~현재). 이형태: ᄃᆞᄫᆡ다, ᄃᆞ외다, 도ᄋᆡ다, 도외다, 되다. 臣下ㅣ 말 아니 드러 正統애 有心ᄒᆞᆯᄊᆡ 山ᄋᆡ 草木이 軍馬ㅣ ᄃᆞᄫᆡ니이다.《1447 용가 98》, ㅇ를 입시울쏘리 아래 니ᅀᅥ 쓰면 입시울 가ᄇᆡ야ᄫᆞᆫ 소리 ᄃᆞ외ᄂᆞ니라《1446 훈언 12ㄱ》, 우리 어ᅀᅵ 아ᄃᆞ리 외롭고 입게 ᄃᆞ외야 人生 즐거ᄫᅳᆫ ᄠᅳ디 업고 주구믈 기드리노니.《1447 석상 6:5ㄱ》, ᄯᅩ 勝福ᄋᆞᆯ 어드릴ᄊᆡ 暫持 功德이 도외니.《1463 법화 6:3ㄱ》.

3 길워셔: 길러서. '길우(어간)+어(연결어미)+시('시다[在]'의 어간)+어(연결어미)'이다. '어+시+어'가 하나의 연결어미 '-어셔'로 재구조화되었다. '-어셔'는 끝음절의 모음이 'ㆍ, ㅏ, ㅗ'가 아닌 동사, 형용사 어간 뒤에 붙어, '-어서'를 뜻하는 어미이다. 衛護ᄂᆞᆫ 둘어 더브러셔 護持ᄒᆞᆯ씨라.《석상 9:40》, 阿育王이 塔ᄋᆞᆯ ᄒᆞ마 이르ᅀᆞᆸ고 幡을 몯 ᄃᆞ라셔 病ᄒᆞ야 누ᄫᅥ셔 虛空애 비로ᄃᆡ 부톄 靈ᄒᆞ거시든 애 情誠을 술피쇼셔 ᄒᆞ니.《석상 24:32》. '길우다'는 '기르다'의 옛말이다. 種種앳 모딘 罪業을 길워 샹녜 有益디 아니ᄒᆞᆫ 이를 ᄒᆞ고.《석상 9:17》, 類를 觸ᄒᆞ야 길우며 機를 조차 應ᄒᆞ야 利行이 다옴 업슬씨라(觸類而長 隨機而應 利行無盡).《능엄 8:30》

4 통달호라: 통달(通達)했다. '통달ᄒᆞ(어간)+오(화자 표시법 선어말어미)+라(평서형 종결어미)'이다. '-오$_1$-'는 주어 명사구가 제1인칭 대명사 '나, 우리'이거나 제3인칭이라 하더라도 그것이 화자 자신을 가리키는 경우에 나타난다. 이를 화자 표시법 선어말어미(고영근, 2020: 363) 또는 1인칭법 선어말어미(허웅, 1958: 124-197)라고도 부른다. 그리고 평서형 종결어미 '-다'는 '-오-' 뒤에서 '-라'로 변한다. '-오라'는 동사나 형용사 어간에 붙어, 화자 주어와 함께 쓰여, '-다', '-ㄴ다', '-ㅆ/았/었/였다'를 뜻하는 어미가 된다. 右手 左手로 天地 ᄀᆞᄅᆞ치샤 ᄒᆞ오ᅀᅡ 내 尊호라 ᄒᆞ시니.《월곡 상:8》, ᄀᆞ장 시르미 나그내를 번호ᄆᆞᆯ 더으ᄂᆞ니 ᄯᅩ 늘구미 사ᄅᆞᆷ 조차오ᄆᆞᆯ 아로라(轉添愁伴客 更覺老隨人).《두시-초 10:2》

소언 샹해 사ᄅᆞᆷᄃᆞ려 닐어 ᄀᆞ로ᄃᆡ 大대禹우ᄂᆞᆫ 聖셩人인이샤ᄃᆡ 치만ᄒᆞᆫ 힛 ᄀᆞᄂᆞᆯᄒᆞᆯ 앗기시니 모ᄃᆞᆫ 사ᄅᆞᆷ애 니르러ᄂᆞᆫ 맛당히 분만ᄒᆞᆫ 힛 ᄀᆞᄂᆞᆯᄒᆞᆯ 앗길 거시니 엇디 可가히 편안히 놀며 황난히 醉취ᄒᆞ야 사라셔 시져ᄅᆡ 더음이 업스먀 주거 후에 들리미 업게 ᄒᆞ리오 이ᄂᆞᆫ 스스로 ᄇᆞ리미니라 모ᄃᆞᆫ 아랫 관원이 或혹 말ᄒᆞ먀 희롱으로ᄡᅥ 일을 廢폐ᄒᆞᆯ 이어든 命명ᄒᆞ야 그 술그릇과 상뉵 쟝긧 긔구를 가져다가 다 江강의 드리티며 아젼과 군ᄉᆡ어든 매를 더으고 ᄀᆞ로ᄃᆡ 상뉵 쟝긔ᄂᆞᆫ 돋 치ᄂᆞᆫ 죵의 노르시오 老로莊장[老로聃담과 莊장周쥬 두 사ᄅᆞᆷ이라]의 부허코 빗난 거슨 先션王왕의 법다온 말이 아니니 可가히 行ᄒᆡᇰ티 몯ᄒᆞᆯ 거시라 君군子ᄌᆞᄂᆞᆫ 맛당히 그 衣의冠관을 正졍히 ᄒᆞ며 그 威위儀의를 자블 거시니 엇디 머리를 헌글우고 명망을 길워 스스로 어그럽고 통달호라 니롬이 이시리오

현대역 늘 사람에게 일러 가로되, "대우는 성인이시되, 한 치만한 해 그늘을 아끼시니, 모든 사람에 이르러는 마땅히 한 푼만한 해 그늘을 아낄 것이니, 어찌 가히 편안히 놀며 荒亂히 취하여, 살아서 시절에 더함이 없으며, 죽어 후에 들림이 없게 하리오. 이는 스스로 버림이니라." 모든 아래의 관원이 혹 말하며 희롱으로써 일을 폐할 이거든, 명하여 그 술그릇과 쌍륙 장기의 기구를 가져다가 다 강에 들이치며, 아전과 군사이거든 매를 더하고 가로되, "쌍륙 장기는 돼지 기르는 종의 노릇이요, 老莊[노담(老聃)과 장주(莊周) 두 사람이라.]의 浮虛하고 빛난 것은 선왕의 법다운 말이 아니니, 가히 행하지 못할 것이라. 군자는 마땅히 그 의관을 바르게 하며 그 위의를 잡을 것이니, 어찌 머리를 흐트러뜨리고 명망을 길러, 스스로 넓고 통달했다 이름이 있으리오."

1 ᄀᆞᄂᆞᆯ: 그늘. 현대국어 '그늘'의 옛말인 'ᄀᆞᄂᆞᆯㅎ'은 15세기 문헌에서부터 나타난다. 'ᄀᆞᄂᆞᆯㅎ'은 모음으로 시작하는 조사와 결합할 때에는 끝소리인 ㅎ이 나타나고, 단독으로 쓰일 때에는 끝소리 ㅎ이 나타나지 않는 ㅎ종성체언으로 'ᄀᆞᄂᆞᆯㅎ/ᄀᆞᄂᆞᆯ'

의 이형태 교체를 보인다. 16세기에는 '그늘ㅎ' 형태가 나타났는데, 16세기 이후 제2음절 이하의 '·'가 'ㅡ'로 바뀌는 것은 일반적인 현상이지만, 제1음절의 '·'가 'ㅡ'로 바뀐 것은 예외적인 현상이다. 18세기 이후 모음으로 시작하는 조사와 결합할 때에도 '그늘에'와 같이 끝소리 ㅎ이 탈락한 '그늘'이 쓰여 오늘날에 이른다. ᄀᆞᄂᆞᆯㅎ(15세기~17세기)〉그늘ㅎ(16세기~17세기)〉그늘(18세기~현재). 이형태: ᄀᆞᄂᆞᆶ, ᄀᆞᄂᆞᆯ, 그늘ㅎ, 그늘, 그ᄂᆞᆯ. 남기 臺예셔 버으로미 一箭道ㅣ ᄀᆞᄂᆞᆯ히 너부믈 니ᄅᆞ시니라.《1459 월석 18:26ㄱ》, 慈悲ㅅ ᄀᆞᄂᆞᆯ 微妙ᄒᆞᆫ 구루미 涅槃海예 두푸미 일후미 法雲地라《1461 능엄 8:50ㄴ》

2 황난히: 황란(荒亂)히. 거칠고 어지럽게.

3 들이티며: 들이치며. 손이나 발로 마구 치며.

4 부허코 빗난: 부허(浮虛)하고 빛난. 원문의 '浮華'에 해당한다. '浮華'는 '실속은 없고 겉만 화려함'을 뜻한다. 선왕의 법제에 경사를 하례하고 잔치를 베푸는 예는, 결코 과장하여 즐기면서 부화를 일삼는 것이 아니라 바로 상하의 통정(通情)과 이륜(彝倫)의 절문(節文)에 맞춰 예를 만든 것입니다.《번역 중종실록》. 본《소학언해》에서는 '浮華'를 '부허코 빗난'으로 풀이했으므로, 이에 따라 '부허(浮虛)하고 빛난'으로 번역하고자 한다. '부허(浮虛)하다'는 '마음이 들떠 있어 미덥지 못하다.'를 뜻한다.

【集說】陳氏曰蒱는樗蒱也요博은局戲也라浮華는謂老聃莊周之言이虛而無實也라攝은檢束也라亂頭養望은吳氏謂蓬頭放肆하여養其虛望也라逸遊荒醉와談戲廢事와亂頭養望은皆老莊尙玄虛棄禮法之流弊也라

진 씨가 말하였다. "蒱는 저포이고, 博은 局戲이다. 浮華는 노담(老聃)과 장주(莊周)의 말이 비고 실제가 없음을 이른다. 攝은 단속하여 묶음이다. 亂頭養望[머리를 어지럽히고 허망을 기름]은 오 씨가 말하길, '머리를 흩뜨려 놓아버려서 그 빈 바람을 기름'이다. 逸遊荒醉[편안히 놀고 거칠게 취함]와 談戲廢事[잡담과 희롱으로써 일을 폐함]와 亂頭養望은 모두 노자와 장자가 玄虛를 숭상하고 예법을 버리는 流弊이다."

漢字 局(판 국), 聃(귓바퀴 없음 담), 檢(봉할 검), 束(묶을 속), 蓬(흐트러질 봉, 쑥 봉), 放(놓을 방), 肆(버릴 사, 방자할 사)

1 국희(局戲): 바둑이나 장기 등과 같이 국면(局面)을 다투는 놀이.

2 노자(老子, 기원전 571년경~기원전 471년경): 춘추시대 말기 초나라 고현(苦縣, 지금의 허난성 루이현(鹿邑縣)) 출신이다. 이름은 이이(李耳)이고 자는 담(聃)이며 호는 백양(伯陽)이다. 자세한 설명은 〈가언(嘉言) 제5〉 제91장을 참조하라.

3 장자(莊子, 기원전 369년경~기원전 289년경): 중국 고대 도가(道家)의 사상가로, 이름은 주(周)이다. 전국시대 송(宋)에서 태어나 맹자와 동시대에 노자를 계승한 것으로 알려져 있지만, 그 실재성은 의심스럽다. 전국시대 말기, 도가의 사상가들이 원본 《장자(莊子)》를 편찬할 때, 이것을 장주(莊周)에게 가탁(假託)하여 《장자》라 명명한 것인 듯하다. 이 《장자》는 공자·맹자보다 노자와 함께 장자가 존중되기에 이르렀던 한대 초기에, 전국 말 이래의 도가의 논저(論著)를 부가하여 성립한 것으로서, 통일된 체계는 없지만 도가 사상의 역사적 전개를 볼 수 있다. 그 기본적 사상의 중심은 당시 지배자의 지위에서 몰락하고 있던 사상가들이, 뜻대로 되지 않는 사회 속에서 개인의 삶에 얽힌 근심과 고난으로부터 관념론적으로 도피하려고 한 인생론에 있다. 이상적인 삶이라는 것은 근심의 근원인 자기의 육체·정신을 버리고 허정(虛靜), 염담(恬淡)의 심경에 도달하여 자연의 법칙에 따르고 어떠한 것에도 침해받지 않는 자유·독립을 얻어 세계의 밖에서 초연하게 노니는 것이다. 이것을 실현한 사람이 '진인(眞人)'이다. 이 인생론의 근저에는 세계는 불가지의 실재인 '도(道)'의 표상이라는 세계관과, 개념적 인식과 가치판단은 불가능할 뿐 아니라 무의미한 것이고 철저한 무지(無知)만이 올바른 것이라고 하는 지식론이 깔려 있다. 이 지식론은 명가(名家)의 궤변이나 전변(田駢)의 제물설(齊物說)의 비판적 섭취에서 성립, 얼마 후에는 세계관과 혼합하여 세계의 존재와 운동은 '도(道)'에 의해 지탱되고 있다는 존재론, 우주 생성의 전설을 받아들여 태초의 '혼돈=도'로부터 세계가 유출하였다고 하는 우주생성론 및 음양오행설을 채용하여 물(物)의 생사(生死)를 기(氣)의 집산으로 설명한 자연론 등이 전개되었다. 《장자》의 새로운 부분에는 위와 같은 생각에 기초하여 무위자연(無爲自然)으로 인민을 통치한다고 주장한 정치사상도 있다(철학사전).

4 현허(玄虛): 현묘(玄妙)한 모양. 또는 그런 이치. 노장(老莊)의 허무(虛無)의 학(學)

을 이르는 말.

5 유폐(流弊): 사회에 널리 유행하고 있는 나쁜 풍속.

〖六十章〗

○王勃楊炯盧照鄰駱賓王이皆有文名이라謂之四傑이라裵行儉이曰士之致遠은先器識而後文藝니勃等이雖有文才而浮躁淺露ᄒᆞ니豈享爵祿之器耶ㅣ리오楊子ᄂᆞᆫ沈靜ᄒᆞ니應得令長이어니와餘得令終이爲幸이라ᄒᆞ더니其後에勃은溺南海ᄒᆞ고照鄰은投潁水ᄒᆞ고賓王은被誅ᄒᆞ고炯은終盈川令ᄒᆞ니皆如行儉之言ᄒᆞ니라 《唐書 裵行儉列傳, 資治通鑑 唐紀》

●王勃·楊炯·盧照隣·駱賓王이 모두 文名이 있어서 그들을 四傑이라 불렀다. 裵行儉이 말하였다. "선비가 멂에 이름은 도량과 견식을 먼저 하고 학문과 예술을 뒤로 해야 하니, 발 등이 비록 글재주가 있으나 들뜨고 조급하며 얕고 드러나니, 어찌 벼슬과 녹봉을 누릴 그릇이리오. 楊子는 차분하고 조용하니, 응당 令長을 얻을 것이되, 나머지는 (일생을) 잘 마침을 얻으면 다행이 될 것이다." 그 후에 발은 남해에 빠져죽고, 조린은 영수에 투신하고, 賓王은 죽임을 당하고, 炯은 영천령으로 마치니, 모두 행검의 말과 같았다.

漢字 勃(우쩍 일어날 발), 炯(빛날 형, 밝을 형), 駱(낙타 락), 傑(뛰어날 걸), 躁(조급할 조), 露(드러날 로), 沈(잠길 침), 靜(고요할 정), 溺(물에 빠질 닉), 盈(찰 영)

1 왕발(王勃, 650년~676년): 당나라 초기의 대표적 시인이다. 자는 자안(子安)으로, 강주(絳州) 용문(龍門: 山西省 河津縣) 출생이다. 일설에는 산시성[山西省] 타이위안[太原] 출생이라고 한다. 수(隋)나라 말의 유학자 왕통(王通)의 손자이다. 조숙한 천재로 6세 때 문장을 잘하였고, 17세 때인 666년 유소과(幽素科)에 급제하였다. 젊어서 그 재능을 인정받아 664년에 이미 조산랑(朝散郞)의 벼슬을 받았다. 왕족인 패왕(沛王) 현(賢)의 부름을 받고 그를 섬겼으나, 당시 유행하였던

투계(鬪鷄)에 대하여 장난으로 쓴 글이 고종(高宗) 황제의 노여움을 사게 되어 중앙에서 쫓겨나 쓰촨[四川] 지방을 방랑하였다. 뒤에 관노(官奴)를 죽였다는 죄로 관직을 빼앗기고 교지(交趾: 베트남 북부)의 영(令)으로 좌천된 아버지 복치(福畤)를 만나러갔다가 돌아오던 중, 배에서 바다로 떨어져 익사하였다. 양형(楊炯)·노조린(盧照鄰)·낙빈왕(駱賓王) 등과 함께 초당(初唐) 4걸(四傑)이라 불리는 당나라 초기의 대표적 시인이다. '왕양노락(王楊盧駱)'이라 불렸던 그는 종래의 완미(婉媚)한 육조시(六朝詩)의 껍질을 벗어나 참신하고 건전한 정감을 읊어 성당시(盛唐詩)의 선구자가 되었다. 특히 5언절구(五言絶句)에 뛰어났으며, 시문집 《왕자안집(王子安集)》 16권을 남겼다(두산백과).

2 양형(楊炯, 650년~695년경): 중국 초당(初唐)의 시인이다. 산시성[陝西省] 화인[華陰] 출생이다. 12세에 신동과(神童科)에 급제하여 교서랑이 되었고, 675년 진사에 급제한 후에 저장성[浙江省] 잉촨[盈川] 현령에 이르렀다. 관리로서는 오만하고 가혹하였으나 박학하였고, 변려문(騈儷文)에 능하여 오언율시(五言律詩)에 정통하였다. 왕발(王勃)·노조린(盧照鄰)·낙빈왕(駱賓王) 등과 더불어 초당 4걸 또는 왕양노락(王楊盧駱)이라 칭하였다. 시문집으로 《양영천집(楊盈川集)》(10권)이 있다(두산백과).

3 노조린(盧照鄰, 637년경~689년경): 자는 승지(昇之)고, 호는 유우자(幽憂子)다. 허베이성[河北省] 판양[范陽] 출생이다. 어려서부터 재질(才質)이 뛰어나 일찍부터 문명(文名)을 떨쳤으나, 20대 중반에 악질(惡疾)에 걸려 쓰촨성[四川省] 신도(新都)의 위(尉)를 물러나 각지를 전전하며 투병생활을 계속하였으나, 끝내 효험이 없자 물에 빠져 자살하였다. 왕발(王勃)·양형(楊炯)·낙빈왕(駱賓王)과 함께 당나라 초기 4걸(傑)의 한 사람으로 꼽히는 시인으로, 《당시선(唐詩選)》에 있는 장대한 칠언가행(七言歌行) 《장안고의(長安古意)》가 특히 유명하다. 시문집으로 《유우자집(幽憂子集)》(7권)이 있다(두산백과).

4 낙빈왕(駱賓王, 640년경~684년경): 이우[義烏: 浙江省] 출생이다. '조숙한 천재' 소리를 들었으나 출신이 낮아 불우하였고, 창안[長安]의 주부(主簿)였을 때 측천무후의 노여움을 사 저장성 린하이[臨海]의 승(丞)으로 좌천되었다. 그래서 낙임해(駱臨海) 또는 낙승(駱丞)으로도 불렸다. 처지에 대한 불만 때문에 사임하였다가, 서경업(徐敬業)이 양저우[揚州]에서 무후(武后)에 대한 반란을 일으키자 이에 가담하여 격문을 기초하였다. 그러나 반란이 실패하자 처형되었다는 설이 있는가 하면, 자취를 감추었다는 설도 있다. 왕발(王勃)·양형(楊炯)·노

조린(盧照鄰) 등과 함께 시문이 뛰어난 '초당사걸(初唐四傑)'로 일컬어지고, '왕양노락(王楊盧駱)'으로 병칭되기도 한다. 육조(六朝)의 시풍을 계승하면서도 격조가 청려(淸麗)하였고, 특히 노조린과 함께 칠언가행(七言歌行)에 뛰어났다. 대표작으로는 〈제경편(帝京篇)〉이 《당시선(唐詩選)》에 수록되어 있고, 시문집으로는 《낙빈왕 문집》, 《낙임해집(駱臨海集)》 등 10권이 있다(두산백과).

5 배행검(裵行儉, 619년~682년): 당나라 초기 강주(絳州) 문희(聞喜) 사람이다. 자는 수약(守約)이고, 배인기(裵仁基)의 아들이다. 부음(父蔭)으로 홍문생(弘文生)이 되었다. 음양과 역술(曆術)에 정통했고, 초서와 예서에도 능했다. 정관(貞觀) 연간에 명경과(明經科)에 급제하여 장안령(長安令)에 올랐다. 고종(高宗)이 무측천(武則天)을 왕후로 삼으려고 하자 장손무기(長孫無忌), 저수량(褚遂良) 등과 비밀스럽게 논의했는데, 일이 새나가 서주도독부장사(徐州都督府長史)로 좌천되었다. 인덕(麟德) 2년(665년) 안서도호(安西都護)에 발탁되고, 나중에 이부시랑(吏部侍郞)으로 옮겼다. 인재를 뽑을 때 사람을 잘 알아보는 능력이 있었다. 의봉(儀鳳) 2년(677년) 안무대식사(安撫大食使)가 되어 파사왕자(波斯王子)를 귀국시킨다는 명분 아래 서돌궐(西突厥)을 습격하여 십성가한(十姓可汗) 아사나도지(阿史那都支)를 사로잡았다. 예부상서(禮部尙書)에 오르고, 검교우위대장군(檢校右衛大將軍)을 겸했다. 조로(調露) 원년(679년) 정양도행군대총관(定襄道行軍大總管)이 되어 돌궐 아사덕온부(阿史德溫傅)를 토벌했다. 반간계를 써서 아사나복념(阿史那伏念)으로 하여금 아사덕온부를 사로잡아 투항하게 했다. 시중(侍中) 배염(裵炎)이 그 공을 시기하여 저자에서 복념과 온부의 목을 베었다. 이에 병을 핑계로 나오지 않았다. 시호는 헌(獻)이다. 초서와 예서에 정통했다. 저서에 《배행검집(裵行儉集)》·《선보(選譜)》·《초자잡체(草字雜體)》 등이 있었지만 없어졌다(중국역대인명사전).

6 문명(文名): 글을 잘 하여 드러난 명성.

7 기식(器識): 도량과 견식(見識).

8 문예(文藝): 학문과 예술.

9 문재(文才): 글재주.

10 부조(浮躁): 성질이 아주 들뜨고 방정맞음.

11 천로(淺露): 얕아서 감추어지지 못하고, 겉으로 드러남. 깊지 못하여 비어짐.

12 침정(沈靜): 성정이 차분히 가라앉고 조용함.

13 영종(令終): 일생을 잘 마침.

번소 王왕勃볼와 楊양炯형과 盧로照죠鄰린과 駱락賓빈王왕과 네 사르미 다 글ᄒᆞᄂᆞ다 ᄒᆞᄂᆞᆫ 소릐 나 네 호걸이라 니ᄅᆞ더니 裵빈行힝儉검이 닐오ᄃᆡ 기르 크게 도욀 사ᄅᆞᄆᆞᆫ 도국과 슬거오미 몬졔오 글지조ᄂᆞᆫ 후엣 이리니 이 사ᄅᆞᆷ돌히 비록 글ᄒᆞᄂᆞᆫ 지죄 이셔도 긔량이 ᄲᆞᄅᆞ고 엳타오니 엇디 벼스를 누릴 그르시리오 이 듕에 楊양炯형이ᄂᆞᆫ 심팀ᄒᆞ고 안졍ᄒᆞ니 슈령長댱 ᄲᅧ스론 ᄒᆞ려니와 그 나ᄆᆞᆫ 사ᄅᆞᄆᆞᆫ 이대 주구미 쉽디 몯ᄒᆞ니라 ᄒᆞ더니 후에 勃볼ᄋᆞᆫ 南남海힝예 ᄲᅡ디여 죽고 照죠鄰린ᄋᆞᆫ 潁영水슈예 ᄠᅱ여드러 죽고 賓빈王왕ᄋᆞᆫ 죄 니버 죽고 炯형은 盈영川쳔ㅅ 고을 슈령이란 벼슬ᄒᆞ여 주그니 다 行힝儉검의 닐온 말 ᄀᆞᆮ더라

현대역 王勃과 楊炯과 盧照鄰과 駱賓王 네 사람이 다 글한다 하는 소리 나서 네 호걸이라 이르더니, 裵行儉이 이르되, "길이 크게 될 사람은 도량과 슬기로움이 먼저요, 글재주는 후의 일이니, 이 사람들이 비록 글하는 재주가 있어도, 기량이 빠르고 열으니, 어찌 벼슬을 누릴 그릇이리오. 이 중에 양형이는 *深沈*하고 *安靜*하니 令長의 벼슬은 하려니와, 그 나머지 사람은 잘 죽음이 쉽지 못하니라." 하더니, 후에 발은 남해에 빠지어 죽고, 조린은 潁水에 뛰어들어 죽고, 빈왕은 죄 입어 죽고, 형은 盈川의 고을 슈이란 벼슬하여 죽으니, 다 행검이 이른 말 같더라.

1 글ᄒᆞᄂᆞ다: 글한다. '글ᄒᆞ(어간)+ᄂᆞ(직설법 선어말어미)+다(평서형 종결어미)'이다. 직설법 선어말어미 'ᄂᆞ'가 삽입됨으로써 동사임을 분명히 하고 있다. '-ᄂᆞ다'는 동사 어간 뒤에 붙어, '-ㄴ다'나 '-는다'를 뜻하는 어미이다. 靑衣를 브려 긔별아라 오라 ᄒᆞ시니 羅睺羅 ᄃᆞ려다가 沙彌 사모려 ᄒᆞᄂᆞ다 홀써.《석상 6:2》, 婆羅門이 닐오ᄃᆡ 내 보아져 ᄒᆞᄂᆞ다 ᄉᆞᆯ바써.《석상 6:14》

2 도국: 도량. 그릇. 본. 기르 크게 도욀 사ᄅᆞᄆᆞᆫ 도국과 슬거오미 몬졔오 글지조ᄂᆞᆫ 후엣 이리니(士之致遠 先器識而後文藝).《번소 10:11》, 範 도국 범.《신합 하:36》, 模 도국 모 樣 도국 양.《신합 하:51》

3 슬거오미: 슬기로움이. '슬거오(어간)+ㅁ(명사형 어미)+이(주격 조사)'이다. 현대

국어 ‘슬기롭다’와 뜻이 같은 옛말 ‘슬갑다’는 15세기 문헌에서부터 나타난다. ‘슬갑다’의 음성 모음 짝인 ‘슬겁다’는 16세기 문헌에 나타난다. 19세기에는 ‘슬긔롭다’가 나타나기 시작한다. ‘슬긔롭다’는 명사 ‘슬기’에 접사 ‘-롭-’이 결합된 형용사이다. ‘슬긔’는 18세기부터 명사로 나타났다. ‘슬긔롭-’은 ‘슬긔럽-’으로 표기되기도 한다. 명사가 파생명사의 어근이 될 때 ‘-롭-’이 결합하는 경우가 많은 것으로 미루어 ‘슬긔럽-’은 ‘슬긔롭-’에서 변동된 것일 가능성이 크다. ‘밋그럽-’, ‘부드럽-’ 등과 같은 형용사 어간의 마지막 음절들에 유추되었을 가능성이 있으나 정확한 변화 원인은 확정하기 어렵다. ‘긔’가 ‘기’로 표기된 ‘슬기롭다’는 20세기 이후에 나타나 현재에 이르렀다. 슬갑다(15세기~18세기)〉슬겁다(16세기)/슬긔롭다(19세기)/슬긔럽다(19세기)〉슬기롭다(20세기~현재). 이형태: 슬갑-, 슬겁-, 슬거오-, 슬긔롭-, 슬긔러오-. 미친 사ᄅᆞᆷ 다시 일훔지호ᄃᆡ 어리다 슬갑다 ᄒᆞ리잇고.《1461 능엄 4:37ㄱ》, 슬갑다 伶俐.《1669 어록-개 7ㄱ》, 슬긔롭다 智.《1865 주년 102ㄴ》

4 열타오니: 열으니. ‘엳ㅌ(어간)+오니(연결어미)’이다. 어간이 중철 표기되었다. 현대국어 ‘열다’의 옛말인 ‘녙다’는 15세기 문헌에서부터 나타난다. ‘녙다’는 자음으로 시작하는 어미와 결합할 때에는 팔종성법에 따라 ‘녇-’으로 나타났다. 16세기에 반모음 ‘ㅣ’ 앞에서 ‘ㄴ’이 탈락한 ‘엳다’ 형태가 등장하여 현재에 이르렀다. 한편 근대국어 시기에는 종성의 ‘ㄷ, ㅌ’을 ‘ㅅ’으로 표기하는 경향이 있어서 17~19세기 문헌에는 ‘엳-, 엳-’을 ‘엿-’으로 표기한 예가 나타나며, ‘엿ㅌ-’으로 중철 표기한 예도 나타난다. 녙다(15세기~16세기)〉열다(16세기~현재). 이형태: 녙-, 녇-, 엳-, 엳-, 엿-, 엿ㅌ-. 큰 므레 ᄠᅥ가다가도 일후믈 일ᄏᆞᄅᆞ면 즉자히 녀튼 ᄯᅡ해 어드리어며.《1447 석상 21:2ㄴ》, 世間法엣 門은 녇고 室은 기픔 굳디 아니ᄒᆞ니.《1465 원각 상1-2:105ㄱ》, 天下엣 學이 여트며 좁으며 고집ᄒᆞ며 거리ᄭᅵᆫ 이 아니면 반ᄃᆞ시 이예 드ᄂᆞ니라《1588 소언 5:120ㄱ》

5 심팀ᄒᆞ고: 심침(深沈)하고. 깊숙하고 조용하고.

6 안졍ᄒᆞ니: 안정(安靜)하니. 육체적 또는 정신적으로 편안하고 고요하니.

소언 王왕勃볼와 楊양炯형과 盧로照죠隣린과 駱락賓빈王왕[네 사ᄅᆞᆷ은 다 唐당 적 사ᄅᆞᆷ이라]이 다 글 ᄒᆞᄂᆞᆫ 일홈이 인ᄂᆞᆫ 디라 닐오ᄃᆡ 네 호걸이라 ᄒᆞ더니 裵븨行ᄒᆡᆼ儉검이 ᄀᆞᆯ오ᄃᆡ 션ᄇᆡ 멀리 닐위ᄂᆞᆫ 이ᄂᆞᆫ

그릇과 디식을 몬져 ᄒᆞ고 글과 ᄌᆡ조ᄅᆞᆯ 후에 ᄒᆞᄂᆞ니 勃볼의 뉴ᅵ 비록 글ᄌᆡ죄 이시나 부경ᄒᆞ고 조급ᄒᆞ고 연가와 드러나니 엇디 벼슬이먀 祿록을 누릴 그르시리오 楊양子ᄌᆞᄂᆞᆫ 심팀ᄒᆞ고 안졍ᄒᆞ니 응당히 슈령이며 長댱[젹은 고올 원이라]은 어드려니와 남ᄋᆞᆫ 이ᄂᆞᆫ 됴히 주금을 어돔이 幸ᄒᆡᇰᄒᆞ니라 ᄒᆞ더니 그 후에 勃볼ᄋᆞᆫ 南남海ᄒᆡ예 ᄲᅡ디고 照죠隣린ᄋᆞᆫ 穎영水슈에 들어 죽고 賓빈王왕ᄋᆞᆫ 주김을 닙고 炯형은 盈영川쳔슈령에 ᄆᆞᄎᆞ니 다 行ᄒᆡᇰ儉검의 말 ᄀᆞᄐᆞ니라

현대역 왕발과 양형과 노조린과 낙빈왕[네 사람은 다 唐 때 사람이라.]이 다 글 하는 이름이 있는 것이다. 이르되 네 호걸이라 하더니, 배행검이 가로되, "선비가 멀리 이르는 이는 그릇과 지식을 먼저 하고, 글과 재주를 후에 하니, 발의 부류가 비록 글재주가 있으나, 浮輕하고 조급하고 열어 드러나니, 어찌 벼슬이며 녹을 누릴 그릇이리오. 楊子는 심침하고 안정하니 응당히 슈이며 長[적은 고을 원이라.]은 얻으려니와, 나머지 이는 좋게 죽음을 얻음이 다행이니라." 하더니, 그 후에 발은 남해에 빠지고, 조린은 영수에 들어 죽고, 빈왕은 죽임을 입고, 형은 盈川슈에 마치니, 다 행검의 말 같으니라.

1 부경ᄒᆞ고: 부경(浮輕)하고. 하는 짓이나 태도가 들뜨고 경솔하고.

2 연가와: 열어. '연가오(어간)+아(연결어미)'이다. '엳갑다'는 '엳다'의 옛말이다. 보미 엳갑고 아논 일 져근 사ᄅᆞ미(淺見薄識的人).《杜초 상: 23》

【集解】行儉의字는守約이니絳州人이라器識은器局識量也라令終은善終也라

행검의 자는 수약이니, 강주 사람이다. 器識은 器局과 識量이다. 令終은 잘 죽음이다.

漢字 絳(진홍색 강)

1 기국(器局): 재능과 도량.

2 식량(識量): 식견과 도량.

〖六十一章〗

○孔戡堪이於爲義예ᄂᆞᆫ若嗜慾ᄒᆞ야不顧前後ᄒᆞ고於利與祿則畏避退怯ᄒᆞ야如懦糯夫然ᄒᆞ더라 《昌黎集 墓誌》

●孔戡이 의를 행함에는 욕심을 즐기듯이 하여 앞뒤를 돌아보지 아니하고, 이익과 녹봉에는 두려워 피하고 물러나 겁내어, 나약한 사람과 같은 듯했다.

漢字 戡(이길 감), 嗜(즐길 기), 慾(욕심 욕), 怯(겁낼 겁), 懦[나약할 나(유)], 糯(찰벼 나)

번소 孔공戡감이 올ᄒᆞᆫ 일 ᄒᆞ기예ᄂᆞᆫ 즐기ᄃᆞᆺᄒᆞ며 탐ᄒᆞᆫ ᄃᆞᆺᄒᆞ야 앏뒤 도라보디 아니ᄒᆞ야 ᄒᆞ고 利리와 祿록과애난 저허 피ᄒᆞ야 믈러가믈 섬쌔온 사ᄅᆞ미 양 ᄀᆞᆮ더라

현대역 孔戡이 옳은 일 하기에는 즐기는 듯하며 탐하는 듯하여 앞뒤 돌아보지 아니하여 하고, 이익과 녹봉에는 두려워하여 피하여 물러감을 나약한 사람의 樣 같더라.

1 섬쌔온: 나약한. '섬쌔오(어간)+ㄴ(관형사형 어미)'이다. '섬썹다'의 어간 '섬썹-'이 어미 '-ㄴ' 앞에서 '섬쌔오-'로 교체되었다. '섬썹다'는 '나약하다'의 옛말이다. 섬썹고 놀라온슨 秋天에 기리기로다.《青 p. 93》

2 양: '양(樣)'의 옛말이다. '양'은 주로 어미 '-은', '-는'이나 조사 '의' 뒤에 쓰여, 어떤 모양을 하고 있거나 어떤 행동을 짐짓 취함을 나타내는 말. 얼이 빠진 양 구경하다.

소언 孔공戡감[唐당 적 사ᄅᆞᆷ이라]이 올ᄒᆞᆫ 일 ᄒᆞ기예ᄂᆞᆫ 즐기며 욕심 ᄀᆞᆮᄒᆞ야 앏뒤ᄒᆞᆯ 돌보디 아니ᄒᆞ고 利리와 다ᄆᆞᆺ 祿록애ᄂᆞᆫ 저허 避피ᄒᆞ

며 믈러나 惕겁ᄒᆞ야 섭섀운 사ᄅᆞᆷ ᄀᆞᆮᄒᆞᆫ ᄃᆞᆺᄒᆞ더라

현대역 공감[唐 때 사람이라.]이 옳은 일 하기에는 즐기며 욕심(내는 것) 같아서 앞뒤를 돌아보지 아니하고, 이익과 더불어 녹에는 두려워 피하며 물러나 겁내어 나약한 사람 같은 듯이 하더라.

【集解】戡의字는君勝이니孔子三十八世孫이라

戡의 자는 군승이니, 공자의 38세손이다.

【增註】懦는柔弱也니言其勇於爲義而怯於趨利祿也라

懦는 유약함이니, 그가 의를 행함에는 용감하되, 이익과 봉록을 좇음에는 겁냄을 이른다.

漢字 趨(좇을 추, 달릴 추)

【六十二章】

○柳公綽이居外藩ᄒᆞᆯ싀其子ㅣ每入境애郡邑이未嘗知ᄒᆞ고旣至ᄒᆞ야每出入에常於戟門外예下馬ᄒᆞ며呼幕賓爲丈ᄒᆞ야皆許納拜ᄒᆞ고未嘗笑語款洽ᄒᆞ더라 《柳氏家訓》

●柳公綽이 外藩에 있을 때에, 그 아들이 매번 境內로 들어옴에 郡邑이 일찍이 알지 못했고, 이미 이르러서는 매번 출입함에 항상 戟門 밖에서 말을 내렸으며, 막사의 손님들을 부르기를 어르신이라 하여 모두 절을 받도록 허락하고, 일찍이 웃거나 말하거나 정성스럽거나 흡족하게 하지 않았다.

漢字 綽(너그러울 작), 藩(번진 번, 울타리 번, 휘장 번), 戟(창 극), 納(들일 납), 款(정성 관), 洽(흡족할 흡)

유공작(柳公綽, 763년~832년): 하동절도사(河東節度使) 유공작(柳公綽)의 선

행이 〈선행(善行) 제6〉 제51장에 소개되어 있다.

번소 柳류公공綽쟉이 졀도ᄉᆞ ᄒᆞ여 이실 제 제 아ᄃᆞ리 ᄆᆡ양 그 디경에 드러도 각 고올히 아디 몯ᄒᆞ더니 게 니르러도 ᄆᆡ양 나들 저긔 살문 밧씌셔 ᄆᆞᆯ ᄇᆞ리며 겟 관원돌ᄒᆞᆯ 블로ᄃᆡ 얼우신니라 ᄒᆞ야 다 저를 받게 ᄒᆞ고 게 가 우숨 우ᅀᅥ 말ᄉᆞᄆᆞᆯ 친친히 ᄒᆞ디 몯게 ᄒᆞ더라

현대역 柳公綽이 절도사 하여 있을 때, 자기 아들이 매양 그 地境에 들어도 각 고을이 알지 못하더니, 거기 이르러도 매양 나고들 때에 살문 밖에서 말을 내리며, 거기의 관원들을 부르되 어르신이라 하여, 다 절을 받게 하고, 거기에 가 웃음 웃어 말씀을 찬찬히 하지 못하게 하더라.

1 디경: '지경(地境)'의 옛말이다. 일정한 테두리 안의 땅.

2 겟: 거기의. '게(대명사)+ㅅ(관형격 조사)'이다. 현대국어 '게'는 15세기 문헌에서부터 '게'로 나타나 현재까지 그대로 이어진다. 生薑과 蘆根과를 디허 汁을 取ᄒᆞ야 만히 머그면 됴ᄒᆞ니 게 毒도 이 藥으로 고티ᄂᆞ니라.《1466 구방 하:57ㄱ》, 텽 ᄉᆞ이예 잇다감 댱으로 ᄀᆞ리와 자며 쉴 ᄡᅡ홀 ᄆᆡᆼᄀᆞ라 시시예 게 드러 누워 쉬오 도로 모다 말ᄒᆞ더라.《1518 번소 9:75ㄱ》

3 살문: 살문. 살을 가로세로 넣어서 짠 문을 통틀어 이르는 말. 대문(大文)의 '극문(戟門)'을 번역한 말이다. '극문(戟門)'은 【集說】에 '其門 得列戟 故曰戟門'이라 했으니, '창을 늘어놓는 문', 또는 넓게 '번진(藩鎭)의 문'을 뜻한다.

소언 柳류公공綽쟉이 밧번딘[졀도ᄉᆞ 인ᄂᆞᆫ ᄃᆡ라]에 이실 제 그 아ᄃᆞᆯ이 ᄆᆡ양 디경에 들옴애 고올돌히 일즉 아디 몯ᄒᆞ고 이믜 니르러 ᄆᆡ양 나들 적에 샹녜 살門문 밧씌셔 ᄆᆞᆯ ᄇᆞ리며 막하읫 손돌ᄒᆞᆯ 블로ᄃᆡ 얼운이라 ᄒᆞ야 다 절을 받게 ᄒᆞ고 일즉 우움 웃고 말솜ᄒᆞ기를 관곡ᄒᆞ야 흐믓ᄒᆞ게 아니ᄒᆞ더라

현대역 柳公綽이 밖 번진[절도사 있는 데라.]에 있을 때, 그 아들이 매양 지경에 들어옴에 고을들이 일찍 알지 못하고, 이미 이르러 매양 나고들 때에

늘 살문 밖에서 말을 내리며, 막하의 손들을 부르되 어른이라 하여, 다 절을 받게 하고, 일찍 웃음 웃고[웃거나] 말씀하기를 관곡(款曲)하여 흐뭇하게 아니하더라.

1 밧번딘: 변방에 있는 번진. '밧'과 '번딘'으로 이루어진 합성명사이다. '밧'은 '밖'의, '번딘'은 '번진(藩鎭)'의 옛말이다. 따라서 '밧번딘'은 '변방에 있는 번진'을 뜻한다. '번진(藩鎭)'은 '외번(外藩)'이라고도 하는데, 중국 당나라 때, 변방에 설치하여 군대를 거느리고 그 지방을 다스리던 관아. 또는 그 으뜸 벼슬을 말한다. 달리 '절도사(節度使)'로도 불렸다. 8세기 초에 북방민족의 침입을 막기 위하여 변경의 요지(要地)에 둔 군단(軍團)의 사령관(司令官)이다. 안녹산(安綠山)의 난 후에는 나라 안의 요지에도 두어, 군정(軍政) 뿐만 아니라 민정·재정(財政)까지도 겸하게 되어 강력하고 큰 권한을 가졌다. 송(宋)나라 초기에 이를 폐지했다.

2 관곡ᄒᆞ야: 관곡(款曲)하여. 매우 정답고 친절하여.

【集說】陳氏曰外藩은謂節度使니取屛蔽之義也라其門에得列戟이라故로曰戟門이라納은受也라

진 씨가 말하였다. "外藩은 절도사를 이르니, 병풍처럼 가린 뜻을 취함이다. 그 문에 능히 창을 벌려놓았다. 그러므로 戟門이라 말함이다. 納은 받음이다."

漢字 屛(병풍 병, 가릴 병), 蔽(가릴 폐)

【六十三章】

○柳仲郢이以禮律身ᄒᆞ야居家애無事ㅣ라두亦端坐拱手ᄒᆞ며出內齋예未嘗不束帶ᄒᆞ더라三爲大鎭호ᄃᆡ廐無良馬ᄒᆞ며衣不熏香ᄒᆞ고公退예必讀書ᄒᆞ야手不釋卷ᄒᆞ더라《柳氏家訓》

●柳仲郢이 예로써 몸을 다스려, 집에 있음에 일이 없더라도 또한 단정히

앉아 손을 꽂으며, 서재에서 나옴에 일찍이 띠를 묶지 않음이 없었다. 세 번 큰 藩鎭이 되었는데 마구간에는 좋은 말이 없었으며, 옷에는 향내를 풍기지 않았고, 공무에서 물러나옴에 반드시 책을 읽어 손에서 책을 놓지 아니하였다.

漢字 郢(땅이름 영), 律(다스릴 률), 拱(두 손 맞잡을 공), 廐(마구간 구), 熏(향내 풍길 훈, 향내 훈, 연기 낄 훈, 향 피울 훈), 釋(놓을 석, 풀 석)

1 유중영(柳仲郢): 유공작의 아들인 유중영의 선행이 〈선행(善行) 제 6〉 제51장에 소개되어 있다.
2 공수(拱手): 왼손을 오른손 위에 놓고 두 손을 마주 잡아, 공경의 뜻을 나타내는 예.

번소 柳류仲듕郢령이 례도앳 일로 모ᄆᆞᆯ 가져ᄒᆞ녀 지븨 이셔 일 업슨 제도 졍다이 안자 ᄇᆞᆯ뎡 곳고 안밠의 날 저기어든 ᄯᅴ 아니 ᄯᅴᆫ 저기 업스며 세 번 졀도ᄉᆞ 호ᄃᆡ 오ᄒᆡ양의 됴ᄒᆞᆫ ᄆᆞ리 업스며 오ᄉᆞᆯ 약내 내디 아니ᄒᆞ며 공ᄉᆞ 파ᄒᆞ고 믈러와 의식 그ᄅᆞᆯ 닐거 소내 ᄎᆡᆨ을 노티 아니ᄒᆞ더라

현대역 柳仲郢이 예도의 일로 몸을 단속하여, 집에 있어 일 없는 때도 단정히 앉아 팔짱 꽂고, 안방에서 나올 때거든 띠 아니 띤 때가 없으며, 세 번 절도사 하되 외양간에 좋은 말이 없으며, 옷을 약내 내지 아니하며, 公事 파하고 물러나와 반드시 글을 읽어, 손에 책을 놓지 아니하더라.

1 모ᄆᆞᆯ 가져ᄒᆞ녀: 몸을 단속하여. 원문 '律身'을 번역한 말이다. '율신(律身)'은 '자기 자신을 단속함'을 뜻한다. 《소학언해》에서는 '몸ᄋᆞᆯ 다ᄉᆞ려'로 번역하였다.
2 ᄇᆞᆯ뎡: 팡짱. 현대국어 '팔짱'의 옛말인 'ᄇᆞᆯ뎡'은 15세기 문헌에서부터 나타난다. 'ᄇᆞᆯ뎡'은 '팔'을 의미하는 명사 'ᄇᆞᆯㅎ'과 접미사 '-뎡'이 결합한 것이다. 명사 'ᄇᆞᆯ'은 15세기 당시 ㅎ종성 체언으로 'ㄱ, ㄷ'이나 모음이나 매개모음으로 시작하는 조사가 결합할 때에는 'ᄇᆞᆯㅎ'으로 나타난다. 이와 같은 ㅎ종성 체언은 16세기에 어두 유기음화를 겪었는데 'ᄇᆞᆶ'도 16세기에 어두 유기음화를 겪어 'ᄑᆞᆯ'이 되었다.

‘ᄇᆞᆯ뎌ᇰ’이 16세기에 ‘ᄑᆞᆯ뎌ᇰ’으로 나타난 것은 ‘ᄇᆞᆯㅎ’이 어두 유기음화를 겪었기 때문이다. 같은 시기 제2음절의 끝소리 ‘ㆁ’이 ‘ㅇ’으로 표기되면서 16세기에 ‘ᄑᆞᆯ뎡’이 되었다. 이후 17세기에 제2음절의 음성모음 ‘ㅕ’가 양성모음 ‘ㅑ’로 바뀌어 ‘ᄑᆞᆯ댱’이 되었다. 18세기에는 ‘ㄷ, ㅌ’이 ‘ㅣ’나 반모음 ‘ㅣ’ 앞에서 ‘ㅈ, ㅊ’으로 바뀌는 구개음화가 일어났는데, ‘ᄑᆞᆯ댱’도 이러한 변화를 겪어 18세기에 ‘ᄑᆞᆯ쟝’이 되었다. 한편 중세국어에서 근대국어로 넘어오는 시기 치조음이었던 ‘ㅈ, ㅊ’이 경구개음으로 바뀌면서 ‘쟈’와 ‘자’의 발음이 같아졌다. 이와 함께 18세기에는 제1음절의 ‘ㆍ’가 ‘ㅏ’로 변함에 따라 ‘ᄑᆞᆯ쟝’의 제1음절은 ‘팔’이 되고 제2음절 ‘쟝’은 ‘장’과 발음이 같아져 19세기에 ‘팔장’으로 나타난다. 20세기 이후에 제1음절의 말음 ‘ㄹ’의 영향으로 제2음절의 첫소리 ‘ㅈ’이 된소리로 발음된 것이 표기에 반영되면서 현재의 ‘팔짱’이 되었다. ᄇᆞᆯ뎌ᇰ(15세기~16세기)>ᄑᆞᆯ뎌ᇰ(16세기)>ᄑᆞᆯ뎡(16세기~18세기)>ᄑᆞᆯ댱(17세기~18세기)>ᄑᆞᆯ쟝(18세기)>팔장(19세기)>팔짱(19세기~현재). 이형태: ᄇᆞᆯ뎌ᇰ, ᄑᆞᆯ뎌ᇰ, ᄑᆞᆯ뎡, ᄑᆞᆯ댱, ᄑᆞᆯ쟝, 팔쟝. 모ᄃᆞᆫ 邪ㅣ 제 降伏ᄒᆞᄂᆞ니 九重에 ᄇᆞᆯ뎌ᇰ 고잿거든 四海朝宗ᄒᆞᄂᆞᆺ다.《1482 금삼 3:4ㄱ》, 先生ᄋᆞᆯ 길헤 만나 ᄲᆞᆯ리 거러 나아가 바ᄅᆞ 셔 ᄑᆞᆯ뎡 고자 先生이 더블어 말ᄉᆞᆷᄒᆞ거시든.《1588 소언 2:58ㄴ》, 拱 ᄑᆞᆯ뎡 고ᄌᆞᆯ 공.《1576 신합 하:16ㄱ》, ᄑᆞᆯ댱 디ᄅᆞᄂᆞᆫ 거시 므슴 법고.《1669 어록-개 39ㄱ》, 拱手 ᄑᆞᆯ쟝 지르다.《1790 몽해 상:39ㄱ》

3 오ᄒᆡ야ᇰ의: 외양간(間)에. ‘오ᄒᆡ야ᇰ(명사)+의(부사격 조사)’이다. 조사 ‘ᄋᆡ/의’는 관형격 조사와 형태가 같다. ‘ᄋᆡ/의’ 다음에 명사가 오면 관형격, 동사가 오면 부사격으로 구별된다. 현대국어 ‘외양간’의 옛말인 ‘오ᄒᆡ야ᇰ’은 15세기 문헌에서부터 나타난다. ‘오ᄒᆡ야ᇰ’의 제3음절 받침 ‘ㆁ’은 [ŋ]을 나타내던 것이었는데 ‘ㆁ’을 ‘ㅇ’이 대신함에 따라 16세기 문헌에서부터 ‘오ᄒᆡ양’이 보인다. 16세기 후반에 제2음절 이하의 ‘ㆍ’는 ‘ㅡ’로 변하였는데 ‘오ᄒᆡ양’도 이 변화를 겪어 ‘오희양’이 된다. 17세기 문헌부터 ‘외양’이 나타나는데 이는 ‘오희양’에서 모음 사이의 ‘ㅎ’이 탈락되고 음절이 축소되면서 나타난 어형으로 보인다. 19세기 이전에는 ‘외양’만으로 ‘외양간’의 의미를 나타내었는데 19세기 문헌에서는 ‘외양’에 한자어 ‘간(間)’이 결합된 ‘외양ᄭᅡᆫ’이 확인된다. ‘외양ᄭᅡᆫ’은 ‘간(間)’의 한자음을 밝혀 적은 ‘외양간’으로 바뀌어 이것이 현재까지 이어진다. 오ᄒᆡ야ᇰ(15세기~16세기)>외양(17세기~18세기)>외양ᄭᅡᆫ(19세기)>외양간(20세기~현재). 이형태: 오ᄒᆡ양, 오ᄒᆡ양, 오희양, 외양, 외향, 오양, 오향, 외양ᄭᅡᆫ. 馬廐는 오ᄒᆡ야ᅌᅵ라.《1459

월석 2:46ㄴ》, 쇠 오희양의 황칠리어나.《1541 우마 10ㄱ》, 븕나모를 버혀다가 오양의 뻬려 두라.《1541 우마 3ㄴ》, 외양깐 喂養間 《1880 한불 50》

소언 柳류仲듕郢령이 禮례로뻐 몸올 다ᄉᆞ려 집의 이심애 일이 업서도 ᄯᅩ 단졍히 안자 풀뎡 고ᄌᆞ며 안 셔지예 날 적의 일즉 ᄯᅴ ᄯᅴ디 아니티 아니ᄒᆞ더라 세 번 큰 번딘을 호ᄃᆡ 오희양의 됴흔 몰이 업스며 오새 香향 품기디 아니ᄒᆞ고 구의로셔 믈러옴애 반ᄃᆞ시 글을 닐거 손애 칙을 노티 아니ᄒᆞ더라

현대역 柳仲郢이 예로써 몸을 다스려, 집에 있음에 일이 없어도 또 단정히 앉아 팔짱 꽂으며, 안 서재에서 나올 때에 일찍 띠 띠지 아니하지 아니하더라. 세 번 큰 번진(藩鎭)을 하되 외양간에 좋은 말이 없으며, 옷에 향 풍기지 아니하고 관청에서 물러옴에 반드시 글을 읽어 손에 책을 놓지 아니하더라.

【集解】仲郢은嘗爲山南劍南天平三道節度使라故로曰三爲大鎭이라

중영은 일찍이 산남·검남·천평 3도의 절도사가 되었다. 그러므로 세 번 큰 번진이 되었다고 말한 것이다.

漢字 劍(칼 검)

家法에在官ᄒᆞ야不奏祥瑞ᄒᆞ며不度僧道ᄒᆞ며不貸贓吏法ᄒᆞ며凡理藩府에急於濟貧卹孤ᄒᆞ며有水旱이어든必先期假貸ᄒᆞ며廩軍食호ᄃᆡ必精豐ᄒᆞ며逋租를必貰免ᄒᆞ며館傳을必增飾ᄒᆞ며宴賓犒ㅁ到反軍을必華盛ᄒᆞ고而交代之際예食儲帑藏이必盈溢於始至ᄒᆞ며境內예有孤貧衣纓家女ㅣ及笄者ㅣ어든皆爲選婿ᄒᆞ야出俸金爲資裝ᄒᆞ야嫁之ᄒᆞ더라

●가법에, 벼슬에 있으면서 상서로움을 아뢰지 아니하며, 중과 道士에게 度牒을 발부하지 아니하며, 법에 저촉된 부정한 관리를 용서하지 아니하며, 무릇 절도사부를 다스림에 가난한 이를 구제하고 고아를 구휼함을 급히 하며, 수해나 한해가 있거든 반드시 시기에 앞서 너그럽게 빌려주며, 군대 식량을 공급하되 반드시 정하고 풍족하게 하며. 체납한 세금을 반드시 놓아 면제하며, 객사와 역을 반드시 늘리고 꾸미며, 손님에게 잔치하고 군사에게 음식을 베풀어 위로하기를 반드시 화려하고 성대하게 하고, 교대의 즈음에 식량 쌓음과 금고와 창고가 반드시 처음 이를 때보다 차고 넘치게 하며, 경내에 고아와 가난한 사대부 집안의 딸이 비녀 꽂을 나이에 이른 자가 있거든, 모두 위하여 사윗감을 가려 녹봉 돈을 내어 혼수를 만들어 그녀를 시집보냈다.

漢字 奏(아뢸 주), 度(도첩 발부할 도, 건넬 도), 貸(용서할 대), 贓(뇌물 장), 濟(구제할 제), 卹(=恤 구휼할 휼), 旱(가물 한), 假(너그러울 가, 빌려줄 가), 貸(빌릴 대), 廩(공급할 름, 곳집 름), 精(쌀 쓿을 정, 쓿은 쌀 정), 逋(체납할 포, 달아날 포), 租(세금 조), 貰(면제할 세, 놓아줄 세), 館(객사 관), 傳(역 전, 전할 전), 飾(꾸밀 식), 宴(잔치 연), 犒(호궤할 호), 儲(쌓을 저), 帑(금고 탕, 나라곳집 탕), 藏(창고 장, 감출 장), 盈(찰 영), 溢(넘칠 일), 纓(갓끈 영), 笄(비녀 계), 俸(녹봉 봉), 資(재물 자), 裝(꾸밀 장)

1 도첩(度牒): 고려・조선시대에, 새로 승려가 된 사람에게 나라에서 내주던 신분증명서. 입적(入寂) 또는 환속(還俗)을 하면 반납(返納)하여야 했다.
2 장리(贓吏): 뇌물을 받거나 나라나 민간의 재산을 횡령한 벼슬아치를 이르던 말.
3 가대(假貸): 너그럽게 빌려줌.
4 호궤(犒饋): 犒(호궤할 호), 饋(보낼 궤). 군사에게 음식을 베풀어 위로함.
5 의영(衣纓): '의복(衣服)과 갓끈'이라는 뜻으로, 조정의 신하를 비유적으로 이르는 말. 사대부(士大夫).
6 자장(資裝, 資粧): 여자의 단장에 관한 준비품. 혼수(婚需).

번소 가무네 ᄃᆡᄃᆡ로 ᄒᆞᄂᆞᆫ 법에 벼슬ᄒᆞ여셔 祥샹瑞셔로온 거슬 님금씌 엳ᄌᆞᆸ디 말며 즁과 도류와ᄅᆞᆯ 도텹하여 주디 말며 장니 죄 줄 법을 누기디 말며 믈읫 외방 ᄀᆞ올ᄒᆞᆯ 다ᄉᆞ료ᄃᆡ 가난ᄒᆞ니ᄅᆞᆯ 졔도ᄒᆞ며 어버ᅀᅵ 업슨 사ᄅᆞᆷ 에엿비 너규믈 시급히 ᄒᆞ며 ᄒᆡ운이 므리 만커나 ᄀᆞ믈어나 ᄒᆞ거든 미리 ᄇᆡᆨ셩의게 머글 거슬 ᄢᅱ이며 군ᄉᆞ의 머글 곡식을 창고애 녀허두ᄃᆡ 조코 만케 ᄒᆞ며 몯 갑파 잇ᄂᆞᆫ 환자ᄅᆞᆯ 받디 말며 손 드ᄂᆞᆫ 집과 역을 다 됴히 ᄭᅮ며 두며 손이 바드며 군ᄉᆞ 머규믈 다 됴히 호ᄃᆡ 벼슬 ᄀᆞ라 교ᄃᆡ 뎐쟝ᄒᆞᆯ 저긔 고애 잇ᄂᆞᆫ 거시 ᄀᆞᄃᆞᆨ고 나ᄆᆞ미 처ᅀᅥᆷ 올 적두곤 더으게 ᄒᆞ며 그 고을 디경 안해 어버ᅀᅵ 업고 가ᄂᆞᆫᄒᆞᆫ 냥반의 ᄯᆞᆯ이 나 ᄎᆞ니 잇거든 다 사회ᄅᆞᆯ ᄀᆞᆯᄒᆡ오 녹ᄐᆞᆫ 그믈 주어 결속ᄒᆞ야 셔방ᄒᆞ게 ᄒᆞ더라

[현대역] 가문에 대대로 하는 법에, 벼슬하여서 祥瑞로운 것을 임금께 여쭙지 말며, 중과 道流를 度牒하여 주지 말며, 贓吏 죄 줄 법을 눅이지 말며, 무릇 外方 고을을 다스리되, 가난한 이를 濟度하며 어버이 없는 사람 가련히 여김을 시급히 하며, 年運이 물이 많거나 가물거나 하거든 미리 백성에게 먹을 것을 꾸며[빌려주며], 군사가 먹을 곡식을 창고에 넣어두되 깨끗하고 많게 하며, 못 갚아 있는 還子를 받지 말며, 손님 드는 집과 역을 다 좋게 꾸며 두며, 손님을 받들어 바치며 군사 먹음을 다 좋게 하되, 벼슬 갈아 교대 傳掌할 때에 창고에 있는 것이 가득하고 남음이 처음 올 때보다 더하게 하며, 그 고을 地境 안에 어버이 없고 가난한 양반의 딸이 나이 찬 이 있거든, 다 사위를 가리어 녹으로 탄 돈을 주어 혼수를 장만하여 시집가게 하더라.

1 도류: 도가자류(道家者流)의 준말. 즉 도교를 믿고, 그 도를 닦는 사람.

2 누기디: 눅이지. '눅(주동사 어간)+이(사동접사)+디(보조적 연결어미)'이다. '눅다'에 사동접사 '-이-'가 결합된 형태를 연철 표기한 것이다. '눅다'는 '분위기나 기세 따위가 부드러워지다.'를 뜻하니, 사동사인 '누기다'는 '분위기나 기세 따위를 부드럽게 하다.'를 뜻한다. '눅다'와 '누기다'는 15세기 문헌에서부터 나타난다. 18세기에는 '누기다'를 분철 표기한 '눅이다'가 나타나서 현재에 이르렀다. 16세기의 '누키다'는 '눅다'와 접사 '-히-'가 결합한 형태를 연철 표기한 것이다. 18세기의 '눅히다'는 '누키다'를 분철 표기한 것이다. 누기다(15세기~18세기)〉

눅이다(18세기~현재). 이형태: 누기다, 누키다, 눅이다, 눅히다. 그저긔 無數億恒河沙菩薩와 一切 天人 大衆이 各各 ᄆᆞᅀᆞᄆᆞᆯ 누겨.《1447 석상 23:21ㄴ》, 贓吏ㅅ 法을 누키디 아니ᄒᆞ며.《1587 소언 6:63》, 만일에 기름으로 누기디 아니ᄒᆞ며.《1608 언두 하:36ㄱ》

3 외방: 외방(外方). 바깥으로 향하는 쪽.

4 졔도ᄒᆞ며: 제도(濟度)하며. '졔도ᄒᆞ(어간)+며(연결어미)'이다. '졔도ᄒᆞ다'는 '자연적인 재해나 사회적인 피해를 당하여 어려운 처지에 있는 사람을 도와주다.'를 뜻한다, 유의어: 구제(救濟)하다.

5 ᄒᆡ운: 연운(年運). 당해의 운수.

6 ᄢᅱ이며: 꿔며, 빌려주며. 'ᄢᅱ이다'는 'ᄢᅮ다'에 사동접사 '-이-'가 결합하여 'ᄢᅮ이다'가 되고, 줄어서 'ᄢᅱ다'가 된 다음, 다시 사동접사 '-이-'가 결합하여 'ᄢᅱ이다'가 된 것이다. 따라서 사동사 'ᄢᅮ이다'나 'ᄢᅱ다'는 현대국어 '꾸이다'나 '꿔다'로 이어지고, '남에게 다음에 받기로 하고 돈이나 물건 따위를 빌려주다.'를 뜻한다. 'ᄢᅮ이다'는 15세기 문헌에서부터 나타난다. 'ㅴ'의 음가에 대해서는 'ㅂ', 'ㅅ', 'ㄱ'이 모두 발음되었다고 보는 견해(허웅)도 있고, 'ㅂ'과 'ㄱ'의 된소리 'ㅺ'이라고 보는 견해도 있다(이기문). 'ᄢᅮ이다'는 16세기에 들어 어두자음군이 사라지면서 첫소리의 'ㅂ'이 탈락하여 'ᄭᅮ이다'나 'ᄭᅱ이다'가 쓰이고, 'ᄢᅱ이다'가 나타나기도 하였다. 19세기에 들어 'ᄭᅱ이다'가 여전히 쓰이면서, 'ㄱ'의 된소리 표기가 'ㅺ'에서 'ㄲ'으로 변하여 'ᄭᅮ이다'가 '꾸이다'로, 사동접사가 한 개만 붙은 '*ᄭᅱ다'에서 된소리 표기가 'ㅺ'에서 'ㄲ'으로 변하여 '꿔다'로 나타나면서 현재에 이르렀다. ᄢᅮ이다(15세기)〉ᄭᅮ이다(16세기~18세기)〉꾸이다, 꿔다(19세기~현재). 이형태: ᄢᅮ이다, ᄭᅮ이다, ᄡᅮ이다, 꾸이다, 꿔다. 다ᄆᆞᆺ 西ㅅ 녁 ᄒᆡ 서르 ᄢᅮ이디 아니호ᄆᆞᆯ ᄀᆞᄅᆞ치고.《1481 두시-초 3:53ㄴ》, 미리 ᄇᆡᆨ셩의게 머글 거슬 ᄢᅱ이며 군ᄉᆞ의 머글 곡식을 창고애 녀허 두ᄃᆡ 조코 만케 ᄒᆞ며.《1518 번소 10:10》, 믈디며 ᄀᆞ몰이 잇거든 반ᄃᆞ시 젼긔ᄒᆞ야 ᄭᅮ이며.《1587 소언 6:63》, 녀나믄 사ᄅᆞ믄 ᄒᆞᆫ 량의 니쳔 ᄒᆞᆫ 량식 바도려 ᄒᆞ야 ᄭᅱ이거늘.《1510년대 번박 상:34ㄱ》, 이 어엿비 너긴 ᄆᆞᅀᆞᄆᆞᆯ 가져셔 주어 거리쳐 내야 나ᄆᆞᆫ 곡식ᄀᆞ로 가난ᄒᆞᆫ 사ᄅᆞᄆᆞᆯ ᄢᅱ이면.《1518 정속 이 27ㄴ》

7 환자: 환자(還子). 조선시대에, 곡식을 사창(社倉)에 저장하였다가 백성들에게 봄에 꾸어 주고 가을에 이자를 붙여 거두던 일. 또는 그 곡식. 환곡(還穀)이라고도 하는데, 고종 32년(1895년)에 사환(社還)으로 고쳤다.

8 뎐쟝홀: 전장(傳掌)할. '뎐쟝ᄒᆞ다'는 '전임자가 후임자에게 맡아보던 일이나 물건을 넘겨서 맡기다.'를 뜻한다.

소언 家가法법에 벼슬에 이셔 祥샹瑞셔를 드리웁디 아니ᄒᆞ며 즁과 도류를 度도[度도ᄂᆞᆫ 度도牒텹이니 즁이며 도류될 제 귀예셔 ᄒᆞ야 주ᄂᆞᆫ 글월이라]티 아니ᄒᆞ며 贓장吏리[탐ᄒᆞᆫ 관원이라]ㅅ 法법을 누키디 아니ᄒᆞ며 믈읫 번딘 마ᄋᆞᄅᆞᆯ 다ᄉᆞᆯ임애 가난ᄒᆞᆫ 이를 거늘이치며 어버이 업ᄉᆞᆫ 이를 어엿비 너기기를 急급히 ᄒᆞ며 믈디며 ᄀᆞ믈이 잇거든 반ᄃᆞ시 젼긔ᄒᆞ야 ᄭᅮ이며 군ᄉᆞ 머글 거슬 창의 녀호ᄃᆡ 반ᄃᆞ시 精졍ᄒᆞ고 만케 ᄒᆞ며 몯 바틴 공셰를 반ᄃᆞ시 덜며 ᄀᆡᆨ샤와 역을 반ᄃᆞ시 더 ᄭᅮᆷ이며 손 이바디ᄒᆞ며 군ᄉᆞ 머김을 반ᄃᆞ시 빈나며 盛셩케 ᄒᆞ고 交교代ᄃᆡ ᄉᆞ이예 머글 것 뎨튝과 고옛 거시 반ᄃᆞ시 비로소 니를 저긔셔 차 넘어디게 ᄒᆞ며 디경 안ᄒᆡ 어버이 업고 가난ᄒᆞᆫ 됴관의 집 ᄯᆞᆯ이 빈혀 고ᄌᆞᆷ애 다ᄃᆞᄅᆞ니 잇거든 다 위ᄒᆞ야 사회를 ᄀᆞᆯᄒᆡ여 록봉엣 金금을 내여 결속ᄒᆞ야 혼인ᄒᆞ더라

현대역 가법에, 벼슬에 있어 祥瑞를 아뢰지 아니하며, 중과 도류를 度[度는 도첩이니, 중이며 도류가 될 때 관청에서 하여 주는 글월이라.]하지 아니하며, 장리[貪한 관원이라.]의 법을 늑이지 아니하며, 무릇 번진 마을을 다스림에, 가난한 이를 돌보고 보살피며 어버이 없는 이를 가련히 여기기를 급히 하며, 홍수가 나며 가물이 있거든 반드시 前期하여 꿔며[빌려주며], 군사 먹을 것을 창고에 넣되 반드시 精하고 많게 하며, 못 바친 貢稅를 반드시 덜며, 객사와 역을 반드시 더 꾸미며, 손 대접하며 군사 먹임을 반드시 빛나며 성하게 하고, 交代 사이에 먹을 것 저축과 창고에의 것이 반드시 처음 이를 때보다 차 넘치게 하며, 地境 안에 어버이 없고 가난한 朝官의 집 딸이 비녀 꽂음에 다다른 이 있거든, 다 위하여 사위를 가리어 녹봉에의 돈을 내어 혼수를 장만하여 혼인시키더라.

1 샹셔: 상서(祥瑞). 복되고 길한 일이 일어날 조짐. 유의어: 서상(瑞祥). '샹셔'는 16세기 문헌에서부터 나타난다. 이 단어는 근대국어 후기에 'ㅅ' 뒤에서 이중모음 'ㅑ, ㅕ, ㅛ, ㅠ' 등이 반모음 탈락으로 단모음화하는 현상에 따라 '샹'이 '상'으로, '셔'가 '서'로 바뀌어 현재의 어형이 정착되었다. 샹셔(17세기~19세기)〉상서(20세기~현재). 이형태: 샹셔, 샹셰. 벼슬에 이셔 祥샹瑞셔를 드리옵디 아니ᄒᆞ며.《1587 소언 6: 63》, 이 엇던 샹셔오.《1637 권념 22ㄱ》

2 탐ᄒᆞᆫ: 탐(貪)한. 어떤 것을 가지거나 차지하고 싶어 지나치게 욕심을 내는.

3 누키디: 눅이지. '눅다'에 사동접사 '-히-'가 결합된 형태를 연철 표기한 것이다. '눅다'는 '분위기나 기세 따위가 부드러워지다.'를 뜻하니, 사동사인 '누키다'는 '분위기나 기세 따위를 부드럽게 하다.'를 뜻한다. '눅다'에 사동접사 '-이-'가 붙은 '눅이다[누기다]'와 같은 뜻이다. '누기다'에 대해서는 《번역소학》의 같은 장을 참조하기 바란다.

4 거늘이치며: 돌보고 보살피며. '거느리치(어간)+며(연결어미)'이다. '거느리치다'는 '돌보고 보살펴서 살리다.'를 뜻한다. 時世를 거느리츄멘 英俊ᄒᆞᆫ 사ᄅᆞᄆᆞᆯ 혀 ᄡᅮ미 맛당ᄒᆞ니라(濟世宜引英俊人).《두시-초 19:21》, 어려운 제 時節 거느리칠 ᄌᆡ조ᄅᆞᆯ 기피 依仗ᄒᆞ놋다(艱危深仗濟時才).《두시-초 23:31》

5 믈디며: 큰물지며. 홍수가 나며. '믈디(어간)+며(연결어미)'이다.

6 젼긔ᄒᆞ여: 전기(前期)하여. 미리 기한을 정하여.

7 ᄭᅮ이며: 기본형은 'ᄭᅮ이다'로, 'ᄭᅮ다'에 사동접사 '-이-'가 결합한 형이다. 사동사 'ᄭᅮ이다'는 '남에게 다음에 받기로 하고 돈이나 물건 따위를 빌려주다.'를 뜻한다.

8 졍ᄒᆞ고: 정(精)하고. 정성을 들여서 거칠지 아니하고 매우 곱고.

9 공셰: 공세(貢稅). 공물을 하나의 조세로 이르는 말.

10 됴관: 조관(朝官). 조정에서 벼슬살이를 하고 있는 신하. 유의어: 조사(朝士), 조신(朝臣).

【集說】陳氏曰假貸는謂以錢穀借之也라逋는負欠也요蠲는除也라館은館舍요傳은驛遞也라犒는勞也요儲는蓄也라帑藏은皆庫名이니所以貯金帛者라衣纓은猶簪纓也라及笄는年十五者也라吳氏曰不奏祥瑞는恐獻諛於上也요不度僧道는恐異

端惑世也요不貸贓吏는恐貽害於民也라食儲帑藏이盈溢於始至者는出納有稽하고用無所私而致也라

진 씨가 말하였다. "假貸[너그럽게 빌려줌]는 돈과 곡식으로써 그것들을 빌려줌을 이른다. 逋는 빚짐이고, 貰는 면제함이다. 館은 館舍이고, 傳은 驛遞이다. 犒는 위로함이고, 儲는 쌓음이다. 帑과 藏은 모두 곳집 이름이니, 써 돈과 비단을 쌓는 바의 것이다. 衣纓은 비녀와 갓끈과 같다. 及笄[비녀 꽂을 나이에 이른 재는 나이가 열다섯인 자이다." 오 씨가 말하였다. "不奏祥瑞[상서로움을 아뢰지 아니함]는 임금에게 아첨을 드릴까 두려워해서고, 不度僧道[중과 도사에게 度牒을 발부하지 아니함]는 이단이 세상을 미혹할까 두려워해서고, 不貸贓吏[부정한 관리를 용서하지 아니함]는 백성에게 해를 끼칠까 두려워해서다. 食儲帑藏必盈溢於始至者[식량 쌓음과 금고와 창고가 반드시 처음 이를 때보다 차고 넘치게 한다는 것]은 출납에 상고함이 있고, 쓰임에 사사로운 바가 없어서 이루어진 것이다."

漢字 負(빚질 부, 질 부), 欠(빚 흠, 하품 흠, 모자랄 흠), 遞(갈마들 체), 勞(위로할 로), 簪(비녀 잠), 諛(아첨할 유), 貽(끼칠 이), 稽(상고할 계, 헤아릴 계), 致(이룰 치, 이를 치)

역체(驛遞): 역참(驛站)에서 공문을 넘겨주고 받던 일. 또는 공무를 띤 사람을 역에서 역으로 말을 갈아 보내던 일.

〖六十四章〗

○柳玭이曰王相國涯ㅣ方居相位ᄒᆞ야掌利權이러니竇氏女ㅣ歸ᄒᆞ야請曰玉工이貨一釵ᄒᆞ니奇巧ㅣ라須七十萬錢이러이다王이曰七十萬錢은我一月俸金耳니豈於女汝惜이리오但一釵七十萬이此ㅣ妖物也ㅣ라必與禍相隨ㅣ라ᄒᆞᆫ대女子ㅣ不復扶又反敢言ᄒᆞ니라 《柳氏家訓》

● 유변이 말하였다. "왕 상국인 涯가 바야흐로 정승 자리에 있어 利權을 맡았더니, 두 씨에게 시집간 딸이 친정에 돌아와 청하여 말하였다. '옥공이 한 비녀를 파니, 기이하고 공교로워 모름지기 70만 전이라 합니다.' 왕애가 말하였다. '70만 전은 내 한 달 봉급일뿐이니, 어찌 너에게 아깝겠는가? 단지 한 비녀가 70만 전은 이것이 요물이다. 반드시 禍가 더불어 서로 따르리라.' 하였는데, 딸이 다시는 감히 말하지 못했다.

漢字 玭[옥 변(빈)], 涯(물가 애), 掌(맡을 장, 손바닥 장, 주관할 장), 竇(구멍 두), 貨(팔 화, 재물 화), 釵[비녀 차(채)], 妖(괴이할 요), 女(=汝 너 여)

번소 柳류玭변이 닐오ᄃᆡ 王왕涯애라 ᄒᆞᆫ 相샹國국이 뵈야호로 ᄌᆡ샹 도ᄋᆡ야 나라ᄒᆡ 쳔량ᄋᆞᆯ ᄀᆞᅀᆞᆫ[1] 權권을 자밧더니 竇두가ᄋᆡ 며느리 되옛ᄂᆞᆫ ᄯᆞ리 뵈라 와셔 쳥ᄒᆞ야 닐오ᄃᆡ 옥바치 ᄒᆞᆫ 빈혀ᄅᆞᆯ ᄑᆞᄂᆞ니 ᄀᆞ장 공교ᄒᆞ야 모로매 돈ᄂᆞᆯ 칠십만ᄋᆞᆯ 바도려 ᄒᆞᄂᆞ이다 王왕涯애 닐우ᄃᆡ 돈 칠십만은 내 ᄒᆞᆫ ᄃᆞᆯ 녹 ᄐᆞᆫ 그미니 엇디 네게 앗기리오마ᄂᆞᆫ ᄒᆞᆫ 빈혀에 돈 칠십만 이 ᄉᆞ니 이ᄂᆞᆫ 요괴로ᄋᆞᆫ 거시라 이런 거슨 모로매 화란이 좇차 잇ᄂᆞ니라 ᄒᆞ여ᄂᆞᆯ 그 ᄯᆞ리 다시 니르디 몯ᄒᆞ니라

현대역 柳玭이 이르되, "王涯라 하는 相國이 바야흐로 재상 되어 나라의 재물을 주관하는 권력을 잡았더니, 두(竇)가의 며느리 되어 있는 딸이 뵈러 와서 청하여 이르되, '玉工이 한 비녀를 파니, 가장 工巧하여 모름지기 돈을 칠십만을 받으려 합니다.' 왕애가 이르되, '돈 칠십만은 내 한 달 녹 탄 돈이니, 어찌 네게 아끼겠는가마는 한 비녀에 돈 칠십만이 값어치에 해당하니, 이는 妖怪로운 것이라. 이런 것은 모름지기 禍亂이 좇아 있느니라.' 하거늘, 그 딸이 다시 이르지 못하니라.

1 ᄀᆞᅀᆞᆫ: 주관하는. 헤아려 처리하는. 'ᄀᆞᅀᆞᆷ알(어간)+ㄴ(관형사형 어미)'이다. 현대국어 '가말다'의 옛말인 'ᄀᆞᅀᆞᆷ알다'는 15세기 문헌에서부터 나타난다. 'ᄀᆞᅀᆞᆷ알다'는 어원적으로 'ᄀᆞᅀᆞᆷ'과 '알다'가 결합한 것으로, 'ᄀᆞᅀᆞᆷ'과 '알다'가 연철 표기된 'ᄀᆞᅀᆞ말다'로 나타나기도 하는 한편, 분철 표기된 'ᄀᆞᅀᆞᆷ알다'로 나타나기도 하였

다. 'ᄀᆞᅀᆞᆷ알다'는 16세기 이후 'ㅿ'이 표기에서 사라짐에 따라 'ᄀᆞᄋᆞᆷ알다'가 되었고, 17세기 이후 제2음절 이하에서 'ㆍ'가 'ㅡ'로 변함에 따라 'ᄀᆞ음알다'와 같은 형태로 바뀌었다. 제1음절의 'ㆍ'는 근대국어 시기 이후 'ㅏ'와 발음이 구분되지 않아 '가음알다'로도 표기되었다. 19세기 후반 이후 '가음'이 한 음절로 축약된 후 연철 표기됨에 따라 오늘날과 같은 형태인 '가말다'가 되었다. ᄀᆞᅀᆞᆷ알다(15세기~16세기)〉ᄀᆞᄋᆞᆷ알다(16세기~18세기)〉ᄀᆞ음알다(17세기~19세기)〉가음알다(19세기)〉가말다(19세기~현재). 이형태: ᄀᆞᅀᆞᆷ알다, ᄀᆞᅀᆞ말다, ᄀᆞᄋᆞᆷ알다, ᄀᆞᄋᆞ말다, ᄀᆞ음알다, ᄀᆞ으말다, 가음알다, 가음말다, 가말다. 琰魔王이 사ᄅᆞᆷ 罪 주는 法 ᄀᆞᅀᆞᆷ아ᄂᆞᆫ 王일ᄊᆡ 法王이라 ᄒᆞᄂᆞ니라.《1447 석상 9:30ㄱ》, 黃閣애 기리 諫爭호ᄆᆞᆯ ᄀᆞᅀᆞ말리로소니 丹墀예 넷 버디 이시리로다.《1481 두시-초 23:42ㄱ》, 涯ㅣ 보야호로 졍승 位예 이셔 지럿 權을 ᄀᆞᄋᆞᆷ아랏더니.《1588 소언 6:114ㄴ》. 이두로 기록된 문헌에서 'ᄀᆞᅀᆞᆷ알다'는 '次知'로 표기되었으며, 그 일의 행위자 혹은 주관자를 가리킬 때는 'ᄀᆞᅀᆞᆷ알이'로 읽히었다. 즉 'ᄀᆞᅀᆞᆷ알이'는 '어떤 일을 맡은 주관자 혹은 담당자'를 의미한다. 그런데 이두 어휘 '次知'는 현대국어에서는 음독되어 '차지'로 쓰인다. "이건 내 차지고 저건 네 차지다."와 같이 소유나 몫의 의미를 표현하여 그 뜻이 약간 달라졌다. 결론적으로 말하면, 현대국어에서 '次知'의 훈독 어형 '가말다'는 그 쓰임이 매우 드물어졌고 음독 어형 '차지'가 주로 쓰이며 그 의미도 약간 변했다고 할 수 있다.

2 되옛ᄂᆞᆫ: 되어 있는. '되(어간)+여(보조적 연결어미)+잇(在, '잇다'의 어간)+ᄂᆞ(현재 시제 선어말어미)+ㄴ(관형사형 어미)'이다. 완료상은 보조적 연결어미 '-아/어/여'와 보조형용사 '잇다[在]'의 결합으로 표현된다. '여+잇→옛'이 완료상을 나타내는 어미이다. 內豎ᄂᆞᆫ 뫼ᅀᆞ왓ᄂᆞᆫ 혀근 臣下ㅣ라.《내훈 1:39》, 내 바ᄅᆞ 닐오마 길 마갓ᄂᆞᆫ ᄒᆞᆫ 퍼깃 사미 비 오나든 곳 퓌오 ᄇᆞᄅᆞᆷ 글겨든 여름 ᄆᆡᆺᄂᆞᆫ 거셔(我猜着 當路一科麻 下雨開花 刮風結子).《번박 상:40》.

3 옥바치: 옥(玉)장이. 옥바치 ᄒᆞᆫ 빈혀ᄅᆞᆯ ᄑᆞᄂᆞ니 ᄀᆞ장 공교ᄒᆞ야(玉工貨一釵 奇巧).《번소 10:15》

4 공교ᄒᆞ야: 공교(工巧)하여. 솜씨나 꾀 따위가 재치가 있고 교묘하여.

5 ᄒᆞᄂᆞ이다: 합니다. 'ᄒᆞ(어간)+ᄂᆞ(직설법 선어말어미)+이(존비법 ᄒᆞ쇼셔체 선어말어미)+다(평서형 종결어미)'이다. '-ᄂᆞ이다'는 동사, 형용사 어간 뒤에 붙어, 'ᄒᆞ쇼셔' 할 자리에 쓰여, 설명 '-ㅂ니다'를 나타내는 종결어미이다. 六師ㅣ 王ᄭᅴ ᄉᆞᆯ보ᄃᆡ 瞿曇ᄋᆡ 弟子ㅣ 두리여 몯 오ᄂᆞ이다.《석상 6:29》, 阿難이ᄃᆞ려 무르샤ᄃᆡ

迦葉 比丘ㅣ 왯ᄂᆞ니여 阿難이 ᄉᆞᆯᄫᆞᄃᆡ 몯 왯ᄂᆞ이다 ᄒᆞᅀᆞᄫᆞᆫ.《석상 23:39》

6 ᄉᆞ니: 값어치에 해당하니. 'ᄉᆞ(어간)+니(연결어미)'이다. 'ᄉᆞ다'는 '값어치에 해당하다'의 옛말이다. 能ᄒᆞᆫ 官吏ᄅᆞᆯ 두 구스를 맛보니 빗난 이바디ᄂᆞᆫ ᄒᆞᆫ 金이 ᄉᆞ도다(能吏逢雙璧 華筵直一金).《두시-초 15:53》(현대역: 능한 관리는 두 구슬을 맛보니 빛난 잔치는 한 금에 값어치에 해당한다.)

7 요괴로ᄋᆞᆫ: 요괴(妖怪)로운. 요사스럽고 괴이한 듯한.

8 화란: 화란(禍亂). 재앙과 난리를 통틀어 이르는 말.

소언 柳류玭변이 ᄀᆞᆯ오ᄃᆡ 王왕相샹國국[졍승을 닐옴이라] 涯애[唐당적 사ᄅᆞᆷ이라]ㅣ 보야흐로 졍승 位위예 이셔 ᄌᆡ릿 權권을 ᄀᆞ옴아랏더니[이젯 戶호曹조判판書셔 소임이라] 竇두氏시의게 간ᄂᆞᆫ ᄯᆞᆯ이 뵈라 와셔 請쳥ᄒᆞ야 ᄀᆞᆯ오ᄃᆡ 玉옥바치 ᄒᆞᆫ 빈혀ᄅᆞᆯ ᄑᆞ니 긔특고 공교로온 디라 七칠十십萬만 돈을 바도려 ᄒᆞ뎡이다 王왕이 ᄀᆞᆯ오ᄃᆡ 七칠十십萬만 돈ᄋᆞᆫ 내 ᄒᆞᆫ ᄃᆞᆯ 록봉앳 金금이니 엇디 네게 앗기리오 다ᄆᆞᆫ ᄒᆞᆫ 빈혀에 七칠十십萬만이 이 요괴로온 거시라 반ᄃᆞ시 화란으로 더브러 서르 조ᄎᆞ리라 ᄒᆞᆫ대 ᄯᆞᆯ이 다시 敢감히 니르디 몯ᄒᆞ니라

현대역 유변이 가로되, "왕 상국[정승을 이름이라.] 涯[唐 때 사람이라.]가 바야흐로 정승 자리에 있어 財利의 권력을 주관하였더니[이제의 호조판서 소임이라.] 두 씨에게 간 딸이 보러 와서 청하여 가로되, '옥공이 한 비녀를 파니, 기특하고 공교로운지라 칠십만 돈을 받으려 했습니다.' 왕애가 가로되, '칠십만 돈은 내 한 달 녹봉에의 돈이니, 어찌 네게 아끼리오. 다만 한 비녀에 칠십만이 이 요괴로운 것이라. 반드시 화란으로 더불어 서로 좇으리라.' 하니까, 딸이 다시 감히 이르지 못하니라.

1 ᄌᆡ릿: 재리(財利)의. 'ᄌᆡ리(명사)+ㅅ(관형격 조사)'이다. 'ᄌᆡ리'는 '재물과 이익을 아울러 이르는 말'이다.

2 ᄒᆞ뎡이다: 했습니다. 'ᄒᆞ(어간)+더(회상법 선어말어미)+이(존비법 ᄒᆞ쇼셔체 선어말어미)+다(평서형 종결어미)'와 같은 표현으로, '더이다'는 '-었습니다'를 뜻

한다. ᄒᆞᆫ ᄉᆞ랑ᄒᆞᄂᆞᆫ 아기아ᄃᆞ리 양ᄌᆞ며 ᄌᆡ죄ᄒᆞᆫ 그티니 그딋 ᄯᆞᄅᆞᆯ 맛고져 ᄒᆞ더이다.《석상 6:15》, 즉자히 王ᄭᅴ 가 ᄉᆞᆯ보ᄃᆡ 六師ㅣ 겻구오려 ᄒᆞ거든 제 ᄒᆞᆯ 양ᄋᆞ로 ᄒᆞ라 ᄒᆞ더이다.《석상 6:27》

【集解】涯의字는廣津이니唐文宗朝에拜相하니라掌利權은謂居相位하고又兼度支鹽鐵榷茶等使也라竇氏女는涯女니嫁竇訓爲妻也라歸는謂歸寧이라熊氏曰妖物必與禍隨는名言也라蓋妖巧之物은人必貪競하니固有召禍之道也니라

涯의 자는 광진이니, 당나라 문종 조에 정승에 제수되었다. 掌利權[이권을 맡음]은 정승 자리에 있고, 또 탁지·염철·각다 등의 使를 겸함을 이른다. 竇氏女는 涯의 딸이니, 두훈에게 시집가 아내가 되었다. 歸는 歸寧을 이른다. 웅 씨가 말하였다. "妖物必與禍隨[요망한 물건은 반드시 禍가 더불어 따름]는 名言이다. 대개 괴이하고 공교한 물건은 사람이 반드시 탐내어 겨루니, 진실로 재앙을 부르는 도가 있다."

漢字 津(나루 진), 拜(제수할 배, 벼슬 내릴 배), 榷(전매할 각, 칠 각), 寧(친정 갈 녕)

귀녕(歸寧): 시집간 딸이 친정에 가서 부모를 뵘.

數月에女ㅣ自婚姻會로歸ᄒᆞ야告王曰前時釵ㅣ爲馮外郎妻首飾矣라ᄒᆞ니乃馮球求也ㅣ라王이嘆曰馮이爲郎吏ᄒᆞ야妻之首飾이有七十萬錢ᄒᆞ니其可久乎아馮이爲賈相餗速의門人이라最密ᄒᆞ더니賈有蒼頭ㅣ頗張威福이어늘馮이召而勗旭之러니未浹旬에馮이晨謁賈ㅣ어늘有二青衣ㅣ捧地黃酒ᄒᆞ야出飮之ᄒᆞᆫ대食頃而終ᄒᆞ니賈爲出涕호ᄃᆡ竟不知其由ᄒᆞ니라

● 여러 달 뒤에 딸이 혼인모임으로부터 돌아와 王涯에게 고하여 말하였다. '지난번의 비녀가 풍 외랑의 아내의 머리장식이 되었습니다.' 하니, 곧 풍구

였다. 왕애가 탄식하여 말하였다. '풍구가 郎吏가 되어 아내의 머리장식에 70만 전을 두었으니, 그가 가히 오래 가겠는가?' 풍이 賈相 餗의 문인이 되어 가장 친밀하더니, 賈에게는 노비가 자못 위엄과 복록을 베푸는 자가 있었거늘, 풍이 불러 그를 강요했더니, 두루 미침이 열흘이 되지 않음에 풍이 새벽에 賈를 뵈러 갔거늘, 어떤 두 종이 있어 地黃酒를 받들고 나와서 그것을 마시게 하였는데, 잠깐 동안에 죽으니, 賈가 위하여 눈물을 흘렸으되, 마침내 그 연고를 알지 못했다.

漢字 馮(성 풍), 球(공 구, 옥 구), 賈(앉은장사 가). 餗(솥 안 음식 속), 蒼(푸를 창), 張(베풀 장), 朂(강요할 욱, 힘쓸 욱, 권면할 욱), 浹(두루 미칠 협), 晨(새벽 신), 謁(뵐 알), 有(어떤 유), 捧(받들 봉), 頃(이랑 경), 更(끝내 경)

1 창두(蒼頭): 사내종.

2 식경(食頃): '밥을 먹을 동안'이라는 뜻으로, '잠깐 동안'을 이르는 말.

번소 두서 돌마ᄂᆡ ᄯᆞ리 婚혼姻인ᄒᆞᆫ 몯ᄀᆞ지예 녀러와셔 王왕涯애 더브러 닐오ᄃᆡ 아래 니ᄅᆞ던 그 빈혀 外외郎랑 ᄡᅧ슬ᄒᆞ여 인ᄂᆞᆫ 馮풍球구의 겨집비 사 머리예 고자 잇더이다 ᄒᆞ여ᄂᆞᆯ 王왕涯애 탄ᄒᆞ야 닐오ᄃᆡ 馮풍球구ㅣ ᄂᆞᆺ가온 벼슬ᄒᆞ야셔 겨지븨 머리예 ᄭᆞ민 거시 돈 칠십만이 ᄉᆞ거니 엇디 오라리오 ᄒᆞ더니 馮풍球구ㅣ 賈가餗속이랏 ᄌᆡ샹의 지븨 드나ᄃᆞᄂᆞᆫ 손이 되여 ᄀᆞ장 친히 ᄒᆞ더니 賈가餗속의 죵이 ᄀᆞᆯ외여 사ᄅᆞᄆᆞᆯ 주기며 사ᄅᆞ며 ᄒᆞᄂᆞᆫ 유셰ᄅᆞᆯ ᄌᆞ모 ᄡᅳ거ᄂᆞᆯ 馮풍球구ㅣ 블러 경계ᄒᆞ더니 열흐리 몯ᄒᆞ여셔 馮풍球구ㅣ 새배 賈가餗속이ᄅᆞᆯ 뵈라 갓거ᄂᆞᆯ 두 아ᄒᆡ 죵이 地디黃황오로 비즌 수리라 ᄒᆞ고 내여다가 머기니 밥 머글 더든 ᄒᆞ여셔 죽거ᄂᆞᆯ 賈가餗속이 슬허 눈므를 내요ᄃᆡ 내죵내 주근 연유를 모ᄅᆞ니라

현대역 두어 달만에 딸이 혼인한 모꼬지에 다녀와서 王涯와 더불어 이르되, '전에 이르던 그 비녀 外郎의 벼슬하여 있는 풍구(馮球)의 아내가 사 머리에

꽂아 있었습니다.' 하거늘, 왕애 탄식하여 이르되, '풍구가 낮은 벼슬하여서 아내의 머리에 꾸민 것이 돈 칠십만이 값어치에 해당하니, 어찌 오래리오.' 하더니, 풍구가 가속(賈餗)이라는 재상의 집에 드나드는 손이 되어 매우 친히 하더니, 가속의 종이 가래어 사람을 죽이며 살리며 하는 有勢를 자못 쓰거늘, 풍구가 불러 경계하더니, 열흘이 못 하여서 풍구가 새벽에 가속이를 뵈러 갔거늘, 두 아이 종이 地黃으로 빚은 술이라 하고 내어다가 먹이니, 밥 먹을 동안 하여서 죽거늘, 가속이 슬퍼 눈물을 내되 끝끝내 죽은 연유를 모르니라.

1 몯ᄀᆞ지예: 모꼬지에. '몯ᄀᆞ지(명사)+예(부사격 조사)'이다. '모꼬지'는 '놀이나 잔치 또는 그 밖의 일로 여러 사람이 모이는 일'을 말한다. 몯ᄀᆞ지ᄂᆞᆫ ᄌᆞ조ᄃᆡ 례도ᄂᆞᆫ 브즈런ᄒᆞ고(會數而禮勤).《번소 10:32》, 복기 ᄆᆞᄎᆞ매 이바디 몯ᄀᆞ지예 가디 아니터라.《동신 효5:80》

2 녀러와서: 다녀와서. '녀러오+아서'이다. '녀러오다'는 '다녀오다'의 옛말이다. ᄀᆞᄆᆞ니 逃亡ᄒᆞ야 ᄲᆞᆯ리 녀러오리이다.《월석 8:98》, 형님 어듸 녀러오시ᄂᆞᆫ고 져제 비단 사라 녀러오노이다(哥哥 那裏去來 角頭買段子去來).《번박 상:14》

3 잇더이다: 있었습니다. '잇(어간)+더(회상법 선어말어미)+이(존비법 ᄒᆞ쇼셔체 선어말어니)+다(평서형 종결어미)'이다. '-더이다'는 동사, 형용사 어간 뒤에 붙어, '-었습니다'를 뜻한다.

4 ᄀᆞᆯ외여: 가래어. 맞서서 옳고 그름을 따지어. 'ᄀᆞᆯ외(어간)+여(연결어미)'이다. 현대국어 '가래다'의 옛말인 'ᄀᆞᆯ외다'는 15세기 문헌에서부터 나타난다. 15세기에 제1음절의 종성 'ㄹ'이 제2음절의 초성으로 연철 표기되지 않은 것으로 보아 제2음절의 초성 'ㅇ'은 성문 마찰 유성음이었음을 알 수 있다. 16세기 이후에 성문 마찰 유성음이 사라지면서 제1음절의 종성 'ㄹ'이 제2음절의 초성으로 연철 표기되었다. 또한 이중모음 'ㅚ'가 'ㅐ'로 변하면서 'ᄀᆞᆯ외-'는 17세기에 'ᄀᆞ래-'로 나타나게 되었다. 이후 18세기에 제1음절의 'ㆍ'가 'ㅏ'로 변함에 따라 '가래-'로 나타나면서 현재에 이르렀다. ᄀᆞᆯ외다(15세기~16세기)〉ᄀᆞ래다(17세기~18세기)〉가래다(20세기~현재). 이형태: ᄀᆞᆯ외다, ᄀᆞ래다. 狄人ㅅ 서리예 가샤 狄人이 ᄀᆞᆯ외어늘 岐山 올ᄆᆞ샴도 하ᄂᆞᇙ ᄠᅳ디시니.《1447 용가 4》, 그 듕에 ᄀᆞ래ᄂᆞ니 잇ᄂᆞ냐 그리어니 ᄀᆞ래ᄂᆞ니 잇ᄂᆞ니라.《1670 노언 상:6ㄴ》

5 ᄌᆞᄆᆞ: 자못. 현대국어 '자못'의 옛말인 'ᄌᆞ모'는 15세기 문헌에서부터 나타난다. 'ᄌᆞ모'와 함께 'ᄌᆞᄆᆞ' 형태도 15세기 문헌에서부터 나타난다. 16세기에는 'ᄌᆞᄆᆞ'의 음절말에 ㅅ이 첨가된 'ᄌᆞᄆᆞᆺ' 형태가, 17세기에는 'ᄌᆞ모'에 ㅅ이 첨가된 'ᄌᆞ못' 형태가 등장하였다. 이처럼 부사 뒤에 ㅅ이 첨가되는 현상은 중세국어 시기 '쟝ᄎᆞ', '쟝ᄎᆞᆺ' 등의 예에서도 발견된다. 17세기에는 'ᄌᆞ못'이 나타나는데 이는 제2음절의 모음 'ㆍ'가 'ㅗ'로 변한 것이다. 16세기에 제2음절 이하의 'ㆍ'가 일반적으로 'ㅡ'로 변했으나 간혹 'ㅗ'로 변하기도 하였는데 'ᄌᆞ못'은 제2음절의 'ㆍ'가 'ㅗ'로 변한 것이다. 근대국어 후기에 제1음절에서 모음 'ㆍ'가 'ㅏ'로 변하는 경향에 따라 18세기에 '자못'이 등장하게 되면서 현재에 이르렀다. ᄌᆞᄆᆞ(15세기~17세기)/ᄌᆞ모(15세기~17세기)>ᄌᆞᄆᆞᆺ(16세기~18세기)>ᄌᆞ못(17세기~19세기)>자못(18세기~현재). 이형태: ᄌᆞ모, ᄌᆞᄆᆞ, ᄌᆞᄆᆞᆺ, ᄌᆞ못. 胡羯이 ᄌᆞᄆᆞ 難호미 하니 고기 자ᄇᆞ며 나모쥬메 이 生ᄋᆞᆯ 브톗노라.《1481 두시-초 7:6ㄴ》, 그러나 이제로 녜ᄅᆞᆯ 보건댄 ᄌᆞ모 해 어긔나 專門ᄒᆞᄂᆞᆫ 녯 學ᄋᆞᆫ 矛盾ᄋᆞᆯ 免티 몯ᄒᆞ려니와.《1461 능엄 1:22ㄴ》, 學校ᄂᆞᆫ 禮義로 서르 몬져 ᄒᆞᆯ ᄡᅡ히어ᄂᆞᆯ ᄃᆞᆯ마다 ᄒᆞ여곰 ᄃᆞ토게 홈이[글지이로 겯오단 말이라] ᄌᆞᄆᆞᆺ ᄀᆞᄅᆞ쳐 치ᄂᆞᆫ 도리 아니니.《1588 소언 6:14ㄴ》, 경셩을 닐위디 아니ᄒᆞ면 ᄌᆞ못 이 칙 ᄆᆡᆼ근의 ᄠᅳᆺ이 아니니.《1658 경민-개 서:3ㄴ》

6 디황: 지황(地黃). 현삼과의 여러해살이 풀. 높이는 30cm 정도이며, 잎은 뭉쳐나고 긴 타원형이다. 6~7월에 연자주색 꽃이 총상(總狀) 화서로 피고 열매는 타원형의 삭과(蒴果)를 맺는다. 뿌리는 약용하고 중국이 원산지로 우리나라 각지에 분포한다.

소언 두어 ᄃᆞᆯ만에 ᄯᆞᆯ이 婚혼姻인 몯ᄀᆞ지로브터 도라와 王왕의게 告고ᄒᆞ야 ᄀᆞᆯ오ᄃᆡ 젼읫 빈혜 馮풍外외郎랑[랑텽이니 ᄂᆞᆽ가온 벼슬이라] 안해의 머릿 단장이 되엿더라 ᄒᆞ니 馮풍球구[外외郎랑의 일홈이라]ㅣ라 王왕이 차탄ᄒᆞ야 ᄀᆞᆯ오ᄃᆡ 馮풍이 랑텽 벼슬을 ᄒᆞ여셔 안해의 머리단장이 七칠十십萬만 돈 ᄡᅳᆫ 거시 이시니 그 可가히 오라랴 馮풍이 賈가相샹 餗속[餗속은 일홈이니 그적 졍승이라]의 門문人인[집의 드나ᄃᆞᄂᆞᆫ 사ᄅᆞᆷ을 닐옴이라]이 되연ᄂᆞᆫ 디라 ᄀᆞ장 친밀ᄒᆞ더니 賈가의 蒼창頭두[ᄉᆞ나ᄒᆡ죵을 프른 두건 쓰이ᄂᆞ니라]ㅣ ᄌᆞ못 威위福복을 쥬댱ᄒᆞᆯ 이 잇거늘[유셰 ᄡᅳ단 말이라] 馮풍이 블러다가 경계ᄒᆞ더니 열흘이 ᄎᆞ디 몯ᄒᆞ야셔 馮풍이 새바긔 賈가의게 유무들이거늘 두 靑쳥衣의[알ᄑᆡ ᄃᆞ니ᄂᆞᆫ 아ᄒᆡᄅᆞᆯ 프른 옷 닙히ᄂᆞ니라]ㅣ 地디黃황술을 받들어 내여다가 먹킨대 밥 머글 덛은 ᄒᆞ여셔 주그니 賈가ㅣ 위ᄒᆞ야 눈믈을 내요ᄃᆡ ᄆᆞᄎᆞᆷ내 그 연유를 아디 몯ᄒᆞ니라

현대역 두어 달만에 딸이 혼인 모꼬지로부터 돌아와 王涯에게 고하여 가로되, '전의 비녀 풍(馮) 外郞[郞廳이니, 낮은 벼슬이라.] 아내의 머리의 단장이 되었더라.' 하니, 풍구(馮球)[외랑의 이름이라.]라. 왕애가 嗟歎하여 가로되, '풍이 낭청 벼슬을 하여서 아내의 머리단장이 칠십만 돈 값어치에 해당하는 것이 있으니, 그 가히 오래이랴?' 풍이 가상(賈相) 속(餗)[餗은 이름이니, 그때 정승이라.]의 문인[집에 드나드는 사람을 이름이라.]이 되었는지라 매우 친밀하더니, 가상의 蒼頭[사내종을 푸른 두건 쓰게 하니라.]가 자못 威福을 주장할 이 있거늘[유세 쓴다는 말이라.], 풍이 불러다가 경계하더니, 열흘이 차지 못하여서 풍이 새벽에 가상에게 소식들이거늘. 두 靑衣[앞에 다니는 아이를 푸른 옷 입히느니라.]가 지황술을 받들어 내어다가 먹이니까, 밥 먹을 동안 하여서 죽으니, 가상이 위하여 눈물을 내되 마침내 그 연유를 알지 못하니라.

1 랑텽: 낭청(郞廳). 조선시대에, 정오품 통덕랑 이하의 당하관을 통틀어 이르던 말. 유의어: 낭관(郞官), 낭료(郞僚)

2 차탄ᄒᆞ야: 차탄(嗟歎/嗟嘆)하여. 탄식하고 한탄하여.

3 ᄊᆞᆫ: 값어치에 해당하는. 'ᄊᆞ(어간)+ㄴ(관형사형 어미)'이다. 'ᄊᆞ다'는 'ᄉᆞ다'와 함께, '값어치에 해당하다'를 뜻하는 형용사이다. 일훔난 됴ᄒᆞᆫ 오시 비디 千萬이 ᄊᆞ며 빋업슨 오ᄉᆞ로 부텨와 즁괏그에 布施ᄒᆞ며.《석상 13:22》, 한 婆羅門과 刹利와 居士왜 다 恭敬 圍繞ᄒᆞ며 眞珠 瓔珞이 갑시 千萬 ᄊᆞ니로 그 모ᄆᆞᆯ 莊嚴ᄒᆞ며(諸婆羅門 刹利居士 皆恭敬圍繞 以眞珠瓔珞 價直千萬 莊嚴其身).《법화 2:194》

4 오라랴: 오래이랴. '오라(어간)+랴(의문형 종결어미)'이다. 종결어미 '-랴'는 제1·

3인칭 의문법 중 ᄒᆞ라체 판정의문문을 만든다. 즉 '-랴'는 '이다'의 어간, 받침 없는 용언의 어간, 'ㄹ' 받침인 용언의 어간 또는 어미 '-으시-' 뒤에 붙어, 해라할 자리에 쓰여, '사리로 미루어 판단하건대 어찌 그러할 것이냐.'고 반문하는 뜻을 나타내는 종결어미이다. 네가 돈을 번다면 얼마나 벌랴? 잘못이 없는데 무엇이 두려우랴? '오라다'는 형용사 '오래다'의 옛말이다. 奉天討罪실씨 四方諸侯ㅣ 몯더니 聖化ㅣ 오라샤 西夷 또 모ᄃᆞ니(奉天討罪 諸侯四合 聖化旣久 西夷亦集).《용가 9장》, 閻浮提예 ᄂᆞ려와 닐오ᄃᆡ 如來 아니 오라 涅槃애 드르시리라.《월석-중 21:200》.

5 창두: 창두(蒼頭). 종살이를 하는 남자. 유의어: 남(男)종, 남노(男奴), 노복(奴僕), 노자(奴子), 노재(奴才), 복노(僕奴), 사내종, 종놈, 종복(從僕)

6 위복(威福): 위력으로 억압하기도 하고 복덕을 베풀어서 사람을 달래기도 하는 일.

7 청의: 청의(靑衣). 천한 사람을 이르는 말. 예전에 천한 사람이 푸른 옷을 입었던 데서 유래한다.

【集說】陳氏曰馮外郞은員外郞球也라賈餗은亦宰相이라密은親密也라奴僕은以蒼爲巾이라故로曰蒼頭라勗은勉也라浹은周也라十日爲旬이라球以奴張威福하여恐爲主累라故로戒之러니奴恐球告主라故로毒殺之也라○置毒於地黃酒也라

진 씨가 말하였다. "풍 외랑은 員外郞 馮球이다. 賈餗도 또한 재상이다. 密은 친밀함이다. 종들은 푸른색으로 두건을 만든다. 그러므로 蒼頭라 한다. 勗은 강요함이다. 浹은 '두루'이다. 열흘이 旬이다. 풍구는 종이 위엄과 복을 베풂으로써 주인에게 누가 될까 두려워, 그러므로 그를 경계했더니, 종은 풍구가 주인에게 말할까 두려웠다. 그러므로 그를 독으로 죽였다." ○ 독을 地黃酒에 둔 것이다.

漢字 勉(강요할 면, 힘쓸 면), 累(폐 끼칠 루, 묶을 루)

숙지황주(熟地黃酒): 숙지황을 넣어 만든 약용주로, 안색불량과 빈혈, 자주 피로를

느낄 때, 손발의 냉증, 병후의 보양, 피부에 광택이 없고 눈이 침침할 때, 두통, 조혈(調血)에 효과가 있다. 한방에서 지황은 그 뿌리를 약재로 쓰는데, 날 것을 생지황(生地黃), 찐 것을 숙지황(熟地黃), 말린 것을 건지황(乾地黃)이라 한다. 숙지황 중 특히 술에 담갔다가 쪄서 9번 되풀이하여 말린 것은 구지황(九地黃)이라 하여 한방에서 으뜸으로 친다. 보혈과 지혈의 효과가 있으며 빈혈과 증혈(增血)·정혈(淨血)에 좋은 효과를 나타낸다. 사물탕의 주요 약재로 쓰이고, 차로도 달여 마셨으며, 기침과 천식에 복령과 반하(半夏) 등을 배합하여 사용하였다. 오랫동안 복용해도 부작용이 없고 특히 허약한 사람에게 효과적이다(두산백과).

又明年에**王賈**ㅣ**皆遘**垢**禍**ᄒᆞ니**噫**라**王**이**以珍玩奇貨**로**爲物之妖**ᄒᆞ니**信知言矣**어니와**徒知物之妖而不知恩權隆赫之妖**ㅣ**甚於物耶**아**馮**이**以卑位貪寶貨**ᄒᆞ야**已不能正其家**ᄒᆞ고**盡忠所事而不能保其身**ᄒᆞ니**斯亦不足言矣**로다**賈之臧獲**이**害門客于牆廡**武**之間而不知**ᄒᆞ니**欲終始富貴**ᆫᄃᆞᆯ**其可得乎**아

●또 다음해에 王涯와 賈餗이 다 禍를 만났으니, 아, 왕애가 '진귀한 노리개와 기이한 재화를 물건의 요망함이다.' 했으니 진실로 진리를 알았거니와, 한갓 물건의 요망함만 알았지, 은혜와 권세의 높고 빛나는 요망함이 물건보다 심함을 알지 못했던가? 馮球가 낮은 지위로써 보화를 탐내어, 이미 능히 그 집안을 바로잡지 못하고, 섬기는 바에 충성을 다했으나 능히 그 몸을 보전하지 못했으니, 이 또한 족히 말할게 못 된다. 가속은 노비가 문객을 담장과 곁채 사이에서 해쳤으되 알지 못했으니, 처음부터 마지막까지 부귀를 누리고자 한들 그것이 가히 얻어질 수 있겠는가?

漢字 **遘**(만날 구), **珍**(진귀할 진, 보배 진), **玩**(장난감 완, 희롱할 완), **信**(진실로 신), **徒**(한갓 도), **隆**(높일 륭, 클 륭), **赫**(빛날 혁, 붉을 혁), **臧**(착할 장), **獲**(얻을 획), **牆**(담 장), **廡**(곁채 무, 집 무, 처마 무, 복도 무)

1 신지언의(信知言矣): 지언(知言)은 '진리를 안다.'는 뜻으로, 《맹자(孟子)》〈공손추상(公孫丑上)〉 제2장에 나오는 말이다. 「我知言 我善養吾浩然之氣(나는 진리

를 알며, 나는 내 호연지기를 잘 기른다.)」

2 장획(臧獲): 노비. 장(臧)은 노(奴, 사내종), 획(獲)은 비(婢, 여자종)를 말한다. [용례] 「臣等參詳 奴曰臧 婢曰獲 一說婢夫曰臧 奴妻曰獲(신 등이 살펴보건대, 노는 장이라 하고, 비는 획이라 합니다. 일설에는 여자 종의 남편을 장이라 하고, 남자 종의 아내를 획이라고 합니다.)」 [세종실록 권 제15, 제7장 앞쪽, 세종 4년 2월 3일(경인)]

번소 ᄯᅩ 이듬ᄒᆡ예 王왕涯애와 賈가餗속이 다 화란 만나 주그니라 슬프다 王왕涯애ᄂᆞᆫ 보ᄇᆡ옛 긔특ᄒᆞᆫ 거슬 요괴로ᄋᆞᆫ 거시라 ᄒᆞ니 진실로 마리ᅀᅡ 아라 ᄒᆞ도다 커니와 ᄒᆞᆫ갓 보ᄇᆡ옛 거시 요괴로ᄋᆞᆫ 주ᄅᆞᆯ 알오 님금ᄭᅴ 괴이여 유셰 딛고 빗나미 보ᄇᆡ두곤 더 요괴로오ᄆᆞᆯ 아디 몯ᄒᆞ두다 馮풍球구ᄂᆞᆫ ᄂᆞᆽ가온 벼슬ᄒᆞ야셔 보ᄇᆡ옛 거슬 탐ᄒᆞ야 제 그 지블 경히 몯ᄒᆞ고 제 셤기ᄂᆞᆫ 사ᄅᆞ미게 ᄆᆞᄉᆞᆷᄭᆞ장 ᄒᆞ다가 제 몸도 보젼티 몯ᄒᆞ니 이ᄂᆞᆫ ᄯᅩ 죡히 니르디 몯 ᄒᆞ리어니와 賈가餗속은 제 죵이 지븨 드나ᄃᆞᄂᆞᆫ 손을 집 담 ᄉᆞ이에셔 주규ᄃᆡ 아디 몯ᄒᆞ거니 내죵내 부귀ᄅᆞᆯ ᄒᆞ고져ᄒᆞᆫᄃᆞᆯ 가히 득ᄒᆞ랴

현대역 또 이듬해에 王涯와 가속(賈餗)이 다 禍亂 만나 죽으니라. 슬프다. 왕애는 '보배의 기특한 것을 요괴로운 것이다.' 하니, 진실로 말이야 알아 하도다 하거니와, 한갓 보배의 것이 요괴로운 줄을 알고, 임금께 사랑받아 유세 짙고 빛남이 보배보다 요괴로움을 알지 못하도다. 풍구(馮球)는 낮은 벼슬하여서 보배의 것을 탐하여, 자기의 그 집을 바로잡지 못하고, 자기의 섬기는 사람에게 마음까지 하다가, 자기의 몸도 보전하지 못하니, 이는 또한 족히 말하지 못 할 것이지만, 가속은 자기의 종이 집에 드나드는 손을 집 담 사이에서 죽이되, 알지 못하거니 끝끝내 부귀를 하고자한들 가히 얻으랴.

ᄒᆞ리어니와: 할 것이지만. 할 것이거니와. 'ᄒᆞ(어간)+리(추측법 선어말어미)+어니와(연결어미)'이다. '-어니와'는 선어말어미 '-리' 뒤에서 '-거니와'가 교체된 것이다. '-리어니와'는 동사, 형용사 어간 뒤에 붙어, '-ㄹ 것이지만', '-ㄹ 것이거니

와' 등 서로 상반되거나 양보함을 보이는 뜻을 가진 어미이다. 내 ᄒᆞᆫ 劫이며 ᄒᆞᆫ 劫이 남ᄃᆞ록 닐오도 몯다 니르리어니와 그러나 뎌 부텻 ᄯᅡ히 雜말 업시 淸淨ᄒᆞ고《석상 9:10》, 百年 後에 부텻 ᄂᆞ치 비옷 ᄉᆡ면 當來예 罪ᄅᆞᆯ 어드리어니와 出家ᄒᆞ욘 功德은 金剛 ᄀᆞᆮᄒᆞ야 허디 아니ᄒᆞᆯ 모미리라.《월석-중 23:77》

소언 ᄯᅩ 이듬ᄒᆡ예 王왕과 賈가ㅣ 다 화란을 만나니 슬프다 王왕이 귀코 보암즉ᄒᆞᆫ 긔특ᄒᆞᆫ 보ᄇᆡ로ᄡᅥ 物믈의 요괴를 삼ᄋᆞ니 진실로 말을 아라 ᄒᆞ얏거니와 ᄒᆞᆫ갓 物믈의 요괴로온 줄을 알오 은툥과 권셰 셩ᄒᆞ며 빗남의 요괴로옴이 物믈두곤 甚심ᄒᆞᆫ 줄을 아디 몯ᄒᆞ냐 馮풍이 ᄂᆞᆺ가온 벼슬로ᄡᅥ 寶보貨화앳 거슬 貪탐ᄒᆞ야 이믜 能능히 그 집을 正졍히 몯ᄒᆞ고 셤기ᄂᆞᆫ 바애 튱셩을 다ᄒᆞ다가 能능히 그 몸을 보젼티 몯ᄒᆞ니 이ᄂᆞᆫ ᄯᅩ 足죡히 닐럼 즉디 아니ᄒᆞ도다 賈가의 臧장[ᄉᆞ나ᄒᆡ죵이오] 獲획[겨집죵이라]이 門문읫 손을 담과 집기슭 ᄉᆞ이예셔 害해호ᄃᆡ 아디 몯ᄒᆞ니 終죵始시히 富부貴귀코져 ᄒᆞᆫ들 그 可가히 어드랴

현대역 또 이듬해에 王과 賈가 다 화란을 만나니, 슬프다. 왕애가 귀하고 봄직한 기특한 보배로써 물건의 妖怪를 삼으니, 진실로 말을 알아 하였거니와, 한갓 물건의 요괴로운 줄을 알고 恩寵과 권세가 성하며 빛남의 요괴로움이 물건보다 심한 줄을 알지 못했던가? 풍(馮)이 낮은 벼슬로써 보화에의 것을 탐하여, 이미 능히 그 집을 바로잡지 못하고, 섬기는 바에 충성을 다하다가, 능히 그 몸을 보전하지 못하니, 이는 또한 족히 말함 직하지 아니하도다. 가속의 장(臧)[사내종이요,] 획(獲)[계집종이라.]이 문의 손을 담과 처마 기슭 사이에서 해하되, 알지 못하니 처음부터 끝까지 부귀하고자 한들 그 가히 얻겠는가?

닐럼 즉디: 말함 직하지. '닐ㄹ(어간)+엄즉디(보조 형용사)'이다. '닐-'은 '닐다[謂]'의 어간이고, 'ㄹ'은 어간 말음 ㄹ의 중철 표기이며, '엄즉디'는 현대국어 '-ㅁ/음 직하지'에 해당하는 보조 형용사이다. 보조 형용사 '직하다'는 용언이나 '이다' 뒤에서 '-ㅁ/음 직하다' 구성으로 쓰여, 앞말이 뜻하는 내용이 발생할 가능성이

많음을 나타낸다. 웬만하면 믿었음 직한데 속지 않는다. 그 사람이 사표를 냈다는 것이 사실임 직하다.

【集說】陳氏曰遘는遇也니涯餗皆爲宦者仇士良所殺하니라恩權之隆赫은禍機所伏也라故로謂之妖라盡忠所事는謂盡心於餗也라奴曰臧이요婢曰獲이니指蒼頭라門客은指馮球라

진 씨가 말하였다. "遘는 만남이니, 왕애와 가속이 다 환관인 仇士良에게 죽인 바가 되었다. 恩權之隆赫[은혜와 권세의 높고 빛남]은 禍의 기틀[김새]이 숨은 바다. 그러므로 그것을 요망함이라 일렀다. 盡忠所事[섬기는 바에 충성을 다함]는 가속에게 마음을 다함을 이른다. 남자종을 臧이라 이르고, 계집종을 獲이라 이르니, 蒼頭를 가리킨다. 門客은 풍구를 가리킨다."

漢字 遇(만날 우), 宦(내시 환, 벼슬 환), 機(틀 기), 伏(숨을 복, 엎드릴 복)

구사량(仇士良, 781년~843년): 당(唐)나라 순주(循州) 흥녕(興寧) 사람으로, 자는 광미(匡美)이다. 순종(純宗) 때 환관으로 동궁(東宮)을 모셨다. 헌종(憲宗)이 즉위하자 내급사(內給事)로 옮기고, 평로군(平盧軍)과 봉상군(鳳翔軍) 등을 감독했다. 헌종 원화(元和)에서 문종(文宗) 대화(大和) 사이에 여러 차례 내외오방사(內外五坊使)를 맡았고, 좌신책군중위(左神策軍中尉) 겸 좌가공덕사(左街功德使)에 발탁되었다. 감로사변(甘露事變) 이후 세력을 잡고 방자해져 조신(朝臣)을 체포해 살해하는 등 조정을 마음대로 휘둘렀다. 우효위대장군(右驍衛大將軍)과 표기대장군(驃騎大將軍)을 역임하고 초국공(楚國公)에 봉해졌다. 또 관군용사(觀軍容使)로 옮겼고, 좌우군(左右軍)을 모두 통솔했다. 20여 년 동안 갖은 탐학을 다 저지르면서 두 명의 왕과 한 명의 왕비, 네 명의 재상을 살해했다. 나중에 질병으로 사직을 요청하고, 얼마 뒤 죽었다(중국역대인명사전). 감로사변(甘露事變)은 감로지변(甘露之變)이라고도 불리는데, 당나라 문종(文宗) 때 재상 이훈(李訓) 등이 환관(宦官)을 죽이려고 감로가 내렸다고 속여 그들을 꾀어내려 하다가, 목적을 달성하지 못하고 도리어 피살당한 사변을 말한다(한자성어·고사명언구사전).

此ㅣ雖一事ㅣ나作戒數端이로다

●이는 비록 한 가지 일이나, 경계를 지음은 여러 끝이다.”

번소 이 비록 ᄒᆞᆫ 이리라도 경계되요ᄆᆞᆫ 여러 가지로다

현대역 이 비록 한 가지 일이라도 경계됨은 여러 가지로다.”

소언 이 비록 ᄒᆞᆫ 일이나 경계되욤ᄋᆞᆫ 여러 그티로다

현대역 이 비록 한 가지 일이나 경계됨은 여러 끝이로다.”

【集說】熊氏曰珍玩奇貨不可貪이一戒也요恩權隆赫不可恃가二戒也요溺愛而不能正家가三戒也요失言而不能保身이四戒也요嬖臧獲張威福하여害門客而不知가五戒也니라

웅 씨가 말하였다. “진기한 노리개와 기이한 재화를 가히 탐하지 말아야 함이 첫째 경계이고, 은혜와 권세의 높고 빛남을 가히 믿지 말아야 함이 둘째 경계이고, 사랑에 빠져 능히 집안을 바르게 하지 못함이 셋째 경계이고, 말을 실수하여 능히 몸을 보전하지 못함이 넷째 경계이고, 노비를 사랑하여 위엄과 복을 펼쳐 문객을 해치되, 알지 못함이 다섯째 경계이다.”

漢字 恃(믿을 시), 嬖(사랑할 폐)

〖六十五章〗

○王文正公이發解南省廷試예皆爲首冠이러니或이戲之曰狀元試三場ᄒᆞ니一生喫著이不盡이로다公이正色曰曾의平生之志ㅣ不在溫飽ㅣ니라 《宋名臣言行錄》

●王文正公이 발해·남성·정시에서 다 으뜸이 되었더니, 혹자가 그를 희롱

하여 말하였다. “시험 三場에서 장원을 하였으니, 일생동안 먹고 입음이 다하지 않으리다.” 공이 낯빛을 바로하고 말하였다. “내[曾]의 평생의 뜻이 따뜻하고 배부름에 있지 아니하다.”

漢字 **解**(관청 해), **首**(으뜸 수), **冠**(으뜸 관), **戱**(희롱할 희, 놀 희), **喫**(먹을 끽, 마실 끽), **著**(입을 착)

1 왕문정공(王文正公, 978년~1038년): 송나라 청주(靑州) 익도(益都) 사람으로, 이름은 왕증(王曾)이고, 자는 효선(孝先)이다. 진종(眞宗) 함평(咸平) 5년(1002년) 진사제일(進士第一)로 합격하고, 이부시랑(吏部侍郞)에 올랐다가 참지정사(參知政事)를 두 번 역임했다. 진종이 천서(天書)를 만들고 옥청소응궁(玉淸昭應宮)을 크게 짓는 일에 대해 간언했다. 인종(仁宗)이 즉위하자 유태후(劉太后)가 청정(聽政)했는데, 중서시랑(中書侍郞)과 동중서문하평장사(同中書門下平章事)에 오르니 조정이 크게 의지했다. 태후의 친인척의 발호를 억제하다가 청주지주로 쫓겨났다. 경우(景祐) 원년(1034년) 불려 추밀사(樞密使)가 되고, 다음해 다시 재상(宰相)에 올라 기국공(沂國公)에 봉해졌다. 여이간(呂夷簡)과 불화하여 운주(鄆州)로 나갔다. 시호는 문정(文正)이다. 저서에 《왕문정공필록(王文正工筆錄)》이 있다(중국역대인명사전).

2 발해(發解, 拔解): 주현(州縣)의 시험에서 우수한 사람이 있을 때, 지방 관청은 해(解)라는 공문서를 중앙에 발송하고, 중앙 관청은 다시 그 사람을 서울에서 시험 보게 하는 제도이다. 명(明)·청(淸) 시대에는 향시(鄕試)에 합격함을 칭하는 말로 사용하였다.

3 남성(南省): 남성(南省)은 본래 상서성(尙書省)의 별칭이다. 상서성은 향시(鄕試)에서 선발한 사람들을 시험 치르던 곳이다. 이 시험을 성시(省試)로도 불렀는데, 그 합격자를 공사(貢士)라 하였다. 후일의 회시(會試)에 해당한다.

4 정시(廷試): 천자가 성시(省試) 급제자를 궁정에 불러 친히 고시(考試)를 보이던 일을 말한다. 후일의 전시(殿試)와 조고(朝考)에 해당한다.

번소 文문正졍公공 王왕曾증이 급뎨홀 제 향시와 회시와 뎐시를 다 장원ᄒᆞ얏더니 或혹이 부ᄉᆞᄒᆞ야 닐오ᄃᆡ 三삼場댱애 다 장원ᄒᆞ니 一일生ᄉᆡᆼ애 머그며 니블 이른 니르ᄒᆞ디 몯ᄒᆞ리로다 ᄒᆞ야늘 王왕曾

중이 正졍色싁ᄒᆞ고 닐오ᄃᆡ 내의 平평生ᄉᆡᆼ ᄠᅳ든 더이 닙고 ᄇᆡ 블오매 잇디 아니ᄒᆞ니라

현대역 文正公 王曾이 급제할 때 鄕試와 會試와 殿試를 다 장원하였더니, 혹자가 浮疏하여 이르되, "三場에 다 장원하니, 일생에 먹으며 입을 일은 다하지 못 하리로다." 하거늘, 왕증이 정색하고 이르되, "나의 평생 뜻은 덥게 입고 배부름에 있지 아니하니라."

1 향시: 향시(鄕試). 조선시대에, 지방에서 실시하던 과거의 초시(初試). 여기에 합격하여야 서울에서 복시(覆試)를 치를 수 있었다.

2 회시: 회시(會試). 조선시대에, 과거에서 초시에 합격한 사람이 2차로 시험을 보던 일. 또는 그 시험. 유의어: 감시복시(監試覆試), 복시(覆試), 생진복시(生進覆試)

3 뎐시: 전시(殿試). 조선시대에, 복시(覆試)에서 선발된 사람에게 임금이 친히 치르게 하던 과거. 문과 33명, 무과 28명의 합격자를 재시험하여 등급을 결정하였는데, 특별한 사유가 없는 한 떨어뜨리는 법은 없었다.

4 부ᄉᆞᄒᆞ야: 부소(浮疏)하여. 언행이 경박하고 거칠어.

소언 王왕文문正졍公공[일홈ᄋᆞᆫ 曾증이니 文문正졍은 시회라 宋송적 졍승이라]이 發발解히[초시라]와 南남省ᄉᆡᆼ[회시ᄒᆞᄂᆞᆫ 마ᄋᆞᆯ이라]과 廷뎡試시[뎐시라]예 다 ᄋᆞᆺ듬이 되엿더니 或혹이 부소ᄒᆞ야 ᄀᆞᆯ오ᄃᆡ 狀장元원으로 세 場댱에 ᄒᆞ여시니 一일生ᄉᆡᆼ애 머그며 닙음이 다ᄒᆞ디 몯ᄒᆞ리로다 公공이 正졍色ᄉᆡᆨ ᄒᆞ고 ᄀᆞᆯ오ᄃᆡ 曾증의 平평生ᄉᆡᆼ ᄠᅳ디 덥고 ᄇᆡ블옴애 잇디 아니ᄒᆞ니라

현대역 王文正公[이름은 曾이니, 문정은 시호라. 宋 때 정승이라.]이 發解[초시라.]와 南省[회시하는 마을이라.]과 廷試[전시라.]에 다 으뜸이 되었더니, 혹자가 浮疏하여 가로되, "장원으로 세 場에 하였으니, 일생에 먹으며 입음이 다하지 못하리로다." 공이 정색하고 가로되, "증의 평생 뜻이 덥고 배부름에 있지 아니하니라."

【集解】公의名은曾이요字는孝先이니靑州人이라宋眞宗朝鄕試省試廷試에皆第一하니라劉子儀學士戱之에公答之以此러니後에仕至宰相하며卒에謚文正하니라石氏曰士之積道德富仁義於厥身은盖假權位하여以布諸行事하여利於天下也니豈屑屑然謀於衣食歟아

공의 이름은 曾이고, 자는 孝先이니, 靑州 사람이다. 송나라 眞宗조에 향시·성시·정시에 다 일등으로 급제하였다. 劉子儀 학사가 그를 희롱함에, 공이 그에게 이로써 답하였더니, 뒤에 벼슬이 재상에 이르렀으며, 죽음에 시호가 문정이었다. 석 씨가 말하였다. "선비가 그 몸에 도덕을 쌓고 인의를 풍부히 함은 대개 권세와 지위를 빌려 써 일을 행함에 펴서 천하를 이롭게 하고자 함이니, 어찌 자질구레하게 입고 먹음을 도모하겠는가?"

漢字 第(급제할 제), 富(풍부히 할 부), 厥(그 궐), 諸(어조사 저), 屑(자질구레할 설, 가루 설), 歟(어조사 여)

유자의(劉子儀, 971년~1031년): 북송 대명(大名) 사람으로, 이름은 유균(劉筠)이고, 자는 자의(子儀)이다. 진종(眞宗) 함평(咸平) 원년(998년) 진사에 급제했다. 양억(楊億)이 태청루(太淸樓) 소장 서적을 교정할 사람을 뽑는 시험에서 수석으로 합격했다. 대리평사(大理評事)로 비각교리(秘閣校理)가 되어 도경(圖經)과 《책부원구(冊府元龜)》 편찬에 참여했다. 진종(眞宗)과 인종(仁宗) 양조에 걸쳐 여러 차례 지제고(知制誥)와 지공거(知貢擧)를 역임했다. 일찍이 정위(丁謂)를 재상에 복직시키는 글을 초하기를 거부했다. 한림학사승지 겸 용도각직학사(龍圖閣直學士)에 올랐고, 여주지주(廬州知州)까지 지냈다. 《책부(冊府)》와 《응언(應言)》 등 7집을 편찬했다. 서곤파(西崑派) 영수 가운데 한 사람으로 활동했다. 문장은 대우(對偶)를 숭상했고, 시도 잘 지었다. 처음에는 양억(楊億)에게 발탁되었지만 나중에는 '양유(楊劉)'로 병칭되었다. 항상 양억·전유연(錢惟演) 등과 노래를 주고받았는데, 시 작품의 사상적인 내용과 예술적인 풍격이 서로 비슷하여 사람들이 서곤체라 불렀다. 저서에 《옥당집(玉堂集)》·《형법서략(刑法敍略)》 등이 있다(중국역대인명사전).

〖六十六章〗

○范文正公이少有大節ᄒᆞ야其於富貴貧賤毀譽歡戚애不一動其心而慨然有志於天下ᄒᆞ더니嘗自誦曰士ㅣ當先天下之憂而憂ᄒᆞ고後天下之樂洛下同而樂也ㅣ라ᄒᆞ더라 《歐陽文忠公文集碑銘》

●范文正公이 젊어서 큰 절개가 있어, 그 부하고 귀하며, 가난하고 천하며, 비방하고 칭찬하며, 기뻐하고 슬퍼함에 있어 한 번도 그 마음을 움직이지 아니하고 개탄하여 천하에 뜻이 있더니, 일찍이 스스로 외워 말하였다. "선비는 마땅히 천하의 근심보다 앞서 근심하고, 천하의 즐김보다 나중에 즐겨야 한다."

漢字 毀(헐 훼), 譽(기릴 예), 歡(기쁠 환), 戚(슬플 척), 慨(개탄할 개, 분개할 개, 슬퍼할 개), 誦(욀 송)

1 범문정공(范文正公, 989년~1052년): 장쑤성[江蘇省] 쑤저우[蘇州] 출생으로, 북송 때의 정치가, 문학가, 교육가이다. 이름은 범중엄(范仲淹)이고, 자는 희문(希文)이며, 시호는 문정(文正)이다. 자세한 내용은 〈가언(嘉言) 제5〉 제13장을 참조하라.

2 개연(慨然): 억울하고 원통하여 몹시 분함. 여기서는 '애달아하는 모양'을 뜻한다.

번소 文문正졍公공 范범仲듕淹엄이 져머셔브터 큰 졀가 이셔 가ᄉᆞ멸며 귀ᄒᆞ며 가난ᄒᆞ며 쳔ᄒᆞ며 나ᄆᆞ라며 기리며 깃븐 이리며 측ᄒᆞᆫ 이레 ᄒᆞᆫ 일도 ᄆᆞᄉᆞᄆᆞᆯ 움즉디 아니ᄒᆞ야 샹녜 애ᄃᆞ라 天텬下하애 ᄠᅳ들 둣더니 미양 닐오ᄃᆡ 士ᄉᆞᄂᆞᆫ 시름도읜 일란 天텬下하앳 사ᄅᆞ미게셔 몬져 시름ᄒᆞ고 즐거온 일란 天텬下하앳 사ᄅᆞ미게셔 후에 즐길 거시라 ᄒᆞ더라

현대역 文正公 范仲淹이 젊어서부터 큰 절개 있어, 부하며 귀하며 가난하며

천하며 나무라며 기리며 기쁜 일이며 슬프거나 섭섭한 일에, 한 일도 마음을 움직이지 아니하여, 늘 애달아 천하에 뜻을 두었더니, 매양 이르되, "선비는 근심된 일은 천하의 사람에게서 먼저 근심하고, 즐거운 일은 천하의 사람에게서 뒤에 즐길 것이라." 하더라.

1 가ᅀᆞ멸며: 가멸며. 재산이나 자원 따위가 넉넉하고 많으며. '가ᅀᆞ멸(어간)+며(연결어미)'이다. '가ᅀᆞ멸다'는 '가멸다'의 옛말이다. 그 城 안해 ᄒᆞᆫ 大臣 護彌라 호리 가ᅀᆞ멸오 發心ᄒᆞ더니.《석상 6:14》, 李氏女戒예 닐오ᄃᆡ 가난ᄒᆞ닌 가난호ᄆᆞᆯ 便安히 너기고 가ᅀᆞ며닌 가ᅀᆞ며로ᄆᆞᆯ 警戒홀디니(李氏女戒曰 貧不自安者 恥貧而廣求).《내훈 1:27》

2 측ᄒᆞᆫ: 슬프거나 섭섭한. 사ᄅᆞᄆᆞᆯ 擁護ᄒᆞ야 측ᄒᆞᆫ 이룰 덜며.《석상 21:29》, 터럭마도 기튼 측호미 업스니 믌겨리 ᄒᆞ올로 늘기 이럿도다(毫髮無遺恨 波瀾獨老成).《두시-초 19:16》

3 일란: 일은. '일(명사)+란(보조사)'이다. 보조사 '란'과 'ᄋᆞ란'은 체언의 끝소리의 종류에 따라 구별되고, '으란'은 체언의 모음에 따라 'ᄋᆞ란'으로 바뀐다. '란'은 받침 없는 체언류나 'ㄹ' 받침으로 끝나는 체언류 뒤에 붙어, 주로 목적어 자리에 쓰여, '는'을 뜻한다. 닐굽 아ᄃᆞ리러니 여슷 아ᄃᆞᆯ란 ᄒᆞ마 갓얼이고 아기아ᄃᆞ리 양ᄌᆡ 곱거늘 各別히 ᄉᆞ랑ᄒᆞ야.《석상 6:13》, 두 부톄 순지 ᄒᆞᆫᄃᆡ 안자 겨샤ᄃᆡ 妙音이 釋迦란 보ᅀᆞᄫᆞ시고 多寶를 몯 보ᅀᆞᄫᆞ시다 ᄒᆞ니.《석상 20:44》

소언 范범文문正졍公공이 졈어셔브터 큰 졀개 이셔 그 가ᅀᆞ멸며 貴귀ᄒᆞ며 가난ᄒᆞ며 賤쳔ᄒᆞ며 헐ᄡᅳ리며 기리며 깃브며 측ᄒᆞ욤애 ᄒᆞᆫ 일도 그 ᄆᆞᅀᆞᄆᆞᆯ 움즈기디 아니ᄒᆞ고 慨개然연[애ᄃᆞ라ᄒᆞᄂᆞᆫ 양이라]히 天텬下하애 ᄠᅳ들 두더니 일즉 스스로 외와 ᄀᆞᆯ오ᄃᆡ 션비 맛당히 天텬下하읫 근심에 몬져 근심ᄒᆞ고 天텬下하읫 즐김애 후에 즐길 거시라 ᄒᆞ더라

현대역 범문정공이 젊어서부터 큰 절개 있어, 그 부하며 귀하며 가난하며 천하며 헐뜯으며 기리며 기쁘며 슬프거나 섭섭함에, 한 일도 그 마음을 움직이지 아니하고, 慨然[애달아하는 모양이라.]히 천하에 뜻을 두었더니, 일찍

이 스스로 외워 가로되, "선비는 마땅히 천하의 근심에 먼저 근심하고, 천하의 즐김에 뒤에 즐길 것이라." 하더라.

헐쓰리며: 헐뜯으며. '헐쓰리다'는 '헐뜯다'의 옛말이다. 간 듸마다 놈 헐쓰리고 제 몸 자랑ᄒᆞ며 말ᄒᆞᄂᆞᆫ 이비 아당도의고 말 잘ᄒᆞ고 仁義 업슨 사ᄅᆞ미니(到處裏破別人誇自己 說口諂佞 不得仁義的人).《번박 상:25》, 사ᄅᆞᆷ의 가ᄋᆞᆷ열며 貴홈을 보고 可히 차탄ᄒᆞ여 블워ᄒᆞ며 ᄉᆞ쭁ᄒᆞ여 헐쓰리디 아닐 거시니(見人富貴 不可歎羨詆毁).《소언 5:102》

【增註】不一動其心은謂富貴不慕하고貧賤不厭하며毁之不怒하고譽之不喜하며得而不歡하고失而不戚也라天下未憂而先憂하고天下已樂而後樂이라

不一動其心[한 번도 그 마음을 움직이지 아니함]은 부귀를 그리워하지 아니하고, 빈천을 싫어하지 아니하며, 비방해도 노여워하지 아니하고, 칭찬해도 즐거워하지 아니하며, 얻어도 기뻐하지 아니하고, 잃어도 슬퍼하지 아니함을 이른다. 천하가 근심하지 않음에 먼저 근심하고, 천하가 이미 즐김에 나중에 즐겨야 한다.

漢字 慕(그리워할 모)

其事上遇人에一以自信ᄒᆞ야不擇利害爲趨捨ᄒᆞ고其有所爲예必盡其方ᄒᆞ야曰爲之自我者ᄂᆞᆫ當如是니其成與否ᄂᆞᆫ有不在我者ㅣ라雖聖賢이샤도不能必이시니吾豈苟哉리오ᄒᆞ더라

● 그 윗사람을 섬기고 사람들을 대우함에 한결같이 스스로 믿음으로써 하여, 利害를 가려 나아가거나 버리지 아니하고, 그 행하는 바가 있음에 반드시 그 방법을 다하여 말하길, "그것을 행함이 나로부터인 것은 마땅히 이와 같이 해야 하니, 그 이루고 이루지 못함은 또한 나에게 있지 않은 것이다. 비록 성현이시라도 능히 (성공을) 반드시 하지 못하시니, 내가 어찌 구차히

하리오." 하였다.

漢字 遇(대우할 우, 만날 우, 대접할 우), 趨(나아갈 추), 捨(버릴 사)

번소 우휫사ᄅᆞᆷ 셤기며 사ᄅᆞᆷ ᄃᆡ졉ᄒᆞ기ᄅᆞᆯ ᄒᆞᆫᄀᆞᆯᄀᆞ티 믿비ᄒᆞ야 내게 리ᄒᆞᆫ 일와 해로온 이를 ᄀᆞᆯᄒᆡ야 ᄒᆞ며 말며 ᄒᆞ디 아니ᄒᆞ고 ᄒᆞ욜 이리 잇거든 모로매 그 모해 이를 다ᄒᆞ고 닐오ᄃᆡ 날로브터 ᄒᆞ욜 이른 이러ᄐᆞ시 ᄒᆞ리어니와 그 일며 몯 일우미 내게 잇디 아니ᄒᆞᆫ 이른 비록 셩현이샤도 긔필티 몯ᄒᆞ시ᄂᆞ니 내 엇디 구챠히 ᄒᆞ리오 ᄒᆞ더라

현대역 윗사람 섬기며 사람을 대접하기를 한결같이 미쁘게 하여, 나에게 이로운 일과 해로운 일을 가리어, 하며 말며 하지 아니하고, 할 일이 있거든 모름지기 그 모퉁이 일[방법]을 다하고 이르되, "나로부터 할 일은 이렇듯이 할 것이거니와, 그 이루며 못 이룸이 나에게 있지 아니한 일은 비록 성현이시라도 期必하지 못 하시니, 내 어찌 구차히 하리오." 하더라.

1 ᄒᆞᆫᄀᆞᆯᄀᆞ티: 한결같이. 처음부터 끝까지 변함없이 꼭 같이. 'ᄒᆞᆫᄀᆞᆯᄀᆞ티'는 16세기 문헌에서부터 나타난다. 그러나 15세기 문헌에서부터 'ᄒᆞᆫᄀᆞᆯᄀᆞ티'에서 'ᄀᆞᇀ-'의 'ㄱ'이 약화된 형태인 'ᄒᆞᆫᄀᆞᆯᄋᆞ티'가 나타나므로 15세기에도 'ᄒᆞᆫᄀᆞᆯᄀᆞ티'가 존재했음을 알 수 있다. 'ᄒᆞᆫᄀᆞᆯᄀᆞ티'는 형용사인 'ᄒᆞᆫᄀᆞᆯᄀᆞᇀ-'에 부사 파생접사 '-이'가 결합한 것인데, 'ᄒᆞᆫᄀᆞᆯᄀᆞᇀ다'는 수 관형사 'ᄒᆞᆫ'과 '결'의 의미를 지닌 명사 'ᄀᆞᆲ', 용언 'ᄀᆞᇀ다'가 결합한 것이다. 'ᄀᆞᆲ'이 형태소 경계의 휴지(休止) 앞에서 어간말 ㅂ이 탈락한 'ᄀᆞᆯ'로 나타난 것이다. 근대국어 시기에 'ㄷ, ㅌ'이 'ㅣ'나 'ㅣ' 반모음 앞에서 'ㅈ, ㅊ'으로 변하는 구개음화가 일어나 18세기에는 'ᄒᆞᆫᄀᆞᆯᄀᆞ치'가 되었다. 근대국어 시기에 명사 'ᄀᆞᆲ'이 사라지면서 'ᄒᆞᆫᄀᆞᆯᄀᆞ치'에 결합한 'ᄀᆞᆲ'이 동일한 의미의 명사 '결'로 대체되어 19세기에는 '*ᄒᆞᆫ결ᄀᆞ치'가 되었을 것으로 추정된다. 실제 자료상으로는 'ᄒᆞᆫ결ᄀᆞ치'의 중철 표기인 'ᄒᆞᆫ결ᄀᆞᆺ치'로 나타난다. 18세기에 제1음절의 'ㆍ'가 'ㅏ'로 변하였는데, 'ᄒᆞᆫ결ᄀᆞ치' 또한 이러한 변화를 겪었다. 또한 20세기 이후에 원형을 밝혀 적는 표기법에 따라 현대국어의 '한결같이'가 되었다. 16세기 이후 나타나는 'ᄒᆞᆫᄀᆞᆯᄀᆞᆮ티'는 'ᄒᆞᆫᄀᆞᆯᄀᆞ티'를 중철 표기한 것이며, 근대국어 시기에는 음절 말 'ㄷ'을 'ㅅ'으로 표기하는 경향에 따라 'ᄒᆞᆫᄀᆞᆯᄀᆞᆺ

티'로 표기한 예도 나타난다. 18~19세기 문헌에 나타난 'ᄒᆞᆫᄀᆞᆯᄀᆞᆽ치'는 구개음화를 겪은 'ᄒᆞᆫᄀᆞᆯ가치'의 중철 표기이다. ᄒᆞᆫᄀᆞᆯᄀᆞ티(16세기~18세기)〉ᄒᆞᆫᄀᆞᆯᄀᆞ치(18세기~19세기)〉ᄒᆞᆫ결ᄀᆞᆽ치(19세기)〉한결같이(20세기~현재). 이형태: ᄒᆞᆫᄀᆞᆯᄋᆞ티, ᄒᆞᆫᄀᆞᆯᄋᆞᆫ티, ᄒᆞᆫᄀᆞᆯᄀᆞ티, ᄒᆞᆫᄀᆞᆯᄀᆞᆫ티, ᄒᆞᆫᄀᆞᆯᄀᆞᆽ티, ᄒᆞᆫᄀᆞᆯᄀᆞ치, ᄒᆞᆫᄀᆞᆯᄀᆞᆽ치, ᄒᆞᆫ결ᄀᆞᆽ치. 根源을브터 보건댄 잢간도 일후미 업거늘 世옛 사ᄅᆞ미 ᄒᆞᆫᄀᆞᆯᄋᆞ티 倍히 더 보아 구틔여 分別을 내ᄂᆞ니.《1461 능엄 2:13ㄴ-14ㄱ》, 그 독실ᄒᆞᆫ 효되 ᄒᆞᆫᄀᆞᆯᄋᆞᆫ티 지극호미 이러터라 《1518 번소 9:25ㄱ》, 가 너 도ᄋᆞᆯ 사ᄅᆞᄆᆞᆯ 마자 와 내 졔ᄉᆞᄒᆞᆯ 이ᄅᆞᆯ 니ᅀᅥ 힘뻐 공경오로 뻐 거느려 업스신 어마님 일 니수ᄆᆞᆯ 네 ᄒᆞᆫᄀᆞᆯᄀᆞ티 ᄒᆞ라.《1518 번소 3:12ㄴ》, 子弟의 믈읫 온가짓 완샹ᄒᆞ야 됴히 너기ᄂᆞᆫ 거시 다 ᄠᅳᆮ을 안ᄂᆞ니 글시며 유무에 니르러ᄂᆞᆫ 션ᄇᆡ 일에 ᄀᆞ장 갓갑건마ᄂᆞᆫ 그러나 ᄒᆞᆫᄀᆞᆯᄀᆞᆫ티 됴히 너기면 쏘 스스로 ᄠᅳᆮ을 일ᄂᆞ니라.《1588 소언 5:6ㄱ》

2 긔필티: 기필(期必)하지. 꼭 이루어지기를 기약하지.

3 구챠히: 구차(苟且)히. 말이나 행동이 떳떳하거나 버젓하지 못하게.

소언 그 우ᄒᆞᆯ 셤기며 사ᄅᆞᆷ을 ᄃᆡ졉ᄒᆞᆷ애 ᄒᆞᆫᄀᆞᆯᄀᆞᆫ티 스스로 믿ᄂᆞᆫ 거스로 ᄡᅥ ᄒᆞ야 利리며 害해를 ᄀᆞᆯᄒᆡ야 나아가며 ᄇᆞ림을 ᄒᆞ디 아니ᄒᆞ고 그 ᄒᆞ욜 배 이슘애 반ᄃᆞ시 그 모해 일을 다ᄒᆞ야 ᄀᆞᆯ오ᄃᆡ ᄒᆞ기 날로브터 ᄒᆞᆯ 거슨 맛당히 이러ᄐᆞ시 ᄒᆞᆯ 거시니 그 일며 다ᄆᆞᆺ 몯ᄒᆞᆷ은 내게 잇디 아님이 인ᄂᆞᆫ 디라 비록 聖셩賢현이샤도 能능히 긔필티 몯ᄒᆞ시리니 내 엇디 구챠히 ᄒᆞ리오 ᄒᆞ더라

현대역 그 위를 섬기며 사람을 대접함에 한결같이 스스로 믿는 것으로써 하여, 이로움이며 해로움을 가리어, 나아가며 버림을 하지 아니하고, 그 할 바가 있음에 반드시 그 모퉁이 일[방법]을 다하여 가로되, "하기를 나로부터 할 것은 마땅히 이렇듯이 할 것이니, 그 이루며 더불어[그리고] 못함은 나에게 있지 않음이 있는 것이다. 비록 성현이시라도 능히 기필하지 못하시리니, 내가 어찌 구차히 하리오." 하더라.

ᄇᆞ림: 버림. 'ᄇᆞ리(어간)+ㅁ(명사형 어미)'이다. 현대국어 '버리다'의 옛말인 'ᄇᆞ리다'는 15세기 문헌에서부터 나타난다. 이 단어는 15세기부터 19세기까지 꾸준히

쓰이다가 19세기에 '버리다'가 등장하여 'ᄇᆞ리다'와 '버리다'가 서로 경쟁하며 쓰이다가 '·'의 음가 소실, '·' 표기의 폐지 등의 영향으로 '버리다'가 쓰이게 되었다. ᄇᆞ리다(15세기~19세기)>버리다(19세기~현재). 이형태: ᄇᆞ리다, ᄇᆞᆯ이다, 바리다, 버리다. 世間 ᄇᆞ리시고 城 나마 逃亡ᄒᆞ샤 車匿이 돌아 보내샤 盟誓ᄒᆞ샤ᄃᆡ 道理 일워ᅀᅡ 도라오리라 ᄒᆞ시고.《1447 석상 6:4ㄴ》, 아ᄆᆞ란 일 인ᄒᆞ야 우리 더긔 오나든 小人을 ᄇᆞ리디 아니커시든 모로매 지부로 오고라.《1510년대 번노 상:44ㄴ》, 범이 즉시 ᄇᆞᆯ이고 니거ᄂᆞᆯ 귀쳔이 어버 도라오니.《1617 동신속 효6:2ㄴ》

【增註】自信은守其正也라

自信은 그 바름을 지킴이다.

〖六十七章〗

○司馬溫公이嘗言吾無過人者ㅣ어니와但平生所爲ㅣ未嘗有不可對人言者耳로라 《宋名臣言行錄》

●사마온공이 일찍이 말하였다. "나는 남보다 나은 것이 없거니와, 단지 평생 행한 바가 일찍이 가히 남을 대하여 말할 수 없는 것이 있지 않았을 뿐이다."

사마온공(司馬溫公, 1019년~1086년): 중국 북송(北宋)의 정치가·사학자이다. 이름은 사마광(司馬光)이고, 자는 군실(君實)이며, 호는 우부(迂夫)·우수(迂叟)이고, 시호는 문정(文正)이다. 자세한 설명은 〈입교(立教) 제1〉 제2장을 참조하라.

번소 司ᄉᆞ馬마溫온公공이 샹녜 닐오ᄃᆡ 내 ᄂᆞᄆᆡ게셔 더은 이리 업거니와 오직 平평生ᄉᆡᆼ애 ᄒᆞ욘 이리 ᄂᆞᆷ 더브러 몯 닐올 이리 업소라 ᄒᆞ더라

현대역 사마온공이 늘 이르되, "내 남에게서 더한 일이 없거니와, 오직 평생에

한 일이 남과 더불어 못 말할 일이 없었다." 하더라.

업소라: 없었다. '없(어간)+오(화자 표시법 선어말어미)+라(평서형 종결어미)'이다. 선어말어미 '-오$_1$-'는 주어 명사구가 제1인칭 대명사 '나, 우리' 등이거나 제3인칭이라도 그가 화자 자신을 가리키는 경우에 나타난다. 종결어미 '-다'는 '-오-' 뒤에서 '-라'로 변한다[허웅(1989: 312)]. 따라서 '-오라'는 동사나 형용사 어간 뒤에 붙어, 주로 일인칭 주어와 함께 쓰여, '-다', '-ㄴ다', '-ㅆ/았/었/였다'를 뜻하는 어미이다. 右手 左手로 天地 ᄀᆞᄅᆞ치샤 ᄒᆞ오ᅀᅡ 내 尊호라 ᄒᆞ시니.《월곡 상:8》, ᄀᆞ장 시르미 나그내를 번호믈 더으ᄂᆞ니 ᄯᅩ 늘구미 사ᄅᆞᆷ 조차오믈 아로라(轉添愁伴客 更覺老隨人).《두시-초 10:2》

소언 司ᄉᆞ馬마溫온公공이 일즉 닐오ᄃᆡ 내 사ᄅᆞᆷ의게셔 넘은 거시 업거니와 다ᄆᆞᆫ 平평生ᄉᆡᆼ애 ᄒᆞ욘 배 일즉 可가히 사ᄅᆞᆷ 對ᄃᆡᄒᆞ야셔 니ᄅᆞ디 몯홀 거시 잇디 아니호라

현대역 사마온공이 일찍이 이르되, "내가 사람에게서 넘은 것이 없거니와, 다만 평생에 한 일은 일찍 가히 사람 대하여서 말하지 못할 것이 있지 아니하였다."

【集解】**公**은**平生誠實不欺**라**故**로**不可對人言者**는**則不爲也**하니라

공은 평생 성실하여 속이지 아니하였다. 그러므로 가히 남을 대하여 말할 수 없는 것은 행하지 않았다.

〖六十八章〗

○**管寧**이**嘗坐一木榻**ᄒᆞ더니**積五十餘年**이로ᄃᆡ**未嘗箕股**古ᄒᆞ니**其榻上當膝處**ㅣ**皆穿**ᄒᆞ니라 《三國志 魏志 管寧列傳》

●管寧이 일찍이 한 나무평상에 앉았더니 50여 년을 쌓되, 일찍이 다리 뻗고 앉지 않으니 그 평상 위에 무릎을 당한 곳이 다 뚫렸다.

漢字 管(대롱 관), 榻(평상 탑, 걸상 탑), 箕(다리 뻗고 앉을 기, 키 기), 股(넓적다리 고, 정강이 고), 穿(뚫을 천)

1 관녕(管寧, 158년~241년): 삼국시대 위(魏)나라 북해(北海) 주허(朱虛) 사람으로, 자는 유안(幼安)이다. 어려서 고아가 되어 어렵게 공부했고, 여러 번 조정의 부름이 있었지만 끝내 나가지 않았다. 화흠(華歆), 병원(邴原)과 가깝게 지냈다. 일찍이 화흠과 공부를 하고 있었는데 고관대작의 수레가 지나가자 화흠이 책을 덮고 바라보는 것을 보고 세상의 부귀영화(富貴榮華)에 뜻을 주었다고 하여 같이 쓰던 방석을 갈라 절교했다는 관녕할석(管寧割席) 이야기가 유명하다. 후한 말에 전란을 피해 요동(遼東) 땅에 가서 30여 년을 살았는데, 평상에 꿇어앉아 글을 읽어 무릎에 닿은 상(床)의 바닥이 뚫어졌다고 한다. 따르는 사람들이 많았다. 나중에 귀향했다. 위문제(魏文帝) 황초(黃初) 중에 태중대부(太中大夫)로 불리고, 명제(明帝) 때는 광록훈(光祿勳)으로 불렀지만, 모두 나가지 않았다. 제왕(齊王) 조방(曹芳) 정시(正始) 초에 조정에서 정중하게 안거(安車)와 포륜(蒲輪)을 보내 초빙했지만, 마침 죽었다. 저서에 《씨성론(氏姓論)》이 있었지만, 지금은 없어졌다(중국역대인명사전).

2 화흠(華歆, 157년~231년): 삼국시대 위(魏)나라 평원(平原) 고당(高唐) 사람으로, 자는 자어(子魚)다. 병원(邴原), 관녕(管寧) 등과 친구로, 당시 사람들이 세 사람을 한 마리의 용이라 부르면서 그를 용머리라 했다. 후한 말에 효렴(孝廉)으로 천거되어 낭중(郎中)에 올랐지만 병으로 사직했다. 헌제(獻帝) 초년 태부(太傅) 마일제(馬日磾)가 관동(關東)에 모였을 때 불러 연(掾)으로 삼았고, 예장태수(豫章太守)를 지냈다. 정치가 맑고 조용해 번거롭지 않았다. 손책(孫策)이 강동(江東)을 차지했을 때 손책을 환영하며 투항해 상빈(上賓)의 예우를 받았다. 나중에 조조(曹操)에게 귀순하여 자못 신임을 얻었고, 의랑(議郎)과 시중(侍中)을 거쳐 순욱(荀彧)을 대신해 상서령(尙書令)을 지냈다. 건안(建安) 25년(220년) 조조가 죽자 헌제를 재촉해 조서를 내려 조비(曹丕)를 위왕(魏王)과 승상(丞相) 기주목(冀州牧) 등에 봉하도록 했고, 다시 헌제를 재촉해 선양하게 했다. 조비가 칭제한 뒤 상국(相國)이 되고, 안락향후(安樂鄕侯)에 봉해졌다. 명제(明帝) 때는 태위(太尉)를 지냈다. 박평후(博平侯)에 봉해지고, 시호는 경(敬)이다(중국역대

인명사전).

3 관녕할석(管寧割席): '관녕(管寧)이 자리를 나누다'는 뜻이다. 관녕과 華歆(화흠) 두 사람이 글을 읽고 있을 때 문밖에서 마차소리가 들리어 화흠은 책을 덮고 나가 보았는데 관녕은 여전히 글 읽기를 계속하며, "子非吾友也(당신은 나의 벗이 아니다.)"라고 말했다는 고사이다.

번소 管관寧녕이 샹해 ᄒᆞᆫ 나모 평상의 안자셔 쉬나믄 ᄒᆡ로ᄃᆡ 무롭 셰여 안ᄶᅵ 아니ᄒᆞ니 평상 우희 무롭 다핫던 ᄯᅡ히 다 들워디옛더라

현대역 管寧이 늘 한 나무 평상에 앉아서, 쉰 남짓 해로되, 무릎 세워 앉지 아니하니, 평상 위에 무릎 닿았던 곳이 다 뚫어지어 있더라.

들워디옛더라: 뚫어지어 있더라. '둘워디(어간)+여(보조적 연결어미)+잇(在, '잇다'의 어간)+더(회상법 선어말어미)+라(평서형 종결어미)'이다. 완료상은 보조적 연결어미 '-아/어/여'와 보조형용사 '잇다[在]'의 결합으로 표현된다. '여+잇→옛'이 완료상을 나타내는 어미이다. 內堅ᄂᆞᆫ 뫼ᅀᆞ왓ᄂᆞᆫ 혀근 臣下ㅣ라.《내훈 1:39》, 내 바ᄅᆞ 닐오마 길 마갓ᄂᆞᆫ ᄒᆞᆫ 퍼깃 사미 비 오나든 곳 퓌오 ᄇᆞᄅᆞᆷ 그려든 여름 ᄆᆡᆺᄂᆞᆫ 거셔(我猜着 當路一科麻 下雨開花 刮風結子).《번박 상:40》. '-더라'는 화자가 과거에 직접 경험하여 새로이 알게 된 사실을 그대로 옮겨 와 전달한다는 뜻을 나타내는 어미이다. '둘워디다'는 '들워디다'의 옛말이다. 평상 우희 무롭 다핫던 ᄯᅡ히 다 들워디옛더라(其榻上當膝處皆穿).《번소 10:22》. '-옛-'은 다른 어미 앞에 쓰여, 'ᄒᆞ다'의 어간이나 끝음절의 모음이 'ㅣ'인 어간 뒤에 붙어, '-었-'을 뜻하는 선어말어미이다. ᄒᆞ다가 種種 머즌 보매 ᄢᅥ디옛거든 다 引導ᄒᆞ야.《석상 9:8》, 太子ㅣ 듣고 안ᄃᆞᆲ겨 ᄡᅡ해 그우러디옛더라.《석상 11:18》,

소언 管관寧녕[漢한 적 쳐ᄉᆞ]이 일즉 ᄒᆞᆫ 나모 평상의 안ᄶᅧ니 오람이 쉰남은 ᄒᆡ로ᄃᆡ 일즉 다리를 벋디 아니ᄒᆞ니 그 평상 우희 무롭 단ᄂᆞᆫ 고ᄃᆡ 다 들워디니라

현대역 관녕[漢 때 처사라.]이 일찍이 한 나무 평상에 앉더니, 오램이 쉰 남짓 해로되, 일찍이 다리를 뻗지 아니하니, 그 평상 위에 무릎 닿는 곳이 다

뚫어지니라.

오람이: 오램이. 때의 지나간 동안이 깊이. '오라(어간)+ㅁ(명사형 어미)+이(주격 조사)'이다. 현대국어 형용사 '오래다'의 옛말인 '오라다'는 15세기 문헌에서부터 나타난다. 17세기부터 '오라다'는 '오래다'로 나타나게 되는데, 그 이유는 '오라다'가 주로 '오라디 아니ᄒᆞ-'와 같은 구성에서 많이 쓰여 활용형 '오라디'의 빈도가 매우 높게 나타난 것에서 이유를 찾을 수 있을 듯하다. 근대국어 이후에 후행하는 'ㅣ' 모음에 의해 앞 음절의 모음이 전설모음으로 바뀌는 현상이 나타나게 되었는데, '오라디' 역시 그러한 현상을 겪어 '오래디'가 되었을 것으로 보인다. '오래디'라는 활용형으로부터 전체 활용형이 영향을 입어 어간이 '오래-'로 바뀌게 되었을 수 있다는 것이다. 17세기부터 나타난 '오래다'는 현재까지 이어지게 되었다. 오라다(15세기~19세기)〉오래다(17세기~현재). 이형태: 오라다, 오래다. 對答ᄒᆞᅀᆞᄫᅵ 네 졈던 사ᄅᆞᆷ도 오라면 늙ᄂᆞ니 人生애 免ᄒᆞ리 업스니이다.《1447 석상 3:17ㄱ》, 宣德저긔 ᄒᆞᆫ ᄆᆞᄉᆞᆯ 宋隱山의 아ᄃᆞ를 어러 오라디 아니ᄒᆞ야셔 남지니 큰 病을 어더늘.《1514 속삼 열:4ㄱ》, 네 두려 말라 이리 수요미 인ᄂᆞ니라 ᄒᆞ더니 오래디 아녀셔 도적거 니ᄅᆞ기ᄂᆞᆯ.《1617 동신속 열3:17ㄴ》

【集解】寧의字는幼安이니漢末에避亂하여依公孫度於遼東하여日講詩書하니所居成邑하여民化其德이러니魏文帝立하여召寧한대浮海以還하니라文帝明帝皆召之하여使仕러니寧陳情하여不仕而終하니라

寧의 자는 유안이니, 한나라 말엽에 난을 피하여 요동에서 공손탁에게 의지하여, 날마다 詩書를 강론하니, 거주하는 곳이 읍을 이루어 백성들이 그 덕에 감화되었더니, 위나라 문제가 즉위하여 寧을 불렀는데 바다를 항해하여 써 돌아왔다. 문제 명제가 모두 그를 불러 하여금 벼슬하게 하더니, 寧이 사정을 진술하여 벼슬하지 않고 죽었다.

漢字 遼(멀 료), 浮(뜰 부, 떠 움직일 부), 陳(베풀 진)

공손탁(公孫度, 미상~204년): 후한 요동(遼東) 양평(襄平) 사람이다. 자는 승제

(升濟)고, 공손강(公孫康)과 공손공(公孫恭)의 아버지다. 처음에 현도군리(玄菟郡吏)로 있다가 나중에 도가 있다 하여 천거를 받아 상서랑(尙書郎)에 오르고, 기주자사(冀州刺史)와 요동태수(遼東太守)를 지냈다. 일찍이 양평령(襄平令) 공손소(公孫昭)를 살해하고 전소(田韶) 등의 반란을 진압하면서 백여 집안을 살육해 고을 사람들이 모두 벌벌 떨었다. 나중에 동쪽으로 고구려를 공격하고 서쪽으로 오환(烏桓)을 침략했으며, 남쪽으로 동래(東萊)의 여러 현(縣)을 장악했다. 당시 왕실(王室)이 차츰 어지러워졌는데, 자신의 영지가 먼 것을 믿고 자립하여 요동후(遼東侯), 평주목(平州牧)이 되었다. 조조(曹操)가 표를 내려 무위장군(武威將軍)과 영녕향후(永寧鄕侯)에 임명했다. 죽은 뒤 아들 공손강이 자리를 이었다(중국역대인명사전).

〖六十九章〗

○ 呂正獻公이 自少로 講學호ᄃᆡ 卽以治心養性으로 爲本ᄒᆞ야 寡嗜慾ᄒᆞ며 薄滋味ᄒᆞ며 無疾言遽色ᄒᆞ며 無窘步ᄒᆞ며 無惰容ᄒᆞ며 凡嬉笑俚里近之語를 未嘗出諸口ᄒᆞ며 於世利紛華聲伎游宴과 以至於博奕奇玩히 淡然無所好ᄒᆞ더라 《呂氏家傳》

● 呂正獻公이 젊은 때로부터 학문을 강론하되, 곧 마음을 다스리고 덕성을 기름으로써 근본을 삼아, 즐기고 욕심내기를 적게 하였으며, 맛좋은 음식을 적게 하였으며, 말을 빨리 하거나 얼굴빛을 급히 변함이 없었으며, 급한 걸음이 없었으며, 게으른 모양이 없었으며, 무릇 희롱하고 웃고 속되고 천박한 말을 일찍이 입에서 내지 않았으며, 세상의 이익과 어지럽고 화려함과 음악과 재주와 놀고 잔치함에 있어서와 써 장기와 바둑과 기이한 노리개에 이르기까지 담박하여 좋아하는 바가 없었다.

漢字 嗜(즐길 기), 薄(적을 박, 엷을 박), 滋(붙을 자), 疾(빠를 질, 병 질), 遽(급할 거, 갑자기 거), 窘(급할 군, 군색할 군), 嬉(희롱할 희, 놀이 희, 즐길 희), 俚(속될 리), 近(천박할 근), 紛(어지러울 분), 伎(재주 기), 奕(바둑 혁), 淡(담박할 담, 묽을 담)

1 여정헌공(呂正獻公, 1018년~1089년): 수주(壽州) 사람으로, 이름은 여공저(呂公著)고, 자는 회숙(晦叔)이다. 북송(北宋)의 대신(大臣)으로, 여이간(呂夷簡)의 아들이다. 자세한 내용은 〈선행(善行) 제6〉자1장을 참조하라.

2 자미(滋味): 자양분이 많고 좋은 맛. 또는 그러한 음식.

번소 正졍獻헌公공 呂려公공著뎌ㅣ 져믄 제브터 글 ᄇᆡ호ᄃᆡ ᄆᆞᅀᆞᆷ 다ᄉᆞ리며 본셩 길우믈 읏듬으로 ᄒᆞ더니 아름뎟 즐겨 ᄒᆞ고져 ᄒᆞᄂᆞᆫ 이리 져그며 음식을 됴히 아니ᄒᆞ며 ᄲᆞᄅᆞᆫ 말와 과ᄀᆞᄅᆞᆫ ᄂᆞᆾ곳ᄎᆞᆯ 아니ᄒᆞ며 뵈앗ᄇᆞᆫ 거르미 업스며 게으른 양ᄌᆡ 업스며 믈읫 희롱앳 우숨과 야쇽ᄒᆞᆫ 말ᄉᆞ믈 입 밧긔 내디 아니ᄒᆞ며 셰가ᄂᆡ 리ᄒᆞᆫ 일와 어즈러이 빗난 일와 풍뤼며 이바디며 바독 쟝긔 됴ᄒᆞᆫ 구경도ᄋᆡᆫ 거세 다 ᄂᆡ도히 너겨 즐길 거시 업더라

현대역 正獻公 呂公著가 어릴 때부터 글 배우되, 마음 다스리며 덕성 기름을 으뜸으로 하더니, 사사로이 즐겨 하고자 하는 일이 적으며, 음식을 좋게 아니하며, 빠른 말과 급한 낯빛을 아니하며, 바쁜 걸음이 없으며, 게으른 樣子가 없으며, 무릇 희롱하는 웃음과 야속한 말씀을 입 밖에 내지 아니하며, 世間에 이로운 일과 어지러이 빛난 일과 풍류며 연회며 바둑 장기와 좋은 구경된 것에 다 무심하게 여겨, 즐길 것이 없더라.

1 ᄂᆞᆾ곳ᄎᆞᆯ: 낯빛을. 'ᄂᆞᆾ곳ㅊ(명사)+ᄋᆞᆯ(목적격 조사)'이다. 명사의 중철 표기이다. 'ᄂᆞᆾ곶'은 '낯빛'의 옛말이다. 舍利弗이 측ᄒᆞᆫ ᄂᆞᆾ고지 잇거늘.《석상 6:36》, ᄂᆞᆾ고ᄌᆞᆯ 溫和히 ᄒᆞ야 말ᄊᆞᆷᄒᆞᄃᆡ.《월석-중 22:24》

2 뵈앗ᄇᆞᆫ: 바쁜. '뵈앗ᄇᆞ(어간)+ㄴ(관형사형 어미)'이다. '뵈앗ᄇᆞ다'는 '바쁘다'의 옛말이다. 나리 ᄆᆞᆺ도록 뵈앗바도(終日忙忙)《금삼 2:37》

3 양ᄌᆡ: 양자(樣)가. '양ᄌᆞ(명사)+ㅣ(주격 조사)'이다. '양ᄌᆞ'는 '얼굴의 생긴 모양'이다.

4 셰가ᄂᆡ: 세간(世間)에. '셰간(명사)+ᄋᆡ(부사격 조사)'이다.

5 ᄂᆡ도히: 멀게, 무심하게. 바독 쟝긔 됴ᄒᆞᆫ 구경도ᄋᆡᆫ 거세 다 ᄂᆡ도히 너겨 즐길 거시 업더라(以至於博奕奇玩淡然無所好).《번소 10:23》(현대역: 바둑, 장기 좋

은 구경거리에 이르기까지 다 무심하게 여겨 즐길 것이 없더라.), 然 ᄂᆡ도히.《동해 하:48》

소언 呂려正졍獻헌公공이 졈은 제브터 ᄒᆞᆨ문을 강구호ᄃᆡ 곧 ᄆᆞᄋᆞᆷ 다ᄉᆞ리며 性셩 치기로ᄡᅧ 근본을 삼아 즐기ᄂᆞᆫ 거시며 욕심을 젹게 ᄒᆞ며 滋ᄌᆞ味미옛 거슬 엷게 ᄒᆞ며 ᄲᆞ른 말와 급거ᄒᆞᆫ ᄂᆞᆾ비치 업스며 뵈앗븐 거름이 업스며 게으른 얼굴이 업스며 믈읫 희롱앳 우움과 야쇽ᄒᆞᆫ 말ᄉᆞᆷ을 일즉 입에 내디 아니ᄒᆞ며 셰간ᄋᆡ 利리ᄒᆞᆫ 일와 어즈러이 번화ᄒᆞᆫ 일와 풍류며 노르시며 노롬노리 이바디예과 ᄡᅧ 바독 쟝긔과 긔특ᄒᆞᆫ 보암즉ᄒᆞᆫ 거싀 니르히 淡담然연[힘드렁ᄒᆞᆫ 양이라]ᄒᆞ야 됴히 너기ᄂᆞᆫ 배 업더라

현대역 呂正獻公이 어릴 때부터 학문을 講究하되, 곧 마음 다스리며 덕성 기름으로써 근본을 삼아, 즐기는 것이며 욕심을 적게 하며, 滋味의 것을 엷게 하며, 빠른 말과 急遽한 낯빛이 없으며, 바쁜 걸음이 없으며, 게으른 얼굴이 없으며, 무릇 희롱하는 웃음과 야속한 말씀을 일찍이 입에 내지 아니하며, 세간의 이로운 일과 어지러이 繁華한 일과 풍류며 노릇이며 놀음놀이 연회와 써 바둑 장기와 奇特한 봄직한 것에 이르기까지 淡然[심드렁한 모양이라.]하여, 좋게 여기는 바가 없더라.

1 강구호되: 강구(講究)하되. '강구ᄒᆞ(어간)+오되(연결어미)'이다. '강구ᄒᆞ다'는 '어떤 문제를 해결할 방법을 찾다.'를 뜻한다. 《행정용어 순화 편람(1993년 2월 12일)》에 따르면, '강구하다' 대신 될 수 있으면 순화한 용어 '생각하다', '연구하다', '좋은 방법을 생각하다', '좋은 방법을 연구하다'를 쓰라고 되어 있다.

2 ᄌᆞ미: 자미(滋味). 자양분이 많고 맛도 좋음. 또는 그런 음식. '자미(滋味)'는 '아기자기하게 즐거운 기분이나 느낌'의 뜻도 있는데, 이때에는 규범표기가 '재미'이다.

3 급거ᄒᆞᆫ: 급거(急遽)한. 몹시 서둘러 급작스러운.

4 번화ᄒᆞᆫ: 번화(繁華)한. 번성하고 화려한.

5 긔특흔: 기특(奇特)한. 말하는 것이나 행동하는 것이 신통하여 귀염성이 있는.

6 담연ᄒᆞ야: 담연(淡然)하여. 욕심이 없고 깨끗하여.

7 힘드렁흔: 심드렁한. 마음에 탐탁하지 아니하여 관심이 거의 없는. '심드렁하다'의 옛말인 '힘드렁ᄒᆞ다'는 16세기 문헌에서부터 나타난다. '힘드렁ᄒᆞ다'는 '힘드렁'에 'ᄒᆞ다'가 결합된 것이다. 이 '힘드렁'에 접미사 '-이'가 결합되어 부사 '힘드렁이'가 만들어졌다(等閑 힘드렁이.《어록 초 11》). 17세기 문헌에 부사 '심드러이'가 나타나는데, 근대국어 시기에 'ㅎ〉ㅅ'의 변화에 따라 '심드러이'가 된 것으로 볼 수 있다. '심드러이'를 고려할 때 근대국어 시기에 '심드렁ᄒᆞ다'도 존재했을 가능성을 생각해 볼 수 있다. 힘드렁ᄒᆞ다(16세기~17세기)〉심드렁하다(20세기~현재). 이형태: 힘드렁ᄒᆞ다. 힘드렁흔 양이라.《1587 소언 6:69》, 모리털은 다 힘드렁흔 일이어니와.《17세기 마경 상:16ㄱ》

【集說】吳氏曰治心은收其放心也요養性은養其德性也라自寡嗜慾以下는皆治心養性之事라遽는急遽也요窘은迫促也요俚는鄙俗也요聲伎는歌樂巧戲也라

오 씨가 말하였다. "治心은 그 放心을 거둠이요, 養性은 그 德性을 기름이다. 寡嗜慾으로부터 이하는 모두 마음을 다스리고 덕성을 기르는 일이다. 遽는 급함이고, 窘은 촉박함이고, 俚는 더럽고 속됨이요, 聲技는 음악과 공교한 놀이다."

漢字 迫(궁색할 박), 促(재촉할 촉, 군색할 촉), 巧(공교할 교)

〖七十章〗

○明道先生이終日端坐에如泥塑素人이러시니及至接人ᄒᆞ얀則渾是一團和氣러시다 《二程全書 外書》

● 명도 선생이 종일토록 단정히 앉음에 진흙으로 빚은 사람 같으시더니 사람 접함에 미쳐 이르러서는 온전히 한 덩어리의 온화한 기운이셨다.

漢字 泥(진흙 니), 塑(흙 빚을 소, 토우 소, 흙을 이겨 물건 만들 소), 渾(온전할 혼, 흐릴 혼), 團(덩어리 단)

번소 明명道도 先션生싱이 샹녜 져므도록 졍다이 안자 겨실 제는 흙고로 뮝ᄀᆞᆫ 사ᄅᆞᆷᄀᆞᄐᆞ샤ᄃᆡ 사ᄅᆞᆷ ᄃᆡ졉ᄒᆞ실 제는 자내 모미 젼당ᄒᆞᆫ 얼읜 유화ᄒᆞᆫ 긔운이러라

현대역 명도 선생이 늘 저물도록 正當하게 앉아 계실 때는 흙으로 만든 사람 같으시되, 사람을 대접하실 때는 몸소 몸이 온전히 하나의 엉긴 柔和한 기운이더라.

1 자내: 자기. 내 다ᄆᆞᆫ ᄒᆞᆫ 앗이 뎌런 모딘 ᄠᅳ들 머그니 아ᄆᆞ례나 고티게 ᄒᆞ리라 ᄒᆞ고 자냇긔 풍류ᄒᆞᄂᆞᆫ 각시를 다 善容ᄋᆡ 그에 가 풍류ᄒᆞ라 ᄒᆞ고.《석상 24:27》, 夫人 莊姜이 子息 업서 莊公妾 戴僞의 아ᄃᆞᆯ 자내 子息 사맷더니.《내훈 2:70》

2 얼읜: 엉긴. '얼의(어간)+ㄴ(관형사형 어미)'이다. 현대국어 '엉기다'의 옛말인 '얼의다'는 15세기 문헌에서부터 나타난다. 15세기 국어에서는 연철이 일반적이었는데 '어릐다'가 아니라 '얼의다'로 나타난 이유는 제2음절의 초성 'ㅇ'이 중세국어 이전에 'ㄱ'에서 약화된 성문 마찰 유성음 'ㅇ[ɦ]'이었기 때문이다. 성문 마찰 유성음 'ㅇ[ɦ]'이 소멸되면서 '얼의다'는 근대국어에서 '어릐다'로 나타나게 된다. 17세기 이후에 '얼의다'는 '엉긔다'로도 나타난다. 이 '엉긔다'는 '얼의다'의 방언형이었는데 서로 경쟁 관계에 있다가 '엉긔다'가 남게 된다. '엉긔다'는 19세기에 이중모음 'ㅢ'가 자음 뒤에서 'ㅣ'로 변하여 '엉긔다'가 되면서 현재에 이르렀다. 얼의다(15세기~18세기)〉엉긔다(17세기~19세기)〉엉기다(20세기~현재). 이형태: 얼의다, 어릐다, 엉긔다. 믈읫 傷ᄒᆞ야 피 얼의며 氣絶ᄒᆞ야 주ᄂᆞ니와.《1466 구방 하:30ㄴ》, 시혹 서늘ᄒᆞᆫ ᄎᆞᆫ 氣우니 얼의여 어르미 ᄃᆞ외면.《1522 법집 74ㄱ》, 긔와 혈이 서ᄅᆞ 엉긔여.《17세기 마경 하:11ㄴ》

3 유화ᄒᆞᆫ: 유화(柔和)한. 성품이 부드럽고 온화한.

소언 明명道도 先션生싱이 날이 ᄆᆞᆺ도록 단졍히 안자 겨심애 흘그로 ᄆᆡᆼ근 사ᄅᆞᆷ ᄀᆞᆮ더시니 ᄆᆡᆺ 사ᄅᆞᆷᄃᆡ졉홈애 닐으러는 오오로이 ᄒᆞᆫ 덩이 화ᄒᆞᆫ 긔운이러시다

현대역 명도 선생이 날이 마치도록 단정히 앉아 계심에 흙으로 만든 사람 같으시더니, 및 사람대접함에 이르러는 온전히 한 덩이 화한 기운이시더라.

오오로이: 온전히(부사). '오ᄋᆞ로'의 이형태이다. '오ᄋᆞ로'는 '온전히', '온통'의 옛말로, '오ᄋᆞᆯ다[온전하다]'의 어간 '오ᄋᆞᆯ-'에 접사 '오'가 붙어 파생된 부사이다. 보샤미 멀리잇가 善心이 오ᄋᆞᆯ면 안존 고대셔 말가히 보리니.《월석 8:1》, 幽人의 貞正호ᄆᆞᆯ 둘흘 오ᄋᆞᆯ에 호ᄆᆞᆯ 붓그리노라(幽貞愧雙全).《두시-초 6:37》, 凡夫ㅣ 모ᄅᆞᆯ씨 無明이라 ᄒᆞᄂᆞ니라 ᄒᆞ시고 ᄯᅩ 初禪으로셔 오ᄋᆞ로 거르ᄲᅧ여 滅盡定에 드르시니.《석상 23:16》, ᄒᆞ나히 ᄲᅮ로 달아 비치 오ᄋᆞ로 희오 갈기 다 구스리 ᄢᅦ여 잇더니 일후미 蹇特이라.《월석 2:46》

【正誤】終日端坐에如泥塑人은敬也라

終日端坐如泥塑人[종일 단정히 앉음에 진흙으로 만든 사람 같음]은 공경함이다.

【集解】所謂望之儼然하고卽之也溫이니라

(《論語》〈子張〉에) 이른바 바라봄에 엄연하고, 나아감에 또 온화하다는 것이다.

漢字 儼(근엄할 엄, 의젓할 엄), 卽(나아갈 즉), 也(또 야)

1 望之儼然 卽之也溫: 《논어(論語)》〈자장(子張)〉 제9장에서 인용한 대목이다. "子夏曰 君子有三變 望之儼然 卽之也溫 聽其言也厲[자하가 말하였다. '군자는 세 가지 변함이 있으니, (멀리서) 바라보면 엄연(엄숙)하고, 그 앞에 나아가면 온화하고, 그 말을 들어보면 명확하다.']"

2 엄연(儼然): 겉모양이 장엄하고 엄숙한 모양.

【七十一章】

○明道先生이作字時예甚敬ᄒᆞ더시니嘗謂人曰非欲字好ㅣ라

卽此ㅣ是學이니라 《二程全書 遺書》

●명도 선생이 글자를 쓸 때에 매우 공경하시더니, 일찍이 사람들에게 일러 말하였다. "글자를 좋게 하고자 함이 아니라, 곧 이것이 배움이다."

번소 明명道도 先션生싱이 글 스실 저긔 ᄀᆞ장 조심ᄒᆞ더시니 사ᄅᆞᆷᄃᆞ려 니ᄅᆞ샤ᄃᆡ 글ᄌᆞ를 됴케 ᄒᆞ고져 ᄒᆞᄂᆞᆫ 주리 아니라 이리 호미 ᄆᆞᅀᆞᆷ자보ᄆᆞᆯ ᄇᆡ호미니라

현대역 명도 선생이 글 쓰실 때에 가장 조심하시더니, 사람에게 이르시되, "글자를 좋게 하고자 하는 줄이 아니라, 이렇게 함이 마음잡음을 배움이니라."

소언 明명道도 先션生싱이 글 쓰실 저긔 ᄀᆞ장 조심ᄒᆞ더시니 일즉 사ᄅᆞᆷᄃᆞ려 닐어 ᄀᆞᆯᄋᆞ샤ᄃᆡ 字ᄌᆞ를 됴코져 홈이 아니라 곧 이거시 이 學혹이니라

현대역 명도 선생이 글 쓰실 때에 가장 조심하시더니, 일찍이 사람에게 일러 말씀하시되, "글자를 좋게 하고자 함이 아니라, 곧 이것이 이 배움이니라."

【集說】朱子曰此亦可以收放心이니라

주자가 말하였다. "이것이 또한 가히 써 放心을 거둘 수 있다."

〖七十二章〗

○劉忠定公이見溫公ᄒᆞ야問盡心行己之要ㅣ可以終身行之者ᄒᆞᆫ대公이曰其誠乎ᄂᆞᆫ뎌劉公이問行之何先이니잇고公이曰自不妄語始니라 《宋名臣言行錄》

●劉忠定公이 溫公을 뵈어, 마음을 다하고 몸을 행하는 요점으로서 가히

써 종신토록 행할 만한 것을 물었는데, 공이 말하였다. "그 誠일 것이다." 유공이 물었다. "그것을 행함에 무엇이 먼저입니까?" 공이 말하였다. "망령된 말을 아니 함으로부터 시작해야 한다."

漢字 妄(망령될 망, 함부로 망)

유충정공(劉忠定公, 1048년~1125년): 북송 대명(大名, 하북성) 사람이다. 이름은 유안세(劉安世)고, 자는 기지(器之)이며, 호는 원성(元城)이다. 유항(劉航)의 아들이다. 자세한 내용은 〈선행(善行) 제6〉 제24장을 참조하라.

번소 忠튱定뎡公공 劉류安안世셰 司ᄉᆞ馬마溫온公공을 보아 무로ᄃᆡ ᄆᆞᅀᆞ믈 다ᄒᆞ며 몸 가져 ᄒᆞ뇨매 조ᅀᆞ로온 이리 므스 이리 죽도록 ᄒᆞ염즉 ᄒᆞ니오 溫온公공이 니ᄅᆞ샤ᄃᆡ 그 졍셩인뎌 劉류公공이 무로ᄃᆡ 힝호매 므스거슬 몬져 ᄒᆞ료 溫온公공이 니ᄅᆞ샤ᄃᆡ 거즛말 아니호모로브터 비르서 홀 거시라

현대역 忠定公 劉安世가 사마온공을 보아 묻되, "마음을 다하며 몸가짐 함에 종요로운 일이 무슨 일이 죽도록 함직 합니까?" 온공이 이르시되, "그 정성이구나." 유공이 묻되, "행함에 무엇을 먼저 하리오?" 온공이 이르시되, "거짓말 아니함으로부터 비로소 할 것이라."

1 조ᅀᆞ로온: 종요로운. '조ᅀᆞ로오(어간)+ㄴ(관형사형 어미)'이다. '조ᅀᆞᄅᆞᄫᆞ다'는 '종요롭다'의 옛말로, 모음으로 시작하는 어미 앞에서 나타나며, 자음으로 시작하는 어미 앞에서는 '조ᅀᆞᄅᆞᆸ-'으로 나타난다. '조ᅀᆞᄅᆞᆸ+ㄴ'에서 어간 'ᄅᆞᆸ'이 'ㄴ' 앞에서 'ᄅᆞ오'로 교체된 것이다. 如來ㅅ 一切 秘密ᄒᆞ고 조ᅀᆞᄅᆞᄫᆞᆫ 藏과 如來ㅅ 一切 甚히 기픈 이리 다 이 經에 現히 닐어 잇ᄂᆞ니라.《석상 19:42》, 아마도 福이 조ᅀᆞᄅᆞᄫᆞ니 아니 심거 몯ᄒᆞᆯ 꺼시라.《석상 6:37~38》

2 ᄒᆞ니오: 합니까. 'ᄒᆞ(어간)+니오(의문형 종결어미)'이다. '-니오'는 보통 '-뇨'로 나타나는데, 제1·3인칭 의문법 중 ᄒᆞ라체 설명의문문을 만든다. 의문사 '므스 일'을 동반하여 일정한 정보를 요구한다. 사라슈믄 能히 언매나 ᄒᆞ니오 샹녜 나그낫 소개 잇노라(生涯能幾何 常在羈旅中).《두시-초 6:53》, 므슴 道理ᄅᆞᆯ

보고 곧 希有타 니ᄅᆞ니오.(須菩提見介甚麼道理, 便道希有)《금삼 2:1》

3 졍셩인뎌: 정성이구나. '졍셩(명사)+이('이다'의 어간)+ㄴ뎌(감탄형 종결어미)'이다. '-ㄴ뎌'는 어간이나 어미 뒤에 붙어, '-구나'를 뜻하는 어미이다. 슬프다 녯 사ᄅᆞᄆᆡ 마ᄅᆞᆯ 아디 몯ᄒᆞᄂᆞᆫ뎌(悲哉 不悟昔人言).《남명 하:30》, ᄒᆞ나 아닌 다ᄅᆞᆫ 敎ᄅᆞᆯ 내시ᄂᆞ니 어긔요ᄃᆡ 다ᄅᆞ디 아니ᄒᆞᆫ닌 오직 聖人ㅅ 마리신뎌(吐不一之殊敎 乖而不可異者 其惟聖言乎).《영가 하:36》

4 ᄒᆞ료: 하리오. 'ᄒᆞ(어간)+료(의문형 종결어미)'이다. '-료'는 '-리오'로도 나타나는데, 제1·3인칭 의문법 중 ᄒᆞ라체 설명의문문을 만든다. 의문사 '므스 것'을 동반하여 일정한 정보를 요구한다. 出家ᄒᆞᆫ 사ᄅᆞᄆᆞᆫ 쇼히 ᄀᆞᆮ디 아니ᄒᆞ니 그에 精舍ㅣ 업거니 어드리 가료.《석상 6:22》, 太子ㅣ 우ᅀᅳ며 닐오ᄃᆡ 내 므스거시 不足ᄒᆞ료.《석상 6:24》

소언 劉류忠튱定뎡公공[忠튱定뎡은 시호ㅣ니 劉류器긔之지라]이 溫온公공을 보ᄋᆞ와 ᄆᆞᄋᆞᆷ을 다ᄒᆞ며 몸을 行ᄒᆡᇰ홀 종외 可가히 ᄡᅥ 몸이 ᄆᆞᆺ도록 行ᄒᆡᇰ홀 거슬 무른대 公공이 ᄀᆞᆯ오ᄃᆡ 그 셩실인뎌 劉류公공이 무로ᄃᆡ 行ᄒᆡᇰ홈애 므서슬 몬져 ᄒᆞ링잇고 公공이 ᄀᆞᆯ오ᄃᆡ 간대옛 말 아니홈으로브터 비르슬 디니라

현대역 유충정공[충정은 시호니, 劉器之라.]이 온공을 보아, 마음을 다하며 몸을 행할 宗要가 가히 써 몸이 마치도록 행할 것을 물으니까, 공이 가로되, "그 성실이구나." 유공이 묻되, "행함에 무엇을 먼저 하겠습니까?" 공이 가로되, "되는 대로의 말 아니함으로부터 비롯할 것이니라."

1 ᄒᆞ링잇고: 하겠습니까. 'ᄒᆞ리잇고'와 같은 말이다. 'ᄒᆞ(어간)+리(추측법 선어말어미)+잇(존비법 ᄒᆞ쇼셔체 선어말어미)+고(의문형 종결어미)'이다. '-잇고'는 ᄒᆞ쇼셔체 설명의문문을 만드는 어미이다. ᄒᆞ라체에서 제1·3인칭과 제2인칭으로 분화되어 있는 의문법의 체계는 ᄒᆞ야쎠와 ᄒᆞ쇼셔체에서는 중화되어 버린다. 다만 판정의문문과 설명의문문의 체계는 그대로 구분된다. 위 예문은 의문사 '므서슬'을 동반하면서 어떤 정보를 요구하고 있다. 아라니 ᄆᆞᅀᆞ메 셜워 울며 ᄉᆞᆯ오ᄃᆡ 셰존하 어믜 은과 덕과ᄅᆞᆯ 엇뎨ᄒᆞ야ᅀᅡ 가ᄑᆞ리잇고(阿難聞語 痛割於心

垂淚悲泣 白言 世尊 母之恩德 云何報答).《은중 3》, 民이 더블어 홈쯰 亡코쟈 ᄒᆞ면 비록 臺池와 鳥獸ㅣ 이시나 엇디 能히 호올로 樂ᄒᆞ리잇고(民欲與之偕亡 雖有臺池鳥獸 豈能獨樂哉).《맹언 1:5》

2 간대옛: (관형사) 망령되거나 되는대로 함부로 하는. 또 世間앳 邪魔 外道앳 妖怪ᄅᆞᄫᆡᆫ 스스ᄋᆞᆯ 信ᄒᆞ야 간대옛 禍福ᄋᆞᆯ 닐어든 곧 두리븐 ᄣᅳ들 내야 ᄆᆞᅀᆞ미 正티 몯ᄒᆞ야.《석상 9:36》, 너는 니기 ᄃᆞᆫ니는 나그내니 우리 곧 내 집 ᄒᆞᆫ 가지니 내 어듸ᄯᆞᆫ 간대옛 말 ᄒᆞ리오(你是熟客人 咱們便是自家裏一般 我怎麽敢胡說).《번노 상:18》

【集說】陳氏曰忠定은元城先生諡也라朱子曰溫公所謂誠은即大學所謂誠其意者니指人之實其心而不自欺也라

진 씨가 말하였다. "忠定은 원성 선생의 시호다." 주자가 말하였다. "온공이 이른바의 誠은 곧 《대학》에 이른바 '그 뜻을 성실히 한다.'는 것이니, 사람이 그 마음을 성실히 하여, 스스로 속이지 않음을 가리킨다."

劉公이初甚易之ㅣ러니及退而自檃栝日之所行과與凡所言ᄒᆞ니自相掣肘矛盾者ㅣ多矣러니力行七年以後에成ᄒᆞ니自此로言行이一致라表裏相應ᄒᆞ야遇事坦然ᄒᆞ야常有餘裕ㅣ러라

● 유공이 처음에 그것을 매우 쉽게 여기더니, 물러남에 미쳐 스스로 날마다 행하는 바와 무릇 말하는 바를 은괄(檃栝)하여[틀에 맞춰] 보니, 스스로 서로 팔꿈치를 당기고 모순되는 것이 많았더니, 힘써 행한 지 7년 이후에 이루어지니 이로부터 언행이 일치되었다. 겉과 속이 서로 응하여 일을 만남에 평탄하여 항상 여유가 있었다.

漢字 檃(=櫽 도지개 은, 바로잡을 은), 栝(도지개 괄), 掣(당길 철), 肘(팔꿈치 주), 坦(평탄할 탄)

檃(도지개 은): 틈이 가거나 뒤틀린 활을 바로잡는 틀.

번소 劉류公공이 처ᅀᅥ믜 뎌 말ᄉᆞ믈 듣고 ᄀᆞ장 쉬이 너겨 ᄒᆞ더니 믈러와 날마다 ᄒᆞᄂᆞᆫ 일와 믈읫 니ᄅᆞᄂᆞᆫ 말와ᄅᆞᆯ 견줍ᄶᅥ 고티힐훠 보니 븓들여 서르 어긘 이리 하더니 닐굽 ᄒᆡᄅᆞᆯ 힘서 ᄒᆞᆫ 후에ᅀᅡ 일워 말와 일와 ᄒᆞᆫ가지오 안팟기 서르 마자 맛난 일마다 훤츨히 유여ᄒᆞ더라

현대역 유공이 처음에 저 말씀을 듣고 가장 쉽게 여겨 하더니, 물러나와 날마다 하는 일과 무릇 이르는 말을 견주어 힘써 고쳐 보니, 붙들려 서로 어긴 일이 많더니, 일곱 해를 힘써 한 후에야 이루어, 말과 일과 한가지요 안팎이 서로 맞아, 만난 일마다 훤칠히 여유가 있더라.

1 고티힐훠: 힘써 고쳐. '고티힐후(어간)+어(연결어미)'이다. '고티힐후다'는 '힘써 고치다'의 옛말이다. ᄌᆡ조ᄅᆞᆯ 홀뎐 버디 고티힐훈 공이 잇고.《정속-이 14》, 믈러와 날마다 ᄒᆞᄂᆞᆫ 일와 믈읫 니ᄅᆞᄂᆞᆫ 말와ᄅᆞᆯ 견줍ᄶᅥ 고티힐훠 보니(及退而自檃栝日之所行與凡所言).《번소 10:25》

2 훤츨히: 훤칠히. 막힘이 없이 깨끗하고 시원스럽게. 갓근 ᄆᆞᅀᆞ미 緣ᄒᆞᄂᆞᆫ 그르메와 다ᄅᆞᆫ가 疑心ᄒᆞ야 分別ᄒᆞ던 ᄠᅳ디 훤츨히 업스리라(倒心緣影 疑異分別之情 豁然而蕩矣).《능엄 2:58》, 언제ᅀᅡ 世俗앳 ᄢᅵᄅᆞᆯ ᄠᅥ러 ᄇᆞ리고 훤츨히 바ᄅᆞ래 ᄇᆡ 타 가려뇨(何當擺俗累 浩蕩乘滄溟).《두시-초 6:20》

소언 劉류公공이 처어믜 ᄀᆞ장 쉬이 너기더니 믿 믈러와 스스로 날마다 行ᄒᆡᇰᄒᆞᄂᆞᆫ 바와 다ᄆᆞᆺ 믈읫 니르는 바를 檃은栝괄[고븐 나모 잡아 바ᄅᆞ게 ᄒᆞᄂᆞᆫ 거시니 말과 ᄒᆡᇰ실을 서르 마초아 보단 말이라]ᄒᆞ여 보니 스스로 掣텰肘듀[ᄑᆞᆯ을 ᄃᆞᇰ긔미니 븓들리단 말이라]ᄒᆞ며 矛모盾슌[창과 방패니 서ᄅᆞ 어긔단 말이라]홈이 하더니 힘ᄡᅥ 行ᄒᆡᇰᄒᆞᆫ 닐굽 ᄒᆡ 후에 이니 일로브터 말ᄉᆞᆷ과 ᄒᆡᇰ실이 ᄒᆞᆫ가지라 안콰 밧기 서르 應응ᄒᆞ야 일을 만남애 훤츨ᄒᆞ야 샹해 남아 넉넉홈이 잇더라

현대역 유공이 처음에 가장 쉽게 여기더니, 및 물러나와 스스로 날마다 행하는 바와 더불어 무릇 이르는 바를 은괄(檃栝)[굽은 나무 잡아 바르게 하는 것이니, 말과 행실을 서로 맞추어 본다는 말이라.]하여 보니, 스스로 철주(掣

肘)[팔을 당김이니, 붙들린다는 말이라.]하며 矛盾[창과 방패니, 서로 어긴다는 말이라.]함이 많더니, 힘써 행한 일곱 해 후에 이루니, 이로부터 말씀과 행실이 한가지라 안과 밖이 서로 응하여, 일을 만남에 훤칠하여 늘 남아 넉넉함이 있더라.

1 텰듀: 철주(掣肘). 掣(당길 철), 肘(팔꿈치 주). '팔꿈치를 당기다.'라는 뜻으로, '간섭하여 마음대로 하지 못하게 함.'을 비유적으로 이르는 말이다. 《여씨춘추》〈구비편(具備篇)〉에 공자 제자 복부제(宓不齊)와 관련된 고사에서 나온 말이다. 복부제(기원전 521년~미상)는 춘추시대 말기 노(魯)나라 사람이다. 성은 복(宓)이고, 이름은 부제(不齊)이며, 자는 자천(子賤)이다. 공자(孔子)의 제자로, 30살 연하다. 단보(單父)의 수령을 지냈다. 공자가 평하여 "군자로구나! 그러나 노나라에 군자가 없었다면 이 사람이 어떻게 군자가 될 수 있었겠는가!"라고 하면서 칭송했다. 또 겸손하고 남의 능력을 인정할 줄 아는 모습을 보고는 그가 다스리는 지역 단보현이 작은 것을 안타까워했다. 송나라 진종(眞宗) 대중상부(大中祥符) 2년(1009년) 단보후(單父侯)에 추봉(追封)되었다. 고사의 내용은 이러하다. "노 임금이 그를 단보재(單父宰)로 임명하게 되었는데, 복부제는 단보현에 부임해서 좋은 정치를 펼치려는 야심을 갖고 있었다. 그러나 임금이 아첨하는 무리의 말을 듣고 자신을 의심하게 될 것 같았다. 그래서 그는 생각 끝에 계책 하나를 짜내 임금에게 고하여, 임금의 측근인 사관(史官) 두 사람과 동행하게 되었다. 단보현에 도착한 복부제는 두 사관에게 문서 쓰는 일을 맡기고는, 현의 관리를 시켜 두 사관이 글을 쓸 때마다 팔 굽을 잡아당기게 하였다. 그러니 사관은 글을 쓸 수가 없었고 복부제는 그때마다 그들을 엄하게 다루었다. 두 사관은 더 일할 수가 없어서 급기야 임금에게 달려와 자초지종을 이야기했다. 이에 임금은 이상하다고 생각해서 공자에게 물었다. 공자가 이에 대답했다. '제 생각엔 복부제가 왕께 이치 하나를 깨우쳐 드리고자 하는 일인 듯합니다. 즉, 일을 맡긴 이상에는 그를 믿어서 근심 없이 일을 할 수 있게 해야지, 간섭이 많으면 일을 잘 할 수 없다는 뜻인 것 같습니다.' 이에 임금도 공자의 말을 옳다고 여기고 단보현 지방의 대소사를 복부제에게 일임하며, 5년 뒤에 성과를 보자고 전했다. 그랬더니 불과 3년도 안 되어 단보현의 크고 작은 일들이 척척 풀려 나갔다고 한다."

2 모슌: 모순(矛盾). 矛(창 모), 盾(방패 순). '창과 방패'라는 뜻으로, '어떤 사실의

앞뒤, 또는 두 사실이 이치상 어긋나서 서로 맞지 않음'을 이르는 말이다. 출전은 《한비자(韓非子)》이다. "楚人有鬻盾與矛者 譽之曰 吾盾之堅物莫能陷之 以譽其矛曰 吾矛之利 於物無不陷也 或曰 以子之矛陷子之盾 何如 其人弗能應也 夫不可陷之盾與無不陷之矛 不可同世而立(초나라 사람 중에 방패와 창을 파는 자가 있었다. 그가 방패를 칭찬하며 말하였다. '내 방패는 견고해서 그 어떤 물건으로도 뚫을 수 없다.' 그리고서는 창을 칭찬하며 말하였다. '내 창은 날카로워서 그 어떤 물건도 뚫을 수 있다.' 누군가가 말하였다. '그럼 당신의 창으로 당신의 방패를 찌르면 어떻게 되는가?' 그 사람은 대답할 수 없었다. 무릇 뚫을 수 없는 방패와 뚫지 못하는 것이 없는 창은 한 세상에 양립할 수 없는 것이다.)"

【集說】陳氏曰易之는以不妄語爲易也라揉曲者曰檃이요正方者曰栝이니皆制木之器也라自相掣肘矛盾은喩言行相違也라吳氏曰掣은挽也요肘는臂節也니掣肘는謂肘欲運動而人挽之하여不能運也라矛는有鉤之兵이요盾은卽今傍牌也니矛盾은謂矛欲傷人而盾蔽之하여不能傷也라

진 씨가 말하였다. "易之[그것을 쉽게 여김]는 망령된 말을 아니 함을 쉽게 여김이다. 굽음을 바로잡는 것을 檃이라 하고, 모남을 바르게 하는 것을 栝이라 하니, 다 나무를 바로잡는 도구이다. 自相掣肘矛盾[스스로 서로 팔꿈치를 당기고 모순됨]은 언행이 서로 어긋남을 비유함이다." 오 씨가 말하였다. "掣은 당김이고, 肘는 팔의 마디이니, 掣肘는 팔이 움직이고자 하나 사람이 그것을 당겨 능히 움직이지 못함을 이름이다. 矛는 갈고리가 있는 병기이고, 盾은 곧 지금의 방패이니, 矛盾은 창은 사람을 해치고자 하나 방패가 그것을 막아 능히 해치지 못함을 이름이다."

漢字 揉(바로잡을 유, 주무를 유), 曲(굽을 곡), 制(바로잡을 제), 挽(당길 만). 臂(팔 비, 팔뚝 비), 鉤(갈고리 구), 牌(방패 패), 蔽(덮을 폐, 막을 폐)

【七十三章】

○劉公이見賓客애談論踰時호듸體無敧側ᄒᆞ야肩背竦直ᄒᆞ며身不少動ᄒᆞ야至手足애도亦不移ᄒᆞ더라 《宋名臣言行錄》

● 유공이 손님을 만남에 담론으로 시간이 넘되, 몸을 기대거나 기울임이 없어, 어깨와 등이 꼿꼿하고 곧으며, 몸을 조금도 움직이지 않아, 손과 발에 이르러도 또한 옮기지 않았다.

漢字 踰(넘을 유), 敧(기댈 의, 기울 의), 側(기울 측, 곁 측), 肩(어깨 견), 竦(꼿꼿할 송, 삼갈 송)

번소 劉류公공이 손을 ᄃᆡ졉ᄒᆞ여셔 말ᄉᆞᄆᆞᆯ 이슥히 호ᄃᆡ 모ᄆᆞᆯ 기우리디 아니ᄒᆞ며 엇게와 등이 고즉ᄒᆞ며 모ᄆᆞᆯ 죠고매도 움즈기디 아니ᄒᆞ며 손발도 옴기디 아니ᄒᆞ더라

현대역 유공이 손님을 대접하여서 말씀을 이슥히 하되, 몸을 기우리지 아니하며, 어깨와 등이 곧으며, 몸을 조그마하게도 움직이지 아니하며, 손발도 옮기지 아니하더라.

이슥히: 밤이 꽤 깊게.

소언 劉류公공[忠튱定뎡公공이라]이 손 볼 적의 말솜ᄒᆞ기를 빼 계게 호ᄃᆡ 얼굴이 기우틈이 업서 엇게과 등이 고즉ᄒᆞ고 바ᄅᆞ며 몸올 죠고매도 움즈기디 아니ᄒᆞ야 손발에 니르러도 ᄯᅩ 옴기디 아니ᄒᆞ더라

현대역 유공[충정공이라.]이 손님을 볼 때에 말씀하기를 때가 지나게 하되, 몸이 기웃함이 없어, 어깨와 등이 곧고 바르며, 몸을 조그마하게도 움직이지 아니하여, 손발에 이르러도 또 옮기지 아니하더라.

1 계게: 지나게, 넘게. '계(어간)+게(보조적 연결어미)'이다. '계다'는 '지나다', '넘다'

의 옛말이다. 므를 기르니 흔 甁의 ᄀᆞ둑거든 흔 甁이 빼곰 ᄒᆞ야 흔 빼 계도록 긷다가 몯ᄒᆞ야.《월석 7:9》, 每日에 볏틔 뙤되 낫 계어 졍히 더울 때예 미처 收拾ᄒᆞ여(每日箇日頭裡晒 比及晌午剉正熱時分收拾).《박언 하:1》

2 기우틈: 기웃함. '기우트(어간)+ㅁ(명사형 어미)'이다. '기우트다'는 '기웃하다'의 옛말이다. 얼굴이 기우틈이 업서 엇게과 둥이 고즉ᄒᆞ고 바ᄅᆞ며(體無欹側 肩背竦直).《소언 6:124》. '기웃하다'의 옛말에는 '기웃ᄒᆞ다'도 있다. '기웃ᄒᆞ다'는 15세기 문헌에서부터 나타난다. '기웃ᄒᆞ-'는 의태어 '기웃'에 접사 '-ᄒᆞ-'가 결합한 것이다. 근대국어 후기에 '-ᄒᆞ-'가 '-하-'로 변하여 '기웃하-'로 나타나면서 현재에 이르렀다. (15세기~17세기)〉기웃하다(20세기~현재). 이형태: 기웃ᄒᆞ다. 幽深흔 고즌 기웃ᄒᆞ야 남긔 ᄀᆞ둑ᄒᆞ얏고 져근 므른 ᄀᆞᄂᆞ리 모새 ᄉᆞᄆᆞ차 가ᄂᆞ다.《1481 두시-초 7:20ㄴ》, 幽深흔 고즌 기웃ᄒᆞ야 남긔 ᄀᆞ둑ᄒᆞ얫고 져근 므른 ᄀᆞᄂᆞ리 모새 ᄉᆞᄆᆞ차 가ᄂᆞ다.《1632 두시-중 7:20ㄴ》. '기웃하다'는 '무엇을 보려고 고개나 몸 따위를 한쪽으로 조금 기울이다.'를 뜻한다.

【集說】吳氏曰劉公은卽忠定公也라心爲一身之主하여百體皆聽命하니劉公이心一於誠이라故로見(현)於外者如此하니라

오 씨가 말하였다. "유공은 곧 충정공이다. 마음이 한 몸의 주인이 되어 온 몸이 다 (마음의) 명령을 들으니, 유공은 마음이 성실함에 한결같았다. 그러므로 밖에 드러난 것이 이와 같았다."

漢字 見(드러날 현, 나타날 현)

〖七十四章〗

○徐積仲車ㅣ初從安定胡先生學ᄒᆞ더니潛心力行ᄒᆞ야不復仕進ᄒᆞ고其學이以至誠爲本ᄒᆞ야事母至孝ᄒᆞ더라自言初見安定先生ᄒᆞ고退예頭容이少偏이러니安定이忽厲聲云頭容直이라ᄒᆞ야시늘某ㅣ因自思不獨頭容이直이라心亦要直也ㅣ라ᄒᆞ야自此

로**不敢有邪心**호라**卒**커늘**諡節孝先生**이라ᄒᆞ니라 《宋名臣言行錄, 童蒙訓》

●徐積 仲車가 처음에 安定 胡 先生을 따라 배웠더니, 마음을 가라앉히고 힘써 행하여 다시 벼슬에 나아가지 아니하고, 그 배움이 지극한 정성으로써 근본을 삼아 어머니를 섬김에 효성이 지극하였다. 스스로 말하였다. "처음 안정 선생을 뵙고 물러남에, 머리 모양이 조금 기울었는데 안정이 갑자기 엄한 소리로 '머리 모양을 곧게 하라.' 하시거늘, 내가 인하여 스스로 생각하기를, '다만 머리 모양이 바를 뿐만 아니라, 마음 또한 요컨대 바루어야 한다.' 고 하여, 이로부터 감히 간사한 마음을 두지 않았다." 죽거늘 시호를 절효 선생이라 했다.

漢字 **潛**(가라앉을 잠), **偏**(기우릴 편, 치우칠 편), **忽**(갑자기 홀), **厲**(엄할 려, 갈 려), **獨**(다만 독), **要**(바룰 요) **邪**(간사할 사)

1 호원(胡瑗, 993년~1059년): 북송(北宋) 태주(泰州) 해릉(海陵, 강소성 泰縣) 사람이다. 여고(如皐) 사람이라고도 한다. 자는 익지(翼之)고, 세칭 안정선생(安定先生)으로 불린다. 자세한 내용은 〈가언(嘉言) 제5〉 제43장을 참조하라.

2 서적(徐積, 1028년~1103년): 북송 초주(楚州) 산음(山陰) 사람으로, 자는 중거(仲車)이다. 휘종(徽宗) 정화(政和) 6년(1116년) 절효처사(節孝處士)란 시호가 내려졌다. 자세한 내용은 〈가언(嘉言) 제5〉 제12장을 참조하라.

번소 徐셔積젹의 ᄌᆞᄂᆞᆫ 仲듕車거ㅣ니 처ᅀᅥ믜 安안定뎡 胡호 先션生ᄉᆡᆼᄭᅴ 가 글 ᄇᆡ호ᄃᆡ ᄆᆞᅀᆞ믈 ᄌᆞᆷ가 디여 힘서 ᄒᆡᆼᄒᆞ야 벼슬 아니ᄒᆞ고 글 ᄇᆡ호ᄆᆞᆯ 지셩으로 읏드믈 사마 어미 셤규믈 지극이 효도ᄒᆞ더니 자내 닐오ᄃᆡ 처ᅀᅥᆷ 胡호 先션生ᄉᆡᆼ 뵈ᅀᆞᆸ고 믈러날 제 머리 톄를 져기 기우시 호니 先션生ᄉᆡᆼ이 믄득 소리를 ᄆᆡ이 ᄒᆞ야 니ᄅᆞ샤ᄃᆡ 머릿 톄ᄂᆞᆫ 곧게 가질 거시라 ᄒᆞ야시ᄂᆞᆯ 내 글로 인ᄒᆞ야셔 ᄉᆡᆼ각호니 ᄒᆞᆫ갓 머릿 톄를 곧게 ᄒᆞᆯ ᄲᅮ니 아니라 ᄆᆞᅀᆞᆷ도 곧게 ᄒᆞᆯ 거시로다 ᄒᆞ야 일로브터

샤곡ᄒᆞᆫ ᄆᆞᅀᆞᄆᆞᆯ 먹디 아니호라 ᄒᆞ더니 죽거시늘 시호를 節졀孝효 先션生ᄉᆡᆼ이라 ᄒᆞ니라

[현대역] 徐積의 자는 仲車니, 처음에 安定 胡 선생께 가 글 배우되, 마음을 잠가 떨어지게 하여[가라앉게 하여] 힘써 행하여, 벼슬 아니 하고 글 배움을 지성으로 으뜸을 삼아, 어머니 섬김을 지극히 효도하더니, 스스로 이르되, "처음 호 선생을 뵙고 물러날 때, 머리 모양을 좀 기웃이 하니, 선생이 문득 소리를 매우 하여 이르시되, '머리의 모양은 곧게 가질 것이라.' 하시거늘, 내가 그것으로 인하여서 생각하니, '한갓 머리의 모양을 곧게 할 뿐이 아니라, 마음도 곧게 할 것이로다.' 하여, 이로부터 邪曲한 마음을 먹지 아니한다." 하더니, 죽으시거늘 시호를 節孝 선생이라 하니라.

1 ᄌᆞᆷ가: 잠가. 'ᄌᆞᇚ(어간)+아(연결어미)'이다. 현대국어 '잠그다'의 옛말인 'ᄌᆞᄆᆞ다'는 15세기 문헌에서부터 나타난다. 이 단어는 자음으로 시작하는 어미 앞에서는 'ᄌᆞᄆᆞ-', 모음으로 시작하는 어미 앞에서는 'ᄌᆞᇚ-'으로 이형태 교체를 하였다. 근대국어 이후에는 이형태 'ᄌᆞᄆᆞ-'가 사라지고 모든 음운 환경에서 'ᄌᆞᇚ-' 형태가 나타나게 되었는데, 자음으로 시작하는 어미 앞에서는 모음 'ㅡ'가 첨가된 'ᄌᆞᆷ그-' 형태로 나타난다. 이는 '크다, 커'와 같이 모음 어미 앞에서 'ㅡ'가 탈락하는 용언의 활용에서 유추된 것이다. 근대국어 후기에 제1음절의 모음 'ㆍ'가 'ㅏ'로 변하여 소리의 구별이 사라짐에 따라 19세기에는 현대국어와 같은 '잠그다' 형태가 등장하게 되었다. 한편 중세국어에서 'ᄌᆞᄆᆞ다'는 자동사로서 '잠기다'의 의미로 쓰이기도 하였는데, 근대국어 이후로는 그러한 용법이 사라졌다. 또한 중세국어에는 'ᄌᆞᄆᆞ다'와 의미가 같은 동사 'ᄌᆞᆷ다'도 존재하였으나 이 동사는 "大黃 ᄒᆞᆫ 兩ᄋᆞᆯ 수레 {ᄌᆞᆷ고}《1466 구방 하:33》, 西江은 ᄒᆡ 튼 술위를 {ᄌᆞ맛도다}《1481 두시-초 21:28》" 등과 같이 자음 어미 앞에서나 모음 어미 앞에서나 'ᄌᆞᆷ-'으로만 나타난다. ᄌᆞᄆᆞ다/ᄌᆞᇚ-(15세기~17세기)〉ᄌᆞᆷ그다(19세기)〉잠그다(19세기~현재). 이형태: ᄌᆞᄆᆞ-, ᄌᆞᇚ-, ᄌᆞ므-, ᄌᆞᆷ그다, 잠그다. ᄯᅩ 生 삼라닥 니플 뫼화 디허 믈 조처 빠 즛의 앗고 ᄌᆞᄆᆞ라.《1466 구방 하:79ㄴ-80ㄱ》, 쳥믈 든 뵈 ᄌᆞᆷ가 우러난 즙 서 되를 머그라《1489 구간 6:36ㄴ》, 겨ᅀᅳᆯ히 극히 치온 제 몸을 언 심의 ᄌᆞ므기를 ᄒᆞᆫ 듀야를 ᄒᆞ고.《1617 동신속열 2:36ㄴ》

2 디여: 떨어지게 하여. '디(자동사 어간)+이(사동접사)+어(연결어미)'이다. '디이

다'는 '디다'의 사동사이다. '디다'는 '떨어지다'의 옛말이다. 雙鵰이 흔 사래 디니 曠世奇事를 北人이 稱頌ᄒᆞᅀᆞᄫᆞ니(維彼雙鵰 墮於一縱 曠世奇事 北人稱頌).《용가 23장》, 내 님금 그리샤 後宮에 드르싫 제 하ᇗ 벼리 눈 곧 디니이다(我思我君 後宮是入 維時天星 散落如雪).《용가 50장》

3 기우시: '기웃이'의 옛말이다. 무엇을 보려고 고개나 몸 따위를 한쪽으로 조금 기울인 상태로. '기우시'는 15세기 문헌에서부터 나타난다. '기우시'는 의태어 '기웃'에 접사 '-이'가 결합한 것이다. 20세기 이후 어원을 밝혀 적는 표기 원칙에 따라 '기웃이'로 나타나면서 현재에 이르렀다. 기우시(15세기~17세기)〉기웃이(20세기~현재). 이형태: 기우시, 기웃이. ᄀᆞᄂᆞᆫ 프리 기우시 안조매 마ᄌᆞ니 곳다온 수를 다시 사ᄅᆞᆯ 게을이 ᄒᆞ야리아《1481 두시-초 15:48ㄴ》, 처ᅀᅥᆷ 胡 先生 뵈ᅀᆞᆸ고 믈러 날 제 머리테를 져기 기우시 호니 先生이 믄득 소리를 ᄆᆡ이 ᄒᆞ야 니ᄅᆞ샤ᄃᆡ 머릿테ᄂᆞᆫ 곧게 가질 거시라 ᄒᆞ야시ᄂᆞᆯ.《1518 번소 10:27ㄱ》

4 샤곡ᄒᆞᆫ: 사곡(邪曲)한. 요사스럽고 교활한.

소언 徐셔積젹 仲즁車거[積젹의 ᄌᆡ라] ㅣ 처어믜 安안定뎡 胡호 先션生ᄉᆡᆼ을 조차 ᄇᆡ호더니 ᄆᆞᄋᆞᆷ을 좀가 힘뻐 行ᄒᆡᆼᄒᆞ야 다시 벼슬ᄒᆞ디 아니ᄒᆞ고 그 學ᄒᆞᆨ홈이 至지誠셩으로뻐 근본을 삼아 어미 셤굠을 지극히 효도로이 ᄒᆞ더라 스스로 닐오ᄃᆡ 처엄으로 安안定뎡 先션生ᄉᆡᆼ을 보ᅀᆞᆸ고 믈러남애 머리의 양이 잠싼 기우더니 安안定뎡이 믄득 솔의를 ᄆᆡ이 ᄒᆞ야 닐으샤ᄃᆡ 머리의 양을 바ᄅᆞ 홀 거시라 ᄒᆞ야시ᄂᆞᆯ 내 因인ᄒᆞ야 스스로 ᄉᆡᆼ각호ᄃᆡ 홀로 머리의 양을 바ᄅᆞ게 홀 ᄲᅮᆫ이 아니라 ᄆᆞᄋᆞᆷ도 또 발ᄋᆞ고져 홀 거시라 ᄒᆞ야 일로브터 敢감히 샤곡ᄒᆞᆫ ᄆᆞᄋᆞᆷ을 두디 아니호라 ᄒᆞ더라 죽거ᄂᆞᆯ 시호를 節졀孝효 先션生ᄉᆡᆼ이라 ᄒᆞ니라

현대역 徐積 仲車[積의 자라.]가 처음에 안정 호 선생을 좇아 배우더니, 마음을 잠가 힘써 행하여, 다시 벼슬하지 아니하고 그 배움이 지성으로써 근본을 삼아, 어머니 섬김을 지극히 효성스럽게 하더라. 스스로 이르되, "처음으로 안정 선생을 뵙고 물러남에, 머리의 모양이 잠깐 기울더니, 안정이 문득

소리를 매우 하여 이르시되, '머리의 모양을 바로 할 것이라.' 하시거늘 내가 인하여 스스로 생각하되, '홀로 머리의 모양을 바르게 할 뿐이 아니라, 마음도 또 바르고자 할 것이라.' 하여, 이로부터 감히 사곡한 마음을 두지 아니한다." 하더라. 죽거늘 시호를 절효 선생이라 하니라.

기우더니: 기울더니. 비스듬하게 한쪽이 낮아지거나 비뚤어지더니. '기울(어간)+더(회상법 선어말어미)+니(연결어미)'이다. 어간 '기울-'의 치조음 'ㄹ'이 어미 '-더니'의 치조음 'ㄷ' 앞에서 탈락한 것이다. 현대국어 '기울다'는 15세기 문헌에서부터 '기울다'로 나타나 현재까지 그대로 이어진다. 기울다(15세기~현재). 이형태: 기울다. 世尊하 이 日月도 어루 뻐러디긔 ᄒᆞ며 須彌山도 어루 기울의 ᄒᆞ려니와 諸佛 니르시논 마른 乃終내 달옮 주리 업스시니이다.《1447 석상 9:27ㄱ》, 昃 기울 칙.《1527 훈몽 하:1ㄴ》

【集解】仲車旣冠하고徒步從安定學하니時門人千數로되獨以別室處之하니라父羅城君이早棄家하여不知所終하니盡孝於母하니라朱子曰這樣人은都是資質美라所以一撥便轉하여終身不爲惡也니라

중거는 이미 관례하고 도보로 안정을 따라서 배웠으니, 때에 문인이 천 명이되, 홀로 별실로써 그를 거처하게 하였다. 아버지 나성군이 일찍이 집을 버려 죽은 곳을 알지 못했더니, 어머니께 효도를 다했다. 주자가 말하였다. "이러한 모양의 사람은 모두 자질이 아름답다. 하나로써 다스림에 곧 굴려서 종신토록 악을 행하지 않는 바이다."

漢字 徒(무리 도), 都(모두 도), 撥(다스릴 발), 轉(구를 전)

〖七十五章〗

○文中子之服이儉以絜潔ᄒᆞ고無長仗物焉ᄒᆞ더니綺羅錦繡를

不入于室ᄒᆞ야曰君子ᄂᆞᆫ非黃白不御ㅣ오婦人則有靑碧이라ᄒᆞ니라 《中說 事君篇》

●文中子의 옷이 검소하면서 써 깨끗하고 남은 물건이 없더니, 綺羅와 錦繡를 집에 들이지 않으며 말하였다. "군자는 황색과 백색이 아니면 입지 아니하고, 부인인즉 청색과 푸른색을 두니라."

漢字 絜(=潔 깨끗할 결), 長(남을 장), 綺(비단 기), 羅(비단 라), 錦(비단 금), 繡(수놓을 수), 御(다스릴 어), 碧(푸를 벽)

왕통(王通, 580년~617년): 수(隋)나라 강주(絳州) 용문(龍門) 사람으로, 자는 중엄(仲淹)이고, 시호는 문중자(文中子)다. 자세한 설명은 〈가언(嘉言) 제5〉 제40장을 참조하라.

번소 文문中듕子ᄌᆞㅣ 오ᄉᆞᆯ 검박히 호ᄃᆡ 조케ᄒᆞ며 나ᄆᆞᆫ 거시 업더니 깁이며 비단을 지븨 드리디 아니ᄒᆞ고 닐오ᄃᆡ 君군子ᄌᆞᄂᆞᆫ 누른 것과 흰 것과 아니어든 닙디 아니홀 디니 부신곳 프른 거슬 닙ᄂᆞ니라

현대역 文中子가 옷을 검박히 하되 깨끗이 하며, 남은 것이 없더니, 깁이며 비단을 집에 들이지 아니하고, 이르되, "군자는 누런 것과 흰 것이 아니거든 입지 아니할 것이니, 부인만 푸른 것을 입느니라."

1 깁: 기라(綺羅). 즉 곱고 아름다운 비단. 또는 그 비단으로 지은 옷.
2 비단: 금수(錦繡). 즉 수를 놓은 비단. 또는 화려한 옷이나 직물.
3 부신곳: 부인만. '부신(명사)+곳(보조사)'이다. '곳'은 '단독'의 보조사이다. '옷'은 '곳'의 이형태로서, 모음이나 'ㄹ'로 끝나는 체언 아래 선택된다. 중세국어에서는 현대국어의 '단독'의 보조사 '만'은 극히 드물게 나타나고, 대신 '곳' 등으로 나타난다. 生곳 이시면 老死苦惱ㅣ 좃ᄂᆞ니 이ᄂᆞᆫ 生起相이라.《월석 2:22》, 오직 魔王곳 제 座애 便安히 몯 안자 시름ᄒᆞ야 ᄒᆞ더라.《월석 2:42》

소언 文문中듕子ᄌᆞ의 오시 검박호ᄃᆡ 뻐 조촐케 ᄒᆞ고 너ᄆᆞᆫ 거시 업더

니 깁과 로와 금의와 슈치를 집의 드리디 아니ᄒᆞ야 ᄀᆞᆯ오ᄃᆡ 君군子ᄌᆞ ᄂᆞᆫ 누른 것과 힌 거시 아니어든 닙디 아니ᄒᆞ고 婦부人인ᄋᆞᆫ 프른 것과 ᄑᆞ른 거시 인ᄂᆞ니라 ᄒᆞ니라

현대역 문중자의 옷이 검박하되 써 조출하게 하고 남은 것이 없더니, 깁과 로와 금의와 슈치를 집에 들이지 아니하여, 가로되 "군자는 누런 것과 흰 것이 아니거든 입지 아니하고, 부인은 푸른 것과 파란 것이 있느니라." 하니라.

1 조출케: 조출하게. 아담하고 깨끗하게. '조출ᄒᆞ(어간)+게(보조적 연결어미)'이다.
2 로: 사(紗)붙이의 비단. '사(紗)붙이'는 갑사나 은조사 따위와 같이 발이 얇고 성긴 깁의 종류이다. 유의어: 사속(紗屬).
3 금의(錦衣): 비단으로 지은 옷. 유의어: 깁옷, 비단(緋緞)옷.
4 슈치: 수의(繡衣). 수를 놓은 옷.

【集解】儉은謂不侈요潔은謂不汚라無長物은謂稱用而已요無多餘者也라

儉은 사치하지 않음을 이르고, 潔은 더럽지 아니함을 이른다. 無長物[남은 물건이 없음]은 씀에 알맞게 할 뿐이고, 많이 남는 것이 없음을 이른다.

漢字 侈(사치할 치), 汚(더러울 오), 稱(알맞을 칭)

【正誤】長은剩也라

長은 남음이다.

漢字 剩(남을 잉)

〖七十六章〗

○柳玭이曰高侍郎兄弟三人이俱居清列호ᄃᆡ非速客이어든不

二羹胾하며夕食엔齕蔔匏而已러라 《柳氏家訓》

● 유변이 말하였다. "高 예부시랑[고개(高鍇)]의 형제 세 사람이 함께 淸白吏에 있되, 손님을 부르지 않았거든 국과 썰어놓은 고기를 두 가지로 아니하였으며, 저녁밥에는 무와 박을 씹을 따름이었다."

漢字 俱(함께 구), 速(빠를 속, 부를 속), 胾(고깃점 자), 齕(씹을 흘, 깨물 흘), 蔔(무 복), 匏(박 포)

번소 柳류玭변이 닐오ᄃᆡ 高고 侍시郎랑 형뎨 세히 다 조ᄒᆞᆫ 벼슬ᄒᆞ야 이쇼ᄃᆡ 손을 쳥티 아니ᄒᆞᆫ 저기어든 ᄀᆡᆼ과 고기와 두 가짓 거슬 ᄀᆞ초 아니ᄒᆞ고 나죄 ᄣᅢ븨ᄂᆞᆫ 무수와 박만ᄒᆞ야 먹더라

현대역 柳玭이 이르되, "高 侍郎 형제 셋이 다 깨끗한 벼슬하여 있되, 손님을 청하지 아니한 때거든, 국과 고기 두 가지의 것을 갖추지 아니하고, 저녁의 밥에는 무와 박만 하여 먹더라."

소언 柳류玭변이 ᄀᆞᆯ오ᄃᆡ 高고 侍시郎랑 兄형弟뎨 세 사ᄅᆞᆷ이[釴익 銖슈 鍇ᄒᆡ니 唐당 적 사ᄅᆞᆷ이라] 다 ᄆᆞᆯ근 벼슬에 이쇼ᄃᆡ 손 쳥홀 저기 아니어든 ᄀᆡᆼ과 고기ᄅᆞᆯ 두 가지 아니ᄒᆞ며 나죄 ᄣᅢ븨ᄂᆞᆫ 무우와 박만 씨블 ᄯᆞᄅᆞᆷ이러라

현대역 유변이 가로되, "고 시랑 형제 세 사람이[익(釴)·수(銖)·해(鍇)니, 唐 때 사람이라.] 다 맑은 벼슬에 있되, 손 청할 때가 아니거든, 국과 고기를 두 가지 아니하며, 저녁의 밥에는 무와 박만 씹을 따름이더라."

【集解】高氏兄弟는唐人이니長釴亦은翰林學士요次銖殊는給事中이요次鍇皆는禮部侍郎이라速은召也라不貳는無兼味也라胾는切肉也라蔔匏는菜名이라

고 씨 형제는 당나라 사람이니, 맏이 익(釴)은 한림학사이고, 다음 수(銖)는

급사중이고, 다음 개(鍇)는 예부시랑이었다. 速은 부름이다. 不貳는 맛을 겸함이 없음이다. 자(胾)는 썰어놓은 고기이다. 복포(葍匏)는 채소 이름이다.

漢字 釴(솥귀 익), 銖(저울눈 수, 무게단위 수), 鍇(쇠 개), 貳(거듭할 이, 두 이)

〖七十七章〗

○李文靖公이治居第於封丘門外호ᄃᆡ廳事前이僅容旋馬ㅣ러니或言其太隘ᄒᆞᆫ대公이笑曰居第ᄂᆞᆫ當傳子孫이니此ㅣ爲宰輔廳事앤誠隘어니와爲太祝奉禮廳事則已寬矣니라 《宋名臣言行錄》

●이문정공이 거하는 집을 봉구문 밖에 짓되, 청사 앞이 겨우 말 돌림을 허용하더니, 혹자가 말하였다. "그것이 매우 좁습니다." 하니, 공이 웃으며 말했다. "거하는 집이 마땅히 자손에게 전해지니, 이것은 재상의 청사가 됨에는 진실로 좁거니와, 태축과 봉례의 청사가 됨에는 너무 넓다."

漢字 靖(편안할 정), 第(집 제), 廳(관청 청), 僅(겨우 근), 容(용납할 용), 太(매우 태), 隘(좁을 애), 宰(재상 재), 輔(재상 보, 도울 보), 已(너무 이), 寬(넓을 관, 너그러울 관)

1 이문정공(李文靖公, 생몰 연대 미상): 송나라 명주(洺州) 비향(肥鄕) 사람이다. 이름은 이항(李沆)이고, 자는 태초(太初)이며, 시호는 문정(文靖)이다. 이병(李炳)의 아들이다. 태종 태평흥국(太平興國) 5년(980년) 진사가 되었다. 우보궐(右補闕)과 지제고(知制誥)를 지냈다. 순화(淳化) 2년(991년) 참지정사(參知政事)에 임명되었다. 하남지부(河南知府)로 있다가 예부시랑겸태자빈객(禮部侍郞兼太子賓客)으로 옮겼다. 진종(眞宗)이 즉위하자 다시 참지정사가 되었다. 함평(咸平) 초에 평장사와 감수국사(監修國史)가 더해졌다. 상서우복야까지 올랐다. 재상으로 있으면서 조목을 각박하게 따졌고, 부화하면서 일 만들기를 좋아하는 사람을 임용하는 데 반대했다. 왕단(王旦)과 함께 국정을 맡은 이래로 조정의 대론이 안정만을 주장한 탓으로 왕안석의 신법에는 반대했다. 항상 황제에게 수재(水災)와 한재(旱災), 도적(盜賊) 같은 백성의 구체적인 어려움을 아뢰어 사치를 경계할

것을 주장했다. 또한 선견지명(先見之明)이 있어 당시 사람이 '성상(聖相)'이라 불렀다(중국역대인명사전).

2 거제(居第): 거처하는 집.

3 태축(太祝), 봉례(奉禮): 재상의 자제에게 내리는 음직(蔭職)이다. 문정공 이항은 자신이 재상이므로, 자신의 자제들이 이런 벼슬을 할 것을 전제로 말한 것이다.
①태축(太祝): 대축(大祝)이라고도 한다. 1298년(충렬왕 24년)에 설치되어 제사와 증시(贈諡)를 관장한 봉상시(奉常寺)의 정9품 관직으로 정원은 1명이었다. 조선 건국 초기에는 종묘제향(宗廟祭享) 등의 일을 관장한 봉상시의 정8품 관직으로 정원은 2명이었다. 대축은 또한 고려시대의 태묘, 조선시대 종묘의 제례 때 집사관(執事官)이 되어 선왕(先王)의 신주(神主)를 출납하는 일을 담당하였다(두산백과).
②봉례(奉禮): 조선시대 통례원(通禮院)의 정4품 관직으로, 정원은 1인이다. 통례원은 조회(朝會)·의례(儀禮)를 관장하던 관청이었으므로 예관(禮官)에 들어 있었다. 통례원은 고려 때 합문(閤門) 또는 통례문(通禮門)이라 일컫다가, 조선 1392년(태조 1년) 7월의 신반관제(新頒官制)에 있어서는 합문이라 하고, 판사·겸판사·지사·인진사(引進使)·겸인진사·인진부사·통찬사인(通贊舍人)·봉례랑(奉禮郎)·겸봉례랑을 두었다. 그 뒤 통례문이라 고치고 1405년(태종 5년) 3월 육조의 분직(分職) 및 소속을 상정할 때에는 예조에 소속되었고, 1414년 1월에 인진사를 첨지사(僉知事)로 고치고, 1445년(세종 27년) 1월에는 첨지사를 부지사(副知事)로 개칭하였다. 1466년(세조 12년) 1월 통례문을 통례원으로 승격하고 관제를 《경국대전》과 같이 고치면서 부지사를 봉례로 개칭하였다. 그 뒤 《대전회통》에서는 혁파되었다(한국민족문화대백과).

번소 文문靖졍公공 李리沆항이 살 지블 封봉丘구門문 밧긔 지수ᄃᆡ 대텽 알피 계우 ᄆᆞᆯ 도라셜 만ᄒᆞ더니 사ᄅᆞ미 닐우ᄃᆡ 너무 좁다 ᄒᆞ야ᄂᆞᆯ 公공이 웃고 닐우ᄃᆡ 살 지븐 ᄌᆞ손의게 뎐홀 거시니 이 직샹의 집 대텽으론 진실로 좁거니와 大대祝축 奉봉禮례만ᄒᆞᆫ 사ᄅᆞᄆᆡ 대텽이 도ᄋᆡ면 너모 너ᄅᆞ니라 ᄒᆞ더라

현대역 文靖公 李沆이 살 집을 封丘門 밖에 짓되, 대청 앞에 겨우 말 돌아설

만하더니, 사람이 이르되, "너무 좁다." 하거늘, 공이 웃고 이르되, "살 집은 자손에게 전할 것이니, 이 재상의 집 대청으로는 진실로 좁거니와, 大祝과 奉禮 같은 사람의 대청이 되면 너무 넓으니라." 하더라.

소언 李리文문靖졍公공[文문靖졍은 시회니 일홈은 沆항이라 宋송적 졍승이라]이 살 집을 封봉丘구門문[셔울 셩문이라] 밧끠 지오ᄃᆡ 대텽 알피 계요 ᄆᆞᆯ 도로혐을 용납ᄒᆞᆯ 만ᄒᆞ더니 或혹이 그 너무 조븐 주를 니른대 公공이 웃고 ᄀᆞᆯ오ᄃᆡ 살 집은 맛당히 子ᄌᆞ孫손의게 傳뎐ᄒᆞᆯ 거시니 이 ᄌᆡ샹의 대텽이 됨애ᄂᆞᆫ 진실로 좁거니와 大대祝츅奉봉禮례[다 ᄂᆞ즌 벼슬이라]의 대텽이 됨애ᄂᆞᆫ 너모 너르니라

현대역 李文靖公[文靖은 시호니, 이름은 沆이라. 宋 때 정승이라.]이 살 집을 봉구문[서울 성문이라.] 밖에 짓되, 대청 앞에 겨우 말 돌이킴을 용납할 만하더니, 혹자가 그 너무 좁은 줄을 이르니까, 공이 웃고 가로되, "살 집은 마땅히 자손에게 전할 것이니, 이 재상의 대청이 됨에는 진실로 좁거니와, 대축과 봉례[다 낮은 벼슬이라.]의 대청이 됨에는 너무 넓으니라."

도로혐: 돌이킴. '도로혀(어간)+ㅁ(명사형 어미)'이다. '도로혀다'는 '돌이키다'의 옛말이다. 계요 ᄆᆞᆯ 도로혐을 용납ᄒᆞᆯ 만ᄒᆞ더니.《소언 6:127》. '도로혀다'와 같은 뜻의 말에 '두루혀다'도 있었다. 孔明이 니로되 여러 의논ᄒᆞᄂᆞᆫ 신하의 말을 조차셔 군ᄉᆞᄅᆞᆯ 그치고 갑옷슬 쓰고 ᄂᆞᆾ출 북으로 두루혀셔 엇지 셤기지 아니ᄒᆞᄂᆞ뇨.《삼역 3:11》

【集說】陳氏曰公의名은沆이요字는太初며位宰相이요謚는文靖이니洛州人이라封丘는宋都門名이라廳은所以治事라故로曰廳事라太祝奉禮는皆典祭祀者라已는太也라

진 씨가 말하였다. "공의 이름은 항이고, 자는 태초이며, 벼슬이 재상이고, 시호가 문정이니, 낙주 사람이다. 봉구는 송나라 도성의 문 이름이다.

廳은 써 일을 다스리는 곳이다. 그러므로 廳事라 이른다. 태축과 봉례는 다 제사를 맡는 자이다. 已는 '너무'이다."

漢字 沆(넓을 항), 洛(강 이름 락), 典(맡을 전), 太(클 태, 너무 태)

【七十八章】

○張文節公이爲相ᄒᆞ야自奉이如河陽掌書記時러니所親이或規之曰今公이受俸不少而自奉이若此ᄒᆞ니雖自信清約이라도外人이頗有公孫布被之譏ᄒᆞ니公이宜少從衆ᄒᆞ라公이嘆曰吾今日之俸이雖擧家錦衣玉食인ᄃᆞᆯ何患不能이리오顧人之常情이由儉入奢는易ᄒᆞ고由奢入儉은難ᄒᆞ니吾今日之俸이豈能常有ㅣ며身豈能常存이리오一旦애異於今日이면家人이習奢已久ㅣ라不能頓儉ᄒᆞ야必至失所ᄒᆞ리니豈若吾居位去位身存身亡애如一日乎ㅣ리오 《溫公家範》

●장문절공이 재상이 되어 스스로 받듦이 하양의 掌書記 때와 같더니, 친한 사람이 혹 그에게 타일러 말하였다. "이제 공이 녹을 받음이 적지 않은데, 스스로 받듦이 이와 같으니, 비록 스스로 청렴하고 검약함을 믿더라도, 밖의 사람들은 자못 공손홍의 삼베이불의 비웃음이 있으니, 공은 대중을 조금은 따름이 마땅합니다." 공이 탄식하여 말하였다. "내 오늘날의 녹이 비록 온 가족이 비단옷과 맛있는 음식인들 어찌 할 수 없을까 두려워하겠는가? 돌아보건대, 사람의 常情이 검약으로 말미암아 사치함에 들어가기는 쉽고, 사치로 말미암아 검약함에 들어가기는 어려우니, 내 지금의 녹이 어찌 능히 항상 있으며, 몸이 어찌 능히 항상 생존하겠는가? 하루아침에 오늘과 달라지면 집사람들이 사치를 익힘이 이미 오래라서, 능히 갑자기 검소할 수 없어 반드시 살 곳을 잃음에 이를 것이니, 어찌 내가 벼슬에 있거나 벼슬을 떠나거나

몸이 생존하거나 몸이 죽거나 간에 하루와 같이 하는 것만 같겠는가?"

漢字 **規**(타이를 규, 간할 규, 경계할 규), **俸**(녹 봉), **譏**(비웃을 기, 나무랄 기), **頓**(갑자기 돈)

1 장서기(掌書記): 우리나라의 경우, 고려시대 7품 지방 관직이다. 서경(西京)·동경(東京)·남경(南京)과 대도호부(大都護府)·목(牧)에 각 1인씩 두었다. 서경의 경우 995년(성종 14년)에 두었고, 1178년(명종 8년)에 8품의 서기(書記) 1인으로 하였다가, 1252년(고종 39년)에 사록(司錄) 겸 장서기 1인을 두었다. 동경의 경우도 995년에 두었는데, 남경은 1067년(문종 21년)에 두었으며, 대도호부와 목 역시 문종 때 사록 겸 장서기를 두었다. 1042년(정종 8년)에 동경 장서기 정공간(鄭公幹)이 부유수(副留守)·판관(判官)·사록(司錄) 등과 더불어 《한서(漢書)》·《당서(唐書)》를 신간하여 진상한 것으로 보아 장서기는 문장을 맡았던 것으로 보인다. 그리고 장서기는 지방관 등이 같이 앉는 의식에서는 판관 이상 부사(府使)들과는 달리 별청(別廳)에 앉도록 규정하였다(한국민족문화대백과).

2 공손홍(公孫弘, 기원전 200년~기원전 121년): 전한 치천(菑川) 설현(薛縣) 사람으로, 자는 계(季) 또는 차경(次卿)이다. 자세한 설명은 〈선행(善行) 제6〉 제20장을 참조하라.

3 一旦: 《번역소학》과 《소학언해》에서는 이성계의 고친 이름이 이단(李旦)이므로 기휘(忌諱)하여, 단(旦)으로 쓰되 '됴(조)'로 음을 달고 있다.

번소 文문節졀公공 張댱知디白빅이 지샹 ᄃᆞ외여셔 자내 몸 받티유믈 아래 하양 고올 掌쟝書셔記긔ㅅ 벼슬ᄒᆞ여 이신 적ᄀᆞ티 ᄒᆞ더니 친호ᄋᆞᆫ 사ᄅᆞ미 외다ᄒᆞ야 닐오ᄃᆡ 이제ᄂᆞᆫ 公공이 록을 져기 아니 ᄐᆞ샤ᄃᆡ 몸 바티유믈 이리 사오나이 ᄒᆞ시니 비록 쳥렴코 간략호라 ᄒᆞ셔도 밧긧 사ᄅᆞ문 ᄌᆞ모 녜 公공孫손弘홍이란 지샹의 뵈로 니블 ᄒᆞᆫ다 ᄒᆞ야 긔롱홈ᄀᆞ티 ᄒᆞ리 잇ᄂᆞ니 公공이 져기 놈ᄀᆞ티 ᄒᆞ라 公공이 탄ᄒᆞ야 닐오ᄃᆡ 내 이제 ᄐᆞᄂᆞᆫ 록이 비록 집안히 사ᄅᆞ미 다 금의를 니브며 귀ᄒᆞᆫ 차바놀 머근돌 엇디 몯홀가 분별ᄒᆞ리오마ᄅᆞᆫ 오직 사ᄅᆞ믜 ᄆᆞᅀᆞ미 검박ᄒᆞ다가 샤치예 드루문 쉽고 샤치ᄒᆞ다가 검박애 드루문 어려우니 내의 이젯 록이 엇디 ᄆᆡ양 이시며 내 모민돌 엇디 ᄆᆡ양 사라시리오 ᄒᆞᄅᆞᆺ 아ᄎᆞᄆᆡ 이제와 달이 도의면 지븻 사ᄅᆞ미 샤치호ᄆᆞᆯ ᄇᆡ환 디오라 믄득 검박디 몯ᄒᆞ야 가난ᄒᆞ야 실소케 도ᄋᆡ리니 엇디 내 벼슬ᄒᆞ여신 저기나 벼슬 업슨 저기나 사라 이신 저기나 주근 저기나 ᄒᆞᆫ가지로 홈만 ᄀᆞᄐᆞ리오

현대역 文節公 張知白이 재상 되어서, 몸소 몸 받듦을 전에 河陽 고을 掌書記의 벼슬하여 있을 때같이 하더니, 친한 사람이 그르다하여 이르되, "이제는 공이 녹봉을 조금 아니 타시되, 몸 받듦을 이렇게 사납게 하시니, 비록 청렴하고 간략히 한다 하셔도, 밖의 사람은 자못 옛 公孫弘이란 재상이 베로 이불 한다 하여, 譏弄함같이 할 이 있으니, 공이 좀 남과 같이 하라." 공이 탄식하여 이르되, "내가 이제 타는 녹봉이 비록 집안의 사람이 다 錦衣를 입으며 귀한 음식을 먹은들 어찌 못할까 염려할까마는, 오직 사람의 마음이 儉朴하다가 사치에 듦은 쉽고, 사치하다가 검박에 듦은 어려우니, 나의 이제[지금]의 녹봉이 어찌 매양 있으며, 나의 몸인들 어찌 매양 살아 있으리오. 하루의 아침에 이제와 다르게 되면, 집의 사람이 사치함을 배운 지 오래라서, 문득 검박하지 못하여 가난하여 失所하게 되리니, 어찌 내가 벼슬하여 있는 때나 벼슬 없는 때나 살아 있은 때나 죽은 때나 한가지로 함만 같으리오."

1 친호ᄋᆞᆫ: 친한. '친ᄒᆞ(어간)+오(대상 표시법 선어말어미)+ᄋᆞᆫ(관형사형 어미)'이다. 선어말어미 '-오$_2$-'는 관형사형을 평서형으로 전개할 때 피한정 명사가 목적어나 부사어의 가능을 띠면 '-오$_2$-'가 나타난다. 본 예는 피한정 명사 '사ᄅᆞᆷ'이 부사어의 기능을 한다. '-ᄋᆞᆫ'은 끝음절의 모음이 'ㆍ, ㅏ, ㅗ, ㅣ'인 동사, 형용사 어간 뒤나 어미 뒤에 붙어, '-은'을 뜻하는 어미이다. 내 아기 위ᄒᆞ야 어더 보고려 婆羅門이 그 말 듣고 고ᄫᆞᆫ ᄯᆞᆯ 얻니노라 ᄒᆞ야 빌머거 摩竭陁國 王舍城의 가니.《석상 6:13》, 明行足ᄋᆞᆫ ᄇᆞᆯᄀᆞᆫ ᄒᆡᆼ뎌기 ᄀᆞᄌᆞ실ᄊᆡ라.《석상 9:3》

2 져기: '적게', '조금'의 옛말이다. 兵甲ᄋᆞᆯ 져기 주어늘.《석상 24:11》, 며느리 ᄃᆞ외리 일져므리 恭敬ᄒᆞ며 저허 오직 ᄒᆞᆫ 터럭 매나 져기 그 ᄠᅳ데 어긜가 저ᄒᆞᆯ 디니라(爲之婦者 夙夜祇畏 惟恐一毫).《내훈 1:43》

3 긔롱홈: 기롱(譏弄)함. '긔롱ᄒᆞ(어간)+옴(명사형 어미)'이다. '긔롱ᄒᆞ다'는 '실없는

말로 놀리다'이다. 유의어: 희롱(戲弄)하다. '긔롱ᄒᆞ다'는 15세기 문헌에서부터 나타난다. '긔롱ᄒᆞ다'는 명사 '긔롱'과 접사 '-ᄒᆞ-'가 결합한 것이다. '긔롱'은 한자어 '譏弄'에서 온 것이다. 19세기 후반에 이중모음 'ㅢ'가 자음 뒤에서 'ㅣ'로 변하고 '-ᄒᆞ-'가 '-하-'로 표기되어, 20세기에 '기롱하다'가 되면서 현재에 이르렀다. 긔롱ᄒᆞ다(15세기~16세기)〉긔롱ᄒᆞ다(15세기~19세기)〉기롱하다(20세기~현재). 이형태: 긔롱ᄒᆞ다, 긔롱하다. 後ㅅ 사ᄅᆞ미 긔롱호ᄃᆡ 주으료ᄆᆞ로 부텨 ᄃᆞ외다 ᄒᆞ리니.《1447 석상 3:39ㄴ》, 그 아ᄃᆞᆯ 舜從이 會稽ㅅ ᄀᆞ을히 벼슬ᄒᆞ엿거ᄂᆞᆯ 사ᄅᆞᆷ이 긔롱호ᄃᆡ ᄂᆞ미 날 아로ᄆᆞᆯ 구티 아니ᄒᆞᆫ다 ᄒᆞ거ᄂᆞᆯ.《1518 번소 9:54ㄱ》

4 분별ᄒᆞ리오마ᄅᆞᆫ: 염려할까마는. 염려하리오마는. '분별ᄒᆞ(어간)+리(추측법 선어말어미)+오(의문형 종결어미)+마ᄅᆞᆫ(보조사)'이다. '-오'는 제1·3인칭 의문법 중 ᄒᆞ라체 설명의문문을 만든다. 의문사 '엇디'를 동반하며 일정한 정보를 요구한다. '마ᄅᆞᆫ'은 15세기에 주로 보이고, 16세기 국어에는 거의 다 '마ᄂᆞᆫ'으로 보인다. '마ᄂᆞᆫ'은 현대국어의 종결 보조사 '마는'의 직접적 소급형인데, 문장 끝에만 쓰여, 다른 조사들이 단어에 붙는 것과 달리, 두 문장을 연결시키는 구실을 한다. 즉 '마ᄅᆞᆫ'은 앞의 사실을 인정을 하면서도 그에 대한 의문이나 그와 어긋나는 상황 따위를 나타내는 보조사이다. '-ㄹ까마는', '-리오마는'을 뜻한다. 도라올 期約은 엇뎨 오라리오마ᄅᆞᆫ 여희ᄂᆞᆫ ᄠᅳ든 ᄆᆞᄎᆞ매 感激ᄒᆞ노라(歸期豈爛熳 別意終感激).《두시-초 8:20》, 엇뎨 柴門의 갈 ᄃᆡ 업스리오마ᄅᆞᆫ 나가고져 타가 虎狼ᄋᆞᆯ 전노라(豈無柴門歸 欲出畏虎狼).《두시-초 8:29》. '분별ᄒᆞ다'는 '염려하다'의 옛말이다. 金體 제 나ᄐᆞ리어니 엇뎨 得디 몯호ᄆᆞᆯ 분별ᄒᆞ리오(金體自現 何憂不得).《영가 상:105》, 너희ᄃᆞᆯ히 네 아바니ᄆᆞᆯ 분별ᄒᆞ야 神奇ᄒᆞᆫ 變化ᄅᆞᆯ 뵈야ᅀᅡ ᄒᆞ리라.《석상 21:36》

5 검박ᄒᆞ다가: 검박(儉朴)하다가. '검박ᄒᆞ다'는 '검소하고 소박하다'를 뜻한다.

6 실소케: 실소(失所)하게. 살 곳을 잃게.

소언 張댱文문節졀公공[文문節졀은 시호ㅣ니 일홈ᄋᆞᆫ 知디白ᄇᆡᆨ이라 宋송 적 지샹이라]이 지샹 되여셔 ᄉᆞᄉᆞ로 봉양ᄒᆞ기를 河하陽양[고올히니 졀도ᄉᆞ 인ᄂᆞᆫ ᄃᆡ라] 掌쟝書셔記긔[이제 평ᄉᆞ 톄엿 벼슬이라]ㅅ 적ᄀᆞ티 ᄒᆞ더니 친ᄒᆞᆫ 밧 사ᄅᆞᆷ이 或혹 규풍ᄒᆞ야 골오ᄃᆡ 이제 公공이 록봉 반ᄂᆞᆫ 거시 젹디 아니호ᄃᆡ ᄉᆞᄉᆞ로 봉양ᄒᆞ기를 이러ᄐᆞ시 ᄒᆞ니 비록 스스로 쳥념코 간약ᄒᆞᆷ을 미들디라도 밧사ᄅᆞᆷ이 ᄌᆞ못 公공孫손의 뵈 니블 긔롱이 이시니[公공孫손弘홍이 뵈로 니블을 ᄒᆞ야 검박ᄒᆞᆫ 톄ᄒᆞ거늘 汲급黯암이 그 간사ᄒᆞᆫ 줄을 긔롱ᄒᆞ니라] 公공이 맛당히 져이 ᄂᆞᆷ을 조ᄎᆞ라 公공이 嘆탄ᄒᆞ야 ᄀᆞᆯ오ᄃᆡ 내 이젯 록봉이 비록 온 집이 금슈 옷과 귀ᄒᆞᆫ 음식을 호려 ᄒᆞᆫᄃᆞᆯ 엇디 能능히 몯ᄒᆞᆷ을 근심ᄒᆞ리오 도라보건댄 사ᄅᆞᆷ의 常샹情졍이 검박으로 말ᄆᆡ암아 샤치ᄒᆞᆫ ᄃᆡ 들기ᄂᆞᆫ 쉽고 샤치로 말ᄆᆡ암아 검박ᄒᆞᆫ ᄃᆡ 들기ᄂᆞᆫ 어려우니 내 이젯 록봉이 엇디 能능히 덛덛이 이시며 몸이 엇디 能능히 덛덛이 이시리오 ᄒᆞᄅᆞ아ᄎᆞᆷᄋᆡ 이젠 날과 다ᄅᆞ면 집 사ᄅᆞᆷ이 샤치예 니건 디 이믜 오란디라 能능히 믄득 검박디 몯ᄒᆞ야 반ᄃᆞ시 失실所소ᄒᆞᆷ애 니르리니 엇디 내 벼슬에 이시며 벼슬에 ᄠᅥ나며 몸이 이시며 몸이 업슴애 ᄒᆞᆫ날 ᄀᆞ톰만 ᄀᆞᄐᆞ리오

현대역 張文節公[文節은 시호니, 이름은 知白이라. 宋 때 재상이라.]이 재상되어서, 스스로 받듦을 河陽[고을이니, 절도사 있는 데라.] 掌書記[지금 評事 부류의 벼슬이라]의 때같이 하더니, 친한 바의 사람이 혹 規風하여 가로되, "이제 공이 녹봉 받는 것이 적지 아니하되, 스스로 받듦을 이렇듯이 하니, 비록 스스로 청렴하고 간략함을 믿을지라도, 바깥사람이 자못 公孫의 베 이불 譏弄이 있으니[公孫弘이 베로 이불을 하여 검박한 체하거늘, 汲黯이 그 간사한 줄을 기롱하니라.], 공이 마땅히 조금은 남을 좇으라." 공이 탄식하여 가로되, "내 이제의 녹봉이 비록 온 집이 錦繡 옷과 귀한 음식을 하려 한들 어찌 능히 못함을 걱정하리오. 돌아본즉슨, 사람의 常情이 검박으로 말미암아 사치한 데 들어가기는 쉽고, 사치로 말미암아 검박한 데 들어가기는 어려우니, 내 이제의 녹봉이 어찌 능히 떳떳이 있으며, 몸이 어찌 능히 떳떳이 있으리오. 하루아침에 이제의 날과 다르면, 집 사람이 사치에 익은 지 이미 오래인지라, 능히 문득 검박하지 못하여 반드시 失所함에 이르리니, 어찌 내 벼슬에 있으며 벼슬에 떠나며 몸이 있으며 몸이 없음에 한날[같은

날] 같이함만 같으리오."

1 평ᄉᆞ: 평사(評事). 조선시대에, 병영의 사무와 그에 속한 군사를 감독하던 정육품 무관 벼슬. 유의어: 병마평사(兵馬評事)

2 규풍ᄒᆞ야: 규풍(規風)하여. 풍습을 바로잡아.

3 급암(汲黯, 미상~기원전 112년): 전한 복양(濮陽) 사람으로, 자는 장유(長孺)이다. 경제(景帝) 때 음보(蔭補)로 태자세마(太子洗馬)가 되었다. 급암의 강직한 성품과 관련된 일화(逸話)는 〈선행(善行) 제6〉 제20장에 소개된 바 있다. 일화 및 급암에 대해서는 그곳을 참조하라.

4 금슈: 금수(錦繡). 수를 놓은 비단. 또는 아름답고 화려한 옷이나 직물.

5 샹정: 상정(常情). 사람에게 공통적으로 있는 보통의 인정.

6 덛덛이: '덛덛ᄒᆞ다'의 파생부사로, 현대국어의 '떳떳이'에 해당한다. 그러나 의미는 현대국어와 달리, '늘 그러하게', '변함없이 같게'를 뜻한다. 현대국어 '떳떳이'는 '굽힐 것 없이 당당하게'를 뜻한다. '덛덛ᄒᆞ다'에 대한 자세한 설명은 〈가언(嘉言)제5〉 제1장 시작 전 첫머리와 〈선행(善行)제6〉 제53장을 참조하라.

【集說】陳氏曰公의名은知白이요字는用晦요滄州人이니諡는文節이라漢丞相公孫弘이爲布被러니汲黯曰弘이俸祿多而爲布被하니此詐也라하니或人이見文節之儉約하고亦疑其詐라故로引是以譏之라

진 씨가 말하였다. "공의 이름은 지백이고, 자는 용회며, 창주 사람이니, 시호는 문절이다. 한나라 승상 공손홍이 삼베이불을 덮자, 급암이 말하였다. '홍이 봉록이 많은데도 삼베이불을 덮으니, 이것은 속임이다.'라 하니, 어떤 이가 문절의 검약함을 보고, 또한 그 속임을 의심하였다. 그러므로 이를 인용하여 써 그를 비웃었다."

漢字 晦(그믐 회), 滄(강 이름 창, 싸늘할 창)

〖七十九章〗

○溫公이曰先公이爲群牧判官에客至어든未嘗不置酒ᄒᆞ더시니 或三行ᄒᆞ며或五行ᄒᆞ며不過七行호ᄃᆡ酒沽於市ᄒᆞ고果止梨栗棗柿오肴止脯醢海菜羹이오器用甆慈漆ᄒᆞ더니當時士大夫ㅣ皆然이라人不相非也ᄒᆞ니會數朔而禮勤ᄒᆞ며物薄而情厚ᄒᆞ더니라 《溫公家範》

●온공이 말하였다. "선친께서 군목판관이 되심에 손님이 이르거든, 일찍이 술자리를 두지 않음이 없으시더니, 혹 세 순배 돌리며 혹 다섯 순배 돌리며 일곱 순배 돌림을 넘지 않되, 술은 시장에서 사왔고, 과일은 단지 배·밤·대추·감이었고, 안주는 단지 포·젓갈·나물국이었고, 그릇은 오지그릇·옻그릇을 썼더니, 당시 사대부들이 다 그렇게 하여, 사람들이 서로 그르다 하지 않으니, 모임을 자주 하되 예를 부지런히 했으며, 물건은 엷되 정은 두터웠다.

漢字 行(돌 행), 沽(살 고, 팔 고), 棗(대추 조), 肴(안주 효), 脯(포 포), 醢(젓갈 해), 菜(나물 채), 羹(국 갱), 甆(=瓷 오지그릇 자), 漆(옻나무 칠), 勤(부지런할 근), 薄(엷을 박)

번소 司ᄉᆞ馬마溫온公공이 니ᄅᆞ샤ᄃᆡ 우리 아비 아ᄅᆡ 群군牧목判판官관 벼슬ᄒᆞ여 겨신 제 손이 오나ᄃᆞᆫ 일즉 잔치 아니ᄒᆞ신 저기 업수ᄃᆡ 혹 세 번식 돌이며 혹 다ᄉᆞᆺ 번식 돌여 닐굽 번의 너므디 아니ᄒᆞ며 수를 져제 가 사고 과시를 ᄇᆡ와 밤과 대초와 감과 ᄲᅮᆫᄒᆞ고 안쥬를 포육과 졋과 ᄂᆞᄆᆞᆯ호로 ᄒᆞᆫ ᄀᆡᆼ과 ᄲᅮᆫᄒᆞ고 그르슨 사긔와 옷칠 것ᄲᅮᆫ ᄡᅳᄃᆡ 그 시졀 됴ᄉᆞ돌히 다 그리 호모로 사ᄅᆞ미 서르 외다 아니ᄒᆞ니 몯ᄀᆞ지ᄂᆞᆫ ᄌᆞ조ᄃᆡ 례도ᄂᆞᆫ ᄇᆞ즈런ᄒᆞ고 차반ᄂᆞᆫ 사오나오ᄃᆡ 졍은 후ᄒᆞ더니

현대역 사마온공이 이르시되, "우리 아버지 예전에 群牧判官 벼슬하여 계신 때, 손님이 오거든 일찍 잔치 아니 하신 때가 없되, 혹 세 번씩 돌리며,

혹 다섯 번씩 돌려, 일곱 번에 넘지 아니하며, 술을 시장에 가서 사고, 과실을 배와 밤과 대추와 감뿐이고, 안주를 포육과 젓과 나물로 한 국뿐이고, 그릇은 사기와 옻칠한 것만 쓰되, 그 시절 朝士들이 다 그렇게 함으로 사람이 서로 그르다 아니하니, 모임은 자주 하되, 예도는 부지런하고 차반은 나쁘되 정은 후하더니,

1 오나ᄃᆞᆫ: 오거든. '오(어간)+나ᄃᆞᆫ(연결어미)'이다. '-나ᄃᆞᆫ'은 '오다'의 어간 뒤에 붙어, '-거든'을 뜻하는 어미이다. 須達이 ᄯᅩ 무로ᄃᆡ 婚姻 위ᄒᆞ야 아ᄉᆞ미 오나ᄃᆞᆫ 이바도려 ᄒᆞ노닛가.《석상 6:16》

2 차반: 음식. 金銀 그르세 담온 種種 차반이러니 비론 바ᄇᆞᆯ 엇뎨 좌시ᄂᆞᆫ가.《월곡 상:44》, 父母 孝養ᄒᆞᅀᆞᄫᅩᄃᆡ 오시며 차바니며 지비며 니블쇼히며 모맷 骨髓 니르리 뼈호미 이러호니.《석상-중 11:22》

3 됴ᄉᆞ: 조사(朝士). 조정에서 벼슬살이를 하고 있는 신하. 유의어: 조관(朝官), 조신(朝臣).

소언 溫온公공이 ᄀᆞᆯ오ᄃᆡ 先션公공[죽은 아비를 닐옴이라]이 群군牧목判판官관[벼슬일홈이라]ᄒᆞ여 겨실 제 손이 니르러든 일즉 술을 두디 아니티 아니터시니 或혹 세 슌 ᄒᆞ며 或혹 다ᄉᆞᆺ 슌 ᄒᆞ며 닐굽 슌에 넘오디 아니호ᄃᆡ 술은 져제 가 사고 과실은 ᄇᆡ와 밤과 대쵸와 감만이오 안쥬ᄂᆞᆫ 포육과 젓과 ᄂᆞ물국만이오 글으슨 사긔와 옷거슬 ᄡᅳ더니 그적 士ᄉᆞ태우ᄃᆞᆯ히 다 그런 디라 사ᄅᆞᆷ이 서르 외다 아니ᄒᆞ니 몯ᄀᆞ지ᄂᆞᆫ ᄌᆞ조ᄃᆡ 례도ᄂᆞᆫ ᄇᆞᄌᆞ런ᄒᆞ며 차반ᄋᆞᆫ 사오나오ᄃᆡ 情졍은 厚후ᄒᆞ더니라

현대역 온공이 가로되, "先公[죽은 아버지를 이름이라.]이 군목판관[벼슬이름이라.]하여 계실 때, 손이 이르거든 일찍이 술을 두지 아니하지 아니하시더니, 혹 세 巡을 하며, 혹 다섯 순을 하며, 일곱 순에 넘지 아니하되, 술은 시장에 가 사고, 과실은 배와 밤과 대추와 감뿐이요, 안주는 포육과 젓과 나물국뿐이요, 그릇은 사기와 옻칠한 것을 쓰더니, 그때 사대부들이 다 그런

지라 사람이 서로 그르다 아니하니, 모임은 자주 하되, 예도는 부지런하며 차반은 나쁘되 정은 후하더니라.

1 니르러든: 이르거든. '니를(어간)+어든(연결어미)'이다. '-어든'은 동사 어간 뒤에 붙어 '-거든'을 뜻하는 어미이다. 막다히며 디새며 돌ᄒᆞ로 텨든 조치여 ᄃᆞ라 머리 가셔 아셔 ᄉᆞᆫ지 高聲으로 닐오ᄃᆡ.《석상 19:31》, 닐구븐 法律에 그른 이를 지서든 半 ᄃᆞᄅᆞᆯ 모ᄃᆞᆫ ᄃᆡ 가 懺悔ᄒᆞᆯ씨오.《월석 10:21》. '니를다'는 '이르다'의 옛말이다. 이리 ᄒᆞᆫ 因緣으로 成佛호매 니르로니.《석상-중 11:22》, 慧目을 다시 여르샤 나ᄆᆞᆫ 드트를 다시 조케 ᄒᆞ샤매 니를어시늘 이에 니르러 몸과 ᄆᆞᅀᆞᆷ괘 灑落ᄒᆞ며(乃至重開慧目 再淨餘塵 至此 身心灑落).《능엄 2:104》

2 순(巡): 차례로 돌림. 또는 그 차례. 옥주는 우선 한 순을 따르면서, 마다하는 숙경이의 잔에도 술을 쳤다.《염상섭, 대를 물려서》. 선돌이가 서너 잔 폭배한 뒤에 순을 돌리니 빙긋이 웃으며 잔을 받던….《김주영, 객주》

【集解】溫公의父는名이池요字는和中이라

온공의 아버지는 이름이 池고, 자는 화중이다.

【增註】行은猶巡也라

行은 巡杯와 같다.

漢字 巡(순배 순, 돌 순)

순배(巡杯): 술자리에서 술잔을 차례로 돌림. 또는 그 술잔. 술잔의 분량을 세는 단위.

近日士大夫家는酒非內法이며果非遠方珍異며食非多品이며器皿이非滿案亦作按이어든不敢會賓友ᄒᆞ야常數日營聚然後에사敢發書ᄒᆞᄂᆞ니苟或不然이면人爭非之ᄒᆞ야以爲鄙吝ᄒᆞ니故로不隨俗奢靡者ㅣ鮮矣니라

● 요사이 사대부 집안은, 술은 宮中 法製가 아니며, 과일은 먼 곳의 진기하고 특이한 것이 아니며, 음식은 많은 품목이 아니며, 그릇은 상에 가득하지 않거든, 감히 손님과 벗을 모으지 않아, 항상 몇 날을 경영하여 모은 뒤에야 감히 (초청) 글을 내니, 만일 혹 그렇지 않으면 사람들이 다투어 그를 그르다 하여, 써 더럽고 인색하다 여기니, 그러므로 세속을 따라 사치하지 않는 자가 드물다.

漢字 皿(그릇 명), 案(밥상 안), 吝(인색할 린, 아낄 린), 奢(사치할 사), 靡(사치할 미, 쓰러질 미, 없을 미)

번소 요ᄉᆞ이 됴ᄉᆞ의 지븨셔 술이 대궐의셔 빗ᄃᆞ시 아니ᄒᆞ거나 과실이 먼ᄃᆡ셔 온 귀ᄒᆞᆫ 거시 아니어나 차반이 여러 가지 아니어나 그르시 상의 ᄀᆞᄃᆞ기 버리디 아니ᄒᆞ면 손을 뫼호디 아니ᄒᆞ고 여러 날 차반을 어더 뫼혼 후에ᅀᅡ 손 쳥ᄒᆞᆯ 글워를 내ᄂᆞ니 그리옷 아니ᄒᆞ여든 ᄂᆞ미 모다 외다ᄒᆞ야 더럽다 ᄒᆞᆯᄉᆡ 셰쇽의 ᄒᆞᄂᆞᆫ 이를 조차 샤치티 아니ᄒᆞ리 져그니

현대역 요사이 朝士의 집에서는 술이 대궐에서 빚듯이 아니하거나, 과실이 먼데서 온 귀한 것이 아니거나, 차반이 여러 가지 아니거나, 그릇이 상에 가득하게 벌리지 아니하면, 손님을 모으지 아니하고, 여러 날 차반을 얻어 모은 뒤에야 손님 청할 글월을 내니, 그렇게만 아니하거든 남이 모두 그르다 하여 더럽다 하므로, 세속의 하는 일을 좇아 사치하지 아니할 이 적으니,

1 뫼호디: 모으지. '뫼호(어간)+디(보조적 연결어미)'이다. 현대국어 '모으다'의 옛말인 '뫼호다'는 15세기 문헌에서부터 나타난다. 17세기에 제1음절의 이중모음 'ㅚ'에서 반모음 'ㅣ'가 탈락한 '모호다' 형태가 등장하였다. 18세기에는 '모호다'에서 제2음절의 원순모음 'ㅗ'가 비원순모음 'ㅡ'로 변하여 '모흐다'가 되었고, 다시 모음 사이에서 'ㅎ'이 탈락하여 '모으다' 형태가 나타나 현재에 이르렀다. 뫼호다(15세기~18세기)>모호다(17세기~19세기)>모흐다(16세기~19세기)>모으다(18세기~현재). 이형태: 뫼호다, 모호다, 모흐다, 모으다. 淨飯王이

相 봃 사름 五百을 大寶殿에 뫼호아 太子를 뵈더시니.《1447 석상 3:1ㄱ》, ㄱ올 사ᄅ미 喪事애 뿔 거슬 뫼화 주워늘.《1514 속삼 孝:26ㄴ》, 셋재 형은 눈호고져 ᄒ고 넷재 형은 ᄒᆞᆫ ᄃᆡ 모호고져 ᄒᄂᆞᆫ 거시여.《1677 박언 상:36ㄱ》, 아국이 십ᄉ 일 ᄂ에 변방 디경으로 군ᄉ 십만을 모흐고 군량과 긔계를 다 쥰비ᄒ리라 ᄒ더니.《1883 이언 1:35ㄴ》

2 그리옷: 그렇게만. '그리(부사)+옷(보조사)'이다. '옷'은 '곳'의 이형태로서, 단독의 뜻인 '만'을 나타내는 보조사이다. '옷'은 모음이나 'ㄹ'로 끝나는 체언 아래 선택된다. 중세국어에는 현대국어의 단독의 보조사 '만'은 극히 드물게 나타나고 대신 '곳', '옷'이 나타난다. 舍利弗옷 聰明ᄒ고 神足이 ᄀᄌ니 舍利弗이 가ᅀᅡ 일우리라 ᄒ샤.《석상 6:22》, 하ᄂᆞᆯ히 현마 즐겁고도 福이 다아 衰ᄒ면 受苦ᄅᄫᆡ요미 地獄두고 더으니 부텨옷 죽사릴 여희샤 娑婆世界 밧긔 버서나시니라.《월석 1:21》

3 홀ᄉᆡ: 하므로. 'ᄒ(어간)+ㄹᄉᆡ(연결어미)'이다. '-ㄹᄉᆡ'는 동사, 형용사 어간 뒤에 붙어, '-(으)므로'를 뜻하는 어미이다. ᄒ다가 둘헤 兼홇딘댄 物와 體왜 雜亂ᄒ리니 物이 體의 아로미 아닐ᄉᆡ 펴니 이러 둘히 셔리어니 엇데 中이 ᄃ외리오(若兼二者 物體雜亂 物非體知 成敵兩立 云何爲中).《능엄 1:72》, 프리 기프니 市井을 迷失ᄒ리로다 ᄯᅡ히 幽僻홀ᄉᆡ 옷 ᄀ외 니부믈 게을이 ᄒ노라(草深迷市井 地僻懶衣裳).《두시-초 7:5》

소언 요ᄉ이 士ᄉ태우의 집은 술이 궐닛 法법이 아니며 과실이 遠원方방읫 귀ᄒᆞᆫ 거시 아니며 음식이 여러 가지 아니며 그르시 상의 ᄀ독디 아니커든 敢감히 손이며 버들 뫼호디 몯ᄒ야 샹녜 여러 날 경영ᄒ야 모톤 후에아 敢감히 유무를 내ᄂ니 진실로 或혹 그리 아니ᄒ면 사름이 ᄃ토와 외다ᄒ야 뻐 더럽다ᄒ니 그러모로 시쇽을 조차 샤치티 아니ᄒ리 져그니라

현대역 요사이 사대부의 집은 술이 궐내의 법이 아니며, 과실이 遠方의 귀한 것이 아니며, 음식이 여러 가지 아니며, 그릇이 상에 가득하지 아니하거든, 감히 손이며 벗을 모으지 못하여, 늘 여러 날 經營하여 모은 후에야 감히 편지를 내니, 진실로 혹 그렇게 아니하면 사람이 다투어 그르다하여 써 더럽

다하니, 그러므로 시속을 좇아 사치하지 아니할 이 적으니라.

원방: 원방(遠方). 먼 지방. 또는 먼 곳. 유의어: 벽락(碧落), 원역(遠域), 원지(遠地), 원처(遠處).

【正誤】內法은謂宮內造酒之法이요書는謂召客之書라

內法은 궁 안에서 술을 만드는 법을 이르고, 書는 손님을 부르는 글을 이른다.

嗟乎ㅣ라風俗頹弊ㅣ如是ᄒᆞ니居位者ㅣ雖不能禁이나忍助之乎아

●아, 풍속의 무너지고 폐함이 이와 같으니, 벼슬에 있는 자가 비록 능히 금할 수 없으나, 차마 그것을 거들겠는가?"

漢字 嗟(탄식할 차, 발어사 차), 頹(무너질 퇴), 廢(폐할 폐), 忍(차마 인), 助(거들 조)

번소 차홉다 風풍俗쇽의 사오나이 도ᄋᆡ유미 이러ᄒᆞ니 벼슬ᄒᆞ여 잇ᄂᆞᆫ 사ᄅᆞ미 비록 금티 몯ᄒᆞ나 ᄎᆞ마 도아 ᄒᆞ랴

현대역 슬프다. 풍속의 나쁘게 됨이 이러하니, 벼슬하여 있는 사람이 비록 금하지 못 하나 차마 도와 하리오."

1 차홉다: 슬프다. 주로 글에서, 매우 슬퍼 탄식할 때 쓰는 말(감탄사). 유의어: 차호(嗟乎). 차홉다 너희 소자들은 마땅히 보고 감동하여 흥기할진저….《대한매일신보》, 차호라 불가하다. 이는 제 살을 베어 제 배를 채우는 자이라.《대한매일신보》

2 도아: 도와. '도아'는 '도ᄫᆞ(어간)+아(연결어미)'이다. 현대국어 '돕다'는 15세기 문헌에서부터 나타나 현재까지 이어진다. '돕-'은 자음으로 시작하는 어미가 결합하면, '돕-'으로, 모음으로 시작하는 어미가 결합하면 '돟-, 도ᄫᆞ-, 도ᄫᅳ-, 도오-, 도우-'로 나타나는 ㅂ불규칙 용언이었다. 15세기 말에 'ㅸ'이 소멸되면서

'돕-'은 점차 사라지게 되며, 그 이후에는 '도으-'나 '도오-, 도우-'로만 나타난다. 돕다(15세기~현재). 이형태: 돕-, 돕-, 도으-, 도으-, 도오-, 도우-. 이 두 菩薩이 阿彌陁佛을 돕ᄉᆞ바 一切를 너비 敎化ᄒᆞᄂᆞ니.《1459 월석 8:46ㄱ》, 여듧 가짓 일로 도바 일울ᄊᆡ 八支齋라 ᄒᆞᄂᆞ니라.《1447 석상 9:18ㄱ》, 우흘 도ᄋᆞ시며 아래를 利케 ᄒᆞ실ᄊᆡ.《1461 능엄 5:55ㄱ》, 禹ㅣ 功 일워 造化를 도와 뫼 픈노라 기운 ᄡᅡ해 나ᅀᅡ와 드니니라.《1481 두시-초 6:47ㄱ》, 이제 第三앳 通히 取혼 ᄠᅳ들 取홀ᄉᆡ 닐오ᄃᆡ 서르 도우미니.《1465 원각 상1-1:94ㄱ》

소언 슬프다 風풍俗쇽의 믈허뎌 ᄒᆞ야딤이 이 곧ᄒᆞ니 벼슬에 인ᄂᆞᆫ 이 비록 能능히 禁금티 몯ᄒᆞ나 ᄎᆞ마 도오랴

현대역 슬프다. 풍속의 무너져 해어짐이 이와 같으니, 벼슬에 있는 이 비록 능히 금하지 못하나 차마 도우랴."

ᄒᆞ야딤: 해어짐. 'ᄒᆞ야디(어간)+ㅁ(명사형 어미)'이다. 'ᄒᆞ야디다'는 '닳아서 떨어지다'를 뜻한다. 준말: 해지다. 셰ᄃᆡ 멀고 셩인이 업서 經이 ᄒᆞ야디고 ᄀᆞᄅᆞ쵸미 프러디여(世遠人亡 經殘敎弛).《소언 4:3》, 츄피애 ᄭᅩ리 밋티 ᄀᆞ이여 헐며 빗ᄶᅢ애 다릿 뒤히 ᄡᅳ치여 ᄒᆞ야디며(鞦皮 磨破尾根 肚帶 搽損肘後).《마경 하:32》

【集說】**熊氏曰溫公**이**時已爲相**하니**蓋欲以淸約爲天下先也**라

웅 씨가 말하였다. "온공이 때에 이미 재상이 되었으니, 대개 청렴과 검약으로써 천하에 앞선 사람이 되고자 함이다."

漢字 先(앞선 사람 선)

〖八十章〗

○**溫公**이**曰吾家**ㅣ**本寒族**이라**世以淸白相承**ᄒᆞ고**吾性**이**不喜華靡**ᄒᆞ야**自爲乳兒時**로**長者**ㅣ**加以金銀華美之服**이어든**輒羞赧**乃板反**棄去之**ᄒᆞ더니**年二十**에**忝科名**ᄒᆞ야**聞喜宴**에**獨不戴花**

호니同年이曰君賜ㅣ라不可違也ㅣ라ᄒᆞ야ᄂᆞᆯ乃簪一花호라平生애衣取蔽寒ᄒᆞ며食取充腹ᄒᆞ고亦不敢服垢弊ᄒᆞ야以矯俗干名이오但順吾性而已로라 《溫公家範》

● 온공이 말하였다. "내 집안은 본래 寒族이라. 대대로 청렴하고 결백함을 서로 이었고, 내 본성이 화려하고 사치함을 기뻐하지 않아, 유아가 된 때로부터 어른이 금은과 화려하고 아름다운 옷으로써 더해주거든, 문득 부끄러워 그것을 버렸더니, 나이 스물에 외람되게 과거에 이름을 올려, 문희연에 홀로 꽃을 꽂지 않았으니, 同年이 말하길, '임금께서 주신지라 가히 어길 수 없다.' 하거늘, 이에 한 송이 꽃을 꽂았었다. 평생에 옷은 추위 가림만 취하며 음식은 배 채움만 취하였고, 또한 감히 때가 끼고 헤진 옷을 입어써 세속을 거슬림으로써 명예를 구하지 않았으며, 단지 내 본성을 따랐을 뿐이었다."

漢字 羞(부끄러울 수), 赧(부끄러울 란), 去(버릴 거), 忝(황송할 첨, 더럽힐 첨, 욕될 첨), 戴(일 대), 簪(꽂을 잠, 비녀 잠), 垢(때 구), 弊(해질 폐), 矯(거슬릴 교, 바로잡을 교), 干(구할 간)

1 한족(寒族): 구차하고 문벌이 없는 집안.
2 과명(科名): 과거에 급제한 인물들의 이름.
3 문희연(聞喜宴): 과거에 급제한 사람에게 베푸는 잔치.
4 동년(同年): 같은 때 과거에 급제하여 방목(榜目)에 함께 적히던 일. 또는 그런 사람.

번소 溫온公공이 니ᄅᆞ샤ᄃᆡ 우리 지비 본ᄃᆡ 가난ᄒᆞᆫ 가문이라 부조로 청ᄇᆡᆨ호믈 니ᅀᅥ오고 내 셩이 호화코 빗ᄂᆞᆫ 이ᄅᆞᆯ 즐기디 아니호모로 아ᄒᆡ 시졀브터 얼우니 금은이어나 빗난 오슬 모매 니펴든 믄득 붓ᄭᅳ려 내여ᄇᆞ리다니 나히 스믈힌 제 급뎨ᄒᆞ야 나라ᄒᆡ셔 이바디 ᄒᆞ여 머기실 제 내 혼자 고ᄌᆞᆯ 아니 고ᄌᆞ니 同동年년 벋ᄃᆞᆯ히 닐오ᄃᆡ 님그미

주신 거시라 마디 몯ᄒᆞ리라 홀ᄉᆡ 곳 ᄒᆞ나ᄒᆞᆯ 고조라 평ᄉᆡᆼ애 오ᄉᆞᆯ 치옴 ᄀᆞ리올만ᄒᆞ며 바블 ᄇᆡ브롤만호ᄃᆡ ᄯᅩ 부러 더러오며 헌 옷 니버 시쇽을 고텨 일홈 어두믄 아니ᄒᆞ고 다믄 내 셩에 마즐만 ᄒᆞ노라 ᄒᆞ시더라

현대역 온공이 이르시되, "우리 집이 본디 가난한 가문이라, 父祖로 淸白함을 이어오고, 내 성품이 호화스럽고 빛나는 이[것]를 즐기지 아니하므로, 아이 시절부터 어른이 金銀이거나 빛나는 옷을 몸에 입히거든, 문득 부끄러워 내어버리더니, 나이 스물인 때 급제하여, 나라에서 연회하여 먹이실 때, 내가 혼자 꽃을 아니 꽂으니, 同年 벗들이 이르되, '임금이 주신 것이라, 말지 못하리라.' 하므로, 꽃 하나를 꽂았다. 평생에 옷을 추움 가릴만하며, 밥을 배부를만하되, 또 일부러 더러우며 헌 옷 입어 시속을 고쳐, 이름 얻음은 아니하고, 다만 내 성품에 맞을 만하노라." 하시더라.

1 부조로: 부조(父祖)로. 할아버지 아버지로부터. '부조로'는 원문 '世以淸白相承'에서 '世以'에 해당한다. 《소학언해》는 '셰셰로'로 번역하였다. 아마도 '부조(父祖)로'가 아닌가 한다. 현대국어에서도 '부조로부터'나 '부조의'라는 표현을 쓰고 있다. 부조로부터 물려받은 가업. 여러 가지로 미루어 볼 때 세자 융은 부조의 기량과 포부를 온전히 물려받지 못한 것 같다.《이문열, 황제를 위하여》, 창윤이의 눈은 점점 고국의 땅, 부조의 고향의 깊게 감춰 있는 데를 파고들었다.《안수길, 북간도》

2 쳥ᄇᆡᆨ호믈: 청백(淸白)함을. '쳥ᄇᆡᆨᄒᆞ(어간)+옴(명사형 어미)+을(목적격 조사)'이다. '쳥ᄇᆡᆨᄒᆞ다'는 '재물에 대한 욕심이 없이 곧고 깨끗하다.'를 뜻한다.

3 평ᄉᆡᆼ애 오ᄉᆞᆯ 치옴 ᄀᆞ리올만ᄒᆞ며 바블 ᄇᆡ브롤만호ᄃᆡ: 이 대목은 사마광(司馬光, 1019~1086)과 비슷한 시대 사람인 호안국(胡安國, 1074~1138)의 '세미담박(世味淡薄)'과도 통한다. 〈가언(嘉言) 제5〉 제77장을 참조하라.

소언 溫온公공이 ᄀᆞᆯ오ᄃᆡ 우리 집이 본ᄃᆡ 가난ᄒᆞᆫ 겨레라 셰셰로 淸쳥白ᄇᆡᆨ으로ᄡᅥ 서르 닛고 내 性셩이 빗나고 샤치ᄒᆞᆫ 거ᄉᆞᆯ 깃거 아니ᄒᆞ야 졋 먹ᄂᆞᆫ 아ᄒᆡ 도여실 적브터 얼운이 金금銀은과 빗난 됴ᄒᆞᆫ 오ᄉᆞ로ᄡᅥ 더어든 믄득 붓그려 내여ᄇᆞ리다니 나히 스믈힌 제 급뎨예 모텸ᄒᆞ야

聞문喜희宴연[급뎨ᄒᆞᆫ 사ᄅᆞᆷ의 이바디라]에 홀로 고ᄌᆞᆯ 곳디 아니호니 同동年년이 ᄀᆞᆯ오ᄃᆡ 님금 주신 거시라 可가히 어글웃디 몯ᄒᆞ리라 ᄒᆞ야ᄂᆞᆯ ᄒᆞᆫ 고ᄌᆞᆯ 고조라 平평生ᄉᆡᆼ애 오ᄉᆞᆯ 치위 ᄀᆞ리옴만 취ᄒᆞ며 음식을 ᄇᆡ예 ᄎᆡ올만 취ᄒᆞ고 ᄯᅩ 敢감히 더러오며 헌 것 닙어 ᄡᅧ 셰쇽에 달이ᄒᆞ야 일홈을 간구티 아니ᄒᆞ고 다ᄆᆞᆫ 내 性셩을 順순홀 ᄯᆞᄅᆞᆷ이로라

현대역 온공이 가로되, "우리 집이 본디 가난한 가문이라. 세세로 淸白으로써 서로 이어오고, 내 성품이 빛나고 사치한 것을 기뻐하지 아니하여, 젖 먹는 아이 되었을 때부터 어른이 금은과 빛나는 좋은 옷으로써 더하거든, 문득 부끄러워 내어버리더니, 나이 스물인 때 급제에 감히 더럽게 하여 聞喜宴[급제한 사람의 연회라.]에 홀로 꽃을 꽂지 아니하니, 동년이 가로되, '임금 주신 것이라, 가히 그르치지 못하리라.' 하거늘, 한 꽃을 꽂았다. 평생에 옷을 추위 가림만 취하며, 음식을 배에 채움만 취하고, 또 감히 더러우며 헌 것 입어, 써 세속에 달리하여 이름을 干求하지 아니하고, 다만 내 성품을 따를 따름이노라."

1 모텸ᄒᆞ야: 감히 더럽게 하여. '모텸ᄒᆞ다'는 '감히 더럽게 하다'를 뜻한다. 나히 스믈힌 제 급뎨예 모텸ᄒᆞ야 聞喜宴에 홀로 고ᄌᆞᆯ 곳디 아니호니(年二十忝科名 聞喜宴 獨不戴花).《소언 6:132》

2 간구티: 간구(干求)하지. 바라고 구하지. '간구ᄒᆞ(어간)+디(보조적 연결어미)'이다.

3 ᄯᆞᄅᆞᆷ이로라: 따름이노라. 'ᄯᆞᄅᆞᆷ(의존명사)+이('이다'의 어간)+로(화자 표시법 선어말어미)+라(평서형 종결어미)'이다. '-로-'는 '-오-'의 이형태로, 서술격 조사 '이다' 뒤에서는 선어말어미 '-오/우-'가 '-로-'로 교체된다. 또한 선어말어미 '-오/우-' 뒤에서는 평서형 종결어미 '-다'도 '-라'로 교체된다(허웅, 1989: 312-313). 선어말어미 '-로-'는 화자 표시법 선어말어미로서, 주어 명사구가 제1인칭 대명사 '나, 우리' 등 화자이거나 제3인칭이라 하더라도 그가 화자 자신을 가리키는 경우에 나타난다. ᄒᆞ다가 내 弟子ㅣ 제 너교ᄃᆡ 阿羅漢 辟支佛이로라 ᄒᆞ야 諸佛如來ᄋᆡ 다ᄆᆞᆫ 菩薩ᄲᅮᆫ 敎化ᄒᆞ시논 이ᄅᆞᆯ 모ᄅᆞ면 부텻 弟子ㅣ 아니며.《석상 13:61》, 善宿ᄃᆞ려 니ᄅᆞ샤ᄃᆡ 네 ᄠᅳ디 어린 사ᄅᆞ미 엇뎨 네 釋子ㅣ로라 ᄒᆞᄂᆞ다.《월석 9:35-2》

【正誤】忝은叨也요垢는汚也요弊는壞也요矯는拂也요干은求也라

忝은 '외람되이'이고, 垢는 더러움이며, 弊는 해짐이고, 矯는 거슬림이며, 干은 구함이다.

漢字 叨(외람되이 도, 탐낼 도), 拂(거슬릴 불)

【集解】聞喜는宋進士宴名也라

聞喜는 송나라 때 진사에게 베푸는 잔치 이름이다.

【八十一章】

○汪信民이嘗言人이常咬得菜根則百事를可做ㅣ라胡康侯ㅣ聞之ᄒᆞ고擊節嘆賞ᄒᆞ더라 《呂氏雜錄》

● 왕신민이 일찍이 말하였다. "사람이 항상 능히 나물뿌리를 먹으려 한다면, 모든 일을 가히 지을 수 있다." 호강후가 그것을 듣고 마디를 치며 감탄하고 칭찬하였다.

漢字 汪(넓을 왕), 咬(먹을 교, 씹을 교), 做(지을 주), 擊(부딪칠 격), 節(마디 절, 박자 절), 賞(칭찬할 상)

1 채근담(菜根譚): 중국 명말(明末)의 환초도인(還初道人) 홍자성(洪自誠)의 어록(語錄)이다. 2권으로, 전집(前集) 222조는 주로 벼슬한 다음, 사람들과 사귀고 직무를 처리하며 임기응변하는 사관보신(仕官保身)의 길을 말하며, 후집(後集) 134조는 주로 은퇴 후에 산림에 한거(閑居)하는 즐거움을 말하였다. 합계 356조는 모두 단문이지만, 대구(對句)를 많이 쓴 간결한 미문이다. 사상적으로는 유교가 중심이며, 불교와 도교도 가미되었다. 이 책은 요컨대 동양적 인간학을 말한 것이며, 제목인 '채근'은 송(宋)나라 왕신민(汪信民)의 《소학(小學)》 '人常能咬菜根卽百事可成'에서 따온 것이다. 제사(題詞)에도 이 저자가 청렴한 생활을 하면서 인격수련을 게을리 하지 않았으며, 인생의 온갖 고생을 맛본 체험에서

우러난 주옥같은 지언(至言)이라고 적혀 있다(두산백과).

2 호강후(胡康侯, 1074~1138): 송(宋)나라 건주(建州) 숭안인(崇安人)으로, 호연(胡淵)의 아들이다. 이름은 호안국(胡安國)이고, 자는 강후(康侯)이며, 시호는 문정(文定)이다. 자세한 내용은 〈가언(嘉言) 제5〉 제13장을 참조하라.

번소 汪왕信신民민이 닐오ᄃᆡ 사ᄅᆞ미 ᄆᆡ양 ᄂᆞ몰 ᄲᅳᆯ휘만 머그며도 편안히 너기면 잡 ᄆᆞᅀᆞ미 업서 온가짓 이ᄅᆞᆯ 다 일오리라 ᄒᆞ야ᄂᆞᆯ 胡호康강侯후ㅣ 이 말ᄉᆞᄆᆞᆯ 듣고 손ᄠᅳᆼ ᄠᅳ고 차탄ᄒᆞ야 기리더라

현대역 汪信民이 이르되, "사람이 매양 나물 뿌리만 먹으면서도 편안히 여기면, 잡 마음이 없어 온 가지의 일을 다 이루리라." 하거늘, 胡康侯가 이 말씀을 듣고 손등치고 嗟歎하여 칭찬하더라.

기리더라: 칭찬하더라. '기리(어간)+더(회상법 선어말어미)+라(평서형 종결어미)'이다. '-라'는 '-다'가 '-더-' 뒤에서 교체된 것이다. 현대국어 '기리다'는 15세기 문헌에서부터 '기리다'로 나타나 현재까지 그대로 이어진다. 18세기에 나타나는 '길리-'는 '기리-'의 중철 표기이다, '길이-'는 '기리-'의 과잉 분철 표기이다. 기리다(15세기~현재). 이형태: 기리다, 길리다, 길이다. 勝鬘이 부텻 功德을 듣ᄌᆞᆸ고 깃거 偈ᄅᆞᆯ 지ᅀᅥ 부텨를 기리ᅀᆞᆸ고.《1447 석상 6:40ㄴ》, 큰 졀가 이셔 가ᅀᆞ멸며 귀ᄒᆞ며 가난ᄒᆞ며 쳔ᄒᆞ며 나ᄆᆞ라며 기리며 깃븐 이리며 측ᄒᆞᆫ 이레 ᄒᆞᆫ 일도.《1518 번소 10:20ㄴ》

소언 汪왕信신民민[일홈은 革혁이니 宋송 적 사ᄅᆞᆷ이라]이 일즉 닐오ᄃᆡ 사ᄅᆞᆷ이 샹해 ᄂᆞ믈 ᄲᅮ릐를 너흘면 온갓 일을 可가히 일우리라 ᄒᆞ야ᄂᆞᆯ 胡호康강侯후[胡호安안國국 ᄌᆞ]라ㅣ 듣고 손ᄯᅳᆼ ᄠᅳ고 차탄ᄒᆞ야 기리더라

현대역 왕신민[이름은 革이니, 宋 때 사람이라.]이 일찍이 이르되, "사람이 늘 나물 뿌리를 깨물면 온갖 일을 가히 이루리라." 하거늘, 호강후[호안국의 자라.]가 듣고 손등치고 차탄하여 기리더라.

【集說】陳氏曰信民의名은革이니臨川人이라康侯는文定公의字也라人能甘淡泊而不以外物動心이면則可以有爲矣라擊節은一說에擊手指節이라하고一說에擊器物爲節이라하니皆通이라嘆은嗟嘆이요賞은稱賞이라朱子曰學者須常以志士不忘在溝壑으로爲念이면則道義重而計較死生之心이輕矣어든況衣食外物은至微末事니不得이라도未必便死니亦何用犯義犯分하며役心役志하여營營以求之耶아某觀今人이因不能咬菜根하여而至於違其本心者衆矣니可不戒哉아

진 씨가 말하였다. "신민의 이름은 혁이니, 임천 사람이다. 강후는 문정공의 자이다. 사람이 능히 담박함을 달게 여기고 외물로써 마음을 움직이지 않으면, 가히 써 행할 수 있다. 擊節은 어떤 말에는 '손가락 마디[손뼉]를 침이다.' 하고, 어떤 말에는 '기물을 쳐서 마디[박자]를 삼는다.' 했으니, 다 통한다. 嘆은 탄식함이고, 賞은 칭찬함이다." 주자가 말하였다. "배우는 자가 모름지기 항상 '志士는 도랑이나 골짜기에 버려질 것을 잊지 않는다.'로써 생각을 삼으면, 도의가 중해지고 죽고 삶을 셈하여 비교하는 마음이 가벼워지거든, 하물며 옷과 밥과 외물은 지극히 작고 끝의 일이니, 얻지 못하더라도 반드시 곧 죽지는 아니하니, 또한 어찌 써 의를 범하고 분수를 범하며 마음을 부리고 뜻을 부려, 골똘히 하여 써 그것을 구하겠는가? 내가 보건대, 오늘날 사람들이 나물뿌리를 능히 먹으려 하지 않음으로 인하여, 그 본마음을 어김에 이르는 자가 많으니, 가히 경계하지 않겠는가?"

漢字 淡(묽을 담), 泊(담박할 박, 배댈 박), 嗟(탄식할 차), 溝(도랑 구), 壑(골짜기 학), 用(써 용, 以와 같은 뜻), 役(부릴 역)

1 人能甘淡泊而不以外物動心則可以有爲矣: 〈가언(嘉言) 제5〉 제77장의 호문정공의 다음 말을 참조하라. "胡文定公曰人須是一切世味淡薄方好不要有富貴相(호문정공이 말하였다. '사람이 모름지기 이 일체 세상의 맛에 담박해야 바야흐로

좋으니, 부귀한 모양이 있음은 필요하지 않다.')"

2 담박(淡泊): 욕심이 없고 마음이 깨끗함.

3 수지(手指): 손가락. 손끝에 달려 있는 다섯 개의 가락.

4 志士不忘在溝壑: 공자의 말로, 《맹자》 〈등문공하(滕文公下)〉 제1장과 〈만장하(萬章下)〉 제7장에 나오는 말이다. "志士不忘在溝壑 勇士不忘喪其元[지사는 (곤궁함을 굳게 지켜, 죽은 뒤에 관곽이 없어) 도랑이나 골짜기에 버려질 것을 잊지 않고, 용사는 그 머리 잃음을 잊지 않는다.]"

5 영영(營營): 세력이나 이익 등을 얻으려고 골똘함. 또는 그 꼴.

右는 實敬身이라

● 이상은 敬身을 실증함이다.

번소 이 우흔 몸 공경호믈 염글우니라

현대역 이 위는 몸 공경함을 여물게 하니라.

염글우니라: 여물게 하니라. 옹골차고 야무지게 하니라. 자세한 설명은 〈선행(善行) 제6〉 제53장 끝 '右實明倫'을 참조하라.

소언 이 우흔 몸 공경홈을 實실히우니라

현대역 이 위는 몸 공경함을 실하게 하니라.

실히우니라: 실하게 하니라. '실히우(어간)+니라(평서형 종결어미)'이다. 자세한 설명은 〈선행(善行) 제6〉 제53장 끝 '右實明倫'을 참조하라.

小學集註跋

古者小學에始教八歲之蒙하니想其爲言易知而其爲教易入也일새라三代之盛에其法必備하여規模條制列於職官이러니而秦火之餘에其書不傳하니晦菴夫子閔人道之不立하고嘆爲學之無本하사遂以聖人立教之遺意로蒐輯經史하여編爲小學之書하시니由是로小學之教復明於天下하니誠垂世之大訓也라第次輯之書出入古今하여其精深簡奧之言이必有訓釋然後에其義可明하니此集註之說이不得不作於後也라夫子以後로註家相踵하여各有成書나然이나讀之者咸病其不盡合於經意也라吾友德水李侯叔獻이謝事而歸하여講道海山之陽할새造士之規를悉擧成法하여揭是書爲入德之門하고而且憂註說多門하여莫歸于正일새乃取諸家하여刪繁萃要하고集長去短하여一以不反乎經旨하고明白平實하며而或詳或略이又以互相發焉하니可謂執群言之兩端而善於折衷者矣라間送于一二執友하여與之詳訂하니雖以渾之愚로도亦得以反復焉이로라嗚呼라聖賢之書何莫非服膺踐實之要리오마는而小學之教는加之幼穉之初하여發良知而示趍向하고正蒙養而培本原하여先諸事爲하여無非家庭日用之常이니童子受一日之教하면擧足之始에已立於循蹈之地하니非如

大學之方의兼有玩索之功하여業廣而思深也라然則讀是書者不難於解其義라而專於習其事요不貴於說話鋪排라而主於深體力行하여要使明倫敬身之意로浹洽於中하고淪肌浹髓하여日用之間事親從兄에卽見孝悌之當然을如着衣啗飯하여無待於外求면則所謂涵養純熟根基深厚者를可得而言也리라童子固宜服事純實如是요至於過時而學하여失序追補者하여도尤不可以不知此意也니라渾은晩暮收拾에根本不立하니竊有感於夫子妙敬無窮之旨하여每以嘗試責勉之工程으로自訟於心者久矣러니叔獻이書來하여徵跋文於余하니旣不敢辭일새則書其說以諗之云이로라

昌寧成渾은跋하노라

● 옛적 소학에서는 여덟 살의 어린이를 비로소 가르쳤으니, 그 말을 함에 쉽게 알고 그 가르침을 행함에 쉽게 들어감을 생각해서일 것이다. 삼대[하·은·주]가 성한 때에는 그 법이 반드시 갖추어져 규모와 조례와 제도가 직위와 관등에 나열되었더니, 진나라가 불태운 나머지에 그 글이 전해지지 못했다. 晦菴夫子께서 사람의 도가 서지 못함을 민망히 여기고, 학문을 함에 근본이 없음을 탄식하시어, 드디어 성인이 가르침을 세운 남긴 뜻을 따라 경서와 사서를 찾아 모아서, 엮어서 《소학》의 글을 만드셨다. 이로 말미암아 소학의 가르침이 다시 천하에 밝혀졌으니, 진실로 세상에 드리운 큰 가르침이다. 다만 차례로 모은 글이 옛날과 지금을 넘나들어, 그 정밀하고 깊으며 간략하고 깊은 말이 반드시 가르쳐 풀이함이 있은 연후에 그 뜻이 가히 밝혀질 수 있으니, 이 集註의 말이 능히 뒤에서 지어지지 않을 수 없었다. 夫子 이후로 주해학자들이 서로 이어져 각기 이룬 글이 있었으나, 그러나 그것들을 읽는 자들이 모두 그것들이 경서의 뜻에 다 합치되지 못함을 병통으로 여겼다. 나의 벗 德水 李侯 叔獻이 일을 사직하고 돌아가, 海山[海州]

의 남쪽에서 도를 강론하였는데, 선비를 만드는 규범을 다 들추어내어 법을 이루어, 이 글을 들어서 덕에 들어가는 문으로 삼았고, 또 주해한 말이 종류가 많아 바른 데로 돌아가지 못할까 근심하였다. 이에 여러 학설을 취하여 번거로움을 깎고 요점을 모았으며, 장점을 모으고 단점을 버려 한결같이 써 경서의 뜻에 어긋나지 않게 하고, 명백하고 평이하고 진실 되게 하며, 혹 상세하고 혹 간략함이 또 서로 드러나게 하였으니, 가히 여러 말의 양끝을 잡아 절충함에 잘 되었다 이를 만하다. 그 사이에 한 두 執友에게 보내어 그들과 더불어 상세히 정정하니, 비록 나[成渾]의 어리석음으로도 또한 능히 써 반복할 수 있었다. 아, 성현의 글은 어느 것이든 가슴에 담아 실천함에 중요하지 않음이 없건마는, 《소학》의 가르침은 그것을 어린이의 처음에 더하여, 良知를 계발하여 趨向을 제시하고, 아이 기름을 바르게 하고, 근본을 북돋워, 일과 행위에 먼저 하여, 가정에서 날마다 쓰는 떳떳함이 아닌 것이 없게 한다. 아이가 하루의 가르침을 받으면 발을 드는 처음에 이미 법도를 따르는 땅에 설 것이니, 《대학》의 방법이 겸하여 玩索하는 공부가 있어 業이 넓어지고 생각이 깊어지는 것과는 같지 않다. 그렇다면 이 글[《소학》]을 읽는 자들은 그 뜻을 풀이함을 어렵게 여길 것이 아니라 그 일을 익히는 데 오로지해야 하고, 말을 펴고 늘어놓는 것을 귀히 여길 것이 아니라 깊이 체득하고 힘써 실행함을 주장해야 한다. 요컨대 명륜·경신의 뜻으로 하여금 마음속에 젖어들게 하고, 살 속에 잠기게 하며, 뼛속에 젖어들게 하여, 날마다 쓰는 사이에 부모를 섬기고 형을 따름에, 곧 孝悌의 당연함 보기를 마치 옷 입고 밥 먹음과 같이 해서 밖에서 구함을 기다림이 없게 하면, 이른바 涵養이 순수하고 익숙해지며, 뿌리가 깊고 두텁다는 것을 가히 얻어 말할 수 있다. 아이들은 진실로 마땅히 일을 행함에 순수하고 착실함을 이와 같이 할 것이고, 때를 지나 배워서 순서를 잃고 좇아 보충함에 이르는 자일지라도, 더욱 가히 써 이 뜻을 알지 않으면 안 될 것이다. 나는 늦게야 거둬 주음에 근본이 서지 못하였으니, 슬그머니 夫子의 '오묘한 공경이 무궁하다.'는 뜻에 느낌이 있어서, 매양 일찍이 꾸짖어 힘쓰는 工程을 살핌으로 써 스스로 마음에 자책한 것이 오래였다. 숙헌이 글을 보내 나에게 발문을 요구하니, 이미 감히 사양하지 못하여 이 말을 써서 고한다.

창녕 성혼은 발문을 쓰다.

漢字 跋(밟을 발), 蒙(어린이 몽), 蒐(찾을 수), 輯(모을 집), 編(엮을 편), 垂(드리울 수), 第(다만 제), 奥(깊을 오), 釋(풀 석), 踵(이을 종), 造(지을 조), 擧(들추어낼 거), 揭(들 게), 刪(깎을 산), 繁(번거로울 번), 萃(모을 췌), 服(담을 복), 膺(가슴 응), 幼(어릴 유), 稚(어릴 치), 趨(달릴 추), 循(좇을 순), 蹈(밟을 도), 玩(익힐 완), 索(찾을 색), 鋪(펼 포), 排(늘어놓을 배), 浹(적실 협), 洽(적실 흡), 淪(잠길 륜), 肌(살 기), 髓(골수 수), 啗(먹을 담), 竊(슬그머니 절), 試(살필 시), 訟(자책할 송), 徵(요구할 징), 諗(고할 심)

1 발(跋): 발문(跋文). 책의 끝에 본문 내용의 대강이나 간행 경위에 관한 사항을 간략하게 적은 글.

2 집우(執友): 뜻을 같이하는 벗을 이르는 말. 두보(杜甫)의 시(詩) 〈곡왕팽주륜(哭王彭州掄)〉에 나오는 말이다. "執友驚淪沒 斯人已寂寥[집우가 윤몰(쇠퇴)했음을 놀라노니, 이 사람 이미 고요하여라.]". 조선시대 박팽년(朴彭年)의 시 〈제강중가매죽련해당사영(題剛中家梅竹蓮海棠四詠)〉에도 나온다. "剛中吾執友 嗜好異尋常[강중(서거정)은 내 친구, 즐기고 좋아하는 취미가 남다르네.]"

3 복응(服膺): 교훈 같은 것을 늘 마음에 두어 잊지 아니함. 가슴속에 품어 둠.

4 양지(良知): 사람이 날 때부터 가지고 있는 지능. 타고난 지혜.

5 순도(循蹈): 법도나 예절 등에 따라서 그대로 이행함.

6 완색(玩索): 글이 지닌 깊은 뜻을 생각하여 찾음.

7 함양(涵養): 서서히 양성함. 차차 길러 냄. 학문과 식견을 넓혀서 심성을 닦음.

8 공정(工程): 작업이 되어 가는 정도.

9 덕수(德水) 이후(李侯) 숙헌(叔獻): 이이(李珥)를 가리킨다. 덕수(德水)는 관향(貫鄕)이고, 숙헌(叔獻)은 자이다. 이후(李侯)에서 후(侯)는 지방관에 붙이는 칭호이다. 이이(1536년~1584년)는 조선 중기의 유학자이자 정치가이다. 호는 율곡(栗谷)·석담(石潭)·우재(愚齋)이다. 1536년(중종 31년) 음력 12월 26일에 사헌부 감찰을 지낸 이원수(李元秀)와 사임당(師任堂) 신 씨(申氏)의 셋째 아들로 외가가 있던 강원도 강릉에서 태어났다. 1548년(명종 3년) 진사시에 13세의 나이로 합격했으며, 조광조의 문인인 휴암(休菴) 백인걸(白仁傑)에게 학문을 배웠다. 1554년 금강산 마하연(摩訶衍)으로 들어가 불교를 공부했으나, 이듬해 하산하

여 외가인 강릉으로 돌아와 자경문(自警文)을 짓고 다시 성리학에 전념하였다. 자경문은 입지(立志)·과언(寡言) 등 11개의 조항으로 되어 있는데, 스스로를 경계하기 위한 구체적인 방법을 세운 것이다. 22세(1557년)에 성주목사(星州牧使) 노경린(盧慶麟)의 딸과 혼인하였고, 이듬해 예안(禮安)에 낙향해 있던 이황(李滉)을 찾아가 성리학에 관한 논변을 나누었다. 1558년(명종 13년) 별시(別試)에서 천문·기상의 순행과 이변 등에 대해 논한 천도책(天道策)을 지어 장원으로 급제했으며, 1564년(명종 19년)에 실시된 대과(大科)에서 문과(文科)의 초시(初試)·복시(覆試)·전시(殿試)에 모두 장원으로 합격하여 삼장장원(三場壯元)으로 불렸다. 생원시(生員試)·진사시(進士試)를 포함해 응시한 아홉 차례의 과거에 모두 장원으로 합격하여 사람들에게 구도장원공(九度壯元公)이라고 불리기도 했다. 대과에 급제한 1564년에 정6품 호조(戶曹) 좌랑(佐郎)으로 관직에 나선 뒤에 예조(禮曹)와 이조(吏曹)의 좌랑을 거쳐 왕에 대한 간쟁과 논박을 담당하던 사간원(司諫院) 정언(正言)과 사헌부(司憲府) 지평(持平) 등의 대간(臺諫)의 직위에 있었다. 1568년(선조 1년)에는 천추사(千秋使)의 서장관(書狀官)으로 명(明)나라에 다녀왔으며, 1569년 홍문관(弘文館) 부교리(副校理)로서 역사의 기록과 편찬을 담당하던 춘추관(春秋館) 기사관(記事官)을 겸하여 《명종실록(明宗實錄)》의 편찬에 참여했다. 또한 정철(鄭澈)과 함께 경세제민(經世濟民)의 사회개혁안에 대해 논한 〈동호문답(東湖問答)〉을 써서 선조에게 바쳤다. 1570년(선조 3년)에는 관직에서 물러나 황해도 해주(海州)에서 학문에 전념했다. 1571년 청주목사로 다시 관직에 올랐으나 이듬해 관직에서 물러나 해주로 낙향했다가 파주 율곡촌(栗谷村)으로 거처를 옮겼다. 1573년(선조 6년) 다시 조정의 부름을 받아 승정원(承政院)의 동부승지(同副承旨)·우부승지(右副承旨)를 역임했으며, 1574년(선조 7년) 당시의 사회문제들에 대한 구체적인 대책을 논한 〈만언봉사(萬言封事)〉를 써서 선조에게 바쳤다. 그 해 사간원 대사간(大司諫)으로 임명되었으나 이를 사양하고 낙향하였다. 하지만 다시 황해도 관찰사가 되어 관직에 올랐고, 그 뒤 대사헌(大司憲), 홍문관 부제학(副提學) 등을 역임했다. 홍문관 부제학으로 있던 1575년(선조 8년) 선조에게 제왕학(帝王學)의 지침서인 《성학집요(聖學輯要)》를 저술하여 제출하였고, 1577년(선조 10년)에는 관직에서 물러나 해주로 낙향하여 어린이 교육을 위해 《격몽요결(擊蒙要訣)》을 편찬했으며, 1580년에는 《기자실기(箕子實記)》를 저술했다. 이 무렵 해주 석담(石潭)에 은병정사(隱屛精舍)를 건립하여 학문 연구와 후진 양성에 힘썼으며 향약과 사창(社倉)을 실시하기도 했다. 1581년 대사헌과 예문관(藝文館) 제학(提學)을 겸임하며 다시 관직에 올라, 동지중추부사(同知中樞府使)를 거쳐 홍문관과 예문관의 대제학(大提學)을 지냈다. 1582년에 이조판서, 1583년에 병조판서가 되어 선조에게 〈시무육조(時務六條)〉를 바치며 십만양병설 등의 개혁안을 주장하였다. 그러나 당쟁을 조장한다는 동인(東人)의 탄핵을 받아 관직에서 물러났으며, 이후 다시 이조판서와 판돈령부사(判敦寧府事) 등으로 임명되었다. 1584년 음력 1월 16일에 49세의 나이로 서울 대사동(大寺洞)에서 죽었다. 죽은 뒤에는 파주 자운산의 선영에 묻혔으며, 1624년(인조 2년)에 문성공(文成公)이라는 시호를 받았다. 파주의 자운서원(紫雲書院), 강릉의 송담서원(松潭書院), 풍덕의 구암서원(龜巖書院), 황주의 백록동서원(白鹿洞書院) 등 전국 20여 개 서원에 배향되었으며, 1682년(숙종 8년)에는 성혼(成渾)과 함께 공자(孔子)를 섬기는 문묘(文廟)에 우리나라의 명현(名賢)으로 배향되었다. 저술로는 《성학집요(聖學輯要)》·《동호문답(東湖問答)》·《경연일기(經筵日記)》·《천도책(天道策)》·《역수책(易數策)》·《문식책(文式策)》·《격몽요결(擊蒙要訣)》·《만언봉사(萬言封事)》·《학교모범(學校模範)》·《육조계(六條啓)》·《시폐칠조책(時弊七條策)》·《답성호원서(答成浩原書)》 등이 있으며, '고산구곡가(高山九曲歌)' 등의 문학 작품도 전해진다. 그의 저술들은 1611년(광해군 3년) 박여룡(朴汝龍)과 성혼(成渾) 등이 간행한 《율곡문집(栗谷文集)》과 1742년(영조 18년)에 이재(李縡)와 이진오(李鎭五) 등이 편찬한 《율곡전서(栗谷全書)》에 실려 전해진다(두산백과).

10 성혼(成渾, 1535년~1598년): 조선 중기의 문신·학자이다. 본관은 창녕(昌寧)으로, 자는 호원(浩源)이고, 호는 우계(牛溪)·묵암(默庵)이며, 시호는 문간(文簡)이다. 좌의정으로 추증된 성수침(成守琛)의 아들이다. 어머니는 파평윤씨(坡平尹氏)로, 서울 순화방(順和坊)에서 태어났으며, 1539년 파산(坡山) 우계로 이사하면서 경기도 파주에서 자랐다. 17세에 신여량(申汝樑)의 딸과 혼인하였으며, 그 해 진사·생원 양시에 합격하였으나 문과에는 응시하지 않았다. 백인걸(白人傑)에게 《상서(尙書)》를 배웠으며, 당시 같은 고을에 살던 이이(李珥)와 도의지교를 맺었다. 선조 초년에 학행으로 천거되어 참봉(參奉)·현감 등을 제수 받았으나 출사하지 않고, 파산에서 학문에 전념하였다. 동서분당기에는 이이·정철(鄭澈) 등 서인과 정치노선을 함께 하였다. 1589년 기축옥사(己丑獄事)로 서인이 정권을 잡자 이조참판에 등용되었으며, 이때 북인 최영경(崔永慶)의 옥사 문제로

정인홍(鄭仁弘) 등 북인의 강렬한 비난을 받았다. 1592년 임진왜란 중에는 세자의 부름으로 우참찬이 되었으며, 1594년 좌참찬으로서 영의정 류성룡(柳成龍)과 함께 주화론을 주장하였다. 학문 경향은 이이와 1572년부터 6년간에 걸쳐 사칠이기설(四七理氣說)을 논한 왕복서신에 잘 나타나 있다. 이 서신에서 이황(李滉)의 이기호발설(理氣互發說)을 지지, 이이의 기발이승일도설(氣發理乘一途說)을 비판하였다. 이이는 그의 학문을 평가하여 "의리상 분명한 것은 내가 훌륭하지만 실천에 있어서는 미치지 못한다."고 하였으며, 외손인 윤선거(尹宣擧)는 그가 학문에 있어서 하나하나 실천하는 점을 높이 평가하였다. 그의 학문은 이이와 함께 서인의 학문적 원류를 형성하였으며, 문인으로는 조헌(趙憲)·황신(黃愼)·이귀(李貴)·정엽(鄭曄) 등이 있다. 그의 학문은 이황과 이이의 학문을 절충했다는 평가가 있으며, 사위인 윤황(尹煌, 1572년~1639년), 외손인 윤선거(尹宣擧, 1610년~1669년), 외증손인 윤증(尹拯, 1629년~1714년)에게 계승되면서 서인(西人) 소론의 중심 계보를 형성하였다. 기축옥사에 관련된 연유로 삭직되었으나, 1623년 인조반정 이후 복관되었다. 좌의정에 추증, 1681년(숙종 7년)에 문묘에 배향되었다. 창녕의 물계서원(勿溪書院), 해주 소현서원(紹賢書院), 파주 파산서원(坡山書院) 등에 제향되었다. 문집 《우계집》과 저서에 《주문지결(朱門旨訣)》·《위학지방(爲學之方)》 등이 있다(두산백과).

小學跋

成化間에有淳安程氏者治河于濟하니濟南에多名士하여彬彬有伏生之遺風焉이라因與其徒로日講小學하여辨質訂正하여爲註疏六卷하여以畀東使之聘上國者하여東人이始得欣覩焉이러니其後에河吳陳氏之說이稍稍出海外로되而學士局於井觀하여猶守株先入하여崇信程說하여殊不知諸家語有短長하여理或抹撥하니余嘗病之라妄欲參校會趣하여以便考閱이러니一日에金鐵原長生이見訪이어늘因語及之한대金言栗谷已先宰割하시니子何重勞리오하고遂以其所藏一帙見示하니余甲管曰不亦善乎아儘師逸而功倍矣로다因續史纂入梓하여以壽其傳하노라

都提調推忠奮義平難忠勤貞亮竭誠効節協策扈聖功臣大匡輔國崇祿大夫議政府左議政兼領經筵事監春秋館事世子傅鰲城府院君李恒福謹跋하노라

●성화 사이에 순안정씨라는 이가 제남에서 황하를 다스림이 있었으니, 제남에는 명사들이 많아 찬란하게 伏生의 남긴 풍조가 있었다. (순안정씨가) 인하여 그 무리들과 더불어 날마다 《소학》을 강론하여, 변론하고 질정하며 바로잡아 註疏 6권을 만들어 써 東國[조선] 사신으로 上國[명]을 찾아갔던 자[김일손]에게 주어, 동국 사람들이 비로소 능히 기쁘게 볼 수 있었다. 그 후에 하 씨·오 씨·진 씨의 해설이 점점 해외로 나오되, 배우는 선비들은

坐井觀天함에 국한하여 아직도 먼저 들어온 것[순안정씨 註疏]을 守株待兎하여 정 씨의 해설을 높여 믿었다. 자못 여러 학자들의 말에 장단점이 있어 이치가 혹 말살되었음을 알지 못하니, 나는 일찍이 이를 병통으로 여겼다. 외람되이 참고하고 교열하고 뜻을 모아, 써 상고하여 보기에 편리하게 하고자 했더니, 하루는 김 철원부사 長生이 찾아와 만났거늘, 인하여 말이 그것에 미쳤는데, 金이 말하기를, "율곡께서 이미 먼저 주관하여 처리하셨는데, 그대가 어찌 거듭 수고하리오." 하고, 드디어 그 소장한 바의 한 질로써 보여 주니, 나는 붓대를 붓통에 넣고 말하기를, "또한 좋지 않은가? 진실로 스승은 편안하면서도, 효과가 배가 되도다." 실록 편찬에 이어 입재(入梓)함으로 인하여, 써 그 전함을 오래도록 하였다.

도제조 추충분의평난충근정량갈성효절협책호성공신 대광보국숭록대부 의정부좌의정 겸 영경연사 감춘추관사 세자부 오성부원군 이항복은 삼가 발문을 쓰다.

漢字 彬(빛날 빈), 訂(바로잡을 정), 正(바로잡을 정), 註(주낼 주), 疏(글 소), 畀(줄 비), 聘(찾아갈 빙), 欣(기뻐할 흔), 覩(볼 도), 稍(점점 초), 株(그루터기 주), 抹(지울 말), 撥(지울 살), 妄(헛될 망), 閱(볼 열), 宰(주관할 재), 割(나눌 할), 帙(책갑 질) 甲(붓통 갑), 管(붓대 관), 재(판각할 재), 壽(오래할 수)

1 성화(成化): 중국 명나라의 제8대 황제인 성화제(成化帝, 憲宗, 1447년~1487년, 재위 1464년~1487년) 주견심(朱見深)의 연호이다. 1465년을 원년으로 1487년까지 23년 동안 사용되었다. '성화(成化)'는 덕으로 감화하는 것을 이룬다는 뜻의 '성취덕화(成就德化)'에서 비롯된 말이다. 성화제는 명나라의 제6대 황제인 정통제(正統帝) 주기진(朱祁鎭)의 맏아들이다. 그는 정통제가 1449년에 이른바 '토목의 변(土木之變)'으로 몽골 오이라트부의 포로가 되고, 우겸(于謙)에 의해 정통제의 동생인 경태제(景泰帝)가 즉위하였을 때 태자로 봉해졌다. 그러나 1452년(경태 3년) 폐출되어 기왕(沂王)으로 봉해졌다가, 1457년(경태 8년)에 아버지 정통제가 이른바 '탈문의 변(奪門之變)'으로 왕위를 되찾자 다시 태자로 봉해졌다. 성화제는 1464년(천순 8년) 2월 23일에 아버지 정통제가 죽자, 그 해 2월 28일에 왕위에 올랐다. 그리고 새 임금이 즉위한 이듬해부터 새 연호를 사용하는 유년칭원법(踰年稱元法)에 따라 1465년부터 '성화'라는 연호를 사용

했다. 성화 연간의 초기에 성화제는 경태제의 제호(帝號)를 회복시키고 우겸의 억울함을 풀어주는 등 '성화신풍(成化新風)'이라고 불리는 개혁정책을 추진했다. 하지만 중기 이후로는 방술(方術)에 빠져 국정을 제대로 돌보지 않아 여러 문제를 낳았다. 성화제는 1487년(성화 23년) 9월 9일에 죽었고, 9월 22일에 그의 아들인 홍치제(弘治帝) 주우탱(朱祐樘)이 왕위를 이었다. 효종은 이듬해를 원년으로 연호를 '홍치(弘治)'로 바꾸어 사용했다(두산백과).

2 순안정씨(淳安程氏): 《소학집설(小學集說)》의 저자인 순안(淳安) 정유(程愈)이다.

3 복생(伏生, 기원전 264년~기원전 170년): 복승(伏勝)이라고도 한다. 전한 제남(濟南) 사람으로, 자는 자천(子賤)이다. 진(秦)나라 때 박사(博士)를 지냈다. 《금문상서(今文尙書)》를 보존하여 전수했다. 진시황이 분서(焚書)를 단행할 때 벽 속에 《상서(尙書)》를 숨겼다가 한(漢)나라 초기에 꺼냈는데, 수십 편을 잃어버리고 28편만 보존했다. 이것을 《금문상서》라 한다. 한문제(漢文帝)가 《상서》에 능하다는 소문을 듣고 조착(晁錯)를 보내 배우게 했다. 장생(張生)과 구양생(歐陽生) 등이 그에게 배웠으며, 여러 번 전해져 구양씨(歐陽氏), 대하후씨(大夏侯氏), 소하후씨(小夏侯氏)의 상서학파가 형성되어 모두 학관(學官)에 서게 되었다. 지금 전하는 십삼경주소(十三經注疏)의 《상서주소(尙書注疏)》에 복생이 전한 《금문상서》가 들어 있다. 저서에 《상서대전(尙書大傳)》이 있는데, 그의 제자인 장생(張生), 구양생(歐陽生) 등이 전해들은 것을 기록한 것이라는 설도 있다. 한위유서초(漢魏遺書鈔)와 경적일문(經籍佚文)에 수록되어 있다(중국역대인명사전).

4 주소(註疏): 본문에 대한 주해(註解), 또는 이전 사람의 주해에 대한 주해를 말한다. 주(註)는 경(經)을 해석(解釋)한 것이고, 소(疏)는 주(註)를 해석(解釋)·부연(敷衍·敷演)한 것이다.

5 以畀東使之聘上國者: 동사(東使)는 '동국[조선(朝鮮)]의 사신'을 뜻하는데, 김일손(金馹孫, 1464년~1498년)을 말한다. 그는 〈구유부(舊遊賦)〉 서(序)에서, "내가 지난해 경사(京師)에 갔더니, 원외랑(員外郞) 정유(程愈)가 자신이 지은 《집주소학(集註小學)》을 주었다. 나는 가지고 와 곧 간행했다."라고 말하고 있다. 김일손은 본관이 김해로, 자는 계운(季雲)이고, 호는 탁영(濯纓)이며, 시호는 문민(文愍)이다. 1486년(성종 17년)에 생원(生員)이 되고, 같은 해 식년문과(式年文科)에 급제하였다. 예문관에 등용된 후, 청환직(淸宦職)을 거쳐 1491년 사가독서(賜暇讀書)를 했고, 뒤에 이조정랑(吏曹正郞)이 되었다. 성종 때 춘추관

의 사관(史官)으로, 전라도관찰사 이극돈(李克墩)의 비행을 직필하고, 그 뒤 헌납(獻納) 때 이극돈과 성준(成俊)이 새로 붕당의 분쟁을 일으킨다고 상소하여 이극돈의 원한을 샀다. 1498년에 《성종실록》을 편찬할 때 앞서 스승 김종직이 쓴 《조의제문(弔義帝文)》을 사초(史草)에 실은 것이 이극돈을 통하여 연산군에게 알려져 사형에 처해졌고, 다른 많은 사류(士類)도 화(禍)를 입었다. 이 일을 무오사화(戊午史禍)라 한다. 이를 계기로 새로 등장한 신진 사림(士林)은 집권층인 훈구파(勳舊派)에 의해 거세되었다. 중종반정(1506년) 후 신원(伸冤)되고, 도승지로 추증되었다. 목천(木川)의 도동서원(道東書院), 청도의 자계서원(紫溪書院)에 배향되었다. 문집에 《탁영문집》이 있다(두산백과).

6 하 씨(何氏): 《소학집성(小學集成)》의 저자인 건안(建安) 하사신(何士信)이다.

7 오 씨(吳氏): 《소학집해(小學集解)》의 저자인 해우(海虞) 오눌(吳訥)이다.

8 진 씨(陳氏): 《소학정오(小學正誤)》의 저자인 고소(姑蘇) 진조(陳祚)와 《소학증주(小學增註)》의 저자인 천태(天台) 진선(陳選)이다.

9 좌정관천(坐井觀天): '우물 안에 앉아서 하늘을 본다.'는 뜻으로, 견식이 좁고 세상 물정을 모르는 것을 나타내는 말이다. 중국 당나라의 문장가 한유(韓愈, 退之)의 유명한 글인 〈원도(原道)〉에서 유래한다. '도의 근원을 논한다.'는 뜻의 이 글은 세상이 올바른 방향으로 나아갈 방법으로 따라야 할 도(道)는 유가(儒家)의 도라는 점을 강조한다. 요(堯), 순(舜)에서 공자, 맹자로 전해 내려오던 유학의 전승을 밝히고 노자의 도교와 부처의 불교를 배격해야 한다는 내용이 담겨 있다. 그 중 다음과 같은 구절이 있다. "老子之小仁義 非毁之也 其見者小也 坐井而觀天 曰天小者 非天小也(노자가 인의를 하찮게 여긴 것은 인의를 헐뜯은 것이 아니라 그가 견식이 좁은 까닭이다. 우물 속에 앉아서 하늘을 보고 하늘이 작다고 하는 것은 하늘이 작아서가 아닌 것과 같다.)" 유교에서는 인의를 도를 향해 갈 수 있는 최고의 덕목으로 여기는 반면, 도교에서는 '絶仁棄義 民復孝慈(인을 끊고 의를 버리면 백성이 효도와 자애로 돌아간다.)'(《도덕경》)고 하였듯, 인의를 따르려고 노력하는 인위적인 것보다 무위(無爲) 하는 것이 좋다고 하였다. 도교에서 인의를 하급의 덕으로 취급하는 것을 두고 식견이 좁은 탓이라며 한유는 부정하고 비판한다. 여기서 전(轉)하여 '좌정관천'은 '좁은 시야 안에 갇혀 있어 지식이나 사려가 깊지 못하고 바깥세상이 돌아가는 형편에 대해서 아는 바가 없는 경우'를 비유하는 말로 쓰인다. 비슷한 성어로 '우물 안 개구리'처럼 견문이 좁다는 뜻의 '정저지와(井底之蛙)', '한 치 앞 밖에 보지 못하는 쥐의

눈'이라는 말인 '서목촌광(鼠目寸光)', '대롱으로 하늘을 보고 표주박으로 바닷물을 헤아린다.'는 뜻의 '관규여측(管窺蠡測)', '작은 구멍으로 표범을 본다.'는 뜻의 '관중규표(管中窺豹)' 등이 있다. 반대로 식견이 넓고 경험이 많다는 뜻의 성어로는 '박학다식(博學多識)', '견다식광(見多識廣)', '박람강기(博覽强記)', '무불통달(無不通達)' 등이 있다(두산백과).

10 수주대토(守株待兎): '한 가지 일에만 얽매여 발전을 모르는 어리석은 사람'을 비유적으로 이르는 말이다. 《한비자(韓非子)》의 〈오두(五蠹)〉에 나오는 말이다. 송(宋)나라 사람 중에 밭을 가는 사람이 있었다. 밭 가운데 나무 그루터기가 있었는데, 풀숲에서 갑자기 한 마리의 토끼가 뛰어나오다가 그루터기에 부딪쳐 목이 부러져 죽었다. 농부가 이것을 보고 그 후부터 일도 하지 않으며 매일같이 그루터기 옆에 앉아서 토끼가 뛰어나오길 기다렸다. 그러나 토끼는 두 번 다시 나타나지 않았으며, 그 사이에 밭은 황폐해져서 쑥대밭이 되고 말았다. 그리하여 농부는 온 나라의 웃음거리가 되었다. 한비자(韓非子)는 이 이야기로 언제까지나 낡은 습관에 묶여 세상의 변화에 대응하지 못하는 사람들을 비꼬고 있다. 한비가 살았던 시기는 전국시대(戰國時代) 말기인데 이때는 전 시대에 비해 기술도 진보하고 생산도 높아졌으며, 사회의 성격도 변해 있었다. 그런데도 정치가 중에는 옛날의 정치가 이상적이라 하여 낡은 제도로 돌아갈 것만을 주장하는 사람이 많았다. 옛날에 훌륭한 것이었다고 해서 그것을 오늘날에 적응시키려는 것은 그루터기 옆에서 토끼를 기다리고 있는 것이나 다를 것이 없다고 한비는 주장했다.

11 김장생(金長生, 1548년~1631년): 조선 중기의 정치가·예학(禮學) 사상가로, 본관은 광산이다. 자는 희원(希元)이고, 호는 사계(沙溪)이며, 시호는 문원(文元)이다. 선조 때 서인(西人)이었던 김계휘(金繼輝)의 아들로 태어났으며. 효종 때의 예학으로 주목받았던 김집(金集)의 아버지이다. 이이(李珥)와 송익필(宋翼弼)의 문인이다. 일찍이 과거를 포기하고 학문에 정진하다가, 1578년(선조 11년) 유일(遺逸)로서 천거되어 창릉참봉(昌陵參奉)에 임명되고, 임진왜란 중에는 정산(定山)현감으로 있으면서 피난 온 사대부들을 구휼하였다. 1596년 호조정랑이 되어 남하하는 명(明)나라 원군의 군량조달을 담당하였다. 난 이후인 선조 말과 광해군 때에는 주로 지방관을 역임하여 단양·남양(南陽)·양근(楊根)·안성·익산·철원 등을 맡아 다스렸다. 철원부사로 재직한 1613년(광해군 5년)에는 서얼들이 일으킨 역모사건(계축화옥)에 연루되어 처벌의 위기를 맞았으나 무혐

의로 풀려났다. 이후 인목대비 폐모논의(廢母論議)가 일어나고 북인이 득세하는 속에서 더 이상의 관직을 포기, 연산으로 낙향하여 10여 년 간 은거하면서 예학 연구와 후진 양성에 몰두하였다. 1623년(인조 1년) 인조반정이 성공하자 반정의 양 주역인 김류(金瑬)와 이귀(李貴)에 의해 산림처사(山林處士)로 추천, 장령(掌令)·사업(司業) 등이 제수되었으나 병으로 사양하였다. 이후에도 조정에서 계속 사람을 보내어 동지중추부사·행호군 등 여러 관직을 제수했으나, 번번이 사양하고 나아가지 않았다. 1627년 정묘호란이 일어났을 때는 노령임에도 양호호소사(兩湖號召使)의 직함으로 의병을 모집하고 흩어진 민심을 수습하는 데 앞장섰다. 인조가 자신의 생부인 정원군(定遠君)을 정식 국왕으로 추존하려는 추숭논의(追崇論議)가 일어나자, 그것이 불가함을 강력히 주장함으로써 당시 그에 찬동한 이귀·최명길(崔鳴吉) 등과는 물론 인조와도 심한 의견 차이를 드러냈다. 사친의 추존을 통해 왕권을 확고히 하려는 인조의 의도는 이해하면서도, 1630년 가의대부(嘉義大夫)로 임명되는 등 인조와 조정은 그의 출사를 간곡히 요청했으나, 원종의 추숭논의 이후로는 향리에 머물면서 제자와의 강학에만 열중하면서 노년을 마쳤다. 그의 제자는 아들이자 학문의 정통을 이은 김집(金集)과 송시열(宋時烈)을 비롯해서 송준길(宋浚吉)·이유태(李惟泰)·강석기(姜碩期)·장유(張維)·이후원(李厚源)·신민일(申敏一) 등 후일 서인과 노론계의 대표적 인물들은 거의 망라되어 있다. 저서로는 《가례집람(家禮輯覽)》·《상례비요(喪禮備要)》·《근사록석의(近思錄釋疑)》·《경서변의(經書辨疑)》 등이 있고, 죽은 뒤에 《사계유고(沙溪有故)》가 간행되었다. 연산의 돈암서원(遯巖書院) 등에 제향되고 문묘(文廟)에 배향되었다(두산백과).

12 師逸而功倍: 《예기(禮記)》 〈학기(學記)〉 제13장에 나오는 말이다. "善學者 師逸而功倍 又從而庸之 不善學者 師勤而功半 又從而怨之(잘 배우는 사람은 스승이 편안하면서도 효과가 배가되고, 또 따르면서도 그것을 스승의 공으로 삼는다. 잘 배우지 못하는 사람은 스승이 애쓰지만 효과가 반에 그치고, 또 따르면서도 그것을 원망한다)." 위 〈소학발(小學跋)〉에서 스승[師]은 이이의 스승은 아니지만, 문맥상 《소학집설》을 낸 정유(程愈)를 가리킨다.

13 입재(入梓): 인쇄에 들어감.

14 이항복(李恒福, 1556년~1618년): 조선 중기의 문신·학자이다. 본관은 경주(慶州)로, 자는 자상(子常)이고, 호는 백사(白沙)·필운(弼雲)·청화진인(淸化眞人)·동강(東岡)·소운(素雲)이다. 형조판서와 우참찬을 지낸 이몽량(李夢亮)의 아들

이며 권율(權慄) 장군의 딸과 혼인하였다. 어렸을 때, 훗날 함께 재상이 된 이덕형(李德馨)과 돈독한 우정을 유지하여 오성(鰲城)과 한음(漢陰)의 우정과 해학이 얽힌 일화가 오랫동안 전해오게 되었다. 1580년(선조 13년) 알성문과에 병과로 급제하고 1581년 검열(檢閱)이 되었으며, 1583년 사가독서(賜暇讀書)를 하였다. 이이의 문하로 서인에 속했다. 이후 저작(著作)·박사·정언(正言)·수찬(修撰) 등 언관직을 두루 거쳤으며, 1589년 예조정랑으로 정여립(鄭汝立)의 옥사를 다스리는데 참여했다. 1590년 정여립의 옥사를 무난히 수습한 공으로 평난공신(平難功臣) 3등에 올랐다. 1592년 임진왜란이 일어나자 도승지로 선조를 호종하여 의주로 갔으며, 전란 중에 병조판서가 되었으며 한음 이덕형을 명나라에 급파하여 군대의 파병을 요청하는 한편 국왕의 근위병을 모집하는데 주력하였다. 1595년 이조판서에 올랐다가, 1597년 정유재란이 일어나자 다시 병조판서를 맡아 전란을 지휘하는데 앞장섰다. 1598년 조선이 왜와 함께 명나라를 치려고 한다는 오해가 발생하자 목숨을 걸고 이를 해결하기 위해 진주사(陳奏使)가 되어 명나라를 다녀왔다. 그의 탁월한 외교적 수완으로 전란을 무사히 극복하여 그 공로가 인정되었으며 1599년 우의정을 거쳐 이듬해에 영의정이 되었으며, 1602년 오성부원군(鰲城府院君)에 진봉되었다. 광해군이 즉위한 후에도 정승의 자리에 있었으나, 대북파(大北派)들과는 정치적 입장이 달랐으며 1617년 이이첨(李爾瞻) 등 강경 대북파가 주도한 폐모론(廢母論)에 적극 반대하다가 1618년 삭탈관직 되었다. 이후 북청(北靑)으로 유배되었다가 그곳에서 죽었다. 사후에 복관되고 청백리(淸白吏)에 녹선 되었다. 임진왜란, 정유재란 당시 5번이나 병조판서에 오를 만큼 선조의 신임을 받았으며, 전란 후에는 그 수습책에 힘썼다. 고향인 포천의 화산서원(花山書院)과 북청의 노덕서원(老德書院)에 제향 되었다. 저서로는 《백사집》·《북천일록(北遷日錄)》·《사례훈몽(四禮訓蒙)》 등이 있다. 《연려실기술(燃藜室記述)》 〈선조조상신(宣祖朝相臣)〉조에 행적이 소개되어 있다. 서울 부암동에는 이항복의 별장터로 추정되는 곳이 남아있으며 이 계곡을 '백사실계곡'이라고 부른다. 북청으로 귀양 가는 길에 자신의 억울한 심정을 표현한 시조가 유명하다(두산백과).

철령 높은 봉에 쉬어 넘는 저 구름아. 고신원루를 비삼아 띄었다가. 님 계신 구중심처에 뿌려 본들 어떠리.

飜譯小學跋

右飜譯小學十卷을繕寫投進하니命付校書館刊行하시다先是殿下御講閤하사從容語侍臣曰小學一書는乃考亭朱夫子께서爲蒙士而纂者也라蓋欲人在幼小之時에先收放心하여以爲他日誠正修齊之基本이니其爲訓也深切矣라予幼嘗讀此나然惟口讀是事耳니未嘗究極其旨意라今而思之컨대頗有後時失學之悔라茲欲於經筵重理舊讀이라庶幾有所補益이니爾其爲予講之하라侍臣稽首進言曰上諭及此하시니聖功端在茲矣니이다且今人心이不淑하여頑慠未革하니苟非上之人指示向方이면則彝倫或幾乎斁矣니이다上旣尊尙此書하시니盍亦使四方之民으로知上所好而有所興起乎리오第患國人尟解文字하여習學尙艱하나如以方言飜而譯之하여廣印流布하면則雖兒童婦女라도開卷便曉리니牖民之方이宜無急於此者리이다殿下可其言하사遂命撰集廳譯進하시니凡閱九箇月而事訖이라臣聞升高者必自卑요行遠者必自邇이라하니爲學亦然이니不可躐等이라故로覆簣而成九仞이요盈科而達四海는皆聖賢勉人爲學之切喩也라三代以降經殘而教弛하여所謂八歲入小學之法이蕩然廢盡하니爲士者幼而無聞長益鹵莽하여流連之頃에倏已晚暮하니雖欲加功蓋無

及矣라士尙如此而況於人主乎아九重深嚴하여外廷之進見有時하고萬幾叢沓하여邪妄易以投隙하며一暴十寒하여終於梏亡而已하니遑望其追溫前業하여益做新功者乎아寥寥千載善治蔑聞이良以此耳라今我殿下以睿聖之資로承大亂之後하사功兼創守하시고任摠君師하시니前旣績輯二綱行實하사使民興行하시고今又譯解小學하사使民由之而知所以立本하시니諄諄誨諭가如慈父之命子하시되猶謂躬率之未盡하시고先自開講하사沉潛反復益聞所未聞하시니玆豈非自新新民하사皆欲止於至善而溫故知新以收小學之成功者乎리오將見家興禮讓之風하고人知孝悌之道하여釀成於變時雍之至治가其皆本於此矣라吁라其盛哉인저

正德紀元之十三年戊寅七月上浣에崇政大夫議政府左贊成兼知經筵事弘文館大提學藝文館大提學判義禁府事知春秋館成均館事 臣南袞은謹跋하다

● 위의 《번역소학》 10권을 초 잡았던 글을 깨끗이 베껴 올리니, 교서관에 붙여 간행을 명하셨다. 이에 앞서 전하께서는 講闈[경연]에 거둥하시어, 가까이 모시는 신하에게 차분하고 침착하게 이르시기를, “《소학》 한 책은 이에 考亭 朱夫子께서 어리석고 어두운 사람을 위해 편찬한 것이다. (이 책은) 대개 사람이 어릴 때에, 다잡지 않고 풀어놓은 마음을 먼저 수습하게 하여, 다른 날의 誠意·正心·修身·齊家의 기본을 삼도록 함에 있으니, 그 훈계함이 깊고 절실하다. 나는 어려서 일찍이 이 책을 읽었다. 그러나 오직 입으로만 읽어 일삼았을 뿐, 일찍이 그 뜻을 극진히 연구하지 못했다. 이제 그것을 생각건대, 자못 때에 늦어 배움을 잃은 후회가 있다. 이에 경연에서 예전 읽은 것을 거듭해서 이해하고자 한다. 거의 보태어 도움이 되는 바가

있을 것이니, 그대들은 나를 위해 그것을 講하라." 가까이 모시는 신하가 머리를 조아려 몸을 굽혀 의견을 여쭙기를, "주상께서 인도하심이 여기에 미치시니, 그 공적이 올바로 이 책에 있습니다. 또한 이제 사람 마음이 맑지 못하여 완고하고 오만하여 바뀌지 않으니, 진실로 윗자리에 있는 사람이 향할 방향을 지시하지 않으면, 떳떳한 윤리가 혹 거의 패할 것입니다. 주상께서 이미 이 책을 존중하고 숭상하셨으니, 어찌 또한 사방 백성으로 하여금, 주상께서 좋아하는 바를 알고서, 떨쳐 일어나는 바가 있게 하지 않아서야 되겠습니까? 다만 나라 사람이 한자를 해득함이 매우 적어 익혀 배우기가 오히려 어려울까 근심되나, 만일 우리말로써 뒤집어 그것을 풀이하여 널리 찍어 세상에 퍼뜨리면, 비록 아동과 부녀자라도 책을 펴자 바로 깨달을 것이니, 백성을 화하게 하는 방도는 마땅히 이것보다 급한 것이 없습니다." 전하께서 그 말을 가하다 하시어, 드디어 찬집청에 번역해 올리라 명하시니, 무릇 9개월을 교열하여 일이 끝났다. 신이 듣건대, '높은 곳에 오르는 자는 반드시 낮은 데로부터이고, 먼 곳을 가는 자는 반드시 가까운 데로부터여야 한다.' 했으니, 학문하는 것도 또한 그러하니, 가히 등급을 뛰어넘을 수 없다. 그러므로 '삼태기를 뒤엎어 아홉 길을 이루고, 웅덩이가 차야 사해에 다다른다.' 함은 다 성현께서 사람이 학문을 하는 데에 힘쓰도록 한 적절한 비유이다. (하·은·주) 삼대 이후에 경서가 없어지고 가르침이 느슨해져, 이른바 여덟 살에 소학에 입학한다는 법이 자취가 없어져 모두 폐하니, 선비 된 자는 어려서 들음이 없고 자랄수록 더욱 거칠고 서툴러, 노는 데 팔려 집으로 돌아가기를 잊은 사이에, 갑자기 이미 늘그막이 되었으니, 비록 공부를 더하고자 하나 대개 미침이 없을 것이다. 선비도 오히려 이와 같은데, 하물며 임금에게 있어서겠는가? 구중궁궐은 깊고 엄하여 국정을 논하는 곳에 나아가 임금을 뵘이 제 때가 있고, 왕께서 보는 정무는 번잡하고 겹쳐 간사하고 망령됨이 쉽게 틈을 파고들며, 하루 볕 쬐고 열흘 동안 추워, 끝내는 어지럽게 하여 없어질 뿐이니, 한가하게 그 전의 학업을 뒤쫓아 익혀, 더욱 새롭게 공부하기를 바라겠는가? 쓸쓸히 오랜 세월 동안, 백성을 잘 다스렸다는 것을 들음이 없음은 진실로 이런 이유일 따름이다. 지금 우리 전하께서는 밝고 성스러운 자질로서, 큰 어지러움[연산군의 亂政]의 뒤를 이으시어, 공적이 새롭게 만들어지고 그것 지킴을 겸하셨다. 임금과 스승의 일을 맡아 총괄하시니, 앞서 이미 《이강행실》을 잇대어 편집하시어, 백성들로 하여금 왕성하게 행하게 하셨고, 지금 또 《소학》을 번역하시어 풀어 백성들로 하여금 여기에 말미암아 근본을 세우게 된 바를 알게 하셨다. 정성스럽게 가르치고 깨우치심이, 자애로운 아버지가 자식에게 명하는 것처럼 하시되, 오히려 몸소 행함이 미진하다고 이르셨다. 먼저 스스로 강을 여시어, 성정을 가라앉히고 되풀이하여 듣지 못한 바를 더욱 들으셨으니, 이것이 어찌 스스로 새로워지고 백성을 새롭게 하여, 모두 지극한 선에 그쳐, 옛것을 익히고 미루어 새 것을 알도록 함으로써, 《소학》의 성공을 거두고자 하심이 아니겠는가? 장차 가정에서는 예를 지켜 사양하는 풍속을 일으키고, 사람들은 부모에 대해 효도하고 형제간에 우애하는 도리를 알게 되어, 악을 변화시켜 착하게 만드는 지극한 정치가 조성됨을 볼 것이니, 그것이 모두 여기[《소학》]에 근본을 둘 것이다. 아, 그 성대함이여.

정덕 기원 십삼 년 무인 칠월 상완에, 숭정대부 의정부좌찬성 겸 지경연사 홍문관대제학 예문관대제학 판의금부사 지춘추관 성균관사 신 남곤은 삼가 쓰다.

漢字 跋(밟을 발), 飜(뒤집을 번), 譯(풀이할 역), 繕(고칠 선), 寫(베낄 사), 付(붙일 부), 御(거둥할 어), 閤(쪽문 합), 從(좇을 종), 容(얼굴 용), 纂(편찬할 찬), 頗(자못 파), 庶(여러 서), 幾(조짐 기), 稽(조아릴 계), 諭(인도할 유), 端(바를 단), 頑(완고할 완), 慠(오만할 오), 革(바꿀 혁), 彝(떳떳할 이), 斁(패할 두), 盍(어찌 합), 第(다만 제), 尟(적을 선), 艱(어려울 간), 曉(깨달을 효), 籲(화하게 할 유), 閱(교열할 열), 訖(마칠 흘), 邇(가까울 이), 躐(뛰어넘을 렵), 等(등급 등), 覆(뒤집을 복), 簣(삼태기 궤), 仞(길 인), 科(웅덩이 과), 降(내릴 강), 弛(느슨할 이), 蕩(쓸어버릴 탕), 鹵(거칠 로), 莽(서툴 망), 連(이을 련), 倏(갑자기 숙), 叢(번잡할 총), 沓(겹칠 답), 曝(쬘 폭), 梏(어지럽힐 곡), 遑(한가할 황), 溫(익힐 온), 寥(쓸쓸할 요), 蔑(멸할 멸), 睿(밝을 예), 摠(총괄할 총), 諄(정성스러울 순), 率(행할 솔), 沉(가라앉을 침), 潛(가라앉을 잠), 釀(조성할 양), 雍(화할 옹), 吁(탄식할 우)

1 번역소학발(飜譯小學跋): 《번역소학》에는 발문 제목이 붙어 있지 않다.

2 교서관(校書館): 조선시대 경적(經籍)의 인쇄와 제사 때 쓰이는 향과 축문·인신(印信: 도장) 등을 관장하기 위하여 설치되었던 관서이다. 일명 교서감(校書監) 또는 운각(芸閣)이라고도 한다. 1392년(태조 1년)에 교서감(校書監)이라는 칭호로 처음 설치했다가, 1401년(태종 1년)에 교서관으로 고쳤다. 관원은 모두 문관을 쓰며, 전자(篆字)에 익숙한 자 3인은 그 품계에 따라 겸임시켰다. 판교(判校) 1인은 타관이 겸하였고, 교리(校理) 1인, 별좌(別坐)·별제(別提) 합 4인, 박사(博士) 2인, 저작(著作) 2인, 정자(正字) 2인, 부정자(副正字) 2인의 관원과 사준(司準) 10인 등의 잡직과 서리(書吏)·전령(傳令) 등 20여 인이 있었다. 세조 때 전교서(典校署)로 개칭되고, 1484년(성종 15년) 환원되어 《경국대전》에는 뚜렷한 관서로 되었다. 그러나 1777년(정조 1년)에 규장각제학 서명응(徐命膺)의 건의에 의하여 규장각에 편입하였다. 규장각을 내각(內閣)이라 하고, 속사(屬司)가 된 교서관을 외각(外閣)이라 하였다. 외각의 장격인 제조(提調)에는 내각제학이, 부제조에는 내각직제학이, 교리에는 내각의 직각(直閣)이 겸임하여, 내각의 주도 아래 운영되었다(한국민족문화대백과).

3 고정(考亭): 복건성(建陽峴) 건양현(建陽峴) 남서쪽에 있는 정사(精舍)이다. 송대(宋代)에 주희(朱熹)가 이곳에서 강학하여 그의 별호(別號)가 되었고, 그 학파를 고정학파(考亭學派)라고 하였다. 이종(理宗) 때 고정서원(考亭書院)으로 사액(賜額)되었다.

4 유포(流布): 널리 퍼뜨림.

5 찬집청(撰集廳): 조선시대 문헌 자료의 찬집을 위하여 설치한 임시 관서이다. 상설기구가 아니었으므로 중요한 문헌을 찬집할 때만 설치되고 끝나면 폐지되었다. 처음 설치된 시기는 1513년(중종 8년)으로 《연산군일기》를 찬집하기 위한 것이었다. 그러나 《연산군일기》를 찬집하는 기간에 현덕왕후(顯德王后)의 능을 문종의 묘인 현릉(顯陵)에 합장(合葬)하는 일이 있어 편찬이 중단됨과 동시에 혁파되었다. 그 뒤 대행왕(大行王)의 행장이나 시장(諡狀)을 찬집하고 실록을 편찬할 때마다 으레 설치되었다. 그러나 국정에 부담이 되는 중요한 사안이 생길 때마다 폐지됨과 동시에 찬집의 업무도 중단되었다. 찬집을 중단하는 가장 큰 원인으로서는 수재(水災)·흉년·한재·내우외환 등인데 당시의 상황과 사안의 경중에 따라서는 예외도 있었다. 1516년 실록의 편찬을 위하여 설치되자 대간들이 한재가 너무 심해서 백성들이 죽어가고 있으니 찬집청의 일을 혁파하자고 주장하였으나 허락되지 않았다. 1536년 실록의 누락된 부분을 보충하기

위하여 설치된 일이 있고, 1614년(광해군 6년) 7월부터 이듬해 11월까지 《선조실록》의 편찬을 위하여 설치되었으며, 1777년(정조 1년) 영조의 행장과 시장을 편찬하기 위하여 설치되었다. 그밖에도 역대왕의 실록을 편찬할 때마다 개설되었지만 설치 기간에 특별한 사유가 없으면 일이 마감될 때까지 계속되고, 일이 마무리되면 폐지되므로 실록에 설치와 폐지를 남기지 아니하였다(한국민족문화대백과).

6 升高者必自卑 行遠者必自邇: 《중용(中庸)》 제15장 〈행원자이장(行遠自邇章)〉의 다음 구절에서 인용되었다. "君子之道 辟如行遠必自邇 辟如登高必自卑(군자의 도는 비유하면 먼 곳에 감에 반드시 가까운 데로부터 함과 같으며, 비유하면 높은 곳에 오름은 반드시 낮은 데로부터 함과 같다.)"

7 覆簣而成九仞: 《논어(論語)》 〈자한(子罕)〉 제18장의 다음 구절에서 인용되었다. "子曰 譬如爲山 未成一簣止吾止也 譬如平地雖覆一簣進吾往也(공자께서 말씀하셨다. '비유컨대 산을 쌓아올리다가, 흙 한 삼태기가 모자라는 데서 중지했다 해도, 나 자신이 중지한 것이다. 비유컨대 움푹한 땅을 메우는 데 있어서, 비록 한 삼태기의 흙을 부어 진전되었다면 나 자신이 발전한 것이다.')"

8 盈科而達四海: 《맹자(孟子)》 〈이루하(離婁下)〉 제18장의 다음 구절에서 인용되었다. "孟子曰 原泉混混 不舍晝夜 盈科而後進 放乎四海 有本者如是 是之取爾(맹자가 말하였다. '근원의 샘물은 철철 넘쳐흘러서 밤낮을 가리지 아니하고, 움푹 들어간 곳을 채운 뒤에 흘러나가 사해로 퍼져 나가니, 근본이 있는 것은 이와 같다.')"

9 이강(以降): 이후(以後).

10 탕연(蕩然): 자취 없이 된 모양.

11 유련(流連): 유흥에 빠져 집에 돌아오지 아니함.

12 만모(晩暮): 저녁. 늘그막.

13 외정(外廷): 국정을 듣는 곳.

14 진현(進見): 임금에게 나아가 뵘.

15 만기(萬幾, 萬機): 임금이 보는 여러 가지 정무.

16 일폭십한(一曝十寒): 《맹자(孟子)》 〈고자상(告子上)〉 제9장의 다음 구절에서 인용되었다. "孟子曰 無惑乎王之不智也 雖有天下易生之物也 一日暴之 十日寒之 未有能生者也(맹자가 말하였다. '왕이 지혜롭지 못함을 이상하게 여기지 말라. 비록 천하의 쉽게 자라나는 식물일지라도, 하루 햇볕을 쬐고 열흘 차게

한다면, 살 수 있는 것이 없다.')" 여기서 '열흘 동안 춥다가 하루 볕이 쬔다.'는 말은 '일이 꾸준하게 진행되지 못하고 중간에 자주 끊김'을 이르는 말이다.

17 곡망(梏亡): 어지럽게 하여 멸함.

18 이강행실(二綱行實): 《이륜행실도(二倫行實圖)》를 말한다. 이 책은 불분권(不分卷) 1책이다. 초간본은 수택본(手澤本, 소장자가 가까이 놓고 자주 이용하여 손때가 묻은 책)으로, 1518년(중종 13년)에 경상도 김산군(金山郡: 지금의 金泉)에서 간행하였으며, 현재 경상북도 월성군 옥산서원(玉山書院)에 소장되어 있다. 본문의 각 장은 전면이 도판으로, 도판 상단 여백에 언해가 실려 있고, 후면에는 한문으로 된 행적 기록과 시찬(詩贊)이 있다. 이 책은 당초 중종 때의 학자 김안국(金安國)이 정원(政院)에 재직할 때 경연에서 중종에게 그 가치를 아뢰어 왕명으로 편찬하게 된 것이다. 그러나 왕명이 이행되기 전에 김안국이 경상감사로 가게 되자, 전 사역원정(司譯院正) 조신(曺伸)이 찬집에 대한 책임을 맡아 간행을 보게 되었다. 이 책의 찬술 동기는 유교의 기본 윤리인 오륜(五倫) 중에서 장유·붕우의 이륜을 민간에 널리 가르치기 위한 것이었다. 앞서 1434년(세종 16년)에 간행되었던 《삼강행실도》가 효자·충신·열녀의 행적을 다루고 있는 것과 비교해 볼 때, 이 책은 실제적인 오륜도(五倫圖)의 완결을 의미한다. 내용은 장유와 붕우의 행실이 뛰어난 역대 명현의 행적을 가려 뽑아 형제도(兄弟圖)에는 종족도(宗族圖)를, 붕우도(朋友圖)에는 사생도(師生圖)를 첨가한 것이다. 형제도에 25명, 종족도에 7명, 붕우도에 11명, 사생도에 5명 등 모두 48명의 명현이 수록되어 있다. 그러나 이들 모두가 중국인으로서, 우리나라 사람은 한 명도 수록되어 있지 않다. 한편, 중간본(重刊本)으로 1579년(선조 12년) 교서관(校書館)에서 개간한 것이 있는데, 판식(版式)은 초간본과 대체로 같으나 표기법과 언어·사실 등은 차이가 난다. 이 책은 현재 경상북도 안동시 서후면 금계리에 있는 김성일(金誠一)의 종가에 보관되어 있다. 이밖에도 중간본으로 1727년(영조 3년)과 1730년에 각각 평양·경상·강원 감영의 개간본이 간행되었으며, 이들은 모두 규장각도서에 있다. 중간본에는 강혼(姜渾)의 서(序)와 박문수(朴文秀)의 발(跋) 등이 기재되어 있다. 이 책의 중간이 여러 차례 이루어진 것은 왕조시대에 윤리 진작을 위한 조정의 권면정책에서 비롯된 것이라고 할 수 있다. 최근에는 단국대학교 동양학연구소에서 《경민편(警民編)》과 합본하여 《동양학총서》 제6집으로 영인·간행함으로써 널리 보급되었다. 그 대본으로서는 옥산서원본과 규장각본을 함께 묶어 영인하였다. 《이륜행실도》에 실려

있는 도판 및 언해는 조선시대 판화(版畵)의 변천 및 국어사의 발달과정을 알 수 있는 중요한 가치를 지니고 있으며, 조선시대의 유학사상 및 윤리관을 살펴볼 수 있는 귀중한 자료이다(한국민족문화대백과).

19 오변시옹(於變時雍): 《서경(書經)》〈요전(堯典)〉 제2장의 다음 구절에서 인용되었다. "克明俊德 以親九族 九族旣睦 平章百姓 百姓昭明 協和萬邦 黎民於變時雍(능히 큰 덕을 밝혀 구족을 친하게 하시니 구족이 이미 화목하거늘, 백성을 고루 밝히시니 백성이 덕을 밝히며, 만방을 합하여 고르게 하시니 백성들이 아 변하여 이에 온화하였다.)" 이 대목은 요(堯)가 그 덕을 미루어 자신으로부터 집에 이르고, 나라에 이르고, 천하에 이름을 말한 것이다. 여기서 오(於)는 감탄하는 말이다. 변(變)은 악(惡)을 변하여 선(善)을 하는 것이다. 시(時)는 이것이요, 옹(雍)은 화합이다.

20 정덕(正德): 중국 명(明)나라의 제10대 황제인 정덕제(正德帝) 주후조(朱厚照) 때의 연호이다. 1506년을 원년으로 1521년까지 16년 동안 사용되었다. 정덕 13년은 중종 13년(1518년, 무인년)이다.

21 남곤(南袞, 1471년~1527년): 본관은 의령(宜寧)이고, 자는 사화(士華)이며, 호는 지정(止亭)·지족당(知足堂)이다. 고조할아버지는 지영광군사(知靈光郡事) 남천로(南天老)이고, 증조할아버지는 참지문하부사(參知門下府事) 남을진(南乙珍)이며, 할아버지는 형조도관정랑(刑曹都官正郎) 남규(南珪)이고, 아버지는 곡산군수(谷山郡守) 남치신(南致信)이다. 어머니는 용양위호군(龍驤衛護軍) 하비(河備)의 딸 진주하씨(晉州河氏)이다. 김종직(金宗直)의 문인이다. 1489년(성종 20년) 생원시·진사시에 합격하고, 1494년 별시 문과에 을과로 급제했다. 1496년(연산군 2년) 홍문관수찬에 임명되어 사간원정언을 거친 뒤, 김전(金詮)·신용개(申用漑) 등과 함께 사가독서를 했다. 홍문관부수찬·수찬을 거쳐, 좌랑으로 전정(殿庭)에서 문신을 시험할 때 1등으로 뽑혔다. 1502년 홍문관응교(弘文館應教)를 거쳐 전한(典翰)·부제학을 지냈다. 1504년 갑자사화 때 서변(西邊)으로 유배되었다. 그 뒤 1506년(중종 1년) 중종반정으로 풀려나, 박경(朴耕)·김공저(金公著) 등이 모반한다고 무고해 그 공으로 가선대부(嘉善大夫)가 되었다. 한때 대간(臺諫)의 탄핵을 받아 황해도관찰사로 전임되었으나, 1510년 문한(文翰)의 제일인자로 인정받아 호조참판·대사헌·전라도관찰사 등을 역임하고, 좌의정 정광필(鄭光弼)의 천거로 지중추부사(知中樞府事)가 되었다. 1515년 우참찬으로 영의정 유순정(柳順汀) 등과 함께 박상(朴祥)·김정(金淨)의 신씨복

위상소(愼氏復位上疏)에 대해 반대 의견을 제시했다. 이듬해 홍문관대제학을 겸임했으며, 뒤에 의정부 좌우찬성·대사헌·예조판서·이조판서 등을 역임했고, 1518년에는 종계변무(宗系辨誣)를 위한 주청사(奏請使)로 명나라에 다녀왔다. 1519년 심정(沈貞) 등과 함께 기묘사화를 일으켜 조광조·김정 등 신진 사림파를 숙청한 뒤, 좌의정을 거쳐 1523년 영의정이 되었다. 죽은 뒤 문경(文景)이라는 시호가 내려졌으나 이후 세력이 커진 사림파의 탄핵을 받아 1558년(명종 13년) 관작과 함께 삭탈 당했다. 선조 초년 다시 관작을 추삭(追削)당했다. 문장에 뛰어나고 글씨에도 능했으나, 사화를 일으킨 것이 문제가 되어 후대 사림의 지탄의 대상이 되었다. 저서로는 《유자광전(柳子光傳)》·《지정집(止亭集)》이 있다(한국민족문화대백과).

小學諺解跋

小學一書는最切於人道하니如菽粟水火之不可闕이라第吾東人鮮曉文字하여如不以方言爲之解면則窮閻僻巷의婦人小子가雖欲習學이나而未由라此飜譯之所以作也라往在中廟戊寅年間에館閣諸臣이奉敎撰解한대其時多以文學自許者爲此解하여頗詳密이나獨舍其字義하고衍以註語라故로文與釋이判爲二하니覽者病之라萬曆乙酉春에設校正廳하고選儒臣若干人하여使之釐正舊本하되刪去繁冗하고逐字作解하여要以不失文義爲重하니皆上旨也라翌年夏에事訖하고卽繕寫投進하니上可之하시고下藝閣印出累十百件하시며仍命臣跋其尾하시다臣竊惟三代以降에庠塾敎廢하여導率乖方하여記誦詞章之習과功名利祿之念이已痼於幼少之時하니라浮靡躁競이日滋月甚하여終至於茅塞梏亡而後已니라此猶根本不培하면而枝條自萎니人材之不作과善治之不復이職此由也라間者에名賢際遇하여有志復古이나而媢嫉之徒가伺釁嫁禍하니自此人皆以小學爲戒니라先正敬信之書가反爲目動心怵之具하니而陳編敗冊하여抛棄於塵蠹者久矣라近年以來로士氣稍蘇하여人知慕善興起하되而猶不知升高自卑하고行遠自邇之義하니不先用力於修身大法하고而徑從事

於性命之說이라故로踐履未篤하여氣質難變하며名雖爲學이나不歸鹵莽者盖寡니小學之不幸於世가猶夫前也라爲士者尙如此인데況在婦人小子乎아惟我殿下以睿聖之資로處君師之位하사躬行旣盡하시다惓惓興化하시며其所以扶植彝倫하시다崇奬節義者에固無所不用其極하시며而今又證解是書하사廣印流布하시니嗚呼라是書之頒이豈特爲蒙士之指南哉리오人無貴賤老少히皆知做人樣子가唯在於此하니以惕然警動하며收斂身心하여男誦而女習하며朝學而暮行하되習與性成而無扞格之患하고循序漸進하여而有上達之效하면將見爲君子爲善人爲忠臣爲孝子爲烈婦가皆自是書中出하여而於變之化可馴致矣리다如或不體聖上牖民之至誨하고而沉淪汚下하여馳騖虛遠하며無意於開卷繹習이면則是又待文王而興者之罪人矣리니可不懼哉리오

萬曆十五年丁亥四月上澣에崇政大夫行吏曹判書兼判義禁府事弘文館大提學藝文館大提學知經筵春秋館成均館事 臣李山海는拜手稽首하고敬跋하다

●《소학》 한 책은 人道에 가장 절실하니, 곡류와 물과 불이 이지러질 수 없음과 같다. 다만 우리나라 사람이 한자를 깨달음이 드물어, 만일 우리말로 써 그것을 풀어주지 않으면, 궁벽한 마을과 후미진 거리의 부인과 어린이가 비록 익히고 배우고 싶으나, 말미암을 수 없다. 이것이 번역이 지어진 까닭이다. 지난 중종 조 무인년(중종 13년, 1518년) 한 해 동안에 館閣의 여러 신하가 임금의 명을 받들어 풀이(《번역소학》)를 저술하였는데, 그때 스스로 문학에 장점이 많다고 인정하는 자들이 이 풀이를 하여 자못 빈틈없이 세밀했으나, 홀로 그 글자의 뜻을 내버려두고 註解로써 미루어 말했다. 그러므로

원문과 해석이 판이하게 둘이 되니, 보는 자가 그것을 병으로 삼았다. 만력 을유년(萬曆 13년, 선조 18년, 1585년) 봄에 교정청을 베풀고 儒學에 조예 깊은 신하 약간 명을 가리어, 그들로 하여금 옛 본을 정리하여 바로잡되, 번거로운 군더더기를 깎아버려, 글자를 좇아 해석을 지어, 요컨대 글 뜻을 잃지 않음을 중함으로 삼았으니, 모두 주상께서 뜻하심이시다. 다음해 여름에 일이 끝나고, 곧 초 잡았던 글을 깨끗하게 베껴 올리니, 주상께서 그것을 옳다 하시고 藝閣에 내리시어 수십 백 건을 인쇄하여 펴내게 하시며, 인하여 신에게 그 끝에 跋文을 쓰라 명하셨다. 신의 마음으로는, 오직 (하·은·주) 삼대 이후에 庠과 塾의 교육이 폐지되고 이끎이 어그러지고 거슬려, 詩歌와 문장을 기억하고 외우는 습관과 공과 이름과 이득과 녹봉에 대한 생각이 이미 어릴 때에 고질이 되었다. 가볍고 화려하며 조급하게 다툼이 날이 갈수록 더하고 달마다 심해져, 마침내 길이 띠로 인하여 막히며 어지러워 멸하게 된 다음에 이르렀다. 이것은 뿌리가 북돋워지지 않으면 가지가 스스로 마름과 같으니, 인재가 만들어지지 않음과 백성을 잘 다스림이 회복되지 않음이 오로지 이것에 말미암는다. 요사이 명현이 임금과의 사이에 뜻이 잘 맞아, 옛 것으로 돌아감에 뜻을 두었으나, 강샘하고 미워하는 무리들이 틈을 엿보아 화를 남에게 넘겨씌우니, 이로부터 사람들이 모두 《소학》을 경계하였다. 선대의 현인이 공경하고 믿던 글이 도리어 눈으로만 보고 마음으로 무시하는 도구가 되었으니, 서적을 늘여놓고 책을 망가뜨려, 책장을 먼지와 좀먹는 곳에 던진 지 오래이다. 지난 몇 해 사이로부터 士氣가 조금 소생하여, 사람들이 善을 사모하여 떨쳐 일어날 줄을 알게 되었으나, 오히려 '높은 곳에 오르는 자는 반드시 낮은 데로부터이고, 먼 곳을 가는 자는 반드시 가까운 데로부터여야 한다.'는 뜻을 모르니, 먼저 몸을 닦는 큰 법에 힘쓰지 않고, 바로 天性과 天命의 설에 일삼고 있다. 그러므로 실천함이 두텁지 않아 기질이 변하기 어려우며, 이름이 비록 학문을 한다 하나, 거칠고 서투름에 돌아가지 않는 자가 대개 적으니, 《소학》이 세상에 행해지지 않음이 대저 전과 같다. 선비 된 자가 오히려 이와 같은데, 하물며 부인과 어린애에 있어서겠는가? 생각하건대, 우리 전하께서는 밝고 성스런 자질로서, 임금과 스승의 자리에 처하시면서, 몸소 행함을 이미 다하셨다. 정성스럽게 교화를 일으키시며, 그 써 떳떳한 인륜을 도와 서게 하셨다. 절의를 높여 권면하는 것에 진실로 그 지극함을 쓰지 않은 바가 없으시며, 지금 또 이 글을 증명하고 해석하시어, 널리 찍어 널리 퍼뜨리시니, 아! 이 글의 반포가 어찌 특별히 어리석은 선비만을 위한 가르침이겠는가? 사람이라면 귀천과 노소 없이, 모두 사람의 얼굴모습 만듦을 아는 것이 오직 여기에 있으니, 써 두려워하고 단속하고 격려하며, 몸과 마음을 다잡아, 남자는 외우고 여자는 익히며, 아침에 배우고 저녁에 행하되, 익힘과 성품이 이루어져, 거스르는 근심을 없게 하고, 순서를 좇아 조금씩 나아가, 위로 통달하는 효과가 있게 하면, 장차 군자가 되고, 선인이 되고, 충신이 되고, 효자가 되고, 열부가 됨이 다 이 책 가운데로부터 나와, 악을 선으로 만드는 변화가 가히 이르게 됨을 볼 것이다. 만일에 혹 성상께서 백성을 깨우치시려는 지극한 가르침을 체득하지 않고, 더러운 데 빠져, 비고 먼 곳으로 달리며, 책을 펴서 천천히 익힘에 뜻이 없다면, 이는 또한 文王을 기다려 흥기하겠다는 이와 같은 죄인이 되리니, 가히 두렵지 않겠는가.

만력 십오 년 정해 사월 상한에 숭정대부 행이조판서 겸 판의금부사 홍문관대제학 예문관대제학 지경연 춘추관 성균관사 신 이산해는 손들어 맞잡고 절하고 머리 조아려 몸을 굽혀 공경히 발문을 쓴다.

漢字 菽(콩 속), 粟(조 속), 闕(이지러질 궐), 鮮(드물 선), 曉(깨달을 효), 閻(마을 염) 僻(후미질 벽), 巷(거리 항), 撰(저술할 찬), 頗(자못 파), 衍(넘칠 연), 覽(볼 람), 釐(고칠 리), 刪(깎을 산), 繁(번거로울 번), 冗(군더더기 용), 逐(좇을 축), 仍(인할 잉), 竊(마음속으로 절), 乖(어그러질 괴), 方(거스를 방), 痼(고질 고), 浮(뜰 부), 靡(쓰러질 미), 躁(조급할 조), 滋(더할 자), 茅(띠 모), 塞(변방 새), 枝(가지 지), 條(가지 조), 萎(마를 위), 職(오로지 직), 際(사이 제), 遇(만날 우), 媢(강샘할 모), 嫉(미워할 질), 伺(엿볼 사), 釁(틈 흔), 嫁(떠넘길 가), 禍(재앙 화), 抛(던질 포), 蠹(좀 두), 徑(바로 경), 踐(밟을 천), 履(밟을 리), 惟(생각할 유), 惓(정성스러울 권), 扶(도울 부), 惕(두려워할 척), 扞(범할 한), 格(칠 격), 馴(길들일 순), 牖(깨우칠 유), 誨(가르칠 회), 沉(빠질 침), 淪(빠질 륜), 汚(더러울 오) 馳(달릴 치), 騖(달릴 목), 縪(묶을 필)

1 소학언해발(小學諺解跋): 《소학언해》에는 발문 제목이 붙어 있지 않다.

2 숙속(菽粟): 곡류.

3 관각(館閣): 조선시대에, 홍문관(弘文館) · 예문관(藝文館) · 규장각(奎章閣)을 통틀어 이르던 말.

4 봉교(奉敎): 임금의 명령을 받듦.

5 자허(自許): 자기의 장점을 스스로 인정함.

6 상밀(詳密): 빈틈없이 속속들이 세밀함.

7 이정(釐正): 정리하여 바로잡음.

8 산거(刪去): 필요 없는 글자나 구절을 지워버림.

9 예각(藝閣): 조선시대에, 교서관(校書館)을 이르던 말이다.

10 인출(印出): 인쇄하여 펴냄.

11 상숙(庠塾): 상(庠)은 주(周)나라 지방에 설치된 학교이고, 숙(塾)은 집에 설치한 학교로, 수도에 설치된 학교와 상반되는 학교를 가리킴.

12 사장(詞章): 시가와 문장.

13 부미(浮靡): 가볍고 화려함.

14 모새(茅塞): '길이 띠로 인하여 막힌다.'는 뜻으로, '마음이 물욕에 가리어 어리석고 무지함'을 비유적으로 이르는 말.

15 간자(間者): 요사이. 근자(近者).

16 제우(際遇): 임금과 신하 사이에 뜻이 잘 맞음.

17 선정(先正): 선대의 현인.

18 성명(性命): 천성과 천명,

19 부식(扶植): 도와서 서게 함.

20 지남(指南): 이끌어 가르침.

21 경동(警動): 단속하고 격려함.

22 수렴(收斂): 몸과 마음을 다잡음.

23 한격(扞格): 어그러짐. 거스름.

24 待文王而興者: 《맹자(孟子)》 〈진심상(盡心上)〉 제10장의 다음 구절에서 인용되었다. "孟子曰 待文王而後興者 凡民也 若夫豪傑之士 雖無文王 猶興(맹자가 말하였다. '문왕이 나온 뒤에 분발한 사람은 일반 백성들이지만, 호걸지사에 이르러서는 문왕이 없었다 하더라도 그래도 분발한다.')" 이 말은 일반 백성은 문왕과 같은 훌륭한 임금이 나타나야 분발하여 착하게 되지만, 호걸지사는

그렇지 아니해도 자신이 분발하여 착한 일을 한다는 말이다.

25 만력(萬曆): 중국 명나라의 제13대 황제인 신종(神宗) 만력제(萬曆帝) 주익균(朱翊鈞) 때의 연호이다. 1573년을 원년으로 1620년 음력 7월 30일(양력 8월 27일)까지 48년 동안 사용되었다. 1592년(만력 20년)에 일본이 조선을 침략해 임진왜란이 일어나면서, 1598년(만력 26년)까지 10만 병력을 조선에 파병하였다. 만력 15년은 선조 20년(1587년, 정해년)이다.

26 이산해(李山海, 중종 34년, 1539~광해군 1년, 1609): 본관은 한산(韓山)이고, 자는 여수(汝受)이며, 호는 아계(鵝溪)·종남수옹(終南睡翁)이다. 이장윤(李長潤)의 증손으로, 할아버지는 이치(李穉)이고, 아버지는 내자시정(內資寺正) 이지번(李之蕃)이며, 어머니는 남수(南脩)의 딸이다. 어려서부터 작은아버지인 이지함(李之菡)에게 학문을 배웠다. 1558년(명종 13) 진사가 되고, 1561년 식년문과에 병과로 급제해 승문원에 등용되었다. 이듬해 홍문관정자가 되어 명종의 명을 받아 경복궁대액(景福宮大額)을 썼다. 이어 부수찬이 되고, 1564년 병조좌랑·수찬, 이듬해 정언을 거쳐 이조좌랑이 되었다. 1567년(선조 즉위년) 원접사종사관(遠接使從事官)으로 명나라 조사(詔使)를 맞이한 뒤 이조정랑·의정부사인·사헌부집의·상의원정(尙衣院正)·부교리를 역임하고, 직제학이 되어 지제교를 겸하였다. 이어 교리·응교를 지내고 사가독서(賜暇讀書)를 마친 뒤, 1570년 동부승지로 승진하였다. 1577년 이조·예조·형조·공조의 참의를 차례로 지내고 대사성·도승지가 되었다. 1578년 대사간이 되어 서인 윤두수(尹斗壽)·윤근수(尹根壽)·윤현(尹晛) 등을 탄핵해 파직시켰다. 다음 해 대사헌으로 승진하고 1580년 병조참판에 이어 형조판서로 승진하였다. 이듬해 이조판서를 거쳐 우찬성에 오르고, 다시 이조·예조·병조의 판서를 역임하면서 제학·대제학·판의금부사·지경연춘추관성균관사(知經筵春秋館成均館事)를 겸하였다. 1588년 우의정에 올랐고, 이 무렵 동인이 남인·북인으로 갈라지자 북인의 영수로 정권을 장악하였다. 다음해 좌의정에 이어 영의정이 되었으며, 종계변무(宗系辨誣: 명나라 《태조실록》과 《대명회전》에 이성계의 가계가 고려의 권신 이인임(李仁任)의 후손으로 잘못 기록된 것을 시정하도록 요청한 일)의 공으로 광국공신(光國功臣) 3등에 책록되고, 아성부원군(鵝城府院君)에 책봉되었다. 이듬해 정철(鄭澈)이 건저(建儲: 세자 책봉) 문제를 일으키자 아들 이경전(李慶全)을 시켜 김공량(金公諒: 仁嬪의 오빠)에게 정철이 인빈과 신성군(信誠君)을 해치려 한다는 말을 전해 물의를 빚었으며, 아들로 하여금 정철을 탄핵시켜 강계로 유배시켰

다. 한편 이와 관련해 호조판서 윤두수, 우찬성 윤근수와 백유성(白惟成)·유공진(柳拱辰)·이춘영(李春英)·황혁(黃赫) 등 서인의 영수급을 파직 또는 귀양 보내고 동인의 집권을 확고히 하였다. 1592년 임진왜란 때 왕을 호종해 개성에 이르렀으나, 나라를 그르치고 왜적을 침입하도록 했다는 양사(兩司: 사간원·사헌부)의 탄핵을 받고 파면되었다. 백의(白衣)로 평양에 이르렀으나, 다시 탄핵을 받아 평해(平海)에 중도부처(中途付處)되었다. 1595년 풀려나서 영돈녕부사로 복직되고 대제학을 겸하였다. 북인이 다시 분당 때 이이첨(李爾瞻)·정인홍(鄭仁弘)·홍여순(洪汝諄) 등과 대북파가 되어 영수로서 1599년 재차 영의정에 올랐다. 이듬해 파직되었다가 1601년 부원군(府院君)으로 환배(還拜: 복직되어 제수됨)되었으며, 선조가 죽자 원상(院相)으로 국정을 맡았다. 어려서부터 총명해 신동으로 불렸으며, 특히 문장에 능해 선조조 문장팔가(文章八家)의 한 사람으로 불렸다 한다. 서화도 잘해 대자(大字)와 산수묵도(山水墨圖)에 뛰어났으며, 용인의 조광조묘비(趙光祖墓碑)와 안강의 이언적묘비(李彦迪墓碑)를 썼다. 이이(李珥)·정철과 친구였으나, 당파가 생긴 뒤로는 멀어졌다. 저서로 《아계집(鵝溪集)》이 있다. 시호는 문충(文忠)이다(한국민족문화대백과).

참고 문헌

고영근(2020), 《표준 중세국어문법론》, 집문당.

김경남(2022), "율곡 이이의 《소학제가집주》의 저본 및 편찬 방법에 관한 고찰", 《태동고전연구》 49, 한림대학교 태동고전연구소.

김태곤(1981), 《소학언해의 국어학적 연구》, 인하대학교 석사학위논문.

김한숙(1987), 《번역소학과 소학언해의 비교 연구》, 성신여자대학교 석사학위논문.

남광우(1971), 《고어사전》, 일조각.

단국대학교 부설 동양학연구소(2007), 《한한대사전(漢韓大辭典)》.

성백효(1993), 《현토완역 소학집주》, 사단법인 전통문화연구회.

안병희(1979), "중세국어의 한글자료에 대한 종합적 고찰", 《규장각》 3, 규장각.

유창돈(1964), 《이조어사전》, 연세대학교 출판부.

이기문(1959), "16세기 국어의 연구", 서울대 문리대 논문집 4. 서울대학교.

이기문(1960), "소학의 언해에 대하여", 《한글》 127, 한글학회.

이숭녕(1973), "소학언해의 무인본과 교정청본의 비교 연구", 《진단학보》 36, 진단학회.

이영애(1986), 《번역소학과 소학언해의 비교 연구》, 효성여자대학교 석사학위논문.

이유기(2020), 《역주 번역소학 권3》, 세종대왕기념사업회.

이현희(1988), "소학의 언해에 대한 비교 연구", 《한신논문집》 3, 한신대학교.

이현희(1993), "《소학》의 언해본", 《국어사 자료와 국어학의 연구(안병희 선생 회갑기념논총)》, 문학과지성사.

이회문화사(1994), 《언해소학집주증해(진우회, 영인본)》.

임민규(1987), 《소학언해의 국어학적 고찰: 주로 번역소학과의 비교를 통하여》, 고려대학교 석사학위논문.

정재영(2000), "번역소학 권3·4에 대하여", 《서지학보》 24, 한국서지학회.

정혜린(2009), "《번역소학》과 《소학언해》의 구문 번역 양상 연구 -한문 원문의

'V_1V_2' 구성을 중심으로-", 서울대학교 석사학위논문.
정호훈(2014), 《조선의 소학》, 소명출판.
진원(2011), "주자의 소학론과 한국·중국에서의 변용", 인하대학교 박사학위논문.
학민문화사(1990), 《을해신간 춘방장판 소학(영인본)》.
학민문화사(2002), 《을해신간 춘방장판 소학(구결토판, 영인본)》.
허웅(1955), 《용비어천가》, 정음사.
허웅(1958), "삽입모음고", 《논문집》 7(인문사회과학편), 서울대학교.
허웅(1989), 《16세기 우리 옛말본》, 샘문화사.
홍윤표(1984a), "번역소학 해제", 《번역소학 8·9·10(영인본)》, 홍문각.
홍윤표(1984b) "번역소학 해제", 《번역소학 6·7(영인본)》, 홍문각.

사이트

국립국어원, 우리말샘(http://opendict.korean.go.kr/)
네이버 지식백과(http://terms.naver.com/)

어절 색인

≪번역소학≫

(1) 한자와 결합된 어절

ㄱ

ㄹ

ㅁ

ㅇ

ㅈ

ㅊ

(2) 한글로 표기된 어절

ᄀ ᄢ ᄭ

ㄴ

ㄷ ㅳ ㅼ

ㅇ

ㅈ ㅉ

ㅋ

ㅌ

≪소학언해≫

(1) 한자와 결합된 어절

ㄱ

ㄹ

ㅇ

ㅈ

(2) 한글로 표기된 어절

ㄱ ㅄ ㅅ

ㄷ ᄞ ᄣ ᄯ

ㅇ

ㅊ